KARL-HEINZ MENKE

STELLVERTRETUNG

SAMMLUNG HORIZONTE

Neue Folge

29

KARL-HEINZ MENKE

STELLVERTRETUNG

Schlüsselbegriff christlichen Lebens
und theologische Grundkategorie

JOHANNES

Satz: Kösel, Kempten
Druck: Freiburger Graphische Betriebe
ISBN 3 89411 300 6

GISBERT GRESHAKE

in Verehrung und Dankbarkeit
gewidmet

VORWORT

Während der acht Jahre, in denen ich Kaplan und Pfarrer war, bin ich vielen Menschen begegnet, die fraglos leben, was auf den folgenden Seiten hinterfragt wird, nämlich: daß einer an die Stelle des anderen tritt – nicht nur auf den Feldern von Beruf, Politik oder Recht, wo der eine die bloße Funktion des anderen übernimmt, sondern auch da, wo jeder von uns unverwechselbar »er selbst« ist. Von Christus sagt die Heilige Schrift, daß er »für meine Sünden« gestorben ist, daß er also »an die Stelle« meines Eigensten getreten ist, ohne mich deshalb zu entmündigen oder meiner Personalität zu berauben.

An diesem Punkt entzündet sich eine ganze Kette von Fragen – zum Beispiel: Wenn Christus »an meine Stelle« tritt, kann ich dann »an die Stelle« meines Nächsten treten? Oder: Was meint eine Mutter, wenn sie ihre Krankheit für die Umkehr ihres Sohnes »aufopfert«? Was meint ein »Behinderter«, wenn er sein Leben als »Stellvertretung« für einen »Gesunden« versteht? Was ist hier Wahrheit und was Ideologie? Wo liegen die Ursprünge dieses Denkens? Woher kommt der Begriff »Stellvertretung«? Und wie läßt sich sein Inhalt theologisch und philosophisch verstehen?

Bei dem vorliegenden Versuch, Antwort auf diese Fragen zu geben, handelt es sich um die geringfügig überarbeitete Fassung meiner im April 1990 der Freiburger theologischen Fakultät vorgelegten Habilitationsschrift.

Beim Zustandekommen dieser Studie haben mir viele auf verschiedene Weise geholfen. An erster Stelle nenne ich Prof. Dr. Gisbert Greshake, dessen Assistent ich sein durfte und der meine Arbeit mit dem Geschenk seiner Fragen, seiner Kritik und Korrektur, seiner Geduld und Zeit begleitet hat. Dem Zweitgutachter, Prof. Dr. Peter Walter, sowie den Professoren Bernhard Casper, Hansjürgen Verweyen und Lothar Ruppert verdanke ich wertvolle Anregungen, fruchtbare Diskussionen, Rat und Ermutigung. Unter den Freiburger Weggefährten sind es vor allem Dr. Josef Freitag, Fernando Dominguez, Bernd J. Claret, Dr. Anneliese Herzig, Eva-Maria Faber und Frau Maria Smeja, deren wissenschaftliche und praktische Hilfe, deren Freundschaft und Beispiel mich getragen haben.

Der verstorbene Bischof von Osnabrück, Dr. Helmut Hermann Wittler, und sein Nachfolger Dr. Ludwig Averkamp haben mich zur Habilitation freigestellt. Alle finanziellen Sorgen hat mir die Deutsche Forschungsgemeinschaft abgenommen. Besonderes Lob gebührt Frau Dr. Susanne Greiner, Frau Cornelia Capol und Burkhard Dähnert im Johannes Verlag für ihr selbstloses Engagement, für die zügige und sorgfältige

Drucklegung; ebenso meinen Bonner Mitarbeitern Bernhard Kozikowski und Holger Dörnemann für das Lesen der Korrekturen und das Erstellen der Register.

Last, not least erwähne ich die Franziskanerinnen der Freiburger Gumpensteige: Bei ihnen fand ich die zum Schreiben nötige Abgeschiedenheit, ein geistliches Zuhause und in besonderer Weise die Wirklichkeit gelebter Stellvertretung. Danke!

Bonn, am 2. April 1991 Karl-Heinz Menke

INHALTSVERZEICHNIS

Einführung: *»Eigentliche« und »uneigentliche« Stellvertretung* 17
a) Der Formalgehalt »eigentlicher Stellvertretung« 18
b) Die direkte Proportionalität von Einheit und Verschiedenheit zwischen einer vertretenden und einer vertretenen Wirklichkeit 20
c) Der Gang der Untersuchung 24

Erstes Kapitel

ERFAHRUNGSGEHALTE »EIGENTLICHER STELLVERTRETUNG«

§ 1 *In der Begegnung des hebräisch-biblischen mit dem griechischen und römisch-germanischen Denken* 29
1. Biblische Inhalte »eigentlicher Stellvertretung« 29
a) Stellvertretung als Struktur des alttestamentlichen Bundes 29
b) Sühne als Rückkehr des Sünders an seine »Stelle« im Bund zwischen Jahwe und Israel 34
c) Stellvertretende Sühne 37
d) Das Bewußtsein des historischen Jesus, Stellvertreter zu sein 41
e) Die stellvertretende Bedeutung von Jesu Leiden und Sterben 43
f) Christi Stellvertretung als sich selbst vermittelnde Vermittlung 47
g) Zusammenfassung: *persona corporativa* und *traditio* als Grundformen biblischer Stellvertretung 49
2. Die Geschichte der Urbild-Abbild-Dialektik und der Stellvertretungsgedanke 51
a) »Eigentliche Stellvertretung« zwischen Urbild und Abbild: *παιδεία* und *repraesentatio* 51
b) »Uneigentliche Stellvertretung« zwischen Urbild und Abbild: *Exempel* und *Mittlerschaft* 54
c) Konkurrenz statt Stellvertretung: *veritas (substantia)* und *figura (accidens)* statt *Urbild* und *Abbild* 56
d) Rechtlich geregelte Stellvertretung: *persona repraesentata* statt *persona corporativa* und *delegatio (mandatum)* statt *traditio* 58
e) Die juristische Vereinnahmung des deutschen Wortes »Stellvertretung« 61

§ 2 *»Eigentliche Stellvertretung« als »roter Faden« der Soteriologie* 65
1. Stellvertretung als Kriterium einer direkt proportionalen Zuordnung der Einheit und Unterschiedenheit von Gnade und Freiheit 65
a) In den patristischen Modellen »Erziehung/Befreiung« und »Einverleibung/Vergöttlichung« 65
b) In den mittelalterlichen Kontroversen um die Vereinbarkeit von Gerechtigkeit und Barmherzigkeit 68
2. Das Wort »Stellvertretung« als Antwort auf die Problemgeschichte der protestantischen Soteriologie 73
a) Lutherische Orthodoxie und Sozinianismus 73
b) Vermittlungsversuche: Grotius, Dippel, Töllner 77
c) Orthodoxie und Neologie 81
d) Neue Vermittlungsversuche mit Hilfe eines neuen Wortes .. 82
e) Exkurs: Die nachtridentinische Soteriologie als Gefangene ihres Gegners 86
f) Zusammenfassung: Der soteriologische Ursprung und die juristische Vereinnahmung eines geborenen »Vermittlungsbegriffs« 88

Zweites Kapitel

SCHICKSALE EINES VERMITTLUNGSBEGRIFFS

§ 1 *Stellvertretung in der Christologie des Deutschen Idealismus* 94
1. Immanuel Kant: Stellvertretung als Aufhebung des sittlichen Subjekts 94
a) Die Unvereinbarkeit von Freiheit und Stellvertretung ... 96
b) Der »neue Mensch« der sittlichen Umkehr als »Stellvertreter« des »alten Menschen« der Sünde 97
2. Johann Gottlieb Fichte: Stellvertretung als Gegenteil von Erlösung 99
3. Georg Wilhelm Friedrich Hegel: Stellvertretung als Negation der Negation 101
a) Stellvertretung als »illegitimer Dispens von menschlicher Selbstverantwortlichkeit« 101
b) Stellvertretung als »Aufhebung« des Vertretenen in den Vertretenden 103
4. Friedrich Wilhelm Joseph Schelling: Stellvertretung als Antwort der Offenbarung auf die soteriologische Ohnmacht der Vernunft 106
a) Erlösung als selbsttätige Aufhebung des Endlichen in das Unendliche 107
b) Erlösung als Annahme der Stellvertretung Christi 109

§ 2 *Der Stellvertretungsbegriff in der deutschsprachigen Theologie des 19. Jhs.* 112
1. In der protestantischen Versöhnungslehre 113
a) »Genugtuende Stellvertretung« statt »Stellvertretende Genugtuung« 113
b) Aufhebung des Individuums in die Allgemeinheit 117
c) Vertretung (Repräsentation) statt Stellvertretung 121
aa) Friedrich Daniel Ernst Schleiermacher (1768–1834) .. 121
bb) Schleiermachers Epigonen 125
cc) Inklusive statt exklusive Stellvertretung 129
d) Stellvertretung als Wirkweise der Erlösung und Kriterium der Versöhnung 134
e) Stellvertretung als Erstatzleistung 138
f) Stellvertretung als Brücke zwischen Christologie und Ekklesiologie 142
2. In der katholischen Soteriologie 149
a) Stellvertretung als Struktur organischer Zusammenhänge . 150
b) Stellvertretung als personalisierendes Prinzip 153
c) Stellvertretung als Funktion juridischer Verhältnisse 154
d) Stellvertretung als Verähnlichung des Menschen mit Gott .. 158
3. Zusammenfassung: Überwindung der »uneigentlichen« durch die »eigentliche« Bedeutung 161

Drittes Kapitel
STELLVERTRETUNG STATT »ANALOGIA ENTIS«

§ 1 *Karl Barth: Christi Stellvertretung als Inbegriff der »analogia fidei«* .. 168
1. Die »Selbst-Entsprechung« des trinitarischen Gottes in der Stellvertretung Christi (Erwählung, Schöpfung, Versöhnung und Berufung des Menschen) 172
2. Der »wirkliche« Mensch als »Entsprechung« zur Stellvertretung des schaffend nichtenden und nichtend schaffenden Christus 177
a) »Entsprechung« als Annahme der durch Christus ermöglichten »Stelle im Sein« 178
b) Christi Stellvertretung als Nichtung des Nichtigen 000
c) Christi Stellvertretung als Nichtung der Vergangenheit durch Zukunft 180
3. Der »ver-söhnte« Mensch als »Entsprechung« zur Stellvertretung des gekreuzigten und auferstandenen Christus 183
a) Der genichtete Sünder als »Entsprechung« zur Selbsterniedrigung seines Stellvertreters 184

b) Der sich selbst erniedrigende Sünder als »Entsprechung« zur Erhöhung seines Stellvertreters 186
c) Der hoffende Sünder als »Entsprechung« zur ewigen Erwählung des universalen Stellvertreters 189

§ 2 *Stellvertretung zwischen Identität und Nichtidentität* 193
1. Emil Brunner: Stellvertretung als »reine Relation« 193
a) Die »Persönlichkeit« des Sünders als »Anknüpfungspunkt« des »Stellvertreters« 193
b) Stellvertretung als Person konstituierende Relation 196
2. Rudolf Bultmann: Stellvertretung als »Katalysator« 200
a) Das Christusereignis im Kerygma als »Tat für uns« 200
b) Christi Stellvertretung als »Katalysator« unserer »Eigentlichkeit« 203
3. Dietrich Bonhoeffer: Stellvertretung als Identität und Synthese von Akt und Sein 207
a) Die Sozialität des Ich als »Anknüpfungspunkt« des Erlösers im Sünder 207
b) Christus als »Stelle« des »Anderen« als des »anderen« . . . 210
c) Stellvertretung als Identität von Akt und Sein: »Christus als Gemeinde existierend« 212
d) Stellvertretung als Synthese von Akt und Sein: »Gemeinde als Christus existierend« 213
e) Stellvertretung als Vermittlung von Akt und Sein 217
4. Friedrich Gogarten: Stellvertretung als »dynamische Identität« von Angewiesenheit und Verantwortung 219
a) Die Frage nach dem »Selbst« als »An-gewiesenheit« 220
b) Die Annahme der »An-gewiesenheit« durch »Ver-antwortung« 223
c) Die »Selbst«-Werdung des Ich (der Verantwortung) »an der Stelle« des Du (der Angewiesenheit) 225
5. Dorothee Sölle: Stellvertretung als »Identität in der Nicht-Identität« 225
a) Identität als Relation 225
b) Stellvertretung als Gegenteil von »Ersatz« 228
c) Stellvertretung als »Selbstwerdung« Gottes im Menschen . 232
d) Stellvertretung als Identität in der Differenz 234

§ 3 *Stellvertretung als Prinzip der Heilsgeschichte* 237
1. Heinrich Vogel: Stellvertretung als paradoxe, aber in Christus geschichtlich reale Brücke zwischen Gott und Mensch 237
2. Paul Althaus: Stellvertretung als von Christus ermöglichtes Geschehen zwischen Gott und Mensch 240

3. Oscar Cullmann: Stellvertretung als Prinzip der geschichtlich vermittelten Selbstmitteilung Gottes 243
4. Wolfhart Pannenberg: Stellvertretung als Verklammerung der Geschichte mit der Auferweckung des Gekreuzigten . . . 247
5. Jürgen Moltmann: Stellvertretung als geschichtliche Verklammerung von immanenter und ökonomischer Trinität . . 250
6. Zusammenfassung: Christi Stellvertretung als einzige Relation zwischen Gott und Mensch 255

Viertes Kapitel

STELLVERTRETUNG ALS INBEGRIFF DER »ANALOGIA ENTIS«

§ 1 *Hans Urs von Balthasar: Stellvertretung als Strukturprinzip alles Seienden* 266

1. Stellvertretung als Struktur jeder »Gestalt« 268
   a) Christologische und ontologische Stellvertretung 268
      aa) »Kata-loge« und »ana-loge« Stellvertretung 268
      bb) Stellvertretung als »Gestalt«-Prinzip 271
   b) Stellvertretung als Struktur der »Herrlichkeitsgestalt« . . . 278
      aa) Stellvertretung als Struktur des alttestamentlichen Bundes 274
      bb) Die »Herrlichkeitsgestalt« Jesu Christi als Vollendung aller Stellvertretung 276
      cc) Die »Herrlichkeitsgestalt« der Kirche: »Inklusive Stellvertretung« 278
2. Stellvertretung als Drama zwischen unendlicher und endlicher Freiheit 279
   a) Voraussetzungen des Dramas: 281
      aa) Das Stellvertretungsverhältnis von Liebe und Freiheit 281
      bb) Die absolute Einheit von Liebe und Freiheit als »reines Für-einander« 282
      cc) Der Geschlechterzusammenhang von Adam her und die Universalität der christologischen Stellvertretung . 284
   b) Das Drama selbst: 287
      aa) Fünf Komponenten der christologischen Stellvertretung als Maßstab jeder Soteriologie 287
      bb) Die Bühne des Dramas: Die unüberbietbare »Trennung« Gottes von sich selbst 290
      cc) Der »dramatische Knoten«: Christus »an der Stelle« der Sünder 291
      dd) Die Ausweitung des Dramas: Christi Stellvertretung als Verwandlung der Vertretenen in Vertretende 296

ee) Das offene Ende: Hoffnung als für-bittende und für-leidende Stellvertretung »bis zum Letzten« 301
3. Zusammenfassung: Stellvertretung als theologische Denkform 305
a) Der Heilige Geist als »Raum« aller Stellvertretung 306
b) Stellvertretung als »nexus mysteriorum« 307
aa) Trinitäts- und Schöpfungslehre 307
bb) Schöpfungslehre und Christologie/Soteriologie 308
cc) Christologie/Soteriologie und Ekklesiologie 309
dd) Ekklesiologie und Eschatologie 310

§ 2 *Ansätze zu einer »Theologie der Stellvertretung«* 310
1. Norbert Hoffmann: Stellvertretung als Ermöglichung von Sühne (Sohnschaft) 311
a) Die göttliche Trinität als »Urmatrize« aller »eigentlichen« Stellvertretung 311
b) Stellvertretung als »Freisetzung« des Vertretenen durch den Vertretenden 313
c) Stellvertretung als Befähigung des Sünders zur Umkehrung seiner Sünde in Sohnschaft (Sühne) 315
d) Die Sohnschaft der Christen als integrierendes Moment der Stellvertretung Christi 318
e) Das durchbohrte Herz als Realsymbol des Sohnes »an der Stelle« der Sünder 320
f) Der Heilige Geist als Vermittlung von Sohnschaft (Stellvertretung) im Sohn (Stellvertreter) 321
2. Joseph Ratzinger: Stellvertretung als Ermöglichung von Communio 321
a) Christliche Brüderlichkeit als Stellvertretung für den »anderen Bruder« 322
b) »Communio durch Stellvertretung« als Prinzip der biblischen Heilsgeschichte 325
c) Die Sakramentalität der Kirche als Instrument der Stellvertretung Christi 327
d) Petrinische und Marianische Stellvertretung als Kriterien kirchlicher Communio 331
e) Gelebte Stellvertretung als missionarische Vermittlung der kirchlichen mit der universalen Communio 333
f) Stellvertretung als »Brücke« zwischen trinitarischer und ekklesialer Communio 337
3. Walter Kasper: Stellvertretung als Ermöglichung von Freiheit 339
a) Das Wort »Stellvertretung« als Bezeichnung der Bedingungen und des Kriteriums geschöpflicher Freiheit 340

b) Die Stellvertretung Jesu Christi als Hintreten des Grundes aller Freiheit an die Stelle der geschöpflichen Freiheit 344
c) Kirchliches Ethos als Ermöglichung von Freiheit durch »inklusive Stellvertretung« 348
d) Kirche als zur Stellvertretung befreite *repraesentatio* und *traditio* Christi 350
e) Die sakramentale Stellvertretung der Kirche als Communio und Zukunft garantierende Institution der Freiheit 352
4. Zusammenfassung: Stellvertretung Christi und Stellvertretung der Kirche als ungetrennte und unvermischte Einheit 355
5. Exkurs: Die Ablehnung des Stellvertretungsbegriffs durch Paul Tillich und Karl Rahner 357

Fünftes Kapitel

STELLVERTRETUNG ALS GELEBTE UND REFLEKTIERTE WIRKLICHKEIT

§ 1 *Die philosophische Frage nach der Bedeutung »des Anderen« als »des anderen« für das Ichsein des Ich* 368
1. Die transzendental- und existenzphilosophische Frage nach dem Anderen 371
a) Das *alter ego* als Analogon des *ego* 371
b) Vertretbarkeit als uneigentliches und Unbezüglichkeit als eigentliches Dasein 374
c) Die These vom unvermittelten Gegensatz zwischen »Sein-für-sich« und »Sein-für-den-Anderen« 377
2. Von der dialogistischen These über die Geburt des Ich aus dem Du zur transzendental-dialogischen Reflexion des »Zwischen« 380
a) Ich und Du im »Zwischen« 380
b) Das »vom Verhältnis bestimmte« Ich 385
c) Der Andere als Konstitutivum der eigenen Freiheit 387
d) Das Ich als »Ver-ant-wortung« für den Anderen 392

§ 2 *Exemplarische Erfahrungen gelebter Stellvertretung* 398
1. Stellvertretung in ausgewählten Zeugnissen christlicher Spiritualität 401
a) Die biblisch bezeugte Identität der Liebe zu Gott mit dem Für-Sein für den Nächsten 401
b) Der Martyrer als Mit-Stellvertreter in Christus 402
c) Passionsmystik als Vereinigung mit dem »für-leidenden« Christus 406

d) »Sendung« und »Zugesellung« als Inklusion in Christi Stellvertretung ... 410
e) Der »letzte Platz« als Teilnahme am »Abstieg« des Stellvertreters ... 416

2. Stellvertretung in ausgewählten Dokumenten der Literatur des 19. und 20. Jahrhunderts ... 421
a) Der »andere Bruder« als Ruf in die Stellvertretung ... 421
b) Die Hölle des Anderen als Ort der Stellvertretung ... 424
c) Ontische Koinhärenz als natürliche Bestimmung aller Menschen zur Stellvertretung ... 427

3. Zusammenfassung: Die direkte Proportionalität zwischen der Einheit und der Unterschiedenheit von Gebet und Stellvertretung ... 429

§ 3 *Perspektiven einer »Theologie der Stellvertretung«* ... 434

1. Der Stellvertretungsbegriff als Schlüsselbegriff einer ökumenischen Soteriologie ... 436
a) Die Integrations- und Transformationskraft des Stellvertretungsbegriffs ... 437
b) Keine Einheit in der Sache ohne Einheit in der Sprache ... 439

2. Stellvertretung als Konstitutivum einer missionarischen Kirche ... 440
a) Stellvertretung als Vermittlung von Sammlung und Sendung ... 440
b) Stellvertretung als Vermittlung von »Anders-Sein« und »Für-Sein« ... 443

3. Stellvertretung als Proprium des christlichen Ethos ... 446

4. Der Stellvertretungsbegriff als Grundkategorie einer trinitarischen Ontologie ... 449

Zum Schluß: *Ein Plädoyer für den Begriff* ... 453

ABKÜRZUNGSVERZEICHNIS ... 457

LITERATURVERZEICHNIS ... 458

PERSONENREGISTER ... 507

SACHREGISTER ... 517

EINFÜHRUNG: »EIGENTLICHE« UND »UNEIGENTLICHE« STELLVERTRETUNG

Hans Julius Wolff hat 1933/34 ein rechtsdogmatisches Werk veröffentlicht, dessen zweiter Band den Untertitel trägt: »Stellvertretung, Organschaft und Repräsentation als soziale und juristische Vertretungsformen«. Wolff definiert *Repräsentation* als »Vertretung einer Gruppe unabhängig von einer Organisation«, *Organschaft* als »die durch Gruppenorganisation ermächtigte Vertretung« und *Stellvertretung* als »rechtlich geregelte Befugnis einer Person, für eine andere rechtsverbindlich zu handeln«[1]. So erscheint im Bereich von Rechtswissenschaft und Soziologie klar definiert, was in der Theologie ganz und gar umstritten ist: die Bedeutung des Stellvertretungsbegriffs[2]. Für viele Theologen bedeutet Stellvertretung die Erklärung des Erlösungsgeschehens durch Rechtskategorien und damit ein überholtes Modell des Mittelalters. Deshalb plädieren zum Beispiel Paul Tillich[3], Karl Rahner[4] und Leonardo Boff[5] für eine Eliminierung des Stellvertretungsbegriffs. Ihnen steht aber eine besonders in jüngster Zeit zunehmende Anzahl bedeutender Theologen unterschiedlicher Konfession und Denkrichtung gegenüber, die in dem deutschen Substantiv »Stellvertretung« eine adäquate Bezeichnung aller Vorgänge sehen, in denen eine Person so an die Stelle einer anderen tritt, daß diese nicht ersetzt, sondern im Gegenteil zur Einnahme ihrer Stelle befähigt wird.

Wenn man den Stellvertretungsbegriff in Opposition zum Freiheitsbegriff definiert, müssen sich beider Inhalte umgekehrt proportional verhalten: Je mehr Stellvertretung, desto weniger Freiheit, und umgekehrt. Aber erst die aufklärerische Gleichsetzung von Freiheit und Autonomie führt zu

[1] H. J. Wolff, Organschaft und Juristische Person II, 18.

[2] Über die Auskünfte protestantischer Lexika bemerkt Eberhard Jüngel (Das Geheimnis der Stellvertretung, 71): »Befragt man die neueren theologischen Lexika nach Ursprung und Bedeutung des Wortes, so wird man schlecht bedient. Die inhaltlichen Auskünfte sind dürftig. Dem entspricht der kärgliche Umfang der Artikel. Ich kann es mir nicht versagen, Sie an der Verblüffung teilnehmen zu lassen, mit der ich feststellte, daß in der dritten Auflage der RGG *sub voce* ›Stellvertretung‹ ganze 37 Zeilen zu lesen sind, während den Herausgebern der unmittelbar vorausgehende Artikel über ›Stellenbesetzungsrecht, kirchlich‹ immerhin 245 Zeilen wert war. *Nota bene*: 245 : 37, also 7 : 1 für das kirchliche ›Stellenbesetzungsrecht‹ gegen ›Stellvertretung‹! Hoffen wir, daß es sich in der Wirklichkeit der Kirche anders verhält als in der RGG!« – In katholisch-theologischen Lexika wird dem Stellvertretungsbegriff zunehmend mehr Platz eingeräumt. Allerdings wird »Stellvertretung« erst in der jüngsten Ausgabe des LThK nicht mehr *nur* juristisch verstanden; seit dem Zweiten Vaticanum dominiert die theologische Bedeutung. Vgl. J. Ratzinger in: HThGb II (München 1963) 566–575; L. Scheffczyk in: LThK IX (Freiburg 1964) 1036; ders. in: SM IV (Freiburg 1969) 730–733; ders. in: HThTL VII (Freiburg 1973) 148–150; L. Ullrich, in: Lexikon der katholischen Dogmatik (Freiburg 1987) 479–482; K.-H. Menke in: Lexikon der Spiritualität (Freiburg 1988) 1225–1230.

[3] Vgl. P. Tillich, Systematische Theologie II, 189.

[4] Vgl. K. Rahner, Versöhnung und Stellvertretung, 260f.

[5] Vgl. L. Boff, Jesus Christus, der Befreier, 316–320.

der These, daß die Freiheit eines Subjekts da beginnt, wo der Einfluß eines anderen Subjekts endet.

Dieser These antwortet die sogenannte »Dialektische Theologie« mit einem radikalen »Nein!«. Für Karl Barth ist Freiheit nicht Unabhängigkeit des Menschen von Gott, sondern im Gegenteil: Nur wo Gott zur »Stelle« des Menschen wird, nur durch, mit und in Christus, ist der Mensch er selbst, wirklich frei und Person. Im Stellvertretungsbegriff sieht Barth einen geeigneten Ausdruck für das Gott-Welt-Verhältnis insgesamt: für das des Schöpfers zum Geschöpf und das des Erlösers zum Sünder und zur Kirche. Er erhebt den Stellvertretungsbegriff zu einer Grundkategorie seiner Dogmatik und veranlaßt seine Kritiker – allen voran Emil Brunner und Rudolf Bultmann, Friedrich Gogarten und Dietrich Bonhoeffer –, die eigene Position am Stellvertretungsbegriff zu klären. Auch eher geschichtlich als dialektisch denkende Theologen wie Oscar Cullmann, Wolfhart Pannenberg oder Jürgen Moltmann rücken den Stellvertretungsbegriff vom Rand in die Mitte; denn für sie ist er so etwas wie eine Brücke über den »garstigen Graben« zwischen der einmaligen geschichtlichen Existenz und dem universalen Anspruch Christi, zwischen der Selbstmitteilung Gottes und deren geschichtlicher Vermittlung.

Barth hat mit dem Stellvertretungsbegriff seine Kritik an der katholischen »analogia-entis-Lehre« ausgedrückt; er hat Christus so als »Stelle« des Menschen beschrieben, daß dieser in ihm wirklich er selbst, aber unabhängig von Christus (»für sich«) buchstäblich »nichts« ist. Doch die Folge ist auf katholischer Seite nicht die Vermeidung des Stellvertretungsbegriffs, sondern das Gegenteil. Der Barth-Kritiker und Przywara-Schüler Hans Urs von Balthasar erklärt mit dem Wort »Stellvertretung«, was Barth gerade mit demselben Wort vermeiden will: das »analogia-entis-Prinzip«. Alfons Deissler spricht von Stellvertretung als einem durchgängigen »Prinzip der Heilsgeschichte«, Joseph Ratzinger von einer »Grundkategorie der biblischen Offenbarung«, Norbert Hoffmann von der »Grundgestalt und Mitte des Mysteriums«, Walter Kasper von einer »Grundstruktur des Menschen«, Karl Lehmann von der »inneren Achse« und »umfassendsten Kategorie« aller soteriologischen Aussagen.

a) Der Formalgehalt »eigentlicher Stellvertretung«

Fast alle genannten Befürworter des Stellvertretungsbegriffs unterscheiden eine »eigentliche« von einer »uneigentlichen« Bedeutung. Sie sprechen von einer Verdrängung der Grundbedeutung durch die Philosophie der Aufklärung und des Deutschen Idealismus, durch juristische, soziologische und psychologische Kategorien, durch das mechanistische Denken einer technisierten Welt, in der nichts und niemand vertreten werden muß, weil alles und jeder austauschbar und ersetzlich ist. Sie sehen in der Freilegung der »eigentlichen« Bedeutung nicht die künstliche Rekonstruktion eines längst abgestorbenen Begriffs, sondern im Gegenteil die Befreiung des gesprochenen Wortes von willkürlichen Festlegungen und verfremdenden Kategorien. Diese Freilegung, so fordern sie, müßte durch eine detaillierte Begriffsgeschichte erfolgen, kann aber auch auf anderem Wege versucht werden: zum Beispiel durch vergleichende Analyse der vielfältigen Phänomene, auf die »man« gewöhnlich das Wort »Stellvertretung« bezieht; oder durch Definition eines heuristischen Begriffs, der – zunächst aus der produktiven Imagination als reine Hypothese entworfen – seine Berechtigung daraus erweist, ob er fähig ist, möglichst viele Zusammenhänge zu erhellen.

Während die Begriffsgeschichte Desiderat geblieben ist, sind die beiden anderen Wege schon beschritten worden – der erste von Dorothee Sölle, der zweite von Norbert Hoffmann. Durch vergleichende Analyse allgemein verständlicher Phänomene des Kampfes und der Arbeitswelt, der Erziehung und des Märchens gelangt Sölle zu der These, daß »eigentliche« Stellvertretung streng bipolar als Relation zwischen zwei Personen zu denken ist, von denen die erste so an die Stelle der zweiten tritt, daß sie die eigene Identität an die Identität der vertretenen Person bindet und diese also nicht ersetzt, entmündigt oder instrumentalisiert, sondern zu sich selbst befreit[6].

Zu einem ähnlichen Ergebnis gelangt auf ganz andere Weise Norbert Hoffmann. Er geht aus von der Frage, wie Gott zu denken ist, wenn er selbst das Subjekt des neutestamentlichen »ὑπέρ« (Subjekt von Passion und Kreuzestod) ist. Seine Antwort heißt: Gott als der trinitarische *ist* »in sich«, was er als Schöpfer und Erlöser »für uns« ist: nämlich Stellvertretung[7]. Hoffmann reinigt den seiner »Eigentlichkeit« entfremdeten Begriff der Umgangssprache nicht durch Analyse oder Abstraktion, sondern durch Projektion. Unter Voraussetzung der Analogizität aller vom Menschen auf Gott angewandten Termini projiziert er den Stellvertretungsbegriff auf die innertrinitarischen Beziehungen, um sich gleichsam von Gott selbst sagen zu lassen, was Stellvertretung »eigentlich« nicht ist (vgl. SS. 311–313). Den von allen Verfremdungen gereinigten Begriff bezeichnet er als die am »geoffenbarten Grund-Gesetz im Sein Gottes selbst« (Trinität) abgelesene »Urmatrize« bzw. als das »Formalissimum« wirklicher (»eigentlicher«) Stellvertretung. Wenn innertrinitarisch vollkommene Einheit und vollkommene Andersheit keine Widersprüche sind, sondern einander bedingen, wenn der Vater *ganz* »die Stelle« des Sohnes ist, *indem* er ihn *ganz* »den Anderen« (»ab-solut«) sein läßt, und wenn der Heilige Geist nur als »die Stelle« vollkommener Einheit in der Unterschiedenheit von Vater und Sohn er selbst (»absolut der Andere«) ist, bedeutet Stellvertretung innertrinitarisch, daß eine Person so *die Stelle* einer anderen *ist* – außertrinitarisch, daß eine Person so *an die Stelle* einer anderen *tritt* –, daß deren Andersheit nicht beein-

[6] Vgl. D. Sölle, Stellvertretung, 17–61.
[7] Vgl. N. Hoffmann, Kreuz und Trinität, 70–83; ders., Sühne, 47–50.

trächtigt, eingeschränkt oder gar aufgehoben, sondern im Gegenteil ermöglicht wird.

Wenn man nach dem Unterschied der von Hoffmann und von Sölle entwickelten Definitionen »eigentlicher Stellvertretung« fragt, muß vor allem beachtet werden, daß Sölle echte Stellvertretung als »*unbedingt* zeitlich begrenzt« bezeichnet[8]. Die theologischen Konsequenzen liegen auf der Hand. Denn wenn auch Christi Stellvertretung *notwendig* zeitlich begrenzt ist, erscheint der Erlöser als der Stellvertreter, der sich selber »aufhebt« in die wechselseitige Stellvertretung der zuvor von ihm Vertretenen. Doch von dieser (gewiß nicht unbedeutenden) Differenz abgesehen bestimmt Dorothee Sölle den begrifflichen Formalgehalt »eigentlicher« Stellvertretung mit fast derselben Formel wie Norbert Hoffmann. Zwei denkbar unterschiedliche Theologen gelangen also auf diametral verschiedenen Wegen zu der These, daß ein »eigentlicher« Stellvertreter »den Anderen« als anderen ermöglicht und ihn deshalb nicht »er-setzt«, sondern »setzt«. Beide benutzen ihre Definition der »eigentlichen Bedeutung« als Kriterium zur Unterscheidung »echter« von »unechter« Stellvertretung und demonstrieren gleichzeitig die ungemeine Integrationskraft ihrer jeweiligen Definition. Hoffmann erweist Stellvertretung als durchgängiges Prinzip der christlichen Glaubenswahrheiten, und Sölle erprobt ihren Begriff an vielen Beispielen aus der Erfahrungwelt des Alltags.

b) Die direkte Proportionalität von Einheit und Verschiedenheit zwischen einer vertretenden und einer vertretenen Wirklichkeit

Wenn das Gewicht eines Begriffs sein Erfahrungsgehalt ist[9], ist »Stellvertretung« ein gewichtiges Wort. Jeder tut etwas »an Stelle« vieler anderer, damit diese nicht dieselbe Tätigkeit verrichten müssen. Ob jemand als Bäcker, Schreiner, Lehrer, Arzt oder Politiker arbeitet, jeder ist auf seine Weise ein Stellvertreter vieler anderer, damit er selbst und diese anderen frei sind zur Erfüllung ihrer spezifischen Aufgabe. Und sogar in bezug auf Sachen sprechen wir von Vertretung bzw. Stellvertretung. Eine Münze, ein Geldschein oder ein Scheck vertreten einen bestimmten Sachwert. Bestimmte Schriftzeichen vertreten bestimmte Buchstaben oder Worte. Sogar die Karte, die in einer Bibliothek die Stelle eines ausgeliehenen Buches freihält, heißt in manchen Orten »Stellvertreter«.

Am Maßstab von Sölle oder Hoffmann gemessen, ist Arbeitsteilung ein bloßer *Austausch* von Leistungen und deshalb nur »uneigentliche Stellvertretung«. Dasselbe gilt für zwei Sachen, die einander bezeichnen oder symbolisieren. Sie bilden zwar eine bipolare Beziehung; aber jeder

[8] Vgl. D. Sölle, Stellvertretung, 121–128.148–155. – Vgl. S. 233f.
[9] Vgl. J. Splett, Reden aus Glauben, 13.

der beiden Pole (die vertretende und die vertretene Sache) ist auch unabhängig vom anderen »für sich« denkbar. Die Beziehung zwischen einem Schriftzeichen und einem bestimmten Wort beruht auf äußerlicher Festsetzung; das Wort ist weder für das Schriftzeichen noch das Schriftzeichen für das von ihm bezeichnete Wort konstitutiv. Nur wenn das Verhältnis zwischen der vertretenden und der vertretenen Wirklichkeit in Analogie zu den innertrinitarischen Beziehungen als direkte Proportionalität von Einheit und Unterschiedenheit beschrieben werden kann, ist das Stellvertretungsgeschehen für beide Wirklichkeiten konstitutiv[10].

Unseres Wissens hat als erster 1911 Richard M. Meyer die These entwickelt, daß sich das »Denkmodell« einer direkten Proportionalität von Einheit und Unterschiedenheit zweier Wirklichkeiten aus dem mythischen Identitätsdenken entwickelt hat[11]. Die neuere Forschung über Wesen und Geschichte des mythischen Denkens bestätigt diese Auffassung oder widerspricht ihr zumindest nicht[12]. Wir können zwar im Rahmen unseres Themas keine Mythos-Forschung betreiben; doch soll wenigstens auf den Zusammenhang des Stellvertretungsgedankens mit dem mythischen Denken verwiesen werden.

Kurt Hübner, dessen Thesen denkbar große Resonanz und Zustimmung gefunden haben[13], hat in seinen vergleichenden Studien zur wissenschaftlichen und mythischen Vernunft am Beispiel griechischer Quellen folgende Prinzipien als Grundlagen jeder mythischen Ontologie bezeichnet[14]:

(1) Alle Phänomene sind Gestalten *numinoser Substanzen (ἀρχαί)*, die nach Art chemischer Stoffe an vielen Orten zugleich anzutreffen sind, aber immer auch als Individuen (als mit Namen benannte Gottheiten) verstanden werden. Überall wo man töpfert, ist *Athênê Erganê* anwesend. Überall wo Gastfreundschaft herrscht, ist *Zeus Xenios* anwesend. Wenn ein Athlet in Olympia antritt, steigt die mythische Substanz *Andragathia* gleichsam in ihn ein. Wenn einer zum König gewählt wird, entsteht eine Gestalt der mythischen Substanz *Basileia*.

[10] Damit ist nicht gesagt, daß jedes Stellvertretungsverhältnis zwischen Personen für deren Personsein konstitutiv ist. Ein Anwalt, der mich vor Gericht vertritt, erspart mir zwar die Mühe der Verteidigung, ist aber für mein Personsein irrelevant; die rein funktionale Beziehung des Verteidigungsverhältnisses verbindet die vertretende und die vertretene Person nur zufällig und äußerlich. »Eigentliche« Stellvertretung birgt in sich immer auch Elemente der Begriffe »Tausch«, »Symbol« und »Ersatz«, ist aber mehr als die Summe dieser Elemente.

[11] Vgl. R. M. Meyer, Der Begriff der Stellvertretung, bes. 344–350.

[12] Vgl. K. Kerényi, Wesen und Gegenwärtigkeit des Mythos, 237–250; W. F. Otto, Die Gestalt und das Sein, 3–23; J. de Vries, Forschungsgeschichte der Mythologie, 345–356; G. S. Kirk, Myth, bes. 238–251; W. Burkert, Griechische Mythologie, 159–199.206f; E. Cassirer, Das mythische Denken, 95–188; H. Blumenberg, Arbeit am Mythos, 165–191; M. Eliade, Mythos und Wirklichkeit, 27–29.43–45.55–58.89–93.132–136; H. Waldenfels, Mythos und christlicher Logos, 255–266.

[13] Dazu: H. Waldenfels, Mythos und christlicher Logos, 263.

[14] Vgl. K. Hübner, Die Wahrheit des Mythos, 28–47.135–182. 239–290.

(2) Raum und Zeit werden nicht als eigene Größen von den Gestalten der numinosen Substanzen unterschieden. Denn nicht nur Fähigkeiten und Zuständigkeiten, sondern auch Orte und Ereignisse, sind in einem mythischen Weltbild Phänomene numinoser Substanzen (ἀρχαί). Es ist immer wieder die gleiche Geburt des Meeres aus der Erde (*Gaia*), welche die Quellen entspringen läßt. Es ist immer wieder die gleiche Rückkehr der *Persephonê* aus dem Hades, die den Frühling bringt. Und überall, wo der »Nabel der Welt« verehrt wird, ist die numinose Substanz *Omphalos* gegenwärtig.

(3) Die als Individuen aufgefaßten ἀρχαί zeigen sich immer ganz, nie nur als Teil. Die ἀρχή »Sippensubstanz« ist in jedem einzelnen Träger einer Ahnenkette ganz und nicht nur teilweise. Es gibt in einem mythischen Weltbild gar nicht die Unterscheidung zwischen Ganzem und Teil wie z. B. in unserem »wissenschaftlichen Weltbild« bei materiellen Stoffen, die so »im Raum« verteilt sind, daß wir immer nur »ein Stück« davon haben.

(4) Der einzelne Mensch ist in allem, was er denkt, plant und tut, stets nur die »Inkarnation« einer numinosen Substanz. Diese Auffassung erhält sich bis in die Tragödien des Aischylos und Sophokles, in denen Gestalten wie Orest oder Ödipus unaufhaltsam zu Vollstreckern ihres Schicksals werden. Freiheit und Personalität sind dem mythischen Denken fremd. Der einzelne ist immer nur Phänomen oder Ausdruck von Mächten, die in ihm zur Erscheinung gelangen.

Insgesamt gilt der Grundsatz, daß im mythischen Weltbild keine von den numinosen Substanzen (ἀρχαί) real verschiedene Wirklichkeit gedacht werden kann. Auch wenn der Mensch versucht, über diese ἀρχαί zu verfügen, er bleibt immer der von den ἀρχαί Verfügte. Die Ontologie des mythischen Weltbildes ist in jeder Hinsicht eindimensional. Allerdings ist die Magie so etwas wie der Hebel zum Aufbrechen dieses geschlossenen Systems. Sie spiegelt den Versuch des Menschen, sich selbst als *eigene* Wirklichkeit der Wirklichkeit der ἀρχαί gegenüberzustellen[15]. Durch Nennung von Namen, durch Gegenstände, Riten oder Gesten sollen bestimmte Gottheiten abgewehrt oder herbeigezwungen werden. So kann der Besitz eines geheimgehaltenen Gegenstandes nicht nur Zeichen für den Sieg in einem noch bevorstehenden Kampf, sondern auch schon der Sieg selbst sein. Oder wer eine Handlung erzählt, die etwa ein heilender Gott einst vollzog, der erneuert sie, so daß dieser

[15] »Das Verhältnis zwischen Magie und Mythos ... gleicht demjenigen zwischen Mythos und Religion. Der Mythos vermag ohne Magie, nicht aber diese ohne den Mythos zu sein. Die griechische Kulturgeschichte bietet hierfür das eindrucksvollste Beispiel. In der homerischen Welt gibt es nichts mit Hexen, Zauberern, Schamanen oder Magiern Vergleichbares, im Gegenteil, jeder Versuch, sich durch bestimmte Praktiken numinose Wesen dienstbar zu machen, wäre als das schwerste Verbrechen betrachtet worden, das der antike Mensch kannte: Nämlich Hybris vor den Göttern.« (Ebd. 348). – Dazu: E. Topitsch, Wie rational ist Magie?, 62 f.

Gott von neuem einen verletzten Menschen oder ein krankes Tier heilt. Die Magie bleibt zwar im mythischen Denken gefangen, widerspricht aber der radikal monistischen Auffassung, daß es außerhalb der ἀρχαί nichts Wirkliches gebe; die Magie ist ein erster wichtiger Schritt zur Entmythologisierung; und mit diesem Schritt verbinden fast alle neueren Abhandlungen über die Welt des Mythos den Stellvertretungsbegriff. »Stellvertreter« werden zum Beispiel Talismane genannt. Durch sie glaubt der »Magier«, bestimmter guter ἀρχαί habhaft zu sein. »Stellvertreter« werden auch Objekte genannt, die ersatzweise für bestimmte Personen oder Gemeinschaften zur »Stelle« böser ἀρχαί werden sollen. In jedem Fall werden die »Stell-Vertreter« als »eigene Wirklichkeit« von der Wirklichkeit unterschieden, die sie vertreten; sie sind nicht nur φαινόμενα der ἀρχαί.

Mit dem so gewonnenen Stellvertretungsgedanken verbinden sich alle Dimensionen, die in der Welt des Mythos ausfallen: Raum, Zeit und Personalität. Die Personalität bzw. Freiheit eines Menschen ist geradezu das Gegenteil einer bloßen »Erscheinung« numinoser Substanzen; sie kann nicht ersetzt oder vertauscht, sondern nur vertreten werden; und darin unterscheidet sie sich von jeder Sache. Wir sagen zwar im allgemeinen auch von Sachen, daß sie einander vertreten; aber – wie oben gezeigt – «im uneigentlichen Sinn«. Denn es gibt keine Sache, die nicht ersetzbar oder vertauschbar wäre, es sei denn, sie ist so mit einer *Person* verbunden, daß sie an deren Einmaligkeit teilnimmt. Das einmalige »Ich« eines Menschen ist vertretbar, *weil* es im Unterschied zu seiner Arbeitskraft, Leistung oder Intelligenz nicht ersetzbar ist. Wer eine Person vertritt, will nicht selbst deren Stelle einnehmen, sondern dem anderen seinen Platz ermöglichen bzw. freihalten. Deshalb ist »eigentliche« Stellvertretung stets auch das Gewähren von Raum und Zeit. Stellvertretung setzt einen *Raum*[16] bzw. ein Medium der Kommunikation zwischen mindestens einem vertretenden und einem vertretenen Subjekt voraus; und Stellvertretung bedeutet immer das Geschenk von *Zeit*; denn der vertretenen wird durch die vertretende Person Zeit gegeben, sie selbst zu werden bzw. an die eigene Stelle zurückzukehren.

Wenn »eigentliche« im Unterschied zu »uneigentlicher« Stellvertretung eine direkte Proportionalität der Einheit und Unterschiedenheit zweier Wirklichkeiten beschreibt und immer *Personalität (1)*, *Zeitlichkeit (2)* und *Räumlichkeit (3)* voraussetzt, lassen sich drei Grundformen bzw. Modelle »eigentlicher« Stellvertretung unterscheiden:

(1) Das Modell *»persona corporativa«* vermittelt durch Stellvertretung

[16] »Raum« wird hier nicht als der Ort verstanden, an dem niemals zwei Subjekte zugleich sein können; dann wäre »Raum« die »Stelle« von Verdrängung und Ersatz. Raum ist für jede einzelne Person zunächst der eigene Leib als Medium der Kommunikation. Als Leib ist das Ich des Menschen nicht von »den andern« abgegrenzt, sondern auf die andern verwiesen; und als Leib steht jeder Mensch in Beziehung zu *allen* anderen Menschen. Dazu: B. Welte, Leiblichkeit, bes. 85–93.

(bzw. Stellvertreter) eine direkte Proportionalität von Einheit und Unterschiedenheit zwischen den beiden Wirklichkeiten *»Individuum«* und *»Gemeinschaft«*.

(2) Das Modell *»traditio«* vermittelt durch Stellvertretung (bzw. Stellvertreter) eine direkte Proportionalität von Einheit und Unterschiedenheit zwischen den beiden Wirklichkeiten *»Zukunft«* und *»Vergangenheit«*.

(3) Das Modell *»repraesentatio«* vermittelt durch Stellvertretung (bzw. Stellvertreter) eine direkte Proportionalität von Einheit und Unterschiedenheit zwischen den beiden Wirklichkeiten *»Abbild«* und *»Urbild«*.

Selten tauchen diese Grundformen gesondert auf; oft sind sie auf irgendeine Weise miteinander verbunden. Bezeichnend für diesen Sachverhalt ist das deutsche Fremdwort »Repräsentation«; sein Bedeutungsfeld umfaßt alle drei Modelle »eigentlicher«, aber auch alle Formen »uneigentlicher« (äußerlicher oder rein juristischer) Stellvertretung.

c) Der Gang der Untersuchung

Wenn Stellvertretung »eigentlich« immer bedeutet, daß jemand durch Selbsthingabe und Selbsteinsatz einem anderen die »Stelle« für dessen eigenes Dasein eröffnet und ihn so freisetzt ins Selbst-Sein, fragt sich dennoch:

– ob dieser von Entfremdungen »gereinigte« Begriff geeignet ist, ein durchgängiges »Prinzip« (O. Cullmann, A. Deissler, J. Ratzinger) der Heiligen Schrift zu entdecken;

– ob das in den Anfängen der deutschsprachigen Soteriologie gebildete Substantiv (Abstraktum) »Stellvertretung« andere Bezeichnungen des Erlösungsgeschehens integrieren oder gar als Kriterium jeder wahrhaft »bipolaren« Zuordnung des göttlichen und menschlichen Handelns gelten kann;

– und wie sich der sprachgeschichtlich junge Terminus (erste Nennungen erst Ende des 18. Jhs.) begriffsgeschichtlich entwickelt hat.

Der Beantwortung dieser Fragen gelten die ersten beiden Kapitel unserer Untersuchung. Wir übergehen zunächst das semantische Problem des Verhältnisses von »eigentlicher« Bedeutung und tatsächlichem Sprachgebrauch und klären im ersten Kapitel, welche Inhalte sich mit den drei genannten »Grundformen« eigentlicher Stellvertretung in der Heiligen Schrift und in der Begegnung des hebräisch-biblischen mit dem griechischen, römischen und germanischen Denken verbinden. Denn erst wenn der *eigentliche* Stellvertretungsbegriff als theologischer Integrations- und Schlüsselbegriff erwiesen ist, stellt sich die Frage, wie sich sein »Formalgehalt« zur tatsächlichen Begriffsgeschichte verhält.

Das zweite Kapitel wird zeigen, daß der deutsche Terminus »Stellvertretung« ursprünglich mehr als eine rein funktionale oder juristische Beziehung zwischen einer vertretenden und einer vertretenen Wirklichkeit bezeichnet. Zunächst in der protestantischen Soteriologie beheimatet, ist das Substantiv »Stellvertretung« rasch juridisch vereinnahmt und deshalb von den Denkern der Aufklärung, des deutschen Idealismus und der liberalen Theologie gemieden worden. Dennoch kann unsere Studie beweisen, daß der »ursprüngliche« oder »eigentliche« Stellvertretungsbegriff keineswegs vergessen wurde und darum bei Karl Barth nicht durch gewaltsame oder künstliche Definition, sondern durch »Reinigung von den Schlacken des 19. Jhs.« zu einer theologischen Grundkategorie avanciert.

Die anschließenden Kapitel III und IV sind der Darstellung bedeutender Theologen gewidmet, die den Stellvertretungsbegriff in die Mitte ihres Denkens rücken. Sie alle beziehen sich direkt oder indirekt auf Karl Barth. Deshalb ist die »Trennung« von Protestanten (Kap. III) und Katholiken (Kap. IV) weniger inhaltlich als methodisch begründet. Durch diese »Trennung« soll deutlich werden, daß bedeutende Theologen beider Konfessionen ihr *jeweiliges Spezifikum* durch *ein und denselben* Stellvertretungsbegriff ausdrücken: die Protestanten ihr Zentraldogma von der *»Rechtfertigung allein durch die Gnade«*; und die Katholiken ihre von Karl Barth als antichristlich verworfene Lehre von der *»analogia entis«*.

Das abschließende fünfte Kapitel sucht zunächst nach philosophischen Zugängen zum Inhalt des Stellvertretungsbegriffs, konfrontiert dann die Reflexion der Theologen und Philosophen mit exemplarischen Zeugnissen gelebter Stellvertretung und formuliert in einem dritten Schritt Perspektiven eines Christentums, das sich als inklusive Teilnahme an der Stellvertretung Jesu Christi versteht.

Insgesamt verfolgt unsere Studie vier Ziele. Sie will

– die Heilige Schrift nach Ansätzen zu einer Denkform der Stellvertretung befragen;

– den Weg des Stellvertretungsbegriffs zu einer theologischen Grundkategorie beschreiben;

– beitragen zu einer »Systematik aus der heilsgeschichtlichen Mitte«;

– und eine Brücke bauen zwischen der »heilsgeschichtlichen Mitte« und dem Leben der Kirche.

Erstes Kapitel

ERFAHRUNGSGEHALTE »EIGENTLICHER STELLVERTRETUNG«

§ 1 In der Begegnung des hebräisch-biblischen mit dem griechischen und römisch-germanischen Denken

1. Biblische Inhalte »eigentlicher Stellvertretung«

Wenn das, was wir in der »Einführung« als Formalgehalt eigentlicher Stellvertretung bezeichnet haben, eine theologische Grundkategorie sein soll, dann muß sich unser vorerst »heuristischer Begriff« vor allem und zunächst als Schlüssel zu zentralen Inhalten der Urkunde des christlichen Glaubens erweisen. Auch wenn von vornherein feststeht, daß sich im Hebräischen oder Griechischen schwerlich ein Äquivalent für das deutsche Abstraktum »Stellvertretung« finden läßt, fragen wir, welche Inhalte des Alten und des Neuen Testamentes von unserem einleitend definierten Begriff erfaßt und verbunden werden. Denn »eine Kategorie sagt über das, was von ihr erfaßt wird, aus, was dieses *in Wirklichkeit ist* und was es *in Wahrheit zu sagen hat*«[17]. Es geht nicht um das Wort, sondern um die von ihm erfaßten Inhalte und um die Aufdeckung von Zusammenhängen.

Für die folgenden Ausführungen gelten folgende Grundsätze: (1) Nirgendwo wird der Anspruch erhoben, eigenständig Exegese zu treiben. Alle angeführten Belege stützen sich auf die entsprechende Fachliteratur. – (2) Die Befragung der Exegese ist von dem Interesse geleitet, die theologische Kategorie »Stellvertretung« zu stützen, spricht aber nur da von »Ergebnissen«, wo das biblische Zeugnis unbestritten ist oder sich zumindest ein zunehmender Konsens der Exegeten abzeichnet. – (3) Für die vielen unterschiedlichen Positionen, die es unter den Exegeten zu fast allen Fragen eines Systematikers gibt, gilt folgendes Kriterium als Bewertungsmaßstab: Je besser sich eine exegetische Erkenntnis in den Denkhorizont des »Damals« einfügt, als desto gesicherter darf sie dem Horizont des »Heute« gelten.

a) Stellvertretung als Struktur des alttestamentlichen Bundes

Im AT ist die Welt nicht »Erscheinung« numinoser Substanzen[18], sondern Schöpfung, und die Schöpfung ist keine Emanation des Schöpfers, sondern dessen »Gegenüber«, gipfelnd im Menschen, der als sein »Ebenbild« (Gen 1,26) ganz und gar von ihm abhängt und doch auch

[17] E. Jüngel, Das Geheimnis der Stellvertretung, 69.

[18] Über den Zusammenhang und Unterschied zwischen dem biblischen Schöpfungsdenken und den kosmogonischen Mythen des antiken Nahen Ostens: M. Eliade, Mythos und Wirklichkeit, 53–55.111–113.

ganz und gar von ihm verschieden ist[19]. Einheit und Unterschiedenheit zwischen dem *Urbild* »Schöpfer« und dem *Abbild* »Mensch« verhalten sich direkt proportional. Je mehr der Mensch mit seinem Schöpfer verbunden ist, desto mehr ist er »er selbst«: personales, mit wirklicher Freiheit begabtes »Gegenüber« Gottes.

Medium der Verbundenheit des einzelnen Menschen mit Gott ist im AT die Volksgemeinschaft. Das heißt: Die Gemeinschaft des einzelnen Israeliten mit Jahwe zeigt sich in seiner Solidarität mit der Volksgemeinschaft. Die gewöhnlich mit »Bund« übersetzte hebräische Vokabel $b^{e}ri^{y}t$ wurde zwar nachträglich auf das Verhältnis Jahwes zu Israel übertragen und erst relativ spät (innerhalb der deuteronomistischen Interpretation des Noach-, Abraham- und Levi-Bundes) zu einem theologischen Hauptbegriff[20]. Aber die Idee »Bund« ist so alt wie der Jahwe-Glaube[21]. Sie ist untrennbar von der Aussage, daß der Gott ebenbildliche Mensch *über* allen anderen Geschöpfen steht, indem er Gott antwortend die ganze Schöpfung vor ihrem Schöpfer vertritt. Die Würde des einzelnen besteht gerade darin, daß er neben der Verantwortung für sich selbst auch die für die Schöpfung, für seine Sippe, seinen Stamm und sein Volk trägt[22]. Die beiden Tafeln der zehn Gebote sind untrennbar; nur *indem* der Israelit mit seinem Nächsten in Familie, Sippe, Stamm und Volk solidarisch ist, bleibt er auch Jahwe treu[23].

Das hebräische Denken wird nicht verstanden, solange man vom Einzelnen statt vom Allgemeinen ausgeht[24]. Denn der Hebräer – so Josef Scharbert – »denkt ›in Ganzheiten, die visuell plastisch, nicht abstrakt, vor ihm stehen‹. ›Er sieht das Ganze im konkreten Detail; dieses repräsentiert die Ganzheit‹ ... Er sieht darum auch im Einzelglied eines sozialen Verbandes den ganzen Verband, in einer Generation die ganze Generationenfolge, im Stammvater alle von ihm abstammenden Personen.«[25] Für den Hebräer liegt das Allgemeine dem Individuellen logisch voraus. Das Allgemeine wird nicht aus dem Individuellen abstrahiert, sondern umgekehrt: Das Individuum ist mehr oder weniger eine Verkörperung des Allgemeinen. Der von Henry Wheeler Robinson aus der Rechtswissenschaft in die Theologie übertragene Terminus »korporative Persön-

[19] Vgl. J. Scharbert, Der Mensch als Ebenbild Gottes, bes. 251–258.

[20] Vgl. L. Krinetzki, Der Bund Gottes, 11–32; A. Deissler, Die Bundespartnerschaft des Menschen mit Gott, 206f; N. Füglister, Strukturen der alttestamentlichen Ekklesiologie, 59–63.

[21] Vgl. C. Levin, Die Verheißung des neuen Bundes, 11–13.

[22] Vgl. J. Hempel, Das Ethos des Alten Testaments, 39; J. L'Hour, Die Ethik der Bundestradition, 140.

[23] E. P. Sanders (Paulus und das palästinensische Judentum, 70) nennt die Verschränkung von Volk und Einzelperson in der Bundesbeziehung »Bundesnomismus« und erklärt diesen Begriff mit der »Vorstellung, daß der Platz eines jeden Menschen im Plane Gottes durch den Bund begründet wird und daß der Bund als geziemende Antwort des Menschen dessen Befolgung der Gebote verlangt«.

[24] Vgl. T. Boman, Das hebräische Denken, 9–27.

[25] J. Scharbert, Solidarität in Segen und Fluch, 11.

lichkeit« bezeichnet Einzelpersonen als korporative Stellvertreter einer Gemeinschaft, nicht aber umgekehrt Gemeinschaftsgebilde als »Gesamtpersonen«. Eine alttestamentliche »corporate personality« ist deshalb keineswegs dasselbe wie eine »juristische Person«. Denn wenn Handlungsfähigkeit künstlich durch eine gesetzlich geregelte Bevollmächtigung hergestellt wird, kann nur von einer fiktiven Person und deren juristischer (niemals ethischer) Verantwortung die Rede sein. Robinson aber beschreibt mit dem Begriff »Korporativperson« die reale Anwesenheit einer Gemeinschaft in einem Individuum[26] – nicht so, als wäre das Individuum nur die »Erscheinung« der Gemeinschaft, sondern im Sinne einer direkten Proportionalität von Einheit und Unterschiedenheit der beiden Wirklichkeiten *»Individuum«* und *»Gemeinschaft«*. Denn je vollkommener ein Individuum eine bestimmte Gemeinschaft vertritt, desto mehr ist es beides zugleich: mit der vertretenen Gemeinschaft identisch *und* von ihr verschieden. Oder anders gesagt: Je mehr sich der Vertretende mit den von ihm Vertretenen identifiziert, desto ausgeprägter ist seine Individualität bzw. Differenz.

Robinson wendet den Begriff »Korporativperson« an auf die Repräsentanten des ganzen Volkes (Stammväter, Könige, Propheten, Priester), auf das Ich der Psalmen und der Gottesknechtlieder und auf die beschriebene Verschränkung von Volk und Einzelperson in der Bundesbeziehung.

Alle Bücher des AT – selbst die von einem ausgesprochenen Individualismus geprägten Weisheitsbücher[27] – beschreiben das Oberhaupt einer Familie als korporativen Stellvertreter der Seinen (Gen 6,18;12,17;19,12f;20,7; Richt 9,16–19;12,1;18,25; 1 Sam 3,12;20,16;22,16;24,22); in analoger Weise vertritt ein König sein Volk (1 Sam 12,14f; 2 Sam 6,21; 1 Kön 6,13). Sigmund Mowinckel hält es für erwiesen, daß im gesamten orientalischen Umfeld Israels der König in so hohem Grade Vertreter und Inkorporation der Gemeinschaft ist, daß zwischen König und Volk in vielen Beziehungen nicht genau unterschieden werden kann: »Ist der König fromm, so ist Gott dem Volke gnädig – denn in ihm sind sie alle fromm; ist er gottlos, so wird das Volk bestraft; denn seine Schuld überträgt sich auf das ganze Volk; (nach dieser Grundüberzeugung sind die Königsbücher geschrieben und ihr Stoff zurechtgelegt; dasselbe gilt auch von der Chronik). Ein glückliches Orakel an den König ist immer zugleich eine gute Verheißung an das Volk, an die Gemeinde Jahwes.«[28] Josef de Fraine unter-

[26] Vgl. H. W. Robinson, The Hebrew Conception of Corporate Personality, 50. – S. Mowinckel (Psalmenstudien I, 165) bezeichnet den Begriff »Korporativperson« als künstlich und spricht stattdessen vom alttestamentlichen »Groß-Ich«, in dem eine Gemeinschaft real enthalten ist, ohne in ihm aufzugehen. H. Mühlen (Una Mystica Persona, 86) nennt dieses Groß-Ich eine Wirklichkeit »nicht … *über* den vielen einzelnen, sondern eine Wirklichkeit *in* ihnen, die nur als dynamisches Beziehungsgeflecht *zwischen* ihnen verstanden werden kann«.

[27] Vgl. J. de Fraine, Adam und seine Nachkommen, 111f.

[28] S. Mowinckel, Psalmenstudien II, 299. – Zur Kritik an den Thesen der Londoner Schule (A. M. Hocart; S. H. Hooke) und der Uppsala-Schule (V. Grønbech; S. Mowinckel; J. Pedersen) über die israelitische Königsideologie vgl. J. Scharbert, Heilsmittler, 11–20.71–74.130–136.251–268.

scheidet[29] zwischen einem »Horizontalschema des Hauptes« (Hausvater; König) und einem »Vertikalschema des Ahnen« (Stammvater). Wenn unter Zeitgenossen eine bestimmte Gruppe in einem einzigen Vertreter Gestalt gewinnt, bleibt die Einheit dieser Korporativgemeinschaft an die Lebenszeit der Korporativpersönlichkeit gebunden. Wenn jedoch ein einzelner im voraus eine gegenwärtige oder zukünftige Gemeinschaft in sich trägt und in ihr fortlebt, reicht die Stellvertretung der Korporativpersönlichkeit über deren Tod hinaus (Gen 9,9f;12,2; Ex 32,10). Die Stellvertretung als solche kann in beiden Fällen als naturgegeben oder genealogisch bezeichnet werden. Denn sowohl der Stammvater, wie auch der Hausvater oder König erlangen ihre Stellung in der Regel auf Grund von Geburt und Geschlecht. Anders ein Priester: Wenn er für eine bestimmte Gemeinschaft betet oder opfert (1 Sam 22,11–19; Lev 8–10.16), handelt auch er als Korporativperson; aber die Stellvertretung beschränkt sich auf bestimmte Vollzüge seines Amtes[30]. Das gilt analog für den Propheten, der einer bestimmten Gemeinschaft durch bestimmte Worte und Taten dient. Wer das Prophetenamt übernimmt, folgt nicht nur einer besonderen persönlichen Berufung, sondern fühlt sich aufs innigste verbunden mit der Gemeinschaft, die seine Berufung bedingt (Ex 32,11–14.30–33; 1 Kön 19,14; Jes 37,4; Jer 8,7; 11,14;18,20;37,3;42,2; Ez 9,8; Hos 1–3; Am 7,1). Viele Exegeten beheimaten das Prophetentum im Kult. Jedenfalls scheint man den Ausdruck *nɔbi*^{yɔ} ursprünglich mehr oder weniger direkt auf eine große Fürsprache-Macht bezogen zu haben. Der Prophet »vertritt«, d. h. er »vergegenwärtigt« sein Volk, wenn er für es betet[31]; und als Korporativperson wird er auch zum Empfänger und Übermittler göttlicher Drohungen und Verheißungen.

Jede alttestamentliche Korporativperson ist ein Beispiel für das oben beschriebene Phänomen einer direkten Proportionalität von Einheit und Unterschiedenheit der beiden Wirklichkeiten »Individuum« und »Gemeinschaft«. Denn jede alttestamentliche Korporativperson realisiert ihr eigenes Wesen in dem Maße, in dem sie eine ihr zugehörige Gemeinschaft vertritt. Sie vermittelt Heil[32] durch ihr »Für-Sein« (indem sie andere vertritt bzw. »sich für sie einsetzt«). Und umgekehrt: Sie vermittelt Unheil durch das »Für-sich-selbst-Sein« (indem sie sich so an die Stelle anderer setzt, daß diese verdrängt oder gar ersetzt werden). Weil das »Für-Sein« zugleich Gehorsam gegenüber Jahwe ist und umgekehrt das »Für-sich-selbst-Sein« Gottlosigkeit (Ohne-Jahwe-sein-Wollen) bedeutet, umfaßt die Stellvertretung einer alttestamentlichen Korporativperson immer zwei voneinander untrennbare Dimensionen: die Gemeinschaft der Person des Stellvertreters sowohl mit Jahwe wie mit

[29] Vgl. J. de Fraine, Adam und seine Nachkommen, 25f.

[30] Vgl. J. Scharbert, Heilsmittler, 136–138.151–153.268–280.

[31] Vgl. N. Johansson, Parakletoi, 4–7; J. Scharbert, Die Fürbitte, 321–338; ders., Heilsmittler, 138–141.150f.280294; A. Deissler, Stellvertretung als Prinzip der Heilsgeschichte, 340–343.

[32] Sinn jeder alttestamentlichen Korporativperson ist die Vermittlung von »Heil« *(šɔlo*^{w}*m)*; und dieses Heil besteht zunächst in irdischen Gütern: Land, Freiheit, Recht, Frieden, erfülltes Leben, Nachkommen. Die Korporativperson selbst wirkt nicht das Heil, ist aber »die Einbruchstelle der *b*^{ə}*rɔkɔ*^{h}, des göttlichen Segens« (J. de Fraine, Adam und seine Nachkommen, 142).

seinem Volk. Wenn sich die Korporativperson den Geboten Jahwes gemäß verhält, wird sie zur »Einbruchstelle« von Heil; wenn sie sündigt, ist die Verletzung oder Zerstörung ihrer Gemeinschaft mit Jahwe immer auch ein Vergehen gegen die Menschen, zu denen sie blutsmäßig gehört oder für die sie von Amts wegen da sein soll. Davids Mord an Urija führt zu der Weissagung Natans: »So soll nun das Schwert nimmermehr *aus deinem Hause* weichen zur Strafe dafür, daß du mich verachtet und das Weib des Hethiters Urija genommen hast, damit es dein Weib sei« (2 Sam 12,10). Als David auf sich bezogen (egoistisch) statt als Korporativperson (auf seine Untertanen bezogen) handelt, verachtet er Jahwes Gebot und verschließt damit auch die »Einbruchstelle«, die er als König für Jahwes Heilszuwendung an sein Volk sein soll.

Auch wenn nicht der Stammvater, das Familienoberhaupt oder der König, sondern ein »einfaches« Mitglied der jeweiligen »Korporativgemeinschaft« sündigt, hat sein Tun Folgen nicht nur für den Sünder selbst[33]. Was für eine Korporativperson in potenziertem Maße gilt, das gilt in relativer Weise für jedes Glied des Volkes Israel. So heißt es z. B. in Jos 7,1: »Achan, der Sohn Karmis, des Sohnes Sabdis, des Sohnes Serachs, aus dem Stamme Juda, nahm von dem, was unter den Bann fiel, und der Zorn Jahwes entbrannte *gegen die Israeliten.*« Weil die beiden Tafeln des Sinaibundes für jeden einzelnen Israeliten die Gemeinschaft mit Jahwe an die Gemeinschaft mit dem Nächsten knüpfen, ist Stellvertretung nicht nur Aufgabe einzelner Korporativpersonen, sondern ein alle erfassendes Prinzip. Jeder Israelit ist von Jahwe an eine bestimmte »Stelle« gerufen, an der er durch Treue gegenüber dem Bundesgesetz zum Segen oder durch Untreue zum Unheil nicht nur für sich, sondern auch für das (wenn auch meistens nur sehr partiell) von ihm vertretene Volk wird. Jeder einzelne Israelit tritt auf je einmalige Weise »an die Stelle« des Volkes *und* des geschichtlichen Faktums »Bund«. Anders gesagt: Von jedem Israeliten, der den Willen Jahwes tut, werden mindestens zwei der genannten drei Grundformen »eigentlicher Stellvertretung« realisiert: die direkte Proportionalität von Einheit und Unterschiedenheit zwischen Individuum und Gemeinschaft *(persona corporativa) und* zwischen Vergangenheit und Zukunft *(traditio)*. Denn indem das einzelne Glied sein je einmaliges Für-Sein für die Gemeinschaft lebt, tritt es gleichzeitig so »an die Stelle« des Bundes zwischen Jahwe und seinem Volk, daß es in der Erinnerung an den Anfang des Bundes (Abraham; Sinai) dessen Zukunft (das verheißene Gottesreich) antizipativ vergegenwärtigt.

[33] Alfons Weiser (Der Tod Jesu, 62) hat deshalb einen neuen Begriff geprägt: »kooperative Persönlichkeit«. Er besagt, »daß die Glieder einer Gemeinschaft – z. B. Familie, Sippe, Stamm, Volk – Anteil haben an den Beziehungen ihres Repräsentanten – z. B. des Familienoberhauptes, Stammvaters, charismatischen Führers – zu Gott«.

b) Sühne als Rückkehr des Sünders an seine »Stelle« im Bund zwischen Jahwe und Israel

Weil jede Sünde im AT eine Ordnung verletzt, die von Jahwe zum Heil der Gemeinschaft seines Volkes gesetzt ist, hat sie immer mehr oder weniger gravierende Konsequenzen für alle.

Diese Konsequenzen sind in der Geschichte der alttestamentlichen Exegese lange Zeit ganz unterschiedlich interpretiert worden. Bis zur Aufklärung wurden Heil und Unheil vornehmlich als erzieherisches Instrumentarium (Strafe als »Abschreckung«) Jahwes gegenüber Israel verstanden. Dann trat – nicht auf Grund exegetischer Forschung, sondern unter dem überragenden Einfluß der Kantschen Ethik – der Vergeltungsgedanke in den Vordergrund. Noch Walther Eichrodt nannte die individuelle Vergeltung (Belohnung oder Bestrafung) ein im alten Israel tief eingewurzeltes und selbstverständliches Prinzip[34]. Erst die bahnbrechenden Studien des dänischen Orientalisten Johannes Pedersen stellten die Annahme eines allumfassenden Vergeltungsprinzips in Frage[35]. Pedersen unterscheidet von der richterlich verhängten Vergeltung die in der Lebensauffassung des nomadischen Israel verwurzelte Vorstellung von einem unmittelbaren Zusammenhang der Tatfolge mit der Tat. Kark Hjalmar Fahlgren bestätigt die Existenz eines Tun-Ergehen-Zusammenhangs, indem er für alle alttestamentlichen Bezeichnungen von Unrecht nachweist, daß sie nicht nur das Böse, sondern auch dessen Folge bezeichnen[36]. Klaus Koch zeigt, daß auch die Weisheits- und Prophetenbücher vom Prinzip der »schicksalwirkenden Tatsphäre« beherrscht sind und erst durch ihre Übersetzung ins Griechische im Sinne des Vergeltungsdenkens verfälscht wurden[37]. Sein Hauptargument: Das AT kennt kein einziges Wort für »Strafe«[38]. Gerhard v. Rad stellte sich auf die Seite Kochs[39]; aber Hartmut Gese, Henning Graf Reventlow und besonders Josef Scharbert drängten auf eine Korrektur der nach ihrer Auffassung von einem Extrem ins andere geratenen Koch-These[40]. Für sie ist die Folge einer menschlichen Tat immer auch eine Fügung Gottes. Auch Friedrich Horst und Rolf Knierim wenden sich gegen die alternative Sicht von Strafe als göttlich verhängtem Recht oder immanenter Konsequenz der bösen Tat[41]. Doch eine wirkliche Vermittlung beider Positionen gelingt erst Adrian Schenker. Gestützt auf die von Ludwig Köhler[42] und Horst Seebass[43] vertretene These, daß es der alttestamentlichen Offenbarung primär um

[34] Vgl. W. Eichrodt, Theologie des Alten Testaments I, 39[19]. 157.256.

[35] Vgl. J. Pedersen, Israel, its Life and Culture I/II, bes. 378–421; ders., Seelenleben und Gemeinschaftsleben, 47f.

[36] Vgl. K. H. Fahlgren, Die Gegensätze von ṣ^{e}dɔqɔ^{h} im Alten Testament, 87–120.

[37] Vgl. K. Koch, Gibt es ein Vergeltungsdogma im Alten Testament?, bes. 132–140.

[38] Ebd. 164.

[39] Vgl. G. v. Rad, Theologie des Alten Testaments I, 277–279.396–399; ders., Weisheit in Israel, 170–182.252f.

[40] Vgl. H. Gese, Lehre und Wirklichkeit in der alten Weisheit, bes. 33–50; H. Graf Reventlow, »Sein Blut komme über sein Haupt«, bes. 429f; J. Scharbert, Das Verbum »SLM«, bes. 322–324.

[41] Vgl. F. Horst, Recht und Religion, bes. 186–188; R. Knierim, Die Hauptbegriffe der Sünde im Alten Testament, bes. 73–80.

[42] Vgl. L. Köhler, Theologie des Alten Testaments, 201.

[43] H. Seebass (Der Gott der ganzen Bibel, bes. 102–113) vertritt die These, daß die alttestamentliche Ethik kein »Strafbedürfnis« (102) kennt, daß auch das Talionsgesetz ursprüng-

eine Darstellung der Gnade des Bundes und nicht um das durchgängige Prinzip ausgleichender Gerechtigkeit geht, erklärt Schenker die Buße des Sünders als das von Jahwe gewährte Mittel, Subjekt der eigenen Versöhnung zu werden. Jahwes verzeihende Gnade besteht dann nicht in einer Aufhebung der Vergangenheit des Sünders, sondern im Gewähren einer Zukunft, die der Sünder selbst realisieren muß, indem er gegen den Widerstand des von ihm verursachten Unheils an seine (ihm von Jahwe im Bund mit Israel zugedachte) »Stelle« der Heilsvermittlung zurückkehrt[44].

Die neuere exegetische Forschung gelangt zu dem Konsens, daß Gottes Handeln im AT immer ein bundesgemäßes Handeln ist – auch gegenüber dem Sünder; denn dieser ist keineswegs Objekt, sondern Subjekt der von Jahwe gewährten Versöhnung. Mit dem Begriffsfeld des hebräischen *»kippɛr«* (in der Septuaginta *»ἐξιλάσκεσθαι«*) – deutsch: »Sühne«[45] – wird im AT gleichzeitig ein Tun Jahwes *und* ein Tun des Sünders bezeichnet[46]. Im Zeichen eines bestimmten Ritus schenkt Jahwe dem Sünder die Möglichkeit, sich selbst aus einem »Über-treter« in einen »Stell-vertreter« des Bundes »umzukehren«. Zwar werden die hebräischen Worte für »Sühne« in nachexilischer Zeit achtmal häufiger als in vorexilischer Zeit verwandt; aber daraus kann man nicht das Fehlen des Sühnegedankens in vorexilischer Zeit folgern (vgl. 1 Chr 6,34; 23,13; 2 Chr 29,20f; Jes 6,7; Jer 18,23). Der Zusammenbruch von 587 führt zu einem vertieften Sündenbewußtsein und zu der Frage nach dem »Wie« eines neuen Anfangs angesichts immer neuer Rückfälle. Die Antwort der Priester ist die unablässige Sühnemöglichkeit im neuen Tempel.

Die Sühneriten des nachexilischen Tempelkultes gelten als von Jahwe gestiftete Mittel zur »Wegnahme« der Schuld (Lev 10,17). Zu jedem Sühneritus gehört ein Opfer[47] und eine Besprengung mit dem Opferblut. Die oft verbreitete These, das Opfertier sterbe »stellvertretend« für den opfernden Sünder und erleide so dessen Strafe, wird von der jünge-

lich »eine Schadenersatz- und nicht eine Vergeltungsregel« (103) ist, und daß erst die Verhältnisse der Königszeit im »Heiligkeitsgesetz« zu einer Uminterpretation des Schadenersatz- durch den Vergeltungsgedanken führen.

[44] Vgl. A. Schenker, Versöhnung und Sühne, bes. 81–119.

[45] Das Wort »Sühne« entstammt der westgermanischen Rechtssprache. Es bezeichnet im Althochdeutschen vornehmlich das Gerichtsurteil bzw. die Entscheidung des Richters, aber auch die gnadenhaft gewährte Verzeihung; im Mittelhochdeutschen überwiegt die Bedeutung der versöhnlichen (vertraglichen) Beilegung eines Rechtsstreites. Im 17. Jh. verschwindet das Wort fast gänzlich aus der Umgangssprache, lebt aber im 18. Jh. wieder auf und bedeutet von da an aus der Perspektive des Richters Strafe, aus der Perspektive des Pönitenten eine seiner Schuld äquivalente Leistung (Wiedergutmachung oder Genugtuung). Vgl. J. Grimm – W. Grimm, Deutsches Wörterbuch X/4, 1012–1022.

[46] Vgl. B. Janowski, Sühne als Heilsgeschehen, 103–276.

[47] Während bei den »Schuldopfern« der Gedanke der Wiedergutmachung gegenüber der durch eine Schuld geschädigten Gemeinschaft überwiegt, steht bei den »Sündopfern« die Versöhnung mit Jahwe im Vordergrund. Vgl. J. Herrmann, Sühne und Sühneformen im AT, 309.

ren Forschung abgelehnt[48]. Das Tier ist nur »Medium« oder »Sakrament« der Rückkehr des Sünders in den Bund mit Jahwe. Wie der Opferpriester, so hat auch das Opfertier eine vermittelnde Funktion, ersetzt aber in keiner Weise das Tun des Sünders selbst. Der »Substitutionstheorie«[49] widerspricht schon die prophetische Kritik an allen Opfern, in denen der Opfernde nicht innerlich vollzieht, was er äußerlich tut. Der »Substitutionstheorie« widerspricht auch die Verbindung von Opfer- und Blutritus. Weil Blut Zeichen für den ist, der allein Leben geben und nehmen kann[50], bedeutet der Blutritus aller Sühneriten: Niemand kann sich die Vergebung aus eigener Kraft erwerben. »JHWHs Schuldvergebung ist *zuerst*; es ist eine voraussetzungslose Setzung, wie Lev 17,11b zeigt: ›Ich habe das Blut auf den Altar gegeben, damit es für eure Personen Vergebung der Schuld erwirke‹. Israel kann *danach* auf diese Gnade *antworten*, indem es sich durch seine Gabe nun seinerseits JHWH zuwendet. JHWHs Gnade, sein Vergebungsangebot, macht aber Israels Antwortgeschenk erst *möglich*!«[51]

Während es in den täglich dargebrachten Sündopfern um die Sühnung einzelner Sünden geht, hat der Ritus des Versöhnungstages[52] (nach der Rückkehr aus dem Exil der höchste Feiertag in Israel) die Entsühnung des ganzen Volkes zum Inhalt. Wichtigster Teil des »Jom-Kippur-Rituals« (Lev 16) ist die Besprengung der *kapporet* (im nachexilischen Tempel der Ersatz für die nicht wieder angefertigte Bundeslade und deshalb Stelle der Gegenwart Jahwes) mit dem Blut, das die Umkehr (Selbst-Hingabe) der Sünder bedeutet. Die unmittelbare Begegnung des Opferblutes und der *kapporet* ist für Israel so etwas wie ein »Sakra-

[48] Vgl. A. Schenker, Versöhnung und Sühne, 107f; ders., Sühne statt Strafe, 14f; B. Janowski, Sühne als Heilsgeschehen, 215–221, bes. 220; J. Blank, Weißt du, was Versöhnung heißt?, 32–36; F.-L. Hossfeld, Versöhnung und Sühne, 57f.

[49] Dazu vgl. die Kontroverse zwischen R. Dussaud (Les origines cananéennes du sacrifice israélitique, 14–30.117–124.144–159.328–330) u. A. Medebielle (L'Expiation dans L'Ancien Testament, 142–163) einerseits und A. Metzinger (Die Substitutionstheorie) u. D. Schötz (Schuld- und Sündopfer im AT) andererseits. Zusammenfassende Darstellung bei: L. Moraldi, Espiazione sacrificale, 90–98.

[50] Nach dem *ius talionis* gilt, daß Leben hingegeben werden muß für Leben (Ex 21,23). Blutschuld kann nur getilgt werden, wenn entweder Menschenleben (Ex 32,30; 2 Sam 21,1f) oder Tierleben dafür getötet wird (Deut 21,1–9). Wurde ein Mord begangen und der Täter blieb unbekannt, so konnte die Tat nur dadurch gesühnt werden, daß anstelle des unbekannten Täters ein anderes Leben hingegeben wurde. – In der Erklärung der sühnenden Kraft des Blutes gehen die Meinungen der Exegeten auseinander. Einige nennen das Blut als Zeichen der Sühne eine positive, nicht weiter hinterfragbare Setzung Jahwes (E. Lohse, K. Elliger, A. Cholewinski, H. C. Brichto). Andere beschreiben das Blut als reinigende oder apotropäische Kraft (L. Moraldi, St. Lyonnet/L. Sabourin, N. Füglister, D. J. McCarthy, B. A. Levine). In jüngster Zeit überwiegen Beiträge, die das Blut im AT als Abbild der Lebenshingabe eines schuldig gewordenen Menschen beschreiben (H. Gese, B. Janowski, J. Blank). A. Schenker versucht unter dem Titel »Die drei Dimensionen des Blut-Zeichens: Abbild, Gnade, Hingabe« (Das Zeichen des Blutes, 201–204) eine Art Synthese.

[51] A. Schenker, Das Zeichen des Blutes, 203; vgl. ders., Versöhnung und Sühne, 81–119.

[52] Literatur zum »Jom-Kippur-Ritual« bei: J. Blank, Weißt du, was Versöhnung heißt?, 43[45].

ment«[53] der personalen Versöhnung zwischen Jahwe und seinem Bundesvolk. Und noch ein weiterer Ritus des *Jom Kippur* wird in der neueren exegetischen Forschung als »Sakrament« der Wiederherstellung des Bundesverhältnisses zwischen Jahwe und Israel verstanden: der Sündenbock-Ritus, dessen Alter und Herkunft umstritten, der ursprünglich aber sicher ein magischer Vollzug ist. Die Sünde und deren Folge wird auf das Ersatzobjekt »Sündenbock« abgeladen, als wäre die Sünde eine numinose Substanz, die sich statt des Sünders auch eines ihr zur Verfügung gestellten Tieres bemächtigen kann. Die Vorstellung einer Übertragung der »Sündensubstanz« auf den Sündenbock bleibt auch im *Jom-Kippur*-Ritual präsent; aber dort kommt etwas Entscheidendes hinzu: Der Priester benennt die Sünde der Opfernden, stemmt die Hände auf das Opfertier (Lev 16,21)[54] und ruft den Namen Jahwes an[55]. Durch diese Anrufung wird deutlich: Nicht der Sündenbock, sondern Jahwe nimmt dem Sünder die Last der Schuld ab, und zwar so, daß der Sünder selbst innerlich vollziehen muß, was im Sündenbockritus äußerlich dargestellt wird: die Exilierung der Sünde.

Eduard Lohse spricht von einer »alttestamentlichen Grundregel«, wenn er feststellt: Im AT ist der Sünder so unbedingt selbst Subjekt des Sühnevorgangs, daß er sich darin unter keinen Umständen vertreten lassen kann[56]. Das geschlachtete Sündopfer (und analog der in die Wüste geschickte Sündenbock) vertritt ja nicht den opfernden Sünder, sondern ist nur »Medium« oder »Sakrament« eines interpersonalen Vorgangs zwischen Jahwe und dem Sünder. Sühne ist nicht der Ausgleich der Schuld des einen durch die Ersatzleistung (uneigentliche Stellvertretung) eines anderen, sondern ein von Jahwe gewährtes Mittel, durch das sich der Sünder selbst von einem Zerstörer in einen Stellvertreter des Bundes zwischen Jahwe und Israel »umkehren« kann.

c) Stellvertretende Sühne

Der von Adrian Schenker, Bernd Janowski und Josef Blank vertretenen These, der Sündenbockritus in Lev 16 sei so etwas wie ein »Sakrament« der Versöhnung zwischen Jahwe und dem sündigen Israel, widerspricht die von dem französischen Soziologen René Girard[57] vorgelegte Inter-

[53] A. Schenker, Sühne statt Strafe, 14.

[54] Kontrovers bleibt, ob in Lev 16 nur von einer Abwälzung der »materia peccati« (Klaus Koch) oder – im Ritus des Aufstemmens der Hände – auch von einer personalen Identifizierung des Sünders mit dem Sündenbock (so Hartmut Gese und sein Schüler Bernd Janowski) gesprochen werden kann. Hans Hübner (Sühne und Versöhnung, 285–305) hält es für möglich, daß die zweite die erste Auffassung integriert.

[55] In Lev 16 ist von diesem Anrufen nicht die Rede, wohl aber in anderen Quellen über den Verlauf des »Jom-Kippur-Rituals« (vgl. J. Blank, Weißt du, was Versöhnung heißt?, 52f).

[56] Vgl. E. Lohse, Märtyrer und Gottesknecht, 98.

[57] Vgl. R. Girard, Das Heilige und die Gewalt, bes. 402–456; ders., Das Ende der Gewalt, bes. 14–52; ders., Der Sündenbock, bes. 148–163.

pretation des Sündenbocks als des religionsgeschichtlichen Urphänomens aller Opferriten[58]. In jedem Menschen – so führt er aus – steckt von Anfang an die Versuchung, nachzuahmen und sich zu vergleichen. Aus dem Sich-Vergleichen aber erwächst Rivalität, aus der Rivalität Aggression, aus der Aggression Gewalt und aus Gewalt Zerstörung. Um sich nicht selbst zu zerstören, entwickelt jede von Gewalt beherrschte Gesellschaft geradezu instinktiv einen Ausweg: die Vereinigung der gegeneinander gerichteten Aggressionen und deren Entladung auf ein einziges Objekt, den Sündenbock. Dieser wird verbannt und zugleich sakralisiert, verflucht und zugleich als Befreier und Erlöser verehrt. In den Opfern aller Religionen erkennt Girard das Bestreben, den ursprünglich spontan entwickelten Sündenbockmechanismus zu ritualisieren und zu institutionalisieren. Opfer sind deshalb sakral verbrämte Gewalt; und die Einzigartigkeit Jesu Christi besteht für Girard in der Aufdeckung dieses Sachverhalts. Indem sich der ans Kreuz geschlagene »Sündenbock Jesus Christus« als das Gegenteil der Sünde, als absolute Liebe, offenbart, wird das Tun der ihn kreuzigenden Sünder als das entlarvt, was es ist: kein Gott wohlgefälliges Opfer, sondern das häßliche Gesicht der Gewalt bzw. Sünde.

Problematisch an dieser Interpretation ist die Gleichsetzung der Sünde mit einer Gewalt, die sich mit fast naturgesetzlicher Notwendigkeit entwickelt. Problematisch ist auch die monokausale Erklärung aller Opfer[59]. Aber in einem Punkt stimmt Girard mit den ihn kritisierenden Exegeten überein: Er nennt den Sündenbock in Lev 16 nicht Stellvertreter. Er erklärt ihn freilich auch nicht als »Medium« eines personalen Geschehens zwischen Jahwe und dem Sünder (Schenker), sondern als Opfer eines Gewaltmechanismus. Erst da, wo ein Sündenbock die auf ihn abgeladene Gewalt *freiwillig* auf sich nimmt und *als bedingungslose (absolute) Liebe* stärker ist als der kreuzigende Haß der Sünde, ist er nach Girard nicht mehr das Opfer[60], sondern der *Träger* fremder Schuld oder deren *Stellvertreter.*

Zunächst ist der Gedanke, daß eine Person auf dem Felde von Sünde und Sühne »an die Stelle« einer anderen Person treten kann, dem AT

[58] Dazu vgl. die Kontroverse zwischen Raymund Schwager und Adrian Schenker: Schenker, Versöhnung und Sühne, bes. 121–144; Schwager, Versöhnung und Sühne, 217–225; Schenker, Sühne statt Strafe, 12f[7].

[59] Zur Verteidigung Girards vgl. R. Schwager, Brauchen wir einen Sündenbock, 36–53; ders., Jesus im Heilsdrama, 222–232.

[60] R. Girard wendet sich gegen die Anwendung des Opferbegriffs auf das Kreuzesgeschehen: »Man sagt zwar, das Opfer Christi sei im Unterschied zu den anderen einmalig, vollkommen, endgültig. In Wirklichkeit aber erblickt man kaum mehr als die Identität und Kontinuität mit den früheren Opfern, da man nicht bis zum Opfermechanismus vordringt, mit dessen Aufdeckung sich alles ändert. Solange der christliche Artunterschied wie alle früheren religiösen Unterschiede in Opferbegriffe gefaßt wird, kann er auf die Länge bloß verblassen und verschwinden.« (Das Ende der Gewalt, 237). – Vgl. ders., Der Sündenbock, 283f.

völlig fremd. Wenn Abraham in Gen 18 sich bei Jahwe fürbittend für die Städte Sodom und Gomorra einsetzt, realisiert er die ihm als Korporativperson auf besondere Weise aufgetragene Stellvertretung des Bundes mit Jahwe, übernimmt aber deshalb nicht die Sünde bzw. Sündenfolge der Bewohner, für die er bittet. Auch wenn Mose in Ex 32,30–32 seine Bitte um Vergebung für die Anbeter des Goldenen Kalbes mit dem Hinweis verbindet, daß er im Falle der Nichterhörung das Schicksal seines Volkes teilen wolle, realisiert er nur die ihm selbst als Korporativperson aufgetragene Stellvertretung, tritt aber deshalb nicht an die Stelle der Sünder als solche. Dasselbe gilt für den Priester, der am Versöhnungstag im Namen des ganzen Volkes bittet und handelt; er realisiert nur die ihm als Korporativperson aufgetragene Stellvertretung, nimmt aber niemand die Sühne seiner Sünden ab, sondern ist Subjekt des Sühnevorgangs nur betreffs der eigenen Sünden[61].

Die Antwort Jahwes auf die von Mose in Ex 32 vorgetragene Bitte lautet: »Wer gegen mich gesündigt hat, nur den tilge ich aus meinem Buche« (Ex 32,33). Diesem Bescheid entspricht die prinzipielle Aussage in Deut 24,16: »Väter sollen nicht um der Kinder willen mit dem Tod bestraft werden. Ein jeder soll nur wegen seiner eigenen Schuld getötet werden.« Ein alttestamentlicher Prophet, der in der Realisierung seiner ihm als Korporativperson aufgetragenen Stellvertretung einen gewaltsamen Tod findet, stirbt nicht »an Stelle« derer, die ihn ermorden[62]. Eines der Grundmotive der klassischen griechischen Literatur, der stellvertretende Opfertod *(ἀποθνήσκειν ὑπέρ; διδόναι ἑαυτὸν ὑπέρ)*, findet sich im jüdischen Schrifttum erst unter hellenistischem Einfluß[63].

Aus diesem Grunde ist das lange vor der Makkabäerzeit entstandene Lied vom leidenden Gottesknecht (Jes 52,13–53,12) einzigartig im gesamten AT. Klaus Koch spricht von einem »erratischen Block«[64]. Ob der Tod des Gottesknechtes (Jes 53,8f) ein stellvertretendes Sterben ist, kann nur vermutet werden; eindeutig aber sind die Aussagen über die stellvertretende Sühne des Ebed Jahwe: »Wahrlich, unsere Krankheiten hat er getragen, unsere Schmerzen hat er auf sich geladen; doch wir

[61] Vgl. A. Schenker, Versöhnung und Sühne, 116.

[62] Vgl. N. Brox, Zeuge und Märtyrer, 132–173; O. H. Steck, Israel und das gewaltsame Geschick der Propheten, passim. Lothar Ruppert (Der leidende Gerechte, 190f) vermerkt als Ergebnis seiner Untersuchung: »Die Fragen nach Existenz, Herkunft und Geschichte der geprägten Vorstellung vom Leiden des (bzw. der) Gerechten sind ... hinlänglich beantwortet ... Daß der (vor allem für das rabbinische Judentum belegbare) Gedanke des Sühneleidens (für sich und für andere) mit unserem, in seiner Endgestalt apokalyptischen Motiv nichts zu tun hat, geht aus dieser Teiluntersuchung deutlich hervor.«

[63] Während E. Lohse (Märtyrer und Gottesknecht, 64–112) die Bezeichnung eines Opfers als stellvertretende Sühne im palästinensischen Judentum beheimatet, spricht K. Wengst (Christologische Formeln und Lieder des Urchristentums, 55–104) von einer Synthese des griechischen Opfertodgedankens mit dem alttestamentlichen Sühnethema im Raum des hellenistischen Judentums. – Dazu auch: M. Hengel, Der stellvertretende Sühnetod Jesu, 1–25.135–147; H. S. Versnel, Jezus Soter – Neos Alkestis?, 219–242.

[64] K. Koch, Sühne und Sündenvergebung, 237.

hielten ihn für einen Geschlagenen, den Gott getroffen und gebeugt hat. Er ward durchbohrt um unserer Sünden willen, zerschlagen für unsere Missetaten. Zu unserem Frieden lag die Strafe auf ihm; durch seine Striemen ist uns Heilung geworden« (Jes 53,4). Unter den unzähligen Deutungen des Gottesknechtes[65] dominierte lange Zeit die Ableitung des Ebed Jahwe aus religionsgeschichtlichen Vorbildern[66]. Vor allem skandinavische Exegeten behaupteten Ähnlichkeiten des Ebed mit dem sterbenden und auferstehenden Vegetationsgott, der im alten Orient unter verschiedenen Namen als Tammuz, Eschmun, in hellenistischer Zeit als Adonis, bekannt ist. Dem Hinabsteigen des Tammuz in die Unterwelt als Voraussetzung für Fruchtbarkeit und Segen soll das Leiden und Sterben des Ebed als Heil für Israel entsprechen. Ähnliche Parallelen sah man im babylonischen *akitu*- oder Neujahrsfest und in hethitischen, babylonischen und assyrischen *sarpuhi*- (= Ersatzkönig) und *salampuhi*- (= Ersatzbild) Texten, in welchen den zürnenden Göttern für ihre Strafe oder Rache ein Ersatzkönig oder Ersatzbilder zur Verfügung gestellt werden. Aber im Unterschied zum deuterojesajanischen Gottesknecht sind diese Ersatzgestalten austauschbar. Ihre Funktion ist völlig unabhängig von ihrem eigenen Willen und Einverständnis. Sie können vielleicht als Sündenböcke, nicht aber als Träger stellvertretender Sühne gelten[67].

Der deuterojesajanische Gottesknecht hat keine überzeugende religionsgeschichtliche Parallele. Deshalb spricht vieles dafür, daß seine Gestalt die Suche der ins babylonische Exil verschleppten Juden nach einer Sühnemöglichkeit beantwortet, die nicht an den Ort des Jerusalemer Tempels und dessen liturgischen Kalender gebunden ist. Der Ebed Jahwe erscheint dann als Korporativperson, die nicht nur ihre spezifische Verantwortung (Stellvertretung) für den Bund Jahwes mit Israel realisiert, sondern darüber hinaus die Folge fremder Schuld (fremder Verweigerung von Verantwortung bzw. Stellvertretung) freiwillig auf sich lädt. Der Gottesknecht ersetzt nicht die vom Sünder selbst zu vollziehende Sühne; er zwingt niemanden zur Umkehr; aber in ihm trifft die böse Aggression (Gewalt) der Sünde auf das tragende Leiden einer Liebe (Gewaltlosigkeit), die dem Sünder – wenn er sie annimmt – eine neue Stelle im Bund (erneuerte Gemeinschaft mit Gott und dem Nächsten) und damit wieder Zukunft eröffnet[68]. So realisiert der Ebed Jahwe auf einzigartige Weise zwei der drei genannten Grundformen »eigentlicher

[65] Vgl. H. Haag, Der Gottesknecht, 34–167.

[66] Vgl. J. Scharbert, Stellvertretendes Sühneleiden, 190–213.

[67] »In den Gottesknechtliedern des Isaias-Buches aber ist es Jahwe selbst, der dem Knecht die Mittler- und Sühnerolle zuweist, und es ist eine aus freier persönlicher Entscheidung geborene sittliche Tat des Ebed Jahwe, sein bewußtes und opferbereites Tragen des mit seiner Aufgabe verbundenen Leidens, das Jahwe versöhnt.« (Ebd. 209f).

[68] Vgl. E. Haag, Die Botschaft vom Gottesknecht – ein Weg zur Überwindung der Gewalt, bes. 200–202.

Stellvertretung«: Er vertritt als Korporativperson[69] sein Volk so, daß er in dem Maße, in dem er sich selbst (seine einmalige Verantwortung) verwirklicht, auch Gemeinschaft der Israeliten mit Jahwe und untereinander ermöglicht. Er praktiziert, was er verkündet: unbedingte Solidarität mit dem eigenen Volk aus Treue zum Bundesgesetz Jahwes. Anders gesagt: Er »tradiert« das Bundesgesetz durch »traditio« seiner selbst für das Volk. Er tritt so »an die Stelle« des Bundes, daß dessen Anfang in seiner Person Gegenwart wird und dem Sünder Zukunft (Heil) ermöglicht.

d) Das Bewußtsein des historischen Jesus, Stellvertreter zu sein

Die kaum noch überschaubare exegetische Literatur zu der Frage, ob Jesus Christus sich als neuen Ebed Jahwe, als Vollender aller alttestamentlichen Sühne und zum Sterben verurteilten Stellvertreter verstanden und gewußt hat, kann hier nicht angemessen erörtert werden. Viele Aspekte dieser Diskussion werden in der Darstellung bedeutender Theologen im dritten und vierten Kapitel zur Sprache kommen. Hier genügt zunächst die Feststellung, daß es im AT (stellvertretende Sühne des Gottesknechtes), im Judentum der Zeit Jesu (Martyrer-Motiv) und in der hellenistisch geprägten Umwelt (Opfertod-Gedanke) Traditionen gab, die eine soteriologische Deutung von Passion und Kreuz nahelegen. Bevor wir aber einzelne Sühneaussagen des NT untersuchen und Jesu eigenes Todesverständnis befragen, prüfen wir, ob sich Jesus im Sinne einer alttestamentlichen Korporativperson als Stellvertreter des Alten Bundes verstanden hat.

Dafür sprechen vor allem folgende Argumente: 1) Wie für Israel, so ist auch für Jesus der Wille Gottes oberste Richtschnur. Er bezweifelt nicht den Anspruch des Gesetzes, Gottes Willen zu tradieren; aber er wirft den herrschenden Autoritäten vor, das Gesetz zu pervertieren. Deshalb beansprucht er seinerseits, das Gesetz des Bundes zwischen Jahwe und Israel so unbedingt zu vertreten, daß man an ihm selbst dessen wahre Bedeutung (den Willen Jahwes) ablesen kann[70]. – 2) Jesus Christus offenbart sich als vollkommener Stellvertreter des Bundes durch die radikale

[69] Der Gottesknecht »ist zunächst ein rechtschaffener Israelit, aber kein gewöhnliches Glied des Volkes, sondern dessen Führer, der den Bund Gottes mit Israel in seiner Person verkörpert (Jes 42,6;49,8). Zugleich ist er zum künftigen *Großkönig* der Völker ausersehen … Ihm huldigen die Völker und Könige und erkennen ihn als Weltherrscher an (Jes 49,7;52,13–15). Der Bezug des Großkönigs zu seinen Untertanen ist aber nicht nur juristisch-politischer Art, sondern darüber hinaus ›existential‹ oder ›ontologisch‹; der Knecht ist ›Licht der Völker‹ und damit schlechterdings lebensnotwendig (Jes 42,6;49,6). Der vielberufene und viel mißbrauchte Begriff der ›körperschaftlichen Persönlichkeit‹ (corporate personality) ist hier durchaus angebracht.« (K. Koch, Sühne und Sündenvergebung, 236).

[70] Vgl. A. Vögtle, Wie kam es zum Osterglauben?, 71; H. Schürmann, Jesu ureigener Tod, 35; ders., Gottes Reich – Jesu Geschick, 197.203–222.

Vereinigung von Gottes- und Nächstenliebe (Mk 9,35 parr)[71]. – 3) Jesus entkleidet durch seinen Anspruch, Sünden vergeben zu können (Mk 2,1–12 parr), den Tempel als Sühneinstitution und die Tora als oberste Norm ihrer absoluten Heilsvermittlungsfunktion. Kein jüdischer Martyrertod vor Christus hat das Sühnemonopol des Jerusalemer Tempels in Frage gestellt. Aber Jesu Tod wurde schon vor Entstehung der ersten Paulusbriefe (Röm 3,23–25) als neuer Versöhnungstag *yo*^{w}*m kippuri*^{y}*m* im Sinne einer Vollendung seiner Botschaft von der Vergebung der Sünden verstanden[72]. – 4) Jesus Christus ist als Korporativperson, die die ihr aufgetragene Stellvertretung des Bundes zwischen Jahwe und Israel vollkommen erfüllt, nicht nur eine unter anderen »Einbruchstellen« von Heil und Zukunft. Er sagt von sich, daß er das vom Bundesgott verheißene Heil und die vom Bundesgott verheißene Zukunft Israels (= *βασιλεία τοῦ ϑεοῦ*) »in persona« *ist*[73].

Jesus Christus tritt so »an die Stelle« des Alten Bundes, daß sich dessen

[71] Vgl. H. Patsch, Abendmahl und historischer Jesus, 219; P. Fiedler, Jesus und die Sünder, 280; A. Vögtle, Der verkündigende und der verkündigte »Christus«, 58; H. Schürmann, Jesu ureigener Tod, 32; ders., Gottes Reich – Jesu Geschick, 207.

[72] H. Merklein (Der Tod Jesu als stellvertretender Sühnetod, 185–188; Der Sühnetod Jesu, 166–175) betont, daß »die kulttypologische Deutung des Todes Jesu durch das hellenistische Judentum – einschließlich der daraus folgenden Hinwendung zu den Heiden und der Aufhebung der Kult- und Reinheitstora – zu den wesentlichen Voraussetzungen des paulinischen Denkens gehört« (Der Tod Jesu als stellvertretender Sühnetod, 188). Dagegen formuliert C. Breytenbach das Ergebnis seiner Studie zur paulinischen Soteriologie mit dem Fazit: »Im hellenistischen Judenchristentum wird der Tod Jesu unter Zuhilfenahme von Jes 52,13–53,12 LXX als der Tod eines Gerechten, der stellvertretend Sühne bewirkt, verstanden, ohne daß der Gedanke eines kultischen Opfers dabei eine Rolle spielte.« (Versöhnung, 215). Merklein, der die Mehrzahl der Exegeten auf seiner Seite weiß, unterstreicht, daß eine Typologie »nicht das Ritual des Versöhnungstages am Kreuz neu etablieren, sondern gerade dessen Überbietung zum Ausdruck bringen will« (Die Bedeutung des Kreuzestodes Christi, 33; vgl. ders., Der Sühnetod Jesu, 164). Über Schürmann und Merklein hinaus (vgl. K.-H. Menke, Rezension zu: J. Blank – J. Werbick, Sühne und Versöhnung, 317) geht J. Blank mit seiner These, daß die »christologisch-soteriologische Konzentration des Sühnewesens auf die Person Jesu Christi ... der entscheidende Schritt [war], der die christliche Gemeinde vom Judentum schied« (Weißt du, was Versöhnung heißt?, 78). Das Zerreißen des Tempelvorhanges (Verkleidung der *kapporɛt*, des am Jom Kippur mit Blut besprengten Ortes der Versöhnung) nach dem Tode Jesu (Mt 27,50f; Mk 15,37f) wird von Blank als symbolischer Hinweis auf die Ablösung des Jerusalemer Tempels durch Jesus Christus gedeutet (vgl. ebd. 90).

[73] A. Vögtle (Der verkündigende und der verkündigte »Christus«, 46) bezeichnet die *βασιλεία*-Botschaft Jesu als »Kontinuum zwischen dem verkündigenden und dem verkündigten Jesus«. So vertraut den Zeitgenossen Jesu der Begriff der *βασιλεία τοῦ ϑεοῦ* war, so befremdend mußte die neutestamentliche Füllung dieses Begriffs scheinen: 1) Jesus hat kein politisch-theokratisches Programm, sondern er weiß sich von seinem Vater (vgl. J. Jeremias, Abba, 15–67) zu den Sündern gesandt (vgl. P. Fiedler, Jesus und die Sünder, 97–269). – 2) Die Geschichte seiner *βασιλεία* ist sein eigenes »Geschick«. Denn das Heil, das er verkündet, ist er selbst (vgl. H. Schürmann, Jesu ureigener Tod, 121–155; ders., Gottes Reich – Jesu Geschick, 11–64.246–251). – 3) Deshalb ist die *βασιλεία* nicht erst zeichenhaft, sondern real angebrochen. H. Merklein (Die Gottesherrschaft, 166) spricht von einem »Ein-Stand« der *βασιλεία* in Jesus, deren Vollendung noch »aus-steht«. – 4) Der von den Gleichnissen des NT geschilderten »Niedrigkeitsgestalt« einer kleinen, verborgenen, gefährdeten, bekämpften und verfolg

Verheißung, die *βασιλεία τοῦ θεοῦ*, in ihm als *σωτηρία* erweist. Die biblische »*σωτηρία*« aber bedeutet im Unterschied zur römischen »*salus*«[74] ein Heil, das als Gabe zugleich Aufgabe und als Gegenwart zugleich Zukunft ist. Anders gesagt: Christus tritt nicht so »für die anderen« (für sein Volk) ein, daß er diese in sich aufhebt, sondern im Gegenteil: Er befähigt zum »Selbstsein« und zur Öffnung der Gegenwart für die Zukunft. Er ist *persona corporativa* im Sinne einer direkten Proportionalität zwischen sich als Individuum und »den anderen«, die er vertritt; und er ist *traditio* des Bundes im Sinne einer direkten Proportionalität zwischen dessen Zukunft (Gottesherrschaft) und Vergangenheit (Noach-, Abraham- und Levi-Bund).

e) Die stellvertretende Bedeutung von Jesu Leiden und Sterben

Wenn Jesus Christus das allein von Gott her anbrechende Heil *ist*, dann ist Gott selbst in ihm für sein Volk da, und zwar in seinem Leben *und* Sterben; dann sind auch die auf Jesu Tod bezogenen Sühneaussagen des NT keine bloß nachträgliche Deutung, sondern Reflexionen der Verkündigung Jesu selbst[75].

Anders gesagt: Wenn Jesus sich als »das Reich Gottes in Person« wußte, und wenn sich nach Meinung der Mehrzahl aller Exegeten eine wie auch immer geartete Trennung von Person und Wirken (Sache) Jesu verbietet, dann muß er selbst seinem Tode soteriologische Bedeutung beigemessen haben[76].

Ob sich auch eine Tradition des Todes Jesu ohne soteriologische Deutung nachweisen läßt[77], kann hier nicht geprüft werden. Wir gehen von den drei Deutungsansätzen aus, die Jürgen Roloff – und mit ihm die Mehrheit der Exegeten – unterscheidet[78]: 1) Das Kontrastschema der Apostelgeschichte: Die Menschen haben Jesus getötet, Gott aber hat ihn auferweckt. Die Treue Gottes zu seinem »leidenden Gerechten« steht im

ten *βασιλεία* entspricht die »Knechtsgestalt« Jesu (vgl. R. Schnackenburg, Gottes Herrschaft und Reich, 49–76).

[74] Vgl. C. Andresen, Erlösung, in: RAC VI (1966) 163–165; N. Brox, Sôtêria und Salus, 273–279. – Zur eschatologischen Dimension des biblischen Heilsbegriffs s. auch: W. Pannenberg, Systematische Theologie II, 443 f.

[75] Vgl. F. Hahn, Methodologische Überlegungen, 51; P. Stuhlmacher, Jesus von Nazareth, 53–56.

[76] H. Schürmann (Gottes Reich – Jesu Geschick, 223; vgl. ders., Jesu ureigener Tod, 46–65) resümiert: »So oder so: wer Jesus ein Bewußtsein als dem absoluten Heilbringer zuschreibt, muß ihm nicht nur ein Wissen um die Heilsbedeutsamkeit seines Todes, sondern konsequent auch ein ›ureigenes‹ Todesverständnis zusprechen.« – Dieses Urteil richtet sich vor allem gegen P. Fiedler (Jesus und die Sünder, 279–281), A. Vögtle (Todesankündigungen und Todesverständnis Jesu, 67–80) und H. Kessler (Die theologische Bedeutung des Todes Jesu, 325–329; ders., Erlösung als Befreiung, 43–60). Dazu: R. Schwager, Jesus im Heilsdrama, 127–148.

[77] Vgl. H. Kessler, Die theologische Bedeutung des Todes Jesu, 235–241.

[78] Vgl. J. Roloff, Anfänge der soteriologischen Deutung des Todes Jesu, 38–43.

Vordergrund, nicht die Heilswirkung des Kreuzes; deshalb fehlt der Sühnegedanke. – 2) Das heilsgeschichtlich-kausale Schema der synoptischen Passionsberichte: »Mußte nicht der Messias dieses leiden und so in seine Herrlichkeit eingehen?« (Lk 24,26). Der faktische Ablauf der Heilsgeschichte wird mit Gottes Willen begründet, aber nicht eigentlich als stellvertretende Sühne erklärt. – 3) Das final-soteriologische Schema der *ὑπέρ*-Formeln (Rückgriff auf Jes 53) in den Paulusbriefen (Gal 1,4; Röm 4,25;5,8;8,32; 1 Kor 15,3 f; Eph 5,2) und im Kontext der Abendmahlsparadosis (Mk 10,45;14,24; Lk 22,27). – Während Hans Kessler ein zeitliches Nacheinander dieser Deuterichtungen annimmt und die paulinische Darstellung des Kreuzes als relativ späte, apologetisch motivierte »Auseinandersetzung mit einem hellenistisch- (heiden- und juden-) christlichen Vollendungsenthusiasmus« oder »einem (synkretistisch-) judenchristlichen Nomismus«[79] bezeichnet, vermuten Jürgen Roloff und Heinz Schürmann, daß die soteriologische Deutung des Todes Jesu in der Einheit von Lehre und Leben Jesu wurzelt und auf eine sehr alte Schicht der Herrenmahlstradition zurückgeht. Sie betrachten auch das Glaubensbekenntnis von 1 Kor 15,3–5[80] als Dokument einer sehr frühen Interpretation des Kreuzestodes im Sinne stellvertretender Sühne. Wenn es dort heißt, daß Christus der Schrift gemäß *(κατὰ τὰς γραφάς)* »für unsere Sünden« gekreuzigt, begraben und auferweckt wurde, legt sich ein Vergleich mit Jes 53 und ein Verständnis der griechischen Präposition *ὑπέρ*[81] im Sinne von »an unserer Stelle« nahe.

Auch mit den Deuteworten der eucharistischen Doppelhandlung (Mk 14,22.24 / Mt 26,26.28 und Lk 22,19f / 1 Kor 11,24f) verbindet die Mehrzahl der Exegeten den Gedanken stellvertretender Sühne[82]. Differenzen bestehen zwar immer noch im Verständnis der Sühne selbst[83]; aber angesichts der alttestamentlichen Studien von Hartmut Gese, Adrian

[79] H. Kessler, Die theologische Bedeutung des Todes Jesu, 325.

[80] Nach F. Hahn (Christologische Hoheitstitel, 199) und E. Lohse (Märtyrer und Gottesknecht, 113) ist das Bekenntnis palästinensischen, nach H. Kessler (Die theologische Bedeutung des Todes Jesu, 270–272) antiochenischen Ursprungs.

[81] Vgl. paulinisch 1 Thess 5,10; Gal 1,4;2,20;3,13; Röm 5,6; 8,35.37;14,15; 1 Kor 1,13; 11,23–26;15,3; 2 Kor 5,14f.21; außerdem Eph 5,2.25; 1 Tim 2,6; Tit 2,14; Hebr 2,9; außerhalb des Corpus Paulinum: 1 Petr 2,21; Mk 10,45;14,22–25; Mt 26,26–29; Lk 22,19f; Joh 6,51;10,11.15;11,50–52;13,1;15,12f;17,19;18,14. – Dazu: F. Hahn, Christologische Hoheitstitel, 55; H. Riesenfeld, *ὑπέρ*, 511–516. – Verwandt mit der Präposition *ὑπέρ* ist besonders das *περί* im Sinne von »zu Gunsten von, für, wegen« (vgl. H. Riesenfeld, *περί*, 54f), aber auch *διά* mit Akkusativ (vgl. A. Oepke, *διά*, 68f) und *αντί* mit Genitiv (vgl. F. Büchsel, *αντί*, 373). Doch hat die Präposition *ὑπέρ* den relativ größten Bedeutungsumfang (vgl. E. Lohse, Märtyrer und Gottesknecht, 131–135; J. Jeremias, Der Opfertod Christi, 206f; Y. Congar, Un peuple messianique, 120–125).

[82] Vgl. J. Jeremias, Die Abendmahlsworte Jesu, 216–223; H. Schürmann, Gottes Reich – Jesu Geschick, 209.244; M. Hengel, Der stellvertretende Sühnetod Jesu, 147; R. Pesch, Das Abendmahl und Jesu Todesverständnis, 186; J. Blank, Weißt du, was Versöhnung heißt?, 79–84; H. Merklein, Abendmahlstraditionen, 157–180; P. Stuhlmacher, Jesus von Nazareth, 73–78.

[83] Vgl. z.B. die Bemerkungen von A. Vögtle (Der verkündigende und der verkündigte Jesus

Schenker und Bernd Janowski bahnt sich auch hier ein Konsens an. Christi stellvertretende Sühne ist vor dem Hintergrund des Jom-Kippur-Rituals und der deuterojesajanischen Gottesknechtlieder keine Ersatzhandlung, kein Akt ausgleichender Gerechtigkeit oder die magische Übernahme fremder »Sündenmaterie«, sondern Konstituierung eines »neuen Bundes«. Bei Lk und in 1 Kor ist das sogenannte »Brotwort« mit dem Zusatz versehen: »für euch« bzw. »für euch hingegeben«; und im entsprechenden »Becherwort« wird die dargereichte Gabe als »der neue Bund in meinem Blute« bezeichnet. Auch das Becherwort in Mk und Mt spricht von der Erneuerung des Sinaibundes im Blute Christi; es deutet den bevorstehenden Kreuzestod Christi als das Opfer, das alle Sühneriten des Alten Bundes aufhebt und deshalb von universaler Bedeutung »für die Vielen« (Mk 14,24; Mt 26,28; vgl. Jes 53,12) ist. Mk 10,45[84] bezeichnet Christus als »Lösegeld für viele« und nimmt mit diesem Terminus unmittelbar Bezug auf die Sühnepraxis Israels. Mit einem Lösegeld *(kopεr)* konnte die einer bestimmten Schuld zugemessene Vergeltung gemildert, umgewandelt oder von einer anderen Person als dem Schuldner selbst übernommen werden. Diese Möglichkeit (Gnade vor Recht) gewähren aber konnte nur der Gläubiger. Christus als »Lösegeld für uns« bedeutet deshalb, daß der Gläubiger »Jahwe« auch zum Äußersten bereit ist, um Israel zu befähigen, seine Schuld einzulösen[85]. Dieses Äußerste ist Gottes Hintreten auf die Seite des Sünders in der Menschwerdung seines Sohnes. Christus *ist* die Einheit von Gott und Mensch; deshalb ist er nicht wie andere alttestamentliche Korporativpersonen ein mehr oder weniger vollkommener Stellvertreter des Bundes, sondern der Bund selbst. Er ist der Stellvertreter, der das *ist*, was er *vertritt*; und insofern »der neue Bund«[86]. Die Verbindung des Kelchwortes in Mk 14,24 mit dem Ausdruck »Bundesblut« erinnert »im Rahmen des Passamahles an Ex 24,8, wo Mose das ›Blut des Bundes‹ auf das Volk sprengt, um so den Sinai-Bund zwischen Gott und Israel zu vollziehen und zu besiegeln«[87]. Peter Stuhlmacher vermutet, daß das Kelchwort in Mk 14,24 auch darauf Bezug nimmt, daß Mose, Aaron und siebzig Älteste nach dem Blutritus auf den Sinai gestiegen sind, Gott »schauen« und vor ihm Mahl halten durften; denn Christus »will ... mit seinem Bundesblut nicht mehr nur den Sinaibund aufs neue bekräftigen,

»Christus«, 65–67) und H. Schürmann (Gottes Reich – Jesu Geschick, 199f[61]) zu: R. Pesch, Das Abendmahl und Jesu Todesverständnis, 185.

[84] Die Mehrheit der Exegeten bejaht den jesuanischen Ursprung von Mk 10,45. Vgl. J. Jeremias, Das Lösegeld für Viele, 216–229; H. Patsch, Abendmahl und historischer Jesus, 70–180; P. Stuhlmacher, Existenzstellvertretung für die Vielen, 27–42. – Kritisch äußern sich u. a. J. Roloff, Anfänge der soteriologischen Deutung des Todes Jesu, 50–62; R. Pesch, Das Markusevangelium II, 162–164; M.-L. Gubler, Die frühesten Deutungen des Todes Jesu, 231–237; W.-G. Kümmel, Jesusforschung, 330–337.

[85] Vgl. A. Schenker, Versöhnung und Sühne, 55–59.127–137; B. Janowski, Auslösung des verwirkten Lebens, bes. 44–59.

[86] Vgl. Ch. Levin, Die Verheißung des neuen Bundes, 257–279.

[87] P. Stuhlmacher, Jesus von Nazareth, 75.

sondern ›die Vielen‹ schon in jene Tischgemeinschaft einstiften, die ... dem Mahl auf dem Sinai endzeitlich entspricht und damit seine endzeitliche ›Erfüllung‹ (Lk 22,16) darstellt«[88]. Nach rabbinischer Erwartung wird ganz Israel beim Völkermahl auf dem Zion aus einem einzigen »Segensbecher« (Ps 116,13) trinken. Dieser Becher ist in den neutestamentlichen Abendmahlsberichten Christus, indem er die Stellvertretung, die er ist, zunächst den Zwölfen als den Repräsentanten des neuen Israel, und dann allen, die von seinem Leibe essen und von seinem Blute trinken, einstiftet.

Die »Einstiftung« der *αὐτοπαράδοσις* Christi in das »neue Israel« entspricht dem eingangs als »traditio« bezeichneten Grundmodell von Stellvertretung. Denn *παράδοσις* bzw. *traditio* bedeutet nicht nur die »Weitergabe« oder »Überlieferung« irgendeines Inhaltes, sondern die Inklusion der überliefernden in die *αὐτοπαράδοσις* der überlieferten Person; und deshalb in demselben Maße Antizipation des Zukünftigen (Inklusion aller Menschen in Christus) wie Anamnese des Vergangenen (Selbsthingabe Christi)[89]. Wiard Popkes unterscheidet vier Bedeutungen des neutestamentlichen Verbums *παραδιδόναι*: (1) Auslieferung durch Menschen; (2) Selbsthingabe Jesu; (3) Preisgabe bzw. Auslieferung des eigenen Sohnes durch Gott[90]; (4) Weitergabe des Empfangenen. Die vierte ist keineswegs von den drei erstgenannten Bedeutungen zu trennen. Dies beweisen besonders die beiden frühesten Fassungen des Abendmahlsberichtes (Mk 14 und 1 Kor 11). In 1 Kor 11,23 werden die verschiedenen Formen der »Auslieferung« unmittelbar mit der vierten Bedeutung (christliche »Überlieferung«) verbunden: »Ich habe nämlich vom Herrn empfangen, was ich euch überliefert habe: Der Herr Jesus nahm in der Nacht, da er überliefert wurde, Brot ...«. Durch die zweimalige Verwendung von *παραδιδόναι* im selben Vers drückt Paulus aus, daß die Stellvertretung Christi nur »tradieren« kann, wer sich in seine *αὐτοπαράδοσις* inkludieren läßt. Nach paulinischer Auffassung ist nur der Glied des Leibes Christi, der seine mit den Worten »dies ist mein Leib für euch« (1 Kor 11,24) bezeugte Hingabe in das eigene Leben »einbrennen«[91] läßt. Wie der

88 Ebd. 76.

89 Vgl. A. Vögtle, Zeit und Zeitüberlegenheit in biblischer Sicht, bes. 236–239.

90 Judas hat den Herrn an die Hohenpriester verraten *(παραδιδόναι* in Mk 3,19; 14,10f.18.21.44; Mt 26,15f.21.24.46.48; Lk 22,4.6.21f.48; Joh 13,21; 18,2.5; 1 Kor 11,23). Die Hohenpriester haben ihn den Heiden ausgeliefert *(παραδιδόναι* in Mk 10,33; 14,41; 15,1.10; Mt 20,18; 27,2.38; Lk 18,32). Pilatus hat ihn zur Kreuzigung freigegeben *(παραδιδόναι* in Mk 15,15; Mt 27,26; Lk 23,25; Joh 19,16). Und zugleich gilt: Christus selbst hat sich für uns *(ὑπὲρ ἡμῶν)* hingegeben *(παραδιδόναι* in Gal 2,20; Eph 5,2.25). Und der Vater hat seinen einzigen Sohn für uns *(ὑπὲρ ἡμῶν)* dahingegeben *(παραδιδόναι* in Röm 4,25; 8,32). – Vgl. W. Popkes, Christus traditus, 286f; J. Jeremias, Der Opfertod Christi, 14f; K. Kertelge, Das Verständnis des Todes Jesu bei Paulus, 118f.

91 »Es geht hier ja bemerkenswerterweise, wie Paulus verdeutlicht, nicht einfach um die Weitergabe ursprünglicher Überlieferung – obwohl es sich sicher um altes Traditionsgut handelt. ›Vom Herrn empfangen‹: das erinnert an Gal 1,11f: ›... das Evangelium, das von mir verkündet wurde, ist nicht ›dem Menschen nach‹. Ich empfing es ja auch nicht von einem Menschen, noch durch Unterricht, sondern durch Enthüllung Jesu Christi.‹ *Diese* Überliefe-

neutestamentliche Begriff der Gottesherrschaft, so ist auch der paulinische »Leib-Christi«-Begriff durch die Spannung zwischen dem »Schon« der Erlösung durch Christus und dem »Noch-nicht« der vollendeten Gemeinschaft aller in IHM gekennzeichnet. Beide Begriffe – *βασιλεία τοῦ θεοῦ* und *σῶμα Χριστοῦ* – implizieren eine direkte Proportionalität zwischen »Individuum« und »Gemeinschaft«, zwischen »Vergangenheit« und »Zukunft«. Denn was Paulus erfahren hat, erfährt auf je eigene Weise jeder Christ: Indem er die Selbsthingabe Christi »tradiert«, antizipiert er in der eigenen Person die Zukunft des Christusereignisses: die Inklusion aller Menschen in IHN.

f) Christi Stellvertretung als sich selbst vermittelnde Vermittlung

Die paulinische und johanneische Reflexion der stellvertretenden Sühne Christi klärt vor allem das Verhältnis der Stellvertretung des Erlösers zu den von ihm Erlösten. Zunächst betont Paulus die Exklusivität der Stellvertretung Christi. Er stirbt als der Sündenlose wegen unserer Sünden (Röm 8,3); ja, er tritt wirklich an die Stelle, wo die Sünde ist (2 Kor 5,21; Gal 3,13)[92]. Er tritt als der dem Vater gänzlich Gehorsame an die Stelle des ungehorsamen Adam (Röm 5,12–21; 1 Kor 15,22). Er kauft uns los aus der Sklaverei der Schuld, indem er deren Folgen auf sich lädt (1 Kor 6,20;7,23; Gal 4,4f). Er ist der neue Versöhnungstag (Röm 3,24–26). War die *kapporεt* bzw. das *ἱλαστήριον* des Jerusalemer Tempels Inbegriff der vergebenden Anwesenheit Jahwes und das auf sie gesprengte Blut Ausdruck für die Selbsthingabe des sündigen Volkes, dann ist Christus beides

rung ist nur aus dem Zentrum des in die eigene Existenz eingebrannten (nicht einfach ›tradierten‹) Geschehens zu begreifen, das Paulus als ›Leib Christi‹ bezeichnet: die sich ins Gemeindeleben ausprägende Präsenz des ›dies ist mein Leib für euch‹ (vgl. 1 Kor 11,24). Wie ›Leib Christi‹ ist ›traditio‹ nach Paulus ein Begriff, in dem ein christologisches und ein ekklesiologisches Moment untrennbar zusammenkommen.« (H. Verweyen, Gottes letztes Wort, 70).

92 H. Merklein (Die Bedeutung des Kreuzestodes Christi, 29) bemerkt zu der Aussage »*Χριστὸς… γενόμενος ὑπὲρ ἡμῶν κατάρα*« (Gal 3,13): »Religionsgeschichtlich stellt der Gedanke der kultischen Identität des Sünders mit dem (sterbenden) Opfertier m. E. die einzige wirkliche Analogie zur Feststellung des Paulus dar, der Christus hier nicht nur als Gerechten für die Sünder sterben läßt, sondern darauf abzielt, daß Christus in seinem stellvertretenden Sterben selbst die Identität der Verfluchten angenommen hat und als Repräsentant der Verfluchten in den Tod gegangen ist. Erst im großen Rahmen eines kultischen Verstehenshorizontes ist das paradoxe *γενόμενος… κατάρα* als inhaltlich sinnvolle Aussage erschwinglich. Das ärgerliche Faktum eines nach Dtn 21,23 als Fluchtod zu wertenden Kreuzestodes Christi wird als (von Gott verfügte und gewährte) Übertragung bzw. Übernahme der Identität der Verfluchten gedeutet.« – Während nach Merklein die Tora die Sünde und den Sünder verflucht, ist nach R. Schwager (Jesus im Heilsdrama, 215) das Verfluchen bzw. Verurteilen »im Namen des Gesetzes« das Tun der Sünder: »Es sind«, so bemerkt er, »immer Menschen, die Jesus im Namen des Gesetzes verurteilt und ihn zum Fluch (Gal 3,13), zur Sünde (2 Kor 5,21), ja zum satanischen Wesen (Joh 19,7) gestempelt haben. Menschen haben sich gegen ihn zusammengerottet (Apg 4,27), das Böse in ihren Herzen auf ihn abgeschoben und ihn so zum Sündenträger (1 Petr 2,22–24) und Sündenbock gemacht.«

zugleich: die *kapporεt* und das Opferblut. Aber er versöhnt uns nicht ohne uns. Wer von seinem Blute trinkt, ist durch, mit und in ihm Stellvertreter des neuen Bundes (Röm 5,9; ähnlich: Kol 1,20; Eph 1,7; 2,13). Daß Christus »an die Stelle« unserer Sünde (2 Kor 5,21) getreten ist, bedeutet nicht, daß einer statt der anderen gestorben ist, damit diese nicht zu sterben brauchen. Zum *Mit*sterben und *Mit*auferstehen *in* Christus gehört das Aufgeben des sündigen »Für-sich-Seins« (Röm 6,4) und die Einverleibung in den Leib Christi durch das personalisierende »Für-andere-Sein« (2 Kor 5,14f; Röm 14,7; Gal 6,2 – ebenso: 1 Joh 3,18)[93].

Die paulinischen Präpositionen ἐν und σύν sind kein Gegensatz, sondern bedingen einander[94]. Albrecht Oepke betont, daß mit den ἐν-Formeln bei Paulus immer die Idee einer universalen Korporativpersönlichkeit verbunden ist[95]. Wir sind in Christus nicht nur »eins«, sondern »einer« (Gal 3,28)[96] – dies allerdings nicht im Sinne einer »objektivierenden Definition (›Die Kirche ist der Leib Christi‹), sondern nur in existentieller Applikation (›Ihr seid der Leib Christi‹)«[97]. Heilsmittlerin ist die Kirche nach paulinischer Auffassung nur durch, mit und in Christus, dem Gekreuzigten (vgl. Röm 6,3–11; Gal 2,19; 5,24; 6,14). Auch im Epheserbrief ist die Kirche nur insoweit »Leib Christi«, als sie sich von Christus als ihrem Haupt lenken läßt (vgl. Eph 5,23f)[98]. Christus setzt die von ihm »umfaßten« Einzelsubjekte in ihr Eigensein frei, und zwar in dem Maße, wie sie sich ihrerseits von ihm ergreifen lassen[99]. Im Heiligen Geist *(ἐν πνεύματι)* ist jeder

[93] Vgl. R. Schnackenburg, Todes- und Lebensgemeinschaft mit Christus, 44–51; E. Schweizer, Die »Mystik« des Sterbens und Auferstehens mit Christus bei Paulus, 239–257.

[94] Vgl. F. Neugebauer, In Christus, 65–72.131–133.147–149.182–186, F. Büchsel, »In Christus« bei Paulus, 141–158; W. Grundmann, *σύν – μετά* mit Genitiv, 780–786.

[95] Vgl. A. Oepke, *en*, 538.

[96] W. Thüsing (Per Christum in Deum, 66–75) betont, daß Christus als der »neue Adam« bzw. als »korporative Persönlichkeit« nicht mit irgendwelchen Vorstellungen von Schöpfungsmittlerschaft, Urheberschaft oder juridischer Repräsentation erfaßt wird; daß er als der »pneuma-mächtige neue Adam« die ihm angehörigen Glieder der neuen Menschheit so mit seiner Person verbindet, daß sie nur noch durch ihn, mit ihm und in ihm »sie selbst« sind.

[97] H. Merklein, Entstehung und Gehalt des paulinischen Leib-Christi-Gedankens, 342. – «Wenn man sich auf *Paulus* beruft, sollte man sich damit bescheiden, daß der von ihm entworfene Leib-Christi-Gedanke nur begrenzte Reichweite hat. Der genuine Ort der Applikation der *paulinischen* Vorstellung ist nicht die ekklesiologische Homologese, nicht einmal die ekklesiologische Theorie, sondern schlicht die *Praxis des Dienstes*. Der Leib-Christi-Gedanke erläutert nicht die Christologie, sondern die christliche Existenz und begründet damit die Charismenlehre. Im gegenseitigen Dienst finden die Christen ihre Identität, die ihnen in Christus geschenkt ist.« (Ebd. 343).

[98] Das Medium einer von Adam und von Christus her behaupteten Einheit der Menschheit ist der Leib *(bɔšɔr* bzw. *σῶμα)*, der in der hebräisch-biblischen Anthropologie nicht das Gegenteil der Seele oder des Geistes, sondern die offenwerdende Innerlichkeit des ganzen Menschen und deshalb Bedingung jedes Mit-und Fürseins ist. Dazu: J. A. T. Robinson, The Body, 11–16; F. P. Fiorenza – J. B. Metz, Der Mensch als Einheit von Leib und Seele, 588f; E. Schweizer, Die Leiblichkeit des Menschen, 165–182; ders., *σῶμα*, 1030f.

[99] »Im ganzen ist die Kirche in bezug auf das Verhältnis der Glieder zum Leib zweifach gesehen: 1) ist der Leib als der Leib Christi immer ›vor‹ den einzelnen Gliedern. Unter diesem Aspekt konstituieren nicht die Glieder den Leib, sondern der Leib die in ihn eingefügten Glieder. Das

befähigt, mit Christus Stellvertreter zu sein (1 Kor 12,3. 8f.11.13). Jeder ist auf einmalige Weise gerufen, teilzunehmen am »Ausleiden dessen, was an den Leiden Christi noch aussteht« (Kol 1,24)[100]. Johannes erklärt dieses Mit-Stellvertreten als Teilnahme des Christen an der Selbsthingabe des Sohnes (Joh 13,34; 15,12). Er nennt den Erlöser das »Pascha-Lamm, das die Sünden der Welt hinwegträgt« (Joh 1,29;19,36) und drückt die aktive Teilnahme der Erlösten am Sühnewerk des Erlösers in dem Bild von der durchbohrten Seite aus, deren ausfließendes Blut und Wasser den Geist bezeichnen, der alle auf Christus Getauften zu »Söhnen im Sohn« macht.

Als eine Art »Definition« der Stellvertretung Christi betrachtet Joachim Jeremias[101] die Darstellung Christi als Hohenpriester, der im himmlischen Allerheiligsten sein eigenes Blut darbringt (Hebr 7,11–10,18), sowie die ganz von Jes 52,13–53,12 geprägten Aussagen in 1 Petr 2,22–24. Obwohl der Hebräerbrief im Unterschied zum ersten Petrusbrief hellenistischem Denken verhaftet ist, stimmen beide Briefe in der Darstellung der Stellvertretung Christi überein. Sie deuten Christus in Erinnerung an das Ritual des jüdischen Versöhnungstages als fehlloses Opfertier (Hebr 9,28) bzw. makelloses Opferlamm (1 Petr 1,18f) und benutzen diese Typologie zur Bezeichnung einer *einzigartigen Selbsthingabe*, die »ein für allemal« (Hebr 7,27;9,12.26.28; 1 Petr 3,18) geschieht, indem sie sich allen Menschen aller Zeiten mitteilt.

g) Zusammenfassung: *persona corporativa* und *traditio* als Grundformen biblischer Stellvertretung

– Jahwe schließt seinen Bund mit dem einzelnen Glied seines Volkes und *zugleich* mit Israel insgesamt. Die Gemeinschaft des einzelnen mit Jahwe ist untrennbar von der Gemeinschaft des einzelnen mit seinem Nächsten, seiner Familie, seiner Sippe, seinem Stamm, seinem Volk.

– Nicht nur ein König, Priester oder Prophet (Korporativpersönlichkeiten), sondern jeder einzelne Israelit vertritt sein Volk, wenn er seine spezifische Verantwortung wahrnimmt. Der alttestamentliche Bundesgedanke impliziert somit das »Prinzip Stellvertretung«: Wer die Gemeinschaft mit seinem Volke wahrt und fördert, indem er seine Verantwortung erfüllt, weil er sich gemäß seiner Begabung, Berufung und Sendung für die anderen einsetzt, wird zur »Einbruchstelle« von Heil (Gemeinschaft mit Jahwes Zukunft). Und umgekehrt: Wer die ihm übertragene Verantwortung für das eigene Volk mißbraucht, weil er die Gemeinschaft durch das

kommt in Kol und Eph zur Sprache; aber 2) ist ›der Leib‹ die Gemeinschaft der Gläubigen. Diese machen ihn aus. Das ist der entscheidende Gesichtspunkt in den früheren Briefen, vor allem Röm 12 und 1 Kor 12,12ff.« (H. Schlier, Ekklesiologie des Neuen Testaments, 159).

[100] Zur Interpretation: J. Kremer, Was an den Leiden Christi noch mangelt, 154–202; E. Schweizer, Der Brief an die Kolosser, 81–86.

[101] Vgl. J. Jeremias, Der Opfertod Christi, 5–10. – Vgl. H. Merklein, Der Tod Jesu als stellvertretender Sühnetod, 188; ders., Der Sühnetod Jesu, 175f.

eigene Ich ersetzt, der verschließt die »Einbruchstelle« des Heils, die er selber sein soll.

– Sühne ist die Wiederherstellung des »Prinzips Stellvertretung« da, wo die Sünde es in sein Gegenteil pervertiert hat. Gemeint ist im AT nie die bloße Wiedergutmachung eines Sachschadens, sondern stets auch die »Wieder-gut-machung« des Sünders selbst: nämlich die ihm gewährte Möglichkeit, an die »Stelle« des Heils (Gemeinschaft mit Jahwe und seinem Volk) zurückzukehren.

– Die vor allem in nachexilischer Zeit entwickelten Sühneriten müssen als »Hilfsmittel« bzw. »Sakramente« eines interpersonalen Geschehens zwischen Jahwe und dem Sünder gesehen werden. Der exilierte oder geschlachtete Sündenbock ist keine »Reparationsleistung«, aber auch kein »Stellvertreter« des Opfernden, sondern von Jahwe gewährtes Zeichen für die durch nichts und niemand vertretbare Umkehr (innerlich vollzogene Selbsthingabe) des Sünders.

– Das Lied vom leidenden Gottesknecht (Jes 52,13–53,12) beschreibt eine Korporativperson, die sich ihrem Volk freiwillig selbst als Medium (»Opfertier« oder »Sündenbock«) der Versöhnung mit Jahwe anbietet und damit einen völlig neuen Gedanken in das AT trägt: den der *stellvertretenden* Sühne.

– Die Frage, ob Jesus Christus sich selbst als diesen leidenden Gottesknecht gesehen und verkündet hat, kann in dieser Form unbeantwortet bleiben, wenn sicher ist, daß er sein Kommen als Anbruch der *βασιλεία τοῦ θεοῦ* verstand und sich bewußt war, die Sendung des Vaters nicht nur zu haben, sondern zu *sein*.

– Das unbedingte Vertrauen Jesu Christi (sein *Abba*-Verhältnis), seine sterbend durchgehaltene Hingabe an die anderen, seine unerschütterliche Gewißheit, auch im Tod nicht unterzugehen, die Gebegesten des Abschiedsmahles, ganz besonders auch sein Anspruch, die Sühneinstitution »Tempel« abzulösen, unterstreichen die von einer zunehmenden Mehrheit aller Exegeten gestützte Vermutung, Christus sei sich seiner Stellvertretung immer deutlicher bewußt geworden.

– Jesus Christus tritt so »an die Stelle« des Alten Bundes, daß sich dessen Verheißung, die *βασιλεία τοῦ θεοῦ*, in ihm als *σωτηρία* erweist: als »Heil«, das als Gabe zugleich Aufgabe und als Gegenwart zugleich Zukunft ist. Anders gesagt: Christus tritt so »an die Stelle« der Sünder, daß er sie nicht in sich »aufhebt«, sondern zum »Selbst«-Werden befähigt. Er ist *persona corporativa* im Sinne einer direkten Proportionalität zwischen sich selbst als Individuum und »den Vielen«, an deren Stelle er tritt; und er ist *traditio* des Bundes im Sinne einer direkten Proportionalität zwischen dessen Zukunft (vollendete Gemeinschaft aller Menschen mit Gott) und Vergangenheit (Noach-, Abraham- und Levi-Bund).

– Die Verbindung der *ὑπὲρ-ἡμῶν*-Formeln mit dem Verbum *παραδιδόναι* und die Untrennbarkeit der *σὺν-Χριστῷ-* von den *ἐν-Χριστῷ*-Formeln dokumentieren die Inklusion des »neuen Israel« in die Stellvertretung des Erlösers. Wer die *αὐτοπαράδοσις* bzw. Stellvertretung Christi annimmt, ist nur dann Glied des »Leibes Christi«, wenn er durch, mit und in Christus selbst zum Stellvertreter wird bzw. die *παράδοσις* oder *traditio* des Erlösers mitvollzieht. Deshalb bezeichnet der paulinische »Leib-Christi«-Begriff ebenso wie der neutestamentliche Begriff der Gottesherrschaft ein »Schon« und ein »Noch-nicht«. Beide Begriffe – *βασιλεία τοῦ θεοῦ* und *σῶμα Χριστοῦ* – implizieren eine direkte Proportionalität zwischen Individuum und Gemeinschaft (erstes Grundmodell »eigentlicher Stellvertretung« *persona corporativa)*, sowie zwischen Vergangenheit und Zukunft (zweites Grundmodell »eigentlicher Stellvertretung«: *traditio)*.

2. Die Geschichte der Urbild-Abbild-Dialektik und der Stellvertretungsgedanke

Die eingangs (SS. 23 f) genannten drei Grundmodelle »eigentlicher Stellvertretung« lassen sich gewiß nur künstlich unterscheiden. Aber im hebräisch-biblischen Denken spielt das »*repraesentatio*-Modell« im Vergleich zu den beiden anderen Grundformen »*persona corporativa*« und »*traditio*« eine eher beiläufige Rolle. Umgekehrt verhält es sich im griechischen Denken. Dort beherrscht die Reflexion des Verhältnisses von Urbild und Abbild das des Verhältnisses von Individuum und Gemeinschaft, von Vergangenheit und Zukunft. Deshalb soll neben dem biblischen auch das griechische Denken nach seiner Relevanz für den Stellvertretungsgedanken befragt werden. Diese – so zeigt sich im folgenden – liegt weniger in bestimmten Inhalten als in der Ausfaltung und geschichtsbedingten Veränderung des *repraesentatio*-Modells, das man auch »das griechische Modell« eigentlicher Stellvertretung nennen könnte.

a) »Eigentliche Stellvertretung« zwischen Urbild und Abbild: *παιδεία* und *repraesentatio*

Die platonischen Ideen sind zwar nicht die Beseitigung, wohl aber die Umformung der mythischen *ἀρχαί*[102]. Sie gelten in der griechischen Philosophie als das wahrhaft Seiende, während die irdischen Dinge, dem Nicht-Seienden und der Materie verhaftet, nur Schattenbilder der »eigentlichen Wirklichkeit« sind. Platon spricht von »Urbildern« und »Abbildern« und kennzeichnet beider Verhältnis durch den Begriff der Teilhabe *(μέθεξις)*, betont jedoch auch, daß die Idee (das Urbild) nicht in das Ding (das Abbild) eingeht[103]. Das Abbild ist eine eigene Wirklichkeit gegenüber dem Urbild, aber ohne das Urbild im wahrsten Sinne des Wortes »nichts«; und das Urbild wird nur in seinen Abbildern sichtbar, geht aber in keinem

[102] Vgl. M. Eliade, Mythos und Wirklichkeit, 111–113.

[103] Platon kennt zwar verschiedene Seinssphären; aber diese »stehen – ontologisch unverbunden – neben- (oder: über- und unter-) einander« (E. v. Ivánka, Plato Christianus, 71).

dieser Abbilder auf. Das Abbild tritt so »an die Stelle« des Urbildes, daß es dieses nicht ersetzt, sondern vertritt.

In Platons Höhlengleichnis wird die Idee des Guten als der alles Wissen und Erkennen tragende Grund mit dem alles überragenden Licht der Sonne verglichen, das dem menschlichen Auge seiner Sonnenartigkeit wegen zwar immer schon innewohnt, das Licht des Auges jedoch auf unendliche Weise steigern kann, wenn dieses sich der Sonne zukehrt. Durch Erziehung *(παιδεία)* sollen die Wächter des Staates zu einer höchstmöglichen Einsicht in die Idee des Guten gelangen. So ergibt sich die enge Verwandtschaft des *παιδεία*-Gedankens mit dem des Eben- und Abbildes[104]. Der Mensch erscheint als das Abbild, das von seinem göttlichen Urbild (von der Idee des Guten) paideutisch befähigt wird, »an der Stelle« des Urbildes (durch »mimetische«, durch erkennende und wollende Teilhabe[105]) immer mehr es selbst (Abbild des Guten) zu sein[106]. So bedeutet die Abhängigkeit des Abbildes vom Urbild nicht Unfreiheit, sondern im Gegenteil Befähigung zum Selbstsein. Wie das erste Kapitel der Bibel (Gen 1,26) das erstaunliche Faktum echter geschöpflicher Freiheit mit dem Gedanken der Gottebenbildlichkeit des Menschen erklärt, so bemerkt Platon, daß der Mensch desto freier ist, je ähnlicher er der Idee des Guten (der höchsten Wirklichkeit) wird. Das Wirken des Urbildes *(παιδεία)* und das Wirken des Abbildes (erkennende und wollende *μίμησις)* sind nicht als konkurrierende Ursachen zu sehen, sondern stehen in einem direkt proportionalen Verhältnis zueinander. Die Freiheit des Menschen ist nach Platon vom Guten her ermöglichte Selbstbindung an das Gute. Oder anders gesagt: Das Abbild »Mensch« zerstört sich selbst, wenn es sein Urbild (die Idee des Guten bzw. Gott) *ersetzen* will; aber es ist um so mehr es selbst, als es das Urbild *vertritt*. Die griechische Philosophie hebt die Eindimensionalität des mythischen Weltbildes auf zugunsten der direktproportionalen Zuordnung von Einheit und Unterschiedenheit zweier Wirklichkeiten. Denn je vollkommener das Abbild »an die Stelle« des Urbildes tritt, desto mehr ist das Abbild Person, wirklich frei und somit »es selbst«.

Im spätantiken Neuplatonismus wird der Weg zum Licht (zur Idee des Wahren und Guten bzw. zum Logos) nicht mehr als paideutischer Weg (als »conversio«) des Menschen selbst, sondern als Moment in einem kosmischen Prozeß begriffen. Das Licht – als Gegenteil alles Innerweltlichen verstanden – erleuchtet die Welt nicht, sondern besiegt sie, indem es die im Menschen als dessen wahres »Selbst« verborgenen Lichtfunken (»das finstere Licht«) aus der Gefangenschaft des Dunkels befreit und in das

[104] Vgl. P. Gerlitz, Der mystische Bildbegriff, 244–256.

[105] Alle Abbilder tragen in sich die Tendenz auf das Urbild hin. Aber allein der Mensch ist durch *παιδεία* und *μίμησις* befähigt, dem Urbild immer ähnlicher zu werden.

[106] Gisbert Greshake (Gnade als konkrete Freiheit, 164) kennzeichnet die platonische *παιδεία* als vom »göttlichen Ur-Bild her ermöglichte Ausrichtung des Abbildes auf das Ur-Bild hin«.

ursprüngliche, überkosmische Licht zurückführt[107]. In diesem System nimmt das Licht alle Eigenschaften einer mythischen Substanz (einer *ἀρχή)* an. Die Schöpfung (Welt) ist keine eigene Wirklichkeit neben dem Licht[108], sondern gilt als Abfall vom Licht; der einzelne Mensch ist nur »wirklich«, insofern er ein Funke des abgefallenen Lichtes ist; und seine Erlösung ist ein Teilmoment an dem kosmischen Geschehen, das die Geschichte des Lichtes beschreibt; er selbst ist in keiner Weise Subjekt dieses Geschehens[109]. Der Mensch ist im neuplatonischen Denken nicht »Stellvertreter« des Urbildes, sondern Teil des Urbildes selbst; und seine Erlösung ist nicht vom Urbild her ermöglichte Hinwendung des Abbildes auf das Urbild hin, sondern Aufhebung des Abbildes ins Urbild.

Ganz anders die Stoa: Sie wertet die stoffliche Welt nicht ab und beschreibt die Schöpfung schon gar nicht als Abfall, sondern nennt im Gegenteil die Physis göttlich, weil sie ganz und gar vom Logos durchdrungen ist[110]. Die Stoiker erklären das Verhältnis von Physis und Logos mit den griechischen Worten *μῖξις* und *κρᾶσις*. Beide Begriffe meinen nicht die Umwandlung zweier Größen in eine dritte, sondern »*μῖξις* bedeutet ursprünglich die vollkommene gegenseitige Durchdringung von zwei trockenen Körpern, *κρᾶσις* mehr die völlige Durchdringung von zwei Flüssigkeiten, und zwar so, daß in beiden Fällen die Eigenschaften der vereinigten Stoffe unversehrt weiter bestehen bleiben«[111]. Logos und Natur werden als untrennbar und zugleich als unvermischt gedacht, so daß jeder Teil der Natur auf seine (notwendig begrenzte) Weise die Ordnung (den Logos) des gesamten Kosmos spiegelt. Der Mensch aber ist der Teil der Natur, in dem sich die Ordnung des Kosmos (der Logos) ihrer selbst bewußt wird. Er tritt dieser Ordnung nicht wie ein Abbild seinem Urbild gegenüber; sondern die kosmische Ordnung bzw. der Logos (= das Urbild) ist im einzelnen Menschen (= im Abbild) so *präsent*, daß er auf jeweils einmalige Weise das Ganze der Wirklichkeit «re-*präsentiert*« und somit »Mikro-Kosmos« ist[112].

107 Vgl. W. Beierwaltes, Erleuchtung, 713.

108 Der platonische Gedanke von der »Ausgliederung« der Idee als einer fortschreitenden Einschränkung des Seins durch das Nichtsein wird im Neuplatonismus so mit der Idee des »Abfalls« in eine niedrigere Sphäre verknüpft, daß »ein neues Prinzip der Seinsstruktur und des Seinsaufbaus entsteht, das am besten und am häufigsten mit dem Bilde der ›Ausstrahlung‹ veranschaulicht wird« (E. v. Ivánka, Plato Christianus, 73f).

109 Vgl. H. Blumenberg, Licht als Metapher der Wahrheit, 434–436.

110 Vgl. M. Pohlenz, Die Stoa I, 72. – Zum *τάξις*- bzw. *ordo*-Gedanken der Stoa (bes. bei Poseidonios u. Cicero) vgl. J. Rief, Der Ordobegriff, 56–66.

111 M. Herz, Sacrum Commercium, 123.

112 »Das Makrokosmos-Mikrokosmos-Motiv ist ein typisch stoischer Gedanke. Noch Gregor von Nyssa hält es – übrigens in einem stark von Poseidonios beeinflußten Werke – vom christlichen Standpunkt für nötig zu betonen, daß die menschliche Seele nicht deshalb Abbild Gottes ist, weil der Mensch als Ganzes ein Mikrokosmos und Abbild des Makrokosmos ist, sondern weil die menschliche Seele, als Geistseele, ein Ebenbild Gottes, des reinen Geistwesens, ist. Für die stoische Auffassung fällt beides zusammen. Die ›Geistigkeit‹ der Seele als eines Funkens *(ἀπόσπασμα)* des göttlichen Urfeuers liegt eben darin, daß sie sich einen dem

Der lateinische Begriff *repraesentatio* bezeichnet am deutlichsten die Übertragung der griechischen Urbild-Abbild-Dialektik in die Welt des lateinischen Westens. Der Römer denkt im Vergleich zum Griechen eher ethisch als ontologisch, eher anthropozentrisch als kosmologisch, eher aristotelisch als platonisch; er ist mehr am Einzelnen als am Ganzen interessiert, mehr an den Unterschieden als am Verbindenden. Während der Grieche Urbild und Abbild stets zusammendenkt und sich deshalb gar nicht die Frage stellt, ob die Worte *σύμβολον, εἰκών, ὁμοίωμα, τύπος, ἀντίτυπον* nur das Abbild oder auch die Gegenwart des Urbildes im Abbild bezeichnen, erklärt der Lateiner mit Termini wie *imago, similitudo, sacramentum* neben der Eigenwirklichkeit zwar auch die wesentliche Verwiesenheit des Abbildes auf das Urbild, reserviert aber für die Bezeichnung der Gegenwart des Urbildes im Abbild einen eigenen Begriff: nämlich *»repraesentatio«*[113].

b) »Uneigentliche Stellvertretung« zwischen Urbild und Abbild: *Exempel* und *Mittlerschaft*

Typisch für das Verhältnis des römischen zum griechischen Denken ist die Übersetzung der stoisch geprägten Begriffe *»μῖξις«* und *»κρᾶσις«* mit dem lateinischen *»commercium«*. Das Wort erinnert an Geschäfte, an Handel und Markt und ist damit ein deutlicher Hinweis auf das eher praktische als spekulative Interesse des Römers. Während der Grieche das Verbindende (die wesentliche Zusammengehörigkeit) betont, unterstreicht der Lateiner die Trennbarkeit des Abbilds vom Urbild. Im Bereich des »commercium« ist die Vertretung eines bestimmten Handelswertes durch einen Schuldschein oder ein Geldstück zwar nützlich, aber nicht notwendig; Geldwert und Geldstück sind zwei auch unabhängig voneinander bestehende Wirklichkeiten. Das Geldstück ist ersetzbar; es ist nicht einmaliges Abbild, sondern austauschbares *exemplum*[114]. Zwar sind zwei Markstücke nie völlig identisch; aber jedes Markstück vertritt denselben Wert und kann deshalb gegen jedes andere Markstück ausgetauscht werden.

Wie das lateinische Wort »exemplum«, so dokumentiert auch der Begriff »persona« den Unterschied des westlichen gegenüber dem östlichen Denken. Der für die griechische Philosophie charakteristische Primat der Einheit vor der Unterschiedenheit von Urbild und Abbild wird in Frage gestellt. Das lateinische Wort *persona* bezeichnet im Unterschied zum griechischen *πρόσωπον* weniger die Rolle als den Spieler der Rolle,

Makrokosmos entsprechenden Mikrokosmos aufzubauen vermag.« (E. v. Ivánka, Plato Christianus, 318).

113 Vgl. H. Hofmann, Repräsentation, 38–64; L. Schnorr von Carolsfeld, Repraesentatio und Institutio, 103–116.

114 Zur Geschichte und Entwicklung des *exemplum*-Begriffs vgl. W. Geerlings, Christus Exemplum, 146–228.

weniger die *relatio* als die *substantia* eines Individuums[115]. Maurice Nédoncelle unterscheidet sechs verschiedene Bestimmungen des Personbegriffs bei Boethius[116]; aber wirkungsgeschichtlich wichtig wurde vor allem die Definition »naturae rationalis individua substantia«, die Kennzeichnung also der Person als Individualität im Sinne unvertauschbarer und unübertragbarer Einmaligkeit[117]. Boethius übersetzt nicht nur *πρόσωπον*, sondern auch *ὑπόστασις* mit dem lateinischen *persona*[118]. Für ihn ist der Spieler einer Rolle nicht das Abbild, das ein Urbild vergegenwärtigt; für ihn ist der Schauspieler ein *Mittler* zwischen der Person, die er darstellt, und dem Publikum, vor dem er spielt, ebenso wie ein Gesandter *Mittler* zwischen der Regierung ist, die ihn sendet, und der Regierung, zu der er gesandt ist[119].

Ein *Mittler* ist für die von ihm vermittelte Wirklichkeit ebenso wenig konstitutiv wie ein Beispiel für die von ihm exemplifizierte Wirklichkeit. Mittler und Beispiele mögen originell sein bis zur Einmaligkeit, sind aber in ihrer Funktion austauschbar. Während im griechischen Denken ein Abbild das von ihm bezeichnete Urbild als solches vermittelt, ist ein Mittler im Sinne des römischen Rechtes nur Funktionsträger. So kann ein Gesandter wohl eine Botschaft seines Herrn überbringen, nicht aber den Herrn selbst vertreten. Schon nach römischem Recht kann sich niemand vor Gericht vertreten lassen; und auch im germanischen Recht gilt der Grundsatz: »alteri stipulari nemo potest«[120]. Man kennt zwar bestimmte Formen der »stipulatio«, z. B. Treuhand und Boten; aber im eben beschriebenen Sinn der »Vermittlung«, nicht der »Vertretung«. Grundsätzlich gilt, daß eine Realität – ob Person oder Sache – durch eine andere zwar instrumentalisiert, getauscht und ersetzt, nicht aber vertreten werden kann.

Ein alles verrechnendes Tauschdenken ist geradezu symptomatisch für das Fehlen »eigentlicher Stellvertretung« im westlichen Denken. Bis ins Hochmittelalter kennt das germanische Recht das sogenannte »Wergeld«. Hatte jemand eine Person verletzt oder gar ermordet, so konnte er seine Schuld durch eine Zahlung sühnen. Daß ein menschliches Leben nicht gegen Geld getauscht oder mit Geld ersetzt werden kann, liegt diesem Denken fern. Nicht der Unterschied zwischen personalen und nichtpersonalen Werten, sondern Standesunterschiede wie die zwischen einem Adeligen und einem Leibeigenen waren entscheidend für die Höhe des zu zahlenden Sühne- oder Wergeldes. Die Bußpraxis der Kirche wurde nach

[115] Dies wird exemplarisch deutlich, wenn Augustinus das Wort »persona« ohne Zögern auf die Einheit der beiden Naturen Christi anwendet, denselben Terminus aber in seiner Trinitätslehre aus Furcht vor tritheistischen Tendenzen meidet.

[116] Vgl. M. Nédoncelle, Les variations de Boèce sur la personne, 234–237.

[117] Dazu: G. Greshake, Die theologische Herkunft des Personbegriffs, 79f.

[118] Vgl. M. Elsässer, Das Person-Verständnis des Boethius, 47; B. J. Hilberath, Der Personbegriff, 104–115.

[119] Vgl. M. Fuhrmann, Persona, ein römischer Rollenbegriff, 88.

[120] Vgl. H. Hofmann, Repräsentation, 148–166, bes. 152f.

der Christianisierung des Nordens ein Spiegelbild dieses alle Bereiche des privaten und öffentlichen Lebens umgreifenden Tausch- und Ersatzdenkens. Es entstanden Bußbücher, die für jede Schuld eine rechnerisch definierte und daher durch »äquivalente« Ersatzleistungen jederzeit variable Buße festsetzten. So sieht die Bußordnung des Königs Eadgar aus der 2. Hälfte des 10. Jahrhunderts – eines unter unzähligen ähnlichen Registern – vor, daß jemand seine siebenjährige Buße durch eine entsprechende Zahl zum Fasten gedungener Männer in drei Tagen erledigen kann[121]. Diese Männer ermöglichen durch ihr Fasten nicht die Buße des Schuldigen selbst (eigentliche Stellvertretung), sondern sie ersetzen dessen eigenes Tun (uneigentliche Stellvertretung).

Das Ablaßwesen entwickelte sich auf der Basis dinglich verstandener, in Quantitäten meßbarer Gnade. Ein Ablaßbrief war nicht Abbild, sondern Ersatz für die im Bußsakrament auferlegte Buße. Der Kauf eines solchen Briefes galt als äquivalente Ersatzleistung zur Befriedigung des Gläubigers; man glaubte, sich von den Ansprüchen bzw. Strafen Gottes freikaufen zu können. Ähnlich verhielt es sich mit der bis ins Spätmittelalter üblichen Anhäufung von Reliquien. Sie galten nicht als Abbild, sondern als Ersatz für Gnade[122].

c) Konkurrenz statt Stellvertretung: *veritas (substantia)* und *figura (accidens)* statt *Urbild* und *Abbild*

Besonders die Abendmahlsstreitigkeiten des 9. und 11. Jhs. dokumentieren die Unfähigkeit der römisch-germanischen Welt, das antike Bilddenken nachzuvollziehen. Wirklichkeit *(veritas)* und Bild *(figura)* werden streng alternativ verstanden: Wo etwas Bild oder Abbild ist, ist es keine Wirklichkeit; und wo etwas Wirklichkeit ist, ist es kein Bild oder Abbild[123]. Während Ratramnus und Berengar von Tours das *Sakrament* der Eucharistie einseitig als *Bild* (und deshalb beinahe »automatisch« *nicht* als Wirklichkeit) verstehen, *identifiziert* der Abt Paschasius Radbertus das *Sakrament* des Brotes und Weines *mit der Wirklichkeit* des Leibes, der am Kreuze hing, und mit der Wirklichkeit des Blutes, das aus Christi Seite floß. Ihm gilt das, was von der konsekrierten Hostie sichtbar ist, nur noch als Schein, und ausschließlich das, was unsichtbar ist, als Wirklichkeit. Für ihn steht das Bild nicht als eine niedere Form von Wirklichkeit einer höheren gegenüber, sondern es tritt in Gegensatz zur Wirklichkeit schlechthin. Die ontologische Dynamik zwischen Abbild und Urbild (vgl. das griechische παιδεία-Denken) ist zerbrochen; das in ein Bild (Sakrament) gehüllte Urbild gilt trotz seiner Unsichtbarkeit als selbst unmittelbar gegenwärtig. Während das Abbild im antiken Denken gleichzeitig die Gegenwart und

[121] Vgl. B. Poschmann, Buße und Letzte Ölung, 68.

[122] Vgl. ders., Der Ablaß im Licht der Bußgeschichte, bes. 99–122; K. Rahner, Bemerkungen zur Theologie des Ablasses, bes. 208–210.

[123] Vgl. A. Gerken, Theologie der Eucharistie, 107f.

die »Ausständigkeit« des Urbilds bezeugt, kommt es im Mittelalter zu einer statischen Gleichsetzung des eucharistischen Sakramentes mit der Wirklichkeit des Leibes und Blutes Christi. Folgerichtig wird die Verehrung der konsekrierten Hostie eigentliches Ziel der Eucharistiefeier und der Empfang des Sakramentes immer seltener. »Der Objektivismus schafft ja Distanz, er betont einseitig die dingliche *Gegenständlichkeit*. Ein Denken im Ereignishorizont drängt dagegen – auch wenn es durchaus das personale *Gegenüber* kennt – auf Mitvollzug und auf Teilnahme an einem Geschehen.«[124]

Durch die Übernahme der aristotelischen Unterscheidung[125] zwischen Substanz (im Sinne von unsichtbarer Wirklichkeit eines Dings) und Akzidens (im Sinne der sinnlich wahrnehmbaren Eigenschaften desselben Dings) wurde die statische Ontologie des objektivierenden Denkens terminologisch gefestigt und auf dem vierten Laterankonzil 1215 in Gestalt der Transsubstantiationslehre zum Bestandteil einer lehramtlichen Definition. »Während ... die Begriffe ›Bild – Urbild‹ nicht nur die somatische Realpräsenz, sondern auf Grund ihrer Dynamisierung auch die Aktualpräsenz, vor allem die kommemorative Aktualpräsenz Christi, fassen konnten, waren die Begriffe ›substantia – accidens‹ nur auf die somatische Realpräsenz anwendbar, weil von vornherein statisch-objektivistisch gefaßt.«[126] Schon das Wort »Transsubstantiation« bezeugt die Unfähigkeit, die Wirklichkeit des Leibes Christi und die Wirklichkeit des Brotes so »zusammen-zu-denken«, daß eine der beiden Wirklichkeiten an die Stelle der anderen tritt, indem sie die andere nicht verdrängt oder ersetzt, sondern im Gegenteil vermittelt und vergegenwärtigt. »Eigentliche Stellvertretung« bedeutet die direkte Proportionalität von Einheit und Unterschiedenheit zweier Wirklichkeiten. Das Transsubstantiationsdenken aber neigt dazu, eine Wirklichkeit durch eine andere zu ersetzen.

Der in patristischer Zeit fast selbstverständliche Gedanke, daß die Eucharistiefeier keine Erneuerung oder Wiederholung, sondern die sakramentale Vergegenwärtigung des einmaligen Opfers Jesu Christi ist, dürfte nach den gründlichen Analysen F. Pratzners[127] auch in dem von Thomas verwandten Ausdruck »repraesentatio dominicae passionis« nicht enthalten sein. Vollends getrennt aber wird das Opfer der Eucharistiefeier vom Kreuzesopfer durch die nominalistische Reduzierung des Wirklichen auf die vermeintlich unmittelbare sinnliche Wahrnehmung. Wäre Luther mit seiner Kritik an der Perversion des Meßopfers zu einem Werk des Menschen bis zur Wurzel der Symptome, bis zur Aufdeckung des unsakramen-

[124] Ebd. 103.
[125] Dazu: H. Jorissen, Die Entfaltung der Transsubstantiationslehre, 65–154.
[126] Ebd. 120. – Die Frage, ob die Akzidenzien (die wahrnehmbaren Eigenschaften von Brot und Wein) nach der Konsekration ohne Träger (sine subiecto) existieren, führt in der Spätscholastik zu naturphilosophischen »Verrenkungen«, die der ursprünglichen Intention der Transsubstantiationslehre geradezu widersprechen.
[127] Vgl. F. Pratzner, Messe und Kreuzesopfer, 70–76.

talen Denkens seiner nominalistischen Lehrer, vorgedrungen, wäre vielleicht die Spaltung der Kirche unterblieben. »Die Frage, die wirklich weitergeführt hätte, hätte ... so gestellt werden müssen: Ist die Messe nicht die *Weise*, in der das *eine* Opfer Christi in unsere Gegenwart hineinragt?«[128] – Diese Frage kann nur beantwortet werden, wenn ein Denkmodell bereitliegt, das die reale Gegenwart des Kreuzesopfers im Meßopfer, die Identität von Opfergabe und Opferpriester am Kreuz und in der heiligen Messe zu erklären vermag. Die Reformatoren haben mit ihrem Rückgriff auf die Heilige Schrift zwar den Ereignischarakter des Heils neu sehen gelehrt und den Primat der göttlichen Gnade vor dem menschlichen Werk zu Recht betont; aber es gelingt ihnen nicht, das Opfer Christi und das Meßopfer, Gnade und Freiheit, Glaube und Werk im Sinne »eigentlicher Stellvertretung« (im Sinne direkter Proportionalität von Einheit und Unterschiedenheit beider Wirklichkeiten) »zusammen-zu-denken«[129].

d) Rechtlich geregelte Stellvertretung: *persona repraesentata* statt *persona corporativa* und *delegatio (mandatum)* statt *traditio*

Das unsakramentale Denken des Mittelalters beschränkt sich nicht auf die Eucharistielehre. Wie *veritas (substantia)* und *figura (species)* sich umgekehrt proportional zueinander verhalten und deshalb ein Konkurrenz- statt ein Stellvertretungsverhältnis bilden, so auch *corpus Christi verum* und *corpus Christi mysticum*.

Bis in die Zeit des Paschasius Radbertus bezeichnet der Terminus »corpus Christi« zunächst und vor allem die Kirche: die Kirche als »Übergang Christi in seine Gemeinde« und als »Übergang der Gemeinde in Christus hinein«[130]. Mit dem Ausdruck »corpus Christi mysticum« aber ist in Patristik und Frühmittelalter nicht die Kirche, sondern das eucharistische Brot gemeint. Denn das Attribut »mystisch« bezeichnet zu jener Zeit noch nicht das Gegenteil von »wirklich«, sondern im Sinne der antiken Bildontologie die Stellvertretung des Abbildes, die weder bloßes Symbol, noch reiner Ersatz, sondern reale und im Sinne der Dialektik von »schon« und »noch nicht« dynamische Vermittlung des Urbildes ist. Erst auf Grund der Streitigkeiten um die Zuordnung von *veritas* und *figura* kommt es zu einem Wechsel der Bezeichnungen: Die Kirche heißt fortan »corpus *mysticum*«, das eucharistische Brot aber »corpus *verum*«. Bei Thomas von Aquin lesen wir[131], daß das Sakrament der Eucharistie zwar Christus *und*

[128] A. Gerken, Theologie der Eucharistie, 139.
[129] Vgl. E. Iserloh, Der Kampf um die Messe, bes. 24–42; B. Neunheuser, Die numerische Identität von Kreuzesopfer und Meßopfer, 145.
[130] H. de Lubac, Corpus Mysticum, 37.
[131] »Respondeo dicendum, quod in hoc sacramento, sicut in aliis, id quod est sacramentum, est signum eius, quod est res sacramenti: duplex autem est res huius sacramenti ...: una quidem, quae est significata et contenta, scilicet ipse Christus: alia autem est significata et non contenta, scilicet corpus Christi mysticum, quod est societas sanctorum.« (S. Th. III q. 8 a. 4).

die Kirche *bezeichne*, daß aber Christus in diesem Sakrament real *enthalten*, die Kirche dagegen nur *symbolisiert* sei. Diese Unterscheidung hätte Augustinus wahrscheinlich als überflüssig oder gar falsch verworfen. Ihre Folge war jedenfalls eine weitgehende Trennung der unsichtbaren von der sichtbaren Dimension der Kirche. Denn auf dem Boden dieser Unterscheidung ist die sinnlich wahrnehmbare Gestalt der Kirche (Sakramente, Verfassung, Rechtsinstitution) nicht mehr »Stellvertreterin« einer unsichtbaren Dimension (Gemeinschaft der Heiligen), sondern das »Wirkliche« gegenüber dem bloß »Symbolischen«.

Im 13. Jahrhundert führte die Distinktion zwischen *corpus Christi verum* und *corpus Christi mysticum* zu der allgemeineren Unterscheidung zwischen den Ausdrücken *corpus naturale* und *corpus mysticum*. Dabei galt letzterer als Gleichnis oder Analogie des ersteren und wurde deshalb als *corpus fictum* oder *corpus repraesentatum* bezeichnet[132]. Von da aus war es nur ein logischer Schritt zur Idee eines rechtlichen Zusammenschlusses einer Gesamtheit (universitas[133]) von Personen in einer *persona ficta et repraesentata*.

Hasso Hofmann kennzeichnet den Zusammenschluß mehrerer Personen in einer »fiktiven Person« als »korporationstheoretische Repräsentation der Identität« und unterscheidet von dieser die »juristische Repräsentation der Stellvertretung« (daß »eine Person für eine andere steht« und »das Verhalten eines Rechtssubjekts aus bestimmten Gründen unmittelbar einem anderen – dem Vertretenen – zugerechnet wird«[134]). Die »korporationstheoretische Repräsentation« leitet er aus einem »Identitätsdenken« ab, wie wir es im AT mit dem Begriff »persona corporativa« beschrieben haben. Aber im Unterschied zu Hans Julius Wolff[135] und Hans-Georg Gadamer[136] betont er gleichzeitig, daß man aus dem Ausdruck »persona repraesentata« oder aus der Wirkungsgeschichte des paulinischen Bildes vom Leib der Kirche, dessen Haupt Christus ist, nicht schließen darf, daß sich auch die »juristische Repräsentation der Stellvertretung« auf dem Boden des »Identitätsdenkens« entwickelt hat. Er erinnert an die Ursprünge des Personbegriffs in der Welt des antiken Theaters (vgl. Anm. 119) und sieht in diesem Begriff die Grundlage der »eigentlichen« – und das heißt für ihn: »juristischen« – Repräsentation, weil er gleichzeitig zwei Wirklichkeiten bezeichnet: die Rolle und ihren Spieler. Eine Person kann eine andere Person vertreten, indem sie deren Rolle spielt (z. B. vor Gericht), ohne sie selbst zu ersetzen. Die Übertragung des Personbegriffs auf eine Gemeinschaft bzw. Korporation ist nach Hofmann der schlechthin

[132] Vgl. H. Hofmann, Repräsentation, 124–131.

[133] Hasso Hofmann nennt den Ausdruck *in forma universitatis operari* »eine geradezu klassische Formulierung dessen, was Repräsentanz korporationstheoretisch ursprünglich bedeutet« (ebd. 148). – Dazu auch: L. Schnorr von Carolsfeld, Geschichte der Juristischen Person I, 315–324.

[134] Ebd. 118.

[135] Vgl. H. J. Wolff, Organschaft und Juristische Person II, 26–29.

[136] Vgl. H.-G. Gadamer, Wahrheit und Methode, 134^2.

entscheidende Schritt fort von einem »magischen« und »irrationalen« Identitätsdenken hin zu einer »juristisch-rationalen« Repräsentation. Wenn die Rechtssprache des 13. Jhs. eine Persönlichkeit, die für eine bestimmte Gruppe oder Gemeinschaft spricht oder handelt, als »persona ficta« bezeichnet, ist die Distanz dieses Ausdrucks zum hebräisch-biblischen Phänomen »Korporativperson« offensichtlich. Die vertretene Gemeinschaft wird in der mittelalterlichen Rechtssprache nicht mehr als in der vertretenden Person real gegenwärtig gedacht; nicht die vertretene Gemeinschaft spricht und handelt in dem sie vertretenden Individuum, sondern das vertretende Individuum handelt fiktiv: so, als wenn es die ganze Gemeinschaft in einer Person *wäre*; es *ist* sie aber in Wirklichkeit nicht. Von der Auflösung der realen in eine fiktive Identität von vertretender Person und vertretener Gemeinschaft ist es nach Hofmann nur noch ein logischer Schritt zur »eigentlichen«, »rationalen«, »juristischen« Gestalt der Repräsentation[137]: daß eine Person oder eine Gruppe von Personen jemanden *beauftragt (delegatio* statt *traditio)*, an einem bestimmtem Ort zu bestimmter Zeit in einer bestimmten Sache ihre Rolle (ihre Interessen oder Rechte) zu vertreten. Während *traditio* auf der »Vergegenwärtigung« oder »Verkörperung« ihres Inhalts durch ihren Träger (Stellvertreter) beruht, verlangt jede *delegatio* (jedes *mandatum)* die Unterscheidung (Trennung) des »Beauftragten« (Stellvertreters) von seinem Auftrag. »Eigentliche Stellvertretung« beruht auf der direkten Proportionalität von Einheit und Unterschiedenheit zweier Wirklichkeiten; »uneigentliche Stellvertretung« hingegen auf rechtlich geregelter Unterscheidung (Trennung).

Hofmann erinnert an das liturgische Handeln des Priesters *ex persona ecclesiae* und *in persona Christi* und spricht von einer direkten Verbindung zwischen »der theatralischen Sprache der Liturgie« und der Rechtssprache mittelalterlicher Kanonistik mit ihrer schon im 12. Jahrhundert üblichen Formel *personam alicuius repraesentare*[138]. Dennoch darf als sicher gelten, daß der Priester »in persona Christi« nicht nur als »Spieler« der »Rolle« Christi oder als »Mandatsträger« verstanden wurde; und daß sein Sprechen und

[137] Auch Hans Julius Wolff (Organschaft und Juristische Person I, 107f) unterscheidet zwischen magisch-irrationalen und juristisch-rationalen Beziehungen zwischen Vertreter und Vertretenem: »An die Besprechung der Vertretung durch Identitätsetzung von Vertreter und Vertretenem war die Repräsentation angeknüpft worden, weil im Zusammenhang mit einer vorgestellten und geglaubten realen Gruppeneinheit und Homogenität auch hier zunächst solche Identitätsetzung grundlegend war. Wie sich aber die Repräsentation und dann erst recht die Organschaft von dieser Grundlage immer weiter entfernten, wie sie zur Ähnlichkeitsvermutung und schließlich zur rational begründeten Institution wurden, so wurde auch die Identitätsetzung *zweier* Personen durch rational instituierte und begreifbare Vertretungsformen verdrängt. Entscheidend war dabei auch hier die Ausbildung der Beziehung zwischen Vertretenem und Vertreter. Solange beide identisch gesetzt wurden, war sie noch durchaus magisch. Sobald aber an Stelle der irrationalen Beziehungen rationale traten, wandelte sich ihr Charakter und wurde zu dem, was als ›Stellvertretung‹ bezeichnet werden soll. Die weitaus meisten der darunter begriffenen Vertretungsbeziehungen sind auf rationaler Grundlage beruhende Vertretungen von und durch Einzelpersonen.«

[138] Vgl. H. Hofmann, Repräsentation, 156–166.

Handeln »in (ex) persona ecclesiae« nicht als »Fiktion« galt. Gisbert Greshake verweist auf Petrus Lombardus und andere Theologen des 12. und 13. Jhs., die einem von seiner Kirche getrennten Priester die Vollmacht zur gültigen Feier der Eucharistie mit der Begründung absprechen, daß die Gemeinschaft als solche im Priester anwesend ist, wenn er »in persona ecclesiae« spricht und handelt[139]. Ebenso ist der Liturge »in persona Christi« kein bloßer »delegatus«, sondern »traditor«: In ihm vermittelt sich Christus selbst in die Gegenwart der Eucharistie feiernden Gemeinde[140]. Auf dem Feld der Theologie bleibt die antike Urbild-Abbild-Dialektik länger erhalten als in der Sprache der Kanonisten. Aber Hofmann hat recht, wenn er in seiner Geschichte des Repräsentationsbegriffs insgesamt einen Sieg des juristischen über ein theologisch-sakramentales Denken dokumentiert.

e) Die juristische Vereinnahmung des deutschen Wortes »Stellvertretung«

Hasso Hofmann zeigt, daß die vielfältigen Möglichkeiten einer Kombination der »korporationstheoretischen Repräsentation der Identität« mit der »juristischen Repräsentation der Stellvertretung« zur Ausbildung des staats- und verfassungsrechtlichen Terminus »Repräsentationsorgan« führen. So versteht der Konziliarismus des 14./15. Jhs. den Papst eingebunden in einen Organismus, den er unter Voraussetzung eines entsprechenden Konsenses repräsentiert[141]. Dem entspricht die herrschaftsvertraglich eingeräumte und durch die Organe der Stände kontrollierte Befugnis eines konstitutionellen Monarchen. Und auch in den absolutistischen Staatstheorien fehlt nicht der Gedanke »der Herleitung souveräner Herrschaft aus der Summierung individueller Verzichte« und »allseitiger Rechtsübertragung in der Form der Unterwerfung«[142].

Die französische Revolution bedeutet nicht die Erfindung der »juristischen Repräsentation der Stellvertretung«, sondern nur deren Durchsetzung als *ausschließliches* Prinzip einer Staatsverfassung[143]. Abbé Emmanuel Joseph Sieyes (1748–1836) – »Vater der Repräsentativverfassung« und »Descartes der Politik« genannt – mediatisiert den einzigen Souverän des Staates, die Masse der Stimmbürger, durch eine Vertreterversammlung – nicht als Ersatz für die Selbstanwesenheit des Volkes, sondern als das bessere System der Demokratie, insofern das Strukturprinzip der bürgerlichen Gesellschaft, die Arbeitsteilung, dem Einzelnen ein Höchstmaß an Freiheit garantiert[144]. Was aus der theologischen Perspektive von Norbert

139 Vgl. G. Greshake, Priestersein, 85–89.

140 Vgl. B.-D. Marliangeas, Clés pour une théologie du ministère, 89–140.

141 Vgl. H. Hofmann, Repräsentation, 248–285.

142 Ebd. 390.

143 Vgl. E. Schmitt, Repräsentation und Revolution, 19–24.

144 »Ich wollte beweisen, daß für das Volk alles zu gewinnen wäre, wenn es alle Gattungen von

Hoffmann und Dorothee Sölle Inbegriff »uneigentlicher Stellvertretung« ist, das Prinzip »Arbeitsteilung«, ist aus der Sicht des Juristen und Verfassungstheoretikers Sieyes »die eigentliche Stellvertretung« schlechthin. Sie ist für ihn »das Prinzip jedes Gesellschaftsstandes«; sie ist überall in der privaten und öffentlichen Ordnung; »sie ist die Mutter der Fabrik- und Handelsindustrie, so wie der Fortschritte in den freien Künsten und in der Staatskunst; ja sie vermischt sich sogar mit dem Wesen des gesellschaftlichen Lebens«[145].

Mit der Übersetzung der lateinischen Fachsprache in die europäischen Landessprachen mußte auch für das vieldeutige Wort »repraesentatio« ein passendes Äquivalent gefunden werden. Im französischen Original der Sieyesschen Schriften war das nicht schwierig; man bediente sich des entsprechenden Pendants: »représentation«. Aber die erste deutsche Übersetzung dieser Schriften[146] stand vor einem doppelten Problem: Sie mußte etwas bezeichnen, was bis dahin im deutschen Sprachraum unbekannt war; und sie stand vor dem Dilemma, entweder mit dem Fremdwort »Repräsentation« falsche Vorstellungen zu wecken, oder ein deutsches Wort zu finden, das sich zur Erhellung und Bezeichnung des neuen Sachverhaltes eignet. Im Vorwort schreibt der Herausgeber:

»Was die gegenwärtige Übersetzung der Sieyesschen Schrift betrifft, so muß folgendes bemerkt werden. Man hat sich bemüht, eine *deutsche* Übersetzung zu liefern, nemlich alle politischen Sachbegriffe der neu geschafnen Staatswissenschaft der Franken mit deutschen Wörtern, die den eigentlichen Begriff derselben ausdrüken, zu belegen[147]. Man hat bisher alle jene neuen französischen Wörter im

Gewalten, aus denen die Staatseinrichtung besteht, stellvertretend mache und sich bloß das Recht vorbehalte, alljährlich vernünftige und von ihm unmittelbar gekannte Männer zu ernennen, welche ...« (E. J. Sieyes, Politische Schriften II, 373). – »Sehet, ob nicht in dem Privatleben der der freieste ist, welcher am meisten für sich arbeiten läßt; so wie auch alle Welt zugiebt, daß sich ein Mensch um so mehr in fremde Abhängigkeit sezt, je mehr Stellvertretung er einer und derselben Person überträgt, dergestalt, daß sogar eine gewisse Art von Veräusserung seiner selbst daraus entstehen würde, wenn er alle seine Gewalten in einem und demselben Individuum konzentrierte.« (Ebd. 374).

145 Ebd. 372.

146 Politische Schriften, vollständig gesammelt von dem deutschen Übersetzer [Johann Gottfried Ebel], nebst zwei Vorreden [von Konrad Engelbert Oelsner] über Sieyes' Lebensgeschichte, seine politische Rolle, seinen Charakter, seine Schriften etc., 2 Bde., Leipzig 1796. – Die Übersetzung wurde lange Zeit für das Werk des Herausgebers gehalten. Inzwischen ist eindeutig erwiesen, daß der Schweizer J. G. Ebel die Übersetzung und K. E. Oelsner die umfangreichen Einführungen in beide Bände geschrieben hat. Dazu: E. Richter, Konrad Engelbert Oelsner, 79; L. Strauss, Aus dem Nachlaß Johann Gottfried Ebels, 359–362; M. Adler-Bresse, Le manuscrit »Lichtstrahlen« d'Oelsner, 556–560; E. Schmitt, Repräsentation und Revolution, 179[5].

147 Eine Auswahl der Schriften des Abbé Sieyes wurde inzwischen neu übersetzt: Politische Schriften 1788–1790, mit Glossar und kritischer Sieyes-Bibliographie übers. u. hrsg. v. E. Schmitt u. R. Reichardt, 1. Aufl. als Bd. 43 der Reihe »Politica« (Luchterhand, Darmstadt – Neuwied 1975), 2. erw. Aufl. als Bd. 5 der Reihe »Ancien Régime, Aufklärung und Revolution« (Oldenbourg, München – Wien 1981). – In der Einleitung zur 2. Aufl. schreiben die Herausgeber: »Die Sprache von Sieyes ist im übrigen nicht leicht ins Deutsche zu übertragen. Sie ist angesiedelt in einer Übergangsphase der europäischen Geschichte, in der

deutschen entweder ganz beibehalten, oder nur eine deutsche Endigung angehängt; als z. B. die *konstituirende Gewalt, die Kommittenten u.s.w.* Da die Worte nicht vom Himmel gefallen sind, und keine Sprache Ausdrüke für Ideen und Sachbegriffe besitzt, welche vorher in der Nation nicht existirten, weil die Sache, die sie bezeichnen, nicht statt fand, so muß man allerdings die Wörter einer fremden Sprache für neue Ideen in seiner Muttersprache beibehalten, und den Purismus der Bestimmtheit als der Hauptsache, und nicht diese der kleinlichen Eitelkeit und Vorliebe für seine vaterländische Sprache aufopfern. Allein es bleibt immer die Pflicht jedes Schriftstellers, sich zu bemühen, für die den fremden Wörtern zum Grunde liegenden Sachbegriffe anpassende und entsprechende Ausdrüke in seiner Muttersprache aufzufinden und in Umlauf zu bringen; enthalten sie den Sachbegriff, so ist dann kein Grund da, sie zu verwerfen und sie den Wörtern einer fremden Sprache nachzusezen. Der Übersezer hat sich bemüht, deutsche Ausdrüke für die neuen politischen Begriffe der Franken zu gebrauchen. Da diese Begriffe und die sie bezeichnenden Worte in den Schriften Sieyes's sehr oft vorkommen, so ist es zur Vermeidung der öftern Wiederholung nothwendig, den Leser zuvörderst damit bekannt zu machen, welcher deutschen Ausdrüke der Übersezer sich für diejenigen französischen Worte, die man bisher im Deutschen immer beibehalten, bedient hat.«[148]

Unter anderem erscheinen in dem so angekündigten Glossar der deutschen Sieyes-Ausgabe diese Übersetzungsvorschläge:
»representer – die Stelle eines anderen vertreten.
representation – Stellvertretung.
representant – Stellvertreter.
systeme representatif – das Stellvertretungs-System.«[149]
Wie das Zitat aus der Einleitung zeigt, waren sich Übersetzer und Herausgeber der mangelnden Präzision ihrer Übertragung bewußt. Dennoch hat kein Rechtswissenschaftler der Folgezeit gefragt, wann und wo das deutsche Wort entstanden ist, das Johann Gottfried Ebel und Konrad Engelbert Oelsner zur Bezeichnung der spezifisch juristischen Bedeutung des Begriffs »repraesentatio« vereinnahmt haben[150]. Eine intensive Reflexion der juristischen Stellvertretungsidee[151] führte die Rechtswissenschaft

die überkommenen Begriffe fragwürdig wurden und einem schleichenden Bedeutungswandel unterlagen. Daher die begriffliche Unsicherheit und das ständige Bemühen der Zeitgenossen um Definitionen.« (12). Nicht nur Ebels Übersetzung ist mit einem Glossar zur Erklärung bestimmter Termini versehen; auch Schmidt und Reichardt halten eine solche Hilfe für notwendig. In unserem Zusammenhang bemerkenswert ist, daß sie das französische »représentation« mit dem lateinischen Fremdwort »Repräsentation« und nicht mehr mit dem deutschen Terminus »Stellvertretung« übersetzen. Zur neuerdings deutlicher erkannten Bedeutung der Begriffsgeschichte für das historische wie politisch-soziale Verständnis der »Sattel-Zeit« zwischen 1750 und 1850 vgl. R. Koselleck, Richtlinien, 81–99.

[148] K. E. Oelsner, Einige Bemerkungen an den Leser, CXVI–CXVIII.

[149] Ebd. CXX.

[150] Hans Julius Wolff (Organschaft und Juristische Person II, 26–29) hat zwar den Zusammenhang zwischen der christlichen Soteriologie und dem Terminus »Stellvertretung« erkannt, vermutet aber auf Grund falscher Voraussetzungen, daß die Wirkungsgeschichte der Anselmschen Satisfaktionslehre die juristische Bedeutung des lateinischen Wortes »repraesentatio« geprägt habe.

[151] Vgl. (Literaturverz.) die entsprechenden Werke von H. Buchka, F. Hellmann, L. Mitteis,

des 19. Jhs. zu einer klaren terminologischen Abgrenzung der drei Bedeutungsebenen, die das lateinische Wort »repraesentatio« im Laufe seiner Begriffsgeschichte in sich vereint hat. *Repräsentation* bedeutet nur noch die »nicht-juristische« Vertretung (die rechtlich nicht geregelte Vertretung einer Gemeinschaft durch ein Individuum); *Organschaft* eine durch Gruppenorganisation ermächtigte Vertretung; und *Stellvertretung* die juristisch geregelte Befugnis einer Person, für eine andere Person oder eine Mehrzahl von Personen rechtsverbindlich zu handeln[152].

Wir werden im einzelnen nachweisen, daß das Substantiv »Stellvertretung« ursprünglich nicht aus einem juristischen, sondern aus einem theologischen Kontext stammt. Mit dem Beginn deutschsprachiger Theologie im 18. Jh. taucht das Wort zuerst in protestantischen, dann auch in katholischen Schulbüchern als Bezeichnung der biblischen Inhalte auf, die oben als Teile des *Jom-Kippur*-Rituals und als stellvertretende Sühne des deuterojesajanischen Gottesknechtes und des gekreuzigten Erlösers beschrieben wurden. Juristisch (von außen) betrachtet tritt Christus *»an die Stelle«* des Sünders, um statt seiner vor den richtenden Vater zu treten; theologisch (von innen) betrachtet tritt Christus so *»an die Stelle«* des Sünders, daß er ihn nicht ersetzt, sondern durch seine Stellvertretung befähigt, sich selbst aus einem Sünder in einen (Mit-)Stellvertreter umzukehren. Die Anwendung rechtlicher Kategorien in der Darstellung des Erlösungsgeschehens führte mit der Übersetzung der Sieyesschen Schriften aus dem Französischen ins Deutsche zur Vereinnahmung des »eigentlich« theologischen Stellvertretungsbegriffs durch die Juristen. Die Folge war eine doppelte: Während die Juristen das Femdwort »Repräsentation« durch das deutsche Wort »Stellvertretung« verdrängten, verzichteten die Theologen auf das juristisch vereinnahmte Wort und griffen stattdessen häufig auf den Repräsentationsbegriff zurück.

Bevor wir die Begriffsgeschichte des deutschen Substantivs nachzeichnen, soll in einem kurzen und gewiß schematischen Überblick über die Grundformen der christlichen Soteriologie gezeigt werden, daß sich in ihr die geschilderten Inhalte der Heiligen Schrift mit den dargestellten Variationen der Urbild-Abbild-Dialektik verbinden und so immer schon eine direkte Proportionalität der Einheit und Unterschiedenheit zweier Wirkungen (der des Erlösers [Gnade] und der des Erlösten [Freiheit]) beschreiben. So kann deutlich werden, daß das Wort »Stellvertretung« keineswegs zufällig im Kontext der christlichen Erlösungslehre entsteht und dort seine »eigentliche Bedeutung« entfaltet.

S. Schlossmann, R. Fränkel, G. Leibholz, A. Kradepohl, K. F. Everding, W. Müller-Freienfels, U. Müller.

[152] Vgl. H. J. Wolff, Organschaft und Juristische Person II, 18.

1. Stellvertretung als Kriterium einer direkt proportionalen Zuordnung der Einheit und Unterschiedenheit von Gnade und Freiheit

Unter der doppelten Prämisse, daß »eigentliche Stellvertretung« eine direkte Proportionalität zwischen der Einheit und der Unterschiedenheit zweier personaler Wirklichkeiten oder Wirkungen bedeutet, und daß die direkt-proportionale Zuordnung von Einheit und Unterschiedenheit einer vertretenden (des erlösenden Christus) und einer vertretenen Wirklichkeit (des erlösten Sünders) so etwas wie das Kriterium jeder christlichen Erlösungslehre ist, sollen die folgenden Ausführungen den Inhalt des Stellvertretungsbegriffs als Kontinuum der Soteriologie erweisen. Anders gesagt: Es geht um den »roten Faden«, der sich durch alle Typen[153] der christlichen Erlösungslehre zieht.

a) In den patristischen Modellen »Erziehung/Befreiung« und »Einverleibung/Vergöttlichung«

Wenn man davon absieht, wie das innertrinitarische Verhältnis von Vater und Sohn (Logos) im einzelnen gedacht wird, wenn man absieht von der Darstellung des »Sieges«, den der menschgewordene Logos über die Macht des Bösen erringt, wenn man keine einheitliche Erklärung für die Vermittlung dieses Sieges an alle Menschen aller Zeiten sucht und durchaus verschiedene Erlösungsmotive nebeneinander gelten läßt, dann kann man folgendes »Schema« des Erlösungsgeschehens patristisch (im Sinne von: allen Vätern gemeinsam) nennen:

– Der Mensch ist von seinem Schöpfer als Abbild des Logos entworfen, verliert aber diese seine »natürliche« Beziehung zum Logos durch die Sünde.

– Erst indem der Logos Fleisch wird, kann das Bild Gottes im Menschen wiederhergestellt und zu seiner vollen Verwirklichung (= Vergöttlichung) geführt werden.

[153] Gustaf Aulén (Die drei Haupttypen, 501–538) und mit ihm die Schule von Lund unterscheidet zur Typisierung der verschiedenen soteriologischen Entwürfe die Zentralmotive »Christus victor«, »Christus victima« und »Christus exemplar«. Stärker auf die »Verstehens- und Erfahrungsbedingungen« des Christentums in seiner Auseinandersetzung mit der griechischen Philosophie, mit der lateinischen und germanischen Denkweise, und mit der »neuzeitlichen Wende zum Subjekt« bezieht sich das von Gisbert Greshake (Der Wandel der Erlösungsvorstellungen, 52) erstellte Schema: »I. Erlösung als Paideia durch Christus im Rahmen des antiken griechischen Kosmos-Denkens. – II. Erlösung als innere Begnadung des einzelnen unter den Voraussetzungen einer rechtlichen Wiederherstellung des ›ordo‹ zwischen Gott und Mensch. – III. Erlösung als inneres Moment der Geschichte der neuzeitlichen Subjektivität.«

– Das Urbild Gottes (der Logos) tritt im Heiligen Geist so an die Stelle des Abbildes (des Sünders), daß das Abbild wieder Teil gewinnt am Urbild und zu dessen Nachahmung befähigt wird.

Dieses Schema impliziert mit der Urbild-Abbild-Dialektik den Formalgehalt »eigentlicher Stellvertretung«: nämlich eine direkt-proportionale Zuordnung von Einheit und Unterschiedenheit *der Erlösung des Sünders durch den Logos* und *der »Selbst-Erlösung« des Sünders durch mimetische Teilhabe am Logos.* Dies läßt sich an zwei fast gegensätzlichen Typen der patristischen Soteriologie zeigen, die sich mit den Termini παιδεία und *commercium* verbinden.

Von namhaften Patrologen wurde mehrfach bestätigt[154], daß die urgriechische Idee der παιδεία in ihrer Anwendung auf das Erlösungsgeschehen keine bloß ethische Erziehung im Sinne der Belehrung eines Schülers durch Wort und Beispiel, sondern die »vom göttlichen Ur-Bild her ermöglichte Ausrichtung des Abbildes auf das Ur-Bild hin« meint; daß Nachahmung, Nachfolge und Gesetzestreue nicht nur im griechischen, sondern im gesamten antiken Denken »nicht ›ethische‹ Kategorien in Differenz und in Abhebung von ›ontologischen‹ Kategorien« sind, und daß die »Explikation des paideutischen Geschehens durch Begriffe aus dem Bereich des Gnoseologischen«[155] nicht unter der Voraussetzung einer formalen Trennung von Intellekt und Willen geschehen darf. Die Anwendung des παιδεία-Begriffs ist Ausdruck eines Stellvertretungsverhältnisses: Der »Erzieher« Christus tritt so »an die Stelle« des Sünders, daß er ihn befähigt, ihm durch sein eigenes Tun immer ähnlicher zu werden. Der Sünder erlöst sich zwar gewissermaßen selbst; dies aber nur durch, mit und in seinem Stellvertreter Christus.

Gegenüber den Vätern (Klemens von Alexandrien, Origenes), die der Gnosis am nächsten stehen und den παιδεία-Gedanken am konsequentesten ausfalten, verbietet sich schon deshalb der Vorwurf einer Selbsterlösungslehre, weil ihre Spekulationen über das Urbild des Logos, über die Abbildlichkeit des Menschen, über seinen Fall und »erlösenden Aufstieg« nicht nur die Freiheit des Menschen, sondern vor allem auch die Notwendigkeit seiner Befreiung betonen. Andernfalls hätten Klemens und Origenes mit Sicherheit auf die soteriologischen Momente des »Loskaufs« und des »für alle« errungenen »Sieges Christi über den Teufel« verzichtet[156].

Was für die soteriologische Anwendung des παιδεία-Begriffs gilt, läßt sich entsprechend über den *commercium*-Begriff sagen[157]. Isoliert betrachtet verleitet er zu der Vorstellung, der Erlöser gebe dem Menschen seine Göttlichkeit und erhalte als »Tauschobjekt« dessen Natur und Sündenlast.

[154] Vgl. die von G. Greshake (Gnade als konkrete Freiheit, 173–184) angeführten Belege.
[155] Ebd. 164.
[156] Vgl. B. Studer – B. Daley, Soteriologie, 85–95; R. Schwager, Der wunderbare Tausch, 32–53.
[157] Vgl. M. Herz, Sacrum Commercium, 3–22.

Doch es fragt sich, was von der Freiheit des Menschen bleibt, wenn Formeln[158] wie »Der Logos ist Mensch geworden, damit wir vergöttlicht werden« (Athanasius[159]) oder »Um die zu Göttern zu machen, die Menschen waren, wurde er, der Gott war, Mensch« (Augustinus[160]), im Modell des »Tausches« gedacht werden. Die meisten Väter verbinden mit dem Gedanken vom »wunderbaren Tausch« eine direkte Proportionalität von Einheit und Unterschiedenheit der beiden Pole des Erlösungsgeschehens: Der Erlöser tritt so »an die Stelle« des sündigen Menschen, daß er nicht nur symbolisch, sondern real dessen Sündenlast trägt und ihm umgekehrt »die eigene Stelle« (die Gemeinschaft mit dem Vater) anbietet. Doch dieser »Wechsel« oder »Tausch« bedeutet nicht, daß Gottes Sohn »an der Stelle« des Sünders nicht mehr Gottes Sohn und der Sünder »an der Stelle« des Sohnes nicht mehr Sünder ist, sondern: Der Sohn *als Sohn* wird am Kreuz so zur »Stelle« des Sünders, daß der Sünder immer mehr »an die Stelle« des Sohnes treten kann.

Väter (z.B. Athanasius oder Gregor von Nyssa), deren Denken dem *commercium*-Begriff näher als der *παιδεία*-Idee steht, verstehen Erlösung keineswegs als Überwindung des menschlichen durch den göttlichen Willen. Wenn sie mit Hilfe verschiedener Metaphern (Homogenität des »Erstlings« mit dem »Brei«, der »Teigmasse« oder dem »Organismus« der Menschheit) ausdrücken, daß der Logos durch seine Menschwerdung eo ipso alle Träger der menschlichen Natur erfaßt, illustrieren sie einen platonischen Grundgedanken: Die Physis des Menschen ist ein »Universale«, an dem jeder einzelne partizipiert[161]. Aus der Homogenität des menschgewordenen Gottes mit der »Menschheitsmasse« läßt sich aber kein physikalisches Gesetz konstruieren; das Heil breitet sich nicht wie ein chemischer Stoff aus. Auch wenn sich die Patrologen über den Grad der Einwirkung des Erlösers auf die Freiheit des einzelnen Sünders streiten[162], sind sie sich einig in der These, daß z.B. Gregor von Nyssa oder Athanasius keine »physische Erlösungslehre«[163] vertreten.

Die nicht geringen Unterschiede zwischen der Soteriologie des *παιδεία*- und des *commercium*-Modells, zwischen Origenes und Gregor von Nyssa, zwischen Klemens vom Alexandrien und Athanasius, werden durch die latent vorhandene Urbild-Abbild-Dialektik und damit durch eine der Grundformen »eigentlicher Stellvertretung« überbrückt. Das

[158] Vgl. TD III, 226–230.
[159] Athanasius, De Inc. 54 (PG 25, 192 B).
[160] Augustinus, Sermo 192,1 (PL 38, 1012).
[161] Dazu: R. Schwager, Der wunderbare Tausch, 77f.
[162] Raymund Schwager (Der wunderbare Tausch, 96) ist im Unterschied zu Reinhard M. Hübner (Die Einheit des Leibes Christi bei Gregor von Nyssa, 103–142) der Meinung, daß die klare Aussage des hl. Gregor, »der Leib (des vom Logos angenommenen Menschen) habe dem Leib (der übrigen Menschen) die göttliche Kraft vermittelt, nicht ... als bloßes Bild für eine rein ethische Einwirkung gedeutet werden« darf.
[163] Über die Entstehung des Ausdrucks »physische Erlösungslehre«, über seine Anwendung und Ablehnung: R. M. Hübner, Die Einheit des Leibes Christi bei Gregor von Nyssa, 3–25.

zeigt sich exemplarisch in der Erlösungslehre des Maximus Confessor, die nach den Untersuchungen Hans Urs von Balthasars als Synthese der beiden genannten Extreme gelten darf und daher auch besonders deutlich ausdrückt, was im Rahmen einer Soteriologie »eigentliche Stellvertretung« bedeutet: die direkte Proportionalität von Einheit und Unterschiedenheit einer vertretenden (der erlösende Christus) und einer vertretenen Wirklichkeit (der erlöste Sünder).

Maximus relativiert die menschliche Freiheit nicht als nur vorläufige, unterscheidet aber zwischen dem Natur-Wollen, dem urteilenden Wollen und der Wahl zwischen Gut und Böse, um die Erhaltung (und Vollendung!) der »eigentlichen« Freiheit (des Natur-Wollens) in der personalen Vereinigung des menschlichen mit dem göttlichen Willen erklären zu können[164]. Maximus spricht von einem in die Natur aller Menschen gelegten Gesetz, dessen Nichterfüllung (Sünde) die Natur zerstört und also den Tod zur Folge hat. Christus – obwohl ohne Sünde – hat den Tod stellvertretend für die Sünder durchlitten und damit die »Waffe der Sünde gegen die Natur in eine Waffe der Natur gegen die Sünde«[165] verwandelt. So verstanden ist die Erlösung nicht in dem Sinne Stellvertretung, daß Christus dem Sünder etwas abnimmt, was dieser eigentlich selbst tragen müßte, sondern er tritt so »an die Stelle« des Sünders, daß dieser durch ihn befähigt wird, in Freiheit die Folgen seines Tuns, Leid und Tod, aus einem zerstörenden in ein heilendes Medium zu verwandeln. Mit diesem Gedanken einer aktiven Teilnahme des Sünders am Erlösungsgeschehen weist Maximus Confessor weit voraus, beispielsweise auf den von Henri de Lubac, Erich Przywara oder Joseph Ratzinger erörterten Zusammenhang der beiden Axiome »gratia non destruit sed supponit et perficit naturam« und »gratia est crux naturae«[166]. Wörtlich heißt es bei Maximus: »Jeder Einzelne, der an Christus glaubt, wird nach dem Maß seiner eigenen Kraft und der Art und Beschaffenheit seiner Tugend mit Christus ans Kreuz geschlagen und *schlägt zugleich Christus mit sich ans Kreuz*, sofern er eben auf geistige Weise Christus mitgekreuzigt ist.«[167]

b) In den mittelalterlichen Kontroversen um die Vereinbarkeit von Gerechtigkeit und Barmherzigkeit

Die lateinische Theologie ist – wie oben beschrieben – sehr viel stärker als die griechische von juristischen Kategorien bestimmt. Das zeigt sich nicht zuletzt auch in der Erlösungslehre[168]. »Stand bei den Griechen Erlösung

[164] Vgl. H. U. v. Balthasar, Kosmische Liturgie, 232–253; R. Schwager, Der wunderbare Tausch, 141–147.
[165] R. Schwager, Der wunderbare Tausch, 151.
[166] Vgl. J. Terán Dutari, Zum theologischen Verständnis der Gnade als Kreuz der Natur, 283–314.
[167] Maximus Confessor, Ambigua 243 (PG 91, 1360 A–B).
[168] Dazu: N. Brox, Sôtêria und Salus, 273–279.

unter der Fragestellung, wie die menschliche *Natur* angesichts ihrer Selbstvergessenheit, Verfinsterung und Verirrung wieder in die Ur-Dynamik der *Mimêsis* eingesetzt und zu ihrem eigentlichen Ziel, der Vergöttlichung, heranreifen könne, so knüpft die lateinische Erlösungsvorstellung an bei der Frage nach der Heilung des Rechtsbruchs zwischen Gott und Mensch.«[169] Gisbert Greshake vertritt in seiner Habilitationsschrift die These, daß Pelagius – obwohl im Westen beheimatet – in den Kategorien der griechischen Urbild-Abbild-Dialektik denkt und deshalb von dem lateinisch argumentierenden Augustinus falsch interpretiert wird[170]. Augustinus beschreibt den stellvertretenden Kreuzestod als *Voraussetzung* der erlösenden Gnade und nicht als die Gnade selbst; und er erklärt die Begnadung als *Voraussetzung*, nicht aber als *Konstitutivum* der Freiheit des Sünders. Gemessen an unserer Definition »eigentlicher« Stellvertretung bedeutet Augustins Erlösungslehre die zumindest theoretische Trennbarkeit des vertretenden von dem vertretenen Subjekt im Vorgang der Stellvertretung. Denn *zuerst* erfolgt das Hintreten Christi »an die Stelle« des Sünders; und *dann* erst ist der Sünder fähig zum Hintreten »an die Stelle« des Sohnes.

Augustinus beschreibt Gnade und Freiheit nicht als konkurrierende Ursachen, läßt aber beider Verhältnis zum Problem werden. Seine unvergleichliche Wirkungsgeschichte führt im Mittelalter zu einer Absonderung der Gnadenlehre von der Christologie[171]. Zwar hält die mittelalterliche Theologie an der unbedingten Vermittlung aller Gnade durch Christus fest, versteht diese Gnade aber nicht mehr als Selbstmitteilung Christi.

In der sogenannten »Satisfaktionslehre« Anselms von Canterbury werden Gnade und Freiheit (Ehre), Schuld und Strafe zu quantitativ meßbaren Größen »verdinglicht«. Eine Schuld kann durch Strafe oder durch Gnade gesühnt bzw. »wieder-gut-gemacht« werden. Doch bedeutet Gnade in einem mittelalterlichen Lehnsverhältnis (in einem Verhältnis mündiger Partner) niemals ersatzlose Streichung der Strafe. Denn eine solche »Gnade« würde die Ehre (Freiheit) des Schuldners nicht wiederherstellen, sondern ausschalten. Anselm versteht Gott als obersten Lehnsherrn, der allem Seienden eine Ordnung gesetzt hat und deshalb nicht »gnädig« im Sinne einer Gleichbehandlung von Recht und Unrecht sein kann, sondern um der Ordnung seiner Schöpfung willen die Verletzung dieser Ordnung ahnden

[169] G. Greshake, Gnade als konkrete Freiheit, 64. – Was der Lateiner *ordo* nennt, entspricht zwar der *τάξις* des griechischen Kosmos. Aber der Mensch wird nicht als Abbild verstanden, das sich durch *μίμησις* seinem Urbild mehr und mehr angleichen kann, sondern jeder einzelne Mensch *hat* eine Beziehung zu den *leges* des *ordo*; er *ist* diese Beziehung aber nicht selbst. Dazu: S. Otto, »Natura« und »Dispositio«, bes. 17–37.182–215; J. Rief, Der Ordobegriff, 40–110, bes. 86–90.

[170] Vgl. ebd. 193–197.230–252. – Zur Kritik an der von Greshake vorgelegten Augustinus-Interpretation: B. Studer, Rezension, in: FZPhTh 21 (1974) 459–467; W. Geerlings, Christus Exemplum, 209–222.

[171] Vgl. J. Plagnieux, Heil und Heiland, 47–70; B. Studer – B. Daley, Soteriologie, 156–174.

muß[172]. Weil aber der Mensch nicht eines unter anderen Geschöpfen, sondern stellvertretend für alle Geschöpfe Partner eines Lehnsverhältnisses wird, zerstört seine Untreue (Sünde) mit diesem Verhältnis die Ordnung zwischen Gott und seiner Schöpfung insgesamt. Von sich aus kann der Mensch das »Lehnsverhältnis« nicht erneuern; er bedarf der Gnade des Lehnsherrn; die aber ist um der Ehre des Partners selbst willen an die Alternative »aut satisfactio aut poena«[173] gebunden. Da nun der Mensch Gott nichts »zahlen« kann, was er ihm nicht ohnehin schuldet, kann er keine »Satisfaktion« leisten, ohne seinerseits einen Stellvertreter zu finden, der ihn zur »Zahlung« seiner Schuld befähigt. Dieser »Stellvertreter« muß einerseits Mensch sein, weil die Ehre des Schuldners nur durch den Schuldner selbst wiederhergestellt werden kann; er muß aber auch Gott sein, weil die Schuld des Menschen identisch ist mit seinem Verhältnis zu Gott. Die Kernfrage der Anselminterpretation[174], was der Sünde des Menschen ihr *unendliches* Gewicht gibt und den Kreuzestod eines Unschuldigen unumgänglich macht – die *unendliche* Ehre Gottes oder die zerbrochene Beziehung (Ehre) des Sünders zu Gott –, kann hier nicht diskutiert werden. Für unser Thema entscheidend ist, daß sich unsere Definition »eigentlicher« Stellvertretung wie in der patristischen Soteriologie, so auch in Anwendung auf die Anselmsche Erlösungslehre als Kriterium der Zuordnung von erlösender Gnade und erlöster Freiheit erweist. Gleichgültig, ob Anselm das Kreuz Christi als äquivalente Ersatzleistung zur Befriedigung einer Genugtuung fordernden Gerechtigkeit Gottes oder als Ausdruck einer Barmherzigkeit sieht, die »genug tut«, um die Ehre (Freiheit) des Sünders neu zu ermöglichen, in jedem Fall ist die Stellvertretung Christi ein Wirken, das dem vertretenen Sünder selbst äußerlich bleibt. Denn an dem, was Christus »für uns« tut, sind wir nach Anselm selbst nicht beteiligt. Er tritt durch seine Menschwerdung und sein Kreuzesopfer so an unsere Stelle, daß er unser Lösegeld zur Abtragung unserer Schuld beim Vater wird. Das Erlösungsgeschehen besteht aus zwei Schritten, von denen der erste *Voraussetzung*, nicht aber *Stelle* des zweiten ist. Erster Schritt: Christus macht sich zum Lösegeld

[172] Der These, Anselm spreche von der göttlichen Ehre wie von der persönlichen Ehre eines hochgestellten Privatmannes, steht die heute insgesamt verbreitetere Interpretation entgegen, daß der Gott Anselms weder ein mächtiger Privatmann noch der Garant einer gesetzlich geregelten Gerechtigkeit, sondern vor allem der Schöpfer der Welt und der Menschheit ist. – Dazu: G. Greshake, Erlösung und Freiheit, 87–92.

[173] Der These, die Anselmsche Formel »aut satisfactio aut poena« verdanke sich dem Einfluß der germanischen Rechtslehre, daß, wer Genugtuung leiste, von der Strafe verschont bleibe (vgl. H. Cremer, Die Wurzeln, 7–24; ders., Der germanische Satisfaktionsbegriff, 316–345), steht die Behauptung (A. v. Harnack, F. Loofs u. a.) gegenüber, die Formel finde sich in demselben Sinn schon im römischen Recht und in der altkirchlichen Bußdisziplin bei Tertullian und Cyprian (vgl. H. Dombois, Juristische Bemerkungen, 339–355).

[174] Neben einer Darstellung der Anselmschen Soteriologie einen guten Überblick über die Anselm-Interpretationen bietet: F. Hammer, Genugtuung und Heil, 13–37. Als Ergänzung kann gelten: R. Haubst, Anselms Satisfaktionslehre einst und heute, 88–109. Eine Darstellung der protestantischen Anselm-Kritik bietet: J. McIntyre, St. Anselm and his critics.

unserer Schuld; zweiter Schritt: Wir selbst bezahlen die Schuld. So gesehen ist Christus notwendiges *Mittel* unserer Erlösung, aber nicht die *Stelle*, an der der Mensch sich durch ihn und in ihm aus einem Sklaven in einen Freien, aus einem Sünder in einen Sohn umkehren kann[175].

Die Gnade bleibt der Freiheit äußerlich; sie ist nicht deren Konstitutivum. Das wird besonders deutlich, wo Anselm Gottes Gerechtigkeit als Barmherzigkeit bezeichnet: »Was«, so fragt er, »könnte barmherziger gedacht werden, als wenn Gott Vater zu dem Sünder, der zu ewigen Strafen verurteilt ist und nicht hat, wodurch er sich daraus befreien könnte, spricht: ›Nimm meinen Eingeborenen und gib ihn für dich‹; und der Sohn: ›Nimm mich und erlöse dich‹.«[176] Nach dieser Aussage ist der hingegebene Sohn das Zahlungsmittel, mit dem der Schuldner eine offenstehende Rechnung begleicht. Jedenfalls wird der Sünder nach Anselms Darstellung nicht in den Akt der erlösenden Hingabe durch den Vater bzw. in die Selbsthingabe des Sohnes integriert. Was Anselm »Genug-tuung« (satisfactio) nennt – nämlich: daß Gott *genug tut*, um uns in die Lage zu versetzen, selbst unsere Schulden bei ihm bezahlen zu können – , ist zwar keine Ersatzleistung (satisfactio vicaria)[177], aber auch keine »eigentliche Stellvertretung«, sondern im eingangs erklärten Sinn eine »uneigentliche« (juristische, äußerliche) Stellvertretung[178]. Denn sein Wirken und das des Sünders verhalten sich nicht im Sinne einer direkten Proportionalität von Einheit und Unterschiedenheit, sondern wie zwei räumlich und zeitlich getrennte Ursachen zueinander. Wäre der hingegebene Sohn *allein* Subjekt der von Anselm beschriebenen »Genug-tuung«, so wäre sein Erlösungswirken eine Ersatzleistung; aber der Sünder wird durch Christi »Leistung« nicht einfach ersetzt, sondern der Gekreuzigte sagt zu ihm: »Nimm mich und

[175] Gisbert Greshake (Erlösung und Freiheit, 97.99) erkennt bei Anselm auch den Gedanken der zur Freiheit befreienden Verähnlichung des vertretenen Sünders mit dem ihn vertretenden Erlöser. Er spricht von Anselms »Grundverständnis von Erlösung als Befreiung der Freiheit des Menschen durch Stellvertretung« (Erlösung und Freiheit, 99) und bemerkt: In Christi Tod »ist ein Raum der Versöhnung, wahren Friedens und wahrer Freiheit eröffnet, in den die Menschheit – als *imitatores*, wie Anselm sagt – durch Nachfolge eintreten darf und kann« (ebd. 97). Ob man diese imitatio aber als integrierenden Bestandteil des Stellvertretungsverhältnisses zwischen Erlöser und Erlöstem bezeichnen kann, scheint doch fraglich, weil Anselm der Möglichkeit zur »imitatio Christi« die Teilhabe am »meritum Christi« *voraus*schickt. – Für Helmut Steindl (Genugtuung, 206–209.220–226) steht zwar fest, daß der Sünder nach Anselm die seiner Schuld entsprechende Leistung nicht »mit-leistet«, sondern nur bezahlt, daß man ihn aber trotzdem im Sinne einer Inklusion des Menschen in das stellvertretende Handeln des Erlösers interpretieren muß. Denn, so betont er, »die Proportion von Schaden und Wiedergutmachung stellt nur die äußere, meßbare Seite der Idee der Genugtuung dar. Ihren wahren Wert dagegen erhält sie erst durch die Orientierung auf die Freiheit hin« (ebd. 224).

[176] Anselm von Canterbury, Cur Deus homo, II/20 (152).

[177] Anselm verwendet oft das Wort »satisfactio«, jedoch niemals das Kompositum »satisfactio vicaria«. Zur Geschichte beider Begriffe vgl. Anm. 216.

[178] Anselm kennzeichnet diese »forensische« Stellvertretung als »meritum Christi«, das dem Sünder zugutekommt, wenn er das Geschenk annimmt. Über Anselms Antwort auf die Frage, wie das »meritum Christi« alle Menschen aller Zeiten erreicht, vgl. H. U. Wiese, Die Lehre Anselms, bes. 43–46.

erlöse dich«. Christus vermittelt dem Sünder also die Möglichkeit, selbst Satisfaktion zu leisten. Und dennoch: Die Hingabe bzw. die Selbsthingabe des Sohnes ist nur äußere Voraussetzung bzw. juristisches Mittel, nicht aber Konstitutivum dessen, was der Sünder selbst leistet.

Daß Anselm über Jahrhunderte zum Kronzeugen einer Soteriologie wurde, die Erlösung als der Schuld des Menschen äquivalente Ersatzleistung Christi zur Befriedigung der verletzten Ehre Gottes verstand, kann man nicht nur mit der Oberflächlichkeit seiner Interpreten begründen. Der Grund liegt eher in der dinglichen Auffassung von Sünde und Gnade, und darin, daß die Unendlichkeit der menschlichen Schuld mit der Unendlichkeit der verletzten Ehre Gottes erklärt und verrechnet wurde. Während Hans Urs von Balthasar seine Anselm-Interpretation mit dem Titel »Der Glanz der Freiheit« überschreibt, sieht Abaelard in der dargestellten »Satisfaktionslehre« die Aufhebung aller Freiheit in Notwendigkeit[179]. So kam es zur Ausbildung eines Anselmschen und eines Abaelardschen Typus der Erlösungs- und Versöhnungslehre. Anselm galt als Verfechter der Gerechtigkeit, Abaelard als Anwalt der Barmherzigkeit Gottes. Doch sowenig die Gegenüberstellung von Gerechtigkeit und Barmherzigkeit, von Notwendigkeit und Freiheit, Anselm gerecht wird, so falsch ist sie auch im Falle Abaelards. Gottes barmherzige Liebe – so betont er – hätte den Gesetzen der Ehre und Gerechtigkeit (bzw. der Schöpfungsordnung) auch auf anderen Wegen als dem des Kreuzes »Genüge« leisten können; aber da sie uns nicht ohne uns erlösen *wollte*, *mußte* sie bis zum Äußersten gehen, um dem Sünder »gerecht« zu werden; sie wollte seine Freiheit nicht ausschalten, sondern ermöglichen; sie ließ sich vom Sünder kreuzigen, damit der kreuzigende Sünder sich in der gekreuzigten Liebe als das erkennt, was er in Wahrheit ist, und selber umkehrt[180].

Absurderweise haben Theologen des 19. Jhs. das Wort »Stellvertretung« zum Kennzeichen des Anselmschen gegenüber dem Abaelardschen Typus der Erlösungslehre erklärt. Richtig ist das Gegenteil: Der Terminus »Stellvertretung« beschreibt die Gemeinsamkeiten der angeblichen Antipoden. Abaelard geht nur einen Schritt über Anselm hinaus. Bei ihm ist Christi Stellvertretung nicht nur die *Voraussetzung*, sondern auch das *Konstitutivum* der erneuerten Ehre des Menschen; bei ihm sind die vertretende und die vertretene Wirklichkeit (Gnade und Freiheit) nicht nur »uneigentlich« *(juristisch* bzw. *forensisch)*, sondern »eigentlich« *(wesentlich)* miteinander verbunden; Bei ihm bedeutet Stellvertretung die direkte Proportionalität der Einheit und Unterschiedenheit von Gnade und Freiheit.

179 Vgl. R. E. Weingart, The Logic of Divine Love, 89–93; G. Greshake, Erlösung und Freiheit, 80–104.

180 Vgl. P. Abaelard, Commentariorum super S. Pauli Epistolam ad Romanos, 204–207. – Daß Abaelard nicht als Antipode Anselms verstanden werden sollte, wird deutlich, wenn er von einer unfehlbaren Erhörung der Fürbitte des Sohnes durch den Vater »wegen dessen Leiden« spricht und die Gerechtigkeit Christi ein Supplement unserer Ungerechtigkeit nennt (ebd. 237.283). – Dazu auch: R. E. Weingart, The Logic of Divine Love, 94f.

2. Das Wort »Stellvertretung« als Antwort auf die Problemgeschichte der protestantischen Soteriologie

a) Lutherische Orthodoxie und Sozinianismus

Die Konflikte Abaelards mit dem kirchlichen Lehramt erklären, warum seine Position wirkungsgeschichtlich neben der des hl. Anselm nicht bestehen konnte. Doch ungeachtet dessen, daß Thomas von Aquin[181] oder Duns Scotus[182] sich in ihrer Erlösungslehre auf Anselm berufen und dessen Satisfaktionsbegriff aufgreifen, stehen sie sachlich näher bei Abaelard als bei Anselm. Zum Nachteil der Soteriologie sind Abaelards Ausführungen über die Freiheit Gottes bei der Wahl seines Heilsweges nominalistisch interpretiert worden; zu Unrecht, wie die neuere Forschung übereinstimmend nachweist. Die Nominalisten Wilhelm von Ockham oder Robert Holkot trennen Gottes Willen so sehr von der Vernunft des Menschen, daß die Verfügungen des Allmächtigen nur deshalb gut sind, weil er sich nun einmal so und nicht anders entschieden hat[183]. Wenn aber das erlösende Wirken Gottes unabhängig vom Menschen gedacht wird, wenn – anders gesagt – der vom Stellvertreter Christus vertretene Sünder nicht selbst konstitutiv für den Vorgang der Stellvertretung ist, dann gerät Stellvertretung zu einer »Substitution«, zu einer Ersatzhandlung, für die seit dem 17. Jh. das Kompositum »satisfactio vicaria« als terminus technicus fungiert.

Von seinen nominalistischen Lehrern geprägt, hat Martin Luther sich nicht gegen die zu seiner Zeit verbreitete Vorstellung von der »substitutiven Genugtuung« Christi gewandt, wohl aber gegen eine dinglich veräußerlichte Übertragung des *meritum Christi*[184] in Gestalt von Ablaßbriefen.

[181] In seiner stets genau differenzierenden Darstellung der Soteriologie des hl. Thomas zeigt H. Kessler (Die theologische Bedeutung des Todes Jesu, 170–226), daß die traditionellen Begriffe *satisfactio, meritum* und *instrumentum coniunctum divinitatis* von folgendem Kerngedanken nicht gelöst werden dürfen: »Das Leiden (und allgemeiner gesprochen: das ganze irdische Leben) Christi wird ... zum Offenbarungszeichen der Liebe Gottes. Es *provoziert* nach Thomas die Menschen zur Gegenliebe. Durch solche Liebe wiederum finden sie Befreiung von der Sünde, und in solcher Liebe besteht die Vollendung menschlichen Heils ...; die ›fides formata per caritatem‹ ist es ..., welche das Wirken Gottes durch das Instrument der Menschheit Christi im einzelnen Menschen effizient macht, d. h. welche rechtfertigt.« (220). Nach Kessler verwendet Thomas aus Achtung vor der Tradition die alten Termini, »entleert sie aber Stück für Stück ihres juridischen bzw. kultischen Begriffsinhaltes und setzt an dessen Stelle einen anderen beherrschenden Gedanken, der weit über jene Aspekte hinausführt. Es ist der Gedanke der befreienden Liebe« (188).

[182] Vgl. W. Dettloff, Die Lehre von der acceptatio divina bei Johannes Duns Scotus, 204–217.

[183] Vgl. E. Iserloh, Gnade und Eucharistie, 67–77.

[184] Zur Geschichte dieses Begriffs und zu seiner Rezeption durch das Lehramt: J. Rivière, Le mérite du Christ; J. Czerny, Das übernatürliche Verdienst für andere, bes. 1–12.31–89; H. Kessler, Die theologische Bedeutung des Todes Jesu, 188–200; O. H. Pesch, Dogmatik im Fragment, bes. 381–407. Zur Bedeutung der augustinischen Zuordnung von »sacramentum« und »exemplum« für Luthers Abwendung von einer dinglich statt personal gedachten Substitution der Sünde des Menschen durch das Verdienst Christi: E. Iserloh, Sacramentum et exemplum, 109–122.

Der Reformator wagt die extremsten Aussagen, um zu zeigen, daß Christus nicht nur die »Folgen der Sünde« (Fluch, Zorn, Gottverlassenheit, Höllenqual), sondern auch die Sünde selbst auf sich genommen hat. Entsprechende Äußerungen finden sich in seinem gesamten Werk. Walther von Loewenich hat die wichtigsten zusammengetragen und schreibt: Für Luther tritt Christus »wirklich an die Stelle der Menschen. Er erscheint nicht wie ein deus ex machina, um das Erlösungswerk zu vollenden, sondern er nimmt an ›Fleisch und Blut‹. Er zahlt nicht eine Abschlagssumme für unsere Sündenschuld, sondern er nimmt diese Schuld auf seine Schulter. Um unserer Sünde willen wird der Sündlose Sünder«[185]. Luther selbst erklärt nicht, wie seine radikalen Aussagen über den »sündlosen Sünder Christus« konkret zu denken sind; er bemerkt aber einschränkend, daß Christus, der die Sünde aller Sünder auf sich nimmt, dennoch der Sündlose, Reine, Heilige bleibt. Wäre er nämlich nicht gleichzeitig herausgenommen aus dem Kreis der sündigen Menschen, so könnte er gar nicht für sie eintreten. Der Reformator sieht beide Wirklichkeiten im wahrsten Sinne des Wortes »an einer Stelle«: unsere Sünde und die Sohnschaft Christi. Deshalb – so Loewenich – versteht er die »substitutive Genugtuung« im Unterschied zu seinen vermeintlich »orthodoxen« Epigonen nicht als einen äquivalenten Preis, »den Christus an Stelle der Menschen Gott gezahlt hat und der dann auf irgendeine Weise wieder von Gott den Menschen zugerechnet wird«. Luther geht es in erster Linie nicht darum, »daß Christus Gott das debitum der Menschen gezahlt hat«[186], sondern im Vordergrund steht der Einsatz seiner Person und mithin die Ermöglichung einer neuen Beziehung zwischen ihm und dem erlösten Menschen. Luther nennt Christi Erlösungswerk ein objektives Geschehen, »das seine Gültigkeit nicht durch unseren Glauben oder Unglauben empfängt oder verliert«[187]; jedes synergistische Denken liegt ihm fern; aber im Unterschied zu der sogenannten »orthodoxen« Darstellung des *satisfactio*-Begriffs charakterisiert er unseren Glauben nicht als nachträgliche Konsequenz, sondern als konstitutiven Bestandteil des Erlösungsgeschehens.

Was Luther selbst einen »Tausch« oder »fröhlichen Wechsel und Streit« nennt, bezeichnet Loewenich mit dem Wort »Stellvertretung«, um das Gegenteil von »Ersatz« zu bezeichnen[188]. Die meisten Lutherinterpreten – auch auf katholischer Seite[189] – schließen sich seiner These an, daß der »selige Tausch« zwischen Christus und dem Sünder an sein

[185] W. v. Loewenich, Christi Stellvertretung, 156. – Zum Vergleich mit Loewenichs Interpretation: O. Tiililä, Das Strafleiden Christi, 196–220; H. J. Iwand, Rechtfertigungslehre und Christusglaube, 28–37; O. H. Pesch, Theologie der Rechtfertigung, 123–133.

[186] Ebd. 159.

[187] Ebd. 160.

[188] »In Luthers Wort von dem ›seligen Tausch‹ zwischen Christus und dem Sünder erkennen wir den Vollgehalt des Stellvertretungsgedankens.« (W. v. Loewenich, Christi Stellvertretung, 159).

[189] Im Unterschied zu J. Lortz, E. Iserloh, H. McSorley und O. H. Pesch vertritt Theobald Beer

Ziel gelangt, »wenn wir auf diesen Tausch eingehen, ... wenn wir den Glauben zu dem ›Christus in uns‹ (Gal 2,20) wagen«[190], wenn also der Stellvertreter »Christus« den von ihm vertretenen Sünder nicht »ersetzt«, sondern ihm im Glauben eine neue »Stelle« der Gemeinschaft mit Gott ermöglicht[191].

Erst in der Zeit nach Luther wird das lateinische Kompositum *satisfactio vicaria* zum »protestantischen Zentraldogma«[192]. Luther versteht das »propter Christum« der Rechtfertigung immer auch im Sinne von »per Christum« oder »in Christo«; Melanchthon dagegen bevorzugt die Formel »propter meritum Christi« und bezeichnet den Glauben als »instrumentum« der »applicatio meritorum Christi«[193]. So kündigt sich die von der altprotestantischen Orthodoxie konsequent vollzogene Trennung der Versöhnungslehre von der Christologie an. Fortan wird die »Genugtuung« des Erlösers rein juristisch als äquivalente Ersatzleistung zur Begleichung unserer Schuld vor Gott verstanden; die Übertragung des »meritum Christi« auf den Sünder geschieht nach Analogie eines Rechtsaktes. Das bedeutet: der vom Stellvertreter Christus vertretene Sünder wird in das Stellvertretungsgeschehen der Erlösung ebenso wenig einbezogen wie ein Gefangener in den Zahlungsvorgang, mit dem er freigekauft wird.

Gegensätze bedingen einander. Deshalb ist es aus der Sicht des Historikers wenig überraschend, daß die extreme Position der altprotestantischen Orthodoxie nicht unwidersprochen blieb. Mit dem Sozinianismus entstand innerhalb des Protestantismus selbst eine extreme Gegenposition, welche die unbedingte Freiheit des Menschen zum Korrelat der absoluten Freiheit Gottes erklärt. Fausto Sozzini (1539–1604), nach dessen Namen diese Lehre benannt ist, leugnet das Trinitätsdogma, weil Gott als keiner Begründung bedürftiger Wille eine keiner Beziehung bedürftige Einheit

(Der fröhliche Wechsel und Streit, 384.391.397–404.496.501) die These, Luther lehre »eine unpersonal abstrakte, die Sünde verzehrende Gottheit und eine zur unpersonalen Wesenheit Gottes hinzugefügte Menschheit« (496) Christi. Er sieht in Luthers Bild vom »fröhlichen Wechsel und Streit« (vgl. ebd. 15–30) eine völlige Absorption des Menschen: »nichtmitwirkender Schauplatz des Kampfes und Larve, die abgelegt ist« (446). – Zur Kritik an Beer vgl. E. Iserloh, Der fröhliche Wechsel und Streit, 196–207; W. Löser, Ein katholischer Versuch zu Luther, 565–573; J. Wicks, Revision des katholischen Lutherbildes?, 6–9.

190 W. v. Loewenich, Christi Stellvertretung, 159.

191 Paul Althaus (Die Theologie Martin Luthers, 124) bemerkt, daß nach Luther Christus *nicht außerhalb* seiner Gläubigen, sondern *durch sie* Stellvertreter ist, weil Glaube beides zugleich ist: In-Sein in Christus und In-Sein in den Brüdern und Schwestern. Als Beleg zitiert er WA 7,37,32: »Siehe, also müssen Gottes Güter fließen aus einem in den anderen ..., daß ein jeglicher sich seines Nächsten also annehme, als wäre ers selbst. Aus Christo fließen sie in uns, der sich unser hat angenommen in seinem Leben, als wäre er das gewesen, das wir sein. Aus uns sollen sie fließen in die, so ihrer bedürfen, auch so gar, daß ich muß auch meinen Glauben und Gerechtigkeit für meinen Nächsten setzen vor Gott, seine Sünde zu decken, auf mich nehmen und nicht anders tun, denn als wären sie mein eigen, eben wie Christus uns allen getan hat. Sieh, das ist die Natur der Liebe, wo sie wahrhaftig ist.«

192 E. Troeltsch, Die Soziallehren, 447.

193 Vgl. G. Wenz, Geschichte der Versöhnungslehre I, 96.

sein müsse. Entsprechend bezeichnet er die Bindung des göttlichen Willens an die Ordnung seiner eigenen Schöpfung und mithin auch die Bindung der göttlichen Vergebung an eine menschliche »Genugtuung« als »wider die Vernunft«[194]. Die Menschwerdung Gottes in Christus kann für Sozzini nicht bedeuten, daß der Schöpfer eines seiner Geschöpfe geworden ist, sondern sie gilt als allegorischer Ausdruck für das heroische Beispiel Jesu, der auch in Leid und Tod Gott gehorsam war. Als krankhaft bezeichnen die Sozinianer die Lehre von einem stellvertretenden Einsatz Jesu Christi[195]. Sie werfen dem sogenannten »orthodoxen« Protestantismus vor, ausgerechnet auf dem Feld, auf dem der Mensch sich nach Gottes Willen nie und nimmer vertreten lassen darf, auf dem Feld von Verdienst, Schuld und Strafe, die entmündigende These von einer »substitutiven Satisfaktion« zu errichten.

Doch weil sich Sozzini gleichzeitig zum Anwalt der absoluten Freiheit Gottes und der Vernunft des Menschen macht, widerspricht er sich selbst[196]. Ein Gott, dessen Freiheit an die Gesetze der menschlichen Logik gebunden ist, kann zumindest im Sinne der Sozinianer nicht »absolut« frei sein. Wenn Sozzini die gleichzeitige Anwendung der Begriffe »Gerechtigkeit« und »Barmherzigkeit« unvernünftig, lächerlich und dumm nennt, vertritt er allen gegenteiligen Beteuerungen zum Trotz einen Primat der menschlichen *ratio* vor der göttlichen Freiheit. Die altprotestantische Soteriologie, die nach Ansicht der Sozinianer über den Erlöser wie über ein Lösegeld verfügt und mit den Maßstäben (aut satisfactio aut poena) menschlicher Gerechtigkeit mißt, lehrt dennoch eine *Alleinwirksamkeit des*

[194] Vgl. F. Sozzini, De Iesu Christo Salvatore, 113–246. – Schon die Kapitelüberschriften dieses soteriologischen Hauptwerks enthalten Sozzinis Thesen: cap. III: »Nobis non pereuntibus, divinae iustitiae pro peccatis nostris nullo modo satisfieri potuisse« (195–197). – cap. IV: »Christum, poenarum, quas nos ex lege Dei, subire tenebamur, solutione, divinae iustitiae pro nobis satisfacere non potuisse« (197–202). – cap. V: »Christum eorum, quae nos ex lege Dei facere debebamus, praestatione, divinae iustitiae pro nobis satisfacere non potuisse« (202–204). – cap. VI: »Concluditur ex supra disputatis, Christum non potuisse divinae iustitiae pro peccatis nostris satisfacere; idque amplius confirmatur; atque ostenditur, vera et propria Christi merita ex Adversariorum sententia statui; quae cum Dei gratia manifeste pugnant« (204–206).

[195] Besonders das 13. Kapitel der theologischen Vorlesungen Sozzinis (Praelectiones, 534–600) verhöhnt die lutherische Erlösungslehre: »Et sane adversariorum commentum istud, quod Deus in salute nobis per Christum parta et iustus et misericors simul fuerit, praesertim, cum nonnulli perfecte iustum, perfecteque misericordem fuisse dicant, istud commentum, inquam, plane ridiculum est, nec ullo pacto sustineri potest: quandoquidem non possunt ista duo eadem in re eodemque tempore simul iungi, quippe quae invicem prorsus repugnent. Misericordia enim, ut peccanti ignoscatur, omnino requirit. Iustitia autem ista, ut qui peccaverit poenas det, plane postulat. ... Sed iam de altera illa pro peccatis nostris satisfaciendi ratione agendum est. ... Primum enim, quemadmodum corporales poenas nemo pro altero pendere potest: sic, quod quis facere omnino ex lege debet, alius pro eo praestare non potest ... Quocirca unum quempiam (ut plerique factum esse crediderunt) existere potuisse, qui pro nobis omnibus Legem Dei conservaverit, non magis dicendum est, quam unum aliquem, qui aureos centum tantum habeat, pro innumerabilibus aliis, qui singuli centum aureos debeant, satisfacere posse.« (571).

[196] Vgl. O. Fock, Der Sozinianismus, 97–120.

Erlösers, weil Christus nicht nur das Lösegeld ist, sondern auch »ohne uns« zahlt. Und die sozinianische Erlösungslehre, die Gottes Freiheit und entsprechend die des Menschen als unbedingte Autonomie versteht, verkehrt das Erlösungsgeschehen aus einem ausschließlichen Werk des Erlösers in ein *ausschließliches Werk des Sünders*, weil sie Christus nur noch als Anlaß, Auslöser oder »Katalysator« unserer Selbsterlösung versteht. Beiden Extrempositionen gemeinsam ist die gänzliche Eliminierung des Stellvertretungsgedankens. Denn wo einer alles tut, kann es keine Beziehung oder ein Verhältnis zwischen einer vertretenden und einer vertretenen Person, oder – allgemeiner formuliert – zwischen einer vertretenden und einer vertretenen Wirklichkeit geben.

b) Vermittlungsversuche: Grotius, Dippel, Töllner

Der Gegensatz zwischen der »orthodoxen« Lehre von einer »vikarischen Satisfaktion« und der »heterodoxen« Soteriologie der Sozinianer führte zu verschiedenen Versuchen einer Synthese.

Da ist an erster Stelle der niederländische Rechtsgelehrte Hugo Grotius (1583–1645) zu nennen. Er veröffentlichte 1617 in Leyden eine Abhandlung[197], in der er Anselm gegen Sozzini verteidigt, gleichzeitig aber das Grundanliegen des Sozinianismus integrieren will[198]. Dem Wesen Gottes, so bemerkt er, widerspricht jede Willkür. Deshalb ist die Gerechtigkeit das Merkmal der von ihm geschaffenen und garantierten Ordnung. Gottes Bindung an das Recht ist kein Mangel an Freiheit, sondern im Gegenteil als Selbstbestimmung Ausdruck von Freiheit. Entsprechend beschreibt Grotius eine von Gott verhängte Strafe nie als bloße Wirkung des Willens, sondern immer auch als Offenbarung des göttlichen Wesens. Der göttlichen Gerechtigkeit gilt die Strafe nicht als Selbstzweck, sondern als Mittel zur Wahrung der besagten Ordnung und zur Besserung derer, die sie verletzt haben[199]. Im Unterschied zu Anselm bestimmt Grotius die *satisfactio Christi* als stellvertretend übernommene *Strafe*: nicht als äquivalente »Reparationszahlung« für eine ausstehende Schuld, sondern als Exempel zur selbsttätigen (praktisch-ethischen) Besserung der Menschen[200].

[197] H. Grotius, Defensio fidei catholicae de satisfactione Christi, 293–348.

[198] Dazu: F.-J. Niemann, Jesus als Glaubensgrund, 168–174.

[199] »Ius puniendi in rectore non est aut ius absoluti dominii aut ius crediti. Probatur hoc primo ex fine, qui optime solet distinguere facultates. Nam ius absoluti dominii, ut et ius crediti comparatum est eius gratia, qui id ius habet: at ius puniendi, non punientis causa existit, sed causa communitatis alicuius. Poena enim omnis propositum habet bonum commune; ordinis nimirum conservationem et exemplum: ita quidem ut rationem expetibilis non habeat nisi ab hoc fine, cum ius dominii et crediti per se sint expetibilia.« (H. Grotius, Defensio fidei catholicae de satisfactione Christi, 308f).

[200] Ob diese Auffassung von dem an spanischen Höfen entwickelten Institut des »Prügelknaben« beeinflußt ist, kann hier nicht geprüft werden. Richard M. Meyer (Der Begriff der Stellvertretung, 368) bemerkt über dieses »Institut«: »Man erfindet ... an spanischen Höfen den Prügelknaben, der in Stellvertretung des fürstlichen Knaben gestraft wird – gerade *weil*

Grotius will das *exemplum Christi* nicht im bloß äußeren Sinn eines belehrenden Hinweises verstehen. Vielmehr hat die Rechtmäßigkeit der Bestrafung des einen für die Sünden der anderen eine gewisse Verbindung *(aliqua coniunctio)* zwischen den »Stellvertretenden« und den »Stellvertretenen« zur Voraussetzung[201]. Er unterscheidet dabei eine *coniunctio naturalis* (Beispiel: Vater-Sohn-Verhältnis), eine *coniunctio mystica* (Beispiel: die Beziehung eines Königs zu seinem Volk) und eine *coniunctio voluntaria* (Beispiel: das Verhältnis eines Angeklagten zu seinem Anwalt); er sieht in dem besagten *exemplum Christi* alle drei Gestalten einer *coniunctio* vereinigt, weil Christus die menschliche Natur angenommen hat, sich zugleich allen anderen Menschen gegenüber wie das Haupt zu den Gliedern eines Leibes verhält und weil er sich in freier Selbstbestimmung an die Stelle der Sünder begeben hat.

Die Erlösungslehre des niederländischen Juristen ist als »Strafexempeltheorie« in die Geschichte der Theologie eingegangen. Grotius sieht in Christi Kreuzestod kein Äquivalent zur menschlichen Schuld; denn für ihn ist es undenkbar, daß die Passion des einen die Sünde des anderen tilgt. Für ihn führt die *satisfactio Christi* nur dann zur *remissio peccatorum nostrorum*, wenn der Vater das Leiden des Sohnes als vollzogene Strafe ansieht *und* wenn der Sünder sich das an Christus vollzogene Exempel als Anstoß zur Umkehr genügen läßt[202]. So gesehen sind zwar Christus *und* der Sünder Subjekte des Erlösungsgeschehens. Aber von einer wirklich personalen Beziehung zwischen ihnen kann keine Rede sein. Letztlich erlöst sich der Mensch selbst – nicht, weil er von Christi Liebe »überwältigt« ist, sondern aus Angst vor der Gerechtigkeit eines Gottes, der seinen eigenen Sohn nicht schont, um exemplarisch zu zeigen, wie ernst es ihm mit der Bestrafung des Sünders ist. Wenn »eigentliche Stellvertretung« eine direkte Proportionalität der Einheit und der Unterschiedenheit von vertretender und vertretener Person bedeutet, läßt sich dieser Begriff auf die Strafexempeltheorie des Hugo Grotius gewiß nicht anwenden. Es fehlt in dieser Theorie die reale Einheit oder Beziehung zwischen dem Stellvertreter und den von ihm vertretenen Sündern; Christus erscheint als bloßes »Instrument« des Vaters; und er tritt als *exemplum* nicht »eigentlich«, sondern nur »uneigentlich« (äußerlich bzw. rein juristisch) »an die Stelle« des Sünders.

Neben Grotius versuchten auch Johann Conrad Dippel (1673–1734)

er durch den Mangel fürstlichen Blutes von dem wirklich zu treffenden Schuldigen spezifisch verschieden ist. Freilich – dadurch soll doch auch der Infant selbst gestraft werden. Die Schmerzen, die sein Vikar physisch empfindet, soll er wenigstens psychisch fühlen.«

201 Vgl. H. Grotius, Defensio fidei catholicae de satisfactione Christi, 313.

202 »Fuit autem et Christi satisfacientis, et Dei satisfactionem admittentis hic animus et voluntas, hoc denique pactum et foedus, non ut Deus statim ipso perpessionis Christi tempore poenas remitteret, sed ut tum demum id fieret, cum homo vera in Christum Fide ad Deum conversus, supplex veniam precaretur, accedente etiam Christi apud Patrem advocatione sive intercessione.« (Ebd. 320).

und Johann Gottlieb Töllner (1724–1774) eine Vermittlung der »orthodoxen« mit der sozinianischen Soteriologie. Beide zielten mit ihrer pietistischen Absicht, das Äußere nach innen zu wenden, nicht so sehr auf die Ruhe mystischer Innerlichkeit, als vielmehr darauf, »die äußerliche Objektivität des Heilsereignisses am Ort des Subjekts praktische Wirklichkeit werden zu lassen«[203].

Dabei griff Dippel[204] die These von der »vikarischen Satisfaktion«[205] schärfer an als Töllner. Von einem Strafen Gottes will er nur im medizinalen Sinne sprechen, von einer Genugtuung nur im Sinne einer Liebe, die alles und mithin »genug tut«, damit der Sünder zur Umkehr gelangt. Über die Möglichkeit des Imputierens einer Schuld oder eines Verdienstes von einem sittlichen Subjekt auf ein anderes bemerkt er:

»Bestünde der Fall Adams, und das durch denselben fortgepflanzte natürliche Verderben und Reich der Sünde in einem bloßen Reatu und Imputation, so könte man sagen, daß solches durch Christi Gehorsam und Leiden könne gebüsset und redressieret werden, dennoch aber wäre dieses gaukelhafte Imputieren gegen Gottes Natur und vernichtete in derselben alle Weisheit und Heiligkeit: weil kein Delictum, wo es nicht reellement von einem in den anderen übergehet, es seye physice oder moraliter, dem Unschuldigen kan imputieret werden, und solchem zur Straffe gedeyen. Nun aber die Sache gantz anders sich verhält, das Übel nicht in Adam, sondern in uns haftet, das uns und unsern Gott von einander scheidet, und uns der Seligkeit beraubet, so hat das närrische Imputieren, sowohl der Schuld Adams, als der Unschuld Christi, keinen Platz mehr, als nur in dem Gehirn offenbarer Phantasten, ...«[206].

Ausdrücklich verweist Dippel auf die katholische Kirche, in der zwar auch die unbiblischen Worte »Verdienst« und »Genugtuung« gebräuchlich seien, die aber »keine phantastische Imputation und bloße Zurechnung dieser Wohlthaten des Heylandes« lehre, sondern nur dies zum Ausdruck bringe, »daß uns ... der Heyland den Heiligen Geist und die heylbringende und gesundmachende Gnade des neuen Bundes von seinem himmlischen Vater verdient und erworben« hat – eine Gnade, »durch welche wir nun

[203] G. Wenz, Geschichte der Versöhnungslehre I, 159.

[204] Nach E. Hirsch (Geschichte der neuern evangelischen Theologie II, 283) lebt Dippel »in der Theologiegeschichte wesentlich als der weiter, der als erster im deutsch-lutherischen Kreise die Satisfaktions- und Imputationstheorie als Ganzes mit einer scharfen theologischen Einzelkritik umstoßen und durch eine *völlig neue Fassung der Erlösungs- und Rechtfertigungslehre* ersetzen wollte«. Er verbarg seine Angriffe auf die Orthodoxie unter dem Pseudonym »Christianus Democritus«. Sein schriftliches Werk wurde in einer Sammelausgabe zusammengetragen: Eröffneter Weg zum Frieden mit Gott und allen Creaturen, durch die Publikation der sämtlichen Schrifften Christiani Democriti, 3 Bde., Berleburg 1747. – K.-L. Voss (Christianus Democritus, 86–93) hat darüber hinaus eine zuvor nur archivalisch zugängliche »Disputation« veröffentlicht, die »ein außerordentlich klares Bild von Dippels Anschauung der Versöhnungslehre vermittelt« (ebd. 85).

[205] Der Ausdruck »vikarische Satisfaktion« ist typisch für Dippels Versuch, lateinische Termini in die deutsche Sprache zu integrieren. Sein gesamtes Werk dokumentiert den Übergang der protestantischen Theologie von der lateinischen zur deutschen Sprache.

[206] J. C. Dippel, Ges. Schriften III, 296f.

müsten in der That gerecht, von den Sünden in der That erlöset, rein gemacht, und durch und durch geheiliget werden«. Dippel unterscheidet zwischen dieser »eigentlich gesunden Lehre der katholischen Kirche« und dem, was »das dumm gewordene Salz« des in ihr herrschenden Klerus predigt. Da sei ebenso wie bei den sich orthodox nennenden Protestanten von einer Erlösung die Rede, »in welcher alles auch durch Substitution (Stellung eines andern) und Imputation (Zurechnung) soll ausgeführet werden, und man selbst die Merita (Verdienste) und sogenannte Satisfaction der verstorbenen Heiligen, und auch noch lebender elender Creaturen, um das Geld verkaufft und sich imputieren lässet«[207].

Weil Dippel die lateinischen Termini »Satisfaction« und »Substitution« als Ausdrücke einer bloß imputierten Rechtfertigung ablehnt, vermutet Eberhard Jüngel, daß es im Zusammenhang mit dem Kampf Dippels gegen die orthodoxe Satisfaktionslehre »zu einer Neufassung des Stellvertretungsgedankens« kam, »wodurch dieser, nachdem er aus dem sachlichen Konnex mit dem Begriff Genugtuung gelöst worden war, auf sich gestellt war und auch nach einem eigenen Begriff, eben dem Abstraktum ›Stellvertretung‹ verlangte«[208]. Allerdings steht nach genauer Durchsicht aller zugänglichen Werke Dippels fest, daß nicht er das Abstraktum »Stellvertretung« gebildet hat. Seine allzu sozinianisch gefärbte, stets polemisch zugespitzte Theologie schlägt weder terminologisch, noch inhaltlich eine Brücke über den Graben zwischen den beiden geschilderten Extremen der protestantischen Soteriologie.

Im Unterschied zu Dippel kritisiert Töllner die orthodoxe Erlösungslehre nur deshalb, weil sie Gottes Gerechtigkeit von seiner Barmherzigkeit trennt, weil sie mit dem Wort *satisfactio* eine an Gott zu richtende Ausgleichszahlung bezeichnet, statt Gott selbst als Subjekt einer Genugtuung zu begreifen, deren Ziel nicht nur die Rechtfertigung, sondern auch die Heiligung des Sünders ist[209]. Ferdinand Christian Baur[210] hat dafür gesorgt, daß Töllner auf Grund seiner Unterscheidung zwischen dem »leidenden« und dem »thätigen« Gehorsam Christi in die Theologiegeschichte einging. Er will mit seiner Distinktion erklären, daß der tätige Gehorsam etwas ist, was jeder Mensch als vernunftbegabtes Geschöpf Gott immer schon schuldet; daß von dieser Schuld auch der Mensch Jesus nicht ausgenommen war; daß deshalb der tätige Gehorsam unmöglich Bestandteil der »vertretenden Genugtuung« sein kann. Deshalb ist nur das Leiden und Sterben des Erlösers »an des Sünders Stelle« erfolgt; aber auch das Leiden (die Passion) Christi nicht, um Gott für die Sünde ein ausgleichendes Verdienst zu bieten, sondern um den Sünder zur Umkehr zu bewegen[211].

[207] Ebd. 456f.
[208] E. Jüngel, Das Geheimnis der Stellvertretung, 71.
[209] Vgl. J. G. Töllner, Der thätige Gehorsam Christi, bes. 563–622.
[210] Vgl. F. C. Baur, Die christliche Lehre von der Versöhnung, 492.
[211] Dazu: G. Wenz, Geschichte der Versöhnungslehre I, 178–189, bes. 185.

Töllner will innerhalb des Erlösungsvorgangs eine Brücke bauen zwischen dem Wirken Gottes und dem Wirken des Menschen. Aber nur scheinbar gelingt ihm ein Schritt über die Strafexempeltheorie hinaus. Denn die angeblich so grundlegende Unterscheidung zwischen dem leidenden und dem tätigen Gehorsam Christi ist nichts anderes als die Gegenüberstellung zweier *exempla*: Der tätige Gehorsam Christi ist *unmittelbares exemplum*, seine Passion (sein leidender Gehorsam) dagegen *mittelbares exemplum*. Denn das Leben Jesu kann direkt *nachgeahmt* werden; sein Leiden und Sterben ist *nur* »stellvertretender« *Anstoß* zur Bekehrung des Sünders. Was Töllner unter dem Stellvertretungsgeschehen der Erlösung versteht, ergibt sich aus diesem Zitat seines Hauptwerks:

»Der Grund aller göttlichen Gesetze liegt in der Nützlichkeit der dadurch bestimmten Handlungen zur Glückseligkeit des Menschen. Also geschieht demselben freilich kein Genüge, wenn solche von den Menschen nicht selbst erfüllt werden. Allein der Gehorsam des Vertreters kan den Menschen Bewegungsgründe geben, die Gesetze Gottes zu beobachten. Und also kan Gott durch den Gehorsam eines Vertreters es doch dahin bringen, daß dem Grunde seiner Gesetze, und mithin ihm selbst wirklich ein Genüge geschieht. Das kan ich ganz zugeben. Denn damit wird doch der Gehorsam des Vertreters gar kein vertretender und genugthuender Gehorsam. Er wird ein zu ähnlichem Gehorsam reizender Gehorsam. Und das war er nach dem klaren Unterrichte der Schrift wirklich. Wenn ein Kind, dem die Einnehmung einer Arznei vom Vater nicht geboten worden, solche geheissen oder ungeheissen, die Einnehmung derselben bei demjenigen, dem sie geboten worden, zu befördern einnimmt: so thut das Kind dazu, daß der Wille des Vaters geschehe, und also demselben ein Genüge geschehe. Aber damit, daß dies Kind das andere zur Einnehmung zu ermuntern, solche einnimmt, geschieht doch nicht der Wille des Vaters. Der geschieht erst, wenn das dadurch ermunterte Kind die Arznei einnimmt. Die Anwendung ist leicht. Ein anders ist, den Menschen Beweggründe zu geben, den Willen Gottes zu thun, und ein anders ist, denselben an ihrer Statt zu thun. Ein anders ist, der Gehorsam Christi erweckt und verpflichtet uns zu ähnlichem Gehorsam. Und ein anders ist, derselbe war vertretend und genugthuend.«[212]

c) Orthodoxie und Neologie

Auch wenn Töllner am Wort »Genugtuung« festhält, ist es von seiner Interpretation dieses Wortes bis zu dessen gänzlicher Verwerfung nur ein logischer Schritt.

Die Neologen kritisieren die altprotestantische Soteriologie und deren Terminologie mindestens so radikal wie die Sozinianer. Johann August

212 J. G. Töllner, Der thätige Gehorsam Christi, 573f.

Eberhard (1738–1809)[213] und Gotthilf Samuel Steinbart (1738–1809)[214] zum Beispiel unterstreichen, daß Gott Gebote und Verbote nicht zu seinem Vorteil oder seiner Ehre erlassen hat, sondern durch sie die Menschen vor Schaden schützen will; und daß deshalb eine Strafe Gottes niemals den Zweck einer Genugtuung verfolgt, sondern ausschließlich der Besserung (dem Heil) des Pönitenten dient. Sie berufen sich auf Hugo Grotius, werfen ihm aber mangelnde Konsequenz vor, weil er Christi Kreuz als *Straf*exempel beschreibt. Die Neologen bestreiten nicht, daß ein *Straf*exempel der Besserung des Sünders dient; aber für sie widerspricht ein »stellvertretend« übernommenes Strafleiden der Unvertretbarkeit aller sittlichen Vollzüge. Niemand – so argumentieren sie – kann stellvertretend sündigen, stellvertretend tugendhaft sein oder stellvertretend bestraft werden. Deshalb ist auch das Leiden und Sterben Christi kein *Straf*exempel, sondern einfach ein Exempel: »ein konsequentes Vorbild aufgeklärten Bewußtseins ..., das durch keinen äußeren Zwang an sich selber irre wird«[215].

d) Neue Vermittlungsversuche mit Hilfe eines neuen Wortes

Wie im Gefolge des Sozinianismus, so entstand auch als Reaktion auf die radikale Kritik der Neologen eine auf Vermittlung bedachte Richtung der protestantischen Soteriologie. Zu ihr zählt der Erlanger Theologe Georg Friedrich Seiler (1753–1807) mit seinem 1778/79 publizierten Werk »Ueber den Versöhnungstod Jesu Christi«. Er meidet den Terminus »satisfactio vicaria«[216] und verwendet das deutsche Wort »Genugtuung« immer

[213] J. A. Eberhard veröffentlichte 1772 sein Hauptwerk »Neue Apologie des Socrates, oder Untersuchung der Lehre von der Seligkeit der Heiden«, gab dieses Buch 1776 in erweiterter Form neu heraus und fügte 1778 einen zweiten Band an. Die Lehre von der Satisfaktion findet sich in: Bd. I, Berlin – Stettin 1776, 82–133. Eine zusammenfassende Darstellung bietet Martin von Geismar in der Reihe: Bibliothek der Deutschen Aufklärer des achtzehnten Jahrhunderts, Bd. I, Leipzig 1846 (Nachdr. Darmstadt 1963).

[214] Steinbarts Pendant zu Eberhards »Apologie« trägt den Titel: G. S. Steinbarts System der reinen Philosophie oder Glückseligkeitslehre des Christenthums für die Bedürfnisse seiner aufgeklärten Landesleute und anderer, die nach Weisheit fragen, eingerichtet. Dritte gegenüber der ersten (1778) und zweiten (1780) vermehrte Aufl., Züllichau 1785. – Steinbart erläutert seine »Hauptabsicht« selbst: Sie besteht in dem Nachweis, »daß eine vertretende Genugthuung Christi, oder Erduldung unendlicher Leiden an unserer Statt, zur Befriedigung der Strafgerechtigkeit Gottes, nicht in der heiligen Schrift gelehret wird ... Denn, wer reine Begriffe von einer höchstvollkommenen Gerechtigkeit hat, kan unmöglich beredet werden, daß der Vater der Welt andre Strafübel, als welche zur Besserung nothwendig sind, über jemand verhängen könne« (161).

[215] G. Wenz, Geschichte der Versöhnungslehre I, 199. – Vgl. ebd. 204f.

[216] Zur Geschichte der Termini *satisfactio* bzw. *satisfactio vicaria* vgl. A. Deneffe, Das Wort *satisfactio*, 158–175; J. Rivière, Satisfactio vicaria, 221–257; P. Eder, Sühne, 93–96. – Mit besonderem Hinweis auf Johann-Heinrich Heidegger (1633–1698) und Franz Turretini (1623–1687) schreibt Rivière: »Ils donnent le droit de conclure que, dès la deuxième partie du XVIIe siècle, la théologie protestante usait de la *satisfactio vicaria* tout à la fois comme nom commun e comme désignation propre de l'oeuvre du Rédempteur.« (234). – Offensichtlich auf die *katholische* Theologie bezogen bemerkt J. Auer (Jesus Christus – Heiland der Welt, 161): »Seit J. Perrone ist die Rede von einer ›satisfactio vicaria‹.« Aber abgesehen davon, daß

ohne das Attribut »stellvertretend«, weil dieses zum Ausdruck eines juristisch-merkantilen Ersatzdenkens wurde. Seiler löst den Stellvertretungsgedanken aus seiner Funktion als attributives Anhängsel des Satisfaktionsbegriffs und bildet deshalb das Abstraktum »Stellvertretung«.

Ob schon vor ihm ein Theologe das Kompositum »stellvertretende Genugtuung« durch das Substantiv »Stellvertretung« ersetzt hat, läßt sich mit letzter Gewißheit nicht sagen. Wir konnten jedenfalls keinen früheren Beleg als den in Seilers soteriologischem Hauptwerk finden. Nicht viel später als bei Seiler, aber immer in offensichtlicher Abhängigkeit von ihm, findet sich das neue Substantiv bei Theologen derselben vermittelnden (mehr oder weniger an Grotius orientierten) Richtung, soweit sie ihre Vorlesungen bereits in deutscher statt lateinischer Sprache hielten: so bei Gottlob Christian Storr (1746–1805), Christian August Schwarze (1747–1803), Franz Volkmar Reinhard (1753–1812) und Georg Christian Knapp (1753–1825)[217]. Sie alle weisen darauf hin, daß schon die »Versöhnopfer« des AT vom opfernden Sünder verlangen, er müsse innerlich vollziehen, was sein Opfertier nach außen hin abbildet. Sie sprechen von einer »Stellvertretung« statt von einer »Ersatzhandlung« des Tieres. Denn nichts und niemand, so betonen sie, kann eine andere Person auf dem Feld von Schuld, Strafe und Verdienst »ersetzen«. Deshalb hat auch Christus mit seinem Erlösungswerk (Opfer) die vom Sünder erforderte sittliche Leistung nicht ersetzt und also auch vor dem Vater keine »stellvertretende Genugtuung« geleistet. Seine *Stellvertretung* ist geradezu das Gegenteil der *satisfactio vicaria*. Christi Stellvertretung bedeutet: Er ließ sich in freier Selbsthingabe für alle Sünder zum Exempel der Strafgerechtigkeit Gottes machen – nicht um so die eigene sittliche Leistung des Menschen zu ersetzen, sondern im Gegenteil: um sie durch sein Beispiel regelrecht herauszufordern[218].

sich der Begriff »satisfactio« und die zugehörigen Attribute »vicarius« und »substitutivus« in fast allen katholischen Lehrbüchern des 17. und 18. Jhs. finden und das Kompositum »satisfactio vicaria« wahrscheinlich nur aus Gründen der konfessionellen Abgrenzung katholischerseits eine Zeit lang vermieden wurde, schreibt B. A. Willems (Die Soteriologie der Gegenreformation und die Reaktion der Aufklärungszeit, 67) über Perrone: »Perrone beschränkte sich darauf, aus der Hl. Schrift nachzuweisen, daß Christus sich selbst dem himmlischen Vater als Opfergabe dargeboten und unsere Sünden und Strafen auf sich genommen hat; daß er uns durch sein Blut erlöst und so mit Gott ausgesöhnt hat. Die spezifische Deutung der Erlösung als stellvertretender Genugtuung in begrifflichem Unterschied von einer Deutung derselben als Opfer, Verdienst oder Loskauf wird nicht durchgeführt.« Nach Bernard Sesboüé (Jésus-Christ l'unique médiateur, 365) war Marian Dobmayer (1753–1805) der erste katholische Theologe, der das Kompositum »satisfactio vicaria« aus der protestantischen Soteriologie übernommen hat.

[217] Vgl. G. C. Storr, Pauli Brief an die Hebräer, 486f; C. A. Schwarze, Ueber den Tod Jesu, 50; F. V. Reinhard, Vorlesungen über die Dogmatik, 409; G. C. Knapp, Vorlesungen über die christliche Glaubenslehre, 241.

[218] Als repräsentativ kann diese Bemerkung von Reinhard (Anm. 217) gelten: »Weil man indessen gegen die Lehre von dem stellvertretenden Tode Jesu mancherley Einwendungen gemacht hat, die jedoch zum Theil schon wegfallen, wenn man diese Lehre von den oben abgesonderten falschen Zusätzen säubert: so müssen wir kürzlich zeigen, *sie sey der Vernunft*

G. F. Seilers Darstellung des Versöhnungstodes richtet sich in einem ersten Teil gegen Eberhard, in einem zweiten Teil gegen Steinbart. Er verteidigt Anselm von Canterbury gegen die beißende Kritik[219] dieser Neologen, erklärt aber auch, wie er selbst Anselm interpretiert sehen will: als »Grotius seines Jahrhunderts«[220]. Seiler versucht eine Verschmelzung beider Richtungen: der an Augustinus, Anselm und Luther orientierten »Orthodoxie« mit wichtigen Punkten der sozinianischen und neologischen Kritik. Von Anselm übernimmt er den Gedanken, daß Gottes strafende Gerechtigkeit die Kehrseite geschöpflicher Freiheit ist; daß Gott – wenn er die sittliche Verantwortung seiner Geschöpfe ernst nimmt – gerade deshalb strafen muß, weil er den Menschen liebt. Gottes Strafe ist also nicht Rache, nicht »Ausgleichsleistung« oder Satisfaktion, sondern Medizin für das von der Sünde verletzte sittliche Subjekt. Weil aber Strafe

keineswegs zuwider, wie man vorzüglich in den neuern Zeiten zu beweisen gesucht hat« (407). – «Man meint, … *es sey wider die Grundsätze der Gerechtigkeit, einen Unschuldigen statt der Schuldigen zu strafen*, zumal wenn dabey das Leben des Unschuldigen in Gefahr komme. Allein wir antworten, daß sich gar wohl Umstände denken lassen, wo selbst die höchste Gerechtigkeit die Einrichtung treffen kann, einen Unschuldigen statt den Verbrecher sterben zu lassen. Wenn nämlich a) der Unschuldige sich freiwillig entschließt, sich den Tod gefallen zu lassen; wenn er b) der völlige Herr seines Lebens ist, und das Recht hat, es freiwillig hinzugeben; wenn er c) mit den Verbrechern in genauer Verbindung steht, und daher besondere Gründe hat, sich ihrer anzunehmen; wenn ihm d) der Tod nichts schadet, sondern ihm für denselben die ansehnlichsten Belohnungen zu Theil werden; wenn endlich e) den Verbrechern dieser Tod nur unter der Bedingung zu Guten kommen kann, daß sie sich bessern, und allen weitern Vergehungen entsagen sollen: so muß es nach den Gesetzen der strengsten Gerechtigkeit erlaubt seyn, den Unschuldigen statt der Schuldigen sterben zu lassen. Nun sind aber bey dem stellvertretenden Tode Jesu alle diese Bedingungen da; er kann also der Gerechtigkeit nicht zuwider seyn. – Doch man hat vorzüglich daran gearbeitet, diese Lehre als *ungereimt* vorzustellen. Man behauptet also, daß Gott etwas Falsches gedacht haben müßte, wenn er sich bei dieser Stellvertretung Christum als den Urheber aller auf der Erden jemals begangenen Sünden gedacht hätte. Allein wir sagen gar nicht, daß Gott Christo die Sünden der Welt in culpam et reatum imputirt habe; sondern blos in poenam; d. h. Gott ließ Christum den Tod leiden, um damit ein Beyspiel von dem Unglück aufzustellen, das er mit der Sünde verknüpfen müsse, ohne sich ihn deswegen als einen Selbstsünder zu denken.« (409f).

219 Vgl. G. F. Seiler, Ueber den Versöhnungstod Jesu Christi II, 153–159. – Gegen Steinbart richtet sich das Resümée: Anselm »war weit entfernt, Gott als einen harten Tyrannen vorzustellen, der die Sünde durchaus nicht vergeben wollte, biß er das Blut des Sündenbürgen, seines Sohnes, hätte fließen sehen. Er zeigte vielmehr, daß die Liebe Gottes zu den Menschen die Bewegursache sey, warum Gott seinen Sohn ihnen zum Mittler gegeben habe. Das Wort *Satisfaction* ist nichts weiter bey ihm, als ein damals gewöhnlicher Ausdruck in den Gerichten, angewendet auf das göttliche Gericht, und sagt dasjenige kurz, was mit mehreren Worten so hiesse: *Die göttliche Gerechtigkeit erfordert, daß die dem Sünder gedrohte Strafe vollzogen werde, und diese litte Christus an der Sünder Statt.* Daß aber diese Lehre keine Ausgeburt der afrikanischen Theologen, und kein Einfall eines blöden Kopfs in den mittleren Zeiten, sondern die reine Lehre der heil. Schrift und der ältesten christlichen Kirche durch alle Jahrhunderte gewesen sey, das ist, deucht mir, mit so starken Gründen bewiesen, daß alle Gegner derselben biß an den jüngsten Tag sie nicht umstoßen werden.« (158).

220 Ebd. II, 177.

nicht Genugtuung, sondern Heilmittel ist, spricht Seiler von einer *Stellvertretung* Christi[221].

Mit Luther kennzeichnet Seiler den Kreuzestod Christi als Erleiden fremder *Strafe*. Christus bleibt zwar »der vollkommen Unschuldige«. Aber »der Bürge, der für die Freyheit seines Bruders sein Vermögen und seine Freyheit verpfändet, wird, wenn sein schuldiger Bruder entläuft, als der Schuldige gerichtlich angesehen und nach Urtheil und Recht seines Vermögens und seiner Freyheit beraubt. Nach dieser Art der Imputation wurden Christo die Sünden der Menschen zugerechnet; er wurde, ob er schon unschuldig war, als der Schuldige gerichtlich angesehen und als Missethäter behandelt. Er ward für uns zur Sünde gemacht; die Strafe lag auf ihm«[222] – nicht im quantitativen Sinn, als habe Christus all die Schmerzen erlitten, »die alle Menschen in Ewigkeit hätten ausstehen sollen«, sondern: »Die Hoheit dieser Person, der unser Mittler und Hoherpriester ist, macht die Hauptsache aus. Wir haben einen solchen Hohenpriester, der höher ist, denn der Himmel, der ein Opfer gebracht hat, das ewiglich gilt, das daher nicht immer aufs neue wiederholt werden darf, ...«[223].

Indem Seiler das Axiom »vertrettende Genugtuung« verwirft[224], kommt er den Sozinianern entgegen; indem er das neue, aber der Tradition gewiß auch verbundene Substantiv »Stellvertretung« verwendet[225], kritisiert er jede Selbsterlösungslehre. Der Opfertheorie des englischen Sozinianers John Taylor (1694–1761)[226] begegnet er mit dem Einwand: »Da ist keine Vermittelung, keine Versöhnung, keine Stellvertretung.«[227] Wer wie Taylor die Opferriten des AT zu bloßen Symbolen einer bußfertigen Gesinnung relativiert und die These vertritt, es gehe in jedem Opfer ausschließlich um das Verhältnis des Sünders zu Gott, nie aber um das

221 Vgl. ebd. I, 207.232–240; II, 147–150.

222 Ebd. I, 227.

223 Ebd. I, 239.

224 Vgl. ebd. I, 238; II, 149. – Seiler beruft sich auf Augustinus: »Augustin denkt und redet von Christi Versöhnungstode fast immerhin biblisch, und er hat auch sogar das Wort *Genugthuung* (Satisfactio) von Christi Tode selbst in allen seinen Werken nicht ein einzigesmal gebraucht. Dieß wird vielleicht manchem unglaublich scheinen, der in mehrern neuen Schriften gelesen hat, dieser Kirchenvater sey vornehmlich der Urheber der unrichtigen Vorstellungsart von einer *vertrettenden Genugthuung*. Aber ich wünschte, daß die, welche dieß behaupten, doch auch nur eine einzige Stelle aus Augustins Werken anführen möchten, darinnen das Wort *Satisfactio* so gesetzt wurde, daß es das Mittleramt Christi andeuten sollte« (II, 149).

225 Seilers Antipode G. S. Steinbart (System der reinen Philosophie, 305) spricht dort, wo er sich gegen den Stellvertretungsgedanken wendet, von »Stellverwechselung«. Vielleicht hat diese unbeholfene Übersetzung des lateinischen Kompositums »satisfactio vicaria« Seiler zu einer »Korrektur« und damit zur Schöpfung des Substantivs »Stellvertretung« veranlaßt.

226 Seiler konfrontiert Taylors 1751 erschienenes Werk »The Scripture Doctrine of Atonement« mit dem erstmals 1748 publizierten und 1778 von Johann Salomo Semler ins Deutsche übertragenen Werk des Hebraisten Arthur Ashley Sykes (1648–1756): »An Essay on the Nature, Design, and Origin of Sacrifices«.

227 G. F. Seiler, Ueber den Versöhnungstod Jesu Christi I, 80.

unveränderliche Verhältnis Gottes zum Sünder, der verlagert nach Seiler das Erlösungsgeschehen ganz auf die Seite des Menschen[228]. Der Erlanger »Vermittlungstheologe« will die Bipolarität des Erlösungsvorgangs wahren, indem er Gottes Gerechtigkeit als Bedingung geschöpflicher Freiheit und Gottes Liebe als Rettung der von Sünde korrumpierten Freiheit des Menschen erklärt. In seiner Christologie aber erweist er sich als allzu gelehriger Bewunderer des Juristen Hugo Grotius. Indem er die menschliche Natur Jesu Christi und damit auch seine Passion als bloßes Instrument Gottes und nicht als Selbsthingabe Gottes beschreibt, reduziert er die Stellvertretung Christi ebenso wie seine Epigonen Storr, Schwarze, Reinhard und Knapp auf ein pädagogisches Exempel des angeblich aus Liebe strafenden Vaters.

Denn dies – so schreibt er – »ist aus dem Leiden Christi klar. ... da Gott die Strafen der Sünden so wenig ohne Ersetzung derselben erlassen wollte, daß er, um sie aufzuheben, so gar seinen Sohn im menschlichen Fleische das Strafurtheil tragen ließ; so muß es ja wohl ganz unmöglich seyn, daß er die Sünde ohne Vollziehung der angedrohten Strafe, erlassen könne. So ist eben durch die Leiden der erhabenen Person unseres göttlichen Mittlers die Heiligkeit und Gerechtigkeit Gottes in ein solches Licht gesezt, als wenn alle Menschen für ihre Sünde zeitlich und ewig gestrafet würden. Ja man würde im lezten Fall die Wahrheit, daß Gott die Sünde ohne Ersetzung der Strafe durchaus nicht vergeben wolle, nicht einmal so vollkommen erkennen. Denn immer blieb noch die Hoffnung für einzelne Personen: vielleicht vergiebt dir doch Gott, ohne deine Sünde zu strafen. Jezt aber, da so gar der Sohn Gottes an die Stelle der Menschen gesezt werden mußte, um sie zu retten: so ist dem muthwilligen Sünder ferner alle Hoffnung abgeschnitten; es bleibt ihm nichts übrig, als das Warten eines schrecklichen Gerichts. Dieß Denkmal der Strafgerechtigkeit Gottes hat seine ewigen Folgen. Es ist dem Geisterreich Gottes nun einmal bekannt gemacht durch die Erhöhung Christi zur Rechten der Majestät. Es ist also eine ewige Warnung für die vernünftigen Wesen.«[229]

e) Exkurs: Die nachtridentinische Soteriologie als Gefangene ihres Gegners

Daß es an dieser Stelle keiner gesonderten Darstellung der katholischen Erlösungslehre bedarf, liegt in deren fast ausschließlich defensivem Cha-

[228] Seiler wirft den Sozinianern vor, mit dem Stellvertretungsgedanken auch die universale Bedeutung des Erlösungswerkes zu verwerfen: »Durch die gegenseitige Lehre, da man annimmt, Christi Leiden seyen bloß das Leiden eines Martyrers oder Propheten, nicht aber die Erduldung der stellvertrettenden Strafe des allgemeinen Mittlers gewesen, wird das ganze Lehrgebäude, das die Schrift von Christo aufstellet, umgestürzt. Denn wenn die Leiden Christi das letztere nicht waren; so nützten sie allein denjenigen Menschen, welche sie erfahren und welche durch sie zum wirklichen Glauben an ihn gebracht werden. Sie nützen allen denen nichts, welche in Afrika, Asia und Amerika, seit der Erscheinung Christi, als Heiden oder andre Ungläubige lebten und noch leben werden; sie nützen der ganzen ungeheuren Menge der Kinder nichts, welche in der Jugend gestorben sind, und künftig noch sterben werden.« (Ebd. 232f).

[229] Ebd. 240f.

rakter begründet. Statt einen Weg aus der doppelten Sackgasse der protestantischen Soteriologie zu weisen, verfängt sich die Gegenreformation in der eigenen Reaktion. In der Darstellung des Erlösungswerkes als »substitutive Genugtuung« Christi glaubte sich das Trienter Konzil einig mit den Protestanten und bekämpfte deshalb nur die These von der Zuwendung des »meritum Christi« *allein* durch Gnade[230]. Wie in der altprotestantischen Orthodoxie, so erscheint Christi Erlösungswerk auch in der katholischen Theologie als *Mittel* zum Zweck der Begnadung und die Begnadung als *Anwendung* dieses Mittels – nicht im Sinne eines »Beziehungsgeschehens« zwischen Christus und dem Sünder, sondern im eher statischen Sinne einer Zuwendung der von Christus erbrachten Leistung. Gewiß betonen katholische Theologen wie Domingo de Soto (1495–1560) oder Bartholomé de Medina (1527–1580) im Unterschied zu den Reformatoren, daß der Mensch am Verdienen der Gnade beteiligt ist[231]. Sie bezeichnen mit Thomas von Aquin nicht nur die menschliche Natur Jesu Christi, sondern im abgeleiteten Sinn auch das einzelne Glied seines mystischen Leibes als »instrumentum coniunctum divinitatis«. Aber anders als der Aquinate[232] denken sie bei diesem Ausdruck nicht an die Untrennbarkeit von Liebe und Freiheit, sondern eher wortwörtlich an »Werkzeuge des Heils«. In der nachtridentinischen Theologie zerbricht man sich den Kopf über der Frage, wie das Tun des Menschen für sich selbst und erst recht für andere[233] verdienstlich sein kann, wenn Christus die Alleinursache jedweder Gnade ist. Der Streit zwischen Jesuiten (Vázquez, de Lugo) und Salmantizensern führt zu immer feineren Distinktionen in der Zuordnung des göttlichen und menschlichen Handelns, des göttlichen Vorauswissens und der menschlichen Freiheit. Über immer neuen Spitzfindigkeiten verbaut sich die Barockscholastik selbst den Weg zu der Frage, ob Gnade und Freiheit überhaupt im Sinne konkurrierender Ursachen verstanden werden dürfen. Eine dinglich-statische Auffassung des Erlösungs-

[230] »Die spezifische ›Ursächlichkeit‹ Christi hinsichtlich der ›inhärierenden‹ Rechtfertigungsgnade kennzeichnet das Tridentinum … mit dem Begriff der ›causa meritoria‹. Die christologische Verankerung der Rechtfertigung des Sünders ist also nicht nur defizient, sie sanktioniert zu allem Überfluß noch jenen Begriff, den Luther unter allen Umständen aus der Rechtfertigungslehre herauszuhalten wünscht: ›meritum‹, ›Verdienst‹.« (O. H. Pesch, Dogmatik im Fragment, 119). – Dennoch birgt das Rechtfertigungsdekret des Trienter Konzils die Chance zu einem Konsens mit den Protestanten, die von der gegenreformatorischen Theologie nicht genutzt wird. Dazu: Ebd. 134–139; P. Brunner, Die Rechtfertigungslehre des Konzils von Trient, 145–153.168f.

[231] Vgl. B. A. Willems, Die Soteriologie der Gegenreformation und die Reaktion der Aufklärungszeit, 37f.

[232] Vgl. H. Kessler, Die theologische Bedeutung des Todes Jesu, 188–200.

[233] »Mit … der Theologie seit dem Tridentinum beginnt auch eine neue Periode in der Entwicklung der Lehre vom sozialen Verdienst. Durch die Kontroverse mit den Protestanten mächtig gefördert, bauen jetzt die Theologen die Verdienstlehre nach allen Seiten zu umfassenden Traktaten und feindurchdachten Abhandlungen aus. So wird auch dem sozialen Verdienst von neuem größere Aufmerksamkeit geschenkt.« (J. Czerny, Das übernatürliche Verdienst für andere, 54).

geschehens und – damit verbunden – Distinktionen wie die zwischen einem »entpersonalisierten« *meritum* und dessen »anschließender« *applicatio* werden weder von den Jesuiten, noch von den Dominikanern in Frage gestellt. Es mag vordergründig paradox klingen; aber die aus protestantischer Sicht »*syn*-ergistisch« geprägte Soteriologie des Trienter Konzils und der nachtridentinischen Theologie denkt die Gnade des Erlösers und die Freiheit des Sünders ebenso wenig im Modell »eigentlicher« Stellvertretung (als »Beziehungsgeschehen«) wie die altprotestantische Orthodoxie.

Insgesamt spielte die Erlösungslehre in der katholischen Theologie in dem Maße eine untergeordnete Rolle, wie sie auf protestantischer Seite als wichtigster Teil der Dogmatik betrachtet wurde. Von den geschilderten Kontroversen zwischen altprotestantischer Orthodoxie und Sozinianismus blieb die katholische Seite so gut wie unberührt. Nur von Honoré Tournely (1658–1729) ist bekannt, daß er sich systemastisch mit den Lehrauffassungen der Sozinianer befaßt hat. Ihm ging es aber weniger um das Verhältnis des Erlösers zu den von ihm erlösten Sündern als um das Zueinander von Freiheit und Notwendigkeit in Gott[234]. Bei Denys Petau (1583–1652)[235] und Louis de Thomassin (1619–1695)[236] finden sich, veranlaßt durch ein intensives Studium der Heiligen Schrift und der Väter, Ansätze zu einer von juristischen und scholastischen Kategorien befreiten Reflexion der menschlichen Mitwirkung im Erlösungswerk Christi. Doch von einem systematischen Neuansatz der Soteriologie kann auch bei ihnen nicht die Rede sein; denn ihr Interesse gilt nie der Erlösungslehre als solcher, sondern vornehmlich der Christologie und Ekklesiologie. Die katholische Schultheologie – bis weit ins 19. Jh. ausschließlich lateinisch tradiert – befaßt sich mit den genannten Distinktionen der Gnadenlehre, gelangt viel später als der Protestantismus in den Strudel der Aufklärung und behandelt Fragen der Soteriologie, wenn überhaupt, unter ekklesiologischer Perspektive.[237]

f) Zusammenfassung: Der soteriologische Ursprung und die juristische Vereinnahmung eines geborenen »Vermittlungsbegriffs«

Wir konnten in §2 nachweisen, daß das Abstraktum »Stellvertretung« keine Schöpfung der Juristen ist, sondern von protestantischen Theologen gebildet wurde, die sich um eine Vermittlung zweier soteriologischer Extreme bemühten. Das Wort »Stellvertretung« entstand, um zugleich

[234] Vgl. B. A. Willems, Die Soteriologie der Gegenreformation und die Reaktion der Aufklärungszeit, 47.

[235] Vgl. L. Karrer, Dionysius Petavius, 110f.

[236] Vgl. P. Nordhues, Das wichtigste kontroverstheologische Anliegen des Oratorianers Louis de Thomassin, 146–151. – Zu Thomassins Platonismus und Väter-Rezeption: R. Lachenschmid, Louis de Thomassins Inkarnationslehre, 129–169.

[237] Vgl. ders., Der Kirchenbegriff des Louis de Thomassin, bes. 181–197; J. Mayr, Die Ekklesiologie Honoré Tournelys, bes. 67–83.

beides – die Einheit und die Unterschiedenheit – von göttlichem und menschlichem Handeln innerhalb des Erlösungsgeschehens zu erklären. Der ursprüngliche Kontext des Substantivs erweist sich vor dem Hintergrund unseres Überblicks über die wichtigsten Modelle der christlichen Soteriologie als keineswegs zufällig. Das Ende des 18. Jhs. gebildete Wort will von Anfang an eine Brücke zwischen zwei Wirklichkeiten schlagen und bestätigt so die eingangs getroffene Definition »eigentlicher Stellvertretung« als direkte Proportionalität der Einheit und Unterschiedenheit von vertretender(n) und vertretener(n) Person(en).

Einschränkend muß vermerkt werden, daß die Schöpfer des Abstraktums »Stellvertretung« mit ihrem neu kreierten Begriff zwar zwischen den Extremen der altprotestantischen Orthodoxie und dem Sozinianismus vermitteln wollten, gleichzeitig aber in den juristischen Kategorien des Hugo Grotius dachten und deshalb selbst zu einer Verrechtlichung des Stellvertretungsbegriffs beitrugen. So erscheint die am Ende von § 1 geschilderte Vereinnahmung des ursprünglich theologischen Wortes durch die juristisch denkenden Übersetzer der verfassungsrechtlichen Schriften des Revolutionstheoretikers Sieyes als von den Theologen mitverursacht.

Am Ende des ersten Kapitels stellt sich noch dringender als zu Beginn die Frage nach der Berechtigung unserer Unterscheidung zwischen »eigentlicher« (innnerlicher, theologischer) und »uneigentlicher« (äußerlicher, juristischer) Stellvertretung. Es läßt sich unschwer zeigen, daß unsere eingangs getroffene Definition theologische Zusammenhänge aufdeckt und begreifen lehrt. Aber damit ist das semantische Problem des Verhältnisses von »eigentlicher« Bedeutung und tatsächlichem Sprachgebrauch nicht gelöst. Das zweite Kapitel wird deshalb den verschlungenen Wegen des Stellvertretungsbegriffs nachgehen: vom Zeitpunkt seines Entstehens an durch die »Stürme« der Aufklärung, des spekulativen Idealismus und der liberalen Theologie bis hin zur Wende des 19. in das 20. Jahrhundert. Dieser Gang durch die Begriffsgeschichte soll die Frage beantworten, ob das Wort »Stellvertretung« seiner ursprünglich soteriologischen Bedeutung so entfremdet wurde, daß eine »theologische Wiederbelebung« sich auf Grund des Grabens zwischen künstlicher Rekonstruktion und allgemeinem Sprachgebrauch der Gefahr ständiger Mißverständnisse ausgesetzt sähe.

Wir beschränken unsere Untersuchung auf die deutschsprachige Theologie, wollen aber keineswegs behaupten, es gebe in anderen Sprachen kein Äquivalent für den deutschen Terminus »Stellvertretung«. Der zum Gegenteil jeder Art von Ersatz erklärte »eigentliche« Stellvertretungsbegriff ist zwar schwer in andere Sprachen übersetzbar; denn Vokabeln wie »substitution«, »vicariousness«, »remplacement«, »sostituzione« bedeuten weder »Ersatz« noch »Stellvertretung«[238]. Dennoch ist die gemeinte

[238] Vgl. dazu die von Walter Kasper angeregte Verbindung der Begriffe »substitution« und

Sache auch in anderen Sprachen erklärbar – wohl kaum durch ein einziges Wort, aber zum Beispiel mit der anschaulichen Wendung des Philosophen Emmanuel Levinas: »être otage pour autrui – Geisel für den Anderen sein«. Ein Blick auf die Philosophie von Levinas[239], auf die Theologie Henri de Lubacs[240] oder die Romane von Charles Williams[241] genügt, um die gemeinte Sache in der französischen und englischen Literatur zu finden. Der Vorteil der deutschen Bezeichnung liegt in ihrer Kürze. Doch Grund für die Beschränkung unserer Untersuchung auf die deutschsprachige Literatur ist nicht das Wort, sondern der praktische Zwang zur Eingrenzung des historischen Materials. In der Darstellung dieses Materials werden protestantische und katholische Theologie separat behandelt, weil sich die Frage nach der ökumenischen Bedeutung des Stellvertretungsbegriffs so am sichersten ohne voreilige Feststellung von Gemeinsamkeiten klären läßt.

»solidarité« in der Soteriologie des französischen Theologen Bernard Sesboüé: Jésus-Christ l'unique médiateur, 47.357–377. Michel Deneken (Le salut par la croix, 322f) dagegen übersetzt Kaspers Stellvertretungsbegriff mit »représentation«.

239 Vgl. unsere Ausführungen SS. 392–398.

240 Exemplarisch genannt sei hier de Lubacs erstes Werk (1938), das die ganze Frische und Ursprünglichkeit seiner theologischen Vision besitzt und in Frankreich ein Bestseller wurde: Catholicisme. Les aspects sociaux du dogme. Von H. U. v. Balthasar neu ins Deutsche übertragen und unter dem Titel ediert: Glauben aus der Liebe, Einsiedeln 1970. – Zum Stellvertretungsbegriff bei de Lubac: E. Maier, Einigung der Welt in Gott, 49–51.

241 Vgl. unsere Ausführungen SS. 427–429.

Zweites Kapitel

SCHICKSALE EINES VERMITTLUNGSBEGRIFFS

Man kann das Wort »Stellvertretung« mit einer jungen Pflanze vergleichen, die kaum Wurzeln hatte, als die Ideen der französischen Revolution und die Kantsche Philosophie zu fast alles beherrschendem Einfluß gelangten. Wie im vorausgehenden Kapitel dargestellt, suchten deutsche Juristen eine geeignete Übersetzung des alle verfassungstheoretischen Schriften der französischen Revolution beherrschenden Wortes »représentation«. So kam es durch die Übertragung der »Politischen Schriften« des Abbé Sieyes aus dem Französischen ins Deutsche gleichzeitig zu einer Übertragung des Abstraktums »Stellvertretung« aus seinem ursprünglich soteriologischen in einen juristischen Kontext. Zur selben Zeit wurde Kants These von der unbedingten Autonomie des sittlichen Subjekts zum Inbegriff eines »fortgeschrittenen Bewußtseins«. Nicht im juristischen, wohl aber im ethischen Sinne hält der Königsberger Philosoph jede Art von Stellvertretung für schlechthin ausgeschlossen. Schuld zum Beispiel ist für ihn unter keinen Umständen eine »*transmissible* Verbindlichkeit, die etwa, wie eine Geldschuld (bei der es dem Gläubiger einerlei ist, ob der Schuldner selbst oder ein anderer für ihn bezahlt), auf einen andren übertragen werden kann, sondern die *allerpersönlichste* nämlich eine Sündenschuld, die nur der Strafbare, nicht der Unschuldige, er mag auch noch so großmütig sein, sie für jenen übernehmen zu wollen, tragen kann«[1].

Während Kant zwischen dem Apriori des erkennenden Subjekts und dem »An-sich« der erkannten Dinge unterscheidet, erstrebt Fichte die Überwindung dieser Dualität durch die Hypothese eines »Ich an sich«, das er nicht als »Substanz«, sondern als »Tathandlung« beschreibt, in welcher die produktive Selbstsetzung des Ich und die Entgegensetzung des Nicht-Ich zusammenfallen. Mit dieser Hypothese bereitet er den Boden für den Hegelschen Grundsatz, daß der »erste Ausgangspunkt« allen Wissens kein apriorisches »An-sich« ist, sondern sich »im Anderen« bzw. »durch das Andere« hindurch zu sich selbst »vermitteln« muß. Die philosophische Reflexion »des Anderen« berührt – so werden wir im Schlußkapitel dieser Studie zeigen – unmittelbar das Kernproblem »eigentlicher Stellvertretung«, die Frage nämlich nach der Denkbarkeit eines personalen Verhältnisses, in dem einer so »an die Stelle« eines »Anderen« tritt, daß dieser nicht »aufgehoben« oder »ersetzt«, sondern »zu sich selbst befreit« wird. Doch bevor wir nach der Bedeutung Kants, Fichtes, Schellings oder Hegels für die Lösung der Frage nach der Möglichkeit einer konstitutiven Bedeutung »des Anderen« für das Ich-Sein des Ich fragen, soll im zweiten Kapitel der Anspruch derselben Philosophen erläutert werden, mit der »wahren Philosophie« auch die wahre Christologie und Soteriologie zu entwerfen. Denn zunächst wird die Geschichte des Stellvertretungsbegriffs mehr von der Theologie als vom erkenntnistheoretischen Ansatz der großen deutschen Philosophen des 19. Jhs. beeinflußt. Dieser Geschichte gehen wir in drei Schritten nach: Wir beginnen mit der Christologie und Erlösungslehre

[1] Religion, B 95.

der »philosophischen Theologie« des Deutschen Idealismus; fragen dann nach der Verwendung und Bedeutung des Wortes »Stellvertretung« in der protestantischen Versöhnungslehre; und beenden das Kapitel mit der Darstellung des Stellvertretungsbegriffs in der katholischen Theologie.

§ 1 Stellvertretung in der Christologie des Deutschen Idealismus

1. Immanuel Kant: Stellvertretung als Aufhebung des sittlichen Subjekts

Pietismus und Neologie erklären die Versöhnung des Menschen mit Gott zur Sache der selbsttätigen Besserung des einzelnen Subjekts. Für die Theologen der Aufklärung besteht der Sinn aller Dogmen in der praktischen Aneignung ihrer Inhalte – nicht weil sie wahr, sondern weil sie nützlich (der »Glückseligkeit« des einzelnen Subjekts dienlich) sind. Immanuel Kant stellt sich nicht direkt gegen diese Auffassung, aber er erhebt doch den Anspruch, die Aufklärung über sich selbst aufzuklären, indem er zwischen dem empirischen und dem transzendentalen Subjekt unterscheidet. Um irgend etwas als nützlich zu erkennen – so erklärt er –, muß sich das Bewußtsein des Menschen der einzelnen Akte seines Bewußtseins bewußt sein, muß es ein Vermögen (die transzendentale Apperzeption) zur Stiftung der Einheit der einzelnen Bewußtseinsinhalte geben. Dieses Vermögen aber kann nicht durch eine zusammenhanglose Vielfalt hervorgebracht werden, ist also nicht das individuelle Selbstbewußtsein des singulären Subjekts, nicht die erst nachträglich gebildete Einheit der sinnlichen Wahrnehmungen, sondern jene Einheit, die jeder empirischen Apperzeption vorausliegt. So unterscheidet Kant das transzendentale Ich als »objektive« Einheit des Selbstbewußtseins von dem »subjektiven« Ich, als das sich der Mensch empirisch wahrnimmt[2]. Er will damit ausdrücken, daß das höchste Prinzip der Vernunft nicht nur das Subjekt als Subjekt konstituiert, sondern dem Selbstbewußtsein jedes einzelnen Menschen als unbedingte, absolute und also objektive Größe vorausliegt.

Diese objektive Größe ist »das moralische Gesetz« oder das Gute als solches; und die »Auto-nomie« des einzelnen Subjekts besteht nicht in der Freiheit *von* der Bindung an dieses Gesetz, sondern in der Freiheit, sich selbst *daran* zu binden. Der Mensch darf das Gute (z. B. die Wahrheit der Dogmen) nicht zur Funktion seiner subjektiven Glückseligkeit degradieren, sondern muß das Gute um des Guten willen tun. Kant unterscheidet zwischen der unbedingten Freiheit des transzendentalen Subjekts und der bedingten Freiheit des empirischen Subjekts. Solange jemand das Gute nur deshalb wählt, weil er von außen durch Lohn oder Strafe dazu motiviert

[2] Vgl. H. Jansohn, Kants Lehre von der Subjektivität, bes. 182–188.213–263.

wird, ist er nur äußerlich (empirisch) Subjekt seiner sittlichen Handlung[3]. Nehmen wir aber – so Kant – den Fall, daß ein Fürst einen seiner Diener unter Androhung der Todesstrafe zu einem falschen Zeugnis verleiten will, um einen Rivalen, der objektiv im Recht ist, auszuschalten. Dann bleibt zwar abzuwarten, ob der Diener trotz des ihm drohenden Galgens *tatsächlich* die Wahrheit bezeugt. Doch *daß* es ihm *möglich* ist, das falsche Zeugnis trotz der angedrohten Todesstrafe zu verweigern, ist *unbedingt* wahr. Denn »darum, weil er sich bewußt ist, daß er es soll, ... erkennt er in sich die Freiheit«[4], auch zu *können*, was er *soll*. Dieses Sollen und Können ist *unbedingt*, weil nicht abhängig von irgendeiner empirischen oder theoretischen Bedingung: nicht einmal von der Drohung mit dem Galgen, erst recht nicht von Motiven wie Geld oder Karriere, von der Abwägung des eigenen Vorteils oder einer bestimmten Situation; nein, die transzendentale Freiheit bedeutet nach Kant die *unbedingte* Wahl des Guten um des Guten willen.

Kant leugnet nicht, daß die empirische (von konkreten Situationen bedingte) Freiheit jedes singulären Subjekts die unbedingte Freiheit des transzendentalen Subjekts immer nur unvollkommen realisiert. Er spricht nie von Erb- oder Ursünde, wohl aber von einem »radikalen« (eingewurzelten) Hang der Gattung »Menschheit« in Gestalt von Schwäche, Unlauterkeit und Bösartigkeit. Doch das »radikale Böse« ist kein »Naturtrieb«, sondern als moralisch Böses immer *Tat* des einzelnen Subjekts[5]. Kant erklärt das Böse als defiziente Beziehung des moralisch Handelnden zum Guten. Auch der Sünder will nicht das Böse als solches, sondern etwas Gutes. Aber statt das Gute um des Guten willen zu tun, degradiert er es zu einer Funktion des eigenen Vorteils.

Die Einzigartigkeit Jesu Christi liegt nun nach Kant in der höchstmöglichen Veranschaulichung der »Idee des Sohnes Gottes«, das heißt: in der vollkommenen Realisierung des Guten um des Guten willen. Aber *daß* die Realisierung der »Idee des Sohnes Gottes« (der »Idee eines moralisch Gott wohlgefälligen Menschen«) die Bestimmung aller Menschen ist, wurde uns nicht erst von Christus gesagt. Diese Wahrheit liegt als solche schon in unserer Vernunft[6]. Denn etwas Endliches und Kontingentes kann nach Kant niemals Prinzip von etwas Notwendigem, Unbedingtem und Allgemeinem werden. Die bestimmte Person »Jesus Christus« kann deshalb keine konstitutive, sondern nur illustrative und stimulierende Bedeutung beanspruchen. Kant benutzt zwar die Terminologie der traditionellen

[3] »Setzet, daß jemand von seiner wollüstigen Neigung vorgibt, sie sei, wenn ihm der beliebte Gegenstand und die Gelegenheit dazu vorkämen, für ihn ganz unwiderstehlich: ob, wenn ein Galgen vor dem Hause, da er diese Gelegenheit trifft, aufgerichtet wäre, um ihn sogleich nach genossener Wollust daran zu knüpfen, er alsdann nicht seine Neigung bezwingen würde. Man darf nicht lange raten, was er antworten würde.« (Kritik der praktischen Vernunft, A 54).

[4] Ebd.

[5] Vgl. Religion, B 7f.25.

[6] Vgl. ebd. B 77.

christlichen Versöhnungslehre; er nennt den Sohn Gottes »Prinzip der Versöhnung«, meint aber mit diesem Ausdruck nicht, daß Christus etwas »an unserer Stelle« getan hat, sondern bezeichnet mit dem Ausdruck »Sohn Gottes« den Menschen, der die »Idee des Sohnes Gottes« realisiert, indem *er selbst* das Gute um des Guten willen tut[7].

a) Die Unvereinbarkeit von Freiheit und Stellvertretung

Den »historischen Kirchenglauben«, daß Christus als Erlöser »an unserer Stelle« gehandelt und gelitten hat, bezeichnet Kant als Beleidigung der Vernunft[8], will aber dennoch das protestantische Zentraldogma vom stellvertretenden Sühnetod Christi nicht verwerfen, sondern mit der Vernunft versöhnen. Obwohl er die Einwände der Neologen gegen die Anselmsche Satisfaktionslehre kennt und bejaht, rückt er die Genugtuungslehre geradezu in den Mittelpunkt seines philosophischen Bemühens um eine vernunftgemäße Erklärung der christlichen Offenbarung. Josef Bohatec vermutet, Christian Wolff oder die reformierten Theologen Johann David Heilmann und Johann Friedrich Stapfer (von denen Kant für gewöhnlich das »orthodoxe Material« seiner Religionsphilosophie bezog) hätten ihm insinuiert, daß man die Satisfaktionslehre als das Zentraldogma der protestantischen Tradition nicht stillschweigend übergehen dürfe[9]. Aber mindestens ebenso wahrscheinlich klingt die Vermutung von Ferdinand Christian Baur, daß Kant in diesem Dogma eine Bestätigung seiner Kritik an der aufklärerischen Beschreibung der Strafe als bloßer Besserung sah[10].

In der »Metaphysik der Sitten« (1797) lesen wir: »Das Strafgesetz ist ein kategorischer Imperativ, und, wehe dem! welcher die Schlangenwindungen der Glückseligkeitslehre durchkriecht, um etwas aufzufinden, was durch den Vorteil, den es verspricht, ihn von der Strafe, oder auch nur einem Grade derselben entbinde, nach dem pharisäischen Wahlspruch: ›es ist besser, daß *ein* Mensch sterbe, als daß das ganze Volk verderbe‹; denn wenn die Gerechtigkeit untergeht, so hat es keinen Wert mehr, daß Menschen auf Erden leben.«[11] – Nicht weil die Ehre irgendeines transzen-

[7] Vgl. W. Metz, Christologie bei Immanuel Kant?, in: ThZ 27 (1971) 343–346.

[8] Vgl. Religion, B 169.

[9] Vgl. J. Bohatec, Die Religionsphilosophie Kants, 375–381.

[10] »Ist der Zweck der Strafe die Besserung des Menschen, und ebendeßwegen die Besserung selbst das Mittel, dem Menschen die Glückseligkeit, deren er fähig ist, zu ertheilen, so versteht sich von selbst, daß die Strafe aufhört, sobald die Besserung erfolgt ist, ganz anders aber gestaltet sich die Sache, wenn der höchste Endzweck des Menschen in das sittlich Gute gesetzt wird, und die Glückseligkeit nur insofern als ein wesentliches Element des höchsten Gutes gedacht werden kann, sofern sie durch die sittliche Würdigkeit bedingt ist. Hieraus folgt von selbst, daß, wenn auch der Mensch, sofern er sich bessert, keine weitere Strafe, sondern vielmehr eine seiner Besserung proportionirte Glückseligkeit verdient, doch die Besserung auf den ihr vorangehenden Zustand keinen Einfluß haben kann.« (F. C. Baur, Die christliche Lehre von der Versöhnung, 567).

[11] Metaphysik der Sitten I, B 226f.

denten Wesens beleidigt wurde, sondern um seiner eigenen Würde willen muß nach Kant jeder Übeltäter seine Schuld durch Verbüßung einer adäquaten Strafe sühnen. Selbst dann, wenn ein Sünder umgekehrt ist und sich auf dem Wege steter Besserung befindet, darf er der Gerechtigkeit nichts schuldig bleiben. In diesem Punkt verteidigt Kant die Anselmsche Satisfaktionslehre gegen Neologen wie Steinbart oder Eberhard.

Aber mit den Neologen einig, lehnt er die These des »historischen Kirchenglaubens« ab, Christus habe »an unserer Stelle« Sühne geleistet. Kant gesteht zu, daß sich hinter dem Gedanken der stellvertretenden Sühne des Erlösers ein echtes Problem verbirgt: daß nämlich kein Mensch ohne Schuld ist, und daß ebenfalls kein Mensch seine in der Vergangenheit liegende Schuld durch seine guten Werke in der Gegenwart oder Zukunft selbst tilgen kann. Auch wenn er sich bekehrt und »keine neuen Schulden mehr macht«, darf er nicht meinen, »er habe dadurch die alten bezahlt«. Er kann »in einem fernerhin geführten guten Lebenswandel keinen Überschuß über das, was er jedesmal an sich zu tun schuldig ist, herausbringen; denn es ist jederzeit seine Pflicht, alles Gute zu tun, was in seinem Vermögen steht«[12]. Er kann die Schuld seiner Vergangenheit nicht tilgen, weil die Tugend, zu deren *vollster* Verwirklichung er in *jedem* Augenblick seines Lebens verpflichtet ist, keine »überschüssigen Verdienste« zur Abtragung ungesühnter Schuld ermöglicht. Wie Anselm von Canterbury spricht Kant von einer »unendlichen« Schuld und dem drohenden Verlust des Reiches Gottes als der entsprechenden (unendlichen) Strafe[13]. Aber für ihn ist die menschliche Schuld nicht deshalb »unendlich«, weil sie die angeblich unendliche Ehre des höchsten Gesetzgebers verletzt, sondern weil der Sünder die Schuld seiner Vergangenheit auch durch unendlich viele gute Taten nicht »einholen« oder »kompensieren« kann[14].

b) Der »neue Mensch« der sittlichen Umkehr als »Stellvertreter« des »alten Menschen« der Sünde

Trotz solcher Übereinstimmung mit der traditionellen Satisfaktionslehre sucht Kant die Lösung des beschriebenen Problems auf gänzlich anderem Wege als Anselm. Den Gedanken einer Übertragbarkeit der Schuld bzw. Strafe von einem sittlichen Subjekt auf ein anderes nennt er nicht nur illusorisch, sondern auch unmoralisch, weil das Wesen der Moral einfach nicht erlaubt, daß jemand das eigene Unrecht auf einen anderen abwälzt und diesen anderen für sich büßen läßt. Das gilt nach Kant auch für den Fall, daß dieser andere freiwillig die besagte Stellvertretung leisten will. Solange die Würde, die Freiheit und Personalität des Schuldigen nicht zerstört, sondern gewahrt werden soll, ist der Gedanke einer stellvertreten-

[12] Religion, B 94.

[13] Zum Vergleich zwischen Kant und Anselm: H. Verweyen, Die Einheit von Gerechtigkeit und Barmherzigkeit, 54f.

[14] Vgl. Religion, B 95.

den Übernahme von Schuld und Strafe für Kant eine Absurdität, eine Beleidigung der theoretischen und praktischen Vernunft. Seine eigene Antwort auf die Frage, wie die Schuld vom Schuldigen selbst gesühnt werden kann, liegt in der Zusammenschau von Besserung und Strafe – nicht so, daß die Strafe die Besserung *nach* sich zieht, sondern so, daß in der notwendig mit Qualen verbundenen Umkehr (Besserung) eines Übeltäters dessen Strafe *gleichzeitig* impliziert ist. Kant erkennt in der Umkehr des Sünders als solcher die »Aufopferung und Antretung einer langen Reihe von Übeln des Lebens, die der neue Mensch in der Gesinnung des Sohnes Gottes, nämlich bloß um des Guten willen übernimmt; die aber doch eigentlich einem andern, nämlich dem alten (denn dieser ist moralisch ein anderer), als *Strafe* gebührten«[15]. Den »neuen Menschen« der sittlichen Umkehr nennt er »Stellvertreter« des alten Menschen der Sünde, wobei beide zwar physisch, aber nicht moralisch identisch sind[16]. Der neue Mensch nimmt *in* der Erfüllung des moralischen Gesetzes zugleich die Strafe für die Schuld des alten Menschen auf sich.

Auf dieser Verstehenslinie zeigt Jesus Christus durch sein Beispiel, daß »der neue Mensch« durch Leiden und Tod »genug tun« kann, um als Stellvertreter des alten sündigen Menschen dessen Erlöser zu sein. Nicht erst nach dem Tod, sondern schon in diesem Leben bewirkt das Hintreten des durch Umkehr neuen Menschen an die Stelle des alten sündigen Menschen Glückseligkeit. Denn »der neue Mensch« empfindet das, was der alte Mensch als bloße Bestrafung erleiden würde, als »Bewußtsein seines Fortschritts im Guten«[17].

Kant hält die »Deduktion der Idee einer Rechtfertigung« für die an sich entbehrliche »Beantwortung einer spekulativen Frage«, will diese aber deshalb nicht mit Stillschweigen übergehen, »weil sonst der Vernunft vorgeworfen werden könnte, sie sei schlechterdings unvermögend, die Hoffnung auf die Lossprechung des Menschen von seiner Schuld mit der göttlichen Gerechtigkeit zu vereinigen«[18]. Für ihn läßt sich durch die Darstellung »des neuen Menschen« als Stellvertreter »des alten Menschen« zeigen, daß die traditionelle Lehre von einer »stellvertretenden Genugtuung« durchaus vereinbar ist mit dem Grundsatz, »daß nur unter der Voraussetzung der gänzlichen Herzensänderung sich für den mit Schuld belasteten Menschen vor der himmlischen Gerechtigkeit Lossprechung denken« läßt, und »mithin alle Expiationen, sie mögen von der büßenden oder feierlichen Art sein, alle Anrufungen und Hochpreisungen (selbst die des stellvertretenden Ideals des Sohnes Gottes)«[19] mangelnde Umkehr auf seiten des Sünders nicht ersetzen oder ausgleichen.

[15] Ebd. B 98.
[16] Vgl. ebd. B 99.
[17] Ebd. B 101.
[18] Ebd. B 102. – Vgl. R. Wimmer, Kants kritische Religionsphilosophie, 161–167; H. Hoping, Freiheit im Widerspruch, 217–228.
[19] Ebd. B 102f.

2. Johann Gottlieb Fichte: Stellvertretung als Gegenteil von Erlösung

Wie wir im Schlußkapitel zeigen werden, ist das transzendentale Denken Fichtes von erheblicher Bedeutung für die Entwicklung eines philosophischen Modells zum Verstehen »eigentlicher Stellvertretung«. Aber Fichte hat sich weniger als alle anderen Größen des Deutschen Idealismus mit theologischen Inhalten befaßt[20]. Deshalb können wir uns an dieser Stelle auf einige knappe Bemerkungen beschränken.

Fichte hat seine Religionslehre als »Anweisung zum seligen Leben« (1806) vorgetragen[21] und die sechste dieser Vorlesungen der Bedeutung Jesu von Nazareth gewidmet. Ebensowenig wie Kant interessiert er sich für den historischen Jesus als solchen. Er schreibt: »Nur das Metaphysische, keineswegs aber das Historische, macht selig; das letztere macht nur verständig.«[22] Jesus ist für Fichte der Mensch, der als erster die Einsicht in die Einheit des menschlichen Daseins mit dem göttlichen hatte«[23]. Er sieht die Einmaligkeit Jesu in einem zeitlichen Prius und in der Art und Weise, wie er zu besagter Einsicht kam. »Jesus hatte seine Erkenntnis weder durch eigne Spekulation, noch durch Mitteilung von außen ...: er hatte sie eben schlechthin durch sein bloßes Dasein; sie war ihm Erstes und Absolutes, ohne irgendein anderes Glied, mit welchem sie zusammengehangen hätte; rein durch Inspiration«[24]. Fichte betont immer wieder, daß Jesu Erst- und Einmaligkeit etwas Historisches, nicht aber etwas allgemein Gültiges und schon gar nicht etwas uns alle Seligmachendes ist. Das Metaphysische und allein Seligmachende ist vielmehr dies: daß das Wort ausnahmslos in jedem Menschen Fleisch wird, »der seine Einheit mit Gott lebendig einsieht, und der wirklich und in der Tat sein ganzes individuelles Leben an das göttliche in ihm hingibt«[25]. Fichtes »Anweisung zum seligen Leben« will nichts anderes sein als ein Wegweiser zur Durchbrechung des zunächst von allen gelebten »Scheinlebens« mannigfaltiger Zerstreuung zu einem Leben in

[20] »Voraussetzung eines ... Denkens, das vom gelebten Glauben her eine autonome Vernunft auf ihre inneren Möglichkeiten befragt, ist, daß man sich von dem interpersonalen Dialog in einer Glaubensgemeinschaft bereits als Glaubender und als Denkender zugleich getragen weiß. Charakteristisch für Fichte ist hingegen, daß er nie zunächst schon gleichsam den ›Haushalt seines Glaubens‹ in Ordnung und zu Wort gebracht hatte, bevor er sich ans Philosophieren gab, sondern von dieser erst eine Klärung auch seiner Theologie erhoffte.« (H. Verweyen, Einleitung, XIXf).

[21] »Die unter dem Titel ›Die Anweisung zu einem seligen Leben‹ angekündigten Vorlesungen hat Fichte sonntags von 12–1 Uhr im runden Saal der Akademie der Wissenschaften zu Berlin in der Zeit vom 12. Januar bis Ende März 1806 gehalten. Schon Anfang April lagen sie im Druck vor. In der Vorrede zur publizierten Schrift bezeichnet Fichte diese ›Vorlesungen, zusammengenommen mit denen, die unter dem Titel: Grundzüge des gegenwärtigen Zeitalters, ... erschienen sind, und denen: über das Wesen des Gelehrten usw. ... [als] ein Ganzes ... von populärer Lehre, dessen Gipfel und hellsten Lichtpunkt, die gegenwärtigen bilden‹. Er betrachtet sie insgesamt als das Resultat seiner Wissenschaftslehre ...« (ebd. XVIIf).

[22] Anweisung zum seligen Leben, 97.

[23] Vgl. ebd. 95.

[24] Ebd. 184.

[25] Ebd. 94.

Vereinigung mit dem einfachen, sich selbst gleichen und unveränderlichen Sein, das Gott ist[26]. Diese Vereinigung geschieht nicht durch ein moralisches Streben des Menschen, dem Gott nach Kant als ein regulatives Prinzip der praktischen Vernunft äußerlich bleibt, sondern durch das Dasein des göttlichen Seins in unserem Denken[27].

Fichte unterscheidet zwischen dem »reinen« und dem »reflexen« Denken; ersteres bedeutet das *unmittelbare* Dasein des Seins in unserem Bewußtsein, letzteres die das Sein *verobjektivierende* Unterscheidung zwischen dem »Sein als Sein« und dem »Dasein des Seins«[28]. Das göttliche Sein bzw. Leben wird von der wesenhaften Begrenztheit der Begriffe des reflektierenden Denkens nicht erkannt. Begriffe können nur sagen, was Gott *nicht* ist. Denn »die Seligkeit selbst besteht in der Liebe, und in der ewigen Befriedigung der Liebe, und ist der Reflexion unzugänglich«[29]. Das Dasein des Seins im Denken des Menschen geschieht nicht in der Reflexion, sondern in einem Schauen, das primär nicht Wissen, sondern Tun (Praxis) ist[30] – gemäß der johanneischen Verheißung: »So jemand will den Willen tun des, der mich gesandt hat, der wird inne werden, daß diese Lehre von Gott sei.«[31]

Christus ist für Fichte der Mensch, der seine Einheit mit Gott nicht reflektiert, sondern praktiziert hat, und zwar so, daß alle, die ihn hörten und sahen, sich in eine Krisis, in eine Entscheidung, gestellt sahen: entweder wie die Pharisäer das Sein Gottes zu einem Objekt oder einer Funktion zu verdinglichen, oder aber wie die Jünger Jesu das Dasein Gottes zu leben bzw. zu tun. Doch wenn das vierte Evangelium von Jesus sagt, daß er das

[26] Vgl. ebd. 14–16.

[27] Fichte wurde als »Atheist« verdächtigt, weil er die Bezeichnung Gottes als Person ablehnt. Denn – so seine Argumentation – jede Person ist endlich, weil sie als »Ich« immer schon ein »Nicht-Ich« voraussetzt, auf das bezogen sie ihr Selbstbewußtsein gewinnt. So gesehen erscheint die Vorstellung von einem »persönlichen Gott« als Projektion endlicher Verhältnisse auf das schlechthin Unendliche. – Dazu: F. Böckelmann (Hrsg.), Die Schriften zu J. G. Fichtes Atheismus-Streit, 35.224f; F. Wagner, Der Gedanke der Persönlichkeit Gottes, 20–96; H. M. Baumgartner, Über das Gottesverständnis der Transzendentalphilosophie, 306–309.

[28] Das Dasein ist nicht einfach identisch mit dem Sein; es ist »ein Bild davon« oder das »Sein außerhalb des Seins« (Anweisung zum seligen Leben, 51). »Das Sein – als Sein, und bleibend Sein, keineswegs aber etwa aufgebend seinen absoluten Charakter, und mit dem Dasein sich vermengend und vermischend, soll da sein. Es muß darum, von dem Dasein, unterschieden, und demselben entgegengesetzt werden; und zwar – da außer dem absoluten Sein schlechthin nichts anderes ist, als sein Dasein, – diese Unterscheidung, und diese Entgegensetzung muß – in dem Dasein selber – vorkommen; welches, deutlicher ausgesprochen, folgendes heißen wird: das Dasein, muß sich selber als bloßes Dasein fassen, erkennen und bilden, und muß, sich selber gegenüber, ein absolutes Sein setzen, und bilden, dessen bloßes Dasein eben es selbst sei: es muß, durch sein Sein, einem anderen absoluten Dasein gegenüber, sich vernichten; was eben den Charakter des bloßen Bildes, der Vorstellung, oder des Bewußtseins des Seins gibt; ...« (ebd. 52). – Dazu: H. Verweyen, Recht und Sittlichkeit, 302f; ders., Einleitung, XXXf.

[29] Ebd. 162.

[30] Vgl. ebd. 83f.

[31] Ebd. 88.

Dasein des göttlichen Seins und mithin das Licht in der Finsternis war, dann sollte man nach Fichtes Ansicht dieses historische Faktum nicht dadurch »metaphysizieren«[32], daß man Jesu Erkenntnis der Einheit des göttlichen und menschlichen Daseins seligmachende Bedeutung auch für uns zuschreibt. In der praktischen Realisierung dieser Erkenntnis ist Jesus für ihn kein unerreichbares Ideal. Vielmehr fordert er jeden Menschen auf, »in seiner eigenen Person, und nicht in einer fremden«[33], Gottes Dasein zu sein. Den Gedanken, daß Jesus etwas uns selbst Unmögliches stellvertretend für uns geleistet habe, hält Fichte für abwegig[34].

3. Georg Wilhelm Friedrich Hegel: Stellvertretung als Negation der Negation

a) Stellvertretung als »illegitimer Dispens von menschlicher Selbstverantwortlichkeit«

In den Schriften seiner Tübinger und Berner Zeit (1788–1796)[35] nennt Hegel die theologische These, Christus habe stellvertretend für uns das Kreuz erlitten, einfach unsinnig. Wer sich seiner Vernunft bedient, werde rasch erkennen, daß der Mensch nur dann zu sich selbst befreit wird, wenn er dem moralischen Gesetz in sich selbst entspricht. Nach christlicher Auffassung dagegen verdanke der Mensch sein Freisein dem stellvertretenden Leben, Leiden und Sterben Jesu Christi[36]. Für den jungen Hegel ist diese Auffassung nicht nur unlogisch, sondern auch schädlich, weil sie, wie er meint, den Menschen von seiner je eigenen (unvertretbaren) Verantwortung dispensiert[37]. Hinzu komme, daß der »Glaube an Christum ... als den, der an unserer Statt die Strafen trug«[38] nicht irgendwo am Rande, sondern in der Mitte des christlichen Lehrgebäudes steht, so daß die anderen Dogmen auf das Satisfaktionsdogma ausgerichtet erscheinen: zum Beispiel die den Menschen seiner sittlichen Würde (Freiheit) berau-

[32] Vgl. ebd. 181f.
[33] Ebd. 28.
[34] Vgl. ebd. 100–103. – Dazu: W. A. Schulze, Das Johannesevangelium im Deutschen Idealismus, 95.
[35] Wir beziehen uns auf die folgenden, von Herman Nohl (Hegels theologische Jugendschriften nach den Handschriften der Kgl. Bibliothek in Berlin) veröffentlichten Fragmente: »Volksreligion und Christentum« (1–71); »Das Leben Jesu« (73–136); »Die Positivität der christlichen Religion« (137–239).
[36] »Die oberste Bedingung der Möglichkeit des höchsten Guts ist nach der Vernunft die Angemessenheit der Gesinnung zum moralischen Gesetz – Nach der Christlichen Religion ist die oberste Bedingung der ewigen Seligkeit – Glaube an Christum – und an die Kraft seines versöhnenden Todes – und zwar nicht, weil dieser Glaube am Ende zur Moralität führen kann, die alsdann doch die eigentliche Bedingung und jener Glaube nur das Mittel wäre – sondern der Glaube an sich selbst ist Grund des Wohlgefallens Gottes, und dieses Wohlgefallen gibt deswegen ewige Seligkeit denen, die an Christum glauben, welche sie eigentlich nie verdienen konnten.« (H. Nohl, Hegels theologische Jugendschriften, 62).
[37] Vgl. P. Cornehl, Die Zukunft der Versöhnung, 107[22].
[38] H. Nohl, Hegels theologische Jugendschriften, 68.

bende Lehre »von der Verdorbenheit nicht nur der Menschen, sondern der menschlichen Natur«[39]; oder auch die Lehre von der Gottheit Christi, die, statt zum Guten zu ermutigen, Jesus als den einzig Guten und uns, die »bloßen Menschen«, als naturnotwendige Versager hinstellt«[40]. So spricht der junge Hegel von einer Umwandlung der Tugendreligion Jesu in eine kirchliche Erlösungsreligion[41]. Dies geschah nach seiner Darstellung in zwei Schritten: Zunächst habe man der Natur des Menschen die Möglichkeit abgesprochen, aus eigener Kraft gut zu sein; und dann sei diese Kraft auf ein einziges Individuum projiziert worden, nämlich auf Jesus Christus – und zwar so, daß durch ihn auch uns ein gutes Gewissen vermittelt wird (nicht auf Grund eigener Anstrengung, sondern als »Gnadengabe«)[42].

Noch gegen Ende seiner Berner Zeit fordert Hegel radikale Religionskritik zur Befreiung der solchermaßen versklavten Subjektivität. Doch in der Frankfurter Studie »Der Geist des Christentums und sein Schicksal« (1798/99)[43] gelangt er zu einer neuen Sicht des Christentums. Er bezeichnet nicht mehr ein »unvernünftiges Dogma«, sondern die Liebe, näherhin die Idee vom Reiche Gottes, als Zentrum der Verkündigung Jesu[44]. Hatte er bisher Kants kategorischen Imperativ verteidigt, so stellt er dessen Maxime jetzt auf eine Stufe mit dem jüdischen Gesetz[45] und schildert die Kreuzigung als Haß der »veräußerlichten Objektivität« des pharisäischen Legalismus gegen die »verinnerlichte Subjektivität« Jesu.

Diese Sicht des Kreuzes hindert ihn nicht, Jesu Leben gleichzeitig als gescheiterten Versuch zur Versöhnung von Objektivität (Gesetz) und Subjektivität (Liebe) zu bezeichnen und seine Berner Kritik an der Lehre von einer Stellvertretung Jesu zu erneuern. Während er den unmittelbaren Jüngern Jesu zugesteht, das Anliegen ihres gekreuzigten Meisters, die

39 Ebd. 63.
40 Vgl. ebd. 67.
41 Dazu: G. Rohrmoser, Subjektivität und Verdinglichung, 30–41.
42 Vgl. H. Nohl, Hegels theologische Jugendschriften, 68f.
43 Von H. Nohl veröffentlicht: Hegels theologische Jugendschriften, 241–342. – Dieser Studie zuzuordnen sind kleinere Fragmente, die Nohl »Entwürfe« (ebd. 355–402) genannt hat.
44 Hegel erkennt: Wo der Mensch sich selbst befreit, entsteht immer ein Gegensatz zu dem, gegen den oder von dem er sich befreit. Das Christentum dagegen lehrt keine Befreiung (Erlösung) durch Überwindung des Gegners, sondern seine Maxime lautet: Liebe statt Gewalt. »In der Liebe«, so Hegel, »ist [zwar] das Getrennte noch, aber nicht mehr als Getrenntes«, sondern »als Einiges« (ebd. 379).
45 »Dem Gewissen, dem Bewußtsein der eigenen Pflichtgemäßheit steht die Anwendung der Gesetze auf andere im Urteil gegenüber; ›richtet nicht‹, sagt Jesus, ›auf daß ihr nicht gerichtet werdet; mit welchem Maßstab ihr messet, wird euch dagegen gemessen werden.‹ Dies Subsumieren anderer unter einen Begriff, der im Gesetz dargestellt ist, kann darum eine Schwäche genannt werden, weil der Urteilende nicht stark genug ist, sie ganz zu ertragen, sondern sie teilt, und gegen ihre Unabhängigkeit nicht auszuhalten vermag, ›sie nimmt‹, nicht wie sie sind, aber wie sie sein solen; durch welches Urteil er sie sich, denn der Begriff, die Allgemeinheit ist sein, in Gedanken unterjocht hat. Mit diesem Richten aber hat er ein Gesetz anerkannt, und sich selbst der Knechtschaft desselben unterzogen, ein Maß des Richtens auch für sich aufgestellt, und mit der liebreichen Gesinnung für seinen Bruder, ihm den Splitter aus dem Auge zu ziehen, ist er selbst unter das Reich der Liebe gesunken.« (Ebd. 274f).

Versöhnung von Objektivität (Gesetz) und Subjektivität (Liebe), neu versucht zu haben[46], wirft er der frühen Kirche vor, sich durch die perverse Lehre von der stellvertretenden Verantwortung Jesu aus der eigenen Verantwortung geschlichen zu haben. Er betont, daß Jesu Kreuzestod überhaupt keine bleibende, geschweige denn eine stellvertretende Bedeutung habe; er verurteilt die Anbetung des Gekreuzigten als Ungeheuerlichkeit und nennt die Lehre von der Auferstehung und Himmelfahrt des erniedrigten, gekreuzigten und begrabenen Individuums Jesus von Nazareth eine unerträgliche Eintragung von Kontingenz, Vergänglichkeit und Negativität (Leid und Tod) in das Wesen Gottes selbst[47].

b) Stellvertretung als »Aufhebung« des Vertretenen in den Vertretenden

Was Hegel 1798/99 noch als absurd bezeichnet hat: daß Erniedrigung, Leid und Tod zum Wesen Gottes selbst gehören sollen, bezeichnet er in seinen Jenaer Schriften als »Moment der höchsten Idee«[48]. In seiner Abhandlung über »Glauben und Wissen« (1802/03) wirft Hegel dem transzendentalen Denken Kants, Jacobis und Fichtes vor, Subjekt und Objekt zu entzweien statt zu versöhnen[49]. Solange das Subjekt das andere seiner selbst (die Negation) nicht in sich aufnehme, sondern von sich abstoße, entspreche es dem Geist des Gesetzes und widerspreche dem Geist der Versöhnung. Besonders Fichte habe das Ich als ein Subjekt (als Freiheit) verstanden, das alles negiert, ohne selbst durch die Negativität vermittelt zu sein. Fichte denke das Absolute als abstrakte Negation, als Tötung allen Andersseins, obwohl doch wahr sei, was die christliche Tradition mit dem Stellvertretungsgedanken ausdrücke: daß das Absolute (Gott) den Tod der (des) anderen auf sich selbst nimmt, statt alles außerhalb seiner selbst zu töten (zu negieren)[50]. Entsprechend bemerkt Hegel in seiner »Phänomenologie des Geistes« (1807), daß das Leben des Geistes nicht dasjenige ist, »das sich vor dem Tode scheut und von der Verwüstung rein bewahrt, sondern das ihn erträgt und in ihm sich erhält«[51]. Das Absolute, das im Gegensatz der Negation verharrt, ist ein Selbstwiderspruch. Das Absolute aber, das sich selbst seiner Allmacht, seiner abstrakten Autonomie und Aseität entkleidet, ist in der Annahme

[46] Vgl. ebd. 333–336.

[47] »Es ist nicht die Knechtsgestalt, die Erniedrigung selbst, an welcher als der Hülle des Göttlichen sich der Trieb nach Religion stieße, wenn sich die Wirklichkeit damit begnügte, Hülle zu sein, und vorüber zu gehen; aber so soll sie fest und bleibend ›noch‹ an und in dem Gotte zu seinem Wesen gehören, und die Individualität Gegenstand der Anbetung sein; und die im Grabe abgestreifte Hülle der Wirklichkeit ist aus dem Grabe wieder emporgestiegen, und hat sich dem als Gott Erstandenen angehängt.« (Ebd. 335).

[48] Dazu: E. Jüngel, Gott als Geheimnis der Welt, 99[74].

[49] Vgl. Glauben und Wissen, 319. – Dazu: W. Bonsiepen, Der Begriff der Negativität in den Jenaer Schriften Hegels, 42–71.

[50] Vgl. ebd. 387–412.

[51] Phänomenologie des Geistes, 34.

des Todes Auferstehung bzw. unendliches Leben (Einheit von Andersheit und Selbstheit)[52].

Weil Gott als die absolute Idee sich bis in das Extrem des Todes hinein verendlicht, kommt es zur »Aufhebung« der Endlichkeit, zur Negation der Negation[53]. Ist schon die menschliche Natur etwas Gott an sich Fremdes, etwas »Gott nicht Angehöriges«, so gilt das erst recht von allem Bösen, von allem gegen Gott gerichteten »Für-sich-Sein« des Menschen. Aber Gott hat diese Endlichkeit bis in die äußerste Spitze hinein angenommen, um sie durch seinen Tod zu töten. Der schmachvolle Tod Christi ist »als die ungeheure *Vereinigung dieser absoluten Extreme*« (Absolutheit Gottes und Endlichkeit des Sünders) »zugleich die *unendliche Liebe*«; es ist »die unendliche Liebe, daß Gott sich mit dem ihm Fremden identisch gesetzt hat, um es zu tödten«[54]. Während der Sünder seine »Einzelheit« gegen das »andere« setzt[55], tut Jesus Christus genau das Gegenteil, indem er alles Eigene, auch das eigene Leben, hergibt. Aber sein Tod ist kein bloßes Beispiel heroischer Liebe. Hegel wendet sich ausdrücklich gegen die aufklärerische Reduzierung des Erlösers auf ein bloßes »exemplum«. Denn Christi Tod bedeutet die Hineinnahme des Todes in Gott und *deshalb* die Tötung des Todes, die Negation der Negation, die Herabsetzung des Prinzips aller Verendlichung zu einem Nichts – auch »für uns«. Christi Tod ist »nicht etwas Einzelnes, sondern die göttliche, ewige Geschichte«[56]. Indem das einzelne Ich im Glauben an Christus seine eigene widerständige Endlichkeit (sein »Für-sich-Sein«) tötet, geht es ein in die Objektivität (Wahrheit, Idee) der Versöhnung[57].

In seinen posthum veröffentlichten Vorlesungen über die Religionsphilosophie gibt Hegel eine detaillierte Begründung für die Untrennbarkeit von Kreuz und Auferstehung[58]. Er bezeichnet den Kreuzestod erneut als Mitte des christlichen Lehrgebäudes – aber nicht wie in seinen Berner Frühschriften als Widerpart, sondern im Gegenteil als Ermöglichung der Subjektivität (der Freiheit, der Personwürde, der theoretischen und praktischen Vernunft) des Menschen. Hegel erklärt das Trinitätsdogma – die Lehre von einem Gott, der nur im »Anderen« bei sich selber ist – als notwendige Voraussetzung von Inkarnation, Passion und Kreuzigung. Er

[52] Vgl. Glauben und Wissen, 413f. – Dazu: G. Rohrmoser, Subjektivität und Verdinglichung, 80f.

[53] Vgl. Philosophie der Religion II, 301.

[54] Ebd. 301f.

[55] Dazu: J. Ringleben, Hegels Theorie der Sünde, 192–202.222–244.

[56] Philosophie der Religion II, 304.

[57] Vgl. ebd. 281.

[58] Die Botschaft vom Tode Christi bedeutet, »daß das Menschliche, das Endliche, Gebrechliche, die Schwäche, das Negative göttliches Moment selbst ist, in Gott selbst ist; daß das Andersseyn, das Endliche, das Negative nicht außer Gott ist, als Andersseyn die Einheit mit Gott nicht hindert: es ist gewußt das Andersseyn, die Negation als Moment der göttlichen Natur selbst. Die höchste Erkenntniß von der Natur der Idee des Geistes ist darin enthalten« (ebd. 306f).

bezeichnet die Lehre von den zwei Naturen Jesu Christi als Bestätigung der These, daß sogar der angeblich unüberbrückbare Gegensatz zwischen menschlicher und göttlicher Natur durch absolute Liebe überwindbar ist[59]. Und er würdigt das vormals als pervers beschimpfte »Dogma« von der Stellvertretung als die »frohe Botschaft« schlechthin: daß wir – durch Schuld in unserer Endlichkeit gefangen und von der Gerechtigkeit (vom Gesetz) aus der Gemeinschaft mit dem Unendlichen ausgeschlossen – von jenem Gott befreit werden, der nicht nur Vater (und so verschlossen), sondern auch Sohn und Geist ist: »als das sich Unterscheidende, Andere so, daß dieses Andere *Gott selbst* ist, an sich die göttliche Natur an ihm hat, und daß das Aufheben dieses Unterschieds, Andersseyns, diese Rückkehr, diese Liebe, der Geist ist«[60]. Der Standpunkt der Kantschen Ethik, »wonach jedes Individuum nur für sich zu stehen hat, [und] Jeder der Thäter seiner Thaten ist«[61], wird von Hegel verlassen; er versteht den Opfertod Christi nicht so, als würde »ein *fremdes* Opfer ... gebracht, ... ein *Anderer* gestraft, damit Strafe gewesen sey«[62]; sondern Gott nimmt im Kreuzestod das »andere« als solches (in seiner Andersheit) in sich auf und befähigt es dadurch zur Aufgabe seines »Für-sich-Seins«. So ist er der Geist absoluter (alles versöhnender) Liebe: ein Geist, der »das Geschehene ungeschehen machen«[63] kann, indem er den Menschen von seiner vergangenen Schuld losbindet.

In seinem Spätwerk bezeichnet Hegel das Christentum als die einzige Offenbarungsreligion – »nicht weil es Wahrheiten enthält, die auf übernatürliche Weise mitgeteilt worden sind, sondern weil es im Unterschied zu allen andern Religionen auf der vollen Wesenserschließung des Absoluten als Geist beruht«[64]. Offenbarung ist für ihn »Selbsterschließung des Absoluten« und deshalb nur dann gegeben, »wenn das besondere Medium, durch das Gott manifest wird, die besondere Tat, durch die er sich erweist, von seinen eigenen Werken nicht zu scheiden ist«[65]. Es gibt für Hegel nichts Endliches, das »an sich« etwas über Gott sagen könnte. Aber als Moment der Geschichte Gottes selbst definiert das Endliche den Unendlichen als Versöhner, als absolute Liebe. Der historische Jesus »an sich« hat keinerlei Bedeutung »für uns«. Aber als Moment der Geschichte Gottes selbst bedeutet er »für uns« die Möglichkeit, aus (in der Trennung der Subjekt-Objekt-Relation befangenen) Betrachtern zu Subjekten der absoluten Geschichte zu werden[66].

[59] Vgl. ebd. 286.
[60] Ebd. 308.
[61] Ebd. 304.
[62] Ebd. 303.
[63] Ebd. 305.
[64] W. Pannenberg, Einführung, 8f.
[65] Ebd. 10.
[66] »In dem wahrhaften Verstehen des Todes [Jesu Christi] tritt auf diese Weise die *Beziehung des Subjects als solchen* ein. Das bloße *Betrachten* der Geschichte hört hier auf; das Subjekt selbst wird in den Verlauf hineingezogen; es fühlt den Schmerz des Bösen und seiner eigenen

Mit der Intention, das andere in seiner Andersheit zu retten, erklärt Hegel das andere bzw. »den Anderen« zu einem notwendigen Moment der Geschichte des absoluten, alles Endliche mit dem Unendlichen versöhnenden Geistes. Zusammenfassend: »Es ist die Identität des Göttlichen und Menschlichen, daß Gott im Endlichen bei sich selbst ist und dieß Endliche im Tode selbst Bestimmung Gottes ist. Gott hat durch den Tod die Welt mit sich versöhnt und versöhnt sie ewig mit sich selbst. Dieß Zurückkommen aus der Entfremdung ist seine Rückkehr zu sich selbst und dadurch ist er Geist und dieß Dritte ist daher, daß Christus auferstanden ist. Die Negation ist damit überwunden und die Negation der Negation ist so Moment der göttlichen Natur.«[67]

Bis heute streiten sich die Interpreten, wie die »Aufhebung« des Endlichen in das Unendliche zu verstehen sei. Wenn Hegel betont, daß der Mensch »verstehend« einbezogen wird in das Geschehen der Versöhnung (in die Geschichte des Absoluten), dann muß das keine »Aufhebung« im Sinne eines »Aufgehens« des Endlichen in das Unendliche bedeuten; dann kann auch gemeint sein, daß der Mensch sich gerade dadurch gewinnt, daß er sich verliert, daß er sein eigenes »Für-sich-Sein« in die Bewegung des Absoluten von sich weg auf das andere oder »den Anderen« hin integrieren läßt. »Angesichts der Tatsache, daß auch Hegel mit etymologischen Herleitungen nicht eben kleinlich verfuhr«, wagt Gunther Wenz eine Erklärung des Hegelschen Begriffs »Verstehen« vom Stellvertretungsgedanken her. Denn »Verständnis« besteht ja »darin, den Ort des anderen zum eigenen zu machen, um gerade so seinem Anderssein gerecht zu werden«[68].

4. Friedrich Wilhelm Joseph Schelling[69]: Stellvertretung als Antwort der Offenbarung auf die soteriologische Ohnmacht der Vernunft

Gotthold Müller hat in seiner Abhandlung über die Grundstrukturen der Christologie des Deutschen Idealismus gezeigt, daß die Entwürfe von

Entfremdung, welche Christus auf sich genommen, indem er die Menschheit angezogen, aber durch seinen Tod vernichtet hat.« (Philosophie der Religion II, 305).

[67] Ebd. 304. – »Hegel hat die sorgfältigen Unterscheidungen der orthodoxen Christologie zwischen göttlicher und menschlicher Natur in der Einheit der Person Christi vernachlässigt, indem er ohne solche Differenzierung vom Tode Christi als dem Tode Gottes selbst sprach. Andererseits war für ihn dieses selbe Geschehen als Aufhebung der Selbstentäußerung der Gottheit in der Inkarnation die Rückkehr der göttlichen Idee zu sich, ›Versöhnung des Geistes mit sich‹. Hegel hat den Tod Christi ausdrücklich nicht als stellvertretendes Strafleiden des Unschuldigen anstelle der Sünder verstanden wissen wollen. Er hat damit ein aus der Perspektive des Inkarnationsgedankens begründetes, inklusives Verständnis des Versöhnungsgeschehens einseitig gegen das im Gedanken stellvertretender Sühne enthaltene exklusive Moment geltend gemacht.« (W. Pannenberg, Systematische Theologie II, 481).

[68] G. Wenz, Versöhnungslehre I, 294f.

[69] Wir zitieren Schellings Werke nach der von seinem Sohn 1856–61 besorgten Gesamtausgabe (14 Bände). In Klammern erscheinen Band- und Seitenzahl des von der Wissenschaftlichen Buchgesellschaft (Darmstadt 1974–76) besorgten reprografischen Nachdrucks (10 Bände).

Kant bis Schelling die »Wirklichkeit der Geschichte« in die »Wahrheit der Idee« aufheben, daß in keinem dieser Entwürfe »ein konkret-kontingentes Einzelgeschehen ... eine vorher nie dagewesene Situation schafft (Offenbarung!)«, daß vielmehr »jeder Einzelausschnitt der Geschichte« nur offenbart, »was seinshaft (d. h. aber letztlich: unabhängig von jeder Geschichte) *ist*«[70]. Auf die deutsche Philosophie von Kant bis zu Schellings Identitätsphilosophie trifft dieses Urteil weitgehend zu; m. E. auch auf die Auswirkungen dieser Philosophie im Bereich der Theologie. Aber die letzte von Schelling selbst veröffentlichte Schrift »Philosophische Untersuchungen über das Wesen der menschlichen Freiheit und die damit zusammenhängenden Gegenstände« (1809)[71] und das von Schellings Sohn posthum veröffentlichte Werk kann Müller nicht in sein Urteil einbeziehen. Die in den letzten Jahrzehnten intensiv betriebene Erforschung des späten Schelling[72] hat Hegels Selbsteinschätzung, seine Philosophie sei die Vollendung des Idealismus über Schellings Objektivismus hinaus, gründlich revidiert. Die Kontroversen um die Interpretation der Spätschriften betreffen unser Thema nur indirekt und können hier außer Betracht bleiben. Aber die folgende Skizze bezieht auch die Werke Schellings ein, die auf die anschließend dargestellte Schultheologie des 19. Jhs. kaum einen oder gar keinen Einfluß hatten.

a) Erlösung als selbsttätige Aufhebung des Endlichen in das Unendliche

Die erstmals 1803 publizierten »Vorlesungen über die Methode des akademischen Studiums« belegen Schellings anfängliche Sicht des Christentums als »Aufnahme des Endlichen ins Unendliche, repräsentiert durch den Tod und die Auferstehung Christi«[73]. Während die griechische Mythologie das Unendliche an das Endliche bindet, hebt das Christentum das Endliche auf in das Unendliche[74]. Christus ist der Anfangsgrund der Gottwerdung des Menschen und leitet so das Zeitalter des Geistes (des Ideal-Unendlichen) ein[75]. Aber dieser »Anfangsgrund« ist für den Schelling der sogenannten »Identitätsphilosophie« (1801–1806) ebensowenig wie für Fichte ein irgendwie geartetes Hintreten Christi »an unsere Stelle«. Wir finden den Zugang zum göttlichen Leben nicht durch das historisch einmalige Individuum Jesus Christus, sondern durch die selbsttätige Aufhebung des Endlichen in das Unendliche, durch ein Bemühen, das Schelling »im Laufe seines Lebens mit verschiedenen Namen mehr umschrieben als erklärt hat:

[70] G. Müller, Die Welt als »Sohn Gottes«, 93.
[71] VII, 331–416 (IX, 275–360).
[72] Vgl. H. Zeltner, Schelling-Forschung, 68–101.
[73] H. Rosenau, Die Differenz im christologischen Denken Schellings, 86.
[74] Vgl. Methode des akademischen Studiums: V, 287f (VIII, 521f).
[75] Vgl. ebd. V, 294 (VIII, 528).

Intellektuelle Anschauung, absolute Vernunft, reines Denken, Ekstase, reales Verhältnis des Menschen zu Gott«[76].

Im Unterschied zu allen anderen Geschöpfen ist der Mensch in die Mitte gestellt »zwischen dem Nichtseyenden der Natur und dem absolut-Seyenden = Gott«[77]. Er ist die höchste Entwicklungsstufe der Natur, ist aber zugleich Bewußtsein und so befähigt zum Vermittler zwischen Realität und Idealität, zwischen Natur und Geist. Schelling nennt den ersten Menschen den geborenen Mittler zwischen Gott und Natur und erklärt den Sündenfall als Verweigerung dieser Mittlerschaft. Durch die Sünde Adams ist eine Kluft an die Stelle der Verbindung zwischen Schöpfung und Schöpfer getreten; und nur Gott kann diese Verbindung neu knüpfen, weil sich kein Sünder von sich aus mit Gott verbinden kann[78]. Schelling spricht in diesem Zusammenhang von der soteriologischen Ohnmacht des Menschen und der Angewiesenheit auf den Mittler Christus. Doch von einer konstitutiven Bedeutung Christi für alle Menschen aller Zeiten ist in den »Stuttgarter Privatvorlesungen« (1810) noch nicht die Rede. Christus eilt dem »Schicksal der Gattung« voraus; und ganz offensichtlich hält Schelling dieses Vorauseilen nicht für schlechthin einmalig oder gar für ein Tun »an unserer Stelle«; denn er schreibt: »Welches aber auch das Schicksal der Gattung auf der Erde seyn möge, so ist es dem Einzelnen möglich, wie es der Mensch im Anfang in Bezug auf die ganze Erde gethan, so jetzt der Gattung vorauszueilen und das Höchste für sich zum voraus zu nehmen.«[79]

[76] W. Kasper, Das Absolute in der Geschichte, 51.

[77] Stuttgarter Privatvorlesungen: VII, 458 (IX, 402).

[78] »Die wahre Einheit der Natur wäre ... der Mensch und durch ihn das Göttliche und das Ewige gewesen. Nun hat die Natur diese sanfte Einheit durch Schuld des Menschen verloren; jetzt muß sie eine eigne Einheit suchen. Da aber die wahre Einheit doch nicht in ihr, sondern nur in Gott liegen kann, so ist sie eben durch diese Trennung von Gott beständigen Kämpfen Preis gegeben. Sie sucht die Einheit und findet sie nicht.« (Ebd. VII, 460 [IX, 404]). – »Diese Kluft kann nicht bleiben, denn sie würde die Existenz Gottes selbst antasten. Aber wodurch ist diese Kluft aufzuheben? Durch den Menschen in seinem jetzigen Zustand nicht. Also durch *Gott selbst* – nur Gott kann das Band der geistigen und natürlichen Welt herstellen, und zwar nur durch eine zweite *Offenbarung*, ähnlich der ersten in der anfänglichen Schöpfung. Hier tritt also der Begriff von Offenbarung im engeren Sinn als ein philosophisch nothwendiger ein. Die Offenbarung hat verschiedene Stufen; die höchste ist die, wo das Göttliche sich selbst ganz verendlicht, mit einem Wort, wo es selbst *Mensch* wird, und gleichsam nur als der zweite und göttliche Mensch wieder ebenso der Mittler zwischen Gott und dem Menschen wird, wie es der erste Mensch zwischen Gott und der Natur seyn sollte.« (Ebd. VII, 463 [IX, 407]).

[79] Ebd. VII, 465 (IX, 409).

b) Erlösung als Annahme der Stellvertretung Christi

Die Tendenz des Schellingschen Denkens zielt auf die unbedingte Notwendigkeit eines Mittlers. Von einem unmittelbaren Zugang des Menschen zum Absoluten, von einer »intellektuellen Anschauung«, ist schon in dem 1810 konzipierten Dialog »Über den Zusammenhang der Natur mit der Geisterwelt« und in dem auf drei Teile angelegten, aber einteilig verbliebenen Werk der »Weltalter« (1811) keine Rede mehr[80]. Schelling beschreibt den »für-sich-sein-wollenden« Menschen als gefangen im »eigenen Nichts«[81]. Sein »In-sich-gesetzt-seyn« verunmöglicht jede Selbsterlösung. Der Mensch erweist sich als unbedingt angewiesen auf eine Macht »von außerhalb seiner selbst«; und diese Macht schildert Schelling in den »Weltalter-Fragmenten« als den Geist Gottes, der »die zusammenziehende Kraft« ist, die nie aufhört, sondern ewig fortwirkt, »damit ewig der Sohn aus dem Vater gezeugt und ewig die väterliche Kraft durch den Sohn entfaltet werde, und aus dieser Zusammenwirkung die ewige Wonne des Überwindens und des Überwundenwerdens entstehe«[82].

Die soteriologische Ohnmacht der Vernunft wird *das* zentrale Thema der 1821 entstandenen Abhandlung »Über die Natur der Philosophie als Wissenschaft«. Schelling ersetzt den Begriff »intellektuelle Anschauung« durch den der »Ek-stase«, um so auszudrücken, daß der Mensch die Grenzen der eigenen Subjektivität verlassen muß, um das Absolute zu erreichen[83]. Denn das Absolute kann auf keine Weise *Objekt* unserer Vernunft oder unseres moralischen Bemühens sein. Aber es kann sich – als absolutes *Subjekt* verstanden – selbst so mitteilen, daß es sich uns in unserer Endlichkeit eint. So gelangt Schelling zu der für seine gesamte Spätphilosophie schlechthin entscheidenden Entdeckung[84]: Das absolute Subjekt ist *»nichts anderes als die ewige Freiheit«*[85]. Er spricht von der Kehre seiner negativen in eine positive Philosophie[86]. Während die negative Philosophie Gott in den Grenzen der eigenen Vernunft sucht[87], Gott als Gedanken, als Möglichkeit oder regulatives Postulat »begreift«[88], dabei aber die Grundfrage »Warum ist

[80] Vgl. H. Rosenau, Die Differenz im christologischen Denken Schellings, 88f.

[81] Weltalter: VIII, 281 (X, 87).

[82] Weltalter-Fragmente I, 105f.

[83] Vgl. Über die Natur der Philosophie als Wissenschaft: IX, 229 (X, 251).

[84] Dazu: W. Kasper, Glaube und Geschichte, 36f; G. Vergauwen, Absolute und endliche Freiheit, 267f.

[85] Vgl. Über die Natur der Philosophie als Wissenschaft: IX, 220 (X, 242).

[86] Die wichtigsten Dokumente dieser »Kehre« sind folgende Schriften: Zur Geschichte der neuern Philosophie (1827); Philosophie der Offenbarung (1841); Philosophie der Mythologie (1854).

[87] Vgl. Zur Geschichte der neuern Philosophie: X, 12–14.124f.127f (X, 294–296.406f.409f).

[88] Vgl. Philosophie der Offenbarung: XIII, 45 (III, 45).

überhaupt etwas? Warum ist nicht nichts?«[89] unbeantwortet läßt, ist das Absolute in der positiven Philosophie nicht Ende oder Resultat, sondern Anfang[90]. In der Einleitung zu seiner »Philosophie der Mythologie« identifiziert Schelling die negative Philosophie mit dem Gesetz und die positive mit dem Evangelium. Aufgabe des Gesetzes ist es, die Selbstbehauptung des Ich zu brechen (zu *negieren)*; Inhalt des Evangeliums ist der *positive* Weg der »Ek-stasis«, des »Aufgebens der Selbstheit«[91] und der Befähigung zur Aufnahme des Göttlichen, das sich selbst mitteilt, jedoch nie »erfaßt« oder »begriffen« wird[92].

Der sich selbst mitteilende Gott ist – wie der späte Schelling in Abgrenzung gegen Kant, Fichte und Hegel betont – keine Lehre, sondern »ganz allein die *Person* Christi«[93]. Aber der soteriologischen Ohnmacht auf seiten des Menschen antwortet Gott in Christus nicht mit Macht, sondern mit »Ohn-Macht«: nämlich mit der Kenosis des Sühnetodes. Gott wird in der Spätschrift mit dem Titel »Philosophie der Offenbarung« nicht mehr als Grund und Garant der bestehenden Wirklichkeit gedacht, sondern als Allmacht, die Liebe und somit auch »All-Leid« ist – freilich nicht im Sinne eines Mangels, sondern als Ermöglichung kreatürlicher Freiheit. Schelling denkt das Ereignis der Menschwerdung des Logos bis hin zum Sühnetod als Geschehen liebender Entäußerung[94]. Im menschgewordenen Logos tritt Gott so »an die Stelle« des Menschen, daß er dessen sündige Selbstverschlossenheit *von innen her* – durch reales »Hineingehen« in das kreuzigende Leid dieser Enge – aufbricht. So gesehen aber ist Christi Tod am Kreuz nicht heroisches Beispiel, sondern stellvertretendes Opfer. Denn – so Schelling wörtlich – »was ... der Mensch für sich selbst nicht vermochte und Christus für sich selbst nicht nöthig hatte ..., das hat Christus an des Menschen Statt und also auch für ihn gethan. Christus tritt gegenüber von Gott an die Stelle des Menschen, überkleidet ihn, bedeckt ihn gleichsam, so

[89] Ebd. XIII, 7 (III, 7).

[90] Für die negative Philosophie ist der Schöpfer allenfalls »der, *zu* welchem, aber nicht *durch* den alles geworden« (ebd. XIII, 108 [III, 108]) ist. Ein vom Denkprozeß des Menschen abhängiger »Gott am Ende« (ebd. XIII, 91 [III, 91]), ein bloß als *causa finalis* gedachter Gott aber ist kein Gott, »mit dem sich etwas anfangen, der sich als Urheber der Welt und insbesondere der Offenbarung denken« (ebd. XIII, 108 [III, 108]) läßt. Die positive Philosophie geht weder vom reinen Denken, noch von der Erfahrung aus; »es ist das *schlechterdings transcendente Seyn*, von dem ... die positive Philosophie ausgeht« (ebd. XIII, 127 [III, 127]). Gott ist nicht Objekt, nicht »ein Seiendes«, sondern die Macht des Seins bzw. die Macht der Zukunft, wie Schelling ausgehend von Ex 3,14 erklärt (vgl. ebd. XIII, 270 [III, 270]). Gott ist nicht reine *potentia* (Seinkönnen), auch nicht reiner *actus* (Seinmüssen), sondern das *possest* (Können-Sein). Vgl. ebd. XIII, 46.93.155–157 (III, 46.49.155–157). – Dazu: K. Hemmerle, Gott und das Denken, 191–194.

[91] Philosophie der Mythologie: XI, 556 (I, 556).

[92] Vgl. ebd XI, 567 (I, 567).

[93] Philosophie der Offenbarung: XIV, 35 (IV, 35).

[94] Zum Einfluß von Schellings »Philosophie der Offenbarung« auf die Theologie der sogenannten »Kenotiker« des 19. Jhs.: M. Breidert, Die kenotische Christologie, 278–291.

daß der Vater in dem Menschen nicht mehr ihn selbst, sondern Christum den Sohn erblickt«[95].

Letzteres Zitat bezeichnet Hartmut Rosenau als herausragendes Dokument einer radikalen Wende in der Entwicklung des Deutschen Idealismus[96]. Schelling gibt zwar zu erkennen, wie schwer ihm eine rationale Erklärung des Offenbarungsfaktums »Stellvertretung« fällt. Aber »daß Christus an unserer Statt gelitten« – so schreibt er – »ist nun einmal die entschiedenste Behauptung der christlichen Urkunden. Wenn man wirklich erklären will, muß man nicht damit anfangen, das zu Erklärende zu verfälschen, um es sich leichter zu machen. Je härter, je unbegreiflicher etwas ist (versteht sich, daß es erst urkundlich begründet seyn muß), desto mehr fordert die Erklärung zum Denken auf«[97]. Schelling hat den Begriff der Stellvertretung nicht als solchen expliziert. Aber es ist doch bemerkenswert, daß er in der 31. Vorlesung[98] seiner »Philosophie der Offenbarung« die Stellvertretung des Gekreuzigten als Mitte der christlichen Offenbarung beschreibt. Dabei geht er von der Vorstellung aus, daß der Logos für alle Menschen eine Art Brücke baut, indem er als der von Gott Untrennbare die höchste Trennung von Gott (nämlich die des Sünders) bis zur letzten Konsequenz (bis zum Tod) in sich aufnimmt und in deren Gegenteil (in eine Brücke bzw. Verbindung) »um-leidet« (verwandelt)[99]. Dieses Stellvertretungsgeschehen schaltet die Freiheit des vertretenen Menschen nicht aus, sondern ist im Gegenteil deren Ermöglichung. In diesem Sinne jedenfalls interpretiert Walter Kasper Schellings Ausführungen über den Zusammenhang von Tod und Auferstehung[100]: In der Auferstehung des Gekreuzigten dehnt »sich die im Moment des Todes Christi geschehene Versöhnung zur Ewigkeit aus. Ewigkeit freilich bedeutet für Schelling nicht Zeitlosigkeit, sondern Überwindung der Zeit. Die Liebe ist ja Zeit und schenkt Zeit; in der Zeit stiftet sie Kontinuität und Identität durch die Treue. Was im Tod Christi geschieht, ist darum nicht zukunftsloses Ende, sondern bleibende Vollendung, welche die Differenz der Zeiten nicht negiert, sondern in dem doppelten Sinn des Wortes ›aufhebt‹.«[101] So gesehen bezeichnet Schelling mit der Auferstehung das Wesen der Stellvertretung Christi. Der »in sich gesetzte« und mithin zukunftslose Mensch kann die in Christus reale Verheißung ergreifen und »ek-statisch« die Gemeinschaft mit Gott erneuern im Vor- und Ausgriff auf »Vollendung«.

[95] Philosophie der Offenbarung: XIV, 205 (IV, 205).
[96] Vgl. H. Rosenau, Die Differenz im christologischen Denken Schellings, 143.
[97] Philosophie der Offenbarung: XIV, 201 (IV, 201).
[98] Ebd. XIV, 176–205 (IV, 176–205).
[99] Vgl. ebd. XIV, 204 (IV, 204).
[100] Vgl. ebd. XIV, 206–227 (IV, 206–227).
[101] W. Kasper, Christologie im Denken Schellings, 383. – Dazu: Ders., Das Absolute in der Geschichte, 423–439.

Auch wenn nicht ganz zu klären ist, wer in Schellings Spätphilosophie Subjekt der Erlösung ist, der in Christus Mensch gewordene Logos oder ein seiner Gottheit entäußerter Jesus Christus[102] – für unser Thema entscheidend ist, daß Schelling der Person Jesu Christi und insbesondere dem Ereignis von Kreuz und Auferstehung konstitutive Bedeutung für das Heil aller Menschen aller Zeiten beimißt.

Doch nicht diese positive Philosophie Schellings, sondern vor allem Kants Ausführungen über die Unmöglichkeit jeder Stellvertretung im Bereich von Schuld und Sühne und Hegels Erklärung der Stellvertretung Christi als »Aufhebung« (Negation der Negation) des vertretenen Sünders in den vertretenden Jesus Christus haben die Schultheologie, besonders die protestantische Versöhnungslehre, nachhaltig beeinflußt.

Im Rahmen dieser Arbeit kann nicht geklärt werden, welcher Philosoph auf welchen Theologen welchen Einfluß hatte. Der erste Paragraph dieses Kapitels versteht sich lediglich als Skizze eines geistesgeschichtlichen Hintergrunds zum besseren Verständnis der selten eindeutigen Verwendung des Wortes »Stellvertretung« in der Theologie des 19. Jahrhunderts.

§ 2 Der Stellvertretungsbegriff in der deutschsprachigen Theologie des 19. Jhs.

Wir konnten im ersten Kapitel zeigen, welche geschichtlich bedingten Inhalte und Denkmodelle dem Stellvertretungsbegriff zugrundeliegen. Vor allem aber wurde deutlich, daß das deutsche Abstraktum »Stellvertretung« in der protestantischen Soteriologie des 18. Jhs. als Antwort auf die Frage entstand, wie die Extreme der sogenannten orthodoxen Satisfaktionstheorie und der Selbsterlösungslehre der Sozinianer und Neologen vermieden werden können. Angesichts dessen, daß das neu gebildete Wort schon kurze Zeit nach seinem Entstehen juristisch vereinnahmt und von Kant auf seine »uneigentliche« Bedeutung festgelegt wurde, ist nun zu fragen, ob oder wie das Wort in der Theologie »überlebt« hat.

Auch wenn wir nach dem Stellvertretungsbegriff der gesamten Theologie des 19. Jhs. fragen, gelten die folgenden Ausführungen fast ausschließlich der Versöhnungs- bzw. Erlösungslehre. Denn die Verflochtenheit des Stellvertretungsbegriffs in die Soteriologie bestimmt die Eingrenzung des theologiegeschichtlichen Materials.

Während in der katholischen Theologie die Begriffe »Versöhnung« und »Erlösung« bis in die Gegenwart sinnidentisch verwandt wurden, bemüht sich die neuere protestantische Theologie um Differenzierung.

[102] Dazu: M. Breidert, Die kenotische Christologie, 282–285; H. Rosenau, Die Differenz im christologischen Denken Schellings, 143–148.

Ferdinand Christian Baur versteht unter »Erlösung« die Befreiung von der Macht der Sünde und unter »Versöhnung« die Befreiung von der Schuld; er bezeichnet die Versöhnung als inneren Grund der Erlösung und die Erlösung als äußere Gestalt der Versöhnung[103]. Albrecht Ritschl vertritt darüber hinaus die These, daß eine Versöhnungslehre erst da entsteht, wo nicht mehr theoretisch und allgemein vom Verhältnis zwischen Gott und Mensch, sondern praktisch und konkret vom »Christus für mich« und »Christus in mir« gesprochen wird. Während Baur auch die griechischen Väter in seine »Versöhnungslehre« einbezieht, erklärt Ritschl die Begriffe »Rechtfertigung« und »Versöhnung« zum Eigentum der westlichen Kirche und bezeichnet Anselms Schrift »Cur Deus homo?« als erstes Kapitel jeder »Versöhnungs-Lehre«[104].

1. In der protestantischen Versöhnungslehre

a) »Genugtuende Stellvertretung« statt »Stellvertretende Genugtuung«

Wie am Ende des ersten Kapitels dargestellt, entwickeln die protestantischen Theologen Georg Friedrich Seiler, Gottlob Christian Storr, Christian August Schwarze, Franz Volkmar Reinhard, Georg Christian Knapp u. a. die Formel »genugtuende Stellvertretung statt stellvertretende Genugtuung«. Sie halten fest an der These, daß Christus stellvertretend für uns gelitten hat. Aber sie verstehen die Stellvertretung Christi nicht als die unserer Schuld äquivalente Ersatzleistung zur Befriedigung der göttlichen Gerechtigkeit, sondern als Strafexempel zur Motivierung der von jedem Sünder selbst zu vollziehenden Umkehr.

Philipp Konrad Marheineke (1780–1846) – auf seiten der protestantischen Theologie einer der ersten und bedeutendsten Rezipienten der Hegelschen Philosophie – bejaht das Anliegen der genannten »Vermittlungstheologen«, sieht aber auch, daß die Charakterisierung der Stellvertretung Christi als »Beispiel« eine rein äußerliche (»uneigentliche«) Vermittlung des Erlösungswerkes mit der Umkehr des Sünders zur Folge hat. Deshalb will Marheineke das Verhältnis zwischen dem Stellvertreter Jesus Christus und den von ihm im Leiden und Sterben vertretenen Sündern auf eine ontologische Basis stellen. So bemerkt er schon in der ersten (noch nicht von Hegel geprägten) Auflage (1819) seiner »Grundlehren der Christlichen Dogmatik«:

[103] »Während ... der Begriff der Erlösung zunächst nur auf das Thatsächliche geht, auf die von Gott durch die Sendung des Erlösers getroffene Veranstaltung, durch welche im Menschen eine solche geistige Veränderung bewirkt werden soll, vermöge welcher er aus dem Zustand der Sünde in den Zustand der Gnade übergeht, bezieht sich der Begriff der Versöhnung auf die die Realität der Erlösung selbst erst begründende, so zu sagen, metaphysische Frage: wie sich aus der Idee Gottes die Möglichkeit der Aufhebung der mit der Sünde, ihrer Natur nach, verbundenen Schuld begreifen läßt?« (F. C. Baur, Die christliche Lehre von der Versöhnung, 6f).

[104] Vgl. A. Ritschl, Rechtfertigung und Versöhnung I, 1–30.

»Es ist die Welt, welche sich aus freien Stücken Gott nicht weihen und genugthun kann, deren Stelle Gott vertritt, indem sie in der Person seines Sohnes, der zu diesem Zwecke in und an die Welt gesendet ist und allein Gott genugthun kann, ihm sich weihet und opfert. *Stellvertretend* ist diese von ihm geleistete Genugthuung (satisfactio vicaria). Es ist die gesamte menschliche Natur, welche wir alle mit ihm theilen, die er in göttlicher Reinheit zugleich und unter Leiden opfert, welche sonst nur und an sich Strafen menschlicher Sünden sind. Wenn aber hier Einer für Alle stirbt, so geschieht es nicht, damit sie, die übrigen, alle das Gegentheil erfahren von dem, was der Eine, sondern damit in ihm sich das Leiden und Sterben Aller concentrire, und alle sich und ihr Leiden und Sterben in ihm und dem seinigen wiederfinden. Denn Stellvertreter der Menschheit ist er nicht, sofern er außer ihr, sondern sofern er sie selbst ist und das in Allen Gleiche in sich vereinigt und darstellt. Darum nimmt jeder, der nur ein Mensch, und je mehr er dieses ist, an dem Leiden und Sterben des Gottmenschen Theil, und übernimmt hiemit zugleich jeder seinen Theil. Uns bringt er in sich Gott zum Opfer dar.«[105]

Marheineke hat sich nach 1820 um eine systematische Durchdringung der orthodoxen Lehre über die Versöhnung mittels der Hegelschen Philosophie bemüht. Er erklärt die in Christus realisierte Idee der Einheit zwischen göttlicher und menschlicher Natur[106] zur Grundlage der Stellvertretung zwischen Christus und dem Sünder. Der Terminus »Stellvertretung« bezeichnet für ihn die Einzigartigkeit Jesu Christi bei gleichzeitiger Einbeziehung der ganzen Menschheit in das Tun des Stellvertreters. »An sich« ist der Mensch in seiner sündhaften Selbstbezogenheit geradezu der Widerpart des Stellvertreters als des wesentlich »auf die anderen Bezogenen«. »An sich« bedeutet Stellvertretung eine der Welt des Sünders fremde, eine sein Nein-Sagen verneinende Macht (eine »Negation der Negation«[107]). Und doch bliebe die entscheidende Dimension der Stellvertretung Jesu Christi unentdeckt, würde sie als bloße Verneinung und nicht auch als Bejahung des Sünders, als bloße Genugtuung des Stellvertreters (stellvertretende Genugtuung) und nicht auch als Einbeziehung des Vertretenen in das Tun des Vertretenden (genugtuende Stellvertretung) interpretiert[108].

Diese »Einbeziehung« bezeichnet Marheineke mit dem Fremdwort »Repräsentation«, um so schon sprachlich zu verdeutlichen, daß sein theologischer Stellvertretungsbegriff mehr als eine juristische Vertre-

[105] P. K. Marheineke, Grundlehren der christlichen Dogmatik, § 375 (293 f).

[106] »In dieser Einheit geht die göttliche Natur ebenso sehr in den Unterschied oder die menschliche Natur ein, als diese aus dem Unterschiede in die Einheit zurückkehrt.« (Ders., Grundlehren der Dogmatik als Wissenschaft, § 386 [230]).

[107] Vgl. ebd. § 384 (229 f).

[108] »Hat die Genugtuung, als stellvertretende, ihre Wahrheit darin, daß es Gott selbst ist, der sie leistet, so hat sie ihre Wirklichkeit darin, daß es der Mensch ist, der sie leistet. Als solche nun ist sie nicht ein der Welt fremdes, sondern ihr eigenes Thun, in dem Thun Jesu Christi, der dieser ihr Stellvertreter ist, am vollkommensten offenbar geworden und vollbracht. Die Stellvertretung ist also eine zwiefache: das Prinzip der Welt tritt an die Stelle der Welt, und der Eine Mensch ist der Stellvertreter aller.« (Ebd. § 385 [230]).

tung bezeichnet. Gott tritt durch seine Menschwerdung in Jesus Christus nicht nur in eine bildliche, exemplarische oder juristische, sondern in eine ontisch-reale Beziehung zur gesamten Menschheit: Jesus Christus »ist, als zweiter Adam, ... das Gegenbild des ersten, und so der Erretter der in dem ersten gefallenen Natur«[109]. So ist er keine bloße Exemplifikation der Gott-Mensch-Einheit als einer »an-sich-seienden«, allgemeinen Idee, aber auch kein Ersatz für die Eigenverantwortung des Sünders, sondern Stellvertreter.

Es ist »Jesus Christus nicht als der Einzelne nur, der die Versöhnung mittelst geleisteter Genugthuung vollbringt und darin der Stellvertretende Aller ist, sondern er ist dieses als der in seiner Einzelheit allgemeine Mensch, als der Repräsentant der gesammten Menschheit und somit nur, so fern sie selbst dabei gewesen ist. Dieses Dabeigewesenseyn ist ihr Glauben an Jesum Christum und an die durch ihn vollbrachte Versöhnung, in welchem Glauben die Versöhnung selbst erst an sie kommt, sich fortsetzt auf alle Zeiten und das Verdienst Christi einem jeden, der diesen Glauben hat, als sein eigenes zugerechnet wird«[110].

Wenn Marheineke »das wahre und wirkliche Wesen Gottes«[111] Versöhnung und Jesus Christus die vollkommene Offenbarung dieses Wesens nennt, liegt der Verdacht nahe, er erkläre die Geschichte des Menschen im Hegelschen Sinn als notwendiges Moment der Selbstexplikation Gottes. Doch können zumindest die »Grundlehren« von 1827 so interpretiert werden, daß durch, mit und in Christus auch der von ihm vertretene Sünder Subjekt des Versöhnungsvorgangs ist. Gemessen allerdings an der Definition »eigentlicher Stellvertretung« als *direkt-proportionale Zuordnung der Einheit und Unterschiedenheit* von vertretender und vertretener Wirklichkeit erweist sich Marheinekes Darstellung eher als »Aufhebung« der vielen Subjekte in das eine Subjekt Jesus Christus[112].

Eine große Ähnlichkeit mit Marheinekes Darstellung des Stellvertretungsbegiffs zeigt Karl Friedrich Göschels (1784–1861) rechtstheologischer Rekonstruktionsversuch der Versöhnungslehre aus dem Jahre 1832[113]. Göschel – oft »Hauptvertreter der sogenannten rechten Seite der Hegel'schen Schule«[114] genannt – beschreibt die gesamte Menschheit als einen Organismus. Jedes einzelne Glied – so erklärt er – vertritt (repräsentiert) das Ganze in dem Maße, in dem es seine Vereinzelung im Dasein für die anderen Glieder aufhebt in die Einheit des Gesamten. Das *Recht* besteht darin, daß der einzelne allen Gliedern des Organismus *gerecht* wird. Entsprechend setzt das *Unrecht* an die Stelle des Für-die-

[109] Ebd. § 387 (232).
[110] Ebd. § 386 (231).
[111] Ebd. § 387 (231).
[112] Zur theologiegeschichtlichen Einordnung Marheinekes: K. Barth, Die protestantische Theologie im 19. Jahrhundert, 442–449; P. Cornehl, Die Zukunft der Versöhnung, 198; F. Wagner, Der Gedanke der Persönlichkeit Gottes bei Ph. Marheineke, 75.
[113] K. F. Göschel, Das Strafrecht, 468–494.
[114] H. Müller, Karl Friedrich Göschel, 398.

anderen-Seins das Für-sich-selbst-Sein[115]. Vor diesem Hintergrund entwickelt Göschel die These, Strafe sei Liebe, »weil in ihr das Recht, welches ein Gut ist, ja das Gute selbst ist, seinen Einfluß auch dem nicht entzieht, der sich seinerseits desselben begeben und verlustig gemacht hat«[116]. So gesehen stößt die Strafe den Übeltäter nicht aus, sondern bewirkt geradezu das Gegenteil: die Aufhebung seiner selbstverschuldeten Isolierung. Strafe ist zunächst nicht Forderung, sondern Geschenk (Gnade)[117]. Sie ist nicht deshalb »Genugtuung«, weil sie solange fordert, bis der Pönitent ihren Forderungen genügt, sondern weil sie – die Strafe selbst! – genug tut, um den Sünder aus einem »Für-sich-Seienden« in einen »Für-die-anderen-Seienden« zu verwandeln. Letzteres aber ist unmöglich ohne das »Prinzip Stellvertretung«.

Erst durch dieses »wird die Genugthuung *vollkommen* und hiermit zur Vergebung geeignet. ... Denn wie könnte das Unrecht getilgt und der Zusammenhang, den es gestört hat, wiederhergestellt seyn, wenn diese Störung als fortdauernd eben daran sich erweiset, daß der ganze Leib mit dem leidenden Gliede nicht leidet. Das Glied würde erst dann in die Gemeinschaft des Leibes wieder aufgenommen, und diese wiederhergestellt seyn, wenn sein Schmerz auf alle vertheilt würde, wodurch er und mit ihm die Krankheit, als der Grund, erst gehoben werden könnte. Denn die Krankheit bestand eben in der Trennung«[118]. »Aus der Heilkunde ist auch dem Laien der Heilungsprozeß bekannt. Wenn ein einziges Organ aus dem Verbunde herausgetreten ist, und für sich seyn will, so entsteht die Krankheit, welche nur dadurch behoben und geheilt wird, *daß der ganze Körper mit krank wird*, d.h. die Gesammtheit des Organismus, die Totalität der gesunden Glieder, an dem Leiden des einzelnen Organs Theil nimmt und darauf eingeht, und es auf sich nimmt.«[119]

Stellvertretung bedeutet so nicht die ersatzweise Übernahme fremder Schuld und Strafe, sondern innerhalb des beschriebenen Organismus das Hintreten des Für-Seins an die Stelle des Für-sich-Seins. Das »Prinzip Stellvertretung« ist keine »Erfindung« des Christentums, sondern die natürliche Voraussetzung (der natürliche »Anknüpfungspunkt«) für Christi Erlösungswerk, das den Sünder nicht ausschaltet bzw. ersetzt, sondern zu seinem eigenen Selbst zurückführt. Notwendig wurde die Menschwerdung Gottes, weil alle Organe »aus dem Kreise traten« und »der gesammte Organismus in lauter für sich seyende Einzelheiten«[120] zerfiel. An dieser Vereinzelung litten »zwar *alle* Glieder des Ganzen

[115] Vgl. K. F. Göschel, Das Strafrecht, 474f.477f.
[116] Ebd. 478.
[117] »Ohne Liebe würde ... der Eifer gegen die Entfernung des Verbrechers vom Rechte zu einer Entfernung des Rechts vom Verbrecher umschlagen ... Wo sich aber in der Strafe der Zorn der Gerechtigkeit als Liebeseifer erweiset, da kann es nicht fehlen, daß der Richter, indem er straft, weil er zugleich liebt, auch *mitleidet*, die Strafe mit leidet.« (Ebd. 483).
[118] Ebd. 485.
[119] Ebd. 486.
[120] Ebd.

gleichzeitig, aber jedes *seine Not für sich*, keines die gesammte Noth«[121]. Es gab keine Stellvertreter, sondern nur Sünder. Es gab niemand mehr, der durch sein Für-Sein das Für-sich-Sein der anderen überwinden (heilen) konnte. Das Prinzip der Sünde, die Vereinzelung, zerfraß den ganzen Organismus. Deshalb konnte nur noch der Rettung bringen, der als *reines Für-Sein* stärker ist als jedes Für-sich-Sein[122].

Indem Gott in Jesus Christus selbst in den Organismus der Menschheit eintritt, identifiziert er sich so mit den Sündern, daß er deren Isolierung real mit-leidet und so gleichsam von innen heraus in das Gegenteil, in Gemeinschaft, verwandelt. Jesus Christus ist als der Richtende zugleich der Gerichtete, als der Strafende zugleich der Leidende und eben so der Stellvertreter, der dem von ihm Vertretenen nicht äußerlich bleibt, sondern gleichsam »in diesen selbst eintritt«[123].

Göschel hält an dem Begriff »Genugtuung« fest – nicht jedoch im Sinne einer Leistung des Unschuldigen an Stelle des Schuldigen (stellvertretende Genugtuung), sondern im Sinne einer »Liebe, welche selbst genug thut, indem sie die Strafe selbst leidet, welche sie auferlegt«[124] (genugtuende Stellvertretung). Göschels Terminologie zeigt seine Begeisterung für Hegel. Doch gilt von seinem Stellvertretungsbegriff dasselbe wie von dem Marheinekes: Er wahrt die Unterschiedenheit von vertretender und vertretener Person, »tendiert« aber zu einer »Aufhebung« des vertretenen in das vertretende Subjekt[125].

b) Aufhebung des Individuums in die Allgemeinheit

Durch den Stellvertretungsgedanken unterscheidet sich die Christologie eines Philipp Konrad Marheineke oder Karl Friedrich Göschel von der Ferdinand Christian Baurs (1792–1860) oder David Friedrich Strauß'

[121] Ebd. 485.

[122] »Es ist aber *Einer*, dessen Person einerseits mit dem strafenden Richter, andrerseits mit dem der Strafe verfallenen Sünder Eins ist nach dem *Wesen*, aber nach der *Person* in *beiden* Beziehungen ein Anderer.« Er »ist nach dem Wesen Eins mit dem, der sie [die Strafe] verschuldet hat, ja er ist dieses Wesen, das er vertritt, vollkommener, als der Einzelne, den er vertritt; denn er ist die Menschheit ganz, die der Einzelne in Folge seines Abfalls nur theilweise ist. Darum wird aber dem Einzelnen das Mitleid an der Strafe nicht gespart und erlassen, sondern geschärft, indem er in Folge der, durch das hauptsächliche Leiden wieder hergestellten Verbindung seine Strafe nicht bloß als seine, sondern als die Sünde der Welt mit zu tragen berufen ist.« (Ebd. 484f).

[123] Die »Gnade ist die Wahrheit der Gerechtigkeit, ... aber nicht in der Abstraktion von der Strafe«; denn »Vergebung ist die Wahrheit der Strafe, welche allein dadurch vermittelt wird, daß sich der Strafende mit dem Gestraften vereinigt weiß. Die Strafe wird daher nur *dadurch* ein lebendiger Akt des lebendigen und persönlichen Rechts, ... daß sie zugleich für den handelnden Richter *Leiden* ist, d.h. dadurch, daß der Richter den Übertreter nicht nur als ihm entgegen gesetzt behandelt, sondern mit ihm in der Strafe Eins wird« (ebd. 488).

[124] Ebd. 488f.

[125] Dazu: P. Cornehl, Die Zukunft der Versöhnung, 288–298, bes. 295.

(1808–1874). Was Marheineke das »Zwiefache«[126] der Stellvertretung nennt, löst Baur auf in ein »Einfaches«. Zunächst lobt er Marheineke mit der rhetorisch gemeinten Frage: »Ist es nicht geradezu die Beschreibung des Gattungsbegriffes der Menschheit, wenn Marheineke vom Gottmenschen sagt, er sei der in seiner Einzelnheit allgemeine, und in seiner Allgemeinheit einzelne Mensch, die von Gott geschaffene menschliche Natur in ihrer Integrität und Illabilität, und eben darin zugleich als der zweite Adam Repräsentant der Menschheit, nicht sofern er außer ihr, sondern sofern er sie selbst sey, und das in allen Individuen Gleiche vereinigt in sich darstelle?«[127] – Dann aber protestiert er gegen Marheinekes Versuch, das Allgemeine mit dem konkreten Individuum Jesus von Nazareth zu identifizieren. Er bezweifelt nicht, daß der absolute Sinn bzw. »das Unendliche« oder »das Allgemeine« in endlicher Gestalt »intensiv wohnen« kann[128]; aber er wendet sich gegen die Auffassung Christi als des einzigen Individuums, das mit dem absoluten Sinn bzw. mit dem Unendlichen identisch ist. Für ihn vollendet sich *jeder* endliche Geist bzw. *jedes* menschliche Individuum durch die Aufhebung der eigenen Grenzen in das Unendliche des absoluten Geistes[129].

Baur will die Allgemeinheit und Notwendigkeit des Wahren (der Ideen) radikal trennen von der historischen Kontingenz des Individuellen. Deshalb ist Jesus von Nazareth für ihn nur äußeres Mittel, Katalysator, objektiver Anknüpfungspunkt zur Vermittlung der »an sich seienden Wahrheit«[130] über die Einheit von Gott und Mensch an das endliche Bewußtsein. Und selbst in dieser Vermittlungsfunktion kommt ihm allgemeine Bedeutung (Bedeutung »für uns«) nur insofern zu, als er

[126] P. K. Marheineke, Grundlehren der christlichen Dogmatik als Wissenschaft, § 385 (230).

[127] F. C. Baur, Die christliche Lehre von der Versöhnung, 731.

[128] »Wie der Mensch nicht als einzelnes Individuum, sondern als Gattung, über die Natur sich erhebt, so ist auch Christus, wenn er in gleichem Sinne eine Zusammenfassung der Menschheit sein soll, nicht ein Individuum, sondern die Menschheit im Ganzen, die menschliche Gattung, nur nach einer andern Seite ihres Wesens, nicht blos der natürlichen, sondern der geistigen.« (Ebd. 732).

[129] Wie soll »die absolute Identität des allgemeinen Gattungsbegriffs mit einem einzelnen bestimmten Individuum« gedacht werden? »Ja, liegt hierin nicht geradezu ein unauflöslicher Widerspruch? Soll der Gottmensch auf der einen Seite, was unstreitig zu seinem Begriffe gehört, der allgemeine Mensch seyn, oder das Allgemeine der Gattung, auf der andern Seite aber dieses Allgemeine der Gattung mit einem bestimmten einzelnen Individuum identisch seyn, so müßte er als Gattung alle Individuen in sich begreifen, als das mit der Gattung schlechthin identische Individuum aber zu allen andern Individuen sich schlechthin ausschließend verhalten ..., so daß nothwendig entweder das Allgemeine im Individuum, oder das Individuum im Allgemeinen aufgeht. Dagegen hilft es nichts, sich darauf zu berufen, daß die Unendlichkeit in endlicher Gestalt intensiv wohnen könne. Die intensive Unendlichkeit hat jedes menschliche Individuum, sofern es dem endlichen Geiste wesentlich ist, auch unendlich zu seyn, hier aber soll ja ein einzelnes Individuum mit dem Unendlichen auf eine Weise Eins seyn, wie sie nur bei diesem Einen Individuum, keineswegs aber bei allen anderen Individuen, stattfindet. Daher führt auch der Begriff der intensiven Unendlichkeit nur auf ein allgemeines Verhältniß, keineswegs aber auf ein einem einzelnen Individuum eigenthümliches.« (Ebd. 732f).

[130] Ebd. 736.

seine Individualität aufhebt. Mit Berufung auf den Hegelianer Julius Schaller[131] betont Baur, daß der historische Jesus geradezu das Gegenteil des Mittlers und Erlösers ist, solange er als einzelnes Subjekt etwas für sich festhalten will, solange er die Gottessohnschaft für sich allein beansprucht und uns, die anderen Subjekte, als »Gegen-stände« zu sich selbst betrachtet. Erst indem der historische Jesus in Tod und Auferstehung alles Begrenzte, Kontingente, Individuelle durchbricht und in die reine Wahrheit der Idee aufhebt, wird er zum Mittler der Wahrheit[132].

Baur begnügt sich nicht mit einer Trennung des Individuellen vom Ideellen, sondern hebt das Einzelne in das Allgemeine auf. Für ihn ist Christus als der auferstandene »nicht irgendein einzelnes Subjekt, sondern das gottmenschliche Individuum«, und das heißt das absolute, das allgemeine Subjekt, der im »Unterschied vom einzelnen ... die Gesammtheit der Individuen in sich begreifende Mensch«. Jesus von Nazareth wird überhaupt erst »zum Gottmenschen ... dadurch, daß er als einzelnes Subjekt aufhört zu seyn, und zum absoluten Subjekt wird«[133]. Der historische Jesus erscheint wie die Larve eines Schmetterlings. Denn nach Baur gehört es zur Realisierung jedweder Idee, daß sie zunächst »an einem einzelnen Punkte hervortritt«, bevor sie »von diesem aus ... ihre innerliche Fülle und Wahrheit über viele, ein Volk, die Menschheit ausschüttet«[134]. So ist Jesus von Nazareth der initiale Ausgangspunkt, mit dem die Realisierung der Idee von der Einheit des Menschen mit Gott begann.

Der Prozeß dieser Realisierung ist identisch mit dem Geschehen der Versöhnung. Ewig scheint dieser Prozeß, weil »der subjektive Geist fort und fort ringen muß, die objektive Einheit mit Gott, nachdem sie ihm zum Bewußtsein gekommen ist, auch subjektiv zu realisiren, und mehr und mehr die Schranke zu durchbrechen, die das subjektive Bewußtseyn von dem Absoluten trennt, mit welchem es sich zur concreten lebendigen Einheit zusammenschließen soll«[135]. Vor diesem Hintergrund ist Jesus Christus nicht Stellvertreter, sondern rein zeitlich der *erste*, der sich ganz mit Gott eins wußte und deshalb Gründer eines Reiches wurde, in das *jeder* eintritt, der »als freies Subjekt weiß, was der Mensch an sich

[131] Vgl. ebd. 737–742. – Baur schildert und bestätigt zugleich den Inhalt des Buches: J. Schaller, Der historische Christus und die Philosophie, Leipzig 1838.

[132] »Der historische Christus ... ist ... nicht der wirkliche Gottmensch, nicht der Mittler, der Erlöser, sondern das Gegentheil von allem dem, er ist die Spitze des Egoismus, denn er behält die ganze Fülle der Göttlichkeit, die Offenbarung und Einheit mit Gott, für sich allein ... Es liegt ... im Begriffe des Gottmenschen, daß er sein Wesen, die Fülle der Göttlichkeit, nicht in sich verschließt, sondern mittheilt, daß er nach der biblischen Vorstellung alle, die an ihn glauben, als seine Brüder anerkennt, und zu Kindern Gottes erhebt. Diese Theilnahme aller an der Person und der That Christi enthält allerdings eine Negation des einzelnen individuellen Christus in sich ... Dieß geschieht durch den Tod und die Auferstehung.« (Ebd. 739f).

[133] Ebd. 740.

[134] Ebd. 741.

[135] Ebd. 737.

ist«[136]. Wenn die Kirche die Person Christi als gottmenschlich bezeichnet, so meint sie damit in der Sicht Baurs gewiß nicht, »daß mit dem Tode Christi diese Gottmenschlichkeit ... aus der Menschheit verschwunden sey, sondern sie hält ... die ewige Gegenwart Christi in den Gläubigen fest, und betrachtet sich selbst als den Leib Christi, d. h. sie setzt dem Gottmenschlichen des Individuums das Gottmenschliche der Gattung zur Seite, oder läßt vielmehr erst in dem zum absoluten Subjekt erhobenen Individuum, also der Menschheit, die Idee des Gottmenschen sich wahrhaft realisiren«[137].

Man muß Baurs Schüler David Friedrich Strauß logische Konsequenz zubilligen, wenn er ohne Umschweife erklärt, »daß als Subjekt der Prädikate, welche die Kirche Christo beilegt, statt eines Individuums eine Idee ... gesezt wird«[138]. Strauß betreibt eine »Christologie ohne Jesus«[139]; denn er lehnt jedes Element ab, das den historischen Jesus im Sinne einer Stellvertretung über alle anderen Menschen stellen könnte. Strauß spricht von Beschränktheit, wo man immer noch meine, der Inhalt der Christologie sei notwendig mit der Person und Geschichte eines einzelnen verknüpft. Es gelte zu erkennen, daß das Individuum Jesus Christus nur zufällig »Anlaß wurde, jenen Inhalt in das allgemeine Bewußtsein zu erheben, und daß die Geistesstufe der alten Welt ... die Idee der Menschheit nur in der concreten Figur eines Individuums anzuschauen«[140] vermochte.

Strauß fordert eine Dogmatik, die »zur Idee im Faktum, zur Gattung im Individuum«[141] vorstößt. Er denkt dabei an eine Idee, die das Individuelle so in sich aufnimmt, daß sie es entgrenzt, ohne es aufzuheben; er denkt an eine »reale, nicht *Kant*isch unwirkliche«[142] Idee. Doch an keiner Stelle seines zweibändigen Hauptwerkes findet sich eine klärende Definition des Verhältnisses von Gattungsallgemeinheit und Individualität. Während der historische Jesus für Baur noch so etwas wie die einmalige Larve der Idee gottmenschlicher Einheit ist, ist er für Strauß nur noch eine austauschbare Chiffre für die Wahrheit über den Menschen schlechthin[143].

Die philosophischen Kategorien, mit denen Strauß seine »Christologie ohne Jesus« entfaltet, widersprechen der Grundvoraussetzung jedes »eigentlichen« Stellvertretungsverhältnisses: der direkt proportionalen Zuordnung von Einheit *und* Unterschiedenheit zweier Wirklichkeiten.

[136] Ebd. 740.
[137] Ebd. 741.
[138] D. F. Strauß, Das Leben Jesu II, 734f.
[139] A. Hein, Die Christologie von D. Fr. Strauß, 338.
[140] D. F. Strauß, Das Leben Jesu II, 735f.
[141] Ebd. 738.
[142] Ebd. 734.
[143] Dazu: F. W. Graf, Kritik und Pseudo-Spekulation, 577–584.

c) Vertretung (Repräsentation) statt Stellvertretung

aa) Friedrich Daniel Ernst Schleiermacher (1768–1834)

Die Geistesgeschichte des 19. Jhs. ist bestimmt von der Hinwendung zum Subjekt, das sich als Möglichkeitsbedingung aller Inhalte entdeckt und deshalb die eigene Vernunft nicht als passiv-aufnehmende, sondern als aktiv-hervorbringende Fähigkeit begreift. Doch während die Neologen den Primat des Subjekts vornehmlich negativ in Gestalt von Kritik – z. B. in der Gegenüberstellung von Heteronomie und Autonomie, von Offenbarung und Vernunft – betonten, war der Pietismus um eine positive Vermittlung von historischem Kirchenglauben und privatem Erfahrungsglauben bemüht. Wie die Aufklärung erklärt auch der Pietismus das einzelne Subjekt zur Möglichkeitsbedingung aller Wahrheit. Doch der pietistische Subjektivismus lehnt die Inhalte der christlichen Tradition nicht ab, sondern übersetzt sie in die Kategorien des stets subjektiven religiösen Erlebens und Entscheidens.

Schleiermacher, der wie kein zweiter die protestantische Theologie des 19. Jhs. repräsentiert, ist zunächst und vor allem geprägt vom Pietismus seines Elternhauses[144]. Eine auf die eigene Innerlichkeit gegründete Selbstgewißheit kennzeichnet die Frömmigkeit seines Vaters, der die Kritik der Neologie als gottlos bezeichnet und seinen Sohn auf das »Brüderseminar« der Herrnhuter nach Bardy schickt. Von dort schreibt der Achtzehnjährige am 21. 1. 1787, er könne nicht mehr fraglos glauben[145] und müsse deshalb Bardy verlassen, um sich dem »frischen Wind« des Hallenser Professors Johann August Eberhard und anderer Neologen auszusetzen[146].

Aber in Halle zeigt sich, daß der Pietismus des Elternhauses den jungen Schleiermacher nachhaltiger geprägt hat als es die Kritik der Neologen und später die idealistische Philosophie je vermochten. Schleiermachers »Reden über die Religion an die Gebildeten unter ihren Verächtern« (1799) sind dafür der beste Beleg. Er geht in seiner Theologie immer vom Erleben des eigenen Ich aus – aber nicht, um abzulehnen,

[144] Dieser Pietismus ist auf der einen Seite biblizistisch, auf der anderen undogmatisch und subjektivistisch. Martin Kähler (Geschichte der protestantischen Dogmatik, 157) sieht Schleiermacher gleichermaßen vom Biblizismus eines Samuel Collenbusch (1724–1803), Johann Gerhard Hasenkamp (1736–1777) und Gottfried Menken (1768–1831) wie von den subjektivistischen Kritikern der »Orthodoxie« (Johann Conrad Dippel [1673–1734] und Johann Gottlieb Töllner [1724–1774]) beeinflußt.

[145] Anlaß der Glaubenskrise ist unter anderem auch die Lehre von der »stellvertretenden Versöhnung«. In dem Brief vom 21. 1. 1787 heißt es: »Der Glaube ist ein Regale der Gottheit, schrieben Sie mir. Ach, bester Vater, wenn Sie glauben, daß ohne diesen Glauben keine ... Ruhe in diesem Leben ist, ... so bitten Sie Gott, daß er mir ihn schenke, denn für mich ist er jetzt verloren. Ich kann nicht glauben, daß der ewiger, wahrer Gott war, der sich selbst nur den Menschensohn nannte, ich kann nicht glauben, daß sein Tod eine stellvertretende Versöhnung war ...« (L. Jonas – W. Dilthey, Aus Schleiermacher's Leben I, 42f).

[146] Dazu: E. H. U. Quapp, Vom Herrnhuter zum Spinozisten, 20–102.

was mit dem eigenen Erleben und Erfahren nicht vereinbar ist, sondern um den eigentlichen Gehalt der leblosen Formel im lebendigen Bewußtsein des eigenen Glaubens neu zu entdecken. Dieser »eigentliche Gehalt« ist immer durch das einzelne Subjekt vermittelt. Schleiermacher bezeichnet es geradezu als wichtigste Aufgabe der Religion, den Primat der individuellen gegenüber der allgemeinen Vernunft zu verteidigen[147]. Für ihn ist das empirisch-singuläre Ich nicht der verschwindende Ausdruck einer allgemeinen Ichheit, sondern *einmaliger* Teil eines Ganzen. Zwar kann das einzelne Ich seine Individualität nur im Bezug auf das Ganze bestimmen, wird aber mit dem Ganzen nie identisch[148]. Immer wieder beschreibt Schleiermacher die Gesamtheit der Menschen als Organismus, in dem jedes einzelne Glied gerade deshalb einmalig ist, weil es zu allen anderen Gliedern in Beziehung steht. Das organologische Denken der Romantik dient der Begründung und Bestimmung des einzelnen. Der einzelne aber ist in dem Maße »er selbst«, in dem er sich »ver-läßt« und »für-seiend« in Beziehung zu den anderen Gliedern des Organismus der Menschheit tritt. Sünde ist deshalb immer das Gegenteil des »Für-Seins«: Absonderung des einzelnen vom Ganzen[149].

Beide Verhaltensweisen des einzelnen – das Für-Sein und die Sünde – haben Auswirkungen auf den ganzen Organismus. Doch daraus sind keine voreiligen Konsequenzen für das Wirken Christi zu ziehen. Der »oft mißverstandene Ausdruck«, daß »Christi Gehorsam unsere Gerechtigkeit sei, oder daß seine Gerechtigkeit uns zugerechnet werde«[150], besagt für Schleiermacher keineswegs ein Tun »an unserer Stelle«[151]. Weil Gott den durch die Sünde pervertierten Menschen durch Christus nicht ersetzen, sondern retten wollte, ging der Aufnahme des Sünders in die

[147] Vgl. F. D. E. Schleiermacher, Über die Religion, 52f.

[148] Vgl. ebd. 62. – Was David Friedrich Strauß die »reale Idee« nennt, ist nach Schleiermacher »im Einzelnen oder gar nicht real« (T. Pröpper, Schleiermachers Bestimmung des Christentums und der Erlösung, 204).

[149] Vgl. ders., Der christliche Glaube (1830) II, 97–100 (II, 112–115).

[150] Ebd. 123 (II, 145).

[151] »Das zweite ist dieses, daß, wenn man sich irgend genau ausdrücken will, man auch nicht sagen kann, Christus habe den göttlichen Willen *an unserer Stelle* oder *zu unserm Besten* erfüllt. Nämlich nicht nur nicht in dem Sinn an unserer Stelle, wie keine christliche Gesinnung es wünschen kann und keine gesunde Lehre es jemals ausgesprochen hat, als ob wir dadurch der Erfüllung desselben entbunden wären, indem ja die höchste Leistung Christi darin besteht, uns so zu beseelen, daß eine immer vollkommenere Erfüllung des göttlichen Willens auch von uns ausgeht. Aber auch nicht so, als ob der bei uns an und für sich anzutreffende Mangel an Gottgefälligkeit in Christo sollte oder könnte gedeckt werden. Denn da nur das Vollkommene vor Gott bestehen kann, so hat auch Christus selbst nichts gleichsam übrig, was unter uns zur Verteilung kommen könnte ... Sondern der Gesamtgehorsam – δικαίωμα – Christi gereicht nur insofern zu unserm Besten, als durch denselben unsere Aufnahme in die Lebensgemeinschaft mit ihm bewirkt wird, und in dieser wir von ihm bewegt werden, mithin das ihn bewegende Prinzip auch das unsrige wird; eben wie wir auch durch die Sünde Adams nur mit verdammt werden, sofern wir in der natürlichen Lebensgemeinschaft mit ihm und auf dieselbe Weise bewegt auch alle selbst sündigen.« (Ebd. 124f [II, 147f]).

Lebensgemeinschaft mit Christus der Eintritt Christi in die Lebensgemeinschaft der Menschen voraus. Er, der ohne Sünde und deshalb an keinem Übel schuld war, nahm dennoch die Folge der Sünde, das Leid, auf sich, um es durch Liebe in dessen Gegenteil, in Heil, zu verwandeln[152]. Der Sieg der gekreuzigten Liebe über den Tod (die Auferstehung Christi) hat den ganzen Organismus verwandelt, weil die Folge dieser Liebe jedes Glied des Organismus befähigt, sich in die Nachfolge Christi zu begeben. Schleiermacher bezeichnet »das eigenthümliche Geschäft des Erlösers« als »Thaterzeugen in uns«[153]. Die erste Auflage der »Glaubenslehre« formuliert diesen Sachverhalt ungeschützter als die zweite:

Da »jeder thätige Augenblick, der als ein Element der höheren Lebensförderung angesehen werden kann, schon eine gemeinsame That des Erlösers und des Erlösten ist, so ist die reinabgesonderte Thätigkeit des Erlösers diese vor aller unserer wirklichen That, welche vorher nur Hemmung war, hergehende, daß er uns in diese Gemeinschaft seiner Thätigkeit und seines Lebens aufnimmt ... Da ... unseres vereinzelten Lebens inneres Wesen nur die Unvollkommenheit ist und die Sünde: so können wir uns unserer Gemeinschaft mit Christo nur bewußt sein, sofern wir uns unseres vereinzelten Daseins nicht bewußt sind, und uns also nicht durch uns selbst, sondern durch Christum beseelt erscheinen«[154].

Mit dieser Position distanziert sich Schleiermacher von der nach seiner Meinung nur scheinbar orthodoxen Lehre einer »satisfactio vicaria«, will aber auf positive statt negative Weise gegen diesen immer noch als »kirchlich« geltenden Ausdruck protestieren: nämlich durch »eine Nachweisung, wie er würde umgedeutet werden müssen, wenn wir ihn sollten gelten lassen«. Im Anschluß an Töllner unterscheidet er zwischen dem tätigen und dem leidenden Gehorsam Christi. Den ersteren nennt er genugtuend, den letzteren stellvertretend. Genug hat Christus für uns getan, »indem er durch seine Gesamttat nicht nur der zeitliche Anfang der Erlösung, sondern auch die ewig unerschöpfliche und für jede weitere Entwicklung hinreichende Quelle eines geistigen und seligen Lebens geworden ist«. Stellvertretend ist diese Genugtuung »weder so, als ob auch uns selbst hätte zugemutet werden können, dieses geistige Leben aus uns selbst heraus anzufangen, noch auch so, als ob wir durch die Tat Christi von der Notwendigkeit entbunden wären, dies geistige Leben in der Gemeinschaft mit ihm selbsttätig fortzusetzen«. Nicht das Tun, wohl aber das Leiden Christi ist Stellvertretung, und zwar in doppelter Hinsicht: weil der Erlöser mit dem Sünder so mitfühlt, daß dessen Sündenbewußtsein sein eigenes wird; und weil Christus sich von den äußeren Folgen der Sünde so treffen läßt, als wäre er selbst der Schuldner. Genugtuend allerdings ist diese Stellvertretung ebensowenig wie

152 Vgl. ebd. 125–127 (II, 149f).
153 Ders., Der christliche Glaube (1821/22) II, 67 (II, 254).
154 Ebd. 67f (II, 254f) – Zum Vergleich s. Aufl. von 1830: II, 206 (II,103f).

die besagte Genugtuung stellvertretend ist. Denn das Mitgefühl Christi entbindet den Sünder nicht von der Pflicht, sich selber seiner Schuld bewußt zu werden. Und Christi Passion dispensiert den Sünder nicht von seinem eigenen Beitrag zur gänzlichen »Überwindung der Sünde in dem menschlichen Gesamtleben durch Leiden«. Sucht man einen einzigen Ausdruck »für beide Teile des hohepriesterlichen Amtes Christi« – für das genugtuende Tun und das stellvertretende Leiden –, so empfiehlt Schleiermacher die »Umkehrung« des unglücklichen Ausdrucks »stellvertretende Genugtuung«[155]. Denn wir können »Christum unsern *genugtuenden Stellvertreter* nennen ... in dem Sinn, daß er einesteils vermöge seiner urbildlichen Würde in einer erlösenden Tätigkeit die Vollendung der menschlichen Natur so darstellt, daß vermöge unseres Einsgewordenseins mit ihm Gott die Gesamtheit der Gläubigen nur in ihm sieht und würdiget, andernteils indem sein Mitgefühl mit der Sünde ... immer noch unserm unvollkommenen Bewußtsein der Sünde zur Ergänzung und Vervollständigung dient«[156].

Allerdings hält Schleiermacher es für das Beste, die Termini »Genugtuung« und »Stellvertretung« ihrer Mißverständlichkeit wegen ganz zu meiden. Er will die gemeinte Sache mit dem verwandten, aber unverdächtigen Wort »Vertretung« bezeichnen. In der Erklärung dieses Begriffs ist die erste Auflage der »Glaubenslehre« wie in vielen Punkten klarer als die überarbeitete Version:

> »Die Vertretung« – so heißt es da – »besteht ... auf der einen Seite überhaupt darin, daß nur durch Christum unsre Gemeinschaft mit Gott geknüpft wird, worauf sich auch eigentlich der Ausdruck Mittler bezieht, und dieses gehört zum hohenpriesterlichen Amt offenbar, insofern diese Gemeinschaft überhaupt von Christo für uns nachgesucht und von Gott um seinetwillen bewilliget wird, durch welche Bewilligung erst sowol das menschliche Geschlecht überhaupt als jeder Einzelne in seiner Ordnung ein Gegenstand für das königliche Geschäft Christi werden kann. Dann aber besteht die Vertretung auch darin, daß jede Anrufung Gottes nicht nur sondern auch jede Anbetung desselben ihm nicht anders wohlgefällig sein kann, als in Christo, weil nur in diesem das reine Bewußtsein Gottes gesezt ist.«[157]

Beides besagt das Wort »Vertretung«: die ursprüngliche Vermittlung eines neuen »Gesamtlebens« *durch* Christus; und die bleibende Bindung dieses Lebens *an* Christus. Im Unterschied zu Hegel hebt Schleiermacher das Individuelle nicht auf in das Allgemeine; im Gegenteil: mit dem Terminus »Vertretung« bezeichnet er die konstitutive Bedeutung Jesu Christi für uns und die einmalige Berufung jedes einzelnen Gliedes im

[155] Daß Schleiermacher in diesem Punkte mit Marheineke und Göschel übereinstimmt, beruht eher auf einer Abhängigkeit der Letztgenannten von Schleiermacher als umgekehrt. Dazu: H. Stephan, Geschichte der Deutschen Evangelischen Theologie, 74–84.

[156] Ders., Der christliche Glaube (1830) II, 130f (II, 154–156).

[157] Ders., Der christliche Glaube (1821/22) II, 96 (II, 298f). – Zum Vergleich s. Aufl. v. 1830: II, 133f (II, 158f).

Organismus der Menschheit. Schleiermacher betont das Individuell-Einmalige. Aber sein Abstand zu den Idealisten ist kleiner, als dieses Faktum vermuten läßt. Denn Schleiermacher findet keinen wirklichen Zugang zur Geschichte. Wie für die Theologen der Aufklärung, so ist Jesus Christus auch für ihn nicht als geschichtlich einmaliges Individuum das Heil. Vielmehr nennt er Jesus Christus nur den Vermittler der von jedem Menschen selbst zu realisierenden Erlösung. Was wir gewöhnlich mit dem Heilsbegriff ausdrücken, ist nach Schleiermacher nicht das Christusereignis, sondern ein durch Christus vermitteltes Bewußtsein[158]. Für ihn ist der Kreuzestod die »höchste Äußerung des Mitgefühls«[159], und die Auferstehung des Gekreuzigten bedeutet die Verwandlung des Bewußtseins, von Gott getrennt zu sein, in das Bewußtsein der Gemeinschaft mit Gott. *Im Bewußtsein* des Sünders[160] – nicht objektiv-geschichtlich *an der Stelle* des Sünders – ereignet sich das, was Schleiermacher mit Bedacht »Vertretung« statt »Stell-Vertretung« nennt.

bb) Schleiermachers Epigonen

Von den protestantischen Theologen, die sich am ausführlichsten zur Versöhnungslehre und damit in der Regel auch zum Begriffsfeld des Wortes »Stellvertretung« äußern, sollen im folgenden die genannt werden, die am deutlichsten von Schleiermacher beeinflußt sind. Sie alle wenden sich gegen die Lehre von einer »stellvertretenden Genugtuung«, meiden in der Regel ebenso wie Schleiermacher den Terminus »Stellvertretung«, verteidigen den »Abälard'schen Lehrtypus der Versöhnungslehre« und bemühen sich um einen Brückenschlag zwischen Schleiermachers Anthropozentrik und dem inspirierten Wort der Schrift, zwischen »Bewußtseinstheologie« und »heilsgeschichtlicher Theologie«.

Johann Christian Friedrich Steudel (1779–1837) erklärt die Unterscheidung zwischen Liebe und Gerechtigkeit in Gott für unbiblisch[161] und hält es deshalb für erwiesen, daß Gott in der Heiligen Schrift nicht der zu Versühnende, sondern selbst der Versöhnende ist[162]. Ganz falsch sei es, im Werke Christi einen Ersatz für die dem Menschen zugedachte Strafe zu sehen. »Wollen wir« – so Steudel – »das Verhältniß dieser Auffassung zur Lehre von der Versühnung zu der gewöhnlichen ganz kurz bezeichnen: so wäre das Unterscheidende, daß bei dieser die Übernahme der *Strafe*, bei der unsrigen aber die Leistung des *Gehorsams* als das Stellvertretende, wenn wir diesen Ausdruck gern beibehalten wollen, (ich

[158] Zu Schleiermachers transzendentaler Deduktion der Erlösung aus dem Sündenbewußtsein vgl. T. Pröpper, Schleiermachers Bestimmung des Christentums und der Erlösung, 206f.

[159] Ebd. II, 94 (II, 296). – Zum Vergl. s. 2. Aufl. v. 1830: II, 127f (II, 151).

[160] Über Schleiermachers Gleichsetzung der Sünde mit dem Sündenbewußtsein: G. Bader, Sünde und Bewußtsein der Sünde, 67–76.

[161] Vgl. J. C. F. Steudel, Versöhnung des Menschen durch Christum, 22–24; ders., Versöhnungslehre, 57–60.

[162] Vgl. ebd. (Versöhnungslehre) 45.

möchte lieber sagen: als das Verbürgende) hervortritt.«[163] Ganz im Sinne Schleiermachers spricht der Tübinger Theologe von einer Einstiftung »des Gestorbenen und Wiederlebenden als Lebensprinzip in das Innerste des Menschen«[164].

Wilhelm Martin Leberecht De Wette (1780–1849) nennt Christus zwar »Stellvertreter«, erläutert diesen Titel aber im Sinne des von Schleiermacher bevorzugten Wortes »Vertretung«. Die »vollste Liebe zum Menschengeschlechte und das umfassendste menschliche Bewußtseyn«[165] sind seine Erklärung für die Bedeutung des Leidens und Sterbens Christi auch für uns. Insofern Christus sich selbst bis zum Weg ans Kreuz hingibt, versetzt er auch den verhärtetsten Sünder noch in sein eigenes Bewußtsein und Erleben und gibt so »dem von seiner Schuld geängsteten Gemüth den inneren Frieden wieder, daß er sich vertrauensvoll zu Gott, dem heiligen Richter, emporrichten kann«[166].

Schleiermachers Nachfolger auf dem Berliner Lehrstuhl, August Detlev Christian Twesten (1789–1876), hielt seine Dogmatik-Vorlesungen »nach dem Compendium des Herrn Dr. W. M. L. De Wette«[167]. Und an De Wettes Dogmatik orientiert sich auch Karl Immanuel Nitzsch (1787–1868), dem Martin Kähler einen »Rückgang auf die Bibel« bescheinigt[168] und von dem Albrecht Ritschl schreibt, er habe die Versühnung der Sünde so mit dem Gedanken der »Vertretung« der gesamten Menschheit verbunden, daß durch Christus ein »neue[s] göttliche[s] Gemeinleben sich in das adamitische hineinlebt, und dieses im Leiden in sich aufnimmt«[169].

Der letztere Gedanke wird in der biblischen Christologie des Tübinger Professors Johann Tobias Beck (1804–1878) so formuliert:

> Wie Christi »That in der Erlösung zum Eigenthum der Erlösten sich ausbildet, so hat er dagegen die menschliche That in der Versöhnung zu seiner eigenen gemacht... Dieß hat freilich nur Grund in der Idee des gemeinsamen Lebens, der innigsten Gemeinschaft mit Christus, in welcher, wie ein bekannter Theologe die Darstellung der Schrift einfach concentrirt, jeder Theil nicht an und für sich selbst will betrachtet seyn und etwas gelten, sondern der Gläubige nur im Zusammenseyn mit Christo als desselben Glied, und dieser wiederum als das gemeinsame Haupt. So wäre unsere Sünde durch ihn zu vertreten, und seine eigene Unsündlichkeit von den Seinen zu genießen, und während unsere That in ihm sich concentrirt... ohne seine Mitschuld durch bloßes Mit-Leiden, soll seine That dagegen in uns sich entwickeln durch Mit-Leben«[170].

Die von allen Bewunderern Schleiermachers bekämpfte These, daß Gott um der Versöhnung willen die stellvertretende Bestrafung Christi für uns als Äquivalent der Sündenschuld verlange, bezeichnet Beck nicht mit dem Terminus »Stellvertretung«, sondern korrekter mit dem lateinischen Fremdwort »Substitution«. Die »Versühnung«, so bemerkt er, ist nach Auskunft der Heiligen Schrift in einen lebendigen Organismus verwoben; und in einem solchen sei »eine mechanisch äußerliche Verschiebung und Substitution eben so wenig zu finden« wie »eine magische Verwebung oder blos idealistische Identifizierung oder logisch moralische Konstruktion«[171].

[163] Ebd. 57f.
[164] Ebd. 48.
[165] W. M. L. De Wette, Das Wesen des christlichen Glaubens, 292.
[166] Ders., Über Religion und Theologie, 254.
[167] Zur Frage einer »Stellvertretung« des Erlösers vgl. A. D. C. Twesten, Vorlesungen II/1, 191f.
[168] Vgl. M. Kähler, Geschichte der protestantischen Dogmatik, 123.
[169] A. Ritschl, Rechtfertigung und Versöhnung I, 548.
[170] J. T. Beck, Versöhnungslehre, 61.
[171] Ebd. 64. – Ganz ähnlich wie Beck äußert sich Christoph Benjamin Klaiber (1795–1836), Herausgeber der »Studien der evangelischen Geistlichkeit Würtembergs«. Er verurteilt

Ewald Rudolf Stier (1800–1862) – wie De Wette »ein exegetisches Talent ... von eminenter Schrifterfahrenheit«[172] – nähert sich der Strafexempeltheorie des Hugo Grotius, wenn er Christus als »menschlich-sinnliche Darstellung« der Liebe Gottes in ihrer Heiligkeit bezeichnet, als Offenbarung einer vom Sünder selbst zu ergreifenden Möglichkeit[173]. Für ihn bilden Liebe und Gerechtigkeit eine Einheit in der Heiligkeit Gottes und widerstreiten einander nur im Bewußtsein des Sünders: »Der Sünder muß empfinden, daß Gott wider die Sünde ist, und das ist der Zorn Gottes, nicht in Gott, sondern im Sünder; wenn er Vergebung erlangen soll, so muß er die in Gott ewig bereite Liebe der Vergebung dennoch als eine heilige, die Sünde nicht wollende, nur zur Besserung vergebende erkennen ...«[174] – Um sich von Grotius abzuheben, bezeichnet Stier einige Jahre später die Versöhnung als »Werk wesentlicher *Mittheilung und Einpflanzung*« und »nicht der bloßen *Zeigung* und *Vorbildung*«[175]. In seiner Exegese der Gottesknechtlieder nennt er die Passion Jesu Christi eine »fortgehende Vertretung«[176].

In der Genauigkeit seiner Analysen Stier weit überlegen, hat der Züricher Professor Alexander Schweizer (1808–1888) nicht nur nachgewiesen, daß der Heiligen Schrift eine Gegenüberstellung von göttlicher Liebe und Gerechtigkeit fremd ist, sondern darüber hinaus alle Schriftstellen der Präposition ὑπέρ mit der Frage konfrontiert, ob sie als Belege für den Gedanken einer Übernahme fremder Sünde, Schuld und Strafe gelten können. Der von den »Anti-Schleiermacherianern« usurpierte Terminus »Stellvertretung« bedeutet für Schweizer nichts anderes als »Ersatz«. Deshalb erklärt er gleich zu Anfang seiner Untersuchung: »Der Begriff der Stellvertretung wird durch ἀντί ausgedrückt. Da nun das, was *für, zum Besten Eines* gethan wird, in verschiedenen Formen geschehen kann, auch in Form der Stellvertretung, so wird ὑπέρ auch in solchen Fällen vorkommen, ohne jedoch diese Specialität mit zu bezeichnen.«[177] In bezug auf Gal 3,13f fragt Schweizer, »ob, von dem unverfänglichen ὑπέρ abgesehen, in der Lehre des Apostels vom Tode Christi *ein stellvertretend satisfactorisches Büßen heimisch sey*, so daß wir es zur Erklärung dieser Stelle schon mitzubringen hätten«[178]. Und er antwortet, daß Paulus selbst aus der biblischen Bezeichnung des Todes als Strafe nie die Schlußfolgerung ziehe, Christi Tod sei die stellvertretende Übernahme unserer Strafe gewesen[179].

Die sprachlich brillanteste Interpretation der Schleiermacherschen Versöhnungslehre bietet der Heidelberger Systematiker Daniel Schenkel (1813–1885)[180].

sowohl die idealistische Identifizierung des Individuums Jesus Christus mit der Gattung »Menschheit«, wie auch die Vorstellung einer »Stell-Vertretung« im Sinne einer Übernahme fremder Strafe oder gar Schuld. Vgl. Die neutestamentliche Lehre von der Sünde und Erlösung, in: SEGW 8 (1835/36) I, 7.20f.

172 G. Frank, Ewald Rudolf Stier, 204.

173 Vgl. E. R. Stier, Die Erlösung in Christo, 379–403.

174 Ebd. 389f.

175 Ders., Beiträge zur biblischen Theologie, 57.

176 Ders., Jesaias, 507.

177 A. Schweizer, Die Lehre des Apostels Paulus vom erlösenden Tode Christi, 427.

178 Ebd. 431.

179 Vgl. ebd. 431–434.

180 D. Schenkel bekennt sich als Bewunderer Schleiermachers, übernimmt dessen Gedanken aber nicht kritiklos. »In der That«, so schreibt er, »hat bei *Schleiermacher* der Tod Christi nur den Zweck, ein Darstellungsmittel höchstgesteigerter mitfühlender Liebe zu sein. Allein durch bloßes, wenn auch noch so inniges, subjectives Mitgefühl mit unserer Schuld und Strafwürdigkeit wird die Quelle derselben, *die objective Macht der Sünde in der Welt,*

Für ihn ist Christus der »innergeschichtliche, einzelpersönliche Lebensquell für das ganze Menschheitsleben«, die schöpferische Mitte, »auf welche *alle* Individuen bezogen werden müssen, um von da aus ihre Lebenskraft zu ziehen, und in Vereinigung mit ihm einen unauflöslichen Lebensorganismus zu bilden«[181]. Er bezeichnet das Leiden und Sterben des Erlösers »nicht bloß als einen individuellen Vorgang, sondern als eine, der gesamten in Jesu Christo vertretenen Menschheit gemeinsame That«[182], weist aber die idealistische Position der »Aufhebung« des Sünders in das eine Subjekt »Jesus Christus« von sich. Er charakterisiert den Vertretungscharakter des Passionsgeschehens ähnlich wie Steudel mit dem Begriff »Bürgschaft«[183]. Als Bürge aber, so betont er, ist Christus »nicht ein allpersönlicher Lebensabgrund, in den sich alle Persönlichkeiten stürzen müßten, um in ihm unterzugehen; nicht ein Universal-Individuum, welches der Gliederung der Menschheit in den Reichtum vielgestaltiger Individualitäten ein Ende zu machen die Bestimmung hätte«[184].

Um nicht im Sinne des juristischen Äquivalenzdenkens der Satisfaktionstheorie mißverstanden zu werden, verwendet Schenkel fast so konsequent wie Schleiermacher den Terminus »Vertretung« statt des »von anderen gepachteten Wortes ›Stellvertretung‹«. Von jeder Form eines »Ersatzes« unterscheidet sich diese »Vertretung« dadurch daß, »was an sich Gottes heilswirksame That ist, zeitgeschichtlich der Menschheit heilswirksame That werden«[185] muß. Die »genugthuende Leistung ist ... keine in dem Sinne auch stellvertretende ..., daß Christus *an unserer Stelle* gelitten und gethan hätte, was wir nicht mehr leiden und thun müßten, sondern umgekehrt in der Art, daß Christus *vorläufig und durch Anticipation an unserer Stelle* gelitten und gethan hat, was *in Gemeinschaft mit ihm* auch uns zu leiden und zu thun obliegt. Vermöge der durch Christum geleisteten Sühne und Versöhnung ist zwar noch nicht *jedes* Individuum als solches mit Gott gesühnt und versöhnt; aber *die Menschheit ist es als solche*. Es ist mithin durch ihn jedem Sünder möglich gemacht, in seiner Person *tatsächlich* zu verwirklichen, was *der Idee nach* in der Menschheit durch Christi Tod und Erhöhung verwirklicht ist«[186]. Schon die Sündopfer des AT – so Schenkel – waren keine »Stellvertretung« im Sinne von »Ersatz«. Sie waren Symbole für einen ethischen Akt des Opfernden[187]. Entsprechend waren Christi Passion und Tod nicht deshalb Sühnopfer, weil er gelitten hat, »was eigentlich die Menschheit hätte erleiden sollen, sondern insofern, als er vermittelst seines sündlosen und heiligen Leidens der Menschheit eine bisher noch nicht erschienene Fülle göttlicher Heilskraft aufgeschlossen und in sie hineingesetzt hat, insofern, als das Leiden und Sterben für ihn die Veranlassung geworden ist, das in ihm ewig verordnete ebenbildliche Gottesleben völligst zu bewähren«[188].

Schenkel hat nach dem Tode (1867) seines Kollegen Richard Rothe

nicht gebrochen, und daß der Tod Christi nur *als das anticipirte Weltgericht über die Sünde* wahrhaft sühnende Kraft hat, das steht, nach unseren Ausführungen, gegen *Schleiermacher* fest.« (Christliche Dogmatik II/2, 857).

181 Ebd. 655.

182 Ebd. 791.

183 Vgl. ebd. 800.863 f.

184 Ebd. 655.

185 Ebd. 794. – Vgl. auch ebd. 831 f.

186 Ebd. 861 f.

187 Vgl. ebd. 808–812.

188 Ebd. 849.

(1799–1867) dessen Dogmatikvorlesungen publiziert. Diese – in der Terminologie konservativer als Schenkels eigene Arbeiten – betonen den Sühnecharakter des Lebens, Leidens und Sterbens Christi, bestätigen aber hinsichtlich der Termini »Genugtuung« und »Stellvertretung« die entsprechenden Ausführungen des Freundes. In der Vorlesung »Über das Bewußtsein der Gnade« heißt es:

»... auch das Fundament selbst, auf welches die Kirchenlehre die Nothwendigkeit der Satisfaction baut, *der Zorn Gottes im anselmischen Sinne*, ist eine unbiblische Vorstellung. Allerdings nicht die Annahme eines göttlichen Zorns über die Sünde und den Sünder, denn diesen lehrt das Neue Testament ebenso entschieden wie das alte, – wohl aber die Vorstellung von einem Zorne Gottes, *der erst besänftigt zu werden bedürfte*; ... Ähnlich verhält es sich auch mit der Vorstellung der *Stellvertretung*. Allerdings findet auch der Schrift, wenigstens den eignen Erklärungen des Erlösers und der paulinischen Lehre zufolge, eine Stellvertretung des Erlösers für uns, und namentlich auch in Ansehung seines Leidens statt; aber schlechterdings keine *genugthuende*.«[189]

Auch wenn Rothe der Ansicht ist, daß »der juristische Standpunkt der Kirchenlehre« die »an sich so wohl begründete Vorstellung von der *Stellvertretung* für uns in dem Leiden und dem Tode Christi verdorben«[190] hat, eliminiert er den Terminus »Stellvertretung« nicht, sondern verwendet ihn in dem Sinne, daß wir nur durch Christus befähigt werden, in »ein neues Verhältnis« zu Gott und zueinander zu treten[191]. Was für uns Strafe gewesen wäre, war für den Stellvertreter Christus die Überwindung des Widerstandes der Sünde[192] durch Liebe bis zum äußersten. Der Erlöser hat »nicht im *juristischen* Sinne, sondern im *realen*« Stellvertretung geübt: »in dem Sinne, in welchem derjenige einen andern vertritt, der eine *Arbeit* – hier die absolute Überwindung des Bösen und seines Reichs – vollbringt, welche dieser nicht vollbringen kann, ungeachtet sie sich ihm unumgänglich als *Aufgabe* stellt«[193]. Christus bringt ein Opfer für uns, ohne deshalb statt unser Genugtuung zu leisten.

Rothe hält an Schleiermachers Grundgedanken fest, möchte aber zugleich eine Brücke bauen zur sogenannten »Orthodoxie«. Darin trifft er sich mit den viel benutzten theologischen Handbüchern von Hans Lasse Martensen (1808–1884)[194] und Isaak August Dorner (1809–1884)[195]. Beide stellen der subjektiven Seite der »stellvertretenden Genugtuung« eine objektive gegenüber und unterscheiden sich damit zwar terminologisch, in der Sache jedoch kaum von Schleiermacher.

cc) Inklusive statt exklusive Stellvertretung

Auch die Schweizer Professoren Johann Peter Lange (1802–1884) und Wolfgang Friedrich Geß (1819–1891) und ganz besonders Albrecht Ritschl (1822–1889) haben den Terminus »Stellvertretung« nicht den Parteigängern der Neoorthodoxie überlassen, sondern mit dem Inhalt der eigenen Versöhnungslehre verbunden. Sie unterscheiden zwischen dem »falschen« Stellvertretungsbegriff der Satisfaktionslehre und dem »richtigen« des Neuen Testamentes.

189 R. Rothe, Dogmatik II/1, 238.
190 Ebd. 250.
191 Vgl. ebd. 224–227.241.247f.
192 Vgl. ebd. 239.
193 Ebd. 251.
194 Vgl. H. L. Martensen, Die christliche Dogmatik, 280–293.
195 Vgl. I. A. Dorner, System der christlichen Glaubenslehre II/2, 641–659.

So bemerkt Peter Lange für seine Versöhnungslehre:

»So wenig ... die Rede sein kann von einer Hingebung Christi für die Welt, die nicht volle Stellvertretung wäre, so wenig kann von einer Stellvertretung für die Welt die Rede sein, welche ihr irgendwie die Gemeinschaft seiner Leiden und seines Todes, ja die vollständige Nachbildung und Gegendarstellung seines Kreuzesleidens in ihrem Kreuzesleiden ersparte.«[196]

Lange beschreibt die alt- und neutestamentliche Bezeugung des Sühnopfers und betont, daß die typologische Aussage, Jesus Christus sei »an Stelle« oder »an Statt« der sündigen Menschen gestorben, nur dies besagt: Er »starb in einer Weise, in einer Heiligkeit, in einer Leiderfahrung, in einer Bewährung des Vertrauens, in einer That der Freiheit, wie sie in ihren [der Menschheit] einzelnen Gliedern nie, und in ihrer Totalität nicht ohne ihn, und nur nach ihm, und in der Kraft seines Todes sterben kann«[197]. Der Züricher Professor bezeichnet Christus als den »idealen Menschen« und stellt ihm die Menschheit als den »historischen Menschen« gegenüber, »welcher durch den Fluch seiner Schuld von der Idealität seines eigenen Wesens geschieden ist«[198]. Die Kluft zwischen beiden sieht er überwunden durch das Eintreten des idealen Menschen in die Lebensgemeinschaft der Menschheit. Christus hat so viel Liebe in den durch Sünde erkrankten Organismus der Menschheit getragen, daß dessen einzelne Glieder ihrerseits zum Lieben befähigt werden. Was Lange »Stellvertretung« nennt, bleibt nicht auf Christus beschränkt; er unterscheidet von der »Philosophie des juridischen Rechtes« ein »Recht in dem Reiche der Liebe« und schildert letzteres als ein »Stellvertreten« durch, in und mit dem Stellvertreter Jesus Christus:

»Die tiefen Seelen leiden nicht nur mit den flachen, sondern auch durch sie, und für sie. Die Treuen leiden für die Untreuen; die Edlen für die Unedlen. Das beste Kind im Hause trägt die Last des schlechtesten. Und wenn man sagen wollte, damit geschehe ihm Unrecht, so würde es antworten: dieß ist einmal das Recht der Liebenden, für den schuldigeren Theil zu leiden, und dadurch rettend auf ihn einzuwirken und zugleich in sich selber verklärt zu werden. Gemeinere Naturen bringen ihre Haut in Sicherheit, und zwar wie sie meinen von Rechtswegen – nach dem Recht in der Region der Lohnsucht. Allein auf diese Rechtsphilosophie soll man keine Theologie von der Versöhnung bauen wollen. Die Liebe in ihrem Reiche leidet Unrecht um des Rechts willen. Denn sie ist keineswegs ohne Recht. Aber ihr Recht ist nicht kurzathmig, sondern langathmig. Durch das Unrecht, welches der Liebende von den Übelthätern leidet, wird er in sich selber vollendet nicht nur nach seiner idealen Potenz, sondern auch nach seiner historischen Macht; er gewinnt das Recht über sie. Er nimmt sich die Starken zum Raube, indem er ihre Gewalttätigkeit an sich erduldet. Am Ende müssen sie sehen, gegen welchen sie gestochen haben, und müssen über ihn weinen, wie über ein einiges

[196] J. P. Lange, Christliche Dogmatik II, 845.
[197] Ebd. 844.
[198] Ebd. 840.

Kind. So bewährt sich in dem Unrechtleiden Christi das Recht der ewigen Liebe: ihre Verherrlichung, die mit der Rettung der Sünder in Eins zusammenfällt.«[199]

Wolfgang Friedrich Geß – der Theologe des 19. Jhs., der sich am ausführlichsten mit dem Thema »Sühne« befaßt hat – widmet dreißig Seiten einem Abschnitt mit dem Titel »Die Möglichkeit der Stellvertretung«[200]. Dort spricht er zunächst ähnlich wie Lange von dem »Gott der Liebe, welcher die Menschheit zu einem Organismus, ... die Glieder der Menschheit zu liebender Stellvertretung geschaffen hat«[201]. Stark psychologisierend erläutert er das anthropologische Vorverständnis der Stellvertretung Christi:

»Schon aus jeglichem Einwirken der Menschen aufeinander resultiert eine Art von stellvertretendem Verhältniß der Menschen zu einander ... Die *Missethaten* der einzelnen Glieder des Organismus wirken ja nicht blos ihre eigene Verderbniß, sondern auch die der übrigen, wirken um so zerrüttender, je höher ihre Begabung ist ... Gott *ehrt die menschliche Freiheit*, indem er ihr Thun zu einer geschichtlichen Macht werden läßt und wenn die Menschheit ein *Organismus* ist, so müssen die bösen Thaten der einzelnen Glieder auf den ganzen Leib und müssen auf die Zukunft der Menschen wirken. Wird aber das Böse eine Macht, und wird das *Verderben* gemeinsam, so wäre Gott ja nicht gerecht, wenn er den in Gott gethanen Thaten verwehrte, ein gemeinsames *Gut* zu werden. Sie werden hiezu, indem sie eine gute, geistige Atmosphäre, einen guten Familiengeist, Volksgeist weben, welcher auf die Einzelnen wirkt, noch ehe er es weiß.«[202]

Als Beispiel nennt Geß die »Für-Bitte«[203]. Jedes einzelne Glied eines Organismus ist zumindest theoretisch in der Lage, durch Fürbitten Einfluß zu nehmen auf *alle* anderen Glieder. Geß verweist auf die Erfahrung, daß Menschen – je nach dem Grad ihrer Aufgeschlossenheit und Begabung – sich in ihre Mitmenschen gleichsam »hineinversetzen« können. Warum, so fragt er, soll es dann »nicht möglich seyn, daß Einer unter den Menschen zur ganzen *Menschheit* diese Stellung hätte«[204]. So beschreibt Geß das Leiden und Sterben des Menschensohnes als vollkommenes »Sich-aus-sich-selbst-in-den-anderen-Hineinversetzen«[205]. Als der sich selbst Entäußernde hat Christus »genug getan« im Sinne einer Äquivalenz seiner Kenose zur universalen (im gesamten Organismus der Menschheit verbreiteten) Sünde[206]. Geß unterscheidet im Unterschied

199 Ebd. 841 f.
200 W. F. Geß, Zur Lehre von der Versühnung, 742–778.
201 Ebd. 777.
202 Ebd. 748 f.
203 Vgl. ebd. 756.
204 Ebd. 762.
205 Zu Geß' Kenosislehre: M. Breidert, Die kenotische Christologie, 115–160.
206 »Daß der Menschensohn diese *Fülle des Lebens* zuerst in den Tod der Verleugnung und endlich in das wirkliche Sterben ergibt, daß der Mensch, welcher das Leben der Menschheit in sich *zusammenfaßt*, sein Leben an ihrer Statt als Lösegeld in den Tod ergibt; das ist die Äquivalenz zwischen dem Lösegeld und zwischen der Menschheit, welche losgekauft wird.« (W. F. Geß, Zur Lehre von der Versühnung, 771). – Vgl. ebd. 773.776.

zu Schleiermacher zwischen Sünde und Bewußtsein der Sünde. Sünde bedeutet: »Das gegenseitige Verhältniß der Menschen, ihr sociales Leben ist verderbt, das Verhältniß des Menschen zur Natur ist zerrüttet, seine Gemeinschaft mit Gott im heiligen Geiste ist zerrissen.«[207] Christus mußte angesichts der Sünde mehr sein als die »Initialzündung« eines im übrigen selbsttätigen Bewußtseinswandels[208]. Er mußte »Stellvertreter« sein – nicht so, »daß er theils das ganze Gesetz an unserer Statt erfüllet, theils Tod und Marter am Kreuz an unserer Statt erlitten«[209] hat; aber doch so, daß er uns durch seine Liebe befähigt, in und mit *Ihm* die Sünde »umzuleiden« in deren Gegenteil: in Stellvertretung.

Was Lange und Geß ein wenig umständlich umschreiben, hat Albrecht Ritschl auf den Begriff gebracht. Er bezeichnet den Zusammenhang zwischen der Stellvertretung Christi und der zwischenmenschlichen Verwandlung des sündigen Für-Sich-Seins in das selbstvergessene Für-die-anderen-Sein mit dem Kompositum »inklusive Stellvertretung«. »Christus«, so schreibt er, »ist als Priester der Vertreter der Gemeinde, die er in der vollendeten Durchführung seines Personlebens zu Gott führt ... Diese Anwendung der Stellvertretung ist inklusiv gemeint, nicht, wie es gewöhnlich geschieht, exklusiv. Der Sinn dieses Gedankens [der Stellvertretung] ist nicht, was Christus als Priester thut, braucht die Gemeinde nicht auch zu thun; sondern vielmehr, was Christus als Priester an der Stelle und als Repräsentant der Gemeinde ihr voraus thut, darin hat demgemäß die Gemeinde ihre Stellung selbst zu nehmen.«[210]

Ähnlich wie Geß erklärt Ritschl die Verleiblichung der Sünde in den vielfältigen Formen zwischenmenschlicher Barrieren und die »Verleiblichung« der Liebe im Wachsen zwischenmenschlicher Beziehungen[211]. Unter dieser Voraussetzung bedeutet die Versöhnung des Sünders, daß er eine »Communio«[212] erfährt, die stärker ist als die Barrieren aller Sünden: nämlich die von Christus gegründete »Communio« der Gemeinde[213]. Anders gesagt: Nur durch die inklusive Stellvertretung der mit Christus in Gemeinschaft stehenden Gläubigen erfährt der einzelne

[207] Ebd. 729.
[208] Vgl. ebd. 715f; ders., Versühnungslehre, 750.
[209] Ebd. (Zur Lehre von der Versühnung) 719.
[210] A. Ritschl, Rechtfertigung und Versöhnung III, 515. – »Unbiblisch«, schreibt Ritschl, »ist die Annahme, daß die Opferhandlung einen Strafact in sich schließe, dem nicht der Schuldige, sondern das seine Stelle vertretende Opfer unterläge. Die Stellvertretung durch Priester und Opfer hat überhaupt keinen exclusiven, sondern inclusiven Sinn. Weil der Priester Gott naht, indem er ihm die Gabe nahe bringt, so stellt er diejenigen vor Gott dar, für welche er handelt; es ist aber nicht gemeint, daß, weil der Priester und das Opfer Gott nahe kommen, die Anderen Gott fern bleiben mögen.« (Ebd. 446). – »Unbiblisch« ist auch die Anselmische Genugtuungslehre, wie Ritschl in einer gesonderten Abhandlung nachzuweisen sucht: Genugtuung, bes. 591–593.
[211] Vgl. ebd. 61f.317f.
[212] Vgl. ebd. 557f.
[213] Vgl. ebd. 529.545.

die Frucht der Stellvertretung des Erlösers; und nur indem er selber sich von einem Sünder (für-sich-seienden Menschen) in einen Stellvertreter (die Last des anderen tragenden Menschen) umkehrt, kann er die Stellvertretung der christlichen »Communio« annehmen. Ritschl verwendet den Terminus »Stellvertretung« synonym für »Gnade« und drückt so aus, daß die Selbstmitteilung Gottes in Christus *immer* vermittelt ist durch die inklusive Stellvertretung seiner Gemeinde.

Ein Schüler Ritschls, der spätere Züricher Professor Theodor Häring (1848–1928), hat seinem Lehrer die Frage gestellt[214], ob dessen Ausführungen über die »inklusive Stellvertretung« nicht jede Sühne ausschließen und Christus zu einer in der Gemeinde präsenten Wirkung degradieren[215]. Auch Geß hält diese Frage angesichts der biblischen Aussagen über das Sühnopfer Christi für legitim, obwohl er Härings Definition der Sühne (Ergänzung der unvollkommenen Reue des Sünders durch Christi unendlichen Schmerz angesichts des Widerspruchs der Sünde[216]) für gefährlicher hält als Ritschls Nichtbeachtung[217]. Rückblickend darf man sagen, daß weder Ritschl seinem Schüler noch dieser seinem Lehrer gerecht wird. Denn Häring versteht unter »Stellvertretung« durchaus etwas anderes als die Strafexempeltheorie des Hugo Grotius[218]; und Ritschl fordert zumindest verbal keine gänzliche Eliminierung des Süh-

214 Obwohl Häring seine Position im Verlauf der Kontroverse mehrmals modifiziert hat, stellt er auch in seinem abschließenden Beitrag von 1893 noch die Frage: »Kommt das nach Gottes Urteil wertvolle Wirken oder Leisten oder irgendwie Thun unsres Vertreters uns zu gut dadurch, daß Gott direkt und unmittelbar dasselbe auf uns überträgt, oder indirekt und mittelbar, sofern das vor Gott wertvolle Handeln unsres Vertreters ein Handeln auf uns hin ist? Man hat bekanntlich das erste exklusive, das zweite inklusive Stellvertretung genannt, aber, abgesehen von der Mehrdeutigkeit des Wortes, nicht genug betont, ... wie Christi Verdienst uns zugeeignet werde, ... ob es in einem Thun und Leiden besteht, das nur oder doch zuerst in seiner Beziehung zu Gott oder nur auf uns oder doch zuerst auf uns und dadurch auf Gott in Betracht kommt.« (Zur Versöhnungslehre, 62f).

215 Die Kontroverse zwischen Häring und Ritschl umfaßt folgende Beiträge: T. Häring (1), Über das Bleibende im Glauben an Christus. Eine christologische Studie, Stuttgart 1880, bes. 70–93. – A. Ritschl (2), Die christliche Lehre von der Rechtfertigung und Versöhnung, Bd. III. Die positive Entwickelung der Lehre, Bonn ²1883, bes. 513–516. – Häring (3), Zu Ritschl's Versöhnungslehre. Bericht über das Thema: »Begründen die neuesten Theorien über die Versöhnung, namentlich die Theorie A. Ritschl's, einen Fortschritt in der dogmatischen Entwicklung der protestantischen Theologie?« erstattet auf der 44sten Versammlung der Schweizerischen Predigergesellschaft zu Schaffhausen am 11. August 1887, Zürich 1888. – Ritschl (4), Rez. zu (3), in: ThLZ 13 (1888) 113–115. – Häring (5), Zum Begriff der Sühne, in: ThStKr 62 (1889) 142–161; zusammenfassend: Ders. (6), Zur Versöhnungslehre. Eine dogmatische Untersuchung, Göttingen 1893, bes. 58–91. – An dieser Kontroverse beteiligte sich mit zwei Beiträgen auch W. F. Geß: Das Dogma von Christi Person und Werk entwickelt aus Christi Selbstzeugniß und den Zeugnissen der Apostel, Basel 1887, bes. 413–437; Zur Lehre von der Versühnung. Mit Bezug auf Herrn Professor D. Häring, in: ThStKr 62 (1889) 559–572.

216 Vgl. T. Häring, Über das Bleibende im Glauben an Christus, 87.

217 Vgl. W. F. Geß, Mit Bezug auf Herrn Professor D. Häring, 572.

218 Vgl. A. Ritschl, Rechtfertigung und Versöhnung III, 515f.

negedankens[219]. Gegen Ende seiner dreibändigen Versöhnungslehre resümiert er:

»Die Behauptung, daß man innerhalb der Gemeinde der Gläubigen die Versöhnung durch Christus erlebt, entspricht der allgemeinen Erfahrung, daß jeder geistige Erwerb durch die unmeßbare Wechselwirkung der Freiheit des Einzelnen mit den anregenden oder leitenden Eindrücken aus der Gemeinschaft mit den Anderen hervorgebracht wird. Jene Behauptung aber hat nicht den Sinn, daß der Werth, welcher dem persönlichen Wirken Christi zu unserer Versöhnung beiwohnt, durch den Bestand der Gotteskindschaft in den anderen Gemeindegliedern ersetzt und in die entfernte Stellung gerückt würde, daß man von Christus als dem Urheber der eigenen Versöhnung absehen könnte.«[220]

Ritschl unterstreicht, daß »der Erfolg der Versöhnung in normaler Vollständigkeit in dem subjectiven *Glauben an Christus*« erscheint, daß aber dieser Glaube niemals absehen darf »von seinem Lebenswerke und seiner Wirkung zum Heil derer ..., die sich in seine Gemeinde einzurechnen haben«[221].

d) Stellvertretung als Wirkweise der Erlösung und Kriterium der Versöhnung

Während Männer wie Rothe, Martensen und Dorner als Bewunderer Schleiermachers eine terminologische Brücke (Genugtuung, Strafe, Stellvertretung) zur sogenannten Orthodoxie schlugen, machten Kritiker dieselben traditionellen Termini zu Kennzeichen ihrer (inhaltlich oft nur geringen) Distanz zu Schleiermacher. Genannt seien hier Friedrich August Gottreu Tholuck (1799–1877), Julius Müller (1801–1878), Martin Kähler (1835–1912), Hermann Cremer (1834–1903) und dessen Sohn Ernst Cremer (1863–1922).

Hatte De Wette 1822 in seinem Lehrroman »Theodor oder des Zweiflers Weihe« eine weithin autobiographische Geschichte seiner Beziehung zu Christus geschrieben[222], so stellte ihm Tholuck 1823 seinen »Antitheodor« entgegen: einen ebenfalls für breite Kreise gedachten Traktat über Sünde und Versöhnung, gekleidet in den Briefwechsel zweier junger Männer, von denen der eine (Julius) den anderen (Guido) aus dem Dunkel des Zweifels in das Licht der durch Christus erwirkten Erlösung führt. Über Anselms Satisfaktionslehre sagt Tholuck:

»Sie hat die Wahrheit zu ihrem Inhalt gehabt, denn was die ganze sündige Menschheit aus ihrer Mitte nicht darstellen konnte – die vollkommene Gerechtigkeit vom Gesetze gefordert, das hat der Erlöser als ihr Hoherpriester für sie und an ihrer Statt dargebracht, indem er sich selber zugleich als Opfer für sie heiligte,

[219] Vgl. T. Häring, Zu Ritschl's Versöhnungslehre, 39–41.
[220] A. Ritschl, Rechtfertigung und Versöhnung III, 557f.
[221] Ebd. 558.
[222] Eine Zusammenfassung des weitschweifigen Inhalts bietet: R. Otto, Kantisch-Fries'sche Religionsphilosophie, 129–156.

und was die gesammte Menschheit aus ihrer Mitte heraus nicht zu tilgen vermochte, die Sünde und der Sünden Schuld und Folge, das hat der Hohepriester der Menschheit getilgt, indem sie durch den Glauben in ihn eingepflanzt sind zum Tode wie zur Auferstehung. Was sie aus sich selber nicht zu tilgen und nicht zu tödten vermochten – den ewigen Tod, der, so lange das ewige Leben sie nicht in seine Gemeinschaft aufgenommen, ihr Loos ist, den hat jener Tod des Heiligen Gottes hinweggenommen, den der Tod nicht halten konnte ..., der vielmehr auferstanden ist zur Herrlichkeit, deren Erben Alle werden, die er zu Genossen seines Reichs berufen hat.«[223]

Tholuck spricht zwar von Gesetz, Sünde, Strafverhaftung und Genugtuung, interpretiert letztere aber nicht »anselmisch« als äquivalente Strafleistung eines Unschuldigen an Stelle eines Schuldigen, sondern ähnlich wie Geß »abälardisch«[224] als »genug tuende« Liebe im Sinne einer die Selbstverschließung des Schuldigen sprengenden Selbsthingabe des Unschuldigen (Stellvertretung als Wirkweise der Erlösung)[225]. Tholuck bezieht das Kompositum »satisfactio vicaria« nicht auf eine vor Gott zu absolvierende Strafe[226], sondern auf eine durch die Sünde zwischen Mensch und Gott aufgerichtete »Scheidewand«. Will man seine Versöhnungslehre plakativ bezeichnen, so muß man neben die bisherigen Etiketten (stellvertretende Genugtuung; genugtuende Stellvertretung; Stellvertretung statt Genugtuung) eine neue Variation stellen: *Genugtuung durch Stellvertretung*. Nicht nur die *Wirkweise* der Erlösung trägt das Gesicht der Stellvertretung, sondern auch die *Annahme* dieser Erlösung (Versöhnung). Wenn Geß bemerkt, daß »*jedes Glied* der Gemeinde Gottes, welches nicht für die übrigen Glieder bittet, ein Widerspruch mit sich selbst«[227] ist, dann entspricht das der Tholuckschen Vorstellung von einer Versöhnung, deren Kriterium »Stellvertretung« heißt. An Christus, den Gekreuzigten, glauben heißt für ihn: die Gestalt seiner Stellvertretung in das eigene Leben übersetzen[228].

In enger Zusammenarbeit mit seinem Freund Tholuck hat Julius Müller seine »christliche Lehre von der Sünde« entwickelt und diese gegen Schleiermachers Identifikation der Sünde mit dem Schuldbewußtsein gestellt[229]. Allerdings bleibt auch er dem Kritisierten enger verbunden, als seine Kritik vermuten läßt. Müller schildert die Unfähigkeit des Sünders, sich selbst – z.B. durch »Bewußtseinswandel« – von seiner Schuld zu erlösen, und unterscheidet eine objektive (Sühnopfer des Erlösers) von einer subjektiven Seite (Vergebung des Erlösers) der »Erlö-

[223] F. A. G. Tholuck, Die Lehre von der Sünde und vom Versöhner, 102f.

[224] Vgl. ders., Über den Opfer- und Priesterbegriff, 77–86.

[225] Vgl. ders., Die Lehre von der Sünde und vom Versöhner, 85f.

[226] Vgl. ebd. 87f. 98f.

[227] W. F. Geß, Zur Lehre von der Versühnung, 750.

[228] In immer neuen Beispielen erläutert Julius seinem Freund Guido die Lebensmaxime »eines an Christus Glaubenden«: »Was man liebet, das lebt man.« (F. A. G. Tholuck, Die Lehre von der Sünde und vom Versöhner, 108).

[229] Vgl. J. Müller, Die christliche Lehre von der Sünde I, 469–494.

sung aus Gnaden«[230]. Jedoch Kriterium der Versöhnung ist für ihn nicht die »objektive«, sondern die »subjektive Seite«, nicht die Stellvertretung Christi als solche, sondern die Verwandlung des Sünders in einen inklusiven Stellvertreter[231].

Mehr noch als Julius Müller will Martin Kähler der »objektiven Seite« des Versöhnungsvorgangs gerecht werden. Das Gewissen, so schreibt er, bringt »dem Übertreter zwar den Thatbestand seines Selbstwiderspruchs und seiner Selbstentwertung erst zu Bewußtsein; aber vorhanden ist der Thatbestand auch ohnedies«[232]. Jede Sünde zerstört unabhängig vom Bewußtsein des Sünders das »Gesammtleben der Menschheit«. Dieses Faktum erklärt den Strafleidenscharakter der Menschwerdung, des Lebens und Sterbens Christi[233]. Denn an und für sich ist Jesus Christus ohne Sünde. Aber in Erfüllung seines messianischen Berufes ist der Erlöser auch eingetreten in die gestörte Beziehung des Sünders zu Gott. Jesus Christus gelangt am Kreuz zu einer »vertretende[n] innerste[n] Aneignung dessen, was der Vertretenen tiefstes Elend ist, ihres Selbstgerichtes«[234]. Er stirbt »im Bewußtsein der Schuld«, nicht der eigenen, so doch derer, mit denen er sich bis zur letzten Konsequenz verbunden weiß. Kähler verweist auf das Beispiel einer Mutter, die die Schuld ihres Kindes so mitleidet, daß sie sich nicht nur selber schuldig *fühlt*, sondern die fremde Schuld *real durchlebt*. So ähnlich, aber auf Grund seiner restlosen (absoluten) Selbsthingabe ungleich tiefer, durchleidet Jesus Christus unser aller Schuld[235]. Dem Einwand, das eigentliche Tragen fremder Schuld sei »für den sündlosen Jesus eine sittliche Unmöglichkeit«, begegnet Kähler mit dem Vorwurf eines »Atomismus in der Betrachtung des persönlichen Lebens«[236]. Jede echte Nächstenliebe setzt eine ontische Zusammengehörigkeit aller Menschen und damit auch Verantwortung des einzelnen für das von ihm selbst nicht verschuldete Unrecht voraus[237]. Individuum und Gemeinschaft sind nie säuberlich voneinander trennbar: weder innerhalb der Unheilsgeschichte noch in der Heilsgeschichte der Menschheit. Deshalb gelangt Kähler zu der These, daß Christus den von ihm vertretenen Sündern nicht äußerlich bleibt. Christus konnte »sich nicht individual-persönlich in abstraktem Ethicismus mit der Toga seiner Sündlosigkeit decken«, sondern er mußte »die Ge-

[230] Vgl. ebd. 345.
[231] Vgl. ebd. 348–350.
[232] M. Kähler, Zur Lehre von der Versöhnung, 394.
[233] Vgl. ebd. 388–391; ders., Gericht, 570; ders., Höllenstrafen, 208f; ders., Schuld, 786f.
[234] Ders., Zur Lehre von der Versöhnung, 398.
[235] Vgl. ebd. 397f.
[236] Ebd. 398.
[237] Kähler spricht von der »ethischen Tatsache der Gesamthaftbarkeit« (ebd. 399), und davon, daß es dieser Tatsache widerspricht, wenn man des Menschen »Zurechenbarkeit nur für die vom Gesamtleben abgelöste einzelne thatkräftige Absicht« (ders., Schuld, 787) gelten läßt.

samthaftbarkeit bewußt und persönlich über sich nehmen«[238] – gewiß nicht im Sinne von »Ersatz«, aber als persönliche »Bürgschaft«; nicht exklusiv, sondern inklusiv[239].

Kählers engster theologischer Weggefährte, Hermann Cremer, hat in seinem kleinen Buch »Getsemane. Ein Beitrag zur Geschichte Jesu und unserer Erlösung« von Christus gesagt:

Dort, in Getsemane, »erfuhr er so, wie er es bis dahin trotz allen Ernstes und trotz aller Klarheit doch noch nie erfahren hatte, was das heißen will, von und für eine Menschheit zu leiden, die gerade einen solchen leidenden Helfer weder begehrt noch ertragen zu können vermeint. Nun legte sich die ganze Last der Verschuldung auf seine Seele, der Verschuldung, den Letzten und Einzigen, der retten konnte, von sich gestoßen zu haben, und er fühlte für die sündige Welt und in sich selbst, was das heißt, mit solcher Sünde, mit solcher Schuld, belastet zu sein. Es war ja nicht seine Schuld, und doch war es seine Schuld, denn er fühlte fremde Schuld als eigne Schuld, weil er sich nicht trennen konnte, wollte und durfte von denen, zu denen er gehörte, und die ihn doch nicht liebten«[240].

Während Hermann Cremer sich auf eine Interpretation und Ausfaltung der Kählerschen Versöhnungslehre beschränkt, erklärt sein Sohn Ernst das Wort »Stellvertretung« zum distinktiven Kennzeichen der protestantischen gegenüber der katholischen Soteriologie[241]. Die katholische Theologie, so bemerkt er, versteht Anselms Losung »aut poena aut satisfactio« im Sinne einer Aufrechnung der Sündenstrafe mit dem Verdienst des gekreuzigten Stellvertreters. Luther dagegen verwendet das Wort »satisfactio« als Bezeichnung einer Vorgangs, in dem nicht nur der »für uns genug tuende« Christus, sondern auch der ihn im Glauben ergreifende Sünder Stellvertreter ist[242]. Weil Christus real »an die Stelle« des Sünders tritt (Stellvertretung als Wirkweise der Erlösung), wird der Sünder befähigt, real »an die Stelle« des Stellvertreters zu treten (inklusive Stellvertretung bzw. Stellvertretung als Kriterium der Versöhnung)[243].

[238] Ders., Zur Lehre von der Versöhnung, 399.

[239] Kähler unterstreicht die exklusive Komponente der Stellvertretung Christi nie, ohne zugleich von einer personalen Beziehung zwischen dem Stellvertretenden und dem Stellvertretenen zu sprechen: »Die bürgende Vertretung muß einen Ersatz der für die Sünder unmöglichen Schuldabstattung leisten; aber nicht einen Ersatz, der die Hingabe des eigenen Willens an Gott überflüssig, sondern einen solchen, der sie möglich macht; nicht einen solchen Ersatz, durch welchen der Sünder der Bindung an Gottes Willen ledig, sondern einen solchen, durch welchen er zur Aneignung dieses Willens befähigt und veranlaßt wird.« (Die Wissenschaft der christlichen Lehre, 369). – Dazu: K. Gräder, Die Versöhnungslehre Kählers, 76–83.

[240] H. Cremer, Getsemane, 62f.

[241] E. Cremer, Die stellvertretende Bedeutung der Person Jesu Christi, 5f.8f.

[242] Vgl. ebd. 106f.116–120.

[243] Vgl. ebd 120.

e) Stellvertretung als Ersatzleistung

Das Substantiv »Stellvertretung« entstand aus der Intention, zwischen zwei Extremen der protestantischen Versöhnungslehre zu vermitteln (vgl. SS. 82–86). Da jedoch dieser Versuch zwischen der Strafexempeltheorie des Hugo Grotius und der idealistischen Aufhebung des Individuums in die Allgemeinheit gleichsam zerrieben wurde, fiel es den Restauratoren der sogenannten Orthodoxie nicht schwer, das neugebildete Abstraktum »Stellvertretung« als frisches Etikett für den alten Begriff »satisfactio vicaria« (stellvertretende Genugtuung) zu vereinnahmen und es wie ein Abzeichen des wahren Glaubens den Schleiermacherianern und Ritschlianern entgegenzuhalten. So erklärt sich die paradoxe Tatsache, daß Theologen, die den Terminus »Stellvertretung« bewußt meiden (Schleiermacher, Rothe, Hofmann), gleichzeitig dessen anthropologische und theologische Grundlagen reflektieren, während die, welche das Wort verwenden, damit eine Art »Etikettenschwindel« treiben. Das Wort »Stellvertretung« – als Bezeichnung einer *Alternative* zur sogenannten »Satisfaktionslehre« entstanden – wird bei den »Neo-Orthodoxen« des 19. Jhs. zur Bezeichnung eben dieser alten Satisfaktionslehre benutzt.

Als typischer Vertreter dieser Neo-Orthodoxen »in der Epoche der gesteigerten politischen und kirchlichen Reaction seit 1850«[244] kann Friedrich Adolph Philippi (1809–1882) gelten, konvertierter Jude und 1852 als Professor für neutestamentliche Exegese nach Rostock berufen. Er publiziert 1841 eine Abhandlung »Über den thätigen Gehorsam Christi« und setzt sich in Bd. IV/2 seiner »Glaubenslehre« mit den verschiedenen Auffassungen der Versöhnungslehre systematisch auseinander. Er bezieht den Begriff »Genugtuung« eindeutig auf die Gerechtigkeit Gottes, »welche die Sünde strafen *müsse*, so daß die göttliche Güte sie nicht vergeben *könne*, ohne daß zuvor der Gerechtigkeit Genugtuung geleistet sei«[245]. Der u. a. von Sozinianern, Rationalisten und Liberalen vertretenen These, »es gebe zwar eine Übertragung von Geldschulden, weil das Geld etwas Dingliches (reale) ist, aber die vom Gesetze Gottes verhängten Strafen seien etwas Persönliches (personale), das beständig an dem Schuldner selber haften bleibe«[246], antwortet Philippi:

»Die Idee der Repräsentation ist auch in menschlichen Verhältnissen mannigfach vorgebildet und anerkannt. So faßt ein Volk in seinem Fürsten oder seinem Helden sich selbst zusammen, schaut in ihrer Person als der Blüthe und Krone seines Lebens und seiner Kraft sich selber an, und feiert seine Thaten als seine eigenen. Auch die Berechtigung der stellvertretenden Übernahme einer am Gesetze verwirkten Strafe ist vom allgemein menschlichen Bewußtsein anerkannt. Niemand von uns nimmt Anstoß an der dem bekannten Gedichte, welches davon

244 A. Ritschl, Rechtfertigung und Versöhnung I, 641.
245 F. A. Philippi, Kirchliche Glaubenslehre IV/2, 158. – Vgl. ebd. 178f.
246 Ebd. 165.

den Namen führt, zu Grunde liegenden Idee der Bürgschaft. Wir finden aber gerade hier das treffendste Analogon zu dem Verhalten des, der von sich selbst gesagt hat: Niemand hat größere Liebe, denn die, daß er sein Leben lässet für seine Freunde Joh 15,13. Endlich erblicken wir auch ein Fortwirken der Schuld in bestimmten Familien und Stämmen, bis sie durch den Tod eines Unschuldigen aus der Genossenschaft gesühnt erscheint. So ist schon oft der unschuldige Ludwig XVI als ein Opferlamm bezeichnet worden, welches die Sünden seiner Vorfahren getragen und gebüßet hat. So ruht die erschütternde Wirkung des Sophokleischen Dramas gerade darin, daß der Tod der dem göttlichen Gebote gehorsamen Antigone als Sühnung des alten, auf dem Hause des Laios lastenden Frevels auftritt.«[247]

Philippi beschreibt als ontische Voraussetzung für das geschilderte Phänomen ein teils physisches, teils ethisches »Zusammengeschlossensein des Repräsentanten, Bürgen und Stellvertreters mit der durch ihn repräsentierten Person oder Gemeinschaft«. Am engsten erscheint ihm dieser Zusammenhang, wenn Verwandtschaft und Liebe, wenn die physischen und ethischen Komponenten vereint sind. Was aber »in irdischen Verhältnissen« immer »abbildlich, relativ und unvollkommen verwirklicht ist, ist in Christo urbildlich und absolut vorhanden«. In ihm zeigt sich, was menschliche Reflexion stets nur annähernd einholen kann:

»Wie wir durch ihn und nach ihm, dem wesentlichen Bilde Gottes, geschaffen sind, und dadurch in ursprünglichem Verwandtschaftsverhältnisse zu ihm stehen: so ist er durch seine Geburt als Menschensohn unserer Natur und unseres Bildes theilhaftig geworden; und wie er uns zuvor geliebt als unser Gott und unser Schöpfer, so ist er uns nun auch durch die innigsten Bande der Verwandtschaft und der Liebe verbunden als unser Bruder. Darum kann und will er für uns eintreten und bürgen, und unsere Schuld durch Thun und Leiden sühnen. Wie der erste Adam von Gott gesetzt war, so hat Christus als der zweite Adam sich selbst gesetzt zum Haupte und Repräsentanten der Menschheit. Es ist ja gewiß, daß in dem Begriffe der Stellvertretung das eigentliche Mysterium des Versöhnungsdogmas enthalten ist, welches durch alle menschlichen Analogieen nicht dem Verstande begreiflich gemacht, sondern nur erläutert, dem Verständnisse angenähert und vor dem sittlichen Bewußtsein gerechtfertigt werden kann.«[248]

Obwohl dieses Zitat ein inklusives Verständnis der Stellvertretung nahelegt, wehrt Philippi jeden Gedanken an eine Inklusion des Menschen in die Stellvertretung Christi ab. Der rechtfertigende Glauben ist für ihn nicht Ergänzung, sondern vertrauensvolle Ergreifung der stellvertretenden Genugtuung, »weshalb wir auch nicht *wegen* des Glaubens, sondern nur *durch* den Glauben gerecht sind vor Gott, und nicht etwa der Grad und die Stärke unseres Glaubens die Bedingung unserer Rechtfertigung ist.«[249]

[247] Ebd. 165f.
[248] Ebd. 166f.
[249] Ebd. 172.

In der Diktion noch vehementer als Philippi bekämpft der streitbare Lutheraner Ernst Wilhelm Hengstenberg (1802–1869) den Subjektivismus im Gefolge Schleiermachers und Ritschls. Er unterscheidet die uneigentliche (abbildliche) Stellvertretung der alttestamentlichen Sündopfer von der wahren Stellvertretung Jesu Christi. Erstere – so führt er aus – kann nur Abbild der letzteren sein.

»›Denn es ist unmöglich, durch Ochsen- und Bocksblut Sünden wegzunehmen‹, Hebr 10,4. Für das Blut des Schuldigen gehört als Lösegeld das Blut eines Unschuldigen, Sündlosen, Gerechten, Heiligen. Das Thieropfer aber kann durch seine äußere Fehllosigkeit die sittliche wohl *abbilden*, es steht aber ganz außerhalb des Gebietes, auf dem die Gegensätze von Sünde und Heiligkeit sich bewegen. Die wahre Stellvertretung ferner für die auf dem Gebiete der Freiheit entsprungene Sünde kann nur eine *freywillige* seyn, das Thieropfer aber ist ein erzwungenes. Endlich, zwischen demjenigen, welcher die Stellvertretung leistet, und dem, für den sie geleistet wird, muß ein wesentlicher Zusammenhang stattfinden, ein solcher fehlt aber völlig zwischen dem Menschen und dem Thiere.«[250]

Hengstenberg verbindet mit dem »wahren Stellvertretungsbegriff« eine personale Beziehung zwischen Stellvertretendem und Stellvertretenem, leugnet aber ebenso wie Philippi jedes inkludierende Moment der Stellvertretung.

Friedrich Julius Stahl (1802–1875), Ernst Wilhelm Christian Sartorius (1797–1859) und Gottfried Thomasius (1802–1875) fordern zur Wahrung der göttlichen Gerechtigkeit die Äquivalenz von Sünde und Strafe, Schuld und Sühne, bemühen sich aber zugleich um eine Personalisierung dieser Begriffe.

Stahl bezeichnet die Gerechtigkeit als Basis jeder ethischen Ordnung[251]. Ursprung der Gerechtigkeit ist jene »höchste Persönlichkeit, die ihren *eignen heiligen Willen unwandelbar will* und nichts desto weniger den andern Willen unter ihr Freiheit und Recht im vollsten Maße gewährt«[252]. Unter dieser Voraussetzung ist Strafe nicht Vergeltung, sondern Verherrlichung des Sieges der sittlichen Macht[253]. Strafe ist nur eine unvollkommene Weise, der Gerechtigkeit Genugtuung zu leisten; denn sie besteht in etwas Äußerem: in der Beugung oder »Vertilgung des Willens, der sich aufgelehnt hat«[254]. Dagegen ist Sühne die willentliche Übernahme eines Leidens »nicht von dem Schuldigen selbst ..., sondern ... von einem Andern, Schuldlosen, der aber in irgend einer Beziehung als Eins mit ihm gilt«[255]. Die der Gerechtigkeit genugtuende Kraft der Sühne liegt »nicht wie bei der Strafe in dem Leiden als solchem, sondern gerade in der That, in dem *Gehorsam*, in dem *Opfer*«. Das

250 E. W. Hengstenberg, Die Opfer, 16f.
251 Vgl. F. J. Stahl, Philosophie des Rechts II/1, 61.
252 Ebd. 162.
253 Vgl. ebd. 167.
254 Ebd. 180.
255 Ebd. 177f.

bedeutet im Blick auf Jesus Christus, daß sein Sühnewerk die Gerechtigkeit Gottes nicht deshalb erfüllt hat, weil an ihm stellvertretend für die ganze Menschheit ein blutiges Urteil vollzogen worden ist, sondern weil er durch sein Kreuz »die Unverbrüchlichkeit des göttlichen Gesetzes *selbst* bekundet und dadurch den durch die Sünde bewirkten Mißklang im sittlichen Reiche wieder zu höherem Einklang aufgelöst hat«[256]. Stahl betont gegenüber Anselm, daß Christi Kreuz als »das Entgegengesetzte des Ungehorsams«[257] nicht Äquivalent der Strafe, sondern der Sünde ist. Obwohl sich hier der Gedanke nahelegt, daß der durch Christi Selbstlosigkeit bewirkte Einbruch in die Mauern des Egoismus dem Sünder seinerseits durch Selbsthingabe (Opfer) statt Selbstsucht eine Teilnahme am Werk der Versöhnung ermöglicht, wendet sich auch Stahl gegen den Gedanken einer inklusiven Stellvertretung: »So spezifisch das Werk der Sühne in sich als die göttliche That der Erlösung ist, eben so spezifisch ist auch die menschliche That der Aneignung desselben, durch welche sie Sühne für den bestimmten Menschen wird – *der Glaube«*[258]. Dieser ist »zugleich ein reales Bekennen der eignen Schuld und Unmöglichkeit der eignen Sühne, und ... das völlige Herausgehen des Menschen aus sich, um nur durch Christus und in Christus die Versöhnung mit Gott zu erlangen«[259].

Ähnlich wie Stahl argumentiert Sartorius, wenn er schreibt, daß die Strafe kein Selbstzweck, sondern »die Energie des Gegensatzes des heiligen und gerechten Willens Gottes gegen das Unheilige und Ungerechte«[260] ist. Nicht das Erleiden der Strafe als solches wirkt Versöhnung, sondern erst die selbsttätige Aneignung der Strafe als Gegenteil der Sünde. Wenn Sünde immer Selbstsucht bedeutet, ist Sühne immer Selbstverleugnung[261]. Die Selbstverleugnung Christi bis zur Schmach der Kreuzigung erscheint als Äquivalent[262] einer unendlichen Selbstsucht des sündigen Menschen. Die Tiefe der Kenosis[263] des Menschgewordenen greift gleichsam unter die Tiefe der Sünde und ermöglicht so die sühnende Umwandlung der Entzweiung in Versöhnung. Sartorius interpretiert die stellvertretende Genugtuung Christi im Sinne einer forensischen Rechtfertigungslehre, hält aber offensichtlich eine selbsttätige Überwindung sündigen In-sich-verkehrt-Seins für vereinbar mit der protestantischen Lehre von der Alleinwirksamkeit Christi.

Auch Gottfried Thomasius deutet allen gegenteiligen Beteuerungen

[256] Ebd. 181.
[257] Ebd. 183.
[258] Ebd. 186.
[259] Ebd. 189.
[260] E. W. C. Sartorius, Die Lehre von der heiligen Liebe II, 45.
[261] Vgl. ebd. 37.47.
[262] »Das genugthuende Verdienst Christi bestehet keineswegs nur in der Größe seines Umfangs, oder in der *Größe* des erduldeten Strafleidens, sondern vornehmlich auch in der *Tiefe* der Selbstverleugnung.« (Ebd. 66).
[263] Zur Kenosis-Lehre von Sartorius vgl. M. Breidert, Die kenotische Christologie, 30–39.

zum Trotz eine inklusive Komponente der Stellvertretung an. Die stellvertretende Sühne Christi, so betont er, ist nicht quantitativ, sondern qualitativ zu verstehen. Christus hat nicht quantitativ das gelitten, was die Menschheit in der Totalität ihrer einzelnen Glieder hätte leiden müssen, sondern die im Zorn Gottes gegen die Sünde liegende »Scheidung des ganzen Menschen vom Leben, von Gott«, den »Tod im vollsten Sinn des Worts«[264]. Nicht sein Leiden als solches ist die Überwindung »des in der Schuld kulminierenden Gegensatzes zwischen der göttlichen Heiligkeit und der menschlichen Sünde«[265], sondern die freiwillige Annahme, die Hingabe, der Gehorsam. Thomasius gilt zwar als »Neo-Orthodoxer«, weil er die Lehre von einer »stellvertretenden Genugtuung« verteidigt, kommt aber der Gegenposition denkbar weit entgegen. Christus, so bemerkt er, bleibt den von ihm vertretenen Sündern nicht äußerlich, sondern sein stellvertretendes Tun und Leiden ist zugleich *ihr* Tun und Leiden, sein Gehorsam zugleich *ihr* Gehorsam, sein Opfer zugleich *ihr* Opfer. Christi stellvertretende Genugtuung »hat als Einzelthat zugleich die Bedeutung einer Gesamtthat der Menschheit; sie gilt als solche vor Gott, weil sie That dessen ist, der, obwohl Gott und Herr, dennoch sich ganz auf die Seite der Menschheit gestellt und ihr Verhältnis zu Gott zu dem seinigen gemacht hat, um es in ein neues wiederherzustellen«[266].

f) Stellvertretung als Brücke zwischen Christologie und Ekklesiologie

Während die als heterodox oder liberal bezeichneten Theologen im Gefolge Schleiermachers über der Reflexion des soteriologischen Zusammenhangs von Christologie und Ekklesiologie den zunächst gemiedenen Terminus »Stellvertretung« neu entdeckten, ging Johann Christian Konrad von Hofmann (1810–1877), ein dem konservativen Lager zugeordneter Theologe der Erlanger Fakultät, den umgekehrten Weg: von der in »orthodoxen Kreisen« selbstverständlichen Verwendung des Wortes »Stellvertretung« zu dessen Vermeidung.

Mit seinem berühmt gewordenen Werk über den Schriftbeweis löste er eine langjährige Kontroverse aus[267], an der sich fast alle protestanti-

[264] G. Thomasius, Christi Person und Werk II, 75.
[265] Ebd. 76.
[266] Ebd. 67.
[267] Kern der Auseinandersetzung ist folgende Kontroverse zwischen Hofmann und Philippi: J. C. K. v. Hofmann (1), Der Schriftbeweis. Ein theologischer Versuch, Bde. I/II–1/II–2, Nördlingen 1852/53/55. – F. A. Philippi (2), Commentar über den Brief Pauli an die Römer, Frankfurt – Erlangen ²1856. – Hofmann (3), Begründete Abweisung eines nicht begründeten Vorwurfs, in: ZPK 31 (1856) 175–192. – Philippi (4), Herr Dr. von Hofmann gegenüber der lutherischen Versöhnungs- und Rechtfertigungslehre, Frankfurt – Erlangen 1856. – Hofmann (5), Schutzschriften, Teil I: Die Versöhnung Gottes und Rechtfertigung des Menschen betreffend, und zwar, was ich angeblich über sie nicht lehre, in Wirklichkeit aber doch lehre, und angeblich über sie lehre, in Wirklichkeit aber

schen Theologen von Rang beteiligt haben[268]. Hier kann nur angedeutet werden, warum Hofmann, der sich wie seine Erlanger Kollegen streng an das Zeugnis der Schrift und des kirchlichen Bekenntnisses halten wollte, dennoch zu einer Versöhnungslehre gelangt ist, die eine auffällige Verwandtschaft mit Schleiermacher und Ritschl zeigt[269]. Hofmann leitet sein Hauptwerk damit ein, daß er das »Lehrganze« des Christentums logisch deduziert aus der »einfachsten und allgemeinsten Aussage«: aus der »in Jesu Christo vermittelte[n] persönliche[n] Gemeinschaft Gottes und der Menschheit«[270]. Die Frage nach dem Bekenntnis der Kirche und nach dem Zeugnis der Schrift wird zur nachträglichen Rückfrage[271]. Philippi erhebt in der Vorrede zur zweiten Auflage seines Römerbriefkommentars gegen Hofmann den Vorwurf einer subjektivistischen »Umsetzung der objektiven, biblisch-kirchlichen Versöhnungs- und Rechtfertigungslehre«[272].

In seiner Erwiderung auf diesen Vorwurf nimmt Hofmann für sich in Anspruch, von der Heiligen Schrift und von den Bekenntnisschriften nicht abgewichen zu sein, sondern deren Intentionen in einen umfassenden Bezugsrahmen gestellt und deshalb tiefer als andere erschlossen zu haben[273]. Er selbst bezeichnet als entscheidenden Unterschied seiner Ausführungen zu den lutherischen Bekenntnisschriften die Vermeidung des Terminus »Stellvertretung« in dem Philippischen Sinn von »Ersatzleistung«:

»Wo bleibt nun der wesentliche Unterschied – ich meine, der für den Heilsweg wesentliche Unterschied – zwischen meiner Fassung der Versöhnungslehre und der herkömmlichen? Liegt er etwa darin, daß ich mich in meinem Vortrage dieser Lehre geflissentlich des herkömmlichen Ausdrucks ›Stellvertretung‹ enthalte? Wegen einer doppelten Unangemessenheit desselben enthalte ich mich seiner. Er erweckt nämlich erstens die Vorstellung, als sei Christus nicht blos für uns eingetreten, um uns Vergebung der Sünde zu erwirken, die wir uns selbst nicht erwirken konnten, nun aber ohne unser Zutun durch ihn haben, sondern als habe er in

nicht lehre, Nördlingen 1856. – Philippi (6), Kirchliche Glaubenslehre, Bd. IV/2. Die Lehre von Christi Werk, Stuttgart 1863, bes. 199–206.

268 Eine Darstellung des gesamten Streites versuchen: C. Weizsäcker, Um was handelt es sich in dem Streite über die Versöhnungslehre?, in: JDTh 3 (1858) 154–188; P. Bachmann, J. Chr. K. v. Hofmanns Versöhnungslehre und der über sie geführte Streit. Ein Beitrag zur Geschichte der neueren Theologie, in: BFChTh 14 (1910) 613–683. – Eine annähernd vollständige Liste der »Literatur der Hofmann'schen Controverse über die Versöhnung« findet sich bei: F. Delitzsch, Prolegomena über den bisherigen Entwicklungsgang der Grundbegriffe der Versöhnungslehre, in: F. Weber, Vom Zorne Gottes. Ein biblisch-theologischer Versuch, Erlangen 1862, XLII–XLVI.

269 Dazu: B. Steffen, Hofmanns und Ritschls Lehren, 566–609.

270 J. C. K. v. Hofmann, Der Schriftbeweis I, 32.

271 Ernst-Wilhelm Wendebourg (Die heilsgeschichtliche Theologie, 76) spricht in der Darstellung Hofmanns von einem »apriori feststehenden Geschichtsverlauf, dem sich alle Einzelheiten der Geschichte einzuordnen haben«.

272 F. A. Philippi, Commentar über den Brief Pauli an die Römer, X.

273 Vgl. F. C. K. v. Hofmann, Der Schriftbeweis II/1, 320f; ders., Begründete Abweisung, 184f.

dem Sinne anstatt der Menschheit gethan, was er gethan, und gelitten, was er gelitten, daß er dasjenige gethan, was wir hätten thun sollen, und dasjenige gelitten, was wir hätten leiden sollen. Dieser Vorstellung nimmt sich freilich Herr Dr. Philippi wider mich an, indem er versichert, was ich auf Grund der heiligen Schrift läugne, daß Christus die Höllenstrafen, ja das äußerste Maß derselben erlitten habe, nämlich die positive Ausschließung und Verstoßung aus der Gottesgemeinschaft.«[274]

Hofmann beschreibt die Passion und den Tod Jesu Christi nicht als Ersatzleistung für die uns zugedachte Strafe, sondern als das äquivalente Gegenteil unserer Sünde: als bis zum Äußersten konsequenten Gehorsam. Daraus ergibt sich für ihn ein zweiter Grund, den Ausdruck »Stellvertretung« zu meiden:

Jesus Christus »ist nicht ein Anderer, welcher das geleistet hat, was die Menschheit hätte leisten sollen, aber nicht leisten konnte; nicht so äußerlich neben ihr will er gedacht sein, sondern er ist der, in welchem die Menschheit geschaffen worden, und hinwieder, der in sie eingekommen ist. Als der ewige Sohn ist er kein ›Anderer‹ gegenüber der Menschheit, so wenig als es sich geziemte, von dem Vater so zu sprechen; und als der Mensch Jesus ist er nicht ein Anderer neben und außer der Menschheit, sondern der Menschensohn, an welchem sie ihren anderen Adam hat«[275].

Als einziger Erlanger Kollege stellt sich Heinrich Schmid auf Hofmanns Seite. Alle anderen (Gottfried Thomasius und Theodosius Harnack, Franz Delitzsch und Johann Heinrich August Ebrard) verteidigen die Berechtigung einer Kritik. Sie bemühen sich zwar um Vermittlung, bekennen sich jedoch einig in der Meinung, Hofmann rekatholisiere die protestantische Versöhnungslehre[276].

Die Kontroverse kreist um die schon von Anselm diskutierte Notwendigkeit, die Gerechtigkeit (den Zorn) in Gottes Barmherzigkeit (Liebe) zu erklären. Franz Delitzsch schreibt ein Vorwort zu einer exegetischen Arbeit des Thomasius-Schülers Ferdinand Weber über den biblischen Begriff des göttlichen Zornes und benutzt diese Gelegenheit, um Hofmann statt einer Irrlehre mangelnde Konsequenz vorzuwerfen. Hofmann selbst habe im Verlaufe seines Streites mit Philippi, Thomasius und Harnack immer deutlicher ausgesprochen, daß die Folgen der Sünde letztlich von Gottes Zorn verursacht sind und daß der Menschgewordene von den Wirkungen dieses Zorns getroffen wurde. Deshalb

[274] Ders., Schutzschriften I, 17f.
[275] Ebd. 19.
[276] »Hat nicht *Möhler*, der letzte katholische Bestreiter der iustitia imputata, mit Freuden das Verwandtschaftsverhältniß anerkannt, in welchem die katholische Rechtfertigungslehre der mystischen Sekten und, fügen wir hinzu, der Schleiermacher'schen Theologie stehe? Und ist nicht die Hofmann'sche mit der mystischen oder Schleiermacher'schen in diesem Punkte principiell vollkommen identisch?« (F. A. Philippi, Herr Dr. von Hofmann, 28).

widerspreche er sich selbst, wenn er leugne, daß Christus »irgendwie Gegenstand des Zorns« war[277].

Allerdings übersieht Delitzsch dabei, daß Hofmann den Gedanken eines »Widerstreits« und einer »Wandlung« in Gott selbst für unerträglich hält und deshalb das, was aus der Perspektive des Sünders als Zorn erscheint, zum integrierenden Bestandteil einer Liebe erklärt, die als trinitarische die Freiheit des Menschen und deshalb auch den Mißbrauch dieser Freiheit, die Sünde, radikal ernst nimmt. Er wendet sich gegen die anthropomorphe Vorstellung, Gott müsse durch eine Leistung des Menschen verwandelt (gnädig gestimmt) werden[278]. Mit Blick auf die Unterscheidung zwischen der Liebe zum Sünder und dem Haß gegen dessen Sünde spricht er von einer unbiblischen Übertragung menschlicher Unvereinbarkeiten auf Gott[279].

Hofmann stellt die Heilsgeschichte nicht neben das Geheimnis der Trinität, sondern schildert Schöpfung, Menschwerdung und Erlösung als Offenbarungen der Liebe, die Gott als der trinitarische selber ist[280]. Weil Gott nicht nur Liebe hat, sondern Liebe ist, kann auch die Sünde des Menschen dieses sein Wesen nicht aufheben. Für Hofmann beschreiben die Evangelien das Kreuz als die Gestalt, die der trinitarische (immanent als »Selbsthingabe« definierbare) Gott annimmt, wenn er sich dem Sünder zukehrt. Weil Gott Liebe ist, wird der Sünder auch im Zustand äußerster Verstockung kein bloßes Objekt göttlichen Handelns; er bleibt eine Person, deren Freiheit nicht ausgeschaltet (Stellvertretung im Sinne einer Ersetzung des Sünders durch einen Gerechten), sondern ermöglicht und entfaltet werden soll (Stellvertretung im Sinne des Tragens fremder Sünde; im Sinne einer Liebe, die, vom Widerstand der Sünde

277 »Stellvertretung und Strafleiden – das waren die beiden Grundbegriffe, um die sich der von Philippi eröffnete Streit drehte, und die Frage, ob Christus stellvertretend die von uns verwirkte Strafe auf sich genommen, war die Hauptfrage, in der er sich concentrirte. Es ist Hofmann entgegengehalten worden, daß der Begriff der Stellvertretung seine volle Wahrheit behauptet, indem der Herr einerseits in den Organismus der Menschheit eingetreten ist, andererseits aber doch über die Identität mit uns hinausragt; daß das Strafleiden nicht das an sich Sühnkräftige, sondern nur ein Moment der Sühne war; daß Christus in die Gemeinschaft des Zornes einging, nicht ohne zugleich Gegenstand desselben zu werden, aber nicht Gegenstand desselben wurde, ohne zugleich in jedem Moment seines Leidens Gegenstand der Liebe zu bleiben; daß die dem Zorne geleistete Genugthuung ein Bestandteil des Versöhnungswerks war, daß aber dessen ganz und gar von Gottes Liebe umschlossenes und durchdrungenes Wesen nicht darin aufgeht – aber eine wirkliche Verständigung ist durch das alles nicht erzielt worden. Während Hofmann auch in der zweiten Ausgabe seines Schriftbeweises darauf besteht, die Lehre, daß unsere Versöhnung durch Vollzug der Strafe unserer Sünden an Christo geschehen sei, habe in der Schrift keinen Anhalt: bleibt andererseits die Entgegnung in Kraft, daß die Schrift dies allerdings in Stellen, die er anders deuten zu müssen meint, ausdrücklich ausspricht.« (F. Delitzsch, Prolegomena, XXXIf). – Vgl. ders., Zweite Schlußbetrachtung, 711–713.

278 Vgl. J. C. K. v. Hofmann, Schutzschriften II, 102–104.

279 Vgl. ders., Schutzschriften I, 16f.

280 Vgl. die zusammenfassende Darstellung der Hofmannschen Trinitätslehre bei: E. Hübner, Schrift und Theologie, 96–103.

getroffen, die Gestalt des Kreuzes annimmt). Hofmann selbst faßt seine gesamte Theologie wie folgt zusammen:

»Der Dreieinige ... hat die Sühnung der Sünde nicht anders zu seiner eigenen That gemacht, als daß sich der Sohn unter das Übel beschließen ließ, und der Vater ihn darunter beschloß, so daß sich der im Übel sich erzeigende Zorn Gottes gegen die sündige Menschheit innerhalb des innergöttlichen Verhältnisses selbst vollzog. Erst nachdem der Sohn den Zorn des Vaters gegen die sündige Menschheit in dem Maße und in der Gestalt, wie es sein Heilandsbezug mit sich brachte, an sich erfahren hatte, war seine ewige Heiligkeit eine innerhalb der adamitischen Menschheit bewährte, und ihr durch die Sünde bestimmtes Verhältniß zu Gott in seiner gottmenschlichen Gerechtigkeit zu einem Ende gebracht, welcher den Anfang eines neuen, durch seine Gerechtigkeit bestimmten in sich schloß ... Der Dreieinige hat sein Werk, für welches er in den Gegensatz des wider die sündige Menschheit zürnenden Vaters und des in sie eingekommenen Sohnes getreten war, mittelst Vollzuges dieses Gegensatzes vollbracht, und ihr eine inner ihrer selbst, wie sie in Folge der Sünde war, also unter den Bedingungen, welche Gottes Zorn mit sich brachte, geschichtlich zu Stande gekommene, aber vermöge der ewigen Gottheit des Sohnes ewige Gerechtigkeit geschenkt, welche nun eines Jeden Gerechtigkeit ist, der sie sich geschenkt sein läßt.«[281]

Bemühten sich schon Thomasius, Harnack und Delitzsch um eine vermittelnde Position zwischen Hofmann und Philippi, so gilt dies noch mehr von den Kritiken Ludwig Friedrich Schoeberleins (1813–1881) und Johannes Heinrich August Ebrards (1818–1888). Sie kehren die Perspektive ihrer Versöhnungslehre ebenso um wie Hofmann; ihr Ausgangspunkt ist nicht die Situation des Sünders, sondern sie denken von der göttlichen Liebe her. Wenn Schoeberlein das Wesen der Strafe mit der Empfindung von Schuld und die stellvertretende Genugtuung als »Sym-Pathie« Jesu Christi mit dem Sünder erklärt, hält er zwar an den Termini Strafe, Genugtuung und Stellvertretung fest, erklärt deren Inhalt aber durch eine Analyse des »Prinzips der Liebe«[282]. Auch Ebrard verwendet die traditionellen Termini, indem er auf die biblischen Bilder vom Loskauf, vom Lösegeld und Schuldschein verweist; und dennoch steht er Hofmann viel näher als Philippi. Das beweist nicht nur die mäßige Kritik der Hofmann geltenden Untersuchung über die Begründung der stellvertretenden Genugtuung aus der Heiligen Schrift[283], son-

[281] J. C. K. v. Hofmann, Schutzschriften II, 102–104.

[282] Vgl. L. F. Schoeberlein, Die Grundlehren des Heils, 93.

[283] Vgl. J. H. A. Ebrard, Die Lehre von der stellvertretenden Genugtuung, 3–17. – Ebrard verteidigt Hofmann gegen Philippi (ebd. 10f²), richtet aber dann an Hofmann die Frage: »Was tritt nun aber an die Stelle jener Stellvertretung? Irgend einen Zweck und Sinn muß es doch gehabt haben, daß Christus der sündlose sich dem Zorne Gottes unterzog und die Folgen der Sünde erduldete. Hat er es nicht gethan, um einer Forderung des *gerechten Richters* Genüge zu leisten, welcher entweder durch uns oder durch einen Andern an unserer Stelle Genüge geleistet werden mußte, – zu welchem andern Zwecke oder um welcher andern Ursache willen hat er es gethan? Hofmann antwortet: ›um den Gegensatz zu vollziehen, in welchen sich der dreieinige Gott begeben, um die zum Gegenstande des Zornes gewordene Menschheit in ein Verhältniß der Lebensgemeinschaft zwischen ihm

dern auch sein Hebräerbriefkommentar. Dort bemerkt er zu den Versen 2,10–18:

Der »18te Vers enthält nun die tiefste innere Basis, auf welcher die Lehre von der *stellvertretenden Genugtuung Christi* ruht. So wahr und biblisch dieses Dogma ist, so kann man nicht leugnen, daß durch die kirchlich-scholastische Ausbildung desselben die Tiefen der Schriftlehre noch lange nicht erschöpft sind. Die Anschauung der mittelalterlichen und evangelischen Scholastiker war mehr nur die juridische. Man dachte sich die Menge der vielen einzelnen menschlichen *Individuen* neben dem *Individuum* Jesus gleichsam auf Einer Fläche vor dem Richter stehend. Jene vielen Individuen haben jeder eine Schuld, die sie nicht zahlen können; jenes Individuum Jesus zahlt die Schuld für die Andern alle. Nicht im Begriffe der objektiven Stellvertretung als solcher liegt das Unadäquate dieser Darstellung, sondern darin, daß nach dem Grunde der *Möglichkeit* dieser Stellvertretung nicht gefragt, daß der Stellvertretende nur als ein Individuum neben Individuen, mithin als ein *schlechthin Anderer, schlechthin Fremder* – bloß als *dieser Einzelne* – aufgefaßt wird.«[284]

Ebrard bezeichnet Jesus Christus als den gesunden Zweig, der dem adamitischen Baum der todkranken Menschheit so »eingepfropft« wurde, daß er den ganzen Organismus gegen alle Widerstände immer mehr in sich hineinzieht[285]. Dieses Bild birgt große Sympathie für Hofmann. Denn in diesem Bild handelt Christus nicht statt des Sünders, sondern er befähigt ihn, in ihm zu neuem Leben zu erwachen.

Die geschilderte Kontroverse scheint auf die terminologische Frage reduziert, ob man wie Ebrard die Befähigung des Sünders zur Umkehr »stellvertretende Genugtuung« Jesu Christi nennen oder ob man wie Ritschl eine inklusive von einer exklusiven Stellvertretung unterscheiden soll. Ohne Verbindung mit dem »gesunden Zweig«, der Christus ist, kann kein Teil des toten Baumes zu neuem Leben erwachen (exklusive Stellvertretung bzw. stellvertretende »Genug-tuung«); zugleich aber ist die Verbindung mit Christus undenkbar ohne die Vermittlung der Teile, die von Christus gleichsam schon durchdrungen sind (inklusive Stellvertretung). Weil der Terminus »Stellvertretung« beide Komponenten, die exklusive und die inklusive (beide Pole: Erlöser und Sünder) unvermischt und ungesondert umfaßt, bezeichnet er zugleich die Wirkweise der Erlösung und das Kriterium der Versöhnung.

Unser Weg durch die protestantische Versöhnungslehre des 19. Jahrhunderts zeigt, daß das Wort »Stellvertretung« die von Kant, Hegel und Schelling inspirierten Theologen zur Auseinandersetzung mit der überlieferten »orthodoxen« Lehre von einer »stellvertretenden Genugtuung«

und ihr herzustellen.‹ Allein diese Antwort gibt nur Veranlassung zu der neuen Frage: warum denn das Verhältniß der unter Gottes Zorn stehenden Menschheit nur dadurch in ein Gemeinschaftsverhältniß habe hergestellt werden können, daß der Sohn sich in jenen äußersten Gegensatz begab?« (Ebd. 10).

284 Ders., Der Brief an die Hebräer, 120.

285 Vgl. ebd. 121.

und umgekehrt die Verteidiger der Satisfaktionslehre zur Antwort auf die Frage zwingt, ob das Erlösungswerk Christi den Sündern äußerlich bleibt oder diese in das Stellvertreten Christi einbezieht. Überblickt man die Entwicklung, so ist unverkennbar, daß die beiden Extreme der Versöhnungslehre zunehmend konvergieren, und daß die von beiden Seiten begehbare Brücke »Stellvertretung« heißt. Dieser Terminus, dessen Ursprung im Willen zu einer Synthese zwischen altlutherischer Orthodoxie und Sozinianismus bzw. Neologie liegt, behauptet allen Vereinnahmungen zum Trotz seine Vermittlungskraft. Theologen, die wie Hofmann den Stellvertretungsbegriff meiden, bedauern zugleich, daß der »an sich höchst brauchbare Terminus« von der Gegenseite mit einer falschen Bedeutung belegt wurde. Immer wieder kommen beide Seiten der protestantischen Versöhnungslehre auf das Wort »Stellvertretung« zurück. Die »Rechten« erkennen, daß »Stellvertretung« kein exklusives Tun des Stellvertretenden, sondern ein Beziehungsgeschehen zwischen Vertretendem und Vertretenem ist; und die »spekulative Linke« erkennt, daß die Einbeziehung der vertretenen Sünder in die Stellvertretung des Erlösers nie ein Aufheben der vielen Subjekte in ein einziges Subjekt bedeuten kann. Die »Rechten« erkennen, daß »eigentliche Stellvertretung« kein bloß äußerlich-juridischer Vorgang ist, daß also Christi Erlösungswerk dem Sünder nicht wie ein Rechtsentscheid äußerlich bleibt; und die »spekulative Linke« erkennt, daß die Reduktion der Versöhnung auf eine »innere« Gemeinschaft zwischen Christus und uns die Frage nach dem Grund des Kreuzesgeschehens unbeantwortet läßt.

Hofmanns Arbeiten kommt eine besondere Bedeutung zu, weil er das Erlösungswerk Christi und unsere Einbeziehung in dieses Werk, weil er Christologie, Soteriologie und Ekklesiologie in der Trinitätslehre verankert; weil er im strukturellen Zusammenhang zwischen dem Geheimnis der Trinität und dem Erlösungs- bzw. Versöhnungsgeschehen die »eigentliche Bedeutung« des von der Scholastik veräußerlichten (juridifizierten) Stellvertretungsbegriffs erkennt. In seiner Auseinandersetzung mit dem Terminus »Stellvertretung« wird – gemessen an allen sonstigen Äußerungen der protestantischen Theologie des 19. Jhs. – am deutlichsten, daß »eigentliche Stellvertretung« immer eine direkte Proportionalität von Einheit und Unterschiedenheit zwischen mindestens zwei Personen beschreibt.

Leider hat Hofmann auf den Stellvertretungsbegriff verzichtet, statt ihn zum Ausdruck der von ihm aufgedeckten Zusammenhänge zwischen Trinitätslehre, Christologie/Soteriologie und Ekklesiologie zu erklären. So blieben die geschilderten Frontlinien auch nach der Jahrhundertwende bestehen. Doch man hält weitere Kontroversen und Diskussionen auf dem Gebiet der Versöhnungslehre für unfruchtbar und überflüssig. Das Wort »Stellvertretung« taucht in den meisten Dogmatikhandbüchern in einem oder mehreren Paragraphen über das »munus sacerdotale« Jesu Christi auf, wird aber nicht weiter reflektiert. Die einen verwenden es mehr im Sinne Ritschls[286], die anderen mehr im Sinne der lutherischen Orthodoxie[287]; und die Repräsentanten einer »liberalen spekulativen Christologie«[288] meiden das Wort und seine Problematik[289].

2. In der katholischen Soteriologie

In dem Maße, wie die Versöhnungslehre von der protestantischen Theologie in das Zentrum der Dogmatik gerückt wurde, geriet sie bei den Katholiken an den Rand des theologischen Interesses. Deshalb kommt dem Terminus »Stellvertretung« in der katholischen Soteriologie nicht dieselbe Bedeutung zu wie in der protestantischen. Zu der Zeit, als Georg Friedrich Seiler mit dem Substantiv »Stellvertretung« eine Alternative zu dem Kompositum »stellvertretende Genugtuung« (satisfactio vicaria) suchte, wurden auf katholischer Seite noch alle Lehrbücher lateinisch geschrieben. Aber auch die deutsch verfaßten Werke von Bernard Galura (1764–1856), Franz Oberthür (1745–1831), Jakob Frint (1766–1834), Adam Josef Onymus (1754–1836), Friedrich von Brenner (1784–1845) und Georg Hermes (1775–1831) lassen das zu ihrer Zeit von den Protestanten allgemein verwandte Substantiv »Stellvertretung« vermissen. Sie sprechen von »Genugtuung« oder »stellvertretender Genugtuung« und beziehen sich damit auf Anselm von Canterbury oder das Konzil von Trient[290].

Nach dem Vorbild der zum allgemeinen »Schulbuch« avancierten »Institutiones« des Freiburger Dogmatikers Engelbert Klüpfel (1733–1811) verzichten die meisten katholischen Theologen der Aufklärungszeit auf eine spekulative Durchdringung der Glaubenswahrheit und bieten stattdessen eine positivistische Anhäufung von Fakten. Frint erwähnt zwar die Kantsche Frage nach der Vereinbarkeit einer stellvertretenden Genugtuung mit den Prinzipien der Vernunft; aber seine Antwort erschöpft sich in der Feststellung, daß das, was »den Menschen unmöglich« ist, »durch den besonderen Ratschluß Gottes möglich«

286 Wilhelm Herrmann (1846–1922); Julius Kaftan (1848–1926); Adolf von Harnack (1851–1930); Ernst Troeltsch (1865–1923).

287 Franz Hermann Reinhold von Frank (1827–1894); Alexander von Oettingen (1827–1906); Ludwig Ihmel (1858–1933); Adolf Schlatter (1852–1936).

288 Vgl. M. Huber, Jesus Christus als Erlöser, 123–196.

289 Alois Emanuel Biedermann (1819–1885); Richard Adelbert Lipsius (1830–1892); Hermann Lüdemann (1842–1933).

290 Das Tridentinum erklärt in seinem Lehrschreiben über das Bußsakrament: »Accedit ad haec, quod, dum satisfaciendo patimur pro peccatis, Christo Jesu, qui pro peccatis nostris satisfecit [cf. Rom 5,10: 1 Io 2,1s], ›ex quo omnis nostra sufficientia est‹ [cf. 2 Cor 3,5], conformes efficimur, certissimam quoque inde arrham habentes, quod, si compatimur, et conglorificabimur [cf. Rom 8,17].« (DS 1690). – Aus dem Kontext ergibt sich, daß das Konzil keine Lehrentscheidung in der Frage fällen wollte, wem die Genugtuung gilt. Vgl. F. Diekamp, Katholische Dogmatik II, 316; M. Schmaus, Katholische Dogmatik II/2, 350f.

wurde[291]. Nur Hermes will eine logische Brücke bauen zwischen der kirchlichen Genugtuungslehre und der von Kant apostrophierten Unvertretbarkeit des sittlichen Subjekts[292]. Konsequent vermeidet er die Anwendung des Attributes »stellvertretend« auf das Substantiv »Genugtuung« und interpretiert das Leben und Sterben Jesu Christi als ein einmaliges Beispiel heroischen Gehorsams, hinreichend (genügend), um die Verstockung der Sünder aufzubrechen.

a) Stellvertretung als Struktur organischer Zusammenhänge

Der erste katholische Theologe, der das Substantiv »Stellvertretung« in seine Erlösungslehre und Ekklesiologie einführt, ist der Wiener Privatgelehrte Anton Günther (1783–1863). Er hat die Aufklärung hinter sich gelassen, ist vertraut mit der Philosophie Hegels und Schellings und Repräsentant des »organologischen Denkens« der Romantik. Zwar versteht man die Romantik längst nicht mehr als bloße Gegenbewegung zur Aufklärung[293]. Aber ein Charakteristikum des »neuen Denkens« lag gewiß in einer veränderten Sicht der menschlichen Subjektivität. Die subjektive Vernunft des einzelnen wird nicht mehr als »Gegenüber« von Geschichte und Gemeinschaft, sondern als durch die Geschichte und durch die Gemeinschaft vermitteltes und bedingtes Individuum verstanden. Franz von Baader (1765–1841) zum Beispiel sieht alles Lebendige konstituiert durch das organische Ineinander von Einheit und Vielheit – und zwar so, daß die Einmaligkeit des einzelnen in der Beziehung zum Ganzen wurzelt, daß die »Solidarität der Einheit und Vielheit« keine statische, sondern eine dynamische ist[294], daß »je mehr darum ein Orga-

[291] J. Frint, Handbuch der Religionswissenschaft II/2, 388.

[292] Vgl. G. Hermes, Christkatholische Dogmatik II, 294–322. – Weitgehende Übereinstimmung mit Hermes zeigt F. v. Brenner (Katholische Dogmatik III, 36f), wenn er schreibt: »Die Wirkung des Todes Jesu wird auch durch die sogenannte Genugthuungslehre dargestellt. Genugthuung ist im Allgemeinen Leistung des Schuldigen; sie heißt stellvertretend, wenn die Leistung von einem Andern statt desjenigen geschieht, dem sie eigentlich obliegt. Die Hingabe Jesu kann nun allerdings als Genugthuung für die Menschen angenommen werden, jedoch nur nicht mit der harten Vorstellung, als wenn Gott die Strafen, welche die sündigen Menschen hätten bezahlen sollen, von dem Unschuldigen gefordert hätte, um auf solche Weise seine Strafgerechtigkeit zufrieden zu stellen; denn solche Ausgleichung streitet mit Gott und Vernunft, so wie auch der Kreuztod Christi nicht die von den Menschen zu erleidende und abzulösende Sündenstrafe war ...; sondern, Christus hat für die Menschen genug gethan, heißt: er hat nach Gottes ewigem Rathschlusse zur Rettung derselben geleistet, was Keiner aus ihnen geleistet hat, Keiner leisten konnte; und hienach sind die Ausdrücke: er starb für die Menschen, er ward für sie zum Lösegeld, zur Sünde, zum Fluche, nicht = an ihrer Statt, sondern = zu ihrem Besten, zu erklären.«

[293] Dazu P. Funk, Von der Aufklärung zur Romantik, 193–207; W. Maurer, Der Organismusgedanke, 202–216; K.-H. Menke, Dogma, 48–55; ders., Vernunft und Offenbarung, 61f; H. Brunner, Der organologische Kirchenbegriff, 65–142.

[294] Vgl. F. v. Baader, Sämmtliche Werke IX, 325f.

nismus eins ist, umso markierter und unterschiedener ... seine Gliederung und die vita propria seiner Glieder«[295].

Anton Günther beschreibt den Menschen als Synthese von Geist und Natur und bemerkt, daß der Leib das Medium aller Stellvertretung ist[296]. Denn nur als Leib steht jeder Mensch in Beziehung zu allen anderen Menschen. Nur als verleiblichte ist die Subjektivität des einzelnen mit dem Wirkraum aller anderen Subjekte verbunden. Als Leib *kann* der Mensch sich gar nicht als Für-sich-Sein, sondern nur als »Für-andere-Sein« entfalten. Wäre der Mensch – so die Überlegung Anton Günthers – »reiner Geist«, so gäbe es nur den Selbstand der »reinen Person«, nicht aber den Organismus »Menschheit«, in dem jedes einzelne Glied auf seine Weise alle anderen Glieder vertritt. Günther stimmt mit dem von ihm sonst wenig geschätzten Franz von Baader[297] darin überein, daß er wie dieser eine strenge Parallelität von Erbsünde (erster Adam) und Erbgnade (zweiter Adam) konstruiert. Das Geheimnis der Inkarnation bedeutet »für uns«: Christus tritt als der »neue Adam« mit allen Menschen in Verbindung – nicht so, daß diese dadurch ihr Personsein, ihre Freiheit und Entscheidungsmacht verlieren, sondern im Gegenteil so, daß sie zur Freiheit befreit werden. Die Selbsthingabe Christi bis zum Kreuz ist als reines »Für-andere-Sein« das totale Gegenteil der Sünde als des »Für-sich-Seins«. Die »Aus-Wirkung« Christi auf die seit Adam von der Sünde negativ situierte Freiheit aller »Mit-Menschen« besteht in der Umkehrung des isolierenden »Für-sich-Seins« in das verbindende »Für-andere-Sein«[298].

Offenbar ist sich Günther bewußt, daß das Wort »Stellvertretung« im Bereich der protestantischen Versöhnungslehre oft mit dem Gedanken des Ausgleichs von Sünde (Schuld) und Strafe (Sühne) verbunden ist. Deshalb stellt er dieser »rein juristischen« Stellvertretung einer »vikarischen Satisfaction« die »eigentliche Stellvertretung«[299] gegenüber:

[295] Ebd. 261[1]. – Dazu: J. Rief, Reich Gottes und Gesellschaft, 258–262.

[296] Vgl. A. Günther, Vorschule zur speculativen Theologie II, 385.392f; ders., Der letzte Symboliker, 222f. – Zu Günthers Spekulation »über Beleiben und Bleiben«: J. Pritz, Zur Lehre Anton Günthers von der Kirche, 310f. – Zur philosophiegeschichtlichen Einordnung der Güntherschen Definition des Menschen als Synthese von Geist und Natur: B. Osswald, Anton Günther, 89–123.

[297] Vgl. A. Heuser, Erlösungslehre, 61–79; F. Hartl, Franz von Baader, 37–43.

[298] Vgl. A. Günther, Vorschule zur speculativen Theologie II, 342–345; ders., Der letzte Symboliker, 107.

[299] »Die *eigentliche* Stellvertretung aber wird endlich als eine *Stellvertretung* aufgestellt, d.h. als eine *Stellung* – Hintretung an die Stelle der sündigen Menschheit – nicht bloß *Darstellung*; nicht als eine *Übertragung*, sondern als eine *Ertragung*, und zwar nicht der Schuld, sondern der Strafe (Unglück) der Sünde.« (A. Günther, Vorschule zur speculativen Theologie II, 305f). – »Der *Erlöser* also leistete in seinem *Werke* keine *besondere* Strafe, d.h. keine von der göttlichen Gerechtigkeit *eigens* geforderte und über ihn als *Erlöser eigens* verhängte. Und doch ist anderseits *Christus* doch wieder an die Stelle *Adams* getreten und hat mit seinem *Gehorsame* – die Folgen des *ersten* Ungehorsams getilgt. Ist das keine *Antinomie* von der *complicirtesten* Art? Der *Schlüssel* zu ihrer *Entwirrung* liegt offenbar in der aufge-

»Der Sohn Gottes ... wurde *Mensch*, und trat eben dadurch *an unsere Stelle*, um durch sie und auf ihr Seine heilige Gottesnatur in unsere sündhafte Natur zu bringen. Sein ganzes erniedrigtes Menschenleben war demnach die Stellvertretung, – und sein *Büßen* ist nicht ein *Zahlen an Gott für* uns (gleichsam von uns), sondern ein Zahlen *an uns aus* Gottes Schatze, um unser Deficit zu decken. Und nur in dieser Ansicht allein ist *Mittheilung*, nicht bloße *Darstellung*; *Kraft* , nicht *Leerheit*. Denn der *zweite* Adam ist *Canal* des göttlichen Krafteinflusses.«[300]

Um den Stellvertretungsbegriff von dem der Repräsentation abzugrenzen, betont Günther, daß seine Soteriologie keine »bloße *Darstellung*, sondern [eine] *Stellung*, *Hineintretung* des (mit einem heiligen Menschengeiste vereinten) göttlichen Sohnes ins Fleisch und Blut (Leib und Seele) der alten Adamskinder«[301] lehre. Als wirksames Medium der Versöhnung mit Gott ist Christus Sakrament. Und als ein mit Christus vereinigter Organismus ist auch die Kirche Sakrament.[302]. Ohne den erst von Ritschl gebildeten Terminus »inklusive Stellvertretung« zu verwenden, schildert Günther den Eintritt Christi in »die organische Gattungseinheit des Menschengeschlechtes«[303] als fortschreitende Einbeziehung aller Erlösten in die Stellvertretung des Erlösers[304], so daß die Kirche mit, in und durch Christus die gesamte Menschheit mehr und mehr umfaßt[305].

Viele Gedanken Günthers prägen auch die Tübinger Schule. So beschreiben Möhler und Hirscher das Wesen der Sünde als das »Für-sich-sein-Wollen« des Egoismus. Entsprechend besteht die Erlösung in der Besiegung des Egoismus durch dessen Gegenteil, die Selbsthingabe[306]. Der Eintritt Christi in den Organismus der Menschheit ist der Anfang einer fortschreitenden Heilung des durch die Sünde verwundeten Lebens. Christus bildet und beseelt die Kirche so, wie der Menschengeist sich einen Körper bildet und in ihm sich ausdrückt. Johann Sebastian von Drey (1777–1853), Johann Adam Möhler (1796–1838), Johann Baptist Hirscher (1788–1865) und Johann Evangelist von Kuhn (1806–1887) haben keine Erlösungslehre verfaßt und lassen vielleicht nur aus diesem Grunde das Wort »Stellvertretung« vermissen. Auch in Möhlers Auseinandersetzung mit der protestantischen Rechtfertigungslehre sucht man diesen Terminus vergeblich – vielleicht wegen dessen Mehrdeutig-

stellten Unterscheidung einer Stellvertretung im *eigentlichen* und *uneigentlichen* Sinne.« (Ebd. 467).

300 Ebd. 311.

301 Ebd. 313f.

302 Vgl. ders., Der letzte Symboliker, 218. – Nach J. Pritz (Anton Günther, 371) ist A. Günther der erste Theologe des 19. Jhs., der die Kirche als Sakrament bezeichnet.

303 Vgl. J. Pritz, Zur Lehre Anton Günthers von der Kirche, 278–282.

304 »Und gibts in der Menschheit, als Vereinganzes von Geist und Natur, nur Erlösung *mittelst Stellvertretung*; so kann auch der *Stellvertreter* von der Gattung selbst *wieder vertreten* werden.« (A. Günther, Der letzte Symboliker, 222).

305 Vgl. J. Pritz, Zur Lehre Anton Günthers von der Kirche, 316–328.

306 Vgl. J. R. Geiselmann, Die theologische Anthropologie J. A. Möhlers, 177–182; A. Exeler, Eine Frohbotschaft vom christlichen Leben, 194–198.

keit, vielleicht auch, weil es in der »Symbolik« nicht nur um eine sachliche, sondern auch terminologische Abgrenzung (Unterscheidung) von den Protestanten ging.

Die Anthropologie Franz Anton Staudenmaiers (1800–1856) stimmt in ihren Ausführungen über die Menschheit als Organismus, über die Parallelität von Erbsünde und Erbgnade sowie über die Zuordnung von Individuum und Gemeinschaft weithin überein mit Anton Günther[307]. Doch Staudenmaier – obwohl in der Analyse klarer als Günther – macht die Struktur organischer Zusammenhänge und damit auch das Wort »Stellvertretung« nie zum Gegenstand seiner begrifflichen Reflexionen. Er entwirft in seiner »Encyklopädie der theologischen Wissenschaften« eine Synthese zwischen dem Anselmschen und dem Abälardschen Typus der Versöhnungslehre[308]; er verwendet dabei oft das Attribut »stellvertretend« und spricht von der »Vertretung der Gemeinde beim Vater« als dem »dritten Moment im hohepriesterlichen Amte Christi«[309]; aber dies geschieht eher beiläufig; jedenfalls gilt seine Aufmerksamkeit nie dem Stellvertretungsgedanken als solchem.

b) Stellvertretung als personalisierendes Prinzip

Erst die Arbeiten von Heinrich Klee (1800–1840), Franz-Xaver Dieringer (1811–1876) und Friedrich Pilgram (1819–1890) haben die Einheit von Christologie, Soteriologie und Ekklesiologie bewußt und konsequent mit dem Terminus »Stellvertretung« bezeichnet.

Klee unterscheidet drei Betrachtungsweisen der Stellvertretung: die juridische, die physiologische und die sakramentliche[310]. Da Christus weder formell noch materiell unsere Strafe als solche[311] erduldet hat, ist seine Stellvertretung keine bloß juridische. Auch eine rein physiologische Darstellung würde die Wahrheit verfehlen. Denn »wie Adam in *natürlicher* unfreyer Weise die Sünde auf uns verbreitete, und wir in *natürlicher* unfreyer Weise daran Theil nehmen, so verbreitet Christus seine Gerechtigkeit in durchaus *freyer* Weise, und in *freyer Weise* nehmen wir daran Antheil«[312]. Um Mißverständnissen vorzubeugen, nennt der Bonner Dogmatiker bei aller Parallelität zwischen Adam und Christus die Stellvertretung des Stammvaters eine physiologische, die Stellvertretung des Erlösers eine sakramentliche. Damit möchte er schon terminologisch andeuten, daß Christi Stellvertretung durch die Sakramente der Kirche vermittelt wird und wie jedes Sakrament die persönliche Entscheidung ihrer Adressaten impliziert.

307 Vgl. A. Burkhart, Der Mensch – Gottes Ebenbild und Gleichnis, 207–217.
308 F. A. Staudenmaier, Encyklopädie, 1. Aufl. 394–401; 2. Aufl. 654–696.
309 Ebd. (2. Aufl.) 694.
310 Vgl. H. Klee, System der katholischen Dogmatik, 314–321.
311 Ders., Katholische Dogmatik, 541.
312 Ders., System der katholischen Dogmatik, 319.

Entsprechend nennt Dieringer die Kirche den »Komplex der Stellvertretung Christi auf Erden«[313] und schildert den Heiligen Geist als Ermöglichung und Quelle des Prinzips »Stellvertretung«. Der Inhaber des Hermes-Lehrstuhls an der Bonner Fakultät befaßt sich wiederholt mit dem Unterschied zwischen Stellvertretung und Substitution. Stellvertretung – so erklärt er – ist ein Vorgang zwischen Personen, die jede für sich einmalig und daher unersetzlich sind. Dieringers Modell vollendeter Stellvertretung ist das innertrinitarische Verhältnis von Vater, Sohn und Geist. Wenn innertrinitarisch die Relation (das Bezogensein) nicht etwas zur Person Hinzukommendes, sondern wenn die Relation die Person selbst ist[314], dann läßt sich daraus logisch folgern, daß der Vater nur er selbst ist, insofern er die Stelle des Sohnes ist, und umgekehrt, daß der Sohn nur er selbst ist, insofern er die Stelle des Vaters ist. Daß aber diese Stellvertretung nicht zur Substitution der einen Person durch die andere wird, daß die innertrinitarische Beziehung zwischen Vater und Sohn zwei Personen unterscheidet, *indem* sie deren Einheit bildet, ist nur möglich im Heiligen Geist[315]. Der Heilige Geist hebt die Unterschiedenheit der von ihm geeinten Personen nicht auf, sondern personalisiert deren Individualität; er ermöglicht Beziehung bzw. Gemeinschaft, wo die Sünde Selbstverschlossenheit und Isolation verursacht hat[316]. Dieringer orientiert sich an der Pneumatologie Johann Adam Möhlers[317], wenn er das Wirken des Heiligen Geistes als Stiftung neuer Beziehungen zwischen Christus und den von ihm Erlösten beschreibt. So nennt er den Heiligen Geist die Vermittlung der Stellvertretung Christi an die Kirche als einen organisch wachsenden Komplex von Stellvertretungen. Christus ist der »neue Adam«; seine Stellvertretung betrifft schlechthin alle Menschen aller Orte und Zeiten[318]. Aber die Adam-Christus-Parallele hat ihre Grenzen: Der Mensch wird nicht in die Stellvertretung Christi »hineingeboren«, wie er in die Sünde Adams »hineingeboren« wird. In einem eigenen Paragraphen über »die Stellvertretung des Menschensohnes durch den Apostolat« schreibt Dieringer: »Die Stellvertreter Christi sind zwar aus der Menschheit genommen, aber nicht die Menschheit als solche ist seine Stellvertreterin auf Erden ... Begreiflicherweise kann ... nur der, welcher selbst schon mit Christus in Lebensverbindung steht, als ein Organ des Heiligen Geistes andern dieselbe Gemeinschaft des übernatürlichen Lebens darbieten und vermitteln.«[319]

Der Konvertit und Laientheologe Friedrich Pilgram (1819–1891) hat

[313] Vgl. F. X. Dieringer, Lehrbuch der katholischen Dogmatik, 501–556.
[314] Vgl. ebd. 110–121.
[315] Vgl. ebd. 509–513.541.
[316] Vgl. ebd. 432f.
[317] Vgl. K. Eschweiler, Johann Adam Möhlers Kirchenbegriff, 31–63.
[318] Vgl. F. X. Dieringer, System der göttlichen Thaten des Christenthums, 237–241.
[319] Ders., Lehrbuch der katholischen Dogmatik, 515.

in seinem Hauptwerk mit dem Titel »Physiologie der Kirche« zwei Kapitel unter das Stichwort »Stellvertretung« gestellt[320]:

– »Die wirkliche Kirche in ihrem Bau und Verfassungsorganismus; Christi Stellvertretung in ihr im allgemeinen«.

– »Gliederung der kirchlichen Stellvertretung im Primat, Episkopat und Priestertum usw. Die kirchlichen Stände«.

Wie Dieringer »übersetzt« Pilgram die Stellvertretung Christi in einen Komplex von Stellvertretungen der Kirche. Genauer aber als dieser definiert er das Begriffsfeld »Stellvertretung«. Mit einem ausgeprägten Gespür für Sprachnuancen unterscheidet er schon 1860 die juristische Bedeutung des Wortes (wenn jemand »bloß im Auftrage eines Anderen handelt«) von seiner Anwendung auf die Identitätsrepräsentation (wenn jemand »auch im Namen eines anderen auftritt«) und die »organologische Vertretung« (wenn jemand »als Organ eines andern handelt«)[321]. Pilgram erklärt die Sünde als Trennung des Menschen von Gott und bezeichnet deshalb die Vereinigung der göttlichen mit der menschlichen Natur in Christus als Prinzip aller Erlösung. Gnade nennt er, daß Gott »sich in Christo wieder in realen einheitlichen Zusammenhang mit der von Ihm abgewichenen und losgerissenen Menschheit einließ«[322]. Christi Leiden und Tod resultieren aus dem Widerstand der von der Sünde aufgebauten Hindernisse gegen die Gemeinschaft des Sünders mit dem Erlöser im Heiligen Geist. Christus tritt so »an die Stelle« des Sünders, daß dieser jede um sein Ich gezogene Mauer der Sünde auf das Du und das Wir hin überwinden kann. Erlösung bedeutet somit die Ausweitung der Stellvertretung Christi durch die Bildung seines mystischen Leibes, der Kirche. Anders gesagt: Kirche ist die gleichsam organische Einbeziehung möglichst aller Menschen in die Stellvertretung Jesu Christi[323]. Pilgram bemerkt über den Zusammenhang zwischen christologischer und ekklesiologischer Stellvertretung:

> »Gott teilt der Stellvertretung ihr Amt als ein einiges mit, als ein solches, welches zunächst die ganze Stellvertretung auszuüben hat. Indem dieselbe nun die einzelnen Zweige dieses einheitlichen Amtes einzelnen Gliedern überträgt, macht sie sie im gewissen Sinne auch zu *ihren* Vertretern, sofern man es nämlich Stellvertretung nennen kann, wenn das Glied einer Korporation die Wirksamkeit derselben an und in sich ausübt, wenn eine Korporation in ihren Gliedern wirkt.«[324]

c) Stellvertretung als Funktion juridischer Verhältnisse

Wie der ihm theologisch und persönlich verbundene Dogmatiker Heinrich Klee betont auch der Münsteraner Moralprofessor Franz Friedhoff

[320] F. Pilgram, Physiologie der Kirche, 48–91.
[321] Ebd. 63.
[322] Ebd. 40.
[323] Vgl. B. Casper, Die Einheit aller Wirklichkeit, 161–165.
[324] F. Pilgram, Physiologie der Kirche, 66.

(1821–1878), daß die durch Christus im Heiligen Geist geschenkte Gnade keinen »mystischen Leib« bilden könnte, wenn sie nicht auf einer geschöpflichen Voraussetzung beruhte: auf der natürlichen Einheit des Menschengeschlechtes von Adam her. Aber er bemerkt gleichzeitig, daß die Natur als Voraussetzung der Gnade nicht im Sinne einer Abhängigkeit der Gnade von der Natur interpretiert werden dürfe[325]. Damit deutet er die Hauptthese einer Theologie an, die unter der Sammelbezeichnung »Neuscholastik« bis weit ins 20. Jahrhundert hinein fast alle theologischen Lehrbücher prägt. Wenn Natur und Gnade wie zwei Stockwerke übereinandergetürmt werden, bezeichnet das Wort »Stellvertretung« nicht die Brücke zwischen Gnade und Freiheit, sondern eine Leistung Christi, die uns so zugerechnet wird, als hätten wir sie selbst vollbracht, die uns selbst aber nicht verändert, sondern unserer durch die Sünde pervertierten Freiheit äußerlich bleibt.

Bezeichnend in diesem Sinne sind die gegen Günther und Kuhn gerichteten Kritiken von Anton Berlage (1805–1881), Joseph Kleutgen (1811–1883), Constantin von Schäzler (1827–1880) und Michael Gloßner (1837–1909). Entsprechendes gilt für Albert Stöckls große Arbeit über Wesen und Geschichte des Opfers[326], für Georg Pells Versuch, das Dogma von Sünde und Erlösung der kritischen Vernunft gebildeter Menschen zu erklären[327], für Bernhard Dörholts Untersuchungen zur Satisfaktionslehre[328], für die historisch-dogmatische Studie des Münchener Theologen Johannes Franz Seraph Muth über die »Heilstat Christi als

325 Vgl. F. Friedhoff, Katholische Dogmatik II, 363f.

326 Vgl. A. Stöckl, Das Opfer, bes. 245–248.372–416.

327 Vgl. G. Pell, Das Dogma von der Sünde und Erlösung, bes. 65–71. – Pell verbindet das Äquivalenzdenken der traditionellen Genugtuungslehre mit dem z. B. von Ebrard verwandten Bild: »Wenn dem Kunstgärtner in seinem lebendigen Blumenteppiche die Zweige eines einzigen Gewächses die zur Vollendung des Ganzen nötigen Blüten nicht treiben, so kann dieser Abgang ohne Zweifel durch ein dankbares Gewächs ersetzt werden, welches der Gärtner an die Stelle des unfruchtbaren pflanzt. Aber damit ist in keiner Weise ein Grund gegeben, warum nicht die unfruchtbare Staude sollte ausgerissen und aus der Kunstanlage entfernt werden müssen. Sie ist und bleibt ein harmoniestörendes Gewächs und kann durch die Fruchtbarkeit eines anderen ersetzt, aber nicht vom Urteile der Ausscheidung errettet werden. Eine Möglichkeit, daß die blütenleere Pflanze an ihrer Stelle bleiben könne, ist nur in der Weise denkbar, daß sie selber wenigstens in *einem* Zweige doch die nötigen Blumen trage. Wenn ihr der Gärtner einen Zweig einsenkt oder sie denselben hervorbringen läßt, welcher allein durch seine überreiche Blüte alle Säumigkeit der übrigen ersetzt, so hört der Grund auf, daß sie ausgejätet werden sollte. Der Strauch hat seine Pflicht gethan, er brachte einen Zweig, mit dem er die ihm zugewiesene Stellung ausfüllt. Er braucht keinem stellvertretenden Ersatzleister Platz zu machen, weil er den rückständig gebliebenen Ersatz nun selbst zu leisten vermag und leistet.« (66f). »Dadurch, daß der göttliche Logos die Schuld der Menschheit als organisch eingegliederter Teil derselben an Gott bezahlt, ist auch deren Wiederherstellung nicht bloß motiviert, sondern bereits eingeleitet ... Wie das dem Stamme aufgepfropfte Reis die Triebe des Stammes in sich aufnimmt und aus sich heraus ›wiedergebieret‹, so nimmt die der Menschheit einverleibte Gotteskraft deren einzelne Individuen an sich, so viele nur immer sich ziehen lassen ...« (70).

328 Vgl. B. Dörholt, Die Lehre von der Genugthuung Christi, bes. 10–38.378–500.

stellvertretende Genugtuung«[329], und auch für die patristische und scholastische Dokumentation des Sühnegedankens von Christian Pesch SJ[330].

Als Ausnahme darf die zweibändige Soteriologie des Braunsberger Dogmatikers Johann Heinrich Oswald (1817–1903) gelten. Weil seine Kollegen »Stellvertretung« fast ausnahmslos als »Substitution« verstehen, möchte er das Erlösungswerk Christi nicht mit diesem Wort beschreiben. »Gottes Sohn«, so bemerkt er, ist »in das bestehende und sich fortentwickelnde Geschlecht als Sprößling der Gattung eingetreten, sohin ein Glied am Ganzen der Menschheit wahrhaft geworden«. Deshalb ist Christi Verdienst zugleich das Verdienst der Menschheit. Deshalb gilt auch, daß Christi Erlösungswerk »in der Stellvertretung (Substitution) nicht ihren adäquaten Ausdruck findet, vielmehr als eine Selbstrepräsentation der Menschheit in Christo sich charakterisiert, wie ... denn überhaupt ... die Erlösung in der juridisch gefaßten Genugthuung nur einseitig zum Austrag kommt«[331]. Oswald will Gnade ebenso wie Dieringer und Pilgram nicht als Ersatz, sondern als Ermöglichung menschlicher Freiheit schildern. »Finden wir«, so schreibt er, »bei der wirklichen Sünde einen doppelten Faktor wirksam, die Schuld Adams und die eigene, so entsprechen bei der Entsündigung gleichfalls zwei Coefficienten, die Gnade Gottes (als Frucht des Verdienstes Christi) und das eigene Verdienst des Sünders, d. h. seine Mitwirkung.«[332]

Eine gewisse Ähnlichkeit mit der Kontroverse zwischen Johann Christian Konrad von Hofmann und Friedrich Adolph Philippi hatte auf katholischer Seite der Streit zwischen Herman Schell (1850–1906) und dem Jesuiten Johann Baptist Stufler (1865–1952). Im Unterschied zu Hofmann verwendet Schell allerdings beide Termini: »Stellvertretung« und »Genugtuung«. Es war – so erläutert er – nicht Gott, sondern der von den Folgen seiner Sünde gefangene Mensch, »dem der Lösepreis des stellvertretenden Opfers zu bezahlen war, damit er, aus dem Wahn des Weltsinnes und der Gottentfremdung herausgerissen, ahne, erkenne und bekenne, Gott *allein* sei gut, Gott, der die Welt trotz ihrer Gottentfremdung also liebte, daß er seinen eingeborenen Sohn herabsandte«[333]. Obwohl Schell sich um den Nachweis bemüht, daß das Erlösungswerk Christi nicht einfach das heroische Beispiel sittlicher Größe, sondern der reale Eintritt in den »Leib der sündenkranken Menschheit«[334] war, kon-

[329] J. F. S. Muth, Die Heilstat Christi als stellvertretende Genugtuung, bes. 222–224.

[330] Vgl. C. Pesch, Das Sühneleiden unseres göttlichen Erlösers, bes. 122–144. – An Peschs Arbeit orientiert sich auch das seinerzeit weit verbreitete Buch: T. Molina, Das Leiden im Weltplan, bes. 177–192.

[331] J. H. Oswald, Die Erlösung in Christo Jesu II, 44f. – Zu Oswalds Darstellung der »marianischen Mitwirkung« im Erlösungswerk: H. J. Brosch, Deutsche Theologen des 19. Jahrhunderts in der Frage der heilsgeschichtlichen Stellvertretung der Menschheit durch Maria, 286–300.

[332] Ebd. 47.

[333] H. Schell, Katholische Dogmatik III/1, 193f.

[334] Ebd. 198.

tert Stufler mit der Behauptung, es sei einhelliges Zeugnis der Heiligen Schrift und vom Trienter Konzil förmlich definierte Lehre, daß Gott eine äquivalente Ersatzleistung für die Schuld der Sünde verlangt hat[335]. Diese These wird in den dogmatischen Lehrbüchern von Johann Baptist Heinrich, Joseph Pohle, Thomas Specht, Bernhard Bartmann, Franz Diekamp, Matthias Premm, Johannes Brinktrine und mit einschränkenden Hinweisen auf Romano Guardini und Peter Lippert auch von Michael Schmaus belegt und aufrechterhalten. J. B. Heinrich und Bartmann wollen zwar »positive Elemente« der Soteriologie Günthers und Schells integrieren; insgesamt aber bestätigen sie die juridische Satisfaktionslehre[336].

d) Stellvertretung als Verähnlichung des Menschen mit Gott

Die in jüngster Zeit von Norbert Hoffmann veröffentlichten Arbeiten zur »Theologie der Stellvertretung« wissen sich nicht nur Balthasar verpflichtet, sondern verweisen wiederholt auch auf Matthias Joseph Scheeben (1835–1888)[337]. Geistesgeschichtlich schwer einzuordnen und jedenfalls keiner »theologischen Schule« zugehörig, hat der Kölner Seminarprofessor mit seinem unvollendeten »Handbuch der Katholischen Dogmatik« ein Werk geschaffen, das die gewohnten Geleise scholastischer Lehrbücher verläßt. Scheeben nennt das Geheimnis der Inkarnation des Sohnes Gottes eine »Weiterführung seines ewigen Ursprungs und seines Verhältnisses zum Vater und dem Heiligen Geist nach außen«[338]. Und wenn er das Mysterium der Kirche als geistgewirkte Inkorporation des Sünders in die Sohnschaft Christi[339] beschreibt, dann ist Stellvertretung das Gegenteil von Ersatz. Denn dann tritt der Erlöser so »an die Stelle« des Sünders, daß er ihn nicht verdrängt, sondern im Gegenteil befähigt, seine ihm von Anfang an zugedachte Stelle als »Sohn« einzunehmen[340].

[335] »Gott hätte allerdings die Schuld aus reiner Barmherzigkeit auch ohne Genugtuung erlassen können; aber er wollte, daß seine Forderung auf Ersatz befriedigt werde. Und dies geschah durch Christi Genugtuung. Christus opferte sich dem Vater auf *›in odorem suavitatis‹*. Dieses Opfer und die ihm dadurch zuteil gewordene Verherrlichung gefiel ihm so sehr, daß er deswegen den Menschen Schuld und Strafe erließ. Christi Blut ist also ein *›pretium datum‹*, eine Leistung, welche von Christus als dem neuen Haupte des Menschengeschlechtes und als dessen Stellvertreter Gott bezahlt wurde als Äquivalent für die Schuld der Sünde.« (J. B. Stufler, Die Erlösungstat, 395).

[336] Vgl. J. B. Heinrich, Dogmatische Theologie VII, 790–826; B. Bartmann, Lehrbuch der Dogmatik I, 391–403; ders., Die Erlösung, 111–137.

[337] N. Hoffmanns Promotionsschrift trägt den Titel: Natur und Gnade. Die Theologie der Gottesschau als vollendeter Vergöttlichung des Geistesgeschöpfes bei M. J. Scheeben (AnGr 160), Rom 1967. Zu unserem Thema vgl. bes. SS. 223–353.

[338] M. J. Scheeben, Handbuch der Katholischen Dogmatik II, § 1096. – An anderer Stelle spricht Scheeben von der Inkarnation »als Fortsetzung der ewigen Zeugung nach außen« (ebd. V/1, § 534).

[339] Vgl. ebd. III, § 1005; ders., Die Mysterien des Christentums, 331–333.413 f.478.

[340] Vgl. ders., Handbuch der Katholischen Dogmatik V/1, §§ 1267–1273.

Neben den Arbeiten Hoffmanns belegen auch die Ergebnisse anderer Scheeben-Interpreten die These, daß sich in der Dogmatik des Kölner Professors viele Komponenten dessen finden, was viel später Hans Urs von Balthasar über »Stellvertretung« als eines der entscheidenden Schlüsselworte der »Theodramatik« ausführt. Zu nennen sind Karl Wittkempers Aufsatz über Mariens »Stelle« in der Stellvertretung Christi[341], Peter Lengsfelds[342] Arbeit über die Adam-Christus-Typologie, Eugen Pauls[343] Ausführungen über den Personbegriff, Klaus Leo Kleins[344] Darstellung der »Gottebenbildlichkeit als Sich-mitteilendes-Ausdrücken«, und nicht zuletzt die Dissertation von Karl-Heinz Minz[345] über Scheebens Trinitätslehre, speziell seine Thesen zum Thema »participatio trinitatis«.

Man kann die in Scheebens Dogmatik verstreuten Elemente einer »Stellvertretungslehre« in folgende sechs Punkte fassen:

– Urbild aller Personalität[346] sind die innertrinitarischen Relationen. Denn obgleich »die göttlichen Personen Personen sind im absoluten, d.h. höchsten Sinne des Wortes, so schließt das doch nicht aus, sondern ein, daß dieselben *untereinander wesentlich* relativ sind, ... und daß folglich die einzelnen die Natur nur insofern *für sich* besitzen, als sie dieselbe zugleich *für andere* ... besitzen«[347].

– Personalität ist weder inner- noch außertrinitarisch ein Zustand, sondern ein Prozeß. Als Ebenbild Gottes ist der Mensch befähigt, das eigene Ich zu transzendieren. Darin besteht seine sittliche Freiheit[348]. Je mehr er sein »Ich« übersteigt auf das »Du« der anderen Person(en) hin, desto freier wird er; und je freier er wird, desto mehr ist er Person.

341 Vgl. K. Wittkemper, Die heilsgeschichtliche Stellvertretung der Menschheit durch Maria, bes. 309.313–319.

342 Vgl. P. Lengsfeld, Adam und Christus, 128–153.

343 Vgl. E. Paul, Denkweg und Denkform, 169–176.

344 Vgl. K. L. Klein, Kreatürlichkeit als Gottesebenbildlichkeit, 240–247.

345 Vgl. K.-H. Minz, Pleroma Trinitatis, 167–173.

346 Vgl. M. J. Scheeben, Handbuch der Katholischen Dogmatik II, §§893–911, bes. §§909f. – N. Hoffmann (Natur und Gnade, 377) bemerkt: »Es ist sicher nicht übertrieben, Scheeben als Vorläufer jener katholischen Theologen anzusprechen, die den Aspekt personaler Gemeinschaft mit Gott im Glauben herausarbeiten und sich bemühen, von hier aus die ganze Glaubenstheologie neu durchzudenken.«

347 Ebd. II, §909.

348 »Weil und inwiefern der Mensch als Ebenbild Gottes nur vermöge seiner sittlichen Freiheit seine wesentliche Beziehung zu Gott als seinem Endzwecke realisieren kann, so ist der Besitz und Bestand der sittlichen Freiheit das wichtigste Kriterium für den Bestand des lebendigen Ebenbildes Gottes ...« (Ebd. III, §535). – K.-H. Minz (Pleroma Trinitatis, 168f) bemerkt: Es »ergibt sich für das Verhältnis von Trinität und begnadeter Kreatur (als deren Abbild) folgendes überraschendes Ergebnis: Das *Geschehen* der Partizipation *ist* ein ›Zwischen‹ von Personen, die in einer Wirklichkeit von Freiheit, Geschichte und Gnade miteinander kommunizieren. Mit Martin Buber formuliert: ›Nur am Du werde ich zum Ich.‹ ... Die Trinität als der Urort der Dialogik vermag gerade als eben solche Zwiesprache Vorzeichen und Konstruktionsprinzip aller Wirklichkeit ... zu sein«.

– Sünde ist immer eine »die sittliche Freiheit bindende Fessel«[349] und damit Beeinträchtigung der Fähigkeit, die eigene Personalität zu entfalten.

– Urbild aller Stellvertretung[350] ist die Kenose der innertrinitarischen Relationen durch den Eintritt des Sohnes in die »Nachkommenschaft Adams« und durch die pneumagewirkte Inkorporation (Personalisierung) des Sünders in die Sohnschaft Christi.

– Das Kreuz[351] Christi offenbart einen Stellvertreter, der sich selbst so in die Wirklichkeit der von ihm vertretenen Person (des Sünders) vermittelt (tradiert), daß er den Sünder nicht ersetzt, sondern ihm durch Mitvollzug seiner Stellvertretung Sohnschaft ermöglicht. Anders gesagt: Der Sohn (der Stell-vertreter) ersetzt den Sünder nicht, sondern tritt so an seine Stelle, daß dessen sündiger Widerstand gegen die Liebe zerbrechen und sich in das Gegenteil seiner selbst (Stellvertretung) verkehren kann[352].

– Stellvertretung beschreibt das Verhältnis von versöhnender Gnade und mitwirkender Freiheit. Stellvertretung ist »die Weise, wie der Mensch sich Gottes Willen bzw. Gottes Wesen konformiert und seine Übereinkunft mit Gott als Ausdruck Gottes verwirklicht bzw. wie der Mensch als Geschöpf zu Gott als seinem Ziele hinstrebt und seine Übereinkunft mit Gott als Vereinigung mit Gott verwirklicht, vom Bild zum Gleichnis Gottes, von der *imago* zur *similitudo* als der *perfectio et explicatio imaginis*«[353].

349 Ebd. IV, § 74.

350 Was E. Paul (Denkweg und Denkform, 85) als »fortschreitende Vermittlung von griechischer und lateinischer Denkweise« bezeichnet, wird exemplarisch deutlich, wenn Scheeben die Stellvertretung Christi der lateinischen Tradition entsprechend »als *Substitution eines dem Tode an sich nicht verfallenen Lebens* für das demselben verfallene Leben der ganzen Menschheit« (Handbuch der Katholischen Dogmatik V/2, § 1267) beschreibt, zugleich aber im Sinne der griechischen Väter von der »Loskaufung aus der Schuld der Sünde«, von der »Erkaufung der Freiheit der Kinder Gottes«, von der »Befreiung des Menschen aus der Herrschaft des Teufels« (ebd. V/2, §§ 1272f) spricht.

351 »Obgleich *alle* Leiden und Demütigungen, die Christus während seines ganzen irdischen Lebens unter den Menschen wie einer aus ihnen im Gehorsam gegen den Vater erduldet und für uns aufgeopfert hat, mit zu seinem Sühneverdienst gehören, so hat dasselbe doch nach göttlicher Anordnung und der Intention Christi *seine äußere konkrete Vollendung* erst gefunden in der aus Gehorsam vollzogenen *Preisgebung (παραδιδόναι, tradere* in der Sprache der hl. Schrift) *seiner selbst in den Kreuzestod* oder durch die Hingabe *(διδόναι, dare)* seines leiblichen Lebens vermittelst der Vergießung seines Blutes, wodurch Christus als Mittler der Versöhnung Gottes in der Weise *für uns eintritt*, daß *er sich selbst für uns einsetzte.*« (Ebd. V/2, § 1267).

352 R. M. Schmitz (Il sacro cuore, 277) erklärt die Scheebensche Verknüpfung von christologischer und ekklesiologischer Stellvertretung mit dessen Vorliebe für das Bild des Herzens Jesu: »Scheeben concentra in questo concetto di cuore tutta la realtà divino-trinitaria: Padre e Figlio sono uniti in un unico cuore, del quale lo Spirito è nient'altro che il sangue anche trasferibile a noi.«

353 K. L. Klein, Kreatürlichkeit als Gottebenbildlichkeit, 245. – Maria ist nach Scheeben Urbild dieser »Mit-Stellvertretung«, die uns in demselben Maße mit Christus vereint, wie sie uns zu uns selbst befreit. Vgl. K. Wittkemper, Die heilsgeschichtliche Stellvertretung der Menschheit durch Maria, 318f.

3. Zusammenfassung: Überwindung der »uneigentlichen« durch die »eigentliche« Bedeutung

– »Eigentliche Stellvertretung«, so haben wir in der Einführung festgestellt, bedeutet immer eine direkte Proportionalität zwischen der Einheit und Unterschiedenheit zweier personaler Wirklichkeiten (vgl. SS. 20–24); »uneigentliche Stellvertretung« hingegen deren nur äußerliche, fiktive oder rein juristische Vermittlung. Um einerseits die sozinianisch-neologische Selbsterlösungslehre und gleichzeitig die sogenannte »orthodoxe« Lehre von einer rein forensischen (»uneigentlichen«) Stellvertretung zu überwinden, entsteht in der protestantischen Soteriologie des 18. Jhs. das deutsche Abstraktum »Stellvertretung«. »Vermittlungstheologen« wie Georg Friedrich Seiler halten die These, Christus habe uns sein Verdienst wie eine stellvertretend dem Vater bezahlte Geldschuld zugeeignet, für unvereinbar mit dem »eigentlichen Wesen« der Stellvertretung und stellen deshalb der These von einer »stellvertretenden Genugtuung« die Antithese von einer »genug tuenden Stellvertretung« gegenüber. Die »Vermittlungstheologen« bezweifeln keineswegs die stellvertretende Bedeutung des Kreuzestodes, betonen aber auch, daß die Stellvertretung Christi nicht der Befriedigung göttlicher Gerechtigkeit, sondern der Heilung des Sünders dient. Dennoch gelingt ihnen keine wirklich tragfähige Vermittlung zwischen orthodoxer und neologischer Versöhnungslehre, weil sie die stellvertretende Bedeutung des Kreuzestodes im Sinne eines Strafexempels als erzieherisches Beispiel zur Motivierung unserer im übrigen selbsttätigen Erlösung erklären. Sie bemerken nicht, daß in der »Strafexempel-Theorie« die Stellvertretung Christi als bloßes »exemplum« den von ihm vertretenen Sündern ebenso äußerlich bleibt wie eine dem Vater ohne uns, aber für uns entrichtete Satisfaktion.

– Auf der Strafrechtslehre des Hugo Grotius fußend, ist die Strafexempel-Soteriologie der Vermittlungstheologen keine Überwindung, sondern eine Bestärkung der »uneigentlichen« (juristischen) Stellvertretung. Die juristische Affinität des Stellvertretungsbegriffs der deutschen »Vermittlungstheologie« zum Repräsentationsbegriff der verfassungsrechtlichen Schriften des Revolutionstheoretikers Emanuel Sieyes bereitet den Boden für die deutsche Übersetzung des französischen Terminus »représentation« mit dem in der christlichen Soteriologie gebildeten Abstraktum »Stellvertretung«. Die juristische »de-facto-Vereinnahmung« eines »eigentlich« theologischen Begriffs wird philosophisch untermauert durch Kants These, daß Stellvertretung auf allen Feldern (Schuld, Sühne, Verantwortung, Strafe) des spezifisch menschlichen bzw. persönlichen oder moralischen (»eigentlichen«) Lebens undenkbar (»wider die Vernunft«) ist und deshalb nur fiktive oder juristische (»uneigentliche«) Beziehungen zwischen Personen bezeichnen kann.

– Das erklärte Ziel Kants und der deutschen Idealisten, nicht nur die wahre Philosophie, sondern auch die wahre Theologie zu entwerfen, verleiht dem »protestantischen Zentraldogma« von der Stellvertretung Christi den Charakter einer äußersten Herausforderung des »reinen Denkens«. Hegel gelangt zu der These, daß »eigentliche« Subjektivität nicht in der Verobjektivierung (Negation) des Anderen, sondern in der Versöhnung bzw. Aufhebung des Anderen (Negation der Negation) in die »reine Subjektivität« (= Geist) besteht. Deshalb ist das Dogma von Christi Hintreten an die Stelle der Sünde des Anderen (des sündigen Menschen) für ihn keine Beleidigung, sondern höchster Ausdruck der Wahrheit über die Würde bzw. Personalität des Menschen. Die These, daß Kants transzendentales Ich sich selbst begründe (Fichte), wird von Hegel ad absurdum geführt – allerdings um den Preis der Unvereinbarkeit seiner eigenen Position (der These von der Negation der Negation) mit einem Freiheitsverständnis im Sinne individueller Selbstbestimmung. Eine positive Antwort auf die Frage nach der Vereinbarkeit des Absoluten mit wirklicher menschlicher Freiheit gibt erst der späte Schelling, indem er das »absolute Subjekt« die »ewige Freiheit« nennt, die ihre erlösende (zur Freiheit befreiende) »Macht« in der selbstverfügten »Ohn-Macht« des gekreuzigten Christus offenbart.

– Unter dem Einfluß Hegels und Schellings versuchen die als »Rechtshegelianer«, »Schleiermacherianer« oder »Ritschlianer« klassifizierten Theologen des 19. Jhs., die Vermittlung des Erlösungswerkes Christi mit der Versöhnung der Sünder statt »von außen« (juridisch) »von innen her« (ontologisch) zu erklären. Zumeist überlassen sie das Wort »Stellvertretung« den »orthodoxen« Verfechtern der Satisfaktionslehre und sprechen stattdessen von einer »Vertretung« oder »Repräsentation Christi, der als »neuer Adam« die sündige Menschheit in sein eigenes Bewußtsein der Einheit mit Gott, in seine eigene Subjektivität, einbezieht. Gemessen an der Definition »eigentlicher« Stellvertretung als einer direkten Proportionalität der Einheit und Unterschiedenheit zweier Subjekte erscheint die »Einbeziehung« des vertretenen Subjekts (des Sünders) in das vertretende Subjekt (Christus) nicht selten als »Aufhebung«. Deshalb kommt es auf seiten vieler »Schleiermacherianer«, die sich um eine nicht nur »ontologische«, sondern auch kirchliche Interpretation der Versöhnungslehre bemühen, zum Rückgriff auf das Wort »Stellvertretung« – allerdings unter betonter Abgrenzung von dem traditionellen Kompositum »stellvertretende Genugtuung«. Albrecht Ritschl bezeichnet die »eigentliche« Stellvertretung als »inklusive« im Unterschied zur »exklusiven« Stellvertretung Christi in der forensischen bzw. juridischen Rechtfertigungslehre der »lutherischen Orthodoxie«.

– Auch von seiten der »Orthodoxen« (Tholuck, Kähler, Cremer) wird die Brücke zur »Gegenseite« (zur »spekulativen Linken«) mit Hilfe des Stellvertretungsbegriffs geschlagen. An den Gekreuzigten glauben heißt für Tholuck: die Gestalt seiner Stellvertretung in das eigene Leben übersetzen. So ist Stellvertretung zugleich die Wirkweise der Erlösung durch Christus *und* das Kriterium der Versöhnung in uns selbst.

– Doch während sich das Abstraktum »Stellvertretung« Mitte des 19. Jhs. anschickt, wie schon zur Zeit seiner Entstehung im Streit zwischen Orthodoxie und Neologie (Ende des 18. Jhs.) erneut »Vermittlungsbegriff« bzw. »Brücke« zu werden, kommt es »in der Epoche der gesteigerten politischen und kirchlichen Reaction seit 1850« (Ritschl) noch einmal zur Vereinnahmung des Stellvertretungsbegriffs durch die Verfechter der alten Satisfaktionslehre. Hofmann, als Erlanger Theologe um Vermittlung bemüht, sieht sich gezwungen, den »an sich höchst brauchbaren« Terminus »Stellvertretung« zu meiden, um nicht als Verfechter der Lehre von einer »stellvertretenden Genugtuung« zu gelten. Gleichzeitig aber ist er der erste Theologe, der die »eigentliche Stellvertretung« – das Hintreten des menschgewordenen und gekreuzigten Erlösers »an unsere Stelle« – in der Trinitätslehre verankert und so am »Modell« der innertrinitarischen Relationen verdeutlicht, wie die Beziehung zwischen dem Stellvertreter Christus und dem von ihm vertretenen Sündern »eigentlich« zu verstehen ist: nämlich als eine direkte Proportionalität der Einheit und Unterschiedenheit zwischen vertretendem und vertretenem Subjekt.

– Nach dem sogenannten Hofmann-Philippischen Streit rückt die Versöhnungslehre aus dem Zentrum an den Rand der protestantischen Theologie. Bis zu Karl Barths Dialektischer Theologie kommt es zu keiner endgültigen Abgrenzung von »eigentlicher« und »uneigentlicher« Stellvertretung. In den meisten Schulbüchern ist der Stellvertretungsbegriff Ausdruck der alten Lehre von einer stellvertretenden Satisfaktion; aber in mancher Dogmatik bleibt er – ohne allerdings näher bedacht oder gar reflektiert zu werden – lebendig als Bezeichnung einer »tieferen«, »inneren«, »ontologischen« oder »organischen« Verbindung zwischen dem vertretenden Christus und dem von ihm vertretenen Sündern.

– Wenn man von der Häufigkeit des Wortgebrauchs absieht, spielt das Wort »Stellvertretung« in der katholischen Ekklesiologie des 19. Jhs. eine ähnlich »zwiegesichtige« Rolle wie in der protestantischen Versöhnungslehre. Da stehen auf der einen Seite Anton Günther, Franz Xaver Dieringer, Friedrich Pilgram und Herman Schell als Verfechter einer Stellvertretung, die dem Freiheitsdenken der Neuzeit Rechnung trägt; und auf der anderen Seite die viel größere Zahl der Lehrbuchautoren, die das Wort »Stellvertretung« für eine »Ersatzhandlung« des »für uns der göttlichen Gerechtigkeit Genugtuung leistenden« Erlösers reservieren. Der besonderen Bedeutung Hofmanns auf protestantischer Seite entspricht katholischerseits das in seiner Einzigartigkeit bis heute nicht hinreichend erforschte und gewürdigte Werk des Kölner Seminarprofessors Matthias Joseph Scheeben. Er beschreibt die Kenose der innertrinitarischen Relationen als Urbild der Stellvertretung, als Grund kreatürlicher Freiheit und als Voraussetzung einer Kirche, die als vom Vater durch Christus begründete im Heiligen Geist ein organisches Geflecht von Stellvertretungen bildet.

– Die getrennte Darstellung der protestantischen und katholischen Theologie läßt auf beiden Seiten die Bedeutung des Stellvertretungsbegriffs für eine ökumenische Rechtfertigungslehre erkennen. Auf protestantischer Seite ist der Stellvertretungsbegriff im wahrsten Sinne des Wortes »von Anfang an« Ausdruck für die Notwendigkeit, die *Verbindung* zwischen dem Stellvertreter Christus und den von ihm vertretenen Sündern positiv zu klären. Und auf katholischer Seite zwingt der von protestantischen Soteriologen gebildete Stellvertretungsbegriff eine allzu juridische Ekklesiologie (Kirche als rechtlich verfaßte Gesellschaft) zur Frage nach ihrer Grundlegung durch Christi Erlösungswerk. Ohne einseitige oder wechselseitige Abhängigkeit voneinander verweisen Johann Christian Konrad von Hofmann und Matthias Joseph Scheeben mit ihrer Trinitätslehre gleicherweise auf ein »Modell« von Stellvertretung, das den Protestanten weiterhin die These von der Alleinwirksamkeit Christi und den Katholiken die Bezeichnung der Kirche als »Mit-Stellvertreterin« durch, in und mit Christus erlaubt. Denn wenn Einheit und Unterschiedenheit zwischen Christus und den Christen sich in Analogie zu den innertrinitarischen Relationen nicht umgekehrt, sondern direkt proportional verhalten, bilden erlösende Gnade und erlöste Freiheit kein Konkurrenzverhältnis, sondern umgekehrt: Je mehr einer in Christus ist, desto mehr ist er »er selbst«.

Drittes Kapitel

STELLVERTRETUNG STATT »ANALOGIA ENTIS«

Steht das 19. Jh. unter dem Pathos des Subjekts, das den Auszug aus seiner selbstverschuldeten Unmündigkeit beginnt und sich zum Hegelschen Ideal der Aufhebung aller Entfremdungen aufschwingt, so folgt nach der gewaltigen Sprengung dieses Optimismus durch den ersten Weltkrieg eine totale Wende. Nicht mehr »das Ich«, sondern »der Andere« wird zum bestimmenden Thema der Philosophie. Nicht mehr die Geschichte, sondern der ganz andere Gott steht im Zentrum der Theologie. Während das 20. Jh. historisch mit dem Ersten Weltkrieg anhebt, beginnt es theologisch mit Karl Barth (1888–1968), der die Theologie des 19. Jhs. als von Schleiermacher beherrschte Verkehrung der »biblischen Offenbarung« in »Anthropologie« verwirft. Erlösung, so schreibt er in seiner »Geschichte der protestantischen Theologie im 19. Jahrhundert«, ist für Schleiermacher die Vermittlung des Gottesbewußtseins Christi durch die Gemeinschaft der an Christus Glaubenden an den einzelnen Sünder[1]. So aber wird die Erlösung zur Selbsterlösung und der Glaube zum frommen Gefühl (Religion). Barth erkennt in der so betriebenen Eliminierung des Stellvertretungsbegriffs einen wichtigen Beweis für die Berechtigung seines Vorwurfs. Wo die biblische Aussage verdrängt wird, daß Christus »an unserer Stelle« gehandelt und gelitten hat, kann der Erlöser auf ein ethisches Beispiel oder einen bloßen Katalysator unseres Gottesbewußtseins reduziert werden. Mit Emphase stellt Barth darum der »Bewußtseinschristologie« Schleiermachers seine »Stellvertretungschristologie« gegenüber. Und damit nicht genug: Wie seine gesamte Theologie Christologie ist, so ist sie auch in allen ihren Teilen vom Stellvertretungsgedanken bestimmt. Karl Barth befreit den Terminus »Stellvertretung« nicht nur von seinen Kämpfen gegen juristische Vereinnahmung und Verdrängung durch eine subjektzentrierte Philosophie, sondern er erhebt den Stellvertretungsbegriff zu einer theologischen Grundkategorie.

Ging es im zweiten Kapitel unserer Untersuchung um die Frage, ob und wie sich die »eigentliche« (theologische) Bedeutung des Stellvertretungsbegriffs allen Widerständen der idealistischen Philosophie und liberalen Theologie zum Trotz erhalten und durchgesetzt hat, so geht es im dritten und vierten Kapitel um die Darstellung der mit Barth anhebenden Reihe der protestantischen und katholischen Theologen, die den Stellvertretungsbegriff zu einem Schlüsselbegriff ihrer Theologie machen. Dabei sind sich alle dargestellten Theologen einig, daß die »eigentliche« Bedeutung dieses Begriffs nicht die juristische ist; auch darin, daß Stellvertretung »eigentlich« immer eine direkte Proportionalität der Einheit und Unterschiedenheit zweier Wirkungen oder Wirklichkeiten bedeutet. In der Frage aber, wie diese »direkte Proportionalität« zu verstehen ist, und in der Darstellung ihrer theologischen Konsequenzen, gehen die Meinungen weit auseinander. Um diese Differenzen geht es im fol-

[1] Vgl. K. Barth, Die protestantische Theologie, 416.

genden. Dabei behandeln wir protestantische und katholische Theologie trotz ihrer vielfältigen Verflechtung wieder separat, weil der Stellvertretungsbegriff von Karl Barth zum Schibboleth des Protestantismus und von Hans Urs von Balthasar zum Strukturprinzip der von Barth bekämpften »analogia entis« erklärt wird.

§ 1 Karl Barth: Christi Stellvertretung als Inbegriff der »analogia fidei«

Die Mehrzahl der jüngeren Barth-Interpreten vertritt die These, die Dialektische Theologie sei aus dem Bestreben entstanden, die große Frage der Philosophie des 19. Jhs. nach der Vermittlung von Bewußtsein und Sein, von Selbst und Anderheit, von Vollzug und Gehalt aus dem Ich des Menschen in das Ich Gottes zu extrapolieren. Wenn diese These zutrifft, verkehrt Barth die im 19. Jh. gebildeten Positionen von Philosophie und Theologie in ihr Gegenteil: Nicht die Theologie soll sich gegenüber dem Autonomie-Anspruch des menschlichen Selbstbewußtseins rechtfertigen, sondern umgekehrt: Das menschliche Ich soll sich vor der absoluten göttlichen Selbstbestimmung als das erkennen, was es in Wahrheit ist[2].

Der Baseler Theologe schreibt im Vorwort zur zweiten Auflage seines Römerbriefkommentars: »Wenn ich ein System habe, so besteht es darin, daß ich das, was Kierkegaard den unendlichen qualitativen Unterschied von Zeit und Ewigkeit genannt hat, in seiner negativen und positiven Bedeutung möglichst beharrlich im Auge behalte«[3]. Barth selbst hat seine Theologie nicht »dialektisch« genannt, betont aber, daß an die Stelle des Axioms, Gleiches werde nur von Gleichem erkannt, die lutherische Theologie des Kreuzes treten muß, nach der alles erst in seinem Gegenteil offenbar wird. In diesem Punkte ist er sich – wenigstens methodisch – einig mit Bultmann, Brunner, Gogarten, Bonhoeffer, Thielicke, Ebeling, Pannenberg, Jüngel und Moltmann. Sie alle denken vom »Anderen«, vom »Gegenteil« oder »Gegensatz« her und erweisen sich so trotz all ihrer Kritik an Hegel von diesem inspiriert. Wenn man bedenkt, mit welcher Vehemenz sich Barth gegen die von Hegel proklamierte »Identität der Identität und Nichtidentität« wendet, könnte man meinen, seine Theologie würde besser mit dem Wort »Krisis« als mit dem »nie geklärten Namen ›dialektische Theologie‹«[4] bezeichnet. Andererseits mündet die radikale Gegenüberstellung von Schöpfer und

[2] Trutz Rendtorff (Theologie als Kritik und Konstruktion, 196) spricht von Barths Versuch, »die neuzeitliche Autonomie radikal für die Theologie zu reklamieren« und mit umgekehrtem Vorzeichen ebenso wie Hegel einen »absoluten Standpunkt« zu gewinnen.
[3] Römerbrief, XII. – Dazu: E. Brinkschmidt, Sören Kierkegaard und Karl Barth, 95–137.
[4] H. Volk, Christologie, 614.

Geschöpf in Aporien, die fatal an Hegels »Identität der Identität und Nichtidentität« erinnern – so, wenn Barth die theologische Kategorie der Schöpfung durch die philosophische des Ursprungs ersetzt und den unsündigen Menschen »im Ursprung« von dem sündigen Menschen der Schöpfung unterscheidet, wenn – anders gesagt – der Ursprung als unmittelbare Einheit von Gott und Mensch, die Schöpfung dagegen als Abfall und das Eschaton als Wiederherstellung der ursprünglichen Einheit erscheint[5].

Die Konsequenzen einer dialektisch verstandenen Beziehung von Schöpfer und Geschöpf veranlassen Barth zur »Ersetzung des Prinzips der Dialektik durch das der Analogie«[6] – allerdings in schärfster Abgrenzung der nach seiner Ansicht »biblischen ›analogia fidei‹« von der »katholischen ›analogia entis‹«[7]. Mit dem Begriff »analogia fidei« drückt er aus, daß der Mensch »an sich« keine Gemeinschaft (nichts Gemeinsames) mit Gott hat, daß er aber dem Tun Gottes (Heilsgeschichte; Schöpfung; Gnade) *im Glauben* »ent-sprechen« bzw. »ant-worten« kann. Anders gesagt: Der Mensch steht in Beziehung zu Gott, wenn er der Beziehung Gottes zu ihm entspricht. Nur durch, mit und in Gottes Beziehung zum Menschen – d.h. nur durch, mit und in Christus – ist der Mensch (und mit ihm die gesamte, weil auf ihn hin angelegte Schöpfung) überhaupt »wirklich«. Was Gott nicht will, ist nicht wirklich; deshalb ist der Sünder »nichtig«; und nur weil Gott in Christus (im Geschehen von Kreuz und Auferweckung) »an die Stelle« des »Nichtigen« tritt, kann der Sünder eine »neue Kreatur« werden[8]. Anders gesagt: Gott ist in Christus der »Stellvertreter« alles »Wirklichen«; und das

[5] Dazu: H. Volk, Kreaturauffassung, 56.102; H. U. v. Balthasar, Karl Barth, 75–93; H. Fries, Bultmann – Barth, 13f.

[6] H. U. v. Balthasar, Karl Barth, 116.

[7] Nach K. Rahner (Gnade als Freiheit, 270) wurde der Terminus »analogia entis« erst von Erich Przywara »zur Grundstruktur des Katholischen« erklärt. Jedenfalls ist der Begriff um 1920 weder in der neuscholastischen Literatur noch in den großen Lexika bekannt. Thomas von Aquin verwendet ihn nie. Und Cajetan, der wahrscheinlich erste Theologe, der den Terminus »analogia entis« kennt, bezeichnet damit weder das Schöpfer-Geschöpf-Verhältnis, noch die lateranensische Analogie. Von daher ergibt sich der paradoxe Befund, daß Przywara, der die »analogia entis« als »katholische Denkform« bezeichnet, darunter keineswegs die von Barth als antichristlich gebrandmarkte Übertragung eines von Menschen gebildeten Begriffs auf Gott versteht; und daß die Theologen der katholischen Tradition, die wie Suarez das Sein im Sinne eines univoken Begriffs auf Schöpfer und Geschöpf anwenden, den »analogia-entis-Begriff« gar nicht kennen. – Zur Geschichte des »analogia-entis-Begriffs« und zu Przywaras und Barths Analogieverständnis: B. Gertz, Glaubenswelt als Analogie, bes. 235–259; J. Terán-Dutari, Die Geschichte des Terminus »Analogia entis«, bes. 164–168.

[8] Ein Vergleich zwischen den frühen und den späteren Werken Barths dokumentiert sein Bemühen, die Kreuzigung Christi zwar als Verneinung des Sünders, nicht aber als Ersetzung durch einen ganz anderen Menschen (»durch eine neue Kreatur«) erscheinen zu lassen. Neben Teil III/2 (Theologische Anthropologie) und Teil IV (Versöhnungslehre) der »Kirchlichen Dogmatik« belegen dies besonders sein berühmt gewordener, 1956 in Aarau gehaltener Vortrag über »Die Menschlichkeit Gottes« und ein Aufsatz des Jahres 1962 in der Festschrift für Ernst Wolf mit dem Titel »Extra nos – pro nobis – in nobis«.

heißt auf den Menschen bezogen: Die »analogia fidei«, das »Gemeinsame« zwischen Gott und Mensch, *geschieht* in der Stellvertretung Christi.

Bevor diese These näher entfaltet wird, soll wenigstens kurz erklärt werden, welchen Analogie-Begriff Barth verwirft und welchen er bejaht. Nach seiner Ansicht verdeckt die Scholastik mit ihrer Unterscheidung zwischen univoken, äquivoken und analogen Begriffen die Tatsache, daß Begriffe nie unter ein- und derselben Rücksicht Einheit *und* Verschiedenheit ausdrücken. Sie abstrahieren *entweder* das Gemeinsame *oder* das Verschiedene von mehreren Wirklichkeiten; ein äquivoker Begriff bezeichnet *nur* das Verschiedene, ein univoker Begriff *nur* das Gemeinsame. Der äquivoke Begriff »Lama« z. B. bedeutet zwar sowohl ein südamerikanisches Lasttier wie auch den tibetanischen Mönch, bezeichnet aber nicht das Gemeinsame, sondern *nur* das Verschiedene beider Wirklichkeiten. Umgekehrt bedeutet der univoke Begriff »Mensch« in seiner Anwendung auf die verschiedensten Individuen immer das Gemeinsame: nämlich das und *nur* das, was alle Menschen verbindet. Es gibt nach Barth keinen Begriff, der in dem Sinne »analog« genannt werden könnte, daß er univok und äquivok *zugleich* ist. Es gibt zwar »analogia attributionis« und »analogia proportionalitatis«, d. h. etwas Gemeinsames *innerhalb* verschiedener Wirklichkeiten oder Verhältnisse: z. B. in der Anwendung des Attributes »scharf« auf eine Flüssigkeit *und* eine Rede; oder im Verhältnis der Fische zu ihren Flossen *und* der Vögel zu ihren Flügeln. Aber das Attribut »scharf« bezeichnet nicht *unter ein und derselben Rücksicht zugleich* das Gemeinsame und das Verschiedene der beiden Wirklichkeiten »Flüssigkeit« und »Rede«. Ebenso sind die beiden genannten »Verhältnisse« (Fische/Flossen und Vögel/Flügel) *nicht unter ein und derselben Rücksicht zugleich* ähnlich und unähnlich. Kurz: Es gibt im Bereich des menschlichen Erkennens, Vergleichens und Begreifens keine Analogie, die *unter ein und derselben Rücksicht zugleich* Ähnlichkeit und Unähnlichkeit, Einheit und Differenz ausdrückt. Allen gegenteiligen Beteuerungen zum Trotz – so Barth – drückt die katholische »analogia entis« nicht die je größere Verschiedenheit *in* der Einheit, sondern eine Verschiedenheit *innerhalb* der Einheit aus[9]; sie subsumiert Gott und das geschaffene Seiende unter einen univoken Begriff, nämlich den des Seins[10]; sie denkt vom Menschen her auf Gott, statt von Gott

[9] Vgl. KD II/1, 266–275.

[10] Barth ignoriert, daß Thomas von Aquin zumindest in seinen Spätschriften das Sein nicht als »Begriff«, sondern als »actualitas omnium actuum« bezeichnet. Deshalb ist die von Barth verteufelte »analogia entis« für Hans Urs von Balthasar (Karl Barth, 269) ein imaginäres »Schreckgespenst«. Zwar sagt auch Balthasar, daß Begriffe entweder das Gemeinsame oder das Verschiedene von der Wirklichkeit abstrahieren, betont aber gleichzeitig, daß »das Sein« keine Abstraktion, sondern die Wirklichkeit ist, in der jedes Wirkliche (Seiende) mit jedem anderen Wirklichen (Seienden) *zugleich* und *unter ein- und derselben Rücksicht* übereinstimmt *und* differiert. Der Begriff von dem, was allem Seienden gemeinsam ist (der Existenzbegriff), ist univok; das Sein aber ist analog, ist das, worin alles

her auf den Menschen hin; und sie versteht die Beziehung zwischen Gott und Mensch statisch statt dynamisch. Barth plädiert mit Hinweis auf Röm 12,6 für eine Analogie, die Gott nicht denkt, sondern glaubt[11]. Er will mit seiner Verurteilung der »analogia entis« eine »ganze Verhaltensweise des Menschen zur Offenbarung« treffen, nämlich »die des Zuschauers, der beide Seiten gleichsam von einem dritten Ort aus überblickt und in ihrer Synthese begreift«[12]. Analogie gibt es nach Barth nur als *Entsprechung* des menschlichen *Tuns* (Glaube) zum geschichtlich erfahrenen *Tun* Gottes (Gnade)[13]. Die Entsprechung ist ein Tun, nicht ein Sein; deshalb nennt Barth die »analogia fidei« auch »analogia operationis« bzw. »analogia relationis«[14] oder »äußere Entsprechung« (analogia attributionis vel proportionalitatis extrinsecae) im Unterschied zur »seinsmäßigen Entsprechung« (analogia attributionis vel proportionalitatis intrinsecae)[15].

Die Entwicklung des Barthschen Analogiebegriffs ist von Balthasar und Pannenberg und einer ganzen Reihe ausgezeichneter Arbeiten dargestellt worden[16]. Dagegen bleibt eine Monographie über Barths Stellvertretungsbegriff weiterhin Desiderat. Wir können im Rahmen unseres Themas nicht alle Aussagen Barths zum Thema »Stellvertretung« sichten, sondern nur darstellen, daß und wie der Stellvertretungsbegriff in Barths Hauptwerk die »analogia fidei« bzw. das Verhältnis Gottes zum Menschen und zur Schöpfung insgesamt bezeichnet. Auch die Abhängigkeit der anschließend dargestellten Theologen von Barth kann nicht systematisch erwiesen werden. Doch unsere Darstellung erlaubt trotz ihrer Lückenhaftigkeit die These, daß fast alle protestantischen und ka-

Seiende *zugleich* übereinstimmt und verschieden ist. Vgl. dazu unsere Ausführungen SS. 266–269.

[11] »Wir verstehen ... Analogie ... nicht als *analogia entis*, d.h. nicht als eine überschaubare und durchschaubare, vom Standpunkt eines Schauenden aus in einer Synthese als Analogie zu *verstehende* Analogie. Nicht ein *Sein*, das das Geschöpf mit dem Schöpfer bei aller Unähnlichkeit gemeinsam haben soll, sondern das keiner bloßen Theorie zugängliche *Tun*, die menschliche Entscheidung ist im Glauben in aller Unähnlichkeit ähnlich der Entscheidung der Gnade Gottes.« (KD I/1, 252).

[12] W. Pannenberg, Zur Bedeutung des Analogiegedankens bei Karl Barth, 23.

[13] »Hat man das Urbild des Zusammenseins von Gott und Mensch: das Zusammensein des heiligen Gottes und des sündigen Menschen im Gnadenbund vor Augen, denkt man an den Gegensatz, der in Jesus Christus zur Gegensatzeinheit geworden ist, dann läßt man eben die Finger von allen andersartigen Zusammenstellungen und Vergleichungen; das böse Gelüste nach einem Oberbegriff, einem Generalnenner, einem Genus, einer Synthese, in der man Gott und sein Geschöpf vereinigen könnte, das Vergnügen an Analogien zwischen diesen zwei Subjekten kann dann überhaupt nicht aufkommen. Daß diese zwei Subjekte zusammen sind und sogar zusammenwirken, das kann dann nur als das Gnadengeheimnis einer *Begegnung* verstanden werden, in der das Unbegreifliche, das Unerwartete und Unverdiente Ereignis wird.« (KD III/3, 120).

[14] Vgl. KD III/2, 262f; III/3, 116.

[15] Vgl. KD II/1, 269f.

[16] Zu nennen sind u.a. Arbeiten (s. Literaturverz.) von G. Söhngen, E. Jüngel, H. G. Pöhlmann, K. Hammer und E. Mechels.

tholischen Theologen des 20. Jhs., die den Stellvertretungsbegriff vom Rand in die Mitte der Theologie gerückt haben, sich auf Barth beziehen.

1. Die »Selbst-Entsprechung« des trinitarischen Gottes in der Stellvertretung Christi (Erwählung, Schöpfung, Versöhnung und Berufung des Menschen)

Damit deutlich wird, warum das Wort »Stellvertretung« für Barth Inbegriff seiner Alternative zur katholischen »analogia entis« und also Inbegriff der »analogia fidei« ist, bedarf es eines kurzen Blicks in seine Gottes- bzw. Offenbarungslehre. Diese geht aus von dem Satz »Gott ist«[17] und betont zugleich, daß dieser Satz alles begründet, aber nichts voraussetzt, daß es geradezu antichristlich wäre, sich zunächst über einen Seinsbegriff zu verständigen und diesen dann auf Gott anzuwenden. Für Barth genügt es nicht, im Sinne der »analogia-entis-Formel«[18] des vierten Laterankonzils von einer Ähnlichkeit bei jeweils größerer Unähnlichkeit zu sprechen. Für ihn impliziert die These, der Schöpfer habe irgendetwas mit seinen Geschöpfen gemeinsam, die Subsumtion Gottes unter geschöpfliche Kategorien. Deshalb spricht er dem Glaubensgegenstand »Gott« *ontische* und *noetische* Nezessität[19] zu; das heißt, Gott kann nicht einmal als nichtseiend gedacht werden; denn er wird durch sich selbst – und zwar *nur* durch sich selbst – erkannt. Barth formuliert den Grundsatz: »Der, nach dessen *Sein* nur in Form immer neuen Fragens nach seinem *Tun* gefragt werden kann, das ist Gott«[20]. Oder anders gesagt: Weil Sein und Tun Gottes identisch sind, bedeutet der Satz »Gott offenbart sich als der Herr«: Er selbst ist »in unzerstörter Einheit, aber auch in unzerstörter Verschiedenheit der *Offenbarer*, die *Offenbarung* und das *Offenbarsein*«[21]. Offenbarungs- und Trinitätslehre sind für Barth untrennbar. Seine gesamte Trinitätslehre unterstreicht auf immer neue Weise, daß Gott selbst Subjekt seiner Offenbarung ist, und daß Urheber, Inhalt und Wirkung dieser Offenbarung untrennbar sind. Barth behauptet die *Einheit* Gottes, weil der Offenbarer, die Offenbarung und das Offenbarsein *ein und derselbe Gott* ist. Er behauptet die *Verschiedenheit* Gottes, weil ein und derselbe Gott zugleich der *Offenbarer*, die *Offenbarung* und das *Offenbarsein* ist. Und er behauptet die *Dreieinigkeit* Gottes, weil Einheit und Verschiedenheit Gottes untrennbar zusammenbestehen.

Barth wehrt sich gegen den Vorwurf, er widerspreche seinen eigenen Prämissen, weil er aus einem Begriff menschlichen Denkens – nämlich

[17] KD II/1, 288.

[18] »... quia inter creatorem et creaturam non potest similitudo notari, quin inter eos maior sit dissimilitudo notanda.« (DS 806).

[19] Fides quaerens Intellectum, 48 f.

[20] KD II/1, 66.

[21] KD I/1, 311.

dem der »Offenbarung« – das Wesen des dreieinigen Gottes deduziere. Für ihn ist die oben skizzierte Analyse nur das Feststellen der formalen Eigentümlichkeiten eines Geschehens, dessen Subjekt, Prädikat und Objekt untrennbar sind. Die Aussage »Gott offenbart sich als der Herr« ist nach Barth kein synthetisches, sondern ein analytisches Urteil[22]. Würde die »Herr-lichkeit« des »Herrn« eines Objektes außerhalb ihrer selbst bedürfen, dann hätte man ausgehend vom *Begriff* »Herr« das *Sein* Gottes bestimmt. Begnügt man sich aber mit der analytischen Feststellung, daß der sich als Herr offenbarende Gott *in sich* und *aus sich selbst* Herr ist, dann bedeutet dieses Herr-Sein nicht nur negativ Unabhängigkeit von außen, sondern auch positiv »un-bedingte« Freiheit[23]. Denn, so Barth, »wir sagen mit dem Begriff ›Freiheit‹ nichts Anderes, als was wir sagen würden, wenn wir Gott schlicht als den *Herrn* bezeichnen würden«[24]. Und wir sagen mit dem Begriff »Herrschaft« nichts Anderes, als was die Lehrdokumente der Kirche auf Grund des Zeugnisses der Schrift als Trinität Gottes bezeichnen. Denn weil Gott als Herr eines außergöttlichen Gegenübers nicht bedürfen, eines Gegenübers aber auch nicht entbehren darf, ist er als der Vater des Sohnes und als der Sohn des Vaters »sich selbst gegenüber, um im Heiligen Geist zugleich Einer und Derselbe zu sein«[25]. Gott ist als der Herr »keiner besonderen Wege und Werke nach außen, keiner Schöpfung bedürftig«, sondern kann »an der inneren Herrlichkeit seines dreieinigen Seins, seiner Freiheit und seiner Liebe sich genügen lassen«[26]. Aber weil er schon in sich selbst Herrschaft, Freiheit, Beziehung und Gemeinschaft ist, ist es ihm auch nicht unmöglich, »ad extra« zu handeln. Und wenn er tatsächlich in Jesus Christus ad extra gehandelt hat, hat er sich selbst als unwiderrufliche Beziehung zum Menschen gesetzt – und das auf Grund der Identität von Sein und Handeln so »un-bedingt«[27], daß seine Selbstsetzung ad extra

[22] Vgl. ebd. 323.

[23] »Gott hat nach dem biblischen Zeugnis den Vorzug, frei zu sein *ohne* Beschränkung durch diese seine Freiheit von aller äußeren Bedingtheit, frei auch dieser seiner Freiheit *gegenüber*, frei dazu, sich, ohne sich ihrer zu begeben, ihrer nun doch auch dazu zu *bedienen*, sich in jene Gemeinschaft zu begeben und in jener Gemeinschaft jene *Treue* zu betätigen und *eben* so wirklich frei, frei in sich selber zu sein. Gott muß nicht *nur* unbedingt, Gott kann und will in seiner Unbedingtheit, in dem er jene Gemeinschaft aufnimmt, auch bedingt sein. *Der das* kann und tut, *der* ist der Gott der heiligen Schrift, der dreieinige Gott, den wir aus seiner Offenbarung kennen. Dieses in seinem Handeln bewährte und bewiesene Können ist *seine* Freiheit.« (KD II/1, 341).

[24] Ebd. 338. – Die Begriffe »Gottheit«, »Herrschaft«, »Freiheit« und »ontische und noetische Eigenständigkeit« sind nach Barth austauschbar (vgl. KD I/1, 323f).

[25] KD III/2, 390. – Vgl. KD I/1, 373f.384; II/1, 50f.62.356f; III/3, 509; IV/1, 220; Credo, 18.

[26] KD II/2, 130.

[27] Barth erläutert die göttliche Freiheit mit den Begriffen »Aseität«, »Absolutheit«, »Transzendenz« und »Immanenz«. Während Aseität die Freiheit Gottes bedeutet, durch sich selbst zu sein, beschreibt der Absolutheitsbegriff die Unabhängigkeit Gottes von der Welt (vgl. KD II/1, 340–348.356), die als Transzendenz (als unendlicher Abstand von der Kreatur) in Christus zugleich Immanenz (Einheit mit der Kreatur) bedeutet. Doch bei der Immanenz des transzendenten Gottes in Jesus Christus handelt es sich »nicht um (direkte

von seinem Sein weder ontisch, noch noetisch trennbar ist[28]. In diesem Zusammenhang spricht Barth von einer *ewigen Erwählung* des Sohnes zur Menschwerdung und erklärt damit streng genommen die Inkarnation zu einem präexistenten Geschehen. Daraus folgt: Wenn *Gott* seinen Sohn zur Menschwerdung *erwählt*, dann *ist* der Sohn der Menschgewordene in Ewigkeit (in *Gottes* Zeit), obwohl die Verwirklichung dieser Wahl in *unserer* Zeit noch aussteht[29].

Die Frage, ob Gott auf Grund seiner ewigen Erwählung des Sohnes zur Menschwerdung *notwendigerweise* auch Schöpfer sein *muß*, wird von Barth ausdrücklich bejaht[30] und zugleich mit der Bemerkung bedacht, daß die Unabhängigkeit Gottes von dieser Antwort nicht tangiert wird, weil der ewige Bund ein Werk der Gnade (unbedingter Freiheit) ist. Nur nachdem Gottes ewiger Ratschluß gefaßt war, *konnte* er nicht nur, sondern *mußte* er Schöpfer sein. Der ewige Bund Gottes mit dem Menschen (= Jesus Christus) *begründet* die Schöpfung, während die Schöpfung die *Geschichte* des Bundes *ermöglicht*[31]. Das geschichtliche Faktum der Menschwerdung des von Ewigkeit zur Menschwerdung erwählten Sohnes ist nur vordergründig Gottes Antwort auf die Sünde des mit Freiheit begabten Geschöpfes »Mensch«, eigentlich aber »der große Akt der *Reue* gegen sich selbst«[32] und erst deswegen auch gegenüber dem Menschen. Was in Jesus Christus geschieht, ist gänzlich unabhängig »von Gottes Gegensatz zu des Menschen Sünde die Ausführung ... des positiven Willens Gottes in seinem Verhältnis zum Menschen«[33]. Das Christusgeschehen ist unter den Bedingungen des menschlichen Sündenfalles Versöhnungsgeschehen; aber es ist deswegen nicht durch ein Geschöpf (auch nicht durch die Sünde eines Geschöpfes) bedingt; im Gegenteil: Als »Urphänomen des positiven Willens Gottes« ist die »in Jesus Christus geschehene *Versöhnung* ... der Schöpfung und der Vorsehung sachlich vor- und übergeordnet«[34]. Nach Barth läßt sich *nur* aus der Erkenntnis der Existenz des im Kreuz unüberbietbar offenbaren Bundes der Gnade (Versöhnung) die Erkenntnis der Existenz des Schöpfers und des Geschöpfs ableiten[35]. Daraus folgt: Das Wesen jedes Seienden ist

oder indirekte) Identifikation, sondern um die wirksame *Konfrontation* wie des göttlichen mit dem menschlichen, so auch des menschlichen mit dem göttlichen Wesen« (KD IV/2, 96).

[28] Vgl. KD II/2, 565; III/3, 3; IV/2, 34. – Dazu: E. Buess, Zur Prädestinationslehre Karl Barths, 6f.

[29] Vgl. KD II/1, 700–702.

[30] Vgl. KD III/1, 54.

[31] Vgl. ebd. 107.

[32] KD IV/1, 50.

[33] Ebd. 49.

[34] Ebd.

[35] Vgl. KD III/1, 418. – Nur indem Gott dem Menschen »sagt, daß er ihm gnädig ist, sagt er ihm auch das, daß er, der Mensch selbst, vor ihm da ist, und zwar als sein geschöpflicher Partner« (KD III/2, 230).

seine Beziehung (Relation) zu Christus, und seine Erkenntnis ist die Erkenntnis seiner Beziehung zu Christus[36].

Auch zwischen Gottheit und Menschheit Christi gibt es keine *analogia entis*. Barth sagt zwar, daß Christus »der wirkliche Mensch«[37] ist, *weil* er Gottes Sohn ist; aber zwischen dem Gottes-Sohn-Sein und dem Menschsein Christi gibt es ein »tertium comparationis« nur in Gestalt einer Beziehung oder Entsprechung *(analogia relationis)*, nicht aber im Sinne einer »ontischen Brücke«. Barth unterscheidet zwei Komponenten der Entsprechung *(analogia relationis)* der Menschheit Jesu im Bezug auf seine Gottheit, seine Divinität und seine Humanität. Die Divinität bedeutet: er ist ganz »der Mensch *für Gott*«[38]; und die Humanität bedeutet: er ist ganz »der Mensch *für den Menschen*«[39]. Weil Jesus der Mensch für den Gott ist, der von Ewigkeit her den Menschen erwählt hat, muß er in demselben Maße für den Menschen sein, wie er für Gott ist[40]. Und weil er nicht nur im ethischen oder psychologischen, sondern im ontologischen Sinn zugleich »für Gott« und »für den Menschen« *ist*, nennt ihn Barth »die ontologische Bestimmung« aller Menschen und jeder (auf den Menschen hin geschaffenen) Kreatur. Der Mensch Jesus *zeigt* uns nicht nur, daß Geschöpfsein *»mit Gott zusammen sein«*[41] bedeutet; er *ist* das Zusammensein aller Schöpfung mit dem Schöpfer; nur durch den ontologischen Zusammenhang mit IHM ist jede Kreatur, was sie ist.

Der Mensch Jesus *hat* nicht nur Worte Gottes, sondern er *ist* Gottes Wort. Alles, was ist, ist durch ihn und auf ihn hin geschaffen[42], und jeder Mensch *ist* ein Aufgerufensein durch ihn[43]. Außerhalb dieses Aufgerufenseins ist er buchstäblich »nichts«; wollte er von seinem ontologischen Zusammenhang mit Christus abstrahieren und fragen, was er aus sich selbst ist, wäre er bereits Opfer der Ursünde, selbst Gott sein zu wollen. Die Wirklichkeit des Menschen ist sein Zusammensein mit Gott in, mit und durch Christus[44]. »Der Mensch *ist* und er ist *Mensch*, indem ... er sich selbst zur Antwort auf das Wort Gottes hergibt, sich selbst als

[36] Vgl. KD III/1, 103.261 f. – Dazu: R. Prenter, Schöpfungslehre Karl Barths, 170–176; E. Haible, Schöpfung und Heil, 150.
[37] Vgl. KD III/2, 158–241.
[38] Vgl. ebd. 64–82.
[39] Vgl. ebd. 242–264.
[40] »Er könnte nicht für Gott sein, wenn er nicht eben deshalb für den Menschen wäre. Die Entsprechung und Ähnlichkeit zwischen seiner Divinität und Humanität ist also nicht nur eine faktische; sie ist sachlich begründet. Der Mensch Jesus muß ebenso für den Mitmenschen sein, wie er für Gott ist. Denn eben Gott – und er zuerst, er als des Menschen Jesus Auftraggeber, er als der Vater dieses seines Sohnes ist für den Menschen. Es ist von da aus ausgeschlossen, daß der Mensch Jesus nicht gerade, indem er für Gott ist, auch für den Mitmenschen sein sollte.« (KD III/2, 259).
[41] Ebd. 167.
[42] Vgl. ebd. 176.
[43] Vgl. ebd. 177.
[44] Vgl. ebd. 176–182.

dessen Beantwortung verhält, gestaltet, darstellt. Er *ist* und er ist *Mensch*, indem er diese *Tat* tut.«[45] Wie man das Sein des trinitarischen Gottes nicht von seinem Tun unterscheiden darf, so wird nach einer »ontologischen Unmöglichkeit« gefragt, wenn man wissen will, was der Mensch vor oder außerhalb seiner »Ver-antwortung« (»Ent-sprechung«) vor Gott ist. Mit dieser Auffassung spricht Barth dem Menschen keineswegs den Charakter eines freien Subjekts ab; denn Freiheit ist für ihn nicht die »Möglichkeit, Anlage und Fähigkeit, die sich ... erst in diesem oder jenem Freiheits*gebrauch* realisieren würde«[46], sondern das *Ereignis* der besagten »Ver-antwortung« vor Gott, die in Gestalt von Erkennen bzw. Anerkennen, von Dank oder Gehorsam *Entsprechung* ist. Barth bezweifelt nicht, daß der Mensch freies Subjekt und als solches »ein in seinem eigenen Sein sich selber Setzendes«[47] ist. Aber er betont ebenso, daß die menschliche im Unterschied zur göttlichen Freiheit sich selbst *als gesetzte* setzt.

Der ganz und gar freie Mensch ist nach Barth Jesus Christus, weil er dem trinitarischen Gott (= reines Für-Sein) ganz und gar *entspricht*, weil er nichts *für sich* behält, sondern *sich selbst von Gott an die anderen verschenken läßt*. Der göttlichen Freiheit als der Identität von Akt und Sein entspricht das gänzliche Sich-geben-Lassen als Höchstform der kreatürlichen Freiheit[48]. Weil aber nur der Mensch Jesus Christus das Zusammensein eines Menschen mit Gott *ist*, sind alle anderen Menschen erst durch Christi Vermittlung, erst auf Grund ihres ontologischen Zusammenhangs mit Christus, mit Gott zusammen bzw. »Bundesgenossen Gottes«[49].

Als der ontologische Grund aller Geschöpfe und insbesondere des mit Vernunft und Freiheit begabten Menschen wird Christus in der »Kirchlichen Dogmatik« *der alleinige Stellvertreter* genannt[50]. Darin besteht die herausragende Bedeutung Karl Barths für unser Thema: Bei ihm bezeichnet die Stellvertretung Christi nicht mehr nur ein bestimmtes Tun des Erlösers am Kreuz, sondern das Verhältnis Gottes zum Menschen, zur Schöpfung und Geschichte insgesamt. Stellvertretung bedeutet bei ihm nicht, daß Christus uns in irgendeiner Weise ersetzt, sondern daß wir durch ihn, mit ihm und in ihm – und *nur* so – wir selbst sind. So artikuliert der Stellvertretungsbegriff die Bedingung der Möglichkeit wirklicher Freiheit und nicht deren Gegenteil.

[45] Ebd. 209.
[46] Ebd. 233.
[47] Ebd. 231.
[48] Vgl. ebd. 230–232.
[49] Barth verwendet den Personbegriff stets mit erklärenden Einschränkungen, weil er um jeden Preis den Anschein vermeiden will, die Beziehung Gottes zum Menschen sei ein Dialogverhältnis. Der Mensch ist kein »Gegenüber« Gottes. »Die Wirklichkeit des ... Menschen kann sich ... zu der Wirklichkeit des Wortes Gottes nicht wie ein Subjekt zu einem Objekt, sondern nur wie ein Prädikat zu einem Subjekt verhalten, d. h. sie ist *diese* Wirklichkeit nie und nirgends und in keiner Hinsicht an sich und für sich, sondern eben nur als mitgesetzt in jener« (KD I/2, 885).
[50] Vgl. KD III/2, 57.410.527.

Wenn eine Kategorie so etwas wie ein Schlüssel ist, der bisher Verborgenes öffnet und vermeintlich Getrenntes verbindet, dann ist Barth der erste Theologe, der den Stellvertretungsbegriff zu einer theologischen Grundkategorie erhoben hat. Barth bietet zwar nirgendwo eine klare Definition seines Stellvertretungsbegriffs; er verwendet ihn auch nicht in allen Teilen seiner Dogmatik mit derselben Häufigkeit, sondern vornehmlich in der Versöhnungslehre. Aber mittels des Stellvertretungsbegriffs erklärt er die in Christus geschehene Versöhnung als *Entsprechung* zum trinitarischen Sein Gottes, als *Entsprechung* zur ewigen Erwählung der Menschwerdung des Sohnes, und als *ontologischen Grund* von Schöpfung und Geschichte.

2. Der »wirkliche« Mensch als »Entsprechung« zur Stellvertretung des schaffend nichtenden und nichtend schaffenden Christus

a) »Entsprechung« als Annahme der durch Christus ermöglichten »Stelle im Sein«

Was oben als Humanität und als Divinität der Menschheit Christi beschrieben wurde, läßt sich analog von jedem Menschen sagen, weil er durch Christus zugleich zum »Menschen für den Menschen« und zum »Menschen für Gott« bestimmt ist[51]. *Indem* er für seine Mitmenschen da ist[52], entspricht der Mensch dem in Christus realisierten Bund Gottes mit dem Menschen[53]. Entsprechung bedeutet: Annahme der Stellvertretung Christi bzw. Annahme der durch Christus ermöglichten »Stelle im Sein«; Nicht-Entsprechung bedeutet den absurden Versuch, die eigene Identität (Stelle) selbst leisten statt empfangen zu wollen.

Barth legt Wert auf die Feststellung, daß der Mensch sich durch sein »Nicht-Entsprechen« keineswegs selbst annihilieren kann. Er bleibt

[51] »Es ist ja ... bei aller Andersheit die gleiche Natur, derer wie Jesus, so auch wir teilhaftig sind. Ist sein Verhältnis zu Gott anders als das unsrige, ist von daher auch die menschliche Natur anders die seinige, als sie die unsrige ist, so ist sie doch hier wie dort dieselbe. Daß sie *zuerst* in ihm, daß sie in ihm *erhalten* und *bewahrt*, daß sie in ihm *offenbar* ist, dieser dreifache Unterschied bedeutet wohl einen anderen Stand, aber nicht eine andere Beschaffenheit seiner gegenüber unserer Natur.« (KD III/2, 61f. – Vgl. ebd. 266–270).

[52] Barth bedient sich an dieser Stelle der Unterscheidung zwischen Natur und Gnade: »Wir sind ... gewiß nicht von Natur *Gottes* Bundesgenossen! ... Das ist keine menschliche Eigenschaft. Das gehört uns nicht, indem wir als Menschen Gottes Geschöpfe sind ... *Wir sind* aber – und das gehört uns, indem wir als Menschen Gottes Geschöpfe sind, das ist menschliches Wesen – das mag man eine menschliche, die typisch menschliche Eigenschaft nennen – darin *von Natur Bundesgenossen*, daß wir es *untereinander* sind: der Mensch dem Mitmenschen, das Ich dem Du, der Mann der Frau. Das ist unser Eigenes und als solches unangreifbar, unzerstörbar. Das ist die nicht abreißende Kontinuität menschlicher Existenz. Eben darin entsprechen wir unserer Bestimmung und können wir nicht aufhören, ihr zu entsprechen.« (Ebd. 385f).

[53] »Er ist durch die eine Gnade, die seiner *Erschaffung*, für die andere, die Gnade des *Bundes*, bestimmt, auf diese hingewiesen.« (Ebd. 420).

Geschöpf[54], auch wenn er es sich nicht gefallen läßt, »Gegenstand der Gnade zu sein«[55]. Er kann der Stellvertretung Christi nichts nehmen und nichts hinzufügen, sondern ihr nur entsprechen oder widersprechen. Der Mensch ist, ob er will oder nicht, geschaffen, um dem trinitarischen Gott, dem Gott, der in sich selbst Gemeinschaft bzw. Für-Sein ist, zu entsprechen[56]. Er ist auch, ob er will oder nicht, auf Grund seiner Leiblichkeit[57] und Zeitlichkeit[58] ein auf das Du und das Wir verwiesenes und angewiesenes Geschöpf. Nur wer *im Für-Sein für den Anderen* »Bundesgenosse Gottes« wird, kann durch, mit und in Christus *»wirklich« Mensch sein*[59]. »Wirklich« ist er, soweit er der Wirklichkeit der Stellvertretung (seiner Erwählung, Schöpfung, Versöhnung und Berufung durch Christus) entspricht, das heißt: niemals in sich selbst oder aus sich selbst, sondern nur als Entsprechung, als Beziehung, als Für-Sein.

b) Christi Stellvertretung als Nichtung des Nichtigen

Vor diesem Hintergrund wird verständlich, was Barth mit der vordergründig befremdenden These meint, daß der »wirkliche« Mensch nicht sündigen kann, daß die Sünde für ihn eine »unmögliche Möglichkeit«[60], eine »ontologische Unmöglichkeit«[61], eine »Absurdität«[62] ist. Wäre die Sünde eine »Möglichkeit der menschlichen Freiheit, dann wäre sie vom Schöpfer gewollt oder zumindest »mit Gott *und* mit dem Menschen in

[54] »Der Mensch ist *zu dem hin*, wozu er bestimmt ist. Er kann das auch, indem er sündigt, wohl verleugnen und verhüllen, aber nicht beseitigen, nicht aus der Welt schaffen, daß er zu dem hin ist, wofür er bestimmt ist ... Gott ist treu, Gott anerkennt und bestätigt sich selbst als *Schöpfer*, indem er die Welt in Christus – in demselben, um deswillen und im Blick auf den er sie geschaffen – mit sich selber *versöhnt*. Er erweist damit als wahr, was wir zur Lüge machten, was aber damit, daß wir das taten, von ferne nicht aufhörte, Wahrheit zu sein, was auch in der Gestalt unserer Lüge Wahrheit war und blieb: wir sind dazu hin, seine Bundesgenossen zu sein.« (Ebd. 385). – Zu der Frage, ob es Barth angesichts dieses Zitats noch gelingt, Schöpfung und Erlösung sachlich und nicht nur terminologisch zu unterscheiden. Vgl. W. Härle, Sein und Gnade, 130–153.

[55] KD IV/1, 550.

[56] Die Gottebenbildlichkeit des Menschen ist nach Barth eine Entsprechung der »Beziehentlichkeit« des Menschen zu den Beziehungen, die der trinitarische Gott ist: »Wir wiederholen auch hier: eine Analogie des Seins kommt nicht in Frage, wohl aber eine Analogie der Beziehung. Gott ist in Beziehung; in Beziehung ist auch der von ihm geschaffene Mensch. Das ist des Menschen Gottebenbildlichkeit.« (KD III/2, 391). – Daß die Gottebenbildlichkeit des Menschen auch unter den Bedingungen seiner Sündhaftigkeit erhalten bleibt, begründet Barth nicht mit einem verbleibenden »Rest« der *imago*, sondern mit der Treue Gottes zu seinem Geschöpf.

[57] Vgl. KD III/2, 391–524.

[58] Vgl. ebd. 616–671.

[59] Gott ruft jeden Menschen durch Christus auf, »sich *selbst* zu erfahren, indem er den *Anderen* bejaht, sich *selbst* zu erfreuen, indem er den *Anderen* erquickt, sich *selbst* zu betätigen, indem er den *Anderen* in Ehren hält« (KD III/4, 128).

[60] KD IV/3, 203.

[61] KD III/2, 162; IV/3, 204.

[62] KD IV/1, 454.544.560; III/3, 405.408; IV/2, 449.

irgendeiner allerletzten Harmonie zusammenzusehen«[63]. Da aber geschöpfliche Freiheit die gehorsame Bejahung der eigenen Existenz von Gott her und auf Gott hin ist, bedeutet Sünde niemals Realisierung, sondern immer Zerstörung menschlicher Freiheit. Die Sünde kann nicht in Gottes Schöpfung gründen, weil der Sünder etwas wählt, was nicht von Gott gewählt (geschaffen bzw. bejaht) ist. Der Sünder bejaht, was Gott verneint, und er verneint, was Gott bejaht.

Für Barth verbietet sich jede Unterscheidung zwischen dem Sünder und seiner Sünde. Denn jede Unterscheidung zwischen dem Sünder als Subjekt und der Sünde als bloßem Prädikat des Subjekts unterstellt Gott die Schöpfung eines Menschen, zu dessen geschöpflichen Möglichkeiten auch die Sünde gehört.

Nach Barth *ist* der Sünder das, was er tut[64], und deshalb als von Gott nicht gewollt zu bezeichnen. Die Sünde ist der Einbruch des von Gott nicht Gewollten (des »Nichtigen«) in die geschöpfliche Welt: keine Vernichtung im physischen Sinn, aber Tod als Gegenteil des ewigen Lebens; keine Annihilierung, Vernichtung oder Aufhebung, sondern »gerade dies, daß ich mich selbst dabei durchaus *nicht* los bin, daß ich selbst noch und noch *dabei* sein, mich selbst in dieser Situation *haben* muß und nicht los werden kann«[65].

Barth weiß, daß die These, der Sünder werde von Gott verneint und bleibe dennoch im oben erklärten Sinn *imago Dei*, in sich widersprüchlich ist[66]. Er spricht von einem Paradox, das dunkel bleibt, solange es nicht in das Licht des gekreuzigten und auferstandenen Stellvertreters tritt[67]. Denn das Geheimnis von Kreuz und Auferweckung bedeutet, daß der, der ganz mit Gott zusammen ist, an die Stelle derer getreten ist, die als Sünder von Gott Verneinte (Nichtige) sind. Sie wären auf Grund dieser Verneinung Genichtete (Annihilierte), wenn nicht der sündelose Sohn an ihre Stelle träte und das den Sünder nichtende Nein Gottes auf sich nähme. Unabhängig von diesem Stellvertreter wäre der Sünder buchstäblich »nichts« mehr; nur in dem für ihn Gekreuzigten kann er sich als das erkennen, was er als Sünder ist: nämlich Sohn Adams statt Sohn im Sohn Gottes[68]. Nur weil es diesen einen Menschen gibt, der an

[63] KD IV/1, 455.

[64] Vgl. ebd. 446f.449.

[65] KD IV/2, 550f.

[66] Vgl. KD III/2, 332.

[67] »Nur im Blick auf ihn als meinen Stellvertreter erkenne ich mich als den Menschen, der von diesem Gericht mitbetroffen ist.« (KD III/3, 349). – Vgl. KD IV/1, 397.

[68] Barth erklärt die von Paulus in Röm 5 beschriebene Parallele zwischen Christus und Adam nicht mit Hilfe des Stellvertretungsbegriffs. Denn daraus, daß Christus »der stellvertretende Gerechte« ist, darf man nicht folgern, daß Adam »der stellvertretende Sünder« ist. Der Name Adams bezeichnet nach Barth den Anfang aller »adamitischen Versuche« des Menschen, sich selbst an die Stelle Gottes zu setzen (vgl. KD IV/1, 566–573; Christus und Adam, 11f.15.49f). »Die Andern, nach Adam Lebenden sind ... die schon in seiner Person und Tat *Repräsentierten*; sie sind die, deren Wille schon in *seinem* Willen im voraus richtig als verkehrter Wille interpretiert und zum Ausdruck gebracht worden ist ... Adam ist

unserer (von Gott verneinten) »Stelle« zugleich von Gott verneint (Kreuzigung) *und* bejaht (Auferweckung) werden kann, ist der sündige Mensch nicht »nichts«, sondern als ein von Gott Verneinter (Nichtiger) zugleich ein von Gott Bejahter. Weil Gott die Sünde nicht bejahen kann, sondern verwerfen muß, deshalb nimmt seine Liebe da, wo Jesus Christus nicht nur im Sinne einer ethischen Haltung (Solidarität), sondern im real-ontologischen Sinn als Grund aller Schöpfung an die Stelle der durch die Sünde verneinten (genichteten) Schöpfung tritt, die Gestalt des kreuzigenden (richtenden) Nein an[69]. Aber indem der Stellvertreter dieses kreuzigende Nein *bejahend annimmt*, ist er als der Gekreuzigte (Verneinte) schon der Auferweckte (Bejahte) und deshalb für alle von ihm vertretenen Sünder (Nichtigen) die einzige Hoffnung, nicht von der Sünde (dem Nichtigen) vernichtet zu werden. Wenn Barth eine eigene »Ontik des Nichtigen«[70] entwickelt, um den mit seiner Sünde identischen Sünder weder als geschöpfliches Sein, noch als bloßes »Nichts« bezeichnen zu müssen, dann nur auf dem Grund seiner Lehre über den Stellvertreter, der als der Gekreuzigte (Verneinte) zugleich der Auferweckte (Bejahte) ist.

c) Christi Stellvertretung als Nichtung der Vergangenheit durch Zukunft

Wo Barth das »Nichtige« im Ganzen seiner Ontologie ansiedeln will, zeigt er durch die Einordnung seiner entsprechenden Ausführungen in die Vorsehungslehre, die ihrerseits Teil der Erwählungslehre ist[71]. So wird schon äußerlich deutlich, daß das Nichtige nicht aus dem ontischen Zusammenhang herausfällt, in dem Gott und das Geschöpf »wirklich« sind[72]. Das Nichtige ist »das Andere, von dem sich Gott trennt, demgegenüber er sich selbst behauptet und seinen positiven Willen durchsetzt«[73]. Es handelt sich nicht um etwas Vorgegebenes; Gott setzt sich nicht – dualistisch – gegen einen Konkurrenten durch, sondern »weil

nicht das von Gott über uns verhängte Schicksal. Adam ist aber die von Gott erkannte und uns gesagte *Wahrheit* über uns selbst.« (KD IV/1, 569). – Zur Kritik an Barths Exegese von Röm 5 vgl. E. Brandenburger, Adam und Christus, 267–278.

69 Jesus Christus »hat eben damit, daß er – der an unsere, der Sünder Stelle trat – in den Tod gegangen ist, mit uns als Sündern und damit mit der Sünde selbst in seiner Person Schluß gemacht ... Der Mensch der Sünde, der erste Adam, der mit Gott im Streit liegende Kosmos, dieser ganze ›gegenwärtige böse Äon‹ (Gal 1,4) ist in und mit Ihm ans Kreuz geschlagen, getötet, begraben worden. ... Eben das ist es, was geschehen ist, indem Jesus Christus die Sünde, zu deren Träger und Vertreter er sich selbst machen wollte, in seiner eigenen Person (als der des einen großen Sünders!) ans Kreuz schlagen und töten ließ« (KD IV/1, 279).

70 Vgl. KD III/3, 327–425; IV/1, 395–573.

71 Zur Schlüsselfunktion der Erwählungs- und Vorsehungslehre für Barths Gesamtwerk: H. U. v. Balthasar, Karl Barth, 186; G. Gloege, Prädestinationslehre Karl Barths, 78.

72 »Der *ontische* Zusammenhang, in welchem das Nichtige wirklich ist, ist das auf *Erwählung* begründete *Handeln* Gottes.« (KD III/3, 405).

73 KD III/3, 405.

und indem ... das Werk seiner Erwählung und Gnade geschieht«, geschieht »nur als dessen Kehrseite ... auch sein *opus alienum*, wird jenes mächtige Nein gesprochen, durch das dem Nichtigen seine eigentümliche Gestalt und Existenz verliehen wird«[74]. Weil Gott etwas *nicht will*, darum ist das Nichtige »Etwas« und nicht »Nichts«. »Aus dieser eigentümlichen Ontik des Nichtigen folgt aber sein *Charakter*: folgt, daß es das Böse ist.«[75] Das Nichtige ist »die Verneinung der guten Schöpfung Gottes, die als solche auch von ihm nur eben verneint, ausgeschlossen, verworfen sein kann«[76].

Weil es »keine Erwählung gibt, wo es nicht auch Nicht-Erwählung, Übergehung, Verwerfung gibt«[77], spricht Barth von einer »doppelten Prädestination«. Er nennt das Nichtige wiederholt »unvermeidlich« und »notwendig«[78]. Aber er charakterisiert diese »Notwendigkeit« auch als »relative«, »untergeordnete« und »vorübergehende«[79]. Denn nur *weil* Gott dem Nichtigen in Jesus Christus gegenübergetreten ist – nur in dieser *Relation* –, ist das Nichtige real. »Es *ist nicht an sich*, es ist nur in dieser Gegensätzlichkeit.«[80] Und deshalb ist es nach Barth kein Widerspruch, wenn er das Entstehen *und* das Vergehen des Nichtigen mit ein- und demselben Verneinungsakt Gottes begründet. In Jesus Christus wird das Nichterwählte verneint und zugleich genichtet (Negation der Negation). Im Geschehen der Kreuzigung und Auferweckung Christi denkt Barth auf seine Weise Gott und die Sünde zusammen: »in dem *Tat-Gegensatz*, in dem er sie *meistert, bestreitet, besiegt*«[81]. Indem der Erwählte an die Stelle des Nichterwählten tritt, wird die Nichtung genichtet, ist das Nichtige der durch Gottes Zorn »wie entstandene, so schon verjagte Schatten seines Werkes«[82]. Weil es in Gottes Zeit (in der Ewigkeit) kein »vor Christus«

[74] Ebd. 409.

[75] Ebd. 407. – Dazu: W. Krötke, Sünde und Nichtiges, 36–49; B. Krause, Leiden Gottes – Leiden des Menschen, 253–288.

[76] KD IV/3, 796. – »Daraus folgt: a) Vom Nichtigen ist wohl so etwas wie ›Sein‹ auszusagen, aber nur insofern, als es der Gegensatz gegen das *Nicht*-Sein des Geschöpfs und nicht nihil pure negativum ist. b) Vom Nichtigen ist wohl so etwas wis ›*Nicht-Sein*‹ auszusagen, aber nur insofern, als es der Gegensatz gegen das *Sein* Gottes ist.« (Krötke [ebd.] 45).

[77] Gottes Gnadenwahl, 18. – *Indem* Gott erwählt, »verwirft er auch, was er nicht erwählt« (KD III/3, 405). Das auf Erwählung beruhende Handeln Gottes impliziert das Nichtige »als die Klasse oder Stufe des von Gott verneinten, verworfenen, ausgeschlossenen Seins« (KD IV/3, 204).

[78] Vgl. KD II/2, 176f; III/3, 405.417.

[79] Vgl. KD III/1, 440; III/3, 380f.417.

[80] KD III/3, 381. – Zum Vergleich: Hegel bemerkt über das Böse und dessen Relativität zum Guten: Mit »*der Notwendigkeit des Bösen* ist ... absolut vereinigt, daß dies Böse bestimmt ist als das, was notwendig *nicht seyn soll*, – d. i. daß es aufgehoben werden soll, nicht daß jener erste Standpunkt der Entzweiung überhaupt nicht hervortreten solle ..., sondern daß nicht auf ihm stehen geblieben, und die Besonderheit nicht zum Wesentlichen gegen das Allgemeine festgehalten, daß er als nichtig überwunden werde« (Grundlinien der Philosophie des Rechts, § 139, 201).

[81] KD IV/2, 449.

[82] KD III/3, 87f. – Vgl. KD III/1, 440.

und »nach Christus« gibt, weil die Erwählung Christi von Gott her *ewig* ist, ist auch die Verneinung der Verneinung (die Nichtung des Nichtigen) von Gott her gesehen ein ewiges »Jetzt«. Andernfalls wäre ja Gott bis zu einem bestimmten Zeitpunkt der Schöpfer[83], Wahrer und Erhalter des Nichtigen. Aber von Ewigkeit her ist der von Ewigkeit her zur Menschwerdung erwählte Sohn nicht nur als Schöpfer, sondern auch als der gekreuzigte und auferweckte Nichter des Nichtigen der eigentliche Stellvertreter. Und deshalb ist die entscheidende Frage nicht, wie das Nichtige mit Gottes Güte vereinbar ist – das Nichtige ist ja von Gott schon »erledigt«; nein, die eigentlich spannende Frage der gesamten Versöhnungslehre ist, warum das Nichtige angesichts von Kreuz und Auferwekkung Christi überhaupt noch eine Bedeutung hat[84]. Barths Antwort liegt in der Unterscheidung der Zeit Gottes von der des Menschen. Was von Gott her gesehen ewiges »Jetzt« ist, die Verneinung des Nicht-erwählten *und* die Verneinung der Verneinung, das ist vom Menschen her betrachtet Vergangenheit und Zukunft. Deshalb kann er sich dem, was »an sich« erledigt ist, weiterhin verschreiben: Er kann der in Christus erledigten Vergangenheit verfallen, indem er sich der in Christus eröffneten Zukunft verschließt. So wird die Bedeutung der Stellvertretung Christi für alle Menschen aller Zeiten deutlich. Sie ist das Geschenk der Zeit im Sinne von »Zukunftsgabe«. Wer dieses Geschenk annimmt, ist bereits real verbunden mit dem, der die Zugänglichkeit zum Vater und damit die Zukunft bis an die von Gott verneinte Stelle (Zeitlosigkeit, Ausweglosigkeit, Sinnlosigkeit) getragen hat. Und umgekehrt: Wer das Geschenk verweigert, bringt in sich zur Geltung, was an sich nur noch »Nicht-Wirklichkeit« bzw. »Scheingeltung« hat: das Nichtige bzw. Vergangene[85]. Barth bezeichnet die Annahme der Stellvertretung als den Wesensgehalt des christlichen Glaubens und der geschöpflichen Freiheit, weil Glauben die Freiheit realisiert, die das Menschsein ausmacht: nämlich »das Nichtige für *abgetan* zu halten und im Gedanken an den, der es abgetan hat, einen neuen Anfang zu machen«[86].

[83] Barth spricht nie von Gott als dem »Schöpfer« oder »Verursacher«, sondern nur von Gott als dem »Herrn« des Nichtigen. Er sagt auch nie, daß das Nichtige »geschaffen«, sondern allenfalls, daß es »wirklich« sei (vgl. KD II/1, 629.631.671; III/3, 406.613). Denn »was Gott schafft, verursacht, hervorbringt, das ist das, was er bejaht, was als positives letztes Ziel in seiner Intention liegt« (KD II/1, 670). Das Nichtige ist nur durch den *verneinenden* Willen Gottes und deshalb »gnadenloses« bzw. »nicht-geschöpfliches« Sein. Zur Frage, ob das Nicht-wollen nicht doch ein Verursachen ist und ob die Sünde nach Barth, wenn nicht mit der *voluntas efficiens Dei*, so doch mit der *voluntas efficaciter permittens* in Einklang steht, vgl. U. Hedinger, Freiheitsbegriff, 107; W. Krötke, Sünde und Nichtiges, 51f; W. Härle, Sein und Gnade, 266–269.

[84] Vgl. KD III/3, 419–420.

[85] Das Nichtige »ist von Haus aus jenes Vergangene, das Gott in der Schöpfung sofort hinter sich gelassen, dem er nicht einmal Zeit, geschweige denn ein anderes Wesen als das des Unwesens gegönnt hat« (ebd. 417). – Vgl. KD II/2, 186; III/1, 120; III/3, 179.424f.

[86] KD III/3, 421.

3. Der »ver-söhnte« Mensch als »Entsprechung« zur Stellvertretung des gekreuzigten und auferstandenen Christus

Den Inhalt seiner Versöhnungslehre bezeichnet Barth selbst als »die Erkenntnis *Jesu Christi*, der (1) der wahre, nämlich der sich selbst erniedrigende und so der versöhnende Gott, aber (2) auch der wahre, nämlich der von Gott erhöhte und so versöhnte Mensch, und der in der Einheit beider (3) der Bürge und Zeuge unserer Versöhnung ist«[87]. Er beschreibt das Versöhnungsgeschehen als Korrespondenzverhältnis von göttlichem *exitus* und menschlichem *reditus* und erklärt Christus zum *Stellvertreter*, weil er beides zugleich ist: der vom Vater ausgehende und in die Fremde ziehende Sohn und der aus der Fremde zum Vater zurückkehrende Mensch. Gott will in Christus »in der Tat Alles« sein, »damit der Mensch *nicht* Nichts, sondern eben *sein Mensch* und als solcher an seinem Ort, auf seiner Ebene, in seinen Grenzen seinerseits *Alles* sei«. Das Stellvertretungsgeschehen von Kreuz und Auferstehung bezweckt, »daß der Mensch Gott gegenüber als Subjekt nicht ausfalle, sondern als solches erhalten, vielmehr – weil er selbst sich als solches faktisch preisgegeben hat – als Subjekt ganz neu, von oben geschaffen und begründet werde«[88]. Christus wird von Barth nicht deshalb Mittler genannt[89], weil er ein Mittleres »zwischen« Gott und Mensch wäre, sondern als der »Eine«, in dem der versöhnende Gott als solcher und der versöhnte Mensch als solcher, in dem Gottes Zuwendung zum Menschen und die Umkehrung des Menschen zu Gott unvermischt und ungetrennt wirklich sind. So ist die Versöhnung keine Addition von göttlichem und menschlichem Handeln, auch keine bloße Wiederherstellung eines ursprünglichen Zustands, sondern etwas völlig Neues, etwas vom Menschen her Undenkbares: Der Sohn *an der Stelle* der Sünder.

Für Barth ist Christus wahrer Gott und wahrer Mensch nur *als Stellvertreter*; oder pointierter formuliert: *Als Stellvertretung* ist Christus wahrer Gott und wahrer Mensch zugleich[90]. Denn das, was Jesus Christus als wahrer Gott und wahrer Mensch *ist*, kann nach Barth nur von dem her interpretiert werden, was im Vollzug von Jesu Christi Erniedrigung und Erhöhung (Stellvertretung) *geschieht*; und umgekehrt: Was in Jesu Christi Stellvertretung *geschieht*, interpretiert, was Jesus Christus als wahrer Gott und wahrer Mensch *ist*[91]. Barth weist in der Versöhnungslehre auf die Prolegomena seiner Dogmatik zurück: auf seine Ausführungen über den Gott, der in sich selbst den Anderen (den Sohn) als anderen setzt und diese

[87] KD IV/1, 83 (Leitsatz des § 58). – Barth spricht von einer »dreifachen Gestalt« seiner Versöhnungslehre. Dem Weg des Sohnes Gottes (vere Deus) in die Fremde und Knechtschaft (status exinanitionis; munus sacerdotale) entspricht die Heimkehr des Menschensohnes (vere homo) in die Erhöhung (status exaltationis; munus regale). Und daß beide Wege in Christus eine Einheit bilden, erklärt die Dogmatik mit Christi »munus propheticum«.

[88] Ebd. 94f.

[89] Vgl. ebd. 133–140.

[90] Vgl. KD IV/1, 174.183–187; IV/2, 47–53.

[91] Vgl. F. Wagner, Christologie bei Karl Barth, 24.

Unterschiedenheit bestätigt, *indem* er sie eint (Hl. Geist). Man mag wie Falk Wagner oder Gunther Wenz kritisieren[92], daß er dabei von einem Gehorsam, von einem Oben und Unten, Prius und Posterius, Vor und Nach in Gott selbst spricht[93]. Aber vom Kontext her legt sich die Vermutung nahe, daß Barth damit nur seine These konkretisiert, in der Stellvertretung Christi entspreche der trinitarische Gott sich selbst.

a) Der genichtete Sünder als »Entsprechung« zur Selbsterniedrigung seines Stellvertreters

Nur unter der strikten Voraussetzung unbedingter Identität von Tun und Sein Christi behandelt Barth das Stellvertretungsgeschehen als solches: Er unterscheidet vier Aspekte:

Christus als »der an unserer Stelle *richtende* Richter«[94]; als »der an unserer Stelle *gerichtete* Richter«[95]; als »der an unserer Stelle *getötete* Richter«[96]; als »der an unserer Stelle *rechttuende* Richter«[97].

Der *erste* Aspekt charakterisiert das *»pro nobis« der Stellvertretung Christi als »contra nos«*. Weil sich – so Barth – in jeder Sünde der Versuch des Menschen verbirgt, sich an Gottes Stelle (an die Stelle des Herrn und Richters) zu setzen[98], bedeutet das Hintreten Christi an die Stelle des Sünders zunächst und zuerst dessen Entfernung aus der angemaßten Richterrolle. Diese Entfernung ist für ihn keine »Entmündigung des Menschen«[99], sondern im Gegenteil seine Befreiung zu sich selbst[100].

Der *zweite*, ins Zentrum des Stellvertretungsgeschehens führende Aspekt behauptet *das Zugleich von Subjekt (Richter) und Objekt (Gerichteter)*, von Aktivität (richten) und Passivität (gerichtet werden). Jesus Christus, »der der erwählende Gott und der eine erwählte Mensch in einer Person ist, ist eben als der verwerfende, der die Sünde im Fleische richtende *Gott* in seiner eigenen Person auch der eine *verworfene Mensch*«[101]. Barth betont mit diesem Satz, daß der Richter der Gerichtete ist, gerade *indem* er richtet; daß das Gerichtetwerden des Stellvertreters also keine Selbstverwerfung Gottes bedeutet[102]; daß Gott, wenn er in Christus als Richter die Stelle des Gerichteten einnimmt, immer noch das Subjekt dieser Stellvertretung bleibt. Auf die Frage, worin dann noch die Realität des Hintretens des Sündelosen an die Stelle des Sünders

[92] Vgl. ebd. 26; G. Wenz, Versöhnungslehre II, 241–243.
[93] KD IV/1, 213.
[94] KD IV/1, 254–258.
[95] Ebd. 259–269.
[96] Ebd. 269–282.
[97] Ebd. 282–300.
[98] Vgl. ebd. 254.501.557f.
[99] D. Sölle, Stellvertretung, 101.
[100] Vgl. KD IV/1, 257. – Vgl. B. Klappert, Die Auferweckung des Gekreuzigten, 208.
[101] KD IV/1, 260.
[102] Vgl. ebd. 202.

bestehe, antwortet er, daß das Richtersein des Richters *als solches* das Hintreten an die Stelle des Gerichteten ist, und daß sich die Sündlosigkeit des Richters *als solche* (als Sündlosigkeit) gerade darin offenbart, daß er sich stellvertretend als Sünder richten läßt[103]. Darin besteht nach Barth die *Singularität* Christi, daß Gott in ihm Mensch wird, *indem* er an die Stelle der Sünder tritt[104].

Christus tritt – das ist der *dritte* Aspekt des Stellvertretungsgeschehens – an die Stelle, die Gott nicht will, an die Stelle der Gottferne, der Nichtigkeit. Darin besteht *die absolute Exklusivität seiner Stellvertretung*, daß in ihm Gottes Sohn selbst dahin gelangt, wo das Wider-Göttliche ist[105]. Christi Stellvertretung bleibt dem Sünder nicht äußerlich, sondern tritt wie ein »verzehrendes Feuer« in ihn ein. »Eben was wir sind, wollte er selbst werden, um es von innen her anzugreifen und umzukehren, es umzuschaffen in ein Neues, in das Sein des mit ihm versöhnten Menschen.«[106] Barth gibt der Anselm-Kritik all derer recht, die unter »Genugtuung« nicht die Verrechnung unserer Sünde mit einem stellvertretend erbrachten Verdienst Christi verstehen, sondern die »Satisfaktion« als Eigenschaft einer Liebe beschreiben, »die sich selbst nur eben in der völligen Auswirkung ihres Zornes gegen den Menschen der Sünde, nur eben in seiner *Tötung*, Auslöschung und Beseitigung ›genug tun‹ konnte«[107]. Die »Genug-tuung« der Liebe Gottes gegenüber dem Sünder trägt das Antlitz von Leid und Tod[108], weil sich – wie oben dargelegt – jede Unterscheidung des Sünders von seiner Sünde verbietet und Vergebung deshalb keine bloße Veränderung *am* Sünder, sondern seine Neuschaffung durch Nichtung bedeutet[109]. Barth scheut das Bild nicht, hier werde weder durch Darreichung einer Medizin, noch durch Operation, »sondern durch Tötung des Patienten«[110] geholfen.

[103] Barth bekräftigt den Literalsinn von 2 Kor 5,21, indem er schreibt, daß Christus »für uns zum Sünder gemacht ist« (ebd. 261).

[104] Christologie ist für Barth wesentlich Rede über das Geschehen der Stellvertretung. Aber er verwirft den Hegelschen Gedanken, daß Christi Gottheit bzw. Sündlosigkeit erst durch das Stellvertretungsgeschehen vermittelt wird (vgl. ebd. 449f).

[105] »Zum Vollzug dieses *Gerichtes* über die Sünder tritt Gottes Sohn als Mensch an unsere, der Sünder, Stelle. Er vollzieht aber dieses Gericht, indem er – als Mensch an unsere Stelle getreten – in der Vollmacht des Gottessohnes unser aller Werk, den Weg der Sünder, zu Ende geht bis zu ihrem bitteren Ziel im Tod, im Verderben, in der grenzenlosen Qual der Gottesferne: indem er also den sündigen Menschen seinem und mit ihm die Sünde selbst in seiner eigenen Person ihrem, dem ihr zukommenden *Nichtsein* überliefert – dem Nichtsein, ja der Nichtigkeit, der der Mensch als Sünder verfallen ist und unaufhaltsam entgegenläuft.« (Ebd. 278).

[106] Ebd. 266. – Vgl. ebd. 450.

[107] Ebd. 280.

[108] Vgl. ebd. 278.

[109] Barth verurteilt (vgl. KD II/1, 102) die u. a. von Albrecht Ritschl vertretene Meinung, Zorn und Liebe Gottes vertrügen sich nicht miteinander; er bezeichnet die Sündenvergebung als Aufhebung und Vernichtung des Sünders: »Es mußte ... die ihm in Jesus Christus zugewendete Liebe Gottes, sollte sie zu ihrem Ziele kommen, tatsächlich die Gestalt des verzehrenden Feuers seines Zornes haben, durchbrennen bis auf den Grund, ihn selbst, den zum Feind Gottes gewordenen Menschen, hinwegfegen und total zunichte machen.« (KD IV/1, 326).

[110] KD IV/1, 326.

Die angesichts einer so radikalen Äußerung unvermeidliche Frage, ob nicht im Stellvertretungsgeschehen der Sünder durch jemand ganz anderen *ersetzt* werde, beantwortet Barth mit der Erklärung eines *vierten* Aspekts der Stellvertretung Christi. Er führt aus, daß die Position (*die Bejahung des im Kreuz Christi genichteten Sünders*) nicht erst durch die Negation vermittelt ist[111], daß vielmehr die passiv erlittene Kreuzigung mit der aktiv vollzogenen Selbsthingabe des Stellvertreters identisch ist. Daraus folgt: Der Sünder wird nicht *nach* der Kreuzigung, sondern *durch*, *mit* und *in* der Kreuzigung bejaht.

b) Der sich selbst erniedrigende Sünder als »Entsprechung« zur Erhöhung seines Stellvertreters

Während Barth in Teil I seiner Versöhnungslehre die Selbsterniedrigung des Sohnes Gottes (priesterliches Amt Christi) zur Darstellung bringt, ist der zweite Teil der Erhöhung des Menschensohnes (königliches Amt Christi) gewidmet. Obwohl die Gliederung beider Teile auf eine wechselseitige Korrespondenz schließen läßt, dominiert der erste Teil den zweiten, weil der Ausgang des Versöhnungsgeschehens von Gott auch die »Heimkehr des Menschensohnes« bestimmt. Deshalb faßt Falk Wagner seinen Vergleich beider Teile in die These: »Während mit der Erniedrigung des Sohnes Gottes gesagt ist, daß Gott Mensch wurde, bedeutet die Erhöhung nicht, daß der Mensch Jesus Gott wurde. Vielmehr wird das menschliche Wesen Jesu allein auf Grund der Initiative des Gottessohnes in die Gemeinschaft mit Gott erhoben, so daß Gott das aktiv-gebende, der Mensch aber das passiv-empfangende Subjekt ist.«[112] Unter Voraussetzung der eingangs skizzierten Prämissen des Barthschen Denkens ist »nicht einzusehen, daß ... die vollkommene Wahrheit der Menschlichkeit Jesu Christi dadurch tangiert oder gar aufgehoben wird, daß er im Unterschied zu uns Anderen allen *nur* als Gottes Sohn auch *wirklicher* Mensch ist, daß also von einer eigenen, selbständigen *Existenz* seiner Menschlichkeit keine Rede sein kann«[113]. Barth betont, daß der Menschensohn nur *in* unbedingter Entsprechung zur Selbsterniedrigung des Gottessohnes der erhöhte ist, daß »die Tat der *Erniedrigung* des Sohnes Gottes *als solche* ... die Erhöhung des Menschensohnes und in ihm des menschlichen Wesens«[114] ist. Inhaber des »munus regale« ist der Mensch Jesus von Nazareth, *indem* er der Selbsterniedrigung Gottes entspricht, *indem* er der von den Menschen

[111] »In Wahrheit ... verhält es sich so, daß eben diese negativ gestaltete Aktion die große *Position* Gottes innerhalb und gegenüber der ihm feindlichen und damit ihn verunehrenden und sich selbst zerstörenden Welt ist.« (Ebd. 282). – Dazu: B. Krause, Leiden Gottes – Leiden des Menschen, 312f.

[112] F. Wagner, Christologie bei Karl Barth, 33.

[113] KD IV/2, 53.

[114] Ebd. 111. – »Als Menschensohn und also menschlich *existiert* ja Jesus Christus überhaupt nur in der Tat Gottes: indem er zuerst der Sohn Gottes ist.« (Ebd. 113).

Übersehene, Vergessene, gering Geschätzte, Verachtete, der mit den Getretenen Solidarische[115], der auf solche Weise ganz Andere[116] und eben so gekreuzigte Mensch[117] ist. So ergibt sich, daß Barth beides zugleich sagt: Auf der einen Seite geschieht Christi Stellvertretung *für uns*, *indem* sie *gegen uns* und *ohne uns* geschieht, weil die Kreuzigung *als* Kreuzigung die Auferweckung und Erhöhung, weil die Negation des Menschen *als* Negation seine Position ist. Auf der anderen Seite geschieht Christi Stellvertretung nicht ohne Entsprechung des Menschen, nicht ohne, daß der für-sich-seiende Sünder dem Für-den-Anderen-Sein Christi entspricht.

Aus dem mehrmals wiederholten »ohne uns« hat Dorothee Sölle gefolgert, Barths Theologie sei exemplarisch für die Tendenz, »Stellvertretung zu objektivieren und sie als ein Faktum anzusehen, das unabhängig ist von der Zustimmung oder dem Willen der Vertretenen«[118]. Aber – so fragt als Verteidiger Karl Barths Helmut Gollwitzer – warum soll echte Stellvertretung an die Zustimmung und Mitwirkung des jeweils Vertretenen gebunden sein? Beweist nicht zum Beispiel das Verhältnis eines behördlich eingesetzten Vormunds gegenüber einem unmündigen Waisenkind das Gegenteil?[119]

Barth benutzt zwar die Verben »besetzen«, »abdrängen«, »verdrängen«, wenn er vom Hintreten Christi an die Stelle des Sünders spricht. Aber er stellt sich auch selbst die Fragen: Sind wir durch Christi Stellvertretung »zu bloßen Objekten gemacht, in eine merkwürdige Verantwortungslosigkeit verwiesen, in eine Zuschauerstellung gedrängt?« Wie soll Christi Für-uns-Sein »ein ›Wir mit Gott‹ in sich schließen? Und wenn es ein solches nicht in sich schließt, wie soll es uns dann auch als ›Gott mit uns‹ wirklich verständlich sein?«[120] Die Antwort Barths übergeht das Problem der Identität des Sünders vor und nach seiner Rechtfertigung[121] und beschreibt den Vorgang der Versöhnung in strenger Parallele zum Vorgang der Schöpfung. Wie das Geschöpf nur durch, mit und in Christus *wirklich* es

115 Vgl. ebd. 186–188.
116 Vgl. ebd. 191–193.
117 »Was wir den ›Ausgang des Sohnes Gottes in die Fremde‹ und was wir die ›Heimkehr des Menschensohnes‹, was die alte Dogmatik die *exinanitio* und die *exaltatio* Jesu Christi nannte, das ist in seiner Kreuzigung ein *einziges* Ereignis.« (Ebd. 325).
118 D. Sölle, Stellvertretung, 100. – Vgl. dies., Gott denken, 137–158. – Nach W. Pannenberg (Systematische Theologie II, 478[104]) hat Dorothee Sölle mit ihrem Vorwurf, Christus werde bei Barth zum Ersatzmann, der den vertretenen Menschen kein Eigendasein läßt, »in der Tat den heikelsten Punkt in Barths Versöhnungsbegriff getroffen«.
119 Vgl. H. Gollwitzer, Von der Stellvertretung Gottes, 31.
120 KD IV/1, 13f.
121 Barth wendet sich gegen die von Dorothee Sölle verteidigte Auffassung, es gebe ein allen Veränderungen unversehrt zugrundeliegendes Subjekt, das sich durch Sünde selbst fremd geworden sei, aber durch das Geschenk wahrhafter (nicht ersetzender) Stellvertretung in seine Identität zurückgeführt werden könne (vgl. B. Klappert, Die Auferweckung des Gekreuzigten, 219). Er bestimmt das Wesen des Sünders als den Dünkel, sich für unvertretbar zu halten; und deshalb, so betont er, kann nicht durch Beseitigung irgendeiner Äußerung dieses Dünkels, sondern nur durch Beseitigung »des Sünders selbst, ... des Subjektes der Sünde, Ordnung geschaffen« (KD IV/1, 326) werden.

selbst ist, so ist der Sünder nur durch, mit und im Gekreuzigten *wirklich* Sohn. Die Stellvertretung des Erlösers ist für Barth kein Dialog zwischen der Person des Stellvertreters und der Person des Vertretenen, sondern eine neue Schöpfung, in der Christus, der Schöpfer, so an die Stelle des sündigen Menschen tritt, daß dieser in keiner Weise in sich selbst oder gar aus sich selbst, sondern nur glaubend, nur außerhalb seiner selbst, nämlich in, mit und durch Christus, Person (geschöpfliche Freiheit) zu sein vermag. Aus sich kann niemand Christ sein. Nur wenn der Mensch sich von sich selbst befreien läßt, wenn er im Glauben sein Ich gleichsam aus sich selbst heraus und in Christus hineinlegt, darf er sich Christ nennen. Weil Barth auf »der strengen Anwendung von Luthers *simul (totus) iustus, simul (totus) peccator*«[122] beharrt, dürfte Otto Weber den Baseler Theologen richtig interpretieren, wenn er sagt, »daß dem Menschen nicht etwas, etwa eine gleichsam als Makel ihm anklebende Sünde, sondern *er selbst abgenommen* ist«[123].

Hans Küng formuliert im letzten Kapitel seiner Dissertation über Barths Rechtfertigungslehre die Frage: »Nimmt Karl Barth die Rechtfertigung ernst als die Rechtfertigung des Menschen?«[124] Seine positive Antwort übersieht, daß die römisch-katholische Lehre, der Mensch bleibe auch als Gerechtfertigter Sünder und die Kirche insgesamt sei heilig und erneuerungsbedürftig zugleich, nicht identisch ist mit Barths Formel »simul *totus*

[122] KD IV/2, 646.

[123] O. Weber, Dogmatik II, 348. – Weber möchte den Ritschlschen Terminus »inklusive Stellvertretung« im Sinne Barths interpretieren: »Eine Frau kann die Schuld ihres Mannes, ein Mann die Schuld seiner Frau als die eigene erleiden. Nur – damit ist sie nicht beim schuldigen Teil abgetan. Anders mag es mit den in der Psychotherapie vorkommenden Übertragungsphänomenen stehen: der Kranke überträgt seine Krankheit oder deren Phänomene auf den Arzt, und der Fall ist vorgekommen, daß ein Arzt, der eine schwere psychische Störung heilte, darüber selbst an ihr erkrankte. In diesem äußersten Bereich tauchen Phänomene auf, die das Wort ›Stellvertretung‹ nahelegen. Aber niemand wird sagen, der Arzt habe in einem solchen Fall des anderen Schuld abgetragen. Er hat das – auch bei der Behandlung von Infektionskrankheiten naturgemäß besonders häufige – ärztliche Risiko bis in die Tiefe seines seelischen Lebens auf sich genommen. Aber ›Stellvertretung‹, wo Schuld gesühnt wird?« Stellvertretung in dieser Sicht ist »kein objektivierbares Geschehen, sondern Eingriff in mein Selbst. Wenn wir Jesus als den ›Menschen für den Menschen‹ bezeichneten, so kann das nicht heißen, er habe uns neu über Gott und uns selber denken gelehrt, es heißt auch nicht, er sei uns ›gut‹ gewesen, sondern es heißt: ... Die Verhaftung an die Schuld, die sich bei uns als Verhaftung in das vereinsamte Ich hinein bekundet, hat er aufgehoben. Wir sind an dem, was er für uns getan hat, mitbeteiligt, indem wir ihm gehören. Er ist uns gegenüber keine ›fremde‹ Person, die uns die Schuld nie und nimmer abnehmen, die nie und nimmer für uns eintreten könnte, sondern er ist mit uns eins; wir sind ›in ihm‹. Nur die in diesem Sinn verstandene ›inklusive Stellvertretung‹ entspricht dem personhaften Wesen der Versöhnung. Wo es sich um eine Sache handelt, ist exklusive Vertretung möglich. Das gilt für die Sache selbst, aber auch für je mein Interesse an ihr, das ich von meiner Person abtrennen kann. Versöhnung aber betrifft ›mich‹, ›uns‹, die ›Welt‹, die ›Kirche‹; auch die ›Welt‹ ist als Inbegriff personaler Bezüge und Mächte verstanden. Da läßt sich der Mensch nicht neutralisieren oder zum bloßen Objekt machen. Er wirkt gewiß nichts. Aber er wird für den Wirkenden aufgetan und mit ihm zusammengeschlossen.« (Ebd. 235f).

[124] H. Küng, Rechtfertigung, 269.

iustus et simul *totus* peccator«[125]. Für Barth gibt es keine ontische Brücke zwischen dem alten Menschen der Sünde und dem neuen Menschen, der in Christus ist. Die Brücke ist allein der Glaube. Und Stellvertretung ist nicht die Befähigung des Vertretenen durch den Vertretenden, selbst Subjekt der Gerechtigkeit zu werden, sondern Christus tritt so »an die Stelle« des Sünders, daß dieser wieder bejahtes Geschöpf Gottes sein kann, insofern er sich an Christus festhält, sich in ihn einbirgt. Nach Barth ist der Mensch gerechtfertigt, indem ihm das Sein als Sünder »abgesprochen« und ein Sein als Gerechter »zugesprochen« wird[126]. Er unterscheidet zwar zwischen Rechtfertigung (»›Ich will euer Gott sein‹: das ist des Menschen Rechtfertigung.«) und Heiligung (»›Ihr sollt mein Volk sein‹: das ist seine Heiligung.«[127]), versteht aber die Heiligung nicht als Teilnahme an Christi Stellvertretung, sondern ausschließlich als *Bezeugung* des Sieges und der Erhöhung des Gekreuzigten. Der Gerechtfertigte ist nicht im »syn-ergistischen« Sinn Subjekt seiner Gerechtigkeit, wohl aber »Gottes getreuer Bundesgenosse«[128]. Statt des Begriffes »Mitwirkung« schlägt Barth den Begriff »Dienst« vor[129], um unseren Part im Stellvertretungsgeschehen als Bezeugung eines Anderen zu charakterisieren. Bitte, Dank, Lob, Heiligkeit, Umkehr, gute Werke, Berufung und Kreuztragen[130] des Christen sind dienende Bekundung der Gnade, die Jesus Christus im Heiligen Geist »an unserer Stelle« ist. Diese dienende Bekundung der Stellvertretung Christi hat immer eine soziale Dimension[131], weil jedes Christuszeugnis notwendig das Für-Sein für die Mitmenschen impliziert. Aber nur durch Christus und nicht auch noch durch die Gemeinde (Kirche) geschehen Rechtfertigung und Heiligung. Die Gemeinde ist nur »deren vorläufige Darstellung ... durch eine Handvoll sündiger Menschen inmitten aller anderen«. Die Gemeinde ist nur darin heilig, daß Christus es ist und sich ihr im Heiligen Geist »als der Heilige eröffnet und erschlossen hat«[132].

c) Der hoffende Sünder als »Entsprechung« zur ewigen Erwählung des universalen Stellvertreters

Barth widmet den gesamten Teil III seiner Versöhnungslehre der These, daß der auferstandene Gekreuzigte gleichsam sein eigener »Prophet«[133], »sein eigener authentischer Zeuge« ist, daß er »für sich selber *spricht* und deshalb die *Erkenntnis* seiner selbst ... von sich aus begründet, hervorruft,

[125] Vgl. A. Quadt, Gott und Mensch, 260–269.
[126] Vgl. KD IV/2, 597f.
[127] Ebd. 565.
[128] Ebd.
[129] Vgl. KD III/3, 53; IV/2, 660–676; IV/3, 688.
[130] Vgl. KD III/4, 95–127; IV/2, 578–694; IV/3, 553–779.
[131] Vgl. KD IV/2, 695–824; IV/3, 780–1034.
[132] KD IV/2, 741.
[133] Zum Vergleich des »munus propheticum« Christi mit dem alttestamentlichen Prophetenamt s. KD IV/3, 52–56.

schafft, wirklich und ... möglich macht«[134]. Jesus Christus ist Herrlichkeit[135] und als solcher »das ... einzige Wort, das, weil unmittelbar von Gott selbst gesprochen, so gut ist wie Gott selber und also Gottes eigene Autorität und Macht hat«[136]. Indem wir in der Stellvertretung Christi das uns von unserem alten Adam befreiende (neu schaffende) Wort Gottes erkennen, werden wir zu seinem Abbild[137]. Aber dieses »Abbild-Werden« ist keine *Teilnahme* an Christi Stellvertretung, sondern nur der *geschichtliche Reflex* des schon als Sieger proklamierten Stellvertreters[138].

Der Sieg des Stellvertreters entspricht der Grundthese von Barths Erwählungs- und Schöpfungslehre: daß Gott sich ein für allemal für den Menschen entschieden hat. Deshalb ist dem Menschen die Letztverantwortung[139] abgenommen. Und das bedeutet für das »Drama« der Versöhnung: »Was der Mensch jetzt *noch* ganz *ist* [sc. simul totus peccator], das kann er nicht *bleiben*, das wird er angesichts dessen, was er jetzt *schon* ganz ist [sc. simul totus iustus], gar nicht mehr sein können, zu sein aufhören müssen. Und was er jetzt *schon ganz* ist, das wird er in der Weise werden und sein dürfen, daß er ganz allein (unter Ausschluß dessen, was er jetzt noch ganz ist) *nur* noch eben das sein wird.«[140]

Angesichts dieser und ähnlicher Aussagen legt sich die Frage nahe, was Barth auf den Vorwurf erwidert, daß Gott sich nach seiner Auffassung in jedem Fall gegen das durchgehaltene Nein des Sünders durchsetzt und also für gleichgültig erklärt, ob und wie der einzelne Mensch der Gnade Christi entspricht.

Barth antwortet, daß in der Heiligen Schrift die Verdammung der Sünder nirgendwo eine Einschränkung des Heilsuniversalismus bedeutet, daß im Gegenteil die liebeerfüllte Treue des Schöpfers zu seiner Schöpfung Quelle des Heilsplans und Grundprinzip der gesamten Weltgeschichte ist. Aber er sagt auch: »Die Kirche soll keine Apokatastasis ... predigen«[141]. Denn Barth ist sich bewußt, daß es im NT eine Reihe von Texten gibt, die

134 Ebd. 49.
135 Vgl. ebd. 40–188.
136 Ebd. 109.
137 Vgl. ebd. 242.
138 Vgl. ebd. 321–404.
139 »In Jesus Christus unausweichlich seinen Meister haben heißt: Existieren in einer letzten tiefsten *Unverantwortlichkeit*. Alle anderen Meister, Lehrer, Führer, Herren ... gebieten uns, um uns dann bei der Ausführung ihrer Gebote doch allein und uns selbst zu überlassen ... Sie können nicht für uns eintreten. Eben darum sind Ausreden und Entschuldigungen ihren Geboten gegenüber sehr wohl möglich. Das Wort Gottes hat gerade darum Befehlsgewalt ohne Grenzen, weil es uns nicht etwa eine neue, letzte, fürchterliche, weil unendliche Verantwortung aufbürdet, sondern unser Antworten, unser Wollen und Handeln, die Leistung, die es allerdings von uns verlangt, in Anspruch nimmt nicht als unser selbständiges Werk, für dessen Gelingen wir nun einzustehen hätten, sondern als Dienst, in dessen Vollzug wir getragen und gedeckt sind durch das Werk, das er selber tut.« (KD I/2, 299).
140 KD IV/2, 648. – Dazu: R. Rochusch, Apokatastasis, 6–9; W. v. Laak, Allversöhnung, 104–126.
141 KD II/2, 529.

von einer Hölle sprechen: von der Feuergehenna, von äußerster Finsternis, von endloser Qual und von unauslöschlichem Feuer. Er nennt aber auch die ebenso zahlreichen Aussagen, die eine universale Erlösung in Aussicht stellen; und er verbietet sich selbst und anderen eine metaphysische Synthese dieses scheinbaren Widerspruchs. Er gibt eine zweifache Antwort:

– Wir dürfen nicht mit der göttlichen Gnade »rechnen«, die Gnade »postulieren«, einfach »in Aussicht nehmen« oder »an uns reißen«. Das wäre ein vermessener Angriff auf Gottes freie Gnade.

– Andererseits gibt es keinen Grund, uns nicht für die »überschwängliche Verheißung der endlichen Errettung aller Menschen« offen zu halten. Barth fragt: »Weist die überlegene, die verkehrte menschliche Situation jetzt schon so kräftig begrenzende Wirklichkeit ... nicht eindeutig in die Richtung eines Werkes einer in der Tat ewigen göttlichen Geduld und Errettung und also einer ›Apokatastasis‹ und ›Allversöhnung‹?« Wir dürfen, sagt Barth immer wieder, »in aller Zurückhaltung, aber auch in aller Bestimmtheit darauf hoffen und darum beten«[142].

So gibt Barth auf die »crux« der protestantischen Versöhnungslehre, wie Barmherzigkeit und Gerechtigkeit Gottes miteinander zu vereinbaren seien, keine theoretische, sondern eine existentielle Antwort: den Hinweis auf die Hoffnung[143]. Wer nur auf die Gerechtigkeit Gottes blickt, wird *hoffnungslos*, weil er verzweifelt. Wer nur auf die Barmherzigkeit Gottes blickt, ist *hoffnungslos*, weil vermessen[144]. Wer aber ohne falsche Sicherheit Gottes Lösung nicht selbst vorwegnimmt, sondern erhofft, *lebt* die *Antwort* auf die Offenbarung der Stellvertretung Jesu Christi[145]. Auf seiten des bejahend antwortenden Menschen entspricht der Rechtfertigung der Glaube, der Heiligung die Liebe, der Berufung die Hoffnung. »Des Menschen Berufung«, so schreibt Barth, ist etwas »Besonderes neben seiner Rechtfertigung und Heiligung und also die christliche Hoffnung ein Besonderes neben dem christlichen Glauben und der christlichen Liebe«[146]. Aber Hoffnung ist nicht nur eine besondere *Bezeugung* von Christi Stellvertretung, sondern *in* dieser Bezeugung *»inklusive Stellvertretung«*. Barth vermeidet zwar diesen von Ritschl geprägten Terminus, spricht aber von einer »Inklusion« des hoffenden Menschen in das Stellvertretungsgeschehen[147]. Weil Hoffnung sich nie auf etwas bezieht, was der Hoffende selbst machen kann, weil Hoffnung gar nicht anders denn als eine Haltung demütigen Empfangens denkbar ist, kann Barth von einer stellvertretenden Hoffnung des Menschen sprechen, ohne die Vorstellung einer »Miterlösung« von seiten der stellvertretend Hoffenden »befürchten« zu müssen.

[142] KD IV/3, 550f. – Dazu: G. Müller, Ungeheuerliche Ontologie, bes. 265–269.
[143] Vgl. KD III/2, 344–391; IV/1, 98–133; IV/3, 1035–1083.
[144] Vgl. KD IV/3, 1059.
[145] Vgl. ebd. 1067.
[146] KD IV/1, 120. – Vgl. IV/3, 1046.
[147] Vgl. KD IV/3, 321f.

Und wer *als Zeuge Christi* hofft, kann nicht nur für sich selbst hoffen. Er kann gar nicht anders als mit dem Einsatz seiner selbst für alle seine Brüder und Schwestern »mit-hoffen«. Auf Grund dieser »Mit-hoffnung« nennt Barth die Christen »Platzhalter und Stellvertreter *aller* derer..., die solche Hoffnung jetzt und vorläufig weder für sich noch überhaupt haben«[148]. Als stellvertretend Hoffender ist der Christ »Same, der wohl als solcher sterben muß, der aber einmal ... aufgehen und wie jenes Senfkorn im Evangelium ... zum Baume werden wird«[149].

Die »inklusive Stellvertretung« der hoffenden Christen ist nicht auf die eigenen Zeitgenossen beschränkt. Denn Christi Stellvertretung umfaßt auch die äußerste Stelle der Gottferne. In seinem »Dogmatik-Grundriß im Anschluß an das apostolische Glaubensbekenntnis«[150] und in seinen Ausführungen zu Calvins Katechismus bezeichnet Barth den »Abstieg zur Hölle« als »Eintritt Jesu Christi in die Verzweiflung, in die Gewissensangst, in die Empfindung, daß Gott gegen ihn ist«. Der Höllenabstieg ist so »die innere Erklärung dessen, was sich äußerlich in Tod und Grab ereignet«[151]. Auch in die Hölle gelangt das Geschenk der Hoffnung, weil Stellvertretung das Geschenk der Zeit ist. Und wenn Christi Stellvertretung nicht ohne die Hoffnung seiner Zeugen sein will, dann dürfen wir nicht nur, nein, dann müssen wir mit unserer Hoffnung vor allem an die Stelle derer treten, die hoffnungslos sind.

Indem Barth seine große Dogmatik mit dem gesperrt gedruckten Wort »Hoffnung« schließt, relativiert er seine Aussagen über das »ohne uns« und »gegen uns« der Stellvertretung des Schöpfers und Erlösers. Jedenfalls ist die Bezeugung Christi durch den Christen in Gestalt einer Hoffnung, die mit dem Vertrauen des Glaubens auch den selbstvergessenen Einsatz seiner Liebe einschließt, ein »Mit-Stellvertreten«. Mit dieser Beobachtung ist die Frage gewiß nicht beantwortet, wie eine Stellvertretung, die als rein aktuelle Beziehung verstanden wird, neben der Einheit auch die Unterschiedenheit der Beziehungssubjekte »Gott« und »Mensch« erklären will, und worin eigentlich die Identität des Sünders vor und nach dem Empfang der ihn »neu schaffenden« Stellvertretung des Gekreuzigten besteht. Barth hält diese Frage nicht für illegitim; denn sie stellt sich ihm im Blick auf Christus; aber er lehnt eine von Christus abstrahierende Antwort ab. Er weiß, daß die gesamte Philosophie nach Hegel (vgl. SS. 368–398) um eben das Problem kreist, wie der Andere für mein Selbst (Ich) konstitutiv sein kann, ohne daß eine Person die andere, ohne daß der Vertretende den Vertretenen ersetzt. Aber als Theologe, der die »analogia entis« für die

[148] KD IV/1, 129. – Vgl. KD IV/3, 1053f.1071f.

[149] KD IV/3, 1072. – »Der Christ kann jetzt nur für die Anderen, an Stelle der noch schlafenden Kirche und Welt wachen ... Vorläufig hofft die Kirche und die Welt nun eben in *seiner* Person, durch *ihn* vertreten, in *ihm* repräsentiert. Insofern ist er ... Platzhalter, und wenn er dabei der einsamste Vogel auf dem Dache wäre.« (Ebd.).

[150] Vgl. Dogmatik im Grundriß, 137–139. – Dazu: W. Maas, Gott und die Hölle, 211–214.

[151] Katechismus Calvins, 82.

Erfindung des Antichrists hält, muß er jede Suche nach einem philosophischen Modell zum Verständnis der Stellvertretung Christi von vornherein abweisen. Zwar anerkennt er, daß in den Entwürfen der dialogischen und existentialistischen Philosophie erstmals eine Anthropologie entwickelt wurde, die den Anderen nicht auf das wahrnehmende Ich reduziert, »sondern ... dem *Aktualitäts*charakter der Beziehung zwischen beiden Rechnung«[152] trägt. Zugleich aber moniert er, daß, wer vom Ich her auf den Anderen reflektiert, zwischen Verantwortlichkeit und Antwort, zwischen Entscheidungsfähigkeit und Entscheidung, zwischen Personhaftigkeit und Person unterscheiden muß. Diese Unterscheidung aber ist für Barth Ausdruck der Ursünde des Menschen, außerhalb der Stellvertretung Christi, außerhalb der von ihm allein ermöglichten Antwort, Entscheidung und Person auch noch »etwas für sich selbst« (Verantwortlichkeit, Entscheidungsfähigkeit, Personhaftigkeit) sein zu wollen[153].

§ 2 Stellvertretung zwischen Identität und Nichtidentität

Weil das Wort »Stellvertretung« nicht irgendeinen Schlüsselbegriff, sondern die zentrale Kategorie der Barthschen Theologie insgesamt bezeichnet, läßt sich unschwer zeigen, daß die von Barth verdrängte Frage nach dem *»Anknüpfungspunkt«* des Stellvertreters Christus in dem von ihm vertretenen Menschen (die Frage nach der *Identität* des Sünders vor und nach dem Vorgang seiner Rechtfertigung) zum Leitfaden einer langen Diskussion der Dialektischen Theologie wurde. Dies soll im Folgenden exemplarisch verdeutlicht werden durch eine kurze Darstellung der Barth-Kritiker, die mit ihrer Abweisung eines einseitigen Christozentrismus nicht auch den Stellvertretungsbegriff verwerfen, sondern mit ihm beides zugleich ausdrücken: das, was sie mit Barth verbindet, und das, was sie von ihm trennt.

1. Emil Brunner: Stellvertretung als »reine Relation«

a) Die »Persönlichkeit« des Sünders als »Anknüpfungspunkt« des »Stellvertreters«

Obwohl Emil Brunner (1889–1966) – reformierter schweizerischer Theologe wie Karl Barth – lange Zeit ganz auf seiten des Begründers der »Dialektischen Theologie« stand, unterscheidet er eine *allgemeine Offenbarung* (Naturoffenbarung, Uroffenbarung, Schöpfungsoffenbarung) von der *speziellen Offenbarung* in Jesus Christus (Erlösungsoffenbarung, Ver-

152 KD III/2, 149.
153 Vgl. ebd. 152.

söhnungsoffenbarung, Heilsoffenbarung)[154]. Allerdings folgt für ihn aus dieser Distinktion nicht, der Mensch könne Gott unabhängig von Gottes Wort erkennen. »Allgemeine Offenbarung« bedeutet nur, daß Gott seinem Wort in Gestalt der menschlichen »Ver-nunft« die Vernehmbarkeit und in Gestalt der menschlichen »Ver-ant-wortlichkeit« die Fähigkeit zur Antwort »voraus-setzt«.

In seinen frühen Schriften – in der Versöhnungslehre mit dem Titel »Der Mittler«[155] und in seiner an Barth gerichteten Abhandlung über das Verhältnis von Natur und Gnade[156] – führt Brunner aus, daß der Mensch geschaffen ist zur personalen Antwort auf das im Erschaffen ansprechende und sich mitteilende Wort Gottes. Damit unterscheidet er zwischen einer substantivisch und einer relational gedachten Komponente der menschlichen Personalität, zwischen der empirisch (historisch, biographisch, psychologisch) faßbaren »Persönlichkeit« oder »geistigen Natur« und der metaempirischen »Person«, die nicht substantivisch, sondern verbal, nicht statisch, sondern dynamisch zu verstehen ist[157]. »Persönlichkeit« und »Person« verhalten sich zueinander wie Verantwortlichkeit und Verantwortung oder Vernunft und Vernehmen. Wenn der Mensch die Antwort auf Gottes Wort verweigert, hat er seine Person zerstört. Darin stimmt Brunner Karl Barth ausdrücklich zu: Die Sünde ist nicht nur etwas *am* Menschen, sondern der Sünder *ist* seine Sünde[158]. Aber deshalb, so Brunner, katapultiert sich der Mensch nicht aus seiner Verantwortlichkeit. Er bleibt auch als Sünder in Beziehung zu Gott – zwar in einer Beziehung der Perversion und Verneinung, aber immer noch in Beziehung. Denn wenn er sich gegen das Wort Gottes entscheidet, gibt er sich keine andere Konstitution – diese Macht hat er gar nicht –, sondern setzt sich in seiner Konstitution mit dieser Konstitution in Widerspruch[159]. Die Sünde zerstört die »Person« des Menschen, nicht aber seine »Persönlichkeit«[160].

Da kein Mensch ohne mitmenschliche Vermittlung Antwort auf Gottes Wort sein kann, sondern durch das Du des Nächsten zum Ich-Bewußtsein erweckt und zur Liebe befähigt wird, nimmt die Ur-Sünde[161] nicht nur

[154] Vgl. Offenbarung und Vernunft, 73–94. – Dazu: G. Kraus, Gotteserkenntnis, 256–284, bes. 258–263.

[155] Vgl. Der Mittler, 175–203.

[156] Vgl. Natur und Gnade, 40–42.

[157] Vgl. B. Langemeyer, Der Dialogische Personalismus, 123–128.

[158] »Diese Schuld aber ist nicht ein dinghaftes Etwas – dies könnte vielleicht als der hauptsächlichste Fehler der anselmischen Lehre geltend gemacht werden –, sondern das Allerpersönlichste, die verkehrte Stellung zu Gott, darum etwas schlechterdings Unendliches, wie die Seele, wie die Gottesbeziehung selbst. Sünde ist Verkehrung des menschlichen Wesens, durch Verkehrung der Stellung zu Gott. In der Schuld wird uns diese Verkehrung als eine geschehene und nicht mehr rückgängig zu machende vorgehalten und festgehalten. Der Kern des menschlichen Wesens ist seine *Stellung zu Gott.*« (Der Mittler, 400).

[159] Vgl. Der Mensch im Widerspruch, 152.

[160] Vgl. Natur und Gnade, 15.47; Der Mensch im Widerspruch, 99–101; Das Wort Gottes 57–65.

[161] Zu Brunners Lehre von einer metaempirischen »Ur-Sünde« aller Menschen seit Adam vgl.

dem Ur-Sünder, sondern auch jedem Nachkommen die Möglichkeit, Gottes Ruf ohne Vorbehalte zu »ent-sprechen«[162]. Denn wer nicht mit einer ungeteilten, sondern mit einer von Begehrlichkeit (Sünde) gebrochenen Liebe bejaht wird, kann auch selbst nicht mit seinem ganzen Sein lieben. Postlapsarisch *ist* kein Mensch mehr, was er sein *soll*. Sein und Sollen sind gespalten. Es gibt zwar gute Einzeltaten; aber sie sind nicht mehr Ausfluß eines ungeteilten Seins-aus-Liebe, sondern die Erfüllung dessen, was Paulus »Gesetz« nennt[163]. Jeder Mensch vollzieht die Ur-Sünde in jeder Tat immer schon mit, wenn seine Persönlichkeit nicht Person ist, wenn er nicht ist, was er eigentlich sein soll: ungeteilte Antwort an Gottes Wort.

Dennoch geht die Beziehung zu Gott (des Menschen Gottebenbildlichkeit) nicht verloren. Der Sünder kann sich auch durch die Perversion der Sünde nicht seiner Verantwortlichkeit entledigen. Seine Persönlichkeit bedeutet auch im Nein der Sünde Bezogenheit auf Gott und ist deshalb trotz aller Verkehrung der bejahenden in eine verneinende Antwort »der Anknüpfungspunkt«[164] für das Werk der Erlösung. Nur weil der Sünder – wenn auch im Modus der Verneinung – auf Gott bezogen bleibt, kann der menschgewordene Sohn sogar mit ihm in Verbindung treten. Aber Christus als »der neue Adam« läßt sein Personsein nicht von der Verneinung seiner »Brüder« und »Schwestern« bestimmen, sondern von dem unbedingten Ja seines Vaters, zu dem er im Unterschied zu allen anderen Menschen in *unmittelbarer* Beziehung steht. Er verknüpft gleichsam sich selbst, das vollkommene Ja zum Vater, mit dem besagten Nein der Sünder. Er bejaht den Sünder so vollkommen, daß er sich von dessen Nein kreuzigen läßt, ohne sein auf Antwort hoffendes Ja aufzugeben. Er *ist* Stellvertretung[165]; er tritt so »in den Riß«[166] zwischen Gott und dem Sünder, daß jeder Mensch, der sich glaubend an ihn klammert, durch den Mittler (in ihm und mit ihm) die verlorene Stellung zu Gott (sein Personsein) wiedererlangt.

Brunner bezeichnet mit dem Wort »Stellvertretung« das Wesen ungebrochener (von Sünde nicht verunstalteter) Liebe, die Gottes Wort und deshalb auch das Sein jedes Nächsten ohne Abstriche (total) bejaht. »Stellvertretung« bedeutet: die eigene »Stelle« zur Ermöglichung des

H. Volk, Emil Brunners Lehre von dem Sünder, 115–138; B. Langemeyer, Der Dialogische Personalismus, 112–123.

162 Vgl. Der Mensch im Widerspruch, 140–146.

163 Vgl. ebd. 157.

164 H. Leipold (Missionarische Theologie, 151–180) unterscheidet zwischen der Anknüpfung als einem kirchlich-praktischen Problem (Missionssituation) und der Anknüpfung als theologischem Problem (Beziehung, die zwischen dem Sich-selbst-Verstehen des Menschen und dem Verstehen des Wortes Gottes besteht).

165 »Sein *Mittler-sein* ist aber unlösbar von seinem *Mittler-tun* ... Sein Mittlersein ist identisch mit seinem stellvertretenden Handeln und Leiden. *Als der Stellvertreter ist er der Mittler.*« (Der Mittler, 447).

166 Ebd. 285.

»Anderen« als »anderen« machen. Wenn die Beziehung eines Menschen zu seinem Nächsten Stellvertretung *ist*, kann der Vertretene sich selbst *ganz* annehmen, weil er *ganz* »sein gelassen« ist. Andernfalls kommt es zu dem beschriebenen Mitvollzug der Ur-Sünde: zu der Spaltung zwischen Person und Persönlichkeit, und zwar auf seiten des Vertretenden und des Vertretenen. Denn wer den Anderen nicht um seiner selbst willen, sondern »für sich selbst« liebt, der verweigert nicht nur dem Anderen die zum »Ganzsein« befähigende Liebe, sondern spaltet auch sich selbst, indem er nicht mehr *ist*, was er sein *soll*.

Karl Barth hat diese Ausführungen seines langjährigen Freundes mit einem vehementen »Nein!« beantwortet und hatte dabei besonders die Unterscheidung zwischen Verantwortlichkeit und Verantwortung, zwischen Persönlichkeit und Person im Visier. Selbstverständlich, so schreibt er, bleibt »der Mensch auch als Sünder verantwortliche Person«[167]. Denn »der Mensch ist auch als Sünder der Mensch und keine Schildkröte. Aber ... was hat dies, daß der Mensch der Mensch ist, mit ›Offenbarungsmächtigkeit‹ zu tun? Würde es ... einem Menschen, der eben von einem tüchtigen Schwimmer vom Wassertod errettet worden ist, nicht übel anstehen, wenn er die unbestreitbare Tatsache, daß er eben doch ein Mensch und kein Bleiklotz sei, als seine ›Errettungsmöglichkeit‹ ausgeben würde?«[168] Ohne Brunners Distinktionen im einzelnen zu analysieren, verurteilt Barth »alles Gerede« von einem »Anknüpfungspunkt« der Erlösungsgnade im Sünder selbst als Neuauflage der römischen »analogia entis«.

b) Stellvertretung als Person konstituierende Relation

Daß Brunner sich von Barths Kritik getroffen fühlte, beweist die Wende[169] seines Denkens Ende der dreißiger Jahre. Er unterscheidet nicht mehr zwischen einer substantiell und einer relational gedachten Komponente der Person, sondern erklärt die Gottebenbildlichkeit des Menschen ausschließlich als »aktuelle Begegnung«[170] und bezeichnet das dialogische Denken Ferdinand Ebners und Martin Bubers als Überwindung der von Schleiermacher und Barth verkörperten Extreme des Subjektivismus und

[167] K. Barth, Nein!, 17.
[168] Ebd. 16.
[169] Vgl. H. Leipold, Missionarische Theologie, 180–208.
[170] »Ich muß hier gewisse Akzente meines eigenen Mittlerbuches korrigieren. Es war sicherlich eine unbedingte Notwendigkeit für die Kirche, die Einheit von Gott und Mensch in Christus gegen alle mythologischen, gnostischen und moralistisch-rationalistischen Angriffe zu verteidigen. Aber sie ist sozusagen darin hängen geblieben. Sie hat dem christlichen Glauben eine falsche Orientierung am Sein statt am Werk Christi gegeben. Sie hat damit den geschichtlichen Grundcharakter der evangelischen Botschaft durch eine gewisse platonische Statik gefährdet. Auch die Person des Mittlers will durchaus als ein Tun Gottes, nämlich als das offenbarende und erlösende zu uns kommen, als die göttliche Tat der Selbsthinwendung und Selbsthingabe verstanden werden.« (Wahrheit, 155f). – Vgl. Offenbarung, 221f.

Objektivismus[171]. Er beruft sich auf die Heilige Schrift selbst; denn sie, so Brunner, enthält keine Lehre über Gott an sich oder den Menschen an sich, sondern spricht stets von einer lebendigen, niemals statischen, sondern nur im gelebten Vollzug wirklichen Beziehung[172]. In Jesus Christus ist das Wort Gottes Person und nicht »Gegenstand«; deshalb entspricht ihm auf seiten des Menschen nicht verobjektivierendes Denken, sondern gelebtes Vertrauen. Als Gläubiger ist der Mensch nichts außerhalb seiner Beziehung zu Gott; er *hat* diese Beziehung nicht; er *ist* sie[173].

In dieser Einsicht sieht Brunner den Schlüssel zu einer Versöhnungslehre, die mit den Begriffen »Sünde« und »Gnade« nicht mehr Attribute eines substantiell gedachten Wesens, sondern das Wesen des Menschen als solches bezeichnet. Wenn nämlich der Mensch seine Beziehung zu Gott nicht *hat*, sondern *ist*, dann ist sein ganzes Wesen umkehrbar »von Ja zu Nein in der Sünde« und »von Nein zu Ja im Glauben, ohne dabei aufzuhören, Relation zu sein«[174]. Während in dem Frühwerk »Der Mittler« erst die Person des Mittlers (Die Gottheit des Mittlers; Die Menschwerdung des Gottessohnes; Die Menschheit des Gottessohnes) und dann das Werk des Erlösers (Offenbarung; Versöhnung; Gottesherrschaft) behandelt wird, verhält es sich in Brunners Spätwerk (in seiner dreibändigen »Dogmatik«) genau umgekehrt[175]. Das Werk des Mittlers wird nicht mehr vom Sein her verstanden, sondern umgekehrt. »Das Persongeheimnis des Christus ... ist nicht ein Ansichseiendes, eine gottmenschliche Person an sich, sondern die Beziehung Gottes, das Handeln Gottes auf die sündige und verlorene Menschheit hin.«[176] Alles Heil und Unheil wird von der Seinsebene in die faktische Begegnung von Gott und Mensch in und durch Christus[177] verlegt. Brunner selbst zieht die Konsequenzen: Wenn alle Heilswirklichkeit Begegnung (Ich-Du-Beziehung) ist, dann muß man die Erbsündenlehre[178] und die Kindertaufe[179] ablehnen; dann gilt auch ein ganz neues Verständnis der Heiligen Schrift als Offenbarungsquelle[180]; dann wissen wir z.B. aus unserer unmittelbaren persönlichen Beziehung zu Jesus Christus sicherer von der Auferstehung als durch das Zeugnis der Evangelien[181]. Dann liegt die Sinnspitze

[171] Vgl. Wahrheit als Begegnung, 23–86.

[172] Vgl. ebd. 111–117.

[173] Vgl. ebd. 131f; Dogmatik I, 29f.

[174] H. Volk, Christologie, 655.

[175] Vgl. Der Mittler, 173–565; Dogmatik II, 317–449.

[176] H. Volk, Christologie, 657. – S. Scheld (Die Christologie Emil Brunners, bes. 324–334) sieht in Brunners Christologie eher einen Weg zur Überwindung der beschriebenen Alternative, muß aber der von Volk geäußerten Kritik weithin zustimmen.

[177] Weil Christus mit seinem Werk identisch ist, hält Brunner die sogenannte »Zweinaturenlehre« für überflüssig. Vgl. Dogmatik II, 422–430.

[178] Vgl. ebd. 119–125.

[179] Vgl. Dogmatik III, 72f.

[180] Vgl. Dogmatik I, 50–58.

[181] Vgl. Dogmatik II, 437–442.

der Trinitätslehre in der Bezeugung einer strikten Identität von Gottes Wesen und Gottes Offenbarung[182]. Dann bedeutet die Stellvertretung Christi ebenso eine Beziehung des Menschen zu Gott wie eine Beziehung Gottes zum Menschen[183].

Barth hat Brunners »Wende« zunächst positiv gewürdigt, weil er das frühere »Gerede« vom »Anknüpfungspunkt« oder einer im Sünder verbliebenen Disposition zur Aufnahme der Erlösungsgnade verstummt sieht[184]. Aber dann bezeichnet er die Wende des ehemaligen Freundes als trügerischen Schein. Er wirft Brunner vor, die Freiheit des Menschen als Wahlfreiheit zu beschreiben, so als aktuiere der Mensch seine Freiheit nicht nur dann, wenn er sich als von Gott gesetzt bejaht, sondern auch dann, wenn er sich als von Gott gesetzt verneint und seine Identität in der eigenen Leistung sucht. Wenn aber das Wesen des Menschen seine Bezogenheit auf Gott ist und diese Relation auch im Falle der Sünde erhalten bleibt, ergibt sich nach Barth die logische Konsequenz, daß der Schöpfer selbst die Möglichkeit der Sünde in den Menschen gelegt hat. Er wirft Brunner die Konstruktion eines Menschen vor, der außer der Antwort (Entsprechung) auf Gottes Wort noch etwas aus sich selbst heraus ist: nämlich einer, der Gott »selbst-ständig« gegenübertreten kann, weil er auch als Sünder ethisches Subjekt bzw. »responsorische Aktualität« bleibt. Barth verweist auf seine Darlegungen über die Stellvertretung des Schöpfers und Erlösers und besonders darauf, daß der Mensch außerhalb der Stellvertretung des Sohnes Gottes buchstäblich »nichts« ist. Durch Brunner aber – so Barth – wird der Indikativ dieser Glaubenswahrheit in einen ethischen Imperativ aufgelöst. Die Stellvertretung des Erlösers verkommt zu einem bloßen Appell des menschgewordenen, gekreuzigten und auferstandenen Christus an die Person des

[182] Vgl. Dogmatik I, 235.

[183] Brunner (Dogmatik II, 349f) nennt das Kreuz »Zeichen gegen die sittliche Gefahr« einer »bloßen Vergebung« ohne einen »Erweis der Gerechtigkeit«. Christi Passion sage dem Menschen: »So steht es mit dir!« Zwar gelange der Mensch nicht aus eigener Kraft in seine »ursprüngliche Stellung Gott gegenüber«. Entscheidend sei jedoch die *Annahme* des Geschenkes der Versöhnung: »Der Mensch, der aus dem Kreuz Christi die vergebende Liebe Gottes vernimmt und annimmt, will aber auch nicht mehr in gesetzlicher Werkgerechtigkeit selbst die rechte Beziehung zu Gott schaffen. Er hat sie jetzt als eine geschenkte, er lebt jetzt nicht mehr aus eigenem Können, sondern aus der Gnade.«

[184] »Die eindeutige Brunnersche Formulierung, daß der Mensch ›im Worte Gottes ist‹, und also nicht außerhalb, nicht anderswo und anderswie, Brunners so energische christologische Interpretation des Begriffs ›Wort Gottes‹ scheint es notwendig zu machen, daß er das Sein und Wesen des Menschen als ein im Verhältnis zu Gott positiv bestimmtes und gefülltes verstehen, daß er den Begriff der menschlichen Freiheit, Vernünftigkeit, Verantwortlichkeit, Personhaftigkeit, Geschichtlichkeit und Entscheidungsfähigkeit von aller Verwirrung durch die Vorstellung einer damit gegebenen Neutralität frei halten, daß er den Menschen als Gottes Geschöpf eindeutig als den Menschen im Bunde mit Gott beschreiben müßte, daß er also die Möglichkeit der Sünde auf keinen Fall zu den dem Menschen in und mit seiner Geschöpflichkeit gegebenen Möglichkeiten rechnen könnte.« (KD III/2, 155).

Sünders, endlich an die Stelle zurückzukehren, die er durch seine Sünde verlassen hat[185].

Barth hätte gewiß gegen die These protestiert, daß Emil Brunners Versöhnungslehre nur die logische Konsequenz der logischen Ungereimtheiten des Stellvertretungsbegriffs der »Kirchlichen Dogmatik« ist. Aber genau in diesem Urteil stimmen fast alle Brunner-Interpreten überein. Denn auch wenn der Baseler Theologe plausibel machen kann, daß die Nähe eines Menschen zu Gott »keine Aufhebung seiner Selbständigkeit, seiner Eigenheit, seiner Freiheit«, sondern im Gegenteil »die einzige Verwirklichung seiner ontologischen Möglichkeit« ist, so bleibt doch die Frage ungeklärt, worin die Identität des Vertretenen außerhalb und innerhalb der Stellvertretung des Gekreuzigten und Auferstandenen besteht. Ist es ein und derselbe Mensch, den Barth als Sünder und als Gerechtfertigten beschreibt? Wenn der Ungehorsam gegenüber Gott (die Sünde) eine »ontologische Unmöglichkeit« ist, und wenn der Sünder ontologisch »Nichts«, aber »nicht Nicht-Sein«, wenn die erlösende anders als die schöpferische Stellvertretung keine »creatio ex nihilo« und auch keine bloße Heilung des Sünders bedeutet, wenn Kreuz und Auferstehung »die Nichtung des Nichts« sind, dann wird durch Negationen die positive Klärung der Identität des Sünders vor und nach seiner Erlösung verhindert[186]. Barth begnügt sich mit der Perspektive »von Christus auf den Menschen« und verbirgt die anthropologischen Konsequenzen seiner extremen Christozentrik hinter dem Wort »Stellvertretung«. Was der von Christus vertretene Sünder unabhängig und außerhalb seiner Beziehung zu seinem Stellvertreter ist, sagt Barth nicht. Deshalb denkt Brunner nur logisch weiter, wenn er aus Barths Ablehnung jeder Art von *analogia entis* die Schlußfolgerung zieht, man könne die Gemeinschaft zwischen Gott und Mensch *positiv* einzig und allein als *Relation* beschreiben.

Barth trifft mit seiner Kritik an Brunner die logischen Konsequenzen seines eigenen Denkens. Denn solange der vom Stellvertreter Christus im Vorgang der Begnadung zu sich selbst befreite Sünder außerhalb dieses Begnadungsvorgangs »nichts« ist, sind Gnade und Wesen des

[185] Daß der Mensch verantwortlich ist, »hängt nach Brunner nicht daran, daß er Gott die seinem Wort entsprechende *Antwort gibt*, so daß er, wenn er das nicht täte, unverantwortlich handeln würde«. Daß der Mensch Entscheidungsfähigkeit hat, heißt bei Brunner nicht nur, »daß er frei ist, sich selbst als den zu wählen, der von Gott erwählt ist, Gott zu lieben, wie er von Gott geliebt ist, sondern heißt auch, daß er sich in derselben Freiheit auch als ein von Gott Verworfener erwählen, daß er Gott auch verachten und hassen kann. Kurz: daß der Mensch sündigen kann, scheint bei Brunner keine dem wahren, von Gott geschaffenen menschlichen Sein fremde, sondern eine ihm eigene, eine in ihm vorgesehene und vorbereitete Möglichkeit« (KD III/2, 156).

[186] W. Krötke (Sünde und Nichtiges, 26f.45) hat die mangelnde Logik des Barthschen Denkens damit erklärt, daß er das Nichtige (das, was der Schöpfer nicht will und was deshalb nicht in Analogie zur Schöpfung gedacht werden darf) gar nicht anders beschreiben kann als mit geschöpflichen Kategorien.

erlösten Menschen identisch[187]. Die von Brunner aus Barths Dogmatik gezogenen Konsequenzen illustrieren das Umkippen einer radikalen Christozentrik in deren Gegenteil: in eine radikale Anthropozentrik. Denn wenn in einem Stellvertretungsverhältnis die vertretende und die vertretene Person nicht mehr von ihrer Beziehung zueinander unterscheidbar sind, kann die Beziehung ebenso ganz der vertretenden wie ganz der vertretenen Person zugeschrieben werden[188]. Indem Brunner nach der Identität des von Christus vertretenen Menschen fragt, zeigt er, daß Barth die gleichzeitige Unterschiedenheit und Einheit der beiden Beziehungspole des Gott-Mensch-Verhältnisses mit einem Stellvertretungsbegriff erklärt, der das Gegenteil der katholischen »analogia entis«, nämlich eine »reine Relation«, beschreibt. Im Unterschied zu Barth aber bezeichnet er diese »reine Relation« als etwas, was der Mensch nicht verlieren kann, als die Identität, die auch von der Sünde nicht zerstört wird.

Brunner hat – und darin besteht seine Bedeutung für unser Thema – die Konsequenzen einer Stellvertretung aufgezeigt, die als »reine Relation« verstanden wird; und er hat mit den Aporien dieser Auffassung zumindest angedeutet, daß ein Stellvertretungsverhältnis, dessen Relate nicht in der Relation aufgehen sollen, eine »analogia attributionis vel proportionalitatis *intrinsecae*« (s. S. 171) voraussetzt.

2. Rudolf Bultmann: Stellvertretung als »Katalysator«

a) Das Christusereignis im Kerygma als »Tat für uns«

Rudolf Bultmann (1884–1976) hat das aktualistische Offenbarungsverständnis der Dialektischen Theologie noch einen Schritt weitergeführt als Brunner[189]. Jesu Lehre, so schreibt er, »ist nicht neu durch ihren Gehalt an Gedanken; denn in ihrem Gehalt ist sie nichts anderes als reines Judentum, reiner Prophetismus. Aber daß er es *jetzt* sagt, in letz-

187 »Wenn Brunner den geschöpflichen Personakt unmittelbar dem Gott der christlichen Gnade entsprechen läßt, so heißt das: Ohne die gnadenhafte Selbstmitteilung Gottes im Wort wäre der Mensch überhaupt nicht Person. Person ist dem Wesen nach die Antwortbeziehung zum Gott der Gnade. Dialog, Ich-Du-Relation zwischen Gott und Mensch bedeutet zugleich Kreatürlichkeit und Gnadenhaftigkeit des menschlichen Du. Personalität, Kreatürlichkeit und Gnade sind korrelative Begriffe.« (B. Langemeyer, Der Dialogische Personalismus, 127).

188 »*Wesen* so von oben zu denken, daß Gnade das Wesen ist, kann nur zur Einebnung der Gnade führen« (H. Volk, Christologie, 670).

189 Barth hat sich mit Bultmann gründlicher als mit Brunner oder Gogarten auseinandergesetzt: zunächst innerhalb der Anthropologie (KD III/2); dann in einer eigenen Studie des Jahres 1952 mit dem Titel »Rudolf Bultmann. Ein Versuch ihn zu verstehen«; und schließlich innerhalb der Versöhnungslehre (KD IV/1–4), die er nach eigenem Bekunden »im ständigen Blick auf Bultmann« geschrieben hat. Manchen wichtigen Hinweis gibt auch die private Korrespondenz zwischen Barth und Bultmann.

ter entscheidender Stunde, das ist das Unerhörte. Nicht das ›Was‹, sondern das ›Daß‹ seiner Verkündigung ist das Entscheidende.«[190] Bultmann möchte den Inhalt der Offenbarung so weit entmythologisieren, daß er reines Kerygma wird, d. h. den Menschen hier und heute existentiell trifft. Die für ein mythisches Weltbild typische Relativierung des einzelnen Menschen zum Teil oder Glied eines organischen Zusammenhangs oder kosmischen Kreislaufs soll der Erkenntnis weichen, daß der Mensch »Ek-sistenz«[191] ist, daß ihm im Unterschied zu allen anderen Seienden das Sein nicht ungeschichtlich »vorgegeben«, sondern »aufgegeben« ist, daß ihn die Offenbarung nur treffen kann, wenn sie nicht als »Objekt« äußerlich bleibt, sondern als Anruf zur Entscheidung ruft. Bultmann bedient sich der Existentialanalyse Martin Heideggers, will aber die Offenbarung nicht auf das »Vorverständnis« einer bestimmten Philosophie reduzieren. Heideggers Philosophie soll ihm nur »die angemessene Begrifflichkeit«[192] zur Darstellung des Verhältnisses zwischen der Offenbarung und den Voraussetzungen ihrer Aufnahme liefern, keinesfalls aber den »existentiellen Vollzug«[193] ersetzen, den jeder einzelne Mensch unvertretbar (vgl. SS. 374–376) selbst realisieren muß. Mit dem von Husserl übernommenen Ausdruck »Jemeinigkeit« bezeichnet Heidegger das »Eigentliche« des Menschen, der sich nicht von außen festlegen läßt, sondern sich gleichsam selbst »voraus-laufend« wählt und bestimmt[194]. Läßt er sich von seiner Vergangenheit fesseln oder von außen vereinnahmen, dann lebt der Mensch nicht sich selbst und deshalb »uneigentlich«; läuft er dagegen allen seinen Möglichkeiten voraus, indem er seine Zeitgebundenheit (seinen Tod) entschlossen auf sich nimmt, dann gelangt er zur »Eigentlichkeit«. In enger Anlehnung an diese Terminologie Heideggers bemerkt Bultmann: Der Mensch existiert geschichtlich, »in der Sorge um sich selbst auf dem Grunde der Angst, jeweils im Augenblick der Entscheidung zwischen der Vergangenheit und der Zukunft, ob er sich verlieren will an die Welt des Vorhandenen, des ›Man‹, oder ob er seine Eigentlichkeit gewinnen will in der Preisgabe aller Sicherungen und in der rückhaltlosen Freigabe für die Zu-

[190] Glauben und Verstehen I, 265.

[191] »Der Mensch ist ... nie einfach bloß er selbst (so wie der Grieche dies ›selbst‹ verstehen würde), sondern ist zugleich auch außerhalb seiner, – außerhalb dessen nämlich, was in einem isolierten Moment an ihm für die Betrachtung konstatierbar ist. Er ist zugleich das, was er war und was er sein wird.« (Ebd. 169). – Vgl. Jesus, 8.46–49; Geschichte und Eschatologie, 1–12.172–174.

[192] Glauben und Verstehen III, 181.

[193] Die Differenz zwischen den Begriffen »existential« und »existentiell« (vgl. ebd. I, 212f.234.312) entspricht der Unterscheidung zwischen den Attributen »ontologisch« und »ontisch«. Heidegger betont (vgl. Sein und Zeit, 13), daß die von ihm beschriebenen »Existenziale« nicht Voraussetzungen, sondern Ergebnisse der Analyse des existentiellen Vollzugs sind. Dazu: J. Körner, Eschatologie und Geschichte, 31–37.

[194] Zu den Begriffen »Möglichkeit«, »Verfügung«, »Entscheidung« bei Bultmann: M. Boutin, Relationalität, 478–499.

kunft!«[195] Bultmann appliziert die Heideggersche Unterscheidung zwischen Uneigentlichkeit und Eigentlichkeit auf die biblische Unterscheidung zwischen Leben aus der Sünde und Leben aus dem Glauben[196]. Die Uneigentlichkeit lebt aus den Sicherungen des Zuhandenen, des von mir Verfügbaren, des Vergänglichen und deshalb dem Tod Preisgegebenen. Die Eigentlichkeit dagegen ist Befreiung von der Welt des Dinglichen, des Habens und Begehrens, ist Öffnung für den Anspruch des Du und des Wir, ist Aufgabe des Versuches, die eigene Existenz in sich selbst zu gründen und zu sichern, ist Glaube in Gestalt von Hingabe[197].

Bultmann beschreibt das Geschehen der Erlösung als Befreiung aus der Uneigentlichkeit zur Eigentlichkeit. Aber im Unterschied zu Heidegger betont er, daß nicht schon das Wissen um die Eigentlichkeit die Uneigentlichkeit überwindet, daß vielmehr jeder Versuch, sich mit eigener Kraft zu erlösen, Ausdruck sündiger Selbstherrlichkeit ist. Das Neue Testament erzählt von einer Tat Gottes, »welche den Glauben, welche die Liebe, welche das eigentliche Leben des Menschen erst möglich macht«[198]. Das Neue Testament versichert uns, daß »da, wo der Mensch nicht handeln kann, Gott für ihn handelt« bzw. »Gott für ihn gehandelt hat«[199].

Dieses Handeln Gottes ist in Jesus Christus *Ereignis* geworden – nicht im Sinne einer Vergangenheit, die man historisch-wissenschaftlich als Faktum (als ein »An-sich«) objektivieren kann, sondern im Sinne eines Geschehens, das sich durch das Kerygma in den Existenzvollzug der Gläubigen vermittelt. Allerdings versteht Bultmann unter der existentiellen Begegnung von Kerygma und Glauben nicht das Gegenteil der von ihm verworfenen »Objektivationen«[200]. Für ihn sind das Kreuz und auch die Auferstehung Christi mehr als Kants regulative Ideen oder Postulate der praktischen Vernunft[201]. Nach Bultmanns Darstellung geschieht die Auferstehung Jesu Christi zwar *in* der Eigentlichkeit des Gläubigen, in seiner existentiellen Hingabe; aber – und darauf legt er ebenso großen Wert – diese existentielle Hingabe ist niemals das Pro-

[195] Neues Testament und Mythologie, 33. – Vgl. Jesus, 49f; Geschichte und Eschatologie, 110f.122.

[196] »Man wird wohl Bultmann [vgl. ebd. 34f] beipflichten, wenn er meint, die philosophische Entdeckung der Existenz des Menschen wäre ohne das Neue Testament nicht zustande gekommen. Dennoch würde die Bedeutung der Offenbarung zu einem sehr bedenklichen Relativum schwinden, bestünde sie nur darin, daß hier zuerst die Existenz des Menschen richtig gesehen und verstanden wurde.« (H. Fries, Bultmann – Barth, 55).

[197] Vgl. Zum Problem der Entmythologisierung, 207.

[198] Ebd. 40.

[199] Neues Testament und Mythologie, 39.

[200] Für Bultmann charakteristisch ist die Unterscheidung zwischen »historisch« und »geschichtlich«. Durch das historische Faktum des Kreuzes wird dem Menschen ein neues Verständnis seiner selbst erschlossen. Diese Relevanz »für mich«, diese existentiale Bedeutsamkeit ist die Geschichtlichkeit im Unterschied zur historischen Faktizität des Kreuzes. Dazu: G. Greshake, Historie wird Geschichte, 36–42.

[201] Vgl. H. Thielicke, Entmythologisierung, 166.

dukt des Gläubigen selbst, niemals das Produkt seines Erkennens, Spekulierens oder Postulierens, sondern immer Bezeugung des ihm vorgegebenen Wortgeschehens[202].

Bultmann will das Ereignis »Jesus Christus« aller Kategorien entkleiden, die es zu einem historischen Faktum verobjektivieren, die das Gewesene zu einer distanten Sache machen und interpretierend über das Ereignis verfügen. Es geht ihm ausschließlich um die Vergegenwärtigung des »Daß« und nicht des »Was« der Heilstaten. Weil Jesus die Selbstmitteilung (das Wort) Gottes *ist*[203], wäre jedes ihn verobjektivierende (bloß erinnernde oder interpretierende) Wort nicht nur eine Verfälschung, sondern auch Ausdruck der Ursünde, über Gott verfügen zu wollen, statt sich von ihm verfügen bzw. betreffen zu lassen. Christus selbst muß in der Verkündigung der Kirche präsent werden – nicht irgend etwas über ihn, sondern das Ereignis unserer Erlösung als solches. Im Anruf des Kerygmas sieht Bultmann beides garantiert: die Verbindung zum historischen Ereignis und die Vergegenwärtigung dieses Ereignisses im Anruf der Gnade an die Existenz des Angesprochenen[204]. Daß Jesus von Nazareth zu einem bestimmten Zeitpunkt unter diesen oder jenen Umständen zum Tode verurteilt wurde, ist historisches Faktum und unter gewissen Voraussetzungen wissenschaftlich verifizierbar; daß aber der Tod dieses Jesus von Nazareth *für mich* Erlösung und ewiges Leben bedeutet, das erfahre ich nur in der existentiellen Begegnung mit dem Kerygma[205].

b) Christi Stellvertretung als »Katalysator« unserer »Eigentlichkeit«

Bultmanns Ruf nach Entmythologisierung gilt der Rettung des »ein für allemal« bzw. des »für uns« von Leben, Kreuz und Auferstehung Jesu Christi. Aber der stellvertretende Charakter der in Christus ein für alle-

[202] Vgl. Neues Testament und Mythologie, 31; Glaube und Verstehen I, 151f.178; II, 100; III, 15–17.127.165.

[203] »Der Logos ist in der Tat nicht wesentlich durch sein ›Sein‹, sofern das Sein als ein solches verstanden wird, wie es der Historiker in der Erinnerung vergegenwärtigt, sondern nur durch ein Sagen bzw. Gesagtwerden. Da das Sagen oder Gesagtwerden jeweils Ereignis ist, konkrete Anrede in der konkreten Situation, nicht sokratisch-maieutische Rede oder Mitteilung einer zeitlosen Wahrheit, für deren Geltung das Gesagtwerden gleichgültig ist, sondern da das Sagen oder Gesagtwerden gerade die Wahrheit des Gesagten konstituiert (Vergebung wird nur im gesprochenen Wort wahr), so ist der Logos, indem er durch sein *Sagen* ist, zugleich auch sein *Geschehen.*« (Antwort an H. Thielicke, 225).

[204] »›Mitgeteilt‹ wird nun freilich in der echten Predigt doch etwas, ein Ereignis – das Ereignis der in Jesus Christus geschehenen Offenbarung der Gnade Gottes. Aber das Merkwürdige ist, daß es statt der *geschehenen* Offenbarung eigentlich heißen muß: der *geschehenden*. Denn diese Mitteilung macht nicht ein vergangenes historisches Faktum bekannt; sondern das Paradoxe ist dieses, daß in dieser ›Mitteilung‹ sich jenes Geschehen stets neu vollzieht, indem ein historisches Ereignis als das eschatologische Ereignis verkündigt wird.« (Glauben und Verstehen III, 168).

[205] Vgl. Verhältnis, 8; Glauben und Verstehen II, 10.

mal geschehenen Erlösung bedeutet nicht, daß der Erlöser etwas *statt* der von ihm erlösten Sünder getan hätte, sondern das Tun des Erlösers verhält sich zum Tun der Erlösten wie das Christusereignis zum entsprechenden Kerygma[206]. Wie das Kerygma sich auf Tod und Auferstehung Christi bezieht, so gründet die existentielle Überwindung der Uneigentlichkeit durch die Eigentlichkeit im Kerygma von der Stellvertretung Christi. Diese Stellvertretung besteht nicht in einem »Was«, sondern in einem »Daß«. Sie ist gleichsam der Katalysator des geschilderten »Über-sich-selbst-hinaus-Seins«, das den Menschen befähigt, statt aus der Vergangenheit aus der Zukunft zu leben[207]. Sie ist die Vergegenwärtigung von Kreuz und Auferstehung im Kerygma und damit ein *Ereignis*, das nur im *Entschluß* der Glaubensantwort »wirklich« ist[208].

Das Ereignis der Begegnung des einzelnen Gläubigen mit dem Kerygma unterscheidet sich vom historischen Ereignis des Lebens und Sterbens Christi durch die Dimension der Stellvertretung. Bultmann bezeichnet die Vermittlung dieser Dimension als die zentrale Aufgabe der Theologie. Sie soll das historische Geschehen in die Gegenwart übersetzen – »nicht durch eine dogmatische Theorie von dem stellvertretenden Sühneleiden Jesu Christi, sondern als das Wort, das den Hörer selbst unter das Kreuz ruft«. Denn die stellvertretende Bedeutung des Erlösungsgeschehens liegt nicht in der theoretischen Deutung eines historischen Faktums, sondern in einem Wort der Gegenwart – in einem Anruf, der den hier und jetzt lebenden Menschen fragt, »ob er bereit ist, seinen Eigenwillen, der meint, aus eigener Kraft des Denkens und Handelns leben zu können, preiszugeben, um gerade aus dieser Preisgabe sein eigentliches Leben zu gewinnen«[209].

Hätte das Erlösungsgeschehen unabhängig von seinem Eingehen in das Kerygma stellvertretende Bedeutung, wäre es nach Bultmann eine Entmündigung des Menschen. Im Kerygma aber ist das Kreuzesereignis »an sich« nichts und bewirkt doch die »Eigentlichkeit« des Menschen, sobald es im Glauben ergriffen wird. Deshalb erscheinen das gnadenhafte Wirken der Verkündigung und die Selbsthingabe des gläubigen Hörers nicht als konkurrierende Ursachen, sondern als direkt proportio-

[206] »Die Offenbarung vermittelt kein weltanschauliches Wissen, sondern *sie redet an*. Daß der Mensch in ihr sich selbst verstehen lernt, bedeutet, *daß er je sein Jetzt, den Augenblick, als einen durch die Verkündigung qualifizierten verstehen lernt*. Denn das Sein im Augenblick ist sein eigentliches Sein.« (Glauben und Verstehen III, 30).

[207] »Christus ist des Gesetzes Ende, indem er dem Menschen die Freiheit gibt, von seiner Vergangenheit, von sich selbst gelöst aus der Zukunft und in die Zukunft zu leben.« (Ebd. II, 57).

[208] Zum Mitvollzug der Auferstehung, zur Freiheit, die in der Eigentlichkeit liegt, gelangt nur, »wer sich ... mitkreuzigen läßt«, wer sich »durch das historische Faktum ein neues Verständnis seiner selbst erschließen« läßt: »ein Verständnis, das er nur im Entschluß ergreifen kann, in einem Entschluß, der die radikale Preisgabe seiner selbst bedeutet« (ebd. I, 207). – Zur Frage des Verhältnisses von Kreuz und Auferstehung vgl. Neues Testament und Mythologie, 44–48. – Dazu: K. Hollmann, Existenz und Glaube, 141–184.

[209] Glauben und Verstehen III, 192.

nales Verhältnis[210]. Aber – so bemerken Berthold Klappert und René Marle in ihrer Bultmann-Kritik – die Stellvertretung Christi bleibt dem vertretenen Sünder so äußerlich wie ein Herold seiner wirkmächtigen Botschaft[211]. Durch die praktische Identifizierung des Christusgeschehens mit der Christusverkündigung erklärt Bultmann die Stellvertretung ähnlich wie der späte Emil Brunner als Exempel und Appell für den Glaubenden. Zwar hatte Bultmann in einem seiner frühen Aufsätze der Brunner-Kritik Karl Barths zugestimmt[212]. Doch die Beschreibung der Begegnung von Kerygma und Existenz als Beziehungsgeschehen entfernt ihn von Barth und führt ihn näher zu Brunner. Wie dieser die Personalität, so kennzeichnet Bultmann die Existenz des Menschen als »reine Relation«. Ob in der bejahenden Weise des Glaubens oder in der widersprechenden Weise des Unglaubens, für Bultmann ist die menschliche Existenz immer Beziehung zu Gott und als solche der »Anknüpfungspunkt« der im Kerygma vermittelten Gnade[213].

Barth hat die Reduktion des Glaubens auf ein Heideggersches »Existenzial« als »Umkehrung der neutestamentlichen Ordnung« gebrandmarkt. »Ergeben sich«, so fragt er, die biblischen »Aussagen über Gottes Heilstat am Menschen« erst »in Form von Aussagen über dessen Selbsterfahrung«[214]? Empfängt das Leben und Sterben Jesu Christi seine Bedeutung erst aus dem Kerygma, erst aus meinem Glauben oder meiner Existenz[215]? – Barth stilisiert seine Kritik zu dem Bekenntnis: Jesus Christus »bedarf nicht der Verkündigung, die Verkündigung bedarf seiner. Er fordert sie, er ermöglicht sie auch. Er macht sich zu ihrem Ursprung und Gegenstand. Er selbst ist der Eigentliche und bleibt der Herr über und in allem, was in ihm seinen Anfang und Anlaß hat. Es ist das Verhältnis zwischen dem Bedeutsamen, das er in sich selbst ist, und allen Bedeutsamkeiten, die er für uns gewinnen mag, ein unumkehrbares Verhältnis«[216]. Barth wendet sich nicht gegen die von Bultmann als »kosmisch« und »umgreifend« beschriebene Dimension der neutestamentlichen Botschaft, sondern gegen die Ableitung ihrer Bedeutsamkeit aus dem Kerygma. Er wirft seinem Marburger Freund vor, die Bedeutsamkeit des Kreuzes aus dem Sterben des Erlösers in den existentiellen »Nachvollzug« des Kerygma-Empfängers zu verlegen und damit die »extra nos« geschehene Stellvertretung in einen psychologischen Selbstfindungsprozeß umzudeuten[217]. Barth würdigt das pastorale Grundan-

210 »Der Glaube weiß, daß, wenn er glaubt, d.h. wenn er sich frei für Gott entscheidet, – daß er dann Gott an sich handeln läßt.« (Glauben und Verstehen II, 158). – Vgl. ebd. 140f.

211 Vgl. B. Klappert, Die Auferweckung des Gekreuzigten, 275; R. Marle, Bultmann, 161f.

212 Vgl. Glauben und Verstehen II, 117–132.

213 Vgl. ebd. IV, 179–181. – Dazu: M. Boutin, Relationalität, 231–254.328–341.

214 K. Barth, Rudolf Bultmann, 13.

215 Vgl. ebd. 18.

216 KD IV/1, 250.

217 »Ich sehe ... wohl ein, daß auch die Botschaft des Neuen Testamentes (etwa in den evangelischen Worten von der Nachfolge Jesu im Tragen des Kreuzes oder in der von

liegen seines Kollegen, beweist aber mit fast allen privat an ihn gerichteten Briefen[218] seine Abneigung gegen jede theologische Rezeption der Heideggerschen Philosophie und verschärft seine Kritik zu der Anklage, Bultmann habe den Existentialismus des frühen Martin Heidegger nicht nur formal instrumentalisiert, sondern zu einem Vorverständnis kanonisiert, das normativ festlegt, was wir in der Heiligen Schrift »für möglich, richtig und wichtig halten ... müssen«[219].

Ein wenig vereinfachend darf man behaupten: Barth nennt den Erlöser das Subjekt, »das das für alle Menschen heilsame Todesgericht *schon* erlitten, ihren Übergang vom alten zum neuen Wesen *schon* vollzogen, ihre Versetzung in die eschatologische Existenz *schon* vollbracht, das diesen Prozeß also nicht nur inauguriert, sondern abgeschlossen hat«[220]. Bultmann dagegen beschreibt das Kerygma von Jesus Christus als »Katalysator« dessen, was jeder Mensch selbst vollziehen muß: nämlich den Übergang von der alten zur neuen Existenz. Während Barth betont, daß das Ereignis unserer Erlösung unabhängig davon ist, ob und wie es »beachtet, im Glauben oder Unglauben realisiert und noch vollzogen wird«[221], bezeichnet Bultmann Kreuz und Auferstehung nur *in* der existentiellen Aneignung durch die Gläubigen als »unser Heil«. Er hebt zwar immer wieder hervor, daß das Kerygma, das uns zur »Eigentlichkeit« befreit, ohne die Tatsächlichkeit (ohne das »Daß«) des historischen Ereignisses undenkbar wäre, mißt aber dem historischen Geschehen des Lebens und Sterbens Jesu Christi *als solchem* nicht die geringste Bedeutung bei. Denn das »Eigentliche« der Erlösung geschieht »jemeinig« durch den einzelnen Gläubigen[222]. Nur *ausgelöst* wird die »Eigentlichkeit« durch Jesus Christus, und zwar durch seine Anrede (seinen Appell) im Kerygma. Während für Brunner das Christusereignis selbst Anruf unseres Glaubens ist, stellt Bultmann die Frage nach der Vermittlung des historischen Ereignisses an meine je heutige Existenz, antwortet mit dem Programm eines entmythologisierten Kerygmas und rechtfertigt so den Vergleich seines Stellvertretungsbegriffs mit dem naturwissen-

Bultmann bevorzugt zitierten Stelle Kol 1,24) von einem Nachvollzug des Leidens und Sterbens Jesu Christi im Leben der an ihn Glaubenden redet. Ich sehe aber nicht ein, daß der neutestamentliche Glaube, in welchem der Hörer dieser Botschaft die Bedeutsamkeit des Kreuzes Jesu Christi auch für ihn realisiert, in diesem Nachvollzug bestehe. Ich meine vielmehr zu sehen, daß dieser Nachvollzug dort eine Konsequenz des Glaubens ist, in welcher der Hörer der Botschaft sich an das hält, was im Tode Jesu Christi ganz und gar außer ihm, ohne ihn, ja gegen ihn von Gott her für ihn geschehen ist.« (K. Barth, Rudolf Bultmann, 20).

218 Vgl. B. Jaspert (Hrsg.), Karl Barth – Rudolf Bultmann. Briefwechsel, 129.164f.170f. 196–199.

219 K. Barth, Rudolf Bultmann, 49.

220 Ebd. 21.

221 KD IV/1, 344.

222 Zu dem gegen Bultmann gerichteten Vorwurf eines extremen Individualismus vgl. H. Ott, Geschichte und Heilsgeschichte, 188–190; R. Marle, Bultmann, 101–108; M. Boutin, Relationalität, 325–328.435–438.

schaftlichen Bild eines Katalysators, der eine chemische Reaktion auslöst, ohne selbst in diese einzugehen. Indem er dem historischen Christusereignis »als solchem« keine Bedeutung beimißt, verschärft Bultmann das aktualistische Offenbarungsverständnis Emil Brunners zu der These, daß Christus »für uns« (als Stellvertreter) *nur* in der Begegnung von Kerygma und Glauben »wirklich« (Ereignis) ist.

3. Dietrich Bonhoeffer: Stellvertretung als Identität und Synthese von Akt und Sein

a) Die Sozialität des Ich als »Anknüpfungspunkt« des Erlösers im Sünder

Was für Bultmann das Denken Heideggers, das ist für Dietrich Bonhoeffer (1906–1945) der ihm vor allem von Eberhard Grisebach (1880–1945) vermittelte Personalismus[223]. Bonhoeffer ist überzeugt, daß der Weg zum Anderen, zum fremden Subjekt, letztlich zu Gott, kein Weg der reinen Erkenntnis sein kann, daß deshalb sowohl der Idealismus als Philosophie des Subjekts oder Bewußtseins, wie auch der Transzendentalismus Husserls als Lehre von der Welt-Konstitution aus der Subjektivität abzulehnen ist. Bonhoeffer räumt in seiner Idealismuskritik ein, daß Fichte »die Unzulänglichkeit der idealistischen Kategorien für die Bewältigung des Problems des ›Anderen‹«[224] empfunden hat, wirft ihm aber mangelnde Konsequenz vor, weil er die Unableitbarkeit des Du nicht wahrt, sondern das Nicht-Ich als Funktion des Ich bestimmt. Sogar Kierkegaard ist seiner Meinung nach in der idealistischen Position steckengeblieben, weil er die menschliche Person als sich selbst setzendes Ich beschreibt[225]. Dagegen ersetzt Bonhoeffer selbst in seiner Dissertation (1929) das idealistische Subjekt-Objekt-Schema durch die Ich-Du-Relation, die zur Geltung bringt, daß niemand ohne ein Du zum Ich-Bewußtsein gelangt, daß aber das Du deshalb nicht bloßes Objekt oder Funktion des Ich ist[226]. Das Ich des Anderen ist eine absolute Grenze meines Erkennens.

[223] Vgl. Sanctorum Communio, 19–35; Akt und Sein, 80–83.124f. – Dazu: G. L. Müller, Für andere da, 87–90.193–201.

[224] Sanctorum Communio, 34[12].

[225] Für Kierkegaard »ist das Personwerden ein Akt des sich selbst setzenden Ich, freilich des sich in ethischen Entscheidungszustand Setzenden. Auch *Kierkegaards* ethische Person besteht nur in der konkreten Situation, aber sie steht nicht in notwendiger Beziehung zu einem konkreten Du. Sie setzt selbst, nicht wird sie gesetzt durch das Du. So bleibt Kierkegaard letzten Endes hier noch in der idealistischen Position stecken. Er begründet somit den extremen Individualismus, der dem anderen nur noch eine relative, keine absolute Bedeutung für den Einzelnen mehr beimessen kann« (ebd.).

[226] »Ich und Du sind nicht einfach Wechselbegriffe, sondern sie umschließen spezifisch verschiedene Erlebnisinhalte. Ich selbst kann mir zwar Gegenstand des Erlebnisses werden, kann mich aber selbst nie als Du erleben. Ein anderer kann mir durchaus Gegenstand der Betrachtung seiner Ichheit werden, nie aber komme ich darüber hinaus, daß ich ihm nur als Du gegenüberstehen kann. Ich kann mir nie selbst zur realen Schranke werden, *ich kann aber ebensowenig die Schranke zum anderen überspringen.* Mein Ich als Du-form ist nur

Der »Andere« ist als »anderer« (als »Du«) im wahrsten Sinne des Wortes einzigartig. Sein Ich bleibt für jedes andere Ich ein Du. Seine Beziehung zu meinem Ich und zu jedem anderen Ich ist einzig und allein *seine* Beziehung. Der Andere kann nicht erkannt, sondern nur anerkannt werden. Deshalb ist jedes Du ein Abbild Gottes[227], dessen Transzendenz sich unserem Denken und Wollen grundsätzlich entzieht.

In seiner Habilitationsschrift mit dem Titel »Akt und Sein« (1931) demonstriert Bonhoeffer die Aporien des reinen Aktualismus und Ontologismus. Weil der trinitarische Gott durch die Identität, der Mensch aber durch die Differenz von Akt und Sein bestimmt ist, kann er die Wirklichkeit Gottes weder durch eine Idee, noch durch ein Werk *erreichen*[228], sondern nur aus dessen Selbstoffenbarung *empfangen*, und zwar durch »ethische Transzendenz« – bzw. »personal«, d. h. in einer existentiell je neu vollzogenen Synthese von Akt und Sein[229]. Die Selbstoffenbarung Gottes aber ist Jesus Christus[230], durch den und auf den hin alles geschaffen und in dem alles mit Gott versöhnt ist. Darum ist jede Betrachtung des Menschen »an sich« oder der Welt und ihrer Ordnung »an sich« eine Abstraktion[231]. Wer von Gott und seiner Offenbarung in Jesus Christus absieht[232], landet notwendig in einer von der Wirklichkeit Gottes gelösten und daher »unwirklichen Wirklichkeit« (Abstraktion).

In seinen Ausführungen über die Unmöglichkeit einer natürlichen Theologie denkt Bonhoeffer ebenso christozentrisch wie Karl Barth.

dem anderen Ich erlebbar, mein Ich als Ichform nur mir; also *nie wird die Ichform des anderen im Duerlebnis unmittelbar mitgesetzt.* Das bedeutet aber, ich kann durch ein Du in die Schranken gewiesen werden.« (Ebd. 31f).

227 »*Jedes menschliche Du ist Abbild des göttlichen Du.* Du-Charakter ist ganz eigentlich die Form, unter der das Göttliche erlebt wird, jedes menschliche Du trägt seinen Charakter nur durch das Göttliche.« (Ebd. 33). Aber daraus folgert Bonhoeffer im Unterschied zu Barth nicht, daß es das Wesen der Nächstenliebe sei, »in den anderen die Stimme des Einen zu hören«, sondern: »Ich bin durch Christus ›nicht nur Einer mit Gott, sondern (weil und indem mit Gott!) Einer mit dem Nächsten‹. ... Gott hat den ›Nächsten an sich‹ unendlich wichtig gemacht und ein anderes ›an sich des Nächsten‹ gibt es für uns nicht. Der andere ist nicht nur ›Gleichnis des ganz Anderen‹, ›Mandatar des unbekannten Gottes‹, sondern er ist an sich unendlich wichtig, weil Gott ihn wichtig nimmt.« (Ebd. 110[28]).

228 Vgl. Akt und Sein, 27–74. – Dazu: E. Feil, Die Theologie Dietrich Bonhoeffers, 41f.

229 Vgl. Akt und Sein, 117.

230 »Der Wille Gottes ist also weder eine Idee, die erst nach Realisierung verlangt, er ist vielmehr selbst schon Wirklichkeit in der Selbstoffenbarung Gottes in Jesus Christus. ... Der Wille Gottes ist bereits von Gott selbst erfüllt, indem er die Welt mit sich versöhnte in Christus. Es wäre der gefährlichste Rückfall in ein abstraktes Denken, von der Wirklichkeit dieser Erfüllung absehen zu wollen und eine eigene Erfüllung an ihre Stelle zu setzen.« (Ethik, 225).

231 Vgl. Akt und Sein, 117.130.145; Ethik, 201–203.235.243. – Dazu: E. Feil, Die Theologie Dietrich Bonhoeffers, 92–96.

232 E. Feil (ebd. 144) bemerkt, »daß Jesus Christus für die Theologie von ›Sanctorum Communio‹ noch nicht in der Weise zentral ist, wie dies später der Fall sein wird. Trotz der christologischen Aussagen in der Durchführung der Dissertation wird man wohl sagen können, daß ihr Ansatz nicht christologisch bestimmt ist: das Du ist der Andere oder Gott, nicht aber Jesus Christus.«

Aber er teilt nicht dessen frühe These, in Christus berühre Gott den Menschen wie eine Tangente den Kreis[233]. Nach Bonhoeffer ist die durch Christus vermittelte Beziehung zwischen Gott und Mensch nicht nur »Akt«, sondern auch »Sein«. Allerdings ist nicht schon der Mensch »an sich« – auch nicht seine als »reine Relation« verstandene »Persönlichkeit« (Brunner[234]) oder »Existenz« (Bultmann[235]) – Zugang zur Wirklichkeit Gottes bzw. »Anknüpfungspunkt« der Gnade. Aber als Ich, das nur in der Beziehung zum Du und zum Wir es selbst ist, ist der Mensch auch in der Verneinung des Du noch »beim Anderen« und insofern selbst in der Perversion seines Personseins (seines Auf-das-Du-bezogen-Seins) durch die Sünde (durch das Auf-sich-selbst-bezogen-Sein) noch »Anknüpfungspunkt« der rechtfertigenden Gnade des Erlösers. Diesen paradoxen Sachverhalt, daß der Sünder einerseits *ist*, was er *tut* (nämlich: Verneinung von Du und Ich und damit Vereinzelung) und dennoch seine Sozialität nicht ganz zerstört, bezeichnet Bonhoeffer mit dem Begriff »Gesamt- oder Kollektivperson«[236]. Er denkt dabei nicht an einen Organismus oder an eine bloße Summe von Einzelnen, sondern an eine »*individuelle* Kollektivperson«, an der »der Einzelne teilhat, und die dennoch über alle Einzelnen hinausgeht«[237]. Er will mit diesem Begriff ausdrücken, daß die Tat des einzelnen bei aller individuellen Verantwortung nicht nur in ihren Wirkungen, sondern auch *als Tat* immer eine soziale Dimension hat. Er nennt *jeden* Sünder *Adam*[238]; das heißt: immer da, wo ein Mensch »cor curvum in se« wird, ist er Adam. »Jede Sünde ist erste Sünde; ist Zerreißung der Gemeinschaft mit Gott. Erste Sünde ist dasselbe wie jede folgende. So ist jeder Adam. ... Jeder muß sich als diese Gesamtperson erkennen und verurteilen lassen. ... Wir können uns nicht in die Gemeinschaft der Sünder zurückziehen. Unter

[233] Vgl. Akt und Sein, 77–81.94–96.

[234] Vgl. Sanctorum Communio, 23 f[6].

[235] Vgl. Akt und Sein, 71–73.91–93.

[236] Vgl. Sanctorum Communio, 65–68.74–76; Akt und Sein, 117. – Bonhoeffer hat seine Dissertation 1929 publiziert. Deshalb ist eine Verbindung zu Henry Wheeler Robinson auszuschließen, der mit einem Aufsatz des Jahres 1936 den Begriff »Korporativperson« in die Exegese eingeführt hat. Joachim van Soosten (Anmerkungen des Herausgebers, in: Sanctorum Communio, 229[49]) vermutet eine Abhängigkeit von Max Schelers Begriff »Gesamtperson«. – Zum Begriff »Kollektivperson« bei Bonhoeffer: H. Ott, Zum theologischen Erbe Dietrich Bonhoeffers, 181–186; G. L. Müller, Für andere da, 203 f.

[237] Sanctorum Communio, 48. – Der Einzelne »hat die Sünde der alten Menschheit selbst getan und weiß sich doch machtlos von der Menschheit in ihre Sünde und Schuld hineingerissen. Er trägt die neue Menschheit durch Glauben, Beten, Verkündigen und weiß sich doch in all seinem Tun getragen von der Gemeinde, von Christus« (Akt und Sein, 117).

[238] Vgl. Sanctorum Communio, 69–76; Akt und Sein, 135–148; Wesen der Kirche, 241–243. – Bonhoeffer denkt »die Struktur der Adamsmenschheit ... nicht nach psychologisch-historischen Deutungskategorien«, sondern: »Ich selbst bin Adam, bin Ich und Menschheit zugleich, in mir fällt die Menschheit; wie ich, so ist jeder einzelne Adam, in allen einzelnen aber handelt die eine Menschheitsperson Adam« (Akt und Sein, 145).

der Anrede Gottes sind wir auch als Gesamtperson einzelner. Jeder ist dann ganz für sich allein Adam.«[239]

b) Christus als »Stelle« des »Anderen« als des »anderen«

Wenn Bonhoeffer Adam *und* Christus »Kollektivpersonen« nennt[240], dann nicht ohne ausführlichen Hinweis auf einen entscheidenden Unterschied[241]. Obwohl Adam wesentlich auf den »Anderen« verwiesen und also »Menschheit«[242] ist, erscheint er zugleich als einer, der das Du und das Wir verneint und deshalb »cor curvum in se« wird. Er pervertiert sein auf den Anderen verwiesenes »Mit-und-Für-Sein« in Vereinzelung und erweist sich so als Antipode zu Jesus Christus, der gar nicht als »Einzelner« gedacht werden kann[243]. Adam »steht nicht an der Stelle der anderen, sondern an seiner eigenen. Christus aber steht anstelle der Menschheit«[244]. Als Identität von Akt und Sein *ist* er Stellvertretung, *ist* er das Gegenteil der Vereinzelung[245]. Er setzt sich so für den »Anderen« als »anderen« ein, daß er buchstäblich die »Stelle« *ist*, an der der Andere

239 Wesen der Kirche, 241 f.

240 Vgl. Akt und Sein, 116–127.135–161.

241 »Zerfällt die alte Menschheit in zahllose isolierte Einheiten, Adame, die als Gesamteinheit nur durch jeden Einzelnen hindurch aufgefaßt werden, so ist die neue Menschheit ganz zusammengezogen auf den einen einzigen historischen Ort, auf Jesus Christus, und nur in ihm wird sie als Gesamtheit begriffen; denn in ihm als Fundament und Leib des Baues seiner Gemeinde vollzieht und vollendet sich das Werk Gottes; und zwar in einer Funktion, die die grundsätzliche Verschiedenheit zwischen Adam und Christus ins hellste Licht setzt, in der *Funktion als Stellvertreter* ... Adams Handeln ist nicht intendiert stellvertretendes Handeln, sondern im Gegenteil höchst egozentrisch. Daß die Wirkung der eines gewollt stellvertretenden Handelns sehr ähnlich sieht, darf über die *völlig verschiedenen Grundgegebenheiten* nicht hinwegtäuschen. In der alten Menschheit fällt mit jedem schuldigwerdenden Menschen die Menschheit gleichsam aufs neue, während in Christus ein für allemal – das liegt eben im Wesen der *wirklichen* Stellvertretung – die Menschheit in die Gottesgemeinschaft gesetzt ist.« (Sanctorum Communio, 91 f).

242 »›Die Mencheit der Sünde‹ ist *Eine, obwohl sie in lauter Einzelne zerfällt, sie ist Kollektivperson und doch in sich unendlich oft zerrissen, sie ist Adam, wie jeder Einzelne er selbst und Adam ist. Diese Doppelheit ist ihr Wesen, und sie wird erst durch die Einheit der neuen Menschheit in Christus aufgehoben.*« (Ebd. 76).

243 Vgl. Akt und Sein, 117.

244 Wesen der Kirche, 243.

245 »Christus ist Christus nicht als Christus für sich, sondern in seiner Bezogenheit auf mich. Sein Christus-Sein ist sein pro-me-Sein. Dieses pro-me-Sein will wiederum nicht verstanden sein als eine Wirkung, die von ihm ausgeht, oder als ein Akzidens; sondern es will verstanden sein als das Wesen, als das Sein der Person selbst. Der Personkern selbst ist das pro me. Dieses pro-me-Sein Christi ist keine historische oder ontische Aussage, sondern eine ontologische. D. h. Christus kann nie in einem an-sich-Sein gedacht werden, sondern nur in seiner Bezogenheit auf mich. ... Entscheidend an der pro-me-Struktur ist ..., daß in ihr Sein und Akt Christi aufrechterhalten sind. Actio Dei und praesentia Dei, das *Dir*-Dasein und das Dir-*dasein* sind zusammengeschlossen. In der so begriffenen Akt-Seins-Einheit Jesu Christi kann die Personfrage, d. i. die Wer-Frage recht gestellt werden. Er ist derjenige, welcher sich in freiem Dasein wirklich an mich gebunden hat. Und er ist derjenige, welcher in seinem Dir-Dasein frei seine Kontingenz gewahrt hat. Er hat nicht die Kraft des pro-me-Seins, sondern er ist sie.« (Christologie, 182 f).

er selbst sein bzw. werden kann. Christus handelt so »für uns«, daß er mit diesem Handeln identisch ist. Deshalb ist sein Schenken nicht etwas außerhalb seiner selbst. Er bleibt kein Gegenüber des Sünders, wenn er sich für ihn »einsetzt«. Nein, »er tritt genau an die Stelle, wo der Mensch Sünder war«; er »wird damit menschlicher Schuld teilhaftig, als hätte er sie selbst begangen«[246]. An das Kreuz, an die Stelle, wo die Adamsmenschheit zu siegen meinte[247], an die Stelle der äußersten Vereinzelung, Kommunikationslosigkeit und Verlassenheit, läßt sich der heften, der nicht nur Hingabe hat, sondern Hingabe ist und deshalb nie als »an-sich-seiender«, sondern nur als »für-seiender« Christus – und das heißt: in der Gemeinde – gedacht werden kann. Der Erlöser, der Stellvertretung *ist*, »ist nicht ein Christus an sich und außerdem noch in der Gemeinde, sondern der ... in der Gemeinde pro me Gegenwärtige«[248]. Er ist als Stellvertreter immer schon »an der Stelle« des Du und des Wir, auf die mein Ich wesentlich verwiesen ist; und deshalb *bin* ich bereits in Christus, sobald ich meine Verwiesenheit auf den Anderen (mein Person-Sein) nicht mehr verneine. Anders gesagt: Wo immer der Widerstand der Sünde gebrochen wird[249], entsteht aus der Vereinzelung der Adamsmenschheit *(Corpus Adae)* die Gemeinde der Christusmenschheit *(Corpus Christi)*[250].

[246] Wesen der Kirche, 244. – Bonhoeffer unterscheidet die Stellvertretung Christi von aller zwischenmenschlichen (ethischen) Stellvertretung. Ein Mensch kann für einen Mitmenschen Lebensgüter wie Besitz, Leib oder Ehre hingeben, nicht aber die eigene Person; er kann die Folgen eines fremden Vergehens auf sich nehmen, nicht aber die fremde Schuld oder die mit dieser verbundene Strafe als solche. Nur in Christus sind Akt und Sein identisch; er ist, was er tut; und er tut, was er ist. Seine Hingabe am Kreuz ist im wörtlichen Sinn ein Hintreten »an die Stelle« der Schuld des Anderen. Bonhoeffer fragt selbstkritisch: »Ist diese christliche Anschauung von einer Schuldstellvertretung ethisch zu halten? Die ethische Person will doch offensichtlich ihr Böses und Gutes selbst vor Gott verantworten. Wie kann sie ihre Schuld auf einen anderen legen?« Und er antwortet: »Die Idee der Stellvertretung ... *ist keine ethische Möglichkeit oder Norm, sondern allein die Realität der göttlichen Liebe zur Gemeinde, sie ist kein ethischer, sondern ein theologischer Begriff.* Durch das christliche Prinzip der Stellvertretung ist die neue Menschheit zusammengefaßt und gehalten.« (Sanctorum Communio, 99f).

[247] Vgl. Sanctorum Communio, 94f; Wesen der Kirche, 246.

[248] Christologie, 182.

[249] Aus der Feststellung, daß in Adam jeder Mensch gesündigt hat, folgt nicht, daß in Christus schon alle versöhnt sind. Denn Christi Stellvertretung bedeutet nicht, daß er *statt* unser handelt, sondern daß er uns zu unserem eigenen Selbst befreien will. Deshalb bildet sich die »sanctorum communio« *an der Stelle* der »peccatorum communio« (vgl. Sanctorum Communio, 81.105). Deshalb ist die in Christus real gesetzte Gemeinde noch nicht das vollendete Reich Gottes. Deshalb ist die Dialektik des »simul iustus et peccator« Realität bis zur Vollendung aller Geschichte im Eschaton (vgl. ebd. 82).

[250] Vgl. ebd. 92; Wesen der Kirche, 246.

c) Stellvertretung als Identität von Akt und Sein: »Christus als Gemeinde existierend«

Schon in seiner Dissertation über die Gemeinschaft der Heiligen verwendet Bonhoeffer häufig den Ausdruck »Christus als Gemeinde existierend«[251]. Später bemerkt er, Kirche werde durch das stellvertretende Handeln Christi konstituiert[252]; deshalb könne man Hegels Wort vom »heiligen Geist als Gemeinde existierend« mit guten Gründen auf Christus anwenden[253]. Er beruft sich auf das paulinische Bild von der Kirche, die als Leib Christi dennoch nicht mit Christus identisch ist. Denn »natürlich steht Christus auch der Gemeinde gegenüber. Die Menschheit bleibt immer auch Menschheit Adams«[254]. Als Transzendenz aber auf das Du und Wir, als Person, inkarniert sich der Sohn, ist Christus ganz beim Menschen und ermöglicht es so dem Menschen, seinerseits Person zu werden, das Ich zu transzendieren auf das Du und das Wir. Nie ist der Mensch eine vollkommene Synthese[255] von Akt und Sein. Aber durch, mit und in Christus kann er immer mehr Person werden. Dieser Prozeß ist unsichtbar, sofern die personale Gemeinschaft mit Christus (der Glaube) verborgen bleibt; er wird jedoch sichtbar durch die Verleiblichung der Christus-Beziehung in der Kirche[256]. Die Gemeinschaft mit dem, der Stellvertretung ist, muß sich in stellvertretendem Handeln äußern. Stellvertretung als Struktur der Einheit mit Christus ist ohne Stellvertretung als Struktur der Gemeinschaft mit den Brüdern und Schwestern gar nicht möglich[257]. Und weil Christi Stellvertretung mehr

[251] Vgl. Sanctorum Communio, 76.87.126–128.133f.139.142. 144f.159.180.198.

[252] Dazu: G. L. Müller, Für andere da, 209–217.

[253] Vgl. Wesen der Kirche, 247.

[254] Ebd. 248. – Mit diesem Hinweis verbindet Bonhoeffer die Bemerkung: »Im Katholizismus fällt dieses Gegenüber weg. Die Kirche wird als weltenthoben, der Niedrigkeit der Adamsmenschheit entnommen angesehen. Die Identität Christus – Gemeinde wird zur absoluten Identifikation.«

[255] Auch in der Verneinung seiner Bezogenheit auf das Du und das Wir (in der Sünde) bleibt der Mensch »bezogen« und *ist* deshalb nicht völlig, was er *tut*. Dennoch stimmt Bonhoeffer der Barthschen These zu, daß sich jede Unterscheidung zwischen Sünde und Sünder verbietet: »Weil jeder als Mensch in der Menschheit Adams steht, darum gibt es für ihn keinen Rückzug vom sündigen Akt auf sündloses Sein, vielmehr ist sein ganzes Personsein in der Sünde. So ist in Adam Akt ebenso konstitutiv für Sein, wie Sein für Akt; Akt wie Sein aber kommen als verschuldet ins Gericht.« (Akt und Sein, 145). – Vgl. Schöpfung und Fall, 107–113.

[256] »Wo Leib ist, ist auch Person. Der Leibgedanke ist vom Persongedanken nicht zu trennen.« (Wesen der Kirche, 247). – Vgl. Nachfolge, 227–239.

[257] »Christus wird ganz Mensch. So steht er uns wie ein Bruder gegenüber. Stellvertretend steht er dort, wo mein Bruder für mich stehen sollte. Mein leiblicher Bruder kann von sich aus nicht Bruder sein, weil er nicht in meine Personsphäre eindringen kann. Über die Grenze der Gütersphäre kommt er nicht hinaus. Er kann um meine Person nicht wissen. Er sieht mich an als ein Es, nicht als ein Du. Die Kategorie des Du bleibt ihm verschlossen. Christus ist unser Bruder. Aber darum kann nun auch der Bruder zum Christus werden.« (Wesen der Kirche, 248).

ist als »Repräsentation«[258] oder bloße »Solidarität«[259], gilt Entsprechendes von der in sie inkludierten Stellvertretung seiner Gemeinde. In seiner Habilitationsschrift bemerkt Bonhoeffer: »Von der Person Christi aus bekommt jede andere Person für den Menschen ... den Charakter der Personhaftigkeit. Sie wird so selbst zum Christus für uns in Forderung und Verheissung«[260]. Deshalb gilt die These: »Sein in Christus ist Gerichtetsein auf Christus, das nur möglich ist durch ›Schon-Sein in der Gemeinde Christi‹«[261].

d) Stellvertretung als Synthese von Akt und Sein: »Gemeinde als Christus existierend«

Bonhoeffer will jede »Individualisierung der Kirche«, jede Entwertung der horizontalen durch die vertikale Dimension, vermeiden. Anders als Schleiermacher, Troeltsch oder Harnack[262] leitet er »die Gemeinschaft mit dem Bruder« nicht aus dem Verhältnis des einzelnen zu Gott ab, sondern bezeichnet »die Gemeinschaft des Bruders mit dem Bruder« als »Aktualisierung der in der Stellvertretung Christi realisierten Kirche durch den Heiligen Geist«[263]. Was logisch trennbar ist, das Verhältnis des einzelnen zu Gott und das Verhältnis des einzelnen zum Bruder, ist im Heiligen Geist (als der Aktualisierung der Stellvertretung Christi) untrennbar[264].

258 »In Christus und durch ihn ist die Kirche real gesetzt. Nicht so, als ob er selbst dabei wegzudenken wäre, vielmehr er selbst ›ist‹ die Kirche, er repräsentiert sie nicht; repräsentiert werden kann nur das nicht Präsente – die Kirche aber ist präsent in Christus für Gottes Augen. Christus hat nicht die Kirche ermöglicht, sondern für die Ewigkeit realisiert.« (Sanctorum Communio, 100).

259 »Der Tod kann Vergangenheit und Zukunft zwar für unsere Augen noch völlig, für das Leben der Liebe Christi aber nicht trennen. *Darum* kann das *Prinzip der Stellvertretung* grundlegend für die Gemeinde Gottes in und durch Christus werden. Nicht ›Solidarität‹, die zwischen Christus und Mensch nie möglich ist, sondern Stellvertretung ist das Lebensprinzip der neuen Menschheit. Gewiß weiß ich mich mit der Schuld des anderen solidarisch, aber das Handeln am anderen geschieht aus dem Lebensprinzip der Stellvertretung heraus.« (Ebd. 92).

260 Akt und Sein, 111.

261 Ebd. 154.

262 Vgl. Wesen der Kirche, 252f.261f; Sanctorum Communio, 38[1].

263 Wesen der Kirche, 262. – Michael Plathow (Schuldübertragung und Schuldübernahme, 413–420) betont, daß Bonhoeffer den Erlöser ganz im Sinne Luthers »das Subjekt der exklusiven und damit auch inklusiven Versöhnungs- und Erlösungstat« (ebd. 418) nennt, daß aber alles, was Christus »extra nos pro nobis« wirkt, zu unserer Gleichgestaltung (conformitas) mit ihm führt. Der Begriff »Gleichgestaltung« aber – so führt er aus – bezeichnet »eine *dogmatisch-ethische Denkfigur* zur Bestimmung und Beschreibung des Verhältnisses von Christi Schuldübernahme für die Sünder und der nachfolgenden Schuldübernahme der Gemeinde füreinander und für andere. Durch den Heiligen Geist wird die Schuldübernahme der Glaubenden in der Liebe zum anderen mit der Schuldübernahme im stellvertretenden Strafleiden Jesu Christi gleichgestaltet, ohne dabei den qualitativen Unterschied zwischen Christus und den Christen zu nivellieren« (ebd. 420).

264 »Wie ist das Verhältnis von Christus und Geist zu verstehen? Der Heilige Geist aktuali-

Mit Karl Barth sagt Bonhoeffer, daß es zwischen Gott und Mensch nur eine »von Gott selbst gesetzte Beziehung und nur in dieser von Gott gesetzten Beziehung analogia«[265] gibt. Im Unterschied aber zu Barth beschreibt er die Kirche als in Christus ermöglichte »*Seins*beziehung« zwischen Gott und Mensch. Denn wo wir uns einbeziehen lassen in das Für-Sein Christi, da sind wir in, mit und durch Christus – das heißt, als »inklusive Stellvertreter« – die neue Schöpfung »Kirche«[266]. Wo immer der Mensch sein adamitisches Ich transzendiert in der Verantwortung bzw. im Für-Sein für den Anderen, da handelt nicht nur Christus durch ihn, sondern er selbst handelt in Christus. Allerdings ist die inklusive Stellvertretung der auf das Du und Wir bezogenen und so »gemeindlich« lebenden Gläubigen immer nur eine partielle Synthese von Akt und Sein und deshalb bleibend angewiesen auf Christus, der als Identität von Akt und Sein Stellvertretung (»Stelle« für den »Anderen« als »anderen«) *ist*. Die bleibende Angewiesenheit auf das »*pro-me-*« bzw. »*pro-nobis*-Sein« Christi umreißt Bonhoeffer in drei Punkten: 1. Er ist im geschichtlichen Sinne »Anfänger, Haupt und Erstgeborener der Brüder, die ihm folgen«. – 2. Er *ist* als »die Stelle«, an der seine Brüder und Schwestern sie selbst (Person) sein können, die Gemeinde; das heißt, »er handelt nicht nur für sie, er ist diese, indem er ans Kreuz geht, die Sünde trägt und stirbt«. – 3. Und weil er die »Stelle« des »Anderen« als des »anderen« ist, ist der Vertretene (Angewiesene) zugleich ein Vertretender (Verantwortlicher): nämlich durch, mit und in Christus Stellvertreter für seine Brüder und Schwestern[267]. Im Unterschied allerdings zur Stellvertretung Christi ist die inklusive Stellvertretung der von ihm erlösten Sünder nie ungefährdet, sondern auf doppelte Weise bedroht: »durch die Absolutsetzung des eigenen Ich wie durch die Absolutsetzung des anderen Menschen. Im ersten Fall führt das Verhältnis der Verantwortung zur Vergewaltigung und Tyrannei. Dabei ist verkannt, daß nur der Selbstlose verantwortlich handeln kann. Im zweiten Fall wird das Wohl des anderen Menschen, dem ich verantwortlich bin, unter Mißachtung aller anderen Verantwortlichkeiten absolut gesetzt, und es entsteht eine Willkür des Handelns, die der Verantwortung vor Gott, der in Jesus Christus aller Menschen Gott ist, spottet. In beiden

siert, was durch und in Christus realisiert ist. Mit der Auferstehung Christi ist Kirche realiter da, aber aktualisiert wird sie erst zu Pfingsten, durch Zueignung des Gerichtes und der Gnade, die sich in Kreuz und Auferstehung Jesu ereignen.« (Wesen der Kirche, 252). – Dazu: E. Feil, Die Theologie Dietrich Bonhoeffers, 181–188.

265 Schöpfung und Fall, 61. – Vgl. Akt und Sein, 67–69.

266 Auf diesem Grundsatz beruht Bonhoeffers gesamte Ethik: Weil Jesus – das Leben, unser Leben – als der menschgewordene Sohn Gottes stellvertretend für uns gelebt hat, darum ist alles menschliche Leben durch ihn wesentlich stellvertretendes Leben. Jesus war nicht der Einzelne, der zu einer eigenen Vollkommenheit gelangen wollte, sondern er lebte nur als der, der in sich das Ich aller Menschen aufgenommen hat und trägt. Sein gesamtes Leben, Handeln und Sterben war Stellvertretung.« (Ethik, 175).

267 Christologie, 183.

Fällen ist Ursprung, Wesen und Ziel des verantworteten Lebens in Jesus Christus geleugnet und die Verantwortung zu einem selbstgemachten abstrakten Götzen geworden«[268].

In verschiedenen Schriften zählt Bonhoeffer als Grundelemente gemeindlicher Stellvertretung auf: Opfer, Fürbitte, Beichte und Vergebung, Abendmahl[269]:

– Das Opfer bedeutet ihm Aufgabe des eigenen Ich für den Nächsten[270]. Das Opfer ist deshalb in allen seinen Formen die Annahme der Berufung[271] zum Für-Sein für andere, die unter Berücksichtigung von Umständen, Begabungen und Grenzen an jeden einzelnen Menschen auf je einmalige Weise ergeht. Denn »Gott ist ein Gott des Tragens. Der Sohn Gottes trug unser Fleisch, er trug darum das Kreuz, er trug alle unsere Sünden und schuf durch sein Tragen Versöhnung. So ist auch der Nachfolger zum Tragen berufen. Im Tragen besteht das Christsein«[272]. Bonhoeffer klammert nichts aus diesem »Tragen« aus. So kann zum Beispiel der Besitzende »mit seinem Besitz an die Stelle des Besitzlosen, der Ehrenvolle mit seiner Ehre an die Stelle des Ehrlosen« treten. Auch die Gemeinschaft mit Gott ist ein Glück, das man nur in der Haltung der Stellvertretung behält; so wollte Mose (Ex 32,32) »nicht als Einziger der erhaltenden Gnade teilhaftig sein«; und Paulus (Röm 9,3) wollte gar »von Gott verflucht und von Christus geschieden sein«[273], wenn er damit seinen Brüdern und Schwestern Gemeinschaft mit Gott vermitteln könnte. Letztlich soll das »Prinzip Stellvertretung« im Sinne eines Opfers des einen für den (die) anderen alles Geschehen der Gemeinde prägen[274]. Das gilt nicht nur für Gebet, Verkündigung und Sakrament, sondern für alle Gestalten des Für-Seins. Bonhoeffer hebt aber die Vollzüge hervor, die eine ausdrückliche Anweisung Jesu Christi selbst befolgen: Fürbitte, Beichte und Vergebung, Abendmahl.

– Fürbitte bedeutet: »Ich stehe wirklich an der Stelle des anderen. Ich bete aus seinen Anfechtungen heraus, bin an seiner Stelle angefochten von seinen Sünden. Ich bin ›im‹ anderen.«[275] Diese Stellvertretung des

[268] Ethik, 175.

[269] Dazu: M. Plathow, Schuldübertragung oder Schuldübernahme, 414f.

[270] Wesen der Kirche, 265.

[271] Annahme der Berufung ist »Preisgabe des Ich ›für‹ den Nächsten, zu dessen Nutzen, aber mit der Bereitschaft, an dessen Statt alles zu tun und zu tragen, ja wenn nötig, sich für ihn zu opfern, *stellvertretend* für ihn dazustehen« (Sanctorum Communio, 121).

[272] Nachfolge, 68.

[273] Wesen der Kirche, 265. – Bonhoeffer bezeichnet Mose und Paulus als »inklusive Stellvertreter«, die lieber die »Stelle« der Sünder (die von Gott verfluchte und verdammte »Stelle«) einnehmen als ohne die Gemeinschaft mit diesen Rettung suchen wollen. »Hier zeigt sich die Liebe, die sich freiwillig unter Gottes Zorn begeben will um der Brüder willen, die sich den Zorn Gottes wünscht, wenn nur die Brüder seine Gemeinschaft haben, die an die Stelle der Brüder tritt, wie Christus an unsere Stelle trat.« (Sanctorum Communio, 122).

[274] Vgl. Wesen der Kirche, 269f.

[275] Ebd. 266. – Vgl. Sanctorum Communio, 123–126.

Fürbittgebets hat nichts zu tun mit psychologischem Einfühlungsvermögen in die Not des anderen; ihr Zweck liegt auch nicht in der Tröstung; nein, Fürbitte ist durch, in und mit Christus ein wirkliches »In-den-Anderen-Eintreten«[276]. So kann, wenn Gott es will, meine Fürbitte die Schuld des Nächsten vergeben, weil ich in der Liebe der Stellvertretung die Gemeinde bin und weil die Gemeinde Christus ist. Die Fürbitte kann Gott nicht zwingen. Aber weil Christus sich bis zur Konsequenz des Kreuzes mit uns identifiziert hat, »kann ein Bruder den anderen erlösen, in Kraft der Gemeinde«[277]. Er kann sich dessen nicht rühmen; denn seine Stellvertretung ist inklusive Stellvertretung; »seine Kraft kommt ihm aus der Gemeinde«[278].

Das wird besonders deutlich im Psalmengebet[279]. Denn da betet der Leib Christi, »und als Einzelner erkenne ich, wie mein Gebet nur ein kleinster Bruchteil des ganzen Gebetes der Gemeinde ist. Ich lerne das Gebet des Leibes Christi mitbeten. Das hebt mich über meine persönlichen Anliegen hinaus und läßt mich selbstlos beten«[280]. – Bonhoeffer beschreibt eine Linie der Stellvertretung von Gott über Christus und die Gemeinde zur Welt. Christus steht an der Stelle, an der die Gemeinde stehen sollte; andererseits kommt die Gemeinde dort zu ihrer eigenen Erfüllung, wo Christus steht. Entsprechend steht die Gemeinde »an der Stelle, an der die ganze Welt stehen sollte; insofern dient sie stellvertretend der Welt, ist sie um der Welt willen da. Andererseits kommt die Welt dort zu ihrer eigenen Erfüllung, wo die Gemeinde steht«. Vor diesem Hintergrund ist Fürbitte das Gegenteil der Magie. Fürbitte ist keine Ersatzhandlung; im Gegenteil: »Die Fürbitte für alle Menschen zieht diese in die Gemeinde hinein.«[281]

– Sündenbekenntnis (bzw. Beichte) und Vergebung (bzw. Beichte-Hören) werden von Bonhoeffer als »Durchbruch zur Gemeinschaft« bezeichnet. Denn durch das Sündenbekenntnis im Angesicht des christlichen Bruders wird »die letzte Festung der Selbstrechtfertigung preisgegeben«[282]. Und Beichte-Hören ist ein Auftrag, den Christus allen Gliedern seiner Gemeinde erteilt hat. »Was der Bruder da tut, ist letztmögliches Geschehen in der Gemeinde. Er lädt die Sünde, die er vergibt, auf sich selbst, weil er weiß, daß Christus seine Sünde trägt«. So ist »auch die Beichte ... in der Stellvertretung Christi begründet«[283]. Denn nur

[276] Vgl. Sanctorum Communio, 124f.
[277] Ebd. 125.
[278] Ebd.
[279] »Der Psalter ist das stellvertretende Gebet Christi für seine Gemeinde. Nun, da Christus beim Vater ist, betet die neue Menschheit Christi, betet der Leib Christi auf Erden sein Gebet weiter bis zum Ende der Zeit.« (Gemeinsames Leben, 40). – Vgl. Gebetbuch der Bibel, 107–109.
[280] Gemeinsames Leben, 42.
[281] Wesen der Kirche, 266.
[282] Gemeinsames Leben, 94.
[283] Wesen der Kirche, 269. – Vgl. Sanctorum Communio, 126f.

weil Christus als Stellvertretung die Gemeinde *ist*, kann der einzelne Gläubige *in ihm* bzw. *in der Gemeinde* die Sünde des anderen tragen[284].

– In der Feier des Abendmahls und mit dem Empfang des Leibes und Blutes Christi empfängt die Gemeinde die Wirklichkeit des stellvertretenden Tuns Christi in Kreuz und Auferstehung[285]. Während das Wort der Predigt und das Sakrament der Taufe die Gemeinde als solche konstituieren, ist das Abendmahl das innerste Leben der Gemeinde selbst[286]. Das Abendmahl »schließt zweierlei in sich: *Christus schenkt sich selbst*, seine Gemeinschaft, d.h. sein stellvertretendes Todesleiden kommt mir zugute, und *Christus schenkt die Gemeinde*, d.h. er läßt sie neu werden und schenkt sie so ihr selbst. Er schenkt jedem die Rechte und Pflichten priesterlichen Handelns am anderen, und er gibt jedem ebenso das Leben in der Gemeinde; er schenkt, daß einer den anderen tragen kann und selbst vom anderen getragen wird«[287]. Indem Christus sich im Sakrament des Abendmahls selbst hingibt, bricht er die Ich-Verkrampfung (cor curvum in se) des ihn empfangenden Menschen auf und ermöglicht ihm so seinerseits ein Dasein für andere. »Die Gemeinschaft des heiligen Abendmahls ist die Erfüllung der christlichen Gemeinschaft überhaupt. So wie die Glieder der Gemeinde vereinigt sind in Leib und Blut am Tische des Herrn, so werden sie in Ewigkeit beieinander sein. Hier ist die Gemeinschaft am Ziel. Hier ist die Freude an Christus und seiner Gemeinde vollkommen. Das gemeinsame Leben der Christen unter dem Wort ist im Sakrament zu seiner Erfüllung gekommen.«[288]

e) Stellvertretung als Vermittlung von Akt und Sein

Dorothee Sölle hat Bonhoeffer vorgeworfen[289], Christi Stellvertretung nicht zeitlich zu begrenzen, die Verantwortung Christi für die von ihm vertretenen Menschen zu verabsolutieren und so Abhängigkeit statt Identität zu produzieren. Doch dieser Vorwurf wäre nur dann berechtigt, wenn Bonhoeffers Ausführungen über die Möglichkeit einer als Identität von Akt und Sein verstandenen Stellvertretung philosophisch widerlegt würden. An der Aussageabsicht Bonhoeffers jedenfalls kann

[284] »Der Einzelne kann es nur kraft seiner Gliedschaft an der Gemeinde. Als solcher soll er es auch. Er nimmt dem andern seine Schuld vom Gewissen und legt sie auf sich, kann das aber doch nur, indem er sie wieder auf Christus legt. Sein Tun ist also nur in der Gemeinde möglich; d.h. allerdings nicht, daß es notwendig in seiner Wirksamkeit an eins ihrer Glieder gebunden sei, aber daß es doch nur möglich ist dadurch, daß überhaupt eine Gemeinde existiert.« (Sanctorum Communio, 126f).

[285] Dazu: G. L. Müller, Bonhoeffers Theologie der Sakramente, 231f.

[286] »In der Taufe wird uns die Gliedschaft am Leibe geschenkt, im Abendmahl die leibliche Gemeinschaft *(κοινωνία)* mit dem Leib des Herrn, den wir empfangen, und eben darin die leibliche Gemeinschaft mit den Gliedern dieses Leibes.« (Nachfolge, 244). – Vgl. Sanctorum Communio, 163–170.

[287] Sanctorum Communio, 166.

[288] Gemeinsames Leben, 102.

[289] Vgl. D. Sölle, Stellvertretung, 103–109.

kein Zweifel bestehen: Christus handelt nicht nur am Sünder oder statt des Sünders, sondern er *ist* seine Stellvertretung; er *ist* die »Stelle«, an der der »Andere« er selbst sein oder werden kann. Deshalb wendet sich Heinrich Ott mit Recht gegen Dorothee Sölle und bemerkt: Nach Bonhoeffer hält uns »der Stellvertreter Christus nicht nur den Platz frei bis zu dem Zeitpunkt, da wir an der Reihe sind. Wir *sind* ja schon an der Reihe! ... Christus umgreift uns; oder: wir sind durch Christus von Gott umgriffen. Christus steht auch und gerade dann noch mit uns und für uns da, wenn wir *selber* tun, worauf Gott wartet«[290]. Schon in seinen frühen Ausführungen über das Person-Sein des Menschen wollte Bonhoeffer zeigen, daß echtes Für-Sein (ethische Transzendenz) den Anderen nicht abhängig, sondern frei macht[291], daß die Gnade Christi die Freiheit des begnadeten Menschen nicht ausschließt, sondern ermöglicht[292].

Sölles Bonhoeffer-Kritik beweist, daß sich die sogenannte Gott-ist-tot-Theologie (die Rede vom Tod Gottes des Vaters, an dessen Stelle der Mensch Jesus von Nazareth tritt) nicht auf Bonhoeffer berufen kann. Nur indem er sich gegen einen »Gott an sich«, gegen einen bloß »gedachten Gott« wendet, will Bonhoeffer »A-theist« sein[293]. Ihm geht es um den Gott der Offenbarung im Unterschied zu den selbstgebastelten Götzen der Religionen[294]. Der Gott über uns ist ihm nur erkennbar als der Gott für uns; seine Transzendenz ist seine Immanenz. Denn in Christus ist Gott »nicht die griechische Gott-Menschen-Gestalt des ›Menschen an sich‹, sondern der ›Mensch für andere‹(!), darum der Gekreuzigte«[295]. Der trinitarische Gott *ist* Bezogenheit auf »Du« und »Wir«; er ist dies auch im menschgewordenen Sohn: in der Stellvertretung Christi, der so beim »Du« und »Wir« seiner Brüder und Schwestern ist, daß er ihnen nicht äußerlich bleibt, sondern als der Gekreuzigte die »Stelle« *ist*, an der sie als Sünder (als Vereinzelte) wieder Person und Gemeinde (Beziehung zum Du und Wir) sein können. Im Unterschied zu Barth, Brunner und Bultmann sieht Bonhoeffer in einer Stellvertretung, die nicht Ersatz, sondern Ermöglichung von Identität ist, nie einen bloßen Akt des Vertretenden auf den Vertretenen hin, sondern immer auch eine

290 H. Ott, Zum theologischen Erbe Dietrich Bonhoeffers, 189.
291 Vgl. Sanctorum Communio, 31f.
292 Vgl. Schöpfung und Fall, 58f.
293 »Der Unterschied zu Hegel ist damit klar markiert. Gegenüber der Gott-ist-tot-Theologie entfaltet Bonhoeffer seine Rede von Christus und seinem Kreuzestod auf dem Hintergrund der Trinitätstheologie ... Dabei führt der Weg allerdings nicht von einem gedachten Gott zum wirklichen, von einem allgemeinen metaphysischen und ›religiösen‹ Gottesglauben zur christlichen Offenbarung; sondern in der Begegnung mit dem Jesus, der für andere da ist bis zum Kreuz, entspringt echte Transzendenz zu dem Gott über uns, der sich schon im Voraus zum menschlichen Suchen als der Gott für uns zeigt.« (G. L. Müller, Bonhoeffers theologia crucis, 183).
294 Vgl. Widerstand und Ergebung, 425.
295 Ebd. 414.

»*Seins*beziehung«. Diese allerdings darf nicht im Sinne der von Barth verworfenen »analogia entis« interpretiert werden; denn das »tertium comparationis« zwischen Christus und den von ihm vertretenen Sündern ist nicht das Sein als solches, sondern die Gemeinde (bzw. das »Du« und das »Wir«). Denn sie ist die »Stelle«, an der Christus und der von ihm erlöste Mensch (als Gläubiger, als auf das Du seines Nächsten bezogene Person) gleichzeitig »sind«[296] – Christus *als* Identität von Akt und Sein *(als* Stellvertretung) und der gläubige Mensch *in* der Synthese von Akt und Sein *(in* inklusiver Stellvertretung).

4. Friedrich Gogarten: Stellvertretung als »dynamische Identität« von Angewiesenheit und Verantwortung

a) Die Frage nach dem »Selbst« als »An-gewiesenheit«

Wie Bonhoeffers Denken, so ist auch die Theologie Friedrich Gogartens (1887–1967) deutlich von der Philosophie des Dialogischen Personalismus bestimmt. Von Gogarten sagt Gerhard Gloege, er sei »der einzige Theologe, der – ohne eklektisch zu verfahren – zu einem eigenständig durchformten personalen Denken gelangt«[297] ist. Hatte Brunner zunächst zwischen Verantwortlichkeit und Verantwortung, Personalität und Person, unterschieden, später aber Person als reine Aktualität (Relation) beschrieben, so läßt sich bei Gogarten eher eine umgekehrte Wendung seines Denkens beobachten.

Seine erste Veröffentlichung gilt der Religionsphilosophie Johann Gottlieb Fichtes; in der Auseinandersetzung mit ihm[298] entdeckt er die Frage, die ihn mehr als fünfzig Jahre gefangennimmt: die Frage nach der »Selbst-ständigkeit«, nach dem »Selbst« des Menschen, sofern er nicht aufgeht in seinem »Welt-Sein«. Denn eben darin sieht Gogarten die Bedeutung der Neuzeit: Die mythisch oder metaphysisch gedachte Welt, die den Menschen zuvor getragen und beheimatet hat, wird durch eine »ungeheure Neutralisierung und Entzauberung«[299] zum Material gewußter und verfügter Dinge. Die objektivierende Welterkenntnis des sogenannten »gebildeten Denkens« ist von dem Interesse beherrscht, »das unübersehbare Chaos der Wirklichkeit zu ordnen, es unter das Gleichmaß seiner Begriffe und Kategorien zu bringen, es übersehbar und

296 Weil Gott in Christus »alles menschliche Wesen leibhaft angenommen hat«, deshalb »kann göttliches Wesen von nun an nicht anders als in menschlicher Gestalt gefunden werden«, deshalb kann menschliches Wesen, menschliche Erfüllung und Freiheit von nun an nicht anders als in Christus gefunden werden: nämlich darin, »nicht für sich selbst, sondern für Gott und die anderen Menschen da zu sein« (Ethik, 213).

297 G. Gloege, Der theologische Personalismus, 29. – Dazu: B. Langemeyer, Der Dialogische Personalismus, 145–192.

298 Vgl. Fichte, 8–10. – Dazu: R. Weth, Gott in Jesus, 11–57.

299 Die Verkündigung Jesu Christi, 456.

durchsichtig zu machen«[300]. Gemeint ist nicht nur das Bestreben des Naturwissenschaftlers, sondern auch das des Historikers. Mit seinem Lehrer Ernst Troeltsch (1865–1923) verweist Gogarten auf die »ungeheure Erschütterung aller Autoritäten und Normen und aller von ihnen getragenen Gestaltungen des Lebens«[301] durch die relativierende Einordnung alles Geschehens in einen allumfassenden Kausal- und Korrelationszusammenhang. Kurz: Der Mensch, der die Welt ordnet und beherrscht, steht dem, wovon er sich einmal umschlossen und geborgen wähnte, als »der Andere« gegenüber; er wird sich selbst zur Frage. Wäre er nichts als »das Funktionieren eines Verstandes, der alles, was seinen eigenen Funktionen gleich ist, weiß und versteht«[302], wäre also der Mensch gewissermaßen Teil der Welt, so gäbe es die Frage nach dem »Selbst« gar nicht. In dieser Frage als solcher ist »ein Leben und Wissen lebendig, das den Menschen von vornherein nicht in eine fraglose Welthaftigkeit aufgehen läßt«[303].

b) Die Annahme der »An-gewiesenheit« durch »Ver-ant-wortung«

Weil das im Fragen erfahrene »Selbst« über sich hinaus verwiesen ist auf einen unverfügbaren Grund[304], nähert sich Gogarten zunächst dem theozentrischen Denken der Dialektischen Theologie[305]. Wir müssen – so bemerkt er – erkennen, daß die äußerste Möglichkeit des Menschen die »Frage ›Gott‹ ist; daß diese Frage sich aber in demselben Augenblick«, in dem wir sie stellen, »als die unserer Existenz gegenüber absolut fragende Frage« erweist; daß »diese Frage ... uns mitten in Gottes ewig schaffende Tat« stellt[306]. Gogarten scheut sich nicht, die wesenhafte Andersheit des Menschen gegenüber Gott als »Gott-losigkeit« zu bezeichnen[307]. Er spricht von einer metaphysischen Insuffizienz des Menschen als des Nur-Endlichen gegenüber dem Unendlichen; er nennt schon das bloße Unvermögen des Menschen, sich und seine Welt auf Gott zu beziehen, Sünde; und er erklärt den Vorgang der Rechtfertigung als »Willenserklärung« Gottes, »den tatsächlichen Menschen, so wie er ist, für den göttlichen zu nehmen, der er sein soll und der er nie werden kann«[308].

Die radikale Gegenüberstellung des *homo totus peccator* und des *homo totus iustus* erscheint in den ersten Veröffentlichungen als »dialektische

300 Glauben und Offenbarung, 8.
301 Historismus, 8.
302 R. Weth, Gott in Jesus, 20.
303 Ebd. 55.
304 Vgl. Illusionen, 117f.
305 Über Gogartens vorübergehende Zusammenarbeit (Herausgabe der Zeitschrift »Zwischen den Zeiten«) und den radikalen Bruch mit Karl Barth: P. Lange, Karl Barth und Friedrich Gogarten, 151–276.
306 Die religiöse Entscheidung, 27. – Vgl. Ich glaube an den dreieinigen Gott, 16.
307 Ebd. 82.
308 Illusionen, 95.

Identität«[309]; aber schon während der kurzen Zeit seiner Zusammenarbeit mit Karl Barth bezweifelt Gogarten, daß die Dialektische Theologie der biblischen Christologie gerecht wird. Bestärkt durch seine Freundschaft mit Eberhard Grisebach[310], distanziert er sich mehr und mehr von der Gleichung »Mensch = Welt = Sünde« und ersetzt die »dialektische Identität« des *homo totus peccator* mit dem *homo totus iustus* durch eine »christologische Simultaneität«. Wie in Christus menschliche Kontingenz und vertraute Beziehung zum Vater keine Gegensätze, sondern Entsprechungen (»Simultaneitäten«) sind, so ist in jedem Menschen die Endlichkeit als solche kein Widerspruch zu Gott (keine Sünde), sondern im Gegenteil möglicher »Anknüpfungspunkt« der Gemeinschaft mit Gott[311]. Denn ein Mensch, der seine »Endlichkeit« bzw. »Angewiesenheit« als solche annimmt, ist »ein Ich, das nicht aus sich und in sich zu leben meint, sondern allein in und aus dem göttlichen Du; ein Ich, das nicht als das erste vor dem Du kommt, sondern das ihm folgt als das zweite; ... ein Ich, das darum nicht seine Grenzen zu überschreiten und ins Unendliche zu streben sucht«[312].

In Jesus erkennt Gogarten den einzigen Menschen, »der nichts anderes sein will als ein menschlicher Mensch, der nicht ›nach göttlicher Gestalt greift‹«[313], weil er in reiner gottüberlassener Unmittelbarkeit schon »er selbst« ist. So »ist das in ihm erschlossene Personsein nicht nur das menschliche, sondern *indem* es das ist, ist es das göttliche«[314]. Mit diesem Jesus Christus Gemeinschaft haben bzw. an ihn glauben, bedeutet beides: ein »Selbst« gegenüber der Welt sein, d. h. der Welt gegenüber frei sein; und zugleich diese Welt in die Bejahung der eigenen Endlichkeit einbeziehen, sie zur Antwort an Gott machen.

Indem er die Grundverfaßtheit des Menschen »Wortlichkeit« nennt, folgt Gogarten einem Kerngedanken des Dialogischen Personalismus: dem Hinweis nämlich, daß ein Wort zunächst nicht »Verständigungsmittel über etwas Drittes«, sondern »unmittelbare, nicht durch ein Drittes vermittelte ... Beziehung zwischen zweien«[315] ist, daß das Konstitutive des Wortes nicht in seiner Sachgebundenheit liegt, sondern darin, »daß es zum Anderen gesprochen wird«[316], daß das Wort in und hinter

[309] Dazu: H. Schröer, Die Denkform der Paradoxalität, 163–171. – Nach Schröer enthält der Begriff der »Paradoxie« sowohl das Moment der Kontradiktion als auch jenes einer Synthese. Diese Simultaneität ist logisch gesehen eine Antinomie, hat jedoch etwas in der Sache möglicherweise zu Vereinigendes im Auge, für das die logische Denkform noch gefunden werden muß.

[310] Dazu: M. Freyer, Briefwechsel Eberhard Grisebach – Friedrich Gogarten; G. Schmidt, Der Ausgang neuprotestantischer Theologie, 73–82.

[311] Vgl. Illusionen, 18 f.

[312] Ebd. 130 f.

[313] Ebd. 139.

[314] Der Mensch, 249. – Vgl. Gehören und Verantworten, 142–165.

[315] Ebd. 219.

[316] Ich glaube an den dreieinigen Gott, 134.

den Sachen den Anderen selbst meint, daß deshalb das Wort konstitutiv ist für die Personalität des Angesprochenen, daß es ihn gleichsam »zu sich selbst« bringt, weil sich in der Ich-Du-Relation ein Leben eröffnet, das nicht der Angesprochene selbst verwirklicht, sondern das ihn verwirklicht[317]. Gott allein hat nicht Worte, sondern ist Wort. Deshalb bleibt alle geschöpfliche Realität bewußt oder unbewußt auf ihn verwiesen. Die Beziehung zum mitmenschlichen Du ist zwar nicht identisch mit der Gottesbeziehung; aber beide Relationen sind ineinander verschränkt durch den Charakter der Wortlichkeit als »Ver-ant-wortlichkeit«; denn die »bestimmte Situation, in der ich mich gerade befinde«[318], »die Konkretheit des ganz bestimmten Augenblicks«[319], ist das Du, durch das Gottes Du mich zur Ichheit, zum Selbstsein aufruft.

Im Unterschied zu Barth und in Übereinstimmung mit Brunners Frühwerk spricht Gogarten von der »Möglichkeit, Gott mit seinem ganzen Wesen zu entsprechen« (Annahme der eigenen Endlichkeit bzw. Angewiesenheit durch »Ver-ant-wortung«), und von der Möglichkeit, »sich ihm zu versagen« (Leugnung der eigenen Endlichkeit bzw. Angewiesenheit durch »Selbstmächtigkeit«)[320]. Prototyp der Sünde ist die Gesetzesfrömmigkeit des Pharisäers als der Versuch, alles dem eigenen Ich zu unterwerfen, statt dem Evangelium Christi gemäß alles zur Antwort an das Wort Gottes zu machen[321]. Um ihrem Gesetz Genüge zu leisten, führen die Pharisäer Jesus zur Kreuzigung; aber sie können sein »Selbst« (seine Beziehung zum Du) nicht töten[322]. Das Ich des Gekreuzigten bleibt unbedingtes Beim-Anderen(Du)-Sein.

[317] »In Frontstellung gegen den Idealismus kehrt Gogarten die Formel Subjekt-Objekt um in Objekt-Subjekt. Das ist offensichtlich überspitzt. Gemeint ist überhaupt nicht ein Verhältnis zwischen Subjekt und Objekt, sondern eine Begegnung zwischen Subjekt und Objekt. Aber in dieser Begegnung ist das Ich zweite, vom Du bestimmte Person. Es ist in dem Sinne vom Du ›gesetzt‹, daß erst gegenüber dem Du das Ich zum aktuellen Verhalten und damit zum aktuellen Ichsein kommt.« (B. Langemeyer, Der Dialogische Personalismus, 149).

[318] Ich glaube an den dreieinigen Gott, 57.

[319] Ebd. 101.

[320] Vgl. Wirklichkeit des Glaubens, 57; Die Verkündigung Jesu Christi, 481.

[321] Die dialogische Gottesbeziehung, auf die Gogarten seine Christologie und Anthropologie stützt, wird von H. U. v. Balthasar (Die Gottesfrage des heutigen Menschen, 109) als »die Form der natürlichen Religion des modernen Menschen« bezeichnet. Gogarten darf als Systematiker der Bultmannschen Entmythologisierung gelten, weil er den Gehalt der christlichen Offenbarung auf ein personales Verhältnis zwischen Gott und Mensch reduziert und unter Anwendung der existentialen Interpretation die Heilsgeschichte als eine Reihe mythischer Bilder (vgl. Entmythologisierung und Kirche, 41–88) deutet, »die zeitgemäß und darum auch zeitgebunden das veranschaulichen, was von der menschlichen Existenz je und je gegolten hat, heute gilt und immer gelten wird« (Ich glaube an den dreieinigen Gott, 101).

[322] Vgl. Die Verkündigung Jesu Christi, 215–231; Was ist Christentum, 19–37.

c) Die »Selbst«-Werdung des Ich (der Verantwortung) »an der Stelle« des Du (der Angewiesenheit)

Die »Selbst-losigkeit« des »Selbst« Jesu Christi nennt Gogarten »Stellvertretung«. Sie ist für ihn ein rein »personales Geschehen«[323], das jedes »supranaturalistische« Verständnis einer irgendwie dinglichen Übertragbarkeit von Schuld, Strafe, Fluch oder Gehorsam von vornherein ausschließt[324]. Allerdings ist Christus als Stellvertreter »nicht nur ein Vorbild. Wäre er nur das, so stünde unsre Menschlichkeit doch wieder auf unseren eigenen Kräften ... Die Menschlichkeit, die in Jesus Christus der Welt in unerschöpflicher Fülle geschenkt ist, können wir durch kein Tun verwirklichen, wir können sie nur im Empfangen haben, indem wir uns ihm erschließen und uns zu ihm wenden und uns so, nach den nur Paulus möglichen Worten, mit aufgedecktem Angesicht in des Herrn Klarheit spiegeln und in dasselbe Bild von einer Klarheit zu der anderen verklärt werden, als vom Herrn, der der Geist ist (2 Kor 3,18)«[325]. Die Begegnung mit dem Gekreuzigten bedeutet für Saulus »die radikale Preisgabe seiner Gesetzesfrömmigkeit und insofern den ›Tod‹ des auf das Gesetz und seine Erfüllung vertrauenden frommen Juden«[326]. Aber die Begegnung mit dem Gekreuzigten ist zugleich Begegnung mit dem Auferstandenen. Denn indem Paulus das vernichtende Urteil des Gekreuzigten über die Selbstherrlichkeit seiner Gesetzesfrömmigkeit annimmt, erfährt er im Kreuz das befreiende Leben der Auferstehung[327].

In der Regel erfolgt die Begegnung des Menschen mit dem gekreuzigten Stellvertreter (mit dem ganz beim Du seienden Ich) nicht durch ein Damaskus-Erlebnis, sondern durch die Verkündigung der Kirche[328], d.h. durch alle, die »das Prinzip der Sohnschaft«[329]leben, die in bleibender *Angewiesenheit* auf Jesu Sieg über das Gesetz zu *Antwortenden* bzw. »*Verantwortlichen*« werden.

Die »dynamische Identität« von Angewiesenheit und Verantwortung nennt Gogarten das »Geschehen der Stellvertretung«[330]. Die Stellvertre-

[323] Was ist Christentum, 27.
[324] Vgl. R. Weth, Gott in Jesus, 264.
[325] Die Verkündigung Jesu Christi, 527.
[326] Ebd. 223.
[327] Tod und Auferstehung werden zur existentiellen Entscheidung des Menschen, der Christus begegnet. Vgl. Die Verkündigung Jesu Christi, 346; Jesus Christus, 60–73.
[328] Im Sinne Bultmanns versteht Gogarten alle Verkündigung (Kerygma) als existentielle Antwort des Verkündigers an das Wort, das Jesus Christus selbst ist. Dazu: Jesus Christus, 73–91.
[329] Vgl. Der Mensch, 333; Verhängnis und Hoffnung, 74; Gehören und Verantworten, 276–278.
[330] »Dieser Erstgeborene unter vielen Brüdern bleibt als der Mündige zugleich der Sohn. Glaube und Geschichte, Gnade und Freiheit, Angewiesenheit und Verantwortung sind beieinander in dem, was Gogarten mit dem Wort ›Sohn‹ denkt. Ein Verhältnis zwischen Personen, eine Beziehung zwischen Du und Ich, ist immer doppelt bestimmt: Als Angewiesenheit (wie ich zu einem sagen kann: ich brauche dich) und zugleich als Selbständigkeit (ich brauche nicht nur dich, sondern eine Welt, die ich verantworte). Nur als ein Selbständiger kann ich ein Angewiesener sein, der nichts aus sich selbst ist. Wer einem gehören will, muß etwas sein, kein Ding und kein Sklave, sondern eben: Person.« (D. Sölle, Friedrich Gogarten, 294).

tung des Erlösers bedeutet: Christus weiß sich so vollkommen vom Vater geliebt, daß er im Vertrauen (= Angewiesenheit) auf dieses Bejahtsein ebenso vollkommen den Anderen annehmen kann (= Verantwortung). Den Anderen *ganz* annehmen aber heißt: nichts für sich zurückbehalten, auch nicht das »Sich-selbst-geben-Können« als solches. Als Stellvertreter vermittelt Christus seine Sohnschaft (sein Sich-Geben) an das Du des von ihm vertretenen Sünders; denn er befähigt ihn, durch ihn und mit ihm und in ihm (= Angewiesenheit) seinerseits »ein Ich zu werden, das beim Du ist« (= Verantwortung): ein »inklusiver Stellvertreter«. Nach Gogarten wäre Jesu Stellvertretung bloßer Ersatz, wenn der von ihm vertretene Sünder nicht seinerseits befähigt würde, seinen Nächsten zu vertreten, das heißt: in bleibender Angewiesenheit auf die Stellvertretung des Gekreuzigten Verantwortung an Stelle bzw. für die Stelle des Mitmenschen zu tragen.

Das Du des Nächsten übernimmt bei Gogarten die Rolle des Bultmannschen Kerygmas. Es vergegenwärtigt das Ich des gekreuzigten und auferstandenen Stellvertreters, der *ganz* beim Du ist – allerdings nicht nur im Sinne eines »Katalysators« unserer Eigentlichkeit; denn das Du des Nächsten löst nicht nur etwas aus, sondern *ist* als »Du« die eigentliche Stelle des »Ich«, *ist* als solches die Befreiung des Ich zu sich selbst. Nur wenn das Ich wirklich »an der Stelle« des Du ist, hört es auf, in sich und aus sich »ein Selbst« sein zu wollen. Nur »an der Stelle« des Du ist das Ich es selbst und deshalb auch befähigt, »Stelle« der Identität (des Selbst-Seins) des Anderen zu sein.

Jesus Christus offenbart sich als Sohn Gottes, indem er *ganz* »an der Stelle« des menschlichen Du ist[331] und so auch dieses Du *ganz* befähigt, »Stelle« der Identität des Anderen (des »nächsten« Ich) zu sein. Dennoch versteht Gogarten den Erlöser nicht nur als Anfang einer langen Kette erlöster (»an der Stelle« des Du seiender) »Iche«. Für ihn ist Christus überhaupt nicht räumlich oder zeitlich zu fixieren. Seine Menschwerdung, sein Kreuz und seine Auferstehung bedeuten die reale Inkarnation des »Sohnes« (des ganz beim Du seienden Ich) in die zwischenmenschlichen Verhältnisse. Das heißt, Christus ist nicht nur Initiator eines Geschehens; er *ist* das Geschehen der Stellvertretung als solches; er *ist* die dynamische Identität von Angewiesenheit und Verantwortung. Wo immer ein Ich »an der Stelle« des Du ist, da ist Jesus Christus zwar nicht das Du des anderen Menschen (des Nächsten) als solches, wohl aber das Geschehen der Stellvertretung, das es dem Ich ermöglicht, »an der Stelle« des Du »es selbst« zu sein bzw. zu werden.

Durch die Unterscheidung zwischen dem Du des Nächsten und dem Geschehen der Stellvertretung vermeidet Gogarten eine völlige Gleichsetzung Christi mit dem Mitmenschen. Dennoch trennt ihn lediglich ein winziger Schritt von Dorothee Sölle, die das Ereignis der Stellvertretung Christi als Selbstoffenbarung des Gottes beschreibt, der nichts mehr »an und für sich«, sondern »nur« noch »Stelle des Anderen« ist.

331 Vgl. Jesus Christus, 190–207.

5. Dorothee Sölle: Stellvertretung als »Identität in der Nicht-Identität«

a) Identität als Relation

Dorothee Sölle hat Gogarten und Bultmann als ihre Lehrer bezeichnet und sich oft auch auf Bonhoeffer berufen. Aber zusammen mit Ernst Käsemann und Herbert Braun wirft sie Bultmann eine willkürliche Beschränkung der Entmythologisierung vor. Sie bezeichnet das sogenannte »Kerygma« als eine »Summe von unkritisierbaren, unhinterfragbaren Lehrsätzen«, als einen ideologischen Überbau, »der auf die Praxis des Lebens, auf die Situation, auf die Fragen nicht mehr bezogen ist«[332]. Und auch Gogarten ist ihr nicht konsequent genug, wenn er zwischen Säkularisierung (Verantwortung für die Welt durch »Freiheit für Gott«) und Säkularismus (Identifizierung der »Freiheit für Gott« mit der Verantwortung für die Welt) unterscheidet[333].

Was Karl Barth als das »Anderssein« Gottes beschreibt, ist nach Sölle eine Projektion zwischenmenschlicher Entfremdung auf das Verhältnis zu Gott. Sie bezeichnet den Satz »Gott ist nicht« ebenso wie den Satz »Gott ist« als Verdinglichung, in der Gott als bloße »Richtigkeit« instrumentalisiert wird[334]. Hegel, so bemerkt sie, hat das Anderssein Gottes ungleich tiefer erfaßt als Barth, weil er das Absolute nicht in die Formel eines Dogmas faßt, sondern es als fortschreitende Negation der Negation, als je neue Aufhebung des Andersseins (des Nichtidentischen) in eine höhere Identität, erklärt[335]. Die »Barthianer« beschreiben das Anderssein Gottes als »Unabhängigkeit« und erheben etwas zum Maßstab der Größe und Vollkommenheit, das in den Augen Dorothee Sölles nur Verachtung verdient. Denn – so ihr Vorwurf – »sie schämen sich nicht, Unangewiesenheit und Unbedürftigkeit als in irgendeinem Sinne ›göttlich‹ zu preisen, obwohl gerade hier die Projektion des Kapitalisten ... mit Händen zu greifen ist«[336].

Der unangewiesene und unbedürftige Gott der Kapitalisten entspricht geistesgeschichtlich dem »Projektionsgott« der Metaphysik und damit der ersten Stufe einer dreiphasigen Entwicklung des Gottesbildes. So unterscheidet Sölle ein kindhaftes Stadium religiöser Unmittelbarkeit zu einem allmächtigen und allwissenden Gott, ein pubertäres Stadium des Schmerzes über den Tod dieses Gottes und ein Stadium der Mündigkeit, der Auferstehung Gottes »im Bewußtsein des zu sich selbst kommenden Menschen«[337]. Sie spricht von einer nicht umkehrbaren Entwicklung, deren entscheidender Schritt die Vernichtung des »Gottespositivismus« durch die Aufklärung war. Den Theismus vorausliegender Jahrhunderte

332 Politische Theologie, 31f.
333 Vgl. Atheistisch an Gott glauben, 52–54.
334 Vgl. Das Evangelium als Inspiration, 74.
335 Vgl. Atheistisch an Gott glauben, 58f.
336 Christus oder Prometheus, 708.
337 Atheistisch an Gott glauben, 57. – Dazu vgl. Gott denken, 223–237.

bewertet sie als geschichtlich verständliche, aber doch illusionäre Projektion hilfsbedürftiger Menschen. Sie beruft sich auf die Religionskritik von Feuerbach und Marx und interpretiert Hegels Wort vom Tode Gottes als Symptom für den Verlust jeder vermeintlich unmittelbaren Gotteserfahrung[338]. Bei Ferdinand Ebner findet sie eine geeignete Definition ihres »christlichen A-Theismus«, nämlich: »Gott und das Göttliche zu leben«, statt es zu denken[339]. Der umfassendste Versuch, diese Definition systematisch zu erklären, ist ihr viel diskutiertes Frühwerk (1965) mit dem Titel »Stellvertretung. Ein Kapitel Theologie nach dem ›Tode Gottes‹«.

Offensichtlich von Ernst Bloch inspiriert, beginnt Sölle ihre Untersuchung mit der mannigfach dokumentierten Beobachtung, daß jeder Mensch ein tiefes Verlangen nach Identität hat, dieses aber aus eigener Kraft nicht erfüllen kann. Sie erklärt den Begriff »Identität« als Unersetzlichkeit (Einmaligkeit) bzw. Personalität und versteht das Personsein ähnlich wie Emil Brunner in seinem Spätwerk als reine Relation. Der ontologische Grund einer Person, so schreibt sie, ist nicht eine substantielle Gottähnlichkeit der »Seele«. »Im Anfang war vielmehr die Relation! Unersetzlichkeit setzt ein In-Beziehung-Stehen voraus. Der Mensch kann nicht autark gedacht werden. Identität wird nicht selbständig verwirklicht, als sei sie dem Individuum als solchem verfügbar oder erreichbar. Niemand kann sich selbst zu einem Unersetzlichen machen.«[340]

Sölle erinnert an den Ursprung des Wortes »Person«, an die Maske des Rollenträgers in einem antiken Schauspiel. Eine Rolle (Maske) kann zwar von verschiedenen Personen gespielt werden; die Rolle ist austauschbar; aber das Ich hinter der Maske ist unersetzlich. Jeder Schauspieler spielt seine Rolle einmalig. Das Eigentliche der Person verbirgt sich hinter der Rolle (Maske). In der noch bei Calderon und Hofmannsthal lebendigen Vorstellung vom großen Welttheater (theatrum mundi), dessen Regisseur Gott selber ist, geht das »Ich« zwar empirisch in seiner Rolle auf. Aber im Gedächtnis Gottes wird es sehr wohl von seiner Maske unterschieden. Denn nur hinsichtlich seines »unveräußerlichen Kerns – traditionell christlich geredet: nur hinsichtlich der ›Seele‹ – ist der einzelne unersetzlich. Gott beurteilt ihn nicht nach der Art eines unwissenden, ungebildeten Zuschauers, oder danach, welche Rolle er spielt; weder der soziale noch auch der moralische Status der Rolle gibt den Ausschlag, denn Gott, der Spielleiter, fragt nur rollenimmanent, ob der einzelne die Möglichkeiten der Rolle

338 Dazu: H. Gollwitzer, Von der Stellvertretung Gottes, 10–27; W.-D. Marsch, Logik des Kreuzes, 57–82; H. Küng, Menschwerdung Gottes, 207–222; W. Kern, A-theistisches Christentum?, 143–171; ders., Tod Gottes und technisches Zeitalter. 219–229; S. Loersch, Die Theologie Dorothee Sölles, 1–17. 188–208.

339 Das Recht ein anderer zu werden, 56. – Von Martin Buber übernimmt Sölle die These, die größte Gefahr des Menschen bestehe »darin, daß wir aus Ich-Du-Beziehungen herausfallen und sie zu Ich-Es-Beziehungen verdinglichen« (Gott denken, 239).

340 Stellvertretung, 34.

ausgespielt oder vertan habe. Er fragt nur danach, wie sich die Seele im Gewande der jeweiligen Rolle hält und bewährt«[341]. In diesem *theatrum mundi* ist der einzelne Akteur vertretbar, aber nicht ersetzbar; er wird vertreten, *weil* er nicht ersetzt werden kann. Von Gott, dem Regisseur, her gesehen, tritt immer wieder ein Spieler an die Stelle eines anderen; aber diese »Stellvertretung« ist geradezu das Gegenteil von »Ersatz«. Denn von Gott, dem Regisseur des *theatrum mundi*, her gesehen ist z. B. eine Frau, die an die Stelle einer verstorbenen Mutter tritt, zwar Stellvertreterin, aber nicht Ersatzmutter[342]. Erst wo die Identität des einzelnen Akteurs nicht mehr relational (personal) als von Gott verliehene verstanden wird, verliert sie den ihr innewohnenden Charakter der Einmaligkeit und wird deshalb ersetzbar.

Nach Sölle ist der Verlust einer vermeintlich jedem Menschen von Gott verliehenen Unersetzlichkeit die schmerzlichste Folge der Zerstörung des metaphysischen Weltbildes. Der seiner theologisch definierten Identität beraubte Mensch flieht in den Versuch, die Funktion des Regisseurs selbst zu übernehmen und also nicht nur Spieler, sondern auch Schöpfer der eigenen Rolle zu werden[343]. Er will seine Identität nicht mehr empfangen, sondern leisten. Aber eine geleistete Unersetzlichkeit kann nur Schein sein. Denn jede Leistung – so beweist es tagtäglich die Welt der Arbeit – ist austauschbar bzw. ersetzbar. Sölle verweist auf die Entwicklung einer arbeitsteiligen Industriegesellschaft, in der sich der einzelne möglichst reibungslos in ein Funktionsgefüge integrieren soll, in der immer weniger zählt, wer was tut, in der es unerheblich wird, ob *ich* oder ein anderer diese oder jene Tätigkeit verrichtet. »Wer kündigt oder stirbt, wird unmittelbar ersetzt, auch der sogenannte unersetzliche Mitarbeiter.«[344] Ein Manager, der meint, er könne sich auf Grund seiner »Unersetzlichkeit« keinen Urlaub leisten, hat in Wahrheit Angst vor dem Beweis der Ersetzbarkeit seiner Leistung, und zwar »Todesangst«, weil er außerhalb dieser Leistung buchstäblich »nichts« zu sein glaubt[345].

[341] Ebd. 25.

[342] Wer die Mutter ersetzt, behandelt sie als tot, indem er sie verdrängt oder vergessen macht; wer sie vertritt, respektiert ihre Einmaligkeit, erinnert sie und eröffnet ihr Zukunft. Vgl. ebd. 20f.

[343] Vgl. ebd. 34.

[344] Ebd. 42.

[345] Wo jemand sich für unvertretbar hält, »da gibt es nur zwei Möglichkeiten: Tod oder Leben, Ersetztwerden oder Unersetzlichsein. Zwischen diesem Tod und arbeitswütiger Gesundheit – zwischen ersetzt und unersetzlich, zwischen perfektem Ende und perfektem Dasein – gibt es hier kein Drittes, keine Vermittlung. Man denkt alternativ, perfektionistisch und darum unlebendig. Denn eben Leben kommt so schlaflos und perfekt nicht vor, es gehört vielmehr gerade dazu, mal nicht da, mal müde, unfähig, unmündig oder krank zu sein ... Der ›unersetzliche Mitarbeiter‹ ist das ideologische Korrelat zu einer Welt, in der tatsächlich alles ersetzbar ist« (Stellvertretung, 43f).

b) Stellvertretung als Gegenteil von »Ersatz«

Sölle zeigt, daß ein von Funktionen geprägter Alltag das Wort »Stellvertretung« auf doppelte Weise verdrängt hat: durch die ziemlich häufige Verwendung des Wortes »Ersatz« (»le ersatz« – eines »der wenigen deutschen Fremdwörter, die im 20. Jahrhundert in Frankreich Aufnahme fanden, weil ein französisches Äquivalent fehlte«); und durch unsachgemäße Übertragung des Terminus »Stellvertretung« auf die unzähligen Gestalten austauschbarer (ersetzbarer) Funktionen und Funktionäre[346]. Sie demonstriert an vielen Beispielen, daß man in der Sprache der Juristen, Soziologen und Psychologen unbedenklich von Stellvertretung spricht, wo es »eigentlich« Ersatz heißen müßte, daß diese mangelnde Unterscheidung aber im christlichen Glaubensverständnis zu unauflöslichen Widersprüchen führt, weil der Christ seine unersetzliche Einmaligkeit nicht mit seiner Unvertretbarkeit, sondern mit dem »Stellvertreter« Jesus Christus begründet. Die christliche Theologie zwingt zu der Unterscheidung zwischen »tatsächlicher Verwendung« und »eigentlicher Bedeutung« des Stellvertretungsbegriffs.

Allerdings will Dorothee Sölle die »eigentliche« Bedeutung nicht aus den Denkweisen einer fernen Vergangenheit, nicht z. B. aus der exegetisch eruierbaren Sozialgeschichte Israels oder aus Interpretamenten der christlichen Dogmengeschichte, sondern aus jedermann zugänglichen Erfahrungen der Alltagswelt eruieren. Nur auf diesem Wege sieht sie die Chance eines Brückenschlags zwischen dem gegenwärtigen Alltag der breiten Mehrheit aller Menschen und der Mitte des Christusereignisses. Sie verzichtet auf Christustitel, die wie die Bezeichnungen »König« und »Herr« mit bestimmten Bildern und Vorstellungen der Vergangenheit besetzt bleiben. Doch der von ähnlichen Fixierungen verschonte Titel »Stellvertreter« kann – das will sie beweisen – von juridischen Verfremdungen »gereinigt« werden und bietet dann die Chance, Christus als zugleich kritische und befreiende Instanz in die Phänomene unseres Alltags zu tragen. Um die »eigentliche Bedeutung« des Stellvertretungsbegriffs zu eruieren, analysiert Sölle Erfahrungen aus der Welt des Kampfes, der Arbeitswelt, der Erziehung und des Märchens.

Die Welt des Kampfes erscheint als »historische Reminiszenz«. Wenn Schiller eine Kampfessituation besingt, in der ein Mann »noch was wert« ist, dann wird alle Stellvertretung bewußt ausgeschaltet, dann wird die

[346] »Auch wo dies nicht so eindeutig geschieht, weist doch ein veränderter Sprachgebrauch auf ein sich veränderndes Bewußtsein hin: der im Krieg geläufige Ausdruck ›Ersatzmann‹ verdrängt das frühere Wort ›Stellvertreter‹. Dem korrespondiert eine Sprachentwicklung, die den Vertreter von der persönlichen Beziehung auf den Vertretenen mehr und mehr ablöst. Wer einst den Chef, später die Firma vertrat, vertritt heute den Verkaufsartikel. In der Berufsbezeichnung ›Vertreter‹ ist der ältere, hier bedachte Wortsinnn des Stellvertreters ganz abhanden gekommen. Eines der wenigen deutschen Fremdwörter, die im 20. Jahrhundert in Frankreich Aufnahme fanden, weil ein französisches Aquivalent fehlte, ist ›le ersatz‹, eine für die Franzosen verdächtige und durchaus deutsche Angelegenheit.« (Ebd. 18).

Beziehung zum anderen unvermittelt gelebt: »als Unterwerfung, erzwungene Anerkennung, Haß oder Liebe, Feindschaft oder Gemeinschaft«[347]. Ganz anders die heute allgegenwärtige Situation der Arbeit: Während das Modell »Kampf« ohne Arbeitsteilung gedacht ist und die Autarkie verherrlicht, verhalten sich die Dinge für einen Arbeiter eher umgekehrt: An die Stelle heroischer Autarkie treten »An-gewiesenheit« und »Ver-antwortung«, die einander bedingen. Der Arbeitende ist seiner Identität (Unersetzlichkeit) nicht gewiß. Nur indem er sich von seinen Kollegen bejaht weiß (Angewiesenheit), ist er mehr als eine austauschbare Funktion oder Leistung; und nur indem er dieses Bejahtsein nicht »für sich« behält, sondern »be-antwortet« (Ver-antwortung), bleibt er »er selbst«[348].

Weil kein Mensch die eigene Identität verdienen, kaufen oder leisten kann, bedarf er einer Stellvertretung, wie sie sich – fernab von jeder Art des Ersatzes oder der Verdrängung – zum Beispiel in der Märchenliteratur zeigt. »Ein anderer, oft ist es ein Tier, oft auch ein verwunschener Mensch, tritt handelnd an die Stelle des Märchenhelden, der selber nichts tun kann« und der in vielen Fällen durch eigenes Verschulden in eine Lage geraten ist, aus der er sich nicht selbst befreien kann. »Erschöpft und verzweifelt, von der Hoffnungslosigkeit seiner Lage überzeugt, schläft er ein« oder wird auf andere Weise in einen Zustand der Wehr- und Hilflosigkeit versetzt, »während ein anderer für ihn um sein Leben läuft oder baut oder sucht«[349]. Die Stellvertretung geschieht zugunsten des Angewiesenen. Dieser wird nicht gänzlich und endgültig, sondern vorläufig vertreten. Die Stellvertretung will ihm seine Zukunft offenhalten. »Indem der Fuchs den schlafenden Dummling vertritt, hält er ihm seine Stelle offen. ›Stelle‹ bedeutet hier so viel wie Leben –, und es käme dem Vertreter nie in den Sinn, den erworbenen Lohn, etwa die gewonnene Königstochter, nun für sich in Anspruch zu nehmen, weil er wirklich ›im Namen‹ des anderen und nicht in seinem eigenen handelt.«[350]

Ähnlich beschreibt Sölle die Stellvertretung eines Lehrers, der nicht nur Vorbild und Vermittler geistiger Güter, sondern gleichsam sich selbst erübrigender »Vorläufer« ist. »Er sorgt im Vorläufigen seines Tuns dafür, daß die Chancen des Schülers, die jetzt nicht wahrgenommen werden können, nicht verschüttet werden. Er gewährt Aufschub, den der Wachsende braucht. Er hält ihm also ›seine Stelle‹ offen. Der pädagogische Vollzug kommt ans Ziel, indem der Lernende selber Identität gewonnen hat, indem er ›seine Stelle‹ findet. Ein Lehrer, der sich nicht selber erübrigt, der sich nicht aufhebt und überflüssig macht, ist ein schlechter Lehrer.«[351]

[347] Ebd. 55.
[348] Vgl. ebd. 56f.
[349] Ebd. 50.
[350] Ebd. 51.
[351] Ebd. 132.

Als Kriterium erzieherischer Stellvertretung nennt Sölle die Strafe. Die Sühnetheorie sagt, daß die personale Verantwortung und damit die Ehre eines Pönitenten mißachtet wird, wenn er nicht seiner Verschuldung entsprechend bestraft wird. Die Resozialisierungstheorie dagegen will nicht das Symptom (die Straftat), sondern die Ursache der gestörten Beziehung des Straffälligen zu der ihn umgebenden Gesellschaft kurieren. Beide Theorien – so Sölle – müssen von einem Lehrer, der als Strafender Stellvertreter sein will, einer Synthese zugeführt werden. Strafe kann nur dann Stellvertretung sein, wenn der Strafende sich so mit dem Bestraften identifiziert, daß er selber nicht weniger als dieser leidet. »Der Pädagoge muß ebensoviel aufwenden – etwa an verlorener Zeit bei einem Nachsitzen – wie der Schüler. Strafe ist hier also nicht das, was von seiten eines Subjekts über ein Objekt verhängt wird, sondern sie ist ein die Person betreffender Vollzug.«[352] Sie ist ein Appell an die personale Verantwortung des Pönitenten, aber zugleich auch ein »Selbst-einsatz« des Lehrers, der dem Schüler die Zukunft, seine »Stelle« in der Klasse bzw. seine Verbindung mit den anderen, offenhält bzw. neu ermöglicht.

Sölle nennt zwei Grundvoraussetzungen[353] für jede Form von nicht ersetzender Stellvertretung: a) Die Personalität des Vertretenden und des Vertretenen; und b) das In-der-Zeit-Sein bzw. die Dialektik von Angewiesensein und Verantwortung. Alles, was an jemand ersetzlich ist, ist nicht personhaft. Alles, was nur Funktion oder Sache ist, bedarf keiner Beziehung zu einem Du oder Wir; es ist gewissermaßen autark und gerade darum Objekt und nicht Subjekt, ersetzbar und nicht vertretbar. Personalität (Unersetzlichkeit) impliziert eine Art von Nichtperfektion, weil sie nur in der Zeit, nur in der Dialektik von Angewiesenheit und Verantwortung, denkbar ist. Wer keine Zeit mehr hat, wird ersetzt. Jeder »Mensch, der sich unvertretbar vorkommt, ist zugleich ein Zeitloser, dem Horizont der Zeitlichkeit Entfremdeter, darin dem ersetzbaren Ding vergleichbar«[354]. Gemeint ist nicht Zeit im nur physikalischen Sinn, sondern offene Zeit, Hoffnung als Offenhalten der Zukunft. Auf dem Weg zur eigenen Identität ist Zeit nicht nur lästige Bedingung, sondern Geschenk, das jede Person in passiver Stellvertretung (Angewiesensein) empfangen und in aktiver Stellvertretung (Verantwortung) geben kann.

Im Rahmen der Interpretation zweier literarischer Texte erklärt Sölle das Phänomen »Stellvertretung« als »Dialektik der Liebe«[355]. Wenn Max Frisch einen jungen Andorraner schildert, den irrtümlich alle für einen Juden halten und entsprechend behandeln, beschreibt er nach Sölle eine

[352] Ebd. 136.
[353] Vgl. ebd. 60.
[354] Ebd. 59.
[355] Vgl. Atheistisch an Gott glauben, 26–36. – Sölle bezieht sich auf: M. Frisch, Tagebuch 1946–1949, Frankfurt 1950, 35–37; B. Brecht, Kalendergeschichten, Berlin 1946, 166.

Perversion von Stellvertretung. Der »Andorranische Jude« darf und kann nicht er selbst werden, sondern wird manipuliert von dem Bild, das die anderen ihm überstülpen. »Demgegenüber bedeutet Lieben sich kein Bild machen. Wer liebt, der stellt sich dem unauflösbaren Rätsel des anderen, der läßt die Wirklichkeit eines Nichtbekannten, Unerfaßten und Unerfaßbaren stehen.«[356] Denn ein übergestülptes Bild entpersonalisiert den anderen auch dann, wenn es äußerst positiv ist. Es legt den anderen in jedem Fall fest, es stiehlt ihm seine Zukunft, indem es sie besetzt. Sölle erinnert an Kierkegaards Wort, daß wir mit den Menschen, die wir lieben, »nie fertig werden«, daß »Lieben heißt, in eine unendliche Schuld zu kommen«[357]. Nicht verdrängende, ersetzende oder manipulierende Stellvertretung läßt dem anderen Zeit, »nicht chronologisch abrollende, sondern Veränderung erlaubende«[358] Zeit. Aber, so fragt Sölle, worin besteht diese Stellvertretung positiv, sofern es doch offensichtlich nicht genügt, sich kein Bild vom anderen zu machen bzw. ihn einfach sein zu lassen. Sie findet die Antwort in Bertolt Brechts Kalendergeschichte »Wenn Herr K. einen Menschen liebte«, genauer gesagt: in der Erklärung dieses Herrn K.: »Wenn ich einen Menschen liebe, mache ich einen Entwurf von ihm und sorge, daß er ihm ähnlich wird.«[359] Sölle erkennt in diesem Satz einen Weg zwischen festlegender Planung und bilderlosem Offenlassen. Wenn ich den anderen auf mein Bild von ihm festlege, degradiere ich ihn zu einem bloßen Objekt. Und umgekehrt: Wenn ich »den anderen ›nur‹ lasse, so ist er damit noch nichts weniger als frei, er verfällt vielmehr dem Sog der Verhältnisse«[360]. Ein »Entwurf« dagegen vermeidet diese Alternative. Das beste Beispiel ist Jesu Umgang mit »den anderen«: Er macht sich kein Bild, er legt niemanden auf seine Vergangenheit fest, er ißt mit den Zöllnern und Dirnen; aber er ist deshalb nicht ohne Anspruch an sie; er traut ihnen radikale Umkehr zu. Er ist zu dem reichen Jüngling alles andere als einfach »tolerant«; für dessen Leben hat er einen ganz bestimmten Entwurf. Aber wer einen Menschen selbstlos liebt, erträgt auch das Scheitern aller Entwürfe und praktiziert gerade so Stellvertretung im Sinne hoffender Liebe. Er läßt dem anderen Zeit, ganz mit sich identisch zu werden, ganz der zu werden, der er sein soll. Er »verabsolutiert weder die Vergangenheit, wie die Bildermacher tun, noch die vorausberechnete Zukunft, wie die perfekten Entwerfer«[361].

Beide Pole des Stellvertretungsverhältnisses sind untrennbar voneinander: Wenn der Vertretende sich absolut setzt, dann verkommt seine Stellvertretung zur Fixierung, Berechnung oder Ersetzung des Vertrete-

[356] Atheistisch an Gott glauben, 28.
[357] Vgl. ebd. 29 bzw. S. Kierkegaard, Leben und Walten der Liebe, Jena 1924, 196.
[358] Atheistisch an Gott glauben, 29.
[359] Vgl. ebd. 30.
[360] Ebd. 31.
[361] Ebd. 36.

nen. Und umgekehrt: Wenn der Vertretene sich unabhängig wähnt vom Entwurf des Stellvertreters, dann verliert er seine Zukunft und wird zum Opfer der bestehenden Verhältnisse.

c) Stellvertretung als »Selbstwerdung« Gottes im Menschen

Wer das Geschenk »eigentlicher« Stellvertretung erfährt, wird seinerseits zur Stellvertretung für andere befähigt; ja, er würde seine (wesentlich relationale) Identität verleugnen, wenn er sie »für sich« festhalten statt »für den Nächsten« entäußern würde. Jeder Mensch, der meint, seine Identität schon erlangt zu haben, verneint – so Sölle – seine Zeitlichkeit. Verantwortung, die nicht gleichzeitig Angewiesenheit ist, verkommt »zur manifesten Herrschaft einiger über andere«[362]; und Angewiesenheit, die nicht der eigenen Verantwortung dient, führt zur Entmündigung des Angewiesenen[363]. Fragt man nach der Identität der vertretenden und der vertretenen Person eines Stellvertretungsverhältnisses, so antwortet Dorothee Sölle, daß Stellvertretung reines Geschehen bzw. reine Beziehung (Relation) ist und also Identität nur *in* der Differenz ermöglicht. Sie beruft sich für diese These auf Hegel und hat deshalb die fast einhellige Kritik der Hegelspezialisten auf sich gezogen[364]. Denn während Hegel Differenz nur als *Weg zur* Identität kennzeichnet, spricht Sölle von einer »Identität *in* der Differenz«; während Hegel eine »Identität der Identität *und* Nichtidentität« beschreibt, vertritt Sölle eine Gleichsetzung von Differenz und Identität[365].

[362] Stellvertretung, 60.

[363] Vgl. ebd. 59–61.

[364] O. Reidinger (Antwort an Dorothee Sölle, bes. 22–30) macht Sölle eine gänzliche Verfälschung der biblischen Christologie zum Vorwurf, verteidigt aber ihre Hegelinterpretation gegen F. Wagner (Bemerkungen zu Dorothee Sölles Hegelinterpretation, 77–95). Nicht wie sie Hegel interpretiere, sondern daß sie Hegel zur Grundlage ihrer Theologie mache, sei zu beanstanden. Nach S. Loersch (Die Theologie Dorothee Sölles, 194–197) beruht Reidingers Wagner-Kritik auf dem Vergleich einzelner Zitate und auf der vorschnellen Konstruktion von Gemeinsamkeiten.

[365] »In dem Buch ›Stellvertretung‹ findet sich ›eine Interpretation Hegels, die, wird Hegel ernst genommen, gerade das Gegenteil dessen herausbringt, was D. Sölle eigentlich intendiert. Es geht um die These der ›Identität in der Nichtidentität‹« (F. Wagner, Bemerkungen zu Dorothee Sölles Hegelinterpretation, 88). Ein kurzer Ausflug in Hegels »Wissenschaft der Logik« genügt für die Erkenntnis, »daß die Identität, die als Identität in der Nichtidentität gefaßt wird, nicht an das intendierte Ziel gelangt, nämlich nicht zur Identität, sondern gerade zur Nichtidentität, zur Verschiedenheit ... D. Sölle versucht die ›idealistische‹ These von der Unersetzbarkeit des Menschen (Identität) mit der ›positivistischen‹ These von der generellen Ersetzbarkeit des Menschen (Nichtidentität) zu vermitteln. Aber schon die Interpretation der idealistischen These als Identität in der Nichtidentität ist von der positivistischen These angekränkelt: Wird Identität als Identität in der Nichtidentität streng gefaßt, so fällt Identität gerade der Verschiedenheit anheim. Dies zeigt sich schließlich überdeutlich, wenn die Suche nach Identität durch die nach Identifikation substituiert wird: Derjenige, der nach seiner Identität sucht, soll diese, da sie heutzutage wohl verloren zu sein scheint, als ein Produkt des Handelns doch noch ausgehändigt erhalten.« (Ebd. 91f).

Entsprechend deutet sie die Identität Christi nicht als substantielles »Für-sich-Sein«, sondern als das »Geschehen« seiner »Selbst-entäußerung« bzw. »Stell-vertretung«. Es »genügt ... nicht zu sagen: Gott ist einmal vor 2000 Jahren Mensch geworden, weil man auf diese Weise nur dogmatisch korrekt verfährt, die Menschen aber, die von der Inkarnation etwas haben sollten, wieder mit dem indes längst zum Himmel Emporgestiegenen allein läßt. Das Geheimnis des Evangeliums ist nicht diese auf Vergangenes bezogene Formel, daß Gott früher einmal Mensch geworden ist, sondern daß er immer wieder Mensch wird. Inkarnation ist kein einmaliger Vorgang, der um 30 nach Christus in Jerusalem abgeschlossen wurde; Inkarnation, wenn wir überhaupt wissen, was das bedeutet, geht weiter.«[366] Deshalb hat nur der die christliche Rede von der Menschwerdung Gottes verstanden, der sich z.B. bei jedem Kind, das er sieht, an das Kind von Bethlehem erinnert, der Gott also nicht in vergangenen Ereignissen, im Kult oder im Anstaunen des Universums sucht, sondern im Antlitz des anderen Menschen. Deshalb bedeuten Kreuz und Auferstehung, daß Christus sich von uns abhängig gemacht hat und daß er tot bleibt, wenn er nicht in unserer Liebe aufersteht, wenn wir ihn nicht »füreinander vertreten«[367].

Dorothee Sölle nennt Jesus den Stellvertreter Gottes vor den Menschen und den Stellvertreter der Menschen vor Gott, betont aber gleichzeitig, daß Gott nichts außerhalb seiner Inkarnation in die Selbsthingabe des Menschen Jesus ist. Sie sagt zwar einmal: »Gott hat sich nicht derart in die Geschichte vermittelt, daß nichts mehr von ihm ausstünde. Er spart etwas von sich auf ...; er hält etwas zurück von sich.«[368] Aber was ist dieses »Stück« göttlicher Substanz, wenn es Identität nur *in* der Differenz gibt? Oder anders gefragt: »Woher hat die Differenz zwischen Identität und Nicht-Identität ihre unendliche Spannkraft, doch nicht einfach aus sich selber?«[369] Und wenn alle Stellvertretung um der Identität der Vertretenen willen zeitlich begrenzt ist[370], wie ist dann das Ende der

[366] Das Recht ein anderer zu werden, 11.

[367] Artikel »Stellvertretung«, 1045.

[368] Atheistisch an Gott glauben, 73.

[369] D. Wiederkehr, Zum Buch von Dorothee Sölle: Stellvertretung, 46. – Vgl. auch: E. Schmalenberg, Jesu Passion als deprekatorischer Akt, 179–181.

[370] Mehrfach verbindet Sölle den abstrakten Gedanken einer »Identität *in* der Differenz« mit der These, daß alle »eigentliche« Stellvertretung zeitlich begrenzt ist, weil sich jeder »echte« Stellvertreter (z.B. ein Lehrer bezüglich seiner Schüler) irgendwann überflüssig macht. Diese Auffassung erst macht den Untertitel ihres Buches »Stellvertretung. Theologie nach dem Tode« Gottes verständlich: Der Tod Gottes währt solange, bis sich sein Stellvertreter überflüssig gemacht hat. Dazu bemerkt W. Pannenberg (Systematische Theologie II, 479): Die von Sölle entwickelte Vorstellung vorübergehender Stellvertretung bedeutet übertragen auf Jesus, daß er nicht nur »an die Stelle des *Menschen* getreten [ist], sondern ... mit seiner Botschaft und in seinem Wirken auch der Vertreter des abwesenden *Gottes* uns Menschen gegenüber [ist]. Nach dem Zeugnis der Evangelien hingegen ist Jesus *nicht* als *Vertreter* des abwesenden Gottes aufgetreten, sondern in seiner Botschaft und in seinem Wirken das kommende Reich des Vaters schon Gegenwart,

Stellvertretung Jesu Christi zu denken? Wie kann es überhaupt den vollendeten Zustand einer Identität aller Menschen geben, wenn es Identität nur *in* der Differenz gibt?

Bei Bonhoeffer und Gogarten ist Jesus Christus ganz der Mensch für andere, *weil* er ganz der Mensch für Gott ist. Sölle dagegen spielt Jesus gegen Gott aus[371], indem sie seine besondere Beziehung zum Vater als Emanzipation vom theistischen Gott interpretiert. Sie charakterisiert Erlösung als fortschreitenden Prozeß der Aufhebung Gottes in das Geschehen der Stellvertretung[372]. Dazu bemerkt Helmut Gollwitzer, daß ein Jesus, »der aus eigener Initiative dem so unerträglich auf sich warten lassenden Gott ... ›die Zukunft offen hält‹ und ... uns anregt, unseren Mitmenschen durch unser Verhalten ebenfalls die sinkende Lebenshoffnung zu stützen«[373], keineswegs einmalig im Sinne des neutestamentlichen »ein für allemal« ist. Im Gegenteil: Für Sölle ist Christi Stellvertretung eine »Chiffre«, die immer wieder »aufgeschlüsselt, entziffert und somit erübrigt werden«[374] muß. Denn jeder Mensch kann für den anderen Stellvertreter Gottes sein, wenn er wie Jesus nichts »für sich« behalten will, sondern radikales Für-Sein wird.

d) Stellvertretung als Identität in der Differenz

Dorothee Sölle bekennt ausdrücklich, daß ihre Hegelrezeption, ihre sozialanthropologischen Analysen und ihre vielen der Literatur entnommenen Beispiele gelebter Stellvertretung dem »Begräbnis« des theistischen Gottes dienen. Die religiöse Suche nach dem »Außerordentlichen« (nach dem »fascinosum et tremendum«) ist für sie ein zum Sterben verurteiltes Relikt des Kinderglaubens an den allwissenden Alleskönner. Aber sie fragt auch: Was heißt das schon, daß Gott tot ist, »wenn und solange noch etwas da ist, was uns unbedingt angeht«[375]? Dieses »Unbedingte« nennt sie die Liebe – nicht im Sinne einer transzendenten Trinität, sondern so, wie Hegel Liebe erklärt hat[376]: als zwischenmenschliche

gegenwartsbestimmende Macht. Jesus ist nicht der Vertreter des Vaters, sondern Mittler seiner Gegenwart, und entscheidend dafür ist seine Selbstunterscheidung vom Vater, durch die er sich als ›der Sohn‹ erwies – auch auf seinem Weg in den Tod.«

371 »D. Sölle geht ... nicht darauf ein, daß die von ihr betonte Freiheit nach Gogarten Freiheit *für* Gott ist; was in Gogartens dialektischer Position Freiheit *von* der Welt ist, ist bei ihr ›Freiheit von allen mythischen und politischen Mächten, von allen Heteronomien und Bevormundungen‹; Gogartens Warnung vor dem Säkularismus – wie der von ihm geprägte negative Gegenbegriff zu Säkularisierung heißt –, in dem die Freiheit von der Welt und damit die Freiheit für Gott nicht gesichert, der Mensch vielmehr der Welt verfallen und die Welt erst so ganz entchristlicht ist, wird von ihr nicht aufgenommen.« (S. Loersch, Die Theologie Dorothee Sölles, 15).

372 Vgl. Atheistisch an Gott glauben, 72–74.

373 H. Gollwitzer, Von der Stellvertretung Gottes, 109.

374 Stellvertretung, 154.

375 Ebd. 46. – Vgl. Gott denken, 226f.

376 Sölle (Stellvertretung, 36) beruft sich auf folgendes Zitat aus Hegels Religionsphilosophie:

Realität, die ihre Identität nur in der Nicht-Identität findet, die nur in der Verausgabung ihrer selbst sie selbst ist. Konkreter gesagt: Wo immer ein Mensch nicht wegen seiner Leistung oder wegen einer Begabung oder Funktion, sondern um seiner selbst willen geliebt wird, da wird er er selbst (mit sich identisch), weil er fähig wird, sein Ich nicht für sich selbst festzuhalten, sondern es für die anderen (für den Nächsten) zu entäußern (Identität in der Nicht-Identität). Nur in der nie ganz erreichten, sondern weiter zu vollendenden Sprengung des Teufelskreises von Angst, Selbstbehauptung und Rivalität, nur in einer zur Stellvertretung befähigenden Stellvertretung, sieht Sölle die Möglichkeit echter Gotteserfahrung. Nur »a-theistische Theologie« ist für sie Verkündigung des Jesus Christus, der sich selbst so mit Gott identifiziert hat, daß er Gottes Bedeutung bzw. Gottes Stellvertreter für uns wurde. Seit Christus verbietet sich jede privatistische Verinnerlichung und jede projizierende Verjenseitigung Gottes[377]. Seit Christus ist das Empfangen und Gewähren von Stellvertretung die einzige »Wirklichkeit« Gottes.

Weil Gott Stellvertretung *ist*, nennt Dorothee Sölle jeden Theismus nach Auschwitz zynisch und faßt ihren »a-theistischen Glauben« in das Bekenntnis: »Credo, non video: ich sehe die Ungerechtigkeit, die Zerstörung, das sinnlose Leiden – ich glaube die Gerechtigkeit, die kommende Befreiung, die Liebe, die in der Nacht des Kreuzes geschieht.«[378] Sie wirft der »traditionellen Soteriologie« von Anselm bis Moltmann vor, das Kreuz zum Kriterium und Konstitutivum der Liebe zu erklären. Ihre Gegenposition lautet: »Die Liebe ›bedarf‹ des Kreuzes nicht, aber de facto kommt sie ans Kreuz.« An die Stelle der »zynischen These« von einer Offenbarung der Liebe Gottes im Kreuz des Menschen Jesus von Nazareth setzt sie ihre Formel von der Identität (Liebe des Stellvertreters) in der Nichtidentität (am Kreuz). Doch die unvermeidbare Frage, worin sich der »a-theistische Gott«, der nur *im* Leid *(in* der Differenz) Liebe (Identität) ist, vom Leid (Kreuz) als solchem unterscheide, beant-

»Liebe ist ein Unterscheiden zweier, die doch füreinander schlechthin nicht unterschieden sind. Das Bewußtsein, Gefühl dieser Identität, dieses außer mir und in dem Anderen zu sein, ist die Liebe: ich habe mein Selbstbewußtsein nicht in mir, sondern im Andern, aber dies Andere ... hat sein Selbstbewußtsein nur in mir, und beide sind nur dies Bewußtsein ihres Außersichseins und ihrer Identität, dies Anschauen, dies Fühlen, dies Wissen der Einheit. Das ist die Liebe, und es ist ein leeres Reden, das Reden von der Liebe, ohne zu wissen, daß sie das Unterscheiden und das Aufheben des Unterschiedes ist.«

377 »Daß Gott sich in die Welt vermittelte, bedeutet nichts anderes, als daß seit Christus alle Unmittelbarkeit an ihr Ende gekommen ist. Gott erscheint nun in der Vermittlung, der Stellvertretung. Christus spielt Gottes Rolle in der Welt – nichts anderes bedeutet Inkarnation. Bei dieser Art von Vermittlung ist es freilich aus mit der Herrschaft, der Macht und allen königlichen Attributen Gottes. Der Gott vertretende Christus ist so in die Welt gekommen, daß seine Vertretung nun zur einzig möglichen Gotteserfahrung wird, einer nicht mehr im geläufigen Sinne religiösen Erfahrung, die im Erlebnis des Heiligen, des fascinosum und des tremendum gipfelte.« (Stellvertretung, 161).

378 Leiden, 193.

wortet Sölle nicht[379]. Sie erweckt zwar durch das Wort »Stellvertretung« den Eindruck, als gebe es immer schon einen Vorsprung der Identität vor der Nicht-Identität, einen Vorsprung der Liebe vor dem Leid. Aber mit ihrer antitheistischen These, der Stellvertreter sei nichts außerhalb seiner Beziehung zu dem von ihm Vertretenen, wird das Problem des Unterschieds zwischen der vertretenden Liebe (Identität) und dem vertretenen Leid (Differenz) nicht gelöst, sondern verschärft.

Sölle hat die jüngere Theologie ganz auf ihrer Seite, wenn sie angesichts einer leidenden und unerlösten Welt von einem Gott spricht, der als autarke Macht abgedankt hat. Aber wenn Gott nichts anderers als das Geschehen der Stellvertretung Christi und seiner Brüder und Schwestern ist, wenn es Identität nur *in* der Differenz gibt, fragen ihre Kritiker zu Recht, wohin denn das Geschehen der Stellvertretung führen soll. Auch als Geschenk von Zeit und Zukunft bleibt Stellvertretung ein sinnloses »Fortschreiten«, wenn sie keine Hoffnung auf eine vollendete Zukunft (Identität) eröffnet.[380] Deshalb lehnt Ulrich Hedinger die Söllesche Identifikation Gottes mit der zwischenmenschlichen Liebe (Stellvertretung) ab[381] und nennt Gott statt dessen »die Hoffnung«. Denn wenn Gott Hoffnung ist, bleibt »die Differenz zwischen dem Gott der Liebe in der jetzigen Weltzeit und dem Gott der verheißenen Erfüllung«[382] erhalten – eine Differenz, die für den leidenden Menschen immer wieder Grund und »Ort« eines vollends legitimen Klagens und Fragens ist. Hätte Sölle Gott Hoffnung genannt und so vom Geschehen der Stellvertretung unterschieden[383], so hätte sie erklären können, wie beides zugleich möglich ist: die Identität Gottes und sein reales Hintreten »an die Stelle« des Menschen. Da sie sich aber auf die angeblich

379 Ulrich Hedinger (Wider die Versöhnung Gottes mit dem Elend, 65) meint gar, daß die »A-theistin« Dorothee Sölle Abhängigkeit und Leiden mindestens ebenso »zum Zentralbegriff der Geschichte der Liebe« gemacht hat wie die von ihr zynisch genannten Theisten. Denn sie leugne »jegliche Nichtidentität Gottes mit dem menschlichen Elend« (ebd. 74f).

380 Vgl. H. Gollwitzer, Zum Gespräch mit Dorothee Sölle, 74–76; O. Reidinger, Antwort an Dorothee Sölle, 46f; D. Berdesinski, Die Praxis, 27.130[2].133[45]; U. Hedinger, Wider die Versöhnung Gottes mit dem Elend, 120–127.

381 D. Berdesinski (Die Praxis, 27.133[45]) beschreibt Sölles Zukunftsbegriff als dialektischen Prozeß, für den nicht Gott eine Verheißung in Aussicht stellt, sondern durch den der Mensch Verheißung bewirken muß, indem er den bestehenden Verhältnissen widerspricht. So erscheint Zukunft nicht als etwas auf den Menschen Zukommendes, sondern als etwas vom Menschen Bewirktes.

382 Ebd. 134.

383 Hedinger stellt Sölle vor die Alternative »Zukunft oder Paradox«; und Sölle antwortet ihm: »Es gibt keine Zukunft, wenn die Menschen, die sie erfahren können, im Leiden nur auf später warten, ohne reale Erfahrung ihrer Wahrheit, ihres Sinnes. Das Paradox – daß Gott uns liebt, auch dann, wenn nichts davon sichtbar ist – ist die subjektive Ermöglichung der Zukunft; gäbe es kein Paradox, so wäre die Zukunft nicht für alle, sondern nur für die dann noch übrigen Menschen von Interesse. Das Christentum hat sich im Paradox eine Denkfigur geschaffen, die die Stärke des jetzt Glaubenden und nicht die künftige Stärke Gottes, der sein Reich heraufführt, betont.« (Leiden, 202).

Hegel entlehnte Formel einer »Identität *in* der Differenz« stützt, hebt sie die wichtigste Voraussetzung aller Stellvertretung auf: den »Vorsprung« der Identität vor der Differenz, den Hedinger Hoffnung nennt.

§ 3 Stellvertretung als Prinzip der Heilsgeschichte

Indem Karl Barth mit dem Wort »Stellvertretung« das Verhältnis des dreieinigen Gottes zu Schöpfung und Geschichte beschreibt, rückt er es in das Zentrum seiner Dogmatik und veranlaßt viele Theologen, die auf seiner Arbeit aufbauen oder sich kritisch von ihr absetzen, zur Klärung des Stellvertretungsbegriffs. So wurde dieser Begriff zu einer Grundkategorie in allen protestantischen Theologien, die das Grundanliegen der Dialektischen Theologie (die Wahrung der absoluten Transzendenz Gottes) aufgreifen, zugleich aber nach einem Anknüpfungspunkt der göttlichen Offenbarung im Menschen fragen. Es lassen sich mühelos zwei Richtungen unterscheiden: auf der einen Seite die schon dargestellte (vom Dialogischen Personalismus und Existentialismus geprägte) Reihe der Theologen, die Stellvertretung als Personalität ermöglichende und Personen verbindende Relation beschreiben; auf der anderen Seite verschiedene Entwürfe, die Stellvertretung als Konstitutivum der Zeit (bzw. »Zu-kunft«) und also als Medium der Geschichte zwischen Gott und Mensch erklären.

Die zweite Richtung hat eine Art »Vorläufer« in Barths Freund Heinrich Vogel und wird repräsentiert von Paul Althaus, Oscar Cullmann, Wolfhart Pannenberg und Jürgen Moltmann.

1. Heinrich Vogel: Stellvertretung als paradoxe, aber in Christus geschichtlich reale Brücke zwischen Gott und Mensch

Im Unterschied zu Karl Barth will Heinrich Vogel nicht erst das durch Christus vermittelte Schöpfungs- und Versöhnungsverhalten Gottes, sondern schon das Verhältnis von göttlicher und menschlicher Natur in Christus als Stellvertretung beschreiben[384]. In immer neuen Wendungen betont er, daß die göttliche die menschliche Natur in Jesus Christus nicht ersetzt, sondern ihr im Sinne realer Stellvertretung »in-existiert«. Durch die Anwendung des Stellvertretungsbegriffs auf das Zueinander der beiden Naturen in Christus kann nach seiner Überzeugung die doketische Vorstellung vermieden werden, daß Christi menschliche Natur nur so etwas wie eine Larve des Gottessohnes war, daß also die Geschichte des Menschen Jesus (die »Stelle« der Sünde: Kreuz und Tod) gar nicht zur »Stelle« des Gottessohnes selbst wurde.

[384] Vgl. Gott in Christo II, 628; Christologie, 202.

Vogel beruft sich auf Luther, »der wie kein anderer die *Mensch*werdung Gottes im Geheimnis seiner *Fleisch*werdung zu erkennen lehrte«[385]. Dabei versteht er unter »Fleisch« die durch Sünde korrumpierte Menschheit, den Menschen in seinem selbstverschuldeten Widerspruch gegen Gott, gegen den Nächsten und gegen sich selbst[386]. Wenn Sünde immer die Zerstörung von »communio« ist, dann bleibt sie niemals nur das Signum des einzelnen Sünders, sondern wird zur »Stelle« der ganzen Menschheit. Dann gilt aber auch umgekehrt von der fleischgewordenen Liebe (communio), daß sie alle Sünder berührt, wenn sie auch nur einem einzigen Menschen »in-existiert«. Darin sieht Vogel das unableitbare Paradox der Stellvertretung, daß sie das, was *Abbruch jeder Beziehung* ist, die Sünde, in den *Anknüpfungspunkt* der Gnade verwandelt[387].

Weil Vogel »von unten«, von der Menschheit und dem sie kennzeichnenden Widerspruch der Sünde ausgeht, hat Karl Barth ihn in einem kritischen Schreiben vom 2. August 1950 zur Revision seiner Christologie aufgefordert. Er nennt Vogels Stellvertretungsbegriff ein subjektloses Prädikat, das wie ein Mythos über dem Abgrund zwischen Gott und dem Sünder schwebt[388]. Als Mythos bezeichnet er die Vermenschlichung Gottes oder die Vergöttlichung des Menschen. Deshalb bedeutet der Vorwurf eines »Stellvertretungs-Mythos«, daß sich Gott mit der Menschwerdung seines Sohnes entweder seiner Gottheit entäußert hat oder nur scheinbar Mensch geworden ist. Gegen diese Unterstellung hat Vogel sich mit dem Ruf gewehrt: »Wunder statt Mythos!«[389]. Für ihn ist

385 Christologie, 245.

386 Vgl. Gott in Christo II, 637–640.

387 Daß »Gottes Sohn, und in ihm Gott selbst, unserer dem Fluch unseres Widerspruchs verfallenen Existenz inexistent wird, daß er sie zu seiner Existenz macht, *das* ist der Widerspruch, den Gott selbst versöhnt« (Christologie, 203).

388 »Ach, Lieber, wenn ich Dir nun doch wenigstens darin folgen könnte! Aber ich kann es nicht. Weil ich nicht sehen kann, daß dieses Verfahren vom Neuen Testament (Joh 1; 2 Kor 5!) oder auch nur von Luther her wirklich gefordert und erlaubt sei. Weil ich nicht sehen kann, daß es Klarheit verbreitet! Weil mir dieser ganze erste Teil Deiner Christologie (gerade mit ihrem entscheidenden Begriff der ›Stellvertretung‹) vorkommt wie ein riesiges Prädikat, das subjektlos – fast hätte ich gesagt: wie ein Mythus! – über einem Abgrund hängt!« (Zit. nach: H. Deuser, Christologie im Widerspruch, 108[18]).

389 In Vogels Antwort (mit Datum vom 18. 8. 1950) heißt es: »Siehst Du nicht, daß meine Unterstreichungen hinsichtlich der leidenden und sterbenden, der versuchten und angefochtenen Menschheit dessen, der an unsere Stelle trat, von daher – eben allein von der Stellvertretung her – bestimmt sind? Meine an Dich gerichtete Gegenfrage konzentriert sich darauf, daß Du die Möglichkeit für das Leiden und Sterben und das Versucht- und Angefochtenwerden dieses Menschen in seiner Kreatürlichkeit als solcher suchst! Ich verkenne nicht, daß Du das paradoxe Mysterium der Stellvertretung in Deiner Exegese des Kreuzes anerkennst. Ich versuche aber, die incarnatio und das Kreuz wirklich und ganz unter dem einen, selben Vorzeichen zu verstehen, und das ist eben das der in dem Allmachtsakt des barmherzigen Gottes gründenden Stellvertretung. Du bist auf einer falschen Fährte, wenn Du meinst, daß ich den aristotelisch-neuplatonischen Begriff der Unveränderlichkeit Gottes unbesehen als verhängnisvolle Voraussetzung hätte einschlüpfen lassen!« (Zit. nach: H. Deuser, Christologie im Widerspruch, 105[14]). – In einem seiner Hauptwerke bemerkt Vogel: Gott »wurde … *Mensch*, einer von uns *an unserer Stelle* …

Stellvertretung gerade nicht eine prästabilierte Harmonie von Gott und Mensch, die wie ein subjektloses Prädikat über beiden schwebt, sondern das völlig einzigartige und deshalb unableitbare Wunder der paradoxen Ineinssetzung des kontradiktorisch Entgegengesetzten[390]. Vogel will die Stellvertretung des Inkarnationsgeschehens jeder analogischen Vergleichung entziehen. Während das menschliche »Vorverständnis« Stellvertretung nur so beschreiben kann, daß der Vertretende nie radikal identisch wird mit dem andern, den er vertritt, geschieht genau dies in der Stellvertretung des Inkarnationsvorgangs. Immer wieder unterstreicht Vogel, daß dieses Geschehen der menschlichen Vernunft schlechthin unzugänglich ist, »weil ich nicht du und du nicht ich werden kann«[391].

Eberhard Jüngel hat die Unhaltbarkeit der von Barth vorgetragenen Kritik in einem Vergleich der Stellvertretungslehre Vogels mit der Bonhoeffers bestätigt[392]. Während Bonhoeffer Stellvertretung als »Klammer« zwischen Christus und seiner Gemeinde versteht und deshalb mit diesem Begriff nicht die Einzigartigkeit Christi, sondern ein »tertium comparationis« zwischen dem Erlöser und den von ihm Erlösten bezeichnet, nehmen wir nach Vogel nur insofern an Christi Stellvertretung teil, als das, was »extra nos« geschieht, sich »in nobis« verifizieren läßt. Mit Vogels eigenen Worten gesagt: »Das Geheimnis der menschlichen Existenz wird in der Begegnung mit Jesus Christus offenbar, indem der Mensch durch den an seiner Stelle gehorsamen, leidenden, gekreuzigten und verdammten, und wiederum durch den an seiner Stelle auferweckten, erhöhten und zu ihm kommenden Herrn in die Entscheidung gestellt wird.«[393]

Schwerer als die Kritik Karl Barths wiegt die Wolfhart Pannenbergs. Er bemerkt, daß Heinrich Vogel trotz aller gegenteiligen Beteuerungen das »Resultat« der Inkarnation nicht von der geschichtlichen Wirklichkeit Jesu her, sondern apriorisch vom Gedanken der Stellvertretung her erklärt[394]. Vogel betont zwar, daß sein Stellvertretungsbegriff fernab von allen metaphysischen Kategorien ein *Geschehen* und somit eine Einheit von Gott und Mensch *im Vollzug* beschreibe; zugleich aber charakterisiert er Wort und Werk des Erlösers als Entfaltung des Stellvertretungsgeschehens der Menschwerdung. Deshalb kann nicht überraschen, daß außer Pannenberg auch Paul Althaus und Oscar Cullmann den

Das Wunder, in dessen ... Tiefe das ›incarnatus‹ weist, will im ausschließlichen Gegensatz zum Mythos gesichtet werden« (Das Nicaenische Glaubensbekenntnis, 81).

390 Dazu: H. Schröer, Die Denkform der Paradoxalität, 154–157.

391 Gott in Christo II, 697. – »Die durch den Vollzug der Stellvertretung gegebene und bestimmte Gemeinschaft zwischen Gott und Mensch in dem einen Gott-Menschen gestattet keine Ergründung des ›Wie‹-Geheimnisses hinsichtlich seiner Ermöglichung und Verwirklichung, sondern will in Anbetung gedankt und geehrt sein.« (Ebd. 693).

392 Vgl. E. Jüngel, Das Geheimnis der Stellvertretung, 74f.

393 Gott in Christo I, 19.

394 Vgl. W. Pannenberg, Christologie, 327f.

Vorwurf erheben, Vogel deduziere aus einem vorgefaßten Begriff die Geschichte Jesu Christi, statt umgekehrt das Geheimnis des Menschgewordenen in seiner Geschichte zu suchen.

2. Paul Althaus: Stellvertretung als von Christus ermöglichtes Geschehen zwischen Gott und Mensch

Paul Althaus will den Stellvertretungsbegriff aus der Geschichte dessen entwickeln, der sich »durch sein gesamtes Dasein und Handeln« als die Vergebung der Sünden erwiesen hat[395]. Er vertritt zwar die These, es gebe so etwas wie eine Uroffenbarung und deshalb so etwas wie eine allgemeine Gottesidee. Aber nicht aus dieser Idee, sondern aus der biblischen Heilsgeschichte[396], aus den Fakten der alttestamentlichen Bundesgeschichte, aus den Versöhnungsriten des nachexilischen Tempelkultes und aus der inneren Einheit von Wort, Werk und Kreuzestod des Menschgewordenen folgert Althaus: »Es kann keinen Vergebenden geben, der nicht litte«, weil »nur der, der die Sünde trägt, vergeben kann«. Anders gesagt: »Es gibt keine Vergebung ohne stellvertretendes Leiden.«[397]

Im Unterschied zu Albrecht Ritschl betont Althaus die Einzigartigkeit der Passion Christi[398]. Weil Christus eins ist mit dem Vater, welcher Hingabe *ist*, bleibt seine Vergebung dem Sünder nicht äußerlich, sondern nimmt ihn durch Menschwerdung und Passion in die Beziehung zum Vater auf. Christus *ist* Stellvertretung und als solche das reine Gegenteil der Sünde: reines »Für-Sein«. Er bleibt nicht das Gegenüber des Sünders; aber er nimmt dem Sünder auch nicht seine Identität, sondern tritt als reines Für-den-anderen-Sein an die Stelle des Für-sich-Seienden und ermöglicht im Aushalten dieser Spannung«[399] (leidend) eine Verwandlung des Vertretenen, die dessen Freiheit nicht ausschaltet, sondern entfaltet. Was die Liebe, die der trinitarische Gott ist, vermag, können wir im Blick auf die zwischenmenschliche Liebe allenfalls ahnen. Wer – so fragt Althaus – »will ermessen, wie weit die Liebe in des anderen Not mit eintreten kann, wie weit ihr das ›mein‹ und ›dein‹ einfach eins wird. Wir können hier nur tasten. Denn einerseits ist die Solidarität unserer Liebe doch nur eine solche von

[395] »Der Begriff der Stellvertretung hat notwendig seinen Platz in jeder Kreuzeslehre, aber er muß dem Begriffe der Vergebung ein- und untergeordnet werden. Jesus vergibt. Davon gehen wir aus. Er steht als der Vergebende unter den Menschen. Nicht nur in den paar Worten, durch die er ausdrücklich Sünde vergibt, sondern durch sein gesamtes Dasein und Handeln: indem er mit den ›Sündern‹ ißt, die große Sünderin duldet, bei Zachäus einkehrt, die 70 aussendet, indem er als der Auferstandene zu den Seinen zurückkehrt und indem unter diesem Eindrucke Apostolat, Mission und Kirche entsteht.« (Das Kreuz Christi, 21).

[396] Vgl. ebd. 18.

[397] Ebd. 27.

[398] Vgl. ebd. 29f.

[399] Vgl. ebd. 31.

Sündern mit Sündern; und andererseits wissen wir auch kaum, was Liebe heißt und vermag. Vielleicht daß es die tiefste Auffassung der Sündlosigkeit Jesu ist, sie darin zu erkennen, daß er um sie nicht wußte, und unter Gottes Gericht den Sündern ein Sünder wurde?«[400]

Althaus vermeidet wie Barth alles Gerede über einen »Anknüpfungspunkt« und wendet sich fast ebenso strikt wie er gegen die katholische »analogia entis«. Doch wenn Stellvertretung ein durch Christus geschichtlich vermitteltes Geschehen ist, »überrollt« sie den Menschen nicht, sondern bezieht ihn aktiv ein. Deshalb begrüßt Althaus den von Ritschl geprägten Begriff der »inklusiven Stellvertretung«, wendet sich aber gleichzeitig gegen eine übertriebene Ethisierung der Soteriologie. Auch da, wo jemand etwas tut, damit ein anderer dasselbe nicht tun muß, ist dessen Stellvertretung keineswegs eine rein exklusive. Auf Dauer sieht Althaus jede Gemeinschaft zerbrechen, wenn der einzelne nicht durch sein Sichhineindenken, durch Dank oder Vertrauen innerlich beteiligt ist an dem, was der andere für ihn leistet. Als Beispiel nennt er den Fronteinsatz des Soldaten: Dieser kämpft zwar, damit andere nicht kämpfen müssen. Aber in der Hingabe an die Sache, für die gekämpft wird, sind die Vertretenen am Kampf des Vertretenden beteiligt. Althaus formuliert als Prinzip, daß sich auf den ersten Blick exklusiv scheinende Stellvertretungsverhältnisse – auf die innere Haltung der vertretenden und der vertretenen Personen befragt – stets als inklusive Verhältnisse erweisen[401]. Das gilt für die Arbeit des einzelnen in einer arbeitsteiligen Industriegesellschaft; und erst recht für die vielen Stellvertretungsverhältnisse des geistigen und geistlichen Lebens. Da wird z.B. jemand berufen, »stellvertretend für viele das Geheimnis der Gottesgemeinschaft tiefer als frühere Geschlechter zu durchleben. Die Theologen sollen für die ganze Gemeinde die Gründe und Fragen der Gottesgewißheit durchdenken. Der Wache nimmt die Krankheit und Schuld des Schlummernden auf seine Seele. Der Freie, dem ›alles erlaubt‹ und alles rein ist, übt stellvertretende Enthaltung um der Gebundenen und Gefährdeten willen«. Immer ist es – so erklärt Althaus – Sinn und Ziel dieser sehr persönlichen Engagements, *»die Vertretenen in die innere Haltung der Vertretenden hineinzuziehen«*[402]. Stellvertretung würde sich in das Gegenteil ihrer selbst verkehren, wollte sie dem Vertretenen abnehmen, was seine ureigene sittliche (persönliche, in seiner Freiheit verankerte) Aufgabe ist. »Rechte Liebe tritt ... an die Stelle des anderen, um ihn selbst stark und frei zum Tragen seiner Last zu machen.«[403] Wer im Sinne echter Stellvertretung liebt, ist eher bereit, sich selbst von der vertretenen Person »absorbieren« zu lassen, als diese seinerseits durch sein Tun zu ersetzen. Althaus erinnert an die von Mose und Paulus geäußerte Bitte, Gott möge sie, wenn

[400] Ebd. 33.
[401] Vgl. ebd. 40.
[402] Ebd. 38.
[403] Ebd. 41.

es denn nützen könne, der Verlorenheit preisgeben, damit die verirrten Brüder ihre »Stelle« wiederfinden. Stellvertretung bedeutet ganz konkret: »Man tritt in Schmutz und Schande mit ein, um in Kraft der eigenen ›Gerechtigkeit und Frömmigkeit‹ mit dem Bruder um die Freiheit zu ringen. Man ›läuft ihm nach‹, um ihn zu suchen. Man wird ein Mit-Gefallener, damit er aufstehe und wandle.«[404] Althaus nennt das Beispiel einer Mutter, deren stellvertretendes Leiden zur Buße ihres Sohnes wird. Auch zu einem Zeitpunkt, wo der Sohn das Leiden der Mutter ignoriert und stumpf seines Weges geht, ist ihre Stellvertretung inklusiv. Sie bleibt ganz einsam, und das gibt ihrem Leiden die Schwere. »Aber das scheinbar Exklusive bezeichnet nur die Not dieser Stellvertretung. Ihrem Wesen und Sinne nach bleibt sie inklusiv.«[405] Wenn das Leben eines Menschen durch und mit Christus gelebte Selbstlosigkeit ist, darf man es als »Abglanz« jener einzigartigen Stellvertretung bezeichnen, die *alle* Menschen erfaßt, weil sie als *reines* »Für-Sein« *jede* von der Sünde gesetzte Grenze überschreitet. Aber – darauf legt Althaus besonderen Wert – wir dürfen Christi Stellvertretung nicht »in die Maße unserer relativen innermenschlichen Stellvertretungsverhältnisse ... zwängen«. Zwischenmenschliche Stellvertretung wird erst vom Kreuz her möglich und verständlich. »Alle unsere Stellvertretungsverhältnisse sind wie Verheißungen, die in Jesu Tat zur Erfüllung und Wahrheit kommen ... Sie haben ganze Wahrheit nur, wenn und soweit sie *ἐν Χριστῷ* sind.«[406]

In seinem Spätwerk greift Althaus auf den in der Soteriologie des 19. Jhs. oft verwandten Titel »Bürge«[407] zurück, um den Universalanspruch der Christusstellvertretung und ihren zugleich exklusiven und inklusiven Charakter zu verdeutlichen: »Christus für uns und Christus in uns – beides ist untrennbar verknüpft. In diesem Sinne ist seine Stellvertretung ›inklusiv‹ zu nennen; sie schließt uns mit ein, denn sie bürgt für uns, kraft der Macht Christi über uns.«[408] Althaus beruft sich auf Luther[409], wenn er bemerkt, daß Christi stellvertretendes Leiden und Handeln in der Gemeinde fortlebt. In der irenischen Abhandlung über die »Gemeinschaft der Heiligen« heißt es: Man erkennt, wie für Luther »beides zusammen gehört: Christi Priestertum, der Christen Priestertum; Versöhnungsglaube an Christus und die communio sanctorum als Wesen der Kirche. Zuletzt ist ihm das priesterliche Opfer der Christen nichts anderes als das Opfer Christi selbst. Das Leben der Christen ist ja sein Leben. Alles Opfer, durch das die Gemeinde besteht, ist ein sich opfern mit und in Christo, im gleichen und selben Opfer, das einmal geschah und doch völlige Gegenwart hat, das nicht wiederholt werden kann, aber in der Wirklichkeit der

404 Communio Sanctorum, 64f.
405 Das Kreuz Christi, 42.
406 Ebd. 43.
407 Vgl. unsere Ausführungen zu Steudel, Schenkel und Philippi SS. 125.128.139.
408 Die christliche Wahrheit, 474.
409 Vgl. Das Kreuz Christi, 45.

Gemeinde lebendig bleibt.«[410] Dem katholischen Glaubensverständnis wirft Althaus vor, durch die Lehre von der Vergegenwärtigung des Kreuzesopfers im Meßopfer die Stellvertretung Christi in ein ungeschichtliches Prinzip zu verwandeln[411]. Er beschreibt die katholische Meßopferlehre als Symptom für die Versuchung des Menschen, instrumentalisierend oder ideologisierend über Christi Stellvertretung zu verfügen, statt sich von ihr verfügen (in sie »inkludieren«) zu lassen. Auch auf seiten des protestantischen Glaubens entdeckt er die Tendenz, das Kreuz Christi aus der Geschichte in ein System zu transferieren und ihm so seinen Stellvertretungscharakter zu nehmen. Denn als Stellvertreter kann man den Gekreuzigten nicht erkennen, indem man ihn theologisch reflektiert und objektiviert, sondern nur, indem man sich in die Wirklichkeit des Kreuzes »inkludieren« läßt. Als Stellvertreter – so Althaus – ist der Gekreuzigte nicht nur Vergangenheit, sondern lebendige Gegenwart im stellvertretenden Leiden und Tragen seiner Gemeinde[412]. Oder anders formuliert: Wo und wann immer das, was Christus stellvertretend für uns getan und erlitten hat, nicht nur theoretisch für wahr erklärt, memoriert oder kultisch vergegenwärtigt, sondern existentiell mitvollzogen wird, da ist Christus offenbar als Herr, da ist Geschichte Heilsgeschichte: nämlich inkludierendes Geschehen, inkludierende Stellvertretung. Da hat der Mensch aufgehört, Christus begreifen zu wollen, statt sich von ihm ergreifen zu lassen.

3. Oscar Cullmann: Stellvertretung als Prinzip der geschichtlich vermittelten Selbstmitteilung Gottes

Walter Wimmer hat Paul Althaus theologiegeschichtlich zwischen der »uneschatologischen« Theologie der religionsgeschichtlichen Schule und der »nureschatologischen« Theologie der dialektischen Schule eingeordnet[413]. In einer ähnlichen »Mittelposition« muß Oscar Cullmann gesehen werden, der sich von einem begeisterten »Bundesgenossen« zu einem heftigen Kritiker Rudolf Bultmanns »bekehrt« hat.

In seinem vielbeachteten Buch »Christus und die Zeit« (1946) stellt er die Frage, ob die Temporalität zum innersten Wesen der Christusbotschaft gehört oder aber von dieser abgelöst werden kann, wie es auf sehr verschiedene Weise die Enteschatologisierung der Albert-Schweitzer-Schule und die Entmythologisierung Bultmanns behaupten[414]. Cullmann

[410] Communio Sanctorum, 70.
[411] Vgl. Das Kreuz Christi, 45f.
[412] »Stellvertretung in der Gemeinde ist kein unwürdigeres Mittel der mit uns handelnden, Gemeinschaft gründenden Gegenwart Gottes als das biblische Zeugnis und die Predigt. Hier wie dort geschichtliche Unzulänglichkeit, menschliche Zufälligkeit und Armut, und doch hier wie dort der Weg eines lebendigen göttlichen Wirkens. Gott handelt wirklich durch Geschichtliches, also sehr Menschliches mit uns.« (Ebd. 47).
[413] Vgl. W. Wimmer, Eschatologie der Rechtfertigung, 32–72.
[414] Vgl. Christus und die Zeit, 23–26.

sieht die »eigentliche« Entmythologisierung in der neutestamentlichen Historisierung eines ganzen Komplexes von Mythen über das Anfangs- und Endgeschehen. Denn wenn die geschichtlichen Ereignisse des NT – Leben, Leiden und Sterben Jesu Christi – im Lichte der Auferstehung als entscheidende göttliche Heilstat begriffen werden, wird »der von da ausgehende Heilszusammenhang so hergestellt …, daß alle übrigen Heilstaten Gottes ein Geschehen auf dieses entscheidende hin und von diesem entscheidenden Geschehen her darstellen«. So aber wird – anders als in gnostischen Kosmogonien – die Geschichte nicht aus dem imaginären Standpunkt eines transgeschichtlichen Anfangs oder Endes konstruiert, sondern umgekehrt: Das historisch nicht kontrollierbare Anfangs- und Endgeschehen wird aus der Perspektive eines nachweisbaren Geschehens interpretiert. Die Mythen werden »ihres mythischen Charakters im Sinne einer Historisierung entkleidet«. Die Schöpfungmythen z.B., »die schon im Alten Testament im Sinne einer Verbindung mit der Geschichte Israels historisiert worden waren«, nehmen »auf urchristlichem Boden die Form einer Aussage über Christus als Schöpfungsmittler an«[415]. Cullmann bewertet die Unterscheidung zwischen nachweislich historischen und historisch nicht kontrollierbaren Teilen der biblischen Heilsgeschichte als durchaus legitim und notwendig; denn Adam war gewiß nicht in demselben Sinn eine historische Gestalt wie Jesus Christus; aber im Unterschied zur Bultmannschule bezeichnet er eine Erzählung der Bibel nicht deshalb schon als Mythos, weil der erzählte Inhalt historisch nicht verifizierbar ist[416].

In seiner mit großer synthetischer Kraft entworfenen »Christologie des Neuen Testaments« verweist Cullmann auf die Verwurzelung der christologischen Hoheitstitel und der nachösterlichen Christusverkündigung insgesamt im »Stellvertretungs-Bewußtsein« Jesu. Jesus Christus weiß sich selbst als Erfüllung des Reiches Gottes. Deshalb steht er »an der Stelle« der gesamten Menschheit, obwohl er ein ganz bestimmtes, räumlich und zeitlich begrenztes Individuum ist. In Jesus Christus wird ein Prinzip offenbar, das die an sich kontingenten Ereignisse der Geschichte als Selbstmitteilung des ganz und gar nicht kontingenten Schöpfer- und Erlösergottes verstehen lehrt: das »Prinzip Stellvertretung«[417]. Weil sich der einzige historische Augenblick bzw. das einzige räumlich und zeitlich begrenzte Geschöpf, mit dem Gottes Selbstmitteilung real *identisch* ist, als

[415] Die Verbindung von Ur- und Endgeschehen, 162f.

[416] Vgl. Christus und die Zeit, 45f.82–84; Heil als Geschichte, 117–131.

[417] Die »heilsgeschichtliche Sicht der Christologie, die uns von der Schöpfung über die Versöhnung im Kreuz und über die unsichtbar gegenwärtige Herrschaft Christi bis hin zur noch ausstehenden Vollendung in der neuen Schöpfung führt, ist durch zwei wesentliche Aspekte bestimmt …: einerseits durch das Prinzip der Stellvertretung, nach dem sich dieses ganze Geschehen vollzieht, andererseits durch den Gedanken der Selbstmitteilung Gottes, die die verschiedenen Phasen des Geschehens miteinander verbindet, so daß unter dem gemeinsamen Gesichtswinkel der Offenbarung Christus als der Schöpfungsmittler auf eine Stufe mit dem gekreuzigten Jesus von Nazareth gestellt werden kann.« (Christologie, 334f).

Stellvertreter offenbart, darf behauptet werden, daß in Christi Stellvertretung der Sinn der Geschichte insgesamt liegt. Christus erkennen heißt für Cullmann: die Verklammerung der gesamten Geschichte mit Christus erkennen; heißt: »das Prinzip Stellvertretung« begreifen; denn die »Klammer« zwischen Christus und allem Geschehen vor und nach ihm ist »das Prinzip Stellvertretung«.

In seinem Frühwerk »Christus und die Zeit« zeichnet Cullmann eine »doppelte Bewegung der Heilslinie nach dem Prinzip Stellvertretung«: zunächst im Sinne einer progressiven Reduzierung der Vielen auf den Einen, auf Jesus Christus; dann im umgekehrten Sinne von diesem Einen, der die Mitte darstellt, zurück zur Vielheit[418]: Adam steht für die ganze Menschheit. Nach seinem Fall erwählt Gott das Volk Israel als Stellvertreter für alle anderen Völker (Gen 12,3: In Abraham sollen alle Völker gesegnet sein). Doch auch das auserwählte Volk erfüllt seine Sendung nicht. An seine Stelle tritt ein heiliger Rest (Jes 1,9; 10,21), und dieser Rest reduziert sich schließlich auf einen einzigen Menschen: bei Jesaja auf den stellvertretend »für die Vielen« büßenden Gottesknecht; bei Daniel auf den Menschensohn als Repräsentanten des Volkes der Heiligen. In diesem einen Stellvertreter aber kündigt sich der an, der von seiner Stellvertretung nicht mehr unterschieden werden kann: der »für uns« gekreuzigte Jesus Christus. So verläuft die Heilsgeschichte im Sinne einer progressiven Reduzierung: Menschheit; auserwähltes Volk Israel; heiliger Rest; Gottesknecht (Menschensohn); Jesus Christus. Bis zum Eintritt Gottes selbst in die Zeit ist die Heilsgeschichte eine Bewegung der vielen Stellvertreter auf »den Einen« hin. Dann aber kehrt sich das Verhältnis »des Einen« zu »den Vielen« um. Jesus Christus ist der Erstgeborene unter vielen Brüdern (Röm 8,29); er ist das Haupt des Leibes der Kirche; er konstituiert ein »neues Volk« ohne Schranken; er ist der Anfang »der neuen Menschheit«. »Am deutlichsten«, so Cullmann, »kommt die doppelte Bewegung der Heilsgeschichte zum Ausdruck in dem Abriß, den Paulus im Galaterbrief Kap. 3,6–4,7 gibt. Er geht aus von der Verheißung an Abraham. Dann zeigt er, wie diese Verheißung, die eine Verheißung an die Nachkommenschaft Abrahams ist, sich verwirklicht als Verheißung an den Einen, Christus (Kap. 3,16), der durch seinen stellvertretenden Tod den Loskauf erwirkt (Kap. 4,5). Dieses Ereignis hat zur Folge, daß alle Menschen, die an Christus glauben, Nachkommenschaft Abrahams werden können (Kap. 3,26). Durch die Taufe treten sie alle in die Verheißung ein, die dem Einen zuteil geworden war. Der Weg zur Vielheit ist nun offen, aber allerdings

418 Vgl. Christus und die Zeit, 100f.158; Christologie, 335. – Die von Cullmann als Aufriß der Heilsgeschichte geschilderte Doppelbewegung von den vielen Stellvertretern zu »dem Einen« und von »dem Einen« zu »den Vielen« ist immer wieder auch von der katholischen Theologie aufgegriffen worden, z.B. von: L. Scheffczyk, Die heilshafte Stellvertretung, 113–115; A. Deissler, Stellvertretung als Prinzip der Heilsgeschichte, 339–345; W. Kasper, Jesus der Christus, 258f.

so, daß die Vielen ›alle Einer‹, *πάντες εἷς* sind, nämlich in Christus Jesus (Kap. 3,28).«[419]

Im Unterschied zu Barth oder Brunner beschreibt Oscar Cullmann das Hintreten des menschgewordenen Sohnes an die Stelle der Sünder nicht als unmittelbare, sondern als durch die Zeit vermittelte Beziehung (Relation). Weil Christi Erlösung kein transgeschichtliches Ereignis ist, kann sich seine Stellvertretung trotz ihrer Universalität nicht außerhalb, sondern nur innerhalb der Zeit verwirklichen. Nach Cullmann ist Stellvertretung nur dann kein Ersetzen des Vertretenen durch den Vertretenden, wenn ihr Medium die Zeit ist; und Zeit nur dann kein endloses Fortschreiten, sondern »Zukunft« des einzelnen Menschen, wenn sie Geschenk bzw. Frucht einer Stellvertretung ist.

Durch den historischen Augenblick, der mit der Menschwerdung Gottes (mit dem Eintritt des Absoluten in die Kontingenz von Raum und Zeit) identisch ist, wird alle Zeit neu qualifiziert, und zwar als Medium der Stellvertretung. Daraus ergibt sich die besagte Zweiteilung der Heilslinien von der Vielheit zur Einheit und von der Einheit zur Vielheit. Cullmann erinnert an Irenäus, der vom pädagogischen Charakter der alttestamentlichen Heilsgeschichte als Hinführung zu einem immer tieferen »Vorverständnis« des gekreuzigten Stellvertreters spricht[420]. In der Auferstehung des Gekreuzigten wird das bis dahin pädagogische bzw. ethische »Prinzip Stellvertretung« zur Wirkweise und zum Kriterium der Erlösung. Christi erlösende (befreiende) Stellvertretung »setzt sich fort in seiner *Kirche*, die ... seinen irdischen Leib darstellt« und berufen ist, allen Menschen dieser Erde »Zu-kunft« durch Hoffnung zu schenken (durch Hoffnung auf vollendete Gemeinschaft mit »dem Einen«)[421].

Weil Christi Erlösungswerk an die Zeit gebunden ist, erscheint nicht nur der Erlöser, sondern durch ihn, mit ihm und in ihm auch die Vielzahl der von ihm Erlösten als Stellvertreter[422]. Wer Stellvertretung empfängt, wird seinerseits zum aktiv Stellvertretenden, weil man die mit der absoluten Liebe identische Stellvertretung (Christus) *innerhalb der Zeit nur durch Geben empfangen kann.* Christi Stellvertretung ist die Vermittlung des Absoluten in der Geschichte; denn er ist nicht scheinbar, sondern wirklich »an die Stelle« des ohnmächtigen Sünders getreten und ist deshalb nur noch *in* der Zeit – nie mehr ohne, sondern nur noch durch und mit dem (den) Vertretenen – »der Stellvertreter«.

419 Christus und die Zeit, 102.

420 Vgl. Heil als Geschichte, 8f.58f.

421 Christus und die Zeit, 94.

422 Cullmann verweist auf das missionarische Bewußtsein der Urkirche, »jeden Tag die göttliche Heilsgeschichte weiterzuführen, Organ des göttlichen Heilsgeschehens zu sein, teilzuhaben an einem Geschehen, das ebenso Heilsgeschehen ist, wie es das Geschehen vor der Inkarnation gewesen ist, und wie es der noch ausstehende Endabschnitt sein wird« (Christus und die Zeit, 147).

4. Wolfhart Pannenberg: Stellvertretung als Verklammerung der Geschichte mit der Auferweckung des Gekreuzigten

Während Cullmann Stellvertretung als Prinzip einer Heilsgeschichte beschreibt, die sich gleichsam hinter den Ereignissen der Profangeschichte verbirgt, wendet sich Pannenberg gegen diese Unterscheidung zwischen dem »äußeren« Ablauf und dem »inneren« Sinn der Geschichte. Israel, so betont er, hat »gerade im geschichtlichen Wandel selbst die Wirklichkeit seines Gottes«[423] erfahren. Vor allem gegen Bultmann richtet er die These, »daß das Geschichtsbewußtsein Israels immer eschatologisch orientiert war, sofern Israel auf Grund der Verheißung und über alle geschichtlich erfahrenen Erfüllungen hinaus weiterer Erfüllung entgegenwartete«[424]. Pannenberg spricht von einem zwischen Verheißung und Erfüllung ausgespannten Horizont, der sich immer mehr geweitet hat. Denn während die Prophetie die Erfüllung ihrer Verheißungen noch innergeschichtlich erwartet, weitet die Apokalyptik ihre Verheißung aus auf das Ganze des Weltlaufs zwischen Schöpfung und Weltende.

Alle Verheißungen des Alten Testamentes haben gemeinsam, daß sie ihre Erfüllung an die Einhaltung des von Jahwe zum Prüfstein seines Bundes mit Israel erklärten Gesetzes binden. Pannenberg betont, daß dieses Gesetz »nicht erst vom Zeitpunkt seiner Proklamation ab wirksam« ist, sondern ewig »unveränderlich allem Weltgeschehen« zugrundeliegt[425]. Daraus aber folgt: Die Befolgung oder Nichtbefolgung des Gesetzes bestimmt den Verlauf aller Geschichte; das Einhalten oder Nichteinhalten der göttlichen Gebote verbirgt sich nicht *hinter* der Geschichte, sondern *ist* Inhalt der Geschichte selbst. Pannenberg erinnert daran, daß das Hebräische für Tat und Tatfolge nur ein einziges Wort hat, daß z.B. die verschiedenen Bezeichnungen der Sünde »sowohl die böse Tat als auch das aus ihr folgende Unheil«[426] umfassen. Er wendet sich gegen die von Sozinianern und Aufklärern propagierte These, das sittliche Verhalten des einzelnen sei eine Privatangelegenheit zwischen dem einzelnen Menschen und Gott. Der Sinaibund bedeutet die unbedingte Bindung des Gehorsams gegenüber Jahwe an die Solidarität mit den Brüdern und Schwestern[427]. Der Bund Jahwes mit Israel ist durch die beiden Tafeln der zehn Gebote so gestaltet, daß jedes Mitglied des Volkes durch die Erfüllung oder Verweigerung des göttlichen Willens seinen Angehörigen (Familie, Sippe, Stamm, Volk) Heil vermitteln oder verschließen kann. Denn wer immer das Gesetz Jahwes erfüllt oder nicht erfüllt, handelt entweder als Stellvertreter, indem er für die anderen Zukunft eröffnet, oder als Sünder, der sich und anderen Zukunft

[423] Grundfragen I, 24. – Dazu: E. Schillebeeckx, Christus und die Christen, 728–731.
[424] Ebd. 28.
[425] Ebd 26.
[426] Christologie, 272.
[427] Vgl. ebd. 275.

nimmt. Entweder wird der einzelne für seine Nächsten zum Segen; dann steht er in Einklang mit Gottes Willen; oder er verschließt sich diesem Willen; dann raubt er auch seinen Mitmenschen, was er nach Gottes Willen sein könnte. Je mehr ein Mensch durch seine Zugehörigkeit zum auserwählten Volk oder durch eine besondere Berufung (Prophet, König, Priester) mit dem Wort Gottes (Gesetz) vertraut ist, desto größer ist seine Verantwortung für andere. Israel insgesamt ist das »erwählte« Volk, weil es auf besondere Weise mit dem Gesetz vertraut ist. Es ist nicht für sich, sondern für die anderen Völker (Gen 12,3) erwählt und deshalb – das ist die Kehrseite seiner Auszeichnung – auch als einziges Volk fähig, sich des Gesetzes zu bemächtigen, statt sich vom Gesetz bestimmen zu lassen. In Abraham dazu berufen, alle Völker zum Heil zu führen, macht Israel das Gesetz zu einem Götzen, stellt es an die Stelle der göttlichen Verheißung und verschließt so nicht nur sich selbst, sondern auch anderen Völkern die Zukunft.

Vor diesem Hintergrund ist der Inhalt des Neuen Testamentes, daß *einer* durch seinen Gehorsam gegenüber dem Gesetz (Willen) Gottes für die Geschichte *aller* Menschen *aller* Zeiten Zukunft bedeutet, keine »wunderhaft übernatürliche Besonderheit«[428]. Mittels des mosaischen Gesetzes wird Israel und durch Israel die gesamte Menschheit auf den verwiesen, der *in der Zeit der Absolute* ist[429], der nicht nur etwas vom Gesetz erfüllt, sondern mit der Erfüllung des göttlichen Willens identisch ist, der nicht nur etwas für andere tut, sondern sein Tun für andere *ist*. Inhaltlich allerdings unterscheidet sich das mosaische Gesetz in nichts von dem »Naturgesetz«, das sich unterschiedlich klar in mehr oder weniger großen Fragmenten in allen Kulturen und Religionen der Menschheit offenbart[430]. Aber die mosaische *Erklärung* macht dem jüdischen Volk bewußt, daß der Gott, der sich durch ein Gesetz mit seinen Geschöpfen *verbündet*, nicht apriori verfügt, sondern auf das freie »Ja« (auf die frei gewählte Einhaltung des Gesetzes) seiner Bundespartner wartet; und daß ein »wartender Gott« keine »Vor-handenheit«, sondern »Zukunft« ist[431].

Pannenberg legt großen Wert auf die Feststellung, daß Jesus Christus *im Namen des Gesetzes* als Gotteslästerer verurteilt wurde (Kol 2,13f; Eph 2,14–16). Er zeigt, wie sich durch Jesu öffentliche Wirksamkeit ein

[428] Ebd. 276.

[429] Vgl. Pannenbergs trinitätstheologische Erklärung der »Zukünftigkeit« Gottes in: Systematische Theologie I, 283–364. – Dazu: K. Koch, Der Gott der Geschichte, 171–180.

[430] Vgl. Grundfragen I, 252–295. – Dazu: S. Greiner, Die Theologie Wolfhart Pannenbergs, 71–75.291–299.

[431] Im Unterschied zu allen anderen Völkern hat Israel Gottes Wirklichkeit als Geschichte auf ein noch nicht erschienenes Ziel hin verstehen gelernt. Deshalb bezeichnet Pannenberg das Judentum und in seinen Fußstapfen das Christentum als die einzige Religion, »die die Zukunft als konstitutiv für die Sinntotalität des menschlichen Lebens und der Wirklichkeit überhaupt erfaßt und daher auch den Veränderungen in der geschichtlichen Welt und im religiösen Bewußtsein positive Bedeutung« (Grundfragen II, 77) beimißt.

ständig an Schärfe zunehmender Konflikt mit dem Gesetz zieht; wie immer deutlicher wird, daß Jesus die Autorität des Gesetzes für sich selbst beansprucht[432], und daß der Vorwurf, er habe sich Gott gleich gemacht (Joh 5,18; 19,7), »nicht einfach eine böswillige Verleumdung ohne jeden Anhaltspunkt gewesen«[433] ist. Erst vom Ereignis der Auferstehung her erhält alles ein anderes Licht. »Was vorher Gotteslästerung war, das ist jetzt Ausdruck der höchsten Autorität, der wahrhaften Einheit mit Gott selbst; was vorher um des göttlichen Gesetzes willen geboten schien, das ist jetzt als gotteslästerlicher Frevel enthüllt.«[434] Der Auferstandene entmachtet nicht nur einen singulären Urteilsspruch oder die Richter, die ihn verurteilt haben, sondern das Gesetz als solches, das heißt das von den Pharisäern an die Stelle Gottes gesetzte Gesetz, das verobjektivierte, zum Selbstzweck, zu einem Götzen (zu einer »Vorhandenheit«) degradierte Gesetz (vgl. Röm 7,4; 10,4). Universaler Stellvertreter ist Jesus Christus, weil das jüdische Gesetz, wie es Paulus beschreibt (Röm 2,14f), »repräsentativ für die Situation des Menschen überhaupt«[435] ist, weil es nur ausdrücklich zur Formulierung bringt, »was auch im Leben der übrigen Menschen gültig und wirksam ist und sich in ihrem Gewissen kundgibt«[436].

«An der Stelle«, die durch Sünde aus einer Stelle des Gehorsams in eine Stelle verfügender Gewalt pervertiert wurde, »an der Stelle« des in sein Gegenteil verkehrten Gesetzes, nimmt Christus »für die gesamte Menschheit«[437] auf sich, was Folge der verweigerten Stellvertretung ist: Tod im Sinne von Zukunfts- bzw. Hoffnungslosigkeit[438]. Christus behält am Kreuz nichts mehr »für sich«, nicht einmal mehr ein »Für–sich-Hoffen« (Mt 27,46: »Mein Gott, mein Gott, warum hast du mich verlassen?«); er *ist* am Kreuz das Gegenteil der Sünde: reine Stellvertretung; aber deshalb auch Töter des Todes. Im Lichte der Auferstehung des als Gotteslästerer Gekreuzigten hat das Gesetz nicht mehr das letzte Wort; dem vom Gesetz Getöteten wird neue Zeit (Zukunft) geschenkt; und nicht nur ihm, sondern mit, durch und in ihm allen, die von demselben Gesetz verurteilt sind.

Die Auferstehung des Stellvertreters erspart uns nicht das Sterben, wohl aber den Tod der Zukunfts- bzw. Hoffnungslosigkeit. »Jesu Sterben enthält das unsere in sich und überwindet es dadurch zu einem

[432] Vgl. Christologie, 47–112. – Dazu: S. Greiner, Die Theologie Wolfhart Pannenbergs, 110–132; K. Koch, Der Gott der Geschichte, 83–97.
[433] Christologie, 259.
[434] Ebd. 261. – Dazu auch: Systematische Theologie II, 469–471.
[435] Ebd. 264.
[436] Ebd. 269. – Pannenberg bezeichnet die biblische Begründung der Todverfallenheit *aller* Menschen mit dem Ungehorsam *aller* Menschen als »negativen Beleg« für die Universalität ein und desselben Gesetzes (Willens) Gottes.
[437] Ebd. 262.
[438] Vgl. ebd. 270.

Sterben in Hoffnung«[439]. Mit Ritschl, Althaus u. a. unterscheidet Pannenberg eine inklusive von einer exklusiven Komponente der Stellvertretung Christi[440]. Exklusiv ist sie, weil nur er »den Tod der gänzlichen Verlassenheit« starb, während alle übrigen Menschen durch ihn im Sterben Zukunft finden[441]. Inklusiv ist sie, weil niemand das Geschenk seiner Stellvertretung annehmen kann, ohne mit ihm sterben (lieben) zu wollen, ohne als Empfänger auch Geber seiner Stellvertretung zu werden[442].

Wie Stellvertretung im AT die Verknüpfung von Gesetz und Geschichte bedeutet, so verklammert dasselbe Prinzip im NT die Zukunft aller Menschen mit der Auferstehung des gekreuzigten Nazareners. Denn das Ereignis der Auferstehung bestätigt den vom jüdischen Gesetz verurteilten Jesus als die absolute Erfüllung des göttlichen Gesetzes und den in die Nacht des Todes Hinabgestiegenen als Hoffnung aller Lebenden. Der Auferstandene ist »die Stelle« der Geschichte, an der das Gesetz Evangelium und die Zeit »Zu-kunft« ist. Er ist die Prolepse der endgeschichtlichen Vollendung. Er ist nach Pannenberg der Stellvertreter jedes einzelnen Menschen und der Menschheit insgesamt, weil er die Geschichtlichkeit (die Geöffnetheit auf Zukunft) der Geschichte und nicht nur – wie Cullmann meint – die Vermittlung der Selbstmitteilung Gottes in die Geschichte ist.

5. Jürgen Moltmann: Stellvertretung als geschichtliche Verklammerung von immanenter und ökonomischer Trinität

Mit ausdrücklicher Berufung auf Pannenbergs Christologie stellt Jürgen Moltmann die Frage: »Welchen Sinn hat die Prolepse der Auferweckung Jesu für alle anderen Menschen, die noch nicht auferweckt sind? ... Warum zuerst nur Jesus und nicht das ganze Heil der Welt auf einen Schlag?«[443]

Die Antwort liegt für ihn ebenso wie für Pannenberg in dem neutestamentlichen Grundgedanken der Stellvertretung.

439 Ebd. 271. – Vgl. Systematische Theologie II, 473.

440 Dazu: H. Nele, The Doctrine of the Atonement, 145–150; E. Schmalenberg, Jesu Passion als deprekatorischer Akt, 181f.

441 Am deutlichsten ausgedrückt sieht Pannnenberg das exklusive Moment des stellvertretenden Todes in der Vorstellung von der »Höllenfahrt Christi«. Denn »durch das stellvertretende Erleiden der Höllenqual des Ausgeschlossenseins von der klar erkannten Nähe Gottes« hat »Jesus für alle Menschen, die ihm verbunden sind, diese Qual, die Tiefe des Todesgeschicks, überwunden« (Christologie, 281). – Dazu: W. Maas, Gott und die Hölle, 215–217.

442 »Der inklusive Sinn der Stellvertretung ... hat antizipatorische Funktion. Er muß eingeholt werden im Prozeß der Ausbreitung des Evangeliums durch die apostolische Verkündigung und ihrer Annahme durch Glaube, Bekenntnis und Taufe.« (Systematische Theologie II, 474f).

443 Der gekreuzigte Gott, 172.

Mit diesem Gedanken, so bemerkt er, drückt die Heilige Schrift aus, daß die Auferweckung Christi, obwohl an uns noch nicht erfüllt, doch kein reines Zukunftsgeschehen ist[444]. »Ohne den stellvertretenden Heilssinn seines Kreuzestodes wäre der ›von den Toten auferweckte‹ Christus ein Mirakel oder bestenfalls ein Vorbild oder ein Vorläufer der Zukunft. Das aber hilft denen nichts, die unter ihrer eigenen und der Welt Ungerechtigkeit leiden und im Schatten des Todes leben ... Denn erst durch seine Stellvertretung kommt die an ihm vorweggenommene Herrlichkeit in ihr Elend hinein.«[445]

Christi Auferstehung bedeutet nur dann für *alle* Menschen Hoffnung, wenn sie mehr als ein Zeichen oder Beispiel ist. Denn ganz abgesehen davon, daß ein bloßes Zeichen die Hoffnungslosigkeit der Hoffnungslosen (den »homo incurvatus in se«) nicht aufbrechen kann, wäre eine als Aufruf gegen die Resignation verstandene Auferstehung eines unter anderen Signalen, nicht aber die Bedingung von Zukunft überhaupt. Ohne den Stellvertretungsgedanken, so Moltmann, lassen sich weder die Einheit von Kreuz und Auferstehung, noch die universale Bedeutung des Erlösungsgeschehens erklären[446].

Die Nähe dieses Denkens zu Pannenberg ist unverkennbar. Aber Moltmann möchte dessen Vorstellung von einer »Realprolepse« durch eine »Verbalprolepse« ersetzen, um so auszudrücken, daß die Auferwekkung Jesu keine »Vorwegereignung« des Endes der Geschichte, sondern ein »Verheißungsgeschehen« ist[447]. Obwohl Pannenberg mit seinen Aussagen über die zugleich exklusive und inklusive Stellvertretung Jesu Christi das Ostergeschehen mit der Geschichte aller Menschen verknüpft, rechtfertigt nach Moltmann manche Passage seiner Christologie den von Hans-Georg Geyer geäußerten Verdacht, Jesu Auferweckung sei lediglich »die historische Konfirmation einer an sich bestehenden Wesensstruktur des menschlichen Lebens«[448]. Moltmann selbst spricht etwas vorsichtiger von einer Stellvertretung, die bloßes »exemplum« bleibt, wenn Jesu Auferweckungsgeschick eine immer schon vorhandene Hoffnung (Offenheit) des Menschen auf absolute (universalgeschichtliche) Vollendung nur noch bestätigt[449]. Jesu Auferweckung, so unterstreicht er, ist *Stellvertretung*, und das heißt: Sie ist nicht nur der

[444] »Antizipation und Widerstand sind im christlichen Verständnis der messianischen Vermittlung des Kommenden mit *Stellvertretung* und *Hingabe* verbunden. Wenn die Antizipation *pars pro toto* eine fragmentarische Vorwegnahme des kommenden Ganzen darstellt, dann steht das vorweggenommene Teil gegenwärtig nicht nur *vor* dem Ganzen da, sondern zugleich *für* das Ganze ein. Antizipationen sind deshalb immer Vorgriffe auf das Kommende für andere und anderes.« (Kirche in der Kraft des Geistes, 219).

[445] Der gekreuzigte Gott, 173.

[446] Vgl. ebd. 174; Kirche in der Kraft des Geistes, 45.

[447] Der gekreuzigte Gott, 159f.

[448] H.-G. Geyer, Die Auferstehung Jesu Christi, 114.

[449] Vgl. Der gekreuzigte Gott, 164.

»erste Fall von endzeitlicher Totenauferstehung«; sie ist der *»Ursprung* des Auferstehungslebens aller Glaubenden«[450].

»Ursprung«, so Moltmann, ist Christi Stellvertretung nicht nur im Sinne eines »Katalysators« oder einer »Initialzündung«, sondern als »Macht der Weltveränderung«, als »Macht einer qualitativ neuen Zukunft«[451]. »Im Wort, das den gekreuzigten Christus ins Leben ruft, und im ›Geist der Hoffnung‹, der an der Unerlöstheit der Welt leiden läßt«, kommt das Ende der Geschichte »in die Gegenwart hinein« und läßt »die Gegenwart nicht bleiben, was sie ist«[452]. Christi Stellvertretung offenbart Gott als den »Ganz-Andernden« im Unterschied zu dem »ganz-anderen« Gott der Gnosis[453]. Der in Christus Mensch gewordene, gekreuzigte und auferstandene Gott bricht nicht gleichsam von außen in die Geschichte ein; er ist kein geschichtstranszendentes Subjekt[454], sondern als absolute Treue Identität *in* der Differenz[455] bzw. *Relation* zwischen geschichtlicher Verheißung und Erfüllung[456]. Moltmann erinnert mit diesen Ausführungen ausdrücklich an Dorothee Sölles Verdikt über jede Unterscheidung zwischen dem »Gott an sich« und dem »Gott für uns«. Aber er wendet sich gegen die von ihr vertretene These von der Selbsterübrigung des Stellvertreters[457]. Christus tritt nicht an eine »an sich« vorhandene Stelle, die der eigentliche Stelleninhaber (der sündige Mensch) zeitweilig verlassen hat, sondern er ist zugleich Stellvertreter und Stelle des von ihm vertretenen Sünders. »Seine Stellvertretung ist ... nicht nur befristete Vermittlung, sondern auch ... die neue Identität, die über die vom Menschen immer verlangte Selbstidentität hinausgeht (1 Joh 3,2).«[458]

Im Unterschied zu Sölle denkt Moltmann radikal trinitarisch. Im Geheimnis der Trinität sieht er die Frage beantwortet, wie Gott in der Geschichte und die Geschichte in Gott sein kann, ohne daß Gott und

450 Theologie der Hoffnung, 73.
451 Gott und Auferstehung, 55.
452 Das Ende der Geschichte, 246.
453 Revolution der Freiheit, 193.
454 Moltmann wirft Karl Barth vor, den Israel begleitenden »Weg-Gott« Abrahams, Isaaks und Jakobs in einen griechischen »Epiphanie-Gott« verwandelt und so Offenbarung und Geschichte getrennt zu haben (vgl. Theologie der Hoffnung, 43–50). Und er bezeichnet Bultmanns präsentische Eschatologie als ungeschichtlich (vgl. ebd. 51–60).
455 »Was aber heißt es, daß der Auferstandene in seiner Offenbarung die Verheißung seiner eigenen Zukunft ist? Es müßte heißen, daß Jesus sich als der Christus in Identität und Differenz mit sich selbst offenbart und identifiziert. Er offenbart und identifiziert sich als der Gekreuzigte und insofern in Identität zu sich selbst. Er offenbart sich als der Herr auf dem Wege zu seiner kommenden Herrschaft und insofern in Differenz zu dem, was er sein wird.« (Ebd. 77).
456 »Indem er seine Treue geschichtlich beweist, offenbart er sich selbst. Denn das Wesen, die Identität des Verheißungsgottes liegt nicht in seiner geschichtsenthobenen Absolutheit, sondern in der Beständigkeit der von ihm frei gewählten Relation zu seinen Geschöpfen, in der Beständigkeit seiner erwählenden Barmherzigkeit und Treue.« (Ebd. 105).
457 Vgl. Der gekreuzigte Gott, 243–251. – Dazu: P. F. Momose, Kreuzestheologie, 110–112.
458 Ebd. 251.

Welt (Geschichte) identisch sind. »Die Trinität«, so erklärt er, »ist vollkommen sich selbst. Sie ist aber menschenoffen, weltoffen und insofern ›unvollkommen‹ in ihrem Sein der Liebe, so wie der Liebende ohne die Geliebten nicht vollkommen sein will.«[459] Gottes Freiheit ist nicht die transzendente Voraussetzung vor seiner Liebe, sondern mit der Liebe identisch[460]. Wenn man Freiheit und Liebe, immanente und ökonomische Trinität gegenüberstellt, dann wird die nominalistische These bekräftigt, Gott könne die Sünder durch die Sendung seines Sohnes retten, müsse dies aber nicht; dann wird die scholastische These erneuert, Gottes Wesen bleibe durch die Sendung des Versöhners unberührt.

Moltmann aber spricht nicht nur von einer Nicht-Identität des Menschen und der Welt, sondern auch von einer Nicht-Identität Gottes, dessen Zukunft er als »Gottwerdung bei den Menschen«[461] bezeichnet. Weil Gott trinitarisch ist, läßt er »ein von ihm verschiedenes Sein dasein, indem er sich selbst begrenzt«[462]. Im Blick auf die Allmacht Gottes bedeutet das eine Einschränkung, im Blick auf seine Güte aber eine Entschränkung. Gott nimmt seine Allmacht zurück, weil Liebe niemals zwingt, sondern Freiheit ermöglicht. Einschränkungen Gottes nach innen sind Freisetzungen nach außen. Deshalb ist die exklusive Ursprungsbeziehung Jesu Christi zum Vater nicht von der inklusiven Gemeinschaftsbeziehung zu seinen Brüdern und Schwestern, deshalb ist das »innergöttliche« Leben nicht vom Kreuz, deshalb ist die immanente nicht von der ökonomischen Trinität trennbar[463].

Moltmann wählt für die Verklammerung von immanenter und ökonomischer Trinität den Begriff »Stellvertretung«. Indem Gott als der trinitarische immer schon sich selbst »zurücknimmt«, um für das andere oder den anderen seiner selbst eine »Stelle« zu ermöglichen, ist er als Schöpfer und Erlöser nicht nur der »nach außen« Handelnde, sondern auch der Stellvertreter: einer, der sich selbst so für seine Schöpfung einsetzt, daß er erst dann er selbst (mit sich identisch) ist, wenn jedes seiner Geschöpfe seinem Willen entspricht. In Christus tritt Gott an die Stelle des Sünders, in den Widerspruch des mit Freiheit begabten Menschen, und zwar so, daß in Kreuz und Auferstehung das »Für-sich-Sein« des Sünders »umgelitten« wird in das »Für-Sein« der Stellvertretung.

[459] Dialektik, 350.
[460] Wenn Gott trinitarisch ist, dann ist er Liebe, »dann kann seine Freiheit nicht darin bestehen, zu lieben oder nicht zu lieben. Seine Liebe ist vielmehr seine Freiheit, und seine Freiheit ist seine Liebe. Es gibt keine äußere und keine innere Notwendigkeit für ihn, zu lieben. Liebe ist das Gott Selbstverständliche. Darum müssen wir sagen: Der dreieinige Gott liebt die Welt mit eben der Liebe, die er selbst ist. Die Vorstellung von einer immanenten Trinität, in der Gott ohne seine Heil mitteilende Liebe für sich ist, bringt eine Willkür in den Gottesbegriff, die den christlichen Gottesbegriff auflöst.« (Trinität und Reich Gottes, 168f). – Vgl. ebd. 122f; Kirche in der Kraft des Geistes, 78.
[461] Das Reich Gottes, 19.
[462] Trinität und Reich Gottes, 133.
[463] Vgl. ebd. 134f; Der Weg Jesu Christi, 199–203.231.

Wo immer ein Mensch in den geschichtlichen Prozeß der Stellvertretung eintritt, ist die Auferstehung des Gekreuzigten Realität, verwirklicht sich die Zukunft Gottes, gelangt der trinitarische Gott zu sich selbst.

Gottes Zukunft bzw. die Zukunft, die Gott ist, wird von Moltmann als weltverändernde Praxis des Menschen und das »Jenseits« als »Diesseits« bestimmt. Wenn aber jeder neue Zukunftsschritt der Welt auch ein Schritt auf die Zukunft Gottes hin ist, bleibt fraglich, wer das eigentliche Subjekt der Geschichte ist, Gott oder der Mensch (bzw. die Welt). Walter Kasper und Hans Urs von Balthasar bezweifeln, ob Moltmann sich vor der zweifellos nicht gewollten Konsequenz retten kann, »daß es ohne den Schmerz und Tod des Kreuzes Trinität gar nicht gibt«[464], daß »Gott die Geschichte braucht, um zu sich selbst zu kommen«[465]. Denn wenn Gott selbst solange nicht mit sich identisch ist, bis die Welt ihre Identität gefunden hat, wird es schwierig, die verbal behauptete[466] Diastase zwischen Gott und Welt zu definieren.

Allerdings unterscheidet Moltmann, anders als Hegel, Marx oder Bloch, zwischen »futurum« und »adventus«, zwischen dem »Noch-nicht des nach vorn sich entfaltenden eigenen Wesens« und dem »freien Zukommen eines anderen«[467]. Während nach Marx der sich selbst durch die Welt entfremdete Mensch mittels revolutionärer Praxis die eigene Zukunft schafft, schildert Moltmann die Auferweckung Jesu Christi als »adventliche« Macht, die eine Zukunftsdynamik von Materie und Geschichte (futurum) erst ermöglicht. Er beschreibt das Osterereignis als exklusive Komponente einer Stellvertretung, die alle Menschen erfaßt, die sich von Christi Liebe ergreifen lassen und ihrerseits die empfangene Liebe weitergeben (inklusive Komponente). Es bleiben aber Zweifel, ob Moltmann der Freiheit des Menschen gerecht wird, wenn er die Dynamik der Geschichte mit dem Heiligen Geist identifiziert und von einer Hineinnahme aller Menschen und Dinge in die innertrinitarische Verherrlichung des Sohnes und des Vaters durch den Geist spricht. Der Geist nämlich ist für ihn »nicht eine Kraft, die vom Vater oder vom Sohn ausgeht, sondern ein Subjekt, aus dessen Aktivität der Sohn und der Vater ihre Herrlichkeit und ihre Vereinigung sowie ihre Verherrlichung durch die ganze Schöpfung und ihre Welt als ihre ewige Heimat empfangen«[468].

Wie Dorothee Sölle erweckt Moltmann mit Hilfe des Stellvertre-

[464] TD IV, 205.

[465] W. Kasper, Revolution im Gottesverständnis?, 13.

[466] »Das Gott offenbarende Verheißungsgeschehen kann nur in und an der Fraglichkeit der Welt im Ganzen und des Menschseins artikuliert werden, aber es geht darin gar nicht auf und ist damit nicht identisch.« (Theologie der Hoffnung, 76).

[467] G. Greshake, Auferstehung der Toten, 159. – Vgl. auch P. Henke, Gewißheit vor dem Nichts, 133–135; L. Kugelmann, Antizipation, 258–274.

[468] Trinität und Reich Gottes, 141. – Vgl. auch Kirche in der Kraft des Geistes, 318–326.

tungsbegriffs den Eindruck, als gebe es immer einen »Vorsprung« des Stellvertreters vor den von ihm Vertretenen, einen »Vorsprung« des Erlösers vor der Erlösungsgeschichte der Sünder. Aber ein Vergleich mit Wolfhart Pannenberg zeigt doch, daß Moltmann die Auferstehung des Gekreuzigten nicht als reale Prolepse der Vollendung (als Vorsprung der Identität *vor* der Nicht-Identität), sondern als »Auferstehung« der gekreuzigten Liebe in der Liebe bzw. Zukunft (als Identität *in* der Nicht-Identität) der Menschen interpretiert.

6. Zusammenfassung: Christi Stellvertretung als einzige Relation zwischen Gott und Mensch

– *Karl Barth* erkennt im Stellvertretungsbegriff eine tragfähige Alternative zu der These von einer Seinsanalogie zwischen Schöpfer und Geschöpf. Christus bedeutet für ihn: Gott will von Ewigkeit her den Menschen, und er will Gemeinschaft mit ihm; die Schöpfung ist Schauplatz bzw. Voraussetzung dieses Bundes. Stellvertretung heißt unter dieser Voraussetzung: Gott ist in Christus die Stelle alles Seienden, das ganz und gar anders als Gott (nämlich Geschöpf) und doch außerhalb Gottes buchstäblich nichts ist. Gott ist in Christus so die Stelle alles Seienden, daß zwischen ihm und den Geschöpfen eine direkte Proportionalität von Einheit und Unterschiedenheit besteht. Deshalb ist der Mensch die Krone der Schöpfung: Er ist das Seiende, das auf Grund seiner bewußten Verbundenheit (Einheit) mit Gott wirklich frei (Unterschiedenheit) sein kann. Der Mensch kann sich als von Gott gesetzter selber setzen (dem Schöpfer ent-sprechen); er kann aber auch die Bedingung der Möglichkeit seiner selbst verneinen und so zur »Stelle« des Nichtigen (des von Gott Verneinten) werden. Das Kreuzesgeschehen erklärt sich als Hintreten des ganz und gar von Gott her und auf Gott hin lebenden Jesus Christus an die Stelle des Gott verneinenden und von Gott verneinten Sünders. Das Für-Sein Christi reicht bis in die äußerste Selbstverschließung der Sünder und erweist sich in der Auferstehung des Gekreuzigten als Sieger über den nichtenden Haß des Nichtigen. Was so von Gott her schon »erledigt« ist, vollzieht sich innerhalb der Zeit (Geschichte) als glaubende, hoffende und liebende Annahme der Stellvertretung Christi durch den einzelnen Menschen. Hoffnung aber bedeutet als Bezeugung der Stellvertretung des Erlösers zugleich die Inklusion des Hoffenden in die Zuwendung der Stellvertretung Christi an alle Menschen aller Zeiten. Denn wer als Zeuge Christi hofft, hofft nicht nur für sich selbst, sondern auch für *alle* seine Brüder und Schwestern.

– *Barth* gibt keine Antwort auf die Frage, worin die Identität des Sünders im Rechtfertigungsgeschehen besteht. Er begnügt sich mit der Auskunft, daß der Mensch schon von Natur aus und erst recht im Vorgang der Erlösung nur durch, mit und in Christus eine »Stelle im Sein« ist. Er kann mit der »eigentlichen Bedeutung« des Wortes »Stellvertretung« (direkte Proportionalität der Einheit und Unterschiedenheit zweier Wirkungen oder Wirklichkeiten) hinreichend erklären, daß Christi Stellvertretung nicht Aufhebung, sondern Ermöglichung von Eigenständigkeit und Freiheit bedeutet. Zugleich aber verdrängt er mit der Anwendung des Stellvertretungsbegriffs auf Schöpfung *und* Erlösung die Frage, warum es ein und derselbe Mensch ist, der als Sünder nicht mehr in Christus (keine »Stelle im Sein« mehr bzw. »nichtig«) und der im Vorgang der Rechtfertigung »ein neues Geschöpf« (eine neue »Stelle im Sein«) ist.

– *Barths Kritiker* fragen nach einem »Anknüpfungspunkt« des Stellvertreters im Sünder. *Emil Brunner* sieht ihn in der »Persönlichkeit« (im Unterschied zur »Person«) bzw. in der »Verantwortlichkeit« (im Unterschied zur »Verantwortung«); *Rudolf Bultmann* in der »Existenz«, *Dietrich Bonhoeffer* in der »Sozialität des Ich« und *Friedrich Gogarten* in der »Angewiesenheit« des Menschen. *Brunner* kennzeichnet die von keiner Sünde zerstörbare Persönlichkeit als reine Beziehung, die der Mensch nicht hat, sondern *ist*, und die deshalb auch durch die Umkehrung ihrer selbst »von Ja zu Nein in der Sünde« und »von Nein zu Ja« im Glauben nicht aufgehoben wird. *Bultmann* nennt die »reine Relation«, die der Mensch *ist*, sein Existieren im Modus der Uneigentlichkeit (Sünde) oder Eigentlichkeit (Glaube). *Bonhoeffer* beschreibt den »Anknüpfungspunkt« als das »Beim-Andern-(Du)-Sein«; er zeigt, daß das einzelne Ich nur durch seine Beziehung zum Du und zum Wir es selbst ist; daß es auch in der Verneinung des Du (Sünde) noch »beim Anderen« ist und deshalb trotz aller Perversion seines Personseins (seines Auf-das-Du-bezogen-Seins) »Anknüpfungspunkt« der Stellvertretung des Erlösers bleibt. Ganz ähnlich bezeichnet Gogarten die Abhängigkeit der Selbstannahme des Menschen von der Annahme durch ein Du (durch einen Anderen) als die Wirklichkeit, die auch dort, wo sie geleugnet wird (in der Selbstherrlichkeit [Sünde] des sich unabhängig dünkenden Ich), der Anknüpfungspunkt Gottes im Menschen bleibt.

– Doch indem die *Kritiker Barths* die Frage nach der Identität des Menschen vor und nach dem Vorgang der Rechtfertigung mit der Bezeichnung seiner Personalität als reine Relation beantworten, entfernen sie sich zugleich von *Barths These*, daß Christus als Schöpfer und Erlöser so die »Stelle« jedes Seienden im Sein ist, daß nur durch ihn und in ihm alles und jeder »es selbst« oder »er selbst« ist. Zwar sprechen auch *Brunner*, *Bultmann* und *Bonhoeffer* von zwei Polen (von der vertretenden und der vertretenen Wirklichkeit) des Stellvertretungsgeschehens, können aber nicht sagen, was diese Pole von der zwischen ihnen bestehenden Beziehung unterscheidet. Denn für sie ist Christus nicht mehr die »Stelle«, sondern die Aktualisierung, die Initiierung, der Auslöser oder der »Katalysator« unserer »Eigentlichkeit«. *Bonhoeffer* nennt Christus zwar die »Stelle« für den »Anderen« als »anderen« bzw. »das *ganz* beim Du seiende Ich«, den Stellvertreter, der mit seiner Stellvertretung identisch und deshalb nicht Einzelner (Für-sich-Seiender), sondern Gemeinde ist; aber auch er beantwortet die Frage nicht, warum und wie sich die beiden Relate der *Relation* bzw. des *Aktes* »Stellvertretung« – der stellvertretende Christus und der von ihm vertretene Andere – *ontologisch* unterscheiden lassen. Was *Bonhoeffer* die Identität von Akt und Sein Christi nennt, ist bei *Gogarten* »die dynamische Identität von Angewiesenheit und Verantwortung«. Er verwirft die Frage nach dem Christus »an sich« als Versuch, sich seiner zu bemächtigen, statt sich von ihm *als dem Geschehen der Stellvertretung* ergreifen zu lassen. Für ihn *ist* Christus das *Geschehen* der Stellvertretung und deshalb nichts außerhalb des Geschehens von Angenommenwerden, Sich-selbst-Annehmen und Den-Anderen-als-anderen-Annehmen.

– Stark beeeinflußt von *Bultmann* und *Gogarten*, bezeichnet *Dorothee Sölles* Frühwerk über die Stellvertretung als Kapitel einer »Theologie nach dem Tode Gottes« die praktischen Konsequenzen der dargestellten Diskussion des Barthschen Stellvertretungsbegriffs. Für Sölle gibt es Identität nie »an sich«, sondern nur als Relation bzw. *in* der Differenz. In dieser Wahrheit sieht sie die Frohe Botschaft Christi, der Gott nicht gelehrt, sondern gelebt hat, der die absolute Transzendenz (Andersheit) Gottes als absolute Immanenz (Selbst-Hingabe, »Nichts-für-sich-selbst-Festhalten«) erwiesen und damit den verdinglichten, den »verobjektivierten« Gott der theistischen Metaphysik als Götzen, als Ersatz für die eigene Selbst-Hingabe und so als Projektion entlarvt hat. Nach *Sölle* ist Jesus durch sein »nichts-für-sich-selbst-festhaltendes« Hintreten »an die Stelle« seines leidenden Nächsten Gottes Stellvertreter. Das heißt: Wo immer die Selbst-Hingabe (Stellvertretung) Jesu angenommen und von dem Annehmenden seinerseits in Selbst-Hingabe (Stellvertretung) übersetzt wird, da »geschieht« Gott. Gott ist das Geschehen der Stellvertretung, Gott ist Identität *in* der Differenz, und außerhalb der Differenz gibt es keine Identität. Oder anders gesagt: Seit Christus ist das zwischenmenschliche Empfangen und Gewähren von Stellvertretung die einzige »Wirklichkeit« Gottes.

– Wenn *Dorothee Sölle* Stellvertretung als »Geschehen« beschreibt, ist sie gar nicht so weit von den Theologen entfernt, die man als »Rechts-Barthianer« den schon genannten »Links-Barthianern« gegenüberstellen könnte. Denn auch für *Heinrich Vogel*, *Paul Althaus*, *Oscar Cullmann*, *Wolfhart Pannenberg* und *Jürgen Moltmann* ist Stellvertretung ein Geschehen – wenn auch ein durch Christus *ermöglichtes* und also *nicht mit ihm identisches* Geschehen. Für sie ist Stellvertretung die Vermittlung der universalen Bedeutung des Christusereignisses an die Menschen aller Orte und Zeiten. Vogel allerdings beschränkt seinen Stellvertretungsbegriff auf das Ereignis des Hintretens des Sohnes Gottes »an die Stelle« des Menschen Jesus. Für ihn ist Stellvertretung ausschließlich ein Geschehen »von oben nach unten«, von Gott auf den Menschen hin, und deshalb kein Geschehen zwischen Christus und uns. Nach *Vogels* Darstellung können wir Christus nur im Sprung des Glaubens aus »unserer Stelle« heraus in seine »Stelle« hinein erreichen. In diesem Punkt unterscheidet er sich von *Althaus*, der Stellvertretung als geschichtliche Selbstvermittlung (»autotraditio«) Christi in die vielen Stellvertretungen der Christen (»communio sanctorum«) beschreibt – nicht so, als würde die inklusive Stellvertretung der von Christus Erlösten der Stellvertretung Christi quantitativ oder qualitativ etwas hinzufügen, wohl aber im Sinne einer geschichtlichen Vermittlung des Christusereignisses an die Gegenwart. Weil das Christusereignis kein metageschichtliches Ereignis ist, kann auch seine universale Bedeutung nur geschichtlich vermittelt werden; und weil Christus sich im Modus der Stellvertretung als absoluten und universalen Sinn aller Menschen geoffenbart hat, nennt *Oscar Cullmann* die Verklammerung der gesamten Geschichte mit dem Christusereignis »das Prinzip Stellvertretung«. Die Profangeschichte ist für ihn nur die äußere Larve der »eigentlichen« Geschichte; denn die »eigentliche« Geschichte ist die Vermittlung des Absoluten in der Zeit durch die Stellvertretung des menschgewordenen Gottessohnes und die inklusive Stellvertretung seiner Erwählten.

– *Pannenberg* übernimmt *Cullmanns* These von der Verklammerung der Universalgeschichte mit dem Christusereignis durch »das Prinzip Stellvertretung«, wendet sich aber gegen die Unterscheidung zwischen einer »äußeren« Profangeschichte und einer »inneren« Geschichte der Stellvertretung. Für ihn gibt es nur *eine* Geschichte der Menschen. Weil jeder von Anfang an gerufen ist, auf je einmalige Weise Stellvertreter seiner Mitmenschen zu sein, weil jeder Mensch durch Treue zu dem in seine Natur geschriebenen Gesetz Heil und durch Untreue (Sünde) Unheil nicht nur für sich selbst, sondern auch für seine Umgebung verursacht, ist Geschichte *immer und überall* die Geschichte von »Stellvertretern«. Christus allerdings ist der Stellvertreter, der mit dem Willen Gottes (= Gesetz) *identisch* ist und daher *alle* erfaßt, denen Gott von Natur aus sein Gesetz ins Herz geschrieben hat. Seine Kreuzigung *im Namen des Gesetzes* (im Namen dessen, mit dem er ganz eins ist) offenbart die Perversion der Sünde: die Verkehrung des Gesetzes in einen Götzen. Aber der »im Namen des Gesetzes« Gekreuzigte wird in der Auferwekkung als das wahre Gesetz bzw. Heil proklamiert. Die stellvertretende Bedeutung seines Todes und seiner Auferweckung ist so universal wie das allen Menschen seit Adam eingeschriebene Gesetz; und diese universale Bedeutung Christi liegt nicht außerhalb der Geschichte, sondern in ihr. Als der Absolute *in* der Geschichte ist Christus Stellvertreter und vermittelt sich an alle Menschen aller Zeiten durch die inklusive Stellvertretung seiner Gläubigen. Aber – so fragt *Moltmann* – ist Christi Auferweckung in *Pannenbergs* Darstellung nicht letztlich nur eine Bestätigung der Hoffnung, die der Mensch immer schon in sich trägt, weil er weiß, daß ihm in der Befolgung des Willens Gottes (des in sein Herz geschriebenen Gesetzes) unbedingt Zukunft (= Heil) geschenkt wird?

Hat Christi Auferweckung für Pannenberg wirklich *stellvertretende* Bedeutung? *Moltmann* selbst sucht seine Antwort im Lichte des Trinitätsgeheimnisses. Als der trinitarische ist Gott Identität in der Differenz. Deshalb bedeutet seine *Selbst*mitteilung *in* der Geschichte, daß Identität und Differenz kein Widerspruch sind, daß das Absolute in der Geschichte und die Geschichte im Absoluten sein kann, und daß Christi Vollendung (Auferstehung) nicht außerhalb der Geschichte (nicht ohne uns), sondern in der Geschichte (mit uns) geschieht, daß Gott erst mit sich identisch ist, wenn Christi Brüder und Schwestern ebenfalls mit sich identisch sind. *Moltmann* wirft auf ganz anderem Wege als *Dorothee Sölle* und doch ähnlich wie sie die Frage auf, worin der »Vorsprung« des Stellvertreters vor dem von ihm Vertretenen (der Vorsprung der Identität vor der Nicht-Identität) besteht und wie man innergeschichtlich Identität *in* der Differenz denken kann.

– Alle erwähnten Theologen sind sich mit Barth darin einig, *daß* der Stellvertretungsbegriff eine theologische Grundkategorie ist, weil er sich eignet, das Verhältnis zwischen Gott und Mensch insgesamt, das Verhältnis zwischen Schöpfer und Geschöpf, Erlöser und Sünder, Gnade und Freiheit, zwischen dem Absoluten und der Geschichte auszudrükken. Aber die skizzierte Diskussion bzw. Entfaltung des Barthschen Stellvertretungsbegriffs zeigt auch, daß weiterer Klärung bedarf, was wir das Verhältnis ontischer und relationaler Kategorien, das Verhältnis von Identität und Differenz, und eingangs die direkte Proportionalität der Einheit und Unterschiedenheit zweier Wirkungen oder Wirklichkeiten nannten. Das folgende Kapitel wird den Antworten der protestantischen die der katholischen Theologie gegenüberstellen. Die »Gegenüber«-Stellung aber mündet in einen Vergleich, der nicht nur die ökumenische Bedeutung des Stellvertretungsbegriffs beweist, sondern auch zu dessen eigener Klärung beiträgt.

Viertes Kapitel

STELLVERTRETUNG ALS INBEGRIFF DER »ANALOGIA ENTIS«

Die im dritten Kapitel dargestellten Theologen sind sich einig in der Ablehnung jedes Versuchs, Gott und Mensch, Schöpfer und Geschöpf unter irgendeinen gemeinsamen Begriff zu fassen. Der Stellvertretungsbegriff ist für sie nicht Ausdruck eines »Seins«, sondern eines Geschehens, eines Tuns, einer Relation. Die meisten von ihnen folgen Karl Barth nicht in der Schärfe seines Urteils über die »katholische ›analogia entis‹«. Aber alle verwerfen die scholastische These, es gebe neben univoken und äquivoken Begriffen auch solche, die unter ein und derselben Rücksicht zugleich Einheit und Verschiedenheit bezeichnen und deshalb »analog« heißen (vgl. SS. 170f).

Daß diese These keineswegs typisch für die katholische Theologie ist, hat vor allem Erich Przywara (1889–1972) bewiesen[1]. Seine mit dem Terminus »analogia entis« verbundenen Arbeiten gründen in der Unterscheidung zwischen der Auffassung des Seins als »actualitas omnium actuum« und der Verbegrifflichung des Seins im Sinne einer »Abstraktion« von allem Seienden (Differenten)[2]. Das Sein, so zeigt er, ist kein Begriff, und gerade deshalb, *weil* es *kein Begriff* ist, *analog* im Sinne einer direkten Proportionalität von Ähnlichkeit und Unähnlichkeit, von Identität und Differenz[3]. Das *Sein* ist im Unterschied zum *Seinsbegriff* dasjenige, worin jedes einzelne Seiende mit jedem anderen Seienden *zugleich* übereinkommt und differiert. Oder anders gesagt: Jedes Seiende verwirklicht *dasselbe Sein* auf eine je eigene, von allen anderen *verschiedene* Weise. In dieser Beobachtung – so Béla Weissmahr in seiner an Przywara orientierten Ontologie – »kommt zum Ausdruck, (a) daß kein Seiendes als etwas Isoliertes, mit anderen nicht Verbundenes aufgefaßt werden kann, sondern daß es in einer realen Seinsgemeinsamkeit mit allen anderen Seienden steht, und (b) daß jedes Seiende aufgrund der ihm eigenen Weise seiner Seinsverwirklichung ein von allen anderen verschiedenes einzelnes ist«[4].

Einerseits ist »Sein« das, was jedem Seienden mit allen anderen Seienden *gemeinsam* ist; und *zugleich* ist »Sein« das, was jedes Seiende zu

[1] Vgl. H. U. v. Balthasar, Erich Przywara, 355–358.

[2] J. Hegyi (Die Bedeutung des Seins, 52.106.149f) hat gezeigt, daß die Seinslehre des Thomas schon vor Johannes Capreolus, Franziskus Silvester von Ferrara und Cajetan nicht mehr verstanden und deshalb verdunkelt bzw. mißdeutet wurde. Bis 1920 sieht A. Keller (Sein oder Existenz?, 73–189) von den Neuthomisten die These vertreten, das Sein sei der auf dem Wege der Abstraktion ermittelte allgemeinste Wesensbegriff. – Dazu: M. Cabada Castro, Die Suarezische Verbegrifflichung des Thomasischen Seins, bes. 330–332.

[3] Im Kontext seiner Kontroverse mit Joseph Geyser bemerkt Erich Przywara: »Für Thomas und seine Schule ist ›Sein‹ nicht jener formalistische unterste Allgemeinbegriff, wie er seit dem Zerfall der Scholastik üblich geworden war. Für ihn liegt vielmehr im Sein das ganze Geheimnis von Schöpfer und Schöpfung, ein Übereinstimmen beider *im* grundsätzlichen Verschiedensein: nicht ein ›direktes‹ Element *neben* einem ›indirekten‹, wie Geyser will, sondern ›Seinsanalogie‹ besagt, daß *in* der allergeringsten Gemeinsamkeit zwischen Schöpfer und Schöpfung der Abgrund der Verschiedenheit klaffe.« (Zit. nach: J. Terán Dutari, Die Geschichte des Terminus »Analogia entis«, 167).

[4] B. Weissmahr, Ontologie, 112.

einem *einmaligen* Seienden macht. Diese »Gleich-zeitigkeit« von Identität und Differenz aber ist nicht so zu erklären, als würde jedes Seiende mehr oder weniger an einem quantitativ verstandenen »esse commune« partizipieren. Denn das, was ein Seiendes von allen anderen Seienden unterscheidet, ist nicht die relative Unvollkommenheit seiner Partizipation, sondern das »Hintreten« der Vollkommenheit aller Vollkommenheiten (actualitas omnium actuum) an eine je andere »Stelle«. Demzufolge bedeutet Verschiedenheit (bzw. Endlichkeit, Kontingenz, Positivität) nicht nur Unvollkommenheit bzw. relatives Nicht-Sein oder Begrenztsein durch eine bestimmte Stelle, sondern auch Seinsvollkommenheit bzw. Einmaligkeit.

Darin liegt der entscheidende Unterschied zwischen den von uns in Kap. III und Kap. IV dargestellten Theologen, daß letztere jeder auf seine Weise im geschöpflichen Sein (im Verhältnis von »Sein« und »Seiendem«) eine Analogie (direkte Proportionalität von Identität und Differenz) entdecken, die der Analogie im Verhältnis des Schöpfers zur Schöpfung entspricht. Für Barth und mehr oder weniger für alle protestantischen Theologen, die den Stellvertretungsbegriff in die Mitte ihrer Theologie rücken, tritt Gott in Christus so »an die Stelle« des Menschen, daß dieser außerhalb der Stellvertretung Christi buchstäblich »nichts« ist. Auch katholische Theologen betonen, daß der Mensch nichts anderes ist als das, was er durch und im Stellvertreter Jesus Christus ist. Doch wenn Hans Urs von Balthasar, Norbert Hoffmann, Joseph Ratzinger oder Walter Kasper den Stellvertretungsbegriff adaptieren, wollen sie nicht nur die *Relation* des Vertretenden zu dem Vertretenen beschreiben, sondern auch ergründen, was der Vertretene selbst auf Grund jener Relation »von oben nach unten« *ontologisch* ist.

Balthasar fragt in seinen Studien zu Karl Barth[5], ob der als Stellvertretung bezeichneten Beziehung Gottes zum Menschen nur ein Tun (der Glaube bzw. das Aus-sich-selbst-Herausgehen) oder auch ein Sein entspricht. Und er gelangt zu dem Ergebnis, daß die gesamte Schöpfung dem in Christus realisierten Verhältnis Gottes zu ihr immer schon (wesentlich) entspricht. Denn – so seine Begründung – wie die in Christus realisierte »Beziehung« des Schöpfers zu seiner Schöpfung, so ist auch die »Beziehung« des Seins zu jedem einzelnen Seienden ein Verhältnis direkter Proportionalität von Einheit und Unterschiedenheit.

Dabei ist zu beachten, daß zwischen Sein und Seiendem Analogie dasselbe bedeutet wie zwischen dem Schöpfer und seiner Schöpfung, nämlich direkte Proportionalität von Einheit und Differenz bzw. von Transzendenz und Immanenz; daß aber zwischen den beiden »Verhältnissen« Schöpfer/Schöpfung und Sein/Seiendes nicht noch einmal die-

[5] Vgl. H. U. v. Balthasar, Karl Barth, 335–386; ders., Analogie und Natur, 15–17; ders., Analogie und Dialektik, 176f.

selbe Analogie gilt. Zwischen diesen »Verhältnissen« kann man lediglich von einer »analogia proportionalitatis« (vgl. SS. 170f)[6] – d. h. von einer Ähnlichkeit *innerhalb* von Unähnlichkeit, nicht aber von Ähnlichkeit *in* Unähnlichkeit – sprechen. Die Ähnlichkeit liegt in der Vergleichbarkeit der Relate Sein/Seiendes mit den Relaten Schöpfer/Schöpfung bzw. Erlöser/Sünder; und die Unähnlichkeit besteht darin, daß im Unterschied zum Schöpfer das Sein als Akt der individuellen Wesenheiten nie »für sich« oder »an sich« denkbar ist[7]. »Für sich« ist das Sein nichts; denn es »ist« nur *auf* die Wirklichkeit des Seienden *hin*[8]. Das Verhältnis von Sein und Seiendem ist nach Balthasar ein Stellvertretungsverhältnis – aber im Unterschied zu dem Stellvertretungsverhältnis zwischen Schöpfer und Schöpfung bzw. zwischen Erlöser und Sünder ein Verhältnis, das den Grund seiner selbst nicht in sich selbst trägt[9]. Denn während der *actus essendi creatus* sich in die Vielzahl des Seienden entäußern *muß*, ist Gott in der christlichen Theologie der *actus essendi subsistens*, der sich in seinem Schöpfungs- und Erlösungswerk als *freie* Erschließung seiner selbst erweist.

Vor diesem Hintergrund und im Vorgriff auf die folgenden Ausführungen könnte man sagen: Dem, was Barth als Stellvertretungsverhältnis des Schöpfers zu seiner Schöpfung bzw. des Erlösers zum Sünder beschreibt, entsprechen nach Darstellung katholischer Theologen geschöpfliche Stellvertretungsverhältnisse: nämlich des Seins zu jedem einzelnen Seienden (Balthasar); der durch Christus Versöhnten zu den Unversöhnten (Hoffmann); der Brüder Christi zu »den anderen Brüdern« (Ratzinger); der durch Christus befreiten zu den von der Sünde versklavten Menschen (Kasper).

[6] Vgl. H. U. v. Balthasar, Analogie und Dialektik, 175f.

[7] Das Sein »an sich« – unabhängig von seiner Rezeption in den Wesenheiten – ist bloßes Formalprinzip ohne Selbstand: »esse simplex, sed non subsistens« (Thomas). Denn »Sein gelangt zu sich selbst als Subsistenz nur im Wesen; Wesen gelangt zu seiner Wirklichkeit ... nur in Teilnahme am Sein« (H III/1/B, 955).

[8] Zwischen Sein und Seiendem »herrscht ein gegenseitiges Sich-Beschenken: das Sein gibt dem Wesen seine Unteilbarkeit, das Wesen gibt dem Sein (als bloß schwebende, in sich keinen Halt findende Wirklichkeit) seine Verwirklichung« (ders., Epilog, 43). – Vgl. ders., Mein Werk, 90.

[9] Mit Gustav Siewerth wendet sich Balthasar gegen die Auffassung Heideggers, man könne die Differenz zwischen Seiendem und Sein als ein letztes, in sich beruhigtes Mysterium schweben lassen. Nach seiner Ansicht kann die Freiheit des nichtsubsistierenden Seins gegenüber allem Seienden nur dann gewahrt werden, wenn das nichtsubsistierende Sein »in einer subsistierenden Freiheit des absoluten Seins, das Gott ist, eingründet«. Denn die Würde der Wesensgestalt wird von dem umgreifenden Seinsakt nur dann nicht »als hinfällige ›Seinsstufe‹ verschlungen und aufgezehrt, wenn ihr gültiger Umriß auf eine souveräne absolute Ein- und Ausbildungskraft zurückbezogen werden kann« (H III/1/B, 954f). – Dazu: T. R. Krenski, Passio Caritatis, 176–180.

Hans Urs von Balthasar (1905–1988)[10] stand nicht nur in regem Kontakt mit Karl Barth, sondern hat auch die eigene »Denkform« in Auseinandersetzung mit ihm entwickelt. Mit diesem selten klar definierten Begriff bezeichnet er das Grundanliegen oder Grundinteresse, den Frage- oder Denkstil bzw. die Denkvollzugsform eines Autors. »Nichts«, so betont er, »ist im konfessionellen Gespräch wichtiger als die Klärung der Denkform«[11]. In seinen bahnbrechenden Barth-Studien entdeckt er hinter der protestantischen Ablehnung eines in ontologischen Kategorien denkenden Katholizismus das existentielle Anliegen, der Priorität des souveränen Gottes rückhaltlos Anerkennung zu verschaffen[12]. Balthasar würdigt die Berechtigung dieses Anliegens, indem er die »analogia fidei« Karl Barths (s. SS. 168ff) und die »analogia entis« Erich Przywaras gemäß der Formel von Chalkedon als ungetrennte und unvermischte Komponenten einer an Jesus Christus »abgelesenen« Einheit beschreibt[13]. Die im Glauben realisierte Antwort des Menschen auf die in Christus realisierte Beziehung des Schöpfers zu seinem Geschöpf nennt Balthasar »analogia fidei«; und die dem antwortenden Glauben entsprechende Beziehung jedes einzelnen Seienden zur Vollkommenheit des Seins »analogia entis«. Die so beschriebene Einheit beider Analogien aber impliziert ein »Prius«[14] der »analogia fidei« (der vom Glauben beantworteten Beziehung des Schöpfers zum Geschöpf) vor der »analogia entis« (vor der seinsmäßigen Entsprechung des Geschöpfs gegenüber seinem Schöpfer)[15]. Ontisch bedeutet das: »Die Beziehung vom Geschöpf zu Gott ruht ganz und gar in einer (Schöpfungs-)Beziehung des Schöpfers zum Geschöpf. Noetisch: das Cogito des Geschöpfs ruht ganz und gar in einem Cogitor des Geschöpfs durch Gott. Alles Vergleichen und Sich-Beziehen des Geschöpfs hat also sein Maß in einem umgekehrten Sich-Beziehen Gottes zum Geschöpf.«[16] Balthasar spricht in fast

[10] Einen Überblick über das bis dato erschienene Gesamtwerk vermitteln (s. Literaturverz.) H. de Lubac, A. Moda, M. Lochbrunner und P. Henrici.
[11] Karl Barth, 201.
[12] Vgl. W. Löser, Im Geiste des Origenes, 41 f.
[13] Vgl. M. Lochbrunner, Analogia Caritatis, 282 f.
[14] Vgl. M. Scheuer, Die Evangelischen Räte, 40.
[15] Balthasar distanziert sich mit seiner Zuordnung von »analogia fidei« und »analogia entis« auf ähnliche Weise von Przywara wie Gottlieb Söhngen (vgl. B. Gertz, Glaubenswelt als Analogie, 260–265.270–274; P. Henrici, Zur Philosophie Hans Urs von Balthasars, 257). Während Przywara die »analogia fidei« von der lateranensisch (DS 806) verstandenen »analogia entis« her bestimmt, beschreiten Söhngen und Balthasar den umgekehrten Weg. Balthasar fordert z.B. in seiner Besprechung des Barthschen Anselm-Buches eine »analogia entis innerhalb der analogia fidei« bzw. eine »die analogia entis als eingeordnetes Moment in sich bergende analogia fidei« (Gertz [s.o.] 272).
[16] Analogie und Dialektik, 176.

allen seinen Schriften von einem *ascensus* des Geschöpfes, falls und insofern es sich »einschwingt« in den *descensus* des Schöpfers; oder auch – indem er wie Erich Przywara die griechischen Präpositionen *κατά* und *ἀνά* wörtlich übersetzt – von einem Primat der »Kata-logie« vor der »Ana-logie«[17].

Auf diese Weise wird anschaulich, was er nicht nur die eigene, sondern die »katholische Denkform«[18] schlechthin nennt, nämlich: eine »Gestalt« des Denkens, wie sie zunächst und besonders klar in den großen Werken der Väterzeit erscheint[19]. Balthasar zeigt, wie Irenäus, Origenes, Gregor von Nyssa und Maximus Confessor durch ihre Meditation der Einheit von göttlicher und menschlicher Natur in Jesus Christus das »Zugleich« von »Kata-logie« (Abstieg Gottes zum Menschen) und »Ana-logie« (Aufstieg des Menschen zu Gott), von Identität und Differenz, von Unendlichkeit und Endlichkeit, von Vollkommenheit und Kontingenz, kurz: das »universale concretissimum«[20], entdecken und deshalb der Tendenz des eleatisch-platonischen Denkens widerstehen, alles Endliche (Konkrete) in eine übergeordnete Einheit (ins Universale) aufzuheben. Nach Balthasar ist dies die Kernfrage der patristischen Theologie: wie das Absolute im Endlichen bzw. das Endliche im Absoluten so sein kann, daß das Endliche nicht nur nicht aufgehoben oder absorbiert, sondern umgekehrt in dem Maße »es selbst« wird, in dem es mit dem Absoluten verbunden ist. Denn immer wieder reflektieren die Väter »das Paradox des Christentums, daß in der demütigen Abstiegsbewegung Gottes die sehnsüchtige Aufstiegsbewegung der Kreatur selbst vollendet wird«[21]. Dieses Paradox will Balthasar auch in den Mittelpunkt der eigenen Theologie stellen. Er versteht seine Christologie – näherhin seine »Theologie der drei Tage«[22] und noch präziser

[17] Dazu: T. R. Krenski, Passio Caritatis, 122–126.

[18] Solange die »katholische Denkform« auf der *analogia entis* basiert, kann sie kein geschlossenes System begründen (vgl. Analogie und Dialektik, 263–278). Denn »Gott kann von der Welt aus nicht dadurch ›konstruiert‹ werden, daß dem ›einfachen, unteilbaren, aber nicht subsistierenden‹ Wirklichen eine unendliche Wesenheit gleichgesetzt wird; denn wir kennen diese beiden ›Elemente‹ des Weltseins nur in ihrer beiderseitigen Defizienz, die, wenn beide unmittelbar identifiziert werden, nicht automatisch verschwindet. Das Zusammendenken zweier Endlichkeiten (auch die Nichtsubsistenz des Wirklichen verweist auf eine solche), ergibt nicht das Absolute, allerhöchstens weist es auf etwas über beidem Hinausliegendes hin, ohne davon eine Vorstellung vermitteln zu können.« (Epilog, 40). – Dazu: G. de Schrijver, Le merveilleux accord de l'Homme et de Dieu, 141–163; J. Schmid, Im Ausstrahl der Schönheit Gottes, 175–188.

[19] Vgl. W. Löser, Im Geiste des Origenes, 67–75.97f.100–118.181–212.

[20] Vgl. Theologie der Geschichte, 61f; Klarstellungen, 17–29; Neue Klarstellungen, 52–61; TL III, 180–188. – Dazu: H. Heinz, Der Gott des Je-mehr, 85–87; W. Tinnefeldt, Ekstasis der Liebe, 50–55; G. Marchesi, La Cristologia di Hans Urs von Balthasar, 33–55; P. Escobar, Das Universale Concretum Jesu Christi, bes. 579–585; W. Löser, »Universale Concretum«, 118f.

[21] Eros und Caritas, 157. – Vgl. Verbum Caro, 174.

[22] Vgl. Mysterium Paschale, 185–319; TD III, 295–395.

seine »Theologie des Karsamstags«[23] – als von den Vätern inspirierten[24] Blick auf das »universale concretissimum«. Er will wie die Väter Antwort geben auf die Frage, wie der absolute Gott so Schöpfer und Erlöser des Menschen sein kann, daß dieser im Maße seiner Abhängigkeit (Verbundenheit) von ihm »er selbst« und also wirklich frei ist. Seine Christologie kreist wie die der Väter um das eine große Problem, wie das (der) Absolute »an die Stelle« des Endlichen treten kann, ohne damit das Endliche als solches aufzuheben. Es geht, wie Balthasar in seiner »Theodramatik« bemerkt, um nichts anderes als die möglichst exakte »Herausarbeitung des Begriffs der Stellvertretung«[25].

1. Stellvertretung als Struktur jeder »Gestalt«

a) Christologische und ontologische Stellvertretung

aa) »Kata-loge« und »ana-loge« Stellvertretung

Wie Barth geht auch Balthasar vom Offenbarungsfaktum »Jesus Christus« aus. Aber im Unterschied zu Barth bezeichnet er mit »Stellvertretung« nicht nur die in Christus realisierte Beziehung Gottes zum Menschen, sondern auch die Beziehung des Menschen zu Gott. In seiner monumentalen Trilogie zeigt er, daß Schöpfer und Geschöpf, Erlöser und Sünder, Gnade und Freiheit zwei Wirklichkeiten bilden, von denen keine auf die andere reduzierbar ist; und daß die »kata-logisch« vom Schöpfer auf das Geschöpf hin gedachte Bipolarität der Offenbarungsgestalt eine »ana-logisch« zu denkende Bipolarität des geschöpflichen Seins impliziert. Denn wenn Gott als Schöpfer und Erlöser so »an die Stelle« des Endlichen tritt, daß dieses Endliche nicht aufgehoben oder ersetzt, sondern zu sich selbst befreit wird, wenn also Schöpfer und Geschöpf, Erlöser und Sünder sich im Sinne einer direkten Proportionalität von Einheit und Unterschiedenheit zueinander verhalten, dann – so Balthasar – muß es im geschöpflichen Sein so etwas wie eine natürliche Voraussetzung[26] bzw. »ana-loge« Entsprechung zum übernatürlichen bzw. »kata-logen« Geschenk der Christus-Stellvertretung geben.

[23] Vgl. Mysterium Paschale, 227–255; TD IV, 223–293. – Die Karsamstagstheologie basiert auf der Mystik Adrienne von Speyrs, der es geschenkt wurde, »das Bewußtsein Christi, sein Gebet, seinen Gehorsam, seine Beichthaltung vor dem Vater und schließlich die differenziertesten inneren Leidenszustände des Herrn bis hinein in die Hölle des Karsamstags nachzuvollziehen« (B. Albrecht, Eine Theologie des Katholischen II, 278).

[24] Vgl. W. Löser, Im Geiste des Origenes, 235–246.

[25] TD III, 11.

[26] »Gnade ist Gnade *für* eine Natur und *an* einer Natur. Und insofern setzt sie eine Natur *voraus* (im logischen Sinn, nicht notwendig im zeitlichen Sinn). Aber insofern Gnade ergeht und diese Natur ergreift, ist sie auch schon die begnadete, selbst transponierte Natur. Natur existiert dann konkret jeweils im transponierten erhobenen »Modus« der Gnade, aber das Subjekt, das in dieser Transposition sich befindet, ist kein anderes (non alter) als das Subjekt der Natur, auch wenn es darin anders (aliter) geworden ist.« (Analogie und Natur, 16).

Diese »ana-loge« Entsprechung reflektiert Balthasar in seinem 1947 publizierten Werk mit dem Titel »Wahrheit der Welt«[27]. Er geht von der Beobachtung aus, daß sich im konkreten Sein jedes Seienden eine »Zweipoligkeit« zeigt. Denn – wie oben erläutert – einerseits ist »Sein« das, was jedem Seienden mit allen anderen Seienden *gemeinsam* ist; und *zugleich* ist »Sein« das, was jedes Seiende zu einem *einmaligen* Seienden macht. Das »Sein« tritt gleichsam »an die Stelle« des einzelnen Seienden – nicht, um die Endlichkeit seines begrenzten Wesens in das Unendliche aufzuheben, sondern um dessen Einmaligkeit zu verwirklichen. Balthasar beschreibt das Verhältnis von Sein und Seiendem als »Ana-logie« des Stellvertretungsverhältnisses zwischen Schöpfer und Geschöpf, zwischen Erlöser und Sünder. Er sieht zwar in Christus den Stellvertreter schlechthin, erkennt aber gerade deshalb in der gesamten (durch Christus und auf ihn hin entworfenen) Schöpfung eine »ana-loge« Entsprechung zu dem »kata-logen« Stellvertretungsgeschehen, das wir Schöpfung und Heilsgeschichte nennen[28].

Wo immer sich das geschöpfliche Sein (actus essendi creatus) zeigt (Schönheit), mitteilt (Güte) oder aussagt (Wahrheit), »läßt sich unterscheiden: 1. das, was sich erschließt, der Seinsgrund; 2. das, was erschlossen ist, die Erscheinung; 3. die Erschließung selbst als die Bewegung des Grundes in die Erscheinung«[29]. Grund und Erscheinung bilden die beiden Pole der »ana-logen« Stellvertretung. Der Seinsgrund – von Thomas *actus essendi*, von Balthasar auch »das Ganze der Wirklichkeit« genannt – existiert nur je im Fragment (»an der Stelle«) eines endlichen Wesens, und das Fragment existiert nur, indem es zur »Stelle« des *actus essendi* wird. Zwischen dem Seinsgrund und seiner Erscheinung im einzelnen Seienden besteht ein Stellvertretungsverhältnis, außerhalb dessen weder das einzelne Seiende, noch der *actus essendi* »wirklich« sind.

Vehement wendet sich Balthasar in seinem Frühwerk gegen alle dialektischen und identitätsphilosophischen Versuche des Deutschen Idealismus, dieses Stellvertretungsverhältnis zwischen Dasein und Sosein in eine übergeordnete Einheit aufzuheben[30]. Immer wieder grenzt er die christliche Bejahung der Positivität des Endlichen ab vom »Weg des Scheins«[31]. So bezeichnet er die gnostische Gleichsetzung des Endlichen

[27] Das Buch über die Wahrheit des geschöpflichen Seins ist identisch mit dem ersten Band des dritten Teils (Theologik) der Trilogie und bedeutet in der Biographie des Autors die Synthese oder das philosophische Ergebnis der unter dem Titel »Apokalypse der deutschen Seele« gesammelten Studien mit den drei Leitmotiven Prometheus, Dionysos, Thanatos. Es will ein philosophisches Buch sein, versteht Philosophie aber als jenen Weg von unten nach oben (ana-loge Methode), der immer schon umgriffen ist von der Selbstauslegung des Logos von oben nach unten (kata-loge Methode). Vgl. TL I, 278–290.

[28] Vgl. Analogie und Natur, 17–20. – Dazu: S.-M. Wittschier, Trinitarische Ontologie unter dem Leitbild des Kreuzes, 96–108.288–290; T. R. Krenski, Passio Caritatis, 182f.

[29] TL I, 246.

[30] Vgl. Prometheus, 589–611; H III/1/B, 788–927; TD III, 132–135.

[31] Vgl. Das Ganze im Fragment, 74–77; Glaubhaft ist nur Liebe, 8–18; Interview: Geist und

mit dem Nichtigen oder die mannigfachen Spielarten des asiatischen Denkens, das alles sogenannte Wirkliche für Schein und das »Nirvana« zum wahren Sein erklärt. Auch den scheinbar gegenteiligen »Weg des faustischen Menschen«, der seine Grenzen sprengen will[32], sieht Balthasar bestimmt von der Verneinung des Endlichen. Für ihn ist das Christentum die einzige Weltanschauung, die das Endliche nicht als Unvollkommenheit, sondern als je einmalige »Stelle« des Seins in seiner ganzen Fülle (actus essendi) wertet[33]. Im Blick auf Christus, der als einzelner konkreter Mensch zugleich der universale Sinn alles Seienden (»universale concretissimum«) *ist*, ist eine andere als die positive Wertung des Endlichen gar nicht möglich.

Die Sicht des Endlichen als »Stelle« des Absoluten rechtfertigt nach Balthasar den Anspruch des Christentums, nicht nur *eine* Form der Wahrheit, sondern *die* Wahrheit selbst zu lehren. Er ist zutiefst überzeugt, daß alles geschöpfliche Sein »ana-log« ist auf Christus als das »universale concretissimum« hin. Doch zugleich schließt er aus, daß man durch rationale Häufung von Gründen den Glauben an Christus erzwingen kann[34]. Deshalb eröffnet er dem Leser seiner gewaltigen Trilogie den Blick auf das »universale concretissimum« nicht mit Hilfe der Logik, sondern mit einer Ästhetik, nicht mit den rational erschließbaren Gründen der Wahrheit, sondern mit der »Schau der Gestalt«[35]. Er kehrt die traditionelle Reihenfolge der alles Seiende überschreitenden Eigenschaften des Seins, der Transzendentalien »Wahrheit, Gutheit, Schönheit«, um. Die Logik der Wahrheit tritt hinter das Staunen über die Schönheit und auch hinter die Erfahrung der Güte des Seins zurück. Aber wie immer man das Sein betrachtet – als sich zeigende Gestalt, als sich mitteilende Liebe oder sich auslegende Wahrheit –, jedesmal wird ein und dasselbe Stellvertretungsverhältnis zwischen dem *actus essendi* und dem einzelnen Seienden von einer anderen Seite beleuchtet.

Feuer, 77; Dem Dialog entgegen, 292–294; Epilog, 17–22; Mein Werk, 90f. – Dazu: M. Albus, Die Wahrheit ist Liebe, 63–81; M. Scheuer, Die Evangelischen Räte, 53.59.93.

32 Weil jeder Mensch mit dem Bewußtsein des eigenen Ich immer schon um das Sein im ganzen weiß und sich mit diesem Wissen über alles kontingent Seiende hinaus auf ein absolutes Sein verwiesen weiß, kann er nur *in* der Bejahung dieser Verwiesenheit er selbst sein. Sobald er sich selbst, einen Mitmenschen oder ein Ding für absolut erklärt, flieht er aus seiner Angewiesenheit, Endlichkeit, Zeitlichkeit und Gegenwart in die faustischen Visionen eines Übermenschen (Nietzsche), einer klassenlosen Gesellschaft (Marx) oder eines zeitenthobenen Nirvana (Buddhismus) und hebt so die besagte Doppelpoligkeit (das besagte Stellvertretungsverhältnis) auf. – Vgl. Das Ganze im Fragment, 77–79; Glaubhaft ist nur Liebe, 19–32; Pneuma und Institution, 96; TD III, 133.

33 Vgl. Das Ganze im Fragment, 83–93; Glaubhaft ist nur Liebe, 33–39; Cordula, 48–61; Einfaltungen, 105–147; Epilog, 23–32.

34 Vgl. M. Albus, Die Wahrheit ist Liebe, 133–145.

35 Vgl. H I, 9–11; Epilog, 36f; Mein Werk, 93–96. – Dazu: M. Scheuer, Die Evangelischen Räte, 25f; T. R. Krenski, Passio Caritatis, 114–118.

bb) Stellvertretung als »Gestalt«-Prinzip

Der *actus essendi* ist für Balthasar insofern »das Ganze der Wirklichkeit«, als er jedem Einzelwesen seine Individualität verleiht. Es ist *ein und dieselbe* Wirklichkeit, durch die *alle* seienden Dinge und Lebewesen wirklich sind; deshalb ist das »Für-sich« des einzelnen Seienden gar nicht denkbar ohne seine Verbindung zu allem anderen, das ebenso wie es selbst »wirklich« ist. Anders gesagt: Wirklich-Sein bedeutet immer schon ein Mit-Sein (im Bereich der geistbegabten Wesen ein Füreinander-Sein). Das Sein *(actus essendi)* darf, wie beschrieben, nicht statisch, sondern muß dynamisch als eine Bewegung verstanden werden, die im einzelnen Seienden anwest, *indem* sie zugleich jedes Endliche unendlich transzendiert. Weil und insofern der *actus essendi* das einzelne Seiende auf den unendlichen Horizont des Ganzen der Wirklichkeit hin öffnet, begründet er zugleich die unersetzliche Einmaligkeit des einzelnen, dessen Schönheit nicht in verschlossener Innerlichkeit, sondern nur in der Äußerung bzw. Überschreitung (Transzendenz) seines Innen aufstrahlt. Je mehr das einzelne Seiende sich auf anderes Seiendes hin öffnet, desto lichter wird seine Schönheit[36]. Und gelichtete Schönheit ist immer »Gestalt«. Mit diesem Begriff bezeichnet Balthasar »eine als solche erfaßte, in sich stehende begrenzte Ganzheit von Teilen und Elementen, die doch zu ihrem Bestand nicht nur einer ›Um-welt‹, sondern schließlich des Seins im ganzen bedarf und in diesem Bedürfen eine (wie Cusanus sagt) ›kontrakte‹ Darstellung des ›Absoluten‹ ist, sofern auch sie auf ihrem eingeschränkten Feld seine Teile als Glieder übersteigt und beherrscht«[37].

Daß jede Pflanze in diesem Sinne eine Gestalt ist, versteht sich von selbst: Jedes einzelne Teil steht in organischer Beziehung zu allen anderen Teilen und ist so »Stelle« einer Ganzheit, die ihrerseits »Stelle« eines umfassenderen Ganzen ist. Ein Tier kann im Unterschied zu einer Pflanze dieses umfassendere Ganze als seine Umwelt erkennen. Und der Mensch ist offen für Welt im ganzen, weil er sich als »Stelle« des Seins *weiß*. »Sofern dies ein innerweltlich qualitativ nicht überschreitbarer Höhepunkt ist, läßt sich sagen, daß der Stufenbau der Welt (ontisch und gleichzeitig evolutiv betrachtet) sich wesenhaft auf den Menschen zu

[36] Vgl. H. Waldenfels, Die Offenbarung, 180–183.

[37] H III/1/A, 30. – An anderer Stelle formuliert Balthasar: Gestalt ist niemals »eine bloße Einheit, die sich nachträglich vervielfältigt, oder eine bloße atomisierte Vielheit ..., die sich aus irgendeinem Grund und Zweck einheitlich ›organisierte‹. Immer ist beides gleich ursprünglich, wobei es doch jeweils die Kraft der Einheit ist, die ihre eigene Fülle in der Vielfalt der Gestalt, der Sonderheit der Organe darstellt. Ahnungshaft läßt sich Analoges vom trinitarischen Mysterium sagen: Gott ist es, der die Fülle des Seins in der trinitarischen ›Gestalt‹ der Gottheit offenbart; obschon die Gottheit nicht vor oder über den Vater gesetzt werden darf, wäre es doch Arianismus zu sagen, der Vater sei es, der, um seine eigene Fülle zu offenbaren, den Sohn zeugt und mit ihm den Geist entläßt.« (TD III, 382). – Dazu: M. Lochbrunner, Analogia Caritatis, 166–175; E. Ortner, Geist der Liebe – Geist der Kirche, 34–48; H. Danet, Gloire et Croix de Jésus-Christ, 312–314.

bewegt«[38]. Doch auch das Stellvertretungsverhältnis zwischen dem unendlichen Sein und jedem einzelnen Menschen ist »nach oben offen«. Balthasar bezeichnet die »Ana-logizität« aller kreatürlichen Stellvertretungsverhältnisse zuweilen als die in allen Geschöpfen waltende »seinshafte Gnade«[39] und nennt den Grund dieser Gnade das »kata-loge« Stellvertretungsverhältnis zwischen Gott und Mensch in Jesus Christus oder einfach »die Herrlichkeitsgestalt«[40].

Unmittelbar nach dem Zweiten Weltkrieg hat er dreizehn Hymnen publiziert[41], die Christus als das »Herz der Welt« beschreiben. Mit diesem kleinen Werk wollte er der so oft verkitschten Herz-Jesu-Idee nicht nur ihre ursprünglich kosmische Dimension zurückgeben, sondern alle theologischen Entwürfe unter ein bestimmtes Kriterium stellen: das der »Durch-schauung« aller Fakten in Schöpfung und Geschichte auf ihren Sinn hin. Unter »Durch-schauung« versteht er nicht die künstlerische oder bloß ästhetisierende Einbergung der Materie in die Form der schönen Gestalt[42], sondern die kontemplative Integration alles Seienden in die Gestalt der »Herrlichkeit«, und das heißt: in Christi Stellvertretung[43]. Die zwölf Theologen, die Balthasar im zweiten Band seiner »Theologischen Ästhetik« vorstellt, waren allesamt Kontemplative – nicht im Sinne der griechischen Philosophie, wo stets die Aufhebung des Zeitlichen in das Ewige hinein droht, sondern im biblischen Sinne einer unbedingten, ganzheitlichen Einbergung des eigenen Lebens in die Sendung des Menschgewordenen[44]. Weil sie Heilige sind, können sie sich selbst loslassen, sich anbetend »einformen« lassen in die Gestalt Jesu Christi, können sie alles Seiende so »ein-fältig« wahrnehmen, daß die ganze »Vielfalt« von Welt und Geschichte »ein-gefaltet« wird in die Offenbarungsgestalt des Schöpfers und Erlösers[45]. Weil sie Heilige sind, können sie so marianisch hören[46], daß Betrachtung und Gehorsam,

[38] Epilog, 39. – Vgl. Die Gottesfrage des heutigen Menschen, 64f.

[39] Vgl. H II/1, 9f; H III/1/A, 24; Epilog, 51.

[40] Balthasar sieht »das Endgeheimnis der Kenosis Gottes in Christus analogisch angelegt ... im metaphysischen Geheimnis des Seins« (H III/1/A, 38). Überall, so bemerkt er, wo die Metaphysik das Sein als solches bedenkt, leuchtet »das Ganze des Seins am einzelnen Seienden« (H III/1/A, 30) auf und entdeckt mit dem wechselseitigen Stellvertretungsverhältnis zwischen Sein und Seiendem die natürliche Voraussetzung der Offenbarung des Stellvertreters Jesus Christus (vgl. H I, 157.225; Spiritus Creator, 283–292; Sponsa Verbi, 349–387). Balthasar nennt die Gestalten der »ana-logen« Stellvertretung zwischen Sein und Seiendem »Monstranzen« (H III/1/A, 290) der biblischen »Herrlichkeitsgestalt«.

[41] Vgl. Das Herz der Welt, 153–163.

[42] Vgl. Verbum Caro, 119–127.

[43] Vgl. Das betrachtende Gebet, 73–86.172–174; Wer ist ein Christ?, 80–84; Verbum Caro, 245–259; Spiritus Creator, 308f; Pneuma und Institution, 288–297; Homo creatus est, 242–247; H I, 130f.216.233.241f.466f; Glaubhaft ist nur Liebe, 72–82; Klarstellungen, 111–125.

[44] Vgl. H II/1, 9–28; Verbum Caro, 160f.

[45] Vgl. Einfaltungen, 15–42.

[46] Vgl. Die Gottesfrage des heutigen Menschen, 90f; Das Ganze im Fragment, 327–335; Klarstellungen, 65–72; Der antirömische Affekt, 172f; Spiritus Creator, 164f; Sponsa

Schau der Gestalt und Nachfolge Christi identisch werden. Natürlich hält Balthasar nicht jeden Heiligen für einen großen Theologen; aber jeder große Theologe ist zuerst und vor all seiner sprechenden und schreibenden Verkündigung ein Heiliger[47]. Seine besondere Begabung bzw. Sendung und Berufung, nämlich die reflektierende und bekennende Übersetzung der Gestalt Jesu Christi in die Denk- und Sprachwelt der eigenen Zeit, setzt das Eingeformtsein des eigenen Lebens in die Form Christi notwendig voraus. Jede reflektierende oder meditierende Betrachtung Christi, die sich nicht aktiv in seine Stellvertretung »inkludieren«[48] läßt, bleibt für Balthasar eine ästhetisierende oder intellektualisierende »Außen-vor-Betrachtung«. Man kann, so schreibt er, Christus als das »universale concretissimum«, als »die Herrlichkeitsgestalt«, nicht wirklich erkennen, wenn man seine Stellvertretung nicht selber so mitvollzieht, daß man wahrnimmt, wie sie alles – auch die »Ungestalt« der verweigerten Liebe – »unterfaßt«, ohne das Eigensein irgendeines Geschöpfes, ohne die Freiheit des Menschen, ohne die Abgründigkeit der Sünde in sich aufzuheben[49].

Jedes Stellvertretungsverhältnis zwischen dem unendlichen Sein und dem einzelnen Seienden bildet eine Gestalt des Schönen und damit eine »Ana-logie« der »Herrlichkeitsgestalt«, die das »kata-loge« Stellvertretungsverhältnis zwischen dem personalen Grund des Seins und seiner

Verbi, 164–190; Pneuma und Institution, 142f.193f; Homo creatus est, 142–147; H I, 326–330.542.

47 Balthasar weist Therese von Lisieux deshalb einen Platz in der Theologiegeschichte zu, weil sie »den Begriff der Wirkung durch den der Fruchtbarkeit ersetzt« und dadurch erstmals erklärt hat, »daß die Aktion nicht bloß eine Wirkung der überströmenden Kontemplation ist ..., sondern daß die Kontemplation selbst und an sich eine bewegende Kraft hat, ja letztlich die oberste Quelle aller Fruchtbarkeit, der erste Hebel aller wirklichen Veränderung ist« (Schwestern im Geist, 186).

48 Vgl. Verbum Caro, 126; Pneuma und Institution, 387–409; Cordula, 100f; Schwestern im Geist, 85. – Als positive Beispiele nennt Balthasar: die universale Geschichtstheologie bei Irenäus, Augustinus und Solowjew, die kosmische Liturgik des Dionysius, die alles in sich begreifende Spannung von Armut und Herrlichkeit bei Bonaventura, von Eros und Agape bei Dante, von Höllennacht und Glorie bei Johannes vom Kreuz, von Naturwissenschaft und Glaube bei Pascal, von Kenosis und Verherrlichung bei Hamann, von dichterischer Ästhetik und ignatianischen Exerzitien bei Hopkins, von Kommunismus und christlicher Hoffnung bei Péguy (vgl. H II/1, 15–17). – In der Kirche des Westens kann er seit Thomas von Aquin keinen »beamteten Theologen« erkennen, der in dem bezeichneten Sinne ein Kontemplativer gewesen wäre (vgl. Karl Barth, 270–278; H III/1, 371; Verbum Caro, 31f). Er sieht die akademische Theologie so weit von der Kontemplation entfernt, daß er es für einen Glücksfall hält, wenn Heilige wie Therese von Lisieux oder Charles de Foucauld möglichst wenig mit der Schultheologie ihrer Zeit in Berührung kamen (vgl. Verbum Caro, 204–208; Die Hoffnung der kleinen Therese, 31f; Schwestern im Geist, 48f).

49 Balthasar, der die Philosophie immer in der Gefahr der formalisierenden Auflösung des Konkreten sieht, zeigt eine Vorliebe für die Metaphysik der dramatischen Dichtung. Auch lyrische und epische Dichtung legt er dramatisch aus. In der großen Tragödiendichtung des Abendlandes sieht er den klarsten Ausdruck eines natürlichen Vorverständnisses für das dramatische Stellvertretungsgeschehen des Lebens, Leidens und Sterbens Jesu Christi (vgl. TD I, 60–62.366–374; III, 467f).

Schöpfung ist. Die Sünde des Menschen kann jede Gestalt des Schönen pervertieren, wird aber »unterfaßt« von der in Jesus Christus »bis in die Hölle herabsteigenden« Liebe des trinitarischen Gottes. Um dieses Hintreten der trinitarischen Liebe »an die Stelle« des Sünders geht es in den letzten beiden Bänden von Balthasars Werk »Herrlichkeit«. Während die einleitenden Bände als Weg durch die Metaphysik »Schau der Gestalt des Schönen« bzw. Beschreibung der »ana-logen« Stellvertretung sind, verstehen sich die Schlußbände über den Alten und den Neuen Bund Gottes mit dem Menschen als »Schau der Herrlichkeitsgestalt«, als Beschreibung der »kata-logen« Stellvertretung, als Darstellung von Gottes Weg in Jesus Christus »an die Stelle« des Sünders.

b) Stellvertretung als Struktur der »Herrlichkeitsgestalt«

aa) Stellvertretung als Struktur des alttestamentlichen Bundes

In der Geschichte des Alten Testamentes sieht Balthasar seine These bestätigt, daß jede »Gestalt« in dem Maße auf Christus verweist, in dem sie in communialer Beziehung zu ihrer Umwelt steht. Der biblische Bundesgedanke – so bemerkt er – beruht auf einer eigenartigen Verschränkung von Individuum und Gemeinschaft: Jahwe schließt seinen Bund mit Israel insgesamt – aber so, daß jeder einzelne auf je einmalige Weise »an seiner Stelle« sein Volk vertritt. Jeder Israelit ist berufen, *durch* sein Für-Sein (zweite Tafel des Sinai-Gesetzes) Jahwe die Treue zu halten (erste Tafel des Sinai-Gesetzes). Jeder ist entsprechend seiner Berufung und Verantwortung Stellvertreter des Volkes und seines Bundes mit Jahwe. Die Wahrnehmung dieser Stellvertretung bedeutet Heil, die Verweigerung (= Sünde) Unheil für alle[50].

Balthasar übernimmt von Oscar Cullmann (vgl. SS. 243–246) das Bild von der »doppelten Bewegung der Heilslinie nach dem Prinzip Stellvertretung«: zunächst im Sinne einer progressiven Reduzierung der vielen Stellvertreter auf wenige und schließlich einen einzigen; und dann im Sinne einer progressiven Inklusion der Vielen in den Einen. Die mit der Erwählung verbundene Hoffnung, jeder Israelit werde die Haltung der »rectitudo« (Rechtheit), der Treue zu Jahwe, durch Solidarität mit dem eigenen Volk beglaubigen, weicht im Buche Deuteronomium der Erkenntnis, daß »die wahre Bundesgeschichte ... die Geschichte von Einzelnen, Stellvertretenden«[51] ist. Balthasar nennt neben Abraham, Mose und Josua einzelne Könige und alle Propheten[52]. Er sieht die Propheten in unbedingter Solidarität mit ihrem Volke oft tiefer unter dessen Lage leiden als jeden Sünder (Verletzer des Bundes). Denn jeder Prophet setzt sich stellvertretend der Stelle aus, wo die Sünde seines Volkes (die

[50] Vgl. H III/2/A, 139–144; In Gottes Einsatz leben, 19–31; Einfaltungen, 79f; Gericht, 228.
[51] H III/2/A, 146. – Vgl. ebd. 175f; Einsame Zwiesprache, 48f.
[52] Vgl. ebd. 209–275. – Dazu: T. R. Krenski, Passio Caritatis, 295f.

Untreue, der Ungehorsam) ist und wo Gottes liebende Treue deshalb »nur feindlich, nur als Feuer, Gericht und Vernichtung in den Bereich des Widergöttlichen eindringen kann«[53]. In seinen Propheten ist Gott »schon unterwegs zur Inkarnation«[54]. Das gilt in besonderer Weise von Mose[55], aber auch von vielen anderen großen Gestalten der alttestamentlichen Heilsgeschichte. Balthasar sieht diese Geschichte einmünden in die Gestalt des Gottesknechtes (Jes 52,13–53,12), dessen Leiden er als prophetischen Spiegel der Stellvertretung Jesu Christi beschreibt[56]. Im Vergleich zur Theologie des Deuterojesaja nennt er den Messianismus der exilisch-nachexilischen Prophetie, Apokalyptik und Weisheitstheologie Formen einer »theologia gloriae«, »die Nächte und Schrecken des Gerichts hinter sich gebracht und nicht in der Tiefe integriert hat«[57]. Die Knechtsgestalt ist das Kriterium des Stellvertreters, der »an die Stelle« derer tritt, die ihre Berufung zur Stellvertretung des Bundes verweigert haben. Deshalb sind nicht die oft selbstherrlichen »Ausgriffe« nach der Zukunft (Messianismus), »in den oberen Himmel« (Apokalyptik) oder »den uns umgebenden Kosmos« (Weisheitstheologie)[58], wohl aber die Sühneriten[59] des

[53] Ebd. 217.

[54] Ebd. 218.

[55] »Indem Israel sich (schon Ex 20,19f) der Unmittelbarkeit des Gotthörens entzog und Moses vorsandte, hat es, ohne es recht zu wissen, sowohl das Amt der prophetischen Vermittlung stiften helfen (Dtn 5,27;18,6) wie auch seine Schuld dem Mittler aufgeladen: es tötet die Propheten, deren Amt es gestiftet hat (Mt 23,34ff). Diese Struktur des Bundesereignisses ist im Deuteronomium klar gesehen. Ohne die Vermittlung Moses'(5,5) wäre die Unmittelbarkeit des Volkes zur Herrlichkeit von Feuer und Wort nicht erfolgt (5,24), in dieser Vermittlung ist von Gott her die Distanzierung des Volkes je schon mitberechnet und überwunden: so, daß der Mittler, der die Sünde des Volkes trägt, an dessen Stelle sterben muß.« (Ebd. 177f).

[56] »Der Gottesknecht sagt Ja zum stellvertretenden Tragen der Vergehen seiner menschlichen Brüder. Der unterdrückte, wehrlose Arme trägt die Sünde seiner Unterdrücker. Das Geheimnis der Solidarität in der Schuld bindet und überwindet die zweiseitige Gerechtigkeit Gottes: der erschlagene Erstgeborene der Ägypter wird identisch mit dem stellvertretend für die hebräische Erstgeburt erschlagenen Paschalamm – falls es einem Menschen gelänge, so sehr bis ans Ende (Joh 13) Ja zu sagen, daß er selber in keiner Weise Unterdrücker wäre, um in jeder Weise der Arme und Unterdrückte zu sein. Das ist das Mysterium Israels, auf das hin seine großen Gestalten – Moses, Samuel, David, Jeremias – wie auf einen Grenzbegriff hin ausgelegt werden; aber weil sie alle auch Schuldige, Unterdrückende sind, hat keiner von ihnen die Grenze erreicht. Sie transzendiert in den Neuen Bund.« (Ebd. 368). – Vgl. Spiritus Creator, 52f.

[57] H III/2/A, 282.

[58] Vgl. ebd. 337.

[59] Vgl. Kap. I, SS. 34–41. – Balthasar bestätigt die Ergebnisse der neueren exegetischen Forschung zum Thema »Sühne«. Er sieht in den Sühneriten des nachexilischen Tempelkultes das jedem Sünder von Jahwe gewährte Mittel, sich selbst umzukehren von einem Verletzer in einen Stellvertreter des Bundes. Indem der opfernde Sünder innerlich mitvollzieht, was das Opfertier des Versöhnungsritus äußerlich (sakramental) abbildet, gleicht er der Gestalt des Ebed Jahwe. Aber er sühnt nur für seine eigenen Sünden. Der Gedanke der *stellvertretenden* Sühne ist dem AT – abgesehen von den Gottesknechtliedern – bis in hellenistische Zeit (dazu: TD I, 366–374) fremd. Balthasar sieht zwar einen gewissen Zusammenhang zwischen den Sühneriten des Jerusalemer Tempels und dem Ebed Jahwe,

nachexilischen Tempelkultes (Lev 16f) Vorläufer der »Herrlichkeitsgestalt« des Herrn.

bb) Die »Herrlichkeitsgestalt« Jesu Christi als Vollendung aller Stellvertretung

Angesichts der doppelten Aufgabe des leidenden Gottesknechtes, sich stellvertretend opfern (stellvertretend sterben) und stellvertretend versöhnen (stellvertretend leben) zu müssen, »erhebt sich – vom Alten Bund her geradezu apriorisch – das Postulat eines solchen Mittlers«, der in seinem stellvertretenden Sterben nicht untergeht[60]. Balthasar bezeichnet Jesus Christus trotz der »Vorläuferschaft« des alttestamentlichen Gottesknechtes als die »unableitbare« Herrlichkeitsgestalt, weil erst der auferweckte »Ebed Jahwe« das reale »Untergreifen« bzw. »Unterfassen« aller Abgründe der Sünde, aller Abgründe der Sinnlosigkeit und Gottverlassenheit bedeutet[61]. Ob und wie weit sich Jesus als Erfüllung des leidenden Gottesknechtes (Jes 53) wußte, ist eine zweitrangige Frage. Fest aber steht für Balthasar, »daß wenn man Jesus das Bewußtsein einer Stellvertretung der Gesamtmenschheit im Gericht Gottes rauben will (während Paulus sie ihm immerfort zuspricht), man das ganze Gebäude der kirchlichen Verkündigung des Glaubens an Jesus Christus und die Darstellung seines irdischen Lebens auf einen Schlag einstürzen läßt«[62].

Obwohl er sich im ersten Teil seiner Trilogie auf »die Schau der Gestalt« beschränken will, gibt Balthasar nicht erst in der »Theodramatik«, sondern schon im letzten Teilband der »Herrlichkeit« eine ausführliche exegetische Begründung der These, daß Christi Leben und Sterben im Unterschied zu dem eines Abraham oder Mose Stellvertretung *ist*[63]. In der »Theodramatik« richtet er sich mit Berufung auf J. Jeremias, H. Schlier, M. Hengel und H. Schürmann gegen alle Versuche, die eschatologische Soteriologie des verkündigenden Jesus von der staurologischen Soteriologie des verkündigten Christus zu trennen. Als Begründung nennt er »1. eine in tiefer Ehrfurcht gleichsam liturgisch formulierte und alttestamentliche Hinweise miteinbeziehende Passionserzählung; 2. die Sammlung (und zum Teil Deutung) verstreuter Jesusworte, aus denen deutlich wird, daß er um seinen Vorlauf auf die Entscheidungsstunde wußte[64]; 3. das sogleich nach Jesu

bezeichnet aber den Gottesknecht auf Grund seiner *stellvertretenden* Sühne als *einzigartige* Vorschattung der Herrlichkeitsgestalt Christi (H III/2/B, 30f).

[60] Ebd. 31.

[61] Vgl. ebd. 224; Mysterium Paschale 208–212; In Gottes Einsatz leben, 52; Cordula, 39–45. – Dazu: G. Marchesi, La Cristologia di Hans Urs von Balthasar, 17–33; R. Vignolo, Hans Urs von Balthasar, 344–353.

[62] H III/2/B, 154. – Vgl. auch TD II/2, 112[1]; IV, 296; Das Selbstbewußtsein Jesu, 30–39; Der sich für uns dahingegeben hat, 417; Du krönst das Jahr mit deiner Huld, 284–288; Der Mensch und das Ewige Leben, 8. – Zu Balthasars These von einem »doppelten Zeithorizont bei Jesus«: A. Peelman, Hans Urs von Balthasar, 239–248; K. K. J. Tossou, Streben nach Vollendung, 212f.

[63] Vgl. ebd. 130–149.226–231. – Dazu: T. R. Krenski, Passio Caritatis, 296–298.

[64] Balthasar beruft sich auf die auf den SS. 41–47 geschilderten Argumente (auf Jesu An-

Tod, vorpaulinisch, formulierte ›pro nobis‹, das von Paulus kraftvoll und unüberhörbar ausgebaut wird[65]: einerseits in Richtung auf die Übernahme des ›Fluches‹ und der ›Sünde‹ des Einzelnen wie der Menschheit im ganzen durch Jesus, anderseits in Betonung der durch diese Übernahme erwirkten Heilssolidarität aller und jedes Einzelnen mit ihm, und zwar nicht bloß durch Übernahme fertiger Ergebnisse, sondern durch Teilerhalten (Sendung) am solidarischen Heilswirken Jesu (mitsterben und mitauferstehen in ihm)«[66].

Die synoptischen Aussagen über das »Gekommen«- und »Ausgegangensein« Jesu und der johanneische Begriff *»ἐντολή«*[67] belegen, daß Gott uns in Christus nicht nur *gezeigt* hat, was er immer schon ist, sondern daß *er selbst* an unsere Stelle tritt. So wird deutlich, daß die Exklusivität der christologischen Stellvertretung nicht in der quantitativen Überbietung der stellvertretenden Akte des Ebed Jahwe, sondern im Verhältnis zwischen Christus und seinem »Abba« liegt. Weil die ältesten Teile der Heiligen Schrift nur von der Preisgabe[68] des Sohnes durch Gott und erst die späteren Teile auch von dessen Selbsthingabe (Gal 2,20; Eph 5,2.25)

spruch, das große Heilsangebot bzw. die Vergebungs- und Versöhnungsbereitschaft Gottes zu *sein* und auf seinen daraus erwachsenen Konflikt mit der jüdischen Sühneinstitution »Tempel«) und folgert, daß die nachösterliche Deutung seines Todes nur die Explikation seiner Verkündigung und seines »Selbst-Bewußtseins« ist. Vgl. TD II/1, 106–111; II/2, 128; Homo creatus est, 206–217.

65 Bei Paulus sieht Balthasar den Stellvertretungsgedanken »so realistisch wie möglich von vier Seiten her illustriert«: *vom Kultischen her* (Christus als Passahlamm, als Sündopfer, als Sühnopfer am Versöhnungstag: 1 Kor 5,7; Röm 8,3; Röm 3,25); *vom Strafrecht her* (Christus als der für uns ans Kreuz geheftete Schuldschein: Kol 2,14); *vom Sklavenwesen her* (Christus als der, der uns aus der Sklaverei befreit, indem er diese stellvertretend auf sich selber nimmt: Gal 3,13;4,3; 1 Kor 6,20;7,23); *vom Gedanken des »neuen Adam« her* (Christus als »umgekehrter« Adam: Wie dessen Ungehorsam uns alle gefesselt hat, so befreit uns Christi Gehorsam: Röm 5,18f; Gal 4,4f). Noch realistischer – so Balthasar – erscheint die Stellvertretung im ersten Petrusbrief und im Hebräerbrief, »der das Paradox durchführt, Christus zugleich als das Opfertier und den opfernden Priester vorzuführen, seine Passivität also nicht als bloßes Leiden, sondern als Über-Tat zu kennzeichnen« (TD II/2, 103).

66 TD II/2, 220[12]. – Mit Berufung auf Paul Althaus (s. SS. 241f) vertritt Balthasar die These, daß es rein exklusive Stellvertretung gar nicht gibt, daß »eigentliche« Stellvertretung (Stellvertretung zwischen Personen) immer das Ziel hat, die Vertretenen in die innere Haltung des Vertretenden hineinzuziehen (auch dann, wenn der Vertretene sich vom Vertretenden abwendet). Aber: »Um ganz der Mensch *für* die Menschen zu sein, ist Jesus zunächst nicht der Mensch *mit* den Menschen.« (Spiritus Creator, 304; vgl. TD III, 326f).

67 Das johanneische Wort *»ἐντολή«* (Joh 13,34;15,12) bedeutet die Sendung des Christen »in genauer Parallele zur *ἐντολή*, die Jesus vom Vater erhalten hat (Joh 15,10)« (H III/2/B, 237). – Vgl. auch TD II/2, 136–141. – Dazu: K. K. J. Tossou, Streben nach Vollendung, 232–303.

68 Balthasar verweist auf die häufige Verknüpfung der neutestamentlichen *ὑπὲρ-ἡμῶν*-Formeln mit dem Verbum *παραδιδόναι*. Der Vater hat seinen einzigen Sohn für uns *(ὑπὲρ ἡμῶν)* dahingegeben *(παραδιδόναι* in Röm 4,25;8,32). Indem Christus aufgeladen erhält, was für Gott das schlechthin Unbrauchbare, die Sünde, ist, »wird er zu dem von nichts und von niemandem Verwendbaren *(ἀποδοκιμασθῆναι*: als unbrauchbar erklärt werden: Mk 8,31; Lk 9,22;17,25). Indem er das schlechthin Schändliche trägt, wird sein Tod ein Sterben in Schande (1 Petr 2,23; vgl. 1 Kor 4,10ff; Hebr 11,26; 12,2). Darin wird er zum allseitig *Preisgegebenen.*« (H III/2/B, 207). – Vgl. auch Mysterium Paschale, 198–202; Pneuma und Institution, 396f.

sprechen, sieht Balthasar die Einzigartigkeit (Exklusivität) der Stellvertretung Christi im Erfahren der Preisgabe durch den Vater[69]. Anders gesagt: Christus erleidet den Tod, wie ihn die klassische alttestamentliche Theologie kennzeichnet, »als Verlust der lebendigen Beziehung zu Gott«[70]. Indem er bis »in die Hölle« (1 Petr 3,18–20) des Sünders hinabsteigt[71], ereignet sich im nichtenden »Aufprall«[72] der Sünde auf seinen aushaltenden Gehorsam *der für alle Menschen aller Orte und Zeiten stellvertretende Sieg* der gekreuzigten Liebe über den kreuzigenden Haß der Sünde. Was Johannes (12,27f) »die Stunde« nennt und im Bild des »geöffneten Herzens« (19,34) ausdrückt[73], ist nach Balthasar das Ereignis der unvergleichlichen (exklusiven) Stellvertretung dessen, der auch den äußersten Abgrund unserer Sünde »unterfaßt«.

cc) Die »Herrlichkeitsgestalt« der Kirche: »Inklusive Stellvertretung«

Indem der Heilige Geist allen Menschen, die Christi Stellvertretung annehmen (bejahen), eine Stelle »zwischen der Liebe des preisgebenden Vaters ... und der Liebe des über sich verfügenlassenden Sohnes«[74] ermöglicht, entfaltet er die Herrlichkeitsgestalt der exklusiven Stellvertretung Jesu Christi zur Herrlichkeitsgestalt der inklusiven Stellvertretung der Kirche. Christus tritt so »an die Stelle« der Sünder, daß diese *in der Annahme* seiner Stellvertretung *selbst* zu Stellvertretern ihrer Brüder und Schwestern werden. Er bezieht den »Leib« der Kirche so in seine Stellvertretung ein, daß zwischen ihm und ihr eine direkte Proportionalität von Einheit und Unterschiedenheit herrscht. Darin besteht der »neue Bund«, daß jeder Christ auf bestimmte Weise durch, mit und in Christus Stellvertreter wird[75]. Am klarsten sieht Balthasar das Verhältnis von exklusiver Stellvertretung Christi und inklusiver Stellvertretung der Christen von den johanneischen und paulinischen *σύν-* und *ἐν-Χρι-*

[69] Vgl. H III/2/B, 208.
[70] Ebd. 212.
[71] Nach Balthasar bedeuten biblische Aussagen wie die über die Entwaffnung der Gewalten und Mächte (Kol 2,14f), über die Verohnmächtigung der Höllenpforten (Mt 16,18) und die »Schlüssel des Todes und der Unterwelt« (Apk 1,18), daß nur der menschgewordene Sohn Gottes auf Grund seiner einzigartigen Verbundenheit mit dem Vater das Verlassensein von Gott (identisch mit dem, was das AT »Tod« nennt) so tief durchleiden konnte, daß jede Tiefe des Ungehorsams (der Sünde) durch seinen Gehorsam (vgl. Phil 2,7f; Joh 10,17f;13,1) »untergriffen« wird. Vgl. ebd. 213f; Pneuma und Institution, 394–397.
[72] »Hier liegt das ›unauslotbare‹ (Eph 3,8) Mysterium des Kreuzes: in der Wucht des Aufpralls der Gesamtlast der Sünde auf die totale Ohnmacht der kenotischen Existenz.« (H III/2/B, 193).
[73] Vgl. ebd. 233.
[74] Ebd. 208.
[75] Paulus beschreibt die »inklusive Stellvertretung« als Gestaltung Christi in den Christen (Gal 4,19), als Sich-Durchsetzen der innersten Gesinnung Christi in ihnen (Gal 2,20; 2 Kor 13,3.5; Kol 1,27;3,11), als »Ein-bildung« (2 Kor 3,18) in das unnachahmliche Bild seiner Kenosis und als mystische Leidens- und Auferstehungsgemeinschaft (Röm 6,3f;14,7; 2 Kor 5,14f). Vgl. ebd. 273.369–371.380f.429–440.

$\sigma\tau\tilde{\omega}$-Formeln[76] beschrieben. Die Einwohnung von Vater und Sohn in den Glaubenden (Joh 14,23) wird durch denselben Geist gewirkt, der die äußerste Diastase von Vater und Sohn (Preisgabe des Sohnes durch den Vater und Selbsthingabe des Sohnes bis zum »Höllenabstieg«) einend »untergreift«. Diese Einwohnung bedeutet keine »Besetzung« des Menschen durch etwas ihm Fremdes, sondern befreit ihn im Gegenteil »zu sich selbst: nämlich ... zur Liebe, zur Möglichkeit, sich selbst mitzuteilen und zu verschenken«[77]. Mit Berufung auf Paulus (Röm 5,5f;8,15; Gal 4,6) nennt Balthasar den Heiligen Geist »die Übereignung an sich« und verweist auf die von Johannes beschriebene (Joh 1,12;3,5; 1 Joh 3,9) Geburt des Menschen aus Gott[78]. »Gott der Vater erwählt und beruft uns im Sohn (in einer Gnade der Mitgeburt) zu Söhnen und Miterben, indem er seinen und des Sohnes Geist ›in unser Herz sendet‹ (Gal 4,6).«[79] Vor diesem Hintergrund ist Kirche nicht einfach die Summe ihrer Glieder; ihre Einheit ist eine apriori durch Christi Stellvertretung gestiftete und wird daher von den Gläubigen nicht erst gebildet, sondern im Sinne eines Mitvollzugs (inklusive Stellvertretung) »ratifiziert«.

2. Stellvertretung als Drama zwischen unendlicher und endlicher Freiheit

Die Reziprozität der »Wir-in-Christus«- und der »Christus-in-uns«-Formeln ist gleichsam das Scharnier zwischen dem ersten und zweiten Teil der Balthasarschen Trilogie, zwischen *αἴσθησις* und *δρᾶμα* der »Herrlichkeitsgestalt«[80]. Wie schon im AT eine Kollektivpersönlichkeit die von ihr vertretenen Personen nicht ersetzt, sondern Raum für deren je spezifisches Für-Sein schafft, so kann man Christus als »Universalpersönlichkeit« bezeichnen. Seine Sendung – so Balthasar – eröffnet den Spielraum für mitspielende Personen: »aber nicht als bloßes ›Fluidum‹, sondern als ein personaler und personalisierender Raum, der nicht verhindert, sondern im Gegenteil voraussetzt«, daß alle anderen Akteure nur mit ihm und in ihm sie selbst sind[81].

[76] Vgl. ebd. 287.380f; Christlicher Stand, 168–180; TL III, 268–281. – Dazu: Kap. I, § 1,1,f.
[77] H III/2/B, 365.
[78] Vgl. ebd. 369.
[79] Ebd. 370.
[80] Vgl. TD II/2, 227. – Zur Entstehung und Verhältnisbestimmung der drei Teile der Trilogie: P. Henrici, Erster Blick auf Hans Urs von Balthasar, 50f.
[81] TD II/2, 229. – Christi »Rolle« im »Theodrama« ist eine »zwei-einige«: Er ist sowohl die »Auslegung und Vergegenwärtigung des dreieinigen Gottes«, als auch »das Prinzip der Rollenverteilung für alle übrigen Spieler« (ebd. 237). In ihm – und *nur* in ihm – sind Person und Sendung (Rolle) identisch. Das Personsein der endlichen Freiheit des Menschen besteht im »Einholen« der jeweils spezifischen Teilhabe an der universalen Sendung Christi; und das heißt immer Entprivatisierung (vgl. ebd. 321) zu einem Träger von Gemeinschaft, zu einem »inklusiven Stellvertreter«, zu einer aktiven Teilhabe an »der ›*Communio Sanctorum*‹ mit den geheimnisvollen Gesetzen ihres ›Füreinanderkönnens‹« (ebd. 258).

Der Übergang von der Ästhetik (Theo-phanie) zur Dramatik (Theopraxie) läßt sich mit der Transformierung eines zweidimensionalen in ein dreidimensionales Bild beschreiben[82]. Es entsteht ein Raum für Bewegung, für Geschehen und Geschichte; Balthasar vergleicht diesen Raum mit einer Bühne, um aus der Welt des Theaters angemessene Analogien für die Schilderung des einzigartigen Dramas zwischen Gott und Mensch zu erheben[83]. Der Gott der biblischen Offenbarung ist nicht nur Autor und Regisseur, sondern in Christus auch der Ausführende des Dramas »Weltgeschichte«. Und dennoch ist der Mensch nicht seine Marionette oder gar bloßer Zuschauer, sondern angewiesen und verantwortlich zugleich. Aber – so fragt Balthasar – wie kommt es in einem Drama, in dem Gott Autor, Regisseur und Akteur ist, überhaupt zu verschiedenen Spielern? »Ist Gott der Eine und der Mensch der Andere? Oder muß man diesen Satz so verstehen: Gott ist der Eine, und nur weil der Mensch nicht dieser Eine ist, ist er der Andere? Oder dasselbe vom Menschen aus gesehen: die Menschen in der Welt sind Einer und Einer und Einer; Gott aber ist in diesem Sinn nicht ›Einer‹, der ›ein Anderer‹ ist, sondern der unvergleichbar Andere. Wie gelingt aber hier ein Zusammenspiel? Wo ist Raum für das ›Etwas‹, das der Mensch ist, wenn Gott seinem Wesen nach ›Alles‹ (Sir 43,27) sein muß, falls er wirklich Gott sein soll?«[84] Wie ist ein Drama im eigentlichen Sinn dieses Wortes zwischen Gott und Mensch überhaupt denkbar? Wie kann es »neben« oder »innerhalb« der absoluten göttlichen Freiheit andere, nichtgöttliche, geschaffene Freiheit geben?

Balthasar beantwortet diese Frage durch eine Reflexion des biblischen Gottesbildes und eine Analyse der menschlichen Freiheit. Beide Schritte treffen sich in ein und demselben Stellvertretungsbegriff.

[82] Dazu: T. R. Krenski, Passio Caritatis, 80–89.

[83] Vgl. TD I, 239–320. – W. Löser (Die Ignatianischen Exerzitien im Werk Hans Urs von Balthasars, 173) kennzeichnet den Übergang von der Ästhetik zur Dramatik als Ausweitung der *»analogia entis«* zur *»analogia libertatis«*. Darunter versteht er das Zueinander (die direkte Proportionalität zwischen der Einheit und der Unterschiedenheit) von göttlicher und menschlicher Freiheit. Dagegen bevorzugt M. Lochbrunner (Analogia Caritatis, 292f) den Terminus *»analogia caritatis«*, weil das Wesen von göttlicher und menschlicher Freiheit die Liebe ist. Doch der Stellvertretungstheologie Balthasars entspricht der von T. R. Krenski (Passio Caritatis, 362–370) gewählte Begriff *»analogia exinanitionis«* noch mehr als der Ausdruck »analogia caritatis«. Krenski drückt mit diesem Kompositum aus, daß man die Kreuzesstellvertretung weder im univoken, noch im äquivoken, sondern nur im analogen Sinn (im Sinne einer direkten Proportionalität von Einheit und Unterschiedenheit) von der Trinität bzw. dem Gottessohn und vom Menschen Jesus aussagen kann.

[84] TD II/1, 18.

a) Voraussetzungen des Dramas:

aa) Das Stellvertretungsverhältnis von Liebe und Freiheit

Auch wenn die Philosophie de facto erst im Lichte der christlichen Offenbarung zu der Erkenntnis gelangt ist, daß kein Mensch »aus sich heraus« oder »für sich allein« frei sein kann, bedarf es zu dieser Erkenntnis keiner übernatürlichen Hilfe. Mit Gustav Siewerth[85] und Ferdinand Ulrich[86] verweist Balthasar immer wieder[87] auf das erste Erwachen des Ich-Bewußtseins durch den liebenden Anblick der eigenen Mutter. Was am Beispiel der Mutter-Kind-Beziehung besonders deutlich sichtbar wird, gilt ganz allgemein: Jeder Mensch erfährt sich erst dann als Ich (als einmaliges Für-sich, als Individuum), wenn ihm von außen Sein zugesprochen wird, wenn ihn ein anderer mit »Du« anredet[88]. Indem sich der Mensch im Zuspruch des Sein-dürfens bzw. Sein-sollens seiner selbst bewußt wird, enthüllt sich ihm ein Doppeltes: die absolute Inkommunikabilität (Einmaligkeit) seines Ichseins und – davon untrennbar – der »actus essendi«, die unbegrenzte Mitteilbarkeit des Seins, »das durch die Fülle des weltlichen Seienden, worin es subsistiert, nicht ›aufgebraucht‹ wird«[89]. Die ontologische Differenz – das erstaunliche Faktum, daß der Akt des Seins gleichursprünglich die Einheit und Unterschiedenheit alles Seienden begründet – offenbart sich im Aufgang des menschlichen Ich-Bewußtseins als die gleichursprüngliche Einheit und Unterschiedenheit von Liebe und Freiheit. Indem zum Beispiel eine Mutter dem Kind durch ihre Liebe sagt, daß es sein soll, erfährt das Kind eine »Abhängigkeit«, die nicht bindet, sondern befreit, erfährt sich das Kind gleichzeitig als »sein gelassenes« und als »sein lassen sollendes« Subjekt, als angesprochenes und zur Antwort aufgerufenes »Ich«, als »an-gewiesen« und »ver-antwortlich« zugleich. Wo immer ein anderer als anderer bejaht wird, wird Freiheit bzw. Personalität ermöglicht. Jeder durch die Liebe eines anderen zu seiner Freiheit (Personalität) erweckte Mensch weiß zugleich, daß sich die Liebe des anderen einem Dritten verdankt, daß überhaupt keine menschliche Freiheit ihren Grund in sich selber findet, sondern auf doppelte Weise »angewiesen« ist: angewiesen auf die sie selbst ermöglichende Liebe des anderen, angewiesen aber auch auf die Beantwortung der empfangenen Bejahung (Befreiung) durch die »sein-lassende« Bejahung (Befreiung) anderer. Wenn – wie beschrieben – mit dem Aufgang des »Selbst-Bewußtseins« die Erkenntnis verbunden ist, »daß in der Selbstergreifung der Freiheit das Tiefste

[85] Vgl. G. Siewerth, Metaphysik der Kindheit, bes. 24–66.
[86] Vgl. F. Ulrich, Der Mensch als Anfang, 77–83; ders., Atheismus und Menschwerdung, 7–28.
[87] Vgl. H III/1, 964; TD II/1, 183.356; TD II/2, 421; TD III, 92; TL II, 162; Glaubhaft ist nur Liebe, 49f; Spiritus Creator, 19.26–29; Mein Werk, 92.
[88] Vgl. TD II/1, 186–192.356f; TD II/2, 421.
[89] TD II/1, 188. – Vgl. auch TD IV, 59f.

und Weiteste des Seins ergriffen worden ist«, dann heißt das auch, »daß mein Subjekt dieses (geschenkte) Sein nicht erschöpft, ich vielmehr dieses Sein für andere, unzählbare Subjekte frei-lassen muß«[90]. Anders gesagt: Ich bin nur dann »ich selbst«, d.h. eine inkommunikable Subjektivität und Einmaligkeit, wenn ich nicht etwas anderes oder jemand anderer sein will, oder positiv ausgedrückt: wenn ich auch alle anderen Subjekte und deren Einmaligkeit, ja schlechthin alles Seiende, ebenso »sein lasse« und bejahe wie mich selbst[91]. Liebe und Freiheit bilden ebenso ein Stellvertretungsverhältnis wie Sein und Seiendes. Denn wie der *actus essendi* nur wirklich ist, indem das einzelne geschöpfliche Wesen zur »Stelle« des *actus essendi* wird, so ist Liebe nur wirklich, indem Freiheit zur »Stelle« der Liebe wird. Und noch eine Parallele ist augenfällig: Wie die ontologische Differenz zwischen Sein und Seiendem auf eine sie ermöglichende Einheit von unendlicher Potentialität (Idealität) und unendlicher Aktualität (Realität) verweist, so die Differenz zwischen Liebe und Freiheit auf eine absolute Einheit von absoluter Identität und absoluter Differenz. Balthasar resümiert: »Alles interkreatürliche Sich-gegenseitig-Erwecken und Sich-gegenseitig-(Ver-)danken schließt sich nicht in sich selbst, sondern weist auf ein absolutes Sein hin, in welchem diese Akte und Verhältnisse letztlich gründen, ja das mit ihnen identisch ist. Das Raum-lassen-Müssen für indefinite andere Subjekte, das in der Selbstergreifung des eigenen Subjekts mitgefordert ist, wäre ›schlechte Unendlichkeit‹, wenn nicht ein absolutes interpersonales Sein existierte, von dem her und innerhalb dessen die fließende Unabsehbarkeit weltlichen Einzelnseins zu einem Stillstand käme: in einem ewigen Für- und Ineinandersein, dessen Geheimnis erst das christliche Gottesbild lüften kann.«[92]

bb) Die absolute Einheit von Liebe und Freiheit als »reines Für-einander«

Wenn das Absolutum, das wir Gott nennen, keine Fiktion ist, und wenn die endliche Freiheit keine nur scheinbare, sondern echte Freiheit ist,

[90] TD II/2, 421. – Vgl. Die Gottesfrage des heutigen Menschen, 61f.

[91] Balthasar spricht von der »unreduzierbaren Doppelpoligkeit« von *Selbst-Sein* und *Sein-im-Ganzen.* Würde der Ich-Pol »absolut gesetzt, so ergäbe sich, daß alles Mit-Seiende ... als ein für mich ›Verwendbares‹ erschiene. Doch der Ich-Pol erschließt immer auch das Sein-im-Ganzen, in dessen Horizont Anderes mit seiner Eigenpoligkeit erscheint; wer aber das Sein-im-Ganzen bejaht, der läßt ebenso ursprünglich das Andere in seinem Selbstsein gelten: das Seinlassen als wahr und als gut ist gleichursprünglich wie das für mich als wahr und gut Bestimmen. Nun aber liegt in der Unmittelbarkeit des Fürsichseins der Seele ihre unverlierbare Freiheit, die sie allerdings immer nur kraft des Gelichtetseins des Seins im ganzen besitzt. Also gehört es zu dieser unverlierbaren Freiheit (die in ihrer Notwendigkeit jede Beliebigkeit ausschließt), daß die Seele, eben weil sie sich in Freiheit besitzt, notwendig alle Seienden unter der Rücksicht ihrer Freiheit (als wahr und wirklich) sein-läßt und, nur so, als Sein-Gelassene anstrebt« (TD II/1, 217).

[92] TD II/2, 422.

dann ist nach Balthasar der Glaube an die trinitarische Einheit Gottes eine stimmige Konsequenz[93]. Weil sich jede endliche Freiheit der Stellvertretung (dem Für-Sein) eines anderen verdankt und sich selbst immer nur im Ausschritt, im Für-Sein, in der Stellvertretung für den anderen besitzt, verweist sie auf eine absolute Einheit von Freiheit und Liebe: auf eine unendliche Freiheit, die nicht nur Liebe *hat*, sondern Liebe bzw. Für-Sein oder Stellvertretung *ist*. Was die Reflexion der christlichen Offenbarung in Ermangelung eines besseren Wortes als »göttliche Personen« bezeichnet, ist das reine Für-einander in Gott. »Diese ›Personen‹ haben nicht ein primäres Für-sich-Sein, das sich erst sekundär zum Andern hin öffnete; was wir ihr ›Für-sich-Sein‹, ihr Selbstbewußtsein nennen können, haben sie gemeinsam als der eine, unteilbare Gott; aber dieses Eine integriert sich immer schon (und nicht nachträglich), durch das Für-einander. Man kann den Vater nicht anders verstehen als in seiner zeugenden Selbsthingabe an den erzeugten Sohn, den Sohn nicht anders als in seinem Sein-für-den-Vater. Beider Hingabe ist nochmals ein ›Für-einander‹, in den Schriften des Neuen Bundes als ›Heiliger Geist‹ deutlich abgehoben sowohl vom Vater wie vom Sohn, das personifizierte ›Für-einander‹ überhaupt und die schlechthinnige Selbst-Gabe Gottes an den Menschen.«[94] Balthasar charakterisiert den trinitarischen Gott als das unübertreffbare Urbild aller Stellvertretung – wenn Stellvertretung bedeutet, daß zwei Personen so miteinander verbunden sind, daß die eine nur durch die »Stell-Vertretung« der anderen sie selber ist. Indem der Vater zur »Stelle« des Sohnes wird, »verliert« er nichts, obschon er nichts »für sich« zurückhält, sondern er *ist* das ganze Wesen der Gottheit in dieser Selbsthingabe. Und indem der Sohn zur »Stelle« des Vaters wird, erhält er nichts im Sinne eines zeitlichen Werdens, sondern *ist* in diesem Sich-Gegebensein durch den Vater das ganze Wesen der Gottheit. Und indem der Heilige Geist zur »Stelle« der Einheit von Vater und Sohn wird, beseitigt er nicht das besagte »Ganz-anders« zwischen Alles-Geben und Sich-Gegebensein, sondern *ist* als unendliche Liebe die die unendliche Differenz[95] von Vater und Sohn umgreifende Einheit[96]. Weil die Differenz nicht aufgehoben und dennoch von der Einheit des Geistes umgriffen wird, spricht Balthasar von unendlichen

[93] Vgl. TD II/1, 170–176.

[94] Klarstellungen, 60. – Vgl. TD II/1, 232.

[95] »Die hypostatischen Seinsweisen bilden gegenseitig die denkbar größte Opposition (sind somit füreinander uneinholbar), damit ihre denkbar intimste Durchdringung möglich wird.« (TD II/1, 234).

[96] Vgl. TD III, 302f. – »Im Anschluß an Richard von St. Viktor entfaltet von Balthasar eine ›Logik der Caritas‹, die ›den Anderen‹, Geliebten und den ›Dritten‹, gemeinsamen Geliebten, in Gott fordert, unbeschadet der göttlichen Wesenseinheit ... Damit wird das positive Anliegen des Personalismus aufgegriffen und durch die konstitutive Annahme des Dritten trinitarisch korrigiert, ohne Gott auf die Ebene eines mitmenschlichen Du herabzudrükken.« (M. Scheuer, Die Evangelischen Räte, 59). – Vgl. T. R. Krenski, Passio Caritatis, 146f.160–164.

Freiheitsräumen »zwischen den göttlichen ›Hypostasen‹«[97]. Diese »Freiheitsräume« erklären, warum unendliche Freiheit endliche Freiheit nicht aufhebt, sondern im Gegenteil ermöglicht, und warum endliche Freiheit sich nicht *neben* oder *gegen*, sondern nur *in* der unendlichen Freiheit verwirklichen kann. Denn wenn die unendliche Freiheit eine Freiheit zwischen unendlich Liebenden ist, wenn das Sein-Lassen[98] zum Wesen der unendlichen Freiheit gehört, wenn die erste göttliche Person die zweite gleichwesentlicher Gott sein läßt und die Differenz zwischen erster und zweiter Person nochmals umgriffen wird von der personalen Einheit gemeinsamer Selbsthingabe, »dann besteht keinerlei Gefahr, daß die endliche Freiheit, die sich aus sich selbst nicht vollenden kann (weil sie weder ihre Herkunft einzuholen noch ihr absolutes Ziel aus eigenen Kräften zu erreichen vermag), im Raum des Unendlichen sich selbst entfremdet würde«[99]. Unter Voraussetzung des trinitarischen Gottesbildes der christlichen Offenbarung ist die endliche Freiheit des Menschen ein von der unendlichen Freiheit freigegebenes Abbild ihrer selbst. Wie innertrinitarisch die wechselseitige Stellvertretung der drei göttlichen Personen »unendliche Freiheitsräume« eröffnet, so ist zwischenmenschlich das Empfangen und Weitergeben von Stellvertretung Voraussetzung jeder endlichen Freiheit[100].

cc) Der Geschlechterzusammenhang von Adam her und die Universalität der christologischen Stellvertretung

Bevor die »Bühne« für das »Drama« des Hintretens Gottes »an die Stelle« der Sünder »freigegeben« werden kann, ist außer der Frage, wie

[97] TD II/1, 233. – »Im Sich-Ereignen der göttlichen Hervorgänge liegen ... die Urideen von Zeit und Raum. Sähe man im ewigen Sein das ewige Ereignis nicht, so müßte man die Form seines Dauerns ... als ein bloßes *nunc stans* betrachten, ihr damit alles entziehend, was der weltlichen Zeit (bei aller Vergänglichkeit) ihre Spannung und Liebenswürdigkeit verleiht. Alles würde sich auf einen reglosen Punkt zusammenziehen, womit auch der Raum, den Zeitlichkeit gewährt, gestrichen wäre; ... ›Zeit räumt‹ dem Seienden Spielräume des Sichereignen-Könnens ein, Raum aber fordert Zeit, um durchmessen, durchforscht, erobert zu werden.« (TD IV, 80).

[98] »Wenn in Gott durch die Opposition der Personen das ›Nicht‹ einen unendlichen positiven Sinn besitzt (›der Sohn ist nicht der Vater‹ usf.), wenn außerdem das ›Nichtfesthalten‹ am eigenen Gottsein, sondern es weggeben (auch der Geist gibt sich ganz der Liebe von Vater und Sohn anheim – die er ist) zur absoluten Positivität des Gottlebens gehört, dann braucht der Übergang von der unendlichen Freiheit zur Erschaffung endlicher Freiheiten (mitsamt allem, was diese voraussetzen und fordern) nicht das ›absolute Paradox‹ des Denkens zu sein, auch dann nicht, wenn, wie wir natürlich ansetzen, Gott der Welt nicht bedarf, um sich als Gott bestätigt zu sehen oder sich durch den Durchgang durch die Stufen des Werdens hindurch als Gott zu vollenden« (TD II/1, 236f).

[99] Ebd. 235.

[100] Endliche Freiheit ist echte Freiheit nur, wenn »sie sich dem (trinitarischen!) ›Gesetz‹ der absoluten Freiheit (der Selbsthingabe) einschwingt, nicht als einem fremden – denn es ist ja das ›Gesetz‹ des absoluten Seins –, sondern als dem ureigensten« (TD II/1, 235). – Vgl. ebd. 261.265.288; Spiritus Creator, 274f.

es »neben« oder »innerhalb« der absoluten göttlichen Freiheit andere, nichtgöttliche, geschaffene Freiheit geben kann, noch eine zweite Frage zu beantworten – die nämlich: wie Gott durch die Menschwerdung seines Sohnes in Christus nicht nur »an die Stelle« des Menschen Jesus, sondern durch ihn, mit ihm und in ihm »an die Stelle« aller Menschen (aller Sünder) aller Orte und Zeiten treten kann.

Balthasar beantwortet dieses Problem nicht nur mit dem Hinweis auf die paulinische Bezeichnung Christi als »neuen Adam« (Röm 5,12–21; 1 Kor 15,21 f), sondern mehr noch durch zahlreiche Hinweise auf die Eigenart der biblischen Anthropologie. Bekanntlich beschreibt der Hebräer mit den Worten *bɔ̄šɔr* (Leib), *nεpεš* (Seele) und *ruʷaḥ* (Geist) jeweils den ganzen Menschen, wenngleich mit *ruʷaḥ* vornehmlich seine Verwiesenheit auf Gott, mit *bɔ̄šɔr* seine Verwiesenheit auf den Nächsten und mit *nεpεš* seine Einmaligkeit (Personalität) bezeichnet wird. Dem hebräischen *bɔ̄šɔr* entspricht das griechische *σῶμα*; beide Worte drücken eine in der gemeinsamen Leib-haftigkeit begründete ontologische Immanenz aller Menschen ineinander aus. Als »Apriorität des Wir im Ich«[101] und als »Permeabilität der Mitwelt«[102] ist der Leib in AT und NT »der anthropologische Anknüpfungspunkt für die christologische Stellvertretung«[103] bzw. die kreatürliche Bedingung der Möglichkeit der von Gott frei gewährten Gnadensolidarität in Christus[104].

»Die von oben geschenkte, in Christus gewährte Gnade könnte nicht urbildlich Solidarität aller (als ›Leib Christi‹) erwirken, wenn sie nicht auf eine geschöpflich-abbildliche Solidarität stieße.«[105] Aber aus der Adam-Christus-Typologie darf nicht geschlossen werden, daß Adams Sünde im negativen Sinn ebenso ein Akt der Stellvertretung war wie Christi Selbsthingabe im positiven Sinn. Die erste Sünde des Menschen – wie und wo immer wir uns dieses Ereignis vorstellen – war zwar eine Katastrophe von universalgeschichtlicher Bedeutung; aber Adam hat nicht stellvertretend für uns gesündigt[106], sondern uns im Gegenteil

101 TD II/1, 374.

102 TD II/1, 376. – Vgl. auch TD IV, 350.

103 TD II/1, 374. – Vgl. auch Pneuma und Institution, 404–406.

104 Balthasar betont, daß jedem Leser der Paulusbriefe auffallen muß, »wie sehr der Apostel dort, wo es um die Stellvertretung geht, die Leiblichkeit Christi betont (Eph 2,13 f; Kol 1,22), als den Ort und das Medium gleichsam, wo der Tausch stattfinden kann« (TD II/2, 231).

105 TD III, 173.

106 »Denn unsere Solidarität ›in Adam‹ hat nicht die gleiche Struktur wie diejenige ›in Christus‹. Man kann zwar sagen, daß durch die Sünde des Geschlechts dem Einzelnen aufgrund seiner Solidarität mit allen ein positives Gut verlorengegangen ist; nicht hingegen, daß ihm etwas von der Sündhaftigkeit ›Adams‹ (oder des Übels, das der Grund jedes Entzugs ist) aufgezwungen wurde. Die alte Theologie hat auf diese Differenz zwischen den beiden Solidaritäten oft zu wenig geachtet, so etwa, wenn die negative Wirkung der Sünde Evas direkt parallelisiert wurde mit der positiven Wirkung des Gehorsams Marias. Von ›Sünde‹ oder Schuld kann in dem Manko des Menschengeschlechts nicht oder nur ganz analog die Rede sein: der von diesem Manko Betroffene hat etwas *nicht* erhalten, was

seine Stellvertretung verweigert. Sein Tun wirkt sich gerade deshalb verheerend auf die gesamte Menschheit aus, weil er die ihm als »Stammvater« (Korporativperson) in besonderer Weise aufgetragene Stellvertretung (seine Sendung bzw. Berufung zum Fürsein für die Menschheit) in deren Gegenteil, in ein egoistisches Für–sich-sein-Wollen, pervertiert hat[107]. Was Leo Scheffczyk die doppelte Vorgegebenheit eines »Vakuums der Gnadenlosigkeit« von Adam und eines »Führungsfelds der Gnade« von Christus her, und was Karl Rahner als »dialektisches Verhältnis zweier Existentialien« beschreibt, nennt Balthasar das Apriori verweigerter und erfüllter Stellvertretung[108]. Er plädiert für die Streichung des mißverständlichen Wortes »Erbsünde« zugunsten des Terminus »Ursprungssünde«. Denn gleichgültig ob Adam eine historische Person oder ein Synonym für den Anfang der Menschheit ist, theologisch wichtig bleibt, »daß die Entscheidung eines einzelnen gegen Gott, und zwar nicht die eines Beliebigen, sondern des die Menschheitsfamilie Begründenden, diese ganze Familie zwar nicht in persönliche Sünde, wohl aber in ein Manko an Gnade (samt dessen Folgen für die Verfaßtheit der Natur) gestürzt hat«[109]. Weil Jahwe sein Heil nicht erst auf dem Sinai, sondern von Anfang an (vgl. Schöpfungsbericht der Priesterschrift) an die zwischenmenschliche Solidarität seines Volkes gebunden hat, weil also jeder Verstoß gegen den Nächsten auch ein Verstoß gegen den Bund mit Jahwe ist, betrifft die traditionell mit dem Wort »Erbsünde« bezeichnete Wirklichkeit nicht nur die zwischenmenschliche Gemeinschaftsfähigkeit, sondern nimmt dem Menschen auch »wurzelhaft etwas Wesentliches von seiner Beziehung zu Gott«[110]. Anders gesagt: Nicht weil Adam irgendetwas auf seine Nachkommen überträgt, sondern weil er das, was er übertragen soll, nicht überträgt, hat er eine universale Wirkungsgeschichte.

Genau umgekehrt verhält es sich mit der Bedeutung Jesu Christi für alle Menschen aller Zeiten. Weil der Mensch Jesus nicht nur Gemeinschaft mit Gott *hat*, sondern Gemeinschaft mit Gott *ist*, gilt zugleich, daß Gott in ihm nicht nur Gemeinschaft mit dem Menschen *hat*, son-

er unter anderen Voraussetzungen hätte haben können, er hat aber nicht etwas erhalten, was man ihm, seiner personalen Freiheit zulasten kann. Ganz anders positiv sind die Geschenke, die in der Gemeinschaft der Heiligen ausgeteilt werden: sie gründen in dem Für-uns Christi, der die Übernommenen innerlich in sich einfaßt, sie nach Abnahme ihrer Schuld, mit Gütern begabt, die ihnen nicht nur juridisch ›angerechnet‹, sondern seinshaft ›zugeeignet‹ werden.« (TD III, 390). – Vgl. ebd. 439–444; Die Gottesfrage des heutigen Menschen, 124f; Homo creatus est, 106.

107 Mit Berufung auf Adrienne von Speyr bemerkt Balthasar im Schlußband seiner »Theodramatik«: »Im paulinischen Gegensatz zwischen dem ersten und zweiten Adam hat Gott seinen Sohn dem Adam gegenübergestellt: ›Der Sohn kann alle hüten, so wie Adam keinen hüten konnte. Er wird alle sein, so wie Adam keiner sein konnte.‹« (TD IV, 254). – Vgl. ebd. 311.

108 Vgl. TD III, 172–176.

109 Ebd. 168.

110 Ebd. 169.

dern *ist*. Im Vergleich mit den alttestamentlichen Korporativpersonen (Abraham, Mose, der Gottesknecht) ist Jesus Christus nicht nur Repräsentant des Bundes zwischen Gott und Mensch, sondern dieser Bund in Person[111]. Gott selbst tritt in Jesus Christus so an unsere Stelle, daß er als das totale Gegenteil der Sünde – als die absolute (unüberbietbare) Selbsthingabe – alle Menschen »unterfaßt«, die die ihnen aufgetragene Selbsthingabe (Berufung, Sendung, Stellvertretung) egoistisch verweigert und somit Adams Wirkung verstärkt haben.

b) Das Drama selbst

Nachdem er die Voraussetzungen des Dramas der Stellvertretung Christi geklärt hat, gelangt Balthasar zum »Herz seines Gesamtwerks«, zum Drama selbst. Doch bevor er seine eigene (dramatische) Soteriologie »zur Aufführung« bringt, erklärt er fünf Kriterien der christologischen Stellvertretung zum Maßstab jeder Soteriologie und wertet an Hand dieser Kriterien die wichtigsten soteriologischen »Modelle« der Theologiegeschichte[112].

aa) Fünf Komponenten der christologischen Stellvertretung als Maßstab jeder Soteriologie

Folgende fünf Kriterien garantieren nach Balthasar eine unverkürzte Erlösungs- bzw. Versöhnungslehre: 1. die Hingabe des Sohnes durch den Vater und deren Untrennbarkeit von der Selbsthingabe des Sohnes an den Vater und an die Menschen; 2. das reale Hintreten des Sohnes an die Stelle bzw. den Platz des Sünders; 3. die Befreiung des von eigener und fremder Sünde versklavten Sünders zu sich selbst; 4. die Einbeziehung des zu sich selbst befreiten Menschen in die Mit-Sohnschaft mit Christus; 5. die Ermöglichung, Rettung und Vollendung der endlichen Freiheit durch die trinitarische Liebe[113].

In der *Soteriologie der Väter* erkennt Balthasar durchgängig den Kampf gegen die Vorstellung, Christus sei nur so etwas wie ein »Instrument« oder »Demonstrationsobjekt« statt der Mensch gewordene Sohn Gottes gewesen. Die Väter sprechen in immer neuen Wendungen vom »wunderbaren Tausch«[114], um die Erlösung als einen ontischen Vorgang zu beschreiben, in dem Gott nicht nur bildlich, sondern real an unsere, der Menschen, Stelle tritt. Vor diesem Hintergrund – so Balthasar – darf der zweite Teil der nach dem Schema »Gott wurde Mensch, damit der Mensch Gott wird« geprägten »Tauschformeln« nicht mechanisch im Sinne einer Ausschaltung der menschlichen Freiheit mißdeutet werden. Zwar blieb das Zueinander von göttlichem Erlösungshandeln und menschlicher

111 Vgl. Spiritus Creator, 302f; Pneuma und Institution, 402f.
112 Dazu: T. R. Krenski, Passio Caritatis, 298–310.
113 Vgl. TD III, 221–223.
114 Vgl. ebd. 226–230.

Freiheit bis zur Entscheidung der monotheletischen Streitigkeiten des 7. Jhs. ein schwelendes Problem. Aber nach Balthasar läßt sich zeigen, daß griechische Väter wie Athanasius, Gregor von Nyssa, Gregor von Nazianz und Cyrill von Alexandrien die Personalität des einzelnen Menschen selbst da nicht bestreiten *wollten*, wo sie die Menschheit mit einem Teig, einer Masse und einem Brei vergleichen. Auch lateinische Väter wie Augustinus verstehen Christi Stellvertretung als durchaus ontischen Vorgang; sie schreiben von einer realen Übernahme unserer Todesfurcht und vom realen Tragen der Sünde; aber sie unterscheiden doch zwischen der Sünde selbst und deren Folgen: Indem Christus an die Stelle des Sünders tritt, wird er nicht selbst zum Sünder, sondern trägt die Realität der Sünde so, daß der Sünder *sich selbst* aus ihren Fesseln *befreien* kann[115].

Für die oft einseitig juridisch interpretierte *Soteriologie Anselms von Canterbury* weist Balthasar überzeugend nach, daß das Verdienst Christi dem Sünder nicht automatisch zufällt, weil Anselm »zwischen einer objektiven Wiederherstellung der Weltordnung durch Christi Tod und der subjektiven Aneignung der Erlösungsgnade durch den sich bekehrenden Sünder«[116] unterscheidet. Gleichzeitig kritisiert Balthasar, daß Anselm das zur Bekehrung des Sünders »genug tuende« Verdienst allzusehr von der Person Jesu Christi trennt und so die falsche Vorstellung nährt, man könne zwischen Christus selbst und seiner Stellvertretung unterscheiden. Bei Anselm und mit Einschränkungen auch bei Thomas von Aquin[117] bemängelt Balthasar das Fehlen einer »inneren Berührung zwischen Jesus und der Wirklichkeit der Sünde als solcher«[118]. Anselm jedenfalls erkläre das Erlösungswerk als »genug-tuenden« Ausgleich für alle und somit als *wirksame Vermittlung* zwischen Gott und den Menschen, nicht aber als Stellvertretung im Sinne eines realen Tragens unserer Sünde[119].

In der *Neuzeit* sieht Balthasar das von Anselm beschriebene Mittlertum entweder einseitig horizontalistisch als »Solidarität« oder im Gegenteil vertikal als »Substitution« verstanden. Er spannt einen großen Bogen von Fausto Sozzini über Herder, Kant, Schleiermacher und Ritschl bis hin zu Hans Kessler[120], Hans Küng, Edward Schillebeeckx, Xavier Léon-Dufour und Leonardo Boff[121], um die Folgen einer Reduktion der ontischen auf eine rein soziale oder psychologische Stellvertretung zu illustrieren. Das Kreuz wird als Konsequenz der unbedingten Solidarität Jesu mit den gesellschaftlich Gemiedenen interpretiert. Auch

115 Vgl. ebd. 230–234; Mysterium Paschale, 140–143; TD II/2, 219; TL II, 320.

116 TD III, 239. – Vgl. auch Homo creatus est, 128.

117 Thomas greift im Unterschied zu Anselm (vgl. ebd. 241) auf den »patristischen Gedanken des organischen Zusammenhangs zwischen Christus-Haupt und der Kirche (bzw. potentiell der ganzen Menschheit) als seinem Leib« (ebd. 243) zurück.

118 Ebd. 243.

119 Vgl. ebd. 240.

120 Nach Balthasar sieht Hans Kessler im Kreuz »beinah einzig ein *Handeln Gottes*, der in dem durch das Gesetz ... Gekreuzigten ... den Menschen zum Liebenkönnen befreit« (TD II/2, 97). So gesehen ist Jesus nur noch ein Mensch, dessen sich Gott für seine Ziele bedient, ohne in ihm selbst »an unsere Stelle« zu treten. Es fehlt »der Gedanke echter Stellvertretung, für die Jesus freilich mehr sein müßte als ein bloßer Mensch unter anderen« (ebd. 98).

121 In Boffs Soteriologie erkennt Balthasar eine Folge der Rahnerschen Ablehnung des Stellvertretungsbegriffs. Da Boff von einer »hypostatischen Einigung« des Heiligen Geistes mit Maria spreche, könne man seine Vorstellung von der hypostatischen Union des Sohnes Gottes mit dem Menschen Jesus unschwer ermessen. Christus werde wie Maria als eschatologische Gestalt geschildert, »deren Gottverbundenheit wir einmal völlig einzuholen bestimmt sind« (Prüfet alles, 35).

da, wo Kessler oder Léon-Dufour das neutestamentliche »*ὑπὲρ ἡμῶν*« nicht mit »zugunsten von«, sondern mit »an Stelle von« übersetzen, sagen sie nach Balthasar nur, daß Jesus auch im Tod »ein Leben für uns« gelebt hat[122]. Wenn Karl Rahner schreibt, daß Jesus der einzige die Selbsthingabe Gottes vollkommen aufnehmende Mensch war, und daß sein totales Sich-übereignen im Tod – »da er sich restlos ins Dunkel des verborgenen Geheimnisses Gottes überantwortet«[123] – unübertrefflich deutlich wurde, wirft Balthasar ihm eine Christologie vor, in der der Erlöser nur noch der Höchstfall[124] menschlicher Selbstverwirklichung (*unio hypostatica* als »absolute Zugehörigkeit einer menschlichen Wirklichkeit an Gott«[125]), keineswegs aber der Mensch ist, »der kraft seiner Einzigartigkeit die [ganze] Menschheit in sich einfaßt, um sie durch sein Leiden mit Gott zu versöhnen«[126]. Balthasar erklärt Rahners Ablehnung des Stellvertretungsbegriffs (vgl. SS. 358–362), indem er auf Parallelen zwischen der Rahnerschen und der Kantschen Definition »der personalen Freiheit als des Selbstvollzugs des Subjekts in seiner Ganzheit«[127] verweist. Er sieht aber auch, daß Rahners Christologie dem Stellvertretungsgedanken nicht *unbedingt* widerspricht. Denn – so bemerkt er unter Anwendung der Rahnerschen Terminologie – »wenn menschliche Freiheit sich notwendig in fremdem Material, das durch (zumindest kollektive) Schuld gekennzeichnet ist, objektivieren muß, und dies so, ›daß dieses von der Schuld anderer mitbestimmte Material ... dem Freiheitsakt nicht äußerlich bleibt‹, und wenn der Akt des Einzelnen diese Schuldbestimmtheit ›im Ja zu Gott *ausleidet* und überwindet‹, dann scheint nichts mehr der Möglichkeit entgegenzustehen, daß die durch die Fremdheit des Materials ›sich selbst entfremdete‹ Freiheit dadurch zu sich selber befreit wird, daß ein von Gott dafür Befugter das Entfremdende (sei es erbsündig oder durch persönliche Schuld erwirkt) stellvertretend ›ausleidet‹ und dem aus der Entfremdung Befreiten zwar nicht den freien Selbstvollzug abnimmt, diesen aber doch für ihn ermöglicht.«[128]

Der Solidaritätschristologie Rahners stellt Balthasar die Substitutionschristologie Luthers und der Dialektischen Theologie gegenüber, indem er der letzteren eine Art »Ersetzung« des sündigen durch einen in Christus lebenden (d. h. gläubigen bzw. gerechtfertigten) Menschen vorwirft[129]. Besonders ausführlich aber befaßt er sich mit den Thesen René Girards[130] und deren theologischer Rezep-

[122] Vgl. TD III,247–252, bes. 252[35].

[123] Ebd. 255.

[124] Vgl. ebd. 259–262; Crucifixus etiam pro nobis, 32–35; TL II, 221[50]. – »Rahner sieht das Erlösende, das Sühnende im Tode Christi in dem Akt der vollkommenen Selbstübergabe Jesu in seinem Sterben an den Vater. Ich frage, ob das genügt? Das Furchtbare am Tod Jesu ist, daß er den Tod der Sünder, und zwar aller Sünder, erleidet. Für mich ist das Wort ›Stellvertretung‹, ganz real verstanden, einfach unverzichtbar.« (Interview: Geist und Feuer, 76). – Zu Balthasars Interpretation der Rahnerschen Soteriologie vgl. die Kontroverse zwischen C. Kappes (Freiheit und Erlösung, 56–141) und T. R. Krenski (Passio Caritatis, 284–292).

[125] TD III, 256.

[126] Ebd. 255f. – Vgl. dazu: Kennt uns Jesus, 36–39; TL II, 221[50].

[127] TD III, 257. – Vgl. auch Cordula, 64–73; Prüfet alles, 30f; Homo creatus est, 99.128.

[128] Ebd. 259f.

[129] Vgl. ebd. 263–276. – Einschränkend muß vermerkt werden, daß Balthasar in Luthers Werk auch die Stellen würdigt, die den Menschen keineswegs nur als passives Objekt des Rechtfertigungsvorgangs schildern. So wählt er einen Luthertext als Paradigma recht verstandener »Gemeinschaft der Heiligen« (vgl. Katholisch, 45f).

[130] Vgl. unsere Ausführungen in Kap. I, § 1,1,c.

tion[131]. Denn Girards »Sündenbock-Theorie« verspricht – zum Beispiel in ihrer Interpretation durch Raymund Schwager – eine Soteriologie, die wie Rahners Christologie »von unten« (vom Menschen her) konzipiert ist und gerade so Christi Erlösungswerk als Stellvertretung erklärt. Balthasars Einwände lassen sich in der Frage bündeln, wie es dem Menschen möglich sein soll, seine Sünde auf den »Sündenbock« Christus zu werfen bzw. zu übertragen. Die angebliche »Substitution« des Erlösers gerät zur bloßen Funktion menschlicher Selbsterlösungsversuche[132], wenn Christi Stellvertretung nicht aus seiner Solidarität mit den Menschen als *Tragen* unserer Sünde, sondern aus der bösen Aggression des Menschen als *Übertragung* der Sünde durch den Sünder auf den »Sündenbock« Christus erklärt wird. Balthasar anerkennt, daß Schwager an den Thesen Girards wichtige Korrekturen vornimmt[133], gibt aber auch ihm zu bedenken, daß ein Aufladen der »Sünde von seiten des Menschen nichts fruchten würde, wenn der, dem sie aufgeladen wird, unfähig wäre, sie als ganze und als das, was sie in Wahrheit ist, entgegenzunehmen, was sowohl seine Fähigkeit wie seine Willigkeit dazu voraussetzt«. Die aber erwächst ihm nach Balthasar nur »aus seiner vom Vater ihm gegebenen, in seinem Hervorgang aus dem Vater gründenden Sendung«[134].

Im Abschreiten der Theologiegeschichte expliziert Balthasar die für seine »dramatische« Soteriologie fundamentale Einsicht, daß Jesus nur dann, wenn er als Mensch zugleich Gott *ist*, Stellvertreter im Sinne eines »Trägers der Weltsünde« sein kann. Balthasars kritischer Blick in die Geschichte der Erlösungslehre ist eine Art »Folie« seines eigenen Entwurfs, der von den ersten beiden Bänden der »Theodramatik« vorbereitet und im dritten und vierten Band entfaltet wird.

bb) Die Bühne des Dramas: Die unüberbietbare »Trennung« Gottes von sich selbst

Grundvoraussetzung für das Drama zwischen unendlicher und endlicher Freiheit ist, wie oben dargelegt, der »Freiheitsraum« zwischen dem totalen Sich-geben des Vaters und dem totalen Sich-empfangen des Sohnes. Nur in diesem »unendlichen Raum« ist ein Geschöpf denkbar, das – sich seiner selbst bewußt – nicht nur scheinbar, sondern wirklich frei ist. Im

131 Vgl. TD III, 276–288; Crucifixus etiam pro nobis, 30f; Die neue Theorie von Jesus dem »Sündenbock«, 184f.

132 Vgl. TD III, 288–291. – Balthasars Kritik an Girard wurde von dem protestantischen Theologen Michael Plathow (Schuldübertragung oder Schuldübernahme, 411f.420–422) übernommen und von Raymund Schwager (Replik zu »Schuldübertragung oder Schuldübernahme«, 423–426) mit der Begründung abgewiesen, daß der Begriff »Schuldübertragung« das »Abschieben« und nicht die »Übertragung« der eigenen Schuld bezeichne.

133 Girard bezeichnet das angeborene mimetische Begehren des Menschen als Ausdruck einer von Anfang an korrumpierten Natur und identifiziert die Gewalt, die zwangsläufig aus der mimetischen Rivalität entsteht, als Inbegriff aller Sünde. Nach Schwager aber ist die Natur des Menschen nicht gänzlich korrumpiert und die Sünde kein zwangsläufiges »Naturereignis«.

134 TD III, 311.

Unterschied zu Thomas von Aquin[135] erklärt Balthasar die innertrinitarische Kenosis[136] der Hypostasen nicht nur als *Voraussetzung*, sondern auch als *Stelle* aller übrigen Kenosen: der den Geschöpfen geschenkten Freiheit, des mit Israel geschlossenen Bundes, der Menschwerdung des Sohnes, seiner Kreuzigung, Auferstehung und »eucharistischen Verströmung«[137]. Indem die Selbst-Hingabe des trinitarischen Gottes alles »unterwandert«, »unterfaßt« und »umgreift«, läßt sie Raum für eine reale Verneinung ihrer selbst. »Daß Gott (als Vater) seine Gottheit so weggeben kann, daß Gott (als Sohn) sie nicht bloß geliehen erhält, sondern ›gleich-wesentlich‹ besitzt«, und daß der Geist die Liebe zwischen Vater und Sohn, die er ist, als solche »ent-äußern« kann, bedeutet »eine so unfaßbare und unüberbietbare ›Trennung‹ Gottes von sich selbst, daß jede (durch sie!) ermöglichte Trennung [Schöpfung, endliche Freiheit, Sünde], und wäre es die dunkelste, nur *innerhalb* ihrer sich ereignen kann«[138]. Was wir »Hölle« nennen, ist »nur umfangen von der absoluten und wirklichen Trennung von Vater und Sohn möglich«[139]. Jedes Drama zwischen Gott und Welt kann seinen Ort »nur innerhalb der vom Heiligen Geist sowohl offengehaltenen wie überbrückten Differenz von Vater und Sohn«[140] haben.

cc) Der »dramatische Knoten«: Christus »an der Stelle« der Sünder

Der Mißbrauch der Freiheit – von Balthasar als »das Nein der Kreatur« bezeichnet – »ertönt an der ›Stelle‹ der innergöttlichen Differenz«. Und deshalb kann über den menschgewordenen Sohn Gottes gesagt werden: Wenn er »an die Stelle« der Sünder tritt, wenn er in die Finsternis ihres

[135] Dazu: R. Schwager, Der wunderbare Tausch, 288[94].

[136] An der Darstellung des Christusereignisses als Kenose bei Hilarius und viel später bei den vielen deutschen, englischen und russischen Kenotikern des 19./20. Jhs. kritisiert Balthasar immer wieder das Fehlen der trinitarischen Dimension (vgl. Mysterium Paschale, 143–154; TD III, 291f; IV, 201f). Die Mehrzahl von ihnen übersieht, daß Gott »nicht primär ›absolute Macht‹, sondern absolute ›Liebe‹ ist, dessen Souveränität nicht im Festhalten des Eigenen, sondern in seiner Preisgabe sich kundtut« (Mysterium Paschale, 147). – Dazu: J. Fessio, The Origin of the Church in Christ's Kenosis, 148–172; M. Jöhri, Descensus Dei, 25–36.237–275; W. Löser, Trinitätstheologie heute, 19–45; bes. 39–44; H. Danet, Gloire et Croix de Jésus-Christ, 86–103; T. R. Krenski, Passio Caritatis, 182.202f.

[137] T. R. Krenski (Passio Caritatis, 205–208) beweist die Unhaltbarkeit der von C. Kappes (Freiheit und Erlösung, 37–55) vorgetragenen These, Balthasars Ausführungen über die »innertrinitarische Kenosis« implizierten eine absolute »Trennung in Gott« und somit Tritheismus.

[138] Ebd. 302. – Nur in der »Preisgabe des Eigenen, die die *Trennung* ernst nimmt (der Andere soll ja Er und nicht Ich sein!), in diesem ›unter‹-gehen, damit der Andere in sich selber ›auf‹-geht, ereignet sich die absolute Liebe, in der die Wesenseinheit verbürgt ist, kann sich dann im Gottmenschlichen jenes Opfer ereignen, das Communio in Christus grundlegt« (TD IV, 74). – Dazu: K. K. J. Tossou, Streben nach Vollendung, 223–227.

[139] TD III, 302f.

[140] Ebd. 304; vgl. TD IV, 236.300.

Neinsagens eintritt, muß er »seine eigene ›Stelle‹«, seinen »*topos* innergöttlicher absoluter Differenz vom schenkenden Vater«[141], nicht verlassen. Balthasar bezeichnet die innergöttliche Differenz zwischen dem Vater und dem sündetragenden Sohn als »eigentliche Stelle der Stellvertretung«; er unterstreicht, »daß Gott nicht nur solidarisch mit uns wird in dem, was Symptom der Sünde, Strafe für die Sünde ist, sondern in der Mit-Erfahrung, im Peirasmos des Wesens des Nein selbst«[142]. Zwar wird Christus als Stellvertreter nicht selbst zum Sünder, wie man auf Grund übertreibender Äußerungen Luthers meinen könnte[143]; aber Jesus Christus erfährt die Finsternis (Sinnlosigkeit) des Sündenzustandes nicht nur »von außen« im Sinne eines psychologischen »Sich-in-die-Lage-des-Sünders-Versetzens«, sondern ungleich tiefer als die Sünder selbst, weil seine einzigartige Nähe zum Vater an der Stelle des Neinsagens zu ihm (an der Stelle des Sünders) nur noch als ein einzigartiges Leiden an der einzigartigen Trennung denkbar ist[144]. »Nur der Sohn weiß erschöpfend, was es heißt, vom Vater verlassen zu sein, weil er allein weiß, wer der Vater und was die Nähe und Liebe des Vaters ist.«[145] Sieht man die Stellvertretung Christi unter der Perspektive seines Getrenntseins vom Vater, so darf man sagen: Er erfährt die Hölle; sieht man sie als in der »Gott-verlassenheit« durchgehaltene (durchlittene) Beziehung zum Vater, kann man sie auch als Verkehrung der Hölle in deren Gegenteil bezeichnen[146]. Wie auch immer: Christus tritt an die Stelle eines ungeheuren »Zusammenpralls«, an die Stelle, an der Gottes Liebe zum Zorn

141 TD III, 310.

142 Mysterium Paschale, 223. – Vgl. auch TD III, 314f.

143 Vgl. Mysterium Paschale, 223; TD III, 312; Der Christ und die Angst, 62–66; TD I, 366–374. – Hier stellt sich Balthasar hinter Rahner. Er bemerkt: »Was Karl Rahner als falsche und verhängnisvolle ›Sündenmystik‹ gebrandmarkt hat ..., innerhalb der freiwillig auf sich genommenen Schuld selbst (als Solidarität mit dem andern Sünder) liege ein erlösendes Moment, ... muß geradenwegs der wahren Erlösung widersprechen. Mögen die Rahmen eines christlichen Individualismus, einer von den heutigen Menschen als egoistisch empfundenen Spekulation um das eigene Heil unwiderruflich bersten – und es ist gut, daß sie es tun –, so sind damit die Gesetze des Evangeliums nicht angetastet ... In Gott ist keinerlei Finsternis, und in der Schuld ist keinerlei Licht. Der Sohn Gottes ist uns in allem gleichgeworden außer der Sünde, und dieses ›außer‹ ist die Voraussetzung dafür, daß er jede Sünde auf sich nehmen und durchbüßen konnte.« (Der Christ und die Angst, 66).

144 Balthasar spricht auch vom »absoluten Paradox« des »Hiatus« zwischen dem Vater und dem an die Stelle des Sünders getretenen Sohn (vgl. Mysterium Paschale, 161.171–175).

145 Der Christ und die Angst, 38. – Vgl. auch Pneuma und Institution, 394f; Gelebte Kirche: Bernanos, 467.

146 Vgl. TD III, 313; Mysterium Paschale, 248f. – Im Schlußteil der »Theodramatik« kennzeichnet Balthasar »die Gottverlassenheit des Sohnes« als »Modus seiner Verbundenheit mit dem Vater im Heiligen Geist« (TD IV, 232). Aber der Akzent liegt – wie er in einer Karfreitagspredigt erläutert – auf der Verlassenheit, nicht auf der Verbundenheit: »Der Rufende weiß nur, daß er verlassen ist, warum, kann er in diesem Dunkel nicht mehr wissen. Er darf es gar nicht wissen, weil der Gedanke, es könnte ein stellvertretendes Tragen der Finsternis anderer sein, schon eine Erleichterung, ein Lichtblick wäre.« (Du krönst das Jahr mit deiner Huld, 75).

wird, weil Gott das Böse nicht lieben, sondern nur hassen kann[147]. Das Leiden Christi an der Stelle der Verneinung Gottes ist nur in tastenden Annäherungen zu erahnen, weil kein Mensch außer Jesus Christus jemals eine ähnliche Erfahrung gemacht hat oder machen kann[148]. Balthasar erinnert an die Erfahrung, die Johannes vom Kreuz als ›Dunkle Nacht‹ geschildert hat und die von vielen Mystikern als Erleben einer Ausweg- und Hoffnungslosigkeit bezeichnet wird, wie sie nur in einem Zustand absoluten Stillstands und gänzlicher Kommunikationslosigkeit denkbar ist[149]. So wird von der hl. Rosa von Lima berichtet, ihr häufiges Versinken in furchtbare Finsternisse sei deshalb »die Hölle« gewesen, weil es immer von der Gewißheit begleitet war, die trostlose Verlassenheit solle ewig dauern: ohne Hoffnung auf ein Ende, ohne ein Schlupfloch des Entrinnens. Therese von Lisieux vergleicht dieselbe Erfahrung mit einem unterirdischen Gang[150], den sie in der Gewißheit gehen muß, daß er kein Ende hat. Ähnliche Aussagen finden sich bei Angela von Foligno, Mechthild von Magdeburg, bei Seuse und Tauler, bei Margareta Ebner, Katharina von Siena, Walter Hilton, Marie des Vallées oder Maddalena de' Pazzi[151].

Für Balthasar ist Christi Verlassenheitsruf am Kreuz Ausdruck der subjektiven Gewißheit, »an der Stelle« zu sein, die das Gegenteil der »Stelle« von Beziehung, Communio und Liebe (das Gegenteil der

[147] Gegen Karl Rahner bemerkt Balthasar, daß das eigentliche Geschehen der heiligen drei Tage (Karfreitag, Karsamstag, Ostertag) »nicht im Vollzogenhaben eines finalen Aktes der Selbsthingabe des menschgewordenen Sohnes an den Vater besteht, wie ihn jeder menschliche Tod – mehr oder weniger ratifiziert durch das Individuum – strukturhaft in sich trägt, sondern in etwas völlig Einmaligem, das im ›Realisieren‹ aller Gottlosigkeit, das heißt aller Sünde der Welt als Schmerz und Untergang im ›zweiten Tod‹ oder ›zweiten Chaos‹ außerhalb der von Gott im Anfang geordneten Welt sich ausdrückt« (Mysterium Paschale, 160). »Mit den Verlorenen solidarisch werden heißt *mehr* als nur äußerlich-stellvertretend für sie sterben, mehr auch als Gottes Wort so verkünden, daß diese Verkündigung durch den Widerspruch, den sie unter den Sündern erregt, akzidentell zu einem gewaltsamen Tod führen muß, mehr auch als nur ihr gemeinsames unvermeidliches Todesschicksal auf sich nehmen, mehr auch als bloß den allem Sünderleben seit Adam je schon konstitutiv-immanenten Tod bewußt auf sich laden und ihn personal zu einem Akt des Gehorsams und der Hingabe an Gott verantwortlich gestalten, vielleicht aus einer Reinheit und Freiheit heraus, die jedem andern Menschen, der Sünder ist, versagt bleibt und die deswegen ein ›neues Existential‹ der Weltwirklichkeit einstiftet. Es geht über all dies – das seine relative Geltung haben mag – hinaus um ein völlig einmaliges Tragen der Gesamtschuld der Welt durch den völlig einmaligen Sohn des Vaters, dessen Gottmenschlichkeit (die mehr ist als ein ›Höchstfall‹ transzendentaler Anthropologie) auch einzig zu einem solchen Amte befähigt ist.« (Ebd. 223f).

[148] Vgl. Glaubhaft ist nur Liebe, 62.

[149] Vgl. TD III, 313; IV, 281–283; Mysterium Paschale, 175–182; H III/1/B, 434–455; Spiritus Creator, 345–436.

[150] Vgl. Pneuma und Institution, 275; Die Gottesfrage des heutigen Menschen, 201f. – Balthasar betont aber auch, daß Thereses »seelische Nacht nicht bis zur vollen Kreuzesnacht reicht, bis zu jenem Punkt, wo der Vater vom verlassenen Sohn Aug in Aug zur absoluten Gottverlassenheit der Sünder steht« (Schwestern im Geist, 344).

[151] Vgl. Mysterium Paschale, 180–182.

»Stelle« des trinitarischen Gottes) ist. Aber Jesus Christus bleibt »an der Stelle« der Beziehungslosigkeit in Beziehung: Aus der Nacht der absoluten Verlassenheit *ruft* er; in nichts mehr verstehendem, nacktem Gehorsam *ist* er Selbsthingabe an das Preisgegebenwerden durch den Vater. Er stirbt hinein in den Hiatus zwischen dem Gott, der die Liebe ist, und der Stelle des Neinsagens zu ihm – aber so, daß nicht er in dem Hiatus, sondern »der Hiatus in ihm versinkt«[152]. Indem er aus der Hölle des Sünders zum Vater ruft, ist die Hölle von der Liebe, von einem Ausweg aus der Einsamkeit, »unterwandert«, »unterfaßt«, »umgriffen«. Aber Christi absolutes Für-sein geht noch einen Schritt weiter: den Schritt, den Balthasar – gestützt auf Adrienne von Speyr – als das »Plus« des Karsamstags gegenüber dem Karfreitag bezeichnet. Am Kreuz konnte Christus »Gott (auch wenn er ihn nicht mehr sah) noch seinen Vater nennen ... Denn am Kreuz besaß er sich selber noch als Sohn ... Und wenn das Kreuz auch reine Überforderung war, so hatte er doch das Bewußtsein, sich selber hinverströmt zu haben für die Sünde der Welt. Man konnte dem Sohn immer noch etwas nehmen, also hatte er immer noch etwas zu geben«[153]: das »Aktive« seines Gehorsams. Am Karsamstag gibt es für Christus kein »Aktiv« mehr, sondern nur noch das »Passiv« seines Bei-den-Toten-Seins. »Man vergesse nicht«, mahnt Balthasar, »unter den Toten gibt es keine lebendige Kommunikation [Aktion]. Solidarität heißt hier: Mit-Einsam-sein [Passion]«[154]. Der sogenannte »Abstieg« zu den Toten ist deshalb eher als »passio« denn als »actio« des Sohnes zu erklären – ähnlich wie Auferstehung und Himmelfahrt, die in der Heiligen Schrift »zunächst als ein passives Geschehen geschildert werden«[155]. Indem Christus dahin verfügt wird[156], wo jede Selbstverfügung aufhört, gelangt er an eine »Stelle«, an der alle Zeit »gleich-zeitig« ist. Er, von dem Balthasar in seiner Geschichtstheologie schreibt, daß er als »Erschlossenheit Gottes« unsere »Zugänglichkeit zu Gott« und des-

[152] Mysterium Paschale, 171. – Vgl. J. Fessio, The Origin of the Church in Christ's Kenosis, 118–131; H. Danet, Gloire et Croix de Jésus-Christ, 105–133.

[153] A. v. Speyr, Jungfräuliche Fruchtbarkeit der Kirche (Nachlaßband XII), zitiert nach: B. Albrecht, Eine Theologie des Katholischen I, 116. – Im Schlußband der »Theodramatik«, den Balthasar fast durchgehend (vgl. TD IV, 11f) als Interpretation der Schriften Adrienne von Speyrs versteht, heißt es: Am Karsamstag ist »›der Vater ... nicht bloß, wie am Kreuz, verhüllt und entschwunden, sondern der Sohn ist jetzt gezwungen, in das Entgegengesetzte des Vaters zu gehen‹, in die reine Essenz der von der Welt abgetrennten Sünde, in das von Gott Verdammte, worin Gott nicht gefunden werden kann.« (Ebd. 242).

[154] Mysterium Paschale, 241. – Dazu: W. Löser, Im Geiste des Origenes, 244–246; M. Jöhri, Descensus Dei, 60–69; T. R. Krenski, Passio Caritatis, 84.314–318.340.

[155] Mysterium Paschale, 229.

[156] In die »Endgültigkeit (des Todes) steigt der tote Sohn ab, keineswegs mehr handelnd, sondern vom Kreuz her jeder Macht und eigenen Initiative entblößt, als das rein Verfügte, als der zur reinen Materie erniedrigte, restlos indifferente (Kadaver-)Gehorsame« (Pneuma und Institution, 408).

halb »in persona« das Geschenk der Zeit ist[157], gelangt an den Punkt, wo der Tod im Sinne der alttestamentlichen »Scheol« oder der neutestamentlichen »Hölle« vor allem die Aufhebung aller Zeit ist)[158]. Balthasars »Theologie des Karsamstags« bedeutet: Jesus Christus ist der einzige Mensch[159], der den Tod als Aufhebung aller Zeit, als Zukunfts- und Hoffnungslosigkeit, als Wand ohne Ausweg, erfährt. Er leidet nicht nur »die von den Sündern verdiente Hölle; er leidet etwas jenseits und unterhalb dieser: eine Gottverlassenheit im reinen Liebesgehorsam, zu der er allein als der Sohn fähig ist, und die jede mögliche Hölle qualitativ unterfaßt«[160]. Indem dieser »Einzige«, der »in persona« die Zugänglichkeit zu Gott ist, an die Stelle »zeit-loser« Verschlossenheit gelangt, verwandelt er alle Tode aller Zeiten (jede einzelne Aufhebung jeder einzelnen Zeit)[161] in »Mit-Tode«, weil er ihnen die Beziehungslosigkeit der Verzweiflung nimmt[162]. Balthasar vergleicht die Unterfassung aller Tode durch den Tod Christi mit einem »Lichtschimmer von Glaube, Liebe, Hoffnung«[163], der den Abgrund unseres Sterbens »immer schon« erhellt[164]. So ist der Tod Christi »inklusiv«, weil er zunächst »exklusiv«,

157 Vgl. Theologie der Geschichte, 31; TD IV, 111f; TL II, 327.

158 »Im Horizont des Nicht-mehr gibt es ja nichts zu verwirklichen.« (TD III, 113). Balthasar orientiert sich an Charles Péguys Definition der Hölle: »Die Hölle ist ›Entzug jeder Zeit‹, der Horizont der Verdammten ist mit unendlichem Riegel verbaut, die Hölle ist umzirkelt, nicht der geringste Hoffnungsschimmer filtert hinein; umgekehrt ist das Paradies unendliche Öffnung zu jedem Mitsein, jeder Erfüllung.« (H II/2, 812f). – Vgl. auch Mysterium Paschale, 243–246; TD IV, 279; Was dürfen wir hoffen?, 104–106.

159 Vgl. Mysterium Paschale, 243.

160 TD IV, 252. – In diesem Zusammenhang, so bemerkt Balthasar über Adrienne von Speyr, »versteht sich, daß sie an einem Karsamstag sagen konnte: ›Das Ärgste ist, daß ich heute von meinen Brüdern, den Sündern, getrennt bin, nichts mehr für sie vermag. Die Gemeinschaft der Heiligen, das Tragen fremder Lasten gibt es hier nicht mehr. Man ist in der vollkommensten Einsamkeit.‹ Und doch liegt gerade in dieser christlichen, eigentlich christologischen Einsamkeit eine Hoffnung für den, der, jeder Liebe entsagend, sich selber verdammt. Wird er, der restlos allein sein will, nicht schließlich doch neben sich einen noch Einsameren, den vom Vater verlassenen Sohn, finden, der ihn hindern wird, seine selbstgewählte Hölle bis ans Ende zu erleben?« (Theologie des Abstiegs zur Hölle, 145f).

161 Balthasar zitiert Adrienne von Speyr: »›Jesu Passion hat zwar ein Wo und Wann innerhalb der menschlichen Grenzen von Raum und Zeit. Aber sie überragt diese Grenzen nach allen Seiten, und man kann an ihr ebensowohl früher wie tausend Jahre später teilnehmen‹.« (Ebd. 283).

162 »Er ist ... Stellvertretung für alle sündigen Tode, und deshalb Selbsthingabe in eine Gottverlassenheit und damit Ohnmacht, die jede mögliche Gottverlassenheit und Ohnmacht der Sünder unterfaßt. Indem er in seine Todeshingabe alle Sündertode mithinabreißt, wertet er sie und damit auch alles auf solchen Tod hinlaufende Leben in seinen einzig endgültigen Tod hinein um.« (Ebd. 297). »Das Fegfeuer entsteht deshalb ganz eigentlich am Karsamstag, da der Sohn mit seinem Gang durch die ›Hölle‹ in den Zustand der gerechterweise Verlorenen das Moment der Barmherzigkeit hineinbringt.« (Ebd. 331). – Vgl. In Gottes Einsatz leben, 67; TD III, 112–124; Mysterium Paschale, 237–243.

163 Mysterium Paschale, 243.

164 Balthasar beruft sich u. a. auf Gregor von Nyssa, der »das Licht Christi vom äußersten Ende der Finsternis her aufleuchten läßt«, und auf die Frage Gregors des Großen: »Untergreift Gott in Christus nicht ... durch seine je größere Tiefe alle Tiefen der Unterwelt?« (Ebd. 242). In seiner Bernanos-Monographie bemerkt er: »Nicht der figurierte Satan ist

d. h. »in seiner stellvertretenden Kraft einmalig«[165], ist. Das ist die Mitte[166] des christlichen Glaubens, »daß der Sünder *als Sünder* am Kreuz Christi hängt, real und nicht nur in einer vagen Repräsentation, daß somit Christus ›meinen Sündertod stirbt‹, während ich jenseits meiner selbst in diesem Tod das Leben der Liebe Gottes erlange«[167].

dd) Die Ausweitung des Dramas: Christi Stellvertretung als Verwandlung der Vertretenen in Vertretende

Das Drama der Stellvertretung ist kein einseitig »kata-loges« Geschehen; Christus ist nicht allein der aktiv Stellvertretende, und wir sind nicht einseitig die passiv von ihm vertretenen Sünder. Balthasar erinnert an seine Ausführungen über die Ausweitung der »kata-logen« Herrlichkeitsgestalt des Stellvertreters zur »ana-logen« Herrlichkeitsgestalt der Kirche und an seine Antwort auf die Frage, wie »neben« oder »innerhalb« der absoluten göttlichen Freiheit nicht nur scheinbare, sondern echte geschöpfliche Freiheit möglich ist. In Christus, mit ihm und in ihm bilden alle, die sich von seiner Stellvertretung ergreifen lassen, eine »persona corporativa« im Sinne einer direkten Proportionalität von Einheit und Unterschiedenheit (vgl. S. 23). Wer die Liebe des gekreuzigten und auferstandenen Herrn nicht verweigert, sondern annimmt, ist schon lebendige Rebe am Weinstock Christi[168]. Durch den Heiligen Geist entsteht »eine Leidens- und Auferstehungsgemeinschaft ..., die ... das *pro nobis* [des Christusgeschehens] ... auf die Teilnehmenden ausdehnt«[169].

Jeder einseitig inkarnatorischen Erlösungslehre, die das Heil im Bild eines physikalischen Vorgangs (Durchdringung der kranken »Menschheit« durch die heilende Kraft des einen Gesunden) beschreibt, begegnet Balthasar mit dem Einwand, daß die Kirche durch Inklusion der Erlösten in das Stellvertreten des Erlösers ein »mystischer Leib« ist[170]. Und im Blick auf die protestantische These einer rein forensischen Rechtfertigung bemerkt er: »Nach allem über das stellvertretende ›Für-uns‹ der Passion Christi Gesagten kann nicht bezweifelt werden, daß jene, für

die je tiefere Realität, woran der Traum der Sünde zerschellt, sondern das in den Abgrund gezimmerte Kreuz.« (Gelebte Kirche: Bernanos, 136f).

165 Mysterium Paschale, 243.

166 »Jesu Sterben war für alle stellvertretend ..., und von hier aus wird endlich das ganze Gewicht des Anspruchs Jesu deutbar, der in seiner personalen Ausschließlichkeit weit über den eines Sokrates oder Buddha hinausgeht.« (Pneuma und Institution, 50).

167 Mysterium Paschale, 221.

168 Vgl. TD III, 358f; Pneuma und Institution, 404.

169 TD III, 362. – Balthasar spricht von einer »direkten Einbettung des christlichen Füreinander-könnens in das Für-uns Christi« (ebd. 393). Christus und die Gläubigen »sind seinsmäßig mit- und untereinander verbunden durch den ›Geist Christi‹, der die historische Selbsthingabe Christi mit der Hingabe des Leibes Christi, der Kirche, zu einer realen, ontologischen und im Sinne der Kirchenväter physischen Einheit zusammenschließt« (Spiritus Creator, 171). – Vgl. T. R. Krenski, Passio Caritatis, 168.

170 Vgl. TD III, 364.

deren Schuld gelitten und gesühnt worden ist, in ihrem Sein an eine andere Stelle gerückt worden sind.«[171].

Das Bekenntnis zur »Gemeinschaft der Heiligen« impliziert von Anfang an nicht nur die Teilnahme an den durch den Heiligen Geist ausgeteilten Gütern der Kirche (an den Sakramenten, besonders der Eucharistie), sondern »auch das, was die Einzelnen selbst aufgrund dieser Teilnahme an der verschenkten Liebe Christi leisten«[172]. Der Einzelne hat eine unersetzliche, einmalige Sendung für andere; aber deshalb ist die Kirche kein additives Kollektiv von Einzelsendungen, sondern »einmalige Korporation von Einzelnen, die zu Christus unmittelbar sind ..., Gemeinschaft also, die sich eins weiß in der Fortbewegung des Sohnes vom Vater her zur Welt«[173]. In der Heiligen Schrift bedeutet Erwählung immer beides zugleich: Personalisierung und Entprivatisierung«[174]. Weil im trinitarischen Gott Personalität und Gemeinschaft (communio) gleichursprünglich sind, weil im Absoluten absolute Selbsthingabe (Entprivatisierung) und absolutes Selbstsein (Personalität) identisch sind[175], ist auch der Bund (die Gemeinschaft) zwischen Gott und Mensch nur da wirklich, wo die Einzelperson sie selbst ist, *indem* sie sich für andere verausgabt. Im Alten Testament bindet Jahwe sein Heil an die Wahrung wechselseitigen Für-Seins der Israeliten füreinander; und im Neuen Bund bedeutet der Empfang von Gnade erst dann Gemeinschaft mit Christus (Heil), wenn der Empfänger das empfangene Geschenk fruchtbar macht für andere. Im Neuen Testament kann man nicht nur von einer Ermöglichung zwischenmenschlicher Stellvertretung durch Christi Stellvertretung, sondern auch umgekehrt von einer Untrennbarkeit der christologischen von der ekklesiologischen Stellvertretung sprechen.

In dieser »Untrennbarkeit« – näherhin in der direkten Proportionalität von Einheit und Unterschiedenheit zwischen der *αὐτοπαράδοσις* Christi und der *παράδοσις* seiner Zeugen – sieht Balthasar das Wesen der christlichen »Tradition«. Denn da – so bemerkt er – wird »nicht irgend-

[171] Ebd. 363. – Wer im Sakrament der Taufe mit Christus gestorben und auferstanden ist, ist nicht nur äußerlich affiziert, sondern von Grund auf eine »neue Kreatur«. Entsprechend bedeutet die Feier der Eucharistie das Eingelassenwerden der Glaubenden »in ein Mitopfern dieses Opfers« (Spiritus Creator, 167). »Hierbei wird entscheidend die Rolle des Heiligen Geistes offenbar: wie er in der Sendung zur Menschwerdung des Sohnes hin die Rolle des Vaters vertrat, so auch ›in der je neuen Realsetzung des Sohnes in der Eucharistie‹, aber nicht minder im Teilgeben an der Hingabegesinnung des Sohnes für die Empfänger, damit sie zu Mitopfernden mit dem Sohn an den Vater werden.« (TD IV, 444). – Vgl. auch TD III, 270.281.365; Homo creatus est, 229.

[172] TD III, 391. – Vgl. Katholisch, 48f.

[173] Spiritus Creator, 340.

[174] »Teilnahme an der Sendung Christi (oder das, was Paulus im Aufbau der Kirche ›charisma‹ nennt und was dem Einzelnen als seine ewige Idee bei Gott und seine soziale Aufgabe geschenkt wird): das wäre das eigentliche Zentrum der Wirklichkeit von Person.« (Homo creatus est, 100). – Vgl. auch: In Gottes Einsatz leben, 41.90; Paulus ringt mit seiner Gemeinde, 11–25.

[175] Vgl. In Gottes Einsatz leben, 37f; Homo creatus est, 98–102.

ein Inhalt ... zum Aufbewahren übergeben, sondern die Übergabe [Stellvertretung] selbst übergibt sich: Gott ist selbst das, was sich gibt. Und nur wenn der Empfangende ihn als schlechthinnige Selbstübergabe [Stellvertretung] ... empfängt, hat er ... nicht aus ihm einen toten Gegenstand und Götzen gemacht.«[176] Anders gesagt: die »traditio« des Christentums impliziert die direkte Proportionalität von Einheit und Unterschiedenheit zwischen dem Akt des Übergebenden (Stellvertretung Christi) und dem Akt des Empfangenden (Stellvertretung des Zeugen), zwischen der Vergangenheit und der Zukunft (vgl. S. 24) des Christusereignisses.

Balthasar bescheinigt Dietrich Bonhoeffer, die Untrennbarkeit der ekklesiologischen von der christologischen Stellvertretung viel klarer als die meisten katholischen Theologen gesehen zu haben[177]. Jedenfalls setzt das Bekenntnis zur »communio sanctorum« voraus, »daß wir uns des höchsten Geschenkes bewußt sind, das Gott als Schöpfer machen kann«, nämlich: »das Geschöpf eine echte ›Zweitursache‹, *causa secunda*, sein zu lassen«[178]. Von Anfang an will Gott die Freiheit, die Personalität, die Verantwortung, das Mittun des Menschen. Deshalb geschieht auch die Erlösung nicht ohne die Erlösten: nicht ohne das Ja des Einzelnen *und* nicht ohne den stellvertretenden Einsatz derer, die ihr Ja schon gesagt haben. Christi Stellvertretung macht sich abhängig von unserer Teilnahme – auf der objektiven Ebene durch Bindung an Amt, Wort und Sakrament und auf der subjektiven Ebene durch Bindung an das stellvertretend für uns alle gesprochene Ja-Wort Mariens[179], durch Bindung aber auch an das Mittun und Mitleiden aller Menschen, die *mit* Maria »ja« sagen. Balthasar unterscheidet zwischen der petrinischen und der marianischen Gestalt inklusiver Stellvertretung; er ist der Auffassung, daß Kirchen, in denen entweder der Glaube an die unbedingte Wirksamkeit (»opus operatum«) priesterlicher Vermittlung oder der Glaube an die stellvertretende Bedeutung des marianischen Ja-Worts fehlt, »immer etwas Abstraktes, Nichtinkarniertes behalten und in der steten Gefahr sind, entweder ins rein Pneumatische zu zerflattern ... oder sich rein soziologisch zu verstehen«[180]. Weil Maria *nichts* »für sich« zurückbehält, sondern »ihrer vollständigen Enteignung zum Gefäß des Heiligen Geistes zustimmt«[181], erstreckt sich ihre Stellvertretung auf *alle* Glieder der Kirche. Sie ist das Urbild jedes Christen, ob er im Laien-, Priester- oder

176 Im Strom fließt die Quelle, 105.

177 Vgl. Katholisch, 48 f.

178 Homo creatus est, 159.

179 Vgl. TL II, 198 f; Das betrachtende Gebet, 73–75.

180 Die Wahrheit ist symphonisch, 62. – Vgl. Homo creatus est, 163; Klarstellungen, 65–72; Neue Klarstellungen, 52–61; Pneuma und Institution, 234; TL III, 294–380. – Dazu: J. R. Sachs, Spirit and Life, Tübingen 1984, 243–347; M. Kehl, Kirche als Institution, 275–281.291–299.

181 Klarstellungen, 61. – Vgl. Schleifung der Bastionen, 27 f.73–83; Erster Blick auf Adrienne von Speyr, 47; Du krönst das Jahr mit deiner Huld, 242.

Rätestand lebt[182]. Wer auf besondere Weise gerufen wird, erhält besondere Verantwortung. Denn die Berufenen »müssen sich zum Stand der Nichtberufenen verhalten *wie das Besondere zum Allgemeinen*, wie das aufgestellte Beispiel zu denen, die es sich nehmen sollen, und auch wie das Stellvertretende zur Ganzheit dessen, was es stellvertritt«[183]; dem »Mehr-Stellvertreter-Sein« auf der objektiven Ebene sollte ein ähnliches »Plus« auf der subjektiven Ebene entsprechen. Doch oft tut sich ein Graben auf zwischen Amt und Person; und dann sind es nicht selten die »nicht-beamteten« Laien, die durch ihre »für-leidend« gelebte Stellvertretung den Blutkreislauf[184] des Leibes Christi, der Kirche, aufrechterhalten. An Maria, die ihre objektive Heiligkeit (ihr Erwähltsein) subjektiv ganz und gar eingeholt hat, wird ersichtlich, daß es in der Kirche nie »um eine Priorität von ›Institution‹ vor darin gelebtem Leben geht, sondern viel eher um die Priorität eines durch Gnade ermöglichten freien Lebens, das aus seiner Fülle heraus institutionelle Rahmen für seine Nachahmung entläßt«[185]. Amtliche Stellvertretung, die nicht subjektiv gedeckt ist, zeigt das häßliche Gesicht eines Priesters, der das Gegenteil von dem lebt, was er »in persona Christi« und als Repräsentant der Kirche objektiv vollzieht[186]. Jeder Ruf Jesu Christi ist ein Ruf in die Kirche hinein und aus dem selbstsüchtigen Ich heraus. »So wie … keiner für sich selber heilig wird, sondern dies geradezu einen Widerspruch in sich selber bedeuten würde, weil ›die Liebe nicht das Ihrige sucht‹ (1 Kor 13,5), so wird auch keiner nur für sich selber Mönch oder Ordensmann oder sonst etwas im Rätestand«[187], sondern »die besonderen Berufungen sind die am meisten stellvertretenden«[188]. Wenn der Papst »Diener der Diener Gottes« genannt wird, ist zumindest verbal deutlich, daß die »höhere« Berufung nicht der Auszeichnung des Berufenen, sondern seiner radikaleren Enteignung in eine quantitativ und qualitativ umfassendere Stellvertretung dient. Die Biographie jedes einzelnen Heiligen kann diese Wahrheit belegen; jeder Heilige weiß sich »expropriiert … um der öffentlichen Verwendung willen«[189]; nur die Akzente verschieben sich, je nachdem, ob innerhalb des Leibes Christi, der Kirche, eine »Heiligkeitssendung« mehr vom Leib zum Haupt hin oder mehr vom Haupt zum Leib hin strebt«[190]. Balthasars Monographien über Therese von Lisieux und Elisabeth von Dijon, auch seine

[182] Vgl. M. Scheuer, Die Evangelischen Räte, 102f.
[183] Christlicher Stand, 133. – Vgl. Reinhold Schneider, 238f; Klarstellungen, 87–93.
[184] Vgl. Klarstellungen, 62–64. – Zu Balthasars Vergleich der *communio sanctorum* mit einem Blutkreislauf: G. L. Müller, Gemeinschaft und Verehrung der Heiligen, 297–299.
[185] Christlicher Stand, 168. – Vgl. ebd. 222f.
[186] »Sie setzen ihre Person an die Stelle ihrer Sendung und versuchen, durch Aufbauschen ihrer Wichtigkeit den Umfang ihrer verlorenen Sendung wettzumachen.« (Ebd. 411).
[187] Ebd. 309.
[188] Ebd. 337.
[189] Schwestern im Geist, 26. – Vgl. Katholisch, 82f; Das betrachtende Gebet, 93f.
[190] Vgl. ebd. 19.

Arbeiten über Reinhold Schneider und Georges Bernanos, über die klerikalen und die laikalen Vertreter einer Schau und Reflexion der »Herrlichkeitsgestalt«, und nicht zuletzt seine große Arbeit über Gemeinsamkeit und Eigenart von Laien-, Räte- und Priesterstand sind Darstellungen gelebter Stellvertretung[191]. Diese Stellvertretung ist keine vom Alltag abgehobene Wirklichkeit, sondern das an Herkunft, Begabung, Erziehung, Ausbildung, Berufs- und Standeswahl gebundene Für-Sein des einzelnen Menschen. Die Einmaligkeit (Identität) des Einzelnen besteht weder in seiner nach außen sichtbaren Funktion noch in einer unsichtbaren Wirklichkeit (Seele), sondern in einem einzigartigen Empfangen und ebenso einzigartigen Geben von Stellvertretung. Was nur wenige Menschen wie z. B. die kleine Therese schriftlich ausgedrückt und festgehalten haben, betrifft dennoch alle, weil grundsätzlich jeder Mensch sein Leben und Sterben überall und zu jedem Zeitpunkt zum Inhalt stellvertretenden Für-Seins machen kann[192]. Über Adrienne von Speyr berichtet Balthasar, sie habe sich heftig gegen Rilkes Wort gewehrt: »Herr, gib jedem seinen eigenen Tod.« Für sie stand fest: Jeder Christ darf auch das Persönlichste – zum Beispiel seinen Tod – der Anonymität des kirchlichen Dienstes anheimstellen und so das im wahrsten Sinne des Wortes »Letzte« verschenken[193]. Die inklusive Stellvertretung der Christen ist zwar durch die exklusive Stellvertretung Christi bedingt, kann sich aber ebenso wie diese quantitativ und qualitativ auf alles erstrecken, was Folge der Sünde ist[194]: auf die sichtbare Dimension der Gewalt- und Unrechtsstrukturen ebenso wie auf die unsichtbare Dimension der Einsamkeit und Angst, des Nicht-mehr-beten-Könnens, der Hoffnungslosigkeit, der Verzweiflung und des Sterbens. Balthasar bestätigt, was Bernanos durch zahlreiche Beispiele in seinen Romanen ausdrückt: »Man stirbt nicht jeder für sich, sondern je einer für den

191 Hier seien nur einige Stellen genannt, die den von Balthasar beschriebenen Sendungen den Stempel der Stellvertretung aufdrücken: Schwestern im Geist, 85.137.141f.178.186. 195.197.200.297f.327–329.333.344.354.385–387.393.414.444f; Reinhold Schneider, 152f; Gelebte Kirche: Bernanos, 138–193; H II/1, 74–76.107f.200.249f.254f.360f; H II/2, 376f.517f.544f.611f.640–643.670.736–738.746–748.775–777.783.803–814.829–831.872f; Christlicher Stand, 56.65.117f.132f.168.180.276f.309.313f.337–340.350f.360f.404–413.

192 »Welch ungeheuerliche Alchemie ist die Zubereitung des Weltheils. Gewiß sollen wir mithelfen, sichtbare Not zu lindern, aber vergessen wir dabei nicht, daß wir, wenn wir in der selbstlosen Liebe leben, viel mächtiger sind, die Welt innerlich zu verwandeln, als wir ahnen. Gerade die Entmachteten, die sich kaum mehr etwas zutrauen, die Kranken, Alten, andern zur Last Fallenden, sind es, ohne es zu wissen, am meisten. Christen müssen es ihnen sagen.« (Der Mensch und das Ewige Leben, 12).

193 Adrienne selbst hat »ein stellvertretendes Sterben erhalten, das sich über Jahrzehnte erstreckte und physisch gesehen unfaßlich schreckensvoll wurde« (Erster Blick auf Adrienne von Speyr, 38f).

194 Balthasar erkennt in den autobiographischen Zeugnissen vieler Heiliger die stets neu geäußerte Überzeugung, daß die zerstörerische Destruktion des Leidens durch Stellvertretung in ihr Gegenteil verwandelt wird und daß die Kräfte des »Füreinanderkönnens bis in die innersten Regionen fremder Freiheit einzuwirken vermögen« (TD III, 385).

andern, oder wer weiß, vielleicht sogar einer an Stelle des andern.«[195] Aber Balthasar bestimmt auch die Grenze der für-leidenden Stellvertretung. Zwischenmenschliche Stellvertretung, die sich von Christi Stellvertretung »ermächtigt« bzw. »unter-faßt« weiß, kann wohl in die »Nacht« oder »Hölle« der Sünde, nicht aber in die Sünde selbst, nicht in Verzweiflung führen. Im Gegenteil: Stellvertretung ist immer »Gnade«. Der Mensch kann Gott bitten, »ihn stellvertretend etwas von der Dunkelheit des Bruders erfahren zu lassen. Aber die Entscheidung darüber liegt bei Gott«[196]. Wo er Menschen zum stellvertretenden Leiden »begnadet«, stellt sich als »Frucht« immer auch Freude ein[197].

ee) Das offene Ende: Hoffnung als für-bittende und für-leidende Stellvertretung »bis zum Letzten«

Wenn sich die Stellvertretung Christi und mit ihm und in ihm auch die Stellvertretung der Christen nicht nur qualitativ, sondern auch quantitativ auf alles erstreckt, was Folge der Sünde ist, dann können die Verstorbenen, die, auf Grund ihrer Sünden, von Gott getrennt sind, nicht ausgenommen werden. Aus vielen Stellen der Heiligen Schrift läßt sich folgern, daß das Für-einander-Können und Für-einander-Stehen der *communio sanctorum* keineswegs an der Todesgrenze endet. »Mit jeder wünschbaren Deutlichkeit wird gesagt, daß Gottes Heilswille alle Menschen betrifft, die Kirche deshalb für alle Menschen beten soll, zumal sich Christus als Lösegeld für alle hingegeben hat (1 Tim 2,1–6), daß der johanneische Jesus, der ›Macht über alles Fleisch‹ hat (Joh 17,2), am Kreuz erhöht, ›alle an sich ziehen wird‹ (12,32), daß die Gnade Christi ein klares Übergewicht über die Schuld Adams hat (Röm 5,12–21)«[198]. Balthasar versteht die Hoffnung als Grundvollzug der *communio sanctorum*[199] und als Kriterium jeder Stellvertretung, in der der Vertretende den Vertretenen nicht ersetzen, sondern zu sich selbst befreien will. Die Lehre von der universalen Stellvertretung Christi und von der ebenso unbedingt auf alle Menschen aller Zeiten bezogenen Stellvertretung der Kirche ist durchaus vereinbar mit der These, daß der von der Gnade (Stellvertretung) zur Umkehr »gedrängte« Sünder frei bleibt, »das für

[195] Ebd. 459. – Vgl. TD III, 467f.
[196] In Gottes Einsatz leben, 109.
[197] Vgl. Spiritus Creator, 413; Die Wahrheit ist symphonisch, 131–146; Die Freude und das Kreuz, 685–688; Ist der Gekreuzigte »selig«?, 107–109.
[198] Was dürfen wir hoffen?, 18f. – Vgl. ebd. 24–37.
[199] Für den Gedanken, daß es zum Christsein gehört, die Hölle »leer zu hoffen«, beruft sich Balthasar (vgl. Die Gottesfrage des heutigen Menschen, 174–204; Was dürfen wir hoffen?, 59–68; Kleiner Diskurs über die Hölle, 9–11) u. a. auf J. Daniélou, H. de Lubac, E. Przywara, R. Guardini, G. Fessard, K.Rahner, W. Kasper, G. Greshake, H. Verweyen, und besonders auch auf die literarischen Zeugnisse von F. Dostojewskij, G. Bernanos, G. Marcel, C. Péguy und L. Bloy. – Dazu: J. Ambaum, Hoffnung auf eine leere Hölle, 41–46.

ihn und sein ewiges Heil Getane gelten zu lassen oder abzulehnen«[200]. Balthasar wehrt sich gegen den verschiedentlich erhobenen Vorwurf, er lehre die unbedingte Rückführung jedes Sünders in die Gemeinschaft mit Gott (Apokatastasis). Er wehrt sich aber ebenso gegen die These, es ließe sich der Heiligen Schrift entnehmen, daß zumindest einige Menschen auf immer verdammt seien. Die *Möglichkeit* einer solchen Verdammnis ist biblisch belegbar, keineswegs aber das *Wissen*, irgend jemand sei unwiderruflich verloren[201]. Die Heilige Schrift spricht auf der einen Seite von Judas als einem Menschen, der besser nie geboren worden wäre (Mk 14,21; Joh 17,12), vom »bleibenden Zorn« (Joh 3,36), von »bleibender Sünde« (Joh 9,41), von der »Sünde zum Tode« (1 Joh 5,16) oder vom »zweiten Tod« (Apk 2,11;20,6;21,8); und auf der anderen Seite von einer Hoffnung Gottes auf Errettung aller Menschen und von der Pflicht der Kirche, für alle Menschen zu beten (1 Tim 2,4; Tit 2,11; Kol 1,20; Eph 1,10; 2 Petr 3,9). Balthasar will diesen angeblichen Widerspruch weder im Sinne des Origenes (Apokatastasislehre), noch im Sinne des Augustinus (Wissen, daß ein Teil der Menschheit zur Gemeinschaft mit Gott gelangt und ein anderer Teil unwiderruflich verdammt ist) auflösen. Ähnlich wie Barth die Frage nach der Vereinbarkeit von Gerechtigkeit und Barmherzigkeit mit einer Theologie der Hoffnung beantwortet, versucht dies auch Balthasar. Dennoch beruft er sich nicht auf Barth, sondern wirft diesem allen gegenteiligen Beteuerungen zum Trotz eine Apokatastasislehre vor. Denn Barth verstehe Christi Stellvertretung im wörtlichen Sinne eines »Platz-Tausches« (einer »Sub-stitution«); er verstehe Christus als erwählt, »stellvertretend für alle Verworfenen der einzig Verworfene zu sein«[202], »damit alle Verworfenen durch ihn zu Erwählten werden können«[203]. Balthasar bezweifelt nicht, daß Barth sich auf viele Stellen der Heiligen Schrift berufen kann, in denen es heißt, daß Christus »mit der Sünde fertiggeworden« (1 Petr 4,1) ist und leidend das Ende der Sünde bewirkt hat (1 Joh 3,8). Aber im Unterschied zu Barth sieht er den Sieg über die Sünde nicht in der »Vernichtung« des Sünders, sondern in der beschriebenen »Unterfassung« jeder denkbaren Gottesferne durch die Gottesgemeinschaft (Liebe)[204]. Der Gekreuzigte erlöst uns nicht, indem er etwas *statt unser* leidet oder tut, sondern indem er sich selbst – und das heißt: die Zugänglichkeit zu Gott – an die von Gottes Gerechtigkeit (Zorn) verneinte bzw. verworfene Stelle der Sünder, an die Stelle der Hoffnungs-, Zeit- und Beziehungslo-

[200] Die Wahrheit ist symphonisch, 55.
[201] Subjektiv – so Balthasar im Anschluß an Hansjürgen Verweyen (Christologische Brennpunkte, 117–133) – darf ich nicht einmal mit der *Möglichkeit* auch nur *eines* auf ewig Verlorenen *außer meiner selbst* rechnen, wenn ich vorbehaltlos lieben will (vgl. Was dürfen wir hoffen?, 63).
[202] TD IV, 251.
[203] Ebd. 246. – Vgl. Was dürfen wir hoffen?, 76f.
[204] Vgl. ebd. 252. – Dazu: T. R. Krenski, Passio Caritatis, 338–342.

sigkeit preisgeben (verfügen) läßt. Mit Berufung auf die Eschatologie von Clive Staples Lewis bemerkt Balthasar: »Bloße äußere Stellvertretung ohne eine innere Wirkung auf den Schuldigen würde für den Losspruch nicht ausreichen, eine solche könnte ihn nie innerlich seligmachen; sie wäre für ihn ein nicht zu überwindender Widerspruch, eine ständige Demütigung, wenn nicht ein immer neuer Anlaß zur Revolte gegen solch äußere Überwältigung. ›Vergebung muß, wenn sie vollständig sein soll, nicht allein gewährt, sondern auch empfangen werden‹.«[205]

Die als »Unterfassung« beschriebene Stellvertretung Christi rechtfertigt die These, daß der Gekreuzigte jeden Sünder und jede Sünde mit seiner Liebe »überholt« hat, bietet aber keinen Anlaß für eine »Happy-End-Theologie«[206], sondern »nur« Grund zu einer Hoffnung, die nichts und niemanden aufgibt und so durch, in und mit Christus Stellvertretung »bis zum Letzten« ist[207].

In diesem Zusammenhang stellt Balthasar die Frage: »Kann wirklich menschlicher Trotz der gottmenschlichen Stellvertretung seiner Sünde bis zuletzt widerstehen?« Ist das, was die traditionelle Theologie »hinreichende Gnade« (gratia efficax) nennt, »dadurch gekennzeichnet, daß sie von Gott aus gesehen ›hinreichen‹ müßte, den Sünder zu bekehren, aber von diesem so abgelehnt wird, daß sie eben nicht hinreicht, ihre Absicht zu erreichen«?[208] Oder bindet Gott seine Gnade so an das »Mittun« der *communio sanctorum*, daß nur dann alle Menschen zur Bejahung der eigenen und fremden Freiheit (zur Liebe) gelangen, wenn die inklusive Stellvertretung (das für-bittende und für-leidende Hoffen) stärker ist als das egoistische Für-sich-Sein der Sünder?

Balthasars Antwort liegt in seinem Vergleich zwischen der Freiheit Gottes und der des Menschen (s. S. 281 f): Wie die unendliche Freiheit Gottes nicht ohne die wechselseitige Stellvertretung der drei göttlichen Personen gedacht werden kann, so die endliche Freiheit des Menschen nicht ohne zwischenmenschliche Stellvertretung. Daraus folgt, daß Christi Stellvertretung die Freiheit des Sünders nicht ohne die inklusive Stellvertretung der schon mit ihm Versöhnten (der »communio sanctorum«) wiederherstellt[209].

Den Läuterungsvorgang derer, die noch nicht zur vollen Gemein-

[205] Ebd. 272.

[206] Ebd. 272[13]. – Vgl. Apokatastasis, bes. 181 f; Gericht, 235. – Dazu: J. Ambaum, Hoffnung auf eine leere Hölle, 44.

[207] Balthasar betont in seiner Auseinandersetzung mit J. Moltmann (Zu einer christlichen Theologie der Hoffnung, 94 f), daß Stellvertretung »mit« und »in« Christus weniger in der »Praxis irdischer Antizipation des Reiches« oder im »bloßen Vorlauf auf das irdisch gesehen Utopische« als in der Inklusion der eigenen in die je-größere »Sendung des vorausgehenden Herrn« besteht.

[208] Kleiner Diskurs über die Hölle, 39.

[209] Vgl. TD IV, 274 f.

schaft mit Gott und den Heiligen gelangt sind, beschreibt Balthasar als fortschreitende »Sprengung der Verschlossenheit des Ich«, die dort ihren Abschluß findet, wo der Stellvertretene selbst zum Stellvertreter wird, »wo der eucharistischen Verströmtheit des Kreuzes eine Antwort zuteil wird, die nicht mehr nur die persönliche Schuld, sondern jede Schuld, wer immer sie begangen haben mag, zu büßen gewillt ist«[210]. Anders gesagt: Von Christi Stellvertretung »unterfaßte« bzw. »begnadete« Freiheit schließt immer auch ein »Für-Sein«, eine »Berufung« oder »Sendung« des zu seiner Freiheit befreiten Menschen mit ein[211].

So erscheint die »eucharistische Permeabilität aller Subjekte füreinander« als das »Grundexistential der *communio sanctorum*«[212]. Das, so bemerkt Balthasar, »müßte man den Tausenden von Müttern sagen, die sich für ihre entarteten Kinder darbieten«[213]. Durch seinen eucharistischen Leib[214] will Christus jeden Menschen in sein Opfer hineinnehmen – nicht nur passiv als Empfänger seiner Stellvertretung, sondern auch aktiv als »Mit-opfernden«, und zwar je näher ihm jemand steht, desto mehr, je weiter jemand auf dem Weg zur vollendeten Gemeinschaft mit dem trinitarischen Gott ist, desto umfassender[215]. Von daher erscheint die Beschreibung der Seligkeit des Menschen als *visio beatifica* unzureichend, weil diese Seligkeit nicht nur »Empfangen«, sondern auch Geben ist, und zwar Geben im Sinne eines »echten schöpferischen Wirkens«[216].

210 Ebd. 351.

211 »Christus beruft den Menschen zu einer Sendung, ›an dem Punkt, wo er die seine vom Vater übernommen hat. Es ist wie ein Springbrunnen von Sendungen: ein immer neues Sprudeln aus der zentralen Quelle. Und weil der Sohn will, daß jede Sendung der Verherrlichung des Vaters diene, läßt er die Sendungen nicht peripher an die seinige anknüpfen, sondern zentral aus seinem eigenen Zentrum hervorgehen‹.« (Ebd. 359f).

212 Ebd. 350. – Vgl. ebd. 437–444.

213 Kleiner Diskurs über die Hölle, 41.

214 Vgl. TD IV, 437–442. – Wie der Leib des auferstandenen Christus Medium eucharistischer Selbsthingabe und für-leidender Stellvertretung ist, so kann auch der durch, mit und in Christus vollendete Mensch nicht ohne Medium der Kommunikation und Stellvertretung – das heißt: nicht ohne Leib – verstanden werden (vgl. TD IV, 445; TL II, 221.274–280).

215 Vgl. ebd. 444[8].

216 Ebd. 446. – »Wenn schon auf Erden durch die sakramentale *Communio* die Empfangenden notwendig in die Hingabehaltung des Sohnes – in sein ›Opfer‹ – miteinbezogen wurden, so wird dies in der endgültigen Gestalt erst recht der Fall sein, wobei es natürlich zu keiner Nivellierung zwischen dem verursachenden Archetyp und der Wirkung in den Teilnehmenden kommt. Es ist das gleiche, unaufhebbare Gefälle wie zwischen der *Communio* der immanenten Trinität, wo die Ganzhingabe jeder Hypostase an die andere – angefangen bei der Selbsthingabe des Vaters – das ewige Leben fundiert, und derjenigen der ökonomischen Trinität, wo die Hingabe des Sohnes durch den Vater im Geiste die Darstellung des Wesensgeheimnisses Gottes bleibt.« (Ebd. 443). – Vgl. ebd. 367.374–376. 389–431; TL III, 145f.

3. Zusammenfassung: Stellvertretung als theologische Denkform

Wie eingangs dargelegt, denkt Balthasar im Unterschied zu Barth nie ausschließlich »kata-logisch«, weil er die Personalität des Menschen nicht nur als Beziehung Gottes zu ihm, sondern auch als Beziehung des Menschen zu Gott (»ana-logisch«) definiert. Balthasar bestätigt die Barthsche These, daß ein »Plus« an Einheit (Gemeinschaft) mit Gott auch ein »Plus« an Personalität (Freiheit) bedeutet; aber dieses »Plus« ist für Balthasar niemals nur Geschenk (Gnade) Gottes, sondern immer auch »Verdienst« des Menschen. Gott und Mensch stehen in einer *zugleich* »kata-« und »ana-logen« Beziehung.

Wenn man den Begriff »Denkform« mit Henning Schröer als strukturellen Zusammenhang zwischen einer Denkbewegung und den aus ihr resultierenden Denkgebilden definiert[217], bezeichnet in Balthasars Werk der Stellvertretungsbegriff einen solchen »strukturellen Zusammenhang«. Denn Stellvertretung bedeutet für ihn das Zueinander von »Kata-logie« und »Ana-logie« (Denkbewegung) sowie jedes daraus resultierende Verhältnis (Denkgebilde). Im ersten Teil seiner Trilogie zeigt er, daß dem »kata-logen« Stellvertretungsverhältnis zwischen Gott und Mensch (der Herrlichkeitsgestalt Christi) in jeder Kreatur ein »ana-loges« Stellvertretungsverhältnis (eine Gestalt des Schönen) entspricht. Wie Christi Stellvertretung eine direkte Proportionalität von Einheit und Unterschiedenheit zwischen ihm und dem sündigen Menschen bedeutet, so ist jedes Geschöpf von einer direkten Proportionalität von Einheit und Unterschiedenheit zwischen Sein und Seiendem, zwischen Dasein und Sosein, bestimmt.

Balthasar erklärt die Denkform der Stellvertretung als Brücke (als »nexus mysteriorum«) zwischen inner- und außertrinitarischen Beziehungen, zwischen Trinitätslehre, Schöpfungslehre, Christologie/Soteriologie, Ekklesiologie und Eschatologie. Dabei weiß er, daß eine direkte Proportionalität von Einheit und Differenz – an den Maßstäben der natürlichen Vernunft gemessen – paradox ist und nur aus der Selbstauslegung des absoluten Seins als Liebe (Trinität) erklärbar wird. In Auseinandersetzung mit der Theologik der Hegelschen Dialektik[218] und

[217] Vgl. H. Schröer, Die Denkform der Paradoxalität, 14. – Zur Geschichte und theologischen Anwendung des Begriffs »Denkform«: J. Splett, Denkform, in: HThTL II (Freiburg 1972) 24–26; K. Lehmann, Die dogmatische Denkform als hermeneutisches Problem, 35–37.48.

[218] Balthasar pflichtet Hegel bei, wenn dieser bemerkt: »Das erste Moment in der Liebe ist, daß ich keine selbständige Person für mich sein will, und daß, wenn ich dies wäre, ich mich mangelhaft und unvollständig fühlte. Das zweite Moment ist, daß ich mich in einer anderen Person gewinne« (TL II, 40). Aber er widerspricht seiner Folgerung: »Die Liebe ist daher der ungeheuerste Widerspruch, den der Verstand nicht lösen kann, indem es nichts Härteres gibt, als diese Punktualität des Selbstbewußtseins, die negiert wird, und die ich doch als affirmativ haben soll. Die Liebe ist das Hervorbringen und die Auflösung des Widerspruchs zugleich.« (Ebd. 41). Denn hier wird deutlich, »daß ›das Positive‹ für Hegel ›für sich keinen Sinn‹ hat, ›sondern es ist dasselbe schlechthin auf das Negative bezogen‹ und umgekehrt, aber doch wohl nur deshalb, weil das Übergehen zum Andern

der personalistischen Dialogik[219] betont er: Nur in einer wirklichen *Trennung* – »der Andere soll ja ER und nicht ICH sein!«[220] –, nur wenn der Vater *nicht* der Sohn und der Sohn *nicht* der Vater und der Geist *nicht* der Sohn und *nicht* der Vater, sondern *in* der *Trennung* von beiden deren *Einheit* bildet, ist absolute Liebe wirklich. Daraus folgt: Weil der Heilige Geist als sich vermittelnde Vermittlung, als Wahrung der Unterschiedenheit des Vaters (als des Vertretenden) vom Sohn (als dem Vertretenen) in absoluter Einheit gleichsam der »Raum« oder das »Prinzip« aller Stellvertretung *ist*[221], sind die beiden Pole (Vertretender und Vertretener) jeder echten Stellvertretung immer und notwendig pneumatologisch vermittelt.

a) Der Heilige Geist als »Raum« aller Stellvertretung

Im dritten Band der »Theologik« bezeichnet Balthasar den Heiligen Geist als »personalisierende Person«, als Identität (den Anderen als anderen) ermöglichende und zugleich vereinigende Beziehung; als »Universalisierung« Christi hinein in die Gestalt der Kirche; als kenotisierende Vereinigung der Kenosis des Sohnes mit den vielen Sendungen der Glieder seines mystischen Leibes[222]. Balthasar verweist auf Heribert Mühlen, »der fußend auf einer entscheidenden phänomenologischen Analyse Dietrichs von Hildebrand[223] zwei Grundstellungen personalen Verhaltens unterscheidet: das Ich-Du-Verhalten gegenseitiger Selbsterschließung zweier Personen in ihrer Opposition, und das Wir-Verhalten dieser Personen nicht mehr in Opposition, sondern im Neben- und Miteinander gemeinsamen Tuns«[224]. Das »Wir«, das die Unterschiedenheit von Ich und Du wahrt, *indem* es beide eint, ist nach Mühlen ein

jeweils als Entfremdung und nicht als Liebe (oder liebende Entäußerung) verstanden, weil also die Liebe als solche logisiert wird und schließlich im absoluten Wissen gänzlich entschwindet« (ebd. 44).

219 In einer kurzen Besprechung (TL II, 45–53) der Dialogiker Rosenzweig, Buber und Ebner anerkennt Balthasar, daß sie den »ungeheuren Monolog des Hegelschen Geistes mit sich selbst« überwinden, daß sie erkennen: Der Mensch wird nur als ein Angesprochener zum Ich – »nur als ein vom Du Angesprochener, das wiederum selbst ein Angesprochenes sein muß, um ansprechen zu können, so daß die Bedingung der Möglichkeit beider ein vom Grund des Zwischenmenschlichen selbst Angesprochenwordensein bildet«. Aber er bemerkt auch: In diesem Denken ist Gott nicht das Wort, und dessen Fleischwerdung nicht die Wahrheit, sondern Gott »ist nur Grund des Wortes oder der Sprache, innerhalb welcher der Mensch als ein Angesprochener zum Ich wird« (ebd. 45). – Dazu: M. Scheuer, Die Evangelischen Räte, 37.

220 TD IV, 74.

221 Vgl. J. Fessio, The Origin of the Church in Christ's Kenosis, 94–96; H. Heinz, Der Gott des Je-mehr, 199–203; K. K. J. Tossou, Streben nach Vollendung, 304–349; J. R. Sachs, Spirit and Life, 421–438; T. R. Krenski, Passio Caritatis, 222f.

222 Vgl. TL III, 40.48.51–53.131–150.247–249.268–293; TD IV, 451.

223 Vgl. D. v. Hildebrand, Metaphysik der Gemeinschaft, bes. 121–134; H. Mühlen, Der Heilige Geist als Person, 32.57.67.

224 Spiritus Creator, 115.

Analogon des Heiligen Geistes. Aber Balthasar will die Mühlensche Beschreibung des Heiligen Geistes als »eine Person in mehreren (vielen) Personen« dennoch nicht übernehmen, weil diese Formel außertrinitarisch das Verhältnis der Christen zu Christus nicht im paulinischen Sinn als Inkorporation, sondern als mystische Vereinigung vieler Personen mit der Person Jesu Christi zu einer Art »Groß-Ich« begreift[225]. Er bevorzugt zur Erfassung des »nexus mysteriorum« den Stellvertretungsbegriff, weil dieser nicht nur einen Vergleich zwischen inner- und außertrinitarischen Beziehungen zuläßt, sondern auch die »Brücke« Gottes zum Menschen und des Menschen zu Gott zu begreifen sucht.

b) Stellvertretung als »nexus mysteriorum«

aa) Trinitäts- und Schöpfungslehre

Weil der Vater so an die Stelle des Sohnes tritt, daß dieser ganz und gar er selbst und im Heiligen Geist auch ganz und gar mit ihm eins ist, ist Schöpfung nur durch und im Sohn denkbar. Denn Schöpfung bedeutet ein Sein, das ganz und gar von Gott abhängig (losgelöst von Gott »nichts«) und doch auch ganz und gar von ihm verschieden (»eigenständig«) ist. Balthasar nennt den Sohn »die Stelle« der Schöpfung, weil jedes Geschöpf nur durch den Sohn, mit dem Sohn und im Sohn es selbst ist. Das zeigt sich in jedem endlichen Seienden, weil es nur als »Stelle« des unendlichen Seins »es selbst« ist. Das wird aber besonders deutlich an dem einzigen Geschöpf, das – sich seiner selbst bewußt – die eigene Kreatürlichkeit (Kontingenz) bejahen (annehmen) oder verneinen kann: Je mehr der Mensch seine objektive Abhängigkeit vom Schöpfer subjektiv einholt (annimmt), desto mehr ist er dem Sohne ähnlich, desto mehr ist er freie Person, einmalig und »eigen-ständig«.

Mit der Analogie des Verhältnisses Schöpfer/Geschöpf zum innertrinitarischen Verhältnis von Vater und Sohn sieht Balthasar eine andere Analogie eng verbunden: Wie die Einheit von Vater und Sohn nur im Prinzip aller Stellvertretung, im Heiligen Geist, wirklich ist, so gilt dies entsprechend von der Beziehung (Einheit) zwischen Schöpfer und Geschöpf. Doch während innertrinitarisch die Einheit (durch Stellvertretung) absolut ist, ist sie außertrinitarisch an eine Vielzahl endlicher geschöpflicher Freiheiten gebunden. An der Geschichte des alttestamentlichen (schon in der Schöpfung grundgelegten und mit Noah, Abraham und Mose feierlich besiegelten) Bundes zeigt Balthasar, daß die Beziehung (Einheit) des Menschen zu Gott vermittelt ist durch das Sich-öffnen des Einzelnen für das »Prinzip der Stellvertretung«, für den Heiligen Geist; daß Gemeinschaft mit Jahwe (Segen, Gnade) nur in dem Maße möglich ist, in dem wechselseitige Stellvertretung herrscht, in dem jeder einzelne Israelit seine Begabung (Einmaligkeit) als Für-Sein (Stellvertretung) für seine Nächsten

[225] Vgl. ebd. 182; TL III, 263–267.

fruchtbar macht. Vor diesem Hintergrund ist Sünde der Versuch, die eigene Identität im Für-sich-Sein zu leisten, statt im Für-Sein zu finden; das beschriebene Stellvertretungsverhältnis des Menschen zu Gott und zum Nächsten wird in sein Gegenteil verkehrt; und je größer der Auftrag (die von Gott für andere erhaltene Begabung, Berufung, Sendung) eines Menschen ist, desto größer ist der Wirkungsradius seiner verweigerten Stellvertretung (Sünde). Adam hat nicht »stellvertretend gesündigt«, sondern seine Sünde hat sich auf alle Menschen ausgewirkt, weil er seiner spezifischen Stellvertretung, nämlich seiner einzigartigen Berufung, Stammvater *aller* Menschen *aller* Zeiten zu sein, nicht gerecht wurde. Er hat nichts Negatives auf uns übertragen, sondern uns das Positive, das er uns geben konnte und sollte, vorenthalten. Entsprechendes gilt von jeder verweigerten Stellvertretung, auch wenn ihr Wirkungsradius in der Regel erheblich kleiner als der Adams ist. Die sogenannten Korporativpersonen (Könige, Priester, Propheten) der alttestamentlichen Heilsgeschichte belegen immer wieder die ungeheure Geschichtsmächtigkeit der verweigerten Stellvertretung einzelner.

bb) Schöpfungslehre und Christologie/Soteriologie

Doch die Auswirkung der bösen Tat des einen auf die Freiheit des anderen wird überschätzt, wenn man sie wie René Girard zum unvermeidbaren Bestandteil eines Gewaltmechanismus erklärt. Balthasar wendet sich gegen die Interpretation des alttestamentlichen Sündopfers als sakral getarnter Entladung rivalisierender Aggressionen auf ein gemeinsames Opfer (Sündenbockmechanismus); er schildert die nachexilischen Versöhnungsriten als von Jahwe dem Sünder gewährte Mittel (Medien), sühnend das Für-sich-Sein der Sünde in das Für-Sein der Stellvertretung zu verwandeln. Und entsprechend versteht er auch die stellvertretende Sühne des deuterojesajanischen Gottesknechtes nicht als Entlarvung des sogenannten Sündenbockmechanismus, nicht als Schilderung eines »Sündenbockes«, der die ihn ungerechterweise treffenden Aggressionen freiwillig auf sich zieht, um sie ihrer sakralen Bemäntelung zu berauben und als brutale Gewalt zu entlarven; nein, er beschreibt den »Ebed Jahwe« als exemplarische Darstellung eines gläubigen Israeliten, der seine spezifische Sendung, seine Stellvertretung für sein Volk, inmitten einer von verweigerter Stellvertretung (Sünde) vergifteten Gesellschaft bis zur letzten Konsequenz des gewaltsamen Todes durchträgt. Ebenso ist der menschgewordene Gottessohn nicht deshalb Stellvertreter der Sünder, weil die Sünder ihre Aggressionen auf ihn wie auf einen Sündenbock abladen, sondern weil er als die Bedingung der Möglichkeit (»Stelle«) jeder Kreatur und jeder endlichen Freiheit nicht nur die Folgen der mißbrauchten Freiheit, sondern die mißbrauchte (sündige) Freiheit selbst untergreifen bzw. unterfassen und unterwandern kann. Weil Gottes Sohn, in dem, durch den und auf den hin alles geschaffen ist, durch seine Menschwerdung an die »Stelle« des

Menschen gelangt, der seine »Stelle« im Sohn in eine »Stelle« der Sünde pervertiert hat, spricht Balthasar von der Stellvertretung einer Liebe, die die Sünde aller Sünder aller Zeiten »unterfaßt« – nicht so, daß der Sünder der Mühe eigener Umkehr enthoben wäre, sondern im Sinne nicht ersetzender Stellvertretung so, daß es nach der Auferstehung des gekreuzigten und in den Tod, in die Verlassenheit und Hölle der Sünde hinabgestiegenen Erlösers keine Tiefe menschlicher Schuld mehr gibt, die nicht aus einer »Stelle« der Sünde in eine »Stelle« der Sohnschaft »umgelitten« (gesühnt) werden könnte. Die »Stelle«, in der sich – bildlich ausgedrückt – alles sammelt, was keine Gemeinschaft mit Gott hat, wird im Geschehen des Karfreitags, des Karsamstags und des Auferstehungstages zu einer »Stelle« der Hoffnung, weil Christus, der unser aller »Zugänglichkeit« zum Vater ist, dorthin gelangt, wo das Wort »Tod« Zeit- und Weglosigkeit bedeutet.

cc) Christologie/Soteriologie und Ekklesiologie

Wie im Alten, so gilt auch im Neuen Bund, daß jede Gemeinschaft des Menschen mit dem Gott, der als der trinitarische vollkommene »Einheit in Vielheit« bzw. vollkommene *communio* oder vollkommene Stellvertretung *ist*, communial (durch Stellvertretung) vermittelt wird. Insofern ist das Für-bitten, Für-leiden und Für-sterben der *communio sanctorum* keine entbehrliche Beigabe zu der »ein für allemal« geschehenen Stellvertretung des menschgewordenen und gekreuzigten Sohnes, sondern integrativer Bestandteil der im Heiligen Geist vermittelten Inkorporation des einzelnen Christen in den Leib Christi, die Kirche. Die von Christus selbst proklamierte Untrennbarkeit von Gottes- und Nächstenliebe bedeutet für jeden Einzelnen ein Doppeltes: daß er seine Gemeinschaft mit Gott nicht nur der einzigartigen Stellvertretung des menschgewordenen Sohnes, sondern auch der »inklusiven Stellvertretung« seiner Brüder und Schwestern verdankt; und daß er dieses Geschenk nur annehmen kann, indem er selbst zum Schenkenden wird, d. h. seinerseits seine spezifische Begabung, Berufung und Sendung zur aktiven Stellvertretung für seinen Nächsten macht. Maria ist Urbild der Kirche, weil sie in der Stunde der Verkündigung stellvertretend für alle Menschen »ja« gesagt hat und so zum Gegenbild Evas wurde, die – ebenfalls mit einer universalen Sendung betraut – ihre Stellvertretung in das Für-sich-Sein der Sünde verkehrt hat. Nie bedeutet Gnade bloße Auszeichnung des Empfängers, sondern immer auch je größere Beauftragung zum selbstlosen Für-Sein für die anderen. Das gilt besonders deutlich für die »objektive« Gnade des kirchlichen Amtes. Die Priesterweihe ist weniger eine Auszeichnung als eine Enteignung des Empfängers für andere; und seine Weihe wird ihm persönlich zum Verhängnis, wenn er die aus ihr resultierenden Vollmachten und Rechte in ein Für-sich-Sein pervertiert.

dd) Ekklesiologie und Eschatologie

Weil der in Christus menschgewordene Gott immer im Heiligen Geist »sich vermittelnde Vermittlung« (sich selbst durch die Stellvertretung der »communio sanctorum« vermittelnde Stellvertretung) ist, darf man von einer Hoffnung Gottes auf den Menschen und muß man von einer fürbittenden und für-leidenden Hoffnung der Kirche auf die ausnahmslose Erlösung *aller* sprechen. Stellvertretung ist immer Beziehung, die Identität (Verschiedenheit, Freiheit, Personalität) ermöglicht statt aufhebt, und ist ebenso immer das Geschenk von Zeit bzw. Zukunft. Wie sich die innertrinitarische Einheit in Vielheit, wie sich die Beziehungen zwischen Schöpfer und Geschöpf, zwischen unendlicher und endlicher Freiheit, zwischen dem menschgewordenen Sohn und den Sünder gewordenen Söhnen, zwischen der Gemeinschaft der Gläubigen und der Gemeinschaft der Ungläubigen, zwischen Kirche und Welt mit dem Wort »Stellvertretung« beschreiben lassen, so auch die Beziehungen zwischen dem »Schon« der Auferstehung Christi und dem »Noch-nicht« unserer Vollendung, zwischen der Gegenwart der Kirche und der vollkommenen Gemeinschaft der Ewigkeit.

§ 2 Ansätze zu einer »Theologie der Stellvertretung«

Während Balthasar sein Denken in unmittelbarer Auseinandersetzung mit der Analogie-Lehre Karl Barths entfaltet und deshalb seiner Theologie eine Metaphysik der Stellvertretung vorausschickt, fragen Norbert Hoffmann, Joseph Ratzinger und Walter Kasper weniger nach den philosophischen *Voraussetzungen* als nach den ontologischen *Konsequenzen* der in Christus offenbarten Stellvertretung. Sie beschreiben, was auch Balthasar im letzten Teil seiner »Theodramatik« behandelt: das »neue Sein« des erlösten Menschen als dessen »Entsprechung« zur Stellvertretung des Erlösers; aber jeder von ihnen mit einem eigenen Ansatz. Hoffmann blickt gleichsam von der Hingabe, die der trinitarische Gott »in sich« ist, auf das Kreuz als das Hintreten des Sohnes (der Selbsthingabe) »an die Stelle« des Sünders (der Selbstsucht). Ratzinger dagegen geht von der Beobachtung aus, daß Gnade in der Heiligen Schrift als Befreiung des Empfängers zu sich selbst (als »Selbst«-Werden) immer auch Enteignung »für die anderen« (»Communio«-Werden) bedeutet. Und Walter Kasper beginnt mit einer Phänomenologie der menschlichen Freiheit, die nur im gleichzeitigen *Empfangen* und *Geben* unbedingter Bejahung sie selbst ist.

1. Norbert Hoffmann: Stellvertretung als Ermöglichung von Sühne (Sohnschaft)

Wie oben dargelegt, erklärt Balthasar mit dem Stellvertretungsbegriff die ontologische Differenz als »Ana-logie« der innertrinitarischen Relationen und aller heilsgeschichtlich vermittelten Verhältnisse zwischen Gott und Mensch. Doch er hat diesen Begriff nie förmlich definiert; er hat die Strukturanalogien zwischen geschöpflicher und geoffenbarter Wirklichkeit *dargestellt*, aber nicht eigens *reflektiert*. Eben dies will Norbert Hoffmann mit stetem Blick auf Balthasars »Darstellung« nachholen. Dabei beschränkt er sich nicht auf eine bloße Analyse der Balthasarschen Trilogie, sondern versucht darüber hinaus, »von der Spannung zwischen Sünde und Sühne her« den inneren Zusammenhang aller Glaubensartikel (Trinität, Schöpfung, Inkarnation, Erlösung und Begnadung) zu erschließen, »und zwar mit Hilfe des Begriffs und der Struktur von Stellvertretung«[226].

a) Die göttliche Trinität als »Urmatrize« aller »eigentlichen« Stellvertretung

Für Hoffmann steht außer Zweifel, daß das Subjekt der neutestamentlichen ὑπέρ-Formeln der Sohn ist, der sich vom Vater (Abba-Anrede!) gesandt weiß, der auf »die Stunde« seines gewaltsamen Todes hinlebt, der dem Vater »gehorsam ist bis zum Kreuz«. Hoffmann fragt: Wie muß Gott in sich sein, wenn er selbst das Subjekt des neutestamentlichen ὑπέρ ist? Wie ist der Satz, daß das Subjekt der Kreuzigung Gott selbst ist, *in* Gott selbst *wahr*? Wie muß Gott sein, wenn »›das Bischen [sic] Sünde des kleinen Geschöpfes‹ dem allmächtigen Herrn des Himmels und der Erde so wichtig sein soll, daß es den Aufwand des Kreuzes lohnt«[227]? Welcher Realgehalt kommt dem Weltbezug Gottes zu, wenn er von der Philosophie und von der Heiligen Schrift übereinstimmend als der unveränderliche, autarke, unabhängige und unangreifbare Gott bezeichnet wird?

Seine Antwort ist die These: Gott konnte in Jesus Christus nur deshalb an unsere (der Sünder) Stelle treten, weil er in sich selber Stellvertretung *ist*. Diese Auskunft – so bemerkt Hoffmann selbst – mag zunächst befremdlich klingen, weil »die umgangssprachliche Wortverwendung der Läuterung auf die formale (metaphysische) Wesensbedeutung von ›Stellvertretung‹ noch entbehrt und deshalb Momente in den Vordergrund des Sprechbewußtseins treten läßt, welche den irdischen Verwirklichungsweisen dieses Wesens ausschließlich eigen und folglich auf Gott unübertragbar sind«[228]. Aber er ist überzeugt: Wie wir das eigentliche Wesen der Wirkursache *(causalitas efficiens)* nur im Blick auf deren göttliche Gestalt, die *creatio*, erfassen, so auch den eigentlichen Gehalt anderer Begriffe wie »Sein«, »Liebe«, »Freiheit« oder »Stellvertretung«. »Echte« (an der Offenbarung

[226] E. Salmann, Urverbundenheit und Stellvertretung, 17.
[227] Stellvertretung, 163; Kreuz und Trinität, 51. – Vgl. Herz-Jesu-Frömmigkeit, 201 f.
[228] Sühne, 49[136].

abgelesene) Stellvertretung unterscheidet sich von aller bloß äußerlichen Vertretung (von allem partiellen und zeitlich befristeten »Einspringen«) durch den *unbedingten* Selbsteinsatz des Vertretenden für den Vertretenen, und zwar so, daß der Vertretene nicht er-setzt, sondern im Gegenteil gesetzt wird. Hoffmann reflektiert die Methode seines Vorgehens sehr genau; er ist sich bewußt, zunächst ein Wort des Menschen auf Gott zu übertragen, bevor er von Gott den »eigentlichen Inhalt« dieses Wortes bestimmen läßt. Aber unter der Voraussetzung, daß jedes auf Gott übertragene Wort innerhalb der von ihm beschriebenen »Ähnlichkeit« zwischen Gott und Mensch eine viel größere Unähnlichkeit aufdeckt, darf man ebenso behaupten, daß unsere Worte durch ihre Anwendung auf Gott von allem Unwesentlichen gereinigt werden und deshalb – »rück-übertragen« auf den geschöpflichen Bereich – Zusammenhänge aufdecken, die zuvor nie gesehen wurden. Innertrinitarisch bedeutet Stellvertretung unter Beachtung der »Ana-logizität« aller auf Gott übertragenen Worte: »Das setzende personale Prinzip eröffnet im sich selbst überschreitenden zeugenden Wegschenken seines Wesens die Stelle einem personalen Anderen identischen Wesens, dessen Andersheit, wie sie größer nicht gedacht werden kann, gegenüber der setzenden Person doch gerade dadurch konstituiert wird, daß es ganz und gar von ihr her und auf sie hin west.«[229] Indem er von der Besonderheit der innertrinitarischen Relationen abstrahiert, gelangt Hoffmann zur Bestimmung des »begrifflichen Formalgehaltes« jeder »eigentlichen« Stellvertretung, nämlich »daß ein setzendes Prinzip durch seinen Selbsteinsatz (Selbsthingabe) den ›Raum‹ (die ›Stelle‹) für das Selbersein des gesetzten Anderen er-stellt«[230]. Er weiß, daß die Unterscheidung zwischen »eigentlicher« und »uneigentlicher« Stellvertretung die Frage aufwirft, ob sich ein an der immanenten Trinität abgelesener Inhalt »vor den Gesetzen des tatsächlichen Sprachgebrauchs rechtfertigen läßt«[231]. Aber auch für den Fall, daß in der umgangssprachlich üblichen Verwendung des Wortes »Stellvertretung« das Moment des Ersetzens, des Verdrängens oder Auswechselns überwiegt, ist er davon überzeugt, daß in diesem Wort selbst der Verweis auf eine »vollkommenere Setzung« liegt[232]. Nur wenn man von vornherein das Moment des Ersatzes als den Faktor bestimmt, der »Stellvertretung« von bloßer Repräsentation unterscheidet, wäre mit diesem Wort *immer* »jener Selbsteinsatz gemeint, kraft dessen der Vertretende einem anderen in irgendeiner Hinsicht dadurch dessen eigene Daseinsstelle eröffnet oder freihält, daß er dessen eigentümliches, ihm zustehendes oder aufgetragenes Tun oder Erleiden selbst übernimmt (ersetzendes Setzen, Substitution im strengen Sinn)«[233]. Auf der Basis einer solchen Sprachregelung würde der Vertretende das Anderssein

[229] Ebd. 50.
[230] Ebd. 49[136]. – Vgl. Herz-Jesu-Frömmigkeit, 204[137].
[231] Kreuz und Trinität, 83.
[232] Vgl. ebd. 70–75.
[233] Ebd. 79.

des Vertretenen nicht erst »setzen«, sondern das bereits Gesetzte »er-setzen«. Aber schon die Tatsache, daß das Wort »Stellvertretung« nicht selten in einem weiteren Sinn verwendet wurde, spricht gegen seine Einengung auf die Bezeichnung von Ersatz oder Substitution[234]. Natürlich – so Hoffmann – steckt in diesem Wort ein ersetzendes Moment. Aber das kann ja auch heißen: Der Vertretende übernimmt etwas, was von dem Vertretenen »in keiner Weise selbst geleistet werden kann, dennoch aber dessen Eigenstes in intensivster und grundlegendster Weise betrifft«[235]. Dann würde das Wort »Stellvertretung« auch auf Trinität, Schöpfung und Erlösung anwendbar sein. Hoffmann bezeichnet die göttliche Trinität als »Urmatrize« nicht ersetzender (»eigentlicher«) Stellvertretung und nennt als deren Kriterien drei sich wechselseitig bedingende Momente[236]: das aktive (sein-lassende) bzw. initiatorisch-auktoritative des Setzenden; das passive bzw. konsekutorisch-obödientiale des gesetzten anderen; und das »reperkutive« bzw. aspiratorisch-mutuelle des Einsatzes. Als »reperkutiv« bezeichnet Hoffmann die Unlösbarkeit der Verschränkung des ersten mit dem zweiten Moment: daß der Setzende in seinem Einsatz nicht nur den anderen, sondern in gewisser Weise auch sich selbst setzt; und daß der Gesetzte für den Setzenden ebenso konstitutiv ist wie der Setzende für den Gesetzten. »Das ›Auf-den-anderen-Hin‹ ist das Formalkonstitutiv des eigenen Selbst.«[237] Man kann zwar innertrinitarisch nur mit Vorbehalten von einer Selbstsetzung des Vaters und von einem Gesetztsein des Sohnes sprechen; aber man darf sagen, daß der Vater nur »auf den Sohn hin« (nur als das zeugende Prinzip) Gott, Person, Vater ist; und daß der Sohn das distinkte In-Sich seines Selbst nur durch absolute Negation des Aus-sich gewinnt[238]. Unter dieser Voraussetzung wagt Hoffmann die Aussage, Gott konstituiere sich auf doppelte Weise selbst: In der ewigen Zeugung des Sohnes erweist er sich als Stellvertretungsmacht »ad intra«, weil Differenz *gesetzt* wird zwischen Gott und dem *gott*seienden anderen seiner selbst; und in der Hauchung des Heiligen Geistes erweist er sich als Stellvertretungskraft »ad extra«, weil Differenz *ermöglicht* wird zwischen Gott und dem *geschöpflichen* anderen seiner selbst[239].

b) Stellvertretung als »Freisetzung« des Vertretenen durch den Vertretenden

Hoffmann beschreibt Schöpfung, Inkarnation, Erlösung, Begnadung als »Abzüge« der trinitarischen »Urmatrize«, als Variationen eines formal

[234] Hoffmann beruft sich u. a. auf: H. Volk, Gott alles in allem, 10–22.149–152; L. Scheffczyk, Die heilshafte Stellvertretung, 118; ders., »Stellvertretung« und Sendung des Priesters, 418f; G. Greshake, Erlösung und Freiheit, 345.

[235] Kreuz und Trinität, 81.

[236] Vgl. Sühne, 47f; Herz-Jesu-Frömmigkeit, 203.

[237] Ebd. 50.

[238] Vgl. Kreuz und Trinität, 54f.

[239] Vgl. Sühne, 72f; Herz-Jesu-Frömmigkeit, 220f.

identischen Geschehens, nämlich anderem Raum für dessen Selber-Sein zu schaffen durch eine entsprechende Form des Selbsteinsatzes Gottes. Wie im Innergöttlichen das, was niemals »notional« das Eigene des Sohnes werden kann, nämlich das »Zeugen« des Vaters, dennoch durch Wesenskommunikation dessen Eigenstes setzt, und wie umgekehrt der Vater – obwohl das Sich-empfangen des Sohnes nie sein Proprium werden kann – ohne den Sohn nicht Vater ist, und wie der Heilige Geist – obwohl das Zeugen des Vaters und das Sich-empfangen des Sohnes nie sein Proprium sein kann – dennoch die Beziehung von Vater und Sohn *ist*, so erwirkt Gott beim Erschaffen und Erhalten, in der hypostatischen Union und bei der Einwohnung durch je sich steigernde Immanenz im jeweils anderen (an dessen Stelle und an seiner Statt) dessen Eigenstes[240]. Der Gleichursprünglichkeit von Einheit und Verschiedenheit in Gott entspricht außertrinitarisch eine direkte Proportionalität von Beziehung und Selbst-sein, von Gemeinschaft und Personalität.

Methodisch unterscheidet sich Hoffmann keineswegs von Karl Barth. Auch Barth überträgt einen Begriff, nämlich den der Offenbarung, auf Gott, verbietet sich jede Ableitung einer inhaltlichen Aussage über Gott aus diesem Begriff, verteidigt aber die Möglichkeit, die *formalen* Eigentümlichkeiten der Aussage »Gott offenbart sich als der Herr« zum Fundament einer Lehre von der immanenten Trinität Gottes zu machen[241]. Auch darin kommen Barth und Hoffmann überein, daß der »Vor-gang« der Schöpfung nichts anderes widerspiegelt als den ewigen »Her-vor-gang« des Sohnes aus dem Vater, daß Schöpfung *im* Sohn – Barth würde sagen: »in Christus« – geschieht, daß der Sohn *die Stelle* der Schöpfung ist, weil in ihm und nur in ihm Einheit mit dem Vater und Unterschiedenheit von ihm direkt proportionale Größen sind[242]. Zudem erinnert Hoffmann mit manchen Passagen seiner Sühnetheologie an Barths »Ontik des Nichtigen«; er beruft sich zwar nicht auf ihn, sondern auf Romano Guardinis Unterscheidung zwischen dem »guten Nichts« und dem »bösen Nichts«[243]. In der Sache aber spricht er wie Barth von einer zweifachen »Schöpfung aus dem Nichts«: von einer ersten »aus dem (guten) Nichts« und einer zweiten (Erlösung des Sünders durch Christus) »aus dem (bösen) Nichts«; zweimal tritt der Sohn so an die »Stelle« des Nichts, daß er uns gleichsam »gegen den Sog des Nichts« eine »Stelle« im Sein verschafft[244]. Dennoch unterscheidet sich der katholische von dem protestantischen Theologen in einem gravierenden Punkt: Während Barth das »Selbst-sein« des Geschöpfes mit der *Relation* des Schöpfers zu seinem Geschöpf *identifiziert*, spricht

[240] Vgl. Kreuz und Trinität, 82; Sühne, 48[134].
[241] SS. 172–174.
[242] Vgl. Stellvertretung, 175–177.
[243] Vgl. R. Guardini, Der Herr, 474. – Vgl. Stellvertretung, 178; Sühne, 54; Kreuz und Trinität, 76f.
[244] Vgl. Stellvertretung, 183f; Sühne, 63f; Kreuz und Trinität, 67.

Hoffmann von einer »Frei-lassung« der Andersheit des anderen zum *Subjektsein.* Barth beschreibt mit dem Stellvertretungsbegriff immer eine *reine Relation*, Hoffmann dagegen die bleibende und darum auch ontologische »Freisetzung« des Vertretenen durch den Vertretenden. Nach Barth[245] verhält sich die Wirklichkeit des Menschen zur Wirklichkeit des Wortes Gottes keinesfalls wie ein »Gegenüber« (wie ein »Dialogpartner«); nach Hoffmann dagegen setzt Gott das Geschöpf, das sich seiner selbst bewußt ist (den Menschen), »so *in* die Unersetzbarkeit seines geschöpflichen Selbst, daß er ihn dadurch zugleich, und zwar mit erschreckender Ernsthaftigkeit, als ›Sohn‹ auf Sich *zu* setzt. Er will und liebt ihn ... *als Subjekt*, d. h. als den, von dem Er als Vater wiedergeliebt werden will«[246].

c) Stellvertretung als Befähigung des Sünders zur Umkehrung seiner Sünde in Sohnschaft (Sühne)

Für Barth ist der Stellvertretungsbegriff Grund für das gänzliche Vermeiden des Wortes »Sühne«; für Hoffmann gilt genau das Gegenteil[247]. Für Barth ist Sünde eine Art Selbstvernichtung des Menschen, ein Sprung aus der seinskonstitutiven Beziehung Gottes zu ihm in die Beziehungslosigkeit, ein Sprung aus der ihm von Gott zugewiesenen in eine von Gott nicht gewollte (und daher nichtige) »Stelle«. Für Hoffmann dagegen ist der Mensch auch dann eine »Stelle im Sohn«, wenn er die Bedingung der Möglichkeit seiner selbst, die das eigene Sein im Sohn ermöglichende Liebe des Vaters, verneint; obwohl sein »Nein« die Beziehung zum Vater »nichtet« und insofern Guardinis »böses Nichts« konstituiert, springt der Sünder nicht aus dem Sein ins Nichts bzw. Nichtige, sondern bleibt auch im Modus des »bösen Nichts« von Gott bejaht[248].

Was für Barth undenkbar ist, bildet für Hoffmann die eigentliche Dimension der Sünde und ihrer Umkehrung, der Sühne: Sünde und Sühne betreffen nicht nur den Sünder, sondern auch den Schöpfer des Sünders; Sünde und Sühne ereignen sich zwischen Vater und Sohn, weil der Sünder »Sohn im Sohn« ist; Sünde widersteht – und das ist ihr eigentliches Wesen – der Ausweitung des innertrinitarischen Stellvertretungsgeheimnisses (der Ausweitung des Vater-Sohn-Verhältnisses) in die Schöpfung hinein[249].

[245] Vgl. KD I/2, 885.

[246] Sühne, 52; Herz-Jesu-Frömmigkeit, 206.

[247] Vgl. Herz-Jesu-Frömmigkeit, 176[3].

[248] Vgl. Kreuz und Trinität, 67.76f.

[249] »Das Mysterium der Sünde offenbart Gott selbst als Mysterium neu. Das Wesen des Gottes, dem gegenüber das menschliche Nein die Qualität ›Sünde‹ erlangt, können wir uns einigermaßen zutreffend nur dann vergegenwärtigen, wenn wir den Mut haben zu sagen: Gott ist auf uns zu *so* ›Gott‹ und *so* Liebe, daß er – irgendwie – von unserer Sünde bis in seine trinitarische Innerlichkeit hinein ›getroffen‹ wird. Sünde wird ... deswegen zum Mysterium, weil er in einer geradezu törichten Liebe sein Innerstes so unvorsichtig offenlegt und so ungeschützt ausliefert, daß Menschen ihn – Gott selbst – wirklich treffen können. Sünde trifft

Was Barth als heidnisch brandmarkt, ist nach Hoffmann das Zentrum der biblischen Botschaft von der Versöhnung: die Möglichkeit eines menschlichen Tuns, von dem Gott sich real betreffen läßt. Denn Hoffmann erklärt Sühne als einen Vorgang zwischen Mensch und Gott – und zwar nicht nur äußerlich, als würde der Sünder vor Gott wie ein Schuldner vor seinem Kreditgeber stehen, sondern inwendig als »Um-kehrung« der Sünde in deren Gegenteil: in Sohnschaft. Hoffmann weiß um die Bedeutungsschwankungen des Wortes »Sühne« und unternimmt deshalb »die mühsame Arbeit einer eigentlichen Bedeutungskonstitution«[250], indem er die Aussagen der biblischen Heilsgeschichte über die Versöhnung des Sünders mit Gott analysiert. Er zeigt[251], daß die alttestamentliche Zentralidee des Bundes für den Vorgang der Versöhnung eines Sünders mit Gott immer zweierlei bedeutet: 1. daß Jahwe nicht erst zur Versöhnung bewegt werden muß, sondern in den von ihm gewährten »Medien« der Sündopfer immer schon der Initiator des Versöhnungsvorgangs ist; 2. daß er den Sünder nicht einfach wie ein mißliebiges Objekt austauscht oder ersetzt, sondern im Gegenteil als Subjekt einsetzt (freisetzt), indem er ihn befähigt, sich selbst »umzukehren« von einem Zerstörer zu einem Wahrer des Bundes. Im alttestamentlichen Sühnevorgang sieht Hoffmann die Konstitutiva des Bundesverhältnisses zwischen Jahwe und Israel wie in einem Brennpunkt gebündelt. Im AT bedeutet Sühne: Der Schöpfer setzt nicht nur Objekte, sondern wirkliche Subjekte, indem er das Handeln des Menschen so »frei-setzt«, daß beides zugleich gilt: Gott tut alles, und der Mensch tut alles. »Der durch die Sünde verwundeten Liebe in Gott entspricht im Sünder die Sühne als in das Leid der Liebe verwandelte Sünde.«[252] Auf der einen Seite gilt: Erst die Liebe Gottes befähigt den Sünder, an der von ihm verschuldeten Verletzung der Communio mit Gott und mit dem Nächsten zu leiden. Auf der anderen Seite gilt ebenso: Durch sein Leiden verwandelt der Sünder selbst seine Sünde in Sohnschaft[253]. Das Tun Jahwes und das Tun des Sünders stehen innerhalb des Sühnevorgangs nicht nur in einem Bedingungsverhältnis, sondern die göttliche Gnade und die Freiheit des Menschen, die vergebende Liebe Gottes und die im leidenden »Umschmelzen« der Sünde vollzogene Umkehr des Sünders, verhalten sich direkt proportional und deshalb im Sinne »eigentlicher« Stellvertretung zueinander: Jahwe »ver-gibt«, indem

ihn genau als *jenes* Geheimnis, als das er in ›Christus Jesus‹ sich uns preisgibt: als dreieinige Liebe. Der Lanzenstich rührt Gott selber an, und er bohrt sich – so Paul Claudel [Hymne an das Heilige Herz, in: Corona Benignitatis Anni Dei, Einsiedeln 1964, 52] – ›hinab bis in den Knoten der Trinität‹.« (Kreuz und Trinität, 59f). – Vgl. Stellvertretung, 185–187; Sühne, 54; Herz-Jesu-Frömmigkeit, 206f.

250 Kreuz und Trinität, 17.

251 Vgl. Sühne, 22–37; Kreuz und Trinität, 19–28; Herz-Jesu-Frömmigkeit, 184–196.

252 Sühne, 33.

253 Vgl. Kreuz und Trinität, 26.

er dem sündigen Menschen »gibt«, seine Sünde selbst zu nichten[254]. Gerade da, wo Gott in seinem menschgewordenen Sohn selbst an die Stelle des Sünders tritt, überwältigt er die Freiheit des Menschen nicht, sondern ermöglicht im Gegenteil deren eigentlichstes Selbstsein. Das Kreuzesereignis verbleibt innerhalb der Handlungsstruktur bundespartnerschaftlicher Korrelation. Aber einzigartig ist die Stellvertretung des Kreuzes, weil Gott sich in seinem menschgewordenen Sohn von der Sünde der Menschen buchstäblich verwunden und kreuzigen läßt, um so die Hölle (Einsamkeit, Haß, Aggression), in die sich der Sünder gesperrt hat, von innen her aus einem Gefängnis in einen Ausweg »umzulieben«[255]. Im Neuen Bund geht Gottes Stellvertretung nicht nur bis zur Ermöglichung der Sühne durch den Sünder selbst, sondern bis zum Hintreten an die Stelle, wo die Sünde des Menschen ist[256]. Hoffmann hält die Aussage, Christus habe nicht nur die Folgen unserer Sünde, sondern unsere Sünde selbst getragen, für unbedingt richtig[257] und kritisiert von daher das *sacrum-commercium*-Motiv der Väter, die Solidaritätschristologien und vor allem Anselms abwägenden Vergleich zwischen unserer Sünde und Christi Sohnesleid[258]. Nach Anselms Auffassung zahlt Christus den Gegenpreis für unsere Schuld, tritt aber nicht ein in das Leiden an der Sünde selbst (Sühne). Dagegen spricht die neutestamentliche Soteriologie[259] von einem Gott, der von uns, seinen Geschöpfen, geliebt werden will, und zwar so unbedingt, »daß die Verweigerung dieser Liebe die theologische Substanz von ›Sünde‹ und diese Sünde Gottes ›Schmerz‹ und ihre Überwindung die ›Preisgabe‹ des einziggeliebten Sohnes in ihre eigene Finsternis ist«[260].

[254] Vgl. Sühne, 65. – Vgl. dazu die von Hoffmann inspirierte »Reformulierung des Sühnegedankens« durch J. Werbick, Soteriologie, 264–272.

[255] »Das Herz Christi – wo Hölle ausgehalten wird – ist zugleich der Ort, wo Hölle nur mehr sein kann als ihre eigene Überwindung.« (Kreuz und Trinität, 31). – Vgl. Stellvertretung, 174; Sühne, 52–54; Herz-Jesu-Frömmigkeit, 199f.210f.

[256] »Gott ›leidet‹ *so an* der Sünde, daß er aus diesem Leid *über* die Sünde in Christus nun selbst in das Leid *der* Sünde geht, in das Leid, das die Sünde *ist*.« (Stellvertretung, 167).

[257] »Wenn ›der Sohn‹ in die Sünde geht und sie in sich hineinnimmt, kann sie nur mehr das Gegenteil ihrer selbst sein, und im Nichts ihrer Gottlosigkeit kann der Sohn nur mehr sein als namenlose, gleichsam personseiende Entbehrung des Vaters. Jesu Todesschrei (vgl. Mk 15,34) ist der Verlassenheitsschrei des Sohnes.« (Sühne, 58).

[258] Vgl. Stellvertretung, 167f; Kreuz und Trinität, 35–44; Herz-Jesu-Frömmigkeit, 183f.

[259] »Die synoptischen Ölbergsberichte mit ihrer Schilderung des ›Grauens‹ und ›vereinsamenden Entsetzens‹ (Mk 14,33; vgl. Mk 14,35f), das johanneische Wort von der ›Verstörung‹ (Joh 11,33.38;12,27;13,21), ferner die soteriologische Reflexion des Paulus (2 Kor 5,21; Gal 3,13) müssen zutiefst von der Unzulänglichkeit einer ›Satisfaktionstheorie‹ überzeugen, welche das entscheidende Moment am Leiden Christi in jenen äußeren, objektiven ›Wert‹ verlegt, der ihr kraft der einzigartigen Würde der göttlichen Person als des letzten ›Subjekts‹ aller menschlichen Akte zukommt.« (Stellvertretung, 167).

[260] Kreuz und Trinität, 49. – Vgl. Stellvertretung, 168f; Sühne, 117.

d) Die Sohnschaft der Christen als integrierendes Moment der Stellvertretung Christi

Hoffmann erklärt Sühne nicht nur als Brennpunkt des Verhältnisses von Gott und Mensch, sondern auch als höchste Ausdrucksform »eines allüberall gegenwärtigen Gesetzes von radikal ontologischem Durchgriff«[261]. Die von Barth verteufelte »analogia entis« will Hoffmann als »Denkform der Stellvertretung« beschreiben, um mit diesem Begriff von vornherein sicherzustellen, daß Schöpfer und Geschöpf nicht unter einen univoken Seinsbegriff subsumiert werden, sondern sich im Sinne des oben erklärten Formalgehaltes von Stellvertretung zueinander verhalten: nämlich im Sinne einer direkten Proportionalität von Einheit und Unterschiedenheit. Das göttliche Sein *ist* Für-Sein; das geschöpfliche Sein dagegen *verwirklicht sich* in dem Maße, als es »die Bewegung des ›Hyper‹, die Selbsterschlossenheit auf den anderen hin bekundet«[262]. Wie Balthasar denkt Hoffmann zunächst an die Gestalten der nichtbewußten Schöpfung, an das Stellvertretungsverhältnis von Sein und Seiendem. Der Rang eines Seienden bemißt sich am Maß seines »Hyper«: Je mehr ein Wesen sich mitteilen kann (in Beziehung zu anderen Wesen steht), desto deutlicher erscheint auch seine Verschiedenheit bzw. Einmaligkeit, desto höher steht es in der »Hierarchie« des Seienden. Der Mensch als das einzige Geschöpf, das sein Wesen auch verneinen oder pervertieren kann, ist deshalb Scheitel der Schöpfung, weil in ihm das »Hyper« den Glanz der Freiheit und das Antlitz der Liebe offenbart. Dabei denkt Hoffmann keineswegs nur an heroische Beispiele wie das eines Maximilian Kolbe, sondern an »tausend Formen mitmenschlichen Daseins und Fürseins und Dienens«[263]: z. B. an das Eltern-Kind-Verhältnis, an manchen Einsatz eines Arztes, Politikers oder Soldaten, an alle Fälle, in denen »jemand durch Selbsthingabe und Selbsteinsatz einem anderen – irgendwie – die ›Stelle‹ für dessen eigenes Dasein eröffnet, ihn frei-setzt ins Selbst-Sein«[264]. Für jeden einzelnen Menschen gilt der Grundsatz: daß er in dem Maße »wirklich« bzw. »er selbst« ist, als er das Für-Sein (die Liebe) lebt, das in der »Herrlichkeitsgestalt des Gekreuzigten« (Balthasar) auf unüberbietbare Weise sichtbar wurde. Wie der Sohn »die Stelle« alles Seienden im Sein genannt werden darf, weil er »an Stelle« der Geschöpfe das »gute Nichts« überwunden hat, so ist er auch »die Stelle«, an der allein die Sünder vor Gott wieder Söhne sein und als Söhne Bestand haben können[265], weil er als der Menschgewordene an die Stelle der Sünde getreten und dort, im »bösen Nichts«, für die Sünder eingetreten ist. Postlapsarisch kann der Sünder nur noch im *gekreuzigten* Sohn Sohn sein; und das bedeutet für seine oben angespro-

[261] Ebd. 54. – Vgl. Stellvertretung, 189; Sühne, 121.
[262] Ebd. 55.
[263] Ebd. 54. – Vgl. Sühne, 47[129].
[264] Ebd.
[265] Vgl. ebd. 77; Sühne, 70.82; Herz-Jesu-Frömmigkeit, 208f.

chene »Selbst-ver-wirklichung«: Er ist da am meisten »wirklich«, wo er zum inklusiven Stellvertreter wird, wo er mit dem gekreuzigten Sohn »an der Stelle« der Sünde seiner Brüder und Schwestern Sohnschaft ermöglicht.[266].

Daraus folgert Hoffmann, »daß die Sühne der Christen als inneres Moment in die Sühne Christi hineingehört«, daß in uns »Christi Sühne gleichsam in ihr eigenes ›Blühen‹«[267] gelangt. Er bezeichnet das »Mitsühnen der Christen in Christus« nicht als etwas der Sohnschaft Christi ergänzend Angefügtes[268], sondern als »In-sein« Christi selbst in uns. Wie der Heilige Geist innertrinitarisch die Gleichursprünglichkeit von Einheit und Unterschiedenheit *ist*, so *ermöglicht* er außertrinitarisch die direkte Proportionalität beider Größen. Im Heiligen Geist, der »nicht eigentlich vermittelnd ›*zwischen*‹ uns und Christus tritt, sondern als ein und derselbe Geist sowohl in uns als auch in Christus ist«[269], sind wir nicht Stellvertreter *neben* Christus, sondern *in* ihm. Hoffmann bezieht sich hier auf das Pauluswort, daß wir nicht nur »eins«, sondern »einer« (Gal 3,28) in Christus sind; er beruft sich auf das Bild des Hauptes, von dem her der Leib aufgebaut wird (Eph 1,22f;2,16;4,4.12–16;5,23.3; Kol 1,16–24;2,19) und betont, »daß Kirche sich nicht nur *vom* Sühnwerk Christi herleitet, sondern dessen eigene volle Wirklichkeit (den ›unergründlichen Reichtum Christi‹, Eph 3,8) selbst mit ausmacht und herstellt«[270].

Vor diesem Hintergrund wird verständlich, warum Hoffmann nicht nur Karl Rahners Einwände gegen den Stellvertretungsbegriff kritisiert, sondern auch dessen Ausführungen[271] über das Anteilgeben Christi an dem sühnenden Ausleiden der Sünde der Welt. Bei Rahner erscheint ihm die Anteilnahme der Gläubigen an Christi Sühne als »etwas nebenbei ... vom Vater auch noch Gewährtes« und nicht als »die Spitze, worauf die ausdrückliche Heilsgeschichte überhaupt tragende Stellvertretungsabsicht Gottes hinausläuft«[272]. Für Hoffmann ist Teilnahme an der Stellvertretung Christi nicht irgendeine, sondern die einzige Weise, »wie Gott in aller Wahrheit *Sünder* Söhne sein läßt«[273]. Die unersetzliche Identität jedes einzelnen Menschen liegt in seiner je spezifischen Stellvertretung (Sendung) durch, mit und in Christus. Deshalb schildert Hoffmann die Sakra-

[266] Wie sich Gott in der Trinität nicht dadurch »als Vater ›durchsetzt‹ ..., daß er die zweite Person in ihrer Eigenart unterdrückt, sondern dadurch, daß er sie das sohnschaftliche Andere seiner selbst sein läßt, so setzt sich Gott am Kreuz als der Vergebende durch nicht dadurch, daß er mit seiner Vergebungsmacht den Sünder überwältigt, sondern dadurch, daß seine Vergebung im Sünder (ihrem Stellvertreter) die korrelative Entsprechung ihrer selbst, die Sühne, erzeugt« (Kreuz und Trinität, 68).

[267] Sühne, 91.

[268] Das ἀνταναπληρῶ in Kol 1,24 bedeutet: »Den Leiden Christi kommt *›ergänzende‹* Funktion zu nicht in additiver, sondern in aktuierender Hinsicht« (Ebd. 90).

[269] Ebd. 80. – Vgl. Herz-Jesu-Frömmigkeit, 225.

[270] Ebd. 83.

[271] Vgl. K. Rahner, Einige Thesen zur Theologie der Herz-Jesu-Verehrung, 409.

[272] Sühne, 92.

[273] Ebd. 93.

mente (besonders Taufe und Eucharistie) als Befähigung zur Beteiligung am Metanoia-Geschehen des Neuen Bundes[274], als Ermächtigung zur Mission, die wir alle betreiben müssen, weil »die Sühne, die Christus ist ... – gerade in ihrem Wesen als einer stellvertretenden – der Sühne der Christen« bedarf, »um sich hineinzuvollenden in die Sinngänze ihrer selbst, zu der *einen* dynamischen *Fülle* im Gesamtgeheimnis des ›Christus in euch‹ (Kol 1,27)«[275].

e) Das durchbohrte Herz als Realsymbol des Sohnes »an der Stelle« der Sünder

Weil der Vater seinen Sohn *in dessen Brüdern* zum Sohn haben will und weil Jesus Christus dem Vater *in allen Menschen* Sohn sein will, offenbart sich in der Durchbohrung des Gekreuzigten, was geschieht, wenn der, in dem Jesus Christus Sohn sein will, Sünder ist, d. h. nicht Sohn sein will. »Wenn der Sohn an Stelle der Sünder Sohn ist, zerreißt es ihm das Herz«, reißt es ihn »vom Vater fort, und ... gibt der Vater den Sohn preis«. Denn er will seinen Sohn so unbedingt in den Söhnen zum Sohn haben, daß, wenn die Sünder sich verweigern, der Sohn bis dorthin geht, »wo diese Verweigerung in seinem Herzen nur mehr das Durchbohrtsein seiner Sohnesliebe ist«[276]. Hoffmann deutet den in Joh 19,34ff berichteten Ausfluß von Blut und Wasser aus der geöffneten Seite des »Durchbohrten« als Übergang des Geistes der Sohnschaft von Christus auf die Sünder[277]. Mit seinem durchbohrten Herzen ist Christus der Stellvertreter, und das heißt für Hoffmann: nicht *irgendein* Symbol für Liebe, sondern »*der Sym-bolos* schlechthin«; als durchbohrtes Herz eint er nicht nur irgendwie Entzweites; »vielmehr überwindet er die Sünde, jenen Abgrund von Trennung und Einsamkeit, der ›Hölle‹ heißt; er ist der ›Ineins-Fall‹ des heiligen Gottes mit dem Sünder«[278]. Echte (nicht zu heilsindividualistischer Innerlichkeit verkommene) Herz-Jesu-Verehrung[279] führt vom »johanneischen Schauen« auf den Durchbohrten[280] zur Verähnlichung der Vertretenen mit dem Vertretenden[281]. Denn wenn der Mensch »die mannigfaltigen Weisen der von Sünde und Schuld verursachten Abwesenheit Gottes im eigenen

[274] Vgl. ebd. 86f; Herz-Jesu-Frömmigkeit, 187.227–229.

[275] Sühne, 96. – »Für Jesus als den Christus hat es irgendwie konstitutive Bedeutung, daß die reale Existenz der Glaubenden ›Stelle‹ seines Sohnseins ist.« (Ebd. 119[315]; vgl. Herz-Jesu-Frömmigkeit, 224f.232f).

[276] Ebd. 116f. – Vgl. Herz-Jesu-Frömmigkeit, 237.250f.

[277] Vgl. ebd. 103f.118f.

[278] Ebd. 110f. – Vgl. Herz-Jesu-Frömmigkeit, 245.

[279] Echte »Herz-Jesu Verehrung schaut ... das leibliche Herz, das Christus *hat*, unlösbar zusammen mit dem Herzen, das er ganz und gar *ist*: das wunde Herz seines Leibes wird ihr zu einem Ontologicum ersten Ranges: zur Epiphanie der Wunde im Sein selbst. Im Herzen Jesu wird das Sein – noch in seiner Verneinung durch die Sünde – als Liebe offenbar« (ebd. 111).

[280] Vgl. ebd. 108.113f.120.

[281] »Indem der gekreuzigte Durchbohrte uns – im Geist – aufgeht als das für uns durchbohrte

Dasein und in der Welt« ausleidet, dann ist das »nichts dem Schauen auf den Durchbohrten Hinzugefügtes, sondern ein unablösbares Existential des in diesem Schauen vollzogenen Daseins selbst«[282]. Nur als ein seinerseits um die Gottessohnschaft seines Nächsten sühnend Besorgter kann der in Christus »ver-söhnte« Mensch in Wahrheit Sohn sein. Seine Identität ist seine Inklusion in die Stellvertretung Christi.

f) Der Heilige Geist als Vermittlung von Sohnschaft (Stellvertretung) im Sohn (Stellvertreter)

In einer ausführlichen Besprechung von Hoffmanns »Theologie der Stellvertretung« hat Elmar Salmann den Vorwurf erhoben, Stellvertretung werde von diesem zu einseitig »zweipolig als schöpferischer Einsatz eines Ich für ein Du«[283] beschrieben. Er vermißt an vielen Stellen den Hinweis, daß nur ein apriorisches Wir die »Er-stellung« eines Du durch die »Selbst-ent-äußerung« eines Ich ermöglicht. Doch so richtig es ist, wenn Salmann die Stellvertretung Christi und der Christen pneumatologisch als Geschenk der Communio bzw. Verbundenheit definiert: von einem Fehlen dieser Sicht von Stellvertretung bei Hoffmann kann kaum die Rede sein. Im Gegenteil, er betont wiederholt: »Erst die Reflexion auf das Pneuma und die pneumatische Kontinuierung der Sühne Christi in den Daseinsvollzug der Glaubenden hinein vermag die von der Offenbarung bezeugte, den Sünder in sein Bekehrungsselbst setzende Erstellungskraft des am Kreuz erfolgten *›ὑπὲρ τῶν ἁμαρτιῶν ἡμῶν‹* (1 Kor 15,3) zu ermessen und Stellvertretung gegenüber jedem Mißverständnis als Für-Seins-Automatik sicherzustellen.«[284] Hoffmann kennzeichnet die Vermittlung der Stellvertretung Christi an die Stellvertretung der von ihm Erlösten als das Geschenk der vom Sohn »an der Stelle« der Sünde durchgehaltenen *Verbundenheit* mit dem Vater an die durch ihre Sünde von ihm Getrennten. Daß diese Verbundenheit der Heilige Geist ist, und daß nur diese Verbundenheit die schöpferische und erlösende »Erstellung« einer Person durch eine andere ermöglicht, wird von Hoffmann ausdrücklich gesagt[285].

2. Joseph Ratzinger: Stellvertretung als Ermöglichung von Communio

Dem deduktiven Ansatz Hoffmanns stehen mit Joseph Ratzinger und Walter Kasper zwei eher induktive Ansätze zu einer Theologie der Stellvertretung gegenüber. Während Hoffmann von der Frage ausgeht, wie

Herz des Sohnes, ereignet sich das Aufscheinen der väterlichen Doxa in unseren Herzen« (ebd. 112).

[282] Herz-Jesu-Frömmigkeit, 248.

[283] E. Salmann, Urverbundenheit und Stellvertretung, 28.

[284] Herz-Jesu-Frömmigkeit, 232. – Vgl. Sühne, 80f.89f.112.115f.118f.122.

[285] Vgl. Sühne, 80f; Herz-Jesu-Frömmigkeit, 224–232.

Gott in sich sein muß, wenn er selbst das Subjekt der neutestamentlichen Heilsgeschichte ist, setzt Joseph Ratzinger umgekehrt an: bei der Frage nämlich, wie Gott in dem einen Menschen Jesus Christus alle Menschen aller Orte und Zeiten mit sich versöhnen und zu einer Gemeinschaft verbinden kann[286]. Er entwickelt seinen Stellvertretungsbegriff nicht an der »Urmatrize« innertrinitarischer Stellvertretung, sondern im reflektierenden Nachvollzug der Heilsgeschichte.

a) Christliche Brüderlichkeit als Stellvertretung für den »anderen Bruder«

Joseph Ratzinger hat in seiner Promotionsschrift über die Ekklesiologie des hl. Augustinus gezeigt, daß der Kirchenvater eine *direkte* Gemeinschaft des einzelnen Menschen mit Christus bzw. »dem Geiste Christi« ausschließt, weil ein in *unvermittelter* Gemeinschaft mit Gott gedachter Mensch ein »willenloses Glied der Gottheit« wäre. Nach Augustinus ereignet sich die Vereinigung des Menschen mit Christus *niemals* direkt, sondern *immer* vermittelt durch die Kirche[287]. Diese These des Kirchenvaters macht Ratzinger zum Ausgangspunkt einer 1958 in Wien gehaltenen Vortragsreihe über die »christliche Brüderlichkeit«. Um das Spezifische des christlichen Bruderbegriffs erheben zu können, erinnert er zunächst an nichtchristliche Definitionen. Dabei entdeckt er nur in der Stoa (Epiktet, Seneca, Musonius, Marc Aurel) und in der europäischen Aufklärung die These, alle Menschen seien von Geburt an auf Grund ihrer gemeinsamen Natur immer schon Brüder. Im übrigen wird mit dem Bruderbegriff stets auch eine Abgrenzung verbunden; meistens wird der Bruderbegriff auf die Zugehörigkeit zu einer politischen, ethnischen oder kultischen Einheit beschränkt, so daß ein doppeltes Ethos entsteht, eines, das sich auf den Innenraum der Brüderschaft, und eines, das sich auf den außenstehenden Nichtbruder bezieht. Das gilt auch für den marxistischen Begriff »Genosse«. Das Ziel des Marxismus ist zwar die Genossenschaft aller Menschen; aber erreicht wird dieses Ziel durch den Kampf der Genossen gegen die Nichtgenossen. Weil der apriori auf alle Menschen ausgedehnte Brüderbegriff der Aufklärung leer und nichtssagend ist, stellt sich die Frage: Muß nicht jedes Ethos, »um realisierbar zu sein, irgendeine Form von Zweizonigkeit aufweisen? Bedarf es vielleicht grundsätzlich eines inneren Ringes, um so und nur so das Ganze bewältigen zu können?«[288] Für das jüdische und das christliche Ethos jedenfalls ist die Unterscheidung zwischen Brüdern und Nicht-

[286] Ratzinger reflektiert in seiner Promotionsschrift (vgl. Volk und Haus Gottes, 216–218.293–295.296–309) das Verhältnis von Grenze und Universalität der Kirche und fragt in seiner Habilitationsschrift (vgl. Geschichtstheologie, 119f. 146–148), wie sich die These von der Erfüllung aller Zeit in Jesus Christus zur Zeit der Kirche verhält.

[287] Vgl. Volk und Haus Gottes, 210.216–218.293–309.

[288] Die christliche Brüderlichkeit, 28.

brüdern gerade deshalb konstitutiv, weil Judentum und Christentum einen universalen Anspruch (auf alle Menschen aller Zeiten) erheben. Ratzinger sieht »die erregende Paradoxie« der alttestamentlichen Religion darin, »daß Israel den Weltgott zum Nationalgott hat, daß der Nationalgott Israels gar kein Nationalgott, sondern eben der nichtnationale Universalgott«[289] ist. Die alttestamentliche Prophetie geißelt alle Versuche Israels, sich in den Innenraum der eigenen nationalen Bruderschaft einzuschließen; denn der Gott Israels ist identisch mit dem Schöpfer aller Völker. Und doch verbieten auch die Propheten ihrem Volk nicht, von Jahwe als von »seinem« Gott zu sprechen; denn nur Israel ist das von Jahwe »aus allen Völkern *erwählte* Volk«. Diese Erwählung ist Gnade und wird in ihr Gegenteil (in Sünde) pervertiert, wenn sie als die von anderen Völkern unterscheidende Leistung Israels deklariert wird. Wo die frühjüdische These vorherrscht, Gott habe allen Völkern die Tora angeboten, aber nur Israel habe sie angenommen und sei *dadurch* das einzige Volk Gottes geworden, erscheint die Erwählung als Aussonderung und nicht mehr als eine Gnade, die Israel zur Erfüllung einer universalen Sendung für die nichterwählten Völker empfängt. Zwar ist im AT das äußere Kriterium der Religions- und Volkszugehörigkeit entscheidend für die Grenze des Bruderbegriffs; aber in vielen Aussagen der Propheten wird bereits zwischen einer bloß äußeren und einer auch existentiell gelebten Zugehörigkeit zum auserwählten Volk unterschieden. Das Kriterium verlagert sich gleichsam nach innen: *eigentlicher* Bruder ist nur, wer über die äußere Zugehörigkeit zum Volk Israel hinaus beiden Tafeln des Sinaibundes treu ist, d.h. in Gemeinschaft mit Jahwe und in Solidarität mit seinen Brüdern lebt. Christus benennt das innere als alleiniges Kriterium der Zugehörigkeit zum Volke Gottes; denn er sagt ganz allgemein: »Wer den Willen Gottes tut, der ist mir Bruder, Schwester und Mutter.« (Mk 3,35). Wenn er seine Jünger Brüder nennt, dann könnte man darin zunächst die Übernahme der rabbinischen Bezeichnung von Schülern als Brüder sehen. Aber abgesehen davon, daß die Jünger Jesu nicht nur vorübergehend Jünger sind, um dann selbst Rabbi zu werden (Mt 23,8: »Ihr sollt euch nicht ›Rabbi‹ nennen lassen, denn Einer ist euer Meister, ihr alle aber seid Brüder.«), wählt Jesus zwölf Jünger aus und setzt sie in Parallele zu den zwölf Söhnen Jakobs. Damit ist überdeutlich: Die Bruderschaft der Zwölf entspricht nicht einem rabbinischen Schülerkreis, sondern dem Volk Israel; und die Zwölf sind nicht nur Repräsentanten (Dar-steller), sondern Stellvertreter (Er-steller) eines neuen Israel. Ihre Erwählung ist nicht bloßes Symbol oder persönliche Auszeichnung, sondern konstitutiv für die Gründung und Bildung der Kirche. Ratzinger formuliert als ekklesiologisches Grundgesetz, daß niemand durch, mit und in Christus Gott seinen Vater nennen kann, wenn er nicht zugleich Mitglied der Bruderschaft Christi

[289] Ebd. 15.

ist. In diese aber tritt er *niemals* direkt (unvermittelt), sondern nur durch das Für-Sein (Stellvertretung) der Brüder. Wer Bruder Christi wird, ist eo ipso auch Bruder aller derer, die schon durch Taufe und Eucharistie Christus »ein-verleibt« sind. Allerdings bleibt er nur so lange lebendiger Bruder Christi, als er sein Brudersein als »Erwählung für die Nichterwählten« versteht. So wie der Mensch Jesus nicht »für sich«, sondern bis zur Konsequenz des Kreuzes »für die anderen« zur innigsten Gemeinschaft mit Gott erwählt wurde, so gilt auch für alle, die durch, mit und in Jesus Christus zur Gemeinschaft mit Gott erwählt sind: »Immer ist der Erwählte auch um des Nichterwählten willen erwählt und hat dessen Nichterwählung in seinem Schicksal stellvertretend zu tragen, so daß in Wahrheit der Nichterwählte der Erwählte und der Erwählte der Nichterwählte ist«[290]. Ratzinger erinnert an Karl Barths Darstellung der Erwählung Jesu: Der Erwählte tritt so an die Stelle der Nichterwählten, daß es zu einem wirklichen Tausch kommt: Er wird der Verworfene, und die auf Grund ihrer Sünde Verworfenen werden zu Erwählten[291]. Aber während Barth die Erwählung der an Christus Glaubenden nur als »dankende Bezeugung« der Stellvertretung Christi beschreibt[292], spricht Ratzinger von einem wirklichen »Mit-stellvertreten« aller Gläubigen. Zwar stellt Barth zwischen die Erwählung Jesu Christi und die Erwählung des Einzelnen diejenige des Volkes Gottes (der Kirche), bezeichnet aber ausschließlich Christus als Stellvertreter und die Sendungen der Kirche als »Christus bezeugende Gnade«[293]. Ratzinger dagegen nennt die Kirche als ganze »Trägerin jener stellvertretenden Erwählung, deren höchste Sendung darin besteht, stellvertretende Verwerfung zu werden«[294]. Er spricht von einem »kühnen Zutrauen Gottes zu uns«, weil er uns so in die Stellvertretung Christi einbezieht, daß unsere je spezifische Sendung bzw. Stellvertretung konstitutiv ist für das Heil der Welt. So wird deutlich, daß die Grenzen der christlichen Bruderschaft nur eins bedeuten dürfen: je mehr Geschlossenheit nach innen, desto mehr Einheit mit Christus und also mehr Für-Sein (Stellvertretung) für die anderen. »Die Kirche muß sich … zu einer starken inneren Brüderschaft vereinigen, um wirklich *›ein‹* Bruder zu sein. Aber sie will nicht *›ein‹*

[290] Ebd. 105.
[291] Vgl. KD II/2, 175–191.375–453. – Vgl. Ratzingers allgemeine Bewertung der Barthschen Dialektik in: Glaube und Zukunft, 73–79.
[292] Vgl. ebd. 456f.
[293] Gegen Barths These, Gnade könne nicht Fortsetzung und Vollendung des Menschen, sondern nur Abbruch, Paradox und Durchkreuzung sein, stellt Ratzinger seine im Anschluß an Przywaras Spätwerk »Alter und Neuer Bund« (Wien 1956) entwickelte These, daß Gnade als Kreuz der Natur deren eigene Vollendung ist (vgl. Dogma und Verkündigung, 165–167.178–181). Schöpfung und Gnade besagen nach Ratzinger, daß der Mensch wesentlich »verwiesen« ist und sich selbst nur im Transzendieren seiner selbst gewinnen kann. Aber diese Verwiesenheit ist gerade nicht Verminderung des Eigenen durch die Konkurrenz des anderen, sondern … konstituiert … das Eigene als Eigenes und befreit es« (Konsequenzen des Schöpfungsglaubens, 17f).
[294] Die christliche Brüderlichkeit, 107.

Bruder werden, um sich endgültig von den anderen abzuschließen und zu trennen, sondern weil sie nur so wirksam ihre Aufgabe für den ›anderen Bruder‹[295] erfüllen kann, für den dazusein der tiefste Sinn ihrer Existenz ist, die selbst ganz in der stellvertretenden Existenz Jesu Christi gründet.«[296] Ratzinger verweist nochmals auf die Auswahl der Zwölf aus dem weiteren Jüngerkreis und auf die Tradition der Ordensgemeinschaften: Immer ist christlich gesehen die Grenzziehung einer Bruderschaft nur dann legitim, wenn sie sich als effektiveres Für-Sein für den »anderen Bruder« erweist. Das gilt auch für die Bruderschaft der kirchlichen Amtsträger: Sie darf nur Unterscheidung *von* »den anderen« sein, wenn diese Unterscheidung selbst Stellvertretung *für* »die anderen« ist[297]. Darin sieht Ratzinger mit Ernst Wolf[298] das Spezifikum des Christentums schlechthin: daß es Krisis aller Grenzziehungen, Krisis aller Kulturen, Ideologien und Religionen ist, weil seine Identität nicht in einer Grenzziehung, sondern in einer Bruderschaft liegt, deren einziger Sinn die Aufhebung der eigenen Grenzen durch Stellvertretung ist[299].

b) »Communio durch Stellvertretung« als Prinzip der biblischen Heilsgeschichte

Ratzinger ist überzeugt, daß »neutestamentliche Theologie zuerst und zumeist eine Theologie der Stellvertretung«[300] ist, und daß sich schon der alttestamentliche Stellvertretungsgedanke von seinem religionsgeschichtlichen Umfeld radikal unterscheidet[301]. Gestützt auf die Arbeiten Josef Scharberts zur Heilsmittlerschaft im Alten Testament und im Alten Orient vergleicht Ratzinger die sogenannten *sarpûhi* (= Ersatzkönig)- und *salampûhi* (= Ersatzbild)-Texte in hethitischen, babylonischen und assyrischen Quellen mit den zahlreichen Stellen des AT, in denen eine oder wenige Personen für das Ganze der Sippe, des Stammes oder Volkes Heil vermitteln. Wenn zum Beispiel ein Ersatzkönig den zürnenden Göttern statt des wirklichen Königs zur Verfügung gestellt wird, ist das Ziel zwar die Abwendung von Unheil nicht nur vom König, sondern auch von dessen ganzem Volk. Aber dies geschieht nicht durch die

[295] Ratzinger verweist auf die Gerichtsrede in Mt 25 und bemerkt: »Wenn damit deutlich ist, daß für den Christen letztlich nun doch jeder Mensch ›Bruder‹ ist – als der ›andere Bruder‹ oder als der, mit dem man zur Einheit des ›einen Bruders‹ zusammengefügt ist –, so steht natürlich, unbeschadet der primär christologischen Fundierung dieser Doppelbruderschaft, nach wie vor die schon beim AT aufgezeigte gemeinsame Vaterschaft Gottes im Hintergrund.« (Ebd. 109[63]).

[296] Ebd. 108.

[297] Vgl. Zur Frage nach dem Sinn des priesterlichen Dienstes, 363.

[298] Vgl. E. Wolf, Christentum, 1705.

[299] Vgl. Die christliche Brüderlichkeit, 87; Das neue Volk Gottes, 302–305.355–357; Die Einheit der Nationen, 51f.64–66.75f.78.101.106; Zeitfragen und christlicher Glaube, 28–32.75–81; Kirche, Ökumene, Politik, 41–44.

[300] Stellvertretung, 569.

[301] Vgl. SS. 38–41.

Stellvertretung des Königs für sein Volk, sondern im Gegenteil durch ein willkürlich ausgewähltes Opfer, das als magischer Ersatz das dem König zugedachte Unheil auf sich ziehen und so von ihm und seinem Volk ablenken soll. Ratzinger spricht von einem tiefen Graben zwischen solcher magischen Ersatzhandlung und dem biblischen Stellvertretungsgedanken. Dabei denkt er nicht nur an Erzählungen wie die von Abraham, wie er mit Jahwe um das Schicksal Sodoms ringt und dabei letztlich sich selbst (seine Freundschaft mit Gott) in die Waagschale legt, um die bedrohte Stadt dem Unheil zu entreißen (Gen 18,20ff). Wo immer alttestamentliche Könige, Priester und Propheten im Sinne gemeinorientalischer Vorstellungen als Korporativpersonen auftreten, ist ihr Handeln nie einfach Ersatz für das Nichthandeln der von ihnen verkörperten Gemeinschaft, sondern ein die Vertretenen zu deren Selbstsein befähigendes Für-Sein. Ratzinger beschreibt die alttestamentliche Stellvertretung als unbedingt personale Beziehung zwischen dem (den) Vertretenden und dem (den) Vertretenen. Er sieht wie Balthasar im deuterojesajanischen Gottesknecht den Höhepunkt der alttestamentlichen Heilsgeschichte und ist überzeugt, »daß die älteste Jerusalemer Christologie Gottesknechtschristologie war«[302]. Er interpretiert das mit der Taufe Jesu verbundene Wort »Du bist mein geliebter Sohn, an dir habe ich Wohlgefallen!« (Mk 1,11 par) als Hinweis auf Jes 42,1 und damit als Programm des gesamten Weges bis ans Kreuz. »Die anderen«, so bemerkt er, »gehen zur Taufe, um Buße für ihre Sünden zu tun. Jesus, der Sündenlose, kann diesen Sinn mit der Taufe nicht verbinden; wenn er ... zur Taufe geht, tut er es nicht für sich selbst, sondern für die anderen, er tritt in das Schicksal der anderen ein und vollzieht damit symbolhaft, was fortan der Inhalt seiner ganzen Existenz sein wird: die Schicksalsgemeinschaft mit den Sündern, das Stehen an ihrer Statt.«[303] Ratzinger erkennt in den Abendmahlsworten Jesu (Mk 14,23 par; vgl. Mk 10,45) das »für die Vielen« (Jes 53,12) der Gottesknechtlieder[304] und beschreibt die Einsetzung der Eucharistie als Einstiftung des Geheimnisses der Stellvertretung in die Kirche. Diese lebt »zunächst einmal ... ganz und gar vom Stellvertretungsdienst des Herrn«; aber sie empfängt ihn auch »als das Grundgesetz ihres eigenen Seins«[305].

In Röm 9–11 entdeckt Ratzinger den Entwurf einer Geschichtstheologie, die mittels des Prinzips »Stellvertretung« alle Völker aller Zeiten in die biblische Heilsgeschichte einbezieht. Indem Paulus nicht nur das Leiden des exilierten und geknechteten Israel, sondern auch das Versagen des auserwählten Volkes zum integrierenden Bestandteil der Erwählung bzw. Stellvertretung erklärt, wird Schuld zur »felix culpa«,

[302] Stellvertretung, 569.
[303] Ebd.
[304] Vgl. Ist die Eucharistie ein Opfer?, 302.
[305] Stellvertretung, 569f. – Vgl. Ist die Eucharistie ein Opfer?, 303; Eucharistie – Mitte der Kirche, 42; Das Fest des Glaubens, 59.61–63; Theologische Prinzipienlehre, 295f.

zum Anlaß des »Platztausches« zwischen Israel und den Heidenvölkern, und so zum Anlaß der kühnen Frage: »Wenn der Fall Israels die Versöhnung der Welt bedeutete, muß dann nicht Israels Annahme die Auferstehung der Toten bedeuten?« (Röm 11,15). Ratzinger verweist auf Karl Barths Darstellung[306] des Verhältnisses von Isaak und Ismael, von Jakob und Esau, von Ephraim und Manasse, und auf Jesu Erzählung von den zwei Söhnen des barmherzigen Vaters in Lk 15[307]. Doch die Heilsgeschichte verläuft nicht im Sinne einer notwendigen Abfolge von Erwählung und Verwerfung[308]. Von Israel aus betrachtet wäre es vermessen und übelster Fatalismus, das eigene Versagen als notwendiges Element der Heilsvermittlung an die Heiden zu interpretieren; aber durch Christi Stellvertretung kann auch die Folge von Schuld in Heil verwandelt werden. Durch, mit und in Christus kann alles Gnade, konkret: inklusive Stellvertretung werden, sogar Israels Verwerfung. In Christus wird die Grenze zwischen Juden und Heiden nicht neu definiert, sondern überwunden. Mit dem Ereignis von Kreuz und Auferstehung kann jeder – ob Jude oder Heide – zum auserwählten Volk gehören, wenn er den alten Menschen (den alten Adam des sündigen Für-sich-Seins) auszieht und den neuen Menschen (den neuen Adam des christusförmigen »Für-die-anderen-Seins«) anzieht (Röm 5,12–21; 1 Kor 15,45–49). In Christus gibt es Erwählung nur noch als Stellvertretung zur Ermöglichung der Communio auch mit denen, die noch nicht zur eucharistischen Gemeinschaft gehören. Paulus selbst bittet den Herrn, um »der anderen Brüder willen«, wenn es denn helfen sollte, verstoßen zu werden (Röm 9,3); und er versteht seine Leiden in der Gefangenschaft als Mit-Stellvertretung mit Christus (Kol 1,24). Wie Balthasar verweist Ratzinger auf den johanneischen Sendungsbegriff, der beides zugleich ausdrückt: die Einmaligkeit der Stellvertretung Jesu Christi und die je spezifische Teilnahme jedes einzelnen Gläubigen an dieser Stellvertretung.

c) Die Sakramentalität der Kirche als Instrument der Stellvertretung Christi

Vor dem geschilderten Hintergrund wird deutlich, daß Stellvertretung schon im Alten und erst recht im Neuen Testament immer *Gemeinschaft (Communio)* stiftet zwischen dem (den) Vertretenden und dem (den) Vertretenen, wohingegen jegliche Form von Magie auf der *Ausgrenzung* des »Stellvertreters« als Ersatzperson oder Ersatzbild beruht. Nach Ratzinger impliziert Stellvertretung immer auch das Moment der *vorläufigen* Abgrenzung, ist aber niemals damit identisch. Die Abgrenzung der durch Taufe und Eucharistie verbundenen »Bruderschaft« von allen

306 Vgl. KD II/2, 391–393.
307 Vgl. Die christliche Brüderlichkeit, 104–107; Stellvertretung, 570f.
308 Vgl. Das neue Volk Gottes, 338[15].

nicht an Christus Glaubenden ist im oben beschriebenen Sinn *nicht gegen* »den anderen Bruder« gerichtet, *sondern* im Gegenteil »Zeichen« *für* ihn. Es gehört zum Wesen der Kirche, »daß sie in der Nachfolge Christi, des ›Einen‹, die Schar der ›Wenigen‹ darstellt, durch die Gott ›die Vielen‹ retten will«, daß anders gesagt ihr Dienst »zwar nicht *von* allen, wohl aber *für* alle getan«[309] wird. Aus diesem Prinzip leitet Ratzinger beides zugleich ab: die Notwendigkeit einer Art erneuerter Arkandisziplin nach innen und verstärkter Mission nach außen. Er fordert als unbedingte Voraussetzung für den Empfang der Sakramente einen lebendigen Glauben und verlangt angesichts des Neuheidentums der sogenannten Taufscheinchristen den Mut zur »Selbstabgrenzung ..., wenn nötig zur kleinen Herde hin«. Er will keinen Zaun für den Schrebergarten einer »heiligen Elite«, sondern Kirche im Sinne des Vaticanum II als »sacramentum mundi«. Er bezeichnet das Sakrament als die Stelle, »wo die Kirche sich gegen die Nichtkirche abschließt und abschließen muß«, und das Wort als »die Art und Weise, mit der sie die offene Geste der Einladung zum Gottesmahl weiterführt«[310].

Wenn die Kirche einseitig als »Volk« und nicht auch als Sakrament verstanden wird, liegt die Versuchung nahe, ihr Wesen und ihre Rechtsordnung vornehmlich nach soziologischen und politischen Gesichtspunkten definieren und also eine antihierarchische und antisakrale Kirche »machen« zu wollen[311]. Im Neuen Testament wird die Kirche nicht einfach »Volk Gottes«, sondern »ecclesia« (von Christus gerufenes Volk)[312] und von Paulus mit Vorliebe »Leib Christi« genannt[313]. Deshalb, so Ratzinger, kann das Nicht-Volk der Christen Gottes Volk nur sein durch Sakramentalität: durch die Befähigung, in Christus die Welt zur Communio (zur Gemeinschaft mit dem communialen [trinitarischen] Gott und zur Gemeinschaft aller Menschen miteinander) zu führen[314].

Die Kirche ist *nur als Sakrament Christi* Volk Gottes, weil sie zu Christus in einem doppelten Stellvertretungsverhältnis steht. Christus ist die Korporativpersönlichkeit par excellence; er repräsentiert die Kirche nicht nur, sondern tritt so an ihre Stelle, daß diese allein durch ihn, mit ihm

309 Ebd.

310 Das neue Volk Gottes, 331. – Ratzinger verweist auf den Zusammenhang zwischen den Begriffen »Mysterium« und »Sakrament« (vgl. Zum Begriff des Sakramentes, 13–15).

311 Ratzinger verweist auf die oft allzu einseitige Rezeption des Volk-Gottes-Begriffs in weiten Teilen der nachkonziliaren Ekklesiologie (vgl. Theologische Prinzipienlehre, 47; Politik und Erlösung, 12–15; Kirche, Ökumene, Politik, 28–34).

312 Vgl. Das neue Volk Gottes, 96f.108.

313 Vgl. ebd. 80–85.

314 »Kirche ist Communio; sie ist das Kommunizieren Gottes mit den Menschen in Christus und so der Menschen untereinander und damit Sakrament, Zeichen und Werkzeug des Heils.« (Theologische Prinzipienlehre, 55). – Vgl. Kirche, Ökumene, Politik, 26f. – Dazu: G. Nachtwei, Dialogische Unsterblichkeit, 59–64.

und in ihm sie selber ist. Christus identifiziert[315] sich so mit allen auf seinen Namen Getauften, daß seinen Leib empfangen gleichzeitig bedeutet: seine Brüder und Schwestern empfangen, »die *auch* sein Leib sind und in der Eucharistie es immer neu werden sollen«[316]. Aber diese katabatische Stellvertretung hat im Sinne der Urbild-Abbild-Dialektik auch eine anabatische Dimension. Denn Christus tritt so an die Stelle der Kirche, daß diese nicht nur durch ihn sie selber ist, sondern auch so, daß er nur durch, in und mit der Kirche Gnade ist. Die Kirche ist mystischer Leib *und* Sakrament Christi. Communio mit Christus bedeutet zugleich Communio mit der Kirche, und zwar so, daß die Einheit der Eucharistie feiernden Gemeinden untereinander nicht eine äußere Zutat zur Gegenwart Christi in jeder Einzelgemeinde, sondern für diese Gegenwart konstitutiv ist[317].

Mit der Bezeichnung der Kirche als »Grundsakrament« beantwortet Ratzinger die Frage, wie das stellvertretende Erlösungswerk Christi die Menschen aller Zeiten zu erreichen vermag. Jedes der vier ekklesialen Wesensmerkmale (Einheit, Heiligkeit, Katholizität, Apostolizität) ist Ausdruck für die Inklusion der Kirche in die Stellvertretung Jesu Christi.

– Die beiden ersten »notiones ecclesiae«, Einheit und Heiligkeit, sind nach Ratzinger nicht statisch, sondern dynamisch zu verstehen. Die *Einheit* der Kirche besteht im missionarischen Für-Sein derer, die schon

[315] In einem gesellschaftskritischen Beitrag zum Thema »Identität und Identitätsfindung« (Identifikation mit der Kirche, 32–34) reflektiert Ratzinger Christi Stellvertretung mittels der Begriffe »Identität« und »Identifikation« Er fragt: Ist das überhaupt denkbar, daß *Gott* sich in Christus mit dem *Menschen* im ontologischen Sinn des Wortes »identifiziert«? Und er antwortet: »Spekulativ betrachtet muß ... die Antwort Nein heißen: Finitum non capax infiniti (das Endliche ist nicht aufnahmefähig für das Unendliche) – die antike Philosophie hat die Gründe für das Nein, die Gründe der menschlichen Verzweiflung, präzis formuliert. Das Christus-Bekenntnis der Kirche sagt nun aber genau dies: Gott *hat* sich identifiziert, also *kann* er es. Wenn das wahr ist, ist die Verzweiflung des Menschen auflösbar; darin beruht die weltgeschichtliche Spannung der Christologie. Das bedeutet freilich auch umgekehrt, daß jede Christologie, die unterhalb des Identifikationssatzes bleibt, nicht wirkliche Identifikation Gottes mit dem Menschen zum Inhalt hat, anthropologisch und weltgeschichtlich uninteressant ist. Leben und Tod Christi bedeuten für den Glauben, daß Gott das spekulativ Unmögliche, die Identifikation mit dem Menschen, vollzogen hat, indem er auch das Gegengöttliche des Menschen, sein Finitum: den Tod, an sich nahm.« – Ratzinger nennt zwei Konsequenzen dieser als Identifikation beschriebenen Stellvertretung: 1. Nur wenn die »katabatische« Stellvertretung Christi reale Identifikation mit dem Menschen in allen seinen Dimensionen ist, impliziert sie auch eine anabatische Dimension. Denn nur dann »darf gesagt werden: Identifikation des Menschen mit Gott ist in der Identifikation mit Christus möglich, weil Gott sich in ihm selbst mit dem Menschen identifiziert hat«. – 2. Und nur wenn Gott sich in Christus so mit jedem einzelnen Sünder identifiziert hat, daß er befähigt wird, sich seinerseits mit Christus zu identifizieren, kann die Communio entstehen, die Paulus mit der Identifikationsformel bezeichnet: »Ihr alle seid *Einer* in Christus Jesus.« (Gal 3,28).

[316] Ebd. 19. – Vgl. Das neue Volk Gottes, 97.

[317] Vgl. Das neue Volk Gottes, 116f; Eucharistie – Mitte der Kirche, 30f.

Glieder des Leibes Christi sind, für die anderen, die es noch nicht sind[318]; und die *Heiligkeit* der Kirche ist das stete Überwinden des Geschehens von Babylon durch das Geschehen von Pfingsten im Hintreten derer, die in Communio mit Christus und seiner »Bruderschaft« stehen, an die Stelle derer, die Gefangene des Für-sich-Seins (der isolierenden und trennenden Macht der Sünde) sind[319].

– Das dritte und das vierte Kirchenattribut verhalten sich zum ersten und zweiten wie das Mittel zum Ziel[320]. Aber nicht nur das Ziel (Einheit und Heiligkeit), sondern auch die Mittel (Katholizität und Apostolizität) lassen sich nach Ratzinger mit dem Strukturprinzip »Stellvertretung« erklären. Denn *Katholizität* bedeutet ein doppeltes Stellvertretungsverhältnis: Nur indem die »Teilkirche« zur »Stelle« der Gesamtkirche wird, ist die Gesamtkirche Realität[321]; und umgekehrt: nur indem die Gesamtkirche gleichsam »an die Stelle« der einzelnen »Teilkirche«[322] tritt, ist

[318] Ratzinger verweist auf die von uns in Kap. I, (SS. 58ff) erläuterten Zusammenhänge des sakramentalen Denkens mit dem Stellvertretungsbegriff (vgl. ebd. 83.99.284f). Er hält die von der Enzyklika »Mystici Corporis« ausgesprochene Gleichsetzung des *corpus Christi mysticum* mit der römisch-katholischen Kirche nur dann für berechtigt, wenn damit im patristischen Sinn »die sakramentale Gemeinschaft der untereinander im Leibe Christi Kommunizierenden« (ebd. 100; vgl. ebd. 229–235) ausgesagt wird. Denn als Sakrament ist der Leib nicht Abgrenzung, sondern Zeichen und Mittel für die Vereinigung auch »der anderen« mit Christus (vgl. ebd. 238–245). Wenn aber mit dem Begriff *»corpus Christi mysticum«* nur der sichtbare Leib im körperschaftlich-juristischen Sinne (Theologie des 13. Jhs.) oder nur der unsichtbare Leib (der mystische Organismus) im Sinne der romantischen Theologie des 19. Jhs. bezeichnet wird, muß die besagte Gleichsetzung der Enzyklika falsch sein.

[319] Heiligkeit ist keine Substanz, sondern eine doppelte Relation; jeder Gläubige bleibt als Sünder angewiesen auf die Stellvertretung Christi und »ist« nur in dem Maße heilig, in dem er selbst zum Stellvertreter wird und also weitergibt, was er empfangen hat. Anders gesagt: Die Heiligkeit jedes einzelnen Christen und der Kirche insgesamt ist als viatorisches Ausgestrecktsein zwischen der Angewiesenheit auf Christus und der Verantwortung für »den anderen Bruder« Stellvertretung. »An dieser Stelle wird ... die Wahrheit sichtbar, die hinter der altkirchlichen Bußdisziplin, so fragwürdig sie in vielem sein mochte, stand, daß nämlich Sünde und Begnadigung nicht eine Sache des einzelnen sind, sondern daß die ganze Kirche mitleidet und mitliebt, mitbetet und mitträgt.« (Ebd. 244). – Vgl. ebd. 104.255–257; Einführung ins Christentum, 283–287.

[320] Vgl. Einführung ins Christentum, 287f; Das neue Volk Gottes, 206.

[321] Mit Verweis auf Ludwig Hertling (Communio und Primat) und Henri de Lubac (Glauben aus der Liebe) schildert Ratzinger die wechselseitige Stellvertretung zwischen Gesamt- und Ortskirche als konstituierende Voraussetzung der Communio-Briefe, die zwischen den Bischöfen der Ortskirchen ausgetauscht wurden, und Rom, der Stadt der Apostelfürsten Petrus und Paulus, »den Vorsitz in der Gesamt-Communio der Kirche« (Das neue Volk Gottes, 88) zusprechen. Vgl. ebd. 116f.123f.179f.205f.220f; Theologische Prinzipienlehre, 322f.

[322] Zur terminologischen Unterscheidung des Vatikanum II zwischen »Gesamtkirche« bzw. »Ecclesia universalis« (die ganze katholische Kirche einschließlich der unterschiedlichen Ritusfamilien), »Ortskirche« bzw. »Ecclesia localis« (das Patriarchat bzw. die Ritusfamilie), »Teilkirche« bzw. »Ecclesia particularis« (die einem Bischof zugeordnete Gemeinschaft von Gläubigen: Diözese) und »rechtmäßiger Ortsgemeinschaft« bzw. »legitima fidelium congregatio localis« (die mit dem rechtmäßigen Bischof verbundene Altargemeinschaft) vgl. Theologische Prinzipienlehre, 304f.

diese wirklich[323]. Dies zeigt sich in jeder örtlichen Altargemeinschaft, die nur dann wirkliche eucharistische Gemeinschaft ist, wenn ihr ein Priester vorsteht, der in rechtmäßiger Gemeinschaft mit einem rechtmäßigen (in Communio mit dem Kollegium der Bischöfe befindlichen) Bischof steht. »Das Einssein mit den anderen ist die innere Grundlage der Eucharistie, ohne die sie nicht zustande kommt. Eucharistie feiern heißt in die Einheit der Gesamtkirche – nämlich des einen Herrn und seines einen Leibes – hineintreten.«[324] Das Kriterium für diese Gesamtkirchlichkeit der »congregatio localis« ist die »successio apostolica«. Der Inhalt der Katholizität ist die Apostolizität; und umgekehrt: Die Katholizität ist Bedingung der Apostolizität. Deshalb bedeutet nicht nur die Katholizität der Kirche, sondern auch ihre *Apostolizität* ein doppel-seitiges Stellvertretungsverhältnis: nämlich zwischen dem Kollegium und dem einzelnen Inhaber des Apostel- bzw. Bischofsamtes[325]. Schon die Vorschrift, daß die Konsekratoren einer Bischofsweihe ein Kollegium bilden, macht deutlich, daß der einzelne Bischof sich der Stellvertretung des Kollegiums verdankt[326]. Aber umgekehrt gilt auch: Nur indem der einzelne Bischof an die Stelle des Kollegiums tritt (gleichsam zur »Stelle« des Kollegiums wird), ist das Kollegium eine eigene Realität und keine bloße Summe seiner Mitglieder[327].

d) Petrinische und Marianische Stellvertretung als Kriterien kirchlicher Communio

Weil der Papst das Kollegium der Bischöfe nicht ersetzt, sondern im Gegenteil so dessen »Stelle« ist, daß das Kollegium nicht ohne ihn, aber er auch nicht ohne das Kollegium denkbar ist, sieht Ratzinger im Petrusamt nicht die Aufhebung, sondern die Garantie der Kollegialität des Bischofsamtes. Nur wenn Christus das Kollegium der Zwölf und deren Nachfolger, der Bischöfe, von vornherein so wollte, daß ihr Kollegium nicht ohne autoritative Spitze (Petrus) und die autoritative Spitze (Petrus) nicht ohne das Kollegium gedacht werden kann, ist das Kollegium keine bloß nachträgliche Schöpfung der einzelnen Bischöfe; Papst und Bischofskollegium stehen in einem doppelseitigen Stellvertretungsverhältnis[328].

323 Vgl. Das neue Volk Gottes, 108.123.179f.205f; Auf Christus schauen, 41.

324 Theologische Prinzipienlehre, 308. – Vgl. Zur Frage nach dem Sinn des priesterlichen Dienstes, 367f.

325 Vgl. Das neue Volk Gottes, 109.163f.

326 Vgl. ebd. 116f.204.213.

327 »Indem er der Einheit der Kommunion in der Kirche dient und das Kommunizieren der Einzelkirche mit den anderen Bischofskirchen und zuoberst mit der Kirche von Rom besorgt, dient der Bischof einem Wesenserfordernis der Kommunion selbst, die als das Band der Einheit vom Herrn gewollt ist und nur, wenn sie als solches vollzogen wird, ihre innere Legitimität behält. So wird aber gerade die Bischofsweihe zu der Stelle, an der sich Sakrament und Recht, Kollegialität der Amtsträger und Einheit der Gesamtkirche unlöslich durchdringen.« (Ebd. 178).

328 Vgl. Primat, Episkopat und successio apostolica, 57f; Der Primat des Papstes und die Einheit

Das Spezifische des Petrusamtes liegt nicht, wie der Titel »vicarius Christi« vermuten läßt, in der Stellvertretung Christi, sondern in der Stellvertretung des Bischofskollegiums, näherhin in der Vollmacht, als Garant der Tradition und Einheit »an Stelle« aller Bischöfe sprechen zu können – freilich nicht im Sinne »ersetzender« (pervertierter) Stellvertretung, sondern so, daß das Kollegium als solches »gesetzt« (in sein Eigensein freigegeben) wird. Ratzinger bestreitet nicht, daß diese Vollmacht auch ein ungeheurer Anspruch an den jeweiligen Amtsträger ist, Christus ähnlich zu werden. Aber dies ist die subjektive Seite des Amtes. Wer zum Papst erwählt wird, erhält nicht nur objektive Vollmachten, sondern wird auch auf besonders deutliche Weise gerufen, die Stellvertretung Christi mitzuvollziehen. Was »den Vicarius als Stellvertreter Christi ausweist«, ist deshalb die »martyrologische Struktur des Primats«: sein Hineingebundensein (Joh 21) in den, »dessen Tod und Auferstehung zu bekennen sein ganzer Auftrag, seine persönliche Verantwortung ist«[329]. Ratzinger nennt den Titel »vicarius Christi« einen »zutiefst kreuzestheologischen Titel«[330] und bezeichnet die persönlich zu vollziehende Seite der petrinischen Stellvertretung auch als »marianische Komponente«. Denn in Maria »drückt sich am reinsten und am tiefsten das aus, ... was Erwählung ist«[331]: auf der einen Seite Gnade, Sendung, Bevollmächtigung; auf der anderen Seite reale Antwort, Entsprechung, inklusive Stellvertretung. Maria ist ganz und gar die Begnadete, aber als solche auch die ganz und gar Freie; als an Gott Enteignete wird sie sich selbst wahrhaft zu eigen; »Gnade als Enteignung wird zur Antwort als Übereignung«[332]. Deshalb darf man sagen: Maria *ist* inklusive Stellvertretung; nichts bleibt außerhalb ihres Ja-Worts; ihr Für-Sein ist von keiner Sünde (von keinem Für-sich-Sein) geteilt[333].

Gegen die Mariologie Karl Barths bemerkt Ratzinger: Weil Maria »ganz Antwort, Ent-sprechung ist, gibt es keine Möglichkeit, sie zu verstehen, wo Gnade nur als Widerspruch gelten darf – Antwort, reale Antwort des Geschöpfs als Leugnung der Gnade erscheint«[334]. Weil Maria der »heilige Rest Israels« ist, erfüllt sich durch ihre Stellvertretung (durch ihre »immakulate« Treue) der immer wieder gebrochene Bund doch noch: nämlich die leibliche und geistliche Empfängnis des erwarteten Gottesreiches in Israel. Wenn es wahr ist, daß der Blick des Alten Testaments immer auf den Augenblick hinzielt, »da alle Völker zum Berge Zion pilgern werden und Jerusalem Hauptstadt und Mitte einer

des Gottesvolkes, 178f; Das neue Volk Gottes, 168–170.177f.183–187.212.219; Kirche, Ökumene, Politik, 39f.74–78.

329 Kirche, Ökumene, Politik, 46.

330 Ebd. 47. – Vgl. Zur Frage nach dem Sinn des priesterlichen Dienstes, 358–360.

331 Die Tochter Zion, 22.

332 Ebd. 70.

333 Vgl. ebd. 79; Zur Lage des Glaubens, 109.

334 Die Tochter Zion, 64. – Vgl. Dogma und Verkündigung, 165f.178–181.

geeinten Menschheit sein wird«[335], dann ist Maria dieser Berg Zion[336]. Weil sie der ihr aufgetragenen Sendung (Erwählung) nichts entzieht, wird sie zum unüberbietbaren Urbild der Kirche. Oder anders gesagt: Wer auf Maria blickt, weiß, daß man nicht »für sich selbst«, sondern »für die anderen« erwählt wird, daß man überhaupt nur »für sich selbst« Christ sein kann, *indem* man es »für die anderen« ist, daß Kirche kein Selbstzweck, sondern Communio und als Communio »sacramentum mundi« ist.

e) Gelebte Stellvertretung als missionarische Vermittlung der kirchlichen mit der universalen Communio

Wer auf Maria blickt, weiß auch, daß Kirche nicht von Quantitäten, sondern von Qualitäten lebt. Ratzinger verweist auf die Arbeiten von Yves Congar, in denen das Prinzip der »pars pro toto«, der »Minderheit im Dienste einer Mehrheit«, als Kontinuum der Heilsgeschichte erscheint[337]. Er beschreibt das Verhältnis von Kirche und Welt[338] als Reflex dieses Prinzips. Aufgabe der Kirche »nach außen« ist es, »in der Nachfolge des einen, der die ganze Menschheit auf die Schultern genommen hat, die Schar der wenigen darzustellen, durch die Gott die vielen retten will«[339]. Ratzinger bekräftigt das Axiom »extra ecclesiam nulla salus«, *indem* er feststellt, »daß die christliche Ära, verglichen mit der gesamten Dauer der Menschheitsgeschichte, verschwindend kurz dasteht«, und »daß auch innerhalb der christlichen Ära selbst die Botschaft Christi nur einen Bruchteil der Welt erfaßt«[340]. Denn die Frage nach der Universalität des Heils löst er durch die Anwendung des »heilsgeschichtlichen Prinzips Stellvertretung« auf die Zeit der Kirche:

[335] Die Einheit der Nationen, 21. – Vgl. Der christliche Glaube und die Weltreligionen, 289–297.

[336] Vgl. Die Tochter Zion, 22f.

[337] Auch wenn Ratzinger wiederholt betont, daß »eigentliche« Stellvertretung immer eine Beziehung zwischen *Personen* ist, hält er eine »Vorschattung« oder »Prälusion« des heilsgeschichtlichen Prinzips in Gestalt einer »kosmischen Evolutionsregel« für denkbar. Er verweist auf das von Gustave Thibon formulierte »Grundgesetz«: »Jede einer anderen transzendente Ordnung kann sich dieser nur in der Gestalt eines unendlich Kleinen einfügen.« (Das neue Volk Gottes, 360). – Ratzinger verweist auf ein Beispiel der indischen Mythen. Dort wird erzählt, die Götter seien von den Dämonen überwältigt worden und hätten zusehen müssen, wie diese die Welt untereinander verteilten. Da hätten sie folgenden Ausweg ersonnen: Sie baten die Dämonen, ihnen so viel Land zu überlassen, wie der winzige Zwergenkörper Vishnus bedecken könne. Das gestatteten die Dämonen, ahnten aber nicht, daß Vishnu, der Zwerg, das Opfer ist, das die ganze Welt durchdringt. »Die winzige Wirklichkeit des Opfers, der stellvertretenden Liebe«, war es, die sich stärker erwies als alle Macht der Starken und »mit ihrer hilflosen Geringheit am Ende die Welt« durchdrang und verwandelte (Dogma und Verkündigung, 398f).

[338] Zur generellen Beschreibung dieses Verhältnisses: Der Christ und die Welt von heute, 146–151.157–160.

[339] Das neue Volk Gottes, 359.

[340] Stellvertretung, 574.

Kirche ist heilsnotwendig – nicht, weil nur ihre Mitglieder »gerettet« werden, sondern weil sich jede »Rettung« der Stellvertretung Christi und der von ihr untrennbaren Stellvertretung der Kirche verdankt. So gesehen ist das vorrangige Ziel der christlichen Mission nicht die »Rettung von Seelen«, sondern die intensive und extensive Stärkung der Stellvertretung (Sakramentalität) der Kirche[341].

Eine Kirche, die sich durch, mit und in Christus als ein Geflecht von Stellvertretungen für das Heil der ganzen Welt versteht, hegt gewiß nicht die alte Vorstellung, nur ein Christ könne selig werden, verfällt aber auch nicht der These, selbst jemand, der nichts von Christus wisse oder wissen wolle, dürfe auf Grund seines reinen Gewissens als »Wunschchrist« oder »anonymer Christ« gelten[342]. Christsein ist mehr als die sittliche Grundentscheidung des einzelnen; Christsein ist wesentlich auch Stellvertretung durch, mit und in Christus für »den anderen Bruder«. Ratzinger bezeichnet die »Bewegung des Sichöffnens für das Geschenk der stellvertretenden Liebe des Herrn« als Inbegriff des christlichen Glaubens und anerkennt gleichzeitig Vorschattungen dieses Glaubens[343] bei allen Nichtchristen. Allerdings würde der Verzicht auf die Mission nach dem Motto »Jeder, ob Moslem, Hindu, Jude, Marxist oder Christ, kann nach seiner Façon selig werden« das Entscheidende des christlichen Glaubens preisgeben: nämlich das Ziel der vollendeten Communio aller Menschen aller Orte und Zeiten. Der Universalismus des Christentums unterscheidet sich von dem des Judentums[344] durch seinen Missionsauftrag. »Würden einfach die vorhandenen Religionen und Weltanschauungssysteme als solche den Menschen retten, … so bliebe die Menschheit ewig in ihren Partikularismen eingeschlossen.«[345] Man kann nicht an Christus glauben, wenn man nicht überzeugt ist, daß es einen Ruf zur Überschreitung aller Partikularismen gibt und daß die Geschichte nur in einer Communio aller Menschen mit Christus zur Erfüllung gelangt. Aber christliche Mission ist als Stellvertretung der einen für die anderen das Gegenteil von Kolonialismus; denn der Stellvertreter will den von ihm Vertretenen nicht entmündigen, sondern im Gegenteil zu sich selbst befreien[346]. Ratzinger verschweigt nicht, daß die

[341] Vgl. ebd. 387.389.

[342] Vgl. Das neue Volk Gottes, 352f.

[343] Ratzinger spricht von einem »Glauben vor dem Glauben«, der die Haltung der »Armut im Geiste« ist, der Bereitschaft zur Aufgabe der Hybris, der Bereitschaft zur Negation der Selbstzufriedenheit und Selbstgerechtigkeit. Vgl. Das neue Volk Gottes, 355.

[344] Vgl. ebd. 371.

[345] Ebd. 356. – Vgl. Auf Christus schauen, 91f.

[346] »Mission kann nur sein, wenn die einzelnen Religionen ihren Anspruch auf Deckungsgleichheit mit einer bestimmten Gesellschaft oder Nation aufgeben und an die Stelle des gesellschaftlichen Zwanges einer bestimmten Religionszugehörigkeit das Grundprinzip der Freiheit des religiösen Bekenntnisses tritt. Die Religionsfreiheit ist nicht nur ein äußeres, sondern ein inneres Postulat der Mission; die missionarische Idee bedeutet zugleich die Bestreitung der Exklusivsetzung einer bestimmten Religion durch politische oder gesellschaftliche Zwangsmittel.« (Ebd. 396f).

Kirche in ihrer Geschichte oft genug der Versuchung erlegen ist, zu erzwingen, was sie *in Stellvertretung* hätte erhoffen, erbitten und vorleben müssen[347]. Aber man würde den christlichen Universalismus gründlich mißverstehen, wenn man ihn am Verhalten derer mäße, die ihn geradezu in sein Gegenteil pervertiert haben[348]. Nicht weil es nur einen Heilsweg gibt, sondern weil Stellvertretung durch, mit und in Christus immer schon Communio mit »dem anderen Bruder« ist, ist Christus *der* Weg, *die* Wahrheit und *das* Leben.

Wie schon erwähnt, wendet sich Ratzinger gegen eine Sakramentenpastoral, die vom Empfänger der Sakramente nicht mehr erwartet, daß er in seinem Leben selbst Sakrament des Heils »für den anderen Bruder« sein bzw. immer mehr werden will. Ratzinger sympathisiert mit Experimenten wie dem von seinem Schüler Ludwig Weimer theologisch untermauerten Versuch »integrierter Gemeinden«[349] – jedenfalls für den Fall, daß sie ihre strengen Postulate nach innen nicht als Abgrenzung nach außen, sondern als Ermöglichung einer missionarischen Stellvertretung »für den anderen Bruder« verstehen[350]. Communio mit Christus kann niemand »für sich« leben, sondern nur, indem er »das Martyrium des Guten« auf sich nimmt[351]. Christ sein heißt immer: auf je spezifische Weise gesandt sein; deshalb kann sich ein *Christ* nur *in* der Realisierung seiner Sendung »retten«, im beständigen Pascha des Übergangs aus dem Sein für sich ins Sein für »die anderen«[352]. »Keiner – so Ratzinger in einem Vortrag – »hat das Recht zu sagen: Siehe, es werden andere gerettet ohne den vollen Ernst des katholischen Glaubens, warum nicht auch ich?« Denn, so muß sich jeder fragen, woher weißt du denn, »daß der volle katholische Glaube nicht gerade deine sehr notwendige Sendung ist, die Gott dir auferlegt hat aus Gründen, um die du nicht markten sollst, weil sie zu den Dingen gehören, von denen Jesus sagt: Du kannst sie jetzt noch nicht verstehen, sondern erst später«[353]. Erwählung kann sehr unbequem sein und in die Einsamkeit des Nichtverstandenwerdens führen. Aber Untreue gegenüber der eigenen Sendung bzw.

[347] »In diesem Zusammenhang ist es von Interesse, sich daran zu erinnern, daß die alte Kirche nach dem Ende des apostolischen Zeitalters nur noch verhältnismäßig wenig direkte missionarische Aktivitäten als Kirche entwickelt hat, keine eigene Strategie der Glaubensverkündigung an die Heiden kannte und daß ihre Zeit trotzdem zur Periode des größten missionarischen Erfolgs wurde. Die Bekehrung der antiken Welt zum Christentum war nicht Ergebnis einer geplanten Aktivität der Kirche, sondern Frucht der Bewährung des Glaubens, wie sie im Leben der Christen und in der Gemeinschaft der Kirche sichtbar wurde.« (Auf Christus schauen, 38).

[348] Vgl. Das neue Volk Gottes, 374f.

[349] Vgl. L. Weimer, Die Lust an Gott und seiner Sache, bes. 5–7.516–529.

[350] Vgl. Das neue Volk Gottes, 328–332; Theologische Prinzipienlehre, 56.63f.314.

[351] Kirchliches Lehramt – Glaube – Moral, 56. – Vgl. Zeitfragen und christlicher Glaube, 35f.

[352] Ein Christ »wird gerettet, indem er daran mitwirkt, andere zu retten. Gerettet wird man gleichsam immer für die anderen und insofern auch durch die anderen« (Das neue Volk Gottes, 358).

[353] Ebd. 336. – Vgl. Vom Sinn des Christseins, 44f.

Berufung ist auf Dauer immer gleichbedeutend mit dem Verlust des aus selbstvergessener Liebe stammenden Glücks. Wer begriffen hat, was inklusive Stellvertretung ist, hört auf, sich mit anderen zu vergleichen oder nach dem Gewinn seiner Erwählung für das eigene Leben zu fragen. Er muß nicht verleugnen, daß es in mancher Hinsicht eine Last ist, konsequent Christ zu sein. Aber er wird auch die Freude[354] des selbstlosen Gebens erfahren; er wird sich nicht deshalb freuen, »weil er selbst gerettet, die anderen aber verworfen werden (das wäre die Haltung des neidischen Bruders und der Arbeiter der ersten Stunde), sondern weil *durch* ihn auch die anderen gerettet werden«. So ist Christsein »ein Appell an den Großmut des Menschen, an seine Hochherzigkeit, daß er bereit sei, mit Simon von Cyrene unter dem weltgeschichtlichen Kreuz Jesu Christi, unter der Last der ganzen Geschichte einherzugehen und so dem wahren Leben zu dienen«[355].

Das Ziel »der ganzen Geschichte«, die vollendete Communio aller Menschen aller Orte und Zeiten, hat keine Apokatastasislehre zur Konsequenz, weil – so Ratzinger – »die Zuwendung des aus der Kraft der Stellvertretung fließenden Heils nicht mechanisch erfolgt«, sondern auf seiten der Vertretenen »irgendeine Form der Offenheit und Bereitschaft verlangt, die bis ins einzelne zu bestimmen nicht Sache des Menschen sein kann«[356]. Von daher ist die seit dem 14. Jh. entwickelte Lehre von einem »Kirchenschatz« stellvertretend errungener Verdienste jedenfalls in dem Sinne abzulehnen, daß die Verdienste der Heiligen Reue und Umkehr der Sünder ersetzen[357]. Weil aber der einzelne Mensch nur »in den anderen, mit den anderen, durch die anderen«[358] er selber (Person) ist, bleibt das Verhalten der anderen ihm nicht äußerlich, sondern läßt sich im Negativen als Verhängnis der Erbsünde und im Positiven als Geschenk der Communio beschreiben. Für diese Communio – das ist der bleibende Sinn der Lehre vom »Kirchenschatz« – gibt es keine Todesgrenze. »Die Möglichkeiten des Helfens und des Schenkens ... umgreifen die ganze Communio sanctorum diesseits und jenseits der Todesschwelle.«[359] Aber von dieser Hilfe ist jede juridische oder quantitative Bemessung fernzuhalten. Wenn der Ausgleich von Schuld und

[354] Ratzinger bemerkt über den lautlosen Auszug unzähliger Menschen aus der nachkonziliaren Kirche: Dieser Auszug »hatte ja wohl gerade diesen Grund, daß man endlich der lästigen Grenzen ledig sein wollte, wo ja nun wirklich nicht nur *ein* Baum des Gartens, sondern nahezu alle seine Bäume verboten schienen ... Es sah so aus, als könne nur der Unglaube zur Freude befreien.« (Auf Christus schauen, 73). – Vgl. Vorfragen zu einer Theologie der Erlösung, 154f; Zeitfragen und christlicher Glaube, 55; Jesus Christus heute, 68–70.

[355] Stellvertretung, 574.

[356] Ebd. 575. – Vgl. Geschichtstheologie, 119f.146–148; Vom Sinn des Christseins, 48f; Die Zukunft des Heils, 46f.

[357] Vgl. ebd. 573.

[358] Eschatologie, 191.

[359] Ebd. 191f.

Sühne, von Strafe und Verdienst im Rahmen eines Stellvertretungsverhältnisses erfolgt, besteht er nicht im Bezahlen einer Rechnung, sondern in einer den (die) Vertretenen ebenso wie den (die) Vertretenden personalisierenden Communio.

In der Ermöglichung einer alle Partikularismen sprengenden Communio besteht der Sinn der Stellvertretung Christi und der inkludierten Stellvertretung seines sakramentalen Leibes, der Kirche. Wo ein Mensch durch, mit und in Christus zum Stellvertreter wird, erkennt Ratzinger die reale Umkehrung des Geschehens von Babylon durch das Geschehen von Pfingsten[360]. Während die mit dem Turmbau zu Babylon verbundene Sprachenverwirrung ein Bild für die individuelle oder kollektive Absolutsetzung des Eigenen und so Ausdruck für die gemeinschaftszerstörende Macht des »Für-sich-Seins« ist, erscheint das Bild des Heiligen Geistes in der Pfingsterzählung der Apostelgeschichte als Ausdruck für die verbindende Kraft der »Selbst-hingabe«, für die Communio stiftende Macht der Stellvertretung.

f) Stellvertretung als »Brücke« zwischen trinitarischer und ekklesialer Communio

Ratzinger beruft sich auf Augustinus, wenn er den Heiligen Geist »Communio« nennt[361]. Er schildert die Suche des Kirchenvaters nach einem Wort, das das Besondere der dritten göttlichen Person ebenso aussagt, wie die Worte »Vater« und »Sohn« das Spezifische der ersten und der zweiten Person bezeichnen. Die Anwendung des Communio-Begriffs auf den Heiligen Geist hat nach seiner Meinung den Vorteil, daß die Vermittlung von Vater und Sohn zu völliger Einheit nicht von einem allgemein metaphysischen Wesensstoff (von einer allgemeinen ontischen »consubstantialitas«), sondern von den Personen her erklärt wird. Denn die Gleichursprünglichkeit von Einheit und Unterschiedenheit ist nicht als ein »Zwischen« von Vater und Sohn, sondern nur als eine dritte Person denkbar, die die Vermittlung von Einheit und Unterschiedenheit *ist*[362].

[360] Vgl. Das neue Volk Gottes, 372; Die Einheit der Nationen, 101; Warum ich noch in der Kirche bin, 69f; Schauen auf den Durchbohrten, 61.

[361] Vgl. Der Heilige Geist als Communio, 224f. – Daß Augustinus die Personen in Gott »psychologisch« erklärt, führt nach Ratzinger zur Verschließung der »Vielheit« in das Innere der »Einheit« Gottes, der dann nach außen als »reines Ich« und nicht als »Wir« erscheint (vgl. Dogma und Verkündigung, 223).

[362] »Bloße Zweieinigkeit ... gibt es gar nicht, weil entweder das Gegenüber, die Zweiheit, verbleibt und dann keine wirkliche Einheit wird oder die beiden verschmelzen und so die Zweiheit zurückgenommen ist ... Vater und Sohn werden nicht so eins, daß sie sich wieder ineinander auflösen. Sie bleiben gegenüber, denn die Liebe gründet im Gegenüber, das nicht aufgehoben wird. Wenn sie so jeder er selbst bleiben und sich nicht gegenseitig aufheben, dann kann ihr Einssein nicht in jedem einzelnen für sich bestehen, sondern in der Fruchtbarkeit, in der jeder sich selber schenkt und jeder er selber ist. Sie sind eins dadurch, daß ihre Liebe fruchtbar ist, daß sie über sie hinausgeht. Im Dritten, in dem sie

Wenn der Communio-Begriff am Trinitätsgeheimnis abgelesen wird und das Besondere der dritten göttlichen Person bezeichnet, beschreibt er eine direkte Proportionalität von Einheit und Unterschiedenheit. Ratzinger sieht im Communio-Begriff die Chance, die Ekklesiologie nicht allein in Christus, sondern in der Trinität zu verankern[363]. Aber er ist sich auch bewußt, daß der Communio-Begriff für sich genommen[364] eine direkte Proportionalität von Einheit und Unterschiedenheit nicht aussagt und nur künstlich auf eine bestimmte Bedeutung festzulegen wäre[365]. Deshalb gleicht er das »Defizit« des Wortes »Communio« durch den Stellvertretungsbegriff aus. Er bezeichnet im Unterschied zu Augustinus nicht nur den Heiligen Geist, sondern den trinitarischen Gott überhaupt als Communio, weil jede der innertrinitarischen Relationen auf ihre Weise ein Stellvertretungsverhältnis bezeichnet: Nur indem der Vater so »von sich weg«[366] geht, daß er die »Stelle« eines »anderen«, nämlich des Sohnes, ist, ist er »der Vater«. Und nur indem der Sohn nichts außer der »Stelle« des Vaters ist, ist er »der Sohn«. Und weil Einheit und Unterschiedenheit von Vater und Sohn sich direkt proportional verhalten, besteht ihr Einssein nicht in einem gemeinsamen »Für-sich-Sein«, sondern in einem gemeinsamen »Von-sich-weg-auf-hin-Sein«. Vater und Sohn sind gleichsam gemeinsam »Stelle« eines anderen, eines Dritten, der als die Gleichursprünglichkeit von Einheit und Unterschiedenheit Communio *ist*. Im trinitarischen Gott sind Communio und Stellvertretung identisch. Für jede zwischenmenschliche Communio aber gilt, daß ihre Realisierung von der stets relativen Stellvertretung, von dem stets relativen »Von-sich-weg-auf-Hin« des einzelnen abhängt. In Gott *ist* die Einheit auch Unterschiedenheit und die Unterschiedenheit auch Einheit. In jeder zwischenmenschlichen Communio aber ist die direkte Proportionalität von Einheit und Unterschiedenheit ein Gradmesser der in ihr gelebten Stellvertretung[367].

Ratzinger läßt keinen Zweifel daran, daß sich die Relation zwischen

sich selbst verschenken, im Geschenk, sind sie je selbst und sind sie eins.« (Der Gott Jesu Christi, 28f). – Dazu: H. Mühlen, Una Mystica Persona, 33.37f.181; G. Nachtwei, Dialogische Unsterblichkeit, 56f.

363 Wenn das Objekt des christlichen Glaubens der trinitarische Gott ist, dann kann das Subjekt dieses Glaubens nach Ratzinger nur eine Communio sein. »Historisch besagt dies, daß das Ich der Credo-Formeln ein kollektives Ich ist, das Ich der glaubenden Kirche, dem das einzelne Ich zugehört, soweit es glaubend ist. Das Ich des Credo schließt also den Übergang vom privaten Ich zum ekklesialen Ich ein ... Nur in der communio der Kirche spricht sich dieses Ich aus« (Was ist für den christlichen Glauben heute konstitutiv?, 16).

364 Vgl. Schauen auf den Durchbohrten, 60[1].

365 Ratzinger unterscheidet eine juristische, sakramentale und praktische Ebene des Communio-Begriffs (Schauen auf den Durchbohrten, 64–68). Er verweist besonders auf: P. C. Bori, Koinônia, bes. 121–126; O. Saier, Communio, bes. 142–181; J. Hainz, Koinônia, bes. 162–204; E. Kunz, Eucharistie, 321–345.

366 Vgl. Einführung ins Christentum, 144; Theologische Prinzipienlehre, 23.

367 Vgl. Der Gott Jesu Christi, 21–30; Theologische Prinzipienlehre, 22–27.55; Schauen auf den Durchbohrten, 60–84; Kirche, Ökumene, Politik, 36.91.

vertretender und vertretener Person in der göttlichen Communio wesentlich von der in jeder menschlichen Communio unterscheidet. Aber er bezeichnet die Stellvertretungsidee als Brücke der Analogie zwischen dem trinitarischen Gott und dem geschöpflichen Sein[368]. So teilt er mit Balthasar den Gedanken, daß der trinitarische Gott der christlichen Offenbarung eine »communiale Ontologie«[369] ermöglicht, in der sich Sein und Akt, Substanz und Relation, Identität und Differenz, Unveränderlichkeit und Geschichtlichkeit direkt proportional zueinander verhalten. Durch die Anwendung des Stellvertretungsbegriffs sieht er die Gefahr gebannt, von der Subjektontologie des Deutschen Idealismus in das gegenteilige Extrem einer Ontologisierung bzw. Theologisierung der Sozialität[370] zu geraten. Denn »eigentliche« Stellvertretung bedeutet immer die Wahrung einer direkten Proportionalität der Einheit und Unterschiedenheit zwischen zwei untrennbaren, füreinander konstitutiven, aber niemals identischen Wirklichkeiten. Anders gesagt: Wenn die »relationes« zwischen Subjekt und Gemeinschaft, zwischen Sein und Seiendem, Einzelnem und Ganzem, Absolutem und Endlichem mit dem Stellvertretungsbegriff bezeichnet werden, bedeutet wachsende Einheit (Communio) zwischen beiden Polen immer auch wachsende Differenz (Individualität, Substantialität, Personalität).

3. Walter Kasper: Stellvertretung als Ermöglichung von Freiheit

Wenn der Mensch nur im Empfangen von Liebe er selbst wird, und wenn diese Liebe immer durch ein geschichtlich-konkretes Du vermittelt ist, dann – so bemerkt Ratzinger in seiner »Einführung« – muß doch die Quadratur des Zirkels der Theologie gelingen: nämlich zu zeigen, daß die scheinbar geschichtliche Zufälligkeit des Christusereignisses »das dem Menschen Notwendige« ist[371]. Walter Kasper sieht in dieser Auffassung die Gefahr, daß der wesentlich trinitarische Gott und der wesentlich »communiale« Mensch im univoken Sinn unter ein »Prinzip« – mag man es »Liebe« oder »Stellvertretung« nennen – gefaßt werden[372]. Er erkennt in Ratzingers Hauptwerk eine ungewollte, aber

[368] Ratzinger bezeichnet alles Sein als Für-Sein, weil sich der ontologische Rang jedes Seienden nach dem Grad seiner Bezogenheit (Relationalität) bemißt. Vgl. Dogma und Verkündigung, 207–209; Einführung ins Christentum, 197–221.

[369] »Am ungezwungensten hat *Ratzinger* ein neues (relational-dialogisches) ontologisches Denken nicht nur gefordert, sondern auch praktiziert in der ›Einführung‹. Das macht wohl auch ein gut Stück der Faszination aus, die dieses Werk ausstrahlt. Eine statische und verfestigte Sicht der Wirklichkeit wird abgelöst durch ein Verständnis vom Sein als Sein-Für, als beziehentliches Sein, als relatives Sein.« (G. Nachtwei, Dialogische Unsterblichkeit, 209).

[370] Dazu: P. Koslowski, Hegel – »der Philosoph der Trinität«?, 120f.

[371] Einführung ins Christentum, 220.

[372] Vgl. Das Wesen des Christlichen, 184; Theorie und Praxis innerhalb einer Theologia crucis, 152. – Ratzinger hat Kaspers Kritik als in sich widersprüchlich zurückgewiesen in: Glaube, Geschichte und Philosophie, 536–540.

gleichwohl latent vorhandene Gleichsetzung von Glaube und Liebe, von Anbetung und Brüderlichkeit, von Freiheit und Notwendigkeit. Damit aber, so bemerkt er, »ist die unableitbare Freiheit der Liebe Gottes und die ihr korrespondierende Vorordnung des Glaubens vor der Liebe nicht mehr gewahrt«[373]. Kasper selbst will seine Theologie nicht mit einem »Prinzip« beginnen, sondern bei der Freiheit des Menschen ansetzen.

a) Das Wort »Stellvertretung« als Bezeichnung der Bedingungen und des Kriteriums geschöpflicher Freiheit

In seiner Habilitationsschrift über Schelling geht Kasper den Konsequenzen einer Philosophie nach, die nicht mehr vom Sein, von der Essenz und der Natur, sondern vom Subjekt (vom sich seiner selbst bewußten Ich) ausgeht. Zeit und Raum sind für Kant nicht mehr über den Menschen verfügende Ordnungsmächte, sondern Bedingungen seiner Subjektivität. Die Bejahung der Existenz Gottes bedeutet ihm nicht die Anerkennung einer transzendenten Wahrheit, sondern die unbedingte Annahme des Sollensanspruchs der eigenen Freiheit. So gesehen ist das Unbedingte (Absolute) keine in sich ruhende (autarke) Substanz, sondern, wie Fichte es formuliert, die Tat, die sich beständig selbst setzen will und sich doch nie voll begreifen kann. Die Wahrheit (das Unbedingte, das Absolute) ist nichts Statisches, sondern Bewegung durch die Geschichte hindurch zu sich selbst. Dadurch, daß Hegel alle endliche in eine unendliche Subjektivität aufhebt, gelangt er zu der Konsequenz, daß das Absolute mit der Geschichte *identisch* ist. So hebt er die Freiheit in Notwendigkeit auf und zerstört letztlich die Subjektivität als solche. Dies erkannt zu haben, ist nach Kasper die besondere Leistung der Schellingschen Spätphilosophie. Denn sie macht deutlich, »daß die Freiheit nicht mehr ableitbar und nicht mehr vollkommen vermittelnd verifizierbar ist«[374]. Schelling bestreitet nicht die von Fichte erarbeitete

[373] Theorie und Praxis innerhalb einer Theologia crucis, 152.

[374] Das Absolute in der Geschichte, 437. – Den Übergang Schellings von der sogenannt negativen in eine positive Philosophie beschreibt Kasper wie folgt: »Die Freiheit kann letztlich nur durch Freiheit, die Person nur durch Person befriedigt werden (XI,566f). Nur eine absolute Freiheit, die in aller Wirklichkeit waltet, könnte die Bedingung der menschlichen Freiheit sein. Nur ein persönlicher, freier Gott, der der freie Herr allen Seins ist, könnte die Freiheit des Menschen endgültig begründen (XI,566ff;XIII,203). Die Philosophie kann aber den Gedanken an einen persönlichen Gott zunächst nur in der Idee fassen; seine Wirklichkeit kann sie nicht erweisen (XI,563f;XIII, 70,151ff) ... Sie ist – wie Schelling sagt – negative Philosophie. Die sich selbst begründenwollende Freiheit scheitert. Allein: gegen dieses Scheitern protestiert die Freiheit des Menschen. So greift die positive Philosophie (XIII,148ff.160ff) das, was bisher nur als Möglichkeit und Idee aufgetaucht ist, auf und setzt die Freiheit als Urvoraussetzung des philosophischen Denkens ein. Sie wagt das Experiment, die Welt von der Freiheit Gottes her zu denken.« (Glaube und Geschichte, 41f). – Diese Wende in Schellings Denken bedeutet alles andere als eine Restauration des theistischen Denkens der Metaphysik; im Gegenteil: Weil Schelling den Sinn von Sein mit der kenotischen Liebe des Gekreuzigten bezeichnet, spricht Kasper von

und von Hegel modifizierte These, daß menschliche Freiheit »ek-statisch« ist, daß sie nur in der Begegnung mit der Freiheit in einem anderen Menschen möglich ist. Aber er wendet sich gegen den Versuch, das begegnende Du in einer höheren Notwendigkeit aufzuheben und so letztlich die Freiheit mit der Notwendigkeit und die Geschichte mit dem Absoluten zu identifizieren.

Wenn die Geschichte nicht mit dem Absoluten identisch, sondern letztlich das dialogische Wechselspiel von göttlicher und menschlicher Freiheit im Medium der Welt ist, dann kann Gott nicht »der absolute Geist« oder »das höchste Sein an sich« sein, sondern nur »der Absolute *in* der Geschichte«. Walter Kasper zeigt[375], daß Schellings Spätphilosophie zu Konsequenzen gelangt, die das biblische Gottesbild nicht nur nicht in Frage stellen, sondern im Gegenteil ausdrücklich bestätigen. Denn der Gott des Alten und des Neuen Testamentes ist nicht ein höheres oder höchstes Wesen *über* der Geschichte, sondern der Absolute *in* der Geschichte: der Gott Abrahams, Isaaks und Jakobs; der Gott, der als der trinitarische nicht absolute Substanz, sondern absolute Relationalität (vollkommene Freiheit) ist; der Gott, dessen Macht mit seiner Liebe identisch ist; der Gott, der als Wort zur Antwort befähigt[376].

In fast allen seinen Veröffentlichungen versucht Kasper zu erklären, daß der Mensch sich selbst nur annehmen und bejahen kann, wenn es das Absolute bzw. den Absoluten in der Geschichte gibt. Denn für sich genommen ist der Mensch ein Selbstwiderspruch: Auf der einen Seite greift er erkennend und wollend über alles Seiende hinaus, ist also größer als die Wirklichkeit bzw. hat gegenüber der Wirklichkeit die je größere Möglichkeit. Doch andererseits ist die Wirklichkeit größer als der Mensch; denn er kann seine Freiheit nicht selbst begründen; er ist sich je schon vorgegeben und weiß sich mit unerbittlicher Gewißheit dem Tod ausgeliefert. »So kommt es zu einer gegenseitigen Verschränkung von Faktizität und Transzendenz, von Freiheit und Notwendigkeit, Wirklichkeit und Möglichkeit, Macht und Ohnmacht, Größe und Elend«[377]. Der Mensch erfährt sich als die konstitutive Nichteinholbarkeit seines Daseins in der Geschichte. Er ist unbedingt auf das Absolute

einer Revolutionierung des Seinsbegriffs (vgl. Das Absolute in der Geschichte, 10–17; Glaube und Geschichte, 251f; Krise und Neuanfang der Christologie im Denken Schellings, 370–372.382f).

375 Vgl. Glaube und Geschichte, 52–57; Glaube im Wandel der Geschichte, 41–50.

376 Durch Jesus Christus wird »das Für-die-andern-Sein zur Gestalt der Freiheit. Nicht mehr das Bei-sich-selber-Sein, sondern Bei-den-andern-Sein, nicht das In-sich-selber-Stehen, sondern das Sich-selber-Überschreiten ist wahre Freiheit« (Einführung in den Glauben, 116). – Vgl. Glaube und Geschichte, 251; Aufgaben der Christologie heute, 144–146; Der Gott Jesu Christi, 317f; Was alles Erkennen übersteigt, 89f; Theologie und Kirche, 146–148.

377 Jesus der Christus, 64. – Vgl. Einführung in den Glauben, 146f; Glaube und Geschichte, 59f.250; Glaube im Wandel der Geschichte, 54; Zukunft aus dem Glauben, 51–56; Anthropologische Aspekte der Buße, 103f.

verwiesen und kann doch das Absolute nicht realisieren: weder durch die Anstrengungen eines Prometheus, noch durch den Trotz eines Sisyphus, weder durch ein Handeln »als ob«, noch durch resignierenden Verzicht. Soll ihm sein paradoxes Ausgespanntsein zwischen Endlichkeit und Unendlichkeit nicht Anlaß zur Verzweiflung werden, muß ihm das Absolute in diesem Ausgespanntsein selbst *(in* der Geschichte) begegnen.

Kasper bedient sich der von Hermann Krings entwickelten Analyse der menschlichen Freiheit[378], um zunächst das Du des anderen als die Stelle zu bezeichnen, an der das Verlangen der Freiheit nach dem Unendlichen erfüllt werden kann. Denn weil die Freiheit des anderen ebenso wie die eigene Freiheit alles Seiende transzendiert und so im wahrsten Sinne des Wortes »Da-sein« (das »Da« des Seins schlechthin) ist, begegne ich im Du des Mitmenschen nicht nur einer leiblich verfaßten Endlichkeit, sondern auch einem unendlichen bzw. unbedingten Anspruch (Anruf)[379]. Das Du des Mitmenschen ist als Freiheit (als transzendentale Verwiesenheit auf das Absolute) in jedem Fall mehr als die Summe alles Seienden. Aber – so übereinstimmend Krings und Kasper – die Verwiesenheit auf das Absolute ist nicht das Absolute selbst. Das Du kann meine Freiheit zwar wecken und aktuieren, aber nicht begründen. Anders gesagt: Meine Freiheit ist entweder ein illusionärer Griff nach dem Absoluten, oder sie wird von einer absoluten personalen Wirklichkeit (Gott) begründet[380].

Wenn Gott nicht starre, abstrakte und beziehungslose Selbstidentität, sondern im Sinne der Heiligen Schrift »der in der Liebe Freie ist«[381], ist er nicht außerhalb, sondern *in* der Geschichte der Absolute. Im Alten Testament erscheint die Schöpfung als äußerer Grund des Bundes und der Bund als innerer Grund der Schöpfung. Immer ist der Gott Israels der den Menschen in Freiheit setzende, seine Freiheit ermöglichende oder wiederherstellende Gott. Aber dieses Setzen, Ermöglichen und Vergeben Gottes setzt auf seiten des Menschen – wenn er frei (kein bloßes Objekt, sondern Subjekt) sein soll – die Annahme des göttlichen Geschenkes voraus. Erst da, wo der Mensch sich als von Gott bejaht

[378] Vgl. unsere Ausführungen SS. 387–389.

[379] Vgl. Theologie und Kirche, 186; Einführung in den Glauben, 113f; Glaube und Geschichte, 59–61; Jesus der Christus, 62–71; Glaube im Wandel der Geschichte, 56–62; Der Gott Jesu Christi, 138.

[380] »Der Gedanke einer schlechterdings erfüllten, alles erfüllenden absoluten Freiheit ist ... ein notwendiger Gedanke; er ist eine transzendentale Bedingung der Möglichkeit von Freiheit.« (Der Gott Jesu Christi, 138). Allerdings: Aus einem *Gedanken* kann man nicht die *Realität* des gedachten Inhaltes folgern. Deshalb ist die von Krings und anderen vorgelegte Freiheitsanalyse kein neuer Gottesbeweis. Sie berechtigt lediglich zu der Feststellung, daß eine konsequente Phänomenologie der menschlichen Freiheit einen absoluten (göttlichen) Grund ihrer selbst nicht nur nicht ausschließt, sondern voraussetzt (vgl. Jesus der Christus, 66).

[381] Ebd. 220.

und gewollt annimmt, hört er auf, den Sinn seines Daseins selbst zu »machen« oder zu sichern, wird er so »ge-lassen«, daß er auch jeden Mitmenschen und alles Seiende »lassen«, bejahen und seinerseits »freisetzen« kann; denn erst da ist seine Freiheit zum Glauben an Gott und damit zur Erfüllung ihrer transzendentalen Verwiesenheit auf das Absolute (zur Realisierung ihres Sinns) gelangt; erst da muß sie sich an nichts und niemandem mehr außer an der unendlichen Freiheit (an Gott) festhalten; erst da kann sie auf jede Vergötzung des Endlichen (auf jede Ideologie und Utopie) verzichten[382].

Kasper schildert die gesamte Geschichte des Alten und des Neuen Bundes als Befreiungsgeschichte[383] und benennt das Kriterium jeder wirklichen Setzung, Ermöglichung oder Wiederherstellung von Freiheit mit dem Wort »Stellvertretung«[384].

Mit dem Namen »Adam« (= Menschheit) ist der Gedanke verbunden, daß der Schöpfer jeden Menschen als sein Ebenbild, als freies Du, als Dialogpartner will, daß jeder Mensch als sich seiner selbst bewußtes Ich gerufen ist, das Ganze der Wirklichkeit »sein zu lassen« und so vor Gott zu vertreten[385]. Mit dem Namen »Adam« (= Menschheit) ist aber auch die Versuchung jedes Menschen verbunden, selbst Gott (das Absolute) sein zu wollen und so die Stellvertretung für Mitmensch und Mitwelt vor Gott in deren Gegenteil, in versklavende Abhängigkeit vom eigenen Ich zu verkehren. Kasper definiert den Sündenfall als Pervertierung der Stellvertretung in ihr Gegenteil. Wer aufhört, Mitmensch und Mitwelt vor Gott zu vertreten – und das heißt ja »für-seiend« und bejahend auf Gott zu beziehen –, der wird zum Ersetzenden: der ersetzt Gott, Mitmensch und Mitwelt durch das eigene Ich. Und dies hat Konsequenzen nicht nur für den Sünder selbst, sondern letztlich für das Ganze der Wirklichkeit, das jeder Mensch auf je einmalige Weise vor Gott vertritt. Weil endliche Freiheit nicht nur von Gottes unendlicher Freiheit, sondern auch von der besagten Stellvertretung jedes einzelnen Menschen abhängt, wird sie durch jede Verweigerung dieser Stellvertretung (durch jedes Für-sich-Sein, durch jede Sünde) gemindert[386] und

[382] Vgl. Einführung in den Glauben, 113; Jesus der Christus, 252; Was alles Erkennen übersteigt, 38–40.

[383] Vgl. Jesus der Christus, 242–244.

[384] Vgl. ebd. 264.

[385] »Durch seinen Leib ist der Mensch ... nicht nur in seine Umwelt, sondern ebenso in seine Mitwelt hineinverflochten. Durch unseren Leib stehen wir in Blutsgemeinschaft mit unserer Familie, unserem Volk, unserer Rasse und letztlich mit der gesamten Menschheit. Doch die Eingebundenheit in unsere Mitwelt reicht noch tiefer; diese konstituiert nicht nur unser leibliches Sein, sondern in entscheidendem Maß auch unsere personale Identität. Unsere Freiheit ist konkret nur insoweit möglich, als uns die andern einen Raum der Freiheit gewähren und diesen respektieren. Die konkrete Freiheit wird also ... begründet durch die gegenseitige Bejahung und Annahme in der Liebe. Darum ist konkrete Freiheit letztlich nur innerhalb einer solidarischen Ordnung der Freiheit möglich, wo jeder durch jeden seinen konkreten Lebens- und Freiheitsraum hat.« (Ebd. 238).

[386] Dazu: Anthropologische Aspekte der Buße, 100; Jesus der Christus, 240.

umgekehrt durch jede Steigerung dieser Stellvertretung (durch jedes Für-Sein, durch jede Selbstüberschreitung) gemehrt.

Wie Ratzinger kennzeichnet Kasper jede besondere Erwählung der biblischen Heilsgeschichte als besondere Berufung zur Stellvertretung. So ist nach dem Sündenfall die Erwählung eines Volkes aus allen Völkern nicht Auszeichnung, sondern Berufung zur Stellvertretung, zum Dienst an der Befreiung aller Menschen. Und wo auf Grund des Versagens der vielen Erwählten ein heiliger Rest oder einzelne Gestalten wie Abraham, Mose oder der leidende Gottesknecht zu Trägern der Erwählung werden, sind sie nicht für sich selbst, sondern für die anderen (zur Stellvertretung) erwählt. Kasper erinnert an Cullmanns Bezeichnung der Stellvertretung als heilsgeschichtliches Prinzip: Bis zu Christus verläuft »die Heilsgeschichte in ... einer progressiven Reduzierung: Menschheit – Volk Israel – Rest Israel – der Eine – Jesus Christus. Bis dahin tendiert die Vielheit auf die Einheit hin. Nachdem dieser Punkt aber erreicht ist, öffnet sich die Bewegung wieder von der Einheit zur Vielheit. Jesus Christus ist der Erstgeborene unter vielen Brüdern (Röm 8,29; vgl. Kol 1,15.18; Apk 1,5), er konstituiert das neue Volk Gottes, und er ist der Anfang der neuen Menschheit.«[387]

Jesus Christus ist nicht nur der exemplarische Mensch, der Gott so vertraut, daß er seinen Nächsten und alles Seiende auf Gott bezieht bzw. »sein läßt« und »frei-gibt«; er ist nicht nur der absoluten Freiheit antwortende Freiheit, sondern die absolute Freiheit (der Grund aller Freiheit) selbst; er ist Mensch und Gott zugleich. Das ist nur denkbar, weil göttliche und menschliche Freiheit sich nicht wie konkurrierende Ursachen, sondern wie die innertrinitarischen Personen im Sinne einer direkten Proportionalität von Einheit und Unterschiedenheit zueinander verhalten. Nicht obwohl Jesus Christus Gottes Sohn ist, sondern weil er Gottes Sohn ist, ist er auch im höchsten Maße Mensch; nicht obwohl, sondern weil er der Absolute ist, ist er auch der ganz und gar Endliche; nicht obwohl, sondern weil er unendliche Freiheit ist, ist er auch ganz und gar konkrete, leiblich verfaßte, intersubjektive Freiheit. Und wenn, wie erläutert, das Kriterium für diese konkrete Freiheit Stellvertretung heißt, dann bedeutet die höchstmögliche Realisierung dieser Freiheit auch höchstmögliche Stellvertretung.

b) Die Stellvertretung Jesu Christi als Hintreten des Grundes aller Freiheit an die Stelle der geschöpflichen Freiheit

Weil die geschöpfliche Freiheit intersubjektiv vermittelt ist, weil in der einen Menschheit das Sein eines jeden durch das Sein aller bestimmt wird, tritt der menschgewordene Gott in leibhaftige Beziehung zu je-

[387] Jesus der Christus, 259. – Vgl. Was alles Erkennen übersteigt, 96f.

dem Menschen[388]. Aber das Unübertreffliche der Stellvertretung Jesu Christi liegt nicht in deren Universalität; denn als Leib[389] tritt jeder Mensch mit allen Menschen in Beziehung und vertritt auch auf Grund seiner geschilderten Transzendentalität das Ganze der Wirklichkeit. Das Unübertreffliche der Stellvertretung Jesu Christi liegt im Hintreten des *Grundes* aller Freiheit an die Stelle der *geschöpflichen* Freiheit. Denn nur weil der, durch den, in dem und auf den hin alles geschaffen ist, in Jesus Christus selbst an die Stelle eines Geschöpfes tritt, gibt es überhaupt keine Stelle mehr, an der wir nicht Freiheit (Erlösung, Heil) finden könnten[390]. Kasper beruft sich auf das Balthasarsche Bild vom »Unterfassen« der endlichen durch die unendliche Freiheit bis hin zum Abstieg des Menschgewordenen in die Ohnmacht des Kreuzes und die äußerste Unfreiheit der Hölle[391]. Wenn der Gekreuzigte lebt (auferstanden ist), können wir Christus, den befreienden Grund aller Freiheit, selbst in der Einsamkeit der Schuld und des Todes finden.

Christus ist der Grund aller Freiheit durch Stellvertretung. Oder anders gesagt: Christus befreit uns nicht ohne uns. »Bestimmt man Erlösung ... als die Freiheit, die Jesus Christus selbst ist, dann hat man der Sache nach umschrieben, was die Schultheologie als objektive Erlösung bezeichnet.«[392] Beschreibt man Erlösung als Stellvertretung, kommen beide Pole in den Blick, der Erlöser und der Erlöste, der Befreier und der Befreite, und zwar im Sinne einer direkten Proportionalität von Einheit und Unterschiedenheit: Je mehr der Sünder die Stellvertretung Christi annimmt, desto mehr ist er er selbst (zu sich selbst befreit)[393]. Denn Freiheit bedeutet von Christus her weder Willkür, noch Emanzipation oder Verfügungsmacht, sondern Teilnahme an seiner Stellvertretung. Frei von Christus her ist, wer »von sich selbst frei ist, um frei sein zu können für die andern«[394].

Kasper betont ebenso nachdrücklich wie Balthasar, daß die neutestamentlichen ὑπὲρ-ἡμῶν-Formeln nicht nur irgendeine ethische Haltung im Sinne eines »zugunsten von«, sondern ein reales »An-unsere-Stelle-Treten« bezeichnen. Das Wort vom Lösegeld (Mk 10,45), das vorpaulinische Bekenntnis des Sterbens Christi »für unsere Sünden« (1 Kor 15,3–5) und die ebenfalls vorpaulinische Abendmahlstradition mit ihren

388 »Auf diesem Hintergrund wird es verständlich, wenn uns in der Schrift Jesus Christus als der neue Adam verkündet wird (Röm 5,12–21). In der Tat, indem er als der Sohn Gottes leibhaftig in die Welt eintritt, ändert sich die Situation aller... Jesus Christus gehört nun zur ontologischen Bestimmung des Menschen mit hinzu. Weil mit Jesus Christus... Gott selbst kommt, steht mit ihm der Mensch leibhaftig in Nachbarschaft zu Gott.« (Jesus der Christus, 242).

389 Vgl. Glaube und Geschichte, 59f; Anthropologische Aspekte der Buße, 102–104.

390 Vgl. Gottes Zeit für Menschen, 35.

391 Vgl. Jesus der Christus, 266f.

392 Ebd. 243.

393 Vgl. ebd. 244.252.

394 Ebd. 253.

Hingabeformeln (Mk 14,24; Lk 22,19) sind für Kasper ausreichender Beleg dafür, daß Jesus selbst sich als Stellvertreter gewußt hat[395]. Mit Schürmann vertritt er die These: Christi Wesen *ist* »das Für-andere-Stehen; sein Wesen ist Selbsthingabe, Selbstweggabe«[396], und dies weder im juridischen Sinn einer für uns Sünder an den Vater gezahlten Ersatzleistung[397], noch im bloß ethischen Sinn eines heroischen Beispiels[398], sondern im personalen (intersubjektiven) Sinne eines Tragens unserer Sünde (unserer die Liebe kreuzigenden Gewalt), im Sinne eines Unterfassens unserer selbstverschuldeten Unfreiheit durch befreiende Bejahung.

In fast allen seinen Veröffentlichungen fragt Kasper, ob und wie weit der Glaube an Christus Voraussetzung von Freiheit überhaupt ist. Dabei geht es ihm nicht nur um den Nachweis, daß die Idee der Freiheit geistesgeschichtlich eine Folge des Christentums ist; er will darüber hinaus zeigen, daß die Menschenrechte ohne den Glauben an Christus nicht schlüssig begründet werden und über eine bloße Forderung hinaus nur dann zu weltweiter Anerkennung gelangen können, wenn hinreichend viele Menschen mit, durch und in Christus zu Stellvertretern – das heißt: zu befreienden Befreiten – werden.

Nur scheinbar, so Kasper, ist der Gedanke der Stellvertretung dem neuzeitlichen Denken fremd. Die These von der Autonomie des Subjekts richtet sich mit großem Pathos gegen jede Fremdbestimmung und jede Entmündigung der Selbstverantwortung. Aber schon Hegel hat die Abstraktheit dieses Standpunkts kritisiert und der angeblich autonomen eine »konkrete Freiheit« gegenübergestellt. Und für Karl Marx ist »der« Mensch ein abstraktes Wesen, weil es den konkreten Menschen nur als Ensemble der gesellschaftlichen Verhältnisse gibt. So kam es »am Ende der Neuzeit zu einer Metakritik der neuzeitlichen Kritik«[399]. Während die beginnende Neuzeit im Namen der Freiheit alle vorgegebenen Institutionen kritisierte, besann sich die ausgehende Neuzeit auf die Bedingungen der Freiheit. Das Ergebnis faßt Kasper in die These: »Der andere und die anderen sind nicht nur Grenze, sondern Bedingung der Freiheit... Stellvertretung ist ein Wesensmoment der konkreten Freiheit.«[400]

Dieser Grundsatz gilt nicht nur für die schon realisierte Freiheit, sondern auch für jeden Befreiungsplan. Weithin unstrittig ist, daß meine Freiheitsrechte an die Bejahung meines Ich durch alle anderen und an die Bejahung jedes anderen durch mich gebunden sind. Alles andere als selbstverständlich aber ist die These, daß auch jede Art von Befreiung

[395] Vgl. ebd. 256; Glaube und Geschichte, 375–377; Der letzte Platz, 74; Theologie und Kirche, 210–212.301–304.
[396] Jesus der Christus, 257.
[397] Vgl. Der letzte Platz, 75 f.
[398] Vgl. Jesus der Christus, 256; Der letzte Platz, 74.
[399] Jesus der Christus, 263. – Vgl. Anthropologische Aspekte der Buße, 100.
[400] Ebd. 264.

kein einziges Subjekt der Freiheit – keinen einzigen Menschen, auch den Gegner nicht – als Mittel dem Zweck opfern darf. Kasper verweist auf die katastrophalen Folgen aller Versuche, Freiheit mit Gewalt verwirklichen zu wollen. Er erinnert an das atheistisch-emanzipatorische Freiheitsverständnis unzähliger Revolutionäre, deren Idealismus zur Ideologie und deren Revolution zur Diktatur wurde. Und er denkt an die Phänomene einer »Verwaltung und Technik, die der Mensch erfand, um die Welt zu beherrschen«, und die dennoch zu einem »Geflecht werden, in dem der Mensch sich immer mehr verfängt«[401].

Einer Freiheit, die sich am Kriterium autarker Autonomie oder Macht mißt, stellt Kasper eine Freiheit gegenüber, die sich am Kriterium der Stellvertretung messen läßt; und er bezeichnet sie als »das eigentliche Proprium christianum«[402]. Jesus Christus nämlich hat nicht nur vorgelebt, daß ein Mensch in seiner Endlichkeit von aller Entfremdung durch das Endliche frei sein kann; er hat nicht nur etwas gezeigt oder gelehrt, sondern er war, was er lehrte[403]: »un-bedingte« Freiheit – Freiheit nicht im Sinne von Gewalt oder Macht, die durch das, worüber sie Macht hat, *bedingt* bleibt, sondern Freiheit *als* Stellvertretung, als durch nichts – auch nicht durch die Sünde, auch nicht durch den kreuzigenden Haß der Sünder – bedingte Bejahung des Anderen als anderen (als Person)[404]. Eine Freiheit, die über den anderen nicht verfügt, sondern so über sich selbst verfügen kann, daß der andere als anderer in ihr Platz hat, *ist* Stellvertretung und nach Kasper »rein vernünftig betrachtet Torheit, die letztlich nur von der Torheit des Kreuzes (1 Kor 1,18.23) her begründet werden kann«[405]. Vernünftig ist die Forderung gleicher Rechte für jeden Menschen; vernünftig ist auch die besagte Bindung dieser Rechte an die Pflicht, jeden anderen so zu bejahen, wie man von ihm bejaht sein will. Aber diese gegenseitige Bejahung der Andersheit (Freiheit) des jeweils anderen setzt das Freisein aller Menschen als schon erreichten Zustand voraus und rechnet auch nicht mit der Sünde jedes einzelnen und deren Verselbständigung in den Strukturen des Unrechts, der Unterdrückung und Gewalt. »Innovatorische Freiheit« (den Unfreien zur Freiheit befreiende Freiheit) trägt deshalb immer – ob als Verzicht, Vergebung oder Versöhnung – Züge des gekreuzigten Stellvertreters.

[401] Ebd. 251. – Vgl. Glaube und Geschichte, 148f; Das theologische Problem des Bösen, 48f.63f; Was alles Erkennen übersteigt, 77–83.

[402] Theologie und Kirche, 191.

[403] Vgl. Einführung in den Glauben, 54f; Jesus der Christus, 257f.

[404] »Aus dem in der Proexistenz Jesu Christi geoffenbarten trinitarischen Sein Gottes ergibt sich per viam analogiae eine *Metaphysik der Liebe*, und d.h. eine relationale Metaphysik, in deren Mitte nicht wie in der Antike die Kategorie der Substanz, sondern die der Person steht, für die die Liebe der Sinn des Seins ist.« (Theologie und Kirche, 216). – Vgl. Glaube und Geschichte, 101–119 [Glaube im Wandel der Geschichte, 103–126].

[405] Theologie und Kirche, 191.

c) Kirchliches Ethos als Ermöglichung von Freiheit durch »inklusive Stellvertretung«

Kasper stimmt mit den Vertretern der sogenannten autonomen Moral in der Ablehnung spezifisch christlicher Normen überein; und er verteidigt gewiß nicht die leicht widerlegbare These, nur ein Christ könne »innovatorische« Freiheit realisieren. Aber er bezweifelt, daß die explizite Ausrichtung eines ganzen Menschenlebens auf die Verwirklichung dieser »innovatorischen Freiheit« ohne lebendige Verbindung mit Christus durch Gemeinschaft, Wort und Sakrament der Kirche möglich ist. Kasper bezeichnet das besondere Ethos der Kirche mit dem Terminus »Stellvertretung« und deutet so schon durch die Wortwahl an, daß dieses Ethos zwar alle Menschen zur Teilnahme einlädt und allen Menschen dienen will, diesen Dienst aber an die lebendige Verbindung der Dienenden mit Jesus Christus bindet. Das Ethos der Kirche kennt keine spezifisch christlichen Normen; aber die Integration aller gelebten Sittlichkeit in die Teilnahme an der Stellvertretung des Gekreuzigten verändert doch alle Normen durch das Bewußtsein, diese nicht nur für sich selbst, sondern primär für die anderen zu leben. In Auseinandersetzung mit Karl Rahners Schlagwort vom »anonymen Christen« schreibt Kasper, »daß das explizite Christentum gegenüber dem anonymen nicht nur ein Mehr an Bewußtsein ..., sondern auch ein Mehr an Sein«[406] bringt: nämlich das Sein eines Stellvertreters (bzw. Gesandten) mit, in und durch Christus. Zum Bewußtsein eines Christen gehört es, daß er seine Sendung (sein Für-Sein) nicht mit den »Leistungen« derer vergleicht, die ohne Bekenntnis zu Christus und ohne Eintritt in die Gemeinschaft der Stellvertreter, aber *durch* die Stellvertretung Christi und der in sie inkludierten Stellvertretung der Kirche gerettet werden[407]. Kasper erklärt das Axiom »extra ecclesiam nulla salus« mit der These, daß das »Heil für viele davon abhängt, daß andere in der Nachfolge Jesu betend, büßend, leidend, sterbend stellvertretend für sie eintreten und gerade so Sinn und Erfüllung ihres eigenen Lebens, Leidens und Sterbens finden«[408].

Vergleicht man das Ethos der Kirche mit dem der Menschenrechte, so läßt sich schnell erkennen, daß letzteres primär subjektzentriert und erst im abgeleiteten Sinn sozial orientiert ist, das Ethos der Stellvertretung aber vom Ich nur als Beziehung zum Du spricht[409]. Denn während

[406] Die Kirche als Sakrament des Geistes, 35. – Vgl. Glaube und Taufe, 138–140.

[407] »Die Frage nach dem persönlichen Heil betrifft den einzelnen als einzelnen; die Frage nach dem Christsein betrifft ihn in seiner universalen öffentlichen Verantwortung ... Durch das christliche Zeugnis und Bekenntnis zu Christus geschieht stellvertretend etwas für alle Menschen. Die Mission dient darum nicht so sehr dem individuellen Heil als dem sozialen Heil, dem Heilsein der Menschheit insgesamt. Sie appelliert nicht an das Verlangen nach Heilssicherheit des einzelnen, sondern an die Großmut des einzelnen zum Dienst für die andern.« (Glaube und Geschichte, 272). – Vgl. auch: Absolutheitsanspruch des Christentums, 41–43.

[408] Der letzte Platz, 77.

[409] Vgl. Theologie und Kirche, 192f.

es bei der Einforderung der Menschenrechte primär um die Freiheit des Subjekts zur Gestaltung des eigenen Lebens und erst im Sinne einer Ermöglichung dieses Zieles um die soziale Orientierung einer wechselseitigen Zuerkennung gleicher Freiheitsräume geht, basiert das Ethos der Stellvertretung auf der paradoxen These, daß sein Leben gewinnt, wer es hingibt, daß ich die eigene Freiheit nur *in* der Stellvertretung des anderen realisieren kann. Auf Grund dessen aber ist das Ethos der Kirche kein elitäres Ethos, sondern im Gegenteil Grundlage einer »Spiritualität des letzten Platzes«, wie sie zum Beispiel von Charles Péguy, Simone Weil oder Charles de Foucauld gelebt wurde[410]. Denn wenn das Wort »Stellvertretung« nicht im Sinne von ersetzender Verfügung mißverstanden wird, bedeutet es: an die Stelle all der Leidenden treten, denen durch Gewalt von außen oder innen (Sünde) die Freiheit genommen ist, damit sie auf Grund dieser Stellvertretung ihre je einmalige Würde (Freiheit) neu realisieren können[411]. Kasper nennt das Eintreten des Christen für »den anderen Bruder« das wichtigste Kriterium der Christusnachfolge[412]; er bezeichnet eine Spiritualität der Stellvertretung (bzw. des letzten Platzes) als die einzige Chance, »die größtmögliche Offenheit mit der höchstmöglichen Entschiedenheit des Glaubens zu verbinden«[413] und so bei aller Eindeutigkeit (Identität) des Glaubens dessen Universalität (Relevanz) zurückzugewinnen. Nicht von ungefähr, so bemerkt er, »endet die eucharistische Versammlung mit der Sendung in die Welt hinaus. Sammlung und Sendung sind zwei Pole, die nicht voneinander gelöst oder gegeneinander ausgespielt werden dürfen. Sendung ohne Sammlung wird innerlich leer und hohl, Sammlung ohne Sendung aber wird steril und letztlich unglaubwürdig werden«[414].

Weil die Kirche nicht in sich selbst ruht, sondern auf die größere Einheit der ganzen Menschheit bezogen ist, nennt sie das Zweite Vatikanum »gleichsam Sakrament, das heißt Zeichen und Werkzeug für die innigste Vereinigung mit Gott wie für die Einheit der ganzen Menschheit« (LG 1). Wie Ratzinger bedauert auch Kasper, daß diese Bezeichnung der Kirche ungleich weniger als der Volk-Gottes-Begriff rezipiert ist. Er erklärt dies mit der zunehmenden Aversion gegen jedes idealisierende Kirchenverständnis, mit der Ablehnung der These, die Kirche sei

[410] Vgl. Jesus der Christus, 257; Der letzte Platz, 77.

[411] Vgl. Gottes Zeit für Menschen, 40f.

[412] Vgl. Glaube und Geschichte, 240f.272–274; Zukunft aus dem Glauben, 57–84; Theologie und Kirche, 287–289.

[413] Einführung in den Glauben, 167. – »Die Einheit der Kirche ruht nicht in sich selbst, sondern sie ist auf die größere Einheit der ganzen Menschheit bezogen ... Die Kirche ist ... nicht Interessenvertreterin in eigener Sache, sondern Stellvertreterin im Interesse anderer, Stellvertreterin vor allem von sonst nicht vertretenen Interessen. Sie muß in der Nachfolge Jesu solidarisch sein mit den Armen, Entrechteten, Geschmähten, Deklassierten, oft auch auf Kosten ihrer eigenen an sich legitimen Interessen.« (Glaube und Geschichte, 386).

[414] Theologie und Kirche, 317.

Fortsetzung der Inkarnation und deshalb ebenso Sakrament Christi wie Christus Sakrament Gottes.

Diesen Vergleich, so Kasper, konnte man nur ziehen, nachdem man den Sakramentsbegriff auf die sieben Zeichen, in denen die Kirche Christi Gegenwart trotz ihrer Sündigkeit und ihres mangelnden Glaubens vermitteln darf, verengt hatte. Wenn man aber die Kirche insgesamt Sakrament bzw. Grundsakrament nennt, dann sind die Menschen gemeint, die unterwegs sind und als wanderndes Volk Gottes auch irren, suchen, zweifeln und sündigen. Zum Begriff des Sakramentes gehört die Differenz zwischen Zeichen und Wirklichkeit; die Kirche ist Sakrament, indem sie aus Sündern besteht, die trotz all ihrer Unvollkommenheit Stellvertreter und so Zeichen bzw. Mittel und Werkzeuge für die Verwirklichung der Einheit möglichst aller Menschen untereinander und mit Gott sind[415].

d) Kirche als zur Stellvertretung befreite *repraesentatio* und *traditio* Christi

In Leiturgia, Diakonia und Martyria bezeugt die Kirche die Stellvertretung Jesu Chrsti (die Selbsthingabe des Erlösers an Gott und an die Menschen), und zwar so, daß ihr Wort bei denen, die es aufnehmen, immer auch bewirkt, was es besagt: nämlich Freiheit (Befreiung) durch Selbsthingabe (Stellvertretung)[416]. Die Kirche ist also Sakrament als »Über-setzung« der Stellvertretung Christi in die Stellvertretung der Gläubigen. Kasper verdeutlicht in mehreren Beiträgen zur Ekklesiologie, daß die Sakramentalität der Kirche das Wort »Stellvertretung« geradezu paradigmatisch erklärt. Denn als Sakrament ist die Kirche Stellvertretung im umfassendsten Sinn: als »repraesentatio«, »persona corporativa« und »traditio«.

Wo die Stellvertretung Christi nicht nur mit dem Mund, sondern mit der ganzen Existenz der Gläubigen bezeugt wird, da geschieht *re-praesentatio*: *Ver-gegenwärtigung* des Urbildes »Jesus Christus« im Abbild »Kirche«[417]. Die Stellvertretung Christi und die Stellvertretung der Christen verhalten sich wie Urbild und Abbild im Sinne einer direkten Proportionalität von Einheit und Unterschiedenheit: Je mehr Christi Freiheit (= stellvertretende Selbsthingabe) im Leben der Christen gegenwärtig wird, desto mehr sind diese zu sich selbst befreit. Von daher bedeutet die paulinische Leib-Christi-Ekklesiologie keineswegs, daß die Christen als »Re-präsentanten« Christi ihre eigene Personalität verlieren und mit Christus eine hypostatische Union bilden. Die Einheit der Kirche mit Christus ist zwar Bedingung der Möglichkeit von Kirche schlechthin; aber diese Einheit ist keine »unio hypostatica«, sondern *»persona corpora-*

[415] Vgl. Glaube und Geschichte, 294f. 385–387.
[416] Vgl. ebd. 295f.
[417] Vgl. ebd. 297–299.

tiva«, und das heißt: eine durch Stellvertretung *vermittelte* Einheit. Der Christ vergegenwärtigt Christus nur insoweit, als er durch, mit und in Christus seine Brüder und Schwestern vertritt. Mit diesem ekklesiologischen Grundgedanken drückt Kasper aus, daß jeder einzelne mit dem Empfang von Taufe und Firmung (und nochmals auf besondere Weise durch die Sakramente des Ordo und der Ehe) in das Für-Sein Jesu Christi integriert wird und so auf je einmalige Weise Stellvertreter seiner Brüder und Schwestern ist. Jeder kann in der Konkretion seiner spezifischen Begabungen und Grenzen durch Selbsthingabe Freiheit ermöglichen und so beitragen zu einer körperschaftlich in Christus geeinten Communio von Personen. Christus ist nicht die Einheit der Kirche, indem er deren Glieder entpersonalisiert, sondern im Gegenteil durch Personalisierung: indem er als »persona *corporativa*« jedes Glied der Kirche auf je einmalige Weise teilhaben läßt an seinem Personsein, und das heißt: an seiner *»traditio«*, an seinem Sich-preisgeben-Lassen durch den Vater und seinem Sich-Preisgeben an die Menschen.

In verschiedenen Beiträgen klärt Walter Kasper den Zusammenhang der »paradosis« bzw. »autoparadosis« Christi mit der Tradition der Kirche[418]. Er geht aus von der Lessingschen Frage, was die ersten Träger der christlichen Tradition, die sogenannten Augenzeugen, davon überzeugt hat, daß der kontingente Mensch Jesus nicht nur etwas Göttliches an sich hatte, sondern Gottes Sohn war. Seine Antwort verweist auf die in Christi Stellvertretung epiphane Identität von Lehre und Sein, von Wort und Person. Als der sich bis zum Kreuzestod für die anderen (für die ihn kreuzigenden Sünder) Hingebende *ist* Christus, was er lehrt; und weil er nicht nur Stellvertretung *hat*, sondern Stellvertretung *ist*, *ist* er auch die Vermittlung seiner selbst. Anders gesagt: Die Tradition der Kirche ist nichts von außen an Christus Herangetragenes[419], sondern Christus selbst in der zur Freiheit des Sich-selber-geben-Könnens befreiten Martyria seiner Zeugen. Von daher kann Kasper die paulinische Deutung des Todes Christi als Stellvertretung zur Grundlage des theologischen Traditionsbegriffs erklären: »Paulus interpretiert nicht Christus aus der Tradition, sondern er interpretiert die Tradition von Christus her. Nicht die Tradition ist Christus, sondern Christus ist die Tradition; er ist der Geist, und wo der Geist ist, da ist Freiheit (2 Kor 3,17).«[420] Indem Christus sich durch Stellvertretung in die Stellvertretung der Kirche hinein vermittelt, ist er schöpferisch-erstellende (inno-

[418] Schon in seiner Dissertation über »Die Lehre von der Tradition in der Römischen Schule« (329–337) verweist Walter Kasper auf die Verbindung des theologischen Traditionsbegriffs zum neutestamentlichen Verbum *παραδιδόναι*. Systematisch geklärt wird dieser Zusammenhang in: Dogma unter dem Wort Gottes, 126–130; Glaube und Geschichte, 171–178; Dogmatik als Wissenschaft, 196–200; Glaube: ein Geschenk zum Weitergeben, 35–41; Theologie und Kirche, 90–96.126–128.

[419] In der inklusiven Stellvertretung der Christen wird Christus als der unbedingte Sinn nicht durch Begriffe unseres Denkens, sondern durch die Martyria befreiender Freiheit evident.

[420] Glaube und Geschichte, 173.

vatorische) Ermöglichung von Freiheit (personaler Identität), ist er »das Ein-für-alle-Mal« des Hebräerbriefes, ist er »traditio« als Vergegenwärtigung seiner selbst in der Ermöglichung von Zukunft auch für die, die im eigenen Ich gefangen sind. Oder anders gesagt: Die Selbsthingabe (Stellvertretung) Christi ist so Gegenwart in der Selbsthingabe (Stellvertretung) seiner Zeugen, daß sich Vergangenheit und Zukunft des Erlösungsgeschehens im Sinne einer direkten Proportionalität von Einheit und Unterschiedenheit zueinander verhalten (vgl. S. 24).

e) Die sakramentale Stellvertretung der Kirche als Communio und Zukunft garantierende Institution der Freiheit

Wenn der Glaube an Christus ein gelebter Glaube ist, dann ist jeder Christ durch seine *traditio* (durch seine Selbsthingabe bzw. inklusive Stellvertretung) *repraesentatio* Christi und *repraesentatio* der Kirche. Aber diese Zeugenschaft bleibt trotz ihrer möglichen Radikalität subjektiv und anfällig für die Entstellungen der Sünde. Allein Maria hat so »ja« gesagt zu Christus, daß ihre Sendung (Stellvertretung) frei von jedem »Für-sich-Sein« (Sünde) blieb und daher »immakulates Konzept« der Kirche wurde[421]. Maria ist Urbild der Kirche; aber die Kirche selbst ist heilig und sündig zugleich. Deshalb – so Kasper – bedarf es eines Kriteriums der Treue zu Christus in Gestalt *bevollmächtigter* Zeugen. Deshalb ist die Echtheit aller Verkündigung Christi an das Christuszeugnis der Verfasser des Neuen Testamentes geknüpft. Deshalb setzt die Gültigkeit jeder Eucharistiefeier eine im Sinne der Kirche erfolgte Ordination ihres Vorstehers voraus. Deshalb ist die unsichtbare Einheit jeder Eucharistiegemeinschaft mit Christus an die im Bischof sichtbare Einheit mit allen anderen Gemeinden gebunden[422]. Mit anderen Worten: Es gibt nicht nur die Stellvertretung, die jeder einzelne Christ auf je einmalige Weise realisieren soll; es gibt nicht nur eine subjektive, sondern auch eine objektive Repräsentation Christi und seiner Kirche[423]. Aber diese ist kein Selbstzweck; sie soll sich subsidiär verhalten; sie soll verhindern, daß einer alles, aber auch, daß alle alles sein wollen[424]; und sie soll garantieren, daß jeder durch sein je einmaliges Für-Sein Communio für alle ermöglicht.

[421] »Maria ist also nicht nur Urbild des Glaubens des einzelnen Christen, sondern der ganzen Gemeinschaft der Glaubenden, Urbild der Kirche. Durch ihren Glauben wurde sie ja zur Einlaßpforte des Heils in der Welt und damit zur Mutter aller Glaubenden. Sie hat an unser aller Stelle ja gesagt.« (Gottes Zeit für Menschen, 14).

[422] Vgl. Theologie und Kirche, 316. – Entsprechend zum Verhältnis von Universalkirche und Einzelkirche, von Papst und Bischöfen vgl. Glaube und Geschichte, 415–441; Einführung in den Glauben, 128–131.148–151; Das kirchliche Amt, 49f; Theologie und Kirche, 284.316.

[423] Zu dieser These vgl. Kaspers kritische Besprechung der ausschließlich pneumatologischen Begründung des kirchlichen Amtes durch E. Schillebeeckx: Das kirchliche Amt, bes. 47–50.

[424] Kasper beruft sich für diese Worte auf J. A. Möhler. Vgl. Theologie und Kirche, 287.

Die objektive Repräsentation Christi und seiner Kirche ist sosehr Mittel und Werkzeug, daß sie auch da zustandekommt, wo der jeweilige Amtsträger seine objektive Stellvertretung durch die Verweigerung subjektiver Stellvertretung entstellt. Wenn aber ein Priester ausschließlich formal (objektiv) im Namen Christi und der Kirche handelt, wenn er also seine objektive Christus-Repräsentation von dem subjektiven Bemühen um gelebte (Communio-stiftende) Vergegenwärtigung des Herrn trennt, dann pervertiert er die ihm aufgetragene Stellvertretung zu einer Art »Ersatz«: zu einer Repräsentation Christi und der Kirche nach dem Motto »Ich bin euer Herr«.

Kriterium jeder nicht ersetzenden Stellvertretung ist die Ermöglichung von Freiheit und Communio. Kasper erklärt den Stellvertretungsbegriff zum Ausdruck einer direkten Proportionalität von Personalität und Gemeinschaft. So ergibt sich eine Analogie zwischen innertrinitarischer und ekklesialer Communio[425]. Als durch Christi Stellvertretung gestiftete Communio inklusiver Stellvertreter ist die Kirche »gleichsam die Ikone der trinitarischen Gemeinschaft von Vater, Sohn und Geist.«[426] Wie innertrinitarisch jede Person so die »Stelle« der anderen ist, daß die Einheit die Unterschiedenheit und die Unterschiedenheit die Einheit *ist*, gilt entsprechend in der kirchlichen Communio der Grundsatz, daß der einzelne sich in dem Maße selbst besitzt (Person ist), als er zur »Stelle« für den anderen wird. Wie der trinitarische Gott nicht Einheit als Macht, sondern Einheit als Liebe ist, so resultiert auch kirchliche Einheit nicht aus der erzwingenden Gewalt von Macht, sondern aus der befreienden Stellvertretung der gekreuzigten Liebe.

Vor diesem Hintergrund plädiert Kasper für eine Revision des weithin zu individualistischen Verständnisses der sieben Einzelsakramente mit Hilfe des Stellvertretungsbegriffs. Er vertritt die These, daß jedes Sakrament, besonders aber die Eucharistie, auf bestimmte Weise als »Übersetzung« der Selbsthingabe (Stellvertretung) Christi in die inklusive Sendung (Stellvertretung) der Sakramentsempfänger verstanden werden sollte, damit jede heilsindividualistische Engführung vermieden wird. Er verweist auf die von de Lubac dokumentierten Folgen der Trennung von personaler und ekklesialer Dimension der Eucharistie durch die im 11. Jahrhundert erfolgte Bezeichnung der konsekrierten Hostie als »verum corpus« in Abhebung vom bloß »mystischen« Corpus der Kirche[427]. Er betont, daß die Eucharistie nicht nur Vergegenwärtigung des Opfers Jesu Christi, sondern auch ein Opfer der Kirche

425 Vgl. Der Gott Jesu Christi, 371–374; Was alles Erkennen übersteigt, 89–93; Theologie und Kirche, 279.284.

426 Theologie und Kirche, 276. – Kasper grenzt die Ekklesiologie des Vatikanum II als »sakramentale Communio-Ekklesiologie« von jeder »juristischen Einheitsekklesiologie« ab (vgl. ebd. 282).

427 Vgl. ebd. 315.

ist[428]. Bezüglich des Bußsakramentes zweifelt Kasper, ob den Gläubigen hinreichend bewußt ist, daß die Stellvertretung (z. B. in Gestalt der Fürbitte) der kirchlichen Communio für jeden Empfang dieses Sakramentes konstitutiv ist[429]. Angesichts der Kirchenferne der meisten jungen Familien fragt er nach der Berechtigung der Kindertaufe, wenn die für den Täufling zur Übersetzung der Stellvertretung Christi in die Stellvertretung seines eigenen Lebens notwendige Stellvertretung gläubiger Eltern ausfällt[430]. Und er fragt, ob die Brautleute, die sich das Sakrament der Ehe spenden, die ihnen verliehene Gabe als Aufgabe verstehen – als Sendung zur Stellvertretung füreinander, aber auch zur Erfüllung des kirchlichen Missionsauftrags[431].

Wenn die Kirche sich als *repraesentatio* und *traditio* der Stellvertretung Christi versteht, müßte sie der Versuchung widerstehen, z. B. durch bedingungslose Sakramentenspendung die freie Entscheidung der Empfänger zu »überfahren«. Liebe erzwingt nichts, sondern hofft alles; und Liebe ist als Hoffnung Stellvertretung. Denn der Stellvertreter läßt dem von ihm Vertretenen Zeit, an seine Stelle zurückzukehren; er zwingt ihn nicht, sondern hofft für ihn. Würde man Christi Erlösungswerk als die unbedingte Rückführung aller Sünder an die ihnen von Ewigkeit her zugedachte Stelle beschreiben, wäre alle Freiheit in einen alles erzwingenden Plan und alle Hoffnung in ein alles determinierendes Wissen aufgehoben[432]. Dieser Konsequenz einer Apokatastasis entgeht Karl Barths Erwählungslehre in ihrer Analyse durch Walter Kasper[433] nur deshalb, weil seine Ausführungen über die universale Stellvertretung Christi eine inklusive Stellvertretung der Gläubigen in Gestalt von Hoffnung implizieren. Wer hofft, weiß sich abhängig, weiß auch, daß er das, was er hofft, nicht wissen und nicht machen kann, ist aber gerade in dieser scheinbaren »Ohn-macht« zur Liebe befreit und deshalb nicht wirkungslos, sondern befähigt zur Befreiung anderer, die verzweifelt versuchen, den Sinn ihres Lebens selbst zu machen. Als eine der Grundgestalten von Stellvertretung ermöglicht Hoffnung Freiheit. Deshalb darf man Walter Kaspers Beitrag zu einer Theologie der Stellvertretung in die These fassen: Als »Über-setzung« der Stellvertretung Christi in die Stellvertretung der Christen ist die Kirche vor allem anderen Ermöglichung von Freiheit durch Hoffnung[434].

[428] Vgl. ebd. 309.
[429] Vgl. Glaube und Geschichte, 320.323 f.
[430] Vgl. Glaube und Taufe, 157–159.
[431] Vgl. Zur Theologie der christlichen Ehe, 47–52.
[432] Zum Verhältnis von Utopie und Hoffnung vgl. Glaube und Geschichte, 144–158; Einführung in den Glauben, 152–156; Zukunft aus dem Glauben, 9–41.
[433] Vgl. Glaube und Geschichte, 85–88.
[434] »Die Kirche ... ist eine Institution der Freiheit. Aus diesem Ansatz muß sich die künftige epochale Gestalt der Kirche ergeben« (Glaube und Taufe, 158). – »Die Kirche ist eine Hoffnungsgemeinschaft. Sie versteht sich als Sakrament der Hoffnung für die Welt« (Zukunft aus dem Glauben, 38).

4. Zusammenfassung: Stellvertretung Christi und Stellvertretung der Kirche als ungetrennte und unvermischte Einheit

– Der erste Teil der Balthasarschen Trilogie, das monumentale Werk »Herrlichkeit«, zeigt, daß die gesamte Schöpfung der Christus-Stellvertretung »entspricht« bzw. »ana-log« ist. Wie Christus den von ihm vertretenen Sünder nicht entmündigt, ersetzt, austauscht oder in sich aufhebt, sondern im Gegenteil zu sich selbst befreit, so ist jedes Seiende in dem Maße *es selbst*, in dem es »Stelle« des Seins ist. Alle Gestalten der Schöpfung enthalten als Ausdruck der direkten Proportionalität von Einheit und Unterschiedenheit zwischen Sein und Seiendem das von Barths Kritikern gesuchte »Denkmodell« zur Erklärung einer Relation, die ihre Relate in demselben Maße *setzt*, in dem sie sie *eint*. Alles Seiende ist eine »Ana-logie« der dramatischen »Herrlichkeitsgestalt«, die Balthasar im zweiten Teil seiner Trilogie als Hintreten des menschgewordenen Gottessohnes an die Stelle des Sünders beschreibt.

– Weil Christi Stellvertretung ein Geschehen (ein Drama) ist, und weil sich dieses Drama nicht zuerst *am* Sünder, sondern von vornherein *mit* dem Sünder vollzieht, ist dieser zu keinem Zeitpunkt bloßes *Objekt*, sondern auch *Subjekt* der Stellvertretung Christi. Wie schon die Sühneriten des Alten Testamentes den Sünder *befähigen* sollten, *sich selbst* mit Jahwe zu versöhnen, so können Christi Erlösungswirken und die Bekehrung des Sünders, kurz: Gnade und Freiheit, nicht als konkurrierende Ursachen, sondern nur im Sinne einer direkten Proportionalität von Einheit und Unterschiedenheit verstanden werden. Anders gesagt: Weil Christi Gnade Stellvertretung ist, wirkt sie *nie* nur *an* uns, sondern *mit* uns; und daraus folgt: erstens, daß Christus »meine Stelle« wird, *indem* ich »seine Stelle« werde; zweitens, daß ich »seine Stelle« nur sein kann, *indem* ich durch ihn, mit ihm und in ihm Gnade bzw. Stellvertreter *für die anderen* bin. Nach Balthasar bindet sich Christus im Modus der Stellvertretung so an das »Mit-Stellvertreten« seiner Kirche, daß seine Gnade *immer* kirchlich vermittelt ist – nicht nur im Sinne einer geschichtlichen »Über-setzung« seines Erlösungswerkes in die Gegenwart, sondern im Sinne einer Integration unserer Stellvertretung in die seine. Die »Abhängigkeit« der Menschwerdung des Sohnes vom stellvertretenden Ja-Wort Mariens bringt exemplarisch zum Ausdruck, wie Christi Stellvertretung und die seiner Kirche *unvermischt und ungetrennt eins* sind.

– Norbert Hoffmann erkennt in der gleichzeitigen Einheit und Unterschiedenheit von christologischer und ekklesiologischer Stellvertretung eine Strukturanalogie zum Verhältnis von Einheit und Vielheit in Gott selbst. Wie innertrinitarisch die drei Personen nur im Zugleich des Empfangens und Gebens absoluter Stellvertretung sie selbst sind, so kann entsprechend jeder Mensch nur als Stellvertreter seines Nächsten Empfänger der Stellvertretung Christi sein. Innertrinitarisch und außertrinitarisch ist die direkte Proportionalität von Einheit und Vielheit zwischen zwei oder mehreren Personen nur möglich im Heiligen Geist, der nicht das »Zwischen« zwischen den Personen, sondern ihre Vereinigung und *in* der Vereinigung Konstitutivum ihres »Eigenseins« ist. Die Christen sind nicht Stellvertreter *neben* Christus, sondern *in* ihm (durch Vereinigung mit ihm im Heiligen Geist). Sie fügen der stellvertretenden Sühne des Gekreuzigten nichts hinzu, sondern sind »sie selbst« (Söhne statt Knechte), weil sie *in* ihm Sühnende bzw. stellvertretend Sühnende sind (weil sie *in* ihm Sünde in Sohnschaft umkehren).

– Aus diesem »In-Sein« der Sünder im Erlöser zieht Joseph Ratzinger den Schluß, daß das Heil aller Menschen aller Orte und Zeiten nicht nur an die Stellvertretung Christi, sondern auch an die der Kirche gebunden ist. Der einzelne Mensch kann zwar sein Ziel erreichen, ohne von Christus und seiner Kirche zu wissen – dies aber nur, weil es den Stellvertreter Christus und die in seine Stellvertretung inkludierte Kirche gibt. Wo immer ein Christ mit Christus an die »Stelle« verweigerter Communio (= Sünde) tritt, wo immer ein Christ durch, mit und in Christus den kreuzigenden Haß der Sünde mit Liebe beantwortet, wird ein Stück Welt und Geschichte »Gnade« für »den anderen Bruder«. So gesehen ist die Gemeinschaft der getauften Christen nicht die der Geretteten, sondern die der Retter, nicht die der Erwählten, sondern die der Gesandten, nicht die der Privilegierten, sondern die der »Martyrer des Guten«, nicht die der »Für-sich-Seienden«, sondern die der »Für-Seienden«. Die Kennzeichen der wahren Kirche Christi (Einheit, Heiligkeit, Apostolizität, Katholizität) sind nach Ratzinger Ausdruck ihrer Stellvertretung durch, mit und in Christus. Denn so wie innerhalb der Kirche der einzelne und das Ganze, die Gesamtkirche und die Ortskirche, der Papst und das Bischofskollegium nur im Vollzug nicht-ersetzender Stellvertretung »sie selbst« sind, so ist die Kirche auch nach außen nur als Stellvertreterin (im Für-Sein »für den anderen Bruder«) sie selbst.

– Ratzinger versteht die Kirche als ein Instrument, dessen sich Christus bedient, damit seine erlösende Stellvertretung jeden Menschen erreicht. Das Wort »Instrument« allerdings darf nicht apersonal mißverstanden werden. Christus verhält sich zu den Gliedern seines mystischen Leibes im Sinne einer direkten Proportionalität von Einheit und Verschiedenheit. Aber gerade deswegen bleiben gravierende Fragen ungeklärt. Wenn das »Mit-Stellvertreten« der Kirche nicht nur äußere Vermittlung, sondern integrativer Bestandteil der erlösenden Stellvertretung Christi ist, wird dann nicht die Erlösung »des anderen Bruders« abhängig vom Grad meiner inklusiven Stellvertretung? Und wie eigentlich ist der Zusammenhang aller Menschen zu denken, wenn die Sünde und die Stellvertretung jedes einzelnen Verhinderung oder Ermöglichung von Communio für alle anderen ist? Oder konkreter gefragt: Wie kommt ein hier und heute von mir gesetzter Akt des Für-Seins einem mir persönlich unbekannten Menschen am anderen Ende dieser Welt zugute?

– Walter Kasper hat diese Fragen zumindest teilweise und indirekt durch seine Freiheitsanalyse beantwortet. Er geht aus von der Beobachtung, daß der Mensch sich selbst (seine Personalität und Freiheit) verfehlt, wenn er seine Erfüllung in der Endlichkeit des Geschöpflichen sucht, daß er aber auf Grund seiner eigenen Endlichkeit das Transzendente bzw. Absolute (das, was alles Endliche übersteigt) nie als solches erlangen, aufnehmen oder erreichen kann. Wenn die wesentlich unendliche Sehnsucht des wesentlich endlichen Menschen nicht unerfüllt bleiben soll, muß es so etwas geben wie das Hintreten des Absoluten »an die Stelle« des Endlichen. Ich kann zwar in jedem Mitmenschen dem »Transzendenten« in Gestalt unbedingter *Verwiesenheit* auf das Transzendente begegnen, nicht aber dem Transzendenten selbst. In Christus aber ist der absolute Grund aller Freiheit »an die Stelle« einer geschöpflichen Freiheit getreten. Der Mensch Jesus weiß sich so eins mit dem Grund seiner Freiheit, daß er als *absolut* Bejahter *absolut* bejahen (sein lassen, befreien) kann. Wer immer die unbedingte (auch vom kreuzigenden Haß der Sünder nicht besiegte) Bejahung Christi im Glauben annimmt, ist als durch Christi Stellvertretung zu sich selbst Befreiter eo ipso frei »für die anderen« (inklusiver Stellvertreter). Wer von der Angst um sich selbst befreit, seine Identität nicht mehr leisten will, sondern sich von Christus schenken läßt, wird selbst zum Geschenk für andere. So kann jeder einzelne Gläubige »Sakrament« *(repraesentatio* und *traditio)* der Stellvertretung Christi für seinen Nächsten werden; so entsteht Kirche als Gemeinschaft derer, die durch, mit und in Christus befreiende Befreite sind. Weil aber alles Seiende in Schöpfung und Geschichte auf das personale Sein des Menschen hin entworfen ist, weil anders gesagt die ganze Welt intersubjektiv verfaßter Raum ist, kann durch die Gemeinschaft der befreienden Befreiten (der in die Stellvertretung Christi inkludierten Gläubigen) nicht nur jeder Mensch, sondern buchstäblich jede Stelle in Raum und Zeit Gnade (Stelle der Erfahrung unbedingter Bejahung) werden.

5. Exkurs: Die Ablehnung des Stellvertretungsbegriffs durch Paul Tillich und Karl Rahner

Nach Balthasar, Hoffmann, Ratzinger und Kasper drückt der Stellvertretungsbegriff innerhalb des Erlösungsgeschehens weder *nur* die Einheit noch *nur* die Verschiedenheit der beiden Wirklichkeiten »Christus« und »Kirche« aus. Deshalb überrascht es kaum, wenn unser Begriff aus zwei geradezu gegensätzlichen Gründen abgelehnt wird: von Paul Tillich (1886–1965), weil er das Tun Christi und das Tun der Christen zu sehr voneinander trennt; und von Karl Rahner (1904–1984), weil er im Gegenteil die Eigenwirksamkeit des Sünders in die Alleinwirksamkeit des Erlösers aufhebt.

Tillich beschreibt Christus als das »Neue Sein«[435], an dem der gerechtfertigte Mensch so partizipiert, daß er in Christus und Christus in ihm ist. Die vom Stellvertretungsbegriff vorausgesetzte Bipolarität des Verhältnisses zwischen dem rechtfertigenden Erlöser und dem von ihm gerechtfertigten Menschen widerspricht nach seiner Auffassung der »essentiellen Einheit« aller Menschen mit Christus. Dem »Prinzip Stellvertretung« setzt Tillich das »Prinzip Essentifikation« entgegen[436]. Darunter versteht er die Teilhabe jedes Einzelwesens am Wesen aller anderen Einzelwesen. Wenn – so eines seiner Beispiele – irgendein Mensch irgendeinen anderen Menschen verdammt, verdammt er sich selbst, weil sein eigenes Wesen und das des Menschen, den er verdammt, nicht voneinander getrennt werden können. Oder umgekehrt: Wenn ein Mensch sich selbst verurteilt, »muß darauf hingewiesen werden, daß sein Wesen an dem Wesen all derer teilhat, die einen hohen Grad der Erfüllung erreicht haben, und daß er durch diese Partizipation ewig bejaht ist«[437]. Die Verbindung alles Seienden mit dem »Neuen Sein« (= Jesus als der Christus) läßt nach Tillich keinen Raum mehr für ein Sich-Verweigern oder endgültiges Scheitern des einzelnen; und die, welche das »Neue Sein« bejahen, sind *nicht »Mit-Stellvertreter«* mit Christus im Sinne einer direkten Proportionalität von Einheit und Verschiedenheit, *sondern sie »partizipieren«*[438] am Sein Christi.

Während also Tillich meint, daß die mit dem Stellvertretungsbegriff verbundene Unterscheidung zwischen einer vertretenden und einer vertretenen Person die Einheit zwischen dem rechtfertigenden Christus und dem gerechtfertigten Sünder nur unzulänglich ausdrückt, begründet Karl Rahner seine Vermeidung des Stellvertretungsbegriffs genau umgekehrt: Für ihn suggeriert der Stellvertretungsbegriff die falsche Vor-

[435] »Zur Essenz des Menschen gehört die Gott-Mensch-Einheit, Einheit von Endlichkeit und Unendlichkeit. Weil in Jesus das erschienen ist, was der Mensch sein soll, was seine Essenz sein kann, darum ist in ihm diese Einheit erschienen, denn er ist das Neue Sein.« (A. Seigfried, Das Neue Sein, 68f). Im »Neuen Sein« (in Jesus als dem Christus) ist die »ewige« bzw. »essentielle« Gott-Mensch-Einheit »nicht mehr nur potentiell, sondern aktuell«. Das »Neue Sein«, das durch die Inkarnation geschaffen ist, steht »›über dem existentiellen Sein, weil es den Zwiespalt zwischen dem Endlichen und dem Unendlichen, der die Existenz kennzeichnet, ebenso überwindet wie die anderen Spaltungen, die die Einheit des essentiellen Seins gefährden. Der Sieg des Neuen Seins über die Existenz, und zwar im Rahmen der Existenz, ist das Paradox der Inkarnation‹« (G. Wenz, Subjekt und Sein, 293f).

[436] »Durch die Teilnahme am Neuen Sein, das das Sein Jesu als des Christus ist, hat der Mensch teil am versöhnenden Handeln Gottes. Er partizipiert am Leiden Gottes, der die Folgen der existentiellen Entfremdung auf sich selbst nimmt oder, konkreter ausgedrückt, er partizipiert am Leiden des Christus. Daraus folgt eine Bewertung des Begriffs ›stellvertretendes Leiden‹. Es ist ein sehr irreführender Ausdruck und sollte besser in der Theologie vermieden werden.« (P. Tillich, Systematische Theologie II, 189).

[437] Ebd. III, 462.

[438] G. Wenz (Subjekt und Sein, 289) urteilt über Tillichs Partizipationsbegriff: Er leistet »nicht das, was er leisten soll, im Gegenteil, er bewirkt, was zu verhindern er beabsichtigt, nämlich unmittelbare Identität des Subjekts und des Objekts der Partizipation«.

stellung, Christus würde uns abnehmen, was einzig und allein wir selbst tun können und müssen.

Im juristischen Bereich läßt Rahner den Stellvertretungsbegriff gelten. Denn die Übernahme der Rolle oder der Interessen des anderen ist etwas ganz anderes als die Übernahme einer Aufgabe, einer Haltung, einer Tat vor Gott und auf ihn hin. »Wenn man«, so Rahner, »die ›Stellvertretung‹ in der Mitte des eigentlichen Heilsvollzuges als solchen situieren wollte, dann würde das bedeuten, daß eine heilsbedeutende, heilswirkende Tat, die einer leisten müßte, ihm von einem anderen abgenommen würde und er somit diese nicht mehr selbst leisten müßte und dennoch sein Heil erlangen könnte. In diesem Sinne aber ... gibt es keine Stellvertretung.«[439]

Der Stellvertretungsbegriff verfälscht nach Rahner eben das, was er als das Wesen des Erlösungsvorgangs erklärt: »daß Gott durch seine Gnade im Blick auf Jesus Christus und sein Kreuz dem Menschen die Möglichkeit gewährt und anbietet, in der radikalsten Selbstübergabe seiner Existenz durch Glaube, Hoffnung und Liebe seine eigene heilshafte Endgültigkeit zu konstituieren«. Die »Fremderlösung«, so formuliert er, ist »die gnadenhafte Geschenktheit unserer Selbsterlösung«[440].

Auf dem Hintergrund dieser Definition stellt sich die Frage: Liegt der Grund für Rahners Ablehnung des Terminus »Stellvertretung« nur in seiner einseitigen Auffassung dieses Begriffs oder auch in seiner eigenen Soteriologie? Ist Jesus Christus in Rahners Erlösungslehre nur der »einmalig *höchste* Fall des Wesensvollzugs der menschlichen Wirklichkeit«[441] und somit zwar unüberbietbares »exemplum«, aber nicht Konstitutivum unseres Heils? Liest Rahner – wie Heinz-Jürgen Vogels in einem jüngst veröffentlichten Aufsatz meint[442] – an Jesus nur ab, »was Gott allen Menschen zugesagt hat«, so daß der sogenannte Erlöser »nichts ›für uns‹«, sondern nur etwas »vor uns« getan hat?

Vogels analysiert zwar bestimmte soteriologische und trinitätstheologische Passagen, stellt aber seine Zitate nicht auf die Grundlage des Rahnerschen Ansatzes. Setzt man aber im Sinne dieses Ansatzes voraus, daß der Mensch durch die Idee des Seins immer schon über alles kontingente Seiende hinaus auf ein absolutes (transzendentes) Sein verwiesen ist und dennoch Wirklichkeit nur in Gestalt des Kontingenten bzw. Endlichen wahrnehmen kann; und setzt man ebenfalls voraus, daß Sünde letztlich immer die Gleichsetzung einer endlichen mit der absoluten Realität ist, dann bedeutet Erlösung den für die menschliche Logik undenkbaren Abstieg der absoluten Realität »an die Stelle« der verabsolutierten Endlichkeit (der Sünde). Nachdem dieses »Undenkbare« – so Rahner – in der Menschwerdung des Sohnes tatsächlich geschehen und

[439] K. Rahner, Versöhnung und Stellvertretung, 261.
[440] Ebd. 261.
[441] K. Rahner, Grundkurs des Glaubens, 216.
[442] H.-J. Vogels, Erreicht Karl Rahners Theologie den kirchlichen Glauben?, 40.

in der Auferstehung des Gekreuzigten offenbar geworden ist, ist Christus nicht nur das Gegenteil des Sünders, sondern auch der durch seine Kirche sakramental (in der Endlichkeit unserer Welt und Geschichte) Gegenwärtige; und damit der Erlöser, *durch den* alle Menschen (Sünder) befähigt werden, den Terminus ihrer Transzendentalität, das schlechthin »Andere«, das Absolute bzw. Transzendente, innerhalb der Endlichkeit von Raum und Zeit zu erfahren und anzunehmen. Rahner lehrt somit durchaus, daß Christus für die Erlösung jedes Menschen konstitutiv ist; aber er versteht Menschwerdung, Kreuz und Auferstehung nicht als »Stellvertretung«, sondern als »Bedingung der Möglichkeit«; das heißt, das Tun des Erlösers ist nicht eigentlich »die Stelle« unseres eigenen Tuns, sondern nur dessen »Voraussetzung«. Deshalb lautet Balthasars bleibender Einwand gegen Rahner[443], daß er die uns durch Christus erwirkte Gnade *nur äußerlich* (als »Bedingung der Möglichkeit«) mit unserer Freiheit vermittle – so, als würden wir *zuerst* durch Christus begnadet (»Fremderlösung«) und könnten *dann* unsere Freiheit realisieren (»Selbsterlösung«).

Otto Hermann Pesch bestärkt Balthasars Einwand, indem er Rahner nachweist, die Kirche nicht nur als Grund-, sondern auch als »Ursakrament« zu bezeichnen[444]. Wenn aber terminologisch nicht mehr zwischen Christus und der Kirche unterschieden wird, liegt der Vorwurf nahe, hier werde die Kirche Christus gleichgestellt. Jedenfalls bestimmt Rahner die Kirche nicht von der Stellvertretung Christi her als »Mit-Stellvertreterin«, sondern nennt den Erlöser *und* die Kirche »Ursakrament«. Damit aber, so Pesch, nährt er den auf protestantischer Seite auch nach dem Zweiten Vatikanum nicht ausgeräumten Verdacht[445], diese Verknüpfung von Sakrament und Kirche (bzw. Sakrament und Amt) pervertiere die sieben Sakramente der katholischen Kirche zu Mitteln der Selbsterlösung[446].

[443] Eine detaillierte Besprechung der von Balthasar gegen Rahner gerichteten Kritik bietet: C. Kappes, Freiheit und Erlösung, 56–141 (zum Stellvertretungsbegriff bes. 84–90.128–136).

[444] Vgl. O. H. Pesch (Dogmatik im Fragment, 356[66]) zu: K. Rahner, Grundkurs des Glaubens, 396–398. – Zu den Ursprüngen der Anwendung des Begriffes »Ursakrament« auf die Kirche: O. Semmelroth, Die Kirche als Ursakrament, 44–67; K. Rahner, Kirche und Sakramente, 22–67; P. Smulders, Die Kirche als Sakrament des Heils, 303–312.

[445] Vgl. P. E. Persson, Repraesentatio Christi, bes. 95f.163–166.176f; G. Maron, Kirche und Rechtfertigung, bes. 18–30. 261–266; G. Wenz, Die Lehre vom Opfer Christi im Herrenmahl als Problem ökumenischer Theologie, 16–25; J. Baur, Einig in Sachen Rechtfertigung?, Tübingen 1989; D. Lange (Hrsg.), Überholte Lehrverurteilungen?, Göttingen 1991, bes. 52–75. – Daß alle von Maron kritisierten Positionen bis zum Vaticanum II von einzelnen kath. Theologen vertreten wurden, belegt z.B.: F. M. Gallati, Der Mensch als Erlöser und Erlöster, 159–217. Die führenden Vertreter der Befreiungstheologie vermeiden eine Gleichsetzung von Heil (Gnade) und Befreiung bzw. Gemeinde (vgl. H. Kessler, Reduzierte Erlösung?, bes. 43–50). Aber die von Ludwig Weimer (Die Lust an Gott und seiner Sache, bes. 133–138.408–421) vorgelegte »Gnadenlehre einer integrierten Gemeinde« läßt zumindest stellenweise eine klare Unterscheidung zwischen der Gnade Christi und der Kirche (bzw. Gemeinde) vermissen.

[446] Vgl. O. H. Pesch, Dogmatik im Fragment, 358.

Wenn man Peschs Vorschlag[447] folgen und die Bezeichnung der Kirche als Grund- und erst recht als Ursakrament vermeiden will, drängt sich der Stellvertretungsbegriff als Alternative geradezu auf. Rahners Ekklesiologie mit ihrer These vom »anonymen Christentum« würde deshalb keineswegs hinfällig; im Gegenteil: Anselm Grün, Heinrich Fries, Nikolaus Schwerdtfeger u. a. haben überzeugend dargelegt[448], daß der Stellvertretungsbegriff unnötige Mißverständnisse beseitigt, ohne Rahners Grundanliegen zu beeinträchtigen. Wenn man mit Rahner sagt, daß *alle* Gnade inkarnatorischen Charakter hat, weil sie Gnade Christi des Gott*menschen* ist, und wenn man ihm auch darin zustimmt, daß Gott sich in Christus so in die Endlichkeit von Welt und Geschichte vermittelt hat, daß grundsätzlich alles Seiende in Raum und Zeit Sakrament seiner Selbstmitteilung (Gnade) werden kann[449], dann wird einerseits einsichtig, daß Rahner die Kirche nur ihrer paradigmatischen Sakramentalität wegen *Ur-* oder *Grund*sakrament nennt; dann wird aber auch deutlich, daß ein Ersatz dieser Bezeichnung durch den Stellvertretungsbegriff seine Intentionen nicht verfälscht. Im Gegenteil, Rahner will ja sagen: Nur weil es eine Gemeinschaft gibt, die das einmalige Christusereignis (die absolute Selbstmitteilung Gottes) intersubjektiv (interkommunikativ) in alle Orte und Zeiten der Weltgeschichte tragen kann – anders gesagt: nur weil es eine in die Stellvertretung Christi inkludierte

[447] Sicher ist »der Begriff ›Sakrament‹ als solcher« nicht vermeidbar. »Wohl aber der Begriff von der Kirche als ›Ur-‹ oder ›Grundsakrament‹. Rundheraus gesagt: Ich halte diese Redeweise ... für gefährlich, weil gerade die Art, wie sie durchschnittlich interpretiert wird – in der Absicht, für einen großen Gedanken zu werben! –, schier unüberwindliche Hindernisse und Ressentiments beim evangelischen Gesprächspartner aufbaut.« (Ebd. 359f).

[448] Vgl. A. Grün, Erlösung durch das Kreuz, 157–160; H. Fries, Der anonyme Christ – das anonyme Christentum, bes. 40f; N. Schwerdtfeger, Gnade und Welt, 381–424. – Grün und Schwerdtfeger sehen in den Rahnerschen Begriffen »Interkommunikation« (durch die Idee des »Einstiftens« vertieft) und »Repräsentation« (LThK VIII, 1244f) Äquivalente des Stellvertretungsbegriffs. – Nicht im Zusammenhang mit der These vom »anonymen Christen«, sondern bezogen auf Rahners Theologie des Todes nennt Hermann Wohlgschaft (Hoffnung angesichts des Todes, 246–250) Rahner (und Tillich) »exemplarisch« für eine Theologie, die den Stellvertretungsgedanken entfaltet.

[449] »Was die Situation des ›anonymen Christen‹ betrifft, können wir davon ausgehen, daß allen Menschen die Gnade innerlich angeboten ist (transzendentales übernatürliches Existential) und dadurch ein ›anonymer Glaube‹ ursprünglich ermöglicht ist. Doch wird diese transzendentale Gnade erst ›aktuell, wirksam und fordernd ..., wenn sie einem *entsprechenden* Erfahrungsobjekt von außen‹ [K. Rahner, Anonymes Christentum und Missionsauftrag der Kirche, 507] begegnet. Bei diesem ist zunächst an die eigentlichen Sakramente und das Wort des Evangeliums gedacht. Nach allem Gesagten darf aber auch schon die Welt als der gesuchte Glaubensgegenstand angesehen werden, insofern sie quasi-sakramentalen Charakter hat. Indes vermag sie von sich her bloß unzulänglich ein Korrespondenzgeschehen mit der inneren Gnade zu eröffnen. Denn die Objektivationen in der Welt sind zweideutig, so daß sie in ihrer gnadenbezeugenden und entscheidungsfordernden Kraft nur gebrochen wirksam werden.« (N. Schwerdtfeger, Gnade und Welt, 395f). – Zur Problematik einer apriorischen Übernatürlichkeit der menschlichen Transzendentalität: H. Verweyen, Wie wird ein Existential übernatürlich?, bes. 125–131.

Stellvertretung der Kirche gibt –, kann das Ereignis der Erlösung alle Menschen aller Orte und Zeiten erreichen. Rahner spricht nicht nur von der Möglichkeit, daß Menschen Christi Gnade empfangen und annehmen, ohne Christus explizit als den Weg, die Wahrheit und das Leben zu (be)kennen (»anonymes Christentum«), sondern auch von der Kirchlichkeit *allen* Heils. Ja, er bemerkt, daß die Leugnung dieser Wahrheit eo ipso die Leugnung der Heilsnotwendigkeit Christi wäre[450]. Als Konsequenz ergibt sich: Ein »anonymer Christ« vermag sein Heil zu wirken, weil seine Sehnsucht nach unbedingtem Sinn durch die in Christi Stellvertretung inkludierte Stellvertretung der Kirche – das heißt: durch die Vermittlung des Erlösers in jeden Punkt von Raum und Zeit – auch dann erfüllt werden kann, wenn er von Christus nichts weiß. Kurz: Wenn alles Seiende auf den Menschen hin entworfen und deshalb potentielles Zeichen und Mittel der Kommunikation zwischen den Menschen ist, und wenn es eine Communio gibt, die so in das Erlösungswerk Jesu Christi inkludiert ist, daß er durch diese Communio jeden Punkt von Raum und Zeit zum Sakrament seiner Selbstmitteilung machen kann, versteht es sich von selbst, daß Menschen schon in Beziehung zum Erlöser stehen können, bevor sie ihm ausdrücklich und bewußt begegnen[451].

Vergleicht man die Gründe, die Karl Rahner zur Ablehnung des Stellvertretungsbegriffs führen, mit denen, die Paul Tillich vorträgt, dann darf man beider Kritik als Bestätigung der These werten, daß Stellvertretung ursprünglich und eigentlich beides zugleich ausdrückt: die von Rahner vermißte *Verschiedenheit* des rechtfertigenden Christus von dem gerechtfertigten Menschen *und* die von Tillich angemahnte *Einheit* des Erlösers mit dem zum Sohn gewordenen Sünder.

Wie wir im ersten Kapitel gezeigt haben, ist das Abstraktum »Stellvertretung« aus dem Bestreben entstanden, den göttlichen und den menschlichen »Part« des Erlösungsgeschehens als ungetrennte und unvermischte Einheit zu begreifen. Kriterium jeder Aussage über das Zueinander von göttlichem und menschlichem Handeln (von ungeschaffener und geschaffener Freiheit), ist der Stellvertretungsbegriff also nicht erst auf Grund künstlicher Definition. Würde unser Begriff nicht »von

[450] »Die Kirchlichkeit allen Heiles leugnen würde entweder heißen, daß die Gnade nicht immer inkarnatorisch, geschichtlich und darum kirchlich ist, oder würde implizieren, daß man sein Heil ohne Gnade Christi wirken könne.« (K. Rahner, Kirche und Sakramente, 20).

[451] »Wenn die Geschichte der Menschheit *eine* ist, in der alles von Abel bis zum letzten Menschen zusammenhängt und jeder für jeden durch alle Zeiten hindurch – und nicht nur bei einer irdischen Gleichzeitigkeit und Gleichräumigkeit – etwas bedeutet, dann ist eben die Kirche der Sauerteig nicht nur dort, wo sie ein Stück des übrigen Mehles für unsere Augen sichtbar ergriffen und so je selbst zu einem Stück der Fermentation gemacht hat, sondern immer und für alle, für jede Zeit und gerade auch dort, wo sich das Mehl für uns greifbar (noch) nicht in den gesäuerten Teig verwandelt hat.« (Ders., Das neue Bild der Kirche, 348f).

sich aus« eine direkte Proportionalität von Einheit und Verschiedenheit zwischen zwei personalen Wirklichkeiten ausdrücken, wäre er wohl schwerlich bei Barth *und* bei Balthasar zur Bezeichnung des Zentrums der christlichen Erlösungsbotschaft avanciert.

Natürlich ist auch der Stellvertretungsbegriff den Bedingungen der Zeit unterworfen. Er ist, wie wir gezeigt haben, im Laufe seiner Geschichte vereinnahmt, verfremdet und verfälscht worden; und sein Aufstieg zu einer theologischen Grundkategorie beruht auf bestimmten hermeneutischen Voraussetzungen. Nicht mehr Autonomie und Selbstverwirklichung, nicht mehr die Gleichsetzung von Freiheit und Ungebundenheit, sondern »Austausch, Kommunikation und das Glück, beschenkt zu werden und weiterschenken zu dürfen«[452], rangieren heute auf den ersten Plätzen der Werteskala. Was wir als »eigentliche« von »uneigentlicher« Stellvertretung unterschieden haben, kann unter diesen Umständen neu beachtet und in seinem theologischen Wert erkannt werden. Aber die hermeneutischen Voraussetzungen des Begriffs bedeuten keine Relativierung seines Inhalts; seine Bezeichnung mag sich ändern; und Umfang und Tiefe seines Verständnisses sind zeitbedingt; aber das, was wir als direkte Proportionalität von Einheit und Unterschiedenheit zweier Wirkungen oder Wirklichkeiten beschrieben haben, bleibt Kriterium jeder Aussage über Christi Verhältnis zu uns und unser Verhältnis zu Christus.

[452] G. Greshake, Erlöst in einer unerlösten Welt?, 44. – »Zeitgeist und heutiges Lebensgefühl scheinen die Menschen bereits dazu zu verpflichten, daß jeder alles in ein Zusammenhängendes, Gemeinsames, Organisches, Lebendiges einbringt und darin verantwortet.« (K. Krenn, Die Stellvertretung, 177f).

Fünftes Kapitel

STELLVERTRETUNG ALS GELEBTE UND REFLEKTIERTE WIRKLICHKEIT

Wie Balthasar in seiner »Ästhetik« gezeigt hat, verweist die gesamte Kreatur in mehr oder weniger vollkommenen »Stellvertretungs-Gestalten« auf das »universale concretissimum«: auf den Stellvertreter, der seine Stellvertretung *ist*, auf Jesus Christus. Der Mensch aber nimmt als einziges Geschöpf aktiv teil an der Stellvertretung des Erlösers – nicht nur der getaufte Christ, sondern jeder Mensch, der sich »ausstreckt« nach dem Ganzen von Sinn. Das wird besonders deutlich in den Vollzügen, die ihn von aller nichtbewußten Schöpfung unterscheiden: in der Reflexion seines Denkens (Philosophie) und in der gelebten Beziehung zu Gott und zum anderen Menschen (Spiritualität).

Daß auch die nichtchristlichen Religionen, Kulturen und Philosophien nach reflektierten oder gelebten Gestalten »eigentlicher Stellvertretung« befragt werden könnten und müßten, versteht sich nach der Lektüre von Balthasars »Ästhetik« von selbst. Genauso »selbst-verständlich« ist aber, daß wir uns im Rahmen dieser Studie auf Zeugnisse der christlichen Tradition beschränken und auch aus diesen nur eine Auswahl weniger Beispiele besprechen[1].

Mit den folgenden Ausführungen fragen wir in einem ersten Schritt, ob das postkantianische Denken der europäischen Philosophie Kategorien oder Modelle entwickelt hat, die das von der biblischen Offenbarung und christlichen Theologie bezeugte Faktum einer direkten Proportionalität zwischen der Einheit und der Unterschiedenheit zweier personaler Wirklichkeiten erfassen bzw. reflex einholen können. Anschließend – in einem zweiten Schritt – konfrontieren wir alle referierten Bemühungen der theologischen und philosophischen Reflexion mit exemplarischen Erfahrungen gelebter Stellvertretung, um auf diese Weise *beides zugleich*, die Einheit *und* den Abstand zwischen Theorie und Wirklichkeit, zu ermessen. Und indem wir abschließend zu zeigen versuchen, daß die Reflexion gelebter Stellvertretung als Brücke zwischen Theorie und Praxis das Selbstverständnis vieler auf ihr Binnenleben beschränkter Gemeinden verändern und der fortschreitenden Säkularisierung unserer Gesellschaft eine missionarische Erneuerung der Kirche entgegenstellen könnte, entwickeln wir Perspektiven für eine »Theologie der Stellvertretung«, d. h. für eine »Synthese aus der heilsgeschichtlichen Mitte«, die alle traditionellen Traktate im Zentrum der biblischen Botschaft (in der Formel »für euch«) bündelt.

[1] Den potentiellen Umfang einer »Phänomenologie der Stellvertretung« (nach Balthasar unverzichtbare Voraussetzung einer »Theologie der Stellvertretung«!) läßt das von K. P. Kisker (Phänomenologie der Intersubjektivität, 81–107 [Lit. 101–107]) erstellte Literaturverzeichnis erahnen. Unsere vornehmlich begriffs- und theologiegeschichtliche Untersuchung kann nur die wichtigste Sekundärliteratur zu einigen Abschnitten der Philosophie- und christlichen Spiritualitätsgeschichte berücksichtigen.

§ 1 Die philosophische Frage nach der Bedeutung »des Anderen« als »des anderen« für das Ichsein des Ich

Wie Michael Theunissen gezeigt hat, »stehen sämtliche Vertreter der Philosophie des Dialogs ... in der Nachfolge Kierkegaards«[2]. Sie verwerfen die Transzendentalphilosophie als Lehre von der Konstitution der Welt aus der Subjektivität. Denn damit beginnt für sie der Sündenfall des transzendentalphilosophischen Denkens: das oder den Andere(n) als Moment des Selbstbewußtseins zu betrachten. In der Verneinung dieser Position verstehen sich die »Dialogiker« als Vollzieher einer radikalen Wende, die den Anderen nicht als Objekt, Mittel oder Projektion, sondern umgekehrt als konstitutive Bedingung des »Ich« würdigen.

Die neuere Fichte-Forschung allerdings nennt die Haltung der Dialogiker gegenüber der akademischen Philosophie des Deutschen Idealismus eine »mehr auf geschichtlich und psychologisch bedingten Mißverständnissen als auf sachlicher Notwendigkeit«[3] beruhende Frontstellung. Die Dialogiker befassen sich vornehmlich mit den Gestalten des »Zwischen« (mit den Phänomenen der Sprache und der Freiheit weckenden Liebe) und fragen nur selten und schon gar nicht systematisch nach den Bedingungen der Möglichkeit dieses »Zwischen«. Wenn sie immer wieder behaupten, der Idealismus gehe aus vom Bewußtsein, so trifft dies zumindest auf Fichte bezogen nicht zu. Was Bernhard Langemeyer über Ferdinand Ebner bemerkt, ließe sich m. E. auch über Fichtes Naturrechtslehre von 1796 sagen: Das *Ich* gründet nicht »im Bewußtsein. Es findet zwar im Bewußtsein zu sich selbst, aber es entspringt nicht in ihm. Die Fähigkeit und das Bedürfnis, sich auszusprechen vor einer anderen Person, drängen den Menschen zum Ich-sagen und zum Ich-Bewußtsein. Und weil dieser Drang zum Wort schon vor dem Bewußtsein und jeder bewußten Tätigkeit da ist, besteht auch die Zuordnung des Ich zum Du, die Verknüpfung zwischen beiden schon im voraus zum Bewußtsein. Der Mensch findet sich schon an die andere Person verwiesen, wenn er sich seiner selbst bewußt wird. Das Verhältnis des Ich zum Du ist eine vorgegebene Struktur des Geistigen im Menschen.«[4] Am Erleben der Welt (der Dinge) – das betonen Fichte und Ebner gleichermaßen – würde der Mensch ebensowenig wie ein Tier zum Selbst-Bewußtsein (zum Ich-sagen) gelangen; »erst im Erlebnis am anderen Menschen hebt sich das eigene Personsein ab. Erst vor der anderen Person entdeckt der Mensch sein eigenes Ich«[5].

Wie zuerst Heinz Heimsoeth[6] und dann besonders Reinhard Lauth[7] erwiesen haben, ist Fichtes Kritik an Kants Annahme eines »an sich« nicht

[2] M. Theunissen, Der Andere, 257.
[3] J. Heinrichs, Sinn und Intersubjektivität, 179; ders., Fichte, Hegel und der Dialog, 108f.
[4] B. Langemeyer, Der Dialogische Personalismus, 41f.
[5] Ebd. 48.
[6] Vgl. H. Heimsoeth, Fichte, 141.
[7] Vgl. R. Lauth, Le problème de l'interpersonnalité chez J. G. Fichte, 344.

erkennbaren »Dings an sich« zu Unrecht mit dem Etikett »Solipsismus« versehen worden. Denn Fichte will mit der Verwerfung eines prinzipiell »für mich« unerreichbaren Erkenntnissubstrats nicht behaupten, daß die Wahrheit der Dinge vom Ich gesetzt oder hervorgebracht wird. Es geht ihm vielmehr um die Feststellung, daß »der höchste Trieb im Menschen ... der Trieb nach *Identität*, nach vollkommener Uebereinstimmung mit sich selbst«, ist. Denn jeder Mensch will, daß den »Begriffen, die in seinem Ich liegen, ... im Nicht-Ich ein Ausdruck, ein Gegenbild gegeben«[8] wird. Deshalb, so Fichte, muß die von Kant übergangene Frage gelöst werden, wie unbedingte Einheit *in* Differenz möglich ist, wie das, was vom Erkennenden real verschieden ist, dennoch seinem Begriff ganz und gar (unbedingt) entsprechen kann.

Zur Beantwortung dieser Frage »formuliert Fichte in *De officiis eruditorum*[9] das Postulat, es müsse vom Ich ein geistiges Nicht-Ich als freies Gegenüber für das Ich gefunden werden können«[10]. Doch dieses Postulat – so erklärt er in seiner *Grundlage des Naturrechts nach Principien der Wissenschaftslehre* von 1796[11] – darf nicht so verstanden werden, als suche sich das Ich ein Du, sondern das Ich muß sich vom Du erst finden lassen, um als von ihm beanspruchtes personales Ich sich selbst zu finden[12].

Zunächst erscheint das Bewußtsein des Menschen als ein Subjekt, das seine Umwelt »aufnimmt«, ohne sich dieses Aufnehmens als des eigenen bewußt zu sein. Das ursprüngliche Bewußtsein geht noch gleichsam in der Welt auf; es ist noch nicht zum »Selbst-bewußtsein« gelangt. Dazu bedarf es der Begegnung mit einem »Anderen«, mit dem es sich als es selbst identifizieren kann. »Ursprünglich« – so Fichte – »kann ich mich nicht selbst durch freie ideale Thätigkeit bestimmen, sondern ich muß mich *finden*, als bestimmtes Object: und da ich nur Ich bin, in wiefern ich frei bin, muß ich mich *frei finden*: mir als frei gegeben werden; so sonderbar dies auch auf den ersten Anschein vorkommen möge«[13].

Nicht irgendein *Objekt*, sondern nur ein *Subjekt* kann mir zum Bewußtsein meines »Selbst« verhelfen. »Beim ursprünglichen Zustandekommen

[8] J. G. Fichte, Einige Vorlesungen über die Bestimmung des Gelehrten, 35. – Dazu: E. Düsing, Intersubjektivität und Selbstbewußtsein, 228f; H. Verweyen, Gottes letztes Wort, 233–238.

[9] R. Lauth (Le problème de l'interpersonnalité chez J. G. Fichte, 331–334; Zur Idee der Transzendentalphilosophie, 73–75) hat die in Anlehnung an Ciceros »De officiis« unter dem Titel »De officiis eruditorum« 1794 in Jena gehaltenen und in demselben Jahr unter dem Titel »Einige Vorlesungen über die Bestimmung des Gelehrten« veröffentlichten Vorlesungen als »Ausgangspunkt« der Fichteschen Interpersonallehre bezeichnet.

[10] E. Düsing, Intersubjektivität und Selbstbewußtsein, 230f.

[11] Vgl. J. G. Fichte, Grundlage des Naturrechts, bes. 340–348.

[12] »Das Du als Gegenüber ist in der *Grundlage des Naturrechts* mehr als nur Bedingung für mein vollendetes Selbstbewußtsein in der Erfüllung meiner Vernunftbedürfnisse nach einem gleichgestimmten Gegenbilde; es ist darüber hinaus als eigenständige selbstbewußte Existenz der Ursprungsort meiner Selbstbewußtwerdung. Von daher ist ... jeder Verdacht ausgeräumt, das *alter ego* sei vielleicht nur ein Traumbild der unbewußt produzierenden Einbildungskraft des Ich.« (E. Düsing, Intersubjektivität und Selbstbewußtsein, 247).

[13] J. G. Fichte, Das System der Sittenlehre, 199f.

des Selbstbewußtseins« – so kommentiert Hansjürgen Verweyen – »finde ich ›mich‹ im Akt einer anderen Freiheit, nämlich in dem Bild meiner selbst, zu dem jene Freiheit sich macht und in dem ich mich erkenne – etwa im Lächeln der Mutter«[14]. Und indem ich »mich« im Akt einer anderen Freiheit bzw. durch die Anerkennung eines anderen als »Selbst« erkenne und bejahe, anerkenne und bejahe ich eo ipso die mich anerkennende Freiheit bzw. das »Selbst« des Anderen. Die Anerkennung des Anderen ist nach Fichte allerdings nicht Konstitutivum, sondern nur Mittel zur Bewußtwerdung meines »Selbst« bzw. meiner Freiheit. Deshalb betont Edith Düsing in einem Vergleich zwischen Fichtes »Intersubjektivitätslehre« und George Herbert Meads »Theorie der passiven Konstitution des Selbst«, daß nach Fichte der Andere »in dem sich entwickelnden Subjekt nichts diesem Fremdes oder schlechthin Neues«[15] hervorbringt.

Der Andere ist in Fichtes Interpersonallehre nicht die »Stelle« des Ich, sondern nur dessen »Gegenbild« bzw. seine Anerkennung. Deshalb steht diese Lehre nach Hegels Meinung unter dem Vorzeichen der Entzweiung, der Ausgrenzung und Entgegensetzung individueller Freiheitssphären. Aus seiner Perspektive überwindet auch »die *Wechselwirkung*, die Fichte im Hinblick auf das interpersonale Verhältnis als ein gegenseitiges geistiges Geben und Empfangen charakterisiert, ... keineswegs die wesensmäßige Getrenntheit und Entgegensetzung der Mitglieder einer solchen sich konstituierenden Gemeinschaft«[16]. Hegel betont Fichte gegenüber, daß die Freiheit des Anderen nicht Grenze der eigenen Freiheit, sondern im Gegenteil deren Erweiterung sei[17]. Der Begriff »Anerkennung« beherrscht zwar ebenso die Jenaer Schriften Hegels wie das Frühwerk Fichtes. Aber Hegel versteht unter »Anerkennung« keine Gegenseitigkeit zwischen Ich und Du, sondern »ein Aufgehobenseyn der Bewußtseyne als einzelner« – nicht im statischen Sinne, als wenn der einzelne seine Differenz in eine übergeordnete Einheit auflösen könnte, sondern im Sinne des *Einsseins* verschiedener Personen *im Getrenntsein*[18]. So enthält die in den Jenaer Jahren beschriebene Struktur intersubjektiver Verhältnisse bereits das Grundmuster des Hegelschen Denkens, nämlich: *das andere seiner selbst* zu sein oder *im anderen bei sich selbst* zu sein[19].

Während nach Fichte der Andere *nur* dann die »Stelle« des Ich sein

[14] H. Verweyen, Gottes letztes Wort, 260.

[15] E. Düsing, Intersubjektivität und Selbstbewußtsein, 245.

[16] Ebd. 295f.

[17] Vgl. G. W. F. Hegel, Differenz des Fichte'schen und Schelling'schen Systems der Philosophie, 54f.

[18] Das einzelne Bewußtsein »*ist* nur *als anerkannt*; als nicht anerkanntes als nicht ein andres Bewußtseyn als es selbst ist, ist es gar nicht; sein Anerkanntwerden ist seine Existenz, und es ist in dieser Existenz nur als ein aufgehobenes. Diß *absolute Bewußtseyn* ist also ein Aufgehobenseyn der Bewußtseyne als einzelner; ein aufgehobenseyn, welches zugleich die ewige Bewegung des zu sich selbst werden eines, in einem andern, und des sich anders werden in sich selbst ist« (ders., Zum Organischen und zur Philosophie des Geistes, 314).

[19] Dazu: V. Hösle, Hegels System II, 365–388.

könnte, wenn es ihm möglich und sinnvoll erschiene, sein Selbst (seine Freiheit) restlos (unbedingt) darin aufgehen zu lassen, Bild bzw. Anerkennung zu sein[20], ist der Andere nach Hegel *immer* die »Stelle« des Ich – allerdings nicht im Sinne »eigentlicher« Stellvertretung, d. h. nicht im Sinne einer direkten Proportionalität von Einheit und Differenz zwischen Ich und Du, sondern im Sinne einer »Aufhebung« (nicht Auflösung!) der Differenz in die Einheit.

Die Hegelkritik seit Kierkegaard verdammt diese »Aufhebung« als Verabsolutierung des Subjekts, bleibt aber immer auch abhängig von der eigentümlich faszinierenden Formel, das Subjekt sei im Anderen bei sich selbst. Jedenfalls wird »der Andere« zum entscheidenden Thema der gesamten Philosophie nach Hegel: in der Phänomenologie Husserls, in der Existenzphilosophie Heideggers und Sartres und vor allem bei den Dialogikern von Martin Buber bis zu Gabriel Marcel[21].

1. Die transzendental- und existenzphilosophische Frage nach dem Anderen

a) Das *alter ego* als Analogon des *ego*

Edmund Husserl (1859–1938) will in seinem Hauptwerk, den »Cartesianischen Meditationen«[22], das »Problem des Anderen« durch radikale Freilegung der Subjektivität als solcher lösen. Er begreift seine »Phänomenologie« als äußersten Gegensatz zu den objektiven Wissenschaften, auch zu der Wissenschaft von der weltlichen Subjektivität (vom empirischen Ich). Er wirft Descartes mangelnde Konsequenz vor, weil das von ihm beschriebene »ego« nicht das »transzendentale ego«, nicht die »extramundane Subjektivität«, sondern statt dessen »ein kleines Endchen der Welt« beschreibt[23].

Die reduktive Freilegung der Subjektivität als der »je meinigen«[24] ist für den Freiburger Philosophen »die gewichtigste unter den Voraussetzungen, welche erfüllt sein müssen, damit der ›Andere‹ überhaupt zum philosophi-

[20] Zu der Frage, »ob Freiheit vernünftigerweise je so etwas wollen könne, wie im Ans-Licht-Bringen des Wesens eines anderen selbst ganz aufzugehen«: H. Verweyen, Gottes letztes Wort, 240–255.

[21] Vgl. B. Waldenfels, Der geistesgeschichtliche Hintergrund vom Ich zum Wir, 164–174.

[22] Zur Einordnung in das Gesamtwerk: W. Biemel, Die entscheidenden Phasen der Entfaltung von Husserls Philosophie, bes. 201–210.

[23] Vgl. E. Husserl, Cartesianische Meditationen, 63 f. – Dazu: R. Boehm, Zum Begriff des »Absoluten« bei Husserl, 234 f.

[24] Husserl unterscheidet drei »Reduktionen«: die *phänomenologische* (radikale Relativierung der naiven Rede von Objektivität; radikale Relativierung der Welt als »Phänomen« [konstituiert durch das selber unweltliche Ich], als Korrelat der ihr Seinssinn gebenden Subjektivität); die *eidetische* (nach dem phänomenologischen »Abbau« der natürlich vermeinten objektiven Welt »Aufbau« in transzendental gerechtfertigter Gestalt); und die *primordinale* (abstrahierende Reflexion auf die »jemeinige« Eigenheitssphäre).

schen Problem werden kann«[25]. Denn erst die Subjektivität im Sinne von Jemeinigkeit »öffnet den Blick für den Anderen als den, der sich nicht bloß in diesem oder jenem von mir unterscheidet, sondern der als das Ich, das er für sich selbst ist, anders ist als das Ich, das ich für mich selbst bin«[26].

Indem das Ich intentional bzw. transzendental verwiesen ist auf das andere seiner selbst, macht es die Erfahrung einer Welt, die seine eigene, von Husserl als »primordinal« bezeichnete Welt »ganz und gar transzendiert«[27]. Gemeint ist das »alter ego«, d. h. ein Seiendes, das »wie ich« ist. Husserl unterscheidet zwischen der »Ur-Präsenz« des Anderen und der durch »Einfühlung« (durch eine Art Analogieschluß) möglichen »Appräsenz« der fremden Subjektivität. Mit dem ersten Begriff ist der Leib als Ausdruck der sich bekundenden Person gemeint, mit dem zweiten das »Mit-gegenwärtig-machen« des »alter ego« als Analogon des eigenen Ich[28]. Indem die Einfühlung zwischen *ego* und *alter ego* wechselseitig erfolgt, entsteht Intersubjektivität, wird offenbar, daß der Andere, nur aus anderer Perspektive, »dasselbe« im Sinne hat wie ich[29]. Husserl spricht von der Konstruktion der objektiven Welt aus der gegenseitigen Identifikation der primordinalen Welten[30]; die einzelne Person entdeckt sich als Glied einer »sozialen Subjektivität«, wie sie ganz allgemein in der generativen Gemeinschaft einer Familie, aber auch in dem vergleichsweise künstlichen Gebilde einer »juristischen Person« erscheint[31].

Das transzendentale Ich wird durch den Anderen gleichsam depotenziert: vom Weltmittelpunkt zu einem abhängigen, kausierten Ich (»ganz wie jeden Anderen«[32]). Denn durch Einfühlung in den Anderen versetzt sich das Ich der primordinalen Welt nicht nur in das Denken, Fühlen und Tun des Anderen, sondern auch in dessen Vorstellung von ihm selbst, dem Ich, als einem anderen. Husserl nennt das eine dem Ich widerfahrende »Veranderung«. Und doch ist Theunissen beizupflichten, wenn er kritisch anmerkt:

[25] M. Theunissen, Der Andere, 18.

[26] Ebd. 19.

[27] E. Husserl, Cartesianische Meditationen, 135.

[28] »Der erste Schritt zum Anderen, zunächst zum ›Anderen überhaupt‹, ist die Apperzeption des (fremden) Körpers als eines Leibes auf Grund der Analogie mit meinem eigenen, partiell ebenfalls als Körper konstituierten Leib. Der zweite Schritt ist in psychologischer Richtung die Erfahrung des fremden Seelenlebens, in transzendentaler die Erfahrung des reinen alter ego. Ist das Vehikel des ersten Schrittes eine Quasi-Analogie-Apperzeption, so bedient sich der zweite der purifizierten Analogisierung als Einfühlung. Einfühlung eines reinen alter ego verwirklicht sich aber als Einfühlung in die fremde Eigenheitssphäre, die wie meine eine nach Erscheinung und Sinn differenzierte Welt ist.« (M. Theunissen, Der Andere, 78).

[29] Dazu: A. Schütz, Das Problem der transzendentalen Intersubjektivität bei Husserl, 81–107; T. Seebohm, Die Bedingungen der Transzendental-Philosophie, 147f; A. Diemer, Edmund Husserl, 39[79]; B. Waldenfels, Das Zwischenreich des Dialogs, 175–182.

[30] Vgl. E. Husserl, Cartesianische Meditationen, 146–152.

[31] Vgl. ebd. 157f; ders., Ideen zu einer reinen Phänomenologie II, 169.242f.

[32] Vgl. ders., Ideen zu einer reinen Phänomenologie III, 114.

Husserl stellt »mich als das Vollzugsorgan meiner eigenen Veranderung vor ... Ich selber fasse mich als einen unter den Anderen und als etwas unter Anderem auf. Das kann ich nur, indem ich mich auf Einfühlung stütze. Auch diese Einfühlung ist mein Akt. Damit ist schon gesagt, daß ich auch meine Veranderung, welche die Einfühlung in die fremde Vorstellung eines von mir verschiedenen Gegenstandes erwirkt, selber vollziehe. Ja, diese Veranderung ist nicht nur auch, sondern sogar wesentlich aktivisch bestimmt. Denn sie ist ganz und gar in meinen Akt eingeschlossen. Entsprechend hat in ihr das passive Moment ein relativ geringes Gewicht. *Durch* den Anderen werde ich da nur insofern verandert, als sein faktisches Auftreten meinen Einfühlungsakt *veranlaßt.*«[33]

Der Andere ist nach Husserl zwar kein bloßes Etwas im Sinne eines dinghaft Vorhandenen, aber doch »jemand«, und »›jemand‹ ist ... etwas, was für mich ist, von mir aus und für mich erkennbares Seiendes«[34]. So gesehen aber kommt mir der Andere »nie dadurch zu Bewußtsein, daß ich *für ihn* bin. Nie ist er anfänglich Subjekt, nie bin ich anfänglich sein Objekt. Als sein Objekt entdecke ich mich erst in einem wesensmäßig späteren Stadium, und zwar auf dem Umweg über die Einfühlung in seine Weltapperzeption«. Und dieser Weg bedeutet auch da, wo ich mich in die Vorstellung des Anderen von mir einfühle, die Einschließung meines Objektseins für den Anderen in der Erfahrung des Objektseins des Anderen für mich. »Ich kann nach Husserl mich nur dann als Objekt des Anderen erfahren, wenn ich den Anderen zugleich als mein Objekt im Blick habe.«[35] Das *alter ego* bleibt ein bloßes Analogon des *ego*. »Alles Fremde im Sinne des dem Anderen Eigenen, also mit dem fremden Ich auch dessen ganze Primordinalwelt, ist ›nur denkbar als Analogon von Eigenheitlichem‹.«[36] Vielen gegenteiligen Beteuerungen zum Trotz bleibt Husserls Ich »im Anderen bei sich selbst« (Hegel).

Als philosophisches Modell für die Erklärung der Stellvertretung Christi und »eigentlicher Stellvertretung« insgesamt ist Husserls Zuordnung von Ich und Nicht-Ich ungeeignet. Er betont zwar, daß der Andere für die Personwerdung des Ich konstitutiv ist, versteht aber den Anderen wie einen »Katalysator«, der etwas im Ich auslöst, diesem aber selbst äußerlich bleibt. Christus aber ist als Stellvertreter des Sünders kein bloßer »Auslöser«, kein bloßer »Initiator« und kein bloßes »Paradigma«, sondern einer, der in meine »primordinale Welt« eindringt und deren Wesen bestimmt, ohne mich mir selbst zu entfremden.

Max Scheler (1874–1928) vermeidet den Begriff »Einfühlung« und spricht stattdessen von »Einsfühlung«[37], bleibt aber dem so kritisierten Husserl weithin verhaftet. Denn er setzt das einzelne Ich immer schon als gegeben voraus, indem er Intersubjektivität als Verknüpfung der einzelnen »Menschen-Iche« durch wechselseitige

[33] M. Theunissen, Der Andere, 87.
[34] E. Husserl, Die Krisis, 410.
[35] M. Theunissen, Der Andere, 109.
[36] Ebd. 139.
[37] Vgl. M. Scheler, Wesen und Formen der Sympathie, 35f.

»Einsfühlung« definiert[38]. Auch Maurice Merleau-Pontys (1908–1961) »Phänomenologie der Wahrnehmung«[39] und Frederik Jacobus Johannes Buytendijks (1887–1974) »Phänomenologie der Begegnung«[40] kommen nicht wesentlich über Husserls Betrachtung des Anderen aus der Perspektive des Ich hinaus. Denn selbst wenn das Ich – leiblich verfaßt und auf Sprache angewiesen – immer schon auf den Anderen verwiesen ist, bleibt dieser Andere dem Ich als solchem äußerlich[41].

b) Vertretbarkeit als uneigentliches und Unbezüglichkeit als eigentliches Dasein

Größere Beachtung als Scheler, Merleau-Ponty oder Buytendijk verdient Martin Heidegger (1889–1976) mit seiner These, »daß das In-der-Weltsein des Daseins wesenhaft durch das Mitsein konstituiert ist«, daß das Dasein »wesenhaft an ihm selbst«[42] und nicht wie am Husserlschen »ego« in bloß abgeleiteter Weise Mitsein ist. Es ist nie »zunächst ein isoliertes Ich gegeben ohne die Anderen«[43]. Erst wenn man das Ich vom Anderen trennt, bedarf es nach Heidegger einer »Einfühlung«, um die Getrennten miteinander zu verbinden[44]. Für ihn ist das Mitsein eine existential-ontologische Bestimmtheit, die der Seinsart des Daseins unabhängig davon zu eigen ist, ob in seiner Umgebung andere sind oder nicht.

Heidegger wehrt sich gegen den Verdacht, er erkläre gleich Husserl das Mitdasein zum Analogon des eigenen Daseins und mache so ein isoliertes Ich zum Ausgangspunkt der Erfahrung des Anderen[45]. Aber der Unterschied zu seinem Lehrer ist kleiner, als dies vordergründig scheint. Denn daß ich nicht der dem Anderen *Gegenüber*stehende, sondern immer schon *mit* den Anderen da bin, entspricht den Husserlschen Ausführungen über die soziale Subjektivität – von Heidegger »Subjekt des alltäglichen Daseins« oder auch einfach »Man« genannt[46].

Daß »der Andere« in Heideggers Fundamentalontologie letztlich für das Ich (Dasein) als solches ebenso wenig konstitutiv ist wie in Husserls transzendentaler Phänomenologie, beweist die Unterscheidung zwischen den beiden Seinsarten der Eigentlichkeit und Uneigentlichkeit. Das von den Anderen vereinnahmte Dasein, das Dasein in seiner Verfallenheit an

38 Vgl. K. Löwith, Das Individuum in der Rolle des Mitmenschen, 129f.

39 Vgl. M. Merleau-Ponty, Phénoménologie de la perception, 158–162.477–479.489–492. 511f [deutsch: Phänomenologie der Wahrnehmung, 165–169.474–476.487–489.508f].

40 Vgl. F. J. J. Buytendijk, Das Menschliche, bes. 60–100.

41 Vgl. H. H. Schrey, Dialogisches Denken, 24–29.

42 M. Heidegger, Sein und Zeit, 120.

43 Ebd. 116.

44 Vgl. ebd. 124.

45 »Zur Vermeidung dieses Mißverständnisses ist zu beachten, in welchem Sinne hier von ›den Anderen‹ die Rede ist. ›Die Anderen‹ besagt nicht soviel wie: der ganze Rest der übrigen außer mir, aus dem sich das Ich heraushebt, die Anderen sind vielmehr die, von denen man selbst sich zumeist *nicht* unterscheidet, unter denen man auch ist.« (Ebd. 118).

46 Vgl. ebd. 114.126.

das »Man«, ist das »Man-selbst«, das »uneigentliche Selbst«[47]. Während »in der Eigentlichkeit« das Dasein sein Selbst »eigens« ergreift, nennt Heidegger das Selbst des alltäglichen Daseins »uneigentlich«, weil das alltägliche Dasein sein Selbstverständnis nicht von innen, sondern von außen bezieht. Eigentliches Dasein bedeutet ein Sich-selbst-Befreien von der Herrschaft der anderen, bedeutet also eine Art Vereinzelung. Im Blick auf die Möglichkeit, sich den eigenen Tod zu vergegenwärtigen und so allen vorläufigen Möglichkeiten des Daseins gleichsam »vorausspringend« vorzugreifen auf »die unüberholbare Möglichkeit«, bemerkt Heidegger: »Die eigenste Möglichkeit ist *unbezügliche* ... Die im Vorlaufen verstandene Unbezüglichkeit des Todes vereinzelt das Dasein auf es selbst. Diese Vereinzelung ist eine Weise des Erschließens des ›Da‹ für die Existenz. Sie macht offenbar, daß alles Sein ... mit Anderen versagt, wenn es um das eigentliche Seinkönnen geht. Dasein kann nur dann *eigentlich es selbst* sein, wenn es sich von ihm selbst her dazu ermöglicht.«[48]

Die apriorische Geworfenheit des Menschen in das »Da« seiner Existenz beschreibt der Freiburger Philosoph als Sorge, als *besorgenden* Umgang mit Dingen wie Nahrung und Kleidung und als *fürsorgenden* Umgang mit »den Anderen«. Diese Fürsorge aber hat zwei Möglichkeiten: »Sie kann dem Anderen die ›Sorge‹ gleichsam abnehmen und im Besorgen sich an seine Stelle setzen, für ihn *einspringen*«, oder aber »ihm in seinem existenziellen Seinkönnen« *vorausspringen*, »nicht um ihm die ›Sorge‹ abzunehmen, sondern erst eigentlich als solche zurückzugeben«. Einspringende Fürsorge macht den Anderen oft zum Abhängigen und Beherrschten – selbst dann, wenn diese »Herrschaft« dem Beherrschten selbst verborgen bleibt. Dagegen verhilft »vorausspringende Fürsorge« dem Anderen »dazu, *in* seiner Sorge sich durchsichtig und *für* sie *frei* zu werden«[49].

Mit dieser Analyse scheint sich der christliche Stellvertretungsgedanke dem philosophischen Denken geradezu aufzudrängen; und das hat Heidegger offensichtlich auch gespürt, weil er gewiß nicht ohne Anspielung auf den Kreuzestod Christi bemerkt:

»*Keiner kann dem Anderen sein Sterben abnehmen*. Jemand kann wohl ›für einen Anderen in den Tod gehen‹. Das besagt jedoch immer: für den Anderen sich opfern ›*in einer bestimmten Sache*‹. Solches Sterben für ... kann aber nie bedeuten, daß dem Anderen damit sein Tod im geringsten abgenommen sei. Das Sterben muß jedes Dasein jeweilig selbst auf sich nehmen. Der Tod ist, sofern er ›ist‹, wesensmäßig je der meine. Und zwar bedeutet er eine eigentümliche Seinsmöglichkeit, darin es um das Sein des je eigenen Daseins schlechthin geht. Am Sterben zeigt sich, daß der Tod ontologisch durch Jemeinigkeit und Existenz konstituiert wird.«[50]

[47] Vgl. ebd. 129f.
[48] Ebd. 263.
[49] Ebd. 122.
[50] Ebd. 240.

Die »vorausspringend-befreiende Fürsorge« verhilft dem Anderen möglicherweise zum Ergreifen seines eigensten Selbst; aber in seinem Eigensten ist das »eigentliche Selbst« nicht weniger einsam als Husserls »transzendentales ego«. Nur wenn man vergißt, daß Heidegger das »eigentliche Dasein« *unbezüglich* nennt, kann seine Wortwahl zu dem falschen Schluß verleiten, er betrachte den Anderen als konstitutiv für »meine Eigentlichkeit«. In Wahrheit hält er »die *Vertretbarkeit* des einen Daseins durch ein anderes[51] für das Kennzeichen aller Uneigentlichkeit:

»Jedes Hingehen zu ..., jedes Beibringen von ... ist im Umkreis der nächstbesorgten ›Umwelt‹ vertretbar. Die weite Mannigfaltigkeit vertretbarer Weisen des In-der-Welt-seins erstreckt sich nicht nur auf die abgeschliffenen Modi des öffentlichen Miteinander, sondern betrifft ebenso die auf bestimmte Umkreise eingeschränkten, auf Berufe, Stände und Lebensalter zugeschnittenen Möglichkeiten des Besorgens ... Das alltägliche Dasein versteht sich ... zunächst und zumeist aus dem her, *was* es zu besorgen pflegt. ›Man ist‹ das, was man betreibt. Bezüglich dieses Seins, des alltäglichen Miteinanderaufgehens bei der besorgten ›Welt‹, ist Vertretbarkeit nicht nur überhaupt möglich, sie gehört sogar als Konstitutivum zum Miteinander. *Hier* kann und muß sogar das eine Dasein in gewissen Grenzen das andere ›sein‹. Indes scheitert diese Vertretungsmöglichkeit völlig, wenn es um die Vertretung der Seinsmöglichkeit geht, ... darin es um das Sein des je eigenen Daseins schlechthin geht.«[52]

Während Dorothee Sölle betont, daß das Eigentliche des Menschen unersetzlich, *weil* vertretbar, ist, bezieht Heidegger die genaue Gegenposition: Das Eigentliche des Daseins ist unersetzlich, weil *un*vertretbar. Heinz-Horst Schrey fragt: »Was ist dann aber das Wesen der Eigentlichkeit?« Und er antwortet: Ihr Grundzug »ist die Entschlossenheit, das eigene Schuldigsein zu übernehmen und das Ganzseinkönnen des Daseins im Tode zu gewärtigen«[53]. Deutlicher kann Heideggers Ablehnung des christlichen Stellvertretungsbegriffs kaum markiert werden; und die Entschiedenheit wird verständlich, mit der sich Michael Theunissen – und nicht nur er – »von den Apologeten« distanziert, die meinen, »Heidegger hätte unter dem Titel des ›eigentlichen Miteinanderseins‹ Platz gelassen für die Ich-Du-Begegnung«[54].

Karl Jaspers (1883–1969) unterstreicht in seinen Ausführungen über das Phänomen der Kommunikation, daß Offenbarung eines Selbst gegenüber einem anderen Selbst zur Schöpfung von Existenz gehört, daß der isoliert gedachte Einzelne weder offenbar noch wirklich ist[55]. Aber auch er setzt Husserls »transzendentales ego« immer schon voraus, wenn er schreibt, »daß ich als ich selbst nur bin durch den jeweils unvertretbaren Anderen«[56]. Das Eigentlichste bleibt unbezüglich, »unvertretbar«. Die Kommunikation entfaltet etwas immer schon Vorhandenes; sie konstituiert nicht das Ich bzw. das eigentliche Dasein als solches.

[51] Ebd. 239.
[52] Ebd. 239f.
[53] H. H. Schrey, Dialogisches Denken, 33f.
[54] M. Theunissen, Der Andere, 163[14].
[55] Vgl. K. Jaspers, Philosophie, bes. 351–376.
[56] Ebd. 342.

c) Die These vom unvermittelten Gegensatz zwischen »Sein-für-sich« und »Sein-für-den-Anderen«

Ein wichtiger Schritt über Heidegger hinaus gelingt Jean-Paul Sartre (1905–1980). An die Stelle der ins Französische kaum übersetzbaren Unterscheidung zwischen Sein und Seiendem setzt er – rückgreifend auf Hegel[57] – die Distinktion zwischen dem Seinszustand der Dinge (Sein-an-sich; être-en-soi), dem Be-wußt-sein (Sein-für-sich; être-pour-soi) und dem Objekt-sein (Sein-für-den-Anderen; être-pour-autrui). In seiner Polemik gegen Heidegger[58] übersieht Sartre den Unterschied zwischen »Mitsein« und »Mitdasein«: daß der Andere als Mitdasein nicht identisch ist mit dem Anderen als Mitsein; daß vielmehr das Mitsein lediglich der *Raum* der Begegnung mit dem Anderen ist. Aber seine Kritik zielt nicht ins Leere. Denn indem Heidegger den *Einen* und den *Anderen* gleichsam in *denselben* Raum und dann sich selbst *über beide* stellt, wird der Andere in die eigene Perspektive gezwängt. Sartre verwirft diese »von außen« getroffene Unterscheidung (négation d'exteriorité) von Ich und Nicht-Ich und fordert eine nach innen verlegte Perspektive (négation d'interiorité)[59]. Damit meint er nicht Husserls »Einfühlung«, sondern im Gegenteil die *unmittelbare* Begegnung mit dem Anderen, dessen Andersheit meine Andersheit verneint. Sartre nennt als Beispiel die Situation einer Verfolgung. Wenn ich vor dem Anderen in irgendeine dunkle Ecke flüchte, bin ich bereits von dem Gedanken gelähmt, er sei bereits da, um diese dunkle Ecke in grelles Licht zu setzen. Ich kann mir dann nicht irgendwelche Möglichkeiten ausdenken, um diese auf dem Wege der »Einfühlung« mit den Möglichkeiten des Verfolgers in Einklang zu bringen. Der Andere ist so unmittelbar da, daß der Fluchtgedanke, die Furcht vor dem Gegenschlag und die erneute Verwerfung des Fluchtgedankens ein einziges »Zugleich« bilden.

[57] Was man gewöhnlich (anders als Hegel selbst) den Dreischritt der Dialektik nennt, wird exemplarisch deutlich in Hegels Schilderung der geistigen Menschwerdung des Individuums (Phänomenologie des Geistes, 25–51; Enzyklopädie, §§79–82 [SS. 79f]; Wissenschaft der Logik II, 332–346). Hegel geht aus vom »Ansich« der Substanz (auch das »abstrakt-leere Allgemeine« oder »Unmittelbare« genannt). Erst indem das *»Ansich«* sich entäußert bzw. seine Allgemeinheit verneint, vermittelt es sich zu einem »Bestimmten« bzw. »Besonderen«, zum *»Fürsich«* eines Subjekts (Subjekt gegen Substanz). Dieses »Einzelne« aber hebt in einem dritten Schritt (Negation der Negation) die eigene Vereinzelung auf in das *»An-und-für-sich«* eines Subjekts, das mit der Substanz identisch wird. In Hegels Hauptwerk heißt es: »Wenn der Embryo wohl *an sich* Mensch ist, so ist er es aber nicht *für sich*: für sich ist er es nur als gebildete Vernunft, die sich zu dem gemacht hat, was sie an sich ist. Dies erst ist ihre Wirklichkeit.« (Phänomenologie des Geistes, 25). Der Mensch ist hier am Anfang so etwas wie eine »tabula rasa«, ein »Alles« und »Nichts« zugleich. Er muß erst aus sich herausgehen, sich gleichsam an das Außen der Welt verlieren, um ein »Bestimmter« zu werden. »Ent-äußerung« ist zugleich »Er-innerung«, und »Sich-verlieren« ist zugleich »Sich-finden«; indem der Innenraum des einzelnen Bewußtseins sich zum Außenraum der Welt weitet, bildet das Innen des Bewußtseins das Außen der Gehalte in sich ein. – Zur Hegelrezeption Sartres vgl. P. Kampits, Sartre und die Frage nach dem Anderen, 63–76.

[58] Vgl. J.-P. Sartre, L'être et le néant, 300–310 [deutsch: Das Sein und das Nichts, 327–337]. – Dazu: P. Kampits, Sartre und die Frage nach dem Anderen, 76–87.

[59] Vgl. ebd. 285f.293.309.343f [310f.319.337.374f].

Die »négation d'interiorité« bedeutet in Sartres anschaulichen Erläuterungen, daß der Andere mir »die Welt gestohlen hat«, indem er dieselben Dinge, die ich auf mich hin zentriere, auf sich hin orientiert und damit meine Welt »dezentralisiert«[60]. Sartre spricht in diesem Zusammenhang von einem Loch, daß der Andere in das »Faß meiner Welt« bohrt, so daß diese mehr und mehr »ausläuft«[61].

Die Wahrnehmung des Anderen gründet im »Vom-Anderen-gesehenwerden«[62]. Denn was den von mir gesehenen Anderen zum anderen macht, ist nicht meine Perspektive, sondern umgekehrt die Art und Weise, in der ich vom Anderen gesehen werde. Sartre erklärt die formale Struktur des Phänomens »Scham« als ein »Sich-schämen-über-sich-vor-Anderen«. Der Subjekt-Andere konstituiert mein Sein. Denn wenn ich allein bin, fehlt nicht nur der, vor dem ich mich schäme, sondern ebenso das Ich, über das ich mich schäme. Auch wenn das Objekt der Scham nicht der Andere, sondern mein Ich ist, so wird dieses Ich doch von dem Anderen, der mich anblickt, gesetzt. Der Andere zerrt mich gleichsam vor sein Tribunal; der Andere ist wie ein Licht, in dem ich *mich* (nicht ihn!) schämend sehe. Gegenstand der Scham bin ich nicht als »Für-mich-«, sondern als »Für-den-Anderen-Seiender«[63].

Sartre stellt die Frage, ob das »Für-sich-Sein« so mit dem »Für-Andere-Sein« zu vermitteln ist, daß Ich und Nicht-Ich, statt sich »gegen-seitig an-zu-blicken«, in dieselbe Richtung blicken könnten. Seine Antwort ist zumindest in »L'être et le néant« ein klares Nein[64]. Weil das Existieren sich als »négation d'intériorité« vollzieht, weil ich nur als der sein kann, der nicht der Andere ist, und weil der Andere nur als der mich »Verandernde« der Andere ist, bleibt die Getrenntheit unüberbrückbar. Was Heidegger das Existenzial des Mitseins nennt, ist in Sartres Hauptwerk die Lehre vom notwendigen Konflikt zweier »Andersheiten«, die sich »gegenseitig überschreiten«[65].

Der Andere verobjektiviert, verdinglicht mich, stößt mich also in die Heideggersche Welt des »Man«, des alltäglichen Daseins, in die Welt der Dinge, die ich als »Für-mich-Sein« negiere. Der Andere ergreift den »Für-sich-Seienden« auf seiner Flucht vor dem, was er »an sich« (als Faktum, als

[60] Vgl. ebd. 431f [467f].
[61] Vgl. ebd. 313 [341].
[62] »L'›être-vu-par-lui‹ est la *vérité* du ›voir-autrui‹.« (Ebd. 315 [343]).
[63] Vgl. ebd. 275–277.331–333 [291–301.348–350].
[64] P. Kampits hat in seiner Wiener Habilitationsschrift (Sartre und die Frage nach dem Anderen) detailliert nachgewiesen, daß selbst dort, wo Sartre in seinem Spätwerk eine Synthese von Marxismus und Existentialismus anstrebt, der Konflikt (Entfremdung, Ausschließung, Negation) die Beziehung zum Anderen prägt. »Der Grundzug der Frage nach dem Anderen ist auch in der ›Critique de la raison dialectique‹ vornehmlich durch den *Konflikt* bestimmt. Die gegenseitige Anerkennung der Freiheiten, die gelingende Weise des gemeinschaftlichen Miteinander bleibt auch dort, wo nicht *der* Andere, sondern *die* Anderen das eigentliche Thema darstellen, im letzten ein Postulat.« (290).
[65] Vgl. J.-P. Sartre, L'être et le néant, 431f.484f.502f [467f.527f.547f].

Objekt) ist[66]. Mit meiner Scham werde ich gezwungen, anzuerkennen, daß ich »an sich« so bin, wie der Andere mich sieht[67]. Ich werde durch den Anderen auf das »An-sich« fixiert und möchte doch vor dieser Fixierung fliehen. Das Fliehen-Wollen nennt Sartre die »ursprüngliche Bewegung« des »Für-sich-Seins« und mithin auch den Ursprung des Bewußtseins der Freiheit. Denn Freiheit ist für ihn »Transzendenz«, »Über-schreiten« des Anderen bzw. des »Vom-Anderen-Überschrittenseins«[68]. Selbst da, wo der Andere in mein Innerstes vorstößt, wo ich mich von ihm »besessen«[69] fühle, bin ich immer noch Subjekt dieser »Besessenheit«. Die Möglichkeit zum Beispiel, mich vor meinem Verfolger zu verstecken, ist immer noch *meine* Möglichkeit[70]. Denn auch wenn Sartre betont, daß der Andere mein »Ich selbst« wird, kann ich der Andere nur so sein, daß mein vom Anderen okkupiertes Sein doch noch irgendwie mein eigenes und nicht ein schlechthin fremdes Sein ist. Indem ich als vom Anderen »Überschrittener« den Anderen meinerseits überschreite, kehre ich gleichsam den Spieß um. Nachdem der Andere mein »Für-mich« zum »An-sich« fixiert hat, verwandle ich meinerseits den Subjekt-Anderen in den Objekt-Anderen und sorge so dafür, daß mein »Für-den-Anderen-Sein« *das je meinige* bleibt.

Stellvertretung im Sinne eines Hintretens des Anderen an meine Stelle oder im Sinne meines Hintretens an die Stelle des Anderen kann Sartre nur im Modus der »Okkupation« denken; und er spricht von »Tötung«, wenn es mir nicht gelingt, mein Okkupiert- oder Überschrittensein durch den Anderen meinerseits zu überschreiten. Für Sartre ist das eigenste Sein die Freiheit und die Freiheit immer das »Über-schreiten« des Anderen. Eine Anerkennung des Anderen als des anderen gibt es in »L'être et le néant« nur als Anerkenntnis dessen, daß ich das Objekt bin, als welches mich der Andere sieht oder besser gesagt »fixiert«. Den Wunsch eines liebenden Menschen, »für sich selbst der Andere sein zu wollen«, bezeichnet Sartre als Illusion[71].

66 Vgl. ebd. 318.323–329.334 [347.353–359.364f].

67 Vgl. ebd. 276.319 [300.348].

68 »Transcender la transcendance d'autrui ou, au contraire, engloutir en moi cette transcendance sans lui ôter son caractère de transcendance, telles sont les deux attitudes primitives que je prends vis-à-vis d'autrui.« (Ebd. 430 [466]). – »Et l'autre, comme regard, n'est que cela: ma transcendance transcendée.« (Ebd. 321 [350]).

69 »Si nous partons de la révélation première d'autrui comme *regard*, nous devons reconnaître que nous éprouvons notre insaisissable être-pour-autrui sous la forme d'une *possession*. Je suis possédé par autrui; le regard d'autrui façonne mon corps dans sa nudité, le fait naître, le sculpte, le produit comme il *est*, le voit comme je ne verrai jamais.« (Ebd. 431 [467]).

70 Vgl. ebd. 322 [352].

71 »Être à soi-même autrui-idéal toujours visé concrètement sous forme d'être à soi-même *cet autrui* ... ne saurait se réaliser sans que je surmonte la contingence originelle de mes rapports à autrui, c'est-à-dire le fait qu'il n'y a aucune relation de négativité interne entre la négation par quoi autrui se fait autre que moi et la négation par quoi je me fais autre que l'autre. Nous avons vu que cette contingence est insurmontable: elle est le *fait* de mes relations avec autrui comme mon corps est le *fait* de mon être-dans-le-monde. L'unité avec autrui est donc, en fait, irréalisable ..., car l'assimilation du pour-soi et d'autrui dans une même transcendance entraînerait nécessairement la disparition du caractère d'altérité d'autrui. Ainsi, la condition

2. Von der dialogistischen These über die Geburt des Ich aus dem Du zur transzendental-dialogischen Reflexion des »Zwischen«

Das »Neue Denken«[72] – von Eugen Rosenstock-Huessy »Dialogismus« genannt[73] – kündigt sich in Sartres Fremdexistenzlehre schon an. Doch wenn Martin Buber (1878–1965) die These vertritt, das Ich werde erst am Du zum Ich, bezieht er sich keineswegs auf Sartres Bilder vom »einbrechenden«, meine Welt durchlöchernden »Anderen«. Bei Sartre ist das Verhältnis des Anderen zum Ich ein *Konstitutions*-, bei den Dialogikern aber ein *Korrelations*-Verhältnis. Sartre spricht wie die Transzendentalphilosophie vom »Anderen«, die Dialogiker jedoch vom »Du«.

Wenn der Stellvertretungsgedanke bei Karl Barth, Emil Brunner, Friedrich Gogarten u. a. zu einer theologischen Grundkategorie wurde, darf vor allem das Verhältnis dieser Theologen zu Martin Buber nicht außer acht bleiben[74]. Zur bloßen Darstellung des dialogischen Denkens würde sich das methodisch und begrifflich stringentere Werk von Franz Rosenzweig mindestens ebensogut eignen[75] wie Bubers gesammelte Schriften über das dialogische Prinzip; aber im Rahmen dieser Studie gebührt Buber der Vorrang – was nicht ausschließt, daß wir von ihm aus gelegentliche Parallelen zu Franz Rosenzweig (1886–1929), Ferdinand Ebner (1882–1931), Eberhard Grisebach (1880–1945), Eugen Rosenstock-Huessy (1888–1973) oder Gabriel Marcel (1889–1973) ziehen.

a) Ich und Du im »Zwischen«

Bubers Hauptschrift »Ich und Du« will den »egologischen« Transzendentalismus durch die Unterscheidung zweier »Grundworte« überwinden: »Ich-Es« und »Ich-Du«. Das erstere steht für die Lehre von der Konstitution der Welt aus der Subjektivität, das zweite aber für eine Relation, die »nicht mehr in der Sphäre der Subjektivität, sondern in der zwischen den Wesen gegründet ist«[76]. Das »Zwischen« – von Buber eine »Urkategorie der menschlichen Wirklichkeit«[77] genannt – darf weder mit dem intendierenden Subjekt, noch mit dem Akt der Intention als solchem, noch auch mit dem intentionalen Gegenstand identifiziert werden. Sobald

pour que je projette l'identification à moi d'autrui, c'est que je persiste à nier de moi que je sois l'autre.« (Ebd. 432f [469]).

[72] Vgl. H. Herrigel, Das neue Denken, 166–206; F. Rosenzweig, Das neue Denken, 373–398; T. Steinbüchel, Der Umbruch des Denkens, 26; H. Kohn, Martin Buber, 229f.

[73] Vgl. E. Rosenstock-Huessy, Soziologie I, 152f.

[74] Vgl. J. Cullberg, Das Du und die Wirklichkeit, bes. 34–61; ders., Das Problem der Ethik in der Dialektischen Theologie, 51–59; H. Gollwitzer, Martin Bubers Bedeutung für die protestantische Theologie, 402–423; G. Hummel, Die Begegnungen zwischen Philosophie und evangelischer Theologie im 20. Jahrhundert, 166–176.

[75] Vgl. B. Casper, Rezension zu: M. Theunissen, Der Andere, 394.

[76] M. Buber, Die Schriften über das dialogische Prinzip, 295.

[77] Ebd. 276.

die Welt auf das einzelne Subjekt bezogen wird, ist sie das »Reich des Es«[78], die Sphäre »eines bestimmten Standpunktes«[79] oder die Sphäre des »Habens«[80]. In der Ich-Es-Relation ist das Subjekt das Bestimmende (Übergeordnete) und das Es das Bestimmte (Untergeordnete); Grisebach spricht von einem Herrschaftsverhältnis[81], das im Weltentwurf der Technik manifest wird. Die Beziehung zum Du dagegen ist unmittelbar: »Zwischen Ich und Du steht keine Begrifflichkeit, kein Vorwissen, keine Phantasie ... Zwischen Ich und Du steht kein Zweck, keine Gier und keine Vorwegnahme ... Alles Mittel ist Hindernis. Nur wo alles Mittel zerfallen ist, geschieht die Begegnung.«[82] Das Bubersche »Zwischen« ist kein »Mittel« zwischen dem Ich und dem Du, sondern Gleichursprünglichkeit[83], »Gegenseitigkeit der Vergegenwärtigung« bzw. »Gegenseitigkeit der Akzeptation, der Bejahung und Bestätigung«[84]. Die Ich-Du-Relation wird nicht von einem übergeordneten Dritten hergestellt, sondern geschieht unmittelbar zwischen Ich und Du. Buber erklärt dieses »unmittelbare Zwischen« an den Phänomenen der Liebe und der Sprache.

»Das Gefühl Jesu zum Besessenen ist ein anderes als das Gefühl zum Lieblingsjünger; aber die Liebe ist eine. Gefühle werden ›gehabt‹; die Liebe geschieht. Gefühle wohnen im Menschen; aber der Mensch wohnt in seiner Liebe. Das ist keine Metapher, sondern die Wirklichkeit: die Liebe haftet dem Ich nicht an, so daß sie das Du nur zum ›Inhalt‹, zum Gegenstand hätte; sie ist *zwischen* Ich und Du. Wer dies nicht weiß, mit dem Wesen weiß, kennt die Liebe nicht, ob er auch die Gefühle, die er erlebt, erfährt, genießt und äußert, ihr zurechnen mag. Liebe ist ein welthaftes Wirken. Wer in ihr steht, in ihr schaut, dem lösen sich Menschen aus ihrer Verflochtenheit ins Getriebe; Gute und Böse, Kluge und Törichte, Schöne und Häßliche, einer um den andern wird ihm wirklich zum Du, das ist, losgemacht, herausgetreten, einzig und gegenüber wesend; Ausschließlichkeit ersteht wunderbar Mal um Mal – und so kann er wirken, kann helfen, heilen, erziehen, erheben, erlösen.«[85]

Jede wirkliche Begegnung ist nicht das Produkt von Ich und Du, sondern ein Geschehen, aus dem Ich und Du erst hervorgehen – und zwar so, daß »ich« nur im Angesprochenwerden ein wirkliches, d.h. ein auf ein Du bezogenes Ich werde[86].

[78] Ebd. 8.
[79] E. Grisebach, Gegenwart, 52.
[80] G. Marcel, Etre et Avoir, 219.
[81] Vgl. E. Grisebach, Gegenwart, 51.94f.150.552.
[82] M. Buber, Die Schriften über das dialogische Prinzip, 15f.
[83] »Wer Du spricht, hat kein Etwas zum Gegenstand. Denn wo Etwas ist, ist anderes Etwas, jedes Es grenzt an anderes Es, Es ist nur dadurch, daß es an andere grenzt. Wo aber Du gesprochen wird, ist kein Etwas. Du grenzt nicht. Wer Du spricht, hat kein Etwas, hat nichts. Aber er steht in der Beziehung.« (Ebd. 8).
[84] Ders., Urdistanz und Beziehung, 43.
[85] Ebd. 18f.
[86] Es geht um die Tatsache, daß Begegnung zwar *nie ohne mich*, aber ebenso *nie durch mich* möglich ist. Die Nicht-Machbarkeit der Begegnung kennzeichnet Buber mit dem Wort

Buber will das »Zwischen« nicht nur gegen den Subjekt-Objekt-Gegensatz der Transzendentalphilosophie abgrenzen, sondern auch positiv beschreiben. Doch Michael Theunissen, Bernhard Casper u. a. bezweifeln[87], ob ihm oder irgendeinem anderen Dialogiker jemals mehr als eine »negative Ontologie des Zwischen« gelungen ist. Wie schwer Buber sich vom Husserlschen Intentionalitätsschema löst, zeigt sich an der Frage, was eigentlich die Bereiche des »Du« und des »Es« unterscheidet. Alles kann »Du« und auch »Es« sein, je nach Haltung oder Einstellung des einzelnen Subjekts. Dieses Subjekt aber ist für Buber anders als für die Vertreter der Transzendentalphilosophie untrennbar vom Sprachgeschehen: »Es gibt kein Ich an sich, sondern nur das Ich des Grundworts Ich-Du und des Grundworts Ich-Es.« Wer sich auf etwas als Du oder Es bezieht, der *spricht* »Du« oder »Es«, und er selbst ist nur Ich, *indem* er das »Ich« des Grundworts Ich-Du oder das »Ich« des Grundworts Ich-Es spricht. »Ich sein und Ich sprechen sind eins. Ich sprechen und eins der Grundworte sprechen sind eins. Wer ein Grundwort spricht, tritt in das Wort ein und steht darin.«[88] Die Sprache steckt »nicht im Menschen, sondern der Mensch steht in der Sprache und redet aus ihr«[89]. Deshalb setzt nicht das einzelne Subjekt das Seiende als »Du« oder »Es«, sondern die Sprache ist es, die den Menschen in das Setzen des Seienden einsetzt.

Vor allem Rosenstock-Huessy[90] und Marcel[91] haben zu zeigen versucht, daß der Anredende ein anderer als der Beredende und der Angeredete ein anderer als der Beredete ist. Während das Bereden Gegenstände räumlich und zeitlich distanziert und fixiert, überschreitet (transzendiert) das Anreden als »Aus-sein auf Vernommenwerden«, als »Erwartung von Antwort« alles Definierte und Vorkommende. Während der Horizont des Beredens die Vergangenheit ist, ist der Horizont der Anrede die Gegenwart[92]. Buber identifiziert den Unterschied zwischen »Es« und »Du« mit dem Unterschied zwischen »Gegenstand« und »Gegenwart«[93]. Dabei übersieht er nicht, daß jede Anrede auch ein apriorisches »Sichausrichten« bzw. eine »Vorwegnahme« enthält, daß also Frage und Antwort, verlautbarter Anspruch und verlautbarte Entsprechung nicht »gleichursprünglich« (simultan) sind. Deshalb bezeichnet er nur die »Sprache des Schweigens« als das eigentliche »Zwischen«, das

»Gnade«. »Die Gnade geht uns insofern an, als wir zu ihr ausgehn und ihrer Gegenwart harren; unser Gegenstand ist sie nicht.« (Ders., Die Schriften über das dialogische Prinzip, 77).

87 Vgl. M. Theunissen, Bubers negative Ontologie des Zwischen, 322; B. Casper, Das Dialogische Denken, 294–302.

88 M. Buber. Die Schriften über das dialogische Prinzip, 8.

89 Ebd. 41.

90 Vgl. E. Rosenstock-Huessy, Der Atem des Geistes, 54.87; ders., Soziologie I, 155.

91 Vgl. G. Marcel, Journal Métaphysique, 157.

92 Vgl. M. Buber, Die Schriften über das dialogische Prinzip, 78; G. Marcel, Journal Métaphysique, 137f.196; F. Rosenzweig, Der Stern der Erlösung, 68f; E. Rosenstock-Huessy, Soziologie I, 126.

93 Dazu: B. Casper, Franz Rosenzweigs Kritik an Bubers »Ich und Du«, 229f.

wirklich *zwischen* und nicht mehr oder weniger auf *einer* Seite der Ich-Du-Relation steht[94].

Wenn der Mensch Gott begegnet, bedarf es keiner Worte; im Gegenteil: jedes Wort würde den Vollzug des Glaubens in sein Gegenteil pervertieren. Buber formuliert deshalb ähnlich radikale Sätze wie Barth in der ersten Auflage seines Römerbriefkommentars:

»Es ist nicht so, daß Gott aus irgend etwas erschlossen werden könnte, etwa aus der Natur als ihr Urheber, oder aus der Geschichte als ihr Lenker, oder auch aus dem Subjekt als das Selbst, das sich in ihm denkt. Es ist nicht so, daß irgend etwas anderes ›gegeben‹ und dies erst daraus abgeleitet wäre, sondern dies ist das unmittelbar und zunächst und dauernd gegenüber Wesende: das rechtmäßig nur angesprochen, nicht ausgesagt werden kann.«[95]

Wie Barth bezeichnet Buber die »Religion als Urgefahr des Menschen«[96]. Und wie Gogarten nennt er jede Theologie narzißtisch, die auf den Glauben bzw. auf das Geschehen der Begegnung mit Gott »re-flektiert«[97]. Nach Buber gibt es keine vom Menschen gewirkte Beziehung zu Gott, sondern nur die geschenkte Erfahrung des Zwischen[98]. Gott ist das sich im Zwischen Ereignende. Er ist nichts in der Welt »Vorkommendes«; er ist auch nicht das von »Theo-logen« beredete »Es«, sondern er ist wesentlich »Du«. Alles Seiende kann in die Sphäre des Grundwortes »Ich-Du« treten; aber nur Gott ist seinem Wesen nach Du – und zwar so, daß auch die Umkehrung dieses Satzes gilt: *Das Du ist seinem Wesen nach Gott*[99].

Denn als das Du, das nicht erst in der Anrede Du wird, sondern immer

[94] »Nur das Schweigen zum Du, das Schweigen *aller* Zungen, das verschwiegene Harren im ungeformten, im ungeschiedenen, im vorzunglichen Wort läßt das Du frei, steht mit ihm in der Verhaltenheit, wo der Geist sich nicht kundgibt, sondern ist.« (M. Buber, Die Schriften über das dialogische Prinzip, 42).

[95] Ebd. 82.

[96] Ders., Die chassidischen Bücher, XIV.

[97] »Die Gottesbegegnung widerfährt dem Menschen nicht, auf daß er sich mit Gott befasse, sondern auf daß er den Sinn an der Welt bewähre. Alle Offenbarung ist Berufung und Sendung. Aber wieder und wieder vollzieht der Mensch statt der Verwirklichung eine Rückbiegung auf den Offenbarenden; er will sich statt mit der Welt mit Gott befassen. Nur steht ihm nun, dem Rückgebogenen, kein Du mehr gegenüber, er kann nichts anderes als ein Gottes-Es in die Dinglichkeit einstellen, von Gott als von einem Es zu wissen glauben und von ihm reden. Wie der ichsüchtige Mensch, statt irgend etwas, eine Wahrnehmung, eine Zuneigung, unmittelbar zu leben, auf sein wahrnehmendes oder zugeneigtes Ich reflektiert und damit die Wahrheit des Vorgangs verfehlt, so reflektiert der gottsüchtige Mensch (der sich übrigens mit jenem recht gut in einer Seele verträgt), statt die Gabe sich auswirken zu lassen, auf das Gebende, und verfehlt beides.« (Ders., Die Schriften über das dialogische Prinzip, 117).

[98] »Wir vernehmen kein Du und fühlen uns doch angerufen, wir antworten – bildend, denkend, handelnd: Wir sprechen mit unserem Wesen das Grundwort, ohne mit unserem Munde Du sagen zu können ... In jeder Sphäre, durch jedes uns gegenwärtig Werdende blicken wir an den Saum des ewigen Du hin, aus jedem vernehmen wir ein Wehen von ihm, in jedem Du reden wir das ewige an, in jeder Sphäre nach ihrer Weise.« (Ebd. 10).

[99] Vgl. ebd. 77; F. Ebner, Das Wort und die geistigen Realitäten, 185f; ders., Wort und Liebe, 89.146. – Dazu: B. Casper, Das Dialogische Denken, 235–238.244–246.

schon Du ist, ist Gott das »Zwischen allen Zwischens«. Damit ist nicht gesagt, Gott sei *identisch* mit jedem Akt zwischenmenschlichen Du-Sagens, sondern: Im Gewähren des mitmenschlichen Zwischen schenkt Gott sich mir und läßt mich sein. »Das Göttliche wird als Zwischen erfahren, das mich und dich braucht und uns so beide erst ganz selbst sein läßt. Aber darin, daß das, was sich im Zwischen ereignet, uns braucht und also ganz hiesig ist, erweist es zugleich doch auch seine Anderheit. Nie kann ich mir selbst den Sinn des sich ereignenden Zwischen, das mich braucht, gewähren. Wie auch der andere sich und mir den Sinn nicht gewähren kann ... Der Sinn zeigt sich als das, was uns gegeben werden muß, was nicht erfunden, sondern nur gefunden werden kann.«[100]

Weil Gott im Unterschied zu allen Menschen nichts »für sich selbst«, sondern ausschließlich »Du« ist, ist er die Erfüllung aller zwischenmenschlichen Begegnung. Wenn ein Mensch dem anderen begegnet, so »schwingen« sich gleichsam beide in die Wirklichkeit, »die die Wirklichkeit ihrer selbst ist und sie als das Zwischen doch transzendiert«[101]. Das Du des Mitmenschen selbst *ist* nicht die Wirklichkeit; aber nur *in* der Begegnung mit dem einzelnen Mitmenschen begegne ich der Wirklichkeit. Gottes Du allein *ist* die Wirklichkeit, weil sein Du in jedem mitmenschlichen Du als der Sinn ist, der »vor uns tritt und uns herausfordert, ... die Schranken des Selbst zu durchbrechen und uns hinauszubegeben zur Begegnung mit der wesenhaften Anderheit«[102]. Gott ist meine eigene Wirklichkeit, indem ich mich ausstrecke nach dem, was von mir selbst ganz und gar nicht begreifbar ist, weil es nur als *Du* und unter keinen Umständen als *Es* erreichbar ist.

Buber beschreibt das »Zwischen« als den »göttlichen »Raum«, in dem »Ich« und »Du« sich im Sinne einer direkten Proportionalität ihrer Einheit und Unterschiedenheit zueinander verhalten. Er bleibt aber jede Auskunft darüber schuldig, *worin* sich »Ich« und »Du« im »Zwischen« voneinander unterscheiden bzw. was sie über ihre Begegnung bzw. Beziehung hinaus »für sich« sind. Bubers »Zwischen« entspricht exakt der »reinen Relation« des späten Emil Brunner. Was die Relate dieser Relation als solche sind, bleibt unklar. So eignet sich Bubers »Zwischen« nur bedingt als philosophisches Modell für das, was wir theologisch als »eigentliche Stellvertretung« beschrieben haben. Das »Zwischen« drückt zwar eine direkte Proportionalität der Einheit und Unterschiedenheit zweier personaler Wirklichkeiten aus; aber Christi Hintreten »an die Stelle« des Sünders ist kein »Zwischen« zwischen dem Erlöser und den Erlösten.

Die Grenzen und Schwächen des Dialogischen Personalismus wurden für ganz unterschiedliche Denker zum Ausgangspunkt neuer Reflexio-

[100] B. Casper, Das Dialogische Denken, 308.
[101] Ebd. 292.
[102] M. Buber, Das Problem des Menschen, 378.

nen. Diese aber können wir im folgenden nur kurz und am Beispiel einer sehr kleinen Auswahl bedeutender Philosophen explizieren.

b) Das »vom Verhältnis bestimmte« Ich

Karl Löwith (1897–1973) will Heideggers Fundamentalontologie mit dem dialogischen Denken verbinden. Unter »Mitwelt« versteht er anders als sein Lehrer nicht die Welt, »sofern sie mit andern im gemeinsamen Besorgen geteilt wird«, sondern »die Mitmenschen als solche und genauer: das In-der-Welt-sein als Miteinander-sein«[103]. Er will damit sagen, daß unser Verhalten zur Umwelt immer schon von Beziehungen bestimmt ist. So geht man zum Beispiel »auf die Straße und trifft dort andere oder auch niemanden, wodurch man erst recht positiv erfährt, daß auch noch andere – in der Weise des Fehlens – da sind«[104]. Aber Löwith erkennt, daß eigentliches Miteinandersein nicht nur in der Welt des Besorgens, der Mittel und Zwecke, sondern auch da verfehlt wird, wo Heidegger von Eigentlichkeit spricht: im Falle der »vorausspringend-befreienden Fürsorge«. Denn wenn »der eine den andern von vornherein im Sinne der eigenen Umgangstendenz auf Selbständigkeit frei-*gibt*, *läßt* er sich den andern schon nicht mehr frei, von sich aus, in *seiner* Selbständigkeit ›begegnen‹«[105].

Indem er das Ich-Du-Verhältnis ins Zentrum seiner Habilitationsschrift stellt, will Löwith den Fehler Heideggers vermeiden, den Anderen als »anderes Selbst« zu beschreiben; deshalb stellt er dem »eigentlichen Miteinandersein« ein »eigentlich eigentliches Miteinandersein« entgegen[106]. Gemeint ist eine Ich-Du-Beziehung, die nicht durch Zwecke außerhalb ihrer selbst (in der Welt des Besorgens) bestimmt wird, sondern gewissermaßen »Selbstzweck«[107] ist. Gemeint ist eine un-mittelbare (nicht durch Welt vermittelte), »reine« Verbundenheit zwischen Ich und Du.

Diese Verbundenheit – gleichsam das »und« zwischen Ich »und« Du (das Bubersche »Zwischen«) – sucht Löwith mit Hilfe eines Begriffes zu klären, den er von angrenzenden Termini wie »Zusammenhang«, »Beziehung« und »Korrelation« unterscheidet. Nur Personen, so bemerkt er, können *sich* überhaupt *verhalten* und können sich *zueinander* verhalten«[108]. Löwith will sagen, daß weder das Ich durch das Du, noch das

[103] K. Löwith, Gesammelte Abhandlungen, XIV.

[104] Ders., Das Individuum in der Rolle des Mitmenschen, 47f.

[105] Ebd. 81.

[106] Vgl. ebd. 80f.

[107] »Was Ich und Du verbindet und wozu sie beisammen sind, ist kein gemeinsames Besorgen, sondern das sind *sie selbst*. Wenn der eine dem andern eine ganze Welt bedeutet, kann nicht mehr sinnvoll gefragt werden, *was* sie – außer ihnen selbst – verbindet und *wozu* sie – außer ihnen selbst – beisammen sind. Ihr Miteinandersein ist – äußerlich betrachtet – ›zweck-los‹, weil es schon selbst Zweck, ›Selbstzweck‹ ist.« (Ebd. 57).

[108] Vgl. ebd. 62.

Du durch das Ich konstituiert wird, sondern beide nur *im* Verhältnis zueinander sind, was sie sind: Ich und Du. Löwith faßt den Begriff »Verhältnis« in die kurze Formel: »Du bestimmst mich stets als Ich.«[109] Verhält sich einer als Mann, so verhält er sich zwar auch als das, was er selber ist; aber dieses Verhalten ist untrennbar von seiner Bestimmtheit durch die Frau, deren Mann er ist. Der Mann ist im Verhältnis zu seiner Frau »der Mann«; und die Frau ist in ihrem Verhältnis zu ihrem Mann »die Frau«. Aber beide konstituieren sich nicht wechselseitig, sondern ihre *gleichursprüngliche* Bestimmtheit als Mann und Frau resultiert aus ihrem *Verhältnis*.

Löwith interpretiert die Gegenseitigkeit des Verhältnisses von Ich und Du als »Zwei-deutigkeit«. Weil ich mein Verhalten immer schon vom Verhalten des Anderen zu mir bestimmen lasse, ist mein Verhalten nie eindeutig das »meinige«, sondern »zwei-deutig«[110]. Das Wort »Zwei-deutigkeit« ist hier also keine moralische Qualifikation, sondern Bezeichnung der »Verhältnismäßigkeit«[111] von Ich und Du. Mit vielen anderen Dialogikern verweist Löwith auf das Phänomen der Sprache: Wenn ich jemanden anspreche, spreche ich schon nicht mehr nur als ich selbst, sondern als einer, der vom Angesprochenen bestimmt wird. »Einen andern im wörtlichen Sinn ›zur Rede stellend‹, stellt man sich selbst dem Angeredeten zur Rede und man bekundet damit bereits seine Verantwortlichkeit, nämlich für das, was man zum andern gesagt hat.«[112] Das Wort »Ver-ant-wortung« als solches drückt aus, daß ich mein Verhältnis zum angeredeten Du nicht erst herstelle, sondern »Ich« und »Du« nur sagen kann als »vom Verhältnis Bestimmter«[113].

Es geht Löwith ebenso wie Buber um die Erklärung der gleichursprünglichen Geburt von Ich und Du aus dem »Zwischen«. Und dennoch bestätigen mehr oder weniger alle Löwith-Interpreten den besonders von Ludwig Binswanger erhobenen »Dualismus-Vorwurf«[114]. Denn indem Löwith mit dem Wort »Zwei-deutigkeit« zwischen einem selbst-bestimmten und einem Du-bestimmten Verhalten unterscheidet, indem er ein »Ich-selbst« vom Du-bestimmten Ich und ein »Du-selbst« vom Ich-bestimmten Du abgrenzt[115], bestätigt er Heideggers These, daß

[109] Ebd. 55.
[110] Vgl. ebd. 78f.
[111] Ebd. 112.
[112] Ebd. 113.
[113] Vgl. ebd. 50–52.
[114] Vgl. L. Binswanger, Grundformen und Erkenntnis menschlichen Daseins, 16.121f.185.240.352.428.
[115] »Indem aber ein jeder doch *er selbst* und nicht *der andere* ist, ist diese Gleichsinnigkeit der beiden für einen jeden von *verschiedener* Bedeutung. Im Verhältnis zu seinem Lehrer bestimmt sich der eine an ihm selbst als Schüler und im Verhältnis zu seinem Schüler der andere an ihm selbst als Lehrer. Und indem somit ein jeder *sich selbst* in Rücksicht auf einen *andern* bestimmt oder be-deutet, ist eines jeden Sein und Verhalten prinzipiell *zweideutig*. Die Deutung seines Verhaltens muß daher ebensosehr ihn selbst wie den andern,

das Eigentlichste des Daseins unbezüglich ist[116]. Die direkte Proportionalität von Einheit und Unterschiedenheit zwischen einer vertretenden und einer vertretenen Person ist jedenfalls mehr als ein »Verhältnis«, ohne das keine von beiden Personen sie selbst wäre. Löwiths Analyse des Phänomens »Verhältnis« vermag »eigentliche Stellvertretung« ebensowenig zu erklären wie Bubers Ausführungen über ein apriorisches »Zwischen«.

c) Der Andere als Konstitutivum der eigenen Freiheit

Im Unterschied zu Dialogikern wie Ebner, Rosenzweig und Buber lehnen die Vertreter einer »Transzendentalen Dialogik« die Transzendentalphilosophie nicht einfach ab, sondern erstreben eine Vermittlung des dialogischen mit dem transzendentalen Denken.

Hermann Krings zum Beispiel will das »Zwischen«, das die Dialogiker einfach als gegeben voraussetzen, transzendentallogisch-reduktiv analysieren. Er geht aus von der Kantischen Unterscheidung zwischen praktischer und transzendentaler Freiheit[117]. Erstere bezeichnet nicht nur die Qualität einer sittlichen Handlung[118], sondern im Sinne des »kategorischen Imperativs« auch den Grund für die Voraussetzung, daß der Wille unbedingt gut sein soll. Dagegen meint transzendentale Freiheit das Moment des Unbedingten als solches: nämlich den transzendentalen Akt, »durch den praktische Freiheit andere Freiheit und sich selbst als Freiheit affirmiert«[119]. Dieser Akt kann »auch als transzendentaler Entschluß bezeichnet werden«[120], als unbedingter Entschluß von Freiheit für Freiheit[121]. Krings erklärt die transzendentale Freiheit als ein ursprüngliches Sich-öffnen; und er rechtfertigt diese letztlich unbeschreibliche, aber denknotwendige Voraussetzung mit einer Abgrenzung seiner transzendentalen Logik von der traditionellen Metaphysik:

zu dem er sich als der und der verhält, in Betracht ziehen ...« (K. Löwith, Das Individuum in der Rolle des Mitmenschen, 71f).

116 Jedes Zusammensein des einen mit dem anderen interpretiert er als Entfremdung; jedes Zusammensein – so bemerkt er – »macht einen selbst ›zu einem andern‹ als man es rein für sich, für seine Person, wäre« (ebd. 170).

117 Krings verwendet den Ausdruck »transzendentale Freiheit« in einem weiteren Sinn als Kant: »Mit der Übernahme des Ausdrucks ist zwar die Methode der transzendentalen Analyse angezeigt, nicht jedoch die Bedeutung des kantischen Begriffs der transzendentalen Freiheit überhaupt. Der Ausdruck ›transzendentale Freiheit‹ bezeichnet nicht nur das Problem der Freiheit aus der Perspektive der theoretischen Vernunft, sondern den Begriff des Unbedingten schlechthin.« (H. Krings, System und Freiheit, 10f). – Vgl. dazu die ausgezeichnete Analyse bei: H. Hoping, Freiheit im Widerspruch, 52–57.147–152. 234–245.253–258.

118 Vgl. ebd. 45–68.

119 Ebd. 61.

120 Ebd. 62.

121 Vgl. ders., Transzendentale Logik, 65.

»Die transzendentale Logik, die die Möglichkeit des Erkennens darstellt, muß auf ein erstes rein Mögliches zurückgehen (im Gegensatz zur Metaphysik, die ein erstes Wirkliches denkt), dem kein ermöglichender Grund mehr vorgeordnet ist. Dieses rein Mögliche und Ermöglichende ist in der Logik (abermals im Gegensatz zur Metaphysik, für die das rein Mögliche das Nichtseiende, die erste Materie ist) die rein formale Form; das heißt die durch sich selbst entspringende und sich selbst durchsichtige Formalität.«[122]

Für sich betrachtet ist die transzendentale Freiheit bzw. das transzendentale Ich ein vom Vollzug menschlichen Handelns abstrahiertes und deshalb »wirklichkeits-fremdes« Moment; aber dieses Abstraktum denken bedeutet die Unbedingtheit menschlicher Freiheit erklären; bedeutet erklären, »warum die Freiheit nicht lediglich in einem Wählen besteht, das sich immer schon vor Alternativen, also schon in der Differenz befindet, sondern daß die Wahl selber gewählt oder verworfen werden kann«[123].

Nur theoretisch sind die konstitutiven Momente der transzendentalen Freiheit – »das ursprüngliche ›Sich-öffnen‹, das Eröffnen des Gehaltes als Moment der Selbstvermittlung sowie das Selbstsein in der neuen Offenheit und begründeten Gehaltlichkeit«[124] – unterscheidbar. Die realisierte Freiheit ist als »ursprüngliches Sich-öffnen« ohne »Gehalt« ebenso wenig denkbar wie als »Gehalt« ohne das »ursprüngliche Sich-öffnen«. Dennoch offenbart ein »Vergleich« zwischen dem alles Seiende »überschreitenden« Woraufhin der transzendentalen Aktualität und dem weiten Feld ihrer möglichen Termini (Gehalte) eine scheinbar unlösbare Aporie: Auf der einen Seite kann das transzendentale Ich nur dann zur Erfüllung seiner selbst gelangen, wenn es durch einen ihm entsprechenden Gehalt zu sich selbst vermittelt wird; auf der anderen Seite ist das transzendental Unbedingte »kraft seiner ursprünglichen und reinen Formalität inkommensurabel für jeden bestimmten Terminus und mithin durch keinen Terminus aufhebbar«. Auch die besagte Formalität als solche ist keine Grenze; »auch sie kann transzendiert werden, wenngleich die rein formale Transzendenz der reflexen Transzendenz zu nichts führt, sondern nur die vergebliche Wiederholung der gehaltlosen Figur ist«[125]. Selbst die Summe alles Seienden bildet keine Grenze; auch sie wird von dem, was wir das Unbedingte der menschlichen Freiheit nannten, überschritten. Angesichts dieses Befundes stellt sich die Frage noch dringlicher: Wie kann Freiheit, die kein bloßes Wählen zwischen Motiven ist, überhaupt real werden? Wie kann die transzendentale Aktualität des an eine leiblich verfaßte Endlichkeit gebundenen menschlichen Ich zu einem ihrer Unbedingtheit entsprechenden Gehalt finden?

Die einzig mögliche Antwort – so neben Krings u. a. auch Lauth und

[122] Ebd. 65f.
[123] Ders., System und Freiheit, 117f.
[124] Ebd. 121.
[125] Ders., Transzendentale Logik, 72.

Baumgartner – liegt in der Freiheit des Anderen[126]. Denn mit ihr begegne ich *in der Endlichkeit* des Mitmenschen einem Bild der eigenen Verwiesenheit auf das Absolute bzw. Unbedingte. Wenn ich mich – wie Fichte in seinem Frühwerk darlegt (s. S. 369f) – schon beim ursprünglichen Zustandekommen meines Selbstbewußtseins im Akt einer endlichen Freiheit (z. B. in der Bejahung bzw. Anerkennung durch die eigene Mutter) als ebenfalls endliche, aber auf absolute bzw. unbedingte Erfüllung angelegte Freiheit erkenne[127], bejahe ich nicht nur mich selbst und die mich anerkennende Freiheit des Anderen, sondern auch die Realität des Unbedingten bzw. Absoluten[128].

Dieses »Unbedingte« oder »Absolute« ist für Krings ebensowenig wie für Buber ein »Gott an sich«, sondern, wie gesagt, »das die Freiheit Ermöglichende und ... das die Freiheit Erfüllende«[129]. Weil kein endlicher Gehalt das Sich-öffnen des transzendentalen Ich zu erfüllen vermag, realisiert sich menschliche Freiheit immer schon in der expliziten oder impliziten Anerkennung »einer unbedingten, allen Gehalt realisierenden und damit schlechthin sich eröffnet habenden Freiheit«[130]. Daraus läßt sich allerdings kein neuer Gottesbeweis konstruieren, sondern nur folgern, daß »ein Glaube an Gott in der philosophischen Lehre von der Freiheit eine begriffliche Klärung finden kann«[131].

Uns bleibt zu fragen, ob sich mit der geschilderten Beobachtung, daß der Andere transzendental früher als mein Subjekt ist, »eigentliche Stellvertretung« erklären läßt. Ist der Andere – so fragen wir – für mein eigentlichstes Sein konstitutiv, weil seine Anerkennung Bedingung der Möglichkeit meiner Freiheit ist? Ist der mich ansprechende Andere nicht nur Voraussetzung, sondern auch »Stelle« meiner personalen Identität bzw. Freiheit?

[126] Vgl. ders., System und Freiheit, 125–127; R. Lauth, Die Frage nach dem Sinn des Daseins, 304–310; H. M. Baumgartner, Die Unbedingtheit des Sittlichen, bes. 142–145.

[127] »Freiheit ist nur dort möglich, wo Freiheit sich anderer Freiheit öffnet ... Das Kommerzium der Freiheit ist transzendental früher als das Subjekt, und im Begriffe des Subjekts ist der Begriff der Intersubjektivität als der transzendentallogisch frühere Begriff schon enthalten. Eine empirische Intersubjektivität als Beziehung zwischen Subjekten ist dadurch möglich, daß das Subjekt in seiner transzendentalen Selbstbegründung aus einem Kommerzium der Freiheit und aus einer durch andere Freiheit vermittelten Selbstsetzung hervorgeht. Im Akt der transzendentalen Freiheit ist mit dem Sich-öffnen für andere Freiheit nicht nur die eigene Freiheit gesetzt, sondern auch die andere Freiheit bejaht.« (H. Krings, System und Freiheit, 125f).

[128] »Menschliche Sittlichkeit, deren Wesen in der gehaltvollen Verwirklichung von Freiheit besteht, hat darum zur Bedingung ihrer Möglichkeit die Bejahung anderer Freiheit und den Vorgriff auf vollkommene Freiheit.« (Ebd. 176). – An diese Aussage von Krings richtet H. Verweyen (Gottes letztes Wort, 195) die kritische Frage: »Wie soll dem Ich andere Freiheit sich aber als vollkommene Freiheit vermitteln und so das ›perennierende Streben‹ [nach einem dem formal unbedingten Charakter endlicher Freiheit entsprechenden Gehalt] überwunden werden?«.

[129] »Für eine objektivierende Vorstellung von Gott bietet sich keine Möglichkeit; sie ist gerade ausgeschlossen.« (H. Krings, Gott, 638).

[130] Ebd. 636. – Vgl. ders., System und Freiheit, 171–177.

[131] Ebd. 639.

Ferdinand Ulrich hat diese Frage 1964 mit einem Vortrag im Internationalen Rosmini-Institut (Bozen) positiv beantwortet, aber daraus keine theologischen Konsequenzen gezogen[132]. Ludger Winner dagegen sieht in der transzendentalen Freiheitsanalyse oder, allgemeiner gesagt, in der Fichte-Interpretation von Lauth, Krings und Baumgartner ein in jeder Hinsicht brauchbares philosophisches Modell für die Erklärung des alt- und neutestamentlichen Gedankens stellvertretender Sühne. Er geht aus von der geschilderten Beobachtung, daß die Freiheit des Menschen als unbedingte Transzendenz sich nur entfalten kann, wenn sie immer beides zugleich ist: Antwort an den konkreten Anruf des Anderen *und* Antwort auf den Anspruch des Unbedingten. Wenn jede Person – so führt er aus – mit ihrem Wollen auf die Seite des fremden Wollens tritt, »dann wird keine der beiden Freiheiten eingeschränkt oder vernichtet, sondern *Gemeinschaft* begründet«. Denn indem sie sich wechselseitig bejahen, geben Ich und Du einander frei in die »Hingabe an den freien, absoluten Willen des anrufenden Gottes und damit in den Grund und die Fülle ihres je eigenen Seins«. Das »interpersonale Wechselwollen« aber, »das sich dem absoluten Willen Gottes in jeweils situativer Bezogenheit eint, ist durch den Begriff ›Liebe‹ gekennzeichnet«[133]. Vor diesem Hintergrund ist Schuld immer zugleich Sünde. »Denn in der Tat der Schuld hat sich weder eine bloße Selbstverfehlung, noch ein bloßes Nein gegenüber einem anderen Aufrufenden und damit die Verunmöglichung der sittlichen Selbstverwirklichung von Ich und Du ... ereignet, sondern wesentlich die Weigerung, sich dem absoluten (im Setzen des sittlichen Wertes sich kundtuenden) Willen des aufrufenden Unbedingten (nämlich Gottes) zu einen.«[134] Es ergibt sich angesichts von Schuld und Sünde von selbst die Frage, ob nicht die Tatsache, daß meine Freiheit immer schon durch den Anderen bedingt ist, eine »Wieder-gutmachung« des bösen durch den guten Willen – also stellvertretende Sühne – ermöglicht. Winner bejaht diese Frage mit der Übertragung der Kringsschen Freiheitsanalyse auf Christus als den einzigen Menschen, in dessen Endlichkeit das Unbedingte nicht nur in Gestalt des transzendentalen Sich-öffnens, sondern als konkreter Gehalt gegenwärtig ist.

[132] F. Ulrich (Zukunft als Gestalt der Freiheit von »Ich« und »Du«, 59) verweist auf die Fruchtbarkeit der Freiheitsanalyse für die Erschließung der christlichen Soteriologie, will aber die Grenzen der Philosophie nicht überschreiten: »Weil ... in der recht vollzogenen Vermittlung der personalen Dialektik endlicher Freiheit auch ihre ontologische Zeitlichkeit zur wahren Entfaltung kommt, ... können wir ... begründetermaßen sagen, daß im Horizont personaler Stellvertretung allererst der Verfall der Freiheit an die logisierte Gewesenheit, sowohl ihrer substanziierten Herkunft als auch ihrer hypostasierten Zukunft, durchbrochen und sie demnach zur Verantwortung ihres Seinkönnens, d. h. auf echte Zukunft hin befreit worden ist.« – Vgl. bes. Teil V (ebd. 65–75) mit dem Titel: »Personale Stellvertretung: Reifegestalt menschlicher Freiheit und Vergegenwärtigung der thematisch ergriffenen Zukunft in der Welt«. – Über Stellvertretung als Vermittlung von Tradition und Freiheit: Ders., Gegenwart der Freiheit, bes. 54–56.110–117.138–141.

[133] L. Winner, Sühne im interpersonalen Vollzug, 107.

[134] Ebd. 110.

Würde – so Winner weiter – »dieses vollkommene Wollen Gemeinschaft anbieten, dann geschähe … *Wiedergutmachung des bösen Willens*, weil in diesem ›Wechselwollen‹ die vollkommene Person den anderen Willen als ihren eigenen tragen würde und der schuldig Gewordene den vollkommenen Willen des Sühnenden als seinen eigenen übernehmen könnte«[135]. Anders gesagt: Der schuldig Gewordene wäre nicht Objekt, sondern Subjekt der Sühne seines Stellvertreters; er würde von vornherein aktiv in dessen Stellvertretung inkludiert. »Als ›Fortträger‹ des seinen bösen Willen wieder-gut-machenden sühnenden Willens muß der früher Schuldige in der Welt *selbst sühnend tätig werden*, da der rechtfertigende Wille das Wollen des Gerechtfertigten in höchstem Maße engagiert und aufruft … In der Begegnung mit anderen (letztlich: *allen*) geschichtlich erreichbaren und schuldig gewordenen Vernunftwesen muß er – da er seine eigene Sittlichkeit nur im je Anderen seiner selbst verwirklichen kann – zu einem sühnenden ›Wechselwollen‹ bereit sein und die Last des anderen als seine eigene (in Stellvertretung) zu tragen versuchen.«[136]

Ohne auf den Stellvertretungsbegriff als solchen einzugehen, erklärt Thomas Pröpper die transzendentalphilosophische Freiheitsanalyse zur Grundlage eines soteriologischen Neuansatzes[137]. Weil in Christus »das Unbedingte« nicht nur in Gestalt des transzendentalen Sich-öffnens, sondern auch als Gehalt gegenwärtig ist, will Pröpper vornehmlich und zuerst die Tatsache entfalten, daß in Christus die Freiheit jedes Menschen von Gott selbst anerkannt worden ist, und daß, wo diese unbedingte Bejahung im Glauben ergriffen wird, Erlösung geschieht. Kriterium dieser Erlösung ist ein neues Sein, das nicht aus dem eigenen Ich, nicht aus den Mechanismen der Selbstsicherung und Angst, sondern »vom Anderen« (aus dessen Bejahung) stammt und deshalb zum Loslassen des eigenen Ich und zur Bejahung des Nächsten befreit.

Winner und Pröpper zeigen mit Hilfe der Kringsschen Freiheitsanalyse, daß das eigentlichste Sein des Menschen (seine Personalität, seine Freiheit) verdanktes Sein ist. Aber ist Christus für sie mehr als die *Offenbarung* der unbedingten Bejahung jedes Menschen? Ist er auch der, der wirklich *an unsere Stelle* getreten ist? Warum hat Gott uns seine unbedingte Bejahung nicht im nestorianischen Sinn *am Beispiel* eines unbedingt freien Menschen offenbart, sondern durch die Menschwerdung seines Sohnes und dessen Kreuz und Descensus erwirkt? Bleibt die unbedingte Freiheit Christi der pervertierten Freiheit des Sünders nicht letztlich äußerlich, wenn sie im Sinne der transzendentalphilosophischen Freiheitsanalyse als »Bedingung der Möglichkeit« gedacht wird?

[135] Ebd. 111.
[136] Ebd. 115.
[137] Vgl. T. Pröpper, Erlösungsglaube und Freiheitsgeschichte, 1. Aufl., 106–124 [2. Aufl., 194–220]; ders., Freiheit, 399–401. – Mit Berufung auf Pröpper gründet auch J. Werbick den Ansatz seiner jüngst veröffentlichten »Soteriologie« auf die transzendentale Freiheitsanalyse (vgl. bes. 162f).

Thomas Pröpper geht in der zweiten Auflage seiner »Skizze zur Soteriologie« auf diese Fragen ein und zeigt, daß sein Ansatz der Balthasarschen Stellvertretungschristologie nicht widersprechen muß[138]. Allerdings bleibt zu diskutieren, ob die Kringssche Freiheitsanalyse für sich genommen den eigentlichen Gehalt der Christusstellvertretung nicht eher umgeht als aufdeckt. Jedenfalls scheint uns der französische Philosoph Emmanuel Levinas auf der Suche nach einem philosophischen Modell »eigentlicher Stellvertretung« weiter zu führen als das Denken der »transzendentalen Dialogik«.

d) Das Ich als »Ver-ant-wortung« für den Anderen

Auch Emmanuel Levinas – Jude wie Martin Buber, 1905 in Kaunas (Litauen) geboren, während des Zweiten Weltkrieges von den Nationalsozialisten verfolgt – versucht auf seine Weise eine Synthese des transzendentalphilosophischen (bzw. fundamentalontologischen) mit dem dialogischen Denken. Aber er setzt nicht bei Bubers »Zwischen« an[139], sondern beginnt mit einer Kritik an der eleatisch-platonischen These, wir könnten alles Seiende nur innerhalb der Einheit des Seins denken[140]. Diese Kritik zielt vor allem auf Heidegger; denn ihm wirft Levinas vor, das Sein ausschließlich als Funktion des Seienden zu erklären[141]. Seine Begründung: »Für das Seiende, das der Mensch ist, drückt der Heideggersche Ausdruck der *Jemeinigkeit* genau die Tatsache aus, daß das Sein immer von jemandem besessen wird«[142]. Das Denken Jean-Paul Sartres ist nach Levinas nur eine Konsequenz der Heideggerschen Ontologie. Denn wenn der Mensch das Sein stets nur *als das seine* übernehmen und vollziehen kann, ist er dazu verurteilt, sich ständig selbst zu entwerfen, um dem Ekel am Faktischen, am »An-sich«, am »Es-ist«, zu entfliehen. Sartre hat nicht erkannt, daß er das Sein überhaupt nur dann als anonymes »Es-ist«, als Sprach-losigkeit und »Verweigerung jeder Bedeutung« entlarven kann, wenn er zuvor eine dem stummen Sein des Seienden unzugängliche Dimension der Wirklichkeit erfahren hat: nämlich das Vom-Anderen-Angesprochenwerden[143] und das Sprechenkönnen als

[138] Vgl. ebd. (2. Aufl.) 238–246.251–253. – Unsere Rezension der ersten Aufl. (ThRv 83 [1987] 488–491) geht, wie die zweite Aufl. beweist, von falschen Vermutungen aus und ist von Pröpper mit Recht abgewiesen worden (ThRv 84 [1988] 138–140).

[139] Vgl. S. Strasser, Buber und Levinas, 520–524.

[140] Vgl. E. Levinas, Die Zeit und der Andere, 21–26.

[141] Eine detaillierte Darstellung der Levinasschen Heidegger-Kritik bietet: K. Huizing, Das Sein und der Andere. Levinas' Auseinandersetzung mit Heidegger (AMP 254), Frankfurt 1988. – Zur philosophiegeschichtlichen Einordnung von Levinas insgesamt: A. Halder, Ontologie – Ethik – Dialogik, 100–118.

[142] E. Levinas, Die Zeit und der Andere, 22.

[143] Im Unterschied zu Buber bezeichnet Levinas die bloße Ich-Du-Beziehung als »geschlossene Gesellschaft«. Levinas spricht von egoistischen Beziehungen, wo nicht »der Andere« als »der schlechthin andere« im Blick ist. Deshalb spricht er vom »Antlitz« als dem

Antworten. Das ist die grundlegende These der Levinasschen Philosophie: Der Andere ist kein Synonym für Uneigentlichkeit (Heidegger), und der Andere ist nicht der mich »Über-schreitende« oder der von mir »Über-schrittene« (Sartre), sondern Konstitutivum meines Eigentlichsten, meines Sinns, meiner Bedeutung[144]. Levinas spricht von zwei Dimensionen der Wirklichkeit: von der Dimension des Seins und der Dimension der Anderheit, und er bezeichnet letztere als die ursprünglichere[145].

Daß die Dimension der Anderheit der Dimension des Seins erst Sinn und Bedeutung gibt, erklärt Levinas u. a. am Phänomen der Zeitlichkeit. Oberflächlich beschreibt man das Wesen des Augenblicks als Vergänglichkeit, als bloße Funktion der unbeschränkten Dauer des unbeschränkten Seins. Und dennoch bestimmt nicht eine schon bestehende Dauer, sondern das Ereignis des Unterbrechens bzw. Anhaltens das Wesen des Augenblicks[146]. Levinas stellt der »Synchronie« des transzendentalen Subjekts die »Diachronie« der »unterbrechenden Vorladung« des Augenblicks gegenüber[147]. Noch bevor der Augenblick Glied einer Zeitkette *wird*, *ist* er das Ereignis des Anhaltens[148]. Das wird besonders deutlich im Augenblick des Todes; denn der Tod kann niemals Gegenwart (Glied der von mir verfügten Zeit) werden. »Das Jetzt, das ist der Sachverhalt, daß ich Herr bin, Herr des Möglichen, Herr, das Mögliche zu ergreifen. Der Tod ist niemals jetzt. Wenn der Tod da ist, bin ich nicht mehr da, nicht, weil ich nichts bin, sondern weil ich nicht imstande bin zu ergreifen.«[149] Wir können gegen die Gewalt des Todes ankämpfen; aber dieser Kampf wäre sinnlos; denn »was entscheidend ist im Nahen des Todes, ist dies, daß wir von einem bestimmten Moment an *nicht mehr können können*[150]. Erst wenn ich auf *mein* Können – und das heißt konkret: auf jede Gewalt – verzichte, wenn sich meine Herrschaft über das Sein in ein Sein-für-den-Anderen verwandelt, wenn »ich« also gar nicht mehr das alles Seiende für sich vereinnahmende Subjekt, sondern »außerhalb« dieses Subjekts bin, kann »mich« der Tod nicht zer-

Inbegriff des Anderen, der nicht mehr von mir aus gesehen, entworfen, ergriffen oder begriffen wird. – Vgl. ders., Le Moi et la Totalité, 353–373.

144 Vgl. ders., Liberté et Commandement, 264–272.

145 Vgl. ders., Totalität und Unendlichkeit, 43 f. 48. 366 f.

146 Vgl. ders., De l'Existence à l'Existant, 126–132.

147 »Die Zeit, die das Ego in seinem Sich-Zeitigen in Retention und Protention ist, die Zeit, die als die Synchronie des transzendentalen Subjekts begriffen werden kann ... oder auch, mit Heidegger, die Einheit der Ekstasen der Zeit in der Eigentlichkeit des Daseins zum Tode ..., sie wird in ihrem Sich-in-sich-Schließen unterbrochen. Sie wird gestört durch die Vorladung vor die formfreie ..., an-archische Ursprünglichkeit des Anderen.« (B. Casper, Illéité, 278).

148 »L'instant, avant d'être en relation avec les instants qui le précèdent ou le suivent, recèle un acte par lequel s'acquiert l'existence.« (E. Levinas, De l'Existence à l'Existant, 130).

149 Ders., Die Zeit und der Andere, 45.

150 Ebd. 47.

stören[151]. Erst wenn ich den törichten Versuch aufgebe, den Tod vorwegnehmen bzw. beherrschen zu wollen, wenn ich die Grundmöglichkeit des Opfers realisiere und meine Zeit in die Zeit des Anderen hingebe, erfahre ich mich einbezogen in eine Beziehung, die ich selbst nicht »machen« oder »herstellen« kann: in die Beziehung zur Anderheit (zum Tod, zum Antlitz des anderen Menschen, zur Zukunft), und das heißt in die Beziehung zu etwas Unbedingtem, Unendlichem, und deshalb Unzerstörbarem[152].

Levinas befaßt sich ausführlich mit der Frage, wie »Un-endliches« von einem endlichen Subjekt gedacht werden kann. Mit Hinweis auf Descartes und Malebranche erklärt er, daß die Idee des Unendlichen sich dadurch von allen anderen Ideen unterscheidet, daß sie etwas meint, was sie selbst nicht erfassen kann[153]. Levinas weiß: Die Idee des Unendlichen kann nicht von einem endlichen Bewußtsein »produziert« werden. Er spricht deshalb vom »Einbrechen« eines unendlichen Bedeutungsgehaltes[154], der nicht aus dem Denken selbst stammt bzw. von diesem hervorgebracht wird. Wie vor ihm nur der italienische Philosoph Rosmini[155] ringt er nach immer neuen Ausdrücken für die im Antlitz des Anderen erfahrene Tatsache, daß wir uns gleichsam selbst entrissen werden müssen, um ganz wir selbst zu sein, daß unsere »Eigentlichkeit« von etwas Unbedingtem, Unendlichem, konstituiert ist, ohne daß wir dieses Konstitutivum unserer selbst mit dem Possessivpronomen »mein« belegen dürften.

»Eigentlichkeit« meint hier ein Transzendieren des Subjekts, das sich nicht als *reditio completa in seipsum* beschreiben läßt, sondern das Unbedingte, das Un-endliche berührt. Das Heideggersche Subjekt, dem es in seinem Bei-der-Welt-sein und im Mitsein mit Anderen um das eigenste Seinkönnen geht, lebt ohne Zukunft, weil jede denkbare Beziehung immer schon im Lichte der Erschlossenheit des Seins steht. Erst das von jedem Subjekt gänzlich Unerreichbare, erst die Dimension der Anderheit, eröffnet »Zu-kunft«[156]. Innerhalb der Dimension des Seins ist der Tod Vernichtung; in der Dimension der Anderheit aber das mich unbedingt Angehende (An-sprechende) und also Konstitutivum meiner Eigentlichkeit.

Für Levinas ist das erste Verstehbare kein Begriff, sondern »das Antlitz des Anderen«, der mich anschaut – auch dann, wenn ich ihn unterdrücke und beherrsche, auch dann noch, wenn ich ihn physisch vernichtet (getötet) habe[157]. Das Antlitz ist »die Weise des *Anderen*, sich darzustellen, indem er *die Idee des Anderen in mir* überschreitet«. Das Antlitz »besteht nicht

[151] Vgl. ders., Totalität und Unendlichkeit, 329–352, bes. 346.351.
[152] Vgl. ders., Diachronie et Représentation, 95.
[153] Vgl. ders., Die Spur des Anderen, 200f.
[154] Vgl. ders., Totalität und Unendlichkeit, 282.
[155] Vgl. K.-H. Menke, Vernunft und Offenbarung, 217–219.
[156] »Diese Zukunft ist weder die aristotelische Anlage (weniger als das Sein, ein geringeres Sein), noch die heideggersche Möglichkeit; die heideggersche Möglichkeit macht das Sein selbst aus, aber sie verwandelt die Beziehung mit der Zukunft in ein Können des Subjekts.« (E. Levinas, Totalität und Unendlichkeit, 391f).
[157] Vgl. ebd. 339–442.

darin, vor meinem Blick als Thema aufzutreten, sich als ein Ganzes von Qualitäten, in denen sich ein Bild gestaltet, auszubreiten«. Vielmehr »zerstört und überflutet das Antlitz des Anderen«[158] in jedem Augenblick mein Bild (meine Idee) von ihm. »Noch ursprünglicher als der Naturwissenschaftler z.B. die Gegenstände seines Forschens vorfindet und nicht ›machen‹ kann, finde ich den Anspruch, der mir in dem anderen Menschen begegnet, vor; richtiger: finde ich mich durch ihn angesprochen und herausgefordert. Ich erkenne, daß ich selbst in Frage gestellt bin – als solcher, der selbst Zeit hat, mit der er etwas anfangen muß. Und zwar auf den Anderen hin. Ich erwache zu mir selbst als zu jenem, der von dem in Frage gestellt und angegangen wird, was sich schlechthin außerhalb seiner findet.«[159] Levinas beschreibt das Phänomen »Verantwortung« mit dem anschaulichen Ausdruck: »être otage pour autrui – Geisel für den Anderen sein«[160]. Denn »wer Geisel für den Anderen ist, bürgt mit seinem Leben dafür, daß es mit dem Leben des Anderen gut ausgehe. Und nur dadurch, daß es mit dem Leben des Anderen gut ausgeht, wird er selber frei«[161]. Stephan Strasser übersetzt den Terminus »être otage pour autrui« mit dem deutschen Substantiv »Stellvertretung«[162], weil Levinas mit »Geisel für den Anderen sein« das Gegenteil von »Ersatz für den Anderen sein« meint. Verantwortung für den anderen übernehmen heißt ja nie: ihn ersetzen. Denn dann wäre »der Andere« nicht »der andere«, sondern auswechselbares Exemplar einer Gattung. Verantwortung für »den Anderen« als »anderen« übernehmen heißt immer: seine Personalität, seine unersetzliche Einmaligkeit schützen, retten oder neu ermöglichen.

Mit dem bildhaften Ausdruck »être otage pour autrui« umschreibt Levinas das kürzere Wort »substitution«. Auch diese Vokabel bedeutet in seinen Schriften nie »Ersatz«, sondern: »sich unter den ›An-spruch‹ des Anderen stellen«. »Substitution« bedeutet, daß »der Andere«, indem er »an-redet«, »an-geht« und in jedem Fall »be-an-sprucht«, mich gleichsam aus mir herausholt und mein Leben »fruchtbar« macht. Mit dem Wort »Fruchtbarkeit«[163] bezeichnet Levinas, was die Dialogiker das Paradox des Personbegriffs nennen: daß das Ich sich nur im Ausschritt (in der Transzendenz) auf das Du gewinnt, daß – mit den Worten Christi gesagt – nur der sein Leben gewinnt, der es hingibt[164].

158 Ebd. 63.
159 B. Casper, Denken im Angesicht des Anderen, 24. – Dazu auch: J. Reiter, Der »Humanismus des anderen Menschen«, 369–372.
160 Vgl. E. Levinas, Die Spur des Anderen, 295–330; ders., Wenn Gott ins Denken fällt, 103–105.116–120; ders., Humanismus des anderen Menschen, 82f.
161 B. Casper, Denken im Angesicht des Anderen, 26.
162 Vgl. S. Strasser, Jenseits von Sein und Zeit, bes. 310f.
163 Vgl. E. Levinas, Die Zeit und der Andere, 61–65; ders., Totalität und Unendlichkeit, 390–395.400–406.
164 In diesem Sinne interpretiert Levinas den Celan-Satz: »Ich bin Du, wenn ich ich bin.« – Dazu: O. Pöggeler, Die Lyrik Paul Celans, 219; J. Becker, Emmanuel Levinas, 70.

Levinas will nicht nur das Phänomen, sondern auch die Ursache dieses Paradoxons ergründen und fragt deshalb: »*Wie* kann ich in der Anderheit eines Du ein Ich bleiben, ohne mich in dieses Du absorbieren zu lassen, ohne mich darin zu verlieren? Wie kann das Ich Ich bleiben in einem Du, ohne gleichwohl das Ich zu sein, das ich in meiner Gegenwart bin, das heißt, ein Ich, das verhängnisvollerweise immer auf sich zurückkommt? Wie kann das Ich anderer werden für sich?«[165]

Wie Krings antwortet Levinas mit einer Freiheitsanalyse. Er zeigt, daß der Wille, der nur sich selbst vollzieht, blind und taub für seinen Sinn (für seine Bedeutung) bleibt. Solange der Mensch sich des Anderen erkennend und wollend bemächtigen will, findet er immer nur sich selbst; erst wenn er sich vom Anderen »an-sprechen«, »an-gehen« läßt, findet er seine Bedeutung, seine Einmaligkeit, seine Eigentlichkeit, seine Freiheit. Die *unbedingte* Wahrheit des Menschen ist kein Produkt seines Erkennens oder Wollens, sondern sie wird *dem Anderen geschuldet*. Die *unbedingte* und *unendliche* Wahrheit ist nicht *in* mir, sondern sie *geht mich an* im *bedingten* und *endlichen* Antlitz des Anderen[166]. Der »Widerstand«, der im Antlitz des Anderen begegnet, wird zur *Befreiung* meines Willens aus dem Käfig der Endlichkeit, wird zur *Verwandlung des Willens in Freiheit*, sobald ich mein Erkennen in Anerkennen, mein Begreifen- und Habenwollen in Ver-ant-wortung umkehre. Levinas spricht von der Verwandlung des Willens in Freiheit *durch Güte*[167], weil Güte nie in sich selbst ruht, sondern immer Verlangen (unbedingte, unendliche Transzendenz) bleibt. Der Widerstand im Antlitz des Anderen zerstört das Subjekt nicht, wie Sartre meint, sondern schenkt ihm im Gegenteil eine unbedingte, unendliche, unzerstörbare Bedeutung. Was vordergründig als Autonomie gilt, wird als Begrenzung des Subjekts auf seine eigene Endlichkeit entlarvt; was vordergründig als Heteronomie, als Begrenzung durch den Anderen, erscheint, entpuppt sich als Befreiung[168].

Levinas lehnt es ab, den Anspruch des Anderen als solchen nochmals zu begründen. Er stellt einfach fest, daß jeder, der die »Vorladung« vor das Antlitz des Anderen mit seinem sterblichen Leben annimmt, »fruchtbar« ist. Jeder Versuch, die Grundbefindlichkeit des Verantwortlichseins für den Anderen philosophisch, psychologisch, soziologisch oder sonstwie kausalanalytisch zu erklären, würde den Anderen unter die eigene »ratio« zwingen. Nur *indem* ich »Verantwortung übernehme, weiß ich, daß es hier um die erste Verpflichtung und das letzte Sinnhafte

[165] E. Levinas, Die Zeit und der Andere, 61.

[166] Vgl. ders., Totalität und Unendlichkeit, 225f.316–321.

[167] »Die Struktur des freien Willens, der *Güte* wird, ähnelt nicht mehr der eitlen und genügsamen Spontaneität des Ich und des Glücks, begriffen als äußerste Bewegung des Seins. Im Verhältnis dazu ist der zur Güte gewordene Wille gewissermaßen eine Umkehrung.« (Ders., Die Spur des Anderen, 204f).

[168] Vgl. ders., Die Zeit und der Andere, 81f.185–188.

geht«[169]. Denn nicht mein Ich gibt dem Anderen Sinn, sondern umgekehrt: Im Anderen begegnet mir Sinn. In der Konkretion des »Augen-Blicks« (des Angeblickt-werdens durch das Antlitz des Anderen) begegnet mir das Unbedingte und Unendliche. Levinas spricht vom »Einfallen« Gottes in die Verantwortung für den Anderen[170]. Gemeint ist nicht ein »Gott an sich«, sondern das, was »mich unbedingt angeht«: der Andere als »die Stelle« meiner Eigentlichkeit. Die Passivität, in der ich verantwortlich gemacht, zur Geisel genommen und also »Stellvertreter« werde, »bedeutet ... nicht nur ... Entfremdung, ... Verfolgt- und Besessenwerden durch den Anderen. Die Passivität des Subjekts bedeutet zugleich, daß es in seiner Verantwortung ... *unersetzbar* ist. Niemand kann an meiner Stelle antworten. Deshalb bin ich in meiner Verantwortung ›einzig‹. Ich erhalte gerade in der Aufhebung meiner Identität als des autonomen Subjekts eine neue Identität, die Identität dessen, der unentrinnbar verantwortlich ist.«[171]

Es gibt keinen Akt, in dem ich mich selbst in intensiverer Weise als ich selbst gemeint finden könnte, als die »Ver-ant-wortung« für den Anderen. Deshalb sagt Levinas: »Ich habe mein Kind nicht; ich *bin* auf *gewisse* Weise mein Kind.«; oder: »Ich bin mein Sohn durch mein Sein und nicht durch Sympathie.«[172] Das eigentlichste Sein des Menschen ist für Levinas Stellvertretung. Denn – so Klaas Huizing in seinem Vergleich zwischen Levinas und Heidegger – für ihn ist »die konstitutive Struktur von Subjektivität ... von vornherein heteronom verfaßt«[173]. Der Andere ist nicht nur »Bedingung der Möglichkeit«, sondern »Stelle« meiner Eigentlichkeit. Dies zeigt schon das Bild von dem Anderen, dem ich mit der Übernahme meiner Verantwortung »zur Geisel werde«.

Der Sinn meines Daseins, das »Unbedingte«, ist nach Levinas weder das moralische Gesetz in mir selbst (Kant), noch mein alles Bedingte überspringendes Vorausgreifen auf den eigenen Tod (Heidegger), sondern die »Ver-ant-wortung« als solche. Indem ich mein Erkennen in Anerkennen, und mein Begreifen- und Habenwollen in Ver-ant-wortung umkehre, verzichte ich nicht nur auf die »synchronisierende« Vereinnahmung des Anderen, sondern auch auf das Mich-vereinnehmen-Lassen durch den Anderen. Letzteres wäre ja lediglich ein synchronisie-

[169] B. Casper, Denken im Angesicht des Anderen, 33. – Dazu auch: T. Wiemer, Die Passion des Sagens, 49–59.

[170] »Was *unmittelbar* einen Sinn hat, bevor er ihm verliehen wird, genau das ist der Nächste. Aber was auf diese Weise einen Sinn hat, kann nur als Anderer sein, als *derjenige*, der einen Sinn hat, bevor man ihn ihm gibt.« (E. Levinas, Die Spur des Anderen, 281). – Vgl. ders., Wenn Gott ins Denken fällt, 13–21.

[171] L. Wenzler, Zeichen und Antlitz, 148f.

[172] E. Levinas, Die Zeit und der Andere, 62.

[173] K. Huizing, Das Sein und der Andere, 192. – Huizing stellt der Heideggerschen »Gelassenheit« die Levinassche »Stellvertretung« gegenüber und nennt seinen Vergleich »Unversöhnliche Lebensdeutungen« (ebd. 184–199).

rendes Begründungsverhältnis mit umgekehrtem Vorzeichen; die transzendental-egologische Vereinnahmung des einen durch den anderen geschähe vom »alter ego« statt vom »ego« her; in der Verantwortung für den Anderen aber bin ich weder bedingendes Subjekt noch bedingtes Objekt, sondern »Stelle« des Unbedingten. Die Durchkreuzung »meiner« Zeit (Synchronie) durch das Antlitz des Anderen ist nicht nur ein »Durchbrechen« (Diachronie) meiner Ich-zentrierten Welt, sondern auch das »Ein-Fallen« des Unbedingten in das Bedingte und deshalb »die Stelle« meiner Eigentlichkeit. »Denn worauf ich mich verlasse, wenn ich mich in die Verantwortung für den Anderen hinein verlasse im diachronischen Zerbrechenlassen meiner Zeit, das ist ja keineswegs der Andere in seiner faktischen Zeitlichkeit als einer solchen. Sondern es ist ... die Zukunft, die über alle machbare Zukunft hinausgeht als das, was mich unbedingt angeht«[174]. Bei Levinas ist »der Andere« als anderer konstitutiv für das »Ich-Sein« des Ich, weil ich »die Stelle« des Unbedingten bzw. Eigentlichen »nicht ontologisch, sondern ›heterologisch‹ in der Wahrnahme der Verantwortung meines freien Selbstseins für den Anderen« und »in der jede intramundane Zeitlichkeit transzendierenden Zeitlichkeit«[175] erreiche.

Unter allen besprochenen Philosophen bietet Levinas m. E. das geeignetste »Modell« zur Erhellung der christologischen und ekklesiologischen Stellvertretung[176]. Denn wenn Christus der unbedingte Sinn meines Lebens (meine Eigentlichkeit) ist; und wenn ich in dem Maße »ich selbst« bin, in dem ich in Christus bin; und wenn ich in dem Maße »in Christus bin«, in dem ich mich mit ihm vom Anderen »ver-ant-wortlich« bzw. »zur Geisel« machen lasse, dann wird deutlich, daß Levinas nicht mehr vom Ich her denkt, aber das Ich auch nicht in den Anderen verlagert, sondern von dem ausgeht, »was uns unbedingt angeht«. Ohne Einschränkung kann man das Levinassche »Unbedingte« mit der erlösenden Gnade des Stellvertreters identifizieren.

§ 2 Exemplarische Erfahrungen gelebter Stellvertretung

Indem Levinas immer wieder nach Begriffen ringt, bezeugt er den Vorsprung der erfahrenen vor der reflektierten Wirklichkeit. Seine Philosophie verweist über sich selbst hinaus auf das ganz Andere, von dem wir uns, statt begreifen zu wollen, ergreifen lassen müssen. Levinas versteht

174 B. Casper, Illéité, 280.
175 Ebd. 278.
176 Jüngere Beiträge zur Soteriologie und Trinitätslehre lassen erwarten, daß Levinas das theologische Denken der nächsten Jahre maßgeblich befruchten wird. Vgl. K. Lehmann, »Er wurde für uns gekreuzigt«, 315–317; J. Wohlmuth, Zum Verhältnis von ökonomischer und immanenter Trinität, 144–154; J. Splett, Leben als Mit-Sein, 100–125.

das eigene Denken nicht nur als nachträgliche Reflexion, sondern auch als Wegweiser zur Wirklichkeit bzw. als Einführung in die Erfahrungen von Menschen, die gelebt haben, was theologische und philosophische Begriffe nur in unzulänglichen Annäherungen beschreiben.

Exemplarische Zeugnisse gelebter Stellvertretung sollen im Folgenden mit der theologischen und philosophischen Reflexion so konfrontiert werden, daß beides zugleich deutlich wird: die Ähnlichkeit und die je größere Unähnlichkeit zwischen unseren Begriffen und der erfahrenen Wirklichkeit. Über den Stellenwert unseres Themas innerhalb der christlichen Spiritualitätsgeschichte bemerkt Hans Urs von Balthasar:

»Man lese doch einmal die Bergpredigt ... und frage sich, ob einer solches äußern kann, der nicht als Sinn seines Daseins die Stellvertretung für alle voraussieht? Stellvertretung ist weit mehr, als was das heute beliebte, verwaschene Wort ›Solidarität‹ besagt; nämlich durch inneres Erfahren der Schuld-Not und Verlorenheit des andern ihm diese Not abnehmen. Es ist gewiß nicht zuviel behauptet, wenn wir sagen: alles, was im Lauf von bald zweitausend Jahren von der Kirche (stillschweigend oder ausdrücklich) als christliche ›Heiligkeit‹ kanonisiert, das heißt als vorbildlich hingestellt wurde, ruht ausschließlich auf diesem Verständnis christlichen Daseins. Die innerste Feder, die zu den tollsten christlichen Wagnissen und Einsätzen bewegt hat, war immer: Du hast für mich das Äußerste getan, wie sollte ich für Dich nicht tun, was ich kann. Die Briefe des Ignatius von Antiochien (die Iñigo von Loyola bestimmten, seinen Namen zu ändern) könnten hier beinahe als Raserei erscheinen, aber sie schlagen nur das Leitmotiv an, das unaufhörlich weiterklingt. Im Zentrum der Benediktsregel... wird die äußerste Demütigung im vollsten ›Gehorsam‹ und in ›geduldig ertragener Schmach‹ ›aus Liebe zu Christus‹ in Kauf genommen. Der Jesuit soll nach dem Gründer, ›aus Liebe und Verehrung für seinen Herrn dessen Gewand und Ehrenzeichen zu tragen begehren, gerne Schmähung, falsches Zeugnis und Unrecht leiden und für töricht gelten. Hat der Herr dies doch selbst aus Liebe zu uns getragen, damit wir ihm, dem wahren Weg, mit der göttlichen Gnade soweit als möglich nachzufolgen trachten‹ ... Streicht man dieses Programm, so bleibt von Augustinus, von Franz, von Tauler, Johannes vom Kreuz, der Großen und Kleinen Theresia, von Foucauld und Teresa von Kalkutta nichts übrig – als vielleicht ein etwas verschrobener Humanismus, den man besser von dieser überholten Zutat befreien würde zu schlichter Mitbrüderlichkeit. Von der höchsten theologischen Spekulation über die gesamte christliche Kunst in Ost und West (man denke an die Kreuzform der Kathedralen, an die Kruzifixe, die Pietàs, die tiefsinnigen Gnadenstuhlbilder, die Darstellung der Ekklesia, die ihren Kelch aus der Seitenwunde des Gekreuzigten füllt, die ›mystische Kelter‹ usf.) bis zur populären Kreuzwegandacht und zum ›schmerzhaften Rosenkranz‹: überall widerhallt das ›pro nobis‹, das ›um unsertwillen‹ des alten Glaubensbekenntnisses: ›der für uns Menschen und um unseres Heiles willen vom Himmel abstieg, der auch für uns gekreuzigt wurde.‹ Alles heilige Christenleben ist Zeugnis (martyrion) für das vom Gottessohn abgelegte ›herrliche Zeugnis‹ der Liebe Gottes zu uns (1 Tim 6,13).«[177]

Was Balthasar hier geradezu emphatisch als Kern des Christentums

[177] H. U. v. Balthasar, Der sich für mich dahingegeben hat, 417f.

schlechthin bezeichnet, ist für Eugen Drewermann das exakte Gegenteil: die Perversion des Christlichen. Wo Balthasar vom Geheimnis der Inklusion des Christen in die Stellvertretung Christi spricht, erkennt Drewermann vornehmlich die Entmündigung des Ich durch ein Freudsches Über-Ich. Er erklärt die »Selbstquälerei« des hl. Franziskus aus einem »negativen väterlichen Überichanteil«[178], nennt das angeblich stellvertretende Leiden der Kleinen Therese einen »masochistischen Triumph der Selbstzerstörung«[179], beschreibt die Hingabebereitschaft einer Schwester Maria Euthymia als Folge ihrer Mutterabhängigkeit[180] und trifft die allgemeine Feststellung:

»Es ist psychoanalytisch mit Händen zu greifen, *was* hier ideologisiert wird: unzweideutig handelt es sich um die Gedankenwelt eines Überichs, das sich in Tagen geformt hat, wie wir sie als Hintergrund einer klerikalen Psychogenese generell herausgearbeitet haben: ein erdrückendes Leid (der Mutter zumeist), das die ganze ›Welt‹ (des Kindes) überschattet und deshalb später die ganze Weltsicht entscheidend prägen wird; das strikte Verbot, innerhalb einer solchen ›Welt‹ auf irgend etwas Eigenes Anspruch zu machen; und die Absolutsetzung solcher Erfahrungen in der Ersetzung der Mutter durch die Rolle des Christus.«[181]

Darin kommt Drewermann mit Balthasar überein, daß Erlösung Befreiung des einzelnen Ich von aller Entfremdung zu sich selbst ist. Aber für ihn besteht diese Befreiung keinesfalls in einer je einmaligen Inklusion des Erlösten in das Für-Leiden und Für-Sterben des Erlösers, sondern in der Befreiung von der Angst. Deshalb sind für ihn die Erfahrungen gelebter Stellvertretung durchgängig Dokumente ein und derselben Zwangsneurose. Zum Beispiel Therese von Lisieux, wenn sie nach eigenem Bekunden stellvertretend das Nicht-Beten-Können eines anderen Menschen auf sich nimmt und deshalb bekennt: »Ich kann nie beten«, zugleich aber: »*Ich* kann es, wenn nicht mehr *ich* lebe, sondern *Christus in mir*«. Drewermann würde fragen: *Wer* sagt dies – das Therese quälende Über-Ich eines anerzogenen schlechten Gewissens oder das mit dem Namen Christi versehene Über-Ich nie abgetragener Schuldgefühle gegenüber der früh verstorbenen Mutter? – Therese selbst antwortet: Wenn nicht mehr *ich* lebe, sondern *Christus in mir*, dann darf ich auch sagen: »*Ich* sage das; *ich* kann beten«. Sie behauptet sogar: «*Ich tue stets meinen Willen*«. Vordergründig – so kommentiert Ferdinand Ulrich – erscheint dieses Selbstzeugnis Thereses als ein einziges »Durcheinander«; denn »zuerst heißt es: ›Ich‹ kann nicht! Dann, wenn das ›Ich‹ tot ist, weil ein Anderer in mir lebt, fängt es wieder zu reden an: ich kann alles in dem, der ... in mir lebt«. Aber – so fragen wir – »kann denn *ich* hier etwas? Ist es nicht der Andere, der an meinen Ort getreten ist?... wie

[178] E. Drewermann, Kleriker, 816[25].
[179] Ebd. 176.
[180] Ebd. 808[11].
[181] Ebd. 693. – Vgl. ders., Der Krieg und das Christentum, 370.

kann ich noch ›meinen‹ Willen tun, wenn ich nicht mehr lebe? Bin ich da nicht bis auf den Grund des Daseins verohnmachtet, kraftlos?«[182]

Nicht nur die Antwort Thereses selbst, sondern zahllose Dokumente der kanonisierten christlichen Tradition bezeugen die Wirklichkeit dessen, was wir in dieser Studie theologisch und philosophisch reflektiert haben: daß ich mich (mein Leben) in demselben Maße gewinne, in dem ich mich (mein Leben) in Christi Stellvertretung inkludieren lasse, in dem ich mein Ich zur Stelle des Anderen (des Du) mache. Wir können im Folgenden zwar nur punktuell an Hand von Beispielen belegen, daß der Gedanke der Inklusion des einzelnen Christen und der Kirche insgesamt in Christi Stellvertretung geradezu ein Kriterium jeder genuin christlichen Spiritualität ist. Aber auch ein lückenhafter und unzulänglich differenzierender Überblick genügt, um den Widerspruch zwischen Drewermanns Soteriologie und der christlichen Tradition zu beleuchten.

1. Stellvertretung in ausgewählten Zeugnissen christlicher Spiritualität

a) Die biblisch bezeugte Identität der Liebe zu Gott mit dem Für-Sein für den Nächsten

Schon im ersten Kapitel unserer Arbeit wurde deutlich, daß die alttestamentliche Bezeichnung des »Bundes« (*b^{e}ri^{y}t*) keinen Vertrag auf »Gegenseitigkeit« beschreibt. Jahwe – so lehrt das gesamte Alte Testament – hat sich nicht deshalb ein Volk erschaffen und erwählt, damit seine Liebe zu ihm »er-widert« wird. Israel ist nicht als Objekt, sondern als Subjekt der Liebe Jahwes zum Menschen »Partner« des Bundes. Israel ist nicht für Gott erwählt, sondern »für die anderen Völker«; es soll Gottes Liebe zur Welt nicht »er-widern«, sondern verwirklichen. Seine Gottesliebe ist das Tun des Willens Gottes. »Nach biblischer Bundestheologie ist... Gottesliebe... nur als genitivus subiectivus zu verstehen. Jahwe ist es, der Israel liebt, Israels ›Gegenliebe‹ und ›Antwort‹, wenn man denn so sagen will, besteht darin, Jahwes Gesetz zu erfüllen«[183]. Das ist die Grunderfahrung des auserwählten Volkes mit seinem Gott, daß er nie unmittelbar »an sich«, sondern nur mittelbar im Tun seiner Tora (in der treuen Solidarität des einzelnen mit seinem Volk) der »Ich bin da« ist. Darin besteht auch die einzigartige Gemeinschaft Jesu

[182] F. Ulrich (Gebet als geschöpflicher Grundakt, 97) mit Bezug auf Thereses »Gedichte« (Office Central Lisieux), 412.

[183] W. Simonis, Gottesliebe – Nächstenliebe, 72f. – »Das Tun der Nächstenliebe *ist* die Gottesliebe, *ist* die Erfüllung des göttlichen Gesetzes, und in diesem Tun *ist* Gott selbst mitten in der Welt zugegen, offenbart sich sein reines Umsonst, setzt sich sein selbstloses Wesen durch in der Welt. Doch eben darum *weiß* Israel auch; und deshalb kann Israel es nicht bei einem sozusagen wortlosen Befolgen des göttlichen Willens belassen. Zum gehorsamen Tun tritt vielmehr das ausdrückliche Gedenken der selbstlosen Liebe Gottes hinzu, und das Gedenken bricht aus in ein preisendes Anerkennen und Rühmen dieser Herrlichkeit des Herrn.« (Ebd. 78).

Christi mit dem Vater: daß er *als »Stelle« für den Nächsten* (in unbedingter Solidarität mit seinem Volk) das »Ich bin da« Gottes ist. Indem er bis zur letzten Konsequenz »an die Stelle« des sündigen Volkes tritt, verherrlicht er den Vater – nicht, weil er dessen Gerechtigkeit Genugtuung verschafft oder unbedingten Gehorsam beweist, sondern als Liebe »an der Stelle« der Sünde. Nirgendwo im NT »ist von einer Liebe *zu* Gott die Rede«, auch nicht in Joh 14,31 (»Die Welt soll erkennen, daß ich den Vater liebe und so handle, wie mir der Vater aufgetragen hat.«). »Auch hier ist... das ›und‹ nicht parataktisch, sondern explikativ gemeint. D.h., die Liebe des Sohnes zum Vater *ist* sein gehorsames Tun des väterlichen Willens.«[184]

Entsprechend besteht die Liebe der Jünger zu Christus nicht in einer *Erwiderung*, sondern in einem *Mitvollzug* seiner Kenosis bzw. Stellvertretung (Joh 14,21; 15,9f). Paulus bezeichnet sein eigenes Leiden als »Christusleiden« (2 Kor 1,5; 4,10; Gal 6,17; Phil 3,10). Die sogenannten Peristasenkataloge (Röm 8; 1 Kor 4; 2 Kor 4.11f) spiegeln die Erfahrung des Einsseins mit dem ohnmächtigen Christus des Kreuzes[185]. Paulus fühlt sich nicht wie ein seinem Leid überlegener Stoiker, sondern als mit Christus Für-Leidender. Er lebt in dem Bewußtsein, daß Christus seines Leidens bedarf, damit die Gnade der Erlösung siegreich ist. Deshalb setzt er sich selbst zum Pfand seiner Hoffnung, indem er den Wunsch äußert, »von Christus wegverflucht zu werden« zugunsten derer, die sich Christus verschließen (Röm 9,3).

b) Der Martyrer als Mit-Stellvertreter in Christus

Neuere Untersuchungen zum Ursprung und Inhalt des Martyrer-Begriffs haben gezeigt: Der christliche Blutzeuge weiß sich nicht nur von Christus *berufen*, sondern so *mit Christus eins*, daß man sagen muß: Christus leidet *in* ihm und er leidet *in* Christus. Deshalb erhält der Martyrer den Ehrentitel »Christophoros«. Dem Verfasser des Berichtes über den Zeugentod des Bischofs Polykarp von Smyrna geht es vor allem um die Einheit des Martyriums mit dem Leiden Christi[186]; und die immer wie-

[184] Ebd. 82[43]. – »Da der trinitarische Gott selbst Communio, ein Beziehungsgefüge ist, wird das Auf-ihn-hin-Sein um so enger und intensiver, je mehr der einzelne in communiale Beziehungen zu seinen Mitmenschen hineinwächst. Dabei sind diese Beziehungen nicht bloß eine *Konsequenz* der Beziehung zu Gott, auch nicht allein ein *Mittel*, sie tiefer zu verwirklichen; sie sind die *konkrete Weise*, wie der Mensch seine Beziehung zu Gott lebt.« (G. Greshake, Erlöst in einer unerlösten Welt?, 34).

[185] Während u.a. E. Lohse (Märtyrer und Gottesknecht, 200f) und E. Güttgemanns (Der leidende Apostel und sein Herr, 99f) aus dem Einssein des Apostels mit Christus die stellvertretende Bedeutung des apostolischen Leidens folgern, bemerkt W. Schrage (Leid, Kreuz und Eschaton, 158): »Der leidende Herr, der leidende Apostel und die leidende Christenschar gehören zusammen. Ob man von einer stellvertretenden Funktion des apostolischen Leidens sprechen kann, ist fraglich, erst recht eine stellvertretende Sühnkraft.«

[186] Vgl. W. Beinert, Re-Praesentatio Christi in den Heiligen, 407.

derkehrenden »*ἐν-Χριστῷ-Ἰησοῦ*-Formeln« in den Briefen des hl. Ignatius von Antiochien zeigen, daß der Martyrer so, wie er »in all seinem Leben und in all seinem Tun ganz von Christus her und in ihm lebt... auch sein Martyrium ›in Christus‹«[187] erleidet. Seit Hans von Campenhausen darf als gesichertes Ergebnis der patristischen Forschung gelten, daß fast alle Väter seit Ende des 2. Jhs. die besonders von Origenes und Cyprian theologisch begründete Überzeugung teilen: »Christus in martyre est«[188]. Wenn Christus aber das Leiden des Martyrers zu seinem eigenen macht, dann – so folgert Origenes – ist unser Leiden »in Christus« Mit-Sühnen für die Sünden der ganzen Welt[189].

Norbert Brox hat überzeugend nachgewiesen, daß der Ursprung des christlichen Martyrertitels nicht im AT oder im Frühjudentum, sondern in der Auseinandersetzung mit dem Doketismus zu suchen ist. Am Martyrium der Christen sollte den Doketen handgreiflich bewiesen werden, daß Christus nicht nur scheinbar, sondern real »an unsere Stelle« getreten ist, wirklich gelitten hat, wirklich gekreuzigt wurde und gestorben ist. Dabei wurde von vornherein vorausgesetzt, daß das Martyrium der Christen zur Passion Christi »in einem unmittelbareren Verhältnis« steht, »als es die geschichtliche Nachahmung eines Vorbildes darstellt«[190]. Der Martyrer, so zeigt Brox[191], fühlt sich keineswegs mit Christus identisch, aber doch so mit ihm verbunden, daß man Christi Wirken bzw. Leiden und sein eigenes als ungetrennte und unvermischte Einheit im Sinne einer direkten Proportionalität von Einheit und Verschiedenheit beschreiben kann. Der Martyrer weiß, daß er dem Sühnopfer Christi nicht sein eigenes hinzufügt; aber auch, daß Christus seines Mit-Sühnens bedarf, um die »Stelle« aller Sünder zu erreichen[192].

Ernst Dassmann leitet den Gedanken, daß die Martyrer für die Lebenden »eintreten« können, aus der Überzeugung ab, daß sie im Unterschied zu anderen Verstorbenen auf denkbar vollkommene Weise mit

[187] K. Bommes, Weizen Gottes, 121.

[188] Vgl. H. v. Campenhausen, Die Idee des Martyriums, 88–97; N. Brox, Zeuge und Märtyrer, 215–222; K. Bommes, Weizen Gottes, 120–146; T. Baumeister, Die Anfänge der Theologie des Martyriums, 310; G. L. Müller, Gemeinschaft und Verehrung der Heiligen, 221–235.

[189] Zur stellvertretenden Sühne der Martyrer vgl. J. B. Walz, Die Fürbitte der Heiligen, 42; H. v. Campenhausen, Die Idee des Martyriums, 94–97; W. Rordorf, La »diaconie« des martyrs selon Origène, 397f; E. Dassmann, Sündenvergebung durch Taufe, Buße und Martyrerfürbitte, 163–178; C. Sorsoli, Martirio e immolazione sacrificale, 285–294; B. Zomparelli, Ascesi e Martirio, 457–462; G. L. Müller, Gemeinschaft und Verehrung der Heiligen, 226.

[190] N. Brox, Zeuge und Märtyrer, 217. – »Es läßt sich zeigen, daß die Anschauung einer annähernden Identität von Märtyrer und leidendem Christus, auf deren Hintergrund die Gedanken des Ignatius und Irenäus verständlich werden, nicht vereinzelt, sondern durchaus geläufig ist.« (Ebd. 224).

[191] Vgl. ebd. 217–220.

[192] In bezug auf Ignatius von Antiochien bemerkt Brox: Es herrscht eine »eigentümliche Gleichstellung von Martyrium und Passion und damit auch ihrer Träger vor« (ebd. 222).

Christus »eins« sind[193]. Die Gemeinschaft der Heiligen ist ursprünglich die Gemeinschaft der pilgernden Kirche, die durch die sakramentale Gemeinschaft mit Christus entsteht (»sacramentorum communicatio« *und deshalb* auch »sanctorum societas«)[194]. In ihr ist das Für-Sein für den Nächsten nicht »Ergänzung« oder »Zusatz«, sondern integrierender Bestandteil dessen, was Christus für uns getan hat und immer noch tut[195]. Deshalb gilt analog von der Fürsprache der himmlischen Heiligen, daß sie nicht Mittlerschaft zwischen uns und Christus, sondern integrierender Bestandteil der Mittlerschaft (des Für-Seins) Christi für uns ist[196].

In seinen Studien zur Eucharistielehre der griechischen Väter zeigt Johannes Betz, wie sehr der Martyriumsbegriff der frühen Kirche mit der liturgischen Feier verbunden ist, in der Christi gesamtes Leben und Sterben so gegenwärtig gesetzt wird, daß seine Selbsthingabe (sein Martyrium) »hier und jetzt« durch die eucharistischen Gaben in den Gläubigen »fleischhafte Realität« wird[197]. Das Martyrium Christi und das der Heiligen gelten zunächst geradezu selbstverständlich als untrennbare und unvermischte Einheit.

Erst im 5. Jh. zeigen sich Tendenzen hin zur Verselbständigung des Opfers der Erlösten gegenüber dem Opfer des Erlösers. Die Heiligkeit des vorbildlichen Christen wird nicht mehr vorrangig als Für-Sein mit Christus für die Brüder und Schwestern, sondern eher als persönliche Leistung und Vollkommenheit verstanden[198] und der Schwäche und Mittelmäßigkeit des »Durchschnittschristen« gegenübergestellt[199].

Die ersten Mönche stellen sich zwar als »lebendige Kruzifixe« in die

[193] E. Dassmann, Sündenvergebung durch Taufe, Buße und Martyrerfürbitte, 181f.

[194] Vgl. J. A. Jungmann, Fermentum, 185; H. de Lubac, Corpus Mysticum, 33.

[195] Vgl. G. L. Müller, Gemeinschaft und Verehrung der Heiligen, 247f.

[196] »Die Schlüsselfunktion für das Verständnis der Fürbitte und Anrufung der Heiligen in der alten Kirche nimmt die Überzeugung ein, daß jedes Gebet ... durch Christus zum Vater vermittelt wird im Heiligen Geist ... Die wechselseitige Solidarität der Glieder der Heilsgemeinschaft tritt nicht ›ergänzend‹ zum Tun und Beten Christi hinzu ... Alles Beten in der Kirche ist zuerst ein *Mitbeten mit Christus*, der im Heiligen Geist in uns betet. So hat die Fürbitte der Gläubigen füreinander und der Heiligen für die Christen auf Erden ihren Grund im Mit-Beten mit Christus ... Origenes leitet die Für-Bitten aus der heilsrelevanten Relation des Füreinander aller Glieder des einen Leibes ab ... und aus der Identifikation Christi mit den Leiden der Gläubigen, die nur eine andere Form von Gebet sind.« (Ebd. 251).

[197] Vgl. J. Betz, Die Eucharistie in der Zeit der griechischen Väter I/1, 183–197; H. Jorissen, Die Begründung der Eucharistie, 223f.

[198] Vgl. J. R. Geiselmann, Die theologische Anthropologie Johann Adam Möhlers, 75.78f.

[199] Diese Entwicklung wird immer wieder durchbrochen. Bei Thomas von Aquin z.B. ist die Gemeinschaft mit den Heiligen integrierender Bestandteil der Gemeinschaft mit Christus in Glaube, Liebe und Sakrament. Aber zur selben Zeit (um 1230) entsteht der Terminus »Thesaurus Sanctorum« und damit die Vorstellung, es gebe Verdienste der Heiligen *neben* dem Verdienst Christi. Zu dieser Entwicklung vgl. J. R. Geiselmann, Die theologische Anthropologie Johann Adam Möhlers, 75–83; J. Kremer, Was an den Leiden Christi noch mangelt, 63–70; G. L. Müller, Gemeinschaft und Verehrung der Heiligen, 262.

Tradition der Martyrer[200], suchen aber zunächst ihre eigene Vervollkommnung, entwickeln eine Elite-Ethik und sehen in Christi Kreuz weniger den Grund ihrer Erlösung als ein Zeichen des Kampfes, den sie selbst gegen die als Dämonen personifizierten Versuchungen bestehen müssen[201]. Das Vollkommenheitsstreben der Mönchsväter ist geradezu exemplarisch für eine allgemeine Regel der christlichen Spiritualitätsgeschichte: Je mehr die Frömmigkeit des einzelnen Christen vom Erlösungswerk Christi getrennt wird, desto mehr verschwindet der Stellvertretungsgedanke. Nachfolge Christi und Liebe zum Nächsten sind für die Mönchsväter »Früchte« ihrer von der Naherwartung des kommenden Richters geprägten Sorge um das *eigene* Heil[202]. »Das Ziel war die Vereinigung mit Gott, das ›Nebenergebnis‹ war die Vereinigung mit allen«[203].

Die Verbindung von Askese und Mystik[204] ist eine der wichtigsten Voraussetzungen der im östlichen und abendländischen Mönchtum ausgebildeten Lehre von einer Stufenleiter zur Vollkommenheit. Innerhalb dieser Lehre ist das Einssein mit Christus weniger Voraussetzung als Ergebnis des eigenen Bemühens. Während Paulus unter christlicher Vollkommenheit den Weg mit Christus von oben nach unten »an die Stelle« der sündigen Brüder und Schwestern versteht, beschreibt das frühe Mönchtum eher einen Weg des einzelnen vom »Unten« der fleischlichen Begierden zum »Oben« der rein geistigen Kontemplation. Augustinus betont zwar den Primat der erlösenden Gnade, zeichnet aber den Weg des Christen vornehmlich als Kampf mit der bleibenden Begierlichkeit. Der bedeutendste Mönch auf dem Papstthron, Gregor der Große, definiert das christliche Leben als Sehnsucht nach Befreiung von der Schwerkraft des Fleischlichen, als stetes Bemühen um Loslösung vom Körperlichen durch freiwillig übernommenes Leiden[205]. Diese »Passion« kommt zwar in der Regel anderen zugute; aber motiviert ist sie weniger durch den Nächsten als von der eigenen Sehnsucht nach immer vollkommenerer Verähnlichung mit dem sündelosen Christus.

200 Vgl. W. Völker, Das Vollkommenheitsideal des Origenes, 176; H. v. Campenhausen, Die Idee des Martyriums, 140–144; M. Schneider, Aus den Quellen der Wüste, 118f[21].

201 »Das Heilshandeln Jesu erhält bei ihnen keinen zentralen Ort: die Versöhnung der ›vielen‹ mit Gott in Christus, Kreuz und Auferstehung, Leidens- und Ostergeschichte fehlen vollständig.« (M. Schneider, Aus den Quellen der Wüste, 122[39]).

202 Vgl. E. Peterson, Frühkirche, Judentum und Gnosis, 219f; K. S. Frank, Grundzüge der Geschichte des christlichen Mönchtums, 10–15.

203 J. Leclercq, Sühne und Anbetung, 178.

204 Zu den Anfängen dieser Verbindung: W. Völker, Das Vollkommenheitsideal des Origenes, 23–86; K. Heussi, Der Ursprung des Mönchtums, 44–49.

205 Vgl. J. Leclercq, Wissenschaft und Gottverlangen, 34–45; K. Ruh, Geschichte der abendländischen Mystik I, 157–163.

c) Passionsmystik als Vereinigung mit dem »für-leidenden« Christus

Der platonische Grundzug des heilsindividualistischen Vollkommenheitsstrebens wird erst da geerdet, wo die menschliche ebenso stark wie die göttliche Natur Christi betrachtet wird. Dies geschieht in der durch Augustinus vorbereiteten, aber erst von Bernhard von Clairvaux umfassend durchgeführten »Passionsmystik«[206]. Auf den ersten Blick erscheint dieser Begriff als Selbstwiderspruch. Denn das Schauen auf den leidenden Christus gestattet ja kein »Augenschließen« *(μυεῖν → Mystik)*, sondern will im Gegenteil das historische Geschehen der Passion des Erlösers detailliert vergegenwärtigen. Aber Bernhard versteht dieses bildhafte Vergegenwärtigen nicht als Gegensatz zur inneren Schau, sondern als erste Stufe, die den Menschen zur Erkenntnis der Wahrheit über sich selbst führt, ihn für den Nächsten öffnet und schließlich »reine Liebe« ermöglicht[207]. Bernhard beschreibt Vollkommenheit bzw. Liebe als »conformitas« des Christen mit dem leidenden bzw. »von oben nach unten« herabsteigenden Christus. Vergleicht man allerdings seine Mystik mit der des hl. Franziskus von Assisi, dann fällt auf, daß die Einheit des einzelnen mit Christus *im* Herabsteigen ein Aufsteigen ist. Anders Franziskus: Er verschwendet keinen Gedanken an die Frage, ob nicht schließlich »der letzte Platz«, zu dem er herabsteigt, doch »ein erster Platz« ist. Nicht die reine contemplatio, sondern das *leibhaftige* Mit-Leiden mit dem »armen Christus« ist bei ihm die höchste Stufe christlicher Vollkommenheit. Franziskus spricht gar nicht von »Vollkommenheit«; er kennzeichnet sein Kreuz weder als Verdienst noch als »Ergänzung«, sondern als integrierenden Bestandteil des Für-Leidens Christi selbst[208]. Für ihn steht die Erneuerung der Kirche in einem *unmittelbaren* Zusammenhang mit seiner Stigmatisation[209]. Dem übersteigerten Machtanspruch einer reichen Kirche begegnet er mit stellvertretender Armut. »Er hat sich«, so bemerkt Balthasar, »in die Armut geworfen, so weit

[206] »Nun rückt Christus der Mensch – und das ist vor allem der *leidende* Mensch – ins unverrückbare Zentrum aller frommen Betrachtung und religiösen Übung. Jesus Christus ist gleichsam erst jetzt Mensch geworden, ein ›Mann der Schmerzen, arm und leidend‹. Wie die abendländische Menschheit in dieser Zeit nach dem Osten aufgebrochen ist, das Grab Christi den Händen der Ungläubigen zu entreißen, und so dem Erlöser zum erstenmal in seiner vollen Geschichtlichkeit begegnete, so brach die Seele auf zu dem Herrn, wie er als Mensch lebte, litt und starb. Es ist daher mehr als simpler Zufall, wenn gerade Bernhard, in dessen Seele sich dieser Aufbruch in elementarster Wucht ereignet hat, auch der große Kreuzzugprediger geworden ist.« (K. Ruh, Zur Theologie des mittelalterlichen Passionstraktats, 18).

[207] Vgl. U. Köpf, Religiöse Erfahrung, bes. 89–92; B. Schellenberger, Einführung in: Bernhard von Clairvaux, Texte, 27–30; O. Langer, Passio und Compassio, 54–59; K. Ruh, Geschichte der abendländischen Mystik I, 234–249.

[208] Vgl. O. Schmucki, Zur Mystik des hl. Franziskus von Assisi, 255f; M. Schneider, Gottesbegegnung und Leiderfahrung, 138–142.

[209] Vgl. W. Nyssen, Franziskus, 346f.

voran, als er nur konnte... als in den Quell aller Vergebung und Reinheit.«[210]

Die von Bernhard und Franziskus geprägte Passionsmystik ist begleitet von dem im 12./13. Jh. rasch verbreiteten Brauch, die konsekrierte Hostie durch Anbetung und Prozession zu verehren. Im 12. und 13. Jh. entstehen unzählige Sakramentsbruderschaften, die nicht selten mit dem Ziel der stellvertretenden Sühne gegründet werden; so z. B. die »Grauen Büßer«, um für die Irrtümer der Albigenser zu sühnen. Robert von Lüttich führt 1246 in seiner Diözese die Fronleichnamsprozession als »öffentliche Buße für die Sünden« ein; und Urban IV. empfiehlt diesen Brauch der Gesamtkirche mit dem Wunsch, die Verehrung des Allerheiligsten möge »ergänzen«, was an den Leiden Christi noch fehlt (Kol 1,24), bzw. die Schuld der Sünde ausgleichen und »wiedergutmachen«[211]. Wir können hier nicht nachweisen, ob und wie weit das Satisfaktionsdenken der eucharistischen Frömmigkeit in der Erlösungslehre Anselms von Canterbury gründet; sicher ist aber, daß die anbetende Verehrung des Allerheiligsten weitgehend als Ergänzung (suppletio) des Sühnewerkes Jesu Christi verstanden und wie eine Dienstleistung gemessen und verrechnet wird. Gott Vater erscheint fast ausschließlich als der »zornige Richter«, dessen Gerechtigkeit nicht nur von Christus, sondern mit ihm von allen Christen Satisfaktion zu leisten ist.

Obwohl das paulinische Wort von der »Ergänzung der Leiden Christi« (Kol 1,24) oft im Sinne einer »Hinzufügung« mißverstanden wird, bleibt der Gedanke lebendig, daß auch der Heilige ohne Christus nichts vermag. Das beweist die Herz-Jesu-Verehrung, die als eine Art »Synthese« von Passionsmystik und eucharistischer Anbetung den Gedanken des Einsseins mit dem stellvertretend leidenden Christus neu belebt. Vor allem die Frauenklöster werden zu Zentren einer Herz-Jesu-Frömmigkeit, die neben allem heilsindividualistischen Streben nach persönlicher Vollkommenheit von dem Willen zur Selbsthingabe *für die anderen* getragen ist. So äußert die hl. Luitgart von Tongern (1182–1246) ihre Bereitschaft, mit Christus »an die Stelle« der Sünder zu treten. Fast täglich fühlt sie sich beim Meßopfer durch das blutende Herz des Erlösers zur Sühne aufgefordert: »Du siehst« – spricht Christus zu ihr – »wie ich mich ganz und gar für meine Sünder opfere. Ich will, daß du dich genauso ganz und gar für meine Sünder opferst und daß du den Zorn abwendest, der sich als Rache auf sie ergießen soll.«[212] Mit den vier Visionärinnen Mechthild von Magdeburg (1208–1282), Gertrud von Hackeborn (1232–1292), Mechthild von Hackeborn (1241–1299) und Gertrud der Großen von Helfta (1256–1302) gilt das Zisterzienserinnenkloster Helfta als Wiege der Herz-Jesu-Verehrung im Sinne einer

210 H. U. v. Balthasar, Gelebte Kirche: Bernanos, 323.
211 Vgl. J. Leclercq, Sühne und Anbetung, 180–182.
212 Zit. nach: J. Leclercq, Le Sacré-Coeur dans la tradition bénédictine au moyen-âge, 27.

eigenen Form christozentrischer Frömmigkeit[213]. Mechthild von Magdeburg läßt sich von Christus hineinnehmen in das Passionsgeschehen von Golgotha; sie unterscheidet ausdrücklich zwischen dem selbstauferlegten Leid der Askese und dem von außen aufgetragenen Leid der *compassio*[214]. Je mehr sie sich eins weiß mit dem leidenden Christus, desto leibhaftiger werden ihre Schmerzen. Der Öffnung der Herzenswunde Christi durch den Lanzenstich entspricht auf seiten der schauenden Mechthild die Bereitschaft, sich nicht nur geistig-geistlich, sondern auch bis zur Hingabe des physischen Lebens für die Sünder hinzugeben[215]. Sie will »den untersten Platz« und bis in die Hölle hinabsteigen, wenn es darum geht, einen Verlorenen zu retten[216]. Entsprechend sagt Balthasar in seiner Einführung in Mechthild von Hackeborns »Buch vom strömenden Lob«: Für sie, die leibliche Schwester der Äbtissin Gertrud, »nähert man sich Gott nicht durch Abstraktion von den Sinnen, sondern durch den Gebrauch aller Sinne«[217] zu immer größerer Gleichgestaltung mit dem für-leidenden Christus. »Es ist dies das Geheimnis der Rechtfertigung aus purer Gnade und das Geheimnis der zwischen Christus und dem Christen, aber dann auch zwischen den Christen als den Gliedern des mystischen Leibes Christi möglichen Stellvertretung, des Austauschs von persönlichsten geistigen Gütern, die, dem einen gehörig, plötzlich des andern werden, und dies nicht äußerlich bloß, forensisch und juristisch, sondern im Wesen.«[218] Gertrud die Große von Helfta berichtet, daß Christus ihr sein verwundetes Herz

[213] Vgl. H. U. v. Balthasar, Mechthilds kirchlicher Auftrag, 34–45; ders., Einführung in: Mechthild von Hackeborn, Das Buch vom strömenden Lob, 7–18; J. Lanczkowski, Nachwort zu: Gertrud von Helfta, Gesandter der göttlichen Liebe, 583–588; K. Richstätter, Die Herz-Jesu-Verehrung, 75–95; J. Stierli, Die Herz-Jesu-Verehrung, 90–96; C. Vagaggini, La Dévotion au Sacré-Coeur chez Sainte Mechthilde et Sainte Gertrude, 37–44; P. Doyere, Introduction in: Gertrude d'Helfta, Oeuvres spirituelles II, 33–35; J. Leclercq, Sühne und Anbetung, 182–184; A. M. Haas, Mechthild von Hackeborn, 373–391; W. Baier, Brennpunkte mittelalterlicher Herz-Jesu-Frömmigkeit, 114–118; M. Heimbach, »Der ungelehrte Mund« als Autorität, 72–79; M. Schmidt, Frau Pein, 65–87.

[214] Vgl. M. Schmidt, Frau Pein, 66.

[215] Vgl. dies., Elemente der Schau bei Mechthild von Magdeburg und Mechthild von Hackeborn, 144f; M. Heimbach, »Der ungelehrte Mund« als Autorität, 106f.

[216] Vgl. dies., Frau Pein, 74f.78–81; H. U. v. Balthasar, Was dürfen wir hoffen?, 105; M. Heimbach, »Der ungelehrte Mund« als Autorität, 55–57. – »Die im fließenden Licht lebende Seele ist ihrer Grenzen ledig geworden: sie ist wahrhaft universal und *katholisch*. Sie gehört der Christenheit und der Welt, lebt für sie und wird von Gott mit Aufträgen für sie bedacht. Sie wird Mutter der Seelen. Sie hat ›drei Kinder‹, denen sie ›ihr Herzblut zu trinken‹ gibt: die armen Sünder, ›die im ewigen Tode liegen‹, die Armen Seelen, für die sie ›mütterliche Schmerzen erleidet‹, endlich und besonders ›die vollkommenen geistlichen Leute‹, und bei keinem Anblick ist ihr weher als bei diesem ... Alle Sünden der Welt schmerzen sie, und sie bereut sie ebensosehr wie die selbstbegangenen. Sie ist bereit, bis ans Ende der Welt zu leben und zu leiden« (H. U. v. Balthasar, Mechthilds kirchlicher Auftrag, 43).

[217] H. U. v. Balthasar, Einführung in: Mechthild von Hackeborn, Das Buch vom strömenden Lob, 16. – Vgl. ders., Was dürfen wir hoffen?, 79–81.

[218] Ebd. 14.

offenbarte, *indem* er ihr die Sünder zeigte, für die er litt. Die fraglose Konsequenz ihrerseits ist das Mit-Leiden in der festen Überzeugung, daß Christus ihrer *compassio* bedürfen will, um das Ziel seiner Liebe zu erreichen[219].

Die Visionärinnen von Helfta wissen sich eins mit dem herabsteigenden Jesus Christus. Ihr Sühnen und Opfern gilt nicht der »Wiedergutmachung« des zornigen Vaters, sondern der »Wieder-gut-machung« ihrer selbst und aller anderen Menschen. Und sie wissen, daß Jesus Christus nicht bloßes Beispiel, sondern die Bedingung der Möglichkeit ihres eigenen Für-Leidens ist. Aber die Herz-Jesu-Frömmigkeit des Klosters Helfta muß mit der Sühnefrömmigkeit der Kartäuser[220] und einzelnen herausragenden Gestalten wie Angela von Foligno (1249–1309)[221], Margareta Ebner (1291–1351)[222], Katharina von Siena (1347–1380)[223] oder Walter Hilton (1330–1396)[224] als Ausnahme gelten. Denn die Frömmigkeit der breiten Masse wird von einer veräußerlichten Sakramentsfrömmigkeit[225] beherrscht, in der es fast ausschließlich um den Ausgleich jeder einzelnen Sünde durch ein bestimmtes Verdienst (= Buße oder Sühne) vor dem gerechten (= abmessenden) Gott geht. Das Ansammeln von Reliquien, der Ausbau der Lehre vom Kirchenschatz und dessen Verteilung durch Ablässe und ein exzessives Wallfahrertum sind Belege für ein Heilsverlangen, das Christi Erlösungswerk nur noch als Beispiel (uneigentliche Stellvertretung) und nicht mehr als Vermittlung (eigentliche Stellvertretung) versteht[226]. Die »rheinische Dominikaner-Mystik« (Eckhart, Tauler, Seuse, Ruusbroec) und die »Imitatio-Christi-Frömmigkeit« der »Devotio moderna« drängen zwar auf eine Personalisierung und Verinnerlichung der äußerlichen Werk- und Verdienstfrömmigkeit, fördern aber zugleich Weltflucht und Heilsindividualismus[227].

219 Vgl. J. Stierli, Die Herz-Jesu-Verehrung, 95f; P. Doyere, Introduction in: Gertrude d'Helfta, Oeuvres spirituelles II, 41–48; J. Leclercq, Sühne und Anbetung, 183; J. Lanczkowski, Nachwort zu: Gertrud von Helfta, Gesandter der göttlichen Liebe, 583f.587.

220 Vgl. J. Stierli, Die Herz-Jesu-Verehrung, 111f; W. Baier, Untersuchungen zu den Passionsbetrachtungen in der »Vita Christi« des Ludolf von Sachsen III, 518–531.

221 Vgl. A. Blasucci, Il Cristocentrismo nella vita spirituale secondo la B. Angela da Foligno, 79–108.287–317.495–528; H. U. v. Balthasar, Mysterium Paschale, 156f.180f; U. Köpf, Angela von Foligno, 245–249.

222 Vgl. M. Weitlauff, Margareta Ebner, 242–253.

223 Bei Katharina findet sich ebenso wie bei Franziskus ein Leiden an der Kirche, das bei allem Mut zum offenen Wort vor allem Stellvertretung durch, in und mit Christus »an der Stelle« der durch Sünde entstellten Kirche ist. Dazu: H. U. v. Balthasar, Einführung in: Caterina von Siena, Gespräch von Gottes Vorsehung, XX–XXVIII.

224 Vgl. D. Knowles, Englische Mystik, Düsseldorf 1967, 104–121.

225 Vgl. J. Leclercq, Sühne und Anbetung, 184f.

226 Vgl. J. Solano, Sviluppo storico della riparazione, 19.

227 Zwischen den Werken und der Wirkungsgeschichte der genannten Dominikaner ist deutlich zu unterscheiden. D. Mieth (Die Einheit von Vita activa und Vita contemplativa, 176–182.263–270) hat überzeugend erwiesen, daß die Einheit des einzelnen mit Gott zwar auch Eckharts und Taulers Hauptthema ist, daß sie aber nicht Weltverachtung und Sondererfahrungen, sondern das weltzugewandte »Wirken mit Gott« zum Kriterium dieser

Wenn Erwin Iserloh mit seiner nicht unumstrittenen Wertung der »Devotio moderna« recht hat, wird Christus zum Beispiel in der »Imitatio Christi« des Thomas von Kempen einseitig als der historische Jesus betrachtet, »dem wir Gefühle des Mitleids und der Bewunderung, der Dankbarkeit und der Reue entgegenbringen, der für uns das große Vorbild und der Freund und Tröster ist«. Jedenfalls wird die Mittlerschaft des Gottmenschen kaum beachtet. »Von der Dynamik ›durch Christus im Heiligen Geist zum Vater‹« – so Iserloh – »ist in der *Imitatio* nicht die Rede«; noch weniger von einer Inklusion der Kirche in das Verhältnis des Erlösers zu den Sündern. Im Gegenteil: »Das Verhältnis zu Christus bleibt im Bereich des Individuellen, ja Privaten befangen, weitet sich nicht aus zum Geheimnis des *›Totus Christus‹* der Kirche... Der zentralen Botschaft des Neuen Testaments, daß die Jüngerschaft Christi sich in der Bruderliebe erweist..., wird die ›Nachfolge Christi‹ nicht gerecht. Entsprechend wird die Synthese von Selbstheiligung und Apostolat nicht gefunden, ja die missionarische Verpflichtung des Frommen spielt gar keine Rolle.«[228]

d) »Sendung« und »Zugesellung« als Inklusion in Christi Stellvertretung

Vor dem Hintergrund einer privaten »Imitatio-Frömmigkeit« wird verständlich, warum Luther den Christus des Römerbriefs als ungeheure Befreiung empfand. Wir müssen uns – so erkannte er – nicht selbst gerecht machen, sondern Christus, der Stellvertreter aller Sünder, tritt an unsere Stelle.

Luther kritisiert die spekulative Mystik, die vom »verbum incarnatum« abstrahiert und einen unmittelbaren (wenn auch gestuften) Zugang des einzelnen zu Gott beschreibt; und er wendet sich ebenso entschieden gegen jene moralisierende Christusbetrachtung, »die eine *imitatio* sucht, bevor es zur *conformatio* gekommen ist, die Christus als *exemplum* nachstrebt, bevor er zum *sacramentum* geworden ist«[229]. Luther hat die Mitte der christlichen Erlösungslehre neu entdeckt und bleibt doch Nominalist, weil seine Ausgangsfrage »Wie finde *ich* einen gnädigen Gott?« ähnlich unkirchlich und individualistisch ist wie die gleichfalls vom Nominalismus geprägte Devotio moderna[230]. Indem Luther die

Einheit erklären. Zudem verbinden Tauler und Seuse ihre Mystik mit einer Kreuzestheologie, die auch von Luther als Ausdruck echten Glaubens an den Erlöser geschätzt wurde. Dazu: A. M. Haas, Jesus Christus, 302–314; ders., Luther und die Mystik, 266–280.

[228] E. Iserloh, Thomas von Kempen und die Devotio Moderna, 132f.

[229] Ders., Luther und die Mystik, 92.

[230] Erwin Iserloh (Die Kirchenfrömmigkeit in der Imitatio Christi, 161) bezeichnet die unkirchlich-heilsindividualistische Frömmigkeit der Devotio moderna als die praktische Kehrseite einer nominalistischen Theologie. Denn »wenn die Welt nicht mehr endliches Abbild des unendlichen Wesens Gottes ist, sondern Setzung seines Willkürwillens«, dann »sagt mir die Welt nichts mehr über Gott«, dann ist auch der Nächste und die Gemeinschaft der Menschen eher Hindernis als Vermittlung zu Gott. – Zur Frage einer mög-

einseitige Betrachtung der Menschheit Christi (»Imitatio-Frömmigkeit«) mit seiner Formel »sola gratia« in deren Gegenteil, in eine einseitige Betrachtung der Gottheit des Erlösers, verkehrt, gelangt auch er zu einer weitgehenden Trennung von Christologie und Ekklesiologie. Christus ist für ihn der alleinige (ausschließliche) Mittler; der Glaube, so betont er, ist Gottes Werk »in uns ohne uns«; deshalb bleibt die Gemeinschaft der Gläubigen dem Mittlertum (der Stellvertretung) Christi äußerlich; anders gesagt: die Kirche ist für die Rechtfertigung des einzelnen ohne konstitutive Bedeutung[231].

In diesem Punkt liegt der Unterschied zwischen dem Christozentrismus der Reformatoren und dem nicht geringeren Christozentrismus der »Jesuiten«. Für Ignatius von Loyola (1491–1556) bedeutet die Menschwerdung Gottes in Christus die Einbeziehung der gesamten Schöpfung (»Gott in allen Dingen finden«) und jedes einzelnen Gläubigen in das Heilswerk des Erlösers. In Manresa schaut Ignatius die Liebe des dreifaltigen Gottes, *indem* er *mit ihr* auf den Kosmos blickt und sich *in ihren demütigen Abstieg zur Kreatur einbeziehen läßt*[232]. Von diesem Zeitpunkt an weiß er sich vom Vater dem Sohn im Heiligen Geist *»zugesellt«*[233]; und er ist überzeugt, daß *jeder* Mensch – ob gesund oder krank, reich oder arm – auf unersetzlich einmalige Weise vom Vater mit Christus im Heiligen Geist zu seinen Brüdern und Schwestern gesandt ist. Deshalb beschreibt sein Exerzitienbuch keine Stufenleiter zu einer privaten Vereinigung mit Gott, sondern Schritte zur Erkenntnis und Annahme der eigenen (in das Erlösungswerk Christi inkludierten) Sendung. Der einzelne wird nur gerechtfertigt, indem er den Weg des Sohnes in die Verleiblichung (Kenosis) mitvollzieht, durch und mit Christus »proexi-

lichen Beeinflussung Luthers durch die Spiritualität der Devotio moderna vgl. R. Mokrosch, Devotio moderna, 614f.

[231] Vgl. ders., Luther und die Kirchenspaltung, 153f. – Auch die von J. Lutz (Unio und Communio, bes. 250–266) zu dem Thema »Die Integration der Communio in Begriff und Wirklichkeit des rechtfertigenden Glaubens« gesammelten Luther-Texte belegen nur die kommuniale Dimension des allein durch die Gnade gewirkten Glaubens, nicht aber die konstitutive Bedeutung der Kirche für das Erlösungs- bzw. Rechtfertigungsgeschehen.

[232] Ignatius bezeichnet die Schau der Dreifaltigkeit am Fluß Cardoner bei Manresa immer wieder als die Stunde der alles umfassenden Klarheit seiner Sendung. Am Cardoner – so kommentiert M. Zechmeister (Mystik und Sendung, 41f) – »ergreift ihn die Gnade, als er den Blick nach unten richtet, auf den Kosmos, der ihm zum Raum der Mitteilung der Liebe des dreifaltigen Gottes geworden ist. Diese Gnade läßt Ignatius in die absteigende Bewegung der dreifaltigen Liebe einschwingen. Vom göttlichen ›Oben‹ wird der Blick auf das ›Unten‹ der Schöpfung gelenkt. Die Begnadung fließt in den kosmischen Bezug zu ›allen Dingen‹ über.«

[233] In seinem Geistlichen Tagebuch bezieht sich Ignatius mit einer Eintragung vom 23. 2. 1544 auf eine mystische Erfahrung, die ihm sieben Jahre zuvor auf dem Weg nach Rom in La Storta geschenkt wurde; dort bemerkt er: »Es erschien mir irgendwie (Werk) von der Heiligsten Dreifaltigkeit zu kommen, daß sich mir Jesus zeigte oder ich ihn verspüren konnte, und es kam mir die Stunde in Erinnerung, als mich der Vater dem Sohn zugesellte.« (Ignatius v. Loyola, Das Geistliche Tagebuch, 170).

stent« und so »kirchlich« bzw. »katholisch« (auf das Ganze ausgerichtet) wird[234]. Die Überzeugung, von Christus auf je einmalige Weise berufen und gebraucht zu werden, durchzieht alle Dokumente ignatianischer Spiritualität[235]. Der Missionsgedanke wird zum Charakteristikum des Ordens der innerkirchlichen Erneuerung (Gegenreformation) und der Ausbreitung des Evangeliums bis in den fernsten Osten und Süden. Denn für Ignatius ist Christsein *immer* Für-Sein »für die anderen« und Gnade *immer* Vermittlung der Stellvertretung Christi durch die Stellvertretung der Kirche[236].

Auch die Mystik der hl. Teresa von Avila (1515–1582) und des hl. Johannes vom Kreuz (1542–1591) gründet in dem Gedanken, daß jeder Weg des Menschen zu Gott durch die Kenosis des menschgewordenen und gekreuzigten Sohnes vermittelt ist – und dies nicht nur äußerlich so, als habe Christus etwas für uns getan, was wir nicht tun müßten, sondern wesentlich so, daß Gemeinschaft mit Gott *Einssein* mit dem herabsteigenden und für-leidenden Christus bedeutet. »Der mystische Weg Teresas ist der persönliche Nachvollzug der in der Taufe objektiv-sakramental allen Christen geschenkten Teilnahme an Christi Tod und Auferstehung. Der alte Mensch, der entfremdete, sich selbst erlösenwollende und Gott abschaffende Mensch muß vernichtet und vom Leib des Todes befreit werden (Röm 6,6).« Wie dem Apostel Paulus geht es Teresa »um das ›Sein in Christus‹, um die Einwohnung Christi im Menschen«[237]. Ähnlich ist das, was bei Johannes vom Kreuz vordergründig als »systematische Selbstdemontage des menschlichen Ich«[238] erscheint, in Wahrheit der »Tod des ›Alten Menschen‹, durch den der Mensch wirkend-erleidend von der Verhaftung an die Dinge und seinem ungeordneten Begehren frei wird«[239]. Es geht Johannes »nie um eine Überwältigung der Kreatur durch Gott, vielmehr um eine Mitnahme ihres ganzen Seins und Könnens (und somit ihres Verdienstes) in die Tiefen der Gnade hinein«[240]. Wenn man Johannes vom Kreuz allerdings mit Ignatius vergleicht, so ist die Inklusion des Menschen in die Kenosis des Erlösers (in die Stellvertretung Christi) bei ihm nicht schon die Erfahrung des Heils selbst, sondern eher Mittel zum Ziel. Johannes und Ignatius stehen für zwei unterschiedliche Ansätze des abendländi-

[234] Vgl. B. Schneider, Die Kirchlichkeit des hl. Ignatius von Loyola, 276–296; H. Rahner, Ignatius von Loyola, 252f.284–286.
[235] Vgl. M. Zechmeister, Mystik und Sendung, 147–151.
[236] Zum Hintergrund der ignatianischen »Mystik des Dienstes« und zur Genese der Spiritualität der ersten Gefährten des Ignatius: K. Diez, Christus und seine Kirche, 42–105, bes. 94f.105.
[237] R. Garcia-Mateo, Die Christus-Erfahrung Teresas von Avila und die Christologie, 166f. – Vgl. auch J. Moltmann, Die Wendung zur Christusmystik, 195–197.
[238] A. M. Haas, Die dunkle Nacht der Sinne und des Geistes, 124.
[239] R. Mosis, Der Mensch und die Dinge nach Johannes vom Kreuz, 151. – Vgl. auch E. Stein, Kreuzeswissenschaft, 243–279; A. M. Haas, Sermo Mysticus, 420–429.
[240] H II/2, 503. – Vgl. G. Greshake, Johannes vom Kreuz, 91f.

schen religiösen Denkens: Johannes für den Weg »von unten nach oben« – von Balthasar »der antike Weg« genannt, weil er vom »desiderium« des Menschen ausgeht; und Ignatius für den eher »biblischen« Weg »von oben nach unten«: für den Weg der herabsteigenden und sich den Menschen »zugesellenden« Liebe des Erlösers. Denn »die fundamentale, das heißt alle Nachfolge Christi begründende Definition des Menschen am Anfang der ignatianischen Exerzitien ... [lautet]: ›Der Mensch ist geschaffen dazuhin, Gott Unsern Herrn zu loben, Ihn zu verehren und Ihm zu dienen, und so seine Seele zu retten.‹ Nicht umgekehrt: Der Mensch ist geschaffen, um seine Seele zu retten, ins Heil und zu Gott zu kommen, und dies vermittels Lob, Verehrung und Dienst Gottes; sondern genau in der biblischen Abfolge, der gemäß Lob, Ehrfurcht und Dienst Gottes von selbst zur ›Rettung der Seele‹, zur Selbstverwirklichung des Menschen, zu seiner Bergung bei Gott führen.«[241]

Die Alternative zwischen dem Weg »vom Menschen her auf Gott hin« und dem »von Gott her auf den Menschen hin« durchzieht die gesamte Frömmigkeit der nachtridentinischen Erneuerung. Während die uns zumeist indirekt vermittelten mystischen Erfahrungen im Leben von Maria Maddalena de' Pazzi (1566–1607)[242], Rosa von Lima (1586–1617)[243] und Marie des Vallées (1590–1656)[244] von der Bereitschaft bestimmt sind, mit Christus »herabzusteigen« und die Folge fremder Schuld bis hin zur stellvertretenden Erfahrung der Hölle zu »übernehmen«, bleibt in der sogenannten »Ecole Française« nicht immer deutlich, daß das »Mit-Opfern« ein inklusives Opfern durch und in Christus ist. Während bei Franz von Sales (1567–1622), Pierre de Bérulle (1575–1629), Charles de Condren (1588–1641), Jean-Jacques Olier (1608–1657) und der seligen Karmelitin Marie de l'Incarnation (1566–1618) »Wiedergutmachung« (réparation) die Erneuerung des Sünders durch Christi Erlösungswerk und die in dieses Werk eingeschlossenen Sendungen der Kirche bezeichnet[245], ist die Herz-Jesu- und Sakramentsfrömmigkeit von Jean Eudes (1601–1680) und Catherine de Bar (1614–1698) oft mit der Vorstellung behaftet, es gehe in der Verehrung des Allerheiligsten und beim Vollbringen von Sühnewerken nicht um die »Wieder-gut-machung« des Sünders, sondern um die Wiederherstellung der durch die Sünde des Menschen verletzten Ehre Gottes (bzw. Christi[246]).

[241] H. U. v. Balthasar, Zwei Wege zu Gott, 59.

[242] Vgl. M. Petrocchi, Storia della spiritualità italiana II, 30–36.

[243] Vgl. H. U. v. Balthasar, Mysterium Paschale, 181.

[244] Vgl. E. Dermenghem, La vie admirable et les révélations de Marie des Vallées, 36–40.

[245] Vgl. J. Galy, Le sacrifice dans l'école française, Paris 1951, 72–78.229–242; L. Cognet, Das kirchliche Leben in Frankreich, 84–104.

[246] Daß nicht nur der Vater, sondern auch der Sohn als Adressat der »Wiedergutmachung« gilt, belegt u. a. das folgende (durchaus repräsentative) Zitat aus den Schriften von Jean Eudes: »Das gütigste Herz muß man um Verzeihung bitten für alle Schmerzen, Traurigkeiten und Ängste, die es erleiden mußte um unserer Sünden willen. Als Wiedergutmachung biete man ihm alle Zufriedenheit und alle Freude an, die ihm durch den ewigen

Die gesamte »Opfer-Frömmigkeit« des 17. Jhs. spaltet sich in eine augustinische bzw. jansenistische und eine ignatianische bzw. jesuitische Richtung. Die Jansenisten, die wie Luther von der gänzlichen Verderbnis der menschlichen Natur durch die Sünde überzeugt sind und deshalb jede Frucht der Erlösung als alleiniges Werk Christi bezeichnen, reduzieren ihre Frömmigkeit im wesentlichen auf die ängstliche Frage, ob die eigene Vollkommenheit als Frucht der in jedem Fall vollkommen wirksamen Gnade gelten darf. Weil in diesem System der Mensch nur Objekt und nicht auch Subjekt der Stellvertretung Christi ist, gibt es nur das »Entweder« der Begnadung und das »Oder« der Verwerfung.

Im Vergleich zu dem angsterfüllten Rigorismus der Jansenisten atmet die Herz-Jesu-Frömmigkeit der hl. Margareta Maria Alacoque (1647–1690) die Freiheit selbstvergessener Liebe. Unter der geistlichen Führung der Jesuiten Claude de la Colombière (1641–1682) und Jean Croiset (1656–1738) deutet die »Seherin von Paray-le-Monial« ihre sogenannten »Sendungsvisionen« als Ruf, sich mit der stellvertretenden Liebe des Erlöserherzens zu vereinen und im Symbol des geöffneten Herzens (durch dessen ausdrückliche Verehrung) alle Sehnsucht nach Erlösung und Heil mit dem Apostolat der Kirche (mit dem Gedanken selbstvergessenen Für-Seins) zu verbinden[247]. Die hl. Margareta lebt aus der Gewißheit, daß sie durch ihre Vereinigung mit Christus »an die Stelle« anderer (in ihre Schuld verschlossener) Menschen treten kann. Sie schildert ihre Stellvertretung mit einer für Außenstehende anstößigen Konkretion. So berichtet sie von einer bestimmten Mitschwester, daß sie deren innere Last sehen konnte. »Da«, so erzählt sie, »warf ich mich Christus zu Füßen und sagte: ›Verzehre mich bis aufs Mark meiner Knochen, aber laß diese Seele nicht verlorengehen, die Dich so viel gekostet hat!‹ Und als ich mich vom Boden erhob, trug ich eine Last, die mich so niederdrückte, daß ich mich nicht weiterschleppen konnte, und ein durchdringendes Feuer brannte mich bis aufs Mark meiner Knochen.«[248] Immer wieder begibt sich die Heilige durch und mit Christus »an die Stelle« bestimmter Verstorbener, die sie um ihr stellvertretendes Sühnen bitten[249]. Sie versteht ihr ständiges Kranksein als Stellvertretung für andere und weiß sich dabei selbst getragen von Christus.

Vater, durch seine heilige Mutter und durch alle Herzen, die ihn glühend und treu lieben, zuteil wurden. Man muß aus Liebe zu ihm alle Trockenheit, Traurigkeit und alle Bedrängnisse annehmen, die uns jemals begegnen werden.« (Zit. nach: J. Leclercq, Sühne und Anbetung, 187). – Dazu: A. Hamon, Histoire de la dévotion au Sacré-Coeur III, 177–245.

247 »Bei Margareta M. Alacoque geschieht etwas Neues: denn im Mittelpunkt ihrer Visionen steht nicht eine persönliche Gnade, die in erster Linie die eigene Heiligkeit und Christusnähe vertiefen soll, sondern eine Sendung an die Kirche.« (J. Stierli, Die Entfaltung der kirchlichen Herz-Jesu-Verehrung in der Neuzeit, 153). – Vgl. A. Mattes, Herz-Jesu-Verehrung in der Neuzeit, 132.

248 M. Trouncer, Dich hab' ich erwählt, 236.

249 Vgl. ebd. 271–276; H. Waach, Margareta Maria Alacoque, 93–107.

In derselben Klarheit wie bei Margareta Maria Alacoque findet sich die Definition christlicher Vollkommenheit als Für-Sein in und mit Christus in den geistlichen Schriften von Niels Stensen (1638–1686)[250], Joseph de Galliffet SJ (1663–1749)[251], Jean-Pierre de Caussade SJ (1675–1751)[252] und Paul vom Kreuz (1694–1775). Besonders der letztgenannte Gründer des Passionistenordens drückt im Bild der »mors mystica« aus, daß er *in Christus* seinem eigenen Ich stirbt, um zur »Stelle« erlösender Liebe zu seinen Brüdern und Schwestern zu werden[253]. Und wie Paul vom Kreuz dem Anliegen Luthers nach Vermittlung allen Heils durch den gekreuzigten Christus entspricht, so nähert sich der protestantische Pietismus der katholischen Mystik durch seine Lehre vom *neuen Sein* des Christen in Christus. Besonders Gerhard Tersteegen (1697–1769)[254] weiß sich nach dem Vorbild einer Angela von Foligno, Maddalena de' Pazzi oder Teresa von Avila[255] nicht nur als Objekt, sondern auch als Subjekt der Stellvertretung Christi.

Nach dem Tode der Visionärin von Paray-le-Monial wird die Herz-Jesu-Verehrung zwar zum Bestandteil der Volksfrömmigkeit, verkommt aber größtenteils zu einer Funktion der von Angst und Äußerlichkeit bestimmten Verrechnung von Sünde und Sühne vor dem Angesicht des Satisfaktion heischenden Richters. »Nach den Wirren der Französischen Revolution hatten viele engagierte Christen das Bedürfnis zu sühnen für die Gewalttaten, die entfesselt worden waren, für die öffentlichen Beleidigungen Gottes, der christlichen Religion und der Gläubigen und für das ganze politische und soziale Desaster, das darauf folgte.«[256] In einem zeitgenössischen Gebet heißt es: »Die heilige Kirche geschändet... ihre Diener verfolgt... die Tabernakel aufgebrochen, die Altäre umgestürzt – o Frankreich, verwüsteter Schauplatz, ödes Kalvaria, auf dem das Herz Jesu millionenfach gekreuzigt worden ist... schenke Frankreich Verzeihung, Herz Jesu, Herz des unendlichen Erbarmens!«[257] Es entstehen zahlreiche Gemeinschaften mit dem Titel »Réparatrices«, »Expiatrices« oder »Victimes«[258]. Während die Aufklärung den Sieg der Vernunft feiert und die »mittelalterliche« Lehre von einer stellvertretenden Genugtuung zum Paradebeispiel einer den Menschen entfremdenden Religionslehre erklärt, verschanzt sich die Volksfrömmigkeit mit apologetischem Eifer gerade hinter der eucharistischen Süh-

[250] Vgl. K.-H. Menke, Stellvertretung. Die Spiritualität des seligen Niels Stensen, 82–91.
[251] Vgl. A. Hamon, Histoire de la dévotion au Sacré-Coeur IV, 5–31.
[252] Vgl. H. Graef, Der siebenfarbige Bogen, 479–490; L. Cognet, Die Spiritualität und ihre Entwicklung im Frankreich des 18. Jahrhunderts, 464f.
[253] Vgl. M. Bialas, Das Leiden Christi beim hl. Paul vom Kreuz, 363–379.
[254] Vgl. J. Moltmann, Grundzüge mystischer Theologie bei Gerhard Tersteegen, 205–224.
[255] Zu den von Tersteeegen verfaßten Lebensbeschreibungen dieser Visionärinnen vgl. W. Nigg, Der Heilige im Protestantismus, 399–403.
[256] J. Leclercq, Sühne und Anbetung, 190.
[257] A. Hamon, Histoire de la dévotion au Sacré-Coeur IV, 361.
[258] Vgl. K. Hofmann, Herz-Jesu-Gemeinschaften, 294–300.

nefrömmigkeit, hinter der Herz-Jesu- und Herz-Mariä-Verehrung. Im 19. Jh. entsteht zwischen gelebter Frömmigkeit und Theologie, zwischen Kirche und Kultur ein tiefer Graben, der nur von einzelnen wie Johann Adam Möhler (1796–1838), Antonio Rosmini (1797–1855) und John Henry Newman (1801–1890) überbrückt wird.

Rosmini ist der erste Theologe des 19. Jhs., der die Kirche wie die Väter als mystischen Leib Christi beschreibt und den Sinn aller besonderen Sendungen innerhalb dieses »Leibes« als Teilnahme am Werk der Erlösers erklärt[259]. Er sieht die Aufgabe der Kirche insgesamt und der von ihm gegründeten Ordensgemeinschaft (»Institutum Caritatis«) insbesondere in der Gewinnung von »Mit-Stellvertretern« Christi (»corredentori in Cristo«). In seinem »Exerzitienbuch«, in seinen »Geistlichen Lektionen« und in den »Konstitutionen des Institutum Caritatis« bedeutet Christusnachfolge immer die Transformation aller Begabungen und Grenzen, aller Aktivitäten und Leiden in das »Für-Sein für die anderen« (»essere per gli altri«)[260]. In einem seiner Hauptwerke, der »Teodicea«, erklärt er, wie der Christ mit und in Christus Verzicht, Opfer, Leiden, Verlassenheit und Scheitern in Gnade für den Nächsten verwandeln kann[261]. Als erster Theologe antwortet er 1834 dem Sozialismus Saint-Simons und 1848 dem Kommunistischen Manifest von Marx und Engels mit der These, daß das Ziel eines humanen Gemeinwesens nicht die Sozialisierung der Person, sondern die Personalisierung der Gemeinschaft durch das je einmalige Für-Sein des einzelnen »für die anderen« ist[262]. Der Grafensohn verschenkt sein großes Vermögen und erklärt als eine von »fünf Wunden der Kirche« den paradoxen Versuch, gleichzeitig reich und mit Christus »an der Stelle« der Armen sein zu wollen. Nachdem sein Buch über die Wunden der Kirche indiziert ist, will er selbst das Leid dieser Wunden auf sich nehmen, um durch gelebte Stellvertretung zu erreichen, was er mit Schrift und Wort nie vermochte.

e) Der »letzte Platz« als Teilnahme am »Abstieg« des Stellvertreters

Die Heiligen des 19. Jhs. sind oft Einzelkämpfer bzw. einsam Stellvertretende. Sie *leben* die Einheit von Stellvertretung und Freiheit, die von der zeitgenössischen Philosophie und Theologie in Zweifel gestellt ist. Sie geben ohne Worte Antworten, die das Lehramt der Kirche nicht findet.

[259] Vgl. R. Bessero Belti, Come Rosmini ha sentito la Chiesa, 241–265; K.-H. Menke, Vernunft und Offenbarung, 68.255–258.

[260] Vgl. G. Velocci, L'esperienza religiosa di Antonio Rosmini, 127–161; M. Petrocchi, La spiritualità di Antonio Rosmini, 97–103; H. U. v. Balthasar, Einführung in: A. Rosmini, Leitsätze für Christen, 5–15.

[261] Vgl. K.-H. Menke, Vernunft und Offenbarung, 241 f. – Über den Zusammenhang zwischen Rosminis Spiritualität und Philosophie: Ders., Deontologische Glaubensbegründung, 154–164; ders., Die Assensus-Lehre, 44–49.

[262] Vgl. F. Gentile, Saint-Simon in Italia, 42–51; D. Morando, Antonio Rosmini e il comunismo, 99–113.

Therese von Lisieux (1873–1897) ist eine von diesen »einsamen Stellvertretern«. Zunächst entspricht sie ganz dem Selbstverständnis ihrer Ordensgemeinschaft (der Karmelitinnen); sie will »die Beleidigungen Gottes sühnen«[263], »sich als Ganzopfer der göttlichen Gerechtigkeit anbieten«[264], »die Schmähungen des heiligsten Herzens Jesu wiedergutmachen«[265] und »sich für die Vernichtung der Freimaurerei aufopfern«[266]. »Wie gut ist es«, schreibt sie noch 1890, »Ordensfrau zu sein, um zu beten und die Gerechtigkeit Gottes zu besänftigen.«[267] Erst am Ende des achten Kapitels ihrer autobiographischen »Geschichte einer Seele« findet man das oft zitierte Dokument einer umgekehrt perspektivierten Stellvertretung: nicht mehr »Bezahlung« der fremden Schuld durch die eigenen Verdienste zur Befriedigung der Gerechtigkeit Gottes, sondern Hintreten mit und in Christus »an die Stelle« der Bedürftigen[268]. Zwei Jahre vor ihrem Tod vollzieht Therese einen Weiheakt an die barmherzige Liebe: »Um in einem Akt vollkommener Liebe zu leben, *weihe ich mich als Ganz-Brandopfer deiner barmherzigen Liebe* und bitte dich, mich unablässig zu verzehren, die Ströme *unendlicher Zärtlichkeit*, die in dir beschlossen sind, in meine Seele überfließen zu lassen, damit ich eine Martyrin deiner Liebe werde, o mein Gott!«[269] Therese sagt von sich einfach: »Gott hat mir die Gnade geschenkt, zu verstehen, was die christliche Liebe ist«[270] – nämlich unser Stellvertreten füreinander in Christus und deshalb ein »Kommunismus der Verdienste«[271]. Therese bemerkt in einem ihrer »apostolischen Briefe«: Christus »will, wir sollen mit ihm Anteil am Heil der Seelen haben. Er will nichts tun ohne uns. Der Schöpfer des Weltalls wartet auf das Gebet einer armen kleinen Seele, um die anderen Seelen zu retten, die gleich ihr um den Preis seines Blutes erlöst sind«[272]. Aber nicht nur den Verstorbenen, sondern auch den Lebenden gilt ihre Stellvertretung. Sie ist sicher, durch ihren »Selbst-Einsatz« in und mit Christus, einen Verbrecher bekehrt zu haben, zwei bestimmten Priestern missionieren zu helfen und gleichgültige

[263] Vgl. J. F. Six, Thérèse de Lisieux au Carmel, 122.
[264] Ebd. 203.
[265] Ebd. 125.
[266] Ebd. 203.
[267] Thérèse de l'Enfant-Jésus et de la Sainte-Face, Correspondance Générale II, 620.
[268] »Ich dachte an jene Seelen, die sich der Gerechtigkeit Gottes anbieten, um die über die Sünder verhängten Strafen abzuwenden und auf sich zu lenken. Diese Aufopferung erschien mir groß und hochherzig, doch fühlte ich keine Neigung, ein Gleiches zu tun. ›O mein Gott‹ rief ich aus Herzensgrund, ›soll denn nur deine Gerechtigkeit Seelen empfangen, die sich als Schlachtopfer darbringen?... Bedarf denn deine erbarmende Liebe ihrer nicht ebenso?‹« (Therese von Lisieux, Selbstbiographische Schriften, 186).
[269] Ebd. 282.
[270] Ebd. 231.
[271] H. U. v. Balthasar, Schwestern im Geist, 197.
[272] Thérèse de l'Enfant-Jésus et de la Sainte Face, Correspondance Générale II, 663 f.

in eifrige Priester verwandeln zu können[273]. Jede Kleinigkeit ihres Lebens will sie mit Christus in Gnade für andere »transformieren«. Als man ihr wegen ihrer Krankheit empfiehlt, sich in ihrer Zelle auszuruhen, entgegnet sie: Das wäre wohl gut, aber »für einen Missionar tue ich diesen Gang. Ich stelle mir vor, wie einer von ihnen, weit weg, vielleicht gerade jetzt von seinen apostolischen Fahrten erschöpft ist. Um seine Ermüdung zu lindern, biete ich die meinige... an.«[274] Während Therese von ihrer Lungentuberkulose förmlich aufgezehrt wird, tritt sie ein in die Erfahrungen derer, die nicht glauben und sich in ihrem Ich verschlossen haben. Christus, so schreibt sie, »ließ zu, daß dichteste Finsternisse in meine Seele eindrangen«[275]. Therese will eine ganz und gar communiale Existenz (»kat'holisch«) sein. In diesem Sinne sind ihre Worte zu verstehen: »Mein Gott, ›ich wähle alles‹...; nur eines fürchte ich, meinen Willen zu behalten; nimm ihn, denn *›Ich wähle alles‹*, was du willst!«[276] »Im Herzen der Kirche, meiner Mutter, werde ich die *Liebe* sein... so werde ich alles sein«[277].

Obwohl sein Weg in die »Spiritualität des letzten Platzes« ganz anders als der Thereses verlief, verkörpert Charles de Foucauld (1858–1916) dasselbe Apostolat der Stellvertretung wie die »kleine Schwester Jesu« von Lisieux. Seit seiner Bekehrung im Oktober 1886 ist sein Leben vollkommen von dem Gedanken beseelt, in und mit Christus herabzusteigen an die »letzte Stelle«[278]. Auch bei »Bruder Karl von Jesus« spielt der Gedanke der Vereinigung mit dem Herzen Jesu eine zentrale Rolle[279]; auch er lebt die Einsamkeit seiner Fürbitte, seines Aushaltens und Leidens als Stellvertretung[280]; auch für ihn ist Kontemplation Missionsarbeit[281]. Als er keine Brüder für die von ihm erwünschte Ordensgründung der »Eremiten vom Heiligsten Herzen« findet, sucht er den Grund nicht in mangelnder Propaganda, sondern in der Unvollkommenheit seines eigenen Einsseins mit Christus[282]. Er ist sicher, daß er

[273] Vgl. dies., Selbstbiographische Schriften, 97f.265f.268f; dies., Correspondance Générale II, 821–823.854f.875–878. 904f.1060–1062.

[274] Zit. nach H. U. v. Balthasar, Schwestern im Geist, 200.

[275] Therese von Lisieux, Selbstbiographische Schriften, 219.

[276] Ebd. 23.

[277] Ebd. 200f.

[278] »Jesus wurde geboren, er lebte, er starb in der tiefsten Erniedrigung und der äußersten Schmach, indem er ein für allemal so sehr den letzten Platz einnahm, daß keiner jemals niedriger sein konnte als er ... Der Herr spricht: ... Lernt euch klein machen, um die andern zu gewinnen ... Wer absteigt, gebraucht dasselbe Mittel, die Seelen zu lieben, das ich selbst verwendet habe; wer absteigt, wandelt auf *meinem* Weg und deshalb in der *Wahrheit*, und er befindet sich am besten Platz, um das *Leben* zu gewinnen und es den andern zu geben.« (Ch. de Foucauld, Der letzte Platz, 17).

[279] Vgl. J.-F. Six, Charles de Foucauld, 194–212.

[280] Vgl. Ch. de Foucauld, Der letzte Platz, 18.38.52.; ders., Schriften, 175.232.375; ders., Immer den letzten Platz, 176.; ders., Das Evangelium – Mein Leben, 69; ders., Briefe an Madame de Bondy, 31.203.

[281] Vgl. J.-F. Six, Charles de Foucauld, 279–309; R. E. Frische, Wasser aus der Wüste, 63–65.

[282] Vgl. ebd. 228–255.

Unendliches vermag, wenn Christus in ihm ist; er nennt es ein schlechthin allgemeines »Gesetz«, daß Christi universale Stellvertretung sich durch die Gemeinschaft der Heiligen an alle Menschen aller Zeiten vermittelt. »Daß der Erlöser, dessen sämtliche Akte unendliches Verdienst besitzen, ... sich trotzdem diesem Gesetz unterwerfen wollte«[283], ist für ihn höchster Ausdruck der göttlichen Liebe.

Unter dem Gesichtspunkt der Stellvertretung ist im 20. Jh. mit Therese und Charles de Foucauld vor allem Adrienne von Speyr (1902–1967) zu vergleichen. Es gibt zwar viele bekannte und unbekannte Heilige der letzten Jahrzehnte wie Dietrich Bonhoeffer, Edith Stein, Maximilian Kolbe oder Oscar A. Romero y Galdamez, die als Beispiele gelebter Stellvertretung gelten können. Aber nur selten wird jedes Detail des Alltags in die Stellvertretung einbezogen; und noch seltener sind schriftliche Zeugnisse über diese unsichtbare Wirklichkeit. Balthasar, der seine »Theologie des Karsamstags« Adrienne von Speyr verdankt (s. SS. 294–296), bemerkt über ihre besondere »Sendung«: »Sie war Konvertitin, Ärztin, geistig kerngesund, aber von einem tollkühnen Mut beseelt, für Gott und sein Werk in der Welt alles, was sie besaß und was man aus ihr herausholen konnte, hinzugeben. Und Gott hat sie in einem furchtbaren Ernst wörtlich verstanden. Sie wurde eingeweiht in alle leiblichen und seelischen Schmerzen des Kreuzes, in die letzteren vor allem, die so schrecklich sind, daß man gern die äußersten körperlichen Schmerzen ertrüge, wenn einem nur die unerträgliche Gottverlassenheit genommen würde. Dieser Frau wurden immer wieder die Nöte der Kirche und der Welt gezeigt, abständige, laue Priester, unzureichende, verlogene Beichten, Verdunkelungen des Glaubens Unzähliger, und dieser Anblick entflammte sie so sehr, daß sie sich bedingungslos zu allem anbot, was erfordert wäre, um zu helfen. Dann wurde sie in den geistigen Abgrund gestürzt, in das ›Loch‹, wie sie es nannte, oft tage- und nächte-, oft auch wochenlang.«[284] Im Herbst 1946 empfängt Adrienne die Sterbesakramente; aber der ihr als gewiß vorausgesagte Tod tritt nicht ein; statt dessen fühlt sie sich an der Grenze des Lebens aufgefordert, fortan nicht mehr in der eigenen, sondern in einer fremden Sendung zu leben. Was damit gemeint ist, schildern die von Balthasar herausgegebenen »Erfahrungsprotokolle« mit dem Titel »Auftragshöllen«. Sie sieht die Sünder und die Sünden, für die sie stellvertretend leidet. Sie beichtet stellvertretend die Sünden anderer und trägt damit deren Last[285]. Sie spricht von einer ständigen »Beichthaltung« als Voraussetzung für das Einssein der eigenen Stellvertretung mit der Christi[286]. Der theologische Kern ihrer Erfahrun-

[283] Ch. de Foucauld, Schriften, 232.

[284] H. U. v. Balthasar, Stellvertretung: Schlüsselwort christlichen Lebens, 3. – Vgl. auch: Ders., Erster Blick auf Adrienne von Speyr, 56–63; W. Maas, Das Geheimnis des Karsamstags, 132–136; G. Greshake, Erlöst in einer unerlösten Welt?, 101 f.

[285] Vgl. A. v. Speyr, Kreuz und Hölle I, 17–35; II, 131.217. 322–325.

[286] Mit dem Wort »Beichthaltung« meint Adrienne »nicht nur die Grundhaltung, in der das

gen liegt im Geheimnis der Gemeinschaft der Heiligen[287]. Balthasar bemerkt in seinem Bericht über seine mit Adrienne von Speyr gegründete Johannesgemeinschaft: Nachdem Adrienne »einmal das Wesen der katholischen Communio Sanctorum, das Füreinander-einstehen-Können begriffen hatte, begann sie eine solche Menge strengster Bußübungen zu verrichten, daß ich immer wieder genötigt war, diese einzudämmen.«[288] Sie sieht im Gebet bestimmte Teilnehmer der von Balthasar gehaltenen Exerzitienkurse und begibt sich dann so lange für-leidend an deren Stelle, bis diese zu ihrer Sendung ja sagen bzw. sich zu einer ehrlichen Beichte aufraffen[289]. Adrienne weiß, daß ihr etwas gezeigt wird, was andere nicht sehen; aber die Stellvertretung selbst ist für sie etwas im wahrsten Sinne des Wortes »Alltägliches«, ist für sie Wesen und Mitte *jeder* kirchlichen Sendung, ist die jedem Menschen auf seine Weise gegebene Möglichkeit, »den Herrn im eigenen Leib zu empfangen, ihm unsern Leib als Leib anzubieten, in unserem Leib das Leibsein des Sohnes ... fortzuführen«[290]. In ihrem selbstverfaßten Gebet um den rechten Gebrauch der Krankheit bittet Adrienne: »Herr, segne die Kranken.... Segne sie nicht bloß, damit sie auszuhalten vermögen, segne sie auch, damit sie lernen für Dich zu ertragen und im Leiden eine Gnade zu sehen. Zeige ihnen, daß jedes Leiden durch Dein Leiden am Kreuz einen Sinn erhalten hat, einen Sinn, der durch den Vater in den Sinn des eigenen Leidens aufgenommen und für die Erlösung der Welt dienstbar gemacht wird. Zeige ihnen, daß, wenn sie in Deinem Namen zu leiden gewillt sind, Schmerz und Krankheit fruchtbar werden, daß Du sie brauchen kannst, um andern zu helfen, andern ihre Lasten zu erleichtern, um Wege gangbar zu machen, die sonst unbetretbar wären.«[291]

Beichtsakrament empfangen werden soll, sondern das ganze christliche Leben zu gestalten ist; Beichthaltung wird somit auch zum unfehlbaren Kriterium, nach welchem Adrienne das Maß an christlicher Heiligkeit ... bemißt.« Für sie hat »Christus am Kreuz die Ur-Beichte der gesamten Weltsünde vor dem Vater abgelegt ..., um an Ostern die große Absolution des Himmels für die schuldige, aber nunmehr mit Gott versöhnte Welt zu erlangen. Deshalb werden sowohl die aktuelle Beichte wie die habituelle Beichthaltung durch alle christlichen Zeiten hindurch Nachfolge Christi sein. Und hier entspringt auch Adriennes Wunsch, der ihr ganzes ... Leben kennzeichnet, soviel wie möglich von der Schuld ihrer Mitmenschen und der Welt im ganzen mitzutragen« (H. U. v. Balthasar, Adriennes Charisma, 175). – Dazu: G. Danneels, Maria, Bereitschaft und Beichthaltung, 94–105; M. Tiator, Beichte, bes. 43–51. 79–85.

[287] Vgl. B. Albrecht, Eine Theologie des Katholischen I, 230–257.

[288] H. U. v. Balthasar, Unser Auftrag, 50.

[289] Vgl. ebd. 62–64.

[290] B. Albrecht, Eine Theologie des Katholischen I, 232.

[291] A. v. Speyr, Gebete, 190.

2. Stellvertretung in ausgewählten Dokumenten der Literatur des 19. und 20. Jahrhunderts

Schriftliche Zeugnisse »eigentlicher Stellvertretung« finden sich zumindest in Frankreich und England häufiger in der großen Literatur als in der teils autobiographischen, teils theologischen Hinterlassenschaft heiliger Christen. Nicht selten ist die Literatur eine Anklage gegen die tauben Ohren einer auf den kirchlichen Binnenbereich beschränkten Opfer- und Missionsfrömmigkeit. Jedenfalls spielt die mit der industriellen Revolution verbundene Grausamkeit sozialen Unrechts in der »Literatur der Stellvertretung« eine ungleich größere Rolle als in den geschilderten Zeugnissen der sogenannten »Frommen«[292].

a) Der »andere Bruder« als Ruf in die Stellvertretung

Leidenschaftlich wendet sich Léon Bloy (1846–1917) gegen »die blöde Moral« eines Klerus, der auf gesicherten Pfründen den Opfern eines erbarmungslosen Kapitalismus Gottvertrauen predigt, statt sich selbst allen voran in die Armut zu werfen. Als Sekretär des 1855 konvertierten Dichters Jules Barbey d'Aurevilly (1808–1889)[293] findet er zum Glauben an die Gemeinschaft der Heiligen, an den unsichtbaren Zusammenhang zwischen Erlösung und Leiden, zwischen dem Leiden Christi und dem unschuldigen Leiden unzähliger Heiliger, zwischen der Schuld des einen und dem stellvertretenden Sühnen des anderen. Er versteht seine angeborene Schwermut und sein Leiden am Leid der anderen als Mit-Stellvertreten mit und in Christus. »Für Bloy ist Christus bis zum Ende aller Geschichte der Gekreuzigte, und jede Sünde, die begangen wird, ist ein Schlag in sein Gesicht.... Die unsichtbare Kirche, die Gemeinschaft der Gläubigen in der Vergangenheit, Gegenwart und Zukunft ist vollständig miteinander verflochten. Jede Tat berührt alle anderen Taten; und jedes Leid ist Sühne; wenn nicht für jemandes Sünde in der Vergangenheit, dann entweder für die eigene oder für die Sünde eines anderen Menschen, den ich nicht kenne, oder aber für die Sünde eines Menschen, der noch gar nicht geboren ist.«[294] Wer einmal Glied des mystischen Leibes Christi ist, nimmt bewußt oder unbewußt teil am Drama des im Leid errungenen Sieges der Liebe über die Sünde. Diesen Gedanken verfolgt der bis zur äußersten

292 Die neuere Literatur ist gerade da, wo sie von Christen geschrieben wird, ganz diesseitig. Autoren wie Heinrich Böll, Thomas Stearns Eliot, Evelyn Waugh, Gabriele Mistral, Georges Bernanos oder Gertrud von Le Fort wollen dem Strukturgesetz der Inkarnation folgen, indem sie sich ganz in die Weltlichkeit einlassen. Hans-Eckehard Bahr (Poiesis, 288–295) spricht von einem eigenen »Ethos des glaubenden Künstlers«, das er von fünf Grundzügen geprägt sieht: 1. Mit-Leiden; 2. Das Aufgehobensein des Häßlichen im Werk; 3. Der Status der leeren Hände; 4. Selbstvergessenheit und Stellvertretung; 5. Loben.

293 J. O. Lowrie (The Violent Mystique, 83 f) hat unter dem Titel »Vicarious atonement and the thesaurus ecclesiae« Barbeys wichtigste Aussagen zum Thema »stellvertretende Sühne« zusammengetragen.

294 Ebd. 117. – Vgl. M.-J. Lorie, La pensée religieuse de Léon Bloy, 80–90; A. Béguin, Bloy, 39–42; TD III, 386.

Armut entbehrende Bloy bis zu der radikalen These, daß jedes Glück des einen von einem entsprechenden Leid des anderen bezahlt werden muß[295]. Schon Bloys Sprache, die ständig Vokabeln des Strafrechts und des Handels verwendet (rechnen, berechnen, ausgleichen, aufwiegen), verrät, daß die »eigentliche Stellvertretung« der nicht berechnenden Liebe Christi aus dem Blick gerät. In diesem Punkt unterscheidet sich Bloy von Joris-Karl Huysmans (1848–1907), dem er ansonsten vorwirft, seine Gedanken gestohlen zu haben[296]. Huysmans will von einem »kosmischen Ausgleich« zwischen Glück und Leid nichts wissen, sondern schildert Stellvertretung als das Einstehen »der Wenigen für die Vielen«[297]. Wie Léon Bloy auf das soziale Elend seiner Zeit mit seinem gelebten Glauben an die Communio Sanctorum antwortet, so ähnlich auch Fjodor Michailowitsch Dostojewskij (1821–1881) und Charles Péguy (1873–1914). Von Dosto-

[295] »L'espèce humaine est si désignée pour souffrir que la permission donnée à un seul couple d'être heureux, une heure, n'est pas trop payée du cri d'agonie d'un monde.« (L. Bloy, La Femme pauvre, 278). – »Jetez un dernier regard sur la pendule, et si c'est en votre pouvoir, priez Dieu qu'il éloigne de vous le mauvais ange des statistiques. ... Une minute vient de s'écouler. Cela fait environ cent morts et cent nouveau-nés de plus. Une centaine de vagissements et une centaine de derniers soupirs. Le calcul est fait depuis longtemps. Le compte est exact. C'est la balance du grouillement de l'humanité. Dans une heure, il y aura six mille cadavres sous votre lit et six mille petits enfants, tout autour de vous, pleureront par terre ou dans les berceaux. ... Au moment même où vous bêlerez de volupté, des grabataires ou des suppliciés, dont il serait puéril d'entreprendre le dénombrement, hurleront, comme en enfer, sous la dent de vos péchés.« (Ebd. 280). – »Chaque être formé à la ressemblance du Dieu vivant a une clientèle inconnue dont il est, à la fois, le créancier et le débiteur. Quand cet être souffre, il paie la joie d'un grand nombre, mais quand il jouit dans sa chair coupable, il faut indispensablement que les autres assument sa peine.« (Ebd. 281). – »Chaque fois qu'on jouit dans son corps ou dans son âme, il y a quelqu'un qui paie.« (zit. nach: G. Langlois, Un Mendiant de la souffrance, 170). – »Mais, lorsque, songeant à la réversibilité des douleurs, on se rappelle, par exemple, qu'il est nécessaire qu'un petit enfant soit torturé par la faim, dans une chambre glacée, pour qu'une chrétienne ravissante ne soit pas privée du délice d'un repas exquis devant un bon feu: oh! alors, que c'est long d'attendre! et que je comprends la justice des déspérés.« (Ebd. 167).

[296] Vgl. J. O. Lowrie, The Violent Mystique, 110–112.

[297] »Je crois, fit le prêtre, à la substitution mystique... vous l'expérimenterez sur vous-même d'ailleurs; des saintes vont, pour vous secourir, entrer en lice; elles prendront le surplus des assauts que vous ne pouvez vaincre; sans même qu'ils connaissent votre nom, du fond de leur province, des monastères de carmélites et de clarisses vont, sur une lettre de moi, prier pour vous.« (J.-K. Huysmans, En route I, 162). – »Le monde ne conçoit même pas que les austérités des abbayes puissent lui profiter. La doctrine de la suppléance mystique lui échappe complètement. Il ne peut se figurer que la substitution de l'innocent au coupable, alors qu'il s'agit de subir une peine méritée, est nécessaire.« (Ebd. II, 293). – »En voulant pâtir pour les autres, les moines détournent les colères du ciel et établissent une solidarité dans le bien qui fait contre-poids à la fédération du mal. Et Dieu sait de quels cataclysmes ce monde inconscient serait menacé, si, par suite d'une disparition soudaine de tous les cloîtres, cet équilibre qui le sauve était rompu.« (Ebd. II, 294). – »Ne serait-il pas indispensable aussi [en addition à des fortifications militaires] de l'entourer [Paris] d'une ceinture de prières, de bastionner ses alentours de maisons conventuelles, d'edifier, partout dans sa banlieue, des monastères de clarisses, de carmélites, de bénédictines du Saint-Sacrement, des monastères qui seraient, en quelque sorte, de puissantes citadelles destinées à arrêter la marche en avant des armées du mal?« (Ebd. II, 296).

jewskij sagt Balthasar, daß für ihn das Bild von dem Leib, in dem das Leiden eines Gliedes ein Mitleiden aller anderen Glieder bedingt, nicht nur irgendein Stück am Christentum, sondern seine Mitte und sein Herz ist. Das Wort »Hölle« bedeutet in Dostojewskijs Romanen nicht die Verlorenheit eines »anderen« Gliedes Christi, sondern die den nicht verlorenen Gliedern auferlegte Liebe, sich auch für den letzten verlorenen Bruder bis zum letzten herzugeben[298].

Weil er die Lehre von einem Himmel der Glücklichen, der über der Hölle von Unglücklichen errichtet ist, für einen bourgeoisen Aberwitz hält, tritt Charles Péguy als junger Mann aus der Kirche aus. Er wird Kommunist, weil er nicht glücklich sein will, solange auch nur einer seiner Brüder oder Schwestern unglücklich ist. Aber je mehr er erkennt, daß eine verordnete Gerechtigkeit die Liebe zerstört, desto tiefer erkennt er das Wesen der christlichen Hoffnung als Stellvertretung – eine Hoffnung, die den anderen niemals aufgibt, weil sie nie »mit ihm fertig« ist. Als Sozialist schreibt Péguy sein erstes Werk über »Jeanne d'Arc«; nach seiner Rückkehr in die katholische Kirche formt er daraus sein »Mystère de Jeanne d'Arc«[299]. »Die sozialistische Jeanne erträgt es nicht, daß ihre Brüder ›verlorengehen‹, ›sich verdammen‹; sie kann ihre irdische Aktion nur antreten, wenn sie sich zuvor für sie hingeweiht hat bis zur Kommunion mit ihrer Verlorenheit. Diese wird ihr, als Preis für die vollbrachte Aktion, am Ende zuteil, da sie, aus der kirchlichen Kommunion der Heiligen ausgestoßen und den Flammen der Hölle in der Nacht der Seele, in der Überzeugung von ihrer eigenen Verlorenheit, überliefert, den Tod für die Brüder stirbt. Die christliche Jeanne des ›Mystère‹ wird nur in ihrem ersten Entschluß gezeigt, im Entschluß, sich christlich mit dem Verlorengehen ihrer Brüder *nicht abzufinden*. Sie weiß im Gebet, daß sie gegen Gott revoltiert. Aber ohne diese Revolte, sagt sie, wird selbst ihre Messe, ihre Kommunion, ›wurmstichig und hohl‹. Kein Hinweis auf ›Ergebung in den Willen Gottes‹... kann sie stillen. Nur eine letzte Gewißheit rettet sie aus dieser furchtbaren Not: die Gewißheit, in ihrer Revolte gegen die Verlorenheit unversehens auf eine innerste Stelle im Herzen Gottes gestoßen zu sein. Auch Gott ist nicht neutral. Auch Gott ›findet sich nicht ab‹ mit dem Unbegreiflichen, Unerträglichen, Unmöglichen.«[300] – Péguy lebt, wie Jahrzehnte später Simone Weil

[298] »So liegen Ost und West weit voneinander und doch nah beisammen: L'enfer c'est les autres, sagt Sartre, weil das einsame Ich die Liebe nur als das Unerträgliche empfinden kann... L'enfer c'est les autres, sagen auch Dostojewskij, Ljeskow, Berdjajew, weil die Liebe sie zwingt, bis zuletzt ihre Seele für die verlorenen Brüder einzusetzen.« (H. U. v. Balthasar, Die Gottesfrage des heutigen Menschen, 186). – Zur Stellvertretungsthematik bei Dostojewskij: R. Guardini, Religiöse Gestalten in Dostojewskijs Werk, 74.86.97f. 125f.288–290.357f.406f.413–418.

[299] Vgl. R. Rolland, Charles Péguy, 153–253.

[300] H. U. v. Balthasar, Die Gottesfrage des heutigen Menschen, 198f.

(1909–1943)[301], die Einheit von Stellvertretung und Solidarität[302]. Die eigentliche Sünde, so sagt er, ist der Versuch, sich selbst ohne die anderen retten zu wollen. Entsprechend bedeutet Christsein: mit dem unbedingten Einsatz der eigenen Person hoffen, bis alle in Christus Für-Seiende sind[303].

b) Die Hölle des Anderen als Ort der Stellvertretung

Was Bloy und Péguy einfach voraussetzen, wird von Paul Claudel (1868–1955) immer wieder reflektiert: »die Gegenseitigkeit aller Weltwesen, sie mögen einander noch so unbekannt sein, ihr Notwendigsein füreinander«[304]. Für Claudel bedeutet der theologische Begriff »Gemeinschaft der Heiligen«, daß keiner »ohne alle anderen«[305] auskommen kann. Er faßt die Katholizität jedes einzelnen in die poetischen Worte: »Keiner unserer Brüder, selbst wenn er wollte, kann sich uns entsagen, und im eisigsten Geizhals, zutiefst in der Prostituierten und im verkommensten Trunkenbold lebt eine unsterbliche Seele, die in aller Demut Atem zu schöpfen sich müht und die, da das Tageslicht ihr verwehrt ist, die nächtliche Anbetung verrichtet. Ich höre sie, wie sie reden, wenn wir reden, und wie sie weinen, wenn ich niederkniee. Alles nehme ich hin; sie alle nehme ich auf mich, ich verstehe sie alle, nicht eine ist unter ihnen, nach der ich nicht Verlangen hätte, ja deren ich entraten könnte! Unzählig sind die Sterne am Himmel, und ihre Zahl übersteigt jegliche Möglichkeit, sie zu erschöpfen, und dennoch gibt es nicht einen, dessen ich nicht bedürfte zum Lobe Gottes. Viele sind der Lebenden, und nur wenige sehen wir im Glanze stehen, während die anderen im Chaos und in den Wirbeln eines dunklen Schlammes umhergewirbelt werden; viele Seelen gibt es, aber nicht eine, mit der ich nicht in Verbindung stehe durch den heiligen Ort in ihr, der das ›Vater unser‹ spricht.«[306] Besonders zentral ist der Stellvertretungsgedanke in Claudels bedeutendsten Versdramen. In »L'annonce faite à Marie« nimmt eine junge Frau (Violaine) in Gestalt von Aussatz die Folge fremder Schuld auf sich. Das noch bekanntere Drama »Le soulier de satin« besteht insgesamt aus dem stellvertretenden Leiden eines Geistlichen und einer selbstlosen Frau für

[301] Vgl. S. Weil, Zeugnis für das Gute, 68.95.113f.117f.199f.

[302] Zu Péguys »Theologie der kleinen Leute«: P. Duployé, Die religiöse Botschaft Charles Péguys, 354–361.

[303] Vgl. E. Gremminger, Charles Péguy, 150; H II/2, 866f; G. Greshake, Heil und Unheil?, 275.

[304] TD III, 386. – »His characters speak with the voices of real men and women who feel that humanity forms one body, in that each man is responsible at every moment of his existence for all other men. In each scene of his many plays we have the impression of having shown to us some aspect of that most difficult and mystical of all dogmas, the communion of saints.« (W. Fowlie, Paul Claudel, 54).

[305] Ebd. 388.

[306] P. Claudel, Gespräche im Loir-und-Cher, 483f.

die Bekehrung des abtrünnigen Rodrigue. Und in dem Gedichtzyklus »La messe là-bas« entfaltet der Dichter die Verbindung des Stellvertretungsgedankens mit dem Geheimnis des Kreuzes und der Eucharistie. »Ihr« – sagt er dort den Priestern – »sollt durchhalten, wo wir versagen mit unsern Gebeten. Dort, wo euer Bruder nicht steht, sollt ihr ihn stellvertreten. Das Gebet, das er nicht verrichtet, dem seid ihr eingestaltet.«[307]

Ähnlich häufig wie in den Versdramen und Gedichten Paul Claudels erscheint der Stellvertretungsgedanke in den Erzählungen und Romanen von Gertrud von Le Fort[308]. In der Erzählung »Das fremde Kind« antwortet eine Frau mit ihrer Stellvertretung auf die ungläubige Klage eines mit furchtbarer Schuld belasteten SS-Offiziers: »Gnade? Ja, so hieß es einst in der Religionsstunde... – Gnade: das bedeutete, daß Christus für die Sünder starb... Aber ich vermag den Gedanken nicht anzunehmen, daß einer für die Schuld der andern sterben soll – wenn es eine Sühne gibt, so konnte sie doch nur durch mich selbst erfolgen. Nein,... eine stellvertretende Gnade gibt es nicht, und es kommt auch gar nicht darauf an, daß ein Gott mir verzeiht, es geht darum, daß ich mir selbst nicht verzeihen kann und auch gar nicht verzeihen will.«[309] In der Novelle »Die Abberufung der Jungfrau von Barby« erleidet eine Ordensschwester die tiefe Nacht der Gottferne stellvertretend für die ihr vorgesetzte Äbtissin. In der Erzählung »Die Frau des Pilatus« wird die Frau des Statthalters zur Trägerin der Schuld ihres Mannes, indem sie den Martyrertod stirbt. Immer ist die zwischenmenschliche Stellvertretung in Le Forts Romanen getragen von der Communio mit dem Erlöser[310]. In »Die Letzte am Schafott« erscheint die Angst der Novizin »Blanche« zunächst als Teilnahme an der erlösenden Ölbergangst des Erlösers; und nur durch und mit Christus kann eine Schwester an die Stelle der anderen treten. Im ersten Teil des Romans »Das Schweißtuch der Veronika« gleicht die Titelfigur in den stellvertretend ertragenen Demütigungen des alltäglichen Aushaltens einer Therese von Lisieux; im zweiten Teil (»Der Kranz der Engel«) übernimmt »Veronika« in der Kraft ihres Eins-

[307] Ders., Die Messe des Verbannten, 89.

[308] »Eine besondere geistesgeschichtliche Konstellation brachte es mit sich, daß aus derselben theologischen Schule, der Dorothee Sölle verpflichtet ist, auch das schönste Zeugnis des genuin christlichen Stellvertretungsgedankens hervorging. Es ist die Schule Ernst Troeltschs, zu dessen Schülerkreis neben Friedrich Gogarten, dem Lehrer Sölles, auch Gertrud von Le Fort gehörte. Ihr zweibändiger Roman ›Das Schweißtuch der Veronika‹... kann geradezu als eine Geschichte der stellvertretenden Liebe gelesen werden.« (E. Biser, Tritt kein anderer für uns ein?, 15). – Zum Stellvertretungsgedanken bei Gertrud von Le Fort: G. Kranz, Stellvertretung, 102–106; E. Biser, Überredung zur Liebe, bes. 191–194; J. Köster, Gertrud von le Fort und der Gedanke der religiösen Stellvertretung, bes. 55–116.

[309] G. v. Le Fort, Das fremde Kind, 100f.

[310] Vgl. E. Biser, Überredung zur Liebe, 194–198.

seins mit Christus[311] das ganze Elend der Gottesferne an Stelle ihres Geliebten »Enzio«. »Was weiß denn die Mehrzahl der Christen«, fragt die Stellvertreterin, »von den Qualen eines Herzens, das gezwungen ist, sich an der Hölle eines geliebten Menschen zu entzünden? Was weiß sie von den abstürzenden Gefilden des Schicksals, wo alle Gewißheiten frommer Seelen fragwürdig werden, sich gleichsam umwenden und in ihr Gegenteil verkehren, so daß schließlich diejenige Haltung als die rettende erscheint, die eigentlich die verlorene ist?«[312].

So wie Veronika könnte auch eine der vielen stellvertretenden Gestalten im Werk von Georges Bernanos (1888–1948) fragen[313]. Er hat seine kurz vor dem Tode verfaßten »Dialogues des Carmélites« als Arbeit an der Le Fortschen Novelle »Die Letzte am Schafott« verstanden. Da erklärt er den angsterfüllten Tod[314] der in ihrem ganzen Leben angstfreien Priorin Madame Croissy als Stellvertretung für die kleine, angsterfüllte Schwester Blanche, damit diese ohne Angst den Weg zum Schafott bewältigen kann. »Die Priorin gibt ›ihren sehr armen Tod‹ für ›die Gefährdetste‹ dahin, und da sie erhört wird, ist es, als habe sie einen falschen, zu kleinen Tod bekommen. Blanche aber muß dabei sein, ihren innigen Anteil an diesem für sie getanen Werk erhalten; sie muß ... von den ununterbrochen sich bewegenden Lippen der Sterbenden Worte und Willen ablesen.«[315] In seinem Roman »Die Freude« – dem zweiten Teil des Diptychons, dessen erster »Der Betrug« heißt – schildert Bernanos die demütige Priestergestalt des Abbé Chevance, »der zuletzt einen furchtbaren, ihm und allen Umstehenden unverständlichen, weil fremden Tod stirbt«, als Beitrag zur Erlösung des hochmütigen Abbé Cénabre, der in seiner eitlen Mediokrität »ein Sinnbild und Repräsentant alles Zerfallenen und Abgewendeten in der Kirche ist«[316]. Doch würde dieses oft zitierte Beispiel mißverstanden, wollte man es als heroische Ausnahme bezeichnen. Das Hintreten der Heiligen an die von der Sünde

[311] Vgl. J. Köster, Gertrud von Le Fort und der Gedanke der religiösen Stellvertretung, 191f.196.210–212.215–217.219f.233f.240–243.

[312] G. v. Le Fort, Der Kranz der Engel, 649.

[313] Eine zusammenfassende Darstellung aller »für-leidenden« Gestalten in Bernanos' Romanen gibt unter dem Titel »Le salut par la victime«: W. Bush, Souffrance et Expiation dans la pensée de Bernanos, 9–29.

[314] In allen Werken von Bernanos spielt die stellvertretend übernommene Angst eine herausragende Rolle. Denn Angst bedeutet für ihn immer Einsamkeit, und Einsamkeit ist mit jeder Sünde verbunden (vgl. H. U. v. Balthasar, Gelebte Kirche: Bernanos, 432.450). Wer dem Sünder aus seiner Einsamkeit heraushelfen will, muß diese stellvertretend auf sich nehmen. »Des Lichtes beraubt wird ein Christ, um desto mehr Licht ausstrahlen können. ›Ein Heiliger, der allen den Frieden austeilt, dessen er leer ist‹, so schildert der Dichter Chevance ... Und von Donissan heißt es: ›er verschenkte aus vollen Händen den Frieden, von dem er leer war‹. Über Torcy: ›Die übernatürliche Kraft, die von ihm aussstrahlt, ist in keiner Weise geschwächt. Sichtlich von Angst zerfressen, bleibt er Spender von Ruhe, Gewißheit, Friede‹.« (Ebd. 438f).

[315] Ebd. 459. – Vgl. ebd. 440–445; TD I, 373f; TD III, 394.

[316] H. U. v. Balthasar, Spiritus Creator, 407.

des Nächsten verdunkelte »Stelle« ist nichts, was »über den Höhen des gewöhnlichen Christenlebens schwebt, sondern dessen Alpha und Omega«[317]. So enthält das »Tagebuch eines Landpfarrers« keine auffälligen Tugenden und Taten, sondern erzählt von einer Macht, die nicht auf der höchst mittelmäßigen Begabung eines schüchternen Dorfpriesters, sondern auf dessen selbstvergessener Christushingabe beruht. Als der Pfarrer mit der Frage konfrontiert wird, ob er sich einbilde, jemanden an seinem Willen zur Selbstverdammung hindern zu können, antwortet er: »Ich stehe für Sie ein, Seele für Seele.«[318] In »Monsieur Ouine« ist es der kleine Krüppel Guillaume, der seinem Freund sagt: »Wenn ich daran denke, was ich noch letztes Jahr war, Philippe, so schäme ich mich. So ungeschickt, so grob. Ich hätte dir zu nichts nütze sein können. Und jetzt: *Jetzt versuche ich dich nicht mehr zu verstehen, ich brauche es nicht mehr. Es kommt mir vor, als gingen alle deine Leiden durch mich hindurch.*«[319]

c) Ontische Koinhärenz als natürliche Bestimmung aller Menschen zur Stellvertretung

Neben den Romanen von Bernanos sind im französischen Sprachraum auch die Werke von Paul Bourget (1852–1935) und Henry Bordeaux (1870–1963), vor allem aber Mauriacs Roman »L'Agneau« (1954), ein Spiegel der christlichen Stellvertretung bzw. Communio Sanctorum. Ebenfalls von zentraler Bedeutung ist unser Thema in Georg Kaisers Drama »Die Bürger von Calais«, Werner Bergengruens Roman »Der Großtyrann und das Gericht«, in Reinhold Schneiders Erzählung »Las Casas vor Karl V.«, Edzard Schapers Novelle »Simon von Cyrene« und nicht zuletzt in den Romanen »Matrjonas Hof« und »Krebsstation« von Alexander Solschenizyn[320].

Zum Abschluß unserer »tour d'horizon« sollen aber nicht bestimmte Werke der Weltliteratur, sondern die Beiträge der sogenannten »Inklings-Gesellschaft«[321] besprochen werden. Dieser in Oxford gegründete Kreis christlicher Literaten ist vor allem durch die drei Freunde Charles Williams (1886–1945), Clive Staples Lewis (1898–1963) und John Ronald Reuel Tolkien (1892–1973) bekannt geworden. Unter ihnen hat Williams sein gesamtes Werk als Entfaltung der christlichen Stellvertretungsidee verstanden[322]. Auch Lewis nennt das, was wir als »eigentliche« von »uneigentlicher« Stellvertretung unterschieden haben, die

317 Ders., Gelebte Kirche: Bernanos, 453. – Vgl. ders., Die Gottesfrage des heutigen Menschen, 199f.
318 Ebd. 451.
319 Ebd.
320 Dazu: A. Stöcker, »Stellvertretung« in der modernen Literatur, 38–40.
321 G. Kranz, Die Oxforder Inklings-Autoren, 70–78.
322 Die umfassendste Biographie bietet: Alice Mary Hadfield, Charles Williams. An Exploration of His Life and Work, Oxford 1983. Gute Inhaltsangaben der wichtigsten Werke gibt: Thomas Howard, The Novels of Charles Williams, Oxford 1983.

»Mitte des Christentums«[323] und widmet seinen Roman »Till we have Faces« der Entfaltung unseres Themas[324] – allerdings in offensichtlicher Abhängigkeit von Charles Williams[325]. Dieser war nicht nur Dichter und Theoretiker, sondern auch Praktiker der Stellvertretung. Williams hat 1939 einen Orden mit der Bezeichnung »The Companions of the Co-inherence« gegründet und dessen Regel in sieben Punkte gefaßt[326]. Als Voraussetzungen jeder Stellvertretung nennt er mit Verweis auf die innertrinitarischen Beziehungen: 1. »Co-inherence« (gegenseitiges Innewohnen); 2. »Exchange« (Austausch); 3. »Substitution« bzw. »Vicariousness« (Hintreten des einen an die Stelle des anderen). Ausdrücklich nennt er Christi Stellvertretung die Bedingung der Möglichkeit aller zwischenmenschlichen Stellvertretung[327]. Der Erlöser – so Williams – »hat Stellvertretung und gegenseitiges Innewohnen überall erneuert; alle unsere kleineren Stellvertretungen laufen die Leiter seiner großen Stellvertretung hinauf und hinab; innerhalb dieser erhabenen Koinhärenz koinhärieren alle unsere kleineren Koinhärenzen.«[328] Es gibt seit Christus nur eine Scheidewand zwischen den Menschen: »nämlich die zwischen jenen, die anerkennen, daß sie vom Leben anderer leben, einschließlich vom Leben ihrer Feinde, und jenen, die das nicht anerkennen«[329]. Williams hat innerhalb seines literarischen Schaffens eine regelrechte Theorie der Stellvertretung entwickelt: zunächst im sechsten Kapitel (Titel: »The Doctrine of Substituted Love«) seines Romans »Descent into Hell« (1937); dann in einem Buch (»He came down from Heaven« [1938]), das Rechenschaft über seinen Glauben gibt – wieder mit einem eigenen Kapitel (»The Practice of Substituted Love«); und schließlich, indem er eine Geschichte der Stellvertretung in der Theologie und in der Praxis der Heiligen unter dem Titel »The Descent of the Dove« (1939) veröffentlichte[330]. Dieses Werk schließt mit einer dreiseitigen Definition »eigentlicher« Stellvertretung und einem Aufruf, das eigene Leben in die Wirklichkeit der Stellvertretung zu übersetzen[331]. Berühmt wurde Williams durch seine »metaphysic thrillers«[332], von denen besonders der schon genannte Roman »Descent into Hell« (1937) und »All Hallows' Eve« (1945) zahlreiche Beispiele gelebter Stellvertretung

[323] Vgl. P. J. Schakel, Reason and imagination in C. S. Lewis, 70.82f.193.
[324] Vgl. die Besprechung des Inhalts bei: G. Kranz, C. S. Lewis, 86–93.
[325] Vgl. ders., Stellvertretung, 98.
[326] Vgl. A. M. Hadfield, Charles Williams, 173f.
[327] Vgl. G. Kranz, Stellvertretung, 92f.
[328] C. Williams, The Descent of the Dove, 235 (zit. nach: G. Kranz, Stellvertretung, 93).
[329] Ders., The Image of the City, 113 (zit. nach G. Kranz, Stellvertretung, 92).
[330] Die 1941 erschienenen Abhandlungen »The Redeemed City« und »The Way of Exchange« (in: The Image of the City, 102–110.147–154) können als ausfaltende Erläuterungen gelten.
[331] Vgl. C. Williams, The Descent of the Dove, 236.
[332] Kurze Inhaltsangaben bietet: G. Kranz, Die seltsamen Romane des Charles Williams, 343–350.

enthalten[333]. Da übernimmt der eine (Peter Stanhope) die Todesangst eines anderen (Pauline Anstruther) und befähigt die so befreite Person, ihrerseits Stellvertretung für einen Vorfahren (John Struther) zu üben, der vor vier Jahrhunderten hingerichtet wurde und gelassen in den Tod ging, weil vierhundert Jahre später eine Nachfahrin seine Angst stellvertretend trägt[334]. Das Gegenbild dieser Stellvertreter bietet der egomane Kriegshistoriker Wentworth, der sich immer mehr isoliert, niemandem etwas verdanken oder schenken will und das universale Gesetz der alle Grenzen von Zeit und Raum überschreitenden Stellvertretung nicht anerkennt.

Während in dem Roman »Descent into Hell« eine Lebende für einen Toten eintritt, ist es in »All Hallows' Eve« genau umgekehrt. Jeder kann für jeden unabhängig von Raum und Zeit auch in den persönlichsten Bereichen zum Stellvertreter werden[335]. Nur die Sünde als solche zählt Williams nicht zu den Feldern der Stellvertretung. Darin unterscheidet er sich von anderen Autoren, die Balthasar in seiner »Theodramatik« nennt. Jede *Folge* der Schuld des anderen kann Inhalt meiner Stellvertretung sein, aber nicht die Verzweiflung als solche (Gabriel Marcel, Le Monde Cassé); nicht ein Kindesmord (William Faulkner, Requiem für eine Nonne); auch keine Selbsttötung (Georg Kaiser, Die Bürger von Calais); nicht der »Verkauf der eigenen Seele« (William Butler Yeats, Countess Cathleen); auch nicht das eheliche Jawort zu einem aufgezwungenen Partner (Paul Claudel, L'Otage) oder der Abfall vom Glauben (Graham Greene, The Potting Shed)[336].

3. Zusammenfassung: Die direkte Proportionalität zwischen der Einheit und der Unterschiedenheit von Gebet und Stellvertretung

Auch wenn unser Überblick über die Entwicklung der christlichen Spiritualität lückenhaft und unvollständig ist, genügt er doch, um folgende zwei Thesen zu belegen:

– Zu jeder Zeit haben die großen Zeugen des geistlichen Lebens als

[333] Vgl. J. J. Boies, Existential Exchange in the Novels of Charles Williams, 221–228.

[334] Über die Aufhebung von Raum und Zeit bei Williams bemerkt G. Urang (Shadows, 89): »The possibility of exchange and substitution as an act overleaping the limitations of time and even the boundary of death is an idea with great power. ... But this concept carries a price; it requires a view of time that tends to make movement and change unreal.... Time, he seems to say, following Kant, is simply a form of man's perception.... Williams seems almost to exclude time from sacramental interchange.«

[335] Williams wendet sich gegen die Verbannung der Stellvertretung hinter Klostermauern: »But we are not dealing here... with the most advanced sacrifical victims of religion, but with ourselves and with the ordinary man. It is ordinary life which might be, more than it is, shot with this principle; it requires only, I will not say faith, but the first faint motions of faith. Compacts can be made for the taking over of the suffering of troubles, and worries, and distresses, as simply and as effectually as an assent is given to the carrying of a parcel.« (The Image of the City, 151f).

[336] Vgl. TD I, 370–374.

Wirklichkeit erfahren, was wir ein wenig umständlich und abstrakt die direkte Proportionalität von Einheit und Unterschiedenheit zwischen »Selbst«-Werdung und Für-Sein, Gottes- und Nächstenliebe, Gebet und Stellvertretung genannt haben.

– Wo aber die direkte Proportionalität beider Wirklichkeiten zugunsten eines der beiden Pole verschoben oder aufgehoben wurde, kam es zu einer veräußerlichten oder verinnerlichten Frömmigkeit, zu heilsindividualistischer Ausklammerung oder verdienstorientierter Instrumentalisierung des Nächsten.

Gott – so lehren uns die großen Mystiker – kann kein bloßes »Gegenüber« sein, weil ICH dann als sein »Gegen-über« eine »Stelle« wäre, an der ER nicht ist. Weil die Welt, wenn man sie zu Gott gleichsam addiert, Gott nichts hinzufügt, ist Gott keinem Endlichen gegenüber der schlechthin »Andere«, sondern, wie Nikolaus von Kues sagt, das Nicht-andere (»Non-aliud«)[337]. Wir mit unserer endlichen Freiheit müssen uns Gott gegenüber als »die Anderen« bezeichnen, dürfen aber daraus nicht den Schluß ziehen, daß wir deshalb auch für Gott »die Anderen« sind. Dazu bemerkt Clive Staples Lewis: »Einerseits kann man von einem Menschen, der Gott nicht als von sich verschieden anerkennt, nicht behaupten, er habe Religion. Wenn ich aber andererseits Gott im gleichen Sinn für verschieden von mir halte wie die Gegenstände im allgemeinen und wie meine Mitmenschen, dann fange ich an, aus Ihm einen Götzen zu machen. Ich vermesse mich, Sein Dasein als dem meinen irgendwie parallel zu behandeln. Er aber ist der Grund meines Seins. Er ist immer sowohl in uns wie gegenüber und über uns. Unsere Wirklichkeit ist so viel von der Seinen, als er von Augenblick zu Augenblick in uns projiziert. Je tiefer der Quellgrund in uns, aus dem unser Gebet, oder irgendeine andere Handlung emporsteigt, um so mehr ist es Seines; aber darum durchaus nicht weniger unseres, wenn am meisten Seines.«[338] Lewis bringt mit klassischer Klarheit zum Ausdruck, was Beten

[337] In einem Gebet des Cusaners heißt es: »Quomodo habeo te, Domine, qui non sum dignus ut compaream in conspectu tuo? Quomodo ad te pervenit oratio mea, qui es omni modo inaccessibilis? Quomodo petam te? Nam quid absurdius quam petere ut tu te dones mihi, qui es omnia in omnibus? Et quomodo dabis tu te mihi si non pariter dederis mihi caelum et terram et omnia, quae in eis sunt? Immo quomodo dabis tu te mihi si etiam me ipsum non dederis mihi? Et cum sic in silentio contemplationis quiesco tu Domine intra praecordia mea respondes dicens: sis tu tuus et ego tuus. O Domine, suavitas, omnis dulcedinis posuisti in libertate mea, ut sim, si voluero mei ipsius. Hinc nisi sim mei ipsius tu non es meus. Necessitares enim libertatem, cum tu non possis esse meus nisi et ego sim mei ipsius et quia hoc posuisti in libertate mea, non me necessitas, sed expectas, ut ego eligam mei ipsius esse.« (Nicolaus Cusanus, De visione Dei, c. 7 [120]). – Dazu: W. Beierwaltes, Denken des Einen, 64–69; ders., Identität und Differenz, 68.101f.114–117.

[338] »On the one hand, the man who does not regard God as other than himself cannot be said to have a religion at all. On the other hand, if I think God other than myself in the same way in which my fellow-men, and objects in general, are other than myself, I am beginning to make Him an idol. I am daring to treat His existence as somehow *parallel* to my own. But he is the ground of our being. He is always both within us and over against us.

und besonders Bitten ist: kein Vorgang *zwischen* mir und Gott – so, als würde ich IHM etwas sagen, was er nicht schon wüßte, oder ihn zu etwas bewegen, was er von sich aus nicht täte[339], sondern ein Sich-hinein-nehmen-Lassen in seine Liebe[340], in sein Hintreten in Christus »an die Stelle« der Menschen. Man darf generell sagen: Wenn Gebet kein »Zwischen« zwischen zwei Kausalitäten (*Ich* und *Du*) und erst recht kein bloß psychologisch oder moralisch nützliches Selbstgespräch ist, dann erreicht jedes Gebet sein Ziel in eben dem Maße, in dem der Beter durch, mit und in Christus »für-seiend« an die Stelle seines Nächsten (des Anderen) tritt.

Jedes Gebet – ob Lob, Dank, Bitte oder Fürbitte – inkludiert uns in das Beten Jesu Christi, das Annahme der Sendung durch den Vater ist und deshalb am Ölberg die Angst durch Für-Sein (Stellvertretung) überwindet. »Was immer der Mensch an konkreter Not in der Bitte vor Gott bringt, ist eine Variation der Angst vor dem Tod, ein Schrei nach seiner Überwindung. Positiv gesagt: Er bittet um Leben, um Lebenkönnen, um erfülltes Dasein, um geglücktes Sein-können.« Aber der alle Ängste und Bedrängnisse durchziehende, alle Hoffnungen von innen bedrohende Tod »ist in Jesu Auferstehung endgültig gebrochen« und im Glauben an dieses Geschehen auch für uns selbst überwunden[341]. Wer zu dem Gekreuzigten betet, besiegt die Angst um sich selbst und tritt ein in das Sein Christi, das den Tod besiegendes Für-Sein (Stellvertretung) ist. Der betende Mensch erlangt, auch wenn er zunächst nur für sich selbst bittet, in der wachsenden Einheit mit Christus »die Freiheit, sich zu verlieren, d. h. richtig zu lieben, weil er die extremste Beanspruchung und Krise seines Lebens – den Tod – in der Glaubensentscheidung vorausgenommen und bewältigt hat«[342]. Einssein mit Christus – so zeigt positiv und negativ die Geschichte der Passionsmystik, der Devotio moderna, der Reformation und Gegenreformation – ist kein privatistischer *ascensus*, sondern proexistenter *descensus* an die Stelle des Näch-

Our reality is so much from His reality as He, moment by moment, projects into us. The deeper the level within ourselves from which our prayer, or any other act, wells up, the more it is His, but not at all the less ours.« (C. S. Lewis, Letters to Malcolm, 93 f).

339 Weil »eigentliche Stellvertretung« immer von zwei »Polen« bestimmt ist, die nicht als konkurrierende Ursachen, sondern im Sinne einer direkten Proportionalität von Einheit und Unterschiedenheit zu verstehen sind, ist die Frage, was der in Christus als Stellvertretung offenbare Gott und was wir, die von Christus Vertretenen, durch unser Gebet bewirken, von vornherein falsch gestellt. Dazu: G. Greshake, Auferstehung der Toten, 344–348; ders., Der Preis der Liebe, 28–39; Grundlagen einer Theologie des Bittgebetes, 36–45; ders., Menschsein als Berufung zur Gemeinschaft mit Gott, 138–144; F. Meessen, Unveränderlichkeit und Menschwerdung Gottes, bes. 419–440.

340 »Die Liebe ist die Macht, die Gott in der Welt hat. Beten heißt: sich auf die Seite dieser Kausalität stellen, der Kausalität der Freiheit gegen die Macht der Notwendigkeit.« (J. Ratzinger, Das Fest des Glaubens, 30).

341 H. Schaller, Das Bittgebet, 163. – Dazu: S. Greiner, Gewißheit der Gebetserhörung, 117–129.

342 Ebd. 164. – Vgl. G. Greshake, Grundlagen einer Theologie des Bittgebets, 47–49.

sten[343]. Als Mit-Stellvertreten mit Christus *können* Fürbitte und Kontemplation gar keine Alternative zur tätigen Nächstenliebe sein.

Ob die Beziehung des einzelnen Gläubigen zum trinitarischen Gott mit seiner Beziehung zum Nächsten nur *äußerlich* oder *wesentlich* verknüpft ist, entscheidet sich an seiner Beziehung zu Christus bzw. an der Wirklichkeit der Stellvertretung[344]. Oder anders gesagt: In dem Maße, in dem das Gebet des einzelnen inklusive Stellvertretung in und mit Christus wird, ist der Beter zugleich »an der Stelle« Gottes *und* des Nächsten. Das »Mittun-Dürfen« des Beters mit Christus »zeigt überdeutlich, wie ernst Gott die natürliche Freiheit nimmt. Er wirft seine Gaben nicht einfach hin, sondern will sie in die offene Hand legen, die, im Sich-Auftun, das göttliche Geben selbst mitermöglicht.«[345] Gott erhebt den Bittenden zum Subjekt der ihm selbst gewährten Gabe. Deshalb sagt Ignatius: »Vertraue so auf Gott, als ob der Erfolg der Dinge ganz von dir abhinge, nicht von Gott. Wende dennoch alle Mühe so an, als ob du nichts, Gott alles tun würde.«[346] Radikales Vertrauen und freiheitliche Selbstverwirklichung stehen hier nicht in Konkurrenz, sondern verhalten sich direkt proportional zueinander. Das Vertrauen in den auferstandenen Gekreuzigten macht den Beter zu einem befreienden Befreiten. Indem er die Angst um sein Ich losläßt, ist er nicht nur selbst begnadet, sondern auch erlösende Gnade für seinen Nächsten. Vor allem Heilige wie Margareta Maria Alacoque, Therese von Lisieux oder Charles de Foucauld haben vorgelebt, wie jedes Detail des Alltags zum Gebet und als Gebet zur inklusiven Stellvertretung und als inklusive Stellvertretung zu erlösender Gnade werden kann. »Im Maße der uns geschenkten Gabe des Fürbittens lassen wir den andern schöpferisch ›den Andern‹ sein und nehmen ihn zugleich mit auf den Weg zu Gott, durchaus wissend, daß wir darin selber Mit-Genommene und Mit-Getragene sind.«[347]

Die wechselseitige Fürbitte der Communio Sanctorum ist kein entbehrliches Anhängsel der Erlösung, sondern konstitutives Moment der Gnade selbst. Wir »ergänzen, was an den Leiden Christi noch fehlt für den Leib Christi, der die Kirche ist« (Kol 1,24). Das heißt: »Wir machen sein Tun dadurch ›ganz‹, daß wir es zur Auswirkung kommen lassen –

343 »Beter sind ›über-flüssige‹ Wesen; weil sie nicht aus dem Haben-wollen ins Tun stürzen, sondern ihr Tun dem Sein folgt. Deshalb sind sie die Sein-lassenden, der Ort, an dem das geschaffene Sein als Liebe in die Welt einfließt, die Poren, aus denen der Überfluß quillt.« (F. Ulrich, Gebet als geschöpflicher Grundakt, 102).

344 Dazu: N. Klaes, Stellvertretung und Mission, 92–94; L. Scheffczyk, Die heilshafte Stellvertretung, 119–125; K. Krenn, Die Stellvertretung, 195–197; S. Greiner, Gewißheit der Gebetserhörung, 141f.

345 H. Schaller, Das Bittgebet, 62.

346 Zur Text- und Interpretationsgeschichte dieser Formel: H. Rahner, Ignatius von Loyola, 230–232; K. H. Crumbach, Ein ignatianisches Wort, 321–328.

347 H. Schaller, Das Bittgebet, 207f.

bei uns *und* bei anderen.«[348] Jeder ist angewiesen auf die Stellvertretung anderer und ebenso zur Stellvertretung für andere gerufen. Wer diese doppelte Abhängigkeit von seinem Nächsten in Angewiesenheit und Verantwortung flieht oder ignoriert, verweigert die erlösende Gnade Christi selbst. Natürlich ist keine »Sendung« mit der anderen identisch; deshalb darf das Für-Leiden einer Therese von Lisieux oder Adrienne von Speyr weder als private Leistung, noch als christliche Norm, sondern nur als besondere Berufung bzw. Gnade verstanden werden. In *jedem* Menschenleben kann *jedes* Detail durch »Für-leiden« in erlösende Gnade »transformiert« werden – allerdings nur in und mit Christus. *In ihm* verliert selbst der stellvertretend erlittene Abstieg in die Hölle äußerster Verlassenheit seine Dunkelheit. *In ihm* wird unser Leiden nicht nur zur Gnade für die anderen, sondern auch zur Gnade für uns selbst. Deshalb zieht sich das Wort »Freude« wie ein roter Faden durch die erwähnten Zeugnisse inklusiver Stellvertretung, obwohl furchtbare physische und psychische Qualen damit verbunden sind.

Die Frage, warum alle Stellvertretung die Gestalt des Kreuzes annimmt, warum Liebe immer auch Leid bedeutet, kann und darf nur mit der faktischen Untrennbarkeit von Liebe und »Frei-lassung« des Anderen als des anderen beantwortet werden[349]. Wer einen Menschen liebt, zwingt nicht, sondern hofft, verhindert nicht die Schuld des anderen, aber trägt die Folgen für ihn; er tritt »an seine Stelle«, aber er ersetzt ihn nicht; kurz: er »erleidet« die Andersheit des Anderen. Wir können im Rahmen unseres Themas nicht auf die Theodizeefrage eingehen bzw. auf den Vorwurf, hinter dem Wort Stellvertretung verberge sich der Zynismus einer Ideologie, die dem Leidenden einredet, sein Elend diene einem höheren Zweck. Aber unter der Voraussetzung, daß der Gott, der die Liebe (Trinität) ist, unsere Sünde nicht durch Macht, sondern durch »Für-Sein« besiegt[350], greifen wir noch einmal zurück auf die eingangs zitierte Kritik Eugen Drewermanns (SS. 399–401).

[348] G. Greshake, Erlöst in einer unerlösten Welt?, 106.

[349] Wie wenig selbstverständlich diese Antwort besonders innerhalb »geistlicher Literatur« ist, mag folgende Bemerkung von Friedrich Wulf (Das stellvertretende Leiden als Anruf Gottes an unsere Zeit, 367f) belegen: »Wir wissen: unsere Erlösung beruht auf dem Mittlertum Christi, auf seinem Sühneleiden bis zum Tod am Kreuz. ›Durch sein allerheiligstes Leiden hat er für uns dem Vater genuggetan.‹ Ihm bringt er diese Genugtuung ›im Namen der Sünder‹ dar. Wir wissen aber auch: diese für uns geleistete Genugtuung und Sühne wird in uns nicht wirksam ohne unser Zutun, ohne unser Mitopfern und Mitsühnen. Denn durch Christi stellvertretendes Leiden wurde die auf dem ganzen Menschengeschlecht lastende Genugtuungspflicht nicht einfach aufgehoben, sondern für den einzelnen erst überhaupt erfüllbar. Ja durch dieses Leiden wird die Einlösung einer *Gerechtigkeits*pflicht, wird unsere sühnende Wiedergutmachung der Gott angetanen Beleidigungen sogar ein Erweis unserer Liebe.« – Zum Vergleich: G. Greshake, Der Preis der Liebe, bes. 49–71; ders., Gott in allen Dingen finden, 80–85; ders., Erlöst in einer unerlösten Welt?, 102f; T. Pröpper, Warum gerade ich?, 260–262; ders., Gottes Ja – Unsere Freiheit, 87–93; K. Hemmerle, Dein Herz an Gottes Ohr, 110–112.

[350] Dazu: H.-G. Janssen, Das Theodizee-Problem der Neuzeit, 160–181; H. Häring, Das Problem des Bösen in der Theologie, 166–183.

Im Schlußteil seines Werkes über die Kleriker betont er die zentrale Bedeutung der Identitätssuche für jedwedes Erlösungsgeschehen[351]. »Man muß« – so seine Begründung – »nur tagaus, tagein mitansehen, wie *Ehen* beim besten Wollen und Bemühen der Gatten auf tragische Weise zum Scheitern bestimmt sind, eben weil die Frau, der Mann sich niemals fragen durften: wer bin ich selbst? Man muß das Leid der Kinder vor Augen haben, deren Mutter oder Vater ständig ›im Dienst‹ ›für andere‹ sein mußten, statt in ihrer eigenen Person gefestigt zu ruhen, und man kann leicht den Schaden ermessen, den auch unter sozialem und ›politischem‹ Aspekt eine Theologie anrichten muß, die in der ›Mystik‹ eines christusförmigen Leidensgehorsams jedwedes Interesse am eigenen Ich für etwas, christlich gesehen, *Illegitimes* erklärt.«[352]Nach Drewermann ist Christus nicht das ganz beim Du seiende Ich, sondern das Ich, das so bei sich selbst ist, daß die Verängstigten (Entfremdeten) in ihm dem Angstfreien begegnen[353]. Das Kreuz ist für ihn nicht das Hintreten des Erlösers »an die Stelle« der anderen, sondern die Offenbarung eines absolut aggressions- und gewaltfreien Ich[354]. Was wir als direkte Proportionalität zwischen der Einheit und der Unterschiedenheit zweier personaler Wirklichkeiten beschrieben haben, bleibt für Drewermann ein Konkurrenzverhältnis: Anderer und Ich, Fremd- und Selbstbestimmung, Selbstlosigkeit und Selbstverwirklichung. Der innere Zusammenhang von Soteriologie und Ekklesiologie mit der Lehre über die direkte Proportionalität von Identität und Differenz in Gott (Trinitätslehre) wird von Drewermann ebenso übergangen wie die Logik des Evangeliums: daß ich mein Leben gewinne, *indem* ich es hingebe für die anderen[355]. Die Bereitschaft zum Hintreten »an die Stelle« des Leids und der Angst, der Entfremdung und der Not anderer ist für ihn beinahe immer Ausdruck einer masochistischen Ideologie. Zumindest in diesem Punkt widerspricht er fast allen kanonisierten Dokumenten der theologischen und geistlichen Tradition des Christentums.

§ 3 Perspektiven einer »Theologie der Stellvertretung«

Keine Philosophie (oder Psychologie) wird die Theologie jemals befähigen, die ihr vorgegebene Offenbarung und deren Gegenwart in der Existenz der Gläubigen reflex einzuholen. Vergleicht man die autobiographischen Aussagen der hl. Therese von Lisieux über ihre tagtäglich

351 Vgl. E. Drewermann, Kleriker, 657–750.
352 Ebd. 695f.
353 Vgl. ders., »An ihren Früchten sollt ihr sie erkennen«, 60f.
354 Vgl. ders., Das Markusevangelium, 25–80; ders., Der Krieg und das Christentum, 300–315.
355 Vgl. ders., Kleriker, 673f.

konkret gelebte Stellvertretung mit den Ausführungen der von uns im dritten und vierten Kapitel dargestellten Theologen über die Stellvertretung Christi und der Kirche, dann wird auf Anhieb deutlich, daß es einen nie überholbaren Vorsprung der erfahrenen vor der reflektierten Wirklichkeit gibt. Dennoch dispensiert der existentielle Vollzug nicht von der Reflexion des christlichen Glaubens. Denn zumindest das haben die auf weiten Strecken unfruchtbaren Diskussionen des 19. Jhs. über Fideismus und Rationalismus, über Offenbarung und Vernunft, Glaube und Wissen, bewiesen: »Der christliche Glaube ist nicht die Privatmeinung eines Konventikels, die sich der rationalen Beurteilung entzieht und gerade dadurch auf manche Gemüter attraktiv wirkt, sondern verantwortbare Überzeugung, die die Auseinandersetzung mit anderen Überzeugungen nicht zu scheuen braucht. Der Aufweis seiner Glaubwürdigkeit kann nicht nur in der Berufung auf seine Andersartigkeit liegen, die der Außenstehende nicht mitvollziehen kann. Glaube und Theologie müssen eine Sprache suchen, die verstanden werden kann, damit ihr Inhalt mitteilbar bleibt, und damit das Christentum seine Mission, die Menschen zu Christus zu führen, erfüllen kann.«[356]

Um eine theologische Sprache, die ein Faktum der Offenbarung und eine im Glauben erfahrene Wirklichkeit möglichst adäquat ausdrückt, geht es in allen fünf Kapiteln unserer Studie zur Geschichte und Anwendung des Stellvertretungsbegriffs. Wir sind ausgegangen von einem heuristischen Begriff bzw. von der analytischen Beobachtung, daß das Wort »Stellvertretung« »im eigentlichen Sinne« die direkte Proportionalität zwischen der Einheit und der Unterschiedenheit zweier personaler Wirklichkeiten beschreibt. Wir haben gezeigt, daß sich wichtige Inhalte des Alten und Neuen Testamentes, die grundlegende Denkform der griechischen Philosophie (die Urbild-Abbild-Dialektik) und das Zentrum der christlichen Erlösungslehre (das Verhältnis von Gnade und Freiheit) durch den Stellvertretungsbegriff bezeichnen lassen. Wir haben die Geschichte des Begriffs verfolgt und nachgewiesen, daß sich die *ursprüngliche* bzw. *eigentliche* Bedeutung gegen alle verfremdenden und verdrängenden Kräfte nicht nur erhalten, sondern auch durchgesetzt hat. Wir haben die Theologen des 20. Jahrhunderts dargestellt, die den Stellvertretungsbegriff zu einer theologischen Grundkategorie erhoben oder Ansätze einer »Theologie der Stellvertretung« entwickelt haben. Wir konnten nachweisen, daß der Stellvertretungsbegriff alle Spielarten des durch Christus vermittelten Gott-Mensch-Verhältnisses bündelt und integriert. Wir haben an einigen Beispielen verdeutlicht, daß dem theologischen Begriff eine für jedes »gebetete Verhältnis« zu Christus zentrale Erfahrung entspricht; und wir konnten zeigen, daß diese Erfahrung, wenn nicht adäquat, so doch in Annäherungen philosophisch erklärbar ist.

[356] P. Walter, Die Frage der Glaubensbegründung, 270.

Zum Abschluß sollen die einzelnen Schritte unserer Studie nicht nochmals zusammengefaßt werden; denn dies ist am Ende der einzelnen Paragraphen oder Kapitel bereits geschehen. Andererseits ist eine systematische Zusammenfügung der schon »gefertigten Bausteine« zu einer eigenen »Theologie der Stellvertretung« im Rahmen unserer begriffs- und theologiegeschichtlichen Untersuchung nicht zu leisten. Deshalb können am Ende unserer Arbeit nur einige Perspektiven entwickelt werden.

1. Der Stellvertretungsbegriff als Schlüsselbegriff einer ökumenischen Soteriologie

Der von der protestantischen und der katholischen Theologie des 20. Jhs. gleichermaßen aufgewertete Stellvertretungsbegriff ist nicht das Ergebnis von ökumenischen Konsenspapieren, sondern in beiden Konfessionen Antwort auf die Frage nach der eigenen Identität. Karl Barth will mit der Aufwertung des Stellvertretungsbegriffs zu einer theologischen Grundkategorie das Proprium des reformierten Bekenntnisses ausdrücken: nämlich Christus als alleinige »Stelle« von Schöpfung und Erlösung; Hans Urs von Balthasar dagegen erklärt mit demselben Begriff, was nach Barth ausreichender Grund für die Ablehnung des katholischen Glaubensverständnisses ist: die »analogia entis«. Nun könnte man diesen vordergründig überraschenden Sachverhalt mit der Bemerkung abtun, hier handele es sich, wie so oft in der Theologie, um die äquivoke Verwendung eines gleichlautenden Begriffs. Aber unsere Ausführungen über Barth und Balthasar sind der Beweis des Gegenteils. Sie wählen den Stellvertretungsbegriff nicht immer aus den gleichen Motiven; aber sein Inhalt ist für sie derselbe; beide verwenden den Stellvertretungsbegriff durchgehend zur Bezeichnung einer direkten Proportionalität zwischen der Einheit und der Unterschiedenheit zweier personaler Wirkungen oder Wirklichkeiten. Für beide ist Christus »die Stelle« von Schöpfung und Freiheit. Für beide bedeutet Erlösung das Hintreten Christi »an die Stelle« der Verneinung Gottes. Für beide ist Rechtfertigung ein »kata-logisches« Geschehen – unabhängig von der Würde oder dem »Verdienst« des Empfängers. Erst bei der Beschreibung des Empfängers ergeben sich Unterschiede. Strittig ist nicht, daß der Sünder im Vorgang der Begnadung *der Empfangende* und nicht der »Verdienende« oder die Erlösung als solche »Mit-bewirkende« ist. In diesem Punkt gibt es zwischen der jüngeren katholischen und protestantischen Theologie keine Differenzen mehr[357]. Strittig ist »nur« noch die Darstellung des

[357] Wie Otto Hermann Pesch (Dogmatik im Fragment, 377–416) am Beispiel des hl. Thomas gezeigt hat, hätte es diese Differenzen nie geben müssen. Denn die Verdienstlehre des Aquinaten will nur *»die innere Teleologie der Gnade auf ihre Entfaltung zur ewigen Gemeinschaft mit Gott zur Sprache bringen«* (ebd. 398). Wenn der Verdienstbegriff durch entsprechende Anmerkungen von dem Verdacht befreit ist, er impliziere einen Anspruch des

Empfangens bzw. des Empfängers oder des »Anknüpfungspunktes« der Rechtfertigung im Sünder. Für Barth gibt es auf seiten des Menschen nur eine »Entsprechung« zur Gnade Gottes; für Balthasar dagegen auch einen »ascensus« des Geschöpfes (des Gläubigen), falls und insofern es (er) sich »einschwingt« in den »descensus« des Schöpfers (des Erlösers). Nach Barth ist Christus der alleinige Stellvertreter; nach Balthasar wird jeder Gläubige inklusiver Stellvertreter durch, mit und in Christus.

a) Die Integrations- und Transformationskraft des Stellvertretungsbegriffs

Dieser Unterschied zwischen Barth und Balthasar bezeichnet keine Front zwischen den Konfessionen, sondern durchzieht den Protestantismus selbst. Wenn Bonhoeffer die Stellvertretung des Erlösers in die Formel faßt »Christus als Gemeinde existierend«, drückt er beides zugleich aus: daß kein Mensch seine Erlösung »verdienen« kann; aber auch, daß niemand die Stellvertretung Christi annehmen kann, ohne sich in diese Stellvertretung aktiv einbeziehen zu lassen. Sachlich meint Bonhoeffer mit seiner Einbeziehung der Ekklesiologie in die Soteriologie dasselbe wie Barth mit seinem Terminus »Entsprechung«. Aber für Barth ist die Kirche ausschließlich Objekt und nicht auch Subjekt der Rechtfertigung; wenn der Sünder dem sich erniedrigenden und gekreuzigten Erlöser entspricht, verleiblicht er seinen Glauben, ist aber nicht »Mit-Stellvertreter«. Bonhoeffer dagegen will Rechtfertigung und Kirche (Communio Sanctorum) nicht *gegenüber*stellen, sondern *als Einheit* verstehen. Schon in seiner Dissertation bemerkt er: Eine der Differenzen »zwischen Barth und uns besteht in der Auffassung des communio-Begriffs. ›Einer sein‹ mit Gott und mit dem Nächsten ist etwas total anderes als Gemeinschaft mit ihm haben. Barth aber verwendet beide Begriffe synonym«[358]. Bonhoeffer weiß sich in allen Prüfungen und Leiden *eins mit Christus*, vermeidet aber die in der geistlichen Tradition der katholischen Kirche fast selbstverständlichen Termini »Verdienst«, »Partizipation«, »Opfer« und »Mitwirkung«.

Wie sehr diese Begriffe von der Kontroverstheologie vergangener Jahrhunderte belastet sind, hat Otto Hermann Pesch gezeigt und die Frage aufgeworfen, ob die katholische Kirche nicht so etwas wie eine »schwarze Liste« verhängnisvoller theologischer Begriffe anlegen sollte[359]. Hinter diesem Vorschlag verbirgt sich die wichtige Beobachtung, daß Begriffe durch einseitige Verwendung so verfremdet werden können, daß sie in ihrer ursprünglichen Bedeutung nicht mehr vermittelbar sind. Doch abgesehen von der Schwierigkeit, häufig verwandte

Menschen gegenüber Gott, spricht sogar Luther von »Verdienst« und »Lohn« (vgl. ebd. 404f).

358 D. Bonhoeffer, Sanctorum Communio, 111[28].

359 Vgl. O. H. Pesch, Dogmatik im Fragment, 359.

Begriffe der Soteriologie zu tabuieren oder zu eliminieren, liegt die bessere Lösung des Problems in einer »Transformierung« der »an sich« mißverständlichen Termini zu integrierenden Bestandteilen der umfassendsten soteriologischen Kategorie[360]: zu Interpretamenten des Stellvertretungsbegriffs. Mit dieser »Transformierung« würde man keineswegs ein protestantisches Etikett (das aus der protestantischen Soteriologie stammende Wort »Stellvertretung«) auf anti-protestantische Theologumena wie »Verdienst« oder »Opfer« heften, sondern den »eigentlichen« Inhalt des Stellvertretungsbegriffs zum Maßstab aller anderen soteriologischen Termini und Motive erheben. Um ein Beispiel zu nennen: Wenn der Zusammenhang der »Verdienste« Christi mit den »Verdiensten« des von ihm erlösten Sünders im Sinne einer direkten Proportionalität von Einheit und Unterschiedenheit erklärt wird, ist von vornherein das Mißverständnis ausgeschlossen, Rechtfertigung bedeute unsere Befähigung zu *eigenen* Verdiensten. Oder wählen wir als zweites Beispiel die Bezeichnung der Eucharistie bzw. des Abendmahls als Opfer: Wird das Selbstopfer Jesu Christi als universale Stellvertretung definiert, kann die erinnernde Vergegenwärtigung des Kreuzesopfers keine »Wiederholung«, »Ergänzung« oder »Weiterführung« sein. Wenn Christi Stellvertretung uns erlöst, »vermittelt« die Stellvertretung eines Priesters nicht »zwischen« Christus und der feiernden Gemeinde, »zwischen« Kreuzesopfer und Meßopfer, sondern Christus selbst vermittelt sich im Sakrament der Eucharistie in die Stellvertretung des besonderen und allgemeinen Priestertums. Das Sakrament ist auf Grund seiner Verbindung mit dem kirchlichen »Amt« kein vom Menschen »gewirktes Werk«, sondern Christus gibt sich uns so, daß wir nicht nur Objekte, sondern zugleich Subjekte seines Opfers werden – der geweihte Priester »ex opere operato«, sofern er »in persona Christi« und »ex persona ecclesiae« spricht und handelt; und alle Gläubigen mit ihm, indem sie »nachahmen«, was sie empfangen. Wenn man das Opfer der Kirche als »Mit-Stellvertretung« mit und in Christus erklärt, dann ist ausgeschlossen, daß die Kirche statt Christus als das eigentliche Subjekt des Meßopfers erscheint; dann ist auch das alte Mißverständnis ausgeräumt, Mahl und Opfer seien zwei verschiedene Wirklichkeiten[361]. Christi Selbstopfer *ist* das Sich-uns-zur-Speise-Geben; und *indem* wir ihn im Mahl empfangen, *sind* wir selbst »Leib des Herrn«, der sich hingibt für die anderen[362]. Unser Opfer ist also keine vom Selbstopfer des Herrn verschiedene Wirklichkeit, sondern in dieses inkludiert. Die Kirche bringt im Meßopfer nicht Leib und Blut Christi dar, um Gott zu versöhnen, sondern

[360] Vgl. K. Lehmann, »Er wurde für uns gekreuzigt«, 307.

[361] Vor allem H. U. v. Balthasar (Spiritus Creator, 195) betont, daß »das tiefste Opfermoment für die Kirche im vollzogenen Mahl liegt, daß somit die ganze Unterscheidung der Eucharistie in ›Meßopfer‹ und ›Sakrament‹ theologisch hinfällig ist und die Grundstruktur verunklärt«.

[362] Vgl. T. Schneider, Wir sind sein Leib, bes. 63–68.74–78; A. Gerken, Jesus unter uns, 44f.

Gott macht uns durch die Selbsthingabe seines Sohnes zu »Söhnen im Sohn«. Unser »ascensus« zum Vater ist vermittelt durch den »descensus« des Sohnes und unsere Inklusion in diesen »descensus«. Das immanente »Gefälle« des Stellvertretungsbegriffs vom Vertretenden auf den Vertretenen hin bringt klar zum Ausdruck: Von Christus geht alle Stellvertretung aus, und nur *durch* ihn und *mit* ihm und *in* ihm sind wir selbst Stellvertreter. Als Mit-Stellvertretung *in* Christus aber kann unser »Opfern« nicht länger auf die Abwege einer Sühnefrömmigkeit geraten, die – von Angst um das eigene Heil getrieben – den »gerechten Richter« gnädig stimmen oder versöhnen will. »Kommunion« mit dem »Stellvertreter« Christus ist Gemeinschaft mit Gott an der Stelle des fürleidenden, herabsteigenden und fußwaschenden Sohnes[363].

b) Keine Einheit in der Sache ohne Einheit in der Sprache

»Es muß« – so Otto Hermann Pesch – »mit allen Mitteln verhindert werden, daß die weitere Entwicklung der Kontroverstheologie zum Kampf gegen einen Popanz wird. Und mag der evangelische Protest tausendfach in ungeschützten, ahnungslosen, ungeschickten Formulierungen der katholischen Theologie und in einer unerleuchteten sakramentalen Praxis seinen Anlaß und scheinbar seine Begründung finden – es ist dennoch ein Popanz, dem er gilt.«[364] Gerade weil es oft bloße Begriffe und weniger Inhalte sind, gegen die sich der protestantische Vorbehalt gegen die katholische Verbindung von Soteriologie und Ekklesiologie richtet, bietet der im Protestantismus beheimatete und inzwischen auch auf katholischer Seite zunehmend ins Zentrum der Theologie gerückte Stellvertretungsbegriff die Chance zur Überwindung zahlreicher Vorurteile und Mißverständnisse.

Wie hilfreich die gemeinsame Verwendung des Stellvertretungsbegriffs als soteriologische Grundkategorie sein könnte, beweist die von Jörg Baur verfaßte und inzwischen von der gesamten Göttinger Fakultät unterstützte Streitschrift gegen das Rechtfertigungskapitel der Studie des Ökumenischen Arbeitskreises evangelischer und katholischer Theologen zu den sogenannten »Lehrverurteilungen«[365]. Nachdem man sich bereits einig in der Rechtfertigungslehre glaubte[366], zeigt sich am Protest einer ganzen Theologischen Fakultät, daß es nicht damit getan ist, wenn jede

363 Vgl. W. Breuning, Wie kann man heute von »Sühne« reden?, 80–82.

364 O. H. Pesch, Dogmatik im Fragment, 359.

365 Vgl. Lehrverurteilungen – kirchentrennend? I. Rechtfertigung, Sakramente und Amt im Zeitalter der Reformation und heute, hrsg. v. K. Lehmann u. W. Pannenberg, Freiburg – Göttingen 1986, 35–75; J. Baur, Einig in Sachen Rechtfertigung?, Tübingen 1989; Überholte Verurteilungen? Die Gegensätze in der Lehre von Rechtfertigung, Abendmahl und Amt zwischen dem Konzil von Trient und der Reformation – damals und heute, hrsg. v. D. Lange für die Göttinger Theologische Fakultät, Göttingen 1991, 28–88.

366 Vgl. H. Schütte, Ökumenisches Verständnis der Rechtfertigungslehre, 63–67; O. H. Pesch, Dogmatik im Fragment, 415f.

Konfession die eigenen Begriffe hermeneutisch relativiert und in der Sache Einigkeit bekundet. Auch wenn sich über alle Mißverständnisse der Spätscholastik hinweg nachweisen läßt, daß das Konzil von Trient »Werk«, »Verdienst« und »Lohn« nicht »auf das Heil *hin*«, sondern »vom Heil *her*« – also im Horizont des biblischen Bildes der *Fruchtbarkeit* und als *Antwort* auf die Gnade – versteht[367]; auch wenn das Zweite Vatikanum ausdrücklich sagt, daß Christus der *einzige* Heilsmittler und Heilsweg ist (LG 14.62); auch wenn sich detailliert belegen läßt, daß zwischen den Dokumenten des Tridentinum und den lutherischen Bekenntnisschriften in der Beschreibung des Sünders angesichts der Rechtfertigungsgnade nur ein Unterschied der Nuancen und Akzente besteht[368], bleibt dennoch offensichtlich der Verdacht bestehen, hier werde Einheit nur durch Interpretation erzielt. Angenommen aber: Beide Konfessionen einigen sich auf ein und denselben Stellvertretungsbegriff (direkte Proportionalität zwischen der Einheit und Unterschiedenheit zweier personaler Wirkungen oder Wirklichkeiten) als Kriterium aller anderen soteriologischen Begriffe, dann wird die angezielte Sache (Rechtfertigung) von beiden Seiten auf gleiche Weise bezeichnet, und zwar durch einen Terminus, der in der lutherischen Versöhnungslehre entstanden ist und *ohne jede ökumenische Absicht* in der Theologie beider Konfessionen zu einer Grundkategorie gleichen Inhalts wurde.

2. Stellvertretung als Konstitutivum einer missionarischen Kirche

a) Stellvertretung als Vermittlung von Sammlung und Sendung

Im Horizont der theologischen Kategorie »Stellvertretung« dispensiert das, was Karl Rahner »anonymen« Glauben genannt hat, keineswegs vom Auftrag zur Mission. Im Gegenteil: Wenn die meisten Menschen ihr Heil auch ohne explizite Kenntnis Christi und seiner Kirche wirken, dazu aber nur durch die heilsgeschichtliche Stellvertretung Christi und seiner Kirche befähigt sind (vgl. SS. 361f), gilt für alle, die sich ausdrücklich als Christen bekennen, daß sie ihre »Erwählung« pervertieren, sobald sie die empfangenen Sakramente, das Wissen um die Wahrheit und die Hoffnung auf ewiges Leben in sich selbst begraben statt durch, mit und in Christus Stellvertretung »für den anderen Bruder« (Ratzinger) zu üben. Wo immer die Stellvertretung Christi (ungeschaffene Gnade) bewußt oder unbewußt angenommen wird, ist das Mit-Stellvertreten der Kirche (geschaffene Gnade) nicht nur »im anderen wirksam«, sondern selbst auch gestärkt (erweitert) worden[369]. Denn die Annahme

[367] Vgl. O. H. Pesch, Dogmatik im Fragment, 414f; H. G. Pöhlmann, Kritische Anmerkungen zu der Streitschrift von Jörg Baur, 25–29.

[368] Vgl. H. G. Pöhlmann, Rechtfertigung, 95–135; ders., Kritische Anmerkungen zu der Streitschrift von Jörg Baur, 20–25.

[369] »Auch die ›Welt‹... außerhalb der Kirche« kann »religiöse und ethische Werte ›stellvertretend‹ für das ›Volk Gottes‹ entdecken, bewahren, pflegen, bis die Christenheit ihrer

der Gnade Christi trägt in sich die Tendenz zur geschichtlichen Verleiblichung im ausdrücklichen Bekenntnis, in der Liturgie und Diakonie der Kirche[370]. Das geschichtliche In-Erscheinung-Treten der Gnade (Kirche als Stellvertreterin) zwingt niemanden, verbessert aber die Heilschance jedes einzelnen; und umgekehrt gilt von der Situation des »anonymen Christen«, daß sein Heilsakt durch eine Welt gehemmt und erschwert wird, deren Sinn ihm verborgen ist[371].

Wenn der einzelne zum ausdrücklichen Bekenntnis zu Jesus Christus, zum Empfang der Sakramente und zur Gemeinschaft der Kirche gelangt, dann niemals nur für sich selbst oder für die Kirche als solche[372]. Der Christ ist nicht zuerst passives Objekt und dann erst aktives Subjekt der kirchlichen Heilssorge; denn für ihn selbst ist das »Privileg« des Glaubens nur dann »Heil«, wenn er als »Mit-Stellvertreter« mit und in Christus »für die anderen« fruchtbar wird. »Diejenigen, die ausdrücklich zur sichtbaren Kirche gehören, sind nicht so sehr die Berufenen, die Prädestinierten zum Heil, als ob es andere nicht auch sein könnten, sondern sind diejenigen, die durch ihr Leben, ihr Bekenntnis, ihre Kirchlichkeit den *anderen* Heil sakramental manifest machen sollen innerhalb der Solidarität, die alle Menschen der einen von Christus erlösten Menschheit umfaßt.«[373] Maria ist als »die Erwählte« zugleich ganz Hingabe; sie ist als Vorbild des Glaubens zugleich sakramentales Urbild der Kirche[374] bzw. Urbild der inklusiven Stellvertretung[375]. Sie ist auch die

ansichtig wird, sie aufgreift, mit dem Licht des Evangeliums beleuchtet und sie so voll zum Strahlen bringt. Außerkirchliche Religiosität und ein entsprechendes Ethos erweisen sich somit in einem doppelten Sinn als heilsbedeutsam: Zum einen … insofern ihnen die stellvertretende Heilstat Jesu und die mit seiner Pro-Existenz untrennbar verbundene Kirche diesen Weg eröffnet hat (das meint das Wort: extra ecclesiam nulla salus). Zum anderen als Pro–Vokation christlichen Glaubens und Handelns, ihren stellvertretenden Dienst tiefer zu erfassen und überzeugender zu leben.« (L. Roos, Gelebte Stellvertretung, 26). – Vgl. H. Waldenfels, Der Absolutheitsanspruch des Christentums, 206–211.

370 Vgl. K. Rahner, Sakramentale Grundlegung des Laienstandes in der Kirche, 334f; ders., Anonymes Christentum und Missionsauftrag der Kirche, 513; ders., Grundkurs des Glaubens, 401. – Ähnlich: E. Schillebeeckx, Kirche und Menschheit, 34–36.

371 Vgl. K. Rahner, Personale und sakramentale Frömmigkeit, 136–138; ders., Das neue Bild der Kirche, 342; ders., Anonymes Christentum und Missionsauftrag der Kirche, 514f.

372 »Wer Christ ist, lebt nicht für seine Kirche. Die Gemeinschaft der Gläubigen ist nicht das Ziel des christlichen Glaubens. Christsein bezieht sich auf Christus und lebt von Christus her in der Blickrichtung Jesu auf die Menschen zu; in dieser Blickrichtung allein verwirklicht der Mensch dann auch sein Selbstsein als Sein für Gott, da die Ausrichtung auf den anderen die grundlegende Verwirklichung der Selbsttranszendenz ist.« (H. Waldenfels, Glauben hat Zukunft, 152). – Vgl. L. Ullrich, Diaspora und Ökumene, 57–59.

373 K. Rahner, Überlegungen zum personalen Vollzug des sakramentalen Geschehens, 425.

374 Otto Semmelroth (Die Stellvertretungsrolle Mariens im Lichte der Ekklesiologie, 360–267) plädiert für die Erläuterung des Urbild-Begriffes durch den Stellvertretungsbegriff, damit deutlich wird, daß Maria nicht nur *Vorbild*, sondern *sakramentales Urbild* ist.

375 Heinrich Maria Köster (Die Stellvertretung der Menschheit durch Maria, 329–343) hat schon 1954 den Titel »Mit-Stellvertreterin« statt der mißverständlichen Bezeichnung »Mit-Erlöserin« vorgeschlagen und wegweisend begründet. »Die Stellvertretung Mariens«, so bemerkt er, hat »nicht (wie die entsprechende Rolle Christi ihn hat) den Cha-

gelebte Einheit von »amtlicher und personaler Tat«; und »weil sie das ist, darum kommen bei ihr eigene Begnadigung und Heil für andere, Aufnahme des Heiles dem Geist und Glauben und Annahme dem Fleische nach, amtlicher Dienst und persönliches Charisma, reine Passivität und usprüngliche Tat, Tun und Ansichgeschehenlassen zugleich zur höchsten Fülle und gegenseitigen Einheit«[376].

In der Gestalt Mariens wird sichtbar, daß »Mitarbeit am Heil der anderen genau der Akt ist, in dem man die Gnade Gottes für sich selbst annimmt«[377]; daß jeder Christ weitergeben muß, was er empfängt; daß ein »Amtsträger« seine juristische und sakramentale Stellvertretung unfruchtbar macht, wenn er nicht »persönlich nachahmt, was er vollzieht«. Wenn man Maria als Urbild der Kirche bezeichnet, ist der Primat der Christologie und Soteriologie vor der Ekklesiologie, der Primat der personalen (eigentlichen) vor der rechtlichen (uneigentlichen) Stellvertretung und der Primat der Einheit vor der Unterschiedenheit von allgemeinem und besonderem Priestertum offensichtlich. Das aber kann nicht nur »interessant« für die Definition eines kirchlichen Amtes, für die Zuordnung von Charisma und Institution und für die ökumenische Diskussion der »Ordo-Frage« sein, sondern hat auch erhebliche Konsequenzen für das Selbstverständnis christlicher Gemeinden insgesamt[378].

Wenn jede Gemeinde ihre Verkündigung, ihre Katechese, ihre Liturgie und Diakonie an dem Grundsatz orientiert, daß niemand für sich selbst Christ werden oder sein kann, dann darf zum Beispiel die Sakramentenkatechese nicht auf das Erreichen einer möglichst hohen Empfängerzahl gerichtet werden[379]; aber dann verbietet sich auch die Gleichsetzung der Unterscheidung zwischen Volks- und Entscheidungskirche mit der zwischen »liturgiefernen« Christen und regelmäßigen Kirchgängern[380]; dann ist jeder kirchliche Verein, der nur sich selbst erhält und unterhält, letztlich unkirchlich[381]; dann gilt für jedes kirchliche Amt und jedes Charisma, daß es sich am Kriterium der Stellvertretung »für die anderen« prüfen muß[382]; dann bedeutet nach dem Vorbild der Berufung

rakter mittlerischer... Stellvertretung: Maria gehört selbst zum *genus redimendorum* und steht selbst unter der heilsbedeutsamen Auswirkung seiner Tat« (ebd. 339).

376 K. Rahner, Sendung und Gnade, 134.

377 Ebd.

378 Vgl. H. de Lubac, Glauben aus der Liebe, 189–215; K. Rahner, Grundprinzipien zur heutigen Mission der Kirche, 46–80; ders., Über das Laienapostolat, 339–373; ders., Parrhesia, 254f; ders., Gnade als Freiheit, 209–211; J. Ratzinger, Das neue Volk Gottes, 339–361.

379 Dazu: W. Rück, Stellvertretung und Gemeindekatechese, 27–29.

380 Dazu: D. Wiederkehr, Der menschliche Glaubensvollzug als Legitimation und Kritik der institutionellen Sakramente, 225–231; W. Fürst, Seelsorge in einer säkularisierten Welt, bes. 102–114; D. Emeis, Zwischen Ausverkauf und Rigorismus, 31–40.

381 Vgl. N. Klaes, Stellvertretung und Mission, 88–94; L. Scheffczyk, Die heilshafte Stellvertretung, 119–122; L. Roos, Gelebte Stellvertretung, 23–26; R. Schlund, Identifikation und Identität, 17–19; L. Ullrich, Diasporakirche, 221–241.

382 Dazu: H. Spaemann, Bemerkungen zum Stellvertretungsdienst des Priesters, 20f;

der »Zwölf« jede Art von Erwählung bzw. Sammlung ein je größeres Für-Sein; dann wird jede Gemeinde das Verhältnis von Identität und Relevanz[383] immer neu bedenken müssen. Nur wenn sie anders ist als »die anderen«, kann sie für »die andern« etwas bedeuten, was diese nicht schon selbst sind. Aber was sie für »die anderen« bedeutet, hängt entscheidend von der Art und Weise ab, wie sie ihr Anderssein lebt[384].

b) Stellvertretung als Vermittlung von »Anders-Sein« und »Für-Sein«

Anderssein bedeutet immer auch Trennung, Unterschiedenheit und nicht zuletzt Versuchung zur Absonderung. Selbst die strenge Armut einer »Basisgemeinde« kann in ihr Gegenteil verkehrt werden, wenn ihre Armut in ein »Haben« *gegenüber* denen verkehrt wird, die keine Armut »haben«. Eugen Drewermann nennt in seiner »Kleriker-Analyse« dafür viele zutreffende Beispiele. Denn die Kultivierung des Unterschieds führt nicht selten zu elitärem Dünkel. Der Abstand zwischen Klerus und Laien wird mindestens so häufig in Macht wie in Stellvertretung verwandelt. Und natürlich ist die »Rolle« des Priesters eine potentielle Fluchtburg Ich-schwacher, vom Über-Ich der Mutter, von verdrängten Trieben und künstlichen Tabus beherrschter Menschen; natürlich kann die »Opfer-Existenz« selbstlosen Dienens Masochismus und das Leben nach den evangelischen Räten eine ideologisch in Stärke verkehrte Schwäche sein. Aber was will Drewermann mit der immer wiederkehrenden Behauptung beweisen, der »typische Kleriker« sei unfähig, »Ich« zu sagen[385]? Will er beweisen, daß jedes »Hintreten« einer Person »an die Stelle« einer anderen Unterdrückung, Entfremdung und Verformung eines Ich durch ein Über-Ich bedeutet?

Vor dem Hintergrund unserer Ausführungen über die Realität einer direkten Proportionalität zwischen der Einheit und der Verschiedenheit

L. Scheffczyk, »Stellvertretung« und Sendung des Priesters, 420–425; ders., Die Christusrepräsentation als Wesensmoment des Priesteramtes, bes. 373 f; G. Greshake, Priestersein, 151–163; L. Ullrich, Priester in der Diaspora, 63–75.

383 J. Moltmann (Der gekreuzigte Gott, 12–33) hat dieses Problem an den Anfang seiner Soteriologie gestellt: »Je mehr Theologie und Kirche in den Problemen der Gegenwart relevant zu werden versuchen, um so tiefer werden sie in eine Krise ihrer eigenen christlichen Identität hineingezogen. Je mehr sie ihre Identität in traditionellen Dogmen, Riten und Moralvorstellungen zu behaupten versuchen, um so irrelevanter und unglaubwürdiger werden sie.« – Vgl. auch: J. B. Metz, Zur Theologie der Welt, 112–116.122–126; J. Heinrichs, Das ideologiekritische Gewicht der Lehre vom anonymen Christen, 48–62.

384 K. Lehmann (Was ist christliche Gemeinde?, 481–489) erinnert daran, daß der Gemeindebegriff erst nach dem Vatikanum II von der katholischen Ekklesiologie aufgegriffen, aber oft im Sinne einer Alternative zum *ἐκκλησία*-Begriff mißverstanden wurde. Der Stellvertretungsbegriff bezeichnet beides zugleich: Anders-Sein (Sammlung) und Für-Sein (Sendung), und könnte so verbinden, was durch eine »einseitig protestantische« und eine »einseitig katholische« Lehre über die Kirche getrennt wurde. – Dazu auch: L. Scheffczyk, Die heilshafte Stellvertretung, 119–125; O. H. Pesch, Dogmatik im Fragment, 196–198; H. Müller, Das konsoziative Element, 247–253.

385 Vgl. E. Drewermann, Kleriker, bes. 83–268.688–750.

personaler Wirkungen jedenfalls erscheint gelungene Ich-Werdung immer auch als Frucht gelungener (nicht ersetzender oder verdrängender) Stellvertretung, und zwar in doppeltem Sinn: als Frucht des Empfangens von Stellvertretung (z. B. von seiten der Eltern) *und* als Frucht der Befähigung zu aktiver Stellvertretung im Sinne »Selbst«-vergessener »Ver-ant-wortung für den Anderen« (Levinas). Unser Überblick über die Geschichte der christlichen Spiritualität belegt, daß die aktive (auf Christus bezogen: »inklusive«) Stellvertretung von unzähligen Christen und Nichtchristen als Verwandlung verleiblichter Sünde (Ängste, Komplexe, Abhängigkeiten) in verleiblichte Freiheit erfahren wurde. Dorothee Sölle meint gar, daß *nur* das Empfangen und Gewähren von Stellvertretung Identität sichern und die Perversion von Dienst in Macht oder die Kompensation von Verzicht durch Härte verhindern kann[386].

Stellvertretung allerdings, die ausschließt, was Drewermann als erlösende Befreiung durch gewalt- und angstfreie Kommunikation beschreibt, verkehrt sich in das Gegenteil ihrer selbst. Doch »eigentliche Stellvertretung« als solche ist niemals »zwei-deutig«. Zweideutig sind nur bestimmte Phänomene oder Theologumena, auf die der Stellvertretungsbegriff übertragen wird – z. B. eine Sühnefrömmigkeit, die unter dem »Mantel« angeblicher Kreuzesnachfolge nicht Liebe »an der Stelle« der Sünde, sondern ängstliches Opfern vor dem rächenden Richter ist[387]; z. B. Hingabebereitschaft, die in Wahrheit Angst vor dem Maßstab eines »gekreuzigten Gottes« ist; oder in der Theologiegeschichte z. B. die berühmte Formel »extra ecclesiam nulla salus«, die »an sich« beides sein kann: Instrument einer ängstlichen Sorge um die eigene Identität *gegenüber* »den anderen« und Ausdruck der kirchlichen Verantwortung nicht nur für die eigenen Mitglieder, sondern für die ganze Menschheit[388].

Wird die Formel »extra ecclesiam nulla salus« vom Stellvertretungsbegriff her interpretiert, dann sind Absolutheitsanspruch und Geschichtlichkeit des Christentums keine Gegensätze[389]. Eine Kirche, die Stellvertretung ist, »tradiert« die absolute Wahrheit und universale Heilsbedeutung Christi *in der Geschichte*. Sie ist nicht das Heil, sondern nur seine »traditio« – dies allerdings für alle Menschen aller Zeiten und Orte[390].

[386] Vgl. D. Sölle, Stellvertretung, 30–61; Atheistisch an Gott glauben, 26–36.

[387] Zur Auseinandersetzung mit den von E. Drewermann häufig zitierten Analysen Friedrich Nietzsches: W. Breuning, Wie kann man heute von ›Sühne‹ reden?, bes. 76f.

[388] Dazu: Y. Congar, Heilige Kirche, 434–450; H. de Lubac, Geheimnis, aus dem wir leben, 131–154; H. Rahner, Symbole der Kirche, 504–547; N. Klaes, Stellvertretung und Mission, 87f; W. Kern, »Außerhalb der Kirche kein Heil«, bes. 99–102; M. Figura, Außerhalb der Kirche kein Heil?, 567–572.

[389] Vgl. die entsprechenden Ausführungen von Cullmann, Pannenberg und Moltmann: Kap. III, § 3,3–5. – »In Jesus Christus selbst vollzieht sich … die Einheit von einmaliger geschichtlicher Existenz und universalem Anspruch. Das Bindeglied und die Vermittlung zwischen beiden Momenten ist das Element der Stellvertretung, dies christologisch und als anthropologisch-ekklesiologische Konsequenz formuliert.« (K. Lehmann, Absolutheit des Christentums, 36).

[390] Dazu: H. Waldenfels, Der Absolutheitsanspruch des Christentums, bes. 211–217; H. R.

»Traditio« im ursprünglichen Sinn dieses Wortes bedeutet die Übersetzung der Stellvertretung (»αὐτο-παράδοσις« → »auto-traditio«) Christi in das Leben seiner Zeugen[391]. Wer Christi Stellvertretung annimmt, läßt sich unbedingt beanspruchen und macht in eben dieser Beanspruchung die befreiende Erfahrung seiner »Mit-Stellvertretung« für die »anderen Brüder und Schwestern«.

Absolutheit des Christentums bedeutet niemals Absolutheit der Kirche; im Gegenteil: die Kirche ist »die Stelle« *in der Geschichte*, an der wir der absoluten (unbedingten) Liebe Gottes *geschichtlich* (in Wort, Sakrament und Communio) begegnen können. Eine Kirche, die sich selbst mit der absoluten Wahrheit verwechselt, pervertiert das Evangelium in eine Ideologie, indem sie etwas Endliches, Begrenztes und Vorläufiges verabsolutiert. Alle Dogmen und Normen der Kirche nehmen teil an ihrer Stellvertretung, an ihrer Vermittlung des Absoluten mit der Geschichte. Jedes Dogma steht »an der Stelle« der Wahrheit, ist aber nicht die Wahrheit selbst. Jede Norm steht »an der Stelle« der Liebe bzw. Freiheit, ist aber nicht die Liebe oder Freiheit selbst. Jedes kirchliche Amt steht »an der Stelle« Jesu Christi, ist aber nicht Christus selbst. Das Dogma verhält sich zur Wahrheit, die sittliche Norm (bzw. das Gesetz) zur Freiheit und die Kirche insgesamt zu Christus im Sinne einer direkten Proportionalität von Einheit und Unterschiedenheit. Je umfassender und klarer ein Dogma Ausdruck der Wahrheit selbst ist, desto deutlicher ist auch, daß es nicht mit der Wahrheit identisch ist. Je enger die Einhaltung eines sittlichen Gebotes mit der Freiheit verbunden ist, desto deutlicher ist auch, daß das Gebot nicht die Freiheit selbst ist. Und je überzeugender die Kirche Sakrament Christi ist, desto offensichtlicher ist sie nicht mit Christus identisch. Je klarer die Kirche sich als Stellvertreterin weiß und darstellt, desto weniger wird sie Christus »ersetzen« wollen.

Schlette, Die Religionen als Thema der Theologie, bes. 83–100; ders., Freund-Feind-Denken im Christentum und die anonyme Christlichkeit, 70–85; W. Kasper, Absolutheitsanspruch des Christentums, 41 f.

391 »Man muß sich den Ewig-Gestrigen gegenüber auf den echten Sinn katholischer Traditio besinnen. Nicht ein Weiterreichen des Immergleichen, so wie eine Kette von Arbeitern Ziegelsteine zuwirft; sondern etwas unerhört Lebendiges, das seinen letzten Ursprung in der Übergabe des Sohnes durch den Vater an die Menschen, in der Selbstübergabe Christi an die Kirche hat, in der Weitergabe der Apostel an die Nachfolger: Immer mit dem Herzblut des Tradierens zusammen, immer mit der Mahnung, keine Sache, keine fertige Formel, sondern Göttlich-Lebendiges anvertraut zu erhalten.« (H. U. v. Balthasar, Integralismus heute, 228). – Zur Bedeutung des Gedankens der sich selbst in die Stellvertretung der Christen vermittelnden Stellvertretung Christi für den Traditionsbegriff: Ders., Im Strom fließt die Quelle, 105; W. Breuning, Aktive Proexistenz – Die Vermittlung Jesu durch Jesus selbst, 200–213; H. Verweyen, Aufgaben der Fundamentaltheologie, 207–215.

Als »Stellvertreterin« will die Kirche »den anderen« nichts Fremdes, sondern die Wahrheit bringen, die sie alle in ihren Kulturen, Mythen, Philosophien und Religionen immer schon suchen. Eigentliche Stellvertretung – so zeigen die Analysen von Dorothee Sölle – bedeutet: dem Anderen seine Identität (sein eigentliches Selbstsein) ermöglichen; und nicht: ihn zu einem anderen machen als er eigentlich immer schon ist oder sein sollte. Die Wahrheit, die die Kirche lehrt und lebt, soll also nirgendwo die Wahrheit der anderen ersetzen, sondern im Gegenteil: die Wahrheit »der andern« zu ihrer eigentlichen Gänze (»Katholizität«) befähigen.

Dies läßt sich exemplarisch am Verhältnis des innerkirchlich zum außerkirchlich gelebten Ethos zeigen. Unter Ethos verstehen wir die spezifische Gestalt des Sittlichen im Leben einer bestimmten Gemeinschaft im Unterschied zur Ethik als der Theorie des Ethos. Wie die zum Teil heftigen Diskussionen der vergangenen zwanzig Jahre um theonome und autonome, deontologische und teleologische Ethik gezeigt haben, kann man nur schwerlich von einer spezifisch christlichen Ethik, sehr wohl aber von einem spezifisch christlichen Ethos sprechen. Dieses besteht nicht in »eigenen« Normen, sondern in der doppelten Verwiesenheit auf Christus und die Nichtchristen. Anders gesagt: Indem eine christliche Gemeinschaft das, was sie im Lichte der biblischen und kirchlichen Paränese[392] als wahr und gut (bzw. »vernünftig«) erkannt hat, nicht nur nach dem Vorbild Christi, sondern auch als Mit-Stellvertreterin in und mit dem Erlöser lebt, lebt sie ihre »Ver-ant-wortung« vor Gott auf »die anderen« hin[393]. Der Stellvertretungscharakter des christlichen Ethos entbindet zwar in keiner Weise von der mühsamen (reflek-

[392] Bruno Schüller (Zur Diskussion über das Proprium einer christlichen Ethik, bes. 321–326.335–339) unterscheidet zwischen »1. Paränese und normativer Ethik; 2. Genese und Wahrheitswert (Geltung) sittlicher und sittlich bedeutsamer Einsichten« (ebd. 322). Als *Paränese* »vom Handeln Jesu Christi und vom Sein der Christen ist das Evangelium *erfüllte* sittliche Forderung bzw. Grundlage eines Ethos; und als reflektierte Norm ist ein Gesetz noch *zu erfüllende* sittliche Forderung bzw. Bestandteil einer Ethik (vgl. ebd. 326). – Dazu auch: R. Hofmann, Das sittliche Minimum in der pluralen Gesellschaft, 30–38; P. Hünermann, Das neuzeitliche Menschenethos und die Kirche, 9–13.

[393] Man muß Verantwortung nicht wie Levinas als Stellvertretung definieren. Aber daß zur Verantwortung die Antwort vor einer »unbedingten Instanz« gehört, ist das Ergebnis einer philosophischen Diskussion, die von der Gleichsetzung der Verantwortung mit der Selbstverantwortung (Kant, Hartmann) über den von Heidegger inspirierten Versuch Wilhelm Weischedels (Vermittlung von Verantwortlichkeit und Selbstversicherung) und die einschlägigen Arbeiten von Alfred Schüler, Roman Ingarden und Georg Picht bis zu der von Emmanuel Levinas, Hans Jonas, Robert Spaemann u. a. entfalteten These führt, daß nicht das Subjekt die Verantwortung, sondern die Verantwortung das Subjekt konstituiert. Vgl. N. Hartmann, Ethik, 727; A. Schüler, Verantwortung, 22–28; R. Ingarden, Über die Verantwortung, 35–51; G. Picht, Der Begriff der Verantwortung, 318–342; W. Weischedel, Versuch über das Wesen der Verantwortung, Heppenheim 1933 (3. stark veränd. Aufl. Frankfurt 1972); H. Jonas, Das Prinzip Verantwortung, bes. 153–242; R. Spaemann, Wer hat wofür Verantwortung?, 345–350.

tierenden und argumentierenden) Suche nach der vernünftigsten Lösung schwerer kasuistischer Probleme, wie sie zum Beispiel die Gentechnik stellt[394]. Aber ein stellvertretend gelebtes Ethos muß sich nicht im Streit verschiedener Weltanschauungen, Parteien und Gruppen mit dem kleinsten gemeinsamen Nenner begnügen. Es enthält zwar keine einzige Norm, die nicht der Wahrheit über den Menschen schlechthin entspricht; und doch verändert sich jede Norm nicht nur formal, sondern auch inhaltlich, wenn sie nicht nur auf Grund ihrer rationalen Plausibilität oder ihres Nutzens, sondern in und mit Christus stellvertretend gelebt wird[395]. Selbst wenn es gelingen sollte, allen mit Vernunft begabten Menschen einsichtig zu machen, daß Unauflöslichkeit zur Wahrheit einer jeden Ehe gehört, bedeutet es einen großen Unterschied, ob diese Norm von einem Ehepaar nur im eigenen Interesse oder ob sie auch stellvertretend für alle gelebt wird, die sie nicht leben. Wenn ein christliches Ehepaar in einem Wohnsilo einer modernen Großstadt vielleicht als einziges Paar unbedingte Treue nicht nur füreinander, sondern auch »für die anderen« lebt, wird die gegenseitige Treue zum Miteinander-treu-Sein für alle, die Opfer eigener oder fremder Untreue sind. Oder wenn einer die unbequemen Folgen strikter Wahrhaftigkeit nicht nur aus Einsicht in die unbedingte Geltung des achten Gebotes, sondern stellvertretend »für die anderen« auf sich nimmt, ist seine Wahrhaftigkeit nicht nur Befolgung des eigenen Gewissens, sondern auch das christusförmige Tragen fremder Lasten.

Die Identität der Kirche ist nicht etwas neben ihrer Stellvertretung, sondern das, was Kirche zur Kirche macht, *ist ihre Stellvertretung*. Soweit ihre Selbstbehauptung Solidarität, ihre Glaubenswahrheit Befreiung und ihre Macht Liebe *ist*, lebt sie ihr spezifisches Ethos. »Kirche ist nur Kirche, wenn sie für andere da ist«, heißt es bei Bonhoeffer; und er meint mit »den anderen« nicht nur den Nächsten innerhalb der institutionellen und konfessorischen Glaubensgemeinschaft, sondern *zuerst* die Ungläubigen, die Außenseiter, die Unfreien jedweder Art und die Fremden. Ottmar Fuchs bezeichnet die »grenzen-lose« Diakonie der Kirche geradezu als *das* Kriterium für die Legitimität einer dogmatischen oder kirchenrechtlichen Grenze[396]. Diese Grenze als solche muß selbst noch einmal ihren Sinn »für die anderen« haben; sonst hat sie ihre Berechtigung verloren. Eine Gemeinschaft »für sich« genommen – zumal eine »Glaubensgemeinschaft« – kann durchaus Selbstzweck, Trägerin einer Ideologie und Machtinstrument sein. Wenn aber Communio (Solidarität nach innen) und Diakonie (Solidarität nach außen) durch gelebte Stellvertretung (im Sinne einer direkten Proportionalität von Einheit und Unterschiedenheit) miteinander verknüpft sind, werden Ghettoisierung und Integralismus gleichermaßen vermieden.

[394] »Eine Ethik ..., die den Menschen nur predigt, sie sollten um Himmels willen einander lieben, ohne daß dabei gefragt wird, wie die Liebe sich durchsetzen soll, ... macht sich selber zum Komplizen des Bösen.« (A. Plack, Die Gesellschaft und das Böse, 339).

[395] Vgl. F. Furger, »Kenosis« und das Christliche einer christlichen Ethik, 105f.

[396] Vgl. O. Fuchs, Kirche für andere, 283–287.

Das *Ethos der Menschenrechte* ist universal, weil es ihm um die *Gleich*behandlung jedes einzelnen Menschen und also um weltweite Gerechtigkeit geht[397]; das *christliche Ethos* ist universal, weil es von einer Minderheit *für alle* gelebt ein Ethos »grenzen-loser« Liebe ist oder – bescheidener formuliert – sein sollte. Das eine Ethos aber ist vom anderen nicht zu trennen[398]; vieles spricht schon rein historisch dafür, daß die Kernbegriffe der Charta der Vereinten Nationen eine Frucht des Christentums sind. Jedenfalls kann diese Charta nur dann weltweit gelebte Wirklichkeit werden, wenn es neben dem kategorischen Imperativ, daß ich die Freiheitsräume, die ich für mich selbst beanspruche, auch jeder anderen Person zubilligen muß, Menschen bzw. Gemeinschaften gibt, die die Folge der Nichtanerkennung des Anderen als des anderen, theologisch »Sünde« genannt, stellvertretend tragen und durch dieses christusförmige Tragen die Verleiblichungen und Strukturen der Sünde in »Stellen« der Versöhnung »umleiden« (N. Hoffmann). Anders gesagt: Nur wenn es eine genügend große Zahl von Mit-Stellvertretern mit und in Christus gibt, wird der Zerstörung der Freiheit (bzw. der Menschenrechte) die Liebe entgegengesetzt, die den Teufelskreis von Gewalt und Gegengewalt und damit die Ursache aller Menschenrechtsverletzungen durchbricht. Das Anderssein (Proprium) des christlichen bzw. kirchlichen Ethos will nicht abgrenzende, sondern »kat'holische« (auf die »gänzliche Ganzheit« aller hin offene) Stellvertretung sein[399].

[397] Zur Problematik eines auf dem Gleichheitsgrundsatz basierenden Ethos bemerkt G. Greshake (Zur Bedeutung der Trinitätslehre, 37f): Vom »Menschenrecht auf Selbstverwirklichung her und von dessen einzig denkbarer Einschränkung, nämlich der Rücksicht auf die Selbstverwirklichung des *andern*, wird bis heute in der Rechtsordnung der Mensch grundsätzlich als einzelnes, auf sich gestelltes Individuum vorausgesetzt und in den Blick genommen. Rechtssubjekt ist das Individuum, das zwar *auch* in sozialen Gemeinschaftsbeziehungen lebt, das aber als solches selbstverfügend diesen Beziehungen vorausliegt.«

[398] »Die Kirche ist ... gefordert, unter Anerkennung des universalen öffentlichen Ethos sich selbst – in ihren Gemeinden, in ihren Diözesen als Kirche eines Landes, eines Kontinentes, als Universalkirche – zu artikulieren, als eine von einem *bestimmten Ethos geprägte eigenständige gesellschaftliche Größe* ... Wo die Kirche sich dieser Aufgabe stellt, ... da darf sie sich aber nicht einfach zu einer gesellschaftlichen Partikularform ausbilden. Sie muß gerade als ›kleine Herde‹ klar erkennen lassen, wie es ihr in ihrem Ethos *um alle und jeden einzelnen Menschen* geht, um alle Völker, um die großen Probleme der Menschheit etc. Durch diese Gestaltwerdung der Katholizität unterscheidet sich die Kirche wesentlich von christlichen Sekten oder irgendeiner partikularen gesellschaftlichen Gruppierung, die ihr eigenes determiniertes Ethos im Rahmen des neuzeitlichen Ethos der Menschenrechte entwickelt.« (P. Hünermann, Das neuzeitliche Menschheitsethos und die Kirche, 22). – Dazu auch: Vgl. K. Demmer, Christliches Ethos und Menschenrechte, 457–462; F. Böckle, Theonome Autonomie in der Begründung der Menschenrechte, 313f; H.-H. Schrey, Wiedergewinnung des Humanum, 64–83.

[399] Dazu: W. Beinert, Die Katholizität der Kirche, bes. 1034–1037.

4. Der Stellvertretungsbegriff als Grundkategorie einer trinitarischen Ontologie

Fragt man über das Proprium des christlichen Ethos hinaus nach dem Proprium des christlichen Glaubens schlechthin, wird gewöhnlich mit dem Christusereignis auch auf die Trinität verwiesen, ohne das Besondere dieses »Geheimnisses« irgendwie zu erklären. Karl Rahner hat deshalb die Vermutung geäußert, »daß, wenn man die Trinitätslehre als falsch ausmerzen müßte, bei dieser Prozedur der Großteil der religiösen Literatur fast unverändert bleiben könnte«[400]. Er sieht den Grund dafür in einer Ontologie, die den »Gott an sich« von dem »Gott für uns« und damit die Trinitätslehre von der Heilsgeschichte trennt. Als Grundsatz seines eigenen Entwurfes formuliert er die Gegenthese: »Die ›ökonomische‹ Trinität ist die ›immanente‹ Trinität und umgekehrt.«[401] Damit verfolgt er zwei Ziele: Er will zeigen, wie das Christusereignis (Menschwerdung, Passion, Tod und Auferstehung des Sohnes) transzendental bedingt ist durch das Trinitätsgeheimnis. Und er will die Offenbarungswahrheit »Trinität« von ihrer Bindung an eine Ontologie befreien, von der sie mehr gefangen als den Gläubigen vermittelt wird[402].

In den genannten Zielen sind sich Balthasar und Rahner einig; aber im Unterschied zu Rahner verbindet Balthasar die Realisierung beider Ziele mit dem Stellvertretungsbegriff. Oder besser gesagt: Für Balthasar ist der Stellvertretungsbegriff gleichsam das »Scharnier« zwischen Heilsgeschichte, Trinitätslehre und Ontologie. Wie im vierten Kapitel dargestellt (s. SS. 268–270), sieht seine Ästhetik im Verhältnis von Sein und Seiendem eine Entsprechung des Verhältnisses Christi zu allen Menschen aller Orte und Zeiten. Wie der einzelne Mensch in dem Maße »er selbst« wird, in dem er Christi Stellvertretung im Modus des Für-Seins für seine Brüder und Schwestern annimmt, so ist »ana-log« jedes einzelne Seiende »Stelle« des Seins in dem Maße, in dem es sich auf anderes Seiendes bezieht. Die Stellvertretung Christi spiegelt sich in allen Gestalten der Schöpfung, so daß nicht erst die Krone dieser Schöpfung, der Mensch, sondern auch die unbewußte Kreatur ein Sich-Zeigen, ein Sich-Geben, ein »Vor-Entwurf« des universalen Stellvertreters Jesus Christus ist.

Wenn die Stellvertretung des Erlösers nicht in den Kategorien einer vorgefaßten Ontologie, sondern umgekehrt die Ontologie »ana-log« von der Stellvertretung Jesu Christi her gedacht wird, ist »das Erste« nicht ein Prinzip – z.B. Substanz oder Relation –, sondern die kenotische Selbstmitteilung des trinitarischen Gottes. Eine Ontologie, die von der Mitte der Offenbarung (von Christi Stellvertretung) ausgeht, fragt:

[400] K. Rahner, Der dreifaltige Gott, 319f.

[401] Ebd. 328.

[402] »Die Trinität ist für uns nicht nur eine rein doktrinär aussagbare Wirklichkeit. Sie selbst kommt bei uns selber vor, sie als solche selber ist nicht erst bei uns dadurch gegeben, daß die Offenbarung Sätze über sie mitteilt. Diese Sätze werden uns vielmehr darum gesagt, weil *uns* die Wirklichkeit, über die diese Sätze gehen, selbst zugesprochen ist« (ebd. 340).

Wie muß Gott sein, wenn er sich des Menschen Jesus nicht nur wie einer Marionette bedient, sondern wenn er selbst das Subjekt der Erlösung ist. Und: Wie muß Schöpfung gedacht werden, wenn der Schöpfer in Jesus Christus nicht nur wie ein Schauspieler in eine Maske schlüpft, sondern sein eigenes Geschöpf wird?

Die Beantwortung beider Fragen durch den Stellvertretungsbegriff bedeutet nicht die Ableitung des trinitarischen und des geschöpflichen Seins aus einem übergeordneten Prinzip, sondern die Darstellung der göttlichen Trinität als Urgrund und Urbild bzw. »Urmatrize« (N. Hoffmann) *aller* Stellvertretung. Balthasar schreitet in seiner Zuordnung von »Kata-logie« (Selbstmitteilung des trinitarischen Gottes) und »Ana-logie« (Entsprechung der Schöpfung) den »deontologischen Zirkel« ab, den schon Antonio Rosmini in seiner zu Unrecht verurteilten Trinitätslehre beschreibt[403]. Er setzt das Grundfaktum der Offenbarung (daß Gottes unendliche Einheit zugleich unendliche Verschiedenheit ist) voraus, betrachtet im Lichte dieser Auskunft die ontologische Differenz von Sein und Seiendem, erkennt die direkte Proportionalität von Identität und Differenz zwischen beiden Wirklichkeiten als geschöpfliche »Analogie« zu der Vereinbarkeit von absoluter Einheit und absoluter Verschiedenheit in Gott und affirmiert auf Grund dieser Konvenienz die Wahrheit der göttlichen Trinität. Doch das Entscheidende an Balthasars Ansatz zu einer trinitarischen Ontologie liegt nicht im Aufweis der »Ana-logie« zwischen der ontologischen Differenz und der Differenz in Gott, sondern in dem *Zusammenhang*, den er zwischen dem göttlichen und dem geschöpflichen Sein sieht und mit dem Wort »Stellvertretung« bezeichnet.

Wenn der unveränderliche Gott in Christus zugleich der geschichtliche Gott sein kann; wenn der absolute Gott in Jesus Christus so »an die Stelle« eines Menschen tritt, daß dieser nicht trotz, sondern wegen seiner gänzlichen Einheit mit Gott auch ganz und gar Mensch ist, dann sagt die christologische Stellvertretung etwas Entscheidendes über das trinitarische Sein Gottes als solches, nämlich: daß Gottes Einheit absolutes Sich-Geben (Vater) und absolutes Sich-Empfangen (Sohn) und *in* der unendlichen Verschiedenheit von Sich-Geben und Sich-Empfangen unendliche Einheit (Heiliger Geist) ist; daß also Gottes unendliche Einheit *als unendliche Stellvertretung* unendliche Verschiedenheit ist.

Balthasar und Hoffmann subsumieren Gott und die Schöpfung nicht unter ein und denselben Stellvertretungsbegriff, sondern benennen mit diesem Begriff nur eine formale Struktur des Zueinanders von Einheit (Identität) und Unterschiedenheit (Differenz). Der Inhalt der Stellvertretung ist trinitätsimmanent unendlich verschieden von dem Stellvertre-

[403] Vgl. K.-H. Menke, Vernunft und Offenbarung, 231–234; ders., Deontologische Glaubensbegründung, 154–164.

tungsverhältnis zwischen Sein und Seiendem[404]. Aber indem der Sohn Gottes »an die Stelle« des Menschen Jesus tritt, offenbart er mit dem »Selbst« Gottes auch die Wahrheit über Gottes Schöpfung: daß jedes Seiende im Maße seines Sich-Gebens »es selbst« ist. Im Horizont der in Christus geoffenbarten Stellvertretung des trinitarischen Gottes versteht der Mensch sich selbst, Welt und Geschichte »nicht mehr von sich aus, sondern von einem ihm entzogenen Anderen her. Nicht menschliches Fragen und Vermögen, sondern der Aufgang dieses Anderen, sein Einbruch, sein Ruf, seine Epiphanie, seine Mitteilung, seine Offenbarung von sich her werden zur Achse, um welche das Leben schwingt«. Vom Ich aus betrachtet ist es paradox, daß nicht ich Ausgangspunkt und Zentrum bin, sondern »daß ich die führende Rolle, das Wovonher und Woraufhin meines Daseins aus der Hand gebe«[405] und gerade so und nur so »ich selbst« werde. Aber im Lichte der sich selbst im Modus der Stellvertretung mitteilenden Trinität wird das zunächst als »Paradox«[406] Erfahrene zum Grund aller Wahrheit.

Weil Gott sich nicht erst durch Christi Stellvertretung als Stellvertretung konstituiert, sondern weil er als der trinitarische immer schon Stellvertretung ist, kann er sich so mitteilen, daß er nicht nur »an uns«, sondern »an unserer Stelle« handelt. Weil der trinitarische Gott Sich-ganz-Geben und Sich-ganz-Empfangen (Stellvertretung) ist, ist seine »All-Macht« nicht Konkurrenz, sondern Ermöglichung geschöpflicher Freiheit, »ist Geschichte im biblisch-christlichen Verständnis nichts Abgeleitet-Sekundäres gegenüber einer immer seienden Ewigkeit, in der alles schon ist und vorentschieden ist«, sondern »der offene Raum für die personale Begegnung und Gemeinschaft von Gott und Mensch«[407]. Was Frank Meessen in seiner Arbeit über die beiden Gottesprädikationen der »Unveränderlichkeit« und »Geschichtlichkeit« als »Inklusionsschema« erklärt[408], ließe sich exakt mit dem Stellvertretungsbegriff bezeichnen. Beide Prädikationen verhalten sich zueinander im Sinne einer direkten Proportionalität ihrer Einheit und Unterschiedenheit. Ja, man

[404] Das geschöpfliche Stellvertretungsverhältnis zwischen Sein und Seiendem hat keinen Stand in sich selbst; das Sein ist »an sich« nichts; es ist die Aktuierung des Seienden; und das Seiende ist nur »als Stelle« des Seins das, was es ist. Das Stellvertretungsverhältnis zwischen Sein und Seiendem ist gleichsam »nach oben hin« offen; es kann sich nicht selbst begründen, sondern nur von einem Stellvertretungsverhältnis her, das neben den beiden »Polen« von absolutem Sich-Geben und absolutem Sich-Empfangen noch einen dritten »Pol« aufweist, der *in* der unendlichen Verschiedenheit zwischen den ersten beiden »Polen« deren unendliche Einheit ist.

[405] K. Hemmerle, Thesen zu einer trinitarischen Ontologie, 26. – Vgl. F. Ulrich, Atheismus und Menschwerdung, 19f.

[406] Man könnte den Stellvertretungsbegriff mit Richard Schaeffler (Logisches Widerspruchsverbot und theologisches Paradox, 327f) als »Logik einer Erfahrung« bezeichnen, bei der uns zunächst einmal das Hören und Sehen vergehen muß, damit wir sie überhaupt wahrnehmen.

[407] G. Greshake, Menschsein als Berufung zur Gemeinschaft mit Gott, 143. – Vgl. Anm. 155.

[408] Vgl. F. Meessen, Unveränderlichkeit und Menschwerdung Gottes, 434–437.

darf zugespitzt formulieren: Weil Gott Stellvertretung *ist*, *ist* seine Unveränderlichkeit Geschichtlichkeit[409].

Der Begriff »Stellvertretung« erschließt neue Dimensionen der Mitmenschlichkeit, weil er am Lebensgesetz Gottes selbst abgelesen ist. Eine trinitarische Ontologie impliziert eine trinitarische Anthropologie. Wenn »Stellvertretung« die in Christus offenbare »Brücke« zwischen Gott und Mensch ist, kann der Mensch sich ebensowenig wie der trinitarische Gott als »Ich« definieren und seine Selbstverwirklichung mit autarker Selbstbestimmung gleichsetzen. Wenn der Vater nur als »Stelle« des Sohnes Vater ist, und wenn der Sohn nichts außer der »Stelle« des Vaters ist, und wenn beide nur im gemeinsamen »Von-sich-weg-auf-hin« (in Stellvertretung bzw. im Heiligen Geist) unbedingt eins und unbedingt unterschieden sind – wenn der trinitarische Gott, der sein Leben als Stellvertretung vollzieht, in Christus Mensch geworden und am Kreuz »an die Stelle« der Sünder (der Gottferne) getreten ist, kann der Mensch die Wahrheit über sich selbst nicht mehr in sich selbst, sondern nur noch in Christi Stellvertretung finden[410]. Das meint die Heilige Schrift mit dem paradoxen Wort, daß sein Leben gewinnt, wer es verliert; Levinas würde sagen: daß sein Leben gewinnt, wer sich vom Anderen zur Geisel nehmen läßt; oder Paul Celan: »Ich bin ›Ich‹, wenn ich ›Du‹ bin«. Weil der an unser aller »Stelle« tretende Christus die Wahrheit über den Menschen schlechthin ist, bedeutet die Personalität des Menschen nicht Autonomie, sondern in Analogie zu den drei Personen in Gott: »Sich-selbst-Übersteigen auf das Andere hin; Sich-Besitzen und Selbstand haben im Über-sich-Hinausgehen; Beim-andern-Sein, um sich dort zu finden«[411]. Im Horizont der trinitarischen und christologischen Stellvertretung ist nicht das von Nietzsche apostrophierte »Ich«, sondern das mich »unbedingt angehende Antlitz des Anderen« (Levinas) die Verwirklichung des Menschen. Oder anders gesagt: An der Annahme oder Ablehnung der Stellvertretung Christi entscheidet sich für jeden einzelnen, ob Selbstlosigkeit für ihn die »Tugend des Wurms«[412]

[409] »Geschichte gründet nicht im Dekret eines geschichtslosen Gottes – Gott beschließt nicht, aus seinem Sein ins Werden zu treten, um Liebe zu geben und zu empfangen –, sondern Gott *ist* Geschichte, Liebe, Schenkender und Empfangender; ... Nur ein Gott, der in sich selbst personales ›Geschehen‹ der Liebe ist (ein trinitarischer Gott also), kann geschöpfliche Geschichte denkbar machen als ›Medium‹ der Gemeinschaft von Gott und Mensch, in der wirklich die *Neuheit* der Liebe hervorgebracht wird.« (G. Greshake, Menschsein als Berufung zur Gemeinschaft mit Gott, 143).

[410] Vgl. K. Hemmerle, Dreifaltigkeit: Lebensentwurf für den Menschen aus dem Leben Gottes, 131–133; G. Greshake, Zur Bedeutung der Trinitätslehre, 37f.

[411] G. Greshake, Menschsein als Berufung zur Gemeinschaft mit Gott, 148. – Vgl. ders., Die theologische Herkunft des Personbegriffs, 83–86; W. Pannenberg, Anthropologie, 217–235; W. Thönissen, Das Geschenk der Freiheit, 264–270.

[412] »Der getretene Wurm krümmt sich. So ist es klug. Er verringert damit die Wahrscheinlichkeit, von neuem getreten zu werden. In der Sprache der Moral: *Demut*.« (F. Nietzsche, Götzen-Dämmerung, 393).

oder die Tugend des »Selbst«-Bewußten[413] ist. Denn »eigentliche Stellvertretung« bedeutet ja, daß Ich »Ich« bin, wenn ich »an der Stelle« des Du bin; oder – anders formuliert –, daß Ich »Ich« werde, wenn der Andere mich vertritt.

Da Stellvertretung, wenn sie mehr als äußere (juristische) Vermittlung oder Austausch ist, *Personalität, Räumlichkeit bzw. Leiblichkeit* (im Sinne eines Mediums der Kommunikation) und *Zeitlichkeit* voraussetzt und in jeder dieser drei Dimensionen die direkte Proportionalität von Einheit und Unterschiedenheit zwischen zwei Wirklichkeiten *(Individuum/Gemeinschaft; Abbild/Urbild; Zukunft/Vergangenheit)* beschreibt[414], ist sie zumindest nach Barth und Balthasar die theologische Kategorie, die sich am besten eignet, den inneren Zusammenhang (nexus) aller Artikel des christlichen Credo zu demonstrieren[415] und zentrale theologische Termini wie »Gnade«, »Freiheit«, »Sakrament«, »Gemeinschaft der Heiligen«, »Bittgebet«, »Opfer«, »Sühne«, »Hoffnung« und »Tradition« neu zu erschließen[416]. Im Horizont der Stellvertretungskategorie zum Beispiel bedeutet »Gemeinschaft der Heiligen«, daß der einzelne Christ (das *Individuum)* seine je einmalige Sendung in dem Maße erkennt und realisiert, in dem er »an die Stelle« der *Gemeinschaft* tritt bzw. sein spezifisches Für-Sein lebt. Oder: »Sakrament« bedeutet, daß ein *Abbild* – etwa das Meßopfer – so »an die Stelle« des *Urbildes* »Kreuzesopfer« tritt, daß dieses nicht ersetzt, sondern im Sinne einer direkten Proportionalität von Einheit und Unterschiedenheit zwischen dem Ereignis von Golgotha und dem liturgischen Geschehen der Eucharistiefeier vergegenwärtigt wird. Oder: »Tradition« bedeutet, daß die *αὐτοπαράδοσις* Jesu Christi so Gegenwart in der *αὐτοπαράδοσις* seiner Zeugen wird, daß sich *Vergangenheit* und *Zukunft* des Erlösungsgeschehens im Sinne einer direkten Proportionalität von Einheit und Unterschiedenheit zueinander verhalten.

Zum Schluß: Ein Plädoyer für den Begriff

Im Rahmen unseres Themas konnten wir nur »Bausteine« für eine »Systematik aus der heilsgeschichtlichen Mitte« zusammentragen und deren ökumenische, missionarische, ethische und ontologisch-anthropologische Dimension allenfalls kurz umreißen. Unsere vornehmlich begriffs- und theologiegeschichtlich angelegte Arbeit kann also nicht mit einer eigenen »Theologie der Stellvertretung« schließen, sondern soll mit ihren letzten Zeilen noch einmal das Wort »Stellvertretung« als solches beleuchten.

413 »Es sind stets die Sicheren, die Selbstbewußten, welche die Demütigen sind.« (G. K. Chesterton, Verteidigung, 84).
414 Vgl. SS. 23f.
415 Vgl. SS. 172–177.305–310.
416 Vgl. zu den einzelnen Begriffen die im Sachregister gegebenen Verweise!

Dieses Wort – so konnten wir zeigen – gehört zu den wenigen »Schlüssel-Begriffen« christlicher Theologie und Glaubenspraxis. Das heißt, es öffnet verschlossene Türen und verbindet Getrenntes. Es lehrt Altes neu sehen und integriert das Viele, ohne die Unterschiedenheit in die Einheit aufzuheben. Deshalb zum Schluß ein »Plädoyer«, das – sich seiner »Parteilichkeit« bewußt – kein wissenschaftlicher Diskurs, sondern Sammlung aller Pro-Argumente für eine bestimmte Forderung ist: für eine Integration anderer zentraler theologischer Termini wie »Heil«, »Befreiung« und »Communio« in die Stellvertretungskategorie.

Das Wort »Heil« ist nicht nur durch die jüngste deutsche Geschichte belastet; es verbinden sich mit ihm auch Vorstellungen, in denen die weitaus meisten Menschen ihre eigenen Erfahrungen und Hoffnungen nicht wiederfinden oder gar pervertiert sehen. Heil wird meistens in einem jenseitigen Stockwerk angesiedelt, gilt nicht selten als Trost für die hier Zu-kurz-Gekommenen, als Ideologie und Fluchtburg der Schwachen, manchmal gar als Rechtfertigung für sogenannte Fromme, die dem Nächsten ihre Hilfe verweigern, weil sie diese »von oben« erwarten[417]. Heil wird privatistisch verinnerlicht und ist deshalb im Bewußtsein einer erdrückenden Mehrheit eine unsichtbare, nicht kommunikable, rein jenseitige Größe[418]. Etymologisch läßt sich nachweisen, daß Heil »Ganzsein« bedeutet[419], daß dieses Wort irdisches Glück und himmlische Seligkeit nicht trennen, sondern verbinden, daß dieses Wort den einzelnen Menschen nicht isolieren, sondern im Verbund mit anderen beschreiben will. Aber mit dieser Feststellung nimmt man dem Begriff nicht seine Schwerkraft (seine Tendenz) zur Verinnerlichung und Eschatologisierung. Auch wenn der Heils-, ähnlich wie der Gnadenbegriff, aus der theologischen Literatur nicht wegzudenken ist, könnte der am Inkarnations-und Kreuzesgeschehen abgelesene Stellvertretungsbegriff »vor-läufig« seine Stellvertretung übernehmen.

Tendiert der Heilsbegriff zur Verinnerlichung und Verjenseitigung, so der Befreiungsbegriff zur Veräußerlichung und Politisierung[420]. »An sich« kann auch dieser Begriff beide Dimensionen umfassen: das Tun des Menschen *und* das Handeln Gottes, die Beseitigung »sündiger Strukturen« *und* die Vergebung der Sünden, die gewaltfreie Kommunikation mit dem Nächsten und die auf jenseitige Vollendung angelegte Gemeinschaft des einzelnen mit Christus. Eine vom Befreiungsbegriff beherrschte Soteriologie muß nicht eindimensional sein; sie umfaßt – wie Hans Kessler an Hand mehrerer Beispiele zeigt[421] – in der Regel nicht

[417] Vgl. K. Hemmerle, Der Begriff des Heils, 219.

[418] Vgl. D. Wiederkehr, Die ganze Erlösung, 332; G. Greshake, Glück oder Heil?, 160; G. Kraus, Gnade, 208.

[419] Vgl. B. Welte, Heilsverständnis, 87–115; G. Greshake, Heilsverständnis heute, 15f.

[420] Vgl. J. Möller, Freiheit und Erlösung, 275; J. Ratzinger, Vorfragen zu einer Theologie der Erlösung, 142.

[421] Gustavo Gutiérrez z.B. unterscheidet drei verschiedene, aber voneinander untrennbare

nur eine Ebene. Aber für sich genommen hat das Wort »Befreiung« in unserer »Normalsprache« eine Schlagseite in Richtung auf ein immanentistisch-emanzipatives und politisches Verständnis von Erlösung. Diese Feststellung ist kein Plädoyer für die Vermeidung des Wortes, das wie kein anderes eine Art Hoffnungsträger ist. Aber der Befreiungsbegriff könnte so mit dem Stellvertretungsbegriff verbunden werden, daß deutlich wird: Freiheit ist nicht das Gegenteil von Stellvertretung, sondern umgekehrt: Stellvertretung ist das Konstitutivum echter Freiheit[422].

Johann Baptist Metz sieht jede Erlösungslehre vor einem begrifflich (argumentativ) unlösbaren Dilemma: Entweder erklärt man die schmerzliche Nicht-Identität alles geschichtlichen Lebens zur Funktion einer politischen Utopie (Selbsterlösung); oder man hebt – im Blick auf Gottes Kenose im Kreuz Jesu Christi – die menschliche Leidensgeschichte in eine trinitarische Gottesgeschichte auf (Fremderlösung)[423]. Wenn man, so Metz, den Inhalt der Erlösung nicht wieder verjenseitigen will, darf niemand einem hungernden Menschen sagen, Christus sei an seine Stelle getreten, wenn er den gekreuzigten Erlöser nicht so als den auferstandenen erinnert, daß er selbst in praktischer Solidarität bzw. kommunikativer Praxis[424] an die Stelle des Leidenden tritt.

Weil niemand die Stellvertretung Christi annehmen kann, ohne sich in diese Gabe aktiv inkludieren zu lassen, schließt der am Offenbarungsgeschehen abgelesene Stellvertretungsbegriff von vornherein eine Trennung von Bekenntnis und Praxis, von Empfangen und Geben, von Fremd- und Selbsterlösung aus. Wer einem Hungernden die Stellvertre-

Ebenen der Befreiung: eine politisch-ökonomische (Beseitigung aller Strukturen und Mechanismen der Gewalt oder Unterdrückung); eine historisch-anthropologische (Befähigung des Menschen, aktives Subjekt der Geschichte zu werden); und eine theologisch-soteriologische (die durch Christus ermöglichte Befreiung von der Sünde, von der Entzweiung des Menschen mit sich selbst, mit Gott und seinem Nächsten) Dimension. Vgl. H. Kessler, Reduzierte Erlösung?, 16–21.

422 Vgl. SS. 340–347. – Max Seckler (Theosoterik und Autosoterik, 295) erklärt das »theosoterische Prinzip« der Erlösungslehre als »Selbstmitteilung Gottes, die ... eine mitwirkende Praxis nicht etwa ersetzt, sondern von ihrem Grunde her konstituiert, ermöglicht und fordert«.

423 Vgl. J. B. Metz, Erlösung und Emanzipation, 123–125.

424 Dazu: H. Peukert, Wissenschaftstheorie – Handlungstheorie – Fundamentale Theologie, bes. 203.297; E. Schillebeeckx, Christus und die Christen, 734–739. – H. Kessler (Der Begriff des Handelns Gottes, 130) übersetzt Peukerts Gedanken in folgende Verhältnisbestimmung von göttlichem und menschlichem Handeln: In Jesu Handeln der Selbstüberschreitung auf Gott und die anderen zu nimmt die »Selbstzusage Gottes Tatcharakter an, wird sie real anschaulich und erfahrbar, so daß sich Menschen unbedingt angenommen wissen und von daher leben, d. h. sich und andere mehr annehmen und versöhnend handeln können. So kommt und handelt Gott durch Jesus, durch sein Wort, seine Tat, sein Leiden und Sterben. Gerade dort, wo Gottes Intention und Handeln am tiefsten verborgen sind, nämlich in der äußersten Dahingabe Jesu am Kreuz, erkennt sie der Glaube endgültig – nicht weil er dies dem Kreuz als solchem entnehmen könnte ..., sondern aufgrund der neuen Erfahrung des Gekreuzigten als des Auferstandenen, als der wahrhaft von Gott bestätigten und zu bleibender Geltung erhobenen sich selbst überschreitenden und den anderen gebenden Liebe.«

tung Christi verkündet, ohne sich von diesem Hungernden im Levinasschen Sinn »zur Geisel« (zum Stellvertreter) machen zu lassen, ist zynisch. Was wir im Anschluß an Albrecht Ritschl als »inklusive Stellvertretung« bezeichnet haben, *ist* anamnetische Solidarität, kommunikative Praxis und innovatorische Freiheit.

Der Stellvertretungsbegriff umfaßt auch den Begriff, der wie er selbst am »Lebensgesetz« des trinitarischen Gottes abzulesen ist, der sich gleichfalls wie ein »roter Faden« durch alle Glaubensartikel zieht und seit dem Zweiten Vatikanum in der systematischen und praktischen Theologie zum vielleicht meistgenannten Terminus neben dem Gemeindebegriff wurde[425]: »Communio«. Der Communio-Begriff hat gegenüber dem Stellvertretungsbegriff den großen Vorteil seiner problemlosen Übertragbarkeit in alle Sprachräume. Aber er bringt nicht ebenso wie der Stellvertretungsbegriff die dem Schöpfungs- und Erlösungsvorgang immanente Kenosis zum Ausdruck. Er bezeichnet zwar eine Gemeinschaft, in der jeder einzelne nur in Beziehung zum Du und Wir »er selbst« ist. Aber das, was die Analogizität der geschöpflichen im Vergleich zur trinitarischen Communio *begründet*, die direkte Proportionalität von Einheit und Unterschiedenheit zwischen dem sich in Christus selbst mitteilenden Gott und den Sündern, wird vom Communio-Begriff nicht ausgedrückt. Doch können sich, wie Joseph Ratzinger gezeigt hat (s. SS. 338–340), beide Begriffe vortrefflich ergänzen.

Jeder »Begriff flößt das Empfinden ein, es werde schließlich ein letzter Begriff gefunden, dem alle Vorstellungen des Lebens untergeordnet werden könnten«. So jedenfalls denken Aufklärung und Rationalismus; sie wollen »ein besseres Gesetz und kein Evangelium«[426]. In ihrem Sinne darf »Stellvertretung« kein Schlüsselwort und keine Grundkategorie sein. Der Stellvertretungsbegriff verweist auf ein Geheimnis, das wir nicht begreifen, sondern das uns ergreift, wenn uns das Antlitz des Anderen unbedingt »an-geht«. Deshalb werden die vielen Worte dieser Studie von jedem Menschen beschämt, der nicht über Stellvertretung schreibt, sondern tut, was ER getan hat.

[425] G. Greshake nennt das Erlösungsgeschehen eine »neue Communio-Stiftung« (Erlöst in einer unerlösten Welt?, 80) und bezeichnet mit dem lateinischen Wort ein Miteinander, das »durch das mittlerweile abgenutzte deutsche Wort ›Gemeinschaft‹ und durch den abstrakten Begriff ›Teilhabe‹ nur von weitem angedeutet wird« (ebd. 30). So bedeutet Communio die Untrennbarkeit der Gemeinschaft des Menschen mit Gott von seiner Gemeinschaft mit dem Nächsten, das Geschehen der trinitarischen Liebe und die »Selbst«-Verwirklichung des Menschen (vgl. ebd. 31f).

[426] C. F. v. Weizsäcker, Deutlichkeit, 144.

ABKÜRZUNGSVERZEICHNIS

Im allgemeinen verwenden wir die bei Siegfried Schwertner (Internationales Abkürzungsverzeichnis für Theologie und Grenzgebiete, New York–Berlin 1974) verzeichneten Abkürzungen. Abweichungen und zusätzliche Kürzel sind in der folgenden Liste erfaßt:

AMP = Athenäums Monographien, Philosophie
BAÖRV = Beiträge zum Ausländischen Öffentlichen Recht und Völkerrecht
BDSt = Bonner Dogmatische Studien
BET = Beiträge zur biblischen Exegese und Theologie
BThRER = Beiträge zur Theologie und Religionswissenschaft. Experiment Religionsphilosophie
BThZ = Berliner Theologische Zeitschrift
CCL = Corpus Christianorum. Series Latina
CL = Corona Lateranensis
DG = Das Gespräch
DiTh = Disputationes Theologicae
DT(P) = Divus Thomas (Piacenza)
EHR = Eichstätter Hochschulreden
EHS.T = Europäische Hochschulschriften, Serie 23: Theologie
FS = Festschrift
H = Hans Urs von Balthasar, Herrlichkeit. Eine theologische Ästhetik
HK = Herder-Korrespondenz
HThTL = Herders Theologisches Taschenlexikon
KKD = Kleine Katholische Dogmatik
MAS = Münchener Akademieschriften
MMHSTh = Münchener Monographien zur Historischen und Systematischen Theologie
MSSt = Münsterschwarzacher Studien
MStP = Münchener Studien zur Politik
NBSTh = Neukirchener Beiträge zur Systematischen Theologie
NHThGb = Neues Handbuch Theologischer Grundbegriffe
PB = Pastoralblatt für die Diözesen Aachen, Berlin, Essen, Hildesheim, Köln, Osnabrück
PPh = Praktische Philosophie
PThSt = Paderborner Theologische Studien
PuH = Poetik und Hermeneutik
RR = Rivista Rosminiana
SKAB = Schriften der Katholischen Akademie in Bayern
STG = Studien zur Theologie- und Geistesgeschichte des 19. Jhs.
StSSTh = Studien zur Systematischen und Spirituellen Theologie
StT = Studi Tomistici
SThTSt = Sinziger Theologische Texte und Studien
SUR = Salzburger Universitätsreden
SzVg = Schriften zur Verfassungsgeschichte
TD = Hans Urs von Balthasar, Theodramatik

TH = Théologie Historique
ThzZ = Theologie zur Zeit
TL = Hans Urs von Balthasar, Theologik
UPV = Um das Prinzip der Vergeltung in Religion und Recht des Alten Testaments (WdF 125), hrsg. v. K. Koch, Darmstadt 1972
WiGl = Wissenschaft und Glaube. Vierteljahresschrift der Wiener Katholischen Akademie

LITERATURVERZEICHNIS

Die Väterschriften und ihre Ausgaben sind im allgemeinen bibliographisch nicht erfaßt; sie können jedoch im CPL und CPG leicht verifiziert werden. Benutzt wird jeweils die neueste textkritische Ausgabe (CCL; CSEL; GCS), sonst PG/PL.

Die im folgenden Verzeichnis kursiv gedruckten Teile der aufgeführten Titel entsprechen den in den Fußnoten genannten Kurztiteln.

Abaelard, Peter: *Commentariorum super S. Pauli Epistolam ad Romanos* libri V, in: Petri Abaelardi Opera II, hrsg. v. V. Cousin, Paris 1859, 152–356.

Adler-Bresse, Marcelle: *Le manuscrit »Lichtstrahlen« d'Oelsner,* document inconnu de la Révolution française, in: AHRF 38 (1966) 556–560.

Albrecht, Barbara: *Eine Theologie des Katholischen.* Einführung in das Werk Adrienne von Speyrs, Bd. I. Durchblick in Texten; Bd. II. Darstellung, Einsiedeln 1972–73.

Albus, Michael: *Die Wahrheit ist Liebe.* Zur Unterscheidung des Christlichen nach Hans Urs von Balthasar, Freiburg 1976.

Althaus, Paul: *Communio Sanctorum.* Die Gemeinde im lutherischen Kirchengedanken (FGLP II/1), München 1929.

–: *Das Kreuz Christi,* in: Theologische Aufsätze, Bd. I, Gütersloh 1929, 1–50.

–: *Die christliche Wahrheit.* Lehrbuch der Dogmatik, Gütersloh ^{3}1952.

–: *Die Theologie Martin Luthers,* Gütersloh 1962.

Ambaum, Jan: *Hoffnung auf eine leere Hölle* – Wiederherstellung aller Dinge? H. U. von Balthasars Konzept der Hoffnung auf das Heil, in: IKaZ 20 (1991) 33–46.

Andresen, Carl: *Erlösung,* in: RAC VI (Stuttgart 1966), 54–219

Anselm von Canterbury: *Cur Deus homo.* Warum Gott Mensch geworden, lat.-deutsch hrsg. v. Franz Seraph Schmitt, Darmstadt ^{3}1970.

Auer, Johann: *Jesus Christus – Heiland der Welt* (KKD IV/2), Regensburg 1988.

Aulén, Gustaf: *Die drei Haupttypen* des christlichen Versöhnungsgedankens, in: ZSTh 8 (1931) 501–538.

Baader, Franz von: *Sämmtliche Werke,* Bd. IX (Gesammelte Schriften zur Religionsphilosophie III), hrsg. v. F. Hoffmann, Leipzig 1855.

Bachmann, Philipp, *J. Chr. K. v. Hofmanns Versöhnungslehre und der über sie geführte Streit.* Ein Beitrag zur Geschichte der neueren Theologie, in: BFChTh 14 (1910) 613–683.

Bader, Günter: *Sünde und Bewußtsein der Sünde.* Zu Schleiermachers Lehre von der Sünde, in: ZThK 79 (1982) 60–79.

Bahr, Hans-Eckehard: *Poiesis.* Theologische Untersuchung der Kunst, Stuttgart 1961.

Baier, Walter: *Brennpunkte mittelalterlicher Herz-Jesu-Frömmigkeit,* in: Christusglaube und Christusverehrung. Neue Zugänge zur Christusfrömmigkeit, hrsg. v. L. Scheffczyk, Aschaffenburg 1982, 100–123.

–: *Untersuchungen zu den Passionsbetrachtungen in der »Vita Christi« des Ludolf von Sachsen.* Ein quellenkritischer Beitrag zu Leben und Werk Ludolfs und zur Geschichte der Passionstheologie, 3 Bde. (ACar 44,1–3), Salzburg 1977.

Balthasar, Hans Urs von: *Adriennes Charisma*, in: Adrienne von Speyr und ihre kirchliche Sendung. Akten des römischen Symposiums 27.–29. September 1985, hrsg. v. H. U. v. Balthasar, G. Chantraine, A. Scola, Einsiedeln 1986, 173–178.
–: *Analogie und Dialektik*. Zur Klärung der theologischen Prinzipienlehre Karl Barths, in: DT(P) 22 (1944) 171–216.
–: *Analogie und Natur*. Zur Klärung der theologischen Prinzipienlehre Karl Barths, in: DT(P) 23 (1945) 3–56.
–: *Apokatastasis*, in: TThZ 97 (1988) 169–182.
–: *Christlicher Stand*, Einsiedeln ²1981.
–: *Cordula* oder der Ernstfall, Trier ⁴1987.
–: *Crucifixus etiam pro nobis*, in: IKaZ 9 (1980) 26–35.
–: *Das betrachtende Gebet*, Einsiedeln ⁴1977.
–: *Das Ganze im Fragment*. Aspekte der Geschichtstheologie, Freiburg ²1990.
–: *Das Herz der Welt*, Ostfildern ⁴1988.
–: *Das Selbstbewußtsein Jesu*, in: IKaZ 8 (1979) 30–39.
–: *Das Weizenkorn*, Trier ³1989.
–: *Dem Dialog entgegen*, in: IKaZ 17 (1988) 289–294.
–: *Der antirömische Affekt*. Wie läßt sich das Papsttum in der Gesamtkirche integrieren?, Trier ²1989.
–: *Der Christ und die Angst*, Trier ⁶1989.
–: *Der Mensch und das ewige Leben*, in: IKaZ 20 (1991) 3–19.
–: »*Der sich für mich dahingegeben hat*« (Gal 2,20), in: GuL 53 (1980) 416–419.
–: *Die Freude und das Kreuz*, in: Conc(D) 4 (1968) 683–688.
–: *Die Gottesfrage des heutigen Menschen*, Wien–München 1956.
–: *Die Hoffnung der kleinen Therese*, in: Therese von Lisieux. Zum Gedenken ihres 100. Geburtstags am 2. 1. 1973, hrsg. v. B. Albrecht, Leutesdorf 1973, 31–50.
–: *Die neue Theorie von Jesus als dem »Sündenbock«*, in: IKaZ 9 (1980) 184–185.
–: *Die Wahrheit ist symphonisch*. Aspekte des christlichen Pluralismus, Einsiedeln 1972.
–: »*Du krönst das Jahr mit deiner Huld*«. Radiopredigten, Einsiedeln 1982.
–: *Einfaltungen*. Auf Wegen christlicher Einigung, Trier ⁴1988.
–: *Einführung in: Antonio Rosmini, Leitsätze für Christen* (Sigillum 23), übers. v. Cornelia Capol, Einsiedeln 1964, 5–15.
–: *Einführung in: Caterina von Siena, Gespräch von Gottes Vorsehung* (Lectio Spiritualis 8), übers. v. Ellen Sommer-von Seckendorf u. Cornelia Capol, Einsiedeln ³1985, V-XXIX.
–: *Einführung in: Mechthild von Hackeborn, Das Buch vom strömenden Lob* (Christliche Meister 31), Einsiedeln ²1986, 7–18.
–: *Einsame Zwiesprache*. Martin Buber und das Christentum, Köln–Olten 1958.
–: *Epilog*, Einsiedeln 1987.
–: *Erich Przywara*, in: Tendenzen der Theologie im 20. Jahrhundert, hrsg. v. H. J. Schultz, Stuttgart–Olten ²1967.
–: *Eros und Caritas*, in: Seele 21 (1939) 154–157.
–: *Erster Blick auf Adrienne von Speyr*, Trier ⁴1989.
–: *Gelebte Kirche: Bernanos*, Trier ³1988.
–: *Gericht*, in: IKaZ 9 (1980) 227–235.
–: *Glaubhaft ist nur Liebe*, Einsiedeln ⁵1985.
–: *Herrlichkeit*. Eine theologische Ästhetik [H], Bd. I. Schau der Gestalt, Trier ³1988; Bd. II/1. Fächer der Stile. Klerikale Stile, Einsiedeln ³1984; Bd. II/2.

Fächer der Stile. Laikale Stile, Einsiedeln ^{3}1984; Bd. III/1/A. Im Raum der Metaphysik. Teil I. Altertum, Einsiedeln ^{2}1975; Bd. III/1/B. Im Raum der Metaphysik. Teil II. Neuzeit, Einsiedeln ^{2}1975; Bd. III/2/A. Theologie. Alter Bund, Trier ^{2}1988; Bd. III/2/B. Theologie. Neuer Bund, Trier ^{2}1988.

–: *Homo creatus est.* Skizzen zur Theologie V, Einsiedeln 1986.

–: *Im Strom fließt die Quelle,* in: Vom Sinn der Tradition, hrsg. v. L. Reinisch, München 1970, 89–105.

–: *In Gottes Einsatz leben* (Kriterien 24), Einsiedeln ^{2}1972.

–: *Integralismus heute,* in: Diakonia 19 (1988) 221–229.

–: *Interview: Geist und Feuer,* in: HK 30 (1976) 72–82.

–: *Ist der Gekreuzigte »selig«?,* in: IKaZ 16 (1987) 107–109.

–: *Karl Barth.* Darstellung und Deutung seiner Theologie, Einsiedeln ^{4}1976.

–: *Katholisch.* Aspekte des Mysteriums, Einsiedeln 1975.

–: *Kennt uns Jesus* – kennen wir ihn?, Freiburg 1980.

–: *Klarstellungen.* Zur Prüfung der Geister, Einsiedeln ^{4}1978.

–: *Kleiner Diskurs über die Hölle,* Ostfildern 1987.

–: *Kommentar zu Thomas von Aquin,* Besondere Gnadengaben und die zwei Wege des menschlichen Lebens (S.Th. II–II, 171–182), in: Walberberg-Ausg. XXIII, Heidelberg – Graz 1954.

–: *Kosmische Liturgie.* Das Weltbild Maximus' des Bekenners. Zweite, völlig veränderte Aufl., Einsiedeln 1961.

–: *Mechthilds kirchlicher Auftrag,* in: Mechthild von Magdeburg, Das fließende Licht der Gottheit, übers. u. hrsg. v. Margot Schmidt, Einsiedeln 1955, 19–45.

–: *Mein Werk* – Durchblicke, Freiburg 1990.

–: *Mysterium Paschale,* in: MySal III/2 (Einsiedeln 1969) 133–319.

–: *Neue Klarstellungen,* Einsiedeln 1979.

–: *Paulus ringt mit seiner Gemeinde,* Trier 1988.

–: *Pneuma und Institution.* Skizzen zur Theologie IV, Einsiedeln 1974.

–: *Prometheus.* Studien zur Geschichte des deutschen Idealismus, Heidelberg ^{2}1947.

–: *Prüfet alles* – das Gute behaltet, Ostfildern 1986.

–: *Reinhold Schneider.* Sein Weg und sein Werk, Köln–Olten 1953.

–: *Schleifung der Bastionen.* Von der Kirche in dieser Zeit, mit einem Nachwort neu hrsg. v. Christoph Schönborn, Trier ^{5}1989.

–: *Schwestern im Geist.* Therese von Lisieux und Elisabeth von Dijon, Freiburg ^{4}1990.

–: *Spiritus Creator.* Skizzen zur Theologie III, Einsiedeln 1967.

–: *Sponsa Verbi.* Skizzen zur Theologie II, Einsiedeln ^{2}1971.

–: *Stellvertretung: Schlüsselwort christlichen Lebens* (Leben im Geist 4), hrsg. vom Informationszentrum »Berufe der Kirche«, Freiburg 1976.

–: *Theodramatik* [TD], Bd. I. Prolegomena, Einsiedeln 1973; Bd. II/1. Die Personen des Spiels. Der Mensch in Gott, Einsiedeln 1976; Bd. II/2. Die Personen des Spiels. Die Personen in Christus, Einsiedeln 1978; Bd. III. Die Handlung, Einsiedeln 1980; Bd. IV. Das Endspiel, Einsiedeln 1983.

–: *Theologie der Geschichte.* Ein Grundriß, Einsiedeln ^{6}1979.

–: *Theologie des Abstiegs zur Hölle,* in: Adrienne von Speyr und ihre kirchliche Sendung. Akten des römischen Symposiums 27.–29. Sept. 1985, hrsg. v. H. U. v. Balthasar, G. Chantraine u. A. Scola, Einsiedeln 1986, 138–146.

–: *Theologik* [TL], Bd. I. Wahrheit der Welt, Einsiedeln ^{2}1985; Bd. II. Wahrheit Gottes, Einsiedeln 1985; Bd. III. Der Geist der Wahrheit, Einsiedeln 1987.

–: *Unser Auftrag*. Bericht und Entwurf, Einsiedeln 1984.
–: *Verbum Caro*. Skizzen zur Theologie I, Freiburg ³1990.
–: *Was dürfen wir hoffen?*, Trier ²1989.
–: *Wer ist ein Christ?*, Einsiedeln ⁴1983.
–: *Zu einer christlichen Theologie der Hoffnung*, in: MThZ 32 (1981) 81–102.
–: *Zwei Wege zu Gott*. Ein Beitrag zur ignatianischen Synthese, in: GuL 59 (1986) 54–61.
Barth, Karl: *Christus und Adam* nach Röm 5 (ThSt[B] 35), Zollikon–Zürich 1952.
–: *Credo*. Die Hauptprobleme der Dogmatik dargestellt im Anschluß an das Apostolische Glaubensbekenntnis, Zollikon–Zürich 1948.
–: *Die Menschlichkeit Gottes*. Vortrag gehalten auf der Tagung des Schweiz. Reform. Pfarrvereins in Aarau am 25. 9. 1956 (ThSt[B] 48), Zollikon–Zürich 1956.
–: *Die protestantische Theologie im 19. Jahrhundert*. Ihre Vorgeschichte und ihre Geschichte, Zürich 1946.
–: *Dogmatik im Grundriß* im Anschluß an das Apostolische Glaubensbekenntnis, München 1947.
–: *Extra nos – pro nobis – in nobis*, in: Hören und Handeln (FS Ernst Wolf), hrsg. v. H. Gollwitzer u. H. Traub, München 1962, 15–27.
–: *Fides quaerens intellectum*. Anselms Beweis der Existenz Gottes im Zusammenhang seines theologischen Programms. Zweite (überarbeitete) Aufl., Zollikon 1958.
–: *Gottes Gnadenwahl* (TEH 47), München 1936.
–: Das Glaubensbekenntnis der Kirche nach dem *Katechismus Calvins*, aus dem Frz. übers. v. H. Goes, Zürich 1967.
–: Die *Kirchliche Dogmatik* [KD] Bde. I/1–2. Die Lehre vom Wort Gottes. Prolegomena zur Kirchlichen Dogmatik, München 1935 bzw. Zollikon–Zürich 1948; Bde. II/1–2. Die Lehre von Gott, Zollikon–Zürich 1940/42; Bde. III/1–4. Die Lehre von der Schöpfung, Zollikon–Zürich 1948/48/50/57; Bde. IV/1–3. Die Lehre von der Versöhnung, Zollikon–Zürich 1953/55/59.
–: *Nein!* Antwort an Emil Brunner (TEH 14), München 1934.
–: Der *Römerbrief* (Neudruck der überarbeiteten Fassung von 1922), Zürich 1940.
–: *Rudolf Bultmann*. Ein Versuch, ihn zu verstehen, Zollikon–Zürich 1952.
Bartmann, Bernhard: *Die Erlösung*. Sünde und Sühne. Zum heiligen Jahr, Paderborn 1933.
–: *Lehrbuch der Dogmatik*, Bd. I. Formalprinzipien. Gott Einer und Dreifaltiger, Schöpfer, Erlöser, Freiburg ⁸1932.
Baumeister, Theofried: *Die Anfänge der Theologie des Martyriums* (MBTh 45), Münster 1980.
Baumgartner, Hans Michael: *Die Unbedingtheit des Sittlichen*. Eine Auseinandersetzung mit Nicolai Hartmann, München 1962.
–: *Über das Gottesverständnis der Transzendentalphilosophie*. Bemerkungen zum Atheismusstreit von 1798/99, in: PhJb 73 (1965/66) 303–321.
Baur, Ferdinand Christian: *Die christliche Lehre von der Versöhnung* in ihrer geschichtlichen Entwicklung von der ältesten Zeit bis auf die neueste, Tübingen 1838.
Baur, Jörg: *Einig in Sachen Rechtfertigung?*, Tübingen 1989.
Beck, Johann Tobias: Einige leitende Ideen für die wissenschaftliche Auffassung der *Versöhnungslehre* in ihrem Zusammenhange mit dem Tode Jesu, in: TZTh 1831/II, 53–65.

Becker, Jürgen: *Emmanuel Levinas.* Anstöße für eine Moraltheologie unserer Zeit (EHS XXIII/96), Frankfurt 1977.
Beer, Theobald: *Der fröhliche Wechsel und Streit.* Grundzüge der Theologie Martin Luthers (Horizonte 19), Einsiedeln 1980.
Béguin, Albert: *Léon Bloy.* Mystique de la douleur, Paris 1948.
Beierwaltes, Werner: *Denken des Einen.* Studien zur neuplatonischen Philosophie und ihrer Wirkungsgeschichte, Frankfurt 1985.
–: *Erleuchtung,* in: HWP II (Basel 1977) 712–717.
–: *Identität und Differenz* (PhA 49), Frankfurt 1980.
Beinert, Wolfgang: *Die Katholizität der Kirche,* in: Weisheit Gottes – Weisheit der Welt (FS Joseph Ratzinger), St. Ottilien 1987, 1021–1037.
–: *Re-Praesentatio Christi in den Heiligen,* in: Praesentia Christi (FS Johannes Betz), hrsg. v. L. Lies, Düsseldorf 1984, 407–418.
Berdesinski, Dieter: *Die Praxis* – Kriterium für die Wahrheit des Glaubens? Untersuchungen zu einem Aspekt politischer Theologie, München 1973.
Bernanos, Georges: *Der Betrug,* übers. v. Eckart Peterich, Olten 1956.
–: *Die begnadete Angst,* übers. v. Eckart Peterich, Köln ^{3}1952.
–: *Die Freude,* übers. v. Eckart Peterich, Olten ^{2}1953.
–: *Tagebuch eines Landpfarrers,* übers. v. Jakob Hegner, München 1949.
Bessero Belti, Remo: *Come Rosmini ha sentito la Chiesa,* in: Sentire Ecclesiam (FS Hugo Rahner), vol II, ed. J. Daniélou e H. Vorgrimler, Roma 1964, 461–551.
Betz, Johannes: *Die Eucharistie in der Zeit der griechischen Väter,* Bd. I/1. Die Aktualpräsenz der Person und des Heilswerkes Jesu im Abendmahl nach der vorephesinischen griechischen Patristik, Freiburg 1955.
Bialas, Martin: *Das Leiden Christi beim hl. Paul vom Kreuz* (1694–1775). Eine Untersuchung über die Passionszentrik der geistlichen Lehre des Gründers der Passionisten. Mit einem Geleitwort von Jürgen Moltmann, Aschaffenburg 1978.
Biemel, Walter: *Die entscheidenden Phasen der Entfaltung von Husserls Philosophie,* in: ZPhF 13 (1959) 187–213.
Binswanger, Ludwig: *Grundformen und Erkenntnis menschlichen Daseins,* Zürich 1942.
Biser, Eugen: *Tritt kein anderer für uns ein?* Erwägungen zum Thema »Stellvertretung«, in: Informationen des Erzbistums Freiburg 1979/1–2, 14–16.
–: *Überredung zur Liebe.* Die dichterische Daseinsdeutung Gertrud von Le Forts, Regensburg 1980.
Blank, Josef: *Weißt du, was Versöhnung heißt?* Der Kreuztod Jesu als Sühne und Versöhnung, in: Sühne und Versöhnung (ThzZ 1), hrsg. v. J. Blank u. J. Werbick, Düsseldorf 1986, 21–91.
Blasucci, Antonio: *Il Cristocentrismo nella vita spirituale secondo la B. Angela da Foligno,* in: MF 39 (1939) 79–108. 287–317. 495–528.
Bloy, Léon: *La femme pauvre* (Oeuvres complètes XXI/XXII), Paris 1947.
Blumenberg, Hans: *Arbeit am Mythos,* Frankfurt 1979.
–: *Licht als Metapher der Wahrheit.* Im Vorfeld der philosophischen Begriffsbildung, in: StGen 10 (1957) 432–447.
Böckelmann, Frank (Hrsg.): *Die Schriften zu J. G. Fichtes Atheismus-Streit,* München 1969.
Böckle, Franz: *Theonome Autonomie in der Begründung der Menschenrechte,* in: Modernes Freiheitsethos und christlicher Glaube. Beiträge zur juristischen, philosophi-

schen und theologischen Bestimmung der Menschenrechte, hrsg. v. J. Schwartländer, Mainz 1981, 303–321.
Boehm, Rudolf: *Zum Begriff des »Absoluten« bei Husserl,* in: ZPhF 13 (1959) 214–242.
Boff, Leonardo: *Jesus Christus, der Befreier,* Freiburg 1986.
Bohatec, Josef: *Die Religionsphilosophie Kants* in der »Religion innerhalb der Grenzen der bloßen Vernunft«. Mit besonderer Berücksichtigung ihrer theologisch-dogmatischen Quellen, Hamburg 1938 (Reprogr. Nachdr. Hildesheim 1966).
Boies, Joseph J.: *Existential Exchange in the Novels of Charles Williams,* in: Renascence 26 (1974) 219–229.
Boman, Thorleif: *Das hebräische Denken* im Vergleich mit dem griechischen, Göttingen [3]1959.
Bommes, Karin: *Weizen Gottes.* Untersuchungen zur Theologie des Martyriums bei Ignatius von Antiochien (Theoph. 27), Köln–Bonn 1976.
Bonhoeffer, Dietrich: *Akt und Sein.* Transzendentalphilosophie und Ontologie in der systematischen Theologie (Werke 2), hrsg. v. H.-R. Reuter, München 1988 (Erstaufl. Berlin 1931).
–: *Christologie.* Vorlesung im Sommersemester 1933, in: Gesammelte Schriften, Bd. III, hrsg. v. E. Bethge, München 1960, 166–242.
–: *Ethik,* hrsg. v. E. Bethge, München 1953 ([1]1949).
–: Das *Gebetbuch der Bibel.* Eine Einführung in die Psalmen (in: Werke 5, 105–132), hrsg. v. G. L. Müller u. A. Schönherr, München 1987 (Erstaufl. Bad Salzuflen 1940).
–: *Gemeinsames Leben* (in: Werke 5, 13–102), hrsg. v. G. L. Müller u. A. Schönherr, München 1987 ([1]1939).
–: *Nachfolge* (Werke 4), hrsg. v. I. Tödt, München 1989 ([1]1937).
–: *Sanctorum Communio.* Eine dogmatische Untersuchung zur Soziologie der Kirche (Werke 1), hrsg. v. J. v. Soosten, München 1986 (Erstaufl. Gütersloh 1930).
–: *Schöpfung und Fall* (Werke 3), hrsg. v. M. Rüter u. I. Tödt, München 1989 ([1]1933).
–: Das *Wesen der Kirche.* Vorlesung im Sommersemester 1932, in: Gesammelte Schriften, Bd. V, hrsg. v. E. Bethge, München 1972, 227–275.
–: *Widerstand und Ergebung.* Briefe und Aufzeichnungen aus der Haft, in erweiterter Gestalt neu hrsg. v. E. Bethge, München 1970.
Bonsiepen, Wolfgang: *Der Begriff der Negativität in den Jenaer Schriften Hegels* (Hegel-Studien, Beiheft 16), Bonn 1977.
Bori, Pier Cesare: *Koinônia.* L'idea della comunione nell'ecclesiologia recente e nel Nuovo Testamento, Brescia 1972.
Boutin, Maurice: *Relationalität* als Verstehensprinzip bei Rudolf Bultmann (BEvTh 67), München 1974.
Brandenburger, Egon: *Adam und Christus* (WMANT 7), Neukirchen 1962.
Breidert, Martin: *Die kenotische Christologie* des 19. Jahrhunderts, Gütersloh 1977.
Brenner, Friedrich von: *Katholische Dogmatik,* Bd. III. Reich Gottes nach seinem zweiten Hauptmomente: der Weihe des Menschengeschlechts, Rottenburg 1831.
Breuning, Wilhelm: *Aktive Proexistenz – Die Vermittlung Jesu durch Jesus selbst,* in: TThZ 83 (1974) 193–213.
–: *Wie kann man heute von »Sühne« reden?,* in: BiKi 41 (1986) 76–82.
Breytenbach, Cilliers: *Versöhnung.* Eine Studie zur paulinischen Soteriologie (WMANT 60), Neukirchen – Vluyn 1989.

Brinkschmidt, Egon: *Sören Kierkegaard und Karl Barth,* Neukirchen–Vluyn 1971.
Brosch, Hermann Josef: *Deutsche Theologen des 19. Jahrhunderts in der Frage der heilsgeschichtlichen Stellvertretung der Menschheit durch Maria,* in: Die heilsgeschichtliche Stellvertretung der Menschheit durch Maria, hrsg. v. C. Feckes, Paderborn 1954, 281–307.
Brox, Norbert: *Sôtêria und Salus.* Heilsvorstellungen in der Alten Kirche, in: EvTh 33 (1973) 253–279.
–: *Zeuge und Märtyrer.* Untersuchungen zur frühchristlichen Zeugnis-Terminologie (StANT 5), München 1961.
Brunner, Emil: *Das Wort Gottes* und der moderne Mensch (Zwingli-Bücherei 49), Zürich 1937.
–: *Der Mensch im Widerspruch.* Die christliche Lehre vom wahren und wirklichen Menschen, Zürich ^{4}1965 (^{1}1937).
–: *Der Mittler.* Zur Besinnung über den Christusglauben, Tübingen ^{2}1930 (^{1}1927).
–: *Dogmatik,* Bd. I. Die christliche Lehre von Gott, Zürich ^{2}1953 (^{1}1946); Bd. II. Die christliche Lehre von Schöpfung und Erlösung, Zürich 1950 (völlig revidierte Fassung des Frühwerks »Der Mittler«); Bd. III. Die Lehre von der Kirche, vom Glauben und von der Vollendung, Zürich–Stuttgart 1960.
–: *Natur und Gnade.* Zum Gespräch mit Karl Barth, Tübingen 1934.
–: *Offenbarung und Vernunft.* Die Lehre von der christlichen Gotteserkenntnis, Zürich ^{2}1961 (^{1}1941).
–: *Wahrheit als Begegnung.* Sechs Vorlesungen über das christliche Wahrheitsverständnis, Zürich ^{2}1963 (gegenüber der Erstaufl. von 1938 erweitert durch einen ersten Teil über »Das christliche Wahrheitsverständnis im Verhältnis zum philosophisch-wissenschaftlichen«).
Brunner, Heinz: *Der organologische Kirchenbegriff* in seiner Bedeutung für das ekklesiologische Denken des 19. Jahrhunderts (EHS XXIII/118), Frankfurt 1979.
Brunner, Peter: *Die Rechtfertigungslehre des Konzils von Trient,* in: Ders., Pro Ecclesia. Gesammelte Aufsätze zur dogmatischen Theologie, Bd. II, Berlin 1966, 141–169.
Buber, Martin: *Das Problem des Menschen,* in: Werke, Bd. I. Schriften zur Philosophie, München 1962, 307–407.
–: *Die chassidischen Bücher,* Berlin 1928.
–: *Die Schriften über das dialogische Prinzip,* Heidelberg 1954.
–: *Urdistanz und Beziehung,* Heidelberg 1951.
Buchka, Hermann: *Die Lehre von der Stellvertretung* bei Eingehung von Verträgen historisch und dogmatisch dargestellt, Rostock – Schwerin 1852.
Büchsel, Friedrich: *ἀντί,* in: ThWNT I (Stuttgart 1933) 373.
–: *»In Christus« bei Paulus,* in: ZNW 42 (1949) 141–158.
Buess, Eduard: *Zur Prädestinationslehre Karl Barths* (ThSt[B] 43), Zollikon–Zürich 1955.
Bultmann, Rudolf: *Antwort an H. Thielicke,* in: Kerygma und Mythos, Bd. I, hrsg. v. H.-W. Bartsch, Hamburg ^{4}1960, 221–226.
–: *Geschichte und Eschatologie.* Tübingen 1958.
–: *Glauben und Verstehen.* Gesammelte Aufsätze, 4 Bde., Tübingen ^{5}1964(^{1}1933)/^{3}1961(^{1}1953)/1960/1965.
–: *Jesus,* Tübingen 1926.
–: *Neues Testament und Mythologie.* Das Problem der Entmythologisierung der neutestamentlichen Verkündigung, in: Kerygma und Mythos, Bd. I (s. o.), 15–48.

–: Das *Verhältnis* der urchristlichen Christusbotschaft zum historischen Jesus, Heidelberg 1961.
–: *Zum Problem der Entmythologisierung,* in: Kerygma und Mythos, Bd. II, hrsg. v. H.-W. Bartsch, Hamburg 1952, 179–208.
Burkert, Walter: *Griechische Mythologie* und die Geistesgeschichte der Moderne, in: Les Etudes Classiques aux XIXe et XXe siècles: Leur place dans l'histoire des idées (Entretiens 26), hrsg. v. W. den Boer, Genève 1980, 159–199 (Diskussion: 200–207).
Burkhart, Anton: *Der Mensch – Gottes Ebenbild und Gleichnis.* Ein Beitrag zur dogmatischen Anthropologie F. A. Staudenmaiers (FThSt 79), Freiburg 1962.
Bush, William: *Souffrance et Expiation* dans la pensée de Bernanos (Thèmes et Mythes 8), Paris 1962.
Buytendijk, Frederik Jacobus Johannes: *Das Menschliche.* Wege zu seinem Verständnis, Stuttgart 1958.
Cabada Castro, Manuel: *Die Suarezische Verbegrifflichung des Thomasischen Seins,* in: ThPh 49 (1974) 324–343.
Campenhausen, Hans von: *Die Idee des Martyriums* in der alten Kirche, Göttingen 1936.
Casper, Bernhard: *Das Dialogische Denken.* Eine Untersuchung der religionsphilosophischen Bedeutung Franz Rosenzweigs, Ferdinand Ebners und Martin Bubers, Freiburg 1967.
–: *Denken im Angesicht des Anderen.* Zur Einführung in das Denken von Emmanuel Levinas, in: Verantwortung für den Anderen und die Frage nach Gott. Zum Werk von Emmanuel Levinas (Aachener Beiträge zu Pastoral- und Bildungsfragen 13), hrsg. v. H. H. Henrix, Aachen 1984, 17–36.
–: *Die Einheit aller Wirklichkeit.* Friedrich Pilgram und seine theologische Philosophie, Freiburg 1961.
–: *Franz Rosenzweigs Kritik an Bubers »Ich« und »Du«,* in: PhJb 86 (1979) 225–238.
–: *Illéité.* Zu einem Schlüssel»begriff« im Werk von Emmanuel Levinas, in: PhJb 91 (1984) 273–288.
–: *Rezension zu: M. Theunissen, Der Andere,* in: PhJb 73 (1965/66) 392–394.
Cassirer, Ernst: Philosophie der symbolischen Formen, Bd. II. *Das mythische Denken,* Berlin 1925.
Chesterton, Gilbert Keith: *Verteidigung* des Unsinns, der Demut, des Schundromans und anderer mißachteter Dinge, Olten–Freiburg 1945.
Claudel, Paul: *Der seidene Schuh* oder Das Schlimmste trifft nicht immer zu, übers. u. hrsg. v. Hans Urs von Balthasar, Luzern ²1944.
–: *Die Messe des Verbannten,* übers. u. hrsg. v. H. U. v. Balthasar, Einsiedeln 1981.
–: *Gespräche im Loir-und-Cher,* übers. v. Edwin Maria Landau, in: Kritische Schriften (Gesammelte Werke 5), hrsg. v. E. M. Landau, Heidelberg 1958, 411–577.
–: *Mariä Verkündigung.* Geistliches Spiel in vier Akten und einem Prolog, unter Beifügung der neuen Variante für die Bühne übers. u. hrsg. v. Hans Urs von Balthasar, Luzern 1946.
Cognet, Louis: *Das kirchliche Leben in Frankreich,* in: Die Kirche im Zeitalter des Absolutismus und der Aufklärung (HKG V), hrsg. v. H. Jedin, Freiburg ²1985, 3–119.
–: *Die Spiritualität und ihre Entwicklung im Frankreich des 18. Jahrhunderts,* in: HKG V (s. o.) 461–468.
Congar, Yves: *Heilige Kirche.* Ekklesiologische Studien und Annäherungen, Stuttgart 1966.

–: *Un peuple messianique.* L'Eglise, sacrement du salut. Salut et libération, Paris 1975.

Cordes, Paul Josef: *»Sacerdos Alter Christus«?* Der Repräsentationsgedanke in der Amtstheologie, in: Catholica 26 (1972) 38–49.

Cornehl, Peter: *Die Zukunft der Versöhnung.* Eschatologie und Emanzipation in der Aufklärung, bei Hegel und in der Hegelschen Schule, Göttingen 1971.

Cremer, Ernst: *Die stellvertretende Bedeutung der Person Jesu Christi,* Gütersloh 1892.

Cremer, Hermann: *Der germanische Satisfaktionsbegriff* in der Versöhnungslehre, in: ThStKr 66 (1893) 316–345.

–: *Die Wurzeln* des Anselm'schen Satisfaktionsbegriffes, in: ThStKr 53 (1880) 7–24.

–: *Getsemane.* Ein Beitrag zum Verständnis der Geschichte Jesu und unserer Erlösung, Gütersloh 1902.

Crumbach, Karl-Heinz: *Ein ignatianisches Wort,* als Frage an unseren Glauben, in: GuL 42 (1969) 321–328.

Cullberg, John: *Das Du und die Wirklichkeit.* Zum ontologischen Hintergrund der Gemeinschaftskategorie (UUA 1), Uppsala 1933.

–: *Das Problem der Ethik in der Dialektischen Theologie* (UUA 4), Uppsala–Leipzig 1938.

Cullmann, Oscar: Die *Christologie* des Neuen Testaments, Tübingen 1957.

–: *Christus und die Zeit.* Die urchristliche Zeit- und Geschichtsauffassung, Zollikon–Zürich ²1948.

–: *Die Verbindung von Ur- und Endgeschehen* mit der neutestamentlichen Heilsgeschichte, in: Vorträge und Aufsätze 1925–1962, Zürich 1966, 159–165.

–: *Heil als Geschichte.* Heilsgeschichtliche Existenz im Neuen Testament, Tübingen 1965.

Czerny, Johannes: *Das übernatürliche Verdienst für andere.* Eine Untersuchung über die Entwicklung dieser Lehre von der Frühscholastik an bis zur Theologie der Gegenwart (SF[NF] 15), Freiburg/Schweiz 1957.

Danneels, Godfried: *Maria, Bereitschaft und Beichthaltung,* in: Adrienne von Speyr und ihre kirchliche Sendung. Akten des römischen Symposiums 27.–29. September 1985, hrsg. v. H. U. v. Balthasar, G. Chantraine, A. Scola, Einsiedeln 1986, 90–105.

Danet, Henriette: *Gloire et Croix de Jésus-Christ.* L'analogie chez Hans Urs von Balthasar comme introduction à sa Christologie, Paris 1987.

Dassmann, Ernst: *Sündenvergebung durch Taufe, Buße und Martyrerfürbitte* in den Zeugnissen frühchristlicher Frömmigkeit und Kunst (MBTh 36), Münster 1973.

Deissler, Alfons: *Die Bundespartnerschaft des Menschen mit Gott* als Hinwendung zur Welt und zum Mitmenschen – Eine unüberholbare Botschaft der frühen altbundlichen Offenbarung, in: Weltverständnis im Glauben, hrsg. v. J. B. Metz, Mainz 1965, 203–223.

–: Hingegeben für die Vielen: *Stellvertretung als Prinzip der Heilsgeschichte,* in: LS 30 (1979) 339–345.

Delitzsch, Franz: *Prolegomena* über den bisherigen Entwicklungsgang der Grundbegriffe der Versöhnungslehre, in: F. Weber, Vom Zorne Gottes. Ein biblisch-theologischer Versuch, Erlangen 1862, III-XLV.

–: *Zweite Schlußbetrachtung:* Über den festen Schriftgrund der Kirchenlehre von der stellvertretenden Genugthuung, in: Ders., Commentar zum Briefe an die

Hebräer mit archäologischen und dogmatischen Excursen über das Opfer und die Versöhnung, Leipzig 1857, 708–746.
Demmer, Klaus: *Christliches Ethos und Menschenrechte*. Einige moraltheologische Erwägungen, in: Gregorianum 60 (1979) 453–479.
Deneffe, August: *Das Wort satisfactio,* in: ZKTh 43 (1919) 158–175.
Deneken, Michel: *Le salut par la croix* dans la théologie catholique contemporaine (1930–1985), Strasbourg 1988.
Dermenghem, Emile: *La vie admirable et les revélations de Marie des Vallées,* Paris 1926.
Dettloff, Werner: *Die Lehre von der acceptatio divina bei Johannes Duns Scotus* mit besonderer Berücksichtigung der Rechtfertigungslehre (FrFor 10), Werl 1954.
Deuser, Hermann: *Christologie im Widerspruch*. Heinrich Vogel und Karl Barth, in: EvTh 41 (1981) 98–113.
De Wette, Wilhelm Martin Leberecht: *Das Wesen des christlichen Glaubens* vom Standpunkte des Glaubens dargestellt, Basel 1846.
–: *Über Religion und Theologie*. Erläuterungen zu einem Lehrbuche der Dogmatik, Berlin ²1821.
Diekamp, Franz: *Katholische Dogmatik* nach den Grundsätzen des heiligen Thomas, Bd. II. Die Lehre von der Schöpfung – Die Lehre von der Erlösung durch Jesus Christus – Die Lehre von der Gnade, Münster ⁹1939.
Diemer, Alwin: *Edmund Husserl*. Versuch einer systematischen Darstellung seiner Phänomenologie (MPF 15), Meisenheim ²1965.
Dieringer, Franz Xaver: *Lehrbuch der katholischen Dogmatik,* Mainz 1847.
–: *System der göttlichen Thaten des Christenthums,* oder: Selbstbegründung des Christenthums vollzogen durch seine göttlichen Thaten, Bd. II. Dialektik der göttlichen Thaten, Mainz 1841.
Diez, Karlheinz: *Christus und seine Kirche*. Zum Kirchenverständnis des Petrus Canisius (KKTS 51), Paderborn 1987.
Dippel, Johann Conrad: Eröffneter Weg zum Frieden mit Gott und allen Creaturen, durch die Publikation der *Sämtl. Schriften* Christiani Democriti, 3 Bde., Berleburg 1747.
Dombois, Hans: *Juristische Bemerkungen* zur Satisfaktionslehre des Anselm von Canterbury, in: NZSTh 9 (1967) 339–355.
Dörholt, Bernhard: *Die Lehre von der Genugthuung Christi* theologisch dargestellt und erörtert, Paderborn 1891.
Dorner, Isaak August: *System der christlichen Glaubenslehre,* Bd. II/2. Specielle Glaubenslehre. Zweite Hälfte, Berlin ²1887.
Doyere, Pierre: *Introduction in: Gertrude d'Helfta, Oeuvres spirituelles,* t. II. Le Héraut (Sources Chrétiennes 139), Paris 1968, 9–98.
Drewermann, Eugen: *»An ihren Früchten werdet ihr sie erkennen«*. Antwort auf Rudolf Peschs und Gerhard Lohfinks »Tiefenpsychologie und keine Exegese«, Olten 1988.
–: *Das Markusevangelium*. Erster Teil, Olten ²1987.
–: *Der Krieg und das Christentum*. Von der Ohnmacht und Notwendigkeit des Religiösen, Regensburg 1982.
–: *Kleriker*. Psychogramm eines Ideals, Olten – Freiburg 1989.
Düsing, Edith: *Intersubjektivität und Selbstbewußtsein*. Behavioristische, phänomenologische und idealistische Begründungstheorien bei Mead, Schütz, Fichte und Hegel, Köln 1986.
Duployé, Pie: *Die religiöse Botschaft Charles Péguys* (Schriften zum Weltgespräch 4), übers. v. Oswalt von Nostitz, Freiburg 1970.

Dussaud, René: *Les origines cananéennes du sacrifice israélitique,* Paris 1941.
Eberhard, Johann August: *Neue Apologie des Socrates,* oder Untersuchung der Lehre von der Seligkeit der Heiden, 2 Bde., Berlin–Stettin ²1776/78.
Ebner, Ferdinand: *Das Wort und die geistigen Realitäten.* Pneumatologische Fragmente, Regensburg 1921.
–: *Wort und Liebe,* Regensburg 1935.
Ebrard Johannes Heinrich August: *Der Brief an die Hebräer,* Königsberg 1850.
–: *Die Lehre von der stellvertretenden Genugthuung* in der heiligen Schrift begründet. Eine wissenschaftliche Untersuchung mit besonderer Rücksicht auf Dr. v. Hofmann's Versöhnungslehre, Königsberg 1857.
Emeis, Dieter: *Zwischen Ausverkauf und Rigorismus.* Zur Krise der Sakramentenpastoral, Freiburg 1991.
Eder, Peter: *Sühne.* Eine theologische Untersuchung, Wien 1962.
Eichrodt, Walther: *Theologie des Alten Testaments,* Bd. I. Gott und das Volk, Stuttgart–Göttingen ⁸1968.
Eliade, Mircea: *Mythos und Wirklichkeit,* aus dem Frz. übers. v. Eva Moldenhauer, Frankfurt 1988.
Elsässer, Michael: *Das Person-Verständnis des Boethius,* Münster 1973.
Eschweiler, Karl: *Johann Adam Möhlers Kirchenbegriff.* Das Hauptstück der katholischen Auseinandersetzung mit dem deutschen Idealismus, Braunsberg 1930.
Escobar, Pedro: *Das Universale Concretum Jesu Christi* und die »eschatologische Reduktion« bei Hans Urs von Balthasar, in: ZKTh 100 (1978) 560–595.
Exeler, Adolf: *Eine Frohbotschaft vom christlichen Leben.* Die Eigenart der Moraltheologie Johann Baptist Hirschers (1788–1865), Freiburg 1959.
Everding, Karl Friedrich: *Die dogmengeschichtliche Entwicklung der Stellvertretung im 19. Jahrhundert* (Diss. masch., jurist. Fak. Univ. Münster), Münster 1951.
Fahlgren, Karl Hjalmar: *Die Gegensätze von ṣedāqāh im Alten Testament,* in: UPV, 87–129.
Feil, Ernst: *Die Theologie Dietrich Bonhoeffers.* Hermeneutik – Christologie – Weltverständnis, München 1971.
Fessio, Joseph: *The Origin of the Church in Christ's Kenosis.* The Ontological Structure of the Church in the Ecclesiology of Hans Urs von Balthasar (Diss. masch.), Regensburg 1974.
Fichte, Johann Gottlieb: Die *Anweisung zum seligen Leben* (PhB 234), hrsg. v. H. Verweyen, Hamburg 1983.
–: *Das System der Sittenlehre,* in: Gesamtausgabe Bd. I/5, hrsg. v. R. Lauth u. H. Gliwitzky, Stuttgart–Bad Cannstatt 1977, 19–317.
–: *Einige Vorlesungen über die Bestimmung des Gelehrten,* in: Gesamtausgabe Bd. I/3, hrsg. v. R. Lauth u. H. Jacob, Stuttgart–Bad Cannstatt 1966, 23–74.
–: *Grundlage des Naturrechts* nach Principien der Wissenschaftslehre, in: Gesamtausgabe Bd. I/3, hrsg. v. R. Lauth u. H. Jacob, Stuttgart–Bad Cannstatt 1966, 311–460.
Fiedler, Peter: *Jesus und die Sünder* (BET 3), Frankfurt–Bern 1976.
Figura, Michael: *Außerhalb der Kirche kein Heil?,* in: ThPh 59 (1984) 560–572.
Fiorenza, Francis Peter – Metz, Johann Baptist: *Der Mensch als Einheit von Leib und Seele,* in: MySal II (Einsiedeln 1967) 584–636.
Fock, Otto: *Der Sozinianismus* nach seiner Stellung in der Gesamtentwicklung des christlichen Geistes, nach seinem historischen Verlauf und nach seinem Lehrbegriff, Kiel 1847 (fotomech. Nachdr. Aalen 1970).
Foucauld, Charles de: *Briefe an Madame de Bondy* von La Trappe nach Tamanrasset, München 1976.

–: *Das Evangelium – Mein Leben.* Notizen von den Einkehrtagen in Efraim (14.–21. November 1898), München 1976.
–: *Der letzte Platz.* Aufzeichnungen und Briefe, ausgew. u. übers. v. M. Gisi, Einsiedeln 71979.
–: *Immer den letzten Platz.* Notizen aus den Einkehrtagen in Nazareth (5.–15. November 1897), München 1975.
–: *Schriften,* zusammengest. v. D. Barrat, übers. v. E. Klein, Einsiedeln 1961.
Fowlie, Wallace: *Paul Claudel,* London 1957.
Fränkel, Richard: *Die Grundsätze der Stellvertretung* bei den Scholastikern, in: ZVRW 27 (1912) 289–391.
Fraine, Josef de: *Adam und seine Nachkommen.* Der Begriff der »Korporativen Persönlichkeit« in der Heiligen Schrift, Köln 1962 (frz. Originalfassung 1958).
Frank, Gustav: *Ewald Rudolf Stier,* in: ADB XXXVI (Leipzig 1893) 203–207.
Frank, Karl Suso: *Grundzüge der Geschichte des christlichen Mönchtums* (Grundzüge 25), Darmstadt 1975.
Freyer, Michael (Hrsg.): Philosophie und Theologie in realer Dialektik. *Briefwechsel Eberhard Grisebach – Friedrich Gogarten* 1921/22, Rheinstetten-Neu 1972.
Friedhoff, Franz: *Katholische Dogmatik,* Bd. II. Die Lehre von Gott, insofern Gott der Ursprung und das Ziel der Geschöpfe ist, Münster 1855.
Fries, Heinrich: *Bultmann – Barth* und die Katholische Theologie, Stuttgart 1955.
–: *Der anonyme Christ – das anonyme Christentum* als Kategorien christlichen Denkens, in: Christentum innerhalb und außerhalb der Kirche (QD 73), hrsg. v. E. Klinger, Freiburg 1976, 25–41.
Frint, Jakob: *Handbuch der Religionswissenschaft* für die Candidaten der Philosophie, Bd. II/2, Wien–Baaden–Triest 1820.
Frische, Reinhard E.: *Wasser aus der Wüste.* Impulse für eine neue Spiritualität des Dienstes. Worte aus dem Leben von Charles de Foucauld, Giessen–Basel 1983.
Fuchs, Ottmar: *Kirche für andere:* Identität der Kirche durch Diakonie, in: Conc(D) 24 (1988) 281–289.
Füglister, Notker: *Strukturen der alttestamentlichen Ekklesiologie,* in: MySal IV/1 (Einsiedeln 1972) 23–99.
Fürst, Walter: *Seelsorge in einer säkularisierten Welt.* Ermutigung zur pastoralen Kursbestimmung heute, in: PB 39 (1987) 322–332. 40 (1988) 3–14.102–114.
Fuhrmann, Manfred: *Persona, ein römischer Rollenbegriff,* in: Identität (PuH 8), hrsg. v. O. Marquard u. U. Stierle, München 1979, 83–106.
Funk, Philipp: *Von der Aufklärung zur Romantik.* Studien zur Vorgeschichte der Münchener Romantik, München 1925.
Furger, Franz: *»Kenosis« und das Christliche einer christlichen Ethik.* Eine christologische Rückfrage, in: Christlich glauben und handeln. Fragen einer fundamentalen Moraltheologie in der Diskussion (FS Josef Fuchs), hrsg. v. K. Demmer u. B. Schüller, Düsseldorf 1977, 96–111.
Gadamer, Hans-Georg: *Wahrheit und Methode.* Grundzüge einer philosophischen Hermeneutik, Tübingen 21965.
Galati, Fidelis M.: *Der Mensch als Erlöser und Erlöster.* Der aktive und passive Anteil des Menschen an der Erlösung, Wien 1958.
Galy, Jean: *Le sacrifice dans l'école française de spiritualité,* Paris 1951.
Garcia-Mateo, Rogelio: *Die Christuserfahrung Teresas von Avila und die Christologie,* in: Gott allein. Teresa von Avila heute, hrsg. v. W. Herbstrith, Freiburg 1982, 158–183.
Geerlings, Wilhelm: *Christus Exemplum.* Studien zur Christologie und Christusverkündigung Augustins (TTS 13), Mainz 1978.

Geiselmann, Josef Rupert: *Die theologische Anthropologie* Johann Adam Möhlers. Ihr geschichtlicher Wandel, Freiburg 1955.
Gentile, Francesco: *Saint-Simon in Italia*. Emozioni e risonanze nell'Ottocento italiano, Napoli 1969.
Gerken, Alexander: *Jesus unter uns*. Was geschieht in der Eucharistiefeier?, Münster 1979.
–: *Theologie der Eucharistie*, München 1973.
Gerlitz, Peter: *Der mystische Bildbegriff* (eikôn und imago) in der frühchristlichen Geistesgeschichte. Die philosophischen Grundlagen der Eschatologisierung des altkirchlichen Dogmas, in: ZRGG 15 (1963) 244–256.
Gertz, Bernhard: *Glaubenswelt als Analogie*. Die theologische Analogie-Lehre Erich Przywaras und ihr Ort in der Auseinandersetzung um die analogia fidei, Düsseldorf 1969.
Gese, Hartmut: *Lehre und Wirklichkeit in der alten Weisheit*. Studien zu den Sprüchen Salomos und zu dem Buche Hiob, Tübingen 1958.
Geß, Wolfgang Friedrich: *Das Dogma von Christi Person und Werk* entwickelt aus Christi Selbstzeugniß und den Zeugnissen der Apostel, Basel 1887.
–: *Die Nothwendigkeit des Sühnens Christi*, in: JDTh 4 (1859) 467–526.
–: Zur Lehre von der Versühnung. *Mit Bezug auf Herrn Professor D. Häring*, in: ThStKr 62 (1889) 559–572.
–: Der geschichtliche Entwicklungsgang der neutestamentlichen *Versühnungslehre*, in: JDTh 2 (1857) 679–752.
–: *Zur Lehre von der Versühnung*. Dogmatische Entwicklung der neutestamentlichen Lehre von der Versühnung, in: JDTh 3 (1858) 713–778.
Geyer, Hans-Georg: *Die Auferstehung Jesu Christi*. Ein Überblick über die Diskussion in der gegenwärtigen Theologie, in: Die Bedeutung der Auferstehungsbotschaft für den Glauben an Jesus Christus (STAEKU), hrsg. v. F. Viering, Gütersloh 1966, 91–117.
Girard, René: *Das Ende der Gewalt*. Analyse des Menschheitsverhängnisses, aus dem Frz. übers. v. August Berz, Freiburg 1983.
–: *Das Heilige und die Gewalt*, aus dem Frz. übers. v. Elisabeth Mainberger-Ruh, Zürich 1987.
–: *Der Sündenbock*, aus dem Frz. übers. v. Elisabeth Mainberger-Ruh, Zürich 1988.
Gloege, Gerhard: *Zur Prädestinationslehre Karl Barths*. Fragmentarische Erwägungen über den Ansatz ihrer Neufassung, in: Ders., Heilsgeschehen und Welt. Theologische Traktate, Bd.I, Göttingen 1965, 77–132.
Göschel, Karl Friedrich: *Das Strafrecht* und die christliche Lehre von der Satisfaktion, oder Recht und Gnade, Strafe und Vergebung, in: Zerstreute Blätter aus den Hand- und Hülfsakten eines Juristen. Wissenschaftliches und Geschichtliches aus der Theorie und Praxis oder aus der Lehre und dem Leben des Rechtes, Teil I, hrsg. v. K. F. Göschel, Erfurt 1832, 468–494.
Gogarten, Friedrich: *Der Mensch* zwischen Gott und Welt, Heidelberg 1952.
–: *Die religiöse Entscheidung*, Jena 1921.
–: *Die Verkündigung Jesu Christi*. Grundlagen und Aufgabe, Heidelberg 1948.
–: *Entmythologisierung und Kirche*, Stuttgart 1953.
–: *Fichte* als religiöser Denker, Jena 1914.
–: *Gehören und Verantworten*. Ausgewählte Aufsätze, hrsg. v. H. Götz Göckeritz, Tübingen 1988.
–: Von *Glauben und Offenbarung*. Vier Vorträge, Jena 1923.
–: *Historismus*, in: ZZ 2 (1924) H. 8, 7–25.

–: *Ich glaube an den dreieinigen Gott.* Eine Untersuchung über Glauben und Geschichte, Jena 1926.
–: *Illusionen.* Eine Auseinandersetzung mit dem Kulturidealismus, Jena 1926.
–: *Jesus Christus* – Wende der Welt. Grundfragen der Christologie, Tübingen 1966.
–: *Verhängnis und Hoffnung* der Neuzeit. Die Säkularisierung als theologisches Problem, Stuttgart ²1958.
–: *Was ist Christentum?*, Göttingen ³1963 (¹1956).
–: Die *Wirklichkeit des Glaubens.* Zum Problem des Subjektivismus in der Theologie, Stuttgart 1957.
Gollwitzer, Helmut: *Martin Bubers Bedeutung für die protestantische Theologie,* in: Martin Buber. Bilanz seines Denkens, hrsg. v. J. Bloch u. H. Gordon, Freiburg 1983, 402–423.
–: *Von der Stellvertretung Gottes.* Christlicher Glaube in der Erfahrung der Verborgenheit Gottes. Zum Gespräch mit Dorothee Sölle, München 1967.
Gräder, Karl: *Die Versöhnungslehre Kählers* in ihrem Verhältnis zu Hofmann und Ritschl, Gütersloh 1922.
Graef, Hilda: *Der siebenfarbige Regenbogen.* Auf den Spuren der großen Mystiker, Frankfurt 1959.
Graf, Friedrich W.: *Kritik und Pseudo-Spekulation.* David Friedrich Strauß als Dogmatiker im Kontext der positionellen Theologie seiner Zeit, München 1982.
Greiner, Sebastian: *Die Theologie Wolfhart Pannenbergs* (BDSt 2), Würzburg 1988.
–: *Gewißheit der Gebetserhörung.* Eine theologische Deutung, Köln 1990.
Gremminger, Elsbeth: *Charles Péguy.* Vom Sozialismus zur christlichen Weltschau, Olten 1949.
Greshake, Gisbert: *Auferstehung der Toten.* Ein Beitrag zur gegenwärtigen theologischen Diskussion über die Zukunft der Geschichte (Koinonia 10), Essen 1969.
–: *Der Preis der Liebe.* Besinnung über das Leid, Freiburg 1978.
–: *Der Wandel der Erlösungsvorstellungen* in der Theologiegeschichte, in: Ders., Gottes Heil – Glück des Menschen. Theologische Perspektiven, Freiburg 1983, 50–79.
–: *Die theologische Herkunft des Personbegriffs,* in: Personale Freiheit und pluralistische Gesellschaft, hrsg. v. G. Pöltner, Wien 1981, 75–87.
–: *Erlöst in einer unerlösten Welt?,* Mainz 1987.
–: *Erlösung und Freiheit.* Eine Neuinterpretation der Erlösungslehre Anselms von Canterbury, in: Ders., Gottes Heil – Glück des Menschen (s. o.) 80–104.
–: *Glück oder Heil?* Ein Paradigma für die Dissoziation von christlichem Glauben und säkularer Gesellschaft und der Versuch einer theologischen Vermittlung, in: Ders., Gottes Heil – Glück des Menschen (s. o.) 159–206.
–: *Gnade als konkrete Freiheit.* Eine Untersuchung zur Gnadenlehre des Pelagius, Mainz 1972.
–: *Gott in allen Dingen finden.* Schöpfung und Gotteserfahrung, Freiburg 1986.
–: *Grundlagen einer Theologie des Bittgebets,* in: Bittgebet – Testfall des Glaubens, hrsg. v. G. Greshake u. N. Lohfink, Mainz 1978, 32–53.
–: *Heilsverständnis heute.* Ein Problembericht, in: Ders., Gottes Heil – Glück des Menschen (s. o.) 15–49.
–: *Heil und Unheil?* Zu Bedeutung und Stellenwert von Strafe und Sühne, Gericht und Hölle in der Heilsverkündigung, in: Ders., Gottes Heil – Glück des Menschen (s. o.) 245–276.
–: *Historie wird Geschichte.* Bedeutung und Sinn der Unterscheidung von Historie und Geschichte in der Theologie Rudolf Bultmanns (Koinonia 3), Essen 1963.

–: *Johannes vom Kreuz,* in: Quellen geistlichen Lebens, Bd. III. Die Neuzeit, hrsg. v. G. Greshake u. J. Weismayer, Mainz 1989, 90–93.
–: *Menschsein als Berufung zur Gemeinschaft mit Gott.* Hinweise für ein trinitarisches Heilsverständnis, in: Gottes Heil – Glück des Menschen (s. o.) 136–155.
–: *Priestersein.* Zur Theologie und Spiritualität des priesterlichen Amtes, Freiburg 1982.
–: Theologiegeschichtliche und systematische Untersuchungen zum Verständnis der Auferstehung, in: *Resurrectio Mortuorum.* Zum theologischen Verständnis der leiblichen Auferstehung, hrsg. v. J. Kremer u. G. Greshake, Darmstadt 1986, 163–371.
–: *Zur Bedeutung der Trinitätslehre,* in: PB 42 (1990) 36–42.
Grisebach, Eberhard: *Gegenwart.* Eine kritische Ethik, Halle 1928.
Grotius, Hugo: *Defensio fidei catholicae de satisfactione Christi* adversus Faustum Socinum Senensem, in: Opera theologica III, Amstelaedami 1679, 293–348.
Grün, Anselm: *Erlösung durch das Kreuz.* Karl Rahners Beitrag zu einem heutigen Erlösungsverständnis (MSSt 26), Münsterschwarzach 1976.
Grundmann, Walter: *σύν-μετά mit Genitiv,* in: ThWNT (Stuttgart 1964) 766–798.
Guardini, Romano: *Der Herr.* Betrachtungen über die Person und das Leben Jesu Christi, Würzburg [12]1961.
–: *Religiöse Gestalten in Dostojewskijs Werk.* Studien über den Glauben, München 1951.
Gubler, Marie-Louise: *Die frühen Deutungen des Todes Jesu.* Eine motivgeschichtliche Darstellung der neueren exegetischen Forschung (OBO 15), Freiburg/Schweiz – Göttingen 1977.
Günther, Anton: *Der letzte Symboliker.* Eine durch die symbolischen Werke Dr. J. A. Möhlers und Dr. F. C. Baur's veranlaßte Schrift in Briefen, Wien [2]1882.
–: *Vorschule zur speculativen Theologie* des positiven Christenthums, Bd. II. Die Incarnationstheorie, Wien [2]1882.
Güttgemanns, Erhardt: *Der leidende Apostel und sein Herr.* Studien zur paulinischen Christologie (FRLANT 90), Göttingen 1966.
Haag, Ernst: *Die Botschaft vom Gottesknecht – ein Weg zur Überwindung der Gewalt,* in: Gewalt und Gewaltlosigkeit im Alten Testament (QD 96), hrsg. v. N. Lohfink, Freiburg 1983, 159–213.
Haag, Herbert: *Der Gottesknecht* bei Deuterojesaja (EdF 233), Darmstadt 1985.
Haas, Alois Maria: *Die dunkle Nacht der Sinne und des Geistes.* Mystische Leiderfahrung nach Johannes vom Kreuz, in: Die dunkle Nacht der Sinne. Leiderfahrung und christliche Mystik, hrsg. v. G. Fuchs, Düsseldorf 1989, 108–125.
–: *Jesus Christus.* Inbegriff des Heils und verwirklichte Transzendenz im Geist der deutschen Mystik, in: Ders., Geistliches Mittelalter, Freiburg/Schweiz 1984, 291–314.
–: *Mechthild von Hackeborn.* Eine Form zisterziensischer Frauenfrömmigkeit, in: Geistliches Mittelalter. Dokumentation 8, Freiburg/Schweiz 1984, 373–391.
–: *Sermo Mysticus.* Studien zu Theologie und Sprache der deutschen Mystik, Freiburg/Schweiz 1979.
Hadfield, Alice Mary: *Charles Williams.* An Exploration of His Life and Work, Oxford 1983.
Häring, Hermann: *Das Problem des Bösen in der Theologie* (Grundzüge 62), Darmstadt 1985.
Häring, Theodor: *Über das Bleibende im Glauben an Christus.* Eine christologische Studie, Stuttgart 1880.

–: *Zum Begriff der Sühne,* in: ThStKr 62 (1889) 142–161.
–: *Zu Ritschl's Versöhnungslehre.* Bericht über das Thema: »Begründen die neuesten Theorien über die Versöhnung, namentlich die Theorie A. Ritschl's einen Fortschritt in der dogmatischen Entwicklung der protestantischen Theologie?« erstattet auf der 44sten Versammlung der Schweizerischen Predigergesellschaft zu Schaffhausen am 11. August 1887, Zürich 1888.
–: *Zur Versöhnungslehre.* Eine dogmatische Untersuchung, Göttingen 1893.
Härle, Wilfried: *Sein und Gnade.* Die Ontologie in Karl Barths Kirchlicher Dogmatik (TBT 27), Berlin 1975, 130–153.
Hahn, Ferdinand: *Christologische Hoheitstitel.* Ihre Geschichte im frühen Christentum, Göttingen 1963.
–: *Methodologische Überlegungen* zur Rückfrage nach Jesus, in: Rückfrage nach Jesus (QD 63), hrsg. v. K. Kertelge, Freiburg 1974, 11–77.
Haible, Eberhard: *Schöpfung und Heil.* Ein Vergleich zwischen Bultmann, Barth und Thomas, Mainz 1964.
Hainz, Josef: *Koinônia.* »Kirche« als Gemeinschaft bei Paulus, Regensburg 1982.
Halder, Alois: *Ontologie – Ethik – Dialogik.* Zum Problem der Mitmenschlichkeit im Ausgang von Emmanuel Levinas, in: PhJb 91 (1984) 107–118.
Hammer, Felix: *Genugtuung und Heil.* Ansicht, Sinn und Grenzen der Erlösungslehre Anselms von Canterbury (WBTh 15), Wien 1967.
Hammer, Karl: *Analogia relationis gegen analogia entis,* in: Parrhesia (FS Karl Barth), hrsg. v. E. Busch, J. Fangmeier u. M. Geiger, Zürich 1966, 288–304.
Hamon, Auguste: *Histoire de la dévotion au Sacré-Coeur,* vol. I. Vie de sainte Marguerite-Marie, vol. II. L'Aube de la Dévotion, vol. III. Paray-le-Monial, vol. IV. Luttes indécises, vol. V. Royal triomphe, Paris 1923/25/28/31/39.
Hartl, Friedrich: *Franz von Baader* und die Entwicklung seines Kirchenbegriffs (MThS.H 18), München 1970.
Hartmann, Nicolai: *Ethik,* Berlin ³1949.
Haubst, Rudolf: *Anselms Satisfaktionslehre einst und heute,* in: TThZ 80 (1971) 88–109.
Hedinger, Ulrich: Der *Freiheitsbegriff* in der Kirchlichen Dogmatik Karl Barths (SDGSTh 15), Zürich–Stuttgart 1962.
–: *Wider die Versöhnung Gottes mit dem Elend.* Eine Kritik des christlichen Theismus und A-Theismus, Zürich 1972.
Hegel, Georg Wilhelm Friedrich: *Differenz des Fichte'schen und Schelling'schen Systems der Philosophie,* in: Gesammelte Schriften, Bd. IV. Jenaer Kritische Schriften, hrsg. v. H. Buchner u. O. Pöggeler, Hamburg 1968, 1–92.
–: *Enzyklopädie* der philosophischen Wissenschaften im Grundrisse (Glockner-Ausg. Bd. VI), Stuttgart 1968.
–: *Glauben und Wissen* oder Die Reflexionsphilosophie der Subjectivität, in der Vollständigkeit ihrer Formen, als Kantische, Jacobische, und Fichtesche Philosophie, in: Jenaer Kritische Schriften, Bd. IV, hrsg. v. H. Buchner u. O. Pöggeler, Hamburg 1968, 315–414.
–: *Grundlinien der Philosophie des Rechts* oder Naturrecht und Staatswissenschaft im Grundrisse (Glockner-Ausg. Bd. VII), Stuttgart–Bad Cannstatt 1964.
–: *Phänomenologie des Geistes* (Glockner-Ausg. Bd. II), Stuttgart–Bad Cannstatt 1964.
–: Vorlesungen über die *Philosophie der Religion,* Bd. II (Glockner-Ausg. Bd. XVI), Stuttgart–Bad Cannstatt 1965.
–: *Theologische Jugendschriften:* s. unter: Nohl, Herman.
–: *Wissenschaft der Logik,* Bd. I. Die objektive Logik, Bd. II. Die subjektive Logik

oder Lehre vom Begriff (Glockner-Ausg. Bde. IV–V), Stuttgart–Bad Cannstatt 1965.
–: *Zum Organischen und zur Philosophie des Geistes,* in: Gesammelte Schriften, Bd. VI. Jenaer Systementwürfe I, hrsg. v. K. Düsing u. H. Kimmerle, Hamburg 1975, 210–326.
Hegyi, Johannes: *Die Bedeutung des Seins* bei den klassischen Kommentatoren des heiligen Thomas von Aquin. Capreolus – Silvester von Ferrara – Cajetan (PPhF 4), Pullach 1959.
Heidegger, Martin: *Sein und Zeit,* Tübingen [11]1967.
Heimbach, Marianne: *»Der ungelehrte Mund« als Autorität.* Mystische Erfahrung als Quelle kirchlich-prophetischer Rede im Werk Mechthilds von Magdeburg (Mystik in Geschichte und Gegenwart I/6), Stuttgart–Bad Cannstatt 1989.
Heimsoeth, Heinz: *Fichte,* München 1923.
Hein, Arnold: *Die Christologie von D. Fr. Strauß,* in: ZThK 19 (1906) 321–345.
Heinrich, Johann Baptist, *Dogmatische Theologie,* Bd. VII, Mainz 1896.
Heinrichs, Johannes: *Das ideologiekritische Gewicht der Lehre vom anonymen Christen,* in: Christentum innerhalb und außerhalb der Kirche (QD 73), hrsg. v. E. Klinger, Freiburg 1976, 42–64.
–: *Fichte, Hegel und der Dialog.* Ein Bericht in systematischer Absicht, in: ThPh 47 (1972) 90–131.
–: *Sinn und Intersubjektivität.* Zur Vermittlung von transzendentalphilosophischem und dialogischem Denken in einer »Transzendentalen Dialogik«, in: ThPh 45 (1970) 161–191.
Heinz, Hanspeter: *Der Gott des Je-mehr.* Der christologische Ansatz Hans Urs von Balthasars (DiTh 3), Frankfurt 1975.
Hellmann, Friedrich: *Die Stellvertretung* in Rechtsgeschäften, München 1882.
Hemmerle, Klaus: *Dein Herz an Gottes Ohr.* Einübung ins Gebet, Freiburg 1986.
–: *Der Begriff des Heils.* Fundamentaltheologische Erwägungen, in: IKaZ 1 (1972) 210–230.
–: *Dreifaltigkeit: Lebensentwurf für den Menschen aus dem Leben Gottes,* in: Dreifaltigkeit – Schlüssel zum Menschen, Schlüssel zur Zeit. Beiträge zu Zeitfragen des Glaubens, hrsg. v. K. Hemmerle, München 1989, 119–135.
–: *Gott und das Denken* nach Schellings Spätphilosophie, Freiburg 1968.
–: *Thesen zu einer trinitarischen Ontologie* (Kriterien 40), Einsiedeln 1976.
Hempel, Johannes: *Das Ethos des Alten Testaments* (BZAW 67), Berlin [2]1964.
Hengel, Martin: *Der stellvertretende Sühnetod Jesu.* Ein Beitrag zur Entstehung des urchristlichen Kerygmas, in: IKaZ 9 (1980) 1–25.135–147.
Hengstenberg, Ernst Wilhelm: *Die Opfer* der heiligen Schrift, Berlin [2]1859.
Henke, Peter: *Gewißheit vor dem Nichts.* Eine Antithese zu den theologischen Entwürfen Wolfhart Pannenbergs und Jürgen Moltmanns (TBT 34), Berlin 1977.
Henrici, Peter: *Erster Blick auf Hans Urs von Balthasar,* in: Hans Urs von Balthasar. Gestalt und Werk, hrsg. v. K. Lehmann u. W. Kasper, Köln 1989, 18–61.
–: *Zur Philosophie Hans Urs von Balthasars,* in: Hans Urs von Balthasar (s. o.), 237–259.
Hermes, Georg: *Christkatholische Dogmatik,* Bd. II. Über das Verhältnis dieser Welt zu Gott, hrsg. v. Johann Heinrich Achterfeldt, Münster 1834.
Herrigel, Hermann: *Das neue Denken,* Berlin 1928.
Herrmann, Johannes: *Sühne und Sühneformen im AT,* in: ThWNT III (Stuttgart 1938) 302–311.
Hertling, Ludwig: *Communio und Primat* – Kirche und Papsttum in der christlichen Antike, in: US 17 (1962) 91–125.

Herz, Martin: *Sacrum Commercium.* Eine begriffsgeschichtliche Studie zur Theologie der römischen Liturgiesprache (MThS.S 15), München 1958.

Heuser, Adolf: Die *Erlösungslehre* in der katholischen deutschen Dogmatik von B. P. Zimmer bis M. Schmaus (BNGKT 4), Essen 1963.

Heussi, Karl: *Der Ursprung des Mönchtums,* Tübingen 1936.

Hilberath, Bernd Jochen: *Der Personbegriff* der Trinitätstheologie in Rückfrage von Karl Rahner zu Tertullians »Adversus Praxean« (ITS 17), Innsbruck 1986.

Hildebrand, Dietrich von: *Metaphysik der Gemeinschaft.* Untersuchungen über Wesen und Wert der Gemeinschaft (Ges. Werke IV), Regensburg ^{3}1975.

Hirsch, Emanuel: *Geschichte der neuern evangelischen Theologie* in Zusammenhang mit den allgemeinen Bewegungen des europäischen Denkens, 5 Bde., Gütersloh ^{5}1975.

Hösle, Vittorio: *Hegels System.* Der Idealismus der Subjektivität und das Problem der Intersubjektivität, Bd. I. Systementwicklung und Logik, Bd. II. Philosophie der Natur und des Geistes, Hamburg 1988.

Hoffmann, Norbert: *Herz-Jesu-Frömmigkeit* und Sühne. Versuch einer Wesenserhellung im Licht des Prinzips »Stellvertretung«, in: Christusglaube und Christusverehrung. Neue Zugänge zur Christusfrömmigkeit, hrsg. v. L. Scheffczyk, Aschaffenburg 1982, 176–259.

–: *Kreuz und Trinität.* Zur Theologie der Sühne, Einsiedeln 1982.

–: *Natur und Gnade.* Die Theologie der Gottesschau als vollendeter Vergöttlichung des Geistgeschöpfes bei M. J. Scheeben (AnGr 160), Rom 1967.

–: »*Stellvertretung*«, Grundgestalt und Mitte des Mysteriums. Ein Versuch trinitätstheologischer Begründung christlicher Sühne, in: MThZ 30 (1979) 161–191.

–: *Sühne.* Zur Theologie der Stellvertretung, Einsiedeln 1981.

Hofmann, Hasso: *Repräsentation.* Studien zur Wort- und Begriffsgeschichte von der Antike bis ins 19. Jahrhundert (SzVg 22), Berlin 1974.

Hofmann, Johann Christian Konrad von: *Begründete Abweisung* eines nicht begründeten Vorwurfs, in: ZPK 31 (1856) 175–192.

–: *Der Schriftbeweis.* Ein theologischer Versuch, Bde. I. II–1. II–2, Nördlingen 1852/53/55.

–: *Schutzschriften,* Teil I: Die Versöhnung Gottes und Rechtfertigung des Menschen betreffend, und zwar, was ich angeblich über sie nicht lehre, in Wirklichkeit aber doch lehre, und angeblich über sie lehre, in Wirklichkeit aber nicht lehre, Nördlingen 1856.

–: *Schutzschriften,* Teil II: Christi Versöhnungswerk betreffend, und zwar, was die Kirche davon lehrt, und wie sich hiezu verhält, was ich davon lehre, Nördlingen 1857.

–: *Schutzschriften,* Teil III: Christi Versöhnungswerk betreffend, und zwar, wie ich meine, daß man es die Unmündigen lehren soll, Nördlingen 1859.

–: *Schutzschriften,* Teil IV: Die Aufgabe der systematischen Theologie und der Schriftbeweisführung betreffend, Nördlingen 1859.

Hofmann, Konrad: *Herz-Jesu-Gemeinschaften,* in: LThK V (Freiburg 1960) 294–300.

Hofmann, Rudolf: *Das sittliche Minimum in der pluralen Gesellschaft,* in: ThQ 149 (1969) 23–38.

Hollmann, Klaus: *Existenz und Glaube.* Entwicklung und Ergebnisse der Bultmann-Diskussion in der katholischen Theologie, Paderborn 1972.

Hoping, Helmut: *Freiheit im Widerspruch.* Eine Untersuchung zur Erbsündenlehre im Ausgang von Immanuel Kant (ITS 30), Innsbruck 1991.

Horst, Friedrich: *Recht und Religion* im Bereich des Alten Testaments, in: UPV, 181–212.

Hossfeld, Frank-Lothar: *Versöhnung und Sühne*. Neuere Anstöße zur Wiederaufnahme eines biblischen Themas, in: BiKi 41 (1986) 54–59.
Howard, Thomas: *The Novels of Charles Williams*, Oxford 1983.
Huber, Max: *Jesus Christus als Erlöser* in der Liberalen Theologie. Vermittlung, Spekulation, Existenzverständnis, Winterthur 1956.
Hübner, Eberhard: *Schrift und Theologie*. Eine Untersuchung zur Theologie Joh. Chr. K. v. Hofmanns (FGLP X/8), München 1956.
Hübner, Hans: *Sühne und Versöhnung*. Anmerkungen zu einem umstrittenen Kapitel Biblischer Theologie, in: KuD 29 (1983) 284–305.
Hübner, Kurt: *Die Wahrheit des Mythos*, München 1985.
Hübner, Reinhard M.: *Die Einheit des Leibes Christi bei Gregor von Nyssa*. Untersuchungen zum Ursprung der »physischen« Erlösungslehre (PhP 2), Leiden 1974.
Hünermann, Peter: *Das neuzeitliche Menschheitsethos und die Kirche*. Eine systematisch-theologische Reflexion, in: ThQ 167 (1987) 7–25.
Huizing, Klaas: *Das Sein und der Andere*. Levinas' Auseinandersetzung mit Heidegger (AMP 254), Frankfurt 1988.
Hummel, Gert: *Die Begegnungen zwischen Philosophie und evangelischer Theologie im 20. Jahrhundert*, Darmstadt 1989.
Husserl, Edmund: *Cartesianische Meditationen* und Pariser Vorträge (Husserliana I), hrsg. v. S. Strasser, Den Haag 1950.
–: *Die Krisis* der europäischen Wissenschaften und die transzendentale Phänomenologie (Husserliana VI), hrsg. v. W. Biemel, Den Haag 1954.
–: *Ideen zu einer reinen Phänomenologie* und phänomenologischen Philosophie, Buch II. Phänomenologische Untersuchungen zur Konstitution (Husserliana IV), Buch III. Die Phänomenologie und die Fundamente der Wissenschaften (Husserliana V), hrsg. v. W. Biemel, Den Haag 1952.
Huysmans, Joris-Karl: *En route* (Oeuvres complètes XIII/1–2), Paris 1928.
Ignatius von Loyola: *Das Geistliche Tagebuch*, hrsg. v. A. Haas u. P. Knauer, Freiburg 1961.
Ingarden, Roman: *Über die Verantwortung*. Ihre ontischen Fundamente, Stuttgart 1970.
Iserloh, Erwin: *Der fröhliche Wechsel und Streit*. Zu Theobald Beers Werk über Grundzüge der Theologie Martin Luthers, in: Kirche – Ereignis und Institution. Aufsätze und Vorträge, Bd. II. Geschichte und Theologie der Reformation (RGST.S 3/II), Münster 1985, 194–208.
–: *Der Kampf um die Messe* in den ersten Jahren der Auseinandersetzung mit Luther, Münster 1952.
–: *Die Kirchenfrömmigkeit in der Imitatio Christi*, in: Kirche – Ereignis und Institution. Aufsätze und Vorträge, Bd. I. Kirchengeschichte als Theologie (RGST.S 3/I), Münster 1985, 151–167.
–: *Gnade und Eucharistie* in der philosophischen Theologie des Wilhelm von Ockham. Ihre Bedeutung für die Ursachen der Reformation (VIEG 8), Wiesbaden 1956.
–: *Luther und die Kirchenspaltung*. Was verbindet ihn mit, was trennt ihn von der katholischen Kirche?, in: Kirche – Ereignis und Institution II (s. o.) 145–162.
–: *Luther und die Mystik*, in: Kirche – Ereignis und Institution II (s. o.) 88–106.
–: *Sacramentum et exemplum*. Ein augustinisches Thema lutherischer Theologie, in: Kirche – Ereignis und Institution II (s. o.) 107–124.
–: *Thomas von Kempen und die Devotio Moderna*, in: Kirche – Ereignis und Institution I (s. o.) 111–136.
Ivánka, Endre von: *Plato Christianus*. Übernahme und Umgestaltung des Platonismus durch die Väter, Freiburg [2]1990.

Iwand, Hans Joachim: *Rechtfertigungslehre und Christusglaube.* Eine Untersuchung zur Systematik der Rechtfertigungslehre Luthers in ihren Anfängen (TB 14), München ²1961.
Janowski, Bernd: *Auslösung des verwirkten Lebens.* Zur Geschichte und Struktur der biblischen Lösegeldvorstellung, in: ZThK 79 (1982) 25–59.
–: *Sühne als Heilsgeschehen.* Studien zur Sühnetheologie der Priesterschrift und zur Wurzel KPR im Alten Orient und im Alten Testament (WMANT 55), Neukirchen – Vluyn 1982.
Jansohn, Heinz: *Kants Lehre von der Subjektivität.* Eine systematische Analyse des Verhältnisses transzendentaler und empirischer Subjektivität in seiner theoretischen Philosophie (MaPF 12), Bonn 1969.
Janssen, Hans-Gerd: *Das Theodizee-Problem der Neuzeit.* Ein Beitrag zur historisch-systematischen Grundlegung politischer Theologie (EHS XXIII/198), Frankfurt 1982.
Jaspers, Karl: *Philosophie,* Berlin ²1948 (Erstaufl. Berlin 1932).
Jaspert, Bernd (Hrsg.): *Karl Barth – Rudolf Bultmann. Briefwechsel* 1922–1966 (Barth-Gesamtausgabe V/1), Zürich 1971.
Jeremias, Joachim: *Abba,* in: Ders., Abba. Studien zur neutestamentlichen Theologie und Zeitgeschichte, Göttingen 1966, 15–67.
–: *Das Lösegeld für Viele* (Mk 10,45), in: Ders., Abba (s. o.), 216–229.
–: *Der Opfertod Christi* (CwH 62), Stuttgart 1963.
–: *Die Abendmahlsworte Jesu,* Göttingen ⁴1967.
Jöhri, Mauro: *Descensus Dei.* Teologia della croce nell'opera di Hans Urs von Balthasar (CL 30), Roma 1981.
Johansson, Niels: *Parakletoi.* Vorstellungen von Fürsprechern für die Menschen vor Gott in der alttestamentlichen Religion, im Spätjudentum und Urchristentum, Lund 1940.
Jonas, Hans: *Das Prinzip Verantwortung.* Versuch einer Ethik für die technologische Zivilisation, Frankfurt 1984.
Jonas, Ludwig – Dilthey, Wilhelm: *Aus Schleiermacher's Leben.* In Briefen, Bd. I. Von Schleiermacher's Kindheit bis zu seiner Anstellung in Halle October 1804, Berlin ²1860.
Jorissen, Hans: *Die Begründung der Eucharistie* im nachösterlichen Offenbarungsgeschehen, in: Freispruch und Freiheit (FS Walter Kreck), hrsg. v. H.-G. Geyer, München 1973, 206–228.
–: *Die Entfaltung der Transsubstantiationslehre* bis zum Beginn der Hochscholastik (MBTh 28,1), Münster 1965.
Jüngel, Eberhard: *Das Geheimnis der Stellvertretung.* Ein dogmatisches Gespräch mit Heinrich Vogel, in: BThZ 1 (1984) 65–80.
–: *Die Möglichkeit theologischer Anthropologie* auf dem Grunde der Analogie. Eine Untersuchung zum Analogieverständnis Karl Barths, in: EvTh 22 (1962) 535–557.
–: *Gott als Geheimnis der Welt.* Zur Begründung der Theologie des Gekreuzigten im Streit zwischen Theismus und Atheismus, Tübingen 1977.
Jungmann, Joseph Andreas: *Fermentum.* Ein Symbol kirchlicher Einheit und sein Nachleben im Mittelalter, in: Colligere Fragmenta (FS Alban Dold), Beuron 1952, 185–190.
Kähler, Martin: *Gericht* (göttliches), in: RE VI (Leipzig ³1899) 568–572.
–: *Geschichte der protestantischen Dogmatik* im 19. Jahrhundert (TB 16), mit einem Verz. der Schriften Martin Kählers neu hrsg. v. E. Kähler, München 1962.

–: *Höllenstrafen,* in: RE VIII (Leipzig ^{3}1900) 206–211.
–: *Schuld,* in: RE XVII (Leipzig ^{3}1906) 748–789.
–: *Zur Lehre von der Versöhnung,* Gütersloh ^{2}1937 (Nachdr. der 1. Aufl. v. 1898)
Kampits, Peter: *Sartre und die Frage nach dem Anderen.* Eine sozialontologische Untersuchung, Wien–München 1975.
Kant, Immanuel: *Kritik der praktischen Vernunft,* Königsberg 1788 (Weischedel-Ausg. Bd. VI, Darmstadt 1968, 103–302).
–: *Kritik der reinen Vernunft,* Königsberg ^{2}1787 (Weischedel-Ausg. Bde. III–IV, Darmstadt 1968).
–: Die *Metaphysik der Sitten,* I. Metaphysische Anfangsgründe der Rechtslehre, Königsberg ^{2}1798 (Weischedel-Ausg. Bd. VII, Darmstadt 1968, 307–499); II. Metaphysische Anfangsgründe der Tugendlehre, Königsberg 1797 (Weischedel-Ausg. Bd. VII, Darmstadt 1968, 501–634).
–: Die *Religion* innerhalb der Grenzen der bloßen Vernunft, Königsberg ^{2}1794 (Weischedel-Ausg. Bd. VII, Darmstadt 1968, 645–879).
Kappes, Clemens: *Freiheit und Erlösung.* Überlegungen zu den Grundlagen der Soteriologie in den Entwürfen von Hans Urs von Balthasar, Karl Rahner und Jürgen Moltmann (Diss. masch.), Münster 1987.
Karrer, Leo: Die historisch-positive Methode des Theologen *Dionysius Petavius* (MThS II,37), München 1970.
Kasper, Walter: *Absolutheitsanspruch des Christentums,* in: SM I (Freiburg 1967) 39–44.
–: *Anthropologische Aspekte der Buße,* in: ThQ 163 (1983) 96–109.
–: *Aufgaben der Christologie heute,* in: Christologie im Präsens. Kritische Sichtung neuer Entwürfe, hrsg. v. A. Schilson u. W. Kasper, Freiburg 1974, 133–151.
–: Krise und Neuanfang der *Christologie im Denken Schellings,* in: EvTh 33 (1973) 366–384.
–: *Das Absolute in der Geschichte.* Philosophie und Theologie der Geschichte in der Spätphilosophie Schellings, Mainz 1965.
–: *Das kirchliche Amt* in der Diskussion. Zur Auseinandersetzung mit E. Schillebeeckx »Das kirchliche Amt« (Düsseldorf 1981), in: ThQ 163 (1983) 46–53.
–: *Das theologische Problem des Bösen,* in: Teufel – Dämonen – Besessenheit. Zur Wirklichkeit des Bösen, hrsg. v. W. Kasper u. K. Lehmann, Mainz 1978, 41–69.
–: *Das Wesen des Christlichen.* Ein Fundamental-Theologe und ein Dogmatiker zu dem Buch von Joseph Ratzinger »Einführung ins Christentum«, in: ThRv 65 (1969) 182–188.
–: *Der Gott Jesu Christi,* Mainz 1982.
–: *Der letzte Platz.* Überlegungen zum Stellvertretungs- und Sühnegedanken, in: Pastoralblatt 37 (1985) 74–77.
–: *Die Kirche als Sakrament des Geistes,* in: Kirche – Ort des Geistes, hrsg. v. W. Kasper u. G. Sauter, Freiburg 1976, 11–55.
–: *Die Lehre von der Tradition in der Römischen Schule.* Giovanni Perrone, Carlo Passaglia, Clemens Schrader, Freiburg 1962.
–: *Dogmatik als Wissenschaft.* Versuch einer Neubegründung, in: ThQ 157 (1977) 189–203.
–: *Dogma unter dem Wort Gottes,* Mainz 1965.
–: *Einführung in den Glauben,* Mainz 1972.
–: *Glaube: ein Geschenk zum Weitergeben,* Ostfildern 1984.
–: *Glaube im Wandel der Geschichte,* Mainz 1973.
–: *Glaube und Geschichte,* Mainz 1970.

–: *Glaube und Taufe,* in: Christsein ohne Entscheidung. Soll die Kirche Kinder taufen?, hrsg. v. W. Kasper, Mainz 1970, 129–159.
–: *Gottes Zeit für Menschen.* Besinnungen zum Kirchenjahr, Freiburg 1978.
–: *Jesus der Christus,* Mainz 1974.
–: *Revolution im Gottesverständnis?* Zur Situation des ökumenischen Dialogs nach Jürgen Moltmanns »Der gekreuzigte Gott«, in: ThQ 153 (1973) 8–14.
–: *Theologie und Kirche,* Mainz 1987.
–: *Theorie und Praxis innerhalb einer Theologia crucis.* Antwort auf J. Ratzingers »Glaube, Geschichte und Philosophie«, in: Hochland 62 (1970) 152–157.
–: *Was alles Erkennen übersteigt.* Besinnung auf den christlichen Glauben, Freiburg 1987.
–: *Zukunft aus dem Glauben,* Mainz 1978.
–: *Zur Theologie der christlichen Ehe,* Mainz 1977.
Kehl, Medard: *Kirche als Institution.* Zur theologischen Begründung des institutionellen Charakters der Kirche in der neueren deutschsprachigen katholischen Ekklesiologie (FTS 22), Frankfurt 1976.
Keller, Albert: *Sein oder Existenz?* Die Auslegung des Seins bei Thomas von Aquin in der heutigen Scholastik (PPhF 7), München 1968.
Kerényi, Karl: *Wesen und Gegenwärtigkeit des Mythos,* in: Die Eröffnung des Zugangs zum Mythos. Ein Lesebuch (WdF 20), hrsg. v. K. Kerényi, Darmstadt [3]1982, 234–252.
Kern, Walter: *Atheistisches Christentum?,* in: Ders., Atheismus kritisch betrachtet, München – Freiburg 1971, 143–171.
–: *»Außerhalb der Kirche kein Heil«,* in: Ders., Disput um Jesus und um Kirche, Innsbruck 1980, 88–112.
–: *Tod Gottes und technisches Zeitalter.* Umfeld und Vorgeschichte des humanistischen Atheismus, in: StZ 190 (1972) 219–229.
Kertelge, Karl: *Das Verständnis des Todes Jesu bei Paulus,* in: Der Tod Jesu. Deutungen im Neuen Testament (QD 74), hrsg. v. K. Kertelge, Freiburg 1976, 114–136.
Kessler, Hans: *Der Begriff des Handelns Gottes.* Überlegungen zu einer unverzichtbaren theologischen Kategorie, in: Kommunikation und Solidarität. Beiträge zur Dimension des handlungstheoretischen Ansatzes von Helmut Peukert in Theologie und Sozialwissenschaften, hrsg. v. H.-U. Brachel u. N. Mette, Freiburg (Schweiz) – Münster 1985, 117–130 [Erstfassung in: Ders., *Sucht den Lebenden nicht bei den Toten.* Die Auferstehung Jesu Christi in biblischer, fundamentaltheologischer und systematischer Sicht, Düsseldorf 1985, 283–311].
–: *Die theologische Bedeutung des Todes Jesu.* Eine traditionsgeschichtliche Untersuchung, Düsseldorf [2]1971.
–: *Reduzierte Erlösung?* Zum Erlösungsverständnis der Befreiungstheologie, Freiburg 1987.
Kirk, Geoffrey S.: *Myth.* Its meaning and functions in ancient and other cultures, Cambridge 1970.
Kisker, Karl Peter: *Phänomenologie der Intersubjektivität,* in: Handbuch der Psychologie, Bd. VII/1. Sozialpsychologie. Theorien und Methoden, Göttingen 1969, 81–107.
Klaes, Norbert: *Stellvertretung und Mission,* Essen 1968.
Klaiber, Christoph Benjamin: *Die neutestamentliche Lehre von der Sünde und Erlösung,* in: SEGW 7 (1835) II,1–176. 8 (1835/36) I,1–190; II,1–234.
Klappert, Bertold: *Die Auferweckung des Gekreuzigten.* Der Ansatz der Christologie

Karl Barths im Zusammenhang der Christologie der Gegenwart, Neukirchen–Vluyn 1971.
Klee, Heinrich: *Katholische Dogmatik,* Mainz [4]1861.
–: *System der katholischen Dogmatik,* Bonn 1831.
Klein, Klaus Leo: *Kreatürlichkeit als Gottebenbildlichkeit* des Menschen bei Matthias Joseph Scheeben (EHS XXIII/52), Frankfurt 1975.
Knapp, Georg Christian: *Vorlesungen über die christliche Glaubenslehre* nach dem Lehrbegriff der evangelischen Kirche, 2 Bde., aus der hinterl. Handschr. unverändert hrsg. u. eingel. v. Carl Thilo, Halle 1827
Knierim, Rolf: *Die Hauptbegriffe der Sünde im Alten Testament,* Gütersloh 1965.
Knowles, David: *Englische Mystik,* Düsseldorf 1967.
Koch, Klaus: *Gibt es ein Vergeltungsdogma im Alten Testament?,* in: Um das Prinzip der Vergeltung in Religion und Recht des Alten Testaments (WdF 125), hrsg. v. K. Koch, Darmstadt 1972, 130–180.
–: *Sühne und Sündenvergebung* um die Wende von der exilischen zur nachexilischen Zeit, in: EvTh 26 (1966) 217–239.
Koch, Kurt: *Der Gott der Geschichte.* Theologie der Geschichte bei Wolfhart Pannenberg als Paradigma einer philosophischen Theologie in ökumenischer Perspektive (TTS 32), Mainz 1988.
Köhler, Ludwig: *Theologie des Alten Testaments,* Tübingen [4]1966.
Köpf, Ulrich: *Angela von Foligno.* Ein Beitrag zur franziskanischen Frauenbewegung um 1300, in: Religiöse Frauenbewegung und mystische Frömmigkeit im Mittelalter (BAKG 28), hrsg. v. P. Dinzelbacher u. D. R. Bauer, Köln–Wien 1988, 225–250.
–: *Religiöse Erfahrung* in der Theologie Bernhards von Clairvaux (BHTh 61), Tübingen 1980.
Körner, Johannes: *Eschatologie und Geschichte.* Eine Untersuchung des Begriffes des Eschatologischen in der Theologie Rudolf Bultmanns, Hamburg–Bergstedt 1957.
Köster, Heinrich Maria: *Die Stellvertretung der Menschheit durch Maria.* Ein Systemversuch, in: Die heilsgeschichtliche Stellvertretung der Menschheit durch Maria, hrsg. v. C. Feckes, Paderborn 1954, 323–359.
Köster, Josef: *Gertrud von Le Fort und der Gedanke der religiösen Stellvertretung* (Diss. masch.), Freiburg 1952.
Kohn, Hans: *Martin Buber,* Köln [2]1961.
Koselleck, Reinhart: *Richtlinien* für das Lexikon politisch–sozialer Begriffe der Neuzeit, in: ABG 11 (1967) 81–99.
Koslowski, Peter: *Hegel – »der Philosoph der Trinität«?* Zur Kontroverse um seine Trinitätslehre, in: ThQ 162 (1982) 105–131.
Kradepohl, Anton: *Stellvertretung und kanonisches Eherecht* (KStT 17), Bonn 1939.
Kranz, Gisbert: *C. S. Lewis.* Studien zu Leben und Werk (Abhandlungen zur Kunst-, Musik- und Literaturwissenschaft 158), Bonn 1974.
–: *Die Oxforder Inklings-Autoren,* in: IKaZ 15 (1986) 70–78.
–: *Die seltsamen Romane des Charles Williams,* in: StdZ 112 (1987) 339–351.
–: *Stellvertretung.* Ein zentraler Gedanke bei Charles Williams, Paul Claudel und Gertrud von Le Fort, in: Inklings–Jahrbuch für Literatur und Ästhetik 3 (1985) 87–108.
Kraus, Georg: *Gnade,* in: Lexikon der katholischen Dogmatik (Freiburg 1987) 201–209.
–: *Gotteserkenntnis* ohne Offenbarung und Glaube? Natürliche Theologie als ökumenisches Problem (KKTS 50), Paderborn 1987.

Krause, Burghard: *Leiden Gottes – Leiden des Menschen*. Eine Untersuchung zur Kirchlichen Dogmatik Karl Barths (CThM 6), Stuttgart 1980.

Kremer, Jacob: *Was an den Leiden Christi noch mangelt*. Eine interpretationsgeschichtliche und exegetische Untersuchung zu Kol 1,24b (BBB 12), Bonn 1956.

Krenn, Kurt: *Die Stellvertretung* am Kreuz als Ermöglichung menschlicher Sühne, in: Die Mysterien des Lebens Jesu und die christliche Existenz, hrsg. v. L. Scheffczyk, Aschaffenburg 1984, 177–197.

Krenski, Thomas Rudolf: *Passio Caritatis*. Trinitarische Passiologie im Werk Hans Urs von Balthasars (Horizonte NF 28), Freiburg 1990.

Krinetzki, Leo: *Der Bund Gottes* mit den Menschen nach dem Alten und Neuen Testament, Düsseldorf 1963.

Krings, Hermann: *Freiheit,* in: HPhGb II (München 1973) 493–510.

–: *Gott,* in: HPhGb III (München 1973) 614–616.629–641.

–: *System und Freiheit*. Gesammelte Aufsätze (PPh 12), Freiburg–München 1980.

–: *Transzendentale Logik,* München 1964.

Krötke, Wolf: *Sünde und Nichtiges* bei Karl Barth (NBSTh 3), Neukirchen–Vluyn ²1983.

Kümmel, Werner-Georg: *Jesusforschung* seit 1965. VI. Der Prozeß und der Kreuzestod Jesu, in: ThR 45 (1980) 293–337.

Küng, Hans: *Menschwerdung Gottes*. Eine Einführung in Hegels theologisches Denken als Prolegomena zu einer künftigen Christologie, Freiburg 1970.

–: *Rechtfertigung*. Die Lehre Karl Barths und eine katholische Besinnung (Horizonte 2), Einsiedeln ⁴1964.

Kugelmann, Lothar: *Antizipation*. Eine begriffsgeschichtliche Untersuchung (FSÖTh 50), Göttingen 1986.

Kunz, Erhard: *Eucharistie* – Ursprung von Kommunikation und Gemeinschaft, in: ThPh 58 (1983) 321–345.

Laak, Werner von: *Allversöhnung*. Die Lehre von der Apokatastasis. Ihre Grundlegung durch Origenes und ihre Bewertung in der gegenwärtigen Theologie bei Karl Barth und Hans Urs von Balthasar (SThTSt 11), Sinzig 1990.

Lachenschmid, Robert: *Louis de Thomassins Inkarnationslehre*. Eine platonische Explikation des Geheimnisses der Menschwerdung. Ein Beitrag zur Dogmengeschichte des 17. Jahrhunderts (TThSt 22), Trier 1968.

Lanczkowski, Johanna: *Nachwort zu: Gertrud von Helfta, Gesandter der göttlichen Liebe,* in: Gertrud von Helfta, Gesandter der göttlichen Liebe, übers. u. hrsg. v. J. Lanczkowski, Darmstadt 1989, 565–592.

Lange, Dietz (Hrsg.): *Überholte Verurteilungen?* Die Gegensätze in der Lehre von Rechtfertigung, Abendmahl und Amt zwischen dem Konzil von Trient und der Reformation – damals und heute, Göttingen 1991.

Lange, Johann Peter: *Christliche Dogmatik,* Bd. II. Positive Dogmatik, Heidelberg 1851.

Lange, Peter: Konkrete Theologie? *Karl Barth und Friedrich Gogarten* »Zwischen den Zeiten« (1922–1933). Eine theologiegeschichtlich-systematische Untersuchung im Blick auf die Praxis theologischen Verhaltens (BSHST 19), Zürich 1972.

Langemeyer, Bernhard: *Der Dialogische Personalismus* in der Theologie. Eine theologiegeschichtliche Untersuchung ausgehend von Ferdinand Ebner, Paderborn 1961.

Langer, Otto: *Passio und Compassio*. Zur Bedeutung der Passionsmystik bei Bernhard von Clairvaux, in: Die dunkle Nacht der Sinne. Leiderfahrung und christliche Mystik, hrsg. v. G. Fuchs, Düsseldorf 1989, 41–62.

Langlois, Gilles: *Un Mendiant de la souffrance:* Léon Bloy, Ottawa 1948.
Lauth, Reinhard: *Die Frage nach dem Sinn des Daseins,* München 1953.
–: *Le problème de l'interpersonnalité chez J. G. Fichte,* in: ArPh 25 (1962) 325–344.
–: *Zur Idee der Transzendentalphilosophie,* München–Salzburg 1965.
Leclercq, Jean: *Le Sacré-Coeur dans la tradition bénédictine au moyen-âge,* in: Cor Jesu. Commentationes in Litteras Encyclicas Pii PP. XII »Haurietis Aquas«, Vol. II. Pars historica et pastoralis, ed. A. Bea, H. Rahner, H. Rondet, F. Schwendimann, Freiburg 1959, 1–28.
–: *Sühne und Anbetung* in der monastischen Tradition, in: EuA 60 (1984) 169–195.
–: *Wissenschaft und Gottverlangen.* Zur Mönchstheologie des Mittelalters, Düsseldorf 1963.
Le Fort, Gertrud von: *Das Schweißtuch der Veronika,* Teil I. Der römische Brunnen, Teil II. Der Kranz der Engel, München 1949.
–: *Die Abberufung der Jungfrau von Barby,* München 1940.
–: *Die Frau des Pilatus.* Novelle, Wiesbaden 1955.
–: *Die Letzte am Schafott,* München 1931.
–: *Die Tochter Farinatas.* Vier Erzählungen, Wiesbaden 1954.
Lehmann, Karl: *Absolutheit des Christentums* als philosophisches und theologisches Problem, in: Absolutheit des Christentums (QD 79), hrsg. v. W. Kasper, Freiburg 1977, 13–38.
–: *Die dogmatische Denkform als hermeneutisches Problem.* Prolegomena zu einer Kritik der dogmatischen Vernunft, in: Ders., Gegenwart des Glaubens, Mainz 1974, 35–53.
–: *»Er wurde für uns gekreuzigt«.* Eine Skizze zur Neubesinnung in der Soteriologie, in: ThQ 162 (1982) 298–317.
–: *Lehrverurteilungen – kirchentrennend?,* I. Rechtfertigung, Sakramente und Amt im Zeitalter der Reformation und heute, hrsg. v. K. Lehmann u. W. Pannenberg, Freiburg – Göttingen 1986.
–: *Was ist eine christliche Gemeinde?* Theologische Grundstrukturen, in: IKaZ 1 (1972) 481–497.
Leibholz, Gerhard: *Das Wesen der Repräsentation* unter besonderer Berücksichtigung des Repräsentativsystems. Ein Beitrag zur allgemeinen Staats- und Verfassungslehre (BAÖRV 13), Berlin–Leipzig 1929.
Leipold, Heinrich: *Missionarische Theologie.* Emil Brunners Weg zur theologischen Anthropologie (FSÖTh 29), Göttingen 1974.
Lengsfeld, Peter: *Adam und Christus.* Die Adam-Christus-Typologie im Neuen Testament und ihre dogmatische Verwendung bei M. J. Scheeben und K. Barth (Koinonia 9), Essen 1965.
Levin, Christoph: *Die Verheißung des neuen Bundes* in ihrem theologiegeschichtlichen Zusammenhang ausgelegt (FRLANT 137), Göttingen 1985.
Levinas, Emmanuel: *De l'Existence à l'Existant,* Paris 1947.
–: *Diachronie et Représentation,* in: RUO 55 (1985) 85–98.
–: *Die Spur des Anderen.* Untersuchungen zur Phänomenologie und Sozialphilosophie, übers. u. hrsg. v. Wolfgang Nikolaus Krewani, Freiburg–München 1983.
–: *Die Zeit und der Andere,* übers. u. hrsg. v. Ludwig Wenzler, Hamburg 1984.
–: *Humanismus des anderen Menschen,* übers. u. hrsg. v. Ludwig Wenzler, Hamburg 1989.
–: *Le Moi et la Totalité,* in: RMM 59 (1954) 353–373.
–: *Liberté et Commandement,* in: RMM 58 (1953) 264–272.

–: *Totalität und Unendlichkeit.* Versuch über die Exteriorität, übers. u. hrsg. v. Wolfgang Nikolaus Krewani, Freiburg–München 1987.
–: *Wenn Gott ins Denken einfällt.* Diskurse über die Betroffenheit von Transzendenz, übers. v. Thomas Wiemer, eingel. v. Bernhard Casper, Freiburg–München 1985.
Lewis, Clive Staples: *Letters to Malcolm:* Chiefly on Prayer, London 1964.
–: *Till we have Faces:* A Myth Retold, London 1956.
L'Hour, Jean: *Die Ethik der Bundestradition* im Alten Testament (SBS 14), Stuttgart 1967.
Lochbrunner, Manfred: *Analogia Caritatis.* Darstellung und Deutung der Theologie Hans Urs von Balthasars (FThSt 120), Freiburg 1978.
Loersch, Sigrid: *Die Theologie Dorothee Sölles.* Darstellung und Kritik. Ein Beitrag zur Theologiegeschichte des 20. Jahrhunderts (Diss. masch.), Münster 1975.
Löser, Werner: *Die Ignatianischen Exerzitien im Werk Hans Urs von Balthasars,* in: Hans Urs von Balthasar. Gestalt und Werk, hrsg. v. K. Lehmann u. W. Kasper, Köln 1989, 152–174.
–: *Ein katholischer Versuch zu Luther.* Bemerkungen zu: Theobald Beer, Der fröhliche Wechsel und Streit, in: ThPh 56 (1981) 565–573.
–: *Im Geiste des Origenes.* Hans Urs von Balthasar als Interpret der Theologie der Kirchenväter (FTS 23), Frankfurt 1976.
–: *Trinitätstheologie heute.* Ansätze und Entwürfe, in: Trinität. Aktuelle Perspektiven der Theologie, hrsg. v. W. Breuning, Freiburg 1984, 19–45.
–: *»Universale Concretum«* als Grundgesetz der Oeconomia Revelationis, in: Handbuch der Fundamentaltheologie, Bd. II. Traktat Offenbarung, Freiburg 1985, 108–121.
Loewenich, Walther von: *Christi Stellvertretung.* Eine theologische Meditation zu Luthers Auslegung von Gal 3,13, in: Ders., Von Augustin zu Luther. Beiträge zur Kirchengeschichte, Witten 1959, 150–160.
Löwith, Karl: *Das Individuum in der Rolle des Mitmenschen,* München 1928 (fotomech. Nachdr. Darmstadt 1969).
–: *Gesammelte Abhandlungen,* Stuttgart 1960.
Lohse, Eduard: *Märtyrer und Gottesknecht.* Untersuchungen zur urchristlichen Verkündigung vom Sühntod Jesu Christi (FRLANT 64), Göttingen [2]1963.
Lorie, Marie-Joseph: *La pensée religieuse de Léon Bloy,* Paris 1951, 80–90.
Lowrie, Joyce O.: *The Violent Mystique:* Thematics of Retribution and Expiation in Balzac, Barbey d'Aurevilly, Bloy and Huysmans (Histoire des ideés et critique littéraire 143), Genève 1974.
Lubac, Henri de: *Corpus Mysticum.* Kirche und Eucharistie im Mittelalter. Eine historische Studie, aus dem Frz. übers. v. Hans Urs von Balthasar, Einsiedeln 1969.
–: *Geheimnis, aus dem wir leben* (Kriterien 6), übers. u. hrsg. v. K. Bergner u. H. U. v. Balthasar, Einsiedeln 1967.
–: *Glauben aus der Liebe* [Catholicisme. Les aspects sociaux du dogme], aus dem Frz. übers. v. Hans Urs von Balthasar, Einsiedeln 1970.
–: Ein Zeuge Christi in der Kirche: *Hans Urs von Balthasar,* in: IKaZ 4 (1975) 390–409.
Lutz, Jürgen: *Unio und Communio.* Zum Verhältnis von Rechtfertigungslehre und Kirchenverständnis bei Martin Luther. Eine Untersuchung zu ekklesiologisch relevanten Texten der Jahre 1519–1528 (KKTS 55), Paderborn 1990.
Maas, Wilhelm: *Das Geheimnis des Karsamstags,* in: Adrienne von Speyr und ihre kirchliche Sendung. Akten des römischen Symposiums 27.–29. September 1985, hrsg. v. H. U. v. Balthasar, G. Chantraine, A. Scola, Einsiedeln 1986, 128–137.
–: *Gott und die Hölle.* Studien zum Descensus Christi (Horizonte 14), Einsiedeln 1979.

MacIntyre, John: *St. Anselm and his critics.* A reinterpretation of the Cur Deus homo, Edinburgh – London 1954.

Maier, Eugen: *Einigung der Welt in Gott.* Das Katholische bei Henri de Lubac (Horizonte 22), Einsiedeln 1983.

Marcel, Gabriel: *Être et Avoir,* Paris 1935.

–: *Journal Métaphysique,* Paris 1927.

Marchesi, Giovanni: *La Cristologia di Hans Urs von Balthasar.* La figura di Gesù Cristo espressione visibile di Dio (AnGr 207), Roma 1977.

Marheineke, Philipp Konrad: Die *Grundlehren der christlichen Dogmatik,* Berlin 1819.

–: Die *Grundlehren der Dogmatik als Wissenschaft.* Zweite, völlig neu bearbeitete Auflage, Berlin 1827.

Marle, René: *Bultmann* und die Interpretation des Neuen Testamentes (KKTS 1), aus dem Frz. übers. v. J. Kremeyer, Paderborn [2]1967.

Marliangeas, Bernard-Dominique: *Clés pour une théologie du ministère.* In persona Christi, in persona ecclesiae (TH 51), Paris 1978.

Maron, Gottfried: *Kirche und Rechtfertigung.* Eine kontroverstheologische Untersuchung, ausgehend von den Texten des Zweiten Vatikanischen Konzils (KiKonf 15), Göttingen 1969.

Marsch, Wolf-Dieter: *Logik des Kreuzes.* Über Sinn und Grenzen einer theologischen Berufung auf Hegel, in: EvTh 28 (1968) 57–82.

Martensen, Hans Lasse: *Die christliche Dogmatik,* Berlin [3]1856.

Mattes, Anton: *Herz-Jesu-Verehrung in der Neuzeit* – im Bannkreis der hl. Margareta Maria Alacoque, in: Christusglaube und Christusverehrung. Neue Zugänge zur Christusfrömmigkeit, hrsg. v. L. Scheffczyk, Aschaffenburg 1982, 124–145.

Maurer, Wilhelm: *Der Organismusgedanke* bei Schelling und in der Theologie der Katholischen Tübinger Schule, in: KuD 8 (1962) 202–216.

Mayr, Johann: *Die Ekklesiologie Honoré Tournelys* (BNGKT 6). Essen 1964.

Mechels, Eberhard: *Analogie* bei Erich Przywara und Karl Barth. Das Verhältnis von Offenbarungstheologie und Metaphysik, Neukirchen – Vluyn 1974.

Medebielle, Alexis: *L'Expiation dans l'Ancien Testament,* Rome 1924.

Meessen, Frank: *Unveränderlichkeit und Menschwerdung* Gottes. Eine theologiegeschichtlich-systematische Untersuchung (FThSt 140), Freiburg 1989.

Menke, Karl-Heinz: *Deontologische Glaubensbegründung.* Antonio Rosmini (1797–1855) und Maurice Blondel (1861–1949), in: ZKTh 109 (1987) 153–172.

–: *Die Assensus-Lehre* des Antonio Rosmini-Serbati. Dargestellt in ihrem Verhältnis zu Newmans »Grammar of Assent«, in: ThPh 62 (1987) 43–58.

–: Definition und spekulative Grundlegung des Begriffes »*Dogma*« im Werke Johann Sebastian von Dreys (1777–1853), in: ThPh 52 (1977) 23–56.182–214.

–: *Rezension zu: J. Blank – J. Werbick, Sühne und Versöhnung* (Düsseldorf 1986), in: ThRv 83 (1987) 316–318.

–: *Stellvertretung,* in: Praktisches Lexikon der Spiritualität, hrsg. v. C. Schütz, Freiburg 1988, 1225–1230.

–: *Stellvertretung. Die Spiritualität des seligen Niels Stensen,* in: IKaZ 18 (1989) 76–91.

–: *Vernunft und Offenbarung* nach Antonio Rosmini. Der apologetische Plan einer christlichen Enzyklopädie (ITS 5), Innsbruck 1980.

Merklein, Helmut: Erwägungen zur Überlieferungsgeschichte der neutestamentlichen *Abendmahlstraditionen,* in: Ders., Studien zu Jesus und Paulus (WUNT 43), Tübingen 1987, 157–180.

–: *Der Sühnetod Jesu* nach dem Zeugnis des Neuen Testaments, in: Versöhnung in

der jüdischen und christlichen Liturgie (QD 124), hrsg. v. H. Heinz, K. Kienzler u. J. J. Petuchowski, Freiburg 1990, 155–183.
–: *Der Tod Jesu als stellvertretender Sühnetod.* Entwicklung und Gehalt einer zentralen neutestamentlichen Aussage, in: Ders., Studien (s.o.) 181–191.
–: *Die Bedeutung des Kreuzestodes Christi* für die paulinische Gerechtigkeits- und Gesetzesthematik, in: Ders., Studien (s.o.) 1–106.
–: *Die Gottesherrschaft* als Handlungsprinzip. Untersuchung zur Ethik Jesu (FzB 34), Würzburg ²1981.
–: *Entstehung und Gehalt des paulinischen Leib-Christi-Gedankens,* in: Ders., Studien (s.o.) 319–344.
Merleau-Ponty, Maurice: *Phénoménologie de la perception,* Paris 1945 (deutsch: *Phänomenologie der Wahrnehmung* [PPF 7], übers. u. hrsg. v. R. Boehm, Berlin 1966).
Metz, Johann Baptist: *Erlösung und Emanzipation,* in: Erlösung und Emanzipation (QD 61), hrsg. v. L. Scheffczyk, Freiburg 1973, 120–140.
–: *Zur Theologie der Welt,* Mainz 1968.
Metz, Wulf: *Christologie bei Immanuel Kant?,* in: ThZ 27 (1971) 325–346.
Metzinger, Adalbert: *Die Substitutionstheorie* und das alttestamentliche Opfer mit besonderer Berücksichtigung von Lev 17,11, in: Biblica 21 (1940) 159–187.247–272.353–377.
Meyer, Richard M.: *Der Begriff der Stellvertretung,* in: VWPh 35 (1911) 340–376.
Mieth, Dietmar: *Die Einheit von Vita activa und Vita contemplativa* in den deutschen Predigten und Traktaten Meister Eckharts und bei Johannes Tauler, Regensburg 1969.
Minz, Karl-Heinz: *Pleroma Trinitatis.* Trinitätstheologie bei Matthias Joseph Scheeben (DiTh 10), Frankfurt 1982.
Mitteis, Ludwig: *Die Lehre von der Stellvertretung* nach römischem Recht mit Berücksichtigung des österreichischen Rechtes, Wien 1885.
Moda, Aldo: *Hans Urs von Balthasar.* Un'esposizione critica del suo pensiero, Bari 1976.
Möller, Joseph: *Freiheit und Erlösung.* Eine Reflexion zur Freiheitsgeschichte der Neuzeit, in: ThQ 162 (1982) 275–288.
Mokrosch, Reinhold: *Devotio moderna.* II. Verhältnis zu Humanismus und Reformation, in: TRE VIII (Berlin–New York 1981) 609–616.
Molina, Thomas [Pseudonym des Joseph August Berrenberg], *Das Leiden im Weltplan.* Lösung tiefster Menschheitsfragen, Innsbruck–Wien–München 1929.
Moltmann, Jürgen: *Das Ende der Geschichte,* in: Perspektiven der Theologie. Gesammelte Aufsätze, München–Mainz 1968, 232–250.
–: *Das Reich Gottes* und die Treue zur Erde (DG 49), Wuppertal-Barmen 1963.
–: *Der gekreuzigte Gott.* Das Kreuz Christi als Grund und Kritik christlicher Theologie, München 1972.
–: *Der Weg Jesu Christi.* Christologie in messianischen Dimensionen, München 1989.
–: *»Dialektik,* die umschlägt in Identität« – was ist das? Zu Befürchtungen Walter Kaspers, in: ThQ 153 (1973) 346–350.
–: *Die Wendung zur Christusmystik* bei Teresa von Avila oder: Teresa von Avila und Martin Luther, in: Gott allein. Teresa von Avila heute, hrsg. v. W. Herbstrith, Freiburg 1982, 184–208.
–: *Gott und Auferstehung.* Auferstehungsglaube im Forum der Theodizeefrage, in: Perspektiven der Theologie. Gesammelte Aufsätze, München–Mainz 1968, 36–56.
–: *Grundzüge mystischer Theologie bei Gerhard Tersteegen,* in: EvTh 16 (1956) 205–224.

–: *Kirche in der Kraft des Geistes.* Ein Beitrag zur messianischen Ekklesiologie, München 1975.
–: *Revolution der Freiheit,* in: Perspektiven der Theologie. Gesammelte Aufsätze, München–Mainz 1968, 189–211.
–: *Trinität und Reich Gottes.* Zur Gotteslehre, München 1980.
–: *Theologie der Hoffnung.* Untersuchungen zur Begründung und zu den Konsequenzen einer christlichen Eschatologie (BEvTh 38), München 1969.
Momose, Peter Fumiaki: *Kreuzestheologie.* Eine Auseinandersetzung mit Jürgen Moltmann (ÖF.S 7), Freiburg 1978.
Moraldi, Luigi: *Espiazione sacrificale* e riti espiatori nell'ambiente biblico e nell'Antico Testamento (AnBib 5), Roma 1956.
Morando, Dante: *Antonio Rosmini e il comunismo,* in: RR 31 (1937) 99–113.
Mosis, Rudolf: *Der Mensch und die Dinge nach Johannes vom Kreuz* (StThGL 1), Würzburg 1964.
Mowinckel, Sigmund: *Psalmenstudien,* 2 Bde., Kristiania 1921 (fotomech. Nachdr. Amsterdam 1961).
Mühlen, Heribert: *Der Heilige Geist als Person.* Beitrag zur Frage nach der dem Heiligen Geiste eigentümlichen Funktion in der Trinität, bei der Inkarnation und im Gnadenbund, Münster 1963.
–: *Una Mystica Persona.* Die Kirche als das Mysterium der heilsgeschichtlichen Identität des Heiligen Geistes in Christus und den Christen, Paderborn [3]1968.
Müller, Gerhard Ludwig: Tod und Auferstehung Gottes heute. Zur Überwindung des neuzeitlichen Atheismus in *Bonhoeffers theologia crucis,* in: ZKTh 104 (1982) 172–190.
–: *Bonhoeffers Theologie der Sakramente* (FTS 28), Frankfurt 1979.
–: *Für andere da.* Christus – Kirche – Gott in Bonhoeffers Sicht der mündig gewordenen Welt (KKTS 44), Paderborn 1980.
–: *Gemeinschaft und Verehrung der Heiligen.* Geschichtlich-systematische Grundlegung der Hagiologie, Freiburg 1986.
Müller, Gotthold: *Die Welt als »Sohn Gottes«.* Grundstrukturen der Christologie des deutschen Idealismus, in: NZSTh 10 (1968) 89–101.
–: *Ungeheuerliche Ontologie.* Erwägungen zur christlichen Lehre über Hölle und Allversöhnung, in: EvTh 34 (1974) 256–275.
Müller, Herrmann: *Karl Friedrich Göschel,* in: ADB IX (Leipzig 1879) 397–398.
Müller, Hubert: *Das konsoziative Element* in seiner Bedeutung für die Ökumene, in: Das konsoziative Element in der Kirche. Akten des VI. Internationalen Kongresses für Kanonisches Recht (München 14.–19.9.1987), hrsg. v. W. Aymans, K.-T. Geringer u. H. Schmitz, St. Ottilien 1989, 243–266.
Müller, Julius: *Die christliche Lehre von der Sünde,* 2 Bde., Breslau [3]1849.
Müller, Ulrich: *Die Entwicklung der direkten Stellvertretung* und des Vertrages zugunsten Dritter. Ein dogmengeschichtlicher Beitrag zur Lehre von der unmittelbaren Drittberechtigung und Drittverpflichtung, Stuttgart 1969.
Müller-Freienfels, Wolfram: *Die Vertretung beim Rechtsgeschäft,* Tübingen 1955.
–: *Stellvertretungsregelungen* in Einheit und Vielfalt. Rechtsvergleichende Studien zur Stellvertretung, Frankfurt 1982.
Muth, Johannes Franz Seraph: *Die Heilstat Christi als stellvertretende Genugtuung.* Eine historisch-dogmatische Studie, München 1904.
Nachtwei, Gerhard: *Dialogische Unsterblichkeit.* Eine Untersuchung zu Joseph Ratzingers Eschatologie und Theologie (EThSt 54), Leipzig 1986.

Nédoncelle, Maurice: *Les variations de Boèce sur la personne,* in: RevSR 29 (1955) 201–238.
Nele, Herbert: *The Doctrine of the Atonement* in the Theology of Wolfhart Pannenberg (TBT 36), Berlin 1979.
Neugebauer, Fritz: *In Christus.* Eine Untersuchung zum paulinischen Glaubensverständnis, Göttingen 1961.
Neunheuser, Burkhard: *Die numerische Identität von Kreuzesopfer und Meßopfer,* in: Opfer Christi und Opfer der Kirche. Die Lehre vom Meßopfer als Mysteriengedächtnis in der Theologie der Gegenwart, hrsg. v. B. Neunheuser, Düsseldorf 1960, 139–151.
Nicolaus Cusanus, *De visione Dei.* Die Gottes-Schau, in: Philosophisch-Theologische Schriften (Studien- und Jubiläumsausgabe lateinisch-deutsch), Bd. III, übers. v. Dietlind und Wilhelm Dupré, hrsg. v. Leo Gabriel, Wien 1967, 93–219.
Niemann, Franz-Josef: *Jesus als Glaubensgrund* in der Fundamentaltheologie der Neuzeit. Zur Genealogie eines Traktats (ITS 12), Innsbruck 1984.
Nietzsche, Friedrich: *Götzen-Dämmerung* (Werke III), hrsg. v. K. Schlechta, München 1976.
Nigg, Walter: *Der Heilige im Protestantismus.* Gerhard Tersteegen (1697–1769), in: Große Heilige, Zürich–München 1947, 396–444.
Nohl, Herman (Hrsg.): *Hegels theologische Jugendschriften* nach den Handschriften der Kgl. Bibliothek in Berlin, Tübingen 1907 (Reprogr. Nachdr. Frankfurt 1966).
Nordhues, Paul: *Das wichtigste kontroverstheologische Anliegen des Oratorianers Louis de Thomassin* (1619–1695), in: Catholica 14 (1960) 132–152.
–: *Der Kirchenbegriff des Louis de Thomassin* in seinen dogmatischen Zusammenhängen und in seiner lebensmäßigen Bedeutung (EThS 4), Leipzig 1958.
Nyssen, Wilhelm: *Franziskus.* Lebendige Ikone des Gekreuzigten, in: GuL 49 (1976) 342–353.
Oepke, Albrecht: *διά;*, in: ThWNT II (Stuttgart 1935) 64–69.
–: *ἐν*, in: ThWNT II (Stuttgart 1935) 534–539.
Oelsner, Konrad Engelbert: Ueber den Charakter Sieyes' und seiner Schriften; über seine politische Rolle; über seinen Einfluß auf die Revolution, und über die Ursachen seines Stillschweigens, über die Verläumdungen, die in und außer Frankreich Sieyes betreffend ausgestreut sind. *Einige Bemerkungen an den Leser* über die Uebersezung dieser Schriften und mehrerer, sehr oft darin vorkommender Ausdrüke, in: E. J. Sieyes, Politische Schriften I, III–CXX.
Ortner, Erich: *Geist der Liebe – Geist der Kirche.* Zum theologischen Grundanliegen Hans Urs von Balthasars (Diss. masch.), Linz 1983.
Osswald, Bernhard, *Anton Günther.* Theologisches Denken im Kontext einer Philosophie der Subjektivität (APPR 43), Paderborn 1990.
Oswald, Johann Heinrich: *Die Erlösung in Christo Jesu* nach der Lehre der katholischen Kirche, Bd. II. Soteriologie oder Lehre vom Erlösungswerke, Paderborn 1878.
Ott, Heinrich: *Geschichte und Heilsgeschichte* in der Theologie Rudolf Bultmanns, Tübingen 1955.
–: Wirklichkeit und Glaube, Bd. I. *Zum theologischen Erbe Dietrich Bonhoeffers,* Zürich 1966.

Otto, Rudolf: *Kantisch-Fries'sche Religionsphilosophie* und ihre Anwendung auf die Theologie. Zur Einführung in die Glaubenslehre für Studenten der Theologie, Tübingen 1909.

Otto, Stephan: *»Natura« und »Dispositio«*. Untersuchung zum Naturbegriff und zur Denkform Tertullians (MThS II/19), München 1960.

Otto, Walther Friedrich: *Die Gestalt und das Sein*. Gesammelte Abhandlungen über den Mythos und seine Bedeutung für die Menschheit, Darmstadt ²1959.

Pannenberg, Wolfhart: *Analogie und Offenbarung*. Eine kritische Untersuchung der Geschichte des Analogiebegriffs in der Gotteserkenntnis (Diss. habil. masch.), Heidelberg 1955.

–: *Anthropologie* in theologischer Perspektive, Göttingen 1983.

–: Grundzüge der *Christologie*, Gütersloh 1964.

–: *Einführung*, in: Offenbarung als Geschichte, hrsg. v. W. Pannenberg, Göttingen ²1963, 7–20.

–: *Gottesgedanke und menschliche Freiheit*, Göttingen 1972.

–: *Grundfragen* systematischer Theologie. Gesammelte Aufsätze, 2 Bde., Göttingen 1967/1980.

–: *Lehrverurteilungen – kirchentrennend?* s. unter: Lehmann, Karl.

–: *Person und Subjekt*, in: Identität (Poetik und Hermeneutik. Arbeitsergebnisse einer Forschungsgruppe VIII), hrsg. v. O. Marquard u. U. Stierle, München 1979, 407–422.

–: *Systematische Theologie*, Bde. I u. II, Göttingen 1988/91.

–: *Zur Bedeutung des Analogiegedankens bei Karl Barth*. Eine Auseinandersetzung mit Urs von Balthasar, in: ThLZ 78 (1953) 17–24.

Patsch, Hermann: *Abendmahl und historischer Jesus* (CThM A/1), Stuttgart 1972.

Paul, Eugen: *Denkweg und Denkform* der Theologie von Matthias Joseph Scheeben (MThS.S 40), München 1970.

Pedersen, Johannes: *Israel, its Life and Culture*, Bde. I–II, London – Copenhagen 1926; Bde. III–IV, London – Copenhagen 1940.

–: *Seelenleben und Gemeinschaftsleben*, aus dem Dän. übers. v. Volkmar Hand, in: UPV, 8–86.

Peelman, Achiel: *Hans Urs von Balthasar* et la Théologie de l'Histoire (EHS XXIII/107), Frankfurt 1978.

Pell, Georg: *Das Dogma von der Sünde und Erlösung* im Lichte der Vernunft. Eine spekulativ-dogmatische Abhandlung, Regensburg 1886.

Persson, Per Erik: *Repraesentatio Christi*. Der Amtsbegriff in der neueren römisch-katholischen Theologie (KiKonf 10), Göttingen 1966.

Pesch, Christian: *Das Sühneleiden unseres göttlichen Erlösers* (Theologische Zeitfragen 6), Freiburg 1916.

Pesch, Otto Hermann: *Dogmatik im Fragment*. Gesammelte Studien, Mainz 1987.

–: *Theologie der Rechtfertigung* bei Martin Luther und Thomas von Aquin. Versuch eines systematisch-theologischen Dialogs (WSAMA.T 4), Mainz 1967.

Pesch, Rudolf: *Das Abendmahl und Jesu Todesverständnis* (QD 80), Freiburg 1978.

–: *Das Markusevangelium*, Bd. II (HThK II/2), Freiburg ²1980.

Peterson, Erik: *Frühkirche, Judentum und Gnosis*. Studien und Untersuchungen, Freiburg 1958.

Petrocchi, Massimo: *La spiritualità di Antonio Rosmini*, in: Cultura e Scuola 10 (1971) 97–103.

–: *Storia della spiritualità italiana*, vol. II. Il Cinquecento e il Seicento, Roma 1978.

Peukert, Helmut: *Wissenschaftstheorie – Handlungstheorie – Fundamentale Theologie.* Analysen zu Ansatz und Status theologischer Theoriebildung, Düsseldorf 1976.
Philippi, Friedrich Adolph: *Commentar über den Brief Pauli an die Römer,* Frankfurt–Erlangen ²1856.
–: *Herr Dr. von Hofmann* gegenüber der lutherischen Versöhnungs- und Rechtfertigungslehre, Frankfurt–Erlangen 1856.
–: *Kirchliche Glaubenslehre,* Bd. IV/2. Die Lehre von Christi Werk, Stuttgart 1863.
Picht, Georg: *Der Begriff Verantwortung,* in: Ders., Wahrheit, Vernunft, Verantwortung. Philosophische Studien, Stuttgart 1969, 318–398.
Pilgram, Friedrich: *Physiologie der Kirche.* Forschungen über die geistigen Gesetze, in denen die Kirche nach ihrer natürlichen Seite besteht (Deutsche Klassiker der katholischen Theologie aus neuerer Zeit 3), hrsg. u. eingel. v. Heinrich Getzeny, Mainz 1931.
Plack, Arno: *Die Gesellschaft und das Böse.* Eine Kritik der herrschenden Moral, München 1967.
Plagnieux, Jean: *Heil und Heiland.* Dogmengeschichtliche Texte und Studien, Paris 1969.
Plathow, Michael: *Schuldübertragung oder Schuldübernahme.* Stellvertretung als dogmatisch-ethisches Thema, in: ZKTh 104 (1982) 411–422.
Pöggeler, Otto: *Die Lyrik Paul Celans,* in: Spuren der Erlösung. Religiöse Tiefendimensionen neuzeitlichen Denkens (BThRER 2), hrsg. v. A. Halder, K. Kienzler u. J. Möller, Düsseldorf 1986, 218–227.
Pöhlmann, Horst Georg: *Analogia entis oder Analogia fidei?* Die Frage der Analogie bei Karl Barth, Göttingen 1965.
–: Trennt die Rechtfertigungslehre wirklich noch die Konfessionen? – *Kritische Anmerkungen zu der Streitschrift von Jörg Baur:* »Einig in Sachen Rechtfertigung?« (1989), in: Einig in der Lehre von der Rechtfertigung! Mit einer Antwort an Jörg Baur, hrsg. v. H. Schütte, Paderborn 1991, 9–42.
–: *Rechtfertigung.* Die gegenwärtige kontroverstheologische Problematik der Rechtfertigungslehre zwischen der evangelisch-lutherischen und der römisch-katholischen Kirche, Gütersloh 1971.
Pohlenz, Max: *Die Stoa.* Geschichte einer geistigen Bewegung, Bd. I, Göttingen ³1964.
Popkes, Wiard: *Christus traditus.* Eine Untersuchung zum Begriff der Dahingabe im Neuen Testament (AThANT 49), Zürich 1967.
Poschmann, Bernhard: *Buße und Letzte Ölung* (HDG IV/3), Freiburg 1951.
–: *Der Ablaß im Licht der Bußgeschichte* (Theophaneia 4), Bonn 1948.
Pratzner, Ferdinand: *Messe und Kreuzesopfer.* Die Krise der sakramentalen Idee bei Luther und in der mittelalterlichen Scholastik (WBTh 29), Wien 1970.
Prenter, Regin: Die Einheit von Schöpfung und Erlösung. Zur *Schöpfungslehre Karl Barths,* in: ThZ 2 (1946) 161–182.
Pritz, Joseph: *Anton Günther* (1783–1863), in: Katholische Theologen im 19. Jahrhundert, Bd. I, hrsg. v. H. Fries u. G. Schwaiger, München 1975, 348 bis 375.
–: *Zur Lehre Anton Günthers von der Kirche,* in: Dienst an der Lehre. Studien zur heutigen Philosophie und Theologie (WBTh 10), hrsg. als FS für Franz Kard. König von der kath.-theol. Fak. Wien, Wien 1965, 275–335.
Pröpper, Thomas: *Erlösungsglaube und Freiheitsgeschichte.* Eine Skizze zur Soteriologie, München 1985; zweite, wesentl. erweiterte Aufl. 1988.
–: *Freiheit,* in: NHThGb I (München 1984) 374–403.

–: *Gottes Ja – Unsere Freiheit.* Theologische Betrachtungen, Mainz 1983.
–: *Schleiermachers Bestimmung des Christentums und der Erlösung.* Zur Problematik der transzendental-anthropologischen Hermeneutik des Glaubens, in: ThQ 168 (1988) 193–214.
–: *Warum gerade ich?* Zur Frage nach dem Sinn von Leiden, in: KatBl 108 (1983) 253–274.
Quadt, Anno: *Gott und Mensch.* Zur Theologie Karl Barths in ökumenischer Sicht (APPR NF 34), Paderborn 1976.
Quapp, Erwin Herbert Ulrich: Christus im Leben Schleiermachers. *Vom Herrnhuter zum Spinozisten* (STG 6), Göttingen 1972.
Rad, Gerhard von: *Theologie des Alten Testaments,* Bd. I. Die Theologie der geschichtlichen Überlieferungen, München 1969.
–: *Weisheit in Israel,* Neukirchen 1970.
Rahner, Hugo: *Ignatius von Loyola* als Mensch und Theologe, Freiburg 1964.
–: *Symbole der Kirche.* Die Ekklesiologie der Väter, Salzburg 1964.
Rahner, Karl: *Anonymes Christentum und Missionsauftrag der Kirche,* in: Schriften zur Theologie IX, Einsiedeln 1970, 498–515.
–: *Bemerkungen zur Theologie des Ablasses,* in: Schriften zur Theologie II, Einsiedeln ^{8}1968, 185–210.
–: *Das neue Bild der Kirche,* in: Schriften zur Theologie VIII, Einsiedeln 1967, 329–354.
–: *Der dreifaltige Gott* als transzendenter Urgrund der Heilsgeschichte, in: MySal II (Einsiedeln 1967) 317–401.
–: *Einige Thesen zur Theologie der Herz-Jesu-Verehrung,* in: ders., Schriften zur Theologie, Bd. III, Einsiedeln ^{7}1967, 391–415.
–: *Gnade als Freiheit.* Kleine theologische Beiträge, Freiburg 1968.
–: *Grundkurs des Glaubens.* Einführung in den Begriff des Christentums, Freiburg 1976.
–: *Grundprinzipien zur heutigen Mission der Kirche,* in: Handbuch der Pastoraltheologie II/2, Freiburg 1966, 46–80.
–: *Kirche und Sakramente* (QD 10), Freiburg ^{3}1968.
–: *Parrhesia.* Von der Apostolatstugend des Christen, in: Schriften zur Theologie VII, Einsiedeln 1966, 252–258.
–: *Personale und sakramentale Frömmigkeit,* in: Schriften zur Theologie II, Einsiedeln ^{8}1968, 115–141.
–: *Repräsentation,* in: LThK VIII (Freiburg 1963) 1244f.
–: *Sakramentale Grundlegung des Laienstandes in der Kirche,* in: Schriften zur Theologie VII, Einsiedeln 1966, 330–350.
–: *Sendung und Gnade.* Beiträge zur Pastoraltheologie, Innsbruck 1959.
–: *Über das Laienapostolat,* in: Schriften zur Theologie II, Einsiedeln ^{8}1968, 339–373.
–: *Überlegungen zum personalen Vollzug des sakramentalen Geschehens,* in: Schriften zur Theologie X, Einsiedeln 1972, 405–429.
–: *Versöhnung und Stellvertretung,* in: Schriften zur Theologie XV, Einsiedeln 1983, 251–264.
Ratzinger, Joseph: *Auf Christus schauen.* Einübung in Glaube, Hoffnung, Liebe, Freiburg 1989.
–: *Das Fest des Glaubens.* Versuche zur Theologie des Gottesdienstes, Einsiedeln 1981.
–: *Das neue Volk Gottes.* Entwürfe zur Ekklesiologie, Düsseldorf 1969.
–: *Der Christliche Glaube und die Weltreligionen,* in: Gott in Welt (FS Karl Rahner), Bd. II, hrsg. v. H. Vorgrimler, Freiburg 1964, 287–305.
–: *Der Christ und die Welt von heute.* Überlegungen zum sogenannten Schema 13 des

Zweiten Vatikanischen Konzils, in: Weltverständnis im Glauben, hrsg. v. J. B. Metz, Mainz 1965, 143–160.
–: *Der Gott Jesu Christi*. Betrachtungen über den Dreieinigen Gott, München 1976.
–: *Der Heilige Geist als Communio*. Zum Verhältnis von Pneumatologie und Spiritualität bei Augustinus, in: Erfahrung und Theologie des Heiligen Geistes, hrsg. v. C. Heitmann u. H. Mühlen, Hamburg– München 1974, 223–238.
–: *Der Primat des Papstes und die Einheit des Gottesvolkes*, in: Dienst an der Einheit (SKAB 85), hrsg. v. J. Ratzinger, Düsseldorf 1978, 165–179.
–: *Die christliche Brüderlichkeit*, München 1960.
–: *Die Einheit der Nationen*. Eine Vision der Kirchenväter, Salzburg–München 1971.
–: *Die Tochter Zion*. Betrachtungen über den Marienglauben der Kirche (Kriterien 44), Einsiedeln 1977.
–: *Die Zukunft des Heils*, in: Das Heil des Menschen. Innerweltlich – Christlich, hrsg. v. U. Hommes u. J. Ratzinger, München 1975, 31–63.
–: *Dogma und Verkündigung*, München–Freiburg 1973.
–: *Einführung ins Christentum*. Vorlesungen über das Apostolische Glaubensbekenntnis, München 61968.
–: *Eschatologie* – Tod und ewiges Leben (KKD IX), Regensburg 1977.
–: *Eucharistie – Mitte der Kirche*. Vier Predigten, München 1978.
–: Die *Geschichtstheologie* des Heiligen Bonaventura, München – Zürich 1959.
–: *Glaube, Geschichte und Philosophie*. Zum Echo auf »Einführung in das Christentum«, in: Hochland 61 (1969) 533–543.
–: *Glaube und Zukunft*, München 1970.
–: *Identifikation mit der Kirche*, in: Mit der Kirche leben, hrsg. v. J. Ratzinger u. K. Lehmann, Freiburg 1977, 11–40.
–: *Ist die Eucharistie ein Opfer?*, in: Conc(D) 3 (1967) 299–304.
–: *Jesus Christus heute*, in: IKaZ 19 (1990) 56–70.
–: *Kirche, Ökumene, Politik*. Neue Versuche zur Ekklesiologie, Einsiedeln 1987.
–: *Kirchliches Lehramt – Glaube – Moral*, in: Prinzipien christlicher Moral (Kriterien 37), hrsg. v. J. Ratzinger, Einsiedeln 1975, 41–66.
–: *Konsequenzen des Schöpfungsglaubens* (SUR 68), Salzburg–München 1980.
–: *Primat. Episkopat und successio apostolica*, in: K. Rahner – J. Ratzinger, Episkopat und Primat (QD 11), Freiburg 1961, 37–59.
–: *Schauen auf den Durchbohrten*. Versuche einer spirituellen Christologie, Einsiedeln 1984.
–: *Stellvertretung*, in: HThGb II (München 1963) 566–575.
–: *Theologische Prinzipienlehre*. Bausteine zur Fundamentaltheologie, München 1982.
–: *Volk und Haus Gottes* in Augustins Lehre von der Kirche (MThSt 7), München 1954.
–: *Vom Sinn des Christseins*. Drei Predigten, München 21966.
–: *Vorfragen zu einer Theologie der Erlösung*, in: Erlösung und Emanzipation (QD 61), hrsg. v. L. Scheffczyk, Freiburg 1973, 141–155.
–: *Warum ich noch in der Kirche bin*, in: Zwei Plädoyers (MAS 57), hrsg. v. F. Henrich, München 1971, 55–75.
–: *Was ist für den christlichen Glauben heute konstitutiv?*, in: Mysterium der Gnade (FS Johann Auer), hrsg. v. H. Roßmann u. J. Ratzinger, Regensburg 1975, 11–19.
–: *Zeitfragen und christlicher Glaube*. Acht Predigten aus den Münchener Jahren, Würzburg 1982.
–: *Zum Begriff des Sakramentes* (EHR 15), München 1979.

–: *Zur Frage nach dem Sinn des priesterlichen Dienstes,* in: GuL 122 (1964) 347–375.
–: *Zur Lage des Glaubens.* Ein Gespräch mit Vittorio Messori, München 1983.
Reidinger, Otto: Gottes Tod und Hegels Auferstehung. *Antwort an Dorothee Sölle,* Berlin–Hamburg 1969.
Reinhard, Franz Volkmar: *Vorlesungen über die Dogmatik* mit literarischen Zusätzen, 2. verb. Aufl. hrsg. v. Johann Gottfried Immanuel Berger, Nürnberg – Sulzbach 1806.
Reiter, Josef: *Der »Humanismus des anderen Menschen«.* Eine Einführung in das Denken von Emmanuel Levinas, in: ThPh 59 (1984) 356–378.
Rendtorff, Trutz: *Theologie als Kritik und Konstruktion.* Die exemplarische Bedeutung der Frage der Theologie nach sich selbst, in: Ders., Theorie des Christentums. Historisch-theologische Studien zu einer neuzeitlichen Verfassung, Gütersloh 1972, 182–200.
Reventlow, Henning Graf: *»Sein Blut komme über sein Haupt«,* in: UPV, 412–431.
Richstätter, Karl: *Die Herz-Jesu-Verehrung* des deutschen Mittelalters, München 1924.
Richter, Edgar: *Konrad Engelbert Oelsner* und die französische Revolution, Leipzig 1911.
Rief, Josef: *Der Ordobegriff* des jungen Augustinus (AMT 2), Paderborn 1962.
–: *Reich Gottes und Gesellschaft* nach Johann Sebastian Drey und Johann Baptist Hirscher (AMT 7), Paderborn 1965.
Riesenfeld, Harald: *ὑπέρ,* in: ThWNT VIII (Stuttgart 1969) 510–518.
–: *περί,* in: ThWNT VI (Stuttgart 1959) 53–56.
Ringleben, Joachim: *Hegels Theorie der Sünde.* Die subjektivitäts-logische Konstruktion eines theologischen Begriffs (TBT 31), Berlin–New York 1977.
Ritschl, Albrecht: Studien über die Begriffe von der *Genugtuung* und dem Verdienste Christi, in: JDTh 5 (1860) 581–636.
–: Die christliche Lehre von der *Rechtfertigung und Versöhnung,* Bd. I. Die Geschichte der Lehre, Bonn [3]1889; Bd. III. Die positive Entwickelung der Lehre, Bonn [3]1888.
Rivière, Jean: *Le mérite du Christ* d'après le magistère ordinaire de l'église. II. Epoque médiévale, in: RSR 22 (1948) 213–239.
–: *Satisfactio vicaria,* in: RSR 26 (1952) 221–257.
Robinson, Henry Wheeler: *The Hebrew Conception of Corporate Personality,* in: BZAW 66 (1936) 49–61.
Robinson, John Arthur Thomas: *The Body* (SBT 5), London 1952.
Rochusch, Rolf: Untersuchung über die Stellung Karl Barths zur Lehre von der *Apokatastasis* in der »Kirchlichen Dogmatik«. Darstellung und Auseinandersetzung mit der Kritik, Berlin 1974.
Rohrmoser, Günter: *Subjektivität und Verdinglichung.* Theologie und Gesellschaft im Denken des jungen Hegel, Gütersloh 1961.
Rolland, Romain: *Charles Péguy,* Tübingen – Stuttgart 1944.
Roloff, Jürgen: *Anfänge der soteriologischen Deutung des Todes Jesu* (Mk 10,45 und Lk 22,27), in: NTS 19 (1972/73) 38–64.
Roos, Lothar: *Gelebte Stellvertretung,* in: Informationen des Erzbistums Freiburg 1979/1–2, 23–26.
Rordorf, Willy: *La »diaconie« des martyrs selon Origène,* in: Epektasis (FS Jean Daniélou), hrsg. v. J. Fontaine u. C. Kannengiesser, Paris 1972, 395–402.
Rosenau, Hartmut: *Die Differenz im christologischen Denken Schellings* (EHS XXIII/248), Frankfurt 1985.
Rosenstock-Huessy, Eugen: *Der Atem des Geistes,* Frankfurt 1951.

–: *Soziologie,* Bd. I, Stuttgart 1956.
Rosenzweig, Franz: *Das neue Denken.* Einige nachträgliche Bemerkungen zum »Stern der Erlösung« (1925), in: Ders., Kleinere Schriften, Berlin 1937, 373–398.
–: *Der Stern der Erlösung,* Heidelberg ³1954.
Rothe, Richard: *Dogmatik,* Bd. II/1. Das Bewußtsein der Gnade. Die Erlösungslehre bis zur Lehre von der Kirche, aus dessen handschr. Nachlasse hrsg. v. D. Schenkel, Heidelberg 1870.
Rück, Werner: *Stellvertretung und Gemeindekatechese,* in: Informationen des Erzbistums Freiburg 1979/1–2, 27–29.
Ruh, Kurt: *Geschichte der abendländischen Mystik,* Bd. I. Die Grundlegung durch die Kirchenväter und die Mönchstheologie des 12. Jahrhunderts, München 1990.
–: *Zur Theologie des mittelalterlichen Passionstraktats,* in: ThZ 6 (1950) 17–39.
Ruppert, Lothar: *Der leidende Gerechte.* Eine motivgeschichtliche Untersuchung zum Alten Testament und zwischentestamentlichen Judentum (FzB 5), Würzburg 1972.
Sachs, John Randall: *Spirit and Life.* The Pneumatology and Christian Spirituality of Hans Urs von Balthasar (Diss. masch.), Tübingen 1984.
Saier, Oskar: *»Communio«* in der Lehre des Zweiten Vatikanischen Konzils. Eine rechtsbegriffliche Untersuchung (MThS.K 32), München 1973.
Salmann, Elmar: *Urverbundenheit und Stellvertretung,* in: MThZ 35 (1984) 17–31.
Sanders, Ed Parish: *Paulus und das palästinensische Judentum.* Ein Vergleich zweier Religionsstrukturen (StUNT 17), aus dem Amerik. [1977] übers. v. Jürgen Wehnert, Göttingen 1985.
Sartorius, Ernst Wilhelm Christian: *Die Lehre von der heiligen Liebe* oder Grundzüge der evangelisch-kirchlichen Moraltheologie, Bd. II. Von der versöhnenden Liebe, Stuttgart 1844.
Sartre, Jean-Paul: *L'être et le néant.* Essai d'ontologie phénoménologique, Paris 1943 (deutsch: *Das Sein und das Nichts.* Versuch einer phänomenologischen Ontologie, übers. v. Justus Streller, Karl August Ott u. Alexa Wagner, Hamburg 1962).
Schaeffler, Richard: *Logisches Widerspruchsverbot und theologisches Paradox.* Überlegungen zur Weiterentwicklung der transzendentalen Dialektik, in: ThPh 62 (1987) 321–351.
Schakel, Peter J.: *Reason and imagination in C. S. Lewis.* A Study of »Till we have Faces«, Grand Rapids 1984.
Schaller, Hans: *Das Bittgebet.* Eine theologische Skizze (Horizonte 16), Einsiedeln 1979.
Schaller, Julius: *Der historische Christus und die Philosophie,* Leipzig 1838.
Scharbert, Josef: *Das Verbum »SLM«,* in: UPV, 300–324.
–: *Der Mensch als Ebenbild Gottes* in der neueren Auslegung von Gen 1,26, in: Weisheit Gottes – Weisheit der Welt (FS Joseph Ratzinger), St. Ottilien 1987, 241–258.
–: *Die Fürbitte* in der Theologie des Alten Testaments, in: ThGl 50 (1960) 321–338.
–: *Heilsmittler* im Alten Testament und im Alten Orient (QD 23/24), Freiburg 1964.
–: *Solidarität in Segen und Fluch* im Alten Testament und in seiner Umwelt (BBB 14), Bonn 1958.
–: *Stellvertretendes Sühneleiden* in den Ebed-Jahwe-Liedern und in alttestamentlichen Ritualtexten, in: BZ(NF) 2 (1958) 190–213.
Scheeben, Matthias Joseph: *Die Mysterien des Christentums.* Wesen, Bedeutung und Zusammenhang derselben nach der in ihrem übernatürlichen Charakter gegebenen Perspektive dargestellt (Ges. Schriften II), hrsg. v. J. Höfer, Freiburg ²1951.

–: *Handbuch der Katholischen Dogmatik,* Bd. II. Gotteslehre oder die Theologie im engeren Sinne (Ges. Schriften IV), hrsg. v. M. Schmaus, Freiburg ³1948; Bd. III. Schöpfungslehre u. Bd. IV. Sündenlehre (Ges. Schriften V), hrsg. v. W. Breuning u. F. Lakner, Freiburg ³1961; Bd. V/1 u.V/2. Erlösungslehre (Ges. Schriften VI/1 u. 2), hrsg. v. C. Feckes, Freiburg ²1954.
Scheffczyk, Leo: *Die Christusrepräsentation als Wesensmoment des Priesteramtes,* in: Ders., Schwerpunkte des Glaubens. Gesammelte Schriften zur Theologie (Horizonte 11), Einsiedeln 1977, 367–386.
–: *Die heilshafte Stellvertretung* als missionarischer Impuls, in: GuL 37 (1964) 109–125.
–: *Stellvertretung.* I. Dogmatisch, in: LThK IX (Freiburg 1964) 1036.
–: *Stellvertretung,* in: SM IV (Freiburg 1969) 730–733.
–: *Stellvertretung,* in: HThTL VII (Freiburg 1973) 148–150.
–: *»Stellvertretung« und Sendung des Priesters,* in: Ders., Glaube als Lebensinspiration. Gesammelte Schriften zur Theologie (Horizonte 18), Einsiedeln 1980, 413–425.
Scheld, Stefan: *Die Christologie Emil Brunners.* Beitrag zur Überwindung liberaler Jesulogie und dialektisch-doketischer Christologie im Zuge geschichtlich-dialogischen Denkens (VIEG 104), Wiesbaden 1981.
Scheler, Max: *Wesen und Formen der Sympathie.* Der »Phänomenologie und Theorie der Sympathiegefühle«, Frankfurt ⁵1948 (Erstaufl. Bonn 1913).
Schell, Herman: *Katholische Dogmatik,* Bd. III/1, Paderborn 1892.
Schellenberger, Bernardin: *Einführung* in: Bernhard von Clairvaux, Texte, Olten – Freiburg 1982, 9–69.
Schelling, Friedrich Wilhelm Joseph: Vorlesungen über die *Methode des akademischen Studiums,* in: WBG-Ausg. Bd. VIII, Darmstadt 1988, 441–586.
–: *Philosophie der Mythologie,* in: WBG-Ausg. Bde. I–II, Darmstadt 1986.
–: *Philosophie der Offenbarung,* in: WBG-Ausg. Bde. III–IV, Darmstadt 1983.
–: *Philosophische Untersuchungen über das Wesen der menschlichen Freiheit* und die damit zusammenhängenden Gegenstände, in: WBG-Ausg. Bd. IX, Darmstadt 1983, 275–360.
–: *Stuttgarter Privatvorlesungen,* in: WBG-Ausg. Bd. IX, Darmstadt 1983, 361–428.
–: *Über den Zusammenhang der Natur mit der Geisterwelt.* Ein Gespräch, in: WBG-Ausg. Bd. IX, Darmstadt 1983, 429–438.
–: *Über die Natur der Philosophie als Wissenschaft,* in: WBG-Ausg. Bd. X, Darmstadt 1976, 231–268.
–: Die *Weltalter,* in: WBG-Ausg. Bd. X, Darmstadt 1976, 1–150.
–: Die *Weltalter-Fragmente,* in den Urfassungen von 1811 und 1813 hrsg. v. M. Schröter, München 1946.
–: *Zur Geschichte der neuern Philosophie,* in: WBG-Ausg. Bd. X, Darmstadt 1976, 283–482.
Schenkel, Daniel: Die *Christliche Dogmatik* vom Standpunkte des Gewissens aus dargestellt, Bd. II/2. Von den Thatsachen des Heils, Wiesbaden 1859.
Schenker, Adrian: *Das Zeichen des Blutes* und die Gewißheit der Vergebung im AT. Die sühnende Funktion des Blutes auf dem Altar nach Lev 17,10–12, in: MThZ 34 (1983) 195–213.
–: *Sühne statt Strafe* und Strafe statt Sühne! Zum biblischen Sühnebegriff, in: Sühne und Versöhnung (ThzZ 1), hrsg. v. J. Blank u. J. Werbick, Düsseldorf 1986, 10–20.
–: *Versöhnung und Sühne.* Wege gewaltfreier Konfliktlösung im Alten Testament. Mit einem Ausblick auf das Neue Testament (BiBe 15), Freiburg/Schweiz 1981.

Scheuer, Manfred: *Die Evangelischen Räte.* Strukturprinzip systematischer Theologie bei H. U. v. Balthasar, K. Rahner, J. B. Metz und in der Theologie der Befreiung (StSSTh 1), Würzburg 1990.
Schillebeeckx, Edward: *Christus und die Christen.* Die Geschichte einer neuen Lebenspraxis, Freiburg 1977.
–: *Kirche und Menschheit,* in: Conc(D) 1 (1965) 29–41.
Schleiermacher, Friedrich Daniel Ernst: *Der christliche Glaube* nach den Grundsätzen der evangelischen Kirche im Zusammenhange dargestellt *(1821/22),* Bd. II (Krit. Gesamtausg. Bd. VII/2), hrsg. v. H. Peiter, Berlin–New York 1984.
–: *Der christliche Glaube* nach den Grundsätzen der evangelischen Kirche im Zusammenhange dargestellt, Bd. II, krit. hrsg. auf Grund der 2. Aufl. von *1830* v. M. Redeker, Berlin 1960.
–: *Über die Religion.* Reden an die Gebildeten unter ihren Verächtern, Leipzig 1920 (Reprogr. Nachdr. der Erstaufl. 1799).
Schlette, Heinz Robert: *Die Religionen als Thema der Theologie* (QD 22), Freiburg 1963.
–: *Freund-Feind-Denken im Christentum und die anonyme Christlichkeit.* Als Beitrag zur Friedensforschung, in: Christentum innerhalb und außerhalb der Kirche (QD 73), hrsg. v. E. Klinger, Freiburg 1976, 65–85.
Schlier, Heinrich: *Ekklesiologie des Neuen Testaments,* in: MySal IV/1 (Einsiedeln 1972) 101–221.
Schlossmann, Siegmund: *Die Lehre von der Stellvertretung,* insbesondere bei obligatorischen Verträgen, Bd. I. Kritik der herrschenden Lehren, Leipzig 1900; Bd. II. Versuch einer wissenschaftlichen Grundlegung, Leipzig 1902.
Schlund, Robert: *Identifikation und Identität,* in: Informationen des Erzbistums Freiburg 1979,1–2, 17–19.
Schmalenberg, Erich: *Jesu Passion als deprekatorischer Akt,* in: NZSTh 16 (1974) 175–186.
Schmaus, Michael: *Katholische Dogmatik,* Bd. II/2. Gott der Erlöser, München [5]1955.
Schmid, Johannes: *Im Ausstrahl der Schönheit Gottes.* Die Bedeutung des Analogiebegriffs im Werk »Herrlichkeit. Eine theologische Ästhetik« von Hans Urs von Balthasar (MSSt 35), Münsterschwarzach 1982.
Schmidt, Guido: *Der Ausgang neuprotestantischer Theologie* aus der kritischen Philosophie Eberhard Grisebachs, Bern 1953.
Schmidt, Margot: *Elemente der Schau bei Mechthild von Magedeburg und Mechthild von Hackeborn,* in: Frauenmystik im Mittelalter, hrsg. v. D. Dinzelbacher u. D. R. Bauer, Ostfildern 1985, 123–151.
–: »*Frau Pein,* Ihr seid mein nächstes Kleid«. Zur Leidensmystik im »Fließenden Licht der Gottheit« der Mechthild von Magdeburg, in: Die dunkle Nacht der Sinne. Leiderfahrung und christliche Mystik, hrsg. v. G. Fuchs, Düsseldorf 1989, 63–107.
Schmitt, Eberhard: *Repräsentation und Revolution.* Eine Untersuchung zur Genesis der kontinentalen Theorie und Praxis parlamentarischer Repräsentation aus der Herrschaftspraxis des Ancien régime in Frankreich 1760–1789 (MStP 10), München 1969.
Schmitz, Rudolf Michael: *Il sacro cuore* centro dell'opera salvifica della SS. Trinità secondo la mente di Matthias Joseph Scheeben, in: M. J. Scheeben teologo cattolico d'ispirazione tomista (StTh 33), Roma 1988, 273–285.
Schmucki, Oktavian: *Zur Mystik des hl. Franziskus von Assisi* im Lichte seiner Schriften, in: Abendländische Mystik im Mittelalter. Symposion Kloster Engel-

berg 1984 (Germanistische Symposien. Berichtbände 7), hrsg. v. K. Ruh, Stuttgart 1986, 241–268.
Schnackenburg, Rudolf: *Gottes Herrschaft und Reich.* Eine biblisch-theologische Studie, Freiburg [4]1965.
–: *Todes- und Lebensgemeinschaft mit Christus.* Neue Studien zu Röm 6,1–11, in: MThZ 6 (1955) 32–53.
Schneider, Burkhart: *Die Kirchlichkeit des hl. Ignatius von Loyola,* in: Sentire Ecclesiam (FS Hugo Rahner), hrsg. v. J. Daniélou u. H. Vorgrimler, Freiburg 1961, 268–300.
Schneider, Michael: *Aus den Quellen der Wüste.* Die Bedeutung der frühen Mönchsväter für eine Spiritualität heute (Koinonia – Oriens 24), Köln 1987.
–: *Gottesbegegnung und Leiderfahrung,* in: Die dunkle Nacht der Sinne. Leiderfahrung und christliche Mystik, hrsg. v. G. Fuchs, Düsseldorf 1989, 126–178.
Schneider, Theodor: *Wir sind sein Leib.* Meditationen zur Eucharistie, Mainz 1977.
Schnorr von Carolsfeld, Ludwig: *Geschichte der Juristischen Person,* Bd. I. Universitas, Corpus, Collegium im klassischen römischen Recht, München 1933.
–: *Repraesentatio und Institutio.* Zwei Untersuchungen über den Gebrauch dieser Ausdrücke in der römischen Literatur, in: FS Paul Koschaker, Bd. I, hrsg. v. M. Kaser, H. Keller, W. Kunkel, Weimar 1939, 103–116.
Schoeberlein, Ludwig Friedrich: *Die Grundlehren des Heils* entwickelt aus dem Princip der Liebe, Stuttgart 1848.
Schötz, Dionys: *Schuld- und Sündopfer im Alten Testament,* Breslau 1930.
Schrage, Wolfgang: *Leid, Kreuz und Eschaton.* Die Peristasenkataloge als Merkmale paulinischer theologia crucis und Eschatologie, in: EvTh 34 (1974) 141–175.
Schrey, Heinz-Horst: *Dialogisches Denken* (EdF 1), Darmstadt 1970.
–: *Wiedergewinnung des Humanum?* Menschenrechte in christlicher Sicht, in: ThR 48 (1983) 64–83.
Schrijver, G. de: *Le merveilleux accord de l'Homme et de Dieu.* Étude de l'analogie de l'être chez Hans Urs von Balthasar (BEThL 63), Leuven 1983.
Schröer, Henning: *Die Denkform der Paradoxalität* als theologisches Problem. Eine Untersuchung zu Kierkegaard und der neueren Theologie als Beitrag zur theologischen Logik (FSThR 5), Göttingen 1960.
Schüler, Alfred: *Verantwortung.* Vom Sein und Ethos der Person, München 1948.
Schüller, Bruno: *Zur Diskussion über das Proprium einer christlichen Ethik,* in: ThPh 51 (1976) 321–343.
Schürmann, Heinz: *Gottes Reich – Jesu Geschick.* Jesu ureigener Tod im Licht seiner Basileia-Verkündigung, Freiburg 1983.
–: *Jesu ureigener Tod.* Exegetische Besinnungen und Ausblick, Freiburg [2]1976.
Schütte, Heinz: *Ökumenisches Verständnis der Rechtfertigungslehre,* in: Einig in der Lehre von der Rechtfertigung. Mit einer Antwort an Jörg Baur, hrsg. v. H. Schütte, Paderborn 1990, 63–83.
Schütz, Alfred: *Das Problem der transzendentalen Intersubjektivität* bei Husserl, in: PhR 5 (1957) 81–107.
Schulze, Wilhelm A.: *Das Johannesevangelium im Deutschen Idealismus,* in: ZPhF 18 (1964) 85–118.
Schwager, Raymund: *Brauchen wir einen Sündenbock?* Gewalt und Erlösung in den biblischen Schriften, München 1978.
–: *Der wunderbare Tausch.* Zur Geschichte und Deutung der Erlösungslehre, München 1986.
–: *Jesus im Heilsdrama.* Entwurf einer biblischen Erlösungslehre (ITS 29), Innsbruck 1990.

–: *Replik zu »Schuldübertragung oder Schuldübernahme«,* in: ZKTh 104 (1982) 423–426.
–: *Versöhnung und Sühne.* Zur gleichnamigen Studie von Adrian Schenker, in: ThPh 58 (1983) 217–225.
Schwarze, Christian August: *Ueber den Tod Jesu* als ein wesentliches Stück seines wohlthätigen Plans zur Beglückung des menschlichen Geschlechts, Leipzig 1795.
Schweizer, Alexander: *Die Lehre des Apostels Paulus vom erlösenden Tode Christi,* von Galat. 3,13 und 14 aus beleuchtet, in: ThStKr 31 (1858) 425–473.
Schweizer, Eduard: *Der Brief an die Kolosser* (EKK XII), Einsiedeln–Neukirchen 1976.
–: *Die Leiblichkeit des Menschen:* Leben – Tod – Auferstehung, in: Ders., Beiträge zur Theologie des Neuen Testaments, Zürich 1970, 165–182.
–: *Die »Mystik« des Sterbens und Auferstehens bei Paulus,* in: EvTh 26 (1966) 239–257.
–: *σῶμα,* in: ThWNT VII (Stuttgart 1964) 1024–1042.
Schwerdtfeger, Nikolaus: *Gnade und Welt.* Zum Grundgefüge von Karl Rahners Theorie der »anonymen Christen« (FThSt 123), Freiburg 1982.
Seckler, Max: *Theosoterik und Autosoterik,* in: ThQ 162 (1982) 289–298.
Seebass, Horst: *Der Gott der ganzen Bibel.* Biblische Theologie zur Orientierung im Glauben, Freiburg 1982.
Seebohm, Thomas: *Die Bedingungen der Transzendental-Philosophie.* Edmund Husserls transzendental-phänomenologischer Ansatz, dargestellt im Anschluß an seine Kant-Kritik (APPP 24), Bonn 1962.
Seigfried, Adam: *Das Neue Sein.* Der Zentralbegriff der »ontologischen« Theologie Paul Tillichs in katholischer Sicht (BÖT 10), München 1974.
Seiler, Georg Friedrich: *Ueber den Versöhnungstod Jesu Christi,* 2 Bde., Tübingen 1778/79.
Semmelroth, Otto: *Die Kirche als Ursakrament,* Frankfurt 1953.
–: *Die Stellvertretung Mariens im Lichte der Ekklesiologie,* in: Die heilsgeschichtliche Stellvertretung der Menschheit durch Maria, hrsg. v. C. Feckes, Paderborn 1954, 360–367.
Sesboüé, Bernard: *Jésus-Christ l'unique médiateur.* Essai sur la rédemption et le salut, Tome I. Problématique et relecture doctrinale, Paris 1988.
Siewerth, Gustav: *Metaphysik der Kindheit,* Einsiedeln 1957.
Sieyes, Emmanuel Joseph: *Politische Schriften,* vollständig gesammelt von dem deutschen Übersetzer [Johann Gottfried Ebel] nebst zwei Vorreden [von Konrad Engelbert Oelsner] über Sieyes Lebensgeschichte, seine politische Rolle, seinen Charakter, seine Schriften etc., 2 Bde., Leipzig 1796.
–: *Politische Schriften 1788–1790,* mit Glossar und kritischer Sieyes-Bibliographie aus dem Frz. übers. u. hrsg. v. Eberhard Schmitt u. Rolf Reichardt, 1. Aufl. als Bd. 43 der Reihe »Politica« (Darmstadt–Neuwied 1975), 2. erweiterte Aufl. als Bd. 5 der Reihe »Ancien Régime, Aufklärung und Revolution« (München–Wien 1981).
Simonis, Walter: *Gottesliebe – Nächstenliebe.* Überlegungen zum sogenannten Doppelgebot im Lichte des biblischen Schöpfungs- und Bundesglaubens, in: Creatio ex Amore. Beiträge zu einer Theologie der Liebe (FS Alexandre Ganoczy), hrsg. v. T. Franke, M. Knapp u. J. Schmid, Würzburg 1989, 60–83.
Six, Jean-François: *Charles de Foucauld* – Der geistliche Werdegang, München 1978.
–: *Thérèse de Lisieux au Carmel,* Paris 1973.
Smulders, Piet: *Die Kirche als Sakrament des Heils,* in: De Ecclesia. Beiträge zur Konstitution »Über die Kirche»des Zweiten Vatikanischen Konzils, Bd. I, hrsg. v. G. Baraúna, Freiburg – Frankfurt 1966, 289–312.

Söhngen, Gottlieb: *Analogia entis in analogia fidei,* in: Antwort (FS Karl Barth), hrsg. v. E. Wolf, C. v. Kirsch u. R. Frey, Zollikon-Zürich 1956, 266–271.
–: *Analogia entis oder analogia fidei?,* in: WiWei 9 (1942) 91–100.
–: *Analogia fidei I.* Gottähnlichkeit allein aus Glauben?, in: Catholica 3 (1934) 113–136.
–: *Analogia fidei II.* Die Einheit in der Glaubenswissenschaft, in: Catholica 3 (1934) 176–208.
Sölle, Dorothee: *Artikel »Stellvertretung«,* in: Praktisches Bibellexikon, hrsg. v. A. Grabner-Haider, Freiburg 1969, 1042–1045.
–: *Atheistisch an Gott glauben.* Beiträge zur Theologie, Olten 1968.
–: *Christus oder Prometheus.* Eine Auseinandersetzung mit Helmut Gollwitzer, in: Merkur 26 (1973) 701–709.
–: *Das Evangelium als Inspiration.* Dorothee Sölle antwortet Karl Munser. Impulse zu einer christlichen Praxis, Düsseldorf 1971.
–: *Das Recht ein anderer zu werden.* Theologische Texte, Neuwied – Berlin 1971.
–: *Friedrich Gogarten,* in: Tendenzen der Theologie im 20. Jahrhundert. Eine Geschichte in Porträts, hrsg. v. H. J. Schulz, Stuttgart-Olten ²1967, 291–295.
–: *Gott denken.* Einführung in die Theologie, Stuttgart 1990.
–: *Leiden,* Stuttgart 1973.
–: *Politische Theologie,* Stuttgart 1982.
–: *Stellvertretung.* Ein Kapitel Theologie nach dem »Tode Gottes«, Stuttgart ²1982.
Solano, Jesús: *Sviluppo storico della riparazione* nel culto al Cuore di Gesù dal primo secolo a S. Margherita Maria Alacoque, Roma 1980.
Sorsoli, Carlo: *Martirio e immolazione sacrificale,* in: RVS 29 (1975) 283–307.
Sozzini, Fausto: *De Iesu Christo Salvatore,* hoc est, cur et qua ratione Jesus Christus noster Servator sit, Fausti Socini Disputatio, in: Bibliotheca Fratrum Polonorum II, Irenopoli 1656, 113–246.
–: *Praelectiones,* in: Bibliotheca Fratrum Polonorum I, Irenopoli 1656, 534–600.
Spaemann, Heinrich: *Bemerkungen zum Stellvertretungsdienst des Priesters,* in: Informationen des Erzbistums Freiburg 1979-1-2, 20–22.
Spaemann, Robert: *Wer hat wofür Verantwortung?* Zum Streit um deontologische oder teleologische Ethik, in: HK 36 (1982) 345–350.403–408.
Speyr, Adrienne von: *Gebete,* in: H. U. v. Balthasar, Erster Blick auf Adrienne von Speyr, Einsiedeln 1968, 175–220.
–: *Kreuz und Hölle,* Bd. I. Die Passionen, Einsiedeln 1966; Bd. II. Auftragshöllen, Einsiedeln 1972.
Splett, Jörg: *Denkform,* in: HThTL II (Freiburg 1972) 24–26.
–: *Leben als Mit-Sein.* Vom trinitarisch Menschlichen, Frankfurt 1990.
–: *Reden aus Glauben.* Zum christlichen Sprechen von Gott, Frankfurt 1973.
Staudenmaier, Franz Anton: *Encyklopädie* der theologischen Wissenschaften als System der gesammten Theologie, 1. Aufl. Mainz 1834; 2. Aufl. Mainz 1840.
Stahl, Friedrich Julius: *Die Philosophie des Rechts,* Bd. II/1. Rechts- und Staatslehre auf der Grundlage der christlichen Weltanschauung. Die allgemeinen Lehren und das Privatrecht, Heidelberg ³1854.
Steck, Odil Hannes: *Israel und das gewaltsame Geschick der Propheten.* Untersuchungen zur Überlieferung des deuteronomistischen Geschichtsbildes im Alten Testament, Spätjudentum und Urchristentum (WMANT 23), Neukirchen – Vluyn 1967.
Steffen, Bernhard: *Hofmanns und Ritschls Lehren* über die Heilsbedeutung des Todes Jesu, in: BFChTh 14 (1910) 457–609.

Stein, Edith: *Kreuzeswissenschaft.* Studie über Ioannes a Cruce, Louvain 1954.
Steinbart, Gotthilf Samuel: *System der reinen Philosophie* oder Glückseligkeitslehre des Christenthums. Für die Bedürfnisse seiner aufgeklärten Landsleute und anderer, die nach Weisheit fragen, eingerichtet, Züllichau [3]1785.
Steinbüchel, Theodor: *Der Umbruch des Denkens.* Die Frage nach der christlichen Existenz erläutert an Ferdinand Ebners Menschdeutung, Regensburg 1936.
Steindl, Helmut: *Genugtuung.* Biblisches Versöhnungsdenken – eine Quelle für Anselms Satisfaktionstheorie? (SF 71), Freiburg/Schweiz 1989.
Stephan, Horst: *Geschichte der Deutschen Evangelischen Theologie* seit dem deutschen Idealismus, neu bearb. u. hrsg. v. Martin Schmidt, Berlin 1960.
Steudel, Christian Friedrich: Über die Lehre der Schrift von der *Versöhnung des Menschen durch Christum,* in: TZTh 1831/IV, 3–28.
–: Biblische Beleuchtungen der *Versöhnungslehre.* Nachtrag zu der voranstehenden Abhandlung, in: TZTh 1831/IV, 29–61.
Stier, Ewald Rudolf: *Beiträge zur biblischen Theologie,* in: Ders., Andeutungen für gläubiges Schriftverständniß im Ganzen und Einzelnen. Zweite Sammlung, Leipzig 1828, 24–116.
–: *Die Erlösung in Christo,* nach Röm 3,21–26, in: Ders., Andeutungen für gläubiges Schriftverständniß im Ganzen und Einzelnen. Erste Sammlung, Königsberg 1824, 379–403.
–: *Jesaias,* nicht Pseudo-Jesaias. Auslegung einer Weissagung Kapitel 40–66 nebst Einleitung wider die Pseudo-Kritik, Barmen 1850.
Stierli, Josef: *Die Entfaltung der kirchlichen Herz-Jesu–Verehrung in der Neuzeit,* in: Cor Salvatoris. Wege zur Herz-Jesu-Verehrung, hrsg. v. J. Stierli, Freiburg 1954, 137–165.
–: *Die Herz-Jesu-Verehrung* vom Ausgang der Väterzeit bis zur hl. Margareta Maria Alacoque, in: Cor Salvatoris. Wege zur Herz-Jesu-Verehrung, hrsg. v. J. Stierli, Freiburg 1954, 73–136.
Stöcker, Alfred: *»Stellvertretung« in der modernen Literatur,* in: Informationen des Erzbistums Freiburg 1979/1–2, 37–41.
Stöckl, Albert: *Das Opfer* nach seinem Wesen und nach seiner Geschichte, Mainz 1861.
Storr, Gottlob Christian: Erläuterung des Briefs Pauli an die Hebräer, Teil II: Über den eigentlichen Zwek des Todes Jesu, in: Ders., *Pauli Brief an die Hebräer,* Tübingen 1789, 363–692.
Strasser, Stephan: *Buber und Levinas.* Philosophische Besinnung auf einen Gegensatz, in: RIPh 123 (1978) 512–525.
–: *Jenseits von Sein und Zeit.* Eine Einführung in Emmanuel Levinas' Philosophie, Den Haag 1978.
Strauß, David Friedrich: *Das Leben Jesu* kritisch bearbeitet, Bd. II, Tübingen 1836.
Strauss, Ludwig: *Aus dem Nachlaß Johann Gottfried Ebels,* in: Euphorion 32 (1931) 359–362.
Studer, Basil – Daley, Brian: *Soteriologie* in der Schrift und Patristik (HDG III/2a), Freiburg 1978.
Studer, Basil: *Rezension* zu: G. Greshake, Gnade als konkrete Freiheit, in: FZPhTh 21 (1974) 459–467.
Stufler, Johann Baptist: *Die Erlösungstat* in ihrer Beziehung zu Gott, in: ZKTh 30 (1960) 385–407.625–649.
Stuhlmacher, Peter: *Existenzstellvertretung für die Vielen:* Mk 10,45 (Mt 20,28), in: Versöhnung, Gesetz, Gerechtigkeit. Aufsätze zur biblischen Theologie, Göttingen 1981, 27–42.

–: *Jesus von Nazareth* – Christus des Glaubens, Stuttgart 1988.
Terán Dutari, Julio: *Die Geschichte des Terminus »Analogia entis«* und das Werk Erich Przywaras, in: PhJ 77 (1970) 163–179.
–: *Zum theologischen Verständnis der Gnade als Kreuz der Natur,* in: ZKTh 88 (1966) 283–314.
Thérèse de l'Enfant-Jésus et de la Sainte-Face, *Correspondance Générale,* t. I. 1877–1890, t. II. 1890–1897, Paris 1972–73.
–: *Selbstbiographische Schriften,* übers. v. Otto Iserland u. Cornelia Capol, hrsg. v. H. U. v. Balthasar, Trier [11]1988.
Theunissen, Michael: *Bubers negative Ontologie des Zwischen,* in: PhJb 71 (1963/64) 319–330.
–: *Der Andere.* Studien zur Sozialontologie der Gegenwart, Berlin–New York [2]1981.
Thielicke, Helmut: Die Frage der *Entmythologisierung* des Neuen Testaments, in: Kerygma und Mythos, Bd. I, hrsg. v. H.-W. Bartsch, Hamburg [4]1960, 159–189.
Thönissen, Wolfgang: *Das Geschenk der Freiheit.* Untersuchungen zum Verhältnis von Dogmatik und Ethik (TTS 30), Mainz 1988.
Tholuck, Friedrich August Gottreu: *Die Lehre von der Sünde und vom Versöhner* oder: Die wahre Weihe des Zweiflers, Hamburg [7]1851.
–: *Über den Opfer- und Priesterbegriff* im Alten und Neuen Testamente, in: Das Alte Testament im Neuen Testament. Beilagen zu dem Kommentare zum Briefe an die Hebräer, Hamburg [3]1849, 77–86.
Thomas von Aquin: *Summa Theologiae.* Textus Leoninus, in: Biblioteca de Autores Cristianos, Madrid [3]1961–65.
Thomasius, Gottfried: *Christi Person und Werk.* Darstellung der evangelisch-lutherischen Dogmatik vom Mittelpunkte der Christologie aus, Bd. II. Das Werk des Mittlers, hrsg. v. F. J. Winter, Erlangen [3]1888.
Thüsing, Wilhelm: *Per Christum in Deum.* Studien zum Verhältnis von Christozentrik und Theozentrik in den paulinischen Hauptbriefen (NTA[NS] 1), Münster 1965.
Tiator, Martin: *Beichte* – Gottes Liebesgeschenk. Zur Pastoral des vergessenen Sakraments (Kriterien 84), Trier 1988.
Tiililä, Osmo: *Das Strafleiden Christi.* Beitrag zur Diskussion über die Typeneinteilung der Versöhnungsmotive, Helsinki 1941.
Tillich, Paul: *Systematische Theologie,* 3 Bde., Stuttgart 1955/58/66.
Tinnefeldt, Wolfgang: *Ekstasis der Liebe* und Einfaltung des Glaubens. Eine Untersuchung zur Frage nach der Mitte und Einheit der christlichen Wahrheit bei Hans Urs von Balthasar (Diss. masch.), Mainz 1975.
Töllner, Johann Gottlieb: *Der thätige Gehorsam Jesu Christi,* Breslau 1768.
Topitsch, Ernst: *Wie rational ist Magie?,* in: Zur Kritik der wissenschaftlichen Rationalität (FS Kurt Hübner), hrsg. v. Hans Lenk, Freiburg–München 1986, 55–74.
Tossou, Kossi K. Joseph: *Streben nach Vollendung.* Eine Studie zur Pneumatologie im Werk Hans Urs von Balthasars (Diss. masch.), Münster 1982?
Troeltsch, Ernst: *Die Soziallehren* der christlichen Kirchen und Gruppen (Ges. Schriften 1), Tübingen 1912.
Trouncer, Margaret: *Dich hab' ich erwählt.* Der Lebensroman von Schwester Margarete Marie Alacoque, Luzern 1955.
Twesten, August Detlev Christian: *Vorlesungen* über die Dogmatik der Evangelisch-lutherischen Kirche nach dem Compendium des Herrn Dr. W. M. L. De Wette, Bd. II/1, Hamburg 1837.
Ullrich, Lothar: *Diasporakirche* gestern und morgen. Versuch zu einer theologischen

Sinnerhellung der Kirche in der Minderheit, in: Einheit und Vielfalt (EThSt 32 = FS Hugo Aufderbeck), hrsg. v. W. Ernst u. K. Feiereis, Leipzig 1974, 221–241.
–: *Diaspora und Ökumene* in dogmatischer (systematischer) Sicht, in: Catholica 38 (1984) 31–65.
–: *Priester in der Diaspora,* in: Kirche in nichtchristlicher Welt. Vier Vorträge von der Erfurter Theologischen Woche 1984 (EThS 15), hrsg. v. L. Ullrich, Leipzig 1986, 55–76.
–: *Stellvertretung,* in: Lexikon der Katholischen Dogmatik (Freiburg 1987) 479–482.
Ulrich, Ferdinand: *Atheismus und Menschwerdung* (Kriterien 1), Einsiedeln 1966.
–: *Der Mensch als Anfang.* Zur philosophischen Anthropologie der Kindheit (Kriterien 16), Einsiedeln 1970.
–: *Gebet als geschöpflicher Grundakt* (Beten heute 3), Einsiedeln 1973.
–: *Gegenwart der Freiheit* (Horizonte NF 8), Einsiedeln 1974.
–: *Homo Abyssus.* Das Wagnis der Seinsfrage (Horizonte 8), Einsiedeln 1961.
–: *Zukunft als Gestalt der Freiheit von »Ich« und »Du«,* in: L'Avenir de l'Homme. Actes de la VIIème Rencontre Internationale 29.8.–1.9.1964, Bozen 1965, 49–106.
Urang, Gunnar: *Shadows of Heaven.* Religion and Fantasy in the Writings of C. S. Lewis, Charles Williams and J. R. R. Tolkien, London 1971.
Vagaggini, Cyprien: *La Dévotion au Sacré-Coeur chez Sainte Mechthilde et Sainte Gertrude,* in: Cor Iesu. Commentationes in Litteras Encyclicas Pii PP. XII »Haurietis Aquas«, vol. II. Pars historica et pastoralis, ed. A. Bea, H. Rahner, H. Rondet, F. Schwendimann, Freiburg 1959, 29–48.
Velocci, Giovanni: *L'esperienza religiosa di Antonio Rosmini,* Milano 1971.
Vergauwen, Guido: *Absolute und endliche Freiheit.* Schellings Lehre von Schöpfung und Fall, Freiburg (Schweiz) 1975.
Versnel, Hendrik Simon: *Jezus Soter – Neos Alkestis?* Over de nietjoodse achtergrond van een christelijke doctrine, in: Lampas 22 (1989) 219–242.
Verweyen, Hansjürgen: *Aufgaben der Fundamentaltheologie,* in: TThZ 92 (1983) 204–215.
–: *Christologische Brennpunkte,* Essen 1977.
–: *Die Einheit von Gerechtigkeit und Barmherzigkeit* bei Anselm von Canterbury, in: IKaZ 14 (1985) 52–55.
–: *Einleitung* zu: J. G. Fichte, Die Anweisung zum seligen Leben, hrsg. v. H. Verweyen, Hamburg [3]1983.
–: *Gottes letztes Wort.* Grundriß der Fundamentaltheologie, Düsseldorf 1991.
–: *Recht und Sittlichkeit* in J. G. Fichtes Gesellschaftslehre (Symposion 50), Freiburg–München 1975.
–: *Wie wird ein Existential übernatürlich?* Zu einem Grundproblem der Anthropologie K. Rahners, in: TThZ 95 (1986) 115–131.
Vignolo, Roberto: *Hans Urs von Balthasar.* Estetica e Singolarietà, Milano 1982.
Vögtle, Anton: *Der verkündigende und der verkündigte »Christus«,* in: Wer ist Jesus Christus?, hrsg. v. J. Sauer, Freiburg [2]1978, 27–91.
–: *Todesankündigungen und Todesverständnis Jesu,* in: Der Tod Jesu. Deutungen im Neuen Testament (QD 74), hrsg. v. K. Kertelge, Freiburg 1976, 51–113.
–: *Wie kam es zum Osterglauben?,* in: Wie kam es zum Osterglauben?, hrsg. v. A. Vögtle u. R. Pesch, Düsseldorf 1975, 11–131.
–: *Zeit und Zeitüberlegenheit in biblischer Sicht.* Zur Grundlegung des Selbstverständnisses der Kirche in dieser Weltzeit, in: Weltverständnis im Glauben, hrsg. v. J. B. Metz, Mainz 1965, 224–253.
Völker, Walter: *Das Vollkommenheitsideal des Origenes.* Eine Untersuchung zur

Geschichte der Frömmigkeit und zu den Anfängen christlicher Mystik (BHTh 7), Tübingen 1931.
Vogel, Heinrich: *Christologie* (Ges. Werke 5), Stuttgart ²1983 (Erstaufl. München 1949).
–: *Das Nicaenische Glaubensbekenntnis* (Ges. Werke 6, Teil 2), Stuttgart ²1983 (Erstaufl. Berlin–Stuttgart 1963).
–: *Gott in Christo.* Ein Erkenntnisgang durch die Grundprobleme der Dogmatik, 2 Bde. (Ges. Werke 1–2), Stuttgart ²1982 (Erstaufl. Berlin – Stuttgart 1957).
Vogels, Heinz-Jürgen: *Erreicht Karl Rahners Theologie den kirchlichen Glauben?* Kritik der Christologie und Trinitätslehre Karl Rahners, in: WiWei 52 (1989) 21–62.
Volk, Hermann: Die *Christologie* bei Karl Barth und Emil Brunner, in: Das Konzil von Chalkedon. Geschichte und Gegenwart, Bd. III. Chalkedon heute, hrsg. v. A. Grillmeier u. H. Bacht, Würzburg 1954, 613–673.
–: *Emil Brunners Lehre von dem Sünder,* Münster 1950.
–: *Gott alles in allem.* Gesammelte Aufsätze, Mainz 1961.
–: Die *Kreaturauffassung* bei Karl Barth, Würzburg 1938.
Voss, Karl-Ludwig: *Christianus Democritus.* Das Menschenbild bei Johann Conrad Dippel. Ein Beispiel christlicher Anthropologie zwischen Pietismus und Aufklärung, Leiden 1970.
Vries, Jan de: *Forschungsgeschichte der Mythologie* (OA I,7), Freiburg–München 1961.
Waach, Hildegard: *Margareta Maria Alacoque.* Skizze eines Lebens, Eichstätt–Wien 1963.
Wagner, Falk: Hegels Satz »Gott ist tot«. *Bemerkungen zu Dorothee Sölles Hegelinterpretation,* in: Zeitwende. Die Neue Furche 38 (1967) 77–95.
–: Theologische Gleichschaltung. Zur *Christologie bei Karl Barth,* in: Die Realisierung der Freiheit. Beiträge zur Kritik der Theologie Karl Barths, Gütersloh 1975, 10–43.
–: *Der Gedanke der Persönlichkeit Gottes* bei Fichte und Hegel, Gütersloh 1971.
–: *Der Gedanke der Persönlichkeit Gottes bei Ph. Marheineke.* Repristination eines vorkritischen Theismus, in: NZSTh 10 (1968) 44–88.
Waldenfels, Bernhard: *Das Zwischenreich des Dialogs.* Sozialphilosophische Untersuchungen im Anschluß an Edmund Husserl (Phaenomenologica 41), Den Haag 1971.
–: *Der geistesgeschichtliche Hintergrund: Vom Ich zum Wir,* in: Erfahrung und Theologie des Heiligen Geistes, hrsg. v. C. Heitmann u. H. Mühlen, Hamburg–München 1974, 162–175.
Waldenfels, Hans: *Der Absolutheitsanspruch des Christentums,* in: Hochland 62 (1970) 202–217.
–: *Die Offenbarung.* Von der Reformation bis zur Gegenwart (HDG I,1b), Freiburg 1977.
–: *Glauben hat Zukunft.* Orientierungspunkte, Freiburg 1970.
–: *Mythos und christlicher Logos,* in: Rationalität. Ihre Entwicklung und ihre Grenzen (Grenzfragen 16), hrsg. v. L. Scheffczyk, Freiburg–München 1989, 253–288.
Walter, Peter: *Die Frage der Glaubensbegründung* aus innerer Erfahrung auf dem I. Vatikanum. Die Stellungnahme des Konzils vor dem Hintergrund der zeitgenössischen römischen Theologie (TTS 16), Mainz 1980.
Walz, Johann Baptist: *Die Fürbitte der Heiligen.* Eine dogmatische Studie, Freiburg 1927.
Weber, Ferdinand: *Vom Zorne Gottes.* Ein biblisch-theologischer Versuch, eingel. v. Franz Delitzsch, Erlangen 1862.

Weber, Otto: Grundlagen der *Dogmatik,* Bd. II, Neukirchen–Vluyn [2]1972.
Weil, Simone: *Zeugnis für das Gute.* Traktate, Briefe, Aufzeichnungen, übers. u. hrsg. v. Friedhelm Kemp, Olten–Freiburg [2]1979.
Weimer, Ludwig: *Die Lust an Gott und seiner Sache* oder Lassen sich Gnade und Freiheit, Glaube und Vernunft, Erlösung und Befreiung vereinbaren?, Freiburg 1981.
Weingart, Richard E.: *The Logic of Divine Love.* A Critical Analysis of the Soteriology of Peter Abailard, Oxford 1970.
Weischedel, Wilhelm: *Das Wesen der Verantwortung.* Ein Versuch, Frankfurt [3]1972.
Weiser, Alfons: *Der Tod Jesu* und das Heil der Menschen. Aussageweisen von Erlösung im Neuen Testament, in: BiKi 41 (1986) 60–67.
Weissmahr, Béla: *Ontologie* (Grundkurs Philosophie 3), Stuttgart 1985.
Weitlauff, Manfred: *Margareta Ebner* (um 1291–20. Juni 1351), in: Bavaria Sancta. Zeugen christlichen Glaubens in Bayern, Bd. III, hrsg. v. G. Schwaiger, Regensburg 1973, 231–267.
Weizsäcker, Carl: *Um was handelt es sich in dem Streite über die Versöhnungslehre?,* in: JDTh 3 (1858) 154–188.
Weizsäcker, Carl Friedrich von: *Deutlichkeit,* München 1978.
Welte, Bernhard: *Heilsverständnis.* Philosophische Untersuchungen einiger Voraussetzungen zum Verständnis des Christentums, Freiburg 1966.
–: *Leiblichkeit* als Hinweis auf das Heil in Christus, in: Auf der Spur des Ewigen. Philosophische Abhandlungen über verschiedene Gegenstände der Religion und der Theologie, Freiburg 1965, 83–112.
Wendebourg, Ernst-Wilhelm: *Die heilsgeschichtliche Theologie* J. Chr. K. v. Hofmanns in ihrem Verhältnis zur romantischen Weltanschauung, in: ZThK 52 (1955) 64–104.
Wengst, Klaus: *Christologische Formeln und Lieder des Urchristentums* (StNT 7), Gütersloh 1972.
Wenz, Gunther: *Die Lehre vom Opfer Christi im Herrenmahl als Problem ökumenischer Theologie,* in: KuD 28 (1982) 7–41.
–: *Subjekt und Sein.* Die Entwicklung der Theologie Paul Tillichs (MMHSTh 3), München 1973.
–: *Geschichte der Versöhnungslehre* in der evangelischen Theologie der Neuzeit, 2 Bde. (MMHSTh 9 u. 11), München 1984/86.
Wenzler, Ludwig: *Zeichen und Antlitz.* Ontologische Destruktion und ethische Einsetzung des Subjekts nach Emmanuel Levinas, in: WiGl 1 (1988) 138–152.
Werbick, Jürgen: *Soteriologie,* Düsseldorf 1990.
Weth, Rudolf: *Gott in Jesus.* Der Ansatz der Christologie Friedrich Gogartens (FGLP 36), München 1968.
Wicks, Jared: *Revision des katholischen Lutherbildes?* Zu Theobald Beers »Grundzüge der Theologie Martin Luthers«, in: ThRv 78 (1982) 1–12.
Wiederkehr, Dietrich: *Der menschliche Glaubensvollzug als Legitimation und Kritik der institutionellen Sakramente,* in: Christentum innerhalb und außerhalb der Kirche (QD 73), hrsg. v. E. Klinger, Freiburg 1976, 212–231.
–: *Die ganze Erlösung.* Dimensionen des Heils, in: ThQ 162 (1982) 329–341.
–: Wie noch an Christus glauben? *Zum Buch von Dorothee Sölle: Stellvertretung.* Ein Kapitel Theologie nach dem »Tode Gottes«, in: SchwRd 70 (1971) 35–49.
Wiemer, Thomas: *Die Passion des Sagens.* Zur Deutung der Sprache bei Emmanuel Levinas und ihrer Realisierung im philosophischen Diskurs, Freiburg–München 1988.

Wiese, Hans-Ulrich: *Die Lehre Anselms* von Canterbury über den Tod Jesu in der Schrift »Cur Deus Homo«, in: WiWei 41 (1978) 149–179. 42 (1979) 34–55.
Willems, Bonifac A.: *Die Soteriologie der Gegenreformation und die Reaktion der Aufklärungszeit,* in: Soteriologie von der Reformationszeit bis zur Gegenwart (HDG III/2c), Freiburg 1972, 35–64.
Williams, Charles: *All Hallows' Eve,* New York 1969.
–: *Descent into Hell,* New York 1949.
–: *The Descent of the Dove,* Oxford 1939.
–: *The Image of the City* and other Essays, ed. Anne Rider, Oxford 1958.
Wimmer, Reiner: *Kants kritische Religionsphilosophie* (KantSt 124), Berlin–New York 1990.
Wimmer, Walter: *Eschatologie der Rechtfertigung.* Paul Althaus' Vermittlungsversuch zwischen uneschatologischer und nureschatologischer Theologie, München 1971.
Winner, Ludger: *Sühne im interpersonalen Vollzug.* Versuch einer Erhellung des Sühnebegriffs im Anschluß an die Transzendentalphilosophie J. G. Fichtes und seine Verifizierung im Rahmen der biblischen Botschaft (PThSt 8), Paderborn 1978.
Wittkemper, Karl: *Die heilsgeschichtliche Stellvertretung der Menschheit durch Maria* bei M. J. Scheeben, in: Die heilsgeschichtliche Stellvertretung der Menschheit durch Maria, hrsg. v. C. Feckes, Paderborn 1954, 308–322.
Wittschier, Sturmius-M.: Kreuz – Trinität – Analogie. *Trinitarische Ontologie unter dem Leitbild des Kreuzes,* dargestellt als ästhetische Theologie (BDSt 1), Würzburg 1987.
Wohlgschaft, Hermann: *Hoffnung angesichts des Todes.* Das Todesproblem bei Karl Barth und in der zeitgenössischen Theologie des deutschen Sprachraums (BÖT 14), Paderborn 1977.
Wohlmuth, Josef: *Zum Verhältnis von ökonomischer und immanenter Trinität* – Eine These, in: ZKTh 110 (1988) 139–162.
Wolf, Ernst: *Christentum* II. Geschichtliche Entwicklung, in: RGG I (Tübingen [3]1957) 1695–1705.
Wolff, Hans Julius: *Organschaft und Juristische Person.* Untersuchungen zur Rechtstheorie und zum öffentlichen Recht, Bd. I. Juristische Person und Staatsperson, Berlin 1933; Bd. II. Theorie der Vertretung. Stellvertretung, Organschaft und Repräsentation als soziale und juristische Vertretungsformen, Berlin 1934.
Wulf, Friedrich: *Das stellvertretende Leiden als Anruf Gottes an unsere Zeit,* in: Ders., Geistliches Leben in der heutigen Welt. Geschichte und Übung der christlichen Frömmigkeit, Freiburg 1960, 364–379.
Zechmeister, Martha: *Mystik und Sendung.* Ignatius von Loyola erfährt Gott, Würzburg 1985.
Zeltner, Hermann, *Schelling-Forschung* seit 1954 (WdF 42), Darmstadt 1975.
Zomparelli, Bruno: *Ascesi e Martirio,* in: RVS 31 (1977) 449–469.

Personenregister

Abaelard, Peter 72–74, 125, 135, 153
Adler-Bresse, Marcelle 62
Aischylos 22
Alacoque, Margareta Maria 414, 432
Albrecht, Barbara 268, 419f.
Albus, Michael 270
Althaus, Paul 75, 237, 239–243, 250, 258, 277
Ambaum, Jan 301, 303
Andresen, Carl 43
Angela von Foligno 293, 409, 415
Anselm von Canterbury 64, 69–74, 77, 84, 96f., 113, 132, 135, 137, 141, 149, 153, 185, 194, 266, 288, 317, 407
Athanasius 67f., 288
Auer, Johann 82
Augustinus 55, 59, 67, 69f., 74, 84f., 273, 288, 302, 322, 399, 405
Aulén, Gustaf 65

Baader, Franz von 150f.
Bachmann, Philipp 143
Bader, Günter 125
Baier, Walter 408f.
Balthasar, Hans Urs von 18, 68, 72, 90, 158f., 168–171, 180, 222, 254, 263–311, 318, 326f., 345, 355, 357, 360, 363, 367, 392, 399f., 406–409, 413, 417–420, 423, 426, 429, 436–438, 445, 449f., 453
Bar, Catherine de 413
Barbey d'Aurevilly, Jules 421
Barth, Karl 18, 25, 115, 163, 167–194, 196–200, 202, 205f., 208, 212, 214, 218–222, 225, 237–241, 246, 252, 255–257, 263–266, 268, 273, 302f., 305, 310, 314–316, 318, 324, 327, 332, 354, 363, 380, 383, 436f., 453
Bartmann, Bernhard 158
Baumeister, Theofried 403
Baumgartner, Hans Michael 100, 389f.
Baur, Ferdinand Christian 80, 96, 113, 117–120
Baur, Jörg 360, 439f.
Becker, Jürgen 395
Beer, Theobald 74
Béguin, Albert 421
Beierwaltes, Werner 53, 430
Beinert, Wolfgang 402, 448
Berdesinski, Dieter 236
Berdjajew, Nikolai Alexandrowitsch 423
Berengar von Tours 56
Bergengruen, Werner 427
Berlage, Anton 156
Bernanos, Georges 292, 295, 300–302, 421, 426f.
Bernhard von Clairvaux 406f.
Bérulle, Pierre de 413
Bessero Belti, Remo 416
Betz, Johannes 404
Bialas, Martin 415
Biedermann, Alois Emanuel 149
Biemel, Walter 371
Binswanger, Ludwig 386
Biser, Eugen 425
Blank, Josef 36–38, 42, 44
Blasucci, Antonio 409
Bloch, Ernst 226, 254
Bloy, Léon 301, 421f., 424
Blumenberg, Hans 21, 53
Böckelmann, Frank 100
Böckle, Franz 448
Boehm, Rudolf 371
Böll, Heinrich 421
Boethius 55
Boff, Leonardo 17, 288
Bohatec, Josef 96
Boies, Joseph J. 429
Boman, Thorleif 30
Bommes, Karin 403
Bonaventura 273
Bonhoeffer, Dietrich 18, 168, 207–219, 225, 234, 239, 256f., 298, 419, 437, 447
Bonsiepen, Wolfgang 103
Bordeaux, Henri 427
Bori, Pier Cesare 338
Bourget, Paul 427
Boutin, Maurice 201, 205f.
Brandenburger, Egon 180

Braun, Herbert 225
Brecht, Bertolt 230
Breidert, Martin 110f., 131, 141
Brenner, Friedrich von 150
Breuning, Wilhelm 439, 444f.
Breytenbach, Cilliers 42
Brichto, Herbert Chanan 36
Brinkschmidt, Egon 168
Brinktrine, Johannes 158
Brosch, Hermann Josef 157
Brox, Norbert 39, 43, 68, 403
Brunner, Emil 18, 168, 194–201, 205, 207, 209, 218, 222, 226, 246, 256f., 380, 384
Brunner, Heinz 150
Brunner, Peter 87
Buber, Martin 159, 196, 226, 306, 371, 380–387, 389, 392f.
Buchka, Hermann 63
Büchsel, Friedrich 44, 48
Buess, Eduard 174
Bultmann, Rudolf 18, 168f., 200–207, 209, 218, 222–225, 243, 247, 252, 256f.
Burkert, Walter 21
Burkhart, Anton 153
Bush, William 426
Buytendijk, Frederik Jacobus Johannes 374

Cabada Castro, Manuel 263
Cajetan de Vio, Thomas 169, 263
Calderon de la Barca, Pedro 226
Calvin, Johannes 192
Campenhausen, Hans von 403f.
Casper, Bernhard 380, 382–384, 393, 395, 397f.
Cassirer, Ernst 21
Caussade, Jean-Pierre de 415
Celan, Paul 395, 452
Chesterton, Gilbert Keith 453
Cholewinski, Alfred 36
Cicero 54, 369
Claudel, Paul 316, 424, 429
Cognet, Louis 413f.
Collenbusch, Samuel 121
Colombière, Claude de la 414
Condren, Charles de 413
Congar, Yves 44, 333, 444
Cornehl, Peter 101, 115, 117
Cremer, Ernst 134, 137
Cremer, Hermann 70, 134, 137, 162
Croiset, Jean 414
Crumbach, Karl-Heinz 432
Cullberg, John 380
Cullmann, Oscar 18, 24, 237, 239, 243–247, 251, 257, 274, 345, 444
Cyprian 70, 403
Cyrill von Alexandrien 288
Czerny, Johannes 73, 87

Daley, Brian 66, 69
Danneels, Godfried 420
Danet, Henriette 271, 291, 294
Daniélou, Jean 301
Dante 273
Dassmann, Ernst 403
Deissler, Alfons 18, 24, 30, 32, 245
Delitzsch, Franz 143–146
Demmer, Klaus 448
Deneffe, August 82
Deneken, Michel 90
Dermenghem, Emile 413
Descartes, René 62, 371, 394
Dettloff, Werner 73
Deuser, Hermann 238f.
De Wette, Wilhelm Martin Leberecht 126f., 135
Diekamp, Franz 149, 158
Diemer, Alwin 372
Dieringer, Franz Xaver 153f., 157, 163
Diez, Karlheinz 412
Dilthey, Wilhelm 121
[Pseudo-]Dionysius Areopagita 273
Dippel, Johann Conrad 77–81, 121
Dobmayer, Marian 83
Dörholt, Bernhard 156f.
Dombois, Hans 70
Dorner, Isaak August 129, 134
Dostojewskij, Fjodor Michajlowitsch 301, 422f.
Doyere, Pierre 408f.
Drewermann, Eugen 400f., 433f., 443f.
Drey, Johann Sebastian von 152
Düsing, Edith 369f.
Duns Scotus, Johannes 73
Duployé, Pie 424
Dussaud, René 36

Ebel, Johann Gottfried 62–64
Ebeling, Gerhard 168
Eberhard, Johann August 82, 84, 97, 121
Ebner, Ferdinand 196, 226, 306, 368, 380, 383, 387
Ebner, Margareta 293, 409
Ebrard, Johann Heinrich August 144, 146f., 156
Eckhart 409
Eder, Peter 83
Eichrodt, Walther 34
Eliade, Mircea 21, 29, 51
Eliot, Thomas Stearns 421
Elisabeth von Dijon 299
Elliger, Karl 36
Elsässer, Michael 55
Emeis, Dieter 442
Engels, Friedrich 416
Epiktet 322
Eschweiler, Karl 154
Escobar, Pedro 267
Eudes, Jean 413
Everding, Karl Friedrich 64
Exeler, Adolf 152

Fahlgren, Kark Hjalmar 34
Faulkner, William 429
Feil, Ernst 208f., 214
Fessard, Gaston 301
Fessio, Joseph 291, 294, 306
Feuerbach, Ludwig 226
Fichte, Johann Gottlieb 93, 99, 100f., 103f., 108, 110, 162, 207, 219, 340, 368–371, 390
Fiedler, Peter 42f.
Figura, Michael 444
Fiorenza, Francis Peter 48
Fock, Otto 76
Foucauld, Charles de 273, 349, 399, 418, 432
Fowlie, Wallace 424
Fränkel, Richard 64
Fraine, Josef de 31f.
Frank, Franz Hermann Reinhold von 149
Frank, Gustav 127
Frank, Karl Suso 405
Franziskus von Assisi 399f., 406f.
Franziskus Silvester von Ferrara 263
Franz von Sales 413
Freud, Sigmund 400
Freyer, Michael 221
Friedhoff, Franz 156
Fries, Heinrich 169, 202, 361
Frint, Jakob 150
Frisch, Max 230
Frische, Reinhard E. 418
Fuchs, Ottmar 447
Füglister, Norbert 30, 36
Fürst, Walter 442
Fuhrmann, Manfred 55
Funk, Philipp 150
Furger, Franz 447

Gadamer, Hans-Georg 59
Gallati, Fidelis M. 360
Galliffet, Joseph de 415
Galura, Bernard 149
Galy, Jean 413
Garcia-Mateo, Rogelio 412
Geerlings, Wilhelm 54, 69
Geiselmann, Josef Rupert 404
Gentile, Francesco 416
Gerken, Alexander 56f., 438
Gerlitz, Peter 52
Gertrud die Große von Helfta 407f.
Gertrud von Hackeborn 407f.
Gertz, Bernhard 169
Gese, Hartmut 34f., 37, 44
Geß, Wolfgang Friedrich 129–133, 135
Geyer, Hans-Georg 251
Geyser, Joseph 263
Girard, René 37f., 289f., 308
Gloege, Gerhard 180, 219
Glossner, Michael 156
Göschel, Karl Friedrich 115–118, 124
Gogarten, Friedrich 18, 168, 200, 219–225, 234, 256f., 380, 383, 425
Gollwitzer, Helmut 187, 226, 234, 236, 380
Gräder, Karl 137
Graef, Hilda 415
Greene, Graham 429
Gregor der Große 295, 405
Gregor von Nazianz 288
Gregor von Nyssa 54, 67f., 267, 288, 295
Greiner, Sebastian 248, 431f.
Gremminger, Elsbeth 424

Greshake, Gisbert 52, 55, 61, 65f., 69–72, 203, 255, 301, 313, 363, 402, 412, 419, 424, 431–433, 443, 448, 451f., 454f.
Grimm, Jacob 35
Grimm, Wilhelm 35
Grisebach, Eberhard 207, 221, 380f.
Grønbech, Vilhelm Peter 32
Grotius, Hugo 77f., 82, 84–86, 89, 127, 134, 138, 161
Grün, Anselm 361
Guardini, Romano 158, 301, 314f., 423
Gubler, Marie-Louise 45
Günther, Anton 151–153, 156, 158, 163
Güttgemanns, Erhardt 402
Guttiérez, Gustavo 454

Haag, Ernst 40
Haag, Herbert 40
Haas, Alois Maria 408, 410, 412
Hadfield, Alice Mary 427
Häring, Hermann 433
Häring, Theodor 133f.
Härle, Wilfried 178, 182
Hahn, Ferdinand 43f.
Haible, Eberhard 175
Hainz, Josef 338
Halder, Alois 392
Hamann, Johann Georg 273
Hammer, Felix 70
Hammer, Karl 171
Hamon, Auguste 414f.
Harnack, Adolf von 70, 149, 213
Harnack, Theodosius 144, 146
Hartl, Friedrich 151
Hartmann, Nicolai 446
Hasenkamp, Johann Gerhard 121
Haubst, Rudolf 70
Hedinger, Ulrich 182, 236f.
Hegel, Georg Friedrich Wilhelm 93, 101–107, 110, 113–117, 124, 147, 150, 162, 167–169, 181, 185, 193, 212, 218, 225f., 232f., 234, 237, 254, 305, 341, 346, 370f., 377
Hegyi, Johannes 263
Heidegger, Johann-Heinrich 82
Heidegger, Martin 201f., 205–207, 265, 371, 374–378, 385f., 392–394, 397f., 446
Heilmann, Johann David 96
Heimbach, Marianne 408
Heimsoeth, Heinz 368
Hein, Arnold 120
Heinrich, Johann Baptist 158
Heinrichs, Johannes 368, 443
Heinz, Hanspeter 267, 306
Hellmann, Friedrich 63
Hemmerle, Klaus 110, 433, 451f., 454
Hempel, Johannes 30
Hengel, Martin 39, 45, 276
Hengstenberg, Ernst Wilhelm 140
Henke, Peter 254
Henrici, Peter 266, 279
Herder, Johann Gottfried von 288
Hermes, Georg 150, 153
Herrigel, Hermann 380
Herrmann, Johannes 35
Herrmann, Wilhelm 149
Hertling, Ludwig 330
Herz, Martin 53, 66
Heuser, Adolf 151
Heussi, Karl 405
Hilberath, Bernd Jochen 55
Hildebrand, Dietrich von 306
Hilton, Walter 293, 409
Hirsch, Emanuel 80
Hirscher, Johann Baptist 152
Hocart, Arthur Maurice 32
Hösle, Vittorio 370
Hoffmann, Norbert 18–20, 158f., 264f., 310–321, 355, 357, 448–450
Hofmann, Hasso 54, 55, 59–61
Hofmann, Johann Christian Konrad von 138, 142–147, 157, 163f.
Hofmann, Konrad 415
Hofmann, Rudolf 446
Hofmannsthal, Hugo von 226
Holkot, Robert 73
Hollmann, Klaus 204
Hooke, Samuel Henry 32
Hoping, Helmut 98, 387
Hopkins, Gerard Manley 273
Horst, Friedrich 34
Hossfeld, Frank-Lothar 36
Howard, Thomas 427
Huber, Max 149
Hübner, Eberhard 145
Hübner, Hans 37
Hübner, Kurt 21

Hübner, Reinhard M. 67
Hünermann, Peter 446, 448
Huizing, Klaas 392, 397
Hummel, Gert 380
Husserl, Edmund 201, 207, 371–377, 382
Huysmans, Joris-Karl 422

Ignatius von Antiochien 399, 402f.
Ignatius von Loyola 399, 411f., 432
Ihmel, Ludwig 149
Ingarden, Roman 446
Irenäus von Lyon 246, 267, 273, 403
Iserloh, Erwin 58, 73f., 410f.
Ivánka, Endre von 51–54
Iwand, Hans Joachim 74

Jacobi, Friedrich Heinrich 103
Janowski, Bernd 35–38, 45
Jansohn, Heinz 94
Janssen, Hans-Gerd 433
Jaspers, Karl 376
Jeremias, Joachim 42–46, 49, 276
Jöhri, Mauro 291, 294
Johannes Capreolus 263
Johannes vom Kreuz 273, 399, 412
Johansson, Niels 32
Jonas, Hans 446
Jonas, Ludwig 121
Jorissen, Hans 57, 404
Jüngel, Eberhard 17, 29, 80, 103, 168, 171
Jungmann, Joseph Andreas 404

Kähler, Martin 121, 126, 135–137, 162
Käsemann, Ernst 225
Kaftan, Julius 149
Kaiser, Georg 427, 429
Kampits, Peter 377f.
Kant, Immanuel 93–100, 102f., 105, 107, 110, 112f., 120, 147, 149, 161, 203, 288f., 340, 368f., 387, 397, 429, 446
Kappes, Clemens 289, 291, 360
Karrer, Leo 88
Kasper, Walter 18, 89f., 109, 110–112, 245, 254, 264f., 301, 310, 321, 339–354, 357f., 445
Katharina von Siena 293, 409
Keller, Albert 263
Kerényi, Karl 21
Kern, Walter 226, 444
Kertelge, Karl 46
Kessler, Hans 43f., 73f., 87, 288f., 360, 454f.
Kierkegaard, Sören 168, 207f., 231, 368, 371
Kirk, Geoffrey S. 21
Kisker, Karl Peter 367
Klaes, Norbert 432, 442, 444
Klaiber, Christoph Benjamin 126
Klappert, Bertold 184, 188, 205
Klee, Heinrich 153, 155
Klein, Klaus Leo 159f.
Klemens von Alexandrien 66f.
Kleutgen, Joseph 156
Klüpfel, Engelbert 149
Knapp, Georg Christian 83, 86, 113
Knierim, Rolf 34
Knowles, David 409
Koch, Klaus 34, 37, 39f.
Koch, Kurt 248f.
Köhler, Ludwig 34
Köpf, Ulrich 406, 409
Körner, Johannes 201
Köster, Heinrich Maria 441
Köster, Josef 425f.
Kohn, Hans 380
Kolbe, Maximilian 318, 419
Koselleck, Reinhart 63
Koslowski, Peter 339
Kradepohl, Anton 64
Kranz, Gisbert 425, 427f.
Kraus, Georg 194
Krause, Burghard 181, 186
Kremer, Jacob 49, 404
Krenn, Kurt 363, 432
Krenski, Thomas Rudolf 265, 267, 269f., 274, 276, 280, 283, 287, 289, 291, 294, 296, 302, 306
Krinetzki, Leo 30
Krings, Hermann 342, 387–392, 396
Krötke, Wolf 181f., 199
Kümmel, Werner-Georg 45
Küng, Hans 188, 288
Kugelmann, Lothar 254
Kuhn, Johann Evangelist von 152, 156
Kunz, Erhard 338

Laak, Werner von 190

Lachenschmid, Robert 88
Lanczkowski, Johanna 408 f.
Lange, Dietz 360, 439
Lange, Johann Peter 129–132
Lange, Peter 220
Langemeyer, Bernhard 194 f., 200, 219, 222, 368
Langer, Otto 406
Langlois, Gilles 422
Lauth, Reinhard 368 f., 388–391
Leclercq, Jean 405, 407–409, 414 f.
Le Fort, Gertrud von 421, 425 f.
Lehmann, Karl 18, 305, 398, 438 f., 443 f.
Leibholz, Gerhard 64
Leipold, Heinrich 195 f.
Lengsfeld, Peter 159
Léon-Dufour, Xavier 288 f.
Levin, Christoph 30, 45
Levinas, Emmanuel 90, 392–399, 444, 446, 452, 456
Levine, Baruch A. 36
Lewis, Clive Staples 303, 427, 430
L'Hour, Jean 30
Lippert, Peter 158
Lipsius, Richard Adelbert 149
Ljeskow, Nikolai Semjonowitsch 423
Lochbrunner, Manfred 266, 271, 280
Loersch, Sigrid 226, 232, 234
Löser, Werner 75, 266 f., 280, 291, 294
Loewenich, Walther von 74 f.
Löwith, Karl 374, 385–387
Lohse, Eduard 36 f., 39, 44, 401 f.
Loofs, Friedrich 70
Lorie, Marie-Joseph 421
Lortz, Joseph 74
Lowrie, Joyce O. 421 f.
Lubac, Henri de 58, 68, 90, 266, 301, 330, 353, 404, 442, 444
Ludwig XVI. 139
Lüdemann, Hermann 149
Lugo, Francisco de 87
Luitgart von Tongern 407
Luther, Martin 58, 73–76, 84 f., 137, 188, 213, 238, 242, 289, 292, 410 f., 414 f., 437
Lutz, Jürgen 411
Lyonnet, Stanislas 36

Maas, Wilhelm 192, 250, 419
MacCarthy, Dennis J. 36
MacIntyre, John 70
MacSorley, Harry 75
Maddalena de' Pazzi 293, 413, 415
Maier, Eugen 90
Malebranche, Nicolas de 394
Marc Aurel 322
Marcel, Gabriel 301, 371, 380–383, 429
Marchesi, Giovanni 267, 276
Marheineke, Philipp Konrad 113 f., 117 f., 124
Maria Euthymia 400
Marie de l'Incarnation 413
Marie des Vallées 293, 413
Marle, René 205 f.
Marliangeas, Bernard-Dominique 61
Maron, Gottfried 360
Marsch, Wolf-Dieter 226
Martensen, Hans Lasse 129, 134
Marx, Karl 226, 254 f., 270, 346, 416
Mattes, Anton 414
Maurer, Wilhelm 150, 267
Mauriac, François 427
Maximus Confessor 68
Mayr, Johann 88, 267
Mead, George Herbert 370
Mechels, Eberhard 171
Mechthild von Hackeborn 407 f.
Mechthild von Magdeburg 294
Medebielle, Alexis 36
Medina, Bartholomé de 87
Meessen, Frank 431, 451
Melanchthon 76
Menke, Karl-Heinz 17, 42, 394, 415 f., 450
Menken, Gottfried 121
Merklein, Helmut 42–45, 47–49
Merleau-Ponty, Maurice 374
Metz, Johann Baptist 48, 443, 455
Metz, Wulf 96
Metzinger, Adalbert 36
Meyer, Richard M. 21, 77
Mieth, Dietmar 409
Minz, Karl-Heinz 159 f.
Mistral, Gabriele 421
Mitteis, Ludwig 63
Moda, Aldo 266
Möhler, Johann Adam 144, 152, 154, 352, 404, 416

Möller, Joseph 454
Mokrosch, Reinhold 411
Molina, Thomas 157
Moltmann, Jürgen 18, 168, 237, 250–255, 257f., 303, 412, 415, 443f.
Momose, Peter Fumiaki 252
Moraldi, Luigi 36
Morando, Dante 416
Mosis, Rudolf 412
Mowinckel, Sigmund 31f.
Mühlen, Heribert 31, 306, 338
Müller, Gerhard Ludwig 207, 209, 212–218, 299, 403f.
Müller, Gotthold 106, 191
Müller, Herrmann 115
Müller, Hubert 443
Müller, Julius 134f.
Müller, Ulrich 64
Müller-Freienfels, Wolfram 64
Musonius 322
Muth, Johannes Franz Seraph 157

Nachtwei, Gerhard 328, 338f.
Nédoncelle, Maurice 55
Nele, Herbert 250
Neugebauer, Fritz 48
Neunheuser, Burkhard 58
Newman, John Henry 416
Niemann, Franz-Josef 77
Nietzsche, Friedrich 270, 444, 452
Nigg, Walter 415
Nikolaus von Kues 271, 430
Nohl, Herman 101f.
Nordhues, Paul 88
Nyssen, Wilhelm 406

Oberthür, Franz 149
Oelsner, Konrad Engelbert 62f.
Oepke, Albrecht 44, 48
Oettingen, Alexander von 149
Olier, Jean-Jacques 413
Onymus, Adam Josef 149
Origenes 66f., 267, 302, 403
Ortner, Erich 271
Osswald, Bernhard 151
Oswald, Johann Heinrich 157
Ott, Heinrich 206, 209, 218
Otto, Rudolf 134
Otto, Stephan 69
Otto, Walther Friedrich 21

Pannenberg, Wolfhart 18, 43, 105, 168, 171, 187, 233, 239f., 247–252, 255, 257f., 439, 444, 452
Pascal, Blaise 273
Paschasius Radbertus 56, 58
Patsch, Hermann 42, 45
Paul, Eugen 159f.
Paul vom Kreuz 414f.
Pedersen, Johannes 32, 34
Peelman, Achiel 276
Péguy, Charles 273, 295, 301, 349, 422–424
Pelagius 69
Pell, Georg 156
Perrone, Giovanni 82
Persson, Per Erik 360
Pesch, Christian 157
Pesch, Otto Hermann 73f., 87, 360, 436f., 439, 443
Pesch, Rudolf 44
Petau, Denys 88
Peterson, Erik 405
Petrocchi, Massimo 413, 416
Petrus Lombardus 61
Peukert, Helmut 455
Philippi, Friedrich Adolph 138–140, 142–144, 146, 157, 163, 242
Picht, Georg 446
Pilgram, Friedrich 153–155, 157, 163
Plack, Arno 447
Plagnieux, Jean 69
Plathow, Michael 213, 215, 290
Platon 51f.
Pöggeler, Otto 395
Pöhlmann, Horst Georg 171, 439f.
Pohle, Joseph 158
Pohlenz, Max 53
Polykarp von Smyrna 402
Popkes, Wiard 46
Poschmann, Bernhard 56
Poseidonios 53f.
Pratzner, Ferdinand 57
Premm, Matthias 158
Prenter, Regin 175
Pritz, Joseph 150–152
Pröpper, Thomas 122, 125, 391f., 433
Przywara, Erich 18, 69, 169, 263, 266f., 301, 324

Quadt, Anno 189

Quapp, Erwin Herbert Ulrich 121

Rad, Gerhard von 34
Rahner, Hugo 412, 432, 444
Rahner, Karl 17, 56, 169, 288 f., 292 f., 301, 319, 348, 357–363, 440–442, 448 f.
Ratramnus 56
Ratzinger, Joseph 17 f., 24, 68, 264 f., 310, 321–339, 344, 349, 356 f., 431, 440, 442, 454, 456
Reichardt, Rolf 62
Reidinger, Otto 232, 236
Reinhard, Franz Volkmar 83 f., 86, 113
Reiter, Josef 395
Rendtorff, Trutz 168
Reventlow, Henning Graf 34 f.
Richard von St. Viktor 283
Richstätter, Karl 408
Richter, Edgar 63
Rief, Josef 53, 69, 151
Riesenfeld, Harald 44
Rilke, Rainer Maria 300
Ringleben, Joachim 104
Ritschl, Albrecht 113, 126, 129, 132–134, 138, 140, 143, 147 f., 162 f., 185, 188, 192, 240, 250, 288, 456
Rivière, Jean 73, 82
Robert von Lüttich 407
Robinson, Henry Wheeler 30 f., 209
Robinson, John Arthur Thomas 48
Rochusch, Rolf 190
Rohrmoser, Günter 102, 104
Rolland, Romain 423
Roloff, Jürgen 43 f.
Romero y Galdamez, Oscar 419
Roos, Lothar 441 f.
Rordorf, Willy 403
Rosa von Lima 294
Rosenau Hartmut 107 f., 111 f.
Rosenstock-Huessy, Eugen 380, 382 f.
Rosenzweig, Franz 306, 380, 382, 387
Rosmini-Serbati, Antonio 394, 415 f., 450
Rothe, Richard 128 f., 134, 138
Rück, Werner 442
Ruh, Kurt 405 f.
Ruppert, Lothar 39
Ruusbroec, Jan van 409

Sabourin, Leopold 36
Sachs, John Randall 299, 306
Saier, Oskar 339
Saint-Simon, Claude Henri de Rouvroy 416
Salmann, Elmar 311, 321 f.
Sanders, Ed Parish 30
Sartorius, Ernst Wilhelm Christian 140 f.
Sartre, Jean-Paul 371, 377–380, 392 f., 396, 423
Schaeffler, Richard 451
Schäzler, Constantin von 156
Schakel, Peter J. 428
Schaller, Hans 431 f.
Schaller, Julius 119
Schaper, Edzard 427
Scharbert, Josef 30, 32, 34 f., 40, 325
Scheeben, Matthias Joseph 158–160, 163 f.
Scheffczyk, Leo 17, 245, 286, 313, 432, 442 f.
Scheld, Stefan 197
Scheler, Max 209, 373 f.
Schell, Herman 158, 163
Schellenberger, Bruno 406
Schelling, Friedrich Wilhelm Joseph 93, 106–112, 147, 150, 162, 340 f.
Schenkel, Daniel 127 f., 242
Schenker, Adrian 34–39, 45
Scheuer, Manfred 266, 270, 283, 299, 306
Schillebeeckx, Edward 247, 288, 353, 441, 455
Schlatter, Adolf 149
Schleiermacher, Friedrich Daniel Ernst 121–126, 129, 132, 134 f., 138, 140, 142, 144, 162 f., 167, 196, 213, 288
Schlette, Heinz Robert 444 f.
Schlier, Heinrich 49, 276
Schlossmann, Siegmund 64
Schlund, Robert 442
Schmalenberg, Erich 233, 250
Schmaus, Michael 149, 158
Schmid, Heinrich 144
Schmid, Johannes 267
Schmidt, Guido 221
Schmidt, Margot 408
Schmitt, Eberhard 61 f.
Schmitz, Rudolf Michael 160

Schmucki, Oktavian 406
Schnackenburg, Rudolf 43, 48
Schneider, Burkhart 412
Schneider, Michael 405 f.
Schneider, Reinhold 300, 427
Schneider, Theodor 438
Schnorr von Carolsfeld, Ludwig 54, 59
Schoeberlein, Ludwig Friedrich 146
Schötz, Dionys 36
Schrage, Wolfgang 402
Schrey, Heinz-Horst 374, 376, 448
Schrijver, Georges de 267
Schröer, Henning 221, 239, 305
Schüler, Alfred 446
Schüller, Bruno 446
Schürmann, Heinz 41–45, 276, 346
Schütte, Heinz 439
Schütz, Alfred 372
Schulze, Wilhelm A. 101
Schwager, Raymund 38, 43, 47, 66 f., 290 f.
Schwarze, Christian August 83, 86, 113
Schweitzer, Albert 243
Schweizer, Alexander 127 f.
Schweizer, Eduard 48 f.
Schwerdtfeger, Nikolaus 361
Seckler, Max 455
Seebass, Horst 34
Seebohm, Thomas 372
Seigfried, Adam 358
Seiler, Georg Friedrich 82–85, 113, 149, 161
Semler, Johann Salomo 85
Semmelroth, Otto 360, 441
Seneca 322
Sesboüé, Bernard 83, 90
Seuse, Heinrich 293, 409
Siewerth, Gustav 265, 281
Sieyes, Emmanuel Joseph 61–64, 89, 93, 161
Simonis, Walter 401
Six, Jean-François 417 f.
Smulders, Piet 360
Söhngen, Gottlieb 171, 266
Sölle, Dorothee 19 f., 62, 184, 187, 217, 223–237, 252, 254–259, 376, 425, 444 f.
Solano, Jesús 409
Solowjew, Wladimir Sergejewitsch 273
Solschenizyn, Alexander 427
Soosten, Joachim van 209
Sophokles 22, 139
Sorsoli, Carlo 403
Sozzini, Fausto 75–78, 288
Spaemann, Heinrich 442
Spaemann, Robert 446
Specht, Thomas 158
Speyr, Adrienne von 268, 286, 294 f., 298–300, 419 f., 432
Splett, Jörg 20, 305, 398
Stahl, Friedrich Julius 140 f.
Stapfer, Johann Friedrich 96
Staudenmaier, Franz Anton 153
Steck, Odil Hannes 39
Steffen, Bernhard 143
Stein, Edith 412, 419
Steinbart, Gotthilf Samuel 82, 84 f., 97
Steinbüchel, Theodor 380
Steindl, Helmut 71
Stensen, Niels 415
Stephan, Horst 124
Steudel, Johann Christian Friedrich 125, 128, 242
Stier, Ewald Rudolf 127
Stierli, Josef 408 f., 415
Stöcker, Alfred 427
Stöckl, Albert 156
Storr, Gottlob Christian 83, 86, 113
Strasser, Stephan 392, 395
Strauß, David Friedrich 117, 120, 122
Strauss, Ludwig 62
Studer, Basil 66, 69 f.
Stufler, Johann Baptist 158
Stuhlmacher, Peter 43, 44 f.
Suárez, Francisco de 169, 263
Sykes, Arthur Ashley 85

Tauler, Johannes 293, 399, 409
Taylor, John 85
Terán Dutari, Julio 68, 169, 263
Teresa von Avila 399, 412, 415
Teresa von Kalkutta 399
Tersteegen, Gerhard 415
Tertullian 70
Therese von Lisieux 273, 293, 299, 399–401, 417–419, 425, 432, 434
Theunissen, Michael 368, 372 f., 376, 380, 382
Thibon, Gustave 333
Thielicke, Helmut 168, 202

Thönissen, Wolfgang 452
Tholuck, Friedrich August Gottreu 134f., 162
Thomas von Aquin 57f., 73, 87f., 169f., 263, 265, 273, 288, 291, 404, 436
Thomas von Kempen 410
Thomasius, Gottfried 140–142, 144, 146
Thomassin, Louis de 88f.
Thüsing, Wilhelm 48
Tiator, Martin 420
Tiililä, Osmo 74
Tillich, Paul 17, 357f., 362f.
Tinnefeldt, Wolfgang 267
Töllner, Johann Gottlieb 77–82, 121, 123
Tolkien, John Ronald Reuel 427
Topitsch, Ernst 22
Tossou, Kossi K. Joseph 276f., 291, 306
Tournely, Honoré 88f.
Troeltsch, Ernst 75, 149, 213, 220, 425
Trouncer, Margaret 414
Turretini, Franz 82
Twesten, August Detlev Christian 126

Ullrich, Lothar 17, 441f.
Ulrich, Ferdinand 281, 390, 400f., 432, 451
Urang, Gunnar 429
Urban IV. 407

Vagaggini, Cyprien 408
Vázquez, Gabriel 87
Velocci, Giovanni 416
Vergauwen, Guido 109
Versnel, Hendrik Simon 39
Verweyen, Hansjürgen 47, 97, 99, 100, 301, 361, 369–371, 389, 445
Vignolo, Roberto 276
Vögtle, Anton 41f., 45f.
Völker, Walter 405
Vogel, Heinrich 237–240, 257
Vogels, Heinz-Jürgen 359
Volk, Hermann 168f., 195, 197, 200, 313
Voss, Karl-Ludwig 79
Vries, Jan de 21

Waach, Hildegard 414
Wagner, Falk 100, 115, 183f., 186, 232f.
Waldenfels, Bernhard 371f.
Waldenfels, Hans 21, 271, 441, 444
Walter, Peter 435
Walz, Johann Baptist 403
Waugh, Evelyn 420
Weber, Ferdinand 143f.
Weber, Otto 188
Weil, Simone 349, 423f.
Weimer, Ludwig 335, 360
Weingart, Richard E. 72f.
Weischedel, Wilhelm 446
Weiser, Alfons 33
Weissmahr, Béla 263
Weitlauff, Manfred 409
Weizsäcker, Carl 143
Weizsäcker, Carl Friedrich von 456
Welte, Bernhard 23, 454
Wendebourg, Ernst-Wilhelm 143
Wengst, Klaus 39
Wenz, Gunther 75, 79f., 82, 106, 184, 358, 360
Wenzler, Ludwig 397
Werbick, Jürgen 42, 317
Weth, Rudolf 219f., 223
Wicks, Jared 75
Wiederkehr, Dietrich 234, 442, 454
Wiemer, Thomas 397
Wiese, Hans-Ulrich 71
Wilhelm von Ockham 73
Willems, Bonifac A. 83, 87f.
Williams, Charles 90, 427–429
Wimmer, Reiner 98
Wimmer, Walter 243
Winner, Ludger 390f.
Wittkemper, Karl 159f.
Wittschier, Sturmius-M. 269
Wohlgschaft, Hermann 361
Wohlmuth, Josef 398
Wolf, Ernst 169
Wolff, Christian 96
Wolff, Hans Julius 17, 59f., 63
Wulf, Friedrich 433

Yeats, William Butler 429

Zechmeister, Martha 411
Zeltner, Hermann 107
Zomparelli, Bruno 403

Sachregister

Abendmahl 215–217, 345, 438
Ablaß(wesen) 56, 336, 404, 409
Absolutheitsanspruch 334, 440, 444f.
Abstieg →Kenosis/Descensus
Adam
– Adam–Christus-Parallele 154f., 159, 179f., 285f., 327
– als Korporativperson 245, 286f.
– als Vereinzelung 210f.
– der »neue Adam« 47f., 115, 126, 139, 144, 151, 154, 162, 190, 195, 277, 285, 345
– Schuld (Sünde) Adams bzw. Ursünde 79, 108, 118, 122, 151, 153, 194f., 286, 301, 308
– und Stellvertretung 284f. 343
Aktualpräsenz 57
Analogie
– analogia attributionis 170f., 200
– analogia caritatis 280
– analogia entis 18, 25, 169–172, 175, 178, 192, 199, 219, 241, 255, 263, 266, 270, 272, 280, 296, 307, 318, 355, 436, 450, 456
– analogia exinanitionis 280
– analogia fidei 169–172, 264, 266
– analogia libertatis 280
– analogia operationis 171
– analogia proportionalitatis 170f., 200, 265, 307
– analogia relationis 171, 175, 178, 200, 214, 265
– und Katalogie 267–269, 272–274, 296, 305, 436, 450
Angewiesenheit 214, 220–224, 229–232, 257, 281, 330, 433
Angst 425f., 429, 430–432, 434
Antizipation/Prolepse 33, 46f., 111, 127–129, 250f., 255, 303, 398
Apokatastasis 190–192, 302f., 336, 354
Armut 406, 416, 443
Auferstehung/Auferweckung →Kreuz und Auferstehung/Auferweckung
Aufklärung 18, 89, 94, 121, 125, 150, 247, 322, 456

Babylonisches Neujahrsfest 40
Babylonisches Exil 35f., 40
Barmherzigkeit 68, 71f., 76, 80, 144, 158, 191, 252, 302
Beichte/Beichthaltung 216f., 268, 419f.
Berufung 172, 178, 189, 191, 215, 248, 273–275, 279, 287, 299f., 304, 308f., 336, 344, 402, 433, 442
Blut(-Zeichen) 36f., 45–49, 140
Bruderschaft/Genossenschaft 322–325, 327, 330
Bürge/Bürgschaft 85, 125, 128, 137, 139, 242
Bußbücher 56
Buße 35, 56, 127, 242, 409, 420

commercium →Tausch(denken)
Communio/Kommunikation/Gemeinschaft/Sozialität 132f., 136, 146, 148, 150, 153, 155f., 167, 173, 175, 178, 189, 200, 211–218, 221, 229, 238f., 242, 247, 255–257, 327–331, 372, 374, 389f., 401, 410f., 416–418, 424, 445, 447, 452–456
conformitas cum Christo →Gleichgestaltung/Eingestaltung mit/in Christus

delegatio/delegatus 58, 60f.
Deutscher Idealismus 18, 89, 94, 99, 167, 269, 368
Dialektische Theologie 18, 163, 168, 193f., 200, 220f., 237
Dialogischer Personalismus 219, 221, 237, 368,. 380, 384
Dienen/Dienst 48, 189, 328, 349, 350, 433, 447

Ebed Jahwe →Gottesknecht
Eigentlichkeit/Uneigentlichkeit 374–376, 385, 387, 393–398
Einheit (Identität) und Verschiedenheit (Differenz) 20–24, 30, 33, 57, 60, 65–68, 71f., 78, 89, 115, 120, 148, 150, 161–163, 167, 170, 172, 200, 255f., 259, 264, 268, 278, 280f., 296–298, 305, 310, 314f., 318,

337–339, 344 f., 349–352, 355–358, 362 f., 367, 371, 384 f., 387, 402 f., 429, 434–436, 438, 443, 445, 447, 450–453, 456
Einzigartigkeit (Einmaligkeit, konstitutive Bedeutung) Jesu Christi 95, 99 f., 108 f., 117 f., 124 f.
Endlichkeit/Unendlichkeit 220 f., 264, 267–270, 273, 307, 342 f., 344, 357 f., 359 f., 394, 396 f.
Entmythologisierung 23, 201–203, 222, 244
Erbgnade 151 f., 285
Erbsünde/Ursünde 95, 151 f., 198, 285, 290, 336
Erlösung
– als Aufhebung des Erlösers in das Geschehen der Stellvertretung 234
– Erlösungsgeschehen 65 f., 71, 74–78, 88 f., 148, 203, 205, 207, 224, 391, 433
– Erlösungsmodelle 65
– Erlösungsmotive 65, 67
– Erlösungsprinzip 155
– Erlösungsreligion 102
– Selbsterlösung 66, 77, 86, 96, 108 f., 112, 359 f., 455
– und Anknüpfungspunkt im Empfänger 195, 198, 205, 207, 209, 221, 237 f., 241, 256 f., 436 f.
– und anonymes Christentum 348, 361 f.
– und Vernunft 109 f.
– und Versöhnung 113
Erlösungslehre/Soteriologie 65 f., 72 f., 76 f., 79, 81–83, 87, 89, 93 f., 112 f., 276, 286 f., 290, 434
– eschatologische 276
– staurologische 276
– inkarnatorische 297
– juristische 68, 72, 75
– lutherische, alt- und neoprotestantische 73, 75 f., 79, 81 f., 85, 87–89, 96, 129, 138, 161 f., 438
– physische 67
Ersatz(denken) 18, 40, 56, 71, 73 f., 83 f., 89, 113, 115, 125, 127 f., 137, 143–145, 155–157, 160, 163, 187, 216, 218, 226, 228 f., 312, 326 f., 343, 346, 353, 395
Erwählung/Nichterwählung 172, 178, 180 f., 184, 189, 274, 279, 323–325, 326 f., 332, 335, 344, 440–442
Eucharistische Doppelhandlung 44–46, 50
Eucharistische Frömmigkeit 407, 409, 415 f.
exemplum 54 f., 73, 78 f., 81, 84, 86, 104, 161, 205, 251, 410
Existentialismus 237, 375

Fluch(tod) 47 f., 215, 223, 277
Freiheit
– als »Über-schreiten« des Anderen 378 f.
– bedingte und unbedingte 95, 109, 284, 292, 308 f., 344–348, 357, 388 f., 392, 430
– erlöste 164
– für Gott 225, 234
– göttliche 76, 176, 265, 280, 285, 291, 296, 342, 345 f., 358
– innovatorische 348, 454–456
– kreatürliche 176, 188, 225, 241, 265, 273, 280, 285, 291, 296, 298, 340 f., 344 f., 357, 432, 436, 451, 453
– praktische 387
– sittliche 159
– transzendentale 378 f., 388–390
– trinitarische 145, 173, 284
– und Anerkennung 370, 379, 389–391, 396
– und Autonomie 17 f., 76 f., 94, 346
– und Demokratie 62
– und Gesetz 94
– und Glaube 182, 343
– und Gnade 68, 72, 87, 156, 160, 174, 218, 268, 310, 361, 435
– und Interpersonalität/Intersubjektivität 284, 340 f., 344–347, 358, 368 f., 389–391, 396
– und Liebe 86, 145, 253, 281, 303, 311, 339 f., 368, 414, 433, 445
– und Notwendigkeit 72, 341 f.
– und Selbstsein/Selbstbestimmung/Selbsthingabe 52, 78, 85, 162, 176, 219, 284, 289, 350
– und Sünde 86, 140, 145, 151, 178, 199, 309
– und Vorauswissen 87

– verleiblichte 444
– von der Welt 225, 234
Fruchtbarkeit 273, 301, 308, 337, 395f., 405, 440, 441, 444
Fürbitte 32, 39, 131, 215f., 241, 268, 309f., 354, 404, 418, 431f.
Für-(andere-)Sein 48f., 115f., 122, 132, 151f, 178, 187, 189, 214f., 218, 234, 240, 253, 255, 271, 274, 279f., 282f., 294, 297, 300, 304, 307–309, 318, 321, 324, 326, 328f., 332, 339, 341, 344, 346, 348, 351, 357, 377–379, 393, 401, 404, 409, 412, 416, 420, 427, 431, 433, 441, 447, 449, 453
Für-sich-Sein 48, 104f., 109, 116f., 132f., 151f., 187, 233, 240, 253, 283, 303, 308–310, 327, 330, 332, 337f., 341, 343, 352, 356, 377–379

Gebet 431f.
Gehorsam/Ungehorsam 80f., 122f., 125, 138, 140, 142, 144, 150, 160, 184, 223, 247–249, 268, 272, 278, 294f., 313, 399, 402
Gemeinde →Communio/Kommunikation/Gemeinschaft/Sozialität
Gemeinschaft der Heiligen 59, 212, 242, 258, 280, 286, 289, 295, 297f., 300f., 304, 309f., 336, 403f., 418–424, 432, 437, 453
Gerechtigkeit 68–72, 76–78, 81f., 84–86, 98, 114, 116, 122, 125, 127, 130, 138, 140f., 144, 146, 153, 164, 189, 191, 236, 302f., 402, 407, 417, 423, 433
Gericht 184f., 214, 275f., 407, 415
Germanisches Denken 55f., 65, 70
Geschichte/Geschichtlichkeit 125, 150, 176, 202f., 237, 239, 243, 247–252, 254–256, 258f., 272–275, 294, 307, 326, 340–343, 362, 444, 451
Gesetz/Gesetzesfrömmigkeit 42, 47, 222, 247–250, 259, 401
Gestalt/Herrlichkeitsgestalt 268, 270–274, 276, 278f., 296, 305, 318, 355
Gewalt/Gewaltlosigkeit 40, 308f.
Glaube
– als Annahme der eigenen Transzendentalität 343, 359
– als Annahme der Stellvertretung Christi 182, 189, 191
– als Annahme unbedingter Bejahung 391
– als »ek-stasis« 188
– als »Ent-sprechung« 169, 171
– als Eigentlichkeit 202–204, 256
– als Haltung der »Armut im Geiste« 334
– als »instrumentum« 75
– als Konstitutivum des Erlösungsgeschehens 74, 104, 115, 134, 137–141
– als Relation 197, 264
– als »Selbst«-sein 221
Gleichgestaltung/Eingestaltung mit/in Christus 213f., 272f., 278f., 405, 408, 410
Glück(seligkeit) 94, 96, 98–100
Gnade 69–72, 87, 116, 133, 155–157, 160, 169, 171, 177, 181, 189, 190f., 197f., 200, 205, 209, 214, 218, 238, 268, 272, 286, 297, 301f., 303–305, 309, 323, 327, 329, 332, 355–357, 359–362, 405, 410f., 414, 416f., 420, 425, 432f., 437, 440–442, 453f.
Gottebenbildlichkeit 52, 66, 159, 178, 195, 197, 208, 226
Gottesknecht 40f., 45, 50, 64, 127, 245f., 275f., 287, 308, 326
Gottes- und Nächstenliebe 41f., 50, 208, 222, 225f., 236, 309, 383, 401f., 429, 431f.
Gottes Reich 42f., 47, 50f.
Gottverlassenheit 74, 276, 278, 292–295, 309, 419, 425
Griechisches Denken 39f., 51, 53–55, 65, 69

Hebräisches Denken 30, 48, 51, 60
Heil u. Unheil 34f., 41–43, 49f., 73, 82, 123, 125, 197f., 206, 244, 247, 250, 258, 286, 297, 302, 325f., 327, 333, 348, 359, 362, 409, 412, 414, 439, 441, 444, 453f.
Heiliger Geist 48, 66, 105, 132, 154f., 158, 184, 189, 213f., 254, 278f., 283, 289, 291, 297, 298, 306–310, 313f., 319, 321, 337f., 352, 356, 404, 450, 452
Heiligung 80, 189, 191

Heilsgeschichte 18, 25, 136, 145, 169, 222, 237, 240, 243, 244 f., 269, 274 f., 308, 319, 322, 325 f., 333, 344 f., 440
Herz Jesu 49, 160, 272, 278, 320 f., 407–409, 413–416, 418
Hölle 74, 191, 250, 268, 274, 278 f., 292–295, 301 f., 309, 317, 320, 345, 408, 413, 419, 422–425, 428, 433
Hoffnung 191 f., 231 f., 234, 236, 246, 249–252, 255, 258, 293 f., 301–304, 309 f., 354, 359, 402, 423, 453
Hohepriesterliches Amt 124, 148, 153, 183, 186, 190

Ich-Du-Relation/Ich-Es-Relation 380–387
Ich und Über-Ich 400
imitatio →Nachfolge
Imputation 79 f., 85, 144
ius talionis 35 f.

Jom Kippur →Versöhnungstag

Karsamstag 268, 293–295, 309, 419
Kenosis/Descensus 110 f., 131, 141, 160, 163, 279, 291, 306, 341, 391, 402, 411 f., 428, 431, 433, 438, 449, 456
Kirche
– als Heilsmittlerin 48, 189, 310, 327, 348, 411
– als in Christus ermöglichte Beziehung 214
– als neues Volk Gottes 245, 328, 344, 349, 440
– als rechtlich verfaßte Gesellschaft 164
– als Sakrament 329 f., 334, 337, 350 f., 360 f., 441, 445
– ecclesia legitima fidelium congregatio localis 330
– ecclesia localis 330
– ecclesia particularis 330
– ecclesia universalis 330
– in Christi Erlösungswerk inkludiert 164, 203, 279, 299, 302, 319, 324, 333, 337, 348, 355 f., 362, 410 f., 438
– und anonymes Christentum 441
– und Apostolizität 330 f., 356
– und Einheit 319, 356
– und Heiligkeit 329 f. 356
– und Katholizität 330 f., 356, 411, 418, 424, 446, 448
– und »Leib Christi« 48, 58 f., 155 f., 212, 245, 288, 296, 300, 309, 324, 328 f., 353, 416, 432
Kontemplation 272 f., 431
Konziliarismus 61
Korporativperson →persona corporativa
Kreuz 68, 72, 103, 130, 132, 141, 186, 189, 198, 211, 214 f., 237–240, 243 f., 278, 293, 296, 304, 310 f., 317, 321, 324, 332, 337, 345, 347, 360, 391, 399, 402, 404, 406, 419 f., 425, 433 f., 454
– Kreuzestheologie 168, 240
– Kreuzestod Christi 38, 41, 44 f., 47, 67 f., 70, 72, 79, 84, 98, 102–105, 110, 125, 128, 150, 160
– und Auferstehung/Auferweckung 179–182, 187, 198, 202 f., 206, 214, 217, 223 f., 233, 246, 249–252, 254, 256, 259, 309, 327, 345, 360, 455
– und Trinität 145, 159, 280, 317
– und Solidarität 289

Leib Christi 47 f., 51, 79, 211, 216 f., 278, 353, 420, 438
– corpus Christi mysticum 58 f., 156, 297, 307, 353, 421
– corpus Christi verum 58 f., 353
– eucharistischer 56–58, 304, 353, 438
Leiden
– als Askese 408
– als Gehorsam 434
– als Gnade 433
– Christi 73, 78, 80, 86, 103, 110, 114, 117, 123 f., 126, 130 f., 133, 137, 140, 142–144, 155, 236, 421
– des »Gerechten« 39, 43
– Für-Leiden 301, 304, 309 f., 400, 402 f., 405 f., 408 f., 412, 414, 416, 418–420, 433, 439
– und Glück 422
– und Mystik 405–408, 415, 431
Liberale Theologie 89, 167
Lichtmetapher/Lichtmetaphysik 52 f.
Liebe
– als Aufhebung des Gegensatzes 104–106
– als Befreiung und Befähigung 73,

84, 104, 110, 130f., 160, 191, 195f., 230f., 240, 279–281, 340, 342f.
– als »Genug-tuung« 79, 117, 146, 185
– als Identität in der Nicht-Identität 234f., 255
– als Subjektivität 102f.
– als »Zwischen« 381f., 384
– gekreuzigte 72, 123, 126, 129, 145, 236, 255, 278, 303, 354, 356, 399
– trinitarische 145, 172, 240, 253, 274, 287, 294, 315, 411
– und Communio 132, 139, 215, 390, 417f.
– und Gerechtigkeit 125, 127, 423
– und Haß 229
– und Heiligung 191
– und Leid 236, 240, 421
– und Selbsthingabe 359, 422
– und Selbstübergabe 359
Lösegeld/Loskauf 45, 67, 70f., 74–77, 81, 83, 131, 140, 146, 150, 157, 160f., 245, 301, 345
Logos 52f., 65f.
Lohn 34, 94, 130

Magie 22f., 45, 60, 216, 326, 327
mandatum 58, 60
Maria
– als Empfängerin des Hl. Geistes 288
– als Hörende 272
– als sacramentum mundi 333
– als Stellvertreterin 158, 160, 298, 352, 355, 441
– als Urbild der Kirche 309, 333, 352, 441f.
Martyrer/Martyrium 39, 41f., 332, 335, 350–352, 356, 402f., 417, 425
Menschwerdung 76, 174, 233, 235, 238f., 240, 411
meritum →Verdienst
Mission 195, 240, 328, 330, 333–335, 348, 367, 410f., 417f., 421, 440f.
Miteinandersein/Mitsein/Mitdasein 376f., 378, 385, 394
Mittler(schaft) 54–56, 85f., 108f., 124f., 183, 195–197, 275, 288, 325, 328, 352, 363, 404
Mitwirkung 75, 87, 189, 191f., 436f., 439
Mythisches Denken 21f., 52, 333

Nachfolge Christi 123, 206, 272, 328, 403, 405, 410, 412, 416
Natur (Physis) 53f., 268
Neologie 81f., 84, 94, 97, 112f., 121f., 147, 161f.
Neuplatonismus 52f.
Nominalismus 57, 73, 410

Offenbarung 172, 193, 200f., 207f., 224, 240, 252, 268, 434
Opfer 35f., 38, 45, 58, 83–86, 105, 128, 132–135, 140–142, 155, 157, 215, 243, 275, 277, 297, 304f., 326, 353, 394, 404, 407, 409, 413, 416, 421, 429, 438f., 443, 453
Opferpriester 36, 39, 58, 85, 132, 135, 277
Opfertier 35, 47, 49f., 83, 140, 275, 277
Opfertod 39–42, 57, 105,. 110
Organismus 61, 67, 115f., 122, 124, 126f., 130f., 145, 147, 150–152, 155, 330
Organschaft 17, 60, 62, 64, 154f., 156, 163

Paradoxon/Paradoxalität 221, 236f., 267, 277, 292, 324, 325, 342, 349, 358, 395, 451
pars pro toto 333
Partizipation 51, 66f., 114, 159, 190, 264, 358, 437
Person(begriff) 54f., 59f., 158f., 197, 200, 218f., 305, 307, 395
– als Synthese von Akt und Sein 208, 212
– als Unersetzlichkeit/Einmaligkeit 226, 281
– als Verwiesenheit auf den Anderen 211f., 218, 224, 230, 452
– Gesamtperson 209f.
– in persona Christi 60f., 438
– in (ex) persona ecclesiae 60f., 438
– juristische Person 372
– Kollektivperson 209f., 279
– persona corporativa 23, 30–34, 39, 40–43, 45, 48–51, 58–60, 209, 296f., 307f., 326, 328, 350f.
– persona repraesentata (ficta) 58–60
– personaler Raum 279

– und Gemeinschaft 416
– und Persönlichkeit 194–196, 256
– und Rolle 54, 59f., 226f., 279, 400
– Universalperson 279
Pietismus 94, 121, 415
Präpositionen des Für-Seins 44f., 48, 50
Priestertum
– allgemeines 242, 438, 442
– besonderes 438, 442
– Christi 242

Realpräsenz 57
Rechtfertigung/Rechtfertigungslehre 25, 75, 79f., 87, 113, 139–143, 152, 163f., 187–189, 191, 193, 220, 255f., 296, 391, 408, 411, 436–439
Reliquien 56
reparatio (Reparation) 50, 77
repraesentatio 24, 51, 54, 57f., 62f., 64, 350, 352, 354, 357
Repräsentation 17, 24, 48, 59–64, 114, 138f., 151, 157, 161f., 296, 312, 352, 361
– juristische 59–62
– korporationstheoretische 59, 61f., 155
Römisches (lateinisches) Denken 54f., 65, 69f.
Romantisches Denken 122, 150

Sakrament 36, 50, 56f., 73, 152f., 297, 328, 350, 354, 357, 360, 362, 410, 413, 442, 453
– der Buße 55f., 354
– der Ehe 351, 354
– der Eucharistie 57–59, 217, 297, 320, 324, 326f., 329, 425, 438
– der Firmung 351
– der Taufe 217, 297, 320, 324, 326f., 351, 354, 412
– des Ordo 351
Säkularisierung/Säkularismus 225, 234, 367
satisfactio/Genugtuung 35, 69, 71–76, 78–86, 96f., 112f., 115–117, 123f., 128f., 133, 135, 137f., 145f., 149f., 156, 161, 163, 185, 288, 402, 407, 415, 433
satisfactio vicaria/stellvertretende Genugtuung 71, 75, 79f., 82f., 85, 96, 97f., 113f., 117, 123–125, 129, 135, 138f., 141f., 147, 149f., 156, 161–163
Satisfaktionslehre 63, 69, 80–82, 96f., 101, 112, 127, 129, 134, 138, 148, 156f., 162f., 317
Schöpfung/Schöpfungslehre 53, 76, 169, 172–182, 187, 190, 244f., 255f., 264–266, 268f., 272, 291, 307f., 310, 314, 318, 324, 342, 411, 436, 449
Schuld 35, 38, 70f., 72, 74, 77–81, 84, 93, 97–99, 105, 112f., 116, 124, 127, 137, 140f., 146f., 151, 158, 161, 188, 194, 211, 213f., 216f., 223, 289f., 304, 308, 320, 326f., 390f., 407, 413, 417, 421, 424f., 433
Schuldopfer 35
Sein/Seinsbegriff/Existenzbegriff 170, 172, 201f., 204f., 208f., 239, 256, 263f., 269–271, 281f., 311, 318, 340f., 358, 375–377, 392–394
Sein und Sollen 195, 281
Selbsthingabe/Selbstlosigkeit/Selbstverleugnung 49, 83, 86, 141, 145, 152, 204, 211, 233, 242, 257f., 278f., 283f., 287, 289, 291, 294, 297f., 304f., 310, 312, 346, 351, 407, 438, 449
Sendung 272f., 277, 279, 287, 290, 297, 300, 303f., 308f., 319, 324, 333, 335, 348f., 352, 411, 414, 419f., 431, 440, 442, 453
Sohnschaft 49, 67, 71, 158f., 179, 223f., 279, 287, 309–311, 315–321, 356, 439
Sozinianer/Sozinianismus 73, 76f., 79, 81–83, 85, 88f., 112, 138, 148, 247
Spiritualität des letzten Platzes 349f., 406, 408, 418
Sprache/Sprachphilosophie 382, 386
Stellvertretung
– als Annahme der Erlösung (Versöhnung) 135, 137, 162
– als Drama 273, 279, 284, 287, 355
– als Ersatzleistung 138, 143, 163
– als Dialektik der Liebe 230–233, 234
– als »Genug-tuung« 113, 114–117, 123f., 129, 135, 147, 161
– als geschichtliche Verklammerung

von ökonomischer und immanenter Trinität 250, 253
- als Identität in der Differenz 225, 232–236, 252–255, 257–259
- als Identität/Synthese/Vermittlung von Akt und Sein 211, 214, 218f., 257
- als »In-Existenz« 237
- als Katalysator 203–207, 224, 252, 256
- als Kriterium 24, 147, 163, 275, 344, 401, 440, 442
- als Negation der Negation 101, 104, 106, 112, 114, 162, 178f., 181f., 186f.
- als ontische Koinhärenz 427f.
- als Proprium des christlichen Ethos 322, 348f., 440, 445–448
- als »Selbst-losigkeit« des »Selbst« 223, 257
- als Strukturprinzip 330f.
- als Verklammerung der gesamten Geschichte mit Christus 245, 258
- als Verklammerung der Geschichte mit der Auferweckung des Gekreuzigten 247, 250f.
- als Vermittlung des Absoluten mit der Geschichte 445
- als Vermittlung von »Anders-Sein« und »Für-Sein« 443
- als Wirkweise der Erlösung 99, 135, 138, 147, 162
- eigentliche und uneigentliche 18–20, 23–25, 56, 58, 60f., 64f., 67, 70–73, 78, 88f., 99, 112f., 115, 148, 152, 161–163, 167, 228, 233, 277, 311, 313, 363, 373, 389, 392, 409, 420, 422, 427, 435, 442, 446, 453
- ethische 93, 211, 246
- exklusive 47, 129, 132f., 137, 147, 162, 185, 188, 213, 241–243, 250f. 254, 277f., 295, 297, 300, 309
- forensische 71f., 161, 408
- gelebte 367, 399, 435
- Grundformen 23f., 435, 452
- inklusive 46f., 51, 129, 132f., 137f., 141f., 147f., 152, 162, 188, 191, 213f., 216, 219, 224, 241–243, 250, 251, 254, 258f., 273f., 277–280, 296–298, 300, 303, 309, 319, 321f., 327, 330, 332, 336, 344, 346–349, 352–354, 356f., 362, 391, 400f., 410f., 432f., 437, 441, 443, 455
- juristische (rechtliche) 17, 24, 63, 71f., 89, 129, 148, 151, 153f., 161f., 167, 408, 442
- marianische und petrinische 298, 441
- ontische 288
- physiologische 153f.
- reale 129, 287f.
- reflektierte 367, 399, 434
- sakramentliche 153, 442
- subjektive und objektive 299, 352, 355
- theologische Grundkategorie oder Denkform 18, 24f., 29, 176f., 259, 266, 305, 318, 435f., 440, 456
- trinitarische 311–313
- und Analogie 269f., 272, 274, 339
- und Arbeit/Leistung 227–229, 241
- und Bund 29–31, 33–35, 37, 40–43, 48–50, 247f., 274f., 278, 287, 307, 401
- und das »Zwischen« zwischen Ich und Du 384–386
- und die Welt des Märchens 229
- und Einverleibung/Vergöttlichung 67
- und Entsprechung 177f., 183–187, 189f., 195, 265, 332, 437
- und Erfahrung 20, 435
- und Erziehung/Befreiung 65, 228f., 234, 246
- und Freiheit 17f., 76f., 96f., 98, 111, 176, 256, 311, 344f., 348, 352, 416, 453
- und Gehorsam 123
- und Geisel für den Anderen sein 90, 395–398, 452
- und Gericht 184f., 276
- und Hoffnung 191f., 424
- und Kampf 228, 241
- und Kirche 152–154, 212–214, 223, 242, 246, 278f., 324, 326f., 329, 334, 337, 350–352, 355, 357, 410f., 437, 440, 444, 448
- und Leib 23, 67f., 178, 182, 285, 421, 452f.
- und Leiden 40, 240, 242, 328, 402f., 406–408, 416, 420, 421, 426f.

– und Ökumene 18, 90, 259, 436, 439f.
– und Opfer 110, 157, 243
– und Person 19, 23, 52, 55, 64, 200, 226, 452f.
– und Sakramentalität 328f., 350, 354, 361
– und Selbsterübrigung 252
– und Selbstverantwortlichkeit 101
– und Solidarität 41, 90, 213, 240, 247, 274, 277, 285, 288, 290, 292f., 399, 402, 424, 447, 455
– und Sorgen/Besorgen/Fürsorgen 375f., 385
– und Sünde bzw. Schuld und Sühne 38f., 40f., 44f., 47, 97f., 112, 179, 275, 277, 308f., 391
– und Sterben 426, 429
– und Tragen/Übertragen 290, 447
– und Unersetzlichkeit/Einmaligkeit 227f., 274, 396
– und Verstehen 106
– und Zeit 20, 23, 111, 178, 182, 218, 229–243, 236f., 246f., 250, 253, 255, 453
– universale 419, 429
– Wortgeschichte 82–86, 88f.
– zwischen Abbild und Urbild 24, 30, 51, 52–55, 57, 58, 61, 64f., 67f., 329, 350, 435, 453
– zwischen Absolutem und Endlichem 339, 445
– zwischen »altem Menschen« und »neuem Menschen« 97f.
– zwischen Dogma und Wahrheit 445
– zwischen Einzelnem und Ganzem 339, 356
– zwischen Gesamt- und Teilkirche 330, 352, 356
– zwischen Glaube und Werk 58
– zwischen Gnade und Freiheit 58, 65, 71, 72, 355, 433
– zwischen Ich und Du 93
– zwischen Identität (Sammlung) und Relevanz (Sendung) 349, 422, 440–443, 450
– zwischen Individuum und Gemeinschaft 24, 30–34, 43, 47, 51, 60, 64, 274, 330, 340, 447, 453f.
– zwischen Kreuzesopfer und Meßopfer 58, 438, 453
– zwischen Liebe und Freiheit 281–283
– zwischenmenschliche 425, 428
– zwischen Norm und Freiheit 445
– zwischen Papst und Bischofskollegium 331, 352, 356
– zwischen Sein und Seiendem 269–273, 282, 305, 339, 449f.
– zwischen sichtbarer und unsichtbarer Kirche 59
– zwischen Transzendenz und Immanenz 271
– zwischen Zukunft und Vergangenheit 24, 33f., 40–43, 47, 51, 59, 182, 204, 243, 252f., 298, 330, 351, 453
Stoa 53f.
Strafe 34, 56, 69, 77–80, 82, 83f., 95–98, 101, 105, 116f., 125–128, 130, 137, 138f., 144f., 158, 161, 223, 230, 337
– Strafexempel(theorie) 78, 81, 82, 113, 127,. 133, 138, 161
– Strafgerechtigkeit 82f., 86, 150
– Strafleiden 82, 141, 145
Subjekt
– absolutes 162, 282, 370, 389
– autonomes 94, 121, 347, 397
– einzelnes und allgemeines 119
– empirisches 94f., 122
– extramundanes 371
– sittliches 97, 150, 198
– transzendentales 94f., 371f., 376f., 380, 389, 393
– und Anerkennung 370f., 379, 389–391
– und Bewußtsein/Selbstbewußtsein 94, 132, 162f., 168, 282, 283, 368–370
– und Gemeinschaft 150, 390
– und Gerechtigkeit 189
– und Geschichte 150
– und Interpersonalität/Kommunikation 370–372, 376, 389–391
– und Objekt 105, 109, 373, 377f., 382, 391, 401, 415, 438, 441
– und Sünde 179
– und Verantwortung 397
– und Vernunft 94
Substanz und Relation 196f.
Substitution/Substitutionstheorie 36,

73 f., 76, 80 f., 87, 89, 126, 154, 157, 160, 288, 290, 302, 313, 395, 422
Sühne 34–37, 40–42, 44 f., 49 f., 55, 69, 96 f., 110–112, 125 f., 128, 131, 133 f., 140 f., 145 f., 151, 157, 159, 161, 188, 230, 275, 277, 289, 311, 315–321, 337, 356, 390 f., 402 f., 409, 413–416, 421, 433, 444, 453
Sünde
– als das Nichtige 179–181, 185 f., 199, 256, 315
– als Für-sich-Sein 122, 151 f., 155, 209, 221, 240, 257, 308, 333, 343, 352
– als Gegenteil von Sohnschaft 316–321, 356, 448
– als Gewalt 249
– als Hybris 184, 203
– als Identität von Akt und Sein 212
– als Scheidewand zwischen Gott und Mensch 135, 155, 390
– als Selbstherrlichkeit 256
– als Selbstsucht 141
– als Uneigentlichkeit 202
– als Ungehorsam 249
– als »unmögliche Möglichkeit« 178, 199
– als Untreue 258
– als verabsolutierte Endlichkeit 360
– als Verkehrung der Beziehung zu Gott 194 f., 197, 199, 256
– als Verletzung/Zustand/Wesen des Sünders 85, 179 f., 212, 413
– als Widerspruch 133
– als Zerstörung von Communio 238, 356
– der Welt 294
– dinglich verobjektivierte 70 f.
– und Christi Sieg 302
– und Erlösung 174
– und Gottes Zorn 127, 142, 144–146
– und Leiden/Opfer 35 f., 123 f., 240, 407–409, 419, 421
– und Stellvertretung 38 f., 40, 47–50, 73, 130, 132, 137, 140, 187–189, 213 f., 217, 256, 273, 276–278, 287 f., 294, 301, 308, 391, 407–409, 419, 421, 444
– und Strafe 125, 292, 415
– und Tod 68
– und Unheil 247
– und Vergebung 143, 216, 240
– verleiblichte 132, 348
– zum Tode 302
Sündenbock 37, 40, 50, 290, 308 f.
Sündopfer 35 f., 140, 277, 308, 317
Synergismus →Mitwirkung

Tausch(denken) 20 f., 54–56, 66, 74, 227, 287, 303, 318, 324
Teilhabe →Partizipation
Tempel(kult) 35, 40, 42, 47, 50, 240, 275, 277
Theismus/A-Theismus 218, 220, 225 f., 234–236, 340 f., 383
Theodizeefrage 433
Tod und Auferstehung 104 f., 111 f., 119, 123, 125, 169, 179, 204, 412, 431
Todesverständnis Christi 41, 43
traditio/autotraditio 24, 33, 41, 43, 46 f., 50 f., 58, 60, 160, 205, 258, 278 f., 290, 295, 298, 318, 350–352, 354, 357, 444 f., 453
Transsubstantiation 57 f.
Transzendentale Logik/Dialogik 387–392
Trinität/Trinitätslehre
– als absolute Einheit von Freiheit und Liebe 283
– als Identität von Akt und Sein 208
– immanente und ökonomische 253 f., 259, 305, 307, 314 f., 319, 322, 449 f.
– und Communio 338 f., 353, 402
– und Freiheit 76, 176, 178, 253, 255
– und Gestalt 271
– und kommuniale/relationale Ontologie 339, 347, 450–452
– und Kreuz 105, 145 f., 218 f., 254, 311, 319
– und Offenbarung 172 f., 198
– und Partizipation 138 f.
– und Soteriologie/Ekklesiologie 148, 398, 434
– und Stellvertretung 19 f., 153, 162 f., 184, 241, 283 f., 291–293, 339, 355, 410 f., 428, 432, 434, 449, 451 f., 456
Tun-Ergehen-Zusammenhang 34 f.

Umkehr 36, 78 f., 81, 97–99, 113, 124, 183, 189, 309, 316, 320, 337

Unabhängigkeit 225 f.
Unersetzlichkeit/Einmaligkeit 226–230, 232, 282, 300, 307, 315, 319, 397, 411

Verantwortung/Verantwortlichkeit 84, 103, 161, 176, 190, 193–196, 214 f., 218 f., 222–225, 229–232, 248, 256, 274, 281, 298 f., 330, 332, 348, 386, 390, 392, 395–398, 433, 444, 446
Verdienst 71, 73, 76 f., 80 f., 83 f., 87 f., 115, 141, 157 f., 288, 305, 337, 406, 409, 412, 417, 436–438
Vergebung 36 f., 76, 78, 127, 143, 185, 215 f., 240, 277, 303, 319
Vergeltung 34
Vermittlungstheologie 77, 82, 88, 113, 161–163
Vernunft 194
Versöhnung/Versöhnungslehre 35–37, 71, 76, 79 f., 94, 96, 102, 106 f., 111 f., 113, 115, 119, 125, 130, 134 f., 138, 141, 142–148, 151 f., 160–163, 172, 174, 177 f., 182 f., 186–189, 194, 197 f., 215, 240, 244, 277, 287, 308 f., 316, 321 f., 327, 438, 448
Versöhnungstag 36, 42, 45, 47, 64, 277
Versöhnungstod 84 f.
Vertretung 64, 114, 121, 124, 126–128, 153, 155, 162
Vor- und Ausgriff →Antizipation

Wergeld 55
Wiedergutmachung 35, 50, 69, 391, 407, 409, 413, 433

Zeitlichkeit 393, 395
– Diachronie 393, 398
– und das Phänomen des Todes 393 f.
– und das Phänomen von »Augenblick« und »Antlitz« 393–398
– Synchronie 393, 398
Zeit und Ewigkeit 111 f., 168, 174, 181 f., 185, 236 f., 272, 284, 295, 310
Zeugnis/Bezeugung 189, 192, 325
Zorn Gottes 74, 116, 127, 215, 292, 302 f., 407
Zukunft 229, 230 f., 234, 236 f., 246–252, 254 f., 258, 295, 298, 310, 352 f., 390, 394, 398
Zurechnung →Imputation